W0035507

t.

TRAUNER VERLAG

GASTRONOMIE

Weine Schaumweine Versetzte Weine

SIMON SIEGEL

SIEGLINDE SIEGEL

HEINZ LENGER

HANS STICKLER

WILHELM GUTMAYER

GERHARD F. MOHR

GastroWissen INTERNATIONAL

1. Auflage 2004

Köglstr. 14, A–4021 Linz
Gesamtredaktion und Lektorat: Mag. Flora Stickler
Umschlag: KISKA GmbH, Salzburg-Anif, www.kiska.at
Herstellung: TRAUNER Druck, Linz
ISBN 3-85487-613-0

SIMON SIEGEL
SIEGLINDE SIEGEL
HEINZ LENGER
HANS STICKLER
WILHELM GUTMAYER
GERHARD F. MOHR

Weine
Schaumweine
Versetzte Weine

GastroWissen
INTERNATIONAL

INHALTSVERZEICHNIS

VORWORT

Dieses moderne Lexikon fasst in übersichtlicher und leicht verständlicher Form alles Wissen über Wein zusammen, das sonst nur durch das Studium zahlreicher Bücher oder umfassender Recherchen im Internet zugänglich wäre. Das handliche Format unterstützt die Suche nach den Stichwörtern.

Bereits im Jahre 1989 erschien der Vorläufer des heutigen Buches, in anderem Format zwar und in anderer Ausstattung bzw. mit anderem Titel, doch mit dem gleichen Auftrag: Die ganze Welt des Weines in einem Band zu erfassen.

In den letzten Jahren entwickelte sich die Weinlandschaft noch schneller, als den Autoren bzw. dem Verlag eines Weinlexikons lieb ist. So mussten seit Beginn der intensiven Recherche für die Neubearbeitung des Weinlexikons nochmals alle Begriffe genauestens geprüft, sehr viele ein weiteres Mal überarbeitet und aktualisiert werden. Nun ist alles auf den letzten Stand gebracht. Und dennoch sind wir auf Informationsquellen angewiesen, die Zahlenmaterial über Ernteerträge bzw. Produktionsmengen und Hektarangaben aus der abgelaufenen Saison nennen.

Doch das Schwierigste war die Selektion. Wir haben uns bemüht, die Stichwörter nach Wichtigkeit und Bedeutung für den Leser auszuwählen – doch eine Auswahl ist immer subjektiv.

Wir präsentieren Ihnen auf über 1.000 Seiten 60 Weinländer sowie die Schaumweine und die versetzten Weine mit ihren Rebsorten und Produkten, den Anbaugebieten und Spezialitäten in neutraler Art und Weise, also als Sachinformationen. Wir geben Antwort auf alle Fragen zum Thema Wein, die Erläuterungen beziehen sich auf die Erzeugung ebenso, wie auf die Lagerung und Beurteilung von Wein sowie die optimale Glaskultur.

Tauchen Sie mit uns ein in die Welt des Weines.

Die Autoren / Der Verlag

Hinweise für den Benutzer

Dem Werk ist neben dem Inhaltsverzeichnis eine weitere Gliederung zugrunde gelegt, die die wichtigsten Kapitel hervorhebt und so das Nachschlagen erleichtert. Dies geschieht mit Hilfe von roten und gelben Balken, die am Buchrand den Beginn der Kapitel anzeigen.

WEIN

REBSORTEN VON A BIS Z

WEINBAULÄNDER

Afghanistan – Ägypten – Albanien – Algerien – Argentinien – Australien – Belgien – Bolivien – Bosnien und Herzegowina – Brasilien – Bulgarien – Chile – China – Ecuador – **Deutschland** – **Frankreich** – Griechenland – Großbritannien (und Jersey) – GUS-Staaten (Armenien, Aserbaidschan, Georgien, Kasachstan, Kirgisistan, Moldawien, Russland, Tadschikistan, Turkmenistan, Ukraine, Usbekistan) – Indien – Irak – Iran – Israel – **Italien** – Japan – Jordanien – Jugoslawien (Montenegro und Serbien mit Kosovo und Wojwodina) – Kanada – Kolumbien – Kroatien – Libanon – Liechtenstein – Luxemburg – Malta – Marokko – Mazedonien – Mexiko – Neuseeland – **Österreich** – Paraguay – Peru – Portugal – Rumänien – Schweiz – Slowakei – Slowenien – **Spanien** – **Südafrika** – Südkorea – Syrien – Taiwan – Tschechien – Tunesien – Türkei – Ungarn – Uruguay – **USA** – Venezuela – Zypern

DEUTSCHLAND

FRANKREICH

ITALIEN

ÖSTERREICH

SPANIEN

SÜDAFRIKA

USA

SCHÄUMENDE WEINE

VERSETZTE WEINE

WEIN

GESCHICHTE DES WEINBAUS

Alte Weinpresse

Wein zählt zu den ältesten alkoholischen Getränken der Welt. In zahlreichen Kulturen und Religionen spielte er schon immer eine zentrale Rolle. Die Geschichte des Weinbaus zeigt, dass die Höhen und Tiefen der Weinkultur sehr eng mit der kulturellen Entwicklung der Bevölkerung verknüpft sind. Schon in den Dichtungen von Homer wird von einer Vollblüte des Weinbaus berichtet.

Historiker nehmen an, dass bereits um 6.000 v. Chr. in Transkaukasien (heute Georgien, Armenien und Aserbaidschan) oder in Mesopotamien (Zwischenstromland; Großlandschaft in Vorderasien, das Gebiet zwischen Euphrat und Tigris) Trauben angepflanzt wurden. In Mesopotamien und Ägypten war die Weinbereitung im 4. Jahrtausend v. Chr. bekannt. Die Griechen lernten den Wein und seine Bereitung von den Phönikern schon vor der Mitte des 2. Jahrhunderts v. Chr. kennen. Die Griechen brachten den Weinbau auch in die benachbarten Länder. Griechische Phokäer gründeten um 600 v. Chr. Massalia, das heutige Marseille, und brachten den Weinbau nach Nordafrika, Spanien, Italien und Frankreich. Nach der Besetzung Galliens durch die Römer, die den Weinbau von den Griechen übernahmen, kam der Wein um das 2. Jahrhundert n. Chr. in die Burgund, in den Elsass, an den Rhein, an die Mosel sowie nach Britannien und Pannonien.

In der Zeit des Römischen Reichs erlebte die Weinkultur eine erstaunliche Höhe. Die meisten der heute bekannten europäischen Weinbaugebiete waren bereits zur Römerzeit bekannt. Die Römer waren nicht nur mit sämtlichen Kellertechniken vertraut, sondern sie hatten auch schon eine ausgeprägte, verfeinerte Weinbeurteilung. Zur Verarbeitung der Trauben verwendeten die Römer eine Art Baumpresse, zum Ausbau der Weine gehörten bereits mehrere Abstiche. Auch die Klärverfahren, wie Filtrieren und Schönen, waren den Römern bekannt. Zum Filtrieren dienten Filtersäcke, als Schönungsmittel wurde Eiweiß verwendet.
Nach dem Zusammenbruch des Römischen Reichs und der Machtübernahme der Kirche waren es die Ordenshäuser und Klöster, die die größten und besten Weinberge besaßen. Im Frühmittelalter wurde schließlich die Weinerzeugung zum Monopol der Kirche. Auf weinkulturelle Feinheiten legte man im Mittelalter keinen besonderen Wert, man unterschied bei der Bezeichnung des Weines lediglich nach der Herkunft und der Farbe. Der weiße Wein galt als der bessere.
In der Reformationszeit, die einen allgemeinen wirtschaftlichen Rückgang brachte, kam es zu Absatzkrisen, wodurch auch der Weinbau einen empfindlichen Rückschlag erlitt. Den wirtschaftlichen Tiefstand erreichte der Weinbau zur Zeit des Dreißigjährigen Krieges.

Erst in der Renaissance entdeckte man die antike Weinkultur wieder, um sie dann weiterzuentwickeln. Die Konsumenten wurden anspruchsvoller und begannen zwischen Weinsorte, Anbaugebiet bzw. Ort, zwischen jungen und alten Weinen zu unterscheiden. Den Jahrgang hoben sie damals noch nicht hervor. Das 18. Jahrhundert brachte dem Qualitätsweinbau einen neuerlichen Auftrieb. Wieder waren die Klöster – die teilweise im Zuge der Gegenreformation neu entstanden waren – die Wegbegleiter des Weinbaues.

Einen modernen Weinhandel begannen die Engländer, indem sie den Weintransport in Fässern einführten. Der Handel „feiner Weine" begann mit der Entwicklung von Glasflasche und Korken im 17. Jahrhundert.
Durch die Kolonisierung gelangten mit den Missionaren im 17. und 18. Jahrhundert die europäischen Rebsorten in die Neue Welt. Heute sind Kalifornien, Südamerika (z. B. Argentinien und Chile), Südafrika, Australien und Neuseeland bedeutende Weinerzeugerländer.

Doch bevor es zu dieser Entwicklung kam, wurde den Weingärten durch die Reblaus ein verheerender Schaden zugefügt. Die in Nordamerika beheimatete Laus verhinderte überall dort, wo sie auftauchte, das Wachstum der Weintrauben. Das Problem war, dass man über lange Zeit von ihrer Existenz nichts wusste, und daher keine Gegenmaßnahmen traf. Viel zu spät entdeckte man, dass durch die Reblaus nur die Wurzeln der europäischen Sorten angefressen wurden, die amerikanischen Sorten jedoch immun waren.
Nach Europa kam die Reblaus um das Jahr 1860. Sie überschwemmte das Land wie eine Seuche und innerhalb von wenigen Jahren kam nahezu der gesamte europäische Weinbau zum Erliegen. Zur allgemeinen Erleichterung entdeckte man schließlich die Resistenz der amerikanischen Reben und begann mit dem Aufpfropfen.

Nach dem Zweiten Weltkrieg wuchs die Produktion und der Handel mit Wein zu einer enormen Industrie an. Heute gibt es Weinbau und Weinerzeugung überall auf der Erde in der gemäßigten Zone zwischen dem 30. und dem 50. Breitengrad auf der nördlichen Halbkugel und zwischen dem 30. und 40. Breitengrad auf der südlichen Halbkugel. Die Gesamtrebfläche der Welt wird auf zirka acht Millionen Hektar geschätzt. Die Gesamtproduktion beträgt etwa 270 Mio. Hektoliter.

DIE WEINREBE - REBKULTUREN

Junganlage

Die Weinrebe ist eine genügsame Pflanze. Sie benötigt Wasser (durchschnittliche Niederschlagsmenge von mindestens 500 mm pro Jahr), Wärme (Jahresdurchschnittstemperatur von 9–10 °C) und Licht (rund 1.300 Sonnenstunden jährlich).

Die Weinrebe, also der Weinstock, Rebstock oder Traubenstock, gehört zur Familie der Rebengewächse (Vitaceae) mit der für den Weinbau wichtigen Gattung Vitis. Entwicklungsgeschichtlich gingen die Weinreben aus den Wildreben hervor, aus denen im Laufe der Jahrhunderte Tausende von Sorten gezüchtet wurden.

Bis zur Mitte des 19. Jahrhunderts baute man in Europa wurzelechte europäische Sorten an, ehe sie großteils von der aus Amerika eingeschleppten Reblaus vernichtet wurden. Zunächst versuchte man dem Übel durch Züchtungen von so genannten Hybriden beizukommen. Durch Kreuzungen von Europäer-Reben und Amerikaner-Reben sollte die größere biologische Widerstandskraft der amerikanischen auf die europäischen Reben übertragen werden, ohne jedoch deren Qualität zu beeinträchtigen. Doch der erhoffte Effekt blieb aus. Ein Sieg konnte erst erreicht werden, als man dazu überging, europäische Edelreiser auf amerikanische reblausresistente Unterlagsreben aufzupfropfen. Diesen Vorgang nennt man Rebveredelung. Heute lässt man Vitis-Vinifera-Sorten fast ausnahmslos auf amerikanischen Wurzeln wachsen.

Das Aufpfropfen der wenige Zentimeter langen Edelreiser auf die amerikanischen Unterlagsreben erfolgt maschinell, in der Regel von Jänner bis März. Die veredelten Setzlinge legt man zunächst im Treibhaus in Torf oder Sägemehl. In den nächsten drei bis vier Wo-

chen wachsen Unterlagsrebe und Edelreiser unter Treibhausklima zusammen. Erst Mitte Mai, nach der Frostgefahr, können die Setzlinge in eine Rebschule zu ihrer Vorbereitung auf Freilandbedingungen ausgepflanzt werden. Im Herbst nimmt man die Stecklinge heraus, sortiert die schlecht verwachsenen aus und lagert sie zur Überwinterung ein. In Ländern mit wärmeren klimatischen Bedingungen werden die Pfropfreiser auf die eingewurzelten Unterlagsreben direkt im Weingarten oder in der Rebschule veredelt. Im darauf folgenden Frühjahr werden sie dann in den vorbereiteten Weingartenflächen ausgepflanzt.
Nach drei bis vier Jahren hat der Weinstock seinen ersten Ertrag. Der aus diesen Trauben gekelterte Wein wird als Jungfernwein bezeichnet. Nach etwa fünf Jahren trägt der Weinstock voll und nach 25 bis 30 Jahren beginnen Wachstum und Ertrag nachzulassen. Rebstöcke können weit über 100 Jahre alt werden. In der Regel rodet man die Rebflächen nach etwa 40 Jahren und beginnt nach einigen Jahren der Bodenregenerierung mit der Neubepflanzung. Rebstöcke wurzeln sehr tief und gehen somit mit dem „terroir“ eine harmonische Verbindung ein. Alte Weinstöcke bringen weniger Ertrag als junge, da aber die Wurzeln weit in den Boden reichen und Mineralstoffe aus tieferen Zonen lösen, weist der Saft der Trauben eine höhere Bukett- und Aromakonzentration auf.

Reberziehung

Unter der Erziehung einer Rebe versteht man die Kombination von der Wuchsform der Stöcke und der Art der Unterstützungseinrichtung. Die angestrebte Wuchsform wird durch den Rebschnitt und durch das Formieren (Biegen und anschließendes Aufbinden) des Tragholzes erreicht. Das Formieren ist notwendig, damit sich die wachsenden Triebe gleichmäßig entwickeln und geordnet in den Drahtrahmen einwachsen. Diese Arbeit soll zeitig im Frühjahr, jedenfalls aber vor dem Austrieb der Knospen erfolgen.
Die moderne Reberziehung bemüht sich um ein optimales Verhältnis zwischen Laub und Traubenbehang, um eine optimale Aufteilung der Triebe in dem zur Verfügung stehenden Raum und damit um ein ausgewogenes Verhältnis zwischen Qualität und Quantität des Ertrages. Nicht zuletzt soll die Bewirtschaftung kosten- und zeitsparend sein. Es gibt verschiedenste Erziehungsarten.

Erziehungsarten

Die Wahl der Erziehungsart wird großteils von der Notwendigkeit geprägt, die Arbeit im Weinberg zu mechanisieren. Sie hängt aber auch von der Geländeform, der Größe und Struktur des Betriebes, von den klimatischen Verhältnissen und von der Stark- bzw. Schwachwüchsigkeit der Rebsorte ab.

Drahtrahmenerziehung

Bei der Drahtrahmenerziehung bilden Pfähle aus Holz, Metall oder Beton mit den gespannten Drähten aus Metall oder Kunststoff die Unterstützung der Reben. Pfähle und Rebstöcke sind in Zeilen angeordnet, dazwischen liegen breite Gassen, die eine mechanische Bearbeitung des Weingartens ermöglichen. Die Gassenbreite variiert je nach Anlage zwischen 1,40 und mehr als 2,40 Meter, in Weitraumanlagen bis 3,5 Meter. Der Stockabstand beträgt je nach Anlage 0,9, 1,2 oder 1,5 Meter. Die Stammhöhe beläuft sich bei niedriger bis mittelhoher Erziehung auf 40–80 Zentimeter, bei hoher Erziehung (Hochkultur) meist auf 120–140 Zentimeter. Je nach Form und Anordnung des Fruchtholzes auf dem Unterstützungsdraht (Eindraht-, Umkehr- bzw. Vertiko-Erziehung) oder auf mehreren Drahtpaaren unterscheidet man die Streckbogenerziehung (Taille Guyot), die Flachbogen-, die Halbbogen-, die Kordon-, die Sylvoz- und die Pendelbogenerziehung.

Hochkultur bei Lenz Moser

Die so genannten Weitraumanlagen, die **Hochkultur,** hat Dr. h. c. Lenz Moser entwickelt. Wesentliche Merkmale dieser Erziehungsform sind die 1,20 bis 1,40 Meter hohen Stämme sowie der große Standraum des Rebstockes. Dieser bewirkt eine bessere Belichtung und Belüftung sowie eine effiziente maschinelle Bewirtschaftung. Die Hochkultur wird heute weltweit angewendet.

Lyraerziehung

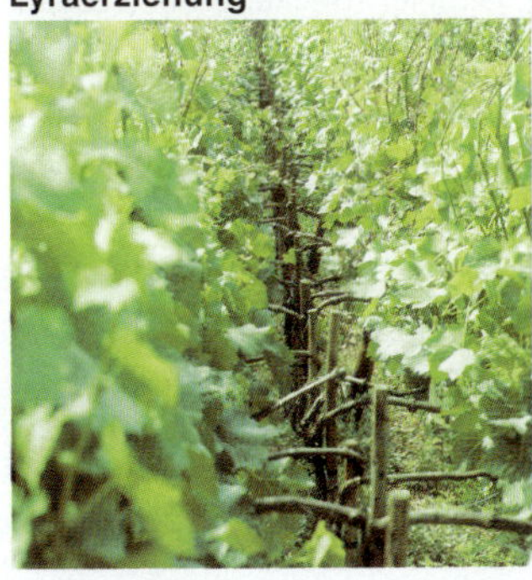

Lyraerziehung

Das Aussehen dieser mittelhohen Erziehungsform ist dem einer Lyra, einem altgriechischen Saiteninstrument, sehr ähnlich. Die Triebe werden geteilt, sodass zwei vertikale Laubwände mit einem Hohlraum in der Mitte entstehen. Das Mikroklima an den Laubwänden wird durch die verbesserte Licht- bzw. Luftdurchflutung positiv beeinflusst. Die Reben sind weniger anfällig gegenüber Pilzerkrankungen. Durch die günstige Sonneneinstrahlung wird die

Traubenqualität verbessert. Das Lyrasystem wird vor allem in den Weinbauländern der Neuen Welt, wie z. B. Australien, Neuseeland, Chile, Argentinien und Uruguay, verwendet. In Österreich wurde es vom Weingut Willi Bründlmayer in Langenlois erstmals eingeführt.

Pergolasystem

Pergolasystem

Das Pergolasystem ist vorwiegend in Südtirol verbreitet. Es ist ein hohes, dachartiges Erziehungs- und Unterstützungssystem, das großteils aus einer Holzkonstruktion besteht, an der die Reben formiert werden.

Pfahlerziehung

Pfahlerziehung

Die Pfahlerziehung oder Stockkultur ist eine alte Erziehungsart, bei der das Fruchtholz in Bodennähe gehalten wird. Einerseits werden die Ruten an bis zu zwei Meter langen und etwa fünf Zentimeter dicken Holzpfählen (in Österreich Rebstecken genannt) als Rundbogen formiert festgebunden. Diese Erziehungsform wird heute noch auf steilen Lagen gerne angewendet, z. B. im Moselgebiet. Andererseits werden die Reben in Form des Gobelet (Becherform) erzogen. Dabei wird ein buschartiges Wachstum erzielt. Die Gobeleterziehung wird in Frankreich, Italien, Spanien, Portugal und Griechenland angewendet.

Arbeiten im Weingarten

Im Jänner und Februar wird der Winterschnitt durchgeführt. Dieser Rebschnitt legt die Menge und die Qualität der Trauben von jedem Rebstock fest. Im Frühjahr werden Rebpfähle nachgeschlagen, Unterstützungssäulen repariert und Drähte nachgespannt. Die angeschnittenen Strecker werden an den Drähten fixiert, um eine Gleichmäßigkeit des Austriebs zu fördern. Noch vor dem Austrieb

Geschein vor der Blüte

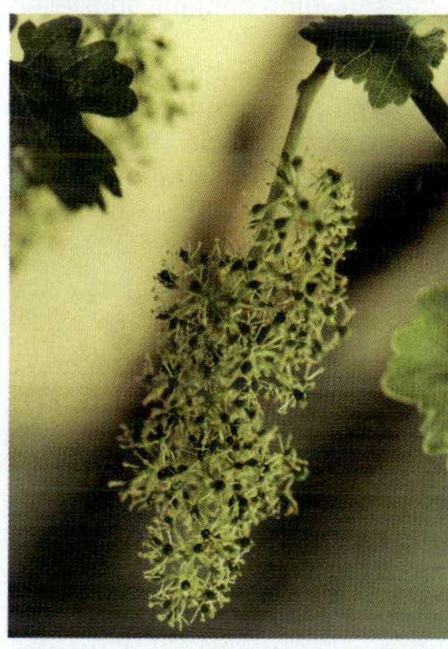
Blüte

der Knospen wird eine Winterspritzung gegen überwinternde Schädlinge durchgeführt. Mit dem Austrieb Ende April bzw. Anfang Mai beginnen die ersten Pflegemaßnahmen des Bodens – Auflockern der Erde, Düngen, Begrünen. Sobald sich die Gescheine (junge Trauben vor der Blüte) an den neuen Trieben entwickeln, müssen unfruchtbare Triebe entfernt werden. Bei gutem Traubenansatz werden auch fruchtbarere Triebe ausgebrochen, damit dem Rebstock nicht unnötig Wasser und Nährstoffe entzogen werden. Die Traubenblüte fällt je nach Witterung und Rebsorte in den Zeitraum von Mitte bis Ende Juni. Während der gesamten Vegetationszeit müssen Pilzerkrankungen und Schädlinge bekämpft werden. Das geschieht heutzutage in Form des integrierten Pflanzenschutzes. Er setzt sich aus einer Kombination verschiedenster Maßnahmen zusammen. Es wird ausschließlich gesundes, resistentes Rebmaterial verwendet. Physikalische Maßnahmen, wie z. B. das Anbringen von Hagel- oder Starnetzen sowie Schutzgittern, werden durch biologische Maßnahmen (z. B. Einbringung von Nützlingen wie der Raubmilbe oder Einsatz biologischer Spritzmittel), biotechnische Maßnahmen (z. B. Anbringen von Schädlingsfallen) und chemische Maßnahmen unterstützt.

Pilzerkrankungen

- **Peronospora (falscher Mehltau):** Pilzkrankheit, die alle grünen Teile des Rebstocks befällt und vor allem in Jahren mit hohen Niederschlägen verstärkt auftritt. Ein Befall lässt die Blätter vertrocknen und abfallen. Weiters verursacht der Pilz ein Einschrumpfen und Ledrigwerden der Trauben

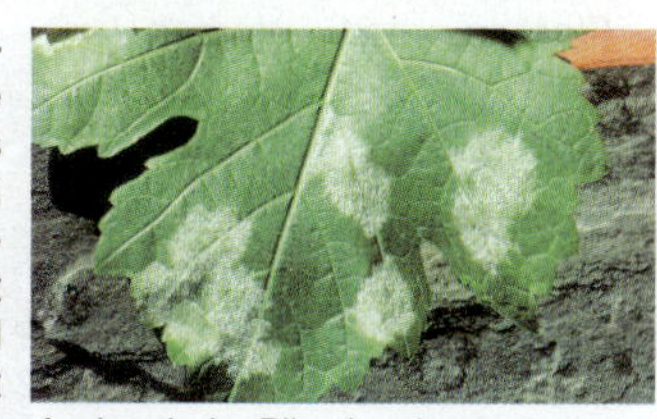
Ausbruch der Pilzerkrankung Peronospora

(Lederhaut). Bekämpft wird der falsche Mehltau durch Sprühen mit Kupfermitteln oder organischen Fungiziden. Als vorbeugende Maßnahme gilt die Erhaltung einer lockeren, luftigen Laubwand, die bei Niederschlag rascher abtrocknet.

- **Oidium (echter Mehltau):** Pilzkrankheit der Rebe, die im 19. Jahrhundert aus Amerika eingeschleppt wurde. Der Pilz befällt Gescheine, Blätter, Triebspitzen und Beeren. Die Beeren platzen auf, die Kerne werden sichtbar und verdorren. Befallene Trauben müssen entfernt werden, da sie dem Most bzw. dem Wein einen Muffton verleihen. Bekämpft wird der echte Mehltau durch Spritzen mit Schwefel (Netz- oder Flüssigschwefel) oder mit speziellen Fungiziden.
- **Botrytis (Grauschimmel, Edelfäule):** Dieser Schimmelpilz kann bei unterschiedlichen Reifestadien der Trauben auftreten. Befällt der Pilz unreife Trauben, verfärben sie sich grau bis rotbraun und beginnen zu faulen (Sauerfäule). Befällt der Pilz Traubengerüst und Stiel, beginnen die Trauben zu welken und fallen ab (Stielfäule). Erfolgt der Befall jedoch zur Zeit der Vollreife durch nebelfeuchte Herbstwitterung, durchlöchert der Pilz die Beerenschale, Flüssigkeit verdunstet, Zucker und Säure werden konzentriert (Edelfäule). Dadurch können hochwertige Prädikatsweine entstehen. Vorbeugend kann durch Laubarbeit und begrenzten Einsatz von Stickstoffdünger sowie durch Spritzen mit speziellen Botrytis-Bekämpfungsmitteln der unerwünschte Schimmelbefall bekämpft werden. Bei blauen Trauben ist ein Botrytis-Befall jedenfalls unerwünscht, da ein Farbstoffverlust entsteht und auch ein Essigstich an den Beeren auftreten kann.

Beginnender Botrytisbefall bei Grünem Veltliner

- **Roter Brenner:** Pilzkrankheit der Rebe, die die Blätter befällt und deren Hauptadern verstopft. Die Blätter der weißen Rebsorten werden gelbbraun, die der roten Sorten bekommen rubinrote Flecken und sterben in weiterer Folge ab. Dadurch werden die Trauben in ihrer Reifeentwicklung gehemmt. Die Bekämpfung erfolgt mit Sprühmitteln auf Kupferbasis und Fungiziden wie beim falschen Mehltau.

Roter Brenner

Schädlinge

Sauerwurm

- **Traubenwickler (Heu- und Sauerwurm):** Die erste Generation der Traubenwickler (der Heuwurm) befällt im Mai/Juni die Blüten, wo sie sich in deren Innerem verpuppen. Im Juli/August entsteht die zweite Generation (der Sauerwurm). Die entwickelten Raupen verletzen die noch unreifen Beeren und es kommt zur Bildung des Schimmelpilzes Botrytis (Sauerfäule). In der Regel wird erst der Sauerwurm, nicht der Heuwurm, durch Phosphorsäureester-Produkte oder durch nützlingsschonende Präparate bekämpft.

Zigarrenwickler

- **Rebstecher (Zigarrenwickler):** Der Rebstecher tritt im Frühjahr auf und verursacht Knospenfraß und Lochfraß an jungen Blättern. Weiters sticht er Blattstiele an, legt Eier auf die welkenden Blätter und rollt diese zigarrenförmig zusammen. Chemische Sprühmittel werden bei massivem Befall eingesetzt.
- **Rote Spinne:** Die Larven der Roten Spinne saugen an den Blättern des Rebstocks. Dies führt zu einer Blattzerstörung und somit zur Wuchshemmung, geringerem Traubenansatz, Assimilationsstörungen und Reifeverzögerungen. Die Bekämpfung erfolgt zum Teil mit chemischen Mitteln oder durch den Einsatz von Raubmilben, die die Spinnmilben aussaugen.
- **Kräuselmilbe:** Durch Einstiche und Saugtätigkeit der Milben an Trauben und Blättern verkümmern diese und schwächen somit das Wachstum der Rebe. Bei starkem bzw. mehrjährigem Befall führt dies zum Absterben des Rebstocks. Die Bekämpfung erfolgt meist im März mit Netzschwefel oder Austriebsspritzmitteln (Winterspritzung).
- **Pockenmilbe:** Blasenförmige, grün-, lila- oder rotgefärbte Aufwölbungen an der Blattoberseite verbunden mit einer Haarfilzentwicklung an der Blattunterseite kennzeichnen den Pockenmilbenbefall. Im Zuge der Austriebsspritzung wird auch gleichzeitig die Pockenmilbe bekämpft (siehe Kräuselmilbe).

Pockenmilbe

Junge Triebe werden während der Vegetationszeit ständig im Drahtrahmen fixiert, damit sie nicht abbrechen. Wasserschosse werden vom Rebstamm entfernt. Um dem Rebstock Licht und Luft zu verschaffen, werden immer wieder Laubarbeiten, wie das Entfernen der Geiztriebe (Seitentriebe der Sommertriebe), das Gipfeln (Kürzen überlanger Triebe) oder das Freistellen der Traubenzone, durchgeführt.

Weintraube

Die Weintraube ist der Fruchtstand der Weinrebe – vor der Befruchtung nennt man den Fruchtstand Geschein. Die Weintraube besteht aus dem verschieden stark verzweigten Kamm (Stiel, Traubengerüst) und den Weinbeeren.

Traubengerüst

Das Traubengerüst ist je nach Rebsorte verschieden und ist für die Größe und die Form der Weintrauben entscheidend. Die Form kann walzenförmig, walzenförmig gegabelt (mit Beitraube), konisch, geschultert und verzweigt (verästelt) sein.

Weinbeere

Die Weinbeeren sind je nach Rebsorte, Wachstumsbedingungen und Dichte rund, oval oder länglich und können verschieden angeordnet sein. Die Weinbeeren bestehen aus der Schale (Haut, Hülse oder Balg), dem Fruchtfleisch und einem bis vier Kernen, die während der Vollreife vom Mark (Butzen) umgeben sind. Von wenigen Ausnahmen abgesehen (z. B. Färbertraube) befindet sich der Farbstoff nur in der Schale. Helle Beeren (gelbe oder grüne) enthalten den Farbstoff Chlorophyll. Der Farbstoff der dunklen (roten oder blauen) Trauben heißt Oenin und ist nur durch Alkohol (Gären der Rotweinmaische) oder hohe Temperatur (z. B. beim thermischen Verfahren) löslich. Daher erhält man bei sofortigem Abpressen von dunklen Trauben Weißwein.

Die Schale ist mit einem zarten Wachsbelag (Kutikula) bedeckt, der die Beerenfarbe etwas dämpft und die Beeren wasserabstoßend macht. Die Schale enthält außerdem etwas Gerbsäure, genauso wie die Kerne. Das Fruchtfleisch besteht aus 70 bis 90 Prozent Wasser, 17 bis 30 Prozent Fruchtzucker (Fruktose) sowie Traubenzucker (Dextrose), 0,5 bis 2 Prozent Mineralstoffen, Apfel-, Wein- und Bernsteinsäure, Gerbsäure, Eiweißstoffen, Stickstoff, Aroma- und Geschmacksstoffen, Vitamin A, B und C sowie Zellulose.

Blatt

Das Blatt spielt bei den verschiedenen Stoffwechselvorgängen in der Rebe und bei besonderen Reifungsprozessen in der Traube eine entscheidende Rolle. Dabei sind drei wichtige Aufgaben, nämlich

die Assimilation, die Dissimilation und die Regulierung des Wasserhaushalts der Pflanze, zu erfüllen.
Das Blatt besteht aus Blattgrund, Blattstiel und Blattspreite. Der Blattgrund sitzt auf dem Rebknoten und geht in den Blattstiel über. Ausgehend vom Blattstiel durchziehen die Blattspreite drei bis fünf deutlich sichtbare Blattnerven (Blattadern). Sie verleihen dem Blatt Festigkeit, beliefern sein Gewebe mit Wasser und Nährstoffen und leiten die Assimilate ab. Die Blätter sind am Trieb wechselseitig angeordnet und weisen je nach Rebsorte bestimmte Merkmale auf. Sie sind drei-, fünf- oder selten siebenlappig und schwach bis sehr tief eingeschnitten. Der Blattrand hat spitze oder stumpf abgerundete Blattzähne. Die Blattoberseite ist bei den meisten Sorten unbehaart und glatt, selten leicht behaart und rau. Die Unterseite ist entweder borstig behaart, mit einem zarten Haarfilz versehen oder auch nahezu unbehaart.

DIE WEINERZEUGUNG

Weinlese

Der Zeitpunkt der Traubenernte kann von mehreren Faktoren abhängen bzw. es kann einen offiziell festgelegten Lesetermin geben. Gibt es keinen vorgegebenen Termin, dann bestimmt der Winzer die Lese je nach Witterung, dem Gesundheitszustand der Trauben und ihrem Verwendungszweck sowie nach optischer Begutachtung und Messung des Reifegrades der Trauben (Zucker- und Säuregehalt). Der Zuckergehalt in den Beeren wird mit dem Handrefraktometer gemessen; während der Zuckergehalt steigt, nimmt der Säuregehalt kontinuierlich ab. Die Bestimmung des Säurewertes in den Beeren ermöglicht dem Winzer Rückschlüsse auf das Reifestadium der Trauben und bestimmt somit den optimalen Lesetermin.
Nach dem Reifegrad der Trauben werden folgende Stadien unterschieden.

- Bukettreife: ist jener Reifegrad der Trauben, bei dem das Bukett der Sorte am besten zur Geltung kommt.
- Vollreife: Sie tritt ein bis zwei KMW-Grade nach der Bukettreife auf. Bei schönem trockenem Herbstwetter wird über die Assimilation ein optimaler Zuckergehalt erreicht. Der Säuregehalt ist niedriger und meist harmonischer als bei der Bukettreife.
- Überreife: mit oder ohne Edelfäule (Botrytis cinerea). Bleiben die Trauben über die Vollreife hinaus am Rebstock hängen, werden die daraus erzeugten Weine als „Prädikatsweine" bezeichnet. Bei trockenen und warmen Witterungsbedingungen, in Verbindung mit Morgennebel und Tau, kann ein Konzentrationsprozess in den Beeren auftreten. Der Edelfäulepilz durchlöchert die Beerenhaut und ermöglicht eine Flüssigkeitsverdunstung. Diese natürliche

Konzentration führt zu rosinenartig eingeschrumpften Beeren. Die daraus erzeugten Weine weisen höchste Güte auf. Zur Erzeugung von Eisweinen können gesunde Trauben bis zur Frosteinwirkung am Rebstock belassen werden. Die Trauben werden bei einer Temperatur von mindestens minus 7 °C im gefrorenen Zustand geerntet und gepresst. Man gewinnt hoch konzentrierten Most, da das Wasser in Form von Eis in den Trestern zurückbleibt.

Nicht alle Rebsorten machen zum selben Zeitpunkt die gleichen Reifestadien durch. Man unterscheidet daher früh-, mittel- und spätreifende Traubensorten.

Frühreifende Rebsorten: Bouvier, Müller-Thurgau (Rivaner), Blauer Portugieser.
Mittelreifende Rebsorten: Chardonnay, Muskat Ottonel, Grüner Veltliner, Neuburger, Sauvignon Blanc, St. Laurent, Pinot Noir (Blauer Burgunder), Blauer Zweigelt, Riesling, Weißburgunder, Ruländer.
Spätreifende Rebsorten: Welschriesling, Gelber Muskateller, Traminer, Furmint, Zierfandler, Rotgipfler, Cabernet Sauvignon, Blaufränkisch, Merlot.

Verschiedene Kulturmaßnahmen sowie Ertrag, Bodenlage und Klima nehmen auf das Reifeverhalten der Traubensorten großen Einfluss.

Möglichkeiten der Traubenlese

Sorgfältige Traubenernte

Manuelle Lese

Die Traubenernte wird großteils händisch durchgeführt. Sie ist sehr zeitaufwändig, aber selektiv und oft die einzige Möglichkeit, wenn die Weinstöcke an Steilhängen oder Terrassen angepflanzt sind. Qualitätsweinerzeuger legen größte Aufmerksamkeit auf die Behandlung der Frucht bei der Ernte. Nur vollreifes, gesundes Traubenmaterial wird verwendet, damit die Oxidation (Braunfärbung) bzw. die Gärung nicht zu früh einsetzt. Um die Trauben möglichst unbeschädigt zur Weiterverarbeitung zu bringen, werden Kisten aus Kunststoff verwendet. Bei hohen Außentemperaturen oder bei langen Transportwegen kann das Lesegut auch gekühlt werden. In südlichen Ländern findet bei sehr warmen Temperaturen die Lese vom frühen Morgen bis zum späten Vormittag statt. In vielen Weinbaugebieten Europas sind Größe und Form der Transportbehälter vorgeschrieben. Traditionelle Behältnisse sind Butten, Kisten und Bottiche (aus Kunststoff), aber auch Erntewagen bzw. Wagen, die mit Planen ausgelegt sind.

Stapelbare Transportkisten

Maschinelle Lese

Für den Einsatz von Erntemaschinen müssen die Weingärten entsprechend angelegt sein. Auch die Reberziehung muss abgestimmt sein. Bei der maschinellen Lese werden die Rebstöcke geschüttelt, die Beeren und die einzelnen Trauben fallen ab. Ein vollkommen gesundes Traubengut ist für den Einsatz von so genannten Vollerntern Voraussetzung. Fremdmaterial, wie Blätter, Triebe, Insekten, Schnecken, unreifes bzw. gefaultes Traubengut, ist im Erntegut vorhanden. Die Vorzüge der Handselektion können maschinell natürlich nie erreicht werden. Demgegenüber bietet die maschinelle Lese eine rasche Ernte (zwei Hektar pro Stunde), geringere Erntekosten (von den Anschaffungskosten der Erntemaschine abgesehen) und die Möglichkeit eines 24-Stunden-Betriebes. So kann die Lese auch in der Nacht bei kühleren Temperaturen erfolgen.

Erntemaschine

Feldpressen (kontinuierliche Schneckenpresse) werden mit einer Zugmaschine (einem Traktor) angetrieben. Die Trauben werden sofort nach der Ernte gepresst. Die Trester fallen nach unten und dienen dem Weingarten als Dünger. Nachteile dieser Methode sind die hohe mechanische Belastung des Traubengutes, keine genaue Einteilung der Mostfraktion sowie die Entstehung eines hohen Tannin- und Trubstoffgehaltes im Traubenmost. Feldpressen werden daher in der Qualitätsweinproduktion kaum eingesetzt.

Bei der Lese werden die Trauben bis auf wenige Ausnahmen sortenrein geerntet und zur Weiterverarbeitung zum Presshaus gebracht. Die Weinbereitung wird auch **Vinifizierung** genannt.

Weinbereitung (Vinifizierung)

Weißweinerzeugung

Weißweine werden aus weißen, aus roten, aber auch aus blauen Trauben (siehe Claretweinbereitung) erzeugt. Die Verarbeitung der Trauben wird in den Betrieben unterschiedlich gehandhabt.

Anaerobe Weinproduktion: Die Oxidation wirkt sich bei der Weißweinerzeugung schwerwiegender aus als bei der Rotweinerzeugung. Aroma und Geschmack sowie die Fruchtigkeit des Weißweines werden durch eine Oxidation negativ verändert. Schon bei der Lese versuchen die Winzer die Wirkung des Sauerstoffes auf die frisch geernteten Trauben bzw. in weiterer Folge auf die Maische zu verhindern, indem sie Schwefeldioxid, meist als Kaliumpyrosulfitpulver, darauf streuen. Schwefel ist ein Antiseptikum und er kontrolliert die Hefe- und Bakterienaktivität. Um den Sauerstoff aus den Rohrleitungen und Tanks zu entfernen, wird auch Inertgas verwendet. Kohlenstoffdioxid ist schwerer als Luft und somit geeignet, Behälter vor dem Füllen mit Wein frei von Verunreinigungen zu machen. Weiters wird Stickstoff verwendet. Er ist beim Umpumpen des Weines und beim Abschluss bereits gefüllter Tanks sehr hilfreich.

Hyperoxidation: Diese Technik stellt das Gegenteil zur anaeroben Weinproduktion dar. Sauerstoff ist erwünscht, da er die hochsensiblen Elemente im Most zerstört und die Vermehrung von Hefezellen beim Gärbeginn beschleunigt. Dadurch ergibt sich eine positive Wirkung auf die Entwicklung bestimmter Geschmacksstoffe. Der Wein oxidiert nicht so schnell und bleibt stabil. Der Sauerstoff ist auch für den Reifeprozess im Holzfass von Vorteil.

Rebeln (Entrappen, Abbeeren) – Maischen

Rebler

Die Trauben werden in einem Rebler von den Stielen befreit. Der Rebler besteht aus einem sich drehenden Zylinder und einer sich ebenfalls drehenden Stachelwalze. Die Stiele werden ausgeschieden und die Beeren gleichzeitig durch Walzen gequetscht (gemaischt). Dadurch kann der Saft, der den höchsten Zucker- bzw. Säuregehalt und den niedrigsten Tanningehalt hat, frei abfließen. Die gerbstoffreichen Stiele (Kämme) dürfen nicht in die Maische gelangen, da sie dem Wein einen bitteren Geschmack verleihen. Die Maische kann entweder anschließend in die Presse oder zur besseren Auslaugung von Aroma- und Extraktstoffen je nach Sorte einige Stunden in Behälter gepumpt werden. Zum Auslaugen (Mazeration) wird nur gesundes oder edelfaules Material verwendet. Um die Maische vor Lufteinwirkung (Oxidation) und schädlichen Mikroorganismen zu schützen, kann Schwefeldioxid beigegeben werden. Diesen Vorgang nennt man Schwefeln. Der nach dem Auslaugen aus diesen Behältern abfließende Traubensaft wird als Seihmost bezeichnet. Eine Quetschung der Trauben erfolgt oft auch mit einer Pumpe, die sie dann direkt in die Presse befördert.

Ganztraubenpressung

Bei den heute beliebten frischen, fruchtigen und leichten (reduktiv ausgebauten) Weißweinen werden die Trauben nicht gerebelt, sondern im Ganzen gepresst. Die Maische wird nicht stehen gelassen. Dadurch wird verhindert, dass der Most Geschmacks- und Extraktstoffe aus den Traubenschalen annimmt. Zu diesem Zeitpunkt erfolgt manchmal auch die Zugabe von pektolytischen **Enzymen.** Diese Wirkstoffe dienen der Aufschlüsselung von traubeneigenen Pektinverbindungen, und zwar bei Sorten mit sehr festem Fruchtfleisch (z. B. beim Neuburger). Pektine sind Stärkeverbindungen im pflanzlichen Speichergewebe. Pektolytische Enzyme werden auch beim Stehenlassen (Auslaugen) der Maische sowie bei der Rotweinerzeugung verwendet. Durch die weichere Beerenhaut findet eine bessere Auslaugung der Farbstoffe statt. Aroma freisetzende Enzyme werden auch nach der Hauptgärung zum Beispiel beim Traminer, beim Muskat und beim Sämling 88 zugesetzt. So entsteht ein intensiver Rosenduft im Wein.

Pressen – Keltern

Von den Abseihbehältern kommt die vorentsaftete Maische in die Presse, um den restlichen Saft von den festen Bestandteilen zu trennen. Der beim ersten Pressvorgang gewonnene Most heißt Pressmost, der durch nochmaliges Auflockern (Scheitern) des Presskuchens gewonnene gerbstoffreichere Most wird als Scheitermost bezeichnet. Der feste Rückstand aus Beerenhäuten, Fruchtfleisch und Kernen wird Trester genannt. Die verschiedenen Mostqualitäten (Seih-, Press- und Scheitermost) werden in Qualitätskellereien getrennt weiterverarbeitet.

Es gibt verschiedene Arten von Pressen:
Vertikalpresse (Korbpresse): Die heute meist hydraulisch angetriebenen Unterdruck- oder Oberdruckpressen arbeiten langsam und ineffizient. Der Most ist zwar von guter Qualität, die Gefahr der Oxidation ist aber groß. Die für die Erzeugung von Champagner verwendeten Pressen arbeiten nach diesem Prinzip.
Horizontale Spindelpresse: In einem horizontal gelagerten rotierenden Presszylinder drückt eine auf einer Spindel sich mitdrehende Platte das Pressgut gegen eine fest stehende Endplatte. Es gibt auch die Möglichkeit, dass sich zwei Platten in dem sich drehenden Korb aufeinander zu bewegen. Die Aufeinanderfolge der Pressvorgänge ist automatisiert. Die mechanische Belastung des Keltergutes ist hoch; auch die Möglichkeit der Oxidation des Mostes besteht.
Pneumatische Horizontalpresse (Membranpresse): Ein im Presskorb untergebrachter, nach und nach aufblasbarer Gummiballon (Schlauch) drückt die Maische gegen die Korbwände. Pneumatische Pressen arbeiten mit weniger Druck (max. zwei Bar), dadurch werden die Beeren schonend ausgepresst. Der Most hat eine höhere Qualität, da weniger Farb- und Trubstoffe sowie eine geringere Oxidation entstehen.

Pneumatische Horizontalpresse

Tankpresse: Die Tankpresse ist bis auf eine Austrittsöffnung für den abgepressten Most geschlossen. Die Trauben bzw. die Maische wird pneumatisch und somit sehr schonend abgepresst. Die Pressvorgänge sind computergesteuert. Die Tankpresse kann mit Schutzgas befüllt werden, um das Einwirken von Luftsauerstoff zu verhindern. Auch ein Stehenlassen der Maische in der Presse ist daher möglich.

Tankpresse

Kontinuierliche Schneckenpresse: Sie funktioniert nach dem Fleischwolfprinzip und findet vor allem in der Tafelweinproduktion Verwendung. Die Trauben werden von einer Schnecke, deren

Umfang gegen das Ende hin kleiner wird, kontinuierlich durch die Presse geschoben. So wird das Pressgut entsaftet. Der Most wird in verschiedenen Zonen aufgefangen, die Trester werden automatisch ausgeschieden.

Bandpresse: Walzen-Doppelband-Pressen finden im Weinbau selten Verwendung; wenn, dann vorwiegend in Großbetrieben bzw. bei der Obstverarbeitung. Die Maische wird kontinuierlich zwischen zwei Stahlbändern, die auf Walzen laufen, entsaftet. Das untere Förderband ist perforiert, sodass der Saft abfließen kann. Der Tresterauswurf erfolgt automatisch. Die Saftausbeute des Pressgutes kann durch Druck geregelt werden.

Mostbehandlung

Vorklären des Mostes

Wenn der Most von der Presse fließt, enthält er verschiedene Unreinheiten, so genannte Trubteilchen, wie Kerne, Beerenschalen, Fruchtfleischteilchen und Staub. Er muss daher geklärt werden. Üblicherweise lässt man den Most in einem Klärbehälter einige Stunden kühl stehen; er setzt sich ab. Eine schnellere, aber nicht so schonende Methode ist das Entfernen der Trubstoffe mit Zentrifugen (Separatoren). In der Fachsprache nennt man diesen Vorgang der Mostklärung auch Entschleimen. Angestrebt wird dabei eine reintönige Vergärung des Mostes. Zu diesem Zeitpunkt könnte bereits eine Schönung mit Bentonit erfolgen (siehe Weinstabilisierung bzw. Weinschönung).

Mostentsäuern

Bei schlechtem Reifegrad der Trauben, der vor allem in den nördlichen Weinbauländern anzutreffen ist, ist in manchen Jahren eine Mostentsäuerung vorzunehmen. Weinsäure und Apfelsäure sind dazu die wichtigsten Säuren. Bei der Entsäuerung mit kohlensaurem Kalk wird nur ein Teil der Weinsäure ausgefällt (67 Gramm kohlensaurer Kalk in 100 Liter Most vermindern die Weinsäure um ein Promille).

Die Doppelsalzentsäuerung ermöglicht das Ausfällen der Wein- und der Apfelsäure. Die Entsäuerung soll nur bei Mosten mit einem Gesamtsäuregehalt über zehn Promille durchgeführt werden. Bei höherem Säuregehalt vergären die Moste reintöniger. In der Regel wird die Entsäuerung bei Jungweinen durchgeführt (siehe Jungweinentsäuerung)

Laut EU-Recht ist in bestimmten Weinbauzonen ein Säurezusatz (Wein- und Apfelsäure) mit einem Gesamtwert von 1,5 Gramm/Liter erlaubt.

Mostaufbesserung, Mostanreicherung (Chaptalisation)

Besteht im Most ein natürlicher Mangel an Zucker infolge eines klimatisch schlechten Weinjahres, darf dem Most Zucker oder Traubendicksaft beigefügt werden. Das Anreichern unterliegt in der EU strengen Bedingungen und ist in einigen Weinbauländern verboten. In den Mitgliedstaaten der EU ist eine natürliche Erhöhung des Alkoholgehaltes durch Zugabe von Zucker zugelassen, wenn es die Witterungsverhältnisse erforderlich machen. Im österreichischen Weingesetz wird nicht von Aufbesserung, sondern von Anreicherung bzw. Alkoholerhöhung des Mostes gesprochen. Alle Angaben erfolgen in „% Alkohol“, wobei es vier verschiedene Alkoholangaben gibt.

Bestimmung des Zuckergehalts

Für jede Anreicherung ist eine exakte Bestimmung des Zuckergehaltes im Most Voraussetzung. Dafür werden unterschiedliche Messsysteme (Mostwaagen) in den Weinbauländern verwendet:

Klosterneuburger Mostwaage (KMW) in Österreich und Italien (Babo-Grade).
Oechslewaage in Deutschland, in der Schweiz und in Luxemburg.
Balling- und Brixmostwaage in den englischsprachigen Ländern.
Baumé-Mostwaage in Frankreich und Spanien.

Beispiel:
1 °KMW oder 5 °Oechsle = 1 Kilogramm (1 %) Zucker in 100 Kilogramm Most.
Um die Erhöhung des Mostgewichtes um 1 °KMW bzw. 5 °Oechsle zu erreichen, sind 1,3 Kilogramm Zucker nötig.

Der Alkoholgehalt wird in vier verschiedenen Angaben definiert. Die Angaben erfolgen üblicherweise in Volumprozenten, auch Gewichtsprozente sind möglich.
Vorhandener Alkoholgehalt: der tatsächlich im Most bzw. im Wein vorhandene Alkohol.
Potenzieller Alkoholgehalt: der (noch) vorhandene Zuckergehalt in Alkohol umgerechnet, wenn vollständig vergoren werden würde.
Umrechnung: Gramm Zucker pro Liter x 17 = Vol.-% Alkohol.
Gesamtalkoholgehalt: vorhandener und potenzieller Alkoholgehalt zusammen.
Natürlicher Alkoholgehalt: Gesamtalkoholgehalt vor jeglicher Anreicherung.

	Mindestwerte vor der Anreicherung °KMW = Vol.-% nat. Alkoholgehalt		Anreicherung maximal um	Maximalwerte nach der Anreicherung °KMW = Vol.-% nat. Alkoholgehalt	
Tafelwein weiß/rosé	10,6	6,0	2,5 Vol.-% = ca. 3,2 °KMW = ca. 4,25 kg Zucker/hl Bei besonders ungünstiger Witterung kann die EU eine Anreicherung um maximal 3,5 Vol.-% = ca. 4,5 °KMW = ca. 5,95 kg Zucker/hl zulassen.	18,1	12,0
Tafelwein rot	10,6	6,0		18,7	12,5
Landwein weiß/rosé	14,0	8,7		19,0	12,8
Landwein rot	14,0	8,7		20,0	13,6
Qualitätswein weiß/rosé	15,0	9,5		19,0	12,8
Qualitätswein rot	15,0	9,5		20,0	13,6

Mindestmostgewichte

Tafelwein: mindestens 6 Vol.-% bzw. 10,6 °KMW. Es ist zu beachten, dass der „fertige“ Tafelwein mindestens 8,5 Vol.-% bzw. 13,8 °KMW erreichen muss.
Landwein: mindestens 8,7 Vol.-% bzw. 14 °KMW.
Qualitätswein: mindestens 9,5 Vol.-% bzw. 15 °KMW.

Mostkonzentrierung

Der Most für Tafel-, Land- und Qualitätswein darf auch durch teilweise Konzentrierung angereichert werden. Die zulässigen Verfahren sind Vakuumdestillation, Umkehrosmose und Kälteeinwirkung (Ausfrieren des Wasseranteils). Bei der Konzentrierung darf nur um 2 Vol.-% (ca. 2,5 °KMW) angereichert und maximal 20 Prozent des Volumens entzogen werden. Eine Ausnahme gibt es für das französische Weinbaugebiet Sauternes. Hier ist das Einfrieren von Trauben zulässig.

Wie in der Tabelle ersichtlich, ergeben sich unterschiedliche Anreicherungswerte.
Tafelwein (weiß und rosé): max. bis 12,0 Vol.-% bzw. 18,1 °KMW.
Tafelwein (rot): max. bis 12,5 Vol.-% bzw. 18,7 °KMW.
Landwein (weiß und rosé) und Qualitätswein (weiß und rosé): max. bis 12,8 Vol.-% bzw. 19 °KMW.
Landwein (rot) und Qualitätswein (rot): max. bis 13,6 Vol.-% bzw. 20 °KMW.

Kabinett- und Prädikatsweine dürfen nicht angereichert werden.

Wird einem als Qualitätswein bezeichneten angereicherten Wein die Prüfnummer nicht gewährt oder ein Landwein beanstandet, darf dieser Wein nur dann als Tafelwein in den Verkehr gebracht werden, wenn der Gesamtalkohol den Tafelweinwerten entspricht. Überschreiten solche Weine den Gesamtalkoholgehalt von 12 bzw. 12,5 Vol.-%, so muss dieser z. B. durch Verschnitt auf die geforderten Werte abgesenkt werden.

Zur Anreicherung darf immer nur eine Methode angewendet werden, Kombinationen sind nicht erlaubt.

	Frische Trauben	Trauben-most	Sturm	Jung-wein	Tafel-wein
Verfahren					
Zusatz von Zucker (Saccharose)	+	+	+	+	
Zusatz von Mostkonzentrat (Traubendicksaft)	+	+	+	+	
Zusatz von rektifiziertem Traubenmost-konzentrat (RTK)	+	+	+	+	
Konzentrierung (Vakuumdestillation, Umkehrosmose, Kälte)		+			(nur Kälte)

Gärung

Unter alkoholischer Gärung versteht man einen biochemischen Vorgang, bei dem durch Enzyme Zucker in Alkohol und Kohlendioxid umgewandelt wird. Es entsteht Wärme. Die Enzyme, die die Gärung hervorrufen, stammen von Hefepilzen. Beim Gärungsprozess bilden sich auch Nebenprodukte wie Glyzerin, Bernsteinsäure und Bukettstoffe. In der Natur vorkommende Hefen gelangen schon mit den Weintrauben in den Most, sodass es von selbst zur Gärung kommt (Spontangärung). Da diese Gärung relativ langsam in Gang kommt bzw. um den Gärungsprozess kontrolliert ablaufen zu lassen, werden dem Most Kulturhefen, so genannte Reinzuchthefen, zugesetzt, die die Gärung sofort einleiten und positiv beeinflussen können.

Die Gärung teilt sich in drei Phasen. Bei der ersten Phase (Angären), die einen bis zwei Tage dauert, kommt es zu einer starken Hefevermehrung und bereits zu leichter CO_2-Entwicklung. Dabei werden die Trubstoffe im Most an die Oberfläche gedrückt. Die Hauptgärung (stürmische Gärung) erkennt man daran, dass Kohlendioxid unter starkem Schäumen und Brausen entweicht. Der Most bekommt ein lehmfarbiges, milchig trübes Aussehen und einen süßlichen Geschmack und erwärmt sich, je nach Stärke der Gärung unterschiedlich. Dieses moussierende Getränk wird in Österreich **Sturm,** in Deutschland **Federweißer** oder **Sauser** genannt.
Bei einem unkontrollierten Gärverlauf kann die Gärung sehr rasch vor sich gehen. Dabei kann es zu einer Temperaturentwicklung bis zu 40 °C kommen. Wird eine Temperatur von 35 °C überschritten, so „versiedet" der Wein; er kann verderben. Da eine langsamere Gärung für die Entwicklung des Weines vorteilhaft ist, wird die Gärung heute durch Kühlung geregelt. Die Hauptgärung dauert fünf bis

sieben Tage. Die Idealtemperatur bei Weißwein liegt zwischen 15 und 20 °C. Die moderne Kellertechnologie bedient sich daher der temperaturgesteuerten (gekühlten) Gärung.
Bei höheren Temperaturen (25–30 °C) verläuft der Gärungsprozess sehr stürmisch. Mit dem schnellen Entweichen von CO_2 gehen dem Wein viele wertvolle Aromastoffe und aromatische Gärprodukte verloren. Verläuft der Gärprozess bei niedrigen Temperaturen, arbeiten die Hefen langsam und bewirken eine wesentlich bessere Bukettausbildung. Da bei sehr großen Gärtanks die extrem hohe Gärtemperatur die Gärung bis zu einem Gärstopp negativ beeinflussen kann, muss der Behälter gekühlt werden. Bei hohen Temperaturen sind die gärenden Moste empfindlich gegen bakterielle Infektion (vor allem Milch- und Essigsäurebakterien), aber auch der Alkohol kann sich zum Teil verflüchtigen.
Dann tritt eine ruhigere Phase, die so genannte Nachgärung (stille Gärung), ein. Diese kann bis zu fünf Wochen dauern. Nun entwickelt der Wein seine Bukettstoffe. Während der Gärung kommt es, wie bereits erwähnt, zu einer sehr starken Kohlensäureentwicklung (Gärgas). Dieses CO_2 entweicht durch den Gärtrichter (Gärspund) aus dem Fass oder Gärbehälter. Der Gärtrichter ist so konstruiert, dass die Kohlensäure zwar entweichen kann, der Luftzutritt zum gärenden Most jedoch verhindert wird.
Die Gärung wird beendet, wenn der Zuckervorrat im Most zu Ende geht (bei trockenem Wein) oder wenn die Hefezellen durch die wachsende Konzentration des Alkohols absterben. Das ist bei etwa 13–15 Vol.-% Alkohol der Fall. Es gibt auch alkoholverträgliche Hefestämme, die Weine mit bis zu ca. 16 Vol.-% Alkohol ermöglichen. Weine mit diesem hohen Alkoholgehalt gelten als mikrobiologisch stabil. In der Jugendphase präsentieren sie sich sehr alkohollastig und sind daher erst nach längerer Reife genussfähig (Aperitifweine).
Der noch unvergorene Zucker bleibt als Restzucker im Wein (z. B. bei Prädikatsweinen). Zur Erhaltung eines natürlichen Zuckerrestes kann die Gärung durch Abkühlen auf unter 4 °C gestoppt werden. Die Hefezellen stellen den Gärprozess ein, sterben aber nicht ab. Weiters kann durch Filtration, durch Separatoren, durch Pasteurisieren oder durch eine gesetzlich erlaubte SO_2-Dosis die Gärung gestoppt werden.
Nach der Gärung ist der Most zum Jungwein geworden. Die Fässer werden nun immer wieder mit Jungwein möglichst gleicher Herkunft, Rebsorte, Qualitätsstufe und gleichen Jahrgangs aufgefüllt oder spundvoll gehalten, um eine weitere Oxidation zu verhindern.

Jungweinbehandlung

Abziehen vom Geläger (erster Abstich)

Nach Beendigung der Gärung setzen sich die abgestorbenen Hefe und die Trubstoffe als Bodensatz (Geläger) am Boden des Gärbehälters ab. Der fast klare Jungwein wird vom Gärbehälter

Erster Abstich

in den Lagerbehälter gepumpt, wobei meist auch eine Filtration des Weines durchgeführt wird. Durch zu spätes Umziehen des Jungweines können Fehlaromen, bedingt durch den Zerfall der abgestorbenen Hefezellen, entstehen (Böckser). In diesem Stadium ist der Wein (außer Süßwein) trocken. Das heißt, dass kein vergärbarer Zucker (Restzucker) im Wein enthalten ist. Die bei trockenen Weinen als Restzucker angegebenen Werte sind unvergärbare Substanzen.

Möglichkeiten der Weinklärung

- Selbstklärung: Bei dieser Art der Weinklärung wird auf das natürliche Absetzen der Trubteilchen nach dem Gärende gewartet. Bis der gewünschte Kläreffekt erreicht ist, kann die Klärung 4–6 Wochen dauern.
- Separatoren: Durch Nutzung der Fliehkraft wird eine mechanische Klärung des Weines vollzogen. Separatoren werden meist nur in Großbetrieben eingesetzt.
- Kieselgurfiltration: Diese ist eine Anschwemmfiltration, bei der große Mengen von Trub entfernt werden können. In Puderform aufbereitete Kieselerde wird in den Weinstrom geleitet und bildet an der Filterplatte eine Schicht, durch die der Wein gefiltert wird.
- Schichtenfiltration: Schichtenfilter werden sowohl zur Klärung des Weines (Vorfiltration) als auch zur Entkeimungs- oder Sterilfiltration bei der Flaschenfüllung eingesetzt. Je nach Filtrierart werden Filterschichten mit unterschiedlicher Porengröße aus Zellulose und Kunstfasern verwendet.
- Membranfilter: Die Membranfiltration wird hauptsächlich für die Steril- bzw. Entkeimungsfiltration eingesetzt. Kunststoffmembrane mit unterschiedlich angeordneter Porengröße ermöglichen jede gewünschte Klärstufe.
- Cross-Flow-Filtration: Mit diesem Verfahren kann aus einem gärtrüben Jungwein ein klarer, füllfertiger Wein produziert werden. Die im Cross-Flow-Filtergerät verwendete Filterpatrone enthält

Membranfilter

auf kleinstem Raum eine maximale Membranfläche aus asymmetrisch aufgebauten, hohlen Membranfasern aus Kunststoff. Der trübe Wein fließt durch das Innere der Fasern, wobei der klare Wein durch die Membran dringt, während die Trubstoffe an der Membran festgehalten werden.

- Mehrfaches Umziehen: Anstelle der strapaziösen Filtration wird der Wein alle drei bis vier Monate schonend von einem Fass in das andere „umgezogen". Diese Art der Weinklärung wird vor allem bei besten Rotweinqualitäten angewendet.

Schwefeln

Gleichzeitig mit dem Umziehen erfolgt das Schwefeln des Weines mit Kaliumpyrosulfit (SO_2). Dem Jungwein werden etwa 50 mg SO_2 pro Liter zugegeben. Der freie SO_2-Gehalt wird so auf ca. 30 mg/l eingestellt und stabil gehalten, um eine Oxidation zu verhindern. Das der Traubenmaische zugegebene SO_2 wird zum Teil während der Gärung durch das entstehende Kohlendioxid ausgetrieben oder auch an Gärnebenprodukte (Acetaldehyd oder diverse Säuren) gebunden. Es wird dann als gebundenes SO_2 bezeichnet. Dies hat keine oxidationshemmende oder konservierende Wirkung. Die übrigen Teile werden als freies SO_2 bezeichnet; sie zerstören Bakterien und Enzyme. Eine Schwefelung des Weines ist weltweit üblich, da der Wein sonst nicht haltbar wäre und sein Bukett nicht entfalten könnte. Nach dem Abziehen des Jungweines müssen die Gebinde ständig spundvoll gehalten werden, um dem Wein keinen Sauerstoffkontakt zu geben. Das Auffüllen erfolgt meist mit Weinen gleicher Qualität.

Jungweinentsäuerung

Um Wein mit zu hohem Säuregehalt harmonischer zu machen, sind folgende Möglichkeiten der Entsäuerung erlaubt:

- Verschnitt mit säurearmen Weinen.
- Chemische Entsäuerung:
  - Entsäuerung mit kohlensaurem Kalk (siehe Mostentsäuerung).
  - Entsäuerung mit Spezialkarbonaten (Doppelsalzentsäuerung; Reduktion der Wein- und Apfelsäure).
  - Entsäuerung mit Kaliumbikarbonat.

  Wenn Säurewerte von über 10 ‰ im Wein vorhanden sind, kommt man mit einer einfachen Kalkentsäuerung nicht aus. Die Wein- und Apfelsäure muss vermindert werden. Dabei wird einer Teilmenge eines bestimmten Weines mittels Spezialentsäuerungskalk die Weinsäure und der äquivalente Anteil an Apfelsäure entzogen und in Form eines Doppelsalzes ausgefällt. Nach etwa 20 Minuten wird der Wein vom Kristalltrub mittels Filtration getrennt und der Rückverschnitt mit der Restmenge durchgeführt.
- Biologischer Säureabbau (bakterieller Säureabbau): ist auch als malolaktische Säureumwandlung bekannt. Der biologische Säu-

reabbau ist bei Weißweinen nicht so verbreitet wie bei Rotweinen (siehe Rotweinerzeugung). Der komplexe biologische Vorgang hilft bei der Ausbildung der Geschmacksvielfalt.

Lagern und Reifen

Nach der Klärung bzw. nach dem ersten Abstich ist der Wein noch rau und heftig. Er braucht eine Zeit der Reifung. Diese Reifedauer ist von der Sorte, der Herkunft, dem Jahrgang, der Qualitätsstufe und der Art des Weinstils abhängig. Während der Lagerung wird das Bukett des Weines ausgebaut, die Inhaltsstoffe und Geschmackskomponenten verbinden sich harmonisch miteinander, die Säure wird gemildert und der Abbau von rauen Polyphenolen (Tanninen) wird gefördert.

Lagerung und Reifung der Weine können in verschiedenen Behältern erfolgen:

Holzfässer

Sie sind unerlässlich für die Erzeugung von Qualitätsrotweinen, für volle schwere Weißweine sowie edelsüße Prädikatsweine. Das Holzfass ermöglicht eine gute Klärung und einen guten Ausbau des Weines, da durch die Poren des Holzes ein Reife fördernder Gasaustausch erfolgt. Je größer die Fässer, desto langsamer ist der Prozess. In alten Holzfässern setzen sich Weinsteinkristalle an den Innenwänden ab und bilden mit der Zeit einen festen Überzug. Weinstein verhindert den Sauerstoffaustausch und die Aufnahme von Eichenholzaromen. In Österreich verwendete Fässer werden vorwiegend aus Eichen- und Akazienholz erzeugt. Die Reinigung und Konservierung der Fässer ist sehr aufwändig.

Betonzisternen

Sie sind mit Fliesenmaterial oder säurebeständigen, lebensmittelechten Anstrichen ausgekleidet und können für fast alle Weinarten verwendet werden. In diesen neutralen luft- und aromadichten Behältern erfährt der Wein nur eine geringe Reifung. Betonzisternen sind meist in Mittel- und Großbetrieben in Verwendung. Für sie spricht die einfache Reinigung und der Umstand, dass keine Konservierung notwendig ist.

Kunststoffbehälter

Die Behälter aus Kunststoff können für fast alle Weinarten, vor allem für frische, fruchtige Weiß- und Rotweine verwendet werden. Speziell kleine und kleinste Behälter sind aus Kunststoff. Sie sind luftdicht, aber nicht 100%ig aromadicht. Sie sind einfach zu reinigen, eine Konservierung ist nicht notwendig und sie finden in allen Betriebsgrößen Verwendung.

Edelstahlbehälter

Sie sind verstärkt in allen qualitätsorientierten Betrieben zu finden und können für alle Weinarten verwendet werden. Sie sind luft- und aromadicht, der Wein nimmt kaum Sauerstoff auf. Edelstahlbehälter eignen sich zur längeren Weinlagerung. Sie sind bei der Most- und Maischegärung optimal verwendbar. Es besteht die Möglichkeit der Kühlung und Erwärmung sowie der Durchführung des biologischen Säureabbaues. Inertgas oder Stickstoff können zum Auffüllen von Edelstahltanks Verwendung finden. Sie sind einfach zu pflegen, eine Konservierung ist nicht notwendig.

Kleine Eichenfässer (Barriques)

Unter Barrique versteht man ein kleines Fass aus Eichenholz mit einem Fassungsvermögen von 225 Litern, also ein Hohlmaß. Diese Art der Weinlagerung vor allem für Rotweine, aber auch für Weißweine stammt aus Frankreich (aus dem Bordelais). Sie wird heute weltweit angewendet. Die Herkunft des Eichenholzes sowie die Dichte der Holzmaserung haben großen Einfluss auf Duft und Geschmack des Weines. Feinporiges und langsam gewachsenes Eichenholz gibt dem Wein einen subtileren und feineren Geschmack als Holzarten mit gröberer Maserung.

Folgende Eichenholzarten finden Verwendung:
Französische Eiche: Tronçais, Nevers, Allier, Vosges, Limousin. Fässer aus Limousineiche werden vorwiegend für die Cognacerzeugung verwendet.
Amerikanische Eiche: Missouri, Minnesota.
Baltische Eiche.
Balkaneiche (Slawonische Eiche).
Portugiesische Eiche.
Deutsche Eiche (Schwäbische Eiche, Hundsrückeiche).
Österreichische Eiche: Steirische Eiche, Manhartsberger Eiche.

Vor der Herstellung der Fässer werden die Rohdauben speziell gestapelt und der Kraft des Regens, der Sonne und des Windes ausgesetzt. Dadurch werden unerwünschte Inhaltsstoffe (Primärtannine und Ester) aus den Hölzern ausgewaschen. Bei der Fasserzeugung kann der Biegevorgang der Dauben durch Erhitzen mit Dampf, durch Eintauchen in heißes Wasser oder durch Rösten unter offenem Feuer erfolgen. Je nach Ausbrennintensität (Toasting) des Fasses wird unterschieden:

- Light Toasting (LT): schwacher, heller Röstungsgrad; der Wein erhält einen typischen Vanillegeschmack.
- Medium Toasting (MT): mittlerer Röstungsgrad; der Wein erhält einen Karamellgeschmack verbunden mit einer Toastbrotnote.
- Heavy Toasting (HT): starker Röstungsgrad; ausgeprägtes Kaffeearoma, würzig-rauchiger Geschmack sowie Bitterschokoladearoma werden übertragen.

Ausbrennen eines Fasses

Durch die Verwendung verschiedener Eichenfässer mit unterschiedlichem Toasting können individuelle Cuvées mit besonderen Geschmacksrichtungen (Cuvées Barriques) erzeugt werden. Neue Fässer geben mehr feine, süße, aromatische Holztannine ab als gebrauchte Holzfässer. Je nach Geschmacksintensität kann der Barrique-Ausbau bei Rotweinen sechs bis achtzehn Monate, bei Weißweinen mindestens drei Monate dauern. Für den Barrique-Ausbau eignen sich nur qualitativ hochwertige (extraktreiche, alkoholreiche, gerbstoffintensive) Weine mit ausgeprägtem Charakter, z. B. Rotweine aus den Sorten Cabernet Sauvignon, Merlot und Pinot Noir sowie Weißweine aus Sorten der Burgunderfamilie (Chardonnay und Pinot Blanc).
Während der Reifung kommt es zu einer natürlichen Stabilisierung der Weine. Sie erhalten einen runderen Geschmack, weil die Phenole aus dem Wein mit den Gerbstoffen aus dem Holz polymerisieren, das heißt, es werden größere Moleküle gebildet, die weicher schmecken als die kleineren Phenoleinzelmoleküle.

Die positiven Eigenschaften des Barrique-Ausbaus:

- Er erhöht das aromatische Potenzial sowie die aromatische Komplexität gewisser Weine beträchtlich.
- Er verstärkt die Farbe.
- Er bewirkt den Abbau von Bitterstoffen.
- Er verfeinert die Struktur der Tannine.
- Er verleiht dem Wein mehr Eleganz und Finesse.

Die negativen Eigenschaften des Barrique-Ausbaus:

- Er verfälscht das Aroma sowie die Boden- und Sortentypizität gewisser Weine.
- Er zehrt Weine mit ungenügender Konstitution aus. Sie werden trocken und spröd.
- Er kann verantwortlich sein für Fehlaromen bei ungenügender Kellerarbeit (Umziehen, Belüften), bei ungenügender Fasspflege oder bei Verwendung alter Fässer.
- Höhere Gestehungskosten; die Anschaffung neuer Barriquefässer verteuert eine Flasche Wein um 2 bis 3 Euro.

Verschnitt

Das Verschneiden (Mischen) von Wein wird weltweit praktiziert (Cuvéebereitung). Es handelt sich um einen wichtigen Vorgang, bei dem verschiedene Weine zu einem harmonischen Endprodukt vermischt werden, das von höherer Qualität ist als die einzelnen Ausgangsprodukte.

Stabilisierungsmaßnahmen

Trübungen im Wein können durch Eiweiß, Gerbstoffe, Kristalle, Hefen, Metalle, Bakterien etc. entstehen. Bevor der Wein in Flaschen abgefüllt wird, muss dafür gesorgt werden, dass er chemisch, physikalisch und biologisch stabil ist und sich nicht mehr nachteilig in Aussehen, Geruch und Geschmack verändert. Zu diesem Zweck wird der Wein durch Zusatz verschiedener Stoffe stabilisiert, die durch ihre Oberflächenwirkung die festen Teilchen im Wein anziehen und ablagern. Durch Stabilisierung des Weines können auch verschiedene Weinfehler und Weinkrankheiten behoben werden.

Stabilisation gegen Oxidation

Oxidation führt bei Weißwein zum Braunwerden und zum Verlust der Frische und Fruchtigkeit. Bei Rotwein kommt es ebenfalls zu einem Braunwerden, verbunden mit einem Farbverlust. Sie kann Trübungen hervorrufen und zu als „oxidativ" bezeichneten negativen Aromen führen. Um dies zu verhindern, werden die Fässer spundvoll gehalten (aufgefüllt) sowie der Wein auf einen konstanten SO_2-Spiegel von ca. 40 mg/l eingestellt. Eine mögliche Aufnahme von Schwermetallen, wie Eisen und Kupfer, durch diverse Geräte (Lesewagen, Rebler, Presse, Armaturen bei Schlauch- und Fassanschlüssen) soll minimal gehalten werden. Schwermetalle wirken als Katalysatoren bei der Oxidation.

Eiweißstabilisierung

Der Eiweißgehalt im Weiß- oder Rotwein kann je nach Rebsorte, Niederschlagsmenge und Stickstoffgabe während der Reifung unterschiedlich hoch sein. Die Eiweißstabilisierung erfolgt in der Regel durch eine Behandlung mit Bentonit (Aluminiumsilikat), eventuell durch Kurzzeiterhitzung. Bentonit wird gut vorgequollen, bevor es im

Wein verrührt wird. Es absorbiert die Eiweißmoleküle und setzt sich als unlöslicher Komplex im Weinbehälter ab. Diese Behandlung soll nicht unmittelbar vor der Flaschenfüllung vorgenommen werden, da der Geschmack des Weines und die Filtration beeinträchtigt würden.

Weinsteinstabilisierung
Weinsäure ist der größte Bestandteil der Fruchtsäuren, die im Wein enthalten sind. Im Jungwein überschreitet die Konzentration bestimmter Ionen die Löslichkeitsgrenze und fällt dann als Kaliumhydrogentartrat oder Kalziumtartrat in Form von Kristallen aus. Durch den Zusatz von Metaweinsäure ist es möglich, Wein im Idealfall bis zu einem Jahr vor Kristallausscheidungen zu stabilisieren. Diese Behandlung erfolgt bei schnell trinkbaren, kurzlebigen Weinen sowie Tafelweinen. Eine weitere Möglichkeit, Weinsteinausfall nach der Flaschenfüllung von Jungweinen zu vermeiden, ist die Kühlung. Dabei wird der Wein nahe an seinem Gefrierpunkt mehrere Tage abgekühlt.

Säurestabilisierung
Meist in südlichen Weinbauländern ist es erlaubt, dem Wein Weinsäure in Form von recyceltem Weinstein, Zitronensäure oder Apfelsäure zuzusetzen.

Schönung des Weines

Gerbstoffschönung

Aufrühren der Schönungsmittel

Sie kann mit Kaseinprodukten (natürliche Produkte) oder mit PVPP = Polyvenylpolypyrolidon (künstliches Produkt) durchgeführt werden. Durch diese Behandlung werden die Gerbstoffe abgebunden.

Klärschönung
Diese Behandlung dient der Erhöhung der Filterleistung und Verbesserung des Geschmackbildes bei trüben Jungweinen. Folgende Schönungsmittel können verwendet werden:

- Hausenblase: Dieses eiweißhältige, aus getrockneter Fischblase hergestellte Präparat zählt zu den ältesten und schonendsten Weinbehandlungsmitteln. Zur Vorklärung von empfindlichen, gerbstoffarmen Weißweinen mit guter Säurestruktur.
- Frisches oder getrocknetes Hühnereiweiß: Das wohl älteste Schönungsmittel der Welt macht gerbstoffreiche Rotweine milder und greift den Wein geschmacklich nicht an. Teilweise wird es auch bei gerbstoffreichen, ruppigen Weißweinen eingesetzt.

- Speisegelatine: Gebräuchlichstes Mittel zu Klärung und Geschmacksabrundung bei gerbstoffreichen Rot- und Weißweinen.
- Blauschönung (gelbes Blutlaugensalz): Diese Methode wird bei Weinen mit erhöhtem Schwermetallgehalt (z. B. Eisen) angewendet. Schwermetalle können durch den Rebler, alte Pressen, Fassverschlüsse usw. in den Wein gelangen und setzen sich in der Flasche als rostbraune Trübung ab.
- Aktivkohlebehandlung (gereinigte, feinst vermahlene Pflanzenkohle): Moste aus unreifem und von Frost befallenem Lesegut sowie Weine mit Farb-, Geruchs- und Geschmacksfehlern, verursacht durch unsaubere und schlechte Kellertechnik, können mit Aktivkohle korrigiert werden. Durch diesen schwerwiegenden Eingriff werden aber auch positive Duft- und Geschmacksstoffe entfernt.

Flaschenfüllung

Abfüllanlage

Der Wein wird in Flaschen abgefüllt, wenn er das optimale Ausbaustadium erreicht hat. Dieser Zeitpunkt ist natürlich sehr verschieden und vor allem von der Rebsorte, der Qualitätsstufe und der Herkunft abhängig. Bis auf wenige Ausnahmen werden die Weine ausschließlich steril abgefüllt. Unter steril wird beim Wein ein Zustand verstanden, bei dem das Produkt frei von weinschädlichen Mikroorganismen, wie Hefen und Bakterien, ist. Durch die Verwendung von sehr feinen Filterschichten (Entkeimungsschichten) werden bei der Filtration Hefen und Bakterien zurückgehalten. Es gibt verschiedene Möglichkeiten der Weinabfüllung.

- Traditionelle Abfüllmethode: Der Wein wird ohne Filtration und Schönung direkt vom Fass abgefüllt. Lebensfähige Bakterien und abgestorbene Hefezellen bleiben harmlos, wenn die Flasche bei richtigem Weinklima gelagert wird. International ist es üblich, Rotweine oft ohne Filtration in Flaschen abzufüllen. Voraussetzung dafür ist ein durchgegorener Wein mit 100%igem biologischem Säureabbau.
- Kaltsterile Abfüllung: Sie ist die gebräuchlichste Art der Abfüllung in modern ausgestatteten Klein- und Mittelbetrieben. Filter, Leitungen, Schläuche, Füllstation und Flaschen werden mit Heißwasserdampf keimfrei gemacht. Zum Einsatz kommen Plattenfilter mit Entkeimungsschichten oder Membranfilter.
- Warmfüllung: Der Wein wird bei der Füllung in die Flasche auf 50–60 °C erhitzt und kühlt anschließend beim Lagern langsam ab. Die Weine sind steril.

- Pasteurisierung: Der Wein wird mittels Vakuumfüller kalt abgefüllt und anschließend die verschlossene Flasche in Pasteurisierungsapparaten sterilisiert. Diese Methode wird meist nur in Großbetrieben angewendet.
- Hochkurzzeiterhitzung: Im Wärmetauscher wird der Wein ein bis zwei Sekunden auf 95 °C erhitzt und sofort wieder abgekühlt.

Wein wird in folgende Behältnisse abgefüllt:

- Glasflaschen: traditionelles und bestes Verpackungsmaterial für Wein. Sie sind steril, gasundurchlässig und in verschiedensten Größen verfügbar.
- Plastikflaschen: Wein hat in Plastikflaschen eine kurze Haltbarkeit, da das Plastik sauerstoffdurchlässig ist. In PVC-Flaschen wird billiger Wein einfacher Qualität abgefüllt. Die PET-Flaschen werden auch für Bier und Softdrinks verwendet. Airlines verwenden gerne 187,5-ml-PET-Flaschen in ihren Flugzeugen.
- Bag-in-Box: Die Plastikfolie und der Verschluss sind leicht sauerstoffdurchlässig. Die Haltbarkeit der Weine beträgt zirka neun Monate.
- Edelstahlfässer: Für Schankanlagen zum glasweisen Ausschank werden verschiedene Fassgrößen befüllt. Der Wein wird mittels Stickstoff zum Zapfhahn befördert.
- Aludosen: Sie haben einen Inhalt von 250 ml und weisen eine gute Sauerstoffbarriere auf.

Flaschenverschlüsse

Nach der Befüllung wird die Flasche, je nach Wein, mit Naturkork, Presskork, Kronenkork, Kunststoffkork oder Schraub- bzw. Glasverschluss verschlossen. Naturkorken werden meist für qualitativ hochwertige Weine verwendet, da sie einen minimalen Luftaustausch in der Flasche ermöglichen und somit zur Reifung des Weines beitragen. Ein Naturkorken ist zwar der traditionelle Verschluss einer Weinflasche, er ist jedoch bei weitem nicht der beste. Bei diesem Naturprodukt variiert sehr häufig die Qualität. Schraubverschlüsse aus Metall oder Kunststoff sowie Kronenkorken weisen eine bessere Gasdichte auf und verursachen keinen Korkgeschmack. Kunststoffkorken (Silikonkorken) finden vor allem bei Weinen Verwendung, die über einen kürzeren Zeitraum getrunken werden sollen.

Die Rinden der Korkeiche werden zum Trocknen gestapelt

Flaschenreifung und Weinlagerung

Da die Flaschenfüllung einen schwerwiegenden Eingriff in das Gefüge des Weines darstellt (Füllschock), sollte allen Qualitätsweinen die Möglichkeit der Nachreifung in der Flasche gegeben werden. Flaschenweine benötigen auch nach dem Transport zwei bis drei Wochen zur Beruhigung. Werden Flaschen über mehrere Wochen aufbewahrt, benötigen sie richtige Lagerbedingungen. Der Lagerraum soll völlig dunkel, erschütterungs- und geruchfrei sein sowie eine Frischluftzufuhr aufweisen. Eine gute Luftzirkulation verhindert Modergeruch und Fäulnis. Optimal ist eine gleich bleibende Temperatur zwischen 8 und 12 °C. Schwankungen sollen vermieden werden. Zu hohe Temperaturen fördern den Alterungsprozess des Weines.

Die Luftfeuchtigkeit im Lagerkeller sollte um die 70 % liegen, wodurch das Austrocknen der Korken verhindert wird. Das ist auch der Grund, warum Flaschen mit Naturkorken liegend (mit der Etikette nach oben) aufbewahrt werden. Ein mit Wein umspülter Kork bewahrt seine Elastizität und schließt den Flaschenhals gut ab.

Für die richtige Lagerung im Restaurant empfehlen sich Weinklimaschränke. Sie weisen Abteile mit verschiedenen Temperaturbereichen auf, sodass alle Weinarten optimal gelagert werden können.

Weine lagert man zur Vorratshaltung. Sie sollen ihre optimale Reife erreichen. Jungweine sind meist preisgünstiger. Es gilt der Grundsatz: Je wertvoller ein Wein, desto länger ist die Lagerungszeit.

Faktoren, die die Lagerfähigkeit beeinflussen:

- Alkoholgehalt.
- Extraktstoffe.
- Restzuckergehalt.
- Kohlensäure: Kohlensäurehältigere Weine bleiben länger frisch.
- Säuregehalt.
- Gerbstoffe bzw. Tannine: haben besonders bei Rotweinen Einfluss auf die Reifefähigkeit.
- Rebsorten: Rebsorten mit höherem Säure- und Extraktgehalt benötigen mehr Reifezeit.
- Qualitätsstufe: Prädikatsweine eignen sich besser als einfachere Qualitäten.
- Erntezeitpunkt, Vinifizierung, Schulung, Abfüllung des Weines (Kellereimethoden).
- Lagerverhältnisse (Weinklima).
- Korkqualität und Korkgröße.
- Flaschengröße: Großflaschen, z. B. Magnumflaschen, wirken sich positiv auf die Reifezeit, die Qualität und die Lebensdauer aus.

Süßweinerzeugung

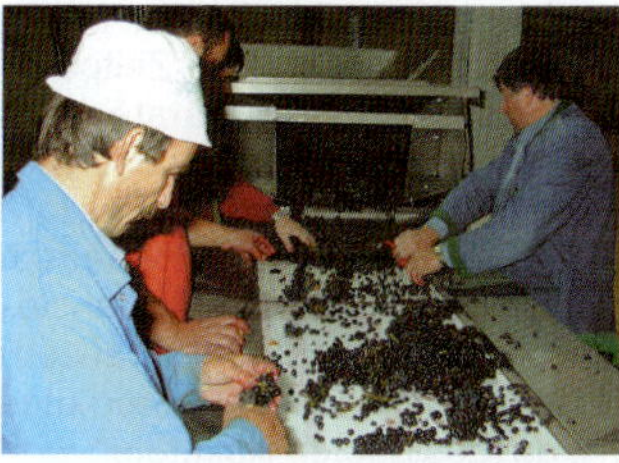

Selektion der geernteten Trauben für Trockenbeerenauslesen

Die besten Süßweine bzw. Prädikatsweine werden aus Trauben bereitet, die so süß sind, dass die Gärung nicht den gesamten Zucker in Alkohol umwandeln kann. Dies trifft vor allem bei Beerenauslesen, Ausbruchweinen und Trockenbeerenauslesen zu. Bei der Prädikatsstufe Auslese ist eine Gärungsunterbrechung herbeizuführen, um ein harmonisches Verhältnis zwischen Zucker und Alkohol zu erreichen. Zur Herstellung von Eiswein werden überreife Trauben in gefrorenem Zustand geerntet und gepresst. Die Kelterung der Trauben erfolgt sehr vorsichtig, um den konzentrierten, mit Zucker stark angereicherten Traubensaft ausfließen zu lassen. Für die Süßweinerzeugung können auch getrocknete Trauben verwendet werden, wie z. B. beim österreichischen Strohwein, beim französischen Vin de Paille oder beim italienischen Vin Santo.

Roséweinerzeugung

Bei der Roséweinerzeugung wird die gerebelte Maische aus blauen Trauben zum Auslaugen der Farbstoffe (Pigmente) einige Stunden stehen gelassen. Anschließend wird die Maische abgepresst oder nur der Seihmost abgelassen. Der Most wird wie bei der Weißweinerzeugung weiterbehandelt.

Clairetweinerzeugung

Clairet/Clairette/Claret ist ein leichter, gerbstoffarmer Weißwein aus blauen Trauben. Die Trauben werden unter leichtem Druck gepresst und der gewonnene helle Most wird wie bei der Weißweinerzeugung weiterverarbeitet. Clairet hat als selbstständiger Wein wenig Bedeutung. Er wird als Grundwein für die Schaumweinproduktion verwendet, vor allem für den Champagner. Im französischen Sprachgebrauch ist Clairet die Bezeichnung für Roséwein.

Rotweinerzeugung

Die Farbgewinnung ist ein sehr wichtiger Schritt bei der Erzeugung von Rotweinen. Es sollte nur vollreifes Traubenmaterial verwendet werden, da erst in der letzten Phase der Traubenreife die Farbstoffe (Pigmente) in der Beerenhaut eingelagert werden.

Farbgewinnung

- **Maischegärung:** Sie ist die verbreitetste Methode der Rotweinbereitung. Blaue Trauben werden gerebelt (von den Stielen befreit) und gemaischt. Die Maische wird in Gärbehälter aus Holz, Edelstahl usw. gepumpt und die Fermentation eingeleitet. Wenn eine Aufbesserung vorzunehmen ist, hat sie zu diesem Zeitpunkt zu erfolgen. Die Maische kann entweder in offenen Gärständern (offene Maischegärung) oder in geschlossenen Tanks (geschlossene Maischegärung) vergoren werden. Um eine schnellere Farbausbeute zu erzielen, wird die Maische in den Behältern während der Gärung ständig gerührt oder umgepumpt. Bei stehenden Gärbehältern kann auch ein Überfluten (Überbrausen) der Maische mit Most oder ein Untertauchen des Tresterhutes vorgenommen werden. In modern ausgestatteten Kellereien wird die Maische temperaturgesteuert vergoren. Manche Winzer legen Wert auf eine kühlere Gärung und sind bestrebt, Fruchtaromen und Feinheiten hervorzuheben. Andere bevorzugen höhere Temperaturen, um ein Maximum an Farbe und Geschmacksintensität zu gewinnen. Die Dauer der Gärung ist von der Traubensorte und der Erntequalität abhängig (Maischestandzeit 4 bis 21 Tage). Generell kann man sagen, dass bei langer Standzeit viele Tannine, aber auch Farb- und Geschmacksstoffe in den Wein gelangen. Bei kurzer Standzeit werden die Weine oft heller und besitzen wenig Gerbstoff. Die Tannine bzw. Gerbstoffe sind Polymere aus phenolischen Stoffen, also Verbindungen, die für den adstringierenden Geschmack im Rotwein verantwortlich sind. Es muss immer auf eine Balance zwischen allen Inhaltsstoffen geachtet werden. Man kann diese durch die Gärdauer (Maischestandzeit) sehr stark beeinflussen. Der Kellermeister entscheidet, nach wie vielen Tagen der gärende Most oder bereits vergorene Jungwein (wird durch den Grad der Vergärung bestimmt) von den Schalen getrennt wird. Das geschieht durch Abpressen, wobei meist in Seih-, Press- und Scheiterqualitäten getrennt wird.

- **Maischeerwärmung (thermisches Verfahren):** Die Maischeerwärmung wird hauptsächlich in Großbetrieben wegen des geringeren Zeitaufwandes durchgeführt. Bei dieser Methode werden Farbstoffe und Gerbstoffe (Tannine) durch Wärme aus den Beerenschalen extrahiert.
  - Langzeiterwärmung: Die gerebelte Maische wird zwei bis drei Stunden auf 55 bis 65 °C erhitzt, anschließend abgepresst und der ablaufende Saft auf Gärtemperatur (22 °C) abgekühlt. Dadurch wird eine unerwünschte Bakterienentwicklung vermieden.
  - Hochkurzzeiterhitzung: Bei dieser Methode wird die gerebelte Maische zwei bis fünf Minuten auf 85 °C erhitzt, entweder sofort abgepresst und der Most abgekühlt oder auf 45 °C rückgekühlt, mit pektolytischen Enzymen versetzt und zirka zwei Stunden fermentiert. Erst dann wird abgepresst, auf Starttemperatur abgekühlt und vergoren.

Das Aufbessern des Mostes und Zusetzen von Reinzuchthefe

erfolgt beim thermischen Verfahren nach dem Abpressen des Mostes. Der rote Most wird in Holzfässern oder Tanks vergoren. Rotweine, die nach dem thermischen Verfahren erzeugt werden, sind gerbstoffärmer, meist aber fruchtig und zum baldigen Konsum bestimmt.

- **Karbonische Gärung (Kohlensäuremazeration):** Sie ist eine Rotweinerzeugungsmethode, bei der gesunde, reife, unverletzte Trauben in geschlossene Tanks gefüllt werden und in CO_2-gesättigter Atmosphäre eine Gärung innerhalb der Beeren einsetzt. Der unter dem Eigengewicht der Trauben am Boden des Behälters ausgetretene Saft nimmt aus den Trauben Farbe und Frucht, aber wenig Tannin auf. Diese Methode kommt aus Südfrankreich und ist für frische, fruchtige und jung trinkbare Rotweine geeignet.

Konzentration

Sie wird in erster Linie bei der Mostgewinnung angewandt. Ihr Effekt beruht auf der Konzentration des Mostes (Steigerung des Zucker- und Extraktgehaltes) durch verschiedene Verfahren. Üblicherweise lässt man in einer ganz frühen Phase der Gärung einen Teil des Saftes der Rotweinmaische ablaufen. Dadurch wird die verbleibende Maische konzentriert und der abgeleitete Saft wird zu Roséwein bereitet.

Umkehrosmose

Eine Filterung des Mostes (Tangentialfilterung oder inverse Osmose) wird vorgenommen, um einige der unerwünschten Bestandteile (z. B. Wasser) zu entfernen und den Most vor der Gärung zu konzentrieren.

Verdampfungsverfahren

- Osmotische Verdampfung.
- Verdampfung unter atmosphärischem Druck.
- Verdampfung unter Vakuum.
- Mostkonzentration durch Kälte: Bei der so genannten Kryokonzentration werden die Trauben 12–24 Stunden bei mindestens minus 3 °Celsius gefroren und dann gepresst. Diese künstliche Eisweinbereitung ergibt stärkere Aromen.
- Trocknen durch physikalische Behandlung: Die Trauben werden einen Tag lang in Trockenkammern (in Warmluft) gelagert, wo sie etwa 20 Prozent ihres Gewichtes verlieren. Dies bewirkt eine Erhöhung des Alkohols um 1,5 Vol.-%.

Einige dieser Verfahren können auch zur Konzentration der Weine genützt werden. Gesetzlich erlaubt ist in der EU bislang nur die Konzentration mit Kälte und die Umkehrosmose.

Sobald die Gärung beendet ist, wird der junge Rotwein vom Gärbehälter in Fässer gepumpt und die ausgelaugte Maische unter sanftem Druck gepresst. Wird kein biologischer Säureabbau durchgeführt, kann die Behandlung des roten Jungweines in ähnlicher Form wie die des Weißweines durchgeführt werden.

Malolaktische Gärung – Biologischer Säureabbau

Unmittelbar nach der Gärung, entweder nach dem ersten Abstich oder noch im Gärbehälter mit dem Bodensatz (Geläger), ist der Zeitpunkt, die malolaktische Gärung durchzuführen. Dabei handelt es sich nicht um eine von Hefepilzen bewirkte Gärung, sondern um die Aktivität von Bakterien, die sich von der Apfelsäure im Wein ernähren und sie in Milchsäure umwandeln. Bei diesem Prozess wird auch Kohlensäure freigesetzt und werden die Menge und Schärfe der Säure verringert. Milchsäure schmeckt milder als Apfelsäure. Auch die Stabilität des Weines wird verbessert, die Geschmacksstoffe werden verfeinert und vervielfältigt. Zur malolaktischen Säureumwandlung können Bakterien künstlich zugesetzt werden. Der Prozess wird bei einer Temperatur von 20 °C durchgeführt.

Mehrfaches Umziehen – zweiter und dritter Abstich

Zur Schonung bester Rotweinqualitäten wird anstelle der strapaziösen Prozedur der Filtration von Fass zu Fass, wenn möglich, ohne Pumpe umgezogen. Durch den Verzicht auf die Filtration bleibt die Geschmacksfülle erhalten. Mehrmaliges Klären und Belüften des Weines alle drei bis vier Monate wirkt sich günstig auf den Ausbau aus.

Ausbau, Reifung des Weines

Der Ausbau bzw. die Reifung der Weine kann auf zwei unterschiedliche Arten erfolgen, und zwar entweder durch Oxidationsalterung in Berührung mit Luftsauerstoff oder durch Reduktionsalterung unter Luftabschluss.

Barriquefass aus amerikanischer Eiche

Die Lagerung im Holzfass ist eine Oxidationsalterung. Durch die Poren des Holzes erfolgt ein Reife fördernder Sauerstoffaustausch, der vielfältige Reaktionen zwischen Säure, Zucker, Tanninen, Pigmenten und anderen Bestandteilen ermöglicht.

Die Reifung des Weines in Edelstahltanks, Zisternen oder auch in Flaschen wird als Reduktionsalterung bezeichnet. Die Reaktionen zwischen denselben Bestandteilen gehen in diesen Behältern viel langsamer vor sich, da kein Gasaustausch möglich ist und der vorhandene Sauerstoff bald aufgebraucht ist.

Weißweine werden meist sehr jung in Flaschen abgefüllt und erlangen in der Flasche höchste Qualität. Feine Rotweine lagern viele Monate, manchmal einige Jahre im Fass und entwickeln in der Flasche oft erst nach Jahren ihre Trinkreife. Beste Rotweinqualitäten

werden nach dem Fassausbau zur Erhaltung der Geschmacksfülle ohne Filtration in Flaschen abgefüllt.
Ausbau der Rotweine im Barrique vgl. vorne.
Bei tanninreichen Rotweinen bewirkt ein geringer, aber kontinuierlich wirkender Sauerstoffaustausch im Holzfass eine Verfeinerung der Tannine, die die Entwicklung großer Rotweine erst ermöglicht. Die Gerbstoffe werden runder bzw. weicher.

Verwendung von Eichenaromen
Kellereien in der Neuen Welt, vereinzelt auch in Europa, verwenden für die Erzeugung von Weinen mit Barrique-Charakter Holzspäne, Chips oder Holzextrakt, in einzelnen Fällen Eichenpulver oder

Chips

Stapel von Fassdauben

Eichenmilch. Auch Staves (Fassdauben aus Eichenholz) werden in Stahltanks geschlichtet, um so die Holzaromen an den Wein abzugeben. Die Beigabe von z. B. Eichenholzchips während der Gärung oder zum Wein, der im Stahltank lagert, verleiht dem Wein zwar ein Eichenaroma, bringt aber keine Verbesserung der Qualität. Eine gute Reifung kann nur an der sauerstoffgesättigten Oberfläche eines Holzfasses stattfinden.

Künstliche Anreicherung mit Sauerstoff
Eine Sauerstoffanreicherung während der Maischegärung bringt eine Farbstabilisierung, also geringere Farbstoffverluste durch spätere kellerwirtschaftliche Maßnahmen, und eine vorzeitige Harmonisierung der Gerbstoffe. Diese künstliche Belüftung kann mit einer Sauerstofflanze durchgeführt werden.

Die weitere Behandlung des Rotweines ähnelt, von kleinen Unterschieden abgesehen, der des Weißweines.

WEININHALTSSTOFFE

Die chemische Zusammensetzung des Weines wird von verschiedenen Faktoren bestimmt:

- Traubensorte: Sie beeinflusst den Zuckergehalt, den Säureanteil, das Aroma, die Farbintensität (vor allem bei Rotweinen) und die Eiweißstoffe.
- Reifegrad der Trauben: Der Zuckergehalt wirkt sich auf den Alkoholgehalt und weiter auf den Gehalt an Glycerin, Mineralstoffen, Proteinen und Aromastoffen aus.
- Jahrgang: Er bestimmt das Verhältnis Apfel- zu Weinsäure; in Jahren mit viel Niederschlag auch den Gehalt an Mineral- und Eiweißstoffen.
- Bodenart: Sie beeinflusst den Mineralstoffgehalt und die Aromastoffe.
- Mikroklima des Standortes: Es ist für den Zucker-, den Säure- und den Gerbstoffgehalt verantwortlich.
- Art der Weinerzeugung: Maischestandzeit, Pressvorgang, Gärung (Most- oder Maischegärung), Ausbau des Weines, Behandlungsstoffe sowie Filterung und Reifedauer wirken sich auf Restzucker-, Farb-, Säure- und Gerbstoffgehalt, Bukett, Extrakt- und Aromastoffe aus.

Wasser

Wein besteht aus ca. 70–80 % Wasser.

Ethanol (Äthylalkohol)

Je nach Zuckergehalt in den Beeren kann bei der Vergärung des Traubenmostes ein Alkoholgehalt von bis zu 16,5 Vol.-% (= 130 g Alkohol/Liter Wein) erzielt werden.

Methanol (Methylalkohol)

Methylalkohol ist nur in geringen Mengen im Wein vorhanden. In höherer Konzentration ist Methanol giftig; durch die geringe Dosis ist es für den Weingenießer ungefährlich.

Höhere Alkohole (Fuselöle)

Sie können in körper- und extraktreichen Weinen in geringsten Mengen vorhanden sein.

Glyzerin

Entsteht bei der alkoholischen Gärung und gibt dem Wein Körper und Vollmundigkeit.

Säuren

Neben der Wein- und Apfelsäure gibt es im Wein noch Milch-, Bernstein-, Glukoron-, Galakturon-, Schleim-, Zitronen-, Glykol-, Oxal-

und Glukonsäuren. Der Gesamtgehalt der Säuren im Wein wird als „titrierbare Säuren" angegeben. Von den „flüchtigen Säuren" hat die Essigsäure den größten Anteil.

Kohlenhydrate
Zu ihnen gehören die Gruppe der Saccharide, wie der Traubenzucker (Glukose, Dextrose) und der Fruchtzucker (Fruktose), sowie die Pektine (Kittsubstanzen zwischen den Zellen).

Stickstoffverbindungen
Dazu zählen die Eiweißstoffe (Proteine und Aminosäuren), die zu Trübungen im Wein führen können. Durch den Stoffwechsel bestimmter Bakterien im Most können aus Aminosäuren biogene Amine entstehen. Eines davon ist das in höherer Konzentration schädliche Histamin. Histamin kann bei empfindlichen Menschen Kopfschmerzen, erhöhte Herzfrequenz, Hitzegefühl, Magen- und Darmbeschwerden sowie Nesselausschläge verursachen. Es ist meist auf faules Traubenmaterial, mangelhafte Kellerhygiene, unsaubere Gärung sowie unkontrollierten biologischen Säureabbau zurückzuführen.

Phenole (Gerbstoffe, Tannine)
Sie sind für das Bittere und die Adstringenz im Wein verantwortlich. Je nach Traubensorte, Reifegrad, Traubenverarbeitung, Pressverfahren, Gärungsart und -dauer sowie Mostqualität kann der Gerbstoff- bzw. Tanningehalt unterschiedlich hoch sein.

Polyphenole (Farbstoffe)
Diese sind in der Beerenschale enthalten. Die Farbstoffintensität ist je nach Traubensorte und Reifegrad unterschiedlich.

Aromastoffe
Sie sind stark von der Traubensorte, aber auch vom Botrytisbefall der Beeren abhängig. Zu den Aromastoffen gehören die Bukettstoffe (Primär-, Sekundär- und Lagerbukettstoffe) und die Geruchsstoffe.

Mineralstoffe, Spurenelemente
Der Gehalt (Ascheanteil) an Mineralstoffen und Spurenelementen im Wein ist in trockenen Jahren sowie bei einfachen Weinqualitäten niedriger. In feuchten Jahren sowie bei Prädikatsweinen ist dieser Anteil höher. Mineralstoffe im Wein sind Kalium, Phosphat, Kalzium, Magnesium und Natrium. An Spurenelementen (kleinsten Mengen) sind u. a. Mangan, Zink, Kupfer, Eisen, Fluor und Brom in Weinen vorhanden.

Vitamine
Der Vitamingehalt (z. B. der Gruppe B und Vitamin C) im Wein ist

sehr gering. Seinen höchsten Wert weist er in ungeklärten Jungweinen (Staubiger, Federweißer) auf.

Enzyme (früher: Fermente)
Das sind kompliziert aufgebaute Eiweißstoffe, die den Prozess der alkoholischen Gärung steuern sowie Alterungsvorgänge im Wein bewirken. Enzyme gewinnen in der Kellerwirtschaft immer mehr an Bedeutung.

Kohlendioxid (CO_2)
Durch die alkoholische Gärung entsteht CO_2. Auch beim biologischen Säureabbau und bei der chemischen Entsäuerung wird Kohlendioxid freigesetzt. Sein Gehalt ist bei jungen Weißweinen höher als bei alten Weißweinen und Rotweinen.

Schwefelige Säure (SO_2)
Schwefelige Säure ist zur Hygiene und Konservierung der Weine erforderlich und wird seit Jahrhunderten weltweit verwendet. In den einzelnen Weinerzeugerländern gibt es gesetzliche Bestimmungen über den Maximalgehalt an schwefeliger Säure im Wein.

WEINBEURTEILUNG

Im Labor

Eine Weinbeurteilung erfolgt als chemisch-physikalische Prüfung des Weines in Form einer Laboranalyse. Dabei sind in den einzelnen Ländern verschiedene Untersuchungskriterien vorgeschrieben. Meist werden der Gehalt an Alkohol, Extrakt, Zucker, Asche, Säuren (gesamtschwefeliger Säure, freier schwefeliger Säure und flüchtiger Säure), Glyzerin und Gerbstoff sowie die relative Dichte beurteilt. Die große Spannweite der Weinqualitäten von absoluten Spitzenweinen bis zu mangel- und fehlerhaften Produkten kann aber nur unzureichend durch chemische Analysen erfasst werden. Um die Vielfalt der Geschmacksnuancen im Wein vollständig zu bewerten, sind im Wesentlichen drei Sinnesleistungen Voraussetzung, und zwar Sehen, Riechen und Schmecken.

Als bewährte Formel für die Reihenfolge der sensorischen Prüfung gelten die Buchstaben C, O und S.

C (= Color): Die Beurteilung des Aussehens nach Farbe und Klarheit.
O (= Odor): Die Beurteilung des Geruchs.
S (= Sapor): Die Beurteilung des Geschmacks.

Weinbewertung

Eine Weinbewertung mit Hilfe der Sinne bedeutet im Gegensatz zum zahlenmäßigen Erfassen von Inhaltsstoffen, subjektiv wahrgenommene Merkmale herauszufinden und zu beurteilen.

Das Aussehen des Weines wird beurteilt

Der Sehsinn

Das Aussehen des Weines ist ein wichtiges Indiz für seine Qualität.
Bewertungskriterien sind: Farbton, Farbtiefe, Farbsaum, Klarheit, Konsistenz (Flüssigkeitszustand), Kohlensäure.
Das Degustationsglas wird höchstens zu einem Drittel gefüllt. Dabei wird beobachtet, in welcher Konzentration der Wein ins Glas fließt. Erste Eindrücke über die Textur (wie sich der Wein im Mund anfühlt), die Viskosität (Konsistenz bzw. Zähflüssigkeit) und die Konzentration von Alkohol- oder Zuckergehalt werden dadurch erhalten.
Der Wein wird zunächst im

stehenden Glas direkt von oben betrachtet. Anschließend werden die Klarheit der Oberfläche, die Farbtiefe und die Kohlensäure am Glasrand begutachtet. Zur Beurteilung von Farbe und Klarheit wird das Glas tief geneigt, bis der Weinspiegel eine Ellipse formt, wobei das Glas vor eine weiße Fläche gehalten wird. Dies kann ein Tischtuch, ein Blatt Papier oder eine Serviette sein. Dabei erkennt man, ob der Wein funkelt oder ob er mit Schwebeteilchen beladen ist. Der Beurteiler betrachtet die Farbe im Zentrum („Auge“) und am Rand sowie die Farbnuancen im Übergang.
Der Farbton eines Weines ist von der Rebsorte, vom Reifegrad, von der Klimazone, vom Boden, vom Jahrgang, von der Traubenverarbeitung, vom Ausbau und von der Weinbehandlung abhängig. Die Farbtiefe ist ein Indikator für das Alter des Weines (Lager- und Reifedauer). Rotweine blassen mit zunehmendem Alter aus, Weißweine legen an Farbe zu.
Um den Flüssigkeitszustand zu prüfen, schwenkt man das Glas leicht, sodass der Wein an der Glaswand hochsteigen kann. Die Schlieren (Tränen, Bögen), die sich zu schmalen oder breiten so genannten Kirchenfenstern ausformen, geben einen Hinweis auf den Alkohol- und Extraktgehalt. Je zähflüssiger und dicker die Tränen an der Glaswand zurückfließen, desto höher ist die Konzentration an Alkohol und Extraktstoffen. Dieser Vorgang wird als Adhäsion (Oberflächenspannung) bezeichnet.

Bei den folgenden Wortschatztabellen werden die verschiedenen Ausprägungen von Weinen aufgezählt. Die in **rot** angeführten Begriffe sind erwünschte Komponenten, die **grauen** Begriffe sind unerwünscht.

Wortschatztabelle zum Sehsinn
Klarheit: brillant, blitzblank, funkelnd, hochglänzend, strahlend, glanzhell, klar, rein, blank, transparent, trüb, staubig, wolkig, schlierig, matt, stumpf, gebrochen, blind.
Konsistenz (Viskosität): wässrig, dünn, ölig, dick, zähflüssig.
Kohlensäure (CO_2): Kann bei jungen Weißweinen auftreten, bei Rotweinen ist sie auf alle Fälle ein Weinfehler (Nachgärung).
Etwas CO_2, deutliche CO_2-Bläschen am Rand und auf der Weinoberfläche, Kohlensäure tritt sichtbar in Bläschenform auf.
Farbton:
Weißwein: grünliche Reflexe, grüngelb, hellgelb, zitronengelb, gelb, strohgelb, helles Goldgelb, Gold und Altgold, weißlich, blass, bernsteinfarben, braunfärbig, bräunlich.
Rotwein: hellrot, kirschrot, rubinrot, feurigrot, purpurviolett, purpurrot, violettrot, granatrot, hellrosa, pink, dunkelrot, orange, bräunlich, bläulich, schwarzrot, schwarz.
Roséwein: hellrosa, zart kirschrosa, orange, zwiebelschalenfarbig, lachsfarbig, dunkles Rosé, blass, blassrosa, gräulich, braun-rot.

Farbtiefe:
Weißwein: mittelfarbig, farblos, sehr blass, tieffarbig.
Rotwein: ziegelrot, dunkel, dicht, kräftig, satt, blassrot, rotbraun, kupferrot, madeirisiert, braun geworden.

Der Geruchssinn

Der Geruchssinn ist bei der Weinbeurteilung das wichtigste Sinnesorgan. Das Geruchsorgan, der Riechkolben, befindet sich im oberen Bereich der Nase. Um eine Substanz riechen zu können, muss sie gasförmig (flüchtig) sein, das heißt, sie muss (Geruchs-)Moleküle an die Luft abgeben. Die Duftstoffe erreichen auf zwei Wegen den Riechkolben, und zwar entweder über die Nasenlöcher, den Primärweg zum Riechkolben, oder über die Verbindung zwischen Nase und Rachenraum. Dies ist der so genannte Sekundärweg zum Riechkolben, der die in der Wärme des Mundes frei gewordenen Aromastoffe überträgt.

Duft und Aroma bilden das Bukett. Die Eigenart des Buketts hängt von der Rebsorte, dem Reifegrad, dem Boden, der Weinqualität, der Methode der Traubenverarbeitung und Weinherstellung sowie von den Alterungs- und Lagerbedingungen ab.

Der Begriff Aroma umfasst:

- Primäraromen (Sortenaromen): Duftstoffe, die schon in der Traube vorhanden sind. Sie bringen den Duft der jeweiligen Traubensorte zum Ausdruck.
- Sekundäraromen (Gäraromen): Bei der Umwandlung von Zucker in Alkohol entstehen eine Reihe enzymatischer Reaktionen, die die aromatische Basis verändern. Ein Liter Wein enthält zirka ein Gramm Aromastoffe. Lediglich sieben Komponenten sind für die Hälfte der aromatischen Substanzen verantwortlich, der Rest verteilt sich auf etwa 300 verschiedene Zusammensetzungen.
- Tertiäraromen (Lager- bzw. Reifungsaromen): Sie entwickeln sich während des Reifeprozesses des Weines im Holzfass, im Tank oder auch in der Flasche.

Die Aromen

Blumige Aromen

	Akazie	Veilchen	Rose
	Lindenblüte	Weißdorn	Iris
	Geranie		

Fruchtige Aromen

Beeren 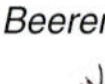 	Erdbeere	Himbeere	Brombeere
	Holunder	rote Johannisbeere (Ribisel)	
	schwarze Johannisbeere (Cassis)		
Obst 	Kirsche	Pflaume	Aprikose (Marille)
	Pfirsich	Quitte	Birne
Äpfel 	grüner Apfel	Reinette	Golden Delicious
	überreifer Apfel		
Zitrusfrüchte 	Zitrone	Grapefruit	
Tropische Früchte	Ananas	Banane	Mango
getrocknete Früchte 	Dörrpflaume	Rosinen	Erdbeermarmelade
	Feige	Haselnuss	geröstete Mandeln

Vegetabile Aromen

erfrischend	Minze	Menthol	
grasig	Gras	Efeu	Peperoni
Gemüse 	Spargel	Kohl	Zwiebel
	Meerrettich (Kren)		
erdig  	Unterholz	Moos	feuchte Erde
	Staub	Pilz	Champignon
	Steinpilz		
trocken 	Tee	Heu	

Gewürzaromen

Vanille	Lakritze	Süßholz
Anis	Fenchel	Ingwer
Zimt	Gewürznelken	Trüffel
Pfeffer	Lorbeer	Muskatnuss

Holzaromen

Eiche	Zeder	Kastanie
feuchtes Holz	Moder	frisches Holz

Der Wein wird zuerst im ruhenden Zustand geprüft. Um eine intensive Geruchswahrnehmung zu unterstützen, wird am Wein zwei- bis dreimal kurz geschnüffelt (geschnuppert), um die Duftstoffe an die Riechschleimhaut zu transportieren. Auch beim Ausatmen werden die Duftstoffe wahrgenommen, da diese gleichzeitig von der Rachenhöhle aus in die Nase gelangen. Anschließend schwenkt man das Glas mehrmals, um die flüchtigen Duftstoffe freizusetzen (Belüftung des Weines). Die Oberfläche vergrößert sich, dadurch entfalten sich die verschiedenen Duftsubstanzen im Glas besser. Dabei stellt man fest, ob der Wein sortentypisch reintönig riecht bzw. wie intensiv und harmonisch der Geruch ist. Bei alten Weinen ändert sich der Geruch in Richtung Altersfirn.

Wortschatztabelle zum Geruchssinn

Sortentypisch: blumig, fruchtig, würzig, pfeffrig, muskiert, nussig, vegetabil, holzig, erdig, mineralisch, chemisch.

Reintönigkeit: sehr sauber, reintönig, sauber, dumpf, unsauber, unrein, fehlerhaft, muffig, fremd.

Intensität: verschlossen, verhalten, dezent, unaufdringlich, zart, duftig, aromatisch, ausgeprägt, kräftig, intensiv, laut, edelfirnig, duftlos, neutral, bukettarm, aufdringlich, parfümiert, penetrant, altersfirnig, überaltert, oxidativ.

Qualität: fein, elegant, rassig, komplex, vielschichtig, angenehm, gewöhnlich, einfach, wenig komplex, unfein, unangenehm, stinkend.

Der Geschmackssinn

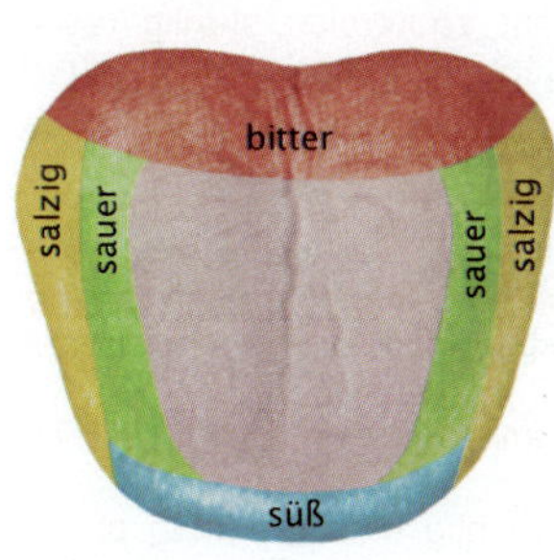

Der Geschmack setzt sich aus einem Zusammenspiel unterschiedlicher Faktoren zusammen. Es sind dies die Temperatur des Weines, die Viskosität und der damit verbundene Druck, die Schwefelintensität und die Höhe des Alkoholgehalts bzw. das eigentliche Geschmacksempfinden. Zuständig für die Geschmacksempfindung ist die Zunge, die vier Geschmackszonen aufweist. Sie kann eigentlich nur zwischen süß, salzig, sauer und bitter unterscheiden, alle anderen im Mund wahrgenommenen Empfindungen sind aromatischer Art und werden beim Ausatmen durch den Geruchssinn bemerkt.

Auf der Zungenspitze wird die Süße, aber auch gleichzeitig die Kohlensäure (die Frische und Spritzigkeit) wahrgenommen.
Die vorderen Seitenzonen der Zunge reagieren auf salzig.

Die hinteren Randzonen reagieren auf sauer.
Der bittere Geschmack wird am mittleren Teil des Zungenhintergrundes empfunden.

In diesen empfindlichen Bereichen nimmt man die einzelnen Geschmacksrichtungen besonders leicht wahr.

Zur geschmacklichen Beurteilung nimmt man einen kräftigen Schluck und beurteilt den Eindruck, der beim ersten Kontakt mit dem Wein empfunden wird. Dabei darf man Schlürfen, sodass Luft eingezogen wird, damit die flüchtigen Bestandteile sich im Mund besser entfalten können. Aufgrund des Geschmacks bewertet man die Frische, die Dichte, die Textur, das Volumen und die Evolution des Weines im Mund. Bevor der Wein ausgespuckt oder geschluckt wird, rollt man ihn im Mund, damit er mit möglichst vielen Geschmackspapillen in Berührung kommt. Diesen Vorgang wiederholt man so oft, bis man sich ein Urteil über den Wein gebildet hat. Nach dem Ausspucken bleiben noch aromatische Eindrücke bestehen. Halten diese zwei bis fünf Sekunden an, ist der Abgang als kurz einzustufen. Fünf bis acht Sekunden bedeuten einen mittleren, acht bis fünfzehn Sekunden einen langen Abgang. Der Abgang gibt zusätzliche Informationen über Bitterkeit und Alkoholschärfe sowie Struktur und Qualität der Gerbstoffe. Bei abgerundeten dichten Tanninen spricht man von einem großen Wein. Aggressive, spröde Gerbstoffe lassen auf einen rustikalen Wein schließen.

Wortschatztabelle zum Geschmackssinn

Süße: trocken, halbtrocken, dezente Süße, lieblich, deutlicher Zuckerrest, süß, edelsüß, plump, klebrig, Zuckerwasser.
Säure: mild, frisch, rassig, säurebetont, säurereich, stahlig, resch, mit Säurebiss, dominante Säure, schal, flach, hart, sauer, scharf, aggressiv, bissig, unreif.
Tannin (bei Rotwein): samtig, weiches Tannin, geschmeidig, mollig, rund, zartherb, zartes Tannin, leichtes Bitterl, herb, gerbstoffreich, sperrig, adstringierend, pelzig, rau, bitter.
Alter (Reife des Weines): jung, jugendlich, ausgebaut, reif, ausgereift, am Höhepunkt, edelfirnig, mostig, hefig, unfertig, abgebaut, überlagert, firnig, hinüber.
Abgang: kurz, mittel, anhaltend, lang anhaltend, unendlich, reißt ab, sehr kurz.
Geschmacksrichtung (Rückgeruch): fruchtig, blumig, würzig, pflanzlich, nussig, holzig, erdig, chemisch.
Alkohol: leicht, mittelschwer, kräftig, schwer, alkoholreich, mächtig, mager, dünn, brandig, alkohollastig, brennend.
Körper (Extrakt): schlank, zart, feingliedrig, gut gebaut, muskulös, kompakt, dicht, konzentriert, gehaltvoll, extraktreich, opulent, leer, gehaltlos, dünn, körperarm, flach, breit, plump.
Harmonie: gefällig, ausgewogen, harmonisch, homogen, fines-

senreich, vielschichtig, elegant, edel, perfekt, unharmonisch, derb, ausdruckslos, nichts sagend, unsauber, Fremdton.

Die einzelnen Sinne lassen sich nicht immer isoliert betrachten. Geschmackliche, aromatische und durch den Tastsinn (Temperatur usw.) übermittelte Eindrücke verschmelzen gelegentlich zu einer einzigen übergeordneten Empfindung. Um den Gesamteindruck eines Weines zu schildern, müssen darüber hinaus Lagerpotenzial, Harmonie und Finesse mit einbezogen werden. Erst dann können die Beurteilungen (gut – sehr gut – ausgezeichnet – hervorragend) vergeben werden.

Wichtige Punkte für eine Degustation

- Wasser bzw. Weißbrot zum Neutralisieren des Geschmacks bereitstellen.
- Der Raum braucht gute Lichtverhältnisse. Er darf keine grünen oder roten Wände haben, muss rauchfrei und gut gelüftet sein.
- Die Tische sollen weiß gedeckt sein.
- Die Weinkoster dürfen vor und beim Kosten nicht rauchen, keinen Kaugummi kauen und keine scharf gewürzten, salzigen oder sehr süßen Speisen einnehmen.
- Die Auswahl der Gläser ist entscheidend. Am besten eignet sich ein dünnwandiges, farbloses, unverziertes, glattes und tulpenförmiges Stielglas.
- Der Wein muss die richtige Trinktemperatur aufweisen. Bei tiefer Temperatur kann man die feinen Duftstoffe zu wenig erkennen, der Wein erscheint dünn. Bei zu hoher Temperatur verflüchtigen sich die Bukettstoffe zu rasch, der Wein wirkt plump.
- Eine bestimmte Reihenfolge der Verkostung ist einzuhalten. Als Grundregel gilt: Kein Wein darf den nächsten geschmacklich behindern. Daher verkostet man Weißweine vor Roséweinen, Roséweine vor Rotweinen, leichte vor schweren, zarte vor intensiven, trockene vor süßen sowie heurige vor alten Weinen.

Es gibt eine Reihe von Weinbeurteilungsschemas, wie z. B. das so genannte Österreichische Schema oder das DLG-5-Punkte-Schema. Zwei wollen wir näher vorstellen.

Internationales 20-Punkte-Schema

Aussehen	
Farbe	
– nicht entsprechende Farbe	0
– entsprechende Farbe	1
– besonders schöne Farbe	2

Klarheit	
– opalisierend, gebrochen, sätzig	0
– trüb, verschleiert, staubig	0–1
– klar (glanzlos)	1–2
– kristallklar, glanzhell, spiegelnd	2
Geruch	
– fremd, fehlerhaft, krank, verdorben	0
– schwach, ausdruckslos, charakterlos, indifferent	1–2
– entsprechend, fein	4
Geschmack und Gesamteindruck	
– fremd, krank, fehlerhaft, verdorben	0
– fehlerfrei, rein, jedoch leer und unharmonisch	1–4
– harmonisch, jedoch leer, mit wenig Charakter	5–7
– harmonisch, voll, rund, charakteristisch, von ausgezeichnetem Aroma und betontem Charakter	12

Nach dieser international üblichen Methode können maximal je zwei Punkte für die Farbe und die Klarheit, vier Punkte für den Geruch und zwölf Punkte für den Geschmack und den Gesamteindruck, somit also höchstens 20 Punkte, gegeben werden. Die Klassifizierung sieht folgendermaßen aus:

Punkte	Klassifizierung
1–10	fehlerhaft
11–12	nicht oder kaum zufrieden stellend
13–14	gut
15–16	sehr gut
17–18	ausgezeichnet
19–20	Spitzen- bzw. Jahrhundertwein

100-Punkte-Schema

Im Kapitel Frankreich sind verschiedene Beurteilungsschemas zur Bewertung der Weine gegenübergestellt (siehe dort).

Verkostung vom:									
Winzer:				Jahrgang:					
Region:				Vol.-% Alkohol:			Punkte:		
		aus-gezeichnet	sehr gut	gut	be-friedigend	un-genügend	aus-scheiden	neue Flasche	Punkte
Aussehen	Klarheit	5	4	3	2	1			
	Farbe	10	8	6	4	2			
	Mousseux	8	7	6	4	2			
Geruch	Reintönigkeit	6	5	4	3	2			
	Intensität	8	7	6	4	2			
	Qualität	16	14	12	10	8			
Geschmack	Reintönigkeit	6	5	4	3	2			
	Intensität	8	7	6	4	2			
	Abgang	8	7	6	5	4			
	Ausdrucksstärke	22	19	16	13	10			
Allgemeiner Eindruck		11	10	9	8	7			
Mögliche Punktesumme		100	88	72	56	40	**Gesamtpunkte**		

WEINFEHLER UND WEINKRANKHEITEN

Wein ist ein natürliches Produkt und so können im Weingarten, bei der Traubenernte, bei der Kelterung, bei der Gärung, bei der Weinreifung und Behandlung, bei der Abfüllung sowie bei der Flaschenlagerung Schädigungen entstehen. Weinfehler sind unerwünschte Veränderungen des Geruchs, des Geschmacks sowie des Aussehens (Klarheit und Farbe des Weines), die auf chemische und physikalische Vorgänge oder auf den Eingang fremder Stoffe zurückzuführen sind. Weinkrankheiten werden durch Mikroorganismen, wie Pilze, Hefen oder Bakterien, verursacht. Sie zersetzen bestimmte Weinbestandteile und bilden unerwünschte Stoffe, die den Geruch, den Geschmack, die Konsistenz und die Farbe des Weines verändern.

Aldehydig
Wird der Wein zu schwach geschwefelt (unterschwefelt), erfolgt eine Alkoholoxidation. Acetaldehyd ist riech- und schmeckbar, und zwar nach gemaischten Äpfeln. Bei einer stärkeren Acetaldehydkonzentration erinnert der Geruch an angestochene Äpfel.

Apothekergeschmack (Medizinton)
Er tritt bei stark angefaultem Lesegut auf oder wenn unsachgemäß gelagerte Weinbehandlungsmittel (z. B. Bentonit) verwendet wurden. Der Fremdgeruch überträgt sich auf den Wein. Der Geschmack erinnert an Jodoform und wird daher auch Chemikaliengeschmack genannt.

Bakterientrübung
Apfelsäure abbauende Bakterien bauen Apfelsäure zu Milchsäure und Kohlensäure um. Der Wein weist ein Trübung auf und zeigt eine ölige, dickflüssige Konsistenz. Vgl. Zähwerden.

Bittergeschmack
Er wird durch Pilze auf schimmeligen Trauben verursacht. Vor allem bei Rotweinen wird Gerbstoff zersetzt, der Wein wird rotbraun und trüb, der Geschmack fade und schließlich ausgesprochen bitter. Es bildet sich ein brauner Bodensatz. Leichte Bittertöne lassen sich durch Schönung der Weine entfernen.

Bittermandelton
Wird der Wein einer Blauschönung unterzogen, werden die löslichen Eisenverbindungen durch Zusatz von gelbem Blutlaugensalz in eine unlösliche blaue Substanz verwandelt und ausgefällt. Bei unexakter Dosierung (Überschönung des Weines) kann der Wein einen Blaustich sowie einen deutlichen Geruch und Geschmack nach Bittermandeln bekommen.

Böckser
Geruchs- und Geschmacksfehler, der durch Zersetzen des Schwefels und der Hefe verursacht wird. Er erinnert an faule Eier (Schwefelwasserstoff) und tritt während der Gärung und bei Jungweinen auf. Er verschwindet häufig mit zunehmender Entwicklung des Weines oder wird durch Belüften, Schwefeln bzw. Versetzen mit Kohlensäure bekämpft. In Österreich wird anstelle von Böckser auch der Begriff Böckeln verwendet.

Brauner Bruch
Der Wein wird durch oxidierende Enzyme (Polyphenoloxidasen) braun und trübe. An der Oberfläche bildet sich ein dünnes Häutchen aus ausgeschiedenen Farbstoffen. Bukett und Frische gehen verloren. Der Geruch erinnert an gedörrtes Obst oder an Brotrinde, der Geschmack wird sherryartig. Bei Rotweinen wird der rote Farbstoff zerstört, der in krassen Fällen als schmutzig brauner Niederschlag ausfällt. Brauner Bruch wird auch Rahnwerden oder Maderation genannt. Der Wein wird als gebrochen bezeichnet.

Buttersäure- bzw. Milchsäurestich
Das ist eine Weinkrankheit, die durch Milchsäurebakterien hervorgerufen wird und in der Regel nach der Gärung auftritt. Besonders anfällig sind Moste, die warm gären und bei geringen Zuckerresten in der Gärung stecken geblieben sind. Auch Weine mit geringer Säure können bei einem biologischen Säureabbau einen Milchsäurestich bekommen. Die Weine weisen eine Trübung auf, riechen nach frischem Sauerkraut und schmecken süßsauer.

Eiweißtrübung
Sie entsteht durch Eiweißausfall. Der Wein ist schleimartig getrübt. Eine Behandlung erfolgt mit Wärme oder Betonit. Weiße Fäden zeigen die Trübung bei Flaschenweinen an.

Essigstich (flüchtige Säure)
Er wird durch Essigbakterien verursacht. Sie entwickeln sich im Herbst auf verletzten und aufgebrochenen Beeren und gelangen beim Keltern in den Most. Bei Luftzutritt (nicht spundvoll gefüllten Fässern) wandeln sie den Alkohol des Weines in Essigsäure um. Essigstichige Weine sind verdorben und ungenießbar. Manchmal sind sie trüb. Durch Abfüllen in Fässer, durch Schwefelung, Erhitzung oder Entkeimungsfiltration kann den Bakterien entgegengewirkt werden. In Weinen mit hohem Säure- und Alkoholgehalt entsteht diese Krankheit nicht.

Fassgeschmack
Dieser wird durch ein schlecht gepflegtes Fass verursacht. Der Geschmack ist dumpf, unsauber und erinnert an modriges, schimmeliges Holz.

Filtergeschmack (Papiergeschmack)
Wenn Filterschichten nicht gründlich mit Wasser durchgespült werden, geben sie zu Beginn der Filtration einen papierartigen, bitteren Geschmack ab. Der Wein belegt die Zunge mit einem harten, kratzigen Geschmack nach Papier bzw. Zellulose.

Firngeschmack (firnig)
Auch als Schwefelsäurefirn bezeichnet. Er tritt bei Weinen auf, die in Holzfässer gefüllt wurden, die lange Zeit leer gestanden waren und periodisch durch Einschwefelung (Abbrennen von Schwefelstreifen) konserviert worden waren. Weine mit Schwefelsäurefirn erkennt man durch einen scharf-sauren, harten Geschmack.

Frostgeschmack
Wenn ungenügend ausgereifte Trauben durch Frühfrost frieren und weiterverarbeitet werden, wirkt der Wein grasig, dünn, etwas süßlich und hat eine gelblich braune Farbe.

Fuchsgeschmack (Foxton)
Eigentümlicher Geschmack bei Weinen aus Amerikanerreben und Hybriden. Auch Foxgeschmack oder Hybridengeschmack genannt. Ein besonders ausgeprägter Foxton heißt Erdbeer- oder Wanzengeschmack.

Geranienton
Durch den Abbau von Sorbinsäure (Konservierungsmittel) durch Milchsäurebakterien entsteht im Wein ein bitterer Geruch und Geschmack, der an Geranien (Pelargonien) erinnert.

Hängen geblieben
Der Wein ist in der Gärung stecken geblieben. Der Geschmack ist durch einen leichten Gärton beeinträchtigt.

Hart
Wein mit hohem, unharmonischem Säuregehalt. Tritt häufig bei Jungweinen und bei Weinen aus unreifem oder ungerebeltem Lesegut auf.

Hefegeschmack
Der als positiv anerkannte Geschmack nach Hefe (Florgeschmack) tritt bei Sherry und bei Dessertweinen aus dem spanischen Weinbaugebiet Montilla-Moriles auf. Zwei französische Weine, der Château Chalon aus dem Jura und der Muscadet sur lie aus dem Loiretal, weisen ebenfalls die positive Variante des Hefegeschmacks auf. Als negativ empfunden wird der Geschmack nach zersetzter Hefe (Gelägergeschmack), wenn die Weine zu lange auf der Hefe gelagert haben. Der auch als hefig bezeichnete Geschmack ist zunächst

harmlos, weil er durch den Abstich verschwindet. Wird dies jedoch versäumt, setzt sich der als Hefeböckser bezeichnete Geschmack im Wein fest.

Hefetrübung (Nachgärung)
Farb- und Geschmacksfehler, der entstehen kann, wenn ein Wein mit Restsüße nicht steril abgefüllt wurde. Der Wein wird infolge der einsetzenden Nachgärung trüb und schmeckt durch die sich bildende Kohlensäure gärig und scharf.

Holzgeschmack
Feiner Holzton, der bei vielen Rotweinen erwünscht ist und wesentlich zu ihrer Abrundung beiträgt. Der negative Holzgeschmack ist hart und riecht nach Eichenlohe. Er entsteht bei Verwendung neuer Holzfässer, die nicht genügend ausgelaugt wurden. Der Wein wird manchmal hochfarbig. Der negative Holzgeschmack wird auch Neuerl genannt.

Kahmig werden
Wenn bei der Reifung der Weine die Fässer nicht spundvoll gehalten werden, können an der Oberfläche Kahmhefen wachsen, die in weiterer Folge eine weiße Haut bilden.

Kammgeschmack
Entsteht durch zu starkes Pressen der nicht abgerebelten Trauben, durch Zerquetschen von Kernen oder durch zu langes Stehenlassen der Maische. Der grasige, spitzbittere, harte und adstringierende Geschmack tritt besonders deutlich hervor, wenn das Lesegut unreif war. Auch Trestergeschmack bzw. Rappengeschmack genannt.

Korkgeschmack
Unangenehmer bis widerlich empfundener Geschmacksfehler, dessen Herkunft umstritten ist. Man nennt diesen Wein auch Korkschmecker oder korkig, im Französischen Goût de bouchon. Daneben gibt es noch einen muffigen, fauligen Fehlton, der in Wirklichkeit ein Schimmelgeschmack ist, da er von verschimmelten Korken herrührt.

Kratzig
Unharmonischer und eckiger Geschmackseindruck. Auch Weine mit Essigstich und Milchsäurestich schmecken kratzig.

Kupfertrübung
Farbfehler, der meist bei Luftzutritt von selbst verschwindet.

Luftgeschmack (Oxidation)
Der schale, matte Geschmack entsteht, wenn der Wein längere Zeit

der Luft ausgesetzt war. Das passiert z. B., wenn die Fässer nicht spundvoll gefüllt waren, keine ausreichende Schwefelung vorgenommen wurde bzw. der Wein in angebrochenen, unverschlossenen und ungekühlten Flaschen zu lange gestanden ist. Der Wein hat seine Frische verloren. Der Luftgeschmack wird auch als Luftton oder Oxidationsgeschmack bezeichnet.

Matt

Leerer, schal schmeckender Wein ohne Ausdruck und Frische. Der Begriff wird auch für Schaumweine verwendet, denen Leben, Eigenart und Körper fehlen. Dies ist vor allem dann der Fall, wenn der Kohlensäuredruck und damit das Perlen nachlassen.

Mäuseln

Das kann bei Jahrgängen mit wenig Mostsäure und hohen pH-Werten im Wein vorkommen. Auslöser können Milchsäurebakterien und gewisse Hefestämme sein. Als Erkennungsmerkmal ist ein widerwärtiger, bitterer, den Mund austrocknender Geschmack zu nennen.

Metallgeschmack

Der bittere, raue Geschmack entsteht bei Verwendung von korrodierenden Geräten. Der Metallgeschmack geht mit einer Metalltrübung des Weines einher, die von einem hohen Gehalt an Eisen, Kupfer, Zink oder Zinn herrührt. Durch Blauschönung kann die Trübung entfernt werden.

Muffton

Dieser entsteht durch schimmeliges Traubengut, muffige Fässer, Schläuche und Geräte. Der Wein hat einen dumpfen, muffigen Geruch.

Oxidationsgeschmack (oxidativ)

Flacher, verbrauchter Geschmack infolge zu großer Lufteinwirkung (auch in der Flasche). Der Wein verliert an Frische und wird mit der Zeit ungenießbar. Bei manchen Weinen ist ein oxidativer Charakter positiv, ja sogar ein Qualitätsmerkmal (z. B. beim Sherry).

Pappig

Tritt bei zu stark entsäuerten Weinen auf. Sie schmecken weich und ausdruckslos.

Säuresturz

Wird als unkontrollierter, übermäßiger, bakterieller Säureabbau bezeichnet. Ein ranziger Geruch, Schaumbildung und eine Eintrübung sind die Erkennungsmerkmale.

Schwarzer Bruch
Farbfehler, der durch die Verbindung von Eisen mit Sauerstoff und Gerbstoffen entsteht. Der Wein wird zunächst dunkelbraun, dann dunkelblau bis schwarz und wird als gebrochen bezeichnet. Dieser Farbfehler tritt vornehmlich bei eisen- und gerbstoffreichen, aber säurearmen Weinen auf.

Schimmelgeschmack
Dumpfer, muffiger und manchmal brennend scharfer Geschmack. Er entsteht durch verschimmelte Fässer, Geräte oder Korken bzw. durch Verarbeitung verschimmelter Trauben. Auch als Kellergeschmack bezeichnet.

Schwefelgeschmack
Der stechende, harte, kratzige Geschmacksfehler wird durch Überschwefelung verursacht.

Stumpf
Eigenartig pelziger Geschmack, der durch zu starkes Pressen oder zu langes Stehenlassen der Maische entsteht. Ein Verlust an Kohlensäure und zu starke Luftaufnahme können den Wein ebenfalls stumpf machen.

Styrolgeschmack
Weine, die in nicht einwandfreien Kunststofftanks gelagert werden, können einen Plastikgeschmack (Styrolton) aufnehmen.

Trüb
Wein, der infolge von Trübungen nicht blank oder glanzklar ist. Als gärtrüb bezeichnet man die natürliche Trübung beim Jungwein.

Überschwefelung
Der Gehalt an schwefeliger Säure ist zu hoch. Der Wein ist hellfärbig, hat einen stechenden Geruch und einen harten, kratzigen Geschmack.

Weinkristalle, Weinsteinausscheidung
Es sind dies kristalline Ablagerungen in verschiedensten Formen und Farben an Korken oder am Flaschenboden, die fälschlicherweise als Weinstein oder Zucker bezeichnet werden. Diese schwer löslichen Salze bzw. im Wein vorkommenden Säuren des Kaliums und Kalziums sind rein optische Fehler und beeinträchtigen die Weinqualität nicht.

Weißer oder grauer Bruch
Farbfehler, der durch Ausscheidung einer Eisen-Phosphorsäure-Verbindung verursacht wird. Der Wein wird trüb und in der Folge

setzt sich ein weißer bis grauer Niederschlag ab. Er wird auch als gebrochen bezeichnet. Weißer oder grauer Bruch entsteht bei Weißweinen, die gerbstoff- und säurearm, aber reich an Eisen und Phosphorsäure sind. Auch Eisentrübung genannt.

Zähwerden
Durch Lindbakterien (Kokken) und Schleimbakterien verursacht, die aus Zuckerresten Schleim erzeugen. Der Wein wird trüb und ölig bis schleimig. Er zieht Fäden beim Ausgießen (man sagt, er ist zäh). Während das Bukett meist erhalten bleibt, wird der Geschmack fad und lind. Befallen werden junge, säure- und gerbstoffarme Weißweine und Obstweine. Lind gewordener Wein wird durch Belüften (Abstechen über ein Reißrohr) und Schwefeln behandelt. Die Krankheit wird auch Lind-, Ölig- oder Hangigwerden genannt.

WEINGLÄSER

Um einen optimalen Trinkgenuss zu ermöglichen, muss auf die Wahl des Weinglases größtes Augenmerk gelegt werden. Das Zusammenspiel von Glas und Wein gewinnt immer mehr an Bedeutung. Die wichtigsten Faktoren bei der Wahl des richtigen Glases sind die Form, die Größe und das Material. Feinstes Kristallglas ist das beste Material für ein Weinglas. Kristallglas ist von höchster Klarheit und so dünn, dass der Blick auf den Wein nicht beeinträchtigt wird. Wichtig ist auch ein längerer Stiel, an dem man das Glas gut halten und schwenken kann, damit die Duftstoffe des Weines zur Entfaltung gebracht werden können. Hält man ein Glas mit den Fingern am Kelch, erwärmt sich der Wein sehr rasch, außerdem wirkt es unästhetisch und es ist unhygienisch.
Die Größe und die Form des Weinglases haben einen wesentlichen Einfluss auf die Bukettentfaltung und das geschmackliche Empfinden des Weines. Derselbe Wein aus verschiedenen Gläsern verkostet, kann sich im Duft und am Gaumen ganz unterschiedlich präsentieren. Da die Zunge nur süß, salzig, sauer und bitter wahrnehmen kann, sollte der Wein nicht unkontrolliert in den Mund fließen, sondern auf jene Stellen der Zunge gelangen, die für das erforderliche Geschmacksempfinden prädestiniert sind (siehe vorne: Weinbeurteilung – die Geschmackszonen der Zunge).

Bei den Weingläsern gab es ursprünglich nur zwei Formen, den Römer und den Pokal. Der Römer ist ein farbloses Kelchglas mit langem oder kurzem, grünem oder braunem, gerilltem Stiel. Ursprünglich stammt er aus den fränkischen Glashütten im Spessart und wurde am Römer, dem Frankfurter Marktplatz, verkauft. Es ist ein geeichtes Glas, also ein Glas mit Eich- oder Füllstrich.
Der Pokal ist ein kräftiges Glas mit gedrungenem Fuß und Stiel. Er wird als Schankwein- oder Schoppenglas bezeichnet und haupt-

sächlich für offene Weine verwendet. Weitere geeichte Weingläser sind Weinbecher, Weinstutzen und Weinhenkelgläser. Sie finden vor allem bei Heurigen, Buschenschenken und einfachen Gasthäusern Verwendung.

Weinbecher (1/8 l)
Für Schankwein (Weiß-, Rosé-, Rotwein)

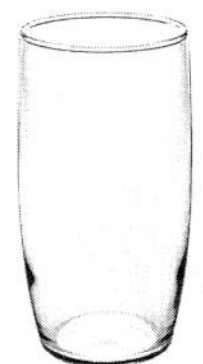

Weinstutzen (1/4 l)
Für Schankwein (Weiß-, Rosé-, Rotwein)

Weinhenkelglas (Heurigenglas; 1/8 l, 1/4 l)
Für Schankwein (Weiß-, Rosé-, Rotwein)

Römerweinglas (1/8 l, 1/4 l)
Für offene Weißweine besserer Qualität zur Unterscheidung von billigem Schankwein, für besondere Weißweine (z. B. Spezialität des Hauses); Trinkschale weiß, Stiel grün oder braun

In den Weinbaugebieten entwickelten sich, passend zu den Weinen, charakteristische Gläserformen.

- Bordeauxweißweinglas: für Weißweine aus dem Bordelais.
- Bordeauxrotweinglas: für Rotweine aus dem Bordelais.
- Burgunderweißweinglas: für Weißweine aus der Burgund.
- Burgunderrotweinglas: für Rotweine aus der Burgund.
- Alsaceweinglas: für Weine aus dem Elsass.
- Anjouweinglas: für Weine aus dem Loiretal; der Stiel ist hoch, der Kelch relativ klein und leicht ausgestellt.
- Provenceweinglas: für Weine aus der Provence; leicht ausgestellt.
- Baroloweinglas: für Barolos; apfelförmiger Kelch.
- Rheinweinglas: für Rheinweine, Weine aus der Pfalz und aus Franken; apfelförmiger Kelch mit überlangem, braunem oder olivgrünem Stiel.

- Moselweinglas (Trevirisglas): für Moselweine; leicht geöffneter oder apfelförmiger, zartgrüner Kelch, mittellanger, zartgrüner Stiel; Moselweine sind meist von sehr heller Farbe, daher sind die Gläser leicht getönt.

Aus diesen Formen haben sich die heute üblichen Stielgläser entwickelt. Sie werden in unterschiedlicher Größe erzeugt und in einem Gläserset, d. h. im gleichen Design angeboten. Die Rotweingläser sind meist dem Burgunder- oder Bordeauxrotweinglas nachempfunden, haben einen großen Kelch und einen langen Stiel. Sie weisen im Vergleich zu den Weißweingläsern immer eine größere Kelchweite auf, da der Rotwein zu seiner Entfaltung viel Sauerstoff braucht. Da er nicht gekühlt wird, kann er länger im Glas stehen bleiben. Rotweingläser von durchschnittlicher Größe werden zu einem Viertel, große Ballongläser jedoch nur bodenbedeckend gefüllt. Ausnahmen sind die geeichten Gläser, die bis zum Eichstrich zu füllen sind.
Die Weißweingläser sind dem Burgunder- oder Bordeauxweißweinglas, dem Mosel- oder dem Rheinweinglas nachempfunden. Weißweingläser haben ein kleineres Fassungsvermögen als Rotweingläser. Ihre Oberfläche ist kleiner, da Weißweine gekühlt serviert werden und nicht länger stehen bleiben dürfen. Weißweingläser werden zu einem Drittel gefüllt.

Der Weintyp bedingt die Kelchform des Glases, damit Geschmack, Duft- und Aromastoffe eines Weines am besten wahrgenommen werden können.

- Tulpenförmig ausgelippt: Das Glas für junge Weißweine ist am Rand ausgelippt und für fruchtige, leichte und trockene Weißweine mit höherer Säure geeignet. Der Erstkontakt mit dem Wein findet auf der Zungenspitze statt. Die Frucht, die Süße und die Spritzigkeit des Weines werden betont, die Säure weitgehend neutralisiert. Die schlanke Tulpenform bündelt auch die Duftstoffe.

- Bauchig apfelförmig: Alte und kräftige Weißweine kommen in einem bauchigen, apfelförmigen Kelch am besten zur Geltung. Der Wein muss aus dem Glas gesaugt werden und trifft sofort auf die Zungenmitte. Sauer, salzig und bitter werden vor süß registriert. Durch den apfelförmigen Kelch sammeln sich die Duftstoffe besser über der Weinoberfläche und werden dadurch in konzentrierterer Form empfunden. Eine ähnliche Form weist auch das Glas für junge einfache Rotweine auf.

- Apfel-eiförmig: Die Formgebung des Dessertweinglases ist zwischen Ei- und Apfelform angesiedelt. Ausgereifte, vollmundige, edelsüße Weißweine entfalten in dieser Glasform ihre markanten Fruchttöne am besten. Es betont die Säure und konzentriert die Delikatesse der Aromen.

- Extrem bauchig apfelförmig: wird für hochwertige Rotweine der Burgunderfamilie verwendet. Der extrem bauchige Kelch dient der bestmöglichen Duftentfaltung.

- Länglich tulpen-eiförmig: Bei dieser Glasform steigt der Duft des Weines langsam zur Nase hoch und lässt die Bukettstruktur bestmöglich ergründen. Geeignet für hochwertige Bordeauxweine.

Moderne Weingläser

Gutes Gläserdesign zeichnet sich durch Funktionalität aus. Das moderne Weinglas soll nach Material, Aussehen und, wie die Fachleute sagen, nach der Mechanik der Eigenschaften den verschiedenen Weinsorten optimal entsprechen.
Die nachstehenden Gläser entstammen der Riedel-Sommelier-Reihe. Sie weichen zum Teil von den üblicherweise verwendeten Gläserformen ab. Die Optik ist dem Charakter der Rebsorte untergeordnet – Form und Größe des Glases werden perfekt auf die Eigenschaften des Weines abgestimmt.
Prof. Claus Riedel war der Erste, der eine eigene „Glasphilosophie" entwickelte und Weingläser genau auf einen bestimmten Weintyp hin formte. Einige dieser Gläser können sowohl für bestimmte Rotwein- als auch bestimmte Weißweinsorten verwendet werden.

Rotwein- und Weißweingläser

Empfehlenswert für folgende Rebsorten und Weine: Bordeaux (rot), Brunello di Montalcino, Cabernet Franc, Cabernet Sauvignon, Merlot, Rioja, Sangiovese, Tempranillo.
Dieses Glas eignet sich für kräftige Rotweine mit mittlerem Säure- und hohem Tanningehalt. Solche Weine verlangen nach großen Gläsern, um zu ihrer vollen Entfaltung zu gelangen. Diese Form zeigt die Frucht und unterdrückt das Tannin. Das überdimensional wirkende Glas sollte mit ca. 100 bis 150 ml Wein gefüllt werden, das verbleibende Volumen dient zur Entfaltung der konzentrierten Aromen. Verwendet man für diese Weine kleine Gläser, verlieren sie Frucht, Komplexität, sie werden holzbetont und bitter im Abgang.

Empfehlenswert für folgende Rebsorten und Weine: Barbaresco, Barolo, Beaujolais Grand Cru, Burgunder (rot), Gamay, Nebbiolo, Pinot Noir (Blauburgunder).
Diese Form eignet sich für kräftige Rotweine mit hohem Säure- und mittlerem Tanningehalt. Diese Form betont die Frucht und unterdrückt die Säure. Große Weine blühen in diesem Glas förmlich auf, sie zeigen ihre Aromen in einer ungeahnten Fülle und Intensität.

Empfehlenswert für folgende Rebsorten und Weine: Châteauneuf-du-Pape, Hermitage Rouge, Grenache, Syrah.
Diese Glasform eignet sich besonders für Weine aus der Rebsorte Syrah, im Besonderen für Weine aus dem Rhônetal. Das Glas verleiht diesen Weinen eine samtige Struktur mit einem ausgewogenen Geschmacksbild. Die Tannine werden in die Frucht eingewoben, dadurch verliert das Tannin die adstringierende (zusammenziehende) Wirkung.

Empfehlenswert für folgende Rebsorten und Weine: Chianti, Dolcetto, Sangiovese, Vino Nobile di Montepulciano, Zinfandel.
Am Gaumen gewinnen die oben genannten Rotweine, aus diesem Glas getrunken, an Frucht und Geschmeidigkeit, Säure und Tannin runden angenehm das Geschmacksbild ab.
Diese Form eignet sich auch für Weißweine (Rieslingspätlesen). Die eiförmige Form zeigt die Säure so, dass Rasse und Würze erhalten bleiben. Der Wein verliert an Breite und Wucht und gewinnt dadurch an Eleganz.
Empfehlenswert für folgende Rebsorten und Weine: Riesling (Spätlese), Sémillon, Smaragd (Spätlese trocken).

Empfehlenswert für folgende Rebsorten und Weine: reifen Bordeaux und Zweigelt.
Das Bukett reifer Weine erinnert oft an Pilze und Waldboden. Manchmal können die Düfte auch strenger ausfallen. Zu große Gläser würden diese Aromen zusätzlich betonen. Diese Form konzentriert sich auf die reife Frucht, gibt durch die Säurebetonung dem Wein Würze und belässt das verbliebene Tannin lebendig.
Dieses Glas eignet sich auch für körperreiche, kräftige Weißweine mit mittlerer Säure. Es betont die Säure und maskiert den Alkohol.

Empfehlenswert für folgende Rebsorten und Weine: Albarino, Bordeaux (weiß), Burgunder (weiß), Chardonnay, Chenin Blanc, Condrieu, Hermitage Blanc, Marsanne, Meursault, Pinot (Blanc, Grigio, Gris), Ruländer, Sauvignon Blanc (Barrique), Sauvignon Blanc-Sémillon (Barrique), Viognier.
Empfehlenswert für folgende Rebsorten und Rotweine: Barbera, Blaufränkisch, Blauen Portugieser, Carignan, Gamay, Pinot Noir, Teroldego, Trollinger.
Nur sehr fruchtige, körperreiche Rotweine, deren hoher Alkoholgehalt den Eindruck der Säure mindert, sind imstande, in diesem Glas ihre Balance zu finden.
Jedoch ist es auch eine Frage der persönlichen Wahl. Wer mehr „Biss" im Wein sucht, wird mit diesem Glas erfreut sein.
Diese Form eignet sich aber auch für komplexe, dichte Weine, ge-

paart mit hohem Alkoholgehalt und moderaten Säurewerten. Das große Volumen des Glases gibt dem vollen Bukett den Raum, um seine Vielfalt zu zeigen.
Empfehlenswert für folgende Rebsorten und Weißweine: Burgunder (weiß), reifen Chardonnay, Corton-Charlemagne, Meursault, Montrachet.

Empfehlenswert für folgende Rebsorten und Weine: Grünen Veltliner, Orvieto Classico, Pinot (Blanc, Grigio, Gris), Riesling (Kabinett), Roten Veltliner, Ruländer, Scheurebe, Sylvaner, Vernaccia, Welschriesling.
Dieses Glas eignet sich für fruchtige, leichte Weißweine mit hoher Säure. Es betont die Frucht mit zartbitterem Abgang. Weißweine aus den Anbaugebieten Mosel, Rheingau, Franken, Weinviertel, Steiermark kommen in dieser Glasform besonders zur Geltung.

Empfehlenswert für folgende Rebsorten und Weine: Aligoté, Chasselas, Chenin Blanc, Cortese, Furmint (trocken), Gewürztraminer, Kerner, Malvasia, Muscadet, Müller-Thurgau, Muskateller, Muskat-Ottonel, Neuburger, Palomino (außer Sherry), Pedro Ximénez, Pinot (Blanc, Grigio, Gris), Ribolla Gialla, Rotgipfler, Ruländer, Sancerre, Sauvignon Blanc, Soave, Trebbiano, Zierfandler.
Diese Glasform ist vielseitig verwendbar, vornehmlich für trockene Weißweine mit mittlerem Körper und ausgeglichenen Säurewerten.

Roséweinglas
Empfehlenswert für folgende Rebsorten und Weine: Blush, Côte de Provence, Schilcher, Weißherbst, Zinfandel.

Dessertweinglas
Empfehlenswert für: Auslese, Beerenauslese, Trockenbeerenauslese, Strohwein, Ausbruch, Eiswein, Sauternes, Barsac, Picolit, Likörweine.

Südwein- oder Aperitifglas
Empfehlenswert für: Süd- oder Dessertweine, St-Raphaël, Dubonnet (rot und weiß), Byrrh, Wermut.

Schaumweingläser

Die Tulpenform (in der Mitte bauchig, sich nach oben verjüngend) betont den Duft und das Moussieren (Perlen). Bei trockenem Champagner ist diese Glasform empfehlenswert, da sie, zu einem Drittel gefüllt, dem Bukett Raum gibt.
Empfehlenswert für: Champagner, Cuvée Prestige, Jahrgangschampagner, Jahrgangssekt, Rosé-Champagner.

Die klassische Flöte, ihr schlanker Verlauf und die enge Öffnung lassen den Champagner mineralischer und stahliger wirken.
Empfehlenswert für: Cava, Prosecco, Champagner, Sekt.

Der Sektkelch ist die ideale Form für Sekt.
Empfehlenswert für: Sekt, Champagnercocktails (z. B. Kir Royal).

Sektschalen für trockenen Champagner werden von Champagner- und Sektkennern abgelehnt. Sie bieten eine viel zu große Oberfläche, aus der die Kohlensäure und die Bukettstoffe sehr schnell entweichen. Zusätzlich betont diese Form den hohen Säuregehalt des Champagners.
Geeignet für: halbtrockenen Champagner, Moscato d'Asti, Asti Spumante, aber auch für Vorspeisencocktails, Cremen und Gelees.

Dekantierkaraffen

Schon die Römer kannten die Glasherstellung und benutzten neben Silbergefäßen auch Glasflaschen zum Servieren von Wein. Im 16. Jahrhundert breitete sich die Glasmacherkunst von Venedig in andere Länder Europas aus. Servier- und Schankgefäße aus Glas kamen in Mode und wurden von der Gesellschaft rasch angenommen. In England, das immer schon ein bedeutender Markt für Wein war, begann George Ravenscroft in den 1670er Jahren Glas mit Bleioxid als Flussmittel herzustellen. Diese Entwicklung ermöglichte es, brauchbare Gläser und Weinkrüge (Decanter Jugs genannt) herzustellen. Viele dieser klassischen Karaffengrundformen aus dem 18. Jahrhundert, wie zum Beispiel die Shaft-and-Globe-Form, die Mallet-, Shoulder-, Kegel- und Indian-Club-Form, werden heute in modernem Dessin reproduziert. Im späten 18. und Anfang des 19. Jahrhunderts waren Karaffen mit Halsringen (Halsrippen) beliebt, um sie besser halten bzw. den Stöpsel mit einer Schnur fixieren zu können.
Perfekte Bedingungen für guten Wein bieten Karaffen aus klarem, ungeschliffenem Glas, dabei kommt die Farbe des Weines am besten zur Geltung. Um leichtes Dekantieren zu ermöglichen, sollte der Hals der Karaffe weit genug sein. Außerdem muss die Karaffe mehr als den Inhalt einer ganzen Flasche fassen, damit dem Wein genug Raum zur Berührung mit Luft gegeben werden kann. Viele Dekanter sind so geformt, dass eine Flasche Wein sie bis zur Grenze ihrer größten Breite ausfüllt. Spezielle Dekantiergefäße gibt es auch für Magnumflaschen (Ultra-Dekanter), andere besitzen einen Henkel, wie zum Beispiel die Entenformen oder der Pomerol-Dekanter von Riedel. Eine Neuheit ist der „Mezzo Wine Savor", ein kleiner Dekanter mit einem Inhalt von 0,3 oder 0,4 Liter. Dieses Gefäß kann dann verwendet werden, wenn nicht die ganze Flasche Wein nach dem Öffnen sofort konsumiert wird. Ein Kristallstöpsel dient als luftdichter Verschluss. Der Wein ist der oxidationsfördernden Luft nur kurz ausgesetzt und kann auch nach Tagen ohne Geschmacksbeeinträchtigung genossen werden.

REBSORTEN VON A BIS Z

Im Anhang des Buches befindet sich ein eigenenes Rebsortenregister.

REBSORTEN

Im Laufe der Entstehungsgeschichte des Weinbaus hat sich eine Vielzahl von Rebsorten entwickelt. Weltweit sind etwa 8.000 Sorten bekannt, die nach ihrer Reifungszeit in Gruppen eingeteilt werden.

Frühe Reifungsperiode

Es handelt sich dabei um schnell reifende Sorten, die zirka Mitte September gelesen werden.

Mittlere Reifungsperiode

Die Trauben benötigen eine längere Vegetations- und Reifezeit und werden bis Mitte Oktober gelesen.

Späte Reifungsperiode

Bei den spät reifenden Trauben beginnt die Weinlese ab Mitte Oktober. Diese Sorten können nur in Gegenden mit mildem Klima angebaut werden, weil sie eine lange Zeit zur Ausreifung benötigen.
In den gesetzlichen Bestimmungen der einzelnen Weinländer sind die für die Erzeugung von Qualitätsweinen zugelassenen Rebsorten festgelegt.

Das nachfolgende Kapitel enthält die meistangebauten Rebsorten der Welt mit ihren Mutanten und Synonymen sowie ausgewählte lokale Sorten.

Folgende Abkürzungen werden verwendet:

A Österreich
AUS Australien
B Belgien
BG Bulgarien
BIH Bosnien und Herzegowina
CA Kalifornien
CH Schweiz
CZ Tschechien
D Deutschland
E Spanien
F Frankreich
FL Liechtenstein
GB Großbritannien
GR Griechenland
H Ungarn
HR Kroatien
I Italien
L Luxemburg
NZ Neuseeland
P Portugal
RO Rumänien
SK Slowakei
SLO Slowenien
TR Türkei
YU BR Jugoslawien
ZA Südafrika

A

Abondant Blanc

Weißweinrebe
Anbauländer u. a.: Frankreich.
Ergibt grüngelbe, frische, neutrale Weine mit herbem Geschmack. Kreuzung von Steinschiller mit Weißburgunder; die seltene Rebe ist in Deutschland und Österreich nicht zugelassen.

Abouriou

Rotweinrebe/frühe Reifungsperiode
Anbauländer u. a.: Frankreich, USA.
Auch als **Beaujolais, Gamay du Rhône, Gamay St-Laurent, Précoce Nauge** und **Malbec Argente** (F), **Early Burgundy** (CA) bezeichnet.
Ergibt leichte, rustikale Weine, die wenig Charakter haben. Die Rebe ist wenig bekannt und allmählich aussterbend; sie ist nicht mit der Gamay verwandt.

Aedani

Griechische Rebe, die zur Erzeugung von weißem Likörwein dient.

Aghiorghitiko

Rotweinrebe
Anbauländer u. a.: Griechenland.
Auch als **St.-Georgs-Rebe** und **Mavro Nemeas** (GR) bezeichnet. Andere Schreibweise: **Agiorgitiko.**
Ergibt fruchtige, manchmal säurearme Rotweine sowie Roséweine von guter Qualität. Mit anderen Sorten zusammen werden gute Verschnitte erzielt.

Aglianico

Rotweinrebe/späte Reifungsperiode
Anbauländer u. a.: Italien.
Auch als **Uva Aglianica, Guanico, Aglianicone, Gesualdo, Ellenica** und **Uva Nera** bezeichnet.
Verschiedene Klone: **Femmina, Mascolino, San Severino** und **Zerpoluso.**
Ergibt rubinrote, volle, kräftige, trockene Weine; manchmal auch liebliche Weine mit feinem Bukett; die Weine brauchen mehrere Jahre Flaschenreife. Die bekanntesten Weine aus dieser Rebe sind Lacrima Christi, Aglianico del Vulture und Taurasi; auch zur Erzeugung von Spumante verwendet. Die Rebe wurde von den Griechen nach Süditalien gebracht.

Aidini

Muskatähnliche Weißweinrebe, die auf den griechischen Inseln, besonders auf Santorin, wächst und vorwiegend in trockenen Verschnitten mitverarbeitet wird.

Airén

Weißweinrebe/frühe Reifungsperiode
Anbauländer u. a.: Spanien (meistverbreitete Weißweinsorte des Landes).
Auch als **Lairén** (Südspanien), **Manchega** und **Valdepeñera Blanca** bezeichnet.
Früher waren die Weine aus der Airén alkohol- und extraktreich, ohne besonderes Aroma. Heute werden durch die moderne Weißweintechnik saubere, frische, neutrale, trockene Weine

gekeltert. Außerdem werden die Trauben bereits im August gelesen, sodass der Wein um ein bis zwei Grad leichter ausfällt; mit Tempranillo auch zu einem hellroten Verschnittwein verarbeitet. Ein wesentlicher Teil des Traubengutes wird zur Brandy- und Süßweinherstellung verwendet.

Alarijen

In Spanien (Extremadura) angebaute Weißweinrebe, die wie die anderen Sorten dieses Gebietes überwiegend zur Sekt- und Brandyherstellung verwendet wird. Auch als **Cañamero** bezeichnet.

Albalonga

Weißweinrebe/frühe Reifungsperiode
Anbauländer u. a.: Deutschland.
Ergibt gelbgrüne, elegante, fruchtige und würzige Weine, ähnlich dem Müller-Thurgau. Neuzüchtung der Bayerischen Landesanstalt für Wein-, Obst- und Gartenbau in Würzburg-Veitshöchheim durch Kreuzung von Rieslaner mit Silvaner; sehr ertragreich; die Bezeichnung geht auf die Mutterstadt Roms, Alba Longa, zurück.

Albana

1. Weißweinrebe/frühe bis mittlere Reifungsperiode
   Anbauländer u. a.: Italien.
   Die italienische Rebsorte wird auch als **Albana della Forcella, Albana del Riminese, Greco, Biancame** und **Greco di Ancona** bezeichnet. Die Rebe ist nicht mit der → Greco verwandt. Es gibt 20 verschiedene Klone, von denen der **Albana Gentile di Bertinoro** am meisten verbreitet ist; offiziell anerkannt sind weiters **Albana della Serra, Albana della Compadrona, Albana della Bagarona** und **Albana della Gaiana.**
   Ergibt hellgelbe bis goldgelbe, trockene bis liebliche, weiche und blumige Weine sowie einen süßen Spumante.
2. Italienische Bezeichnung für → Elbling.

Albariño

Weißweinrebe
Spanischer Name einer markanten, aromatischen, hochwertigen Rebsorte in Galicien, die unter der Bezeichnung → Alvarinho im Norden des Vinho-Verde-Gebiets in Portugal angebaut wird.

Albarola

Die italienische Weißweinrebe wird meist mit anderen Sorten verschnitten und ist zur Herstellung von Qualitätslikörweinen b. A. zugelassen.

Albillo

Weißweinrebe
Anbauländer u. a.: Spanien.
In Zentralspanien und in Galicien zugelassene Sorte für den D.-O.-Wein Ribeiro und Hauptsorte in der DO Vinos de Madrid. Auch als Tafeltraube sowie hauptsächlich zur Sherryherstellung verwendet. Sie ist wahrscheinlich mit der → Pardillo identisch. In Peru heißt sie **Albilla.**

Aleatico

Rotweinrebe/frühe bis mittlere Reifungsperiode

Der Ursprung ist unklar, einerseits soll sie aus Griechenland (Liatico) stammen, andererseits glauben manche Fachleute, sie sei aus der Toskana und eine Mutation der Sorte Moscato Nero bzw. Muscat Blanc à Petits Grains.

Anbauländer u. a.: Italien, Kasachstan, Usbekistan, Chile, Kalifornien.

Auch als **Agliano, Aleatico di Portoferraio, Leatico, Liatico, Aliatico, Aleatico Nero della Toscana, Aleatico Nero di Firenze, Aleatico Gentile, Moscatello, Livatische, Muskateller** und **Occhio di Pernice** bezeichnet. Die manchmal verwendeten Bezeichnungen Moscatello und Muskateller weisen auf die oben erwähnte Mutation des roten Muskatellers hin.

Ergibt granatrote, aromatische, fruchtige und samtige Weine; in Süditalien sind sie alkoholreich und süß. Sie wird oft mit anderen Rebsorten verarbeitet.

Bekannte Weine sind der Aleatico di Portoferraio von der Insel Elba sowie aus Italien der Aleatico di Puglia und der Aleatico di Gradoli.

Alexander

Nordamerikanische Züchtung aus der → Labruscarebe.

Alexandria

Weißweinrebe auf Zypern, die süße muskatähnliche Weine liefert.

Alfrocheiro Preto

Alte portugiesische Rotweinrebe, die u. a. in den Weinbaugebieten Alentejo, Dão und Bairrada vorkommt und die kräftige Farbe in die Rotweinverschnitte einbringt.

Alicante

1. Andere Bezeichnung für → Grenache.
2. Andere Bezeichnung für → Alicante Bouschet (Garnacha Tintorera).
3. D.-O.-Weinbaugebiet in Spanien.
4. Bezeichnung für Negral.
5. Im spanischen Kastilien-Leon heißt sie **Moratón.**
6. Bezeichnung für Tintoreira Garnacha (Färbertraube).

Alicante Bouschet

Rotweinrebe/frühe bis mittlere Reifungsperiode

Anbauländer u. a.: Algerien, Frankreich, Israel, Italien, Marokko, Portugal, Spanien, Südafrika, Tunesien, USA.

Auch als **Alicante Bouschet No. 2, Alicante Henri Bouschet, Alicante, Garnacha Tintorera** (E), **Alicant Buse** (HR), **Alicante Bouchet** (CA) bezeichnet.

Ergibt dunkle, einfache, gelegentlich raue Weine mit hohem Alkoholgehalt, die zum Verschneiden für farbarme Rotweine verwendet werden. Gezüchtet von Henri Bouschet durch Kreuzung von Grenache mit → Petit Bouschet.

Alicante Branco

Weißweinrebe, die kurzfristig ertragreich ist und im Südwesten Portugals wächst. Auch **Pérola** genannt.

Alicante Ganzin

Rotweinrebe

Kreuzung von Aramon Rupestris Ganzin No. 4 mit Alicante Bouschet; ist Vorfahr aller französischen Teinturierreben (Färbertrauben).

Aligoté

Weißweinrebe

Ursprung: wahrscheinlich Burgund.

Anbauländer u. a.: Albanien, Algerien, Chile, Frankreich, Kalifornien, Osteuropa, Schweiz.

In den einzelnen Weinbaugebieten des Burgund auch als **Chaudenet Gras** und **Giboudot Blanc** (Côte Chalonnaise), **Griset Blanc** und **Plant Gris** (Côte de Beaune), **Troyen Blanc** sowie **Blanc de Troyes** (Chablis) bezeichnet.

Ergibt gelbe, trockene, fruchtige, früh trinkreife, aber einfache Weine; manchmal weisen sie einen harten, säuerlichen Unterton auf. Die Rebe ist besonders ergiebig; der Anbau geht in Frankreich zugunsten der Chardonnay stark zurück. Der Weinort Bouzeron verfügt über die Appellation Bourgogne Aligoté Bouzeron Contrôlée. In Osteuropa ist die Aligoté besonders populär.

Alva

1. In Portugal zugelassene Weißweinrebe.
2. In Portugal Bezeichnung für die Weißweinrebe → Elbling.
3. In Alentejo (P) gelegentlich verwendete Bezeichnung für die Weißweinrebe → Roupeiro.

Alvaraca

Weißweinrebe in Portugal, die zur Herstellung von weißem Portwein zugelassen, aber nicht empfohlen ist.

Alvarelhâo

Rotweinrebe

Anbauländer u. a.: Portugal, Galicien (E), Südafrika.

Dient in den Gebieten Douro, Dão und Trás-os-Montes zur Herstellung von leichten und ausgewogenen Rotweinen; ebenso zur Portwein- und Sektherstellung verwendet. Auch **Locaio, Pilongo** und **Dão** genannt. In der Portweinregion Bezeichnung für → Brancellao.

Alvarinho

Weißweinrebe

Anbauländer u. a.: Portugal, Spanien.

Auch als **Albariño** (E) bezeichnet.

Ergibt gelbgrüne, trockene, spritzige und nuancenreiche Weine; sie können manchmal stark alkohol- und säurehaltig sein und hin und wieder etwas grasig schmecken. Gehören zu den besten Weinen Spaniens und werden sowohl sortenrein gekeltert als auch verschnitten. In Portugal wird der weiße Vinho Verde erzeugt; er ist trocken und feinduftig mit zartem Bukett. Von manchen Fachleuten wird der Rebe eine Verwandtschaft mit Riesling nachgesagt.

Amaral

Rotweinrebe in Portugal.

Americano

1. In der Schweiz gebräuchliche Bezeichnung für → Isabella.
2. Im Tessin Bezeichnung für einen Hybridenwein sowie als Sammelbezeichnung für Amerikanerreben verwendet, die überwiegend zur Erzeugung von Traubensaft sowie Grappa dienen.

Amigne

Weißweinrebenspezialität mit vermutlich römischem Ursprung, die u. a. im Wallis (CH) angebaut wird.

Ampelographie

Rebsortenkunde; der Rebsortenforscher heißt **Ampelograph.**

Ancellotta

Rotweinrebe

Der Ursprung ist unklar, die Sorte gehört der Lambruscofamilie an.

Anbauländer u. a.: Emilien (I), vereinzelt in der Schweiz.

Auch als **Ancellotta di Messenzatico** und **Lancellotta** bezeichnet.

Ergibt fruchtige, schäumende, qualitativ eher mittelmäßige Weine. Der tiefen Farbe wegen gerne zum Verschnitt verwendet.

Antão Vaz

Weißweinrebe in Alentejo (P).

Aramon

Rotweinrebe/späte Reifungsperiode

Der Ursprung ist vermutlich Spanien.

Anbauländer u. a.: Algerien, Argentinien, Frankreich, Kalifornien, Libanon.

Auch als **Blauer Aramon, Ugni Noir, Plante Riche, Rabalaire, Revalaire, Gros Bouteillan, Burkhardt** und **Pisse-Vin** bezeichnet.

Ergibt blassrote, leichte, qualitativ eher geringwertige Weine mit niedrigem Alkoholgehalt. Sie werden mit Alicante Bouschet und Noir de la Calmette verschnitten. Die Rebe ist besonders ertragreich und widerstandsfähig; der Anbau ist dennoch stark rückläufig. Mutationen dieser Sorte sind **Aramon Gris** und **Aramon Blanc.**

Aramont

Rotweinrebe in Portugal, die zur Portweinherstellung verwendet wird. Wahrscheinlich ist sie mit der Aramon identisch.

Arbois

Weißweinrebe

Anbauländer u. a.: Loiretal (F).

Auch als **Menu Pineau, Petit Pineau, Herbois, Orbois** und **Verdet** bezeichnet.

Die französische Rebe ergibt milde Weine mittlerer Qualität, die mit anderen Sorten wie Sauvignon Blanc und Chardonnay verschnitten werden; sehr ertragreich.

Arinto

Weißweinrebe

Anbauländer u. a.: Portugal (auch auf den Azoren).

Auch als **Arintho** und **Arinto-Cercial** bezeichnet. Als **Paderña** oder **Pedernâo** ist die Sorte im Vinho Verde enthalten. Im Moscatel de Setúbal ist sie

ebenfalls vertreten. Spielarten sind **Arinto Cachudo** und **Arinto Miúdo.**
Ergibt zitronenfarbene bis strohgelbe, frische, fruchtige und langlebige Weine, die im Alter eine Zitronennote aufweisen. Die Bucelas-Weine müssen mindestens 75 % Arintotrauben enthalten.

Arneis

Weißweinrebe
Anbauländer u. a.: Italien.
Auch als **Bianchetto** und **Bianchetta d'Alba,** gelegentlich als **Nebbiolo Bianco** und **Barolo Blanca** bezeichnet.
Ergibt frische, aromatische und körperreiche Weine sowie einen Spumante.

Arnsburger

Weißweinrebe
Anbauländer u. a.: Deutschland, Portugal.
Neuzüchtung der Forschungsanstalt für Weinbau und Rebenzüchtung in Geisenheim/Rheingau aus zwei Riesling-Klonen.
Ergibt gelbgrüne, fruchtige, spritzige, im Geruch eher neutrale Weine.

Arrufiac

Weißweinrebe
Anbauländer u. a.: Südwestfrankreich.
Auch als **Arrufiat, Ruffiac** und **Raffiat** bezeichnet.
Die Weine haben meist einen geringen Alkoholgehalt und ein interessantes Feuersteinaroma. Die alte Rebe wird gerne mit Petit Courbu verarbeitet.

Arvine

Weißweinrebe/späte Reifungsperiode
Anbauländer u. a.: Wallis (CH), Aostatal (I).
Die alte Rebe ergibt gelbe, kräftige, volle, feinblumige, alkoholreiche Weine mit leicht bitterem Nachgeschmack, deren Eigenschaften sich erst nach drei bis vier Jahren Flaschenreifung voll entwickeln. Die süßen Versionen entstehen aus teilgetrockneten Trauben. Man unterscheidet zwischen der **Petite Arvine** und der **Grande Arvine.**

Aspiran

Rotweinrebe im Languedoc (F), die leichte, duftige Weine ergibt.

Asprinio

Weißweinrebe, die nur nördlich von Neapel vorkommt. Auch als **Olivese, Ragusano** und **Uva Asprina** bezeichnet. Ergibt leichte, oft perlende Weine und Spumante.

Assário Branco

Weißweinrebe
Anbauländer u. a.: Portugal.
Auch als **Arinto do Dâo** und **Sarilho** bezeichnet. Manche Fachleute vermuten, dass sie identisch mit der → Palomino ist.

Assyrtiko

Weißweinrebe
Anbauländer u. a.: Santorin (GR).
Andere Schreibweise **Assirtico.** Die Weine weisen trotz des heißen Klimas eine kräftige Säure auf und werden gerne mit der Savatiano und der Athiri ver-

schnitten. Für Qualitätslikörweine b. A. zugelassen.

Athiri

Weißweinrebe in Griechenland, wird mit der Assyrtiko verarbeitet.

Aubun

Rotweinrebe
Anbauländer u. a.: Frankreich.
Die Sorte wächst im südlichen Rhônetal, in Languedoc und in der Provence und soll der Counoise ähneln. Manche Fachleute halten sie mit den im Châteauneuf-du-Pape zugelassenen Sorten Counoise und Moutardier identisch. Auch als **Carignan de Bedoin** und **Carignan Gigondas** bezeichnet. Mit der aussterbenden Sorte Aubin, die in Lothringen und an der Mosel vorkommt, hat sie nichts zu tun.

Aurore

Weißweinrebe
Anbauländer u. a.: Osten der USA, Tschetschenien.
Die französische Hybride reift früh und ist ziemlich ertragreich, der Wein ist nur mittelmäßig. Andere Bezeichnung: **Aurora.**

Autochthone Rebe

Alteingesessene Rebe.

Auxerrois

1. Weißweinrebe/mittlere Reifungsperiode
   Anbauländer u. a.: Deutschland, Frankreich, Kanada, Luxemburg, Niederlande, Südafrika.
   Auch als **Auxois, Auxera, Pinot Auxerrois, Auxerrois Blanc** und **Auxerrois Blanc de Laguenexy** bezeichnet. Ergibt körperreiche Weine mit angenehmem Bukett; die Rebe ist der Pinot Blanc ähnlich und wird im Elsass und in Luxemburg mit ihr verschnitten.
2. In Cahors (F) gebräuchliche Bezeichnung für Côt bzw. → Malbec.

Avesso

Die portugiesische Weißweinrebe liefert im Vinho-Verde-Gebiet einen duftigen und körperreichen Wein. Sie ist vermutlich mit der Jaén Blanco identisch.

Avillo

In Spanien gebräuchliche Bezeichnung für Piquepoul Gris und Piquepoul Noir (→ Picpoul).

Azal Tinto

Portugiesische Rotweinrebe, die zur Herstellung des roten Vinho Verde verwendet wird.

B

Babeascâ Neagrã

Rumänische Rotweinrebe (Großmuttertraube), die einen leichten, fruchtigen Wein liefert, ähnlich dem Wein der viel bekannteren → Feteascã Neagrã.

Babic

Autochthone Rotweinrebe in Dalmatien, die den gleichnamigen Wein liefert.

Bacchus

1. Weißweinrebe/mittlere Reifungsperiode

Anbauländer u. a.: Deutschland, Kanada.
Ergibt blassgelbe bis gelbgrüne, extraktreiche, fruchtige und lebendige Weine mit angenehmem Muskatbukett, die sich auch gut zum Verschneiden eignen; Neuzüchtung von Peter Morio an der Bundesforschungsanstalt für Rebenzüchtung in Geilweilerhof/Rheinpfalz durch Kreuzung von Silvaner x Riesling mit Müller-Thurgau.
Der Name stammt vom römischen Gott des Weines; die Bacchusrebe ist besonders ertragreich und eignet sich auch sehr gut als Tafeltraube; sie wird in Deutschland in zunehmendem Maße angebaut.

2. In den USA rote Hybride; liefert Weine mittlerer Qualität.

Baco Blanc

Weißweinrebe
Anbauländer u. a.: Frankreich, Neuseeland.
Auch als **Baco 22A, Maurice Baco** und **Piquepoul de Pays** bezeichnet.
Ist eine Kreuzung aus Folle Blanche mit der amerikanischen Hybride Noah; sie wird hauptsächlich zur Brennweinherstellung für Armagnac verwendet; ihr Anbau ist stark rückläufig.

Baco Noir

Rotweinrebe
Anbauländer u. a.: Frankreich, Kanada, USA.
Die französische Neuzüchtung wird auch als **Baco I** bezeichnet.
Ergibt dunkle, oft sehr extraktreiche und gut haltbare Weine mit hohem Säuregehalt; Kreuzung aus Folle Blanche mit Vitis Riparia.

Baga

Rotweinrebe
Anbauländer u. a.: Portugal (wahrscheinlich die meistangebaute Rebe).
Auch als **Tinta Bairrada** (Dão und Ribatejo) und **Poeirinha** bezeichnet.
Ergibt dunkle, tannin- und säurehaltige, fruchtige Weine, die sich im Alter sehr gut entfalten. In Bairrada erreichen die Weine Spitzenqualität, sie sind besonders samtig und geschmeidig. Baga heißt Beere.

Baladi

Weißweinrebe in Südspanien, die mit Pedro Ximénez, Moscatol und Airon zur Süßweinherstellung verwendet wird.

Balsamina

1. In Argentinien und Chile gebräuchliche Bezeichnung für → Syrah.
2. In Italien gebräuchliche Bezeichnung für → Bonarda Piemontese.

Banatski Rizling

Weißweinrebe
Anbauländer u. a.: Wojwodina, Rumänien.
Auch als **Creata, Kreaka, Zackelweiß** und **Banat Rizling** bezeichnet.
Die Rieslingrebe ergibt gelbgrüne, schwerfällige Weine, die rasch abbauen. Sie sind ähnlich den Laški-Rizling-Weinen

(Welschriesling), aber ohne deren Spritzigkeit; kommt aus dem Banat (RO).

Barbarossa

Rotweinrebe
Anbauländer u. a.: Provence (F), Korsika (F), Emilien (I).
Auch als **Barberoux** (Provence) bezeichnet.
Ergibt granatrote, leicht säuerliche, körperreiche Weine mit feinem Rosenbukett. Sie soll mit der Barbarossa in Ligurien nicht verwandt sein.

Barbera

Rotweinrebe/späte Reifungsperiode
Anbauländer u. a.: Albanien, Argentinien, Bolivien, Brasilien, Israel, Italien, Kolumbien, Slowenien, Uruguay, USA, Venezuela.
Durch die große Verbreitung der vermutlich aus dem Piemont stammenden Rebe in Italien sind eine Reihe von Bezeichnungen üblich: **Barbera Grossa, Barbera Fine, Barbera Nera, Barbera Forte, Barbera d'Asti, Barbera Nostrano, Barbera con Raspo Verde, Barbera con Raspo Rosso, Barberone, Barbera Dolce;** es existieren auch viele Klone.
Ergibt rubin- bis dunkelrote, meist gerbstoffarme und relativ säurereiche, insgesamt harmonisch fruchtige, herbe, kräftige Weine mit leichtem Veilchenduft; sie erreichen nach mehrjähriger Lagerung ihre besondere Qualität; die Rebe ist sehr ertragreich. Die besten Barberas kommen aus dem Piemont. In den anderen Anbaugebieten Italiens wird Barbera gerne u. a. mit der Bonarda verschnitten, so ist sie z. B. im Oltrepo Pavese und im Franciacorta enthalten.

Barbera Bianca

Weiße Variante der → Barbera.

Barcelo

In Dão (P) vorkommende Weißweinrebe.

Baroque

Weißweinrebe
Anbauländer u. a.: Südwestfrankreich, Spanien.
Auch als **Barroque, Baroca** und **Bordelais** (F) sowie als **Bordeleza Zuria** (E) bezeichnet.
Ergibt schwere Weine mit kräftigem Aroma, das an reife Birnen erinnert. Der französische Rebsortenforscher Dr. Pierre Galet behauptet, die Traube stamme aus Spanien.

Bastardo

Rotweinrebe
Anbauländer u. a.: Dourotal (P), Madeira (P), Australien, Frankreich, USA.
Auch als **Triffault, Toussot** und **Trousse** (Jura), **Trousseau** (F, CA), **Cabernet Gros** (AUS) bezeichnet.
Die Rebe ist ertragreich, jedoch nicht besonders ausdrucksstark; wird vorwiegend zur Portwein- und Madeiraherstellung verwendet.

Batoca

Weißweinrebe in Portugal, die zur Herstellung des Vinho Verde verwendet wird.

Belan
Weißweinrebe in Mazedonien, die in Montenegro → Debit oder **Krstac** heißt. Siehe auch → Plavai.

Belina
Weißweinrebe
Anbauländer u. a.: Kroatien, Serbien, Slowenien.
Auch als **Stajerska Belina** (HR), **Weißer Heunisch** und **Hunnentraube** (D) bezeichnet. Ergibt eher dünne, säuerliche Weine.

Bellone
Rotweinrebe/mittlere Reifungsperiode
Anbauländer u. a.: Latium (I).
Auch als **Cacchione, Bello Cacchione, Bellobuono, Pantrastico, Uva Pane, Uva Pantastico** und **Zinnavacca** bezeichnet.

Bena
Autochthone Weißweinrebe in Bosnien und Herzegowina, die vor allem im Žilavka Mostar enthalten ist.

Biancame
Weißweinrebe/späte Reifungsperiode
Anbauländer u. a.: Italien (Ostküste).
Auch als **Passerina** (Marken), **Bianchello, Uva Bianca, Balsamica Bianca, Greco Bianco, Morbidella, Biancone, Biancuccio, Greco, Greco Bianchello** und **Biacuccio** bezeichnet. Die alte italienische, ertragreiche Rebe wird mit anderen Sorten verschnitten; nach Angaben des amerikanischen Rebsortenforschers Burton Anderson mit der Trebbianorebe verwandt.

Bianchello
In Marken gebaute Weißweinrebe; es handelt sich wahrscheinlich um die Biancame; vgl. → Albana.

Bianchetto Trevigiana
Weißweinrebe in Venetien.

Bianco d'Alessano
Italienische Weißweinrebenspezialität aus Apulien, die gerne mit anderen Sorten verarbeitet wird. Auch als **Bianco di Lessane** und **Verdurino** bezeichnet.

Biancollela
Weißweinrebe
Anbauländer u. a.: Italien.
Auch als **Jancolella, Janculillo** und **Petit Blanche** bezeichnet; dient u. a. zur Erzeugung von Ischia Bianco und Lacrima Christi.

Biancone
Weißweinrebe
Anbauländer u. a.: Australien, Korsika (F), Elba (I).
Wird großteils zu Brennwein verarbeitet. Synonym für → Biancame; auch als **White Grenache** bezeichnet. Die Rebe ist besonders ertragreich (350 hl/ha).

Bical
Portugiesische Weißweinrebe, die vor allem in Bairrada und in Dão anzutreffen ist. Sie wird vorwiegend zu Grundweinen zur Sektherstellung verarbeitet und

ist zur Erzeugung von weißem Portwein zugelassen. In Dão auch als **Barrado das Moscas** (Fliegendreck) bezeichnet.

Black Malvoisie

Rotweinrebe, die in Kalifornien wächst; sie ist wahrscheinlich eine dunkle Spielart der Malvasiarebe, ähnlich wie die Malvasia Nera in Italien.

Blanc de Morgex

Weißweinrebe
Autochthone Sorte im Aostatal (I), die sich gut an die Bedingungen in großen Höhenlagen (auch über 1.000 Meter) angepasst hat. Auch als **Blanc de Valdigue** und **Blanc de la Salle** bezeichnet.

Blanquette

1. In Frankreich und Australien gebräuchliche Bezeichnung für → Clairette Blanche.
2. In Südwestfrankreich gebräuchliche Bezeichnung für verschiedene Weißweinrebsorten, u. a. für Bourboulenc, Clairette, Mauzac Blanc und Ondenc sowie für Plant de Graisse.
3. In Australien Bezeichnung für Clairette.

Blatina

Rotweinrebe, die in Kroatien und Bosnien und Herzegowina mit etwas Merlot, Vranac, Gamay und Alicante Bouschet zum gleichnamigen Rotwein verarbeitet wird.

Blauburger

Rotweinrebe/mittlere Reifungsperiode
Anbauländer u. a.: Österreich, Deutschland.
Ergibt tiefrote, milde vollmundige und doch leichte Weine mit guter Haltbarkeit. Neuzüchtung der Bundeslehr- und -Versuchsanstalt für Wein- und Obstbau in Klosterneuburg; ist eine Kreuzung aus Blauem Portugieser und Blaufränkisch(er).

Blauer Affenthaler

Rotweinrebe, die in Württemberg (D) wächst; wahrscheinlich handelt es sich um die Rebsorte Blauer Burgunder.

Blauer Arbst

Spielart des Blauen Burgunders (Pinot Noir); Anbau ist stark rückläufig.

Blauer Frühburgunder

Rotweinrebe/frühe Reifungsperiode
Anbauländer u. a.: Deutschland, Frankreich.
Auch als **Clevner (Klevner), August-Klevner, Augusttraube, Jakobstraube, Frühburgunder** und **Magdalenentraube** (D), **Pinot** und **Madeleine Noir** (F) bezeichnet.
Ergibt helle, fruchtige, eher leichte Weine; meist gute Qualität. Die Rebe ist wahrscheinlich eine Mutation der Blauen-Burgunder-Rebe (Pinot Noir); der Name Frühburgunder leitet sich von der frühen Reifungsperiode ab.

Blauer Hängling

Alte Rotweinrebe unbekannter Herkunft, die zuweilen noch in Württemberg (D) angebaut und **Tauberschwanz, Süßrot,**

Grobrot, Hartwegstraube sowie **Häusler** genannt wird.

Blauer Portugieser

Rotweinrebe/mittlere Reifungsperiode
Ursprung: Donauländer; eine Abstammung aus Portugal ist nicht nachzuweisen.
Anbauländer u. a.: Deutschland, Frankreich, Kroatien, Österreich, Rumänien, Slowenien, Tschechien, Ungarn.
Auch als **Portugieser** (A, D), **Oportorebe, Vöslauer, Badener** (A), **Oportó, Kékoportó** und **Kékoport** (H, RO), **Autrichien, Portugais Bleu** (F), **Modra Portugalka** (SLO), **Kraljevina** (SLO, HR), **Portugizac, Portugizac Crni** und **Portugaljka** (HR) bezeichnet.
Ergibt hell- bis dunkelrote, säurearme, leichte, gefällige, harmonische, aber dünne Tischweine, die eher wenig Bukett haben und jung getrunken werden sollen.

Blauer Silvaner

Ist eine Mutation des Grünen Silvaners; hellrote Beeren, die hellrote Weine liefern; auch als **Bodenseeburger** (D) bezeichnet.

Blauer Wildbacher

Rotweinrebe/mittlere Reifungsperiode
Anbauländer u. a.: Steiermark (A).
Auch als **Schilchertraube, Blauer Kracher, Mäuserl, Wildbacher** und **Blauer Kräutler** bezeichnet.
Ergibt zwiebelfarbene bzw. hellrote bis rubinrote, frische, belebende, herbe Roséweine, die Schilcher genannt werden; sie haben eine kräftige, aber angenehme Säure und ein sortentypisches Bukett; auch Schilchersekt wird erzeugt; der Name stammt vom steirischen Ort Wildbach. Es gibt drei Spielarten, den **Echtblauen,** den **Spätblauen** und den **Schlehenbeerigen Wildbacher.**

Blaufränkisch(er)

Rotweinrebe/mittlere bis späte Reifungsperiode
Ursprung: wahrscheinlich Österreich.
Anbauländer u. a.: Deutschland, China, Frankreich, Italien, BR Jugoslawien, Kanada, Kroatien, Österreich, Rumänien, Slowakei, Slowenien, Tschechien, Ungarn, USA.
Auch als **Limberger** und **Blauer Limberger** (D, A), **Schwarzfränkisch** (A), **Lemberger** (USA), **Kékfrankos, Burgundi** und **Nagyburgundi** (H), **Frankovka Crna** (HR), **Frankovka** (HR, SK, Wojwodina), **Moravka Crna** und **Modra Frankinja** (SLO), **Frankconia** und **Franconia** (Friaul/I), **Gamé** (BG) bezeichnet.
Ergibt rubin- bis bläulichrote, gehaltvolle, rassige, samtige Weine mit ausgeprägtem fruchtigem Sortenbukett. Manche Fachleute finden eine große Ähnlichkeit mit dem Beaujolais; sie zählt zu den meistangebauten dunklen Sorten in Österreich, vor allem im Burgenland.

Boal (Bual)

1. Weißweinrebsorte aus Portugal zur Madeiraerzeugung;

auch als **Boal Branco, Boal Cachudo, Boal Ratinho, Boal de Madeira, Boal de Porto Santo** und **Boal Espinho** bezeichnet; durch den englischen Spracheinfluss **Bual** genannt.

2. Goldfarbene, relativ süße, feine Madeirasorte.

Bobal
Rotweinrebe
Anbauländer u. a.: Spanien.
Auch als **Tinto de Requeña** und **Valenciana Tinta** bezeichnet.
Ergibt leichte, säurereiche und fruchtige Rotweine und Rosados. Die farbstoffreiche Traube wird auch gerne mit anderen Sorten verarbeitet. Der Utiel-Requeña ist der einzige D.-O.-Wein, in dem sie als Bestandteil zugelassen ist. Die Rebe nimmt in der spanischen Region Valencia 95 Prozent der Gesamtrebfläche ein.

Bobal Blanco
Weißweinrebe, die in geringer Menge in Valencia (E) vorkommt. Auch als **Tortosi** bezeichnet.

Bogazkere
Rotweinrebe in der Türkei (Anatolien).

Bogdanuša
Weißweinrebenspezialität von Hvar in Kroatien.

Bombino Bianco
Weißweinrebe/späte Reifungsperiode
Anbauländer u. a.: Italien.
Auch als **Trebbiano d'Abruzzo, Straccia Cambiale, Trebbiano di Teramo, Uva Castellana, Bonvino, Campolese, Bammino, Zapponara Bianca, Pagadebit, Pagadebito, Debit** und **Marese** bezeichnet.
Ergibt blasse, strohfarbene, trockene, neutrale Weine; sie sind beliebte Verschnitt- und Brennweine und dienen zur Frizzante-Erzeugung. Die Rebe kommt wahrscheinlich aus Spanien.

Bombino Nero
Rotweinrebe
Ist die rote Version der Bombinorebe, die vorwiegend in Apulien (I) vorkommt. Wird auch als **Bombino** und **Buon Vino** bezeichnet.

Bonarda
Rotweinrebe/mittlere Reifungsperiode
Anbauländer u. a.: Argentinien, Brasilien, Italien, Schweiz.
Ist der Name für **Bonarda Piemontese** im Piemont, für → Croatina in der Lombardei und für → Uva Rara in den Bergen von Novara. Auch als **Bonarda Novarese, Bonarda di Cavaglià, Bonarda di Chieri, Bonarda di Gattinara** und **Balsamina** (I) bezeichnet.
Ergibt hellrote, angenehm trockene, harmonische Weine. Bonardatrauben werden häufig mit anderen Sorten verarbeitet. So sind sie z. B. in den Piemonteser Weinen Ghemme, Boca und Sizzano enthalten; auch Bestandteil des Nostrano (Tessin/CH).
Der argentinische Rebsortenexperte Alberto Alcalde vermutet, dass es sich bei der in seinem Land kultivierten Bonarda um

die Sorte Charbono aus Kalifornien handelt.

Borba
Spanische Weißweinrebe, die in Extremadura vorkommt; die Sorte ist ziemlich ertragreich, aber ohne besondere Güte.

Bordelais
1. In Südwestfrankreich gebräuchliche Bezeichnung für verschiedene Rebsorten, u. a. für Baroque, Courbu Blanc, Fer und Tannat.
2. In Frankreich gebräuchliche Bezeichnung für → Merille.

Bordó
1. Rotweinrebe in Brasilien; auch als **Ives Noir** bezeichnet.
2. In Nordostitalien manchmal verwendete Bezeichnung für Cabernet Franc.

Borraçal
Im Vinho-Verde-Gebiet (P) gebräuchliche Bezeichnung für die auch in Galicien vorkommende Caiño Tinto; die Traube wird zur Erzeugung des roten Vinho Verde verwendet.

Bosco
Weißweinrebe
Anbauländer u. a.: Ligurien (I).
Auch als **Bosco Bianco del Genovesato, Uva Bosco** und **Madea** bezeichnet.
Ergibt gelbe bis strohgelbe, trockene bis süße Weine; die Rebe wird häufig mit anderen Sorten verschnitten; bekannter Dessertwein ist der Cinque Terre Sciacchetrà aus angetrockneten Trauben.

Bouchalès
Im Bordeaux in geringer Menge vorkommende Rotweinsorte. Auch **Grapput** genannt.

Bourboulenc
Weißweinrebe/späte Reifungsperiode
Ursprung wahrscheinlich Griechenland.
Anbauländer u. a.: Frankreich, Libanon.
Auch als **Bourbolenco, Clairette Rousse, Clairette Dorée, Grosse Clairette, Roussaou** und **Clairette à Grains Ronds** bezeichnet. Im Languedoc fälschlich Malvoisie genannt. Bourboulenc spielt neben anderen Sorten im weißen Minervois und im Corbières Blanc eine große Rolle.

Bouvier
Weißweinrebe
Anbauländer u. a.: Österreich, Slowakei, Slowenien, Ungarn.
Auch als **Ranina** (SLO), **Bouvier-Traube** (A), **Bouvierova Ranina** und **Buvje** (HR) bezeichnet.
Ergibt goldgelbe, milde, extraktreiche Weine mit leichtem Muskataroma; besonders geeignet für Spät- und Auslesen; nach dem österreichischen Weingutbesitzer und Züchter Bouvier aus Bad Radkersburg benannt; wegen der frühen Reife auch als Tafeltraube verwendet.

Bovale
Rotweinrebe
Anbauländer u. a.: Sardinien (I).
Es gibt die Varianten **Bovale Sardo** (liefert herben Wein) und **Bovale Grande** (stärker

verbreitet); beide werden vorwiegend mit anderen Sorten verschnitten. Wahrscheinlich ist sie mit der spanischen Bobal verwandt.

Brachetto

Rotweinrebe
Anbauländer u. a.: Frankreich, Italien.
Auch als **Braquet** (F) bezeichnet. Die wahrscheinlich aus Frankreich stammende Rebe ergibt erdbeerfarbene, lebendige und relativ alkoholstarke Weine mit leichtem Erdbeergeschmack; vielfach werden Schaumweine erzeugt.

Brancellao

Alte galicische Rotweinrebe, die im Vinho Verde (P) unter dem Namen **Brancelho** einen aromatischen Wein liefert. In der Portweinregion heißt sie **Alvarelhão.**

Bratkovina

Autochthone Weißweinrebe in Kroatien, die auf der Insel Korçula wächst. Die dunkle Variante heißt **Bratkovina Crna.**

Bronner

Weißweinrebe/mittlere bis späte Reifungsperiode
Ergibt fruchtige Weine; gezüchtet im Staatlichen Weinbauinstitut in Freiburg.

Brun Fourca

Alte provenzalische Rotweinrebe.

Budai Zöld

Weißweinrebenspezialität aus Siebenbürgen, die in Ungarn (am Plattensee) vorkommt und einen farbintensiven, körperreichen Wein liefert.

Buketttraube

Weißweinrebe/frühe bis mittlere Reifungsperiode
Anbauländer u. a.: Deutschland, Südafrika.
Auch als **Bouquet** und **Bukett** bezeichnet. Die südafrikanische Spezialität ergibt grüngelbe, halbtrockene, manchmal süße, fruchtige Weine mit herrlichem Muskataroma.

Burdin

Die Weißweinrebe ist dem Silvaner ähnlich und wurde vom Franzosen Burdin gezüchtet.

Burger

In Kalifornien vorkommende Weißweinrebe, die einen eher neutralen Wein liefert. Für den französischen Rebsortenforscher Dr. Pierre Galet ist sie die fast ausgestorbene südfranzösische Sorte **Monbadon.**

Burgunder

Im deutschsprachigen Raum Sammelbezeichnung für alle Burgunderreben, wie Blauer Burgunder (Pinot Noir), Weißburgunder (Pinot Blanc) und Grauburgunder bzw. Ruländer (Pinot Gris). Der Ursprung der Burgundersorten soll nach neuesten Forschungen auf eine Kreuzung aus Gewürztraminer und Schwarzriesling (→ Pinot Meunier) zurückgehen. In Österreich wird der St. Laurent ebenfalls der Burgunderfamilie zugerechnet.

C

Cabernet

Kurzbezeichnung für die roten Cabernetreben, wie Cabernet Franc und Cabernet Sauvignon; in Saint-Émilion ist **Bouchet** die Bezeichnung für die Cabernetreben.

Cabernet Franc

Rotweinrebe/späte Reifungsperiode

Anbauländer: in fast allen Weinbauländern der Welt.

Auch als **Breton, Cabernet Breton** und **Véron** (Loire), **Bouchy** (Südwestfrankreich), **Carmenet** (Médoc), **Bouchet, Gros-Bouchet** und **Crosse-Vidure** (Saint-Émilion, Pomerol), **Gros Cabernet, Noir-Dur, Messange Rouge** und **Trouchet Noir** (übriges Frankreich), **Gross-Vidure, Cabonet**, **Bordó** und **Cabernet Frank** (I), **Kaberne Frank** (HR), **Cabernet Gris** (ZA) bezeichnet.

Die französische Rebsorte ergibt dem → Cabernet Sauvignon ähnliche Weine. Der Cabernet Franc ist allerdings meist etwas heller, enthält weniger Tannin und ist daher etwas früher trinkreif. Insgesamt ist er leicht bis mittelschwer und fruchtig. Die Rebe wird im Bordelais mit Cabernet Sauvignon und Merlot zu den bekannten großen Weinen verschnitten. Heute werden auch gerne sortenreine Cabernet-Franc-Weine erzeugt. Vor allem in der Neuen Welt nimmt die Sorte an Bedeutung und Beliebtheit zu.

Cabernet Sauvignon

Rotweinrebe/späte Reifungsperiode

Anbauländer: Die Rebe ist in allen fast frostfreien Weinbaugebieten der Erde anzutreffen und ist somit die meistangebaute Spitzenrebsorte der Welt. Sie stammt aus dem Médoc.

Auch als **Petite Vidure, Vidure** und **Petit Cabernet** (Graves), **Bouchy** (Südwestfrankreich), **Breton** und **Cabernet Breton** (Loiretal), **Bouchet** und **Bouche** (Gironde), **Petit Bouchet** (Saint-Émilion und Pomerol), **Bouchet Sauvignon** und **Sauvignon Rouge** (Zentralfrankreich), **Kaberne Sovinjon** (HR, YU) sowie **Caberné** und **Cabernet** bezeichnet.

Ergibt in der Regel rubinrote, gerbstoffreiche, trockene, fruchtig-aromatische und langlebige Weine; sie erreichen nach mehreren Jahren ihre höchste Qualität und ihr besonders delikates Bukett. Ein an Johannisbeeren erinnernder Geschmack und ein leichter Holzton sind erkennbar. In manchen Gebieten, wie in Australien und Chile, wird ein feiner Minze- und Eukalyptusgeschmack festgestellt.

Zu den Vorzügen dieser Rebe gehören ihre Widerstandsfähigkeit, ihre Eigenart und Struktur; sie liefert daher in vielen unterschiedlichen Weinbauländern, verschnitten oder reinsortig, hervorragende und doch ganz typische Weine. Durch den langsamen Reifeverlauf spielt der Lesezeitpunkt keine so wichtige Rolle, allerdings kann es sein, dass die Trauben nicht ganz ausreifen.

Cabernet Sauvignon ist die Rebe der großen Bordeauxweine, wenngleich sie stets mit dem fruchtigen, früh reifenden Merlot und mit dem duftigen Cabernet Franc sowie manchmal mit Malbec und Verdot verschnitten wird. Wegen ihrer Struktur ist sie ein wichtiger Bestandteil von Malbecweinen. In Australien wird sie wiederum mit Syrah verschnitten. Auch in einer Reihe der italienischen D.-O.-C.-G.-Weine findet Cabernet Sauvignon verschnitten mit Sangiovese Verwendung. Allerdings geht man in Italien, wie auch in anderen Ländern, ziemlich großzügig mit der Unterscheidung der beiden Cabernetsorten um. In Spanien und Portugal ist die Rebe zunehmend beliebt. Besonders verbreitet ist Cabernet Sauvignon in Osteuropa. In Kalifornien und Südafrika wird Cabernet Sauvignon meist sortenrein gekeltert, diese Weine gehören zu den besten der Welt. In Südamerika nimmt die Anbaufläche stark zu.
Cabernet Sauvignon und Merlot sind angeblich aus Cabernet Franc hervorgegangen.

Cabinda

Rotweinrebe in Portugal.

Caiño

In Galicien (E) amtlich empfohlene Rebsorte, die es in den Varianten **Caiño Blanco** und **Caiño Tinto** gibt. In Portugal **Borraçal** genannt.

Calabrese

1. Synonym für → Canaiolo Nero.
2. Synonym für → Nero d'Avola.
3. Auch **Calabrese Nero, Calabrese d'Avola** und **Calabrese Pizzuto** genannt.

Caladoc

Die Rotweinrebe ist eine Neuzüchtung des französischen Ampelographen Paul Truel durch Kreuzung von Grenache mit Malbec. Wird in kleiner Menge im südlichen Rhônetal (F) angebaut.

Camaralet

Die Weißweinrebe aus Südwestfrankreich ergibt verschnitten mit anderen Sorten den goldfarbenen, süßen Jurançon.

Campell's Early

Die Rotweinrebe ist eine amerikanische Hybride mit deutlichem Foxgeschmack und wird u. a. in Japan und in den USA angebaut; auch als **Island Belle** bezeichnet.

Canaiolo Nero

Rotweinrebe/frühe bis mittlere Reifungsperiode
Anbauländer u. a.: Italien.
Auch als **Canaiolo Nero Grosso**, **Uva Canaiolo**, **Caccione Nero**, **Cagnina**, **Calabrese**, **Cannaiola**, **Uva Canina**, **Tindiloro**, **Uva dei Cani**, **Uva Donna**, **Uva Marchigiana** und **Uva Merla** (I), **Schwarztraube** (D, A) bezeichnet. In Mittelitalien wächst auch eine weiße Variante dieser Rebe namens **Canaiolo Bianco,** die in Orvieto **Drupeggio** heißt.
Der Anbau dieser alten toskanischen Rebe ist rückläufig.

Cannonau
In Italien, vor allem in Sardinien, Bezeichnung für → Grenache. Wird zur Erzeugung von Weinen gleichen Namens und Qualitätslikörwein verwendet. Andere Schreibweise Cannonao.

Cañocazo
Weißweinrebe
Anbauländer u. a.: Spanien, Australien, Südafrika.
Auch als **Common Palomino** und **Falsche Palomino** (AUS) und → False Pedro bezeichnet. Ist keine Palominorebe. Sie ist der Doradillo ähnlich und dient in Spanien als Grundlage für Züchtungen. Die spanische Rebe aus Jerez ist zur Weinerzeugung nicht mehr zugelassen.

Cantaro
Weißweinrebe
Neuzüchtung der Bayerischen Landesanstalt für Wein-, Obst- und Gartenbau in Würzburg durch Kreuzung von Rieslaner x Silvaner mit Müller-Thurgau.

Cap Grape
In Kalifornien vorkommende Rotweinrebe.

Carignan
Rotweinrebe/späte Reifungsperiode
Ursprung: Mit großer Wahrscheinlichkeit stammt sie aus der spanischen Provinz Aragonien.
Anbauländer u. a.: Algerien, Argentinien, Chile, China, Frankreich, Israel, Italien, Kroatien, Libanon, Marokko, Mexiko, Portugal, Spanien, Südafrika, Türkei, Uruguay, USA.
Auch als **Carignan Noir, Bois Dur, Catalan, Roussillionen, Monestel** und **Plant de Lédenon** (F), **Cariñena, Tinto Mazuelo, Mazuela Crujillon** und **Sams** (E), **Samsó** (Katalonien/E), **Mazuela** (Rioja/E), **Pinot Evara** und **Carignon** (P), **Carignano** und **Uva di Spagna** (I), **Karinjan** (HR), **Carignane** (CA) bezeichnet.
Der Anbau der Rebe ist rückläufig und dennoch ist sie immer noch eine der meistangebauten Sorten in Frankreich. Sie liefert mittelmäßige Weine, die vor allem zum Verschneiden mit Grenache und Cinsaut verwendet werden. In Spanien, Nordafrika und Kalifornien spielt sie eine große Rolle. Insgesamt ist die Sorte in den wärmeren Zonen beliebt. In manchen Weinbergen von Languedoc und Roussillon gibt es auch die weiße Mutante **Carignan Blanc.**

Cariñena
1. Spanische Bezeichnung für → Carignan.
2. D.-O.-Weinbaugebiet in Aragonien (E).

Carmenère
Französische Rotweinrebe, die bereits im 18. Jahrhundert im Bordelaise vorhanden war. Wird vor allem in Chile angebaut. Auch als **Carmenelle, Grande Carmenet, Carbouet** und in Chile auch als **Grande Vidure** bezeichnet. Andere Schreibweise Camanère. Ergibt einen sehr dunklen, körperreichen Wein.

Carnelian
Rotweinrebe
Anbauländer u. a.: USA.

Ergibt hellrote, leichte und weiche Weine. Neuzüchtung von Dr. H. P. Olmo an der University of California in Davis, die vorwiegend für heißes Klima geeignet sein soll. Es ist eine Kreuzung aus Carignan x Cabernet Sauvignon mit Grenache.

Carricante

Weißweinrebe/mittlere bis späte Reifungsperiode
Die vor allem auf Sizilien angebaute Rebsorte wird auch als **Carricanti, Nocera Bianca** und **Catanese Bianco** bezeichnet.

Castel

In den USA vorkommende Rotweinrebe.

Castelão Francês

Rotweinrebe
Anbauländer u. a.: Portugal.
Auch als **Periquita** (Arrábida, Palmela und Ribatejo), **João de Santarém** und **Santarém** (in Teilen von Ribatejo), **Mortágua** (Westportugal) und möglicherweise als **Trincadeira Preta** (Alentejo) bezeichnet. Ergibt fruchtige, kräftige Weine, die jung getrunken werden, aber auch eine mittlere Lagerfähigkeit haben.

Castelão National

Ist die in Portugal vorkommende Rotweinrebe **Camarate.**

Cataratto

Weißweinrebe/mittlere Reifungsperiode
Anbauländer u. a.: Italien.
Die Rebe gibt es in den Varianten **Cataratto Bianco Comune** und **Cataratto Bianco Lucido,** wobei die Letztere eine bessere Weinqualität liefert. Heute zur Herstellung von Marsala und Etna Bianco verwendet; andere Schreibweise Catarratto.

Catawba

Rotweinrebe/Weißweinrebe
Die hellrote nordamerikanische Hybride wird u. a. in den USA und in Kanada angebaut; ergibt leichte Rosé- und Rotweine mit Foxton, die auch vielfach zu Schaumwein verarbeitet werden; sie ist nach dem Fluss in North Carolina benannt.

Cayetana

Weißweinrebe
Anbauländer u. a.: Extremadura (E).
Auch **Cayetana Blanca** genannt. In Rioja heißt die Sorte gelegentlich **Cazagal.** Ergibt blasse, trockene, charakterarme Weine. Sie werden großteils zu Weinbrand destilliert.

Cayuga

Die Weißweinrebe wird auch **Cayuga White** und **Geneva White** genannt. Nordamerikanische Neuzüchtung, die im Staate New York wächst und nach einem der Finger Lakes benannt ist.

Centurian

Rotweinrebe, ähnlich der → Carnelian (gleiche Abstammung); Neuzüchtung der University of Califonia in Davis; die Rebe wird im südlichen San Joaquin Valley angebaut.

Cerceal

Bezeichnung mehrerer portugiesischer Weißweinrebsorten (vgl. → Sercial); andere Schreibweise Cercial. **Cerceal do Dão** ist eine Spielart der Sercial (in Madeira) bzw. der Esgana Câo.

Cereza

Weißweinrebe
Anbauländer u. a.: Argentinien.
Ergibt mittelmäßigen dunklen Weißwein bzw. Roséwein, der jung getrunken werden soll. Die Rebe soll wie die Criolla Grande von Traubenkernen stammen, die von den ersten spanischen Siedlern mitgebracht wurden.

Cesanese

Rotweinrebe
Anbauländer u. a.: Italien.
Ergibt rubinfarbene, trockene bis leicht süße Weine, die stets einen leicht bitteren Nachgeschmack haben; auch für die Erzeugung von Spumante und Frizzante.
Die Cesanese gibt es in den Varianten **Cesanese Comune** (auch **Bonvino Nero, Nero Ferrigno** und **Sanguinella** genannt) und **Cesanese d'Affile** (auch **Cesanese ad Acino Piccolo, Cesanese del Piglio** und **Cesanese d'Olevano** bezeichnet).

César

Die Rotweinrebe wird u. a. in Frankreich angebaut; auch als **Célar, Romain, Ronçain, Picargneau, Gros Monsieur** und **Gros Noir** (Burgund) bezeichnet. Die Trauben werden gerne mit anderen Sorten verarbeitet.

Chambourcin

Die rote französische Hybride wird in Frankreich, in den USA und versuchsweise in Australien angebaut.

Chancellor

Die ertragreiche französische rote Hybride wächst heute im Osten der USA und in Kanada.

Chardonnay

Weißweinrebe/mittlere Reifungsperiode
Anbauländer: in den meisten Regionen der Welt.
Auch als **Pinot Chardonnay** (irreführendes Synonym in CH, F, USA), **Chardennet, Chardenai, Chardonnet, Pinot Blanc à Cramant** und **Pinot Blanc Chardonnay** sowie **Epinette** und **Epinette Blanche** (Champagne), **Arnaison** (Loiretal), **Plant de Tonnerre** (Chablis), **Rousseau, Roussot** und **Aubaine** (Burgund), **Mâconnais** (Rhônetal), **Petite-Sainte-Marie** (Savoyen), **Melon d'Arbois, Gamay Blanc** und **Petit Chatey** (Jura), **Beaunois** (Chablis und Côte de Beaune), **Noirien Blanc, Arboisier, Auvernat Blanc, Melon** und **Melon Blanc** (übriges Frankreich), **Gelber** oder **Goldener Weißburgunder** (Südtirol), **Weißer Clevner** (D), **Auxerrois Blanc** (Elsass und Lothringen), **Sardone** (HR), **Morillon** (Chablis, Steiermark) bezeichnet. Laut Erkenntnis der Wein- und Obstbauschule Klosterneuburg soll Morillon jedoch eine eigene Rebsorte sein.
Ergibt blassgelbe, trockene, fruchtige und rassige Weine, die

eine gute Lagerfähigkeit haben; manchmal ist durch den hohen Alkoholgehalt eine gewisse Süße zu bemerken; den feinen Eichenholzgeschmack erlangt der Wein durch Fassausbau. Der hohe Extraktgehalt wird besonders in kühlen Gegenden durch eine feine und kräftige Säure gut ausgeglichen. Viele Produzenten bauen ihn in Eichenbarriques aus.

Die Rebe wird in der Cuvée für Champagner eingebracht; es werden Blanc de Blancs, Vins Mousseux, Spumante (Franciacorta) und Stillweine erzeugt. Sowohl die großen Weißweine des Burgund als auch die preiswerten weißen Burgunder werden daraus gekeltert; auch in Italien werden fruchtig-spritzige Chardonnays erzeugt. Großer Beliebtheit erfreuen sich die Chardonnayweine in Kalifornien und Australien, wo sich die Rebe sehr stark ausgebreitet hat.

Lange wurde vermutet, Chardonnay sei eine Mutante von Pinot Noir. Sie wurde deshalb oft Pinot Chardonnay genannt. Der französische Rebsortenforscher Dr. Pierre Galet sagt, dass sie eine eigenständige Rebsorte ist. Nach der kalifornischen Önologin Meredith handelt es sich um eine Kreuzung aus Pinot und der im Mittelalter bekannten Gouais Blanc. In der Schweiz nennt man sie **Gwäss.** Sowohl die Champagne wie das Burgund erheben den Anspruch, die Ursprungsländer des Chardonnays zu sein.

Die Rebe ist eine universale Sorte, sie ist ertragreich, aber besonders empfindlich gegen Frühjahrsfrost. Der Lesezeitpunkt ist besonders genau zu beachten. Mutationen der Rebe sind **Chardonnay Rosé** mit hellroten Beeren und die stark duftige Version **Chardonnay Blanc Musqué.** Die große Zahl der anerkannten Chardonnay-Klone ermöglicht den Winzern die passende Wahl zu treffen.

Chasan

Die Weißweinrebe ist eine Neuzüchtung des französischen Ampelographen Paul Truel aus Palomino mit Chardonnay. Sie wird in geringem Umfang in Südfrankreich angebaut und ergibt dem Chardonnay ähnliche Weine.

Chasselas

Weißweinrebe/frühe bis mittlere Reifungsperiode

Anbauländer u. a.: Ägypten, Chile, Deutschland, Frankreich (Elsass), Italien, Neuseeland, Nordafrika, Österreich, Rumänien, Schweiz, Slowenien, Ukraine, Ungarn.

Auch als **Gutedel** (A, D, CH, SLO), **Weißer Gutedel** (A, D), **Moster** und **Wälscher** (A), **Süßling, Silberling, Silberwißling, Süßtraube, Großblättrige, Krachmost, Doppelte Spanische** und **Frauentraube** (D), **Junker** (Taubertal/D), **Schönedel** (Sachsen/D), **Fendant, Rosmarintraube, Elsässer, Dorin** und **Perlan** (CH), **Chasselas Blanc, Chasselas de Fontainebleau, Chasselas Croquant, Mornen Blanc, Viala** und **Valais** (F), **Chasselas Doré** (F, CA), **Marzemina Bianca** und **Tribiano Tedes-**

co (I), **Royal Muscadine** (B), **Féher Ropvos** und **Saszla** (H), **Plamenka** und **Zlahtnina** (SLO), **Sasla** (HR) bezeichnet. In Deutschland wird der Begriff **Golden Chasselas** für Tafeltrauben verwendet. Der französische Botschafter Vicomte d'Aulan soll die Rebe 1523 aus der Türkei nach Burgund gebracht haben.
Ergibt blassgelbe und gelbgrüne bis goldgelbe, meist trockene, fruchtige, elegante und leichte Weine; je nach Lage auch voll und kräftig, von durchschnittlicher bis ausgezeichneter Qualität. Bekannte Weine aus dieser Rebe werden in Frankreich, in Deutschland (Markgräfler) und in der Schweiz (z. B. Fendant, Dorin, Dézaley und Perlan) erzeugt. In vielen Ländern findet die Chasselas als Tafeltraube Verwendung.
Es gibt auch eine rote Mutation, den **Roten Gutedel** (Chasselas Noir) und andere Spielarten, wie **Chasselas Rosé**, **Königs Gutedel, Geschlitzter Gutedel** und **Muskat-Gutedel.** Die in Kalifornien als Golden Chasselas bezeichnete Sorte ist vermutlich die → Palomino.

Chasselas Noir

Rote Mutante der Chasselasrebe; auch **Roter Gutedel** und am Balkan manchmal **Médoc Noir** genannt.

Chelois

Die Rotwein- und Weißweinrebe ist eine nordamerikanische Hybride, die u. a. im Osten der USA angebaut wird; ergibt trockene Weine mit Foxton.

Chenel

Weißweinrebe/mittlere Reifungsperiode
Anbauländer u. a.: Südafrika.
Auch als **K1** (ZA) bezeichnet.
Ergibt gelbgrüne, ausgewogene, frische, fruchtige Weine; Neuzüchtung von C. J. Orffer am Stellenbosch-Elsenburg College of Agriculture aus dem Jahre 1974 durch Kreuzung von Chenin Blanc mit Trebbiano; der Name ist abgeleitet von Chenin und Elsenburg. Sie liefert hohe Erträge. Siehe auch → Weldra.

Chenin Blanc

Weißweinrebe/mittlere Reifungsperiode
Anbauländer u. a.: Argentinien, Australien, Bolivien, Brasilien, Chile, China, Frankreich, Israel, Mexiko, Neuseeland, Peru, Schweiz, Spanien, Südafrika, Uruguay, USA.
Auch als **Pineau, Pineau de la Loire, Pinot de la Loire, Pineau d'Anjou, Pineau de Savennières, Pineau de Briollay, Cruchinet, Gros-Pineau de Vouvray, Plant de Brèze, Gout-Fort, Verdurant, Blanc d'Anjou, Confort, Cou-Fort, Quefort, Blanc d'Aunis, Franc-Blanc, Franche Rouchalin** und **Rouchelin** (F), **Steen** (ZA), **Albillo** (AUS) bezeichnet. In Mexiko, Brasilien und Uruguay fälschlich Pinot Blanco genannt.
Die französische Rebe ergibt grünliche bis gelbgrüne, geschmeidige, frische und blumige bis kräftige, vollmundige und süße Weine; im Loiretal von großer Bedeutung und von dort

kommen auch die hochwertigsten Chenin-Blanc-Weine. Darüber hinaus bildet er die Grundlage für verschiedene französische Schaumweine. In der Neuen Welt hingegen wird die Sorte eher für die Massenproduktion verwendet und häufig mit anderen Sorten verschnitten. In Südafrika ist sie eine der wichtigsten Weißweinreben, die sowohl trockene als auch liebliche Stillweine und Schaumweine liefert und als Grundlage für aufgespritete Weine und Spirituosen dient. In Kalifornien sind ihre Weine meist angenehm frisch und oft mit der Sorte French Colombard verschnitten. In Australien wird sie mit Chardonnay und Sémillon verarbeitet. Durch die kräftige Säure wird die Sorte gerne zur Schaumweinherstellung verwendet.

Chenin Noir

Bezeichnung für die Rotweinrebe Pineau d'Aunis.

Ciliegiolo

Rotweinrebe/frühe Reifungsperiode

Anbauländer u. a.: Toskana und Umbrien (I).

Auch als **Ciliegiolo di Spagna** und **Ciliegino** bezeichnet. Ihr Anbau ist rückläufig, obwohl sie exzellente Weine liefern kann. Verschnittpartner für Sangiovese.

Cinsaut (Cinsault)

Rotweinrebe/frühe bis mittlere Reifungsperiode

Anbauländer u. a.: Algerien, Australien, Bulgarien, Chile, Frankreich, Italien, Libanon, Marokko, Neuseeland, Südafrika, Tunesien, Türkei.

Auch als **Cing-Saou, Plant d'Arles, Bourdales, Milhau, Moterille Noire, Prunelas, Picardan Noir, Espagne, Ulliaou, Passerille, Papdou, Poupe de Crabe, Calabre, Cuviller, Petaire, Salerne** und **Malaga** (F), **Prunella** (I, F), **Ottavianello, Ottaviano** und **Ottavianucia Leccese** (Apulien/I), **Senso** (HR), **Hermitage** (ZA, NZ), **Oeillade** (Rhônetal, AUS), **Blue Imperial** (AUS) bezeichnet.

Ergibt hell- bis dunkelrote, vollmundige und fruchtige Weine, die großteils zum Verschnitt (mit der mittelmäßigen Carignan) verwendet werden; sie eignet sich gut zur Roséweinerzeugung. Die Rebe ist ein zugelassener Bestandteil im Châteauneuf-du-Pape. In Nord- und Südafrika ist sie heute noch stark vertreten, obwohl sie in den letzten Jahren zunehmend von der Cabernet Sauvignon ersetzt wird. Eine Spezialität Südafrikas ist die Kreuzung Pinot Noir x Hermitage, genannt Pinotage; auch sie verdrängt die Sorte Cinsaut. Wegen ihrer Widerstandsfähigkeit gegen heißes Klima und wegen des hohen Ertrages ist sie dennoch beliebt.

Cinsaut Blanc

Weißweinrebe, die in Südafrika wächst und dort auch **Albatros** genannt wird.

Clairette

In Südfrankreich Bezeichnung für verschiedene Weißweinrebsorten, u. a. im Languedoc für **Clairette Ronde,** für **Ugni Blanc** sowie fälschlich für Malvoisie; mehrere Clairettes dienen als Synonyme für Bourboulenc. Siehe auch → Clairette Blanche.

Clairette Blanche

Weißweinrebe/späte Reifungsperiode
Anbauländer u. a.: Algerien, Australien, Frankreich, Israel, Italien, Libanon, Marokko, Rumänien, Südafrika, USA.
Auch als **Blanquette** (F, AUS), **Clarette, Clairette** und **Petit Blanc** bezeichnet. Ergibt hellgelbe, liebliche, fruchtige und harmonische, rasch oxidierende Weine; sie werden oft als Grundwein zur Herstellung von Schaumwein und Wermut verwendet.

Clevner (Klevner)

1. In der Ostschweiz (Zürich) gebräuchliche Bezeichnung für Pinot Noir.
2. Im Elsass und in der Steiermark gebräuchlich für Pinot Blanc.
3. Manchmal auch in deutschsprachigen Gebieten für Chardonnay.
4. Im Elsass Bezeichnung für Gewürztraminer, manchmal auch Rotclevner.
5. In Baden und Württemberg gebräuchlich für Traminer.
6. In Württemberg und Ahr gebräuchlich für Blauer Frühburgunder.
7. Klevner oder Klevener de Heiligenstein ist ein Wein der Lage Heiligenstein im Elsass.

Clinton

Rotweinrebe
Anbauländer u. a.: Italien, Tessin (CH).
Auch als **Uva Ameriacana** (Lombardei/I) bezeichnet. Sie ist eine amerikanische Labruscasorte und wird hauptsächlich als Tafeltraube verwendet.

Cococciola

Italienische Weißweinrebe; Bestandteil im Trebbiano d'Abruzzo.

Coda di Volpe

Weißweinrebe
Anbauländer u. a.: Italien.
Auch als **Pallagrello, Coda di Volpe Bianca, Coda di Pecora, Pallagrello Bianco, Falerno** und **Durante** bezeichnet. Sie wird neben Greco und Biancolella zur Erzeugung von Lacrima Christi verwendet.

Codana

Rotweinrebe in Rumänien.

Códega

Die Weißweinrebe ist am Douro und in Trás-os-Montes eine gebräuchliche Bezeichnung für die Sorten Roupeiro, Codo und Crato/Crato Branco.

Colombard

Weißweinrebe/mittlere Reifungsperiode
Anbauländer u. a.: Ägypten, Australien, Bolivien, Frankreich, Indien, Israel, Mexiko, Südafrika, USA.
Auch als **Bon Blanc** und **Colombier** (F), **French Colombard** und **West's White Pro-**

lific (CA) bezeichnet. Andere Schreibweise Colombar (ZA). Ergibt frische, duftige, aromatische und säuerliche Weine; der Wein wird in Frankreich für den Armagnac und in Kalifornien zum Brennen verwendet, ansonsten gerne mit anderen Weinen, z. B. in Kalifornien mit Chenin Blanc, verschnitten.

Colorino
Italienische Färbersorte, die gelegentlich noch in der Toskana angebaut wird; auch als **Abrostino, Raverusto, Lambrusco, Colore, Abrusco** und **Colorino di Valdarno** bezeichnet.

Completer
Weißweinrebe
Anbauländer u. a.: Malans/Graubünden und Wallis (CH).
Ergibt feine, bukettreiche Weine, deren Geschmack leicht an Nusskerne erinnert; gut haltbar. Die aus der Schweiz stammende Rebe wird manchmal auch **Malanserrebe** genannt. Wahrscheinlich ist sie mit der Lafnätscha im Wallis identisch.

Comtessa
Die Weißweinrebe ist eine Neuzüchtung der Bundesforschungsanstalt für Rebenzüchtung in Geilweilerhof/Rheinpfalz durch Kreuzung von Madeleine Angevine mit Traminer; ergibt milde, extraktreiche Weine mit leichtem Traminerbukett.

Concord
Rotweinrebe/mittlere Reifungsperiode
Anbauländer u. a.: Brasilien, Israel, Kanada, USA (Osten).
Die nordamerikanische Labruscarebe ergibt tiefrosa bis dunkelrote, fruchtige Weine, die einen ausgeprägten Foxgeschmack haben. Wichtig für die Traubensaft- und Konfitürenproduktion.

Corinthiaki
Rotweinrebe in Griechenland, die zur Erzeugung des Mavrodaphne Patras verwendet wird.

Cornalin
Rotweinrebe
Anbauländer u. a.: Schweiz.
Eine der ältesten und nur mehr in geringer Menge vorkommenden Walliser Rebsorten. Der dunkelrote Wein mit violetten Reflexen hat ein delikat-komplexes Bukett, einen perfekten Körper, der mit dem Alter eine große Finesse entwickelt. Sehr gute Lagerfähigkeit. Auch als → Landroter bezeichnet.

Cortese
Weißweinrebe/mittlere Reifungsperiode
Anbauländer u. a.: Norditalien.
Auch als **Bianca Fernanda, Cortese Bianca, Casalese Cortese** und **Cortese dell'Astigiano** bezeichnet. Liefert vorzügliche Weine, z. B. den Cortese di Gavi, sowie Spumante und Frizzante.

Corvina
Rotweinrebe/späte Reifungsperiode
Anbauländer u. a.: Italien.
Auch als **Cruina, Cruinon, Corba, Corbina, Corniola, Corvina Gentile, Corvina Rizza** und **Corvina Veronese** bezeichnet. Die italienische Rebe ergibt

kirschrote, milde, leichte Weine mit zart süßlicher Blume; sie werden durch Lagerung voll, samtig und körperreich; die Rebe stellt den Hauptanteil beim Verschnitt von Valpolicella und Bardolino. Die Sorte eignet sich gut zur Amarone- und Reciotoproduktion.

Couderz Noir
Rote Hybridrebe aus Frankreich; durch ihre späte Reife nur für wärmere Gegenden geeignet.

Counoise
Rotweinrebe/späte Reifungsperiode
Anbauländer u. a.: Frankreich.
Ergibt Weine, die wegen der pfeffrigen Note und der lebendigen Säure gerne zum Verschnitt verwendet werden. Die Sorte ist in mehreren Appellationen der südlichen Rhône und im Languedoc zugelassen.

Courbu
Weißweinrebe/Rotweinrebe
Seltene französische Rebe, die es in den Varianten **Courbu Blanc** (Bordelais) und **Courbu Noir** gibt. Auch als **Petit Courbou** bezeichnet. Ergibt mit anderen Sorten den goldfarbenen, süßen Jurançon.

Crato
Portugiesische Weißweinrebe, die im Süden des Landes vorkommt. Auch **Crato Branco** und **Síria** genannt. Aus der Rebe wird gerne ein trockener Aperitif mit 15 Vol.-% erzeugt. Siehe auch → Códega.

Criolla
Rotweinrebe
Anbauländer u. a.: Argentinien, Bolivien, Chile, Mexiko, Spanien, USA.
Auch als **Mission** (CA), **Criolla Chica** (Argentinien), **Negra Corriente** (Peru) bezeichnet; soll mit der Pais in Chile identisch sein. Die spanische Rebsorte ergibt einfache Rosé- und Dessertweine; der Anbau ist stark rückläufig.

Criolla Grande
Die Weißweinrebe ergibt dunklen weißen oder hellroten, robusten Wein für den argentinischen Inlandsmarkt. Nach der Provinz San Juan **Criolla Sanjuanina** genannt.

Croatina
Rotweinrebe/späte Reifungsperiode
Anbauländer u. a.: Italien, Kroatien.
Auch als **Bonarda** (unter diesem Namen liefert sie im Oltrepo Pavese einen guten, D.-O.-C.-Wein), **Croattina, Crovattina, Croata, Crovettino, Neretto, Uva Vermiglia** und **Uva Rara** (I), **Hrvatica** und **Kroatina** (HR) sowie **Bonarda di Rovescala** bezeichnet.
Ergibt tiefdunklen, fruchtigen, runden und gerbstoffreichen Wein; er wird auch mit Barbera verschnitten; soll relativ jung getrunken werden.

Crouchen
Weißweinrebe
Anbauländer u. a.: Australien, Südafrika.
Die aus Südwestfrankreich

stammende Rebe ergibt frische, neutrale Weine, die zum Verschneiden beliebt sind. In Australien wurde die Rebe lange mit der Sémillon verwechselt und einfach Riesling bzw. Clare Riesling (im Anbaugebiet Clare Valley) bezeichnet, bis sie schließlich der französische Ampelograph Paul Truel als Crouchen identifizierte. In Südafrika ist die Rebe recht beliebt und wird dort **Cape Riesling, South African Riesling** oder **Paarl Riesling** genannt. Der Wein darf nur innerhalb Südafrikas als Riesling auf den Markt kommen, während der echte Riesling als Weißer Riesling oder White Riesling bezeichnet wird.

Cubuk
Rotweinrebe in der Türkei.

D

Dabuki
Rotweinrebe in Israel.

Dalkauer
Die Weißweinrebe ist eine Neuzüchtung durch Kreuzung von Riesling mit Veltliner.

Damaschino
Weißweinrebe in Sizilien.

Debina
Die Weißweinrebe wird u. a. in Albanien und Griechenland angebaut.

Debit
Weißweinrebe in Montenegro; auch **Puljizanac** und **Puljizanac Bijeli** (HR) genannt. In Mazedonien ist es die **Belan.**

Deckrot
Rotweinrebe/mittlere bis späte Reifungsperiode
Ergibt Weine von hoher Farbintensität, die nicht eigenständig ausgebaut werden, sondern als Deckrotweine dienen; Neuzüchtung im Jahre 1938 durch Dr. J. Zimmermann vom Staatlichen Weinbauinstitut Freiburg im Breisgau durch Kreuzung von Ruländer mit Färbertraube.

Delaware
Weißwein- und Rotweinrebe/ mittlere Reifungsperiode
Anbauländer u. a.: Brasilien, Japan, Südkorea, USA.
Die nordamerikanische Direktträgerrebe ergibt blasse, säurereiche, frische Weine mit leichtem Foxton; auch als Tafeltraube beliebt.

Diamond
Nordamerikanische Hybride, die um die Finger Lakes anzutreffen ist.

Diana
1. Weißweinrebe; Neuzüchtung der Bundesforschungsanstalt für Rebenzüchtung in Geilweilerhof/Rheinpfalz durch Kreuzung von Silvaner mit Müller-Thurgau.
2. Nordamerikanische Weißweinrebe, die im Staat New York angebaut wird.

Dimiat
Bulgarische Weißweinrebe, die fruchtige Tafelweine in ver-

schiedenen Süßegraden liefert. Siehe → Misket.

Dimrit
Rotweinrebe in der Türkei.

Dobrogostina
Weißweinrebe aus Bosnien und Herzegowina.

Dökülgen
Weißweinrebe in der Türkei.

Dolcetto
Rotweinrebe/frühe Reifungsperiode
Anbauländer u. a.: Argentinien, Italien, USA.
Auch als **Ormeasco** (Ligurien), **Dolsin** und **Dolsin Nero** bezeichnet. Bekannt ist u. a. der Dolcetto d'Alba. Die italienische Rebe ergibt rubinrote, trockene, samtige Weine, die jung getrunken werden sollen.

Domina
Rotweinrebe/mittlere Reifungsperiode
Anbauländer u. a: Deutschland.
Ergibt farbkräftige, körperreiche Weine mit hoher Säure; sie wird auch gerne zu frischen Roséweinen verarbeitet; die Rebe ist sehr ertragreich; Neuzüchtung der Bundesforschungsanstalt für Rebenzüchtung in Geilweilerhof/Rheinpfalz durch Kreuzung von Blauem Portugieser mit Spätburgunder.

Doña Blanca
Die Weißweinrebe wird u. a. in Spanien und Portugal angebaut; auch als **Doña Branco, Moza Fresca** und **Valenciana** bezeichnet.

Donzelinho
Weißweinrebe in Portugal (für weißen Portwein); ist wahrscheinlich mit der Terrantez identisch; es gibt auch eine rote Version, nämlich die **Donzelinho Tinto.**

Doradillo
Weißweinrebe in Australien, die wahrscheinlich aus Spanien stammt. Der Wein ist eher ausdruckslos und zur Brandyherstellung geeignet.

Dornfelder
Rotweinrebe
Anbauländer u. a.: Deutschland.
Neuzüchtung von August Herold in der Staatlichen Lehr- und Obstversuchsanstalt für Wein-, Obst- und Gartenbau in Weinsberg/Württemberg durch Kreuzung von Helfensteiner mit Heroldrebe; ergibt dunkelrote, duftige, fruchtige Weine. Dornfelder wird meist sortenrein verarbeitet.

Doucillon
Weißweinrebe, die in der Provence (F) von Bedeutung ist.

Dunkelfelder
Die Rotweinrebe wird u. a. in Deutschland angebaut; ist eine Färbersorte (Teinturier) mit besonders tiefer Farbe, die für die Rotweinbereitung von großer Bedeutung ist; ergibt duftig neutrale und körperreiche Weine.

Duras
Die Rotweinrebe wird u. a. in Südwestfrankreich angebaut; auch als **Duras Mâle, Duras**

Femelle, Duraze und **Durade** bezeichnet; ergibt dunkelrote Weine mit guter Struktur.

Durella
Weißweinrebe in Venetien (I), die durch ihre kräftige Säure besticht.

Durif
Rotweinrebe
Anbauländer u. a.: Frankreich, Israel, Kalifornien, Schweiz.
Auch als **Dure, Duret, Plant Durif, Pinot de Romans, Pinot de l'Ermitage, Nérin, Bas Plant, Plant Fourchu, Sirane Fourchue** (F), **Serine** sowie → **Petite Sirah** (CA) bezeichnet. Die Rebe hat nichts mit Syrah und Pinot zu tun, wie es die Synonyme vermuten lassen; ihr Ursprung ist Frankreich.

Dutchess
Die weiße, nordamerikanische Labruscavariation wird u. a. in Brasilien und in den USA angebaut.

E

Edelsteiner
Weißweinrebe; Neuzüchtung von Viktor Weiß, Müllheim in Baden (D) durch Kreuzung von Smederevka mit Bouvier.

Edelweiss
Nordamerikanische Vitis-Labrusca-Rebe.

Ehrenbreitsteiner
Weißweinrebe/mittlere Reifungsperiode
Anbauländer u. a.: Deutschland.
Ergibt gelbgrüne, neutral duftige, im Geschmack fruchtige und harmonische Weine; Kreuzung von Ehrenfelser mit Reichensteiner der Lehr- und Versuchsanstalt Geisenheim (Rheingau).

Ehrenfelser
Weißweinrebe/späte Reifungsperiode
Anbauländer u. a.: Deutschland, Kanada.
Ergibt gelbgrüne, frische und fruchtige, manchmal rassige Weine, die an einen Riesling erinnern; Neuzüchtung von Prof. Dr. Birk an der Lehr- und Versuchsanstalt Geisenheim (Rheingau) durch Kreuzung von Riesling mit Silvaner; der Name stammt von der Ruine Ehrenfels am Rüdesheimer Berg.

Elbling
Weißweinrebe/mittlere Reifungsperiode
Anbauländer u. a.: Deutschland, Liechtenstein, Luxemburg, Schweiz, Südtirol.
Auch als **Alben, Albig, Weißalbe, Weißer Silvaner, Kleinberger, Kleinburger, Weißer Elbling, Grobriesling, Süßgrober, Elben, Rheinelbe, Räuschling, Großriesling, Großriesler** und **Kurzstingel** (D), **Burger** (Elsass, CH), **Welsche** (Südtirol), **Allemand, Mouillet, Gros Blanc, Gonais Blanc, Facun Blanc** und **Vert Doux** (F), **Bourgeois** (F, D/Franken), **Elben Fehér** (H), **Albana** (I), **Alva** (P) bezeichnet.
Die vermutlich aus Italien stammende Rebe ergibt blasse, leichte, dünne Weine ohne

Aroma; nur in besonders guten Jahrgängen werden hochwertigere Weine erzeugt.
Die Rebe wurde von den Römern nach Deutschland gebracht; heute ist sie weitgehend von qualitativ besseren Sorten verdrängt und hat nur noch an der Obermosel und Saar einige Bedeutung. Die Weine werden fast ausschließlich zur Sektfabrikation verwendet. Eine Variante ist der **Rote Elbling,** der in Luxemburg im Mischsatz mit dem weißen Elbling unter dem Namen **Raifrench** angebaut wird.

Elvira
Die weiße, amerikanische Hybride wird u. a. in den USA und in Kanada angebaut.

Emerald Riesling
Weißweinrebe
Anbauländer u. a.: Israel, Südafrika, USA.
Ergibt strohfarbene, gute bis exzellente, leichte, trockene Wein, die gerne in Verschnitte eingebracht werden; kalifornische Neuzüchtung von Dr. H. P. Olmo an der University of California in Davis durch Kreuzung von White Riesling mit Muscadelle; die Rebe eignet sich besonders zum Anbau in den wärmeren Klimazonen.

Emir
Weißweinrebe in der Türkei, die trockene Weine ergibt.

Enantio
Italienische Rotweinrebe, die im Trentino wächst und wahrscheinlich eine Varietät der Lambruscorebe ist, daher auch **Lambrusco a Frangio Frastagliata** und **Lambrusco Nostrano** bezeichnet.

Encruzado
Portugiesische Weißweinrebe, die im Dãogebiet angebaut wird und einen frischen, duftigen Wein liefert.

Erbaluce
Weißweinrebe/frühe Reifungsperiode
Italienische Rebsorte.
Anbauländer u. a.: Italien.
Auch als **Albaluce, Erbalus, Bianc Rousti, Uva Rustia** und **Bianchera** bezeichnet.
Die trockenen Erbaluces sind frisch, relativ leicht und säurereich mit charakteristischem Sortenbukett; es werden auch goldgelbe und süße Erbaluces erzeugt. Am bekanntesten ist der Caluso.

Espadeiro
Rotweinrebe
Anbauländer u. a.: Spanien, Portugal.
Auch als **Espadeiro Tinto** (P) bezeichnet. Bei der um Lissabon wachsenden Espadeiro soll es sich um die Sorte Tinta Amarela handeln.

Esquitxagos
In Ostspanien verbreitete Weiß- und Rotweinrebe; möglicherweise ist sie identisch mit der → Merseguera.

Ezerjó
Weißweinrebe
Anbauländer u. a.: Ungarn (besonders um Mór).

Auch als **Tausendgut** (A, D) und **Kolmreifer** (A) bezeichnet. Die ungarische Rebe ergibt in der Regel grünweiße, herbe, herzhafte Weine mit feinem Aroma und fruchtiger Säure.

F

Faber

Weißweinrebe/frühe Reifungsperiode
Anbauländer u. a.: Deutschland.
Auch als **Faberrebe** bezeichnet.
Ergibt grüngelbe, frische, fruchtige, manchmal rassige Weine; auch Spätlesen und Auslesen; Neuzüchtung aus dem Jahre 1929 von Dr. Georg Scheu in der Landesanstalt für Rebenzüchtung in Alzey/Rheinhessen durch Kreuzung von Weißburgunder mit Müller-Thurgau.

Falanghina

Weißweinrebe
Anbauländer u. a.: Italien.
Auch als **Fallanghino, Falaghino, Falanghina Verace, Uva Falerna, Ferlano Veronese** und **Falanghina Greco** bezeichnet.
Ergibt gelbe, halbtrockene, vollmundige, manchmal aufdringliche und schwere Weine, die als weiße Falerner bekannt sind. Wird zur Erzeugung von Lacrima Christi und Spumante verwendet. Falanghina ist eine uralte Rebe, die bereits von den Römern angebaut wurde.

False Pedro

In Südafrika verwendete Bezeichnung der andalusischen Sorte **Pedro Luis;** sie wurde als Pedro Ximénez in Südafrika eingeführt, es stellte sich aber bald heraus, dass sie der Pedro Ximénex nur ähnlich ist – daher der Name False Pedro. In Australien handelt es sich bei der „Falschen Pedro" um die → Cañocazo-Rebe.

Färbersorten

Bezeichnung für farbintensive Rotweinrebsorten, die zu Deckrotweinen verarbeitet werden, z. B. Färbertraube, → Deckrot und → Kolor.

Färbertraube

Rotweinrebe
Anbauländer u. a.: Deutschland, Südafrika.
Auch als **Farbtraube** (D), **Teinturier** und **Dix Fois Coloré** (F), **Pontacq** und **Pontak** (ZA) bezeichnet; besitzt sowohl in der Schale als auch im Fruchtfleisch reichlich Farbstoff und liefert nach dem Abpressen sofort roten Most. Die aus Frankreich stammende Rebe eignet sich nicht zur Weinbereitung, sondern lediglich zur Erzeugung von Deckrotwein.

Favorita

Weißweinrebe
Anbauländer u. a.: Italien.
Auch als **Furmentin della Valle Belbo, Favorita Bianca di Conegliano, Vermentino** und **Pigato** bezeichnet.
Ergibt einen angenehmen Wein mit guter Säure und kräftigem Körper. Aufgrund der Ähnlichkeit wird angenommen, dass es sich um eine Verwandte von Vermentino handelt.

Fer

Rotweinrebe
Anbauländer u. a.: Frankreich.
Auch als **Fer Noir, Fer Servadou, Hère** und **Pinenc** (Madiran), **Brocol** und **Braucol** (Gaillac), **Bordelais** (Südwestfrankreich) bezeichnet. Die in Argentinien vorkommende Fer soll ein Klon der Malbecrebe sein.

Fernão Pires

Weißweinrebe/frühe Reifungsperiode
Anbauländer u. a.: Portugal, Südafrika.
In Bairrada auch als **Maria Gomes** bezeichnet.
Die portugiesische Rebe ergibt gelbgrüne, ausgewogene, körperreiche Weine. Sie ist die meistangebaute Rebe Portugals und in vielen Verschnitten (z. B. im Moscatel de Setúbal) enthalten; wird auch zur Schaumweinproduktion verwendet

Ferron

Rotweinrebe in Spanien; auch **Ferrol** (Galicien) genannt.

Feteascã

Auch **Fetiaskã;** Bezeichnung für verschiedene duftige Weiß- und Rotweinrebsorten, die überwiegend in Osteuropa vorkommen, nämlich Feteascã Alba, Feteascã Regalã und Feteascã Neagrã.

Feteascã Alba

Weißweinrebe
Anbauländer u. a.: Bulgarien, Moldawien, Rumänien, Slowakei, Tschechien, Ukraine, Ungarn.
Auch als **Fetiaska** oder **Fetjaska** (BG, Moldawien, Ukraine) bezeichnet; ergibt in der Regel grünliche, elegante, duftige Weine mit leichtem Honigaroma; sie schmecken etwas weich und süß. Leányka (H, SK, CZ) und Mädchentraube (D, RO) sind irreführende Bezeichnungen.

Feteascã Neagrã

Die Rotweinrebe wird u. a. in Rumänien und Ungarn angebaut; Spielart der → Feteascã Alba.

Feteascã Regalã

Weißweinrebe
Anbauländer u. a.: Rumänien, Ungarn.
Ergibt goldgelbe, ausgeglichene, fruchtige Weine mit feinem Bukett, lebhafter, frischer Säure und hohem Alkoholgehalt. Die Feteascã Regalã wurde in Rumänien durch Kreuzung der Grasa- und der Feteascã-Alba-Rebe gezüchtet; die Bezeichnungen Königliche Mädchentraube, Königstochter und Königsast (D, A), Kiralyleányka (H) sind nach wie vor üblich.

Fiano

Weißweinrebe/mittlere Reifungsperiode
Anbauländer u. a.: Italien.
Auch als **Fiore Mendillo, Fiana, Foiana, Santa Sofia, Latino Bianco** und **Monutola** bezeichnet.
Ergibt eigenwillige, spritzige, trockene und robuste Weine, die sich über viele Jahre in der Flasche entfalten.

Fié
Auch **Fiét;** alte Weißweinrebe an der Loire; wegen der geringen Erträge ist der Anbau rückläufig. Ist eine Spielart der Sauvignonrebe.

Findling
Die Weißweinrebe ist eine Neuzüchtung durch Mutation der Müller-Thurgau-Rebe; sie wird an der Mosel angebaut.

Flora
Weißweinrebe
Anbauländer u. a.: Neuseeland, USA.
Ergibt gelbe, fruchtige, leicht süße Weine, die jung getrunken werden sollen; Züchtung von Dr. H. P. Olmo an der University of California in Davis durch Kreuzung von Gewürztraminer mit Sémillon; die Rebe hat hauptsächlich in Kalifornien Verbreitung gefunden und wird zur Schaumweinherstellung verwendet.

Folgosão
Weißweinrebe/frühe Reifungsperiode
Anbauländer u. a.: Portugal.
Auch **Folgozão** genannt; wird zur Portwein- und Sektherstellung verwendet.

Folle Blanche
Weißweinrebe/mittlere Reifungsperiode
Anbauländer u. a.: Frankreich, Marokko, Spanien, USA.
Auch als **Gros Plant** (Nantais), **Picpoul(e)** und **Picpout** (Gers), **Haut-Pitou** (Vienne), **Enragé**, **Chalosse**, **Rochelle Blanc**, **Mendik**, **Amounedat** und **Camobraque** (übriges Frankreich) bezeichnet.
Ergibt grüngelbe, leichte, duftige und trockene Weine. Die französische Rebe wird vor allem im Cognac- und Armagnacgebiet angebaut und hauptsächlich zu Branntwein verarbeitet; in Kalifornien werden Weine aus der Folle-Blanche-Rebe zur Erzeugung von Sparkling Wines verwendet.

Folle Noire
1. Rotweinrebe in Uruguay; auch als **Vidella** bezeichnet.
2. Gelegentlich gebrauchtes Synonym für mehrere französische Rotweinrebsorten, z. B. Jurançon Noir und Négrette.

Fontanara
Weißweinrebe
Neuzüchtung von Prof. Breider von der Bayerischen Landesanstalt für Wein-, Obst- und Gartenbau in Würzburg durch Kreuzung von Rieslaner mit Müller-Thurgau; ergibt einen gelbgrünen, im Geruch neutralen und im Geschmack harmonischen Wein.

Fonte Cal
Portugiesische Weißweinrebe.

Forastera
Die Weißweinrebe mit mittlerer Reifungsperiode wird u. a. in Italien und auf den Kanarischen Inseln angebaut; dient u. a. zur Erzeugung vom Ischia Bianco.

Forcayat
Ertragreiche Rotweinrebe, die im spanischen Valencia ver-

breitet ist. Auch als **Forcallat** bezeichnet.

Forta

Weißweinrebe; Neuzüchtung der Bundesforschungsanstalt für Rebenzüchtung in Geilweilerhof/ Rheinpfalz durch Kreuzung von Madeleine Angevine mit Silvaner.

Frappato

Rotweinrebe
Anbauländer u. a.: Italien.
Auch **Frappato di Vittoria**, **Frappatu** und **Frappato d'Italia** genannt. Ergibt leichte, fruchtige Weine, z. B. den Cerasuolo di Vittoria im Südosten der Insel Sizilien.

Fredonia

Die nordamerikanische Hybride wird u. a. in Kanada und in den USA angebaut; ähnlich der → Conoord.

Freisa

Rotweinrebe
Anbauländer u. a.: Argentinien, Italien, Schweiz.
Die Rebe gibt es in den Varianten **Freisa Piccola,** die in den Bergen wächst, und **Freisa Grossa** im Flachland.
Die italienische Rebe ergibt in der Regel hellrote, angenehm trockene (manchmal leicht süße), fruchtige Weine, die leicht nach Johannisbeeren, Himbeeren oder auch Veilchen schmecken. Die Sorte wird im Piemont **Nostrano** genannt. Aus dieser Rebe werden die Spumante Freisa d'Asti und Freisa di Chieri erzeugt. Auch im Tessiner Nostrano ist die Rebe enthalten.

Freisamer

Weißweinrebe/mittlere bis späte Reifungsperiode
Anbauländer u. a.: Deutschland, Schweiz.
Auch als **Freiburger** (CH) bezeichnet.
Ergibt frische, kräftige neutrale, extrakt- und alkoholreiche Weine; Neuzüchtung des Staatlichen Weinbauinstitutes Freiburg im Breisgau von Prof. Dr. K. Müller durch Kreuzung von Silvaner mit Ruländer (1916); der Name ist eine Ableitung aus dem Stadtnamen Frei(burg an der Drei)sam.

Früher Gelber Malingre

Weiße Tafeltraube aus Frankreich; für Weinbereitung nur geringe Bedeutung in der Rheinpfalz; auch als **Malinger, Malenger** und **Früher Malingre** (D), **Précore de Malingre, Précoce Blanc** und **Madeleine Blanche de Malingre** (F) und **Early Malingre** bezeichnet.

Früher Veltliner

1. Bezeichnung für einen früh reifenden → Grünen Veltliner, der eher kältere Temperaturen aushält.
2. Im deutschen Sprachraum gelegentlich gebrauchte Bezeichnung für → Malvasia.

Frühroter Veltliner

Weißweinrebe/frühe Reifungsperiode
Anbauländer u. a.: Italien, Deutschland, Frankreich, Schweiz, Österreich.
Auch als **Valtelina Précoce**, **Malvoisie** (F), **Malvoisie Rouge d'Italie** (Savoyen), **Mal-**

voisie Rosé und **Malvoisie Rouge** (Savoyen, Norditalien), **Früher Roter Veltliner, Roter Malvasier** und **Frühroter Malvasier** (D), **Veltliner** (I), **Malvasier** (A) bezeichnet; ist keine Malvasiarebe.
Die Rebe mit rötlichen Beeren ist selten geworden. Ihr Wein ist oft säureärmer und weniger charaktervoll als der des Grünen Veltliners. Auch der Ertrag ist geringer.

Fukiano
Griechische Rebe der Insel Samos; Samos-Wein wird aus Fukiano- und Muskatellertrauben hergestellt.

Fumin
Robuste Rotweinrebsorte im Aostatal (I).

Furmint
Weißweinrebe/späte Reifungsperiode
Ursprung: wahrscheinlich die Balkanländer.
Anbauländer u. a.: Kroatien, Österreich, Slowakei, Slowenien, Rumänien, Ungarn und in geringem Umfang in Südafrika.
Auch als **Luttenberger** und **Mosler** (A), **Šipon, Moslavac** und **Bijeli Moslavac** (SLO, HR), **Mosel** (HR), **Gelber Furmint, Gelber Mosler, Weißlaber, Malnik, Zapfner, Tokauer** und **Schmiegertraube** bezeichnet. Verwandte sollen die Sorten Šipon in Slowenien, Pošip in Kroatien und Grasa in Rumänien sein.
Ergibt grüngelbe, aromatische, alkoholreiche, feurige und rassige Weine mit feinem Bukett; berühmt ist der Sipon aus Ljutomer, Jeruzalem und Ormoz (Slowenien). Neben dieser trockenen Version gibt es den Sipon auch edelsüß, vor allem als Eiswein. Gute Jahrgänge haben ein beträchtliches Alterungspotenzial. Die Rebe ist Hauptbestandteil des weltberühmten Tokajers.

G

Gaglioppo
Rotweinrebe
Anbauländer u. a.: Italien.
Als **Galaffa, Uva Navarra, Gaioppo, Galloppo, Gaglioppa Nera, Galioppo di Ciró** bezeichnet. Der amerikanische Rebsortenforscher Burton Anderson nennt die Sorte auch **Arvino, Lacrima Nera, Magliocco** und **Mantonico Nero.**
Ergibt alkoholstarke, körperreiche und robuste Weine, die zu ihrer Entfaltung einige Jahre Flaschenreife brauchen; möglicherweise ist die Rebe mit der Aglianico verwandt.

Galego Dourado
Die Weißweinrebe wird u. a. in Portugal angebaut; ergibt mit Arinto und Boal den bernsteinfarbenen, alkoholstarken Carcaveloswein. Siehe → Moscatel.

Gamashara
Rotweinrebe in Aserbaidschan.

Gamay
Rotweinrebe/frühe bis mittlere Reifungsperiode
Anbauländer u. a.: Ägypten, Bosnien und Herzegowina, Bra-

silien, China, Frankreich (Beaujolais), Israel, Italien, Kanada, Kroatien, Libanon, Mazedonien, Mexiko, Neuseeland, Peru, Schweiz, Serbien, Südafrika, Tunesien, Türkei, USA.
Auch als **Gamay Noir à Jus Blanc** (wegen des weißen Fruchtfleisches, offiziell ist es der Name der Sorte), **Gamay Noir, Bourguignon Noir, Petit Bourguignon, Plant Limagne, Plant des Montiambert, Petit Gamai** und **Gamay Rond** (F), **Grosse Dôle** und **Salvagnin** (CH), **Carcaironne, Gamay Piccolo Nero, Gamay Thomas** und **Gamay Beaujolais** (I), **Burgundi Nagyszemü** (H), **Napa Gamay** (CA), **Gamé** (HR, Mazedonien), **Gamay Crni** und **Borgonja Crna** (HR) bezeichnet.
Die französische Rebe ergibt violettrote, leicht fruchtige, frische, feurige Weine. Gamay ist die Rebsorte des roten Beaujolais. Die ertragreiche Rebe eignet sich gut zur Roséweinherstellung und wird auch gerne mit anderen Sorten verschnitten, z. B. mit Blauem Burgunder. Bestandteil bei der Herstellung von Sparkling Wine.
Die Rebe soll schon seit der Römerzeit bekannt sein; der Name stammt wahrscheinlich vom Ortsteil Gamay in der Gemeinde Saint-Aubin, südwestlich von Beaune. Ampelographisch unterscheidet man **Gamay Ordinaires, Gamay Précoces** (führende Sorten) und **Gamay Teinturies** (Sorte mit rotem Saft); die heute verwendeten Typen entstammen der Gamay Ordinaires.

Gamay Beaujolais

1. Die Rotweinrebe wird u. a. in den USA angebaut und ist eine kalifornische Spielart der → Pinot-Noir-Rebe; ergibt leichte, rote, fruchtige Weine; sind mit dem französischen Beaujolais nicht zu vergleichen.
2. Manchmal in Kalifornien für Weine aus der Gamayrebe verwendet.
3. In Italien gebräuchliche Bezeichnung für Gamay.

Gamay Blanc

In Frankreich gebräuchliche Bezeichnung für Sylvaner.

Gamay Teinturiers

Spielart der → Gamay mit rotem Saft; auch als **Gamay (Noir) à Jus Coloré** bezeichnet.

Garganega

Weißweinrebe
Anbauländer u. a.: Italien.
Auch als **Gargana, Lizzana** und **Ostesona** (Friaul, Umbrien) bezeichnet. Spielarten sind **Garganega di Gambellara** und **Garganega Comune.**
Ergibt gelbe, leichte erfrischende Weine, die einen leicht bitteren Nachgeschmack haben; die Rebe, die in Venetien angebaut wird, ist der Hauptbestandteil der bekannten italienischen Weine Soave und Gambellara; auch für die Erzeugung von Spumante und Frizzante spielt sie eine Rolle.

Garnacha

Ursprüngliche Bezeichnung der überwiegend in Spanien und Frankreich angebauten →

Grenache; Varianten sind **Garnacha Blanca** und → Garnacha Tinta (beste Form).

Garnacha Peluda
Blaue Mutante der Garnacharebe; in Frankreich **Lladoner Pelut** genannt.

Garnacha Tinta
In Spanien verbreitete Grenachesorte. Erzeugt kräftige Weine, besonders im östlichen Teil des Landes. Die wohl markantesten Weine auf Grundlage der Garnacha Tinta sind im katalonische Priorato zu finden.

Garnacha Tintorera
Die Rotweinrebe wird u. a. in Spanien angebaut; hier ein Synonym für die rote Rebsorte Alicante Bouschet (siehe → Alicante). Tintorera bzw. Teinturier (F) ist die Bezeichnung für Färbertraube. Zusammen mit Alicante Bouschet die einzigen Sorten mit rotem Fruchtfleisch. Auch als **Moratón, Negral** und **Tintoreira** bezeichnet.

Garrido
Die Weißweinrebe wird u. a. in Spanien angebaut; auch **Garrido Fino** genannt.

Garró
Traditionelle Rotweinrebe, die in Spanien (Katalonien) wieder vermehrt angebaut und für Cuvées verwendet wird.

Gewürztraminer
Weißweinrebe
Anbauländer u. a.: Argentinien, Australien, Brasilien, Bulgarien, Chile, China, Deutschland, Frankreich, Israel, Italien (Südtirol), Kanada, Luxemburg, Moldawien, Neuseeland, Österreich, Rumänien, Russland, Schweiz, Slowenien, Spanien, Südafrika, Tschechien, Ukraine, Ungarn, Uruguay, USA.
Auch als **Traminer Parfumé** und **Traminer Aromatique** (F), Synonym für **Savagnin Rosé** (CH, F), **Roter Traminer** (D), **Termeno Aromatico, Traminer Rosé** und **Traminer Rosso** (I), **Clevner, Clevener** und **Rotclevner** (Elsass), **Tramini** (H), **Traminec** (SLO), **Traminac** (HR), **Drumin, Pinot Cervena** und **Liwora** (SK), **Rusa** (RO), **Mala Dinka** (BG), **Heida, Heiden** und **Paien** (CH) bezeichnet.
Die Sorte mit den hellrötlichen Beeren ist eine Mutation des → Traminers und erbringt pikante, körper- und alkoholreiche, langlebige Weine, die durch ihren kräftigen Duft leicht zu erkennen sind. Es werden nur hochwertige Weine erzeugt. Die intensiveren Geschmacksnuancierungen und der stärkere Gewürzton sind auf Boden, Lage, Klima und Klonenselektion zurückzuführen.
Die Traminermutante mit den rötlichen Beeren wurde **Traminer Musqué** genannt. Der Name wurde 1973 im Elsass offiziell anerkannt. Der Gewürztraminer ist heute die meistangebaute Variante des Traminers. In Kalifornien werden daraus sehr lichte Roséweine hergestellt, die die Bezeichnung Pale Pink Rosé tragen.

Giró
Die Rotweinrebe wird u. a. in Sardinien (I) angebaut; vermutlich wurde sie aus Spanien eingeführt. Auch als **Giró Sardo, Girone di Spagna, Girone Comune, Nieddu Allu, Axina Barxa** und **Vargiu** bezeichnet. Die Sorte wird für mit Alkohol angereicherte Weine verwendet.

Gloria
Weißweinrebe; Neuzüchtung der Bundesforschungsanstalt für Rebenzüchtung in Geilweilerhof/ Rheinpfalz durch Kreuzung von Silvaner mit Müller-Thurgau; ergibt körperreiche, volle Weine mit geringem Bukett.

Godello
Die Weißweinrebe wird u. a. in Spanien angebaut und ergibt frische Weine mit kräftiger Säure; andere Bezeichnung ist **Godelho.**

Goldburger
Weißweinrebe/frühe Reifungsperiode
Anbauländer u. a.: Österreich.
Auch als **Orangeriesling** (A) bezeichnet.
Ergibt blassgelbe, fruchtige, volle und körperreiche Weine mit neutralem Bukett. Die österreichische Rebe ist eine Züchtung der Bundeslehr- und Versuchsanstalt für Wein- und Obstbau in Klosterneuburg durch Kreuzung von Welschriesling mit Orangetraube; wegen der frühen Reife dient sie als Welschrieslingersatz.

Goldriesling
Die Weißweinrebe wird u. a. im Elsass (F) und in Deutschland angebaut; wahrscheinlich eine Kreuzung aus Riesling mit Courtillier Musqué.

Graciano
Rotweinrebe
Anbauländer u. a.: Algerien, Argentinien, Australien, Frankreich, nordafrikanische Länder, Spanien, USA, Usbekistan.
Auch als **Morrastel** (F, Algerien, Usbekistan), **Perpignanou Bois Dur, Courouillade** und **Couthurier** (F), **Xeres** (CA), **Graciana** bezeichnet.
Ergibt farbintensive, aromatische und langlebige Weine. Die Rebe wird meist mit anderen Sorten verschnitten. Sie ist u. a. ein wichtiger Bestandteil der Riojaweine; wird allerdings zunehmend von der Kreuzung Morrastel x Bouschet verdrängt.
In Spanien wird Morrastel als Synonym für die andersartige, viel angebaute → Monastrell (Mourvèdre) gebraucht. In Nordafrika ist heute noch der Name Morrastel sowohl für Graciano als auch für Mourvèdre üblich.

Graisse
Weißweinrebe in Frankreich; auch **Plant de Graisse** genannt.

Grand Noir de la Calmette
Die Rotweinrebe ist eine Züchtung der Versuchsstation Domaine de la Calmette aus Petit Bouschet mit Aramon. Unter der Bezeichnung **Grand Noir** ist die Rebe in Frankreich, Portugal und Australien in geringer

Menge vorhanden; vgl. → Gran Negro.

Grando

Weißweinrebe; Neuzüchtung durch Kreuzung von Riesling x Silvaner mit Müller-Thurgau.

Gran Negro

Die Rotweinrebe wird u. a. in Spanien angebaut; vermutlich ist sie identisch mit der Grand Noir in Frankreich und Portugal. Auch **Grão Negro** genannt.

Grasa

Weißweinrebe
Anbauländer u. a.: Rumänien.
Auch als **Coarna, Som** und **Grasa de Cotnari** (RO), **Dicktraube** (D) bezeichnet; ergibt einen natursüßen Dessertwein; wahrscheinlich mit der Furmint verwandt.

Graue Sarba

In Rumänien vorkommende Rotweinrebe.

Gray Riesling

Weißweinrebe
Anbauländer u. a.: Neuseeland, USA.
Auch als **Chauche Gris** (F), **Riesling** (CA) und **Grey Riesling** (NZ) bezeichnet.
Ergibt gelbgrüne, fruchtige, meist halbtrockene Weine von durchschnittlicher Qualität. Es handelt sich um den kalifornischen Namen der weißen Rebsorte, von der angenommen wird, dass sie von der französischen Trousseau-Gris-Rebe aus dem Juragebiet abstammt. Sie hat nichts mit der Rieslingrebe zu tun.

Grecanico

Weißweinrebe
Anbauländer u. a.: Sizilien (I).
Auch als **Grecanico Dorato, Grecanio, Recanicu** und **Grecanicu Biancu** bezeichnet.
Ergibt aromatische, Sauvignon-ähnliche Weine. Der Name lässt auf griechischen Ursprung schließen.

Grechetto

Weißweinrebe
Anbauländer u. a.: Italien.
Auch als **Greco Spoletino, Greco Bianco di Perugia** (hat nichts mit Greco zu tun), **Stroppa Volpe, Greghetto, Grechetto Nostrale** und **Pulce** bezeichnet.
Die Rebe wird gerne mit Trebbiano, Verdello und Malvasia verschnitten; sie ist in den bekannten Weißweinen Torgiano und Orvieto enthalten. Auch im Cervaro, dem bekannten Weißwein Antinoris, spielt sie neben Chardonnay eine wichtige Rolle. Der weiße Dessertwein Sellone wird aus Grechetto und Trebbiano hergestellt.

Greco

1. Weißweinrebe/späte Reifungsperiode
   Anbauländer u. a.: Italien.
   Bezeichnung für eine Reihe edler Weißweinrebsorten griechischen Ursprungs, die in Süditalien wachsen, das sind **Greco Bianco, Greco del Vesuvio, Greco della Torre, Grieco** und **Greco di Napoli.** Die Rebe wird vor allem zum Verschneiden verwendet und verleiht den Weinen Würze und Substanz. In

Kampanien bringt sie den geschätzten **Greco di Tufo,** in Kalabrien den süßen **Greco di Bianco** hervor.

2. Synonym für → Albana, → Trebbiano, → Biancame und → Maceratino.

Greco Nero

Rotweinrebe/mittlere Reifungsperiode
Anbauländer u. a.: Italien (Kalabrien).
Auch als **Marcigliana Nera** und **Marsigliano** bezeichnet. Die wahrscheinlich aus Griechenland stammende Sorte wird gerne mit Gaglioppo verschnitten.

Green Hungarian

Weißweinrebe
Anbauländer u. a.: USA.
Ergibt gelbe, leicht süßliche, alkoholreiche, manchmal auch unharmonische Weine. Nach Meinung des französischen Rebsortenforschers Dr. Pierre Galet soll das Ursprungsland tatsächlich Ungarn sein. Der deutsche Name ist **Putzscheere**.

Grenache

Rotweinrebe/mittlere bis späte Reifungsperiode
Ursprung: Aragonien (E).
Anbauländer u. a.: Ägypten, Algerien, Australien, Frankreich, Griechenland, Israel, Italien, Kroatien, Libanon, Marokko, Peru, Spanien, Südafrika, USA.
Auch als **Grenache Noir, Bois Jaune, Carignane Rousse, Sans Pareil, Roussillon, Rivesaltes, Redondal, Rouvaillard, Aragonais** und **Ranconnat** (F), **Garnacho, Tinto Liadoner, Tinto Navalcarnero, Tinta, Garnacha Tinta, Tinto Aragonés, Carigna Rosso, Roussillon Tinto, Garnacha, Alicante Bouschet Uva di Spagna, Tintilo de Rota, Tinto Menudo, Tinta Mencida, Tentillo** und **Negra de Madrid** (E), **Grañaccia** und **Granacha** (I), **Cannonau** und **Cannonao** (Sardinien) bezeichnet.
Ergibt hellrote, ansprechende, fruchtige, körperreiche Weine, die oft leicht süß sind. In Spanien – vor allem in Rioja – werden daraus die beliebten Rosados gekeltert. Aber auch bekannte Tintos bestehen überwiegend aus Garnachareben, mit Tempranillo verschnitten eine ideale Kombination.
In Frankreich werden Grenachereben zur Erzeugung des berühmten Châteauneuf-du-Pape, des Côtes du Rhône und der hervorragenden Rhône-Roséweine Tavel und Lirac sowie vieler Rotweine der Provence und auch der Süß- und Dessertweine von Languedoc und Roussillon verwendet.
In Kalifornien und Australien werden ebenfalls vorzügliche Rot- und Roséweine erzeugt, die unter dem Namen Grenache gehandelt werden. In Kalifornien wird Grenache auch weiß gekeltert. Der White Grenache ist eine Alternative zum White Zinfandel.
In Australien wird Grenache oft mit Shiraz (Syrah) verschnitten.
Die Grenacherebe ist besonders widerstandsfähig gegen Trockenheit und Hitze und liefert einen hohen Ertrag. Sie ist die meistangebaute Rebe in Spani-

en. Das eigentliche Grenacheland ist Südfrankreich, wo sie nach Carignan die am meisten angebaute dunkle Sorte ist.

Grenache Blanc

Weißweinrebe

Anbauländer u. a.: Italien, Spanien, Südfrankreich, nordafrikanische Länder.

Auch als **Garnacha Blanca, Garnatxa** und **Silla Blanc** bezeichnet.

Ergibt weiche, sanfte und doch alkoholreiche Weine; ist eine Spielart der → Grenacherebe.

Grenache Gris

Auch als **Grenache Rosé** bezeichnet; Spielart der → Grenacherebe in Südfrankreich.

Grignolino

Rotweinrebe/mittlere bis späte Reifungsperiode

Anbauländer u. a.: Italien, USA.

Auch als **Barbesino, Verbesino, Balestra, Girondino, Arlandino** und **Rossetto** bezeichnet.

Die Rebsorte des Piemonts ergibt rubinrote, trockene, manchmal leicht süße, duftige Weine mit pikanter Säure, die sich schon in der Jugend angenehm trinken. In Kalifornien gibt es Rotweine mit sehr herb-adstringierendem Geschmack, ausgeprägt und würzig, und herbfruchtige Rot- und Roséweine sowie Sparkling Wines.

Grillo

Weißweinrebe

Anbauländer u. a.: Sizilien, Venezuela.

Auch als **Riddu** bezeichnet.

Ergibt körperreiche und adstringierende Weine, die vielfach im Fass ausgebaut werden; zur Herstellung von Marsala verwendet.

Grk

1. Weißweinrebe auf Korcula in Kroatien.
2. Trockene und leichte, meist aber schwere, fast sherryähnliche Weißweine aus Korcula.

Grolleau

Rotweinrebe

Anbauländer u. a.: Frankreich.

Auch als **Groslot, Plant Boisnard** und **Pinot de Saumur** bezeichnet.

Ergibt, mit anderen Sorten gemischt, frische, fruchtige Rot- und Roséweine, z. B. den Rosé d'Anjou. **Grolleau Gris** bringt nichtssagende Weißweine zum Verschneiden.

Groppello

Italienische Rotweinrebe, die am Gardasee wächst und leichte Rotweine liefert; sie ist wahrscheinlich mit der Rossignolarebe identisch.

Gros Manseng

Weißweinrebe

Anbauländer u. a.: Frankreich.

Mit anderen Sorten verschnitten, liefert sie den goldfarbenen Jurançon. Die Mansengrebe kommt auch in der Variante → Petit Manseng vor. Beide Reben sind jedoch eigenständige Sorten.

Gros Verdot

Wenig charaktervolle Rotweinrebe aus Bordeaux, deren Weine die Qualität des Petit Verdot nicht erreichen. Möglicherweise in Argentinien angebaut. Vgl. → Verdot.

Grüner Veltliner

Weißweinrebe/mittlere Reifungsperiode

Anbauländer u. a.: Deutschland, Italien, Österreich, Slowakei, Tschechien, Ungarn, USA.

Auch als **Weißgipfler, Weißer, Grüner, Grün-Muskateller** und **Manhartsrebe** (A), **Urveltliner** (Retz/A), **Veltliner** (D), **Veltlini** und **Zöld Veltlini** (H), **Veltlinské Zelené** und **Veltlin Zelené** (SK), **Veltlinac** und **Veltlinac Zeleni** (HR) bezeichnet.

Die wahrscheinlich aus Österreich stammende, sehr alte, ertragreiche Rebe ergibt gelbgrüne bis hellgelbe, leichte, frische, spritzige, fruchtige bis feinwürzige Weine mit angenehmer Säure; der typische Veltliner ist trocken, pfeffrig und würzig; er soll jung getrunken werden, weist aber z. B. im Kamp- und Kremstal (A) ein beachtliches Lagerungspotential auf. Grüner Veltliner ist die österreichische Rebenspezialität, die besonders in Niederösterreich ideale Bedingungen hat.

Gual

Die Weißweinrebe wird u. a. in Portugal und auf den Kanarischen Inseln angebaut; wird in Cuvées verarbeitet.

Guarnaccia

Die Rotweinrebe wird u. a. in Italien angebaut; auch als **Uanaccia** bezeichnet. Sie ist eine Spielart der → Grenache.

Gutenborner

Weißweinrebe; Neuzüchtung der Lehr- und Forschungsanstalt Geisenheim/Rheingau durch Kreuzung von Müller-Thurgau mit Chasselas; ergibt rieslingähnliche Weine.

Gwäss

Weißweinrebe

Anbauländer u. a.: Wallis (CH; geringer Anbau).

Auch als **Gouais** (F) bezeichnet.

Ergibt saure, alkoholarme Weine, die selten eigenständig ausgebaut werden, sondern dem Fendant oder dem Johannisberg beigefügt werden, um diesen Weinen mehr Rasse zu geben; sie ist heute selten geworden.

H

Hárslevelü

Weißweinrebe/späte Reifungsperiode

Anbauländer u. a.: Kroatien, Slowakei, Südafrika, Tschechien, Ungarn.

Auch als **Lindenblättriger** und **Lindener** (H), **Lipovina** (HR, CZ), **Feuille de Tilleul** bezeichnet.

Die alte ungarische Rebe ergibt grüngelbe, harmonische, aromatische Weine mit feiner Säure; sie können aber auch würzig, feurig und körperreich mit eleganter Säure sein; die Harmonie von Säure, Alkohol und Duft ist vollkommen; sie wird zusammen mit Furmint- und Muskatellerreben zur Tokajerherstellung verwendet. Bekannt sind auch die Weine aus Villany und Debrö. Die Sorte bringt reichliche Erträge.

Hasandede
Weißweinrebe in der Türkei.

Hasseroum
Rotweinrebe in Nordafrika.

Hegel
Rotweinrebe; Neuzüchtung der Staatlichen Lehr- und Versuchsanstalt für Wein- und Obstbau in Weinsberg/Württemberg aus einer Kreuzung von Helfensteiner mit Heroldrebe; ergibt rubinrote, duftige und fruchtige, körperreiche Weine.

Heida
Weißweinrebe
Anbauländer u. a.: Schweiz.
Auch als **Heiden, Paien, Savagnin** und **Savagnin Blanc** (CH, F), **Traminer** und **Gewürztraminer** (Elsass, Pfalz, CH) bezeichnet.
Ergibt goldgelbe, frische, würzige und aromatische Weine. Die alte Schweizer Rebe, die aus Ungarn stammen soll, ist eine Spielart des Traminers; sie ist nur im Vispertal/Wallis verbreitet; in der Schweiz gebräuchliche Bezeichnung für Gewürztraminer.

Helfensteiner
Rotweinrebe/frühe Reifungsperiode
Anbauländer u. a.: Deutschland.
Ergibt gefällige Rotweine von mittlerer Qualität; Neuzüchtung von August Herold an der Staatlichen Lehr- und Versuchsanstalt für Wein-, Obst- und Gartenbau in Weinsberg/Württemberg durch Kreuzung von Blauem Frühburgunder mit Trollinger; sehr stark schwankende Erträge, daher ist der Anbau rückläufig.

Herbemont
Die Rotweinrebe wird u. a. in Brasilien und in den USA angebaut; zur Züchtung der Rotweinrebe **Münch** verwendet; soll aus South Carolina stammen.

Hermitage
1. In der französischen Schweiz Bezeichnung für → Marsanne.
2. In Südafrika und Neuseeland gebräuchliche Bezeichnung für → Cinsaut.
3. In Australien Bezeichnung für → Syrah.

Heroldrebe
Rotweinrebe/späte Reifungsperiode
Anbauländer u. a.: Deutschland.
Ergibt rubinrote, rassige, gerbstoffreiche, neutrale Weine, aber auch feine Rosés; Neuzüchtung durch August Herold an der Staatlichen Lehr- und Versuchsanstalt für Wein-, Obst- und Gartenbau in Weinsberg/Württemberg durch Kreuzung von Blauem Portugieser mit Blauem Limberger; sehr hohe Erträge.

Hibernal
Weißweinrebe; Neuzüchtung der

Forschungsanstalt in Geisenheim aus Seibel mit Riesling.

Hölder

Weißweinrebe/späte Reifungsperiode
Anbauländer u. a.: Deutschland.
Ergibt gelbgrüne, neutral fruchtige, harmonische Weine; Neuzüchtung an der Staatlichen Lehr- und Versuchsanstalt für Wein-, Obst- und Gartenbau in Weinsberg/Württemberg durch Kreuzung von Riesling mit Ruländer.

Hondarrabi

Baskische Rebsorte, die als weiße **Hondarrabi Zuri** und als dunkle Sorte **Hondarrabi Beltza** vorkommt. Auch **Ondarrabi** genannt.

Houghton Suprème

Weißweinrebe in Australien.

Humagne Blanche

Weißweinrebe/späte Reifungsperiode
Anbauländer u. a.: Wallis (CH).
Ergibt belebende, natürliche, würzige Weine, ähnlich dem Arvine, jedoch etwas herber und weniger fein; ist eine alte Schweizer Rebe, die selten geworden ist.

Humagne Rouge

Die Rotweinrebe ist eine alte Schweizer Rebenspezialität, die mit der gleichnamigen weißen Sorte botanisch nichts zu tun haben soll; sie soll mit der Sorte Oriou (Petit Rouge) identisch sein und kommt nur in geringen Mengen im Wallis vor.

Huxelrebe

Weißweinrebe/frühe bis mittlere Reifungsperiode
Anbauländer u. a.: Deutschland.
Ergibt blassgelbe Weine mit rassiger Säure und Muskatbukett; Neuzüchtung der Landesanstalt für Rebenzüchtung Alzey/Rheinhessen; Georg Scheu kreuzte 1927 Weißen Gutedel mit Courtillier Musqué; der Name stammt vom Weinbauern Fritz Huxel aus Westhofen bei Worms; die Rebe ist auch als Tafeltraube gut geeignet.

Hybriden

Kreuzungen von Europäerreben und Amerikanerreben; sie sollten die größere biologische Widerstandskraft der Amerikanerreben auf die bewährten Europäerreben übertragen, ohne die Qualität zu beeinträchtigen. Dieses Ziel konnte nicht erreicht werden, da bei den Hybriden Pflanzenschutzmaßnahmen weiterhin notwendig sind und so die Weine den häufig unangenehmen Foxton haben; es gibt allerdings inzwischen Hybriden mit weniger fremdartigem Geschmack.
In Deutschland und in Österreich ist der Anbau von Hybriden untersagt; in Frankreich (Seyval Blanc), in Italien (Clinton) und in der Schweiz (Americano) sind sie heute manchmal zu finden; meist jedoch zur Tafeltraubenerzeugung verwendet; zur Weinproduktion werden Hybriden noch im Osten der USA und in Südamerika verwendet. Synonyme Begriffe für Hybriden sind **Di-**

rektträger oder **interspezifische Sorten.**

I

Incrocio
Italienische Bezeichnung für Kreuzung. Eine Neuzüchtung Manzonis heißt **Incrocio Manzoni,** in Nordostitalien aus Riesling mit Pinot Blanc bzw. aus Prosecco mit Cabernet Sauvignon. Bei **Incrocio Terzi No 1** handelt es sich um eine in der Lombardei angebaute Kreuzung aus Barbera mit Cabernet Franc.

Inzolia
Weißweinrebe
Anbauländer u. a.: Italien.
Auch als **Insola** und **Ansonica** (Toskana), **Anzonica, Andòria, Nzolia, Insora, Zolia Bianca** und **Insedia** bezeichnet.
Wird zur Herstellung von Marsala verwendet. Im Westen Siziliens mit der ziemlich verbreiteten Catarratto verarbeitet; zur Herstellung von Branntwein empfohlen.

Iona
Die nordamerikanische Rotweinrebe wird u. a. in den USA angebaut, wo sie zur Schaumweinherstellung verwendet wird; der Name ist von der Insel Iona im Hudson abgeleitet.

Irsay Oliver
Weißweinrebe/mittlere bis späte Reifungsperiode
Anbauländer u. a.: Österreich, Slowakei, Ungarn.
Auch als **Irsai Olivér** (H) bezeichnet.
Die seltene Rebsorte ist eine Kreuzung der Perle von Csaba mit der Mädchentraube; sie ist auch eine beliebte Tafeltraube.

Isabella
Rotweinrebe
Anbauländer u. a.: Brasilien, Frankreich, Japan, Kolumbien, Madeira, Portugal, Schweiz, Ukraine, Uruguay, USA.
Auch als **Isabel(le)** (F), **Americano** (CH), **Isabellinha** und **Bellina** (Madeira), **Frutilla** (Uruguay) bezeichnet.
Die Rebe ist eine Hybride aus Vitis Labrusca und Vitis Vinifera; der Ursprung ist wahrscheinlich South Carolina (USA); ergibt helle und leichte Weine mit Foxton; sie sind nicht lange haltbar; Isabella ist Bestandteil der Uhudler-Weine; in Frankreich ist eine Neuanpflanzung verboten. Heute wird die Rebe gerne als Hecke verwendet.

Ives
Die rote, amerikanische Vitis-Labrusca-Variante wird u. a. in den USA angebaut und ergibt harte Rotweine mit starkem Foxton.

Izsáki
Die Rotweinrebe wird u. a. in Ungarn angebaut; auch als **Weiße Kadarka** (H) bezeichnet.

J

Jacquère
Weißweinrebe
Anbauländer u. a.: Savoyen (F).
Auch als **Jaquerre, Jaquière,**

Cugnette, Plant de Ambymes de Myans und **Buisserate** (F) bezeichnet.
Ergibt leichte, trockene und etwas rauchige Weine.

Jaén
Rotweinrebe
Anbauländer u. a.: Spanien, Portugal.
Ergibt einen einfachen, robusten Wein. Die weiße Variante **Jaén Blanco** könnte mit der Avesso identisch sein.

Jampal
Südportugiesische Weißweinrebe.

Johannisberger
In der Schweiz und in Deutschland gebräuchliche Bezeichnung für Riesling; im Wallis für Sylvaner. Der Wein wird Johannisberg genannt.

Juan García
Die Rotweinrebe wird u. a. in Spanien angebaut und ergibt schwachduftige, trockene Weine.

Juan Ibañez
Die Rotweinrebe wird u. a. in Zentralspanien angebaut; auch **Miguel del Arco** genannt.

Jubiläumsrebe
Weißweinrebe/frühe Reifungsperiode
Anbauländer u. a.: Österreich.
Ergibt goldgelbe, volle, leicht süßliche Weine mit neutralem Bukett; gut lagerfähig; Neuzüchtung der Lehr- und Versuchsanstalt für Wein- und Obstbau in Klosterneuburg; die Sorte ist eine Kreuzung von Blauem Portugieser mit Blaufränkisch(em) und hat die gleichen Eltern wie der Blauburger, obwohl sie eine Weißweinsorte ist.

Juhfark
Alte ungarische Weißweinrebe, die in Somló vorkommt und gefällige Weine liefert; auch als **Lammerschwanz** bezeichnet.

Jurançon Blanc
Weißweinrebe
Anbauländer u. a.: Frankreich.
Auch als **Quillat, Plant Dressé** und **Dame Blanc** bezeichnet.
Die Rebe wird vor allem im Cognac- und Armagnacgebiet angebaut; **Jurançon Rouge** und **Juraçon Noir** sind dunkle Varianten dieser Rebsorte.

Juwel
Weißweinrebe; deutsche Neuzüchtung aus einer Kreuzung von Silvaner mit Kerner, die in Rheinhessen vorkommt.

K

Kadarka
Rotweinrebe/späte Reifungsperiode
Anbauländer u. a.: Bulgarien, Österreich, Rumänien, Ungarn, Wojwodina.
Auch als **Gamza** und **Gumza** (BG, HR), **Kadarska** und **Skardarsko** (Montenegro, Albanien), **Cadarca** (RO) bezeichnet.
Die ungarische Rebe ergibt rubinrote, duftige, würzige, tanninreiche und trockene Weine. Sie ist besonders robust, leider

reift sie spät und unzuverlässig und bringt schwache Erträge, sodass sie mehr und mehr durch den Kékfrankos (Blaufränkischen) und den Kékoportó (Blauen Portugieser) verdrängt wird.

Kadarun

Rotweinrebe, die u. a. in Montenegro und Dalmatien Rotweine gleichen Namens liefert.

Kanaän

Weißweinrebe/mittlere Reifungsperiode

Anbauländer u. a.: Südafrika.

Auch als **Canaan** und **Belies** (ZA), **Macedonia** (Sizilien) bezeichnet; der aus dieser Rebe gekelterte Wein dient ausschließlich als Brennwein.

Kanzler

Weißweinrebe/frühe Reifungsperiode

Anbauländer u. a.: Deutschland.

Auch als **Kanzlerrebe** bezeichnet.

Ergibt grüngelbe, fruchtige, gehaltvolle Weine; auch Spätlesen und Auslesen; Neuzüchtung von Georg Scheu, 1927, an der Landesanstalt für Rebenzüchtung Alzey/Rheinhessen durch Kreuzung von Müller-Thurgau mit Silvaner; der Name Kanzler soll die hohe Qualität der Sorte ausdrücken; in den letzten Jahren an Popularität verloren.

Kéknyelü

Weißweinrebe/späte Reifungsperiode

Anbauländer u. a.: Ungarn.

Auch als **Blaustängler, Balafant, Weißer Pikolit** und **Ranful** bezeichnet.

Die ungarische Rebe ergibt goldgrüne, elegante, duftige, feurige, sehr extrakt- und alkoholreiche Weine mit leicht bitterem Geschmack; die feine elegante Säure, der Extrakt- und der Alkoholgehalt ergeben die Harmonie dieses trockenen Weines; die Blätter sitzen an bläulich gefärbten Stielen, daher auch der Name Blaustängler; ein bekannter Wein ist der Badacsonyi-Kéknyelü.

Kerner

Weißweinrebe/mittlere Reifungsperiode

Anbauländer u. a.: Deutschland, Italien, Kanada, Schweiz, Slowenien, Südafrika.

Ergibt hell- bis gelbgrüne, fruchtige, elegante, gehaltvolle und rassige Weine mit leichtem Muskatbukett; Neuzüchtung durch A. Herold an der Staatlichen Lehr- und Versuchsanstalt für Wein-, Obst- und Gartenbau in Weinsberg/Württemberg durch Kreuzung von Trollinger mit Riesling; der Name stammt von dem schwäbischen Dichter Justinus Kerner, der in Weinsberg lebte; die Sorte ist eine der wichtigsten Neuzüchtungen; hoher Ertrag.

Eine Mutation ist der **Kernling,** der gelbgrüne, neutral duftige und fruchtige Weine ergibt.

Kiraly Leányka

Heute üblicher ungarischer Name für die rumänische Züchtung → Feteascã Regalã.

Klevner
Vgl. → Clevner.

Klon
Griechisch: Zweig
Nachkommenschaft einer Rebe, die durch Aufpfropfen vermehrungswürdiger Zweige auf Stecklinge entstanden ist. Die kleinste Vermehrungseinheit für den Aufbau eines Klons ist das Auge der Rebe, die Knospe. Aus ihr bildet sich eine Mutterpflanze, aus der sich wiederum die Nachkommenschaft ableitet. Der Vorteil gegenüber der Samenvermehrung liegt in der Erbgleichheit der Klonenpflanzen. Die **Klonenzüchtung** ist eine Auslesezüchtung mit dem Ziel, gesunde, leistungsstarke Reben mit guter Anpassung an Boden und Klima zu vermehren.

Klonenselektion
Auswahl der Mutterstöcke und Prüfung der Nachkommenschaft.

Kocsis Irma
Die Weißweinrebe wird u. a. in Ungarn angebaut und ergibt leichte Tafelweine ohne besonderen Charakter; ist auch eine beliebte Tafeltraube.

Kolor
Rotweinrebe; Neuzüchtung des Staatlichen Weinbauinstituts Freiburg im Breisgau von Dr. J. Zimmermann durch Kreuzung von Blauem Spätburgunder mit Färbertraube; ergibt Weine von hoher Farbintensität, die als Deckweine dienen.

Kövidinka
Weißweinrebe
Anbauländer u. a.: Osteuropa.
Auch als **Schiller, Kevedinka, Vrvena, Dinka** und **Ruzica** bezeichnet.
Ergibt grüngelbe, frische und herbe Weine.

Kotsifali
Rotweinspezialität der griechischen Insel Kreta, die volle, würzige und dennoch weiche Weine liefert. Ein Verschnitt mit der tanninreicheren Sorte Mandelaria ist beliebt.

Krassato
Rotweinrebe aus Griechenland, die als Verschnitt dient.

Kratošija
Rotweinrebe
Anbauländer u. a.: Mazedonien, Montenegro.
In Bosnien und Herzegowina **Krkošija** genannt. Zur Herstellung von Žilavka verwendet; bekannt ist der Žilavka aus Mostar.

Kreuzung
Züchtungsmethode, bei der mittels Bestäubung und Befruchtung zweier verschiedenartiger Rebsorten Nachkommen hervorgebracht werden sollen. Ziel einer Kreuzung ist es, die positiven Eigenschaften der Rebsorten zu vermehren bzw. zu erhöhen.

L

Labrusca
Rotweinrebe
Anbauländer u. a.: Japan, USA.
Ergibt Weine mit starkem Foxton. Die nordamerikanische Wildrebe mit der ursprünglichen Bezeichnung **Vitis Labrusca** wurde mit Erfolg mit anderen gekreuzt; eine andere bekannte Kreuzung, die auch erfolgreich angebaut wird, ist die → Concord.

Lacrima
Die Rotweinrebe wird u. a. in Marken (I) erzeugt und erbringt rasch reifenden, eigenartig duftenden Wein; auch **Lacrima di Morro** genannt; Lacrima Nera wird gelegentlich als Synonym für Gaglioppo gebraucht.

La Crosse
Nordamerikanische Weißweinrebe.

Lado
Weißweinrebe in Spanien (Ribeiro/Galicien).

Lagorthi
Weißweinrebenspezialität aus Griechenland.

Lagrein
Rotweinrebe/mittlere Reifungsperiode
Anbauländer u. a.: Italien.
Auch als **Lagrain** und **Lagarino** bezeichnet.
Ergibt je nach Herstellung den Lagrein-Kretzer (Lagrein Rosato), der rosé- bis hellrubinfarben, leicht prickelnd und frisch bis weich ist und nach der Weißweinart gewonnen wird, oder den Lagrein Dunkel (Lagrein Scuro), der tiefdunkel, vollmundig, samtig und schwer ist; der Name weist auf Ursprünge aus dem Lagarinatal im Trentin hin.

Lambrusco
1. Rotweinrebe/mittlere Reifungsperiode
   Anbauländer u. a.: Argentinien, Italien.
   Die robuste italienische Rebe kommt in sehr vielen Spielarten vor, die wichtigsten sind **Lambrusco di Sorbara** bzw. **Lambrusco Sorbarese, Lambrusco Grasparossa di Castelvetro, Lambrusco Salamino di Santa Croce, Lambrusco Maestri, Lambrusco Marani** und **Lambrusco Montericco.**
   Ergibt rubinrote, manchmal roséfarbene und weiße, trockene, meist leicht schäumende, frische Weine. Sie sollen jung getrunken werden. Die Klone Lambrusco Marani und Lambrusco Salamino di Santa Croce liefern eher liebliche Weine.
2. Roter, manchmal leicht schäumender D.-O.-C.-Wein aus Emilien (I).
3. **Lambrusco Maesini** ist eine Rotweinrebe in Argentinien.

Landroter
Rotweinrebe/späte Reifungsperiode
Anbauländer u. a.: Schweiz.
Auch als → Cornalin (CH), **Rouge du Pays** (F) bezeichnet.
Ergibt dunkelrote, leichte, fri-

sche, bukettreiche Weine; ähnlich dem Oriou aus dem Aostatal.

Landrot Noir
Rotweinrebe in den USA.

Lasina
Rotweinrebe in Dalmatien, die häufig mit anderen Sorten verschnitten wird; auch **Ruza** und **Lelekusa** genannt.

Leányka
Weißweinrebe
Anbauländer u. a.: Osteuropa, Ungarn.
Nach ihrem Herkunftsort **Dánosi Leányka** bezeichnet; ergibt einen delikaten, trockenen Weißwein, der in Eger (H) am besten ist.

Len-de-l'El
Weißweinrebe in Frankreich; ihr kräftiger und charaktervoller Wein ist im weißen Gaillac enthalten.

Lenoir
Rotweinrebe in den USA; auch **Black Spanish** genannt.

Léon Millot
Rote nordamerikanische Hybride, die im Osten der USA zur Weinerzeugung, in Belgien als Tafeltraube und in England als Färbertraube verwendet wird.

Liatiko
Rotweinrebe, die auf Kreta wächst und von der Malvasiarebe abstammen soll. Sie wird meist mit Mandelaria und Kotsifali verschnitten. Der Name erinnert an die toskanische Aleatico, es gibt jedoch keine ampelographischen Beweise für ihre Verwandtschaft.

Limnio
Rotweinrebe
Anbauländer u. a.: Griechenland.
Die Rebe hat sich von der Insel Lemnos auf die übrigen Gebiete Griechenlands ausgebreitet und liefert einen körperreichen und säurebetonten Wein.

Listán Negro
Rotweinrebe, die vor allem in Teneriffa vorkommt; auch als **Almuñeco** bezeichnet.

Lladoner Pélut
Katalanische Bezeichnung für eine Grenachevariante. Kommt in Frankreich und in geringer Menge in Spanien vor. Auch **Lledoner Pélut Noir** genannt.

Longyan
Rotweinrebe, die durch Kreuzung chinesischer Wildreben entstanden ist. Die deutsche Bezeichnung ist **Drachenauge.**

Loureiro
Weißweinrebe
Anbauländer u. a.: Portugal, Spanien.
Auch als **Loureira, Loureira Blanca** und **Marques** bezeichnet.
Oft wird die Sorte mit Trajadura und Alvarinho verschnitten, aber auch zu aromatischen, sortenreinen Weinen verarbeitet. Die Traube soll Duft von Lorbeer (louro) verleihen; so ist auch der Name entstanden. Die

Rebe ist ziemlich ertragreich. Die rote Variante ist selten.

M

Macabéo

Weißweinrebe
Anbauländer u. a.: Algerien, Frankreich, Marokko, Spanien.
Auch als **Viura** (Rioja), **Maccabéo, Alcanol** und **Alcanon** (E), **Maccabeu** (E, F), **Lardot** (Südfrankreich), **Maccabeau** (F) bezeichnet
In Nordostspanien ist sie die wichtigste Weißweinrebe und liefert mit Verschnittpartnern blumige, leichte und früh trinkreife Weine. Mit Parellada und Xarel-lo dient sie in Spanien der Cavaherstellung. In Frankreich wird die Rebe gerne mit der Bourboulenc und/oder mit Grenache Blanc verschnitten.

Maceratino

Weißweinrebe
Anbauländer u. a.: Italien.
Auch als **Aribona, Matelicano, Greco, Montecchiese** und **Ribona** bezeichnet.
Den Namen verdankt die Rebe vermutlich der Tatsache, dass sie vorwiegend in der Provinz Macerata angebaut wird. Mit großer Wahrscheinlichkeit stammt sie von der Greco ab bzw. ist sie mit der Lokalsorte Verdicchio verwandt.

Madeleine

Sammelbezeichnung für Rebsorten, wie **Madeleine Angevine, Madeleine Céline** und **Madeleine Royale,** die überwiegend als Tafeltrauben verwendet werden; die Reben werden auch zur Kreuzung herangezogen, z. B. für → Noblessa. Die **Madeleine Noir** ist der Blaue Frühburgunder.

Magaratsch Bastardo

Rotweinrebe; ist eine Kreuzung von Bastardo mit Saperavi, gezüchtet im Weinbauforschungsinstitut Magaratsch auf der Krim. Dient vor allem zur Erzeugung von alkholverstärkten Weinen.

Magaratsch Ruby

Rotweinrebe; gezüchtet am Institut Magaratsch auf der Krim durch Kreuzung von Cabernet Sauvignon mit Saperavi.

Magliocco Canino

Rotweinrebenspezialität in Kalabrien, die mit Gaglioppo verschnitten wird und vermutlich mit ihr auch verwandt ist.

Majarca Alba

Weißweinrebenspezialität in Rumänien.

Malagousia

Weißweinrebe in Griechenland, die möglicherweise mit der Malvasia verwandt ist. Andere Schreibweise Malagoussia.

Malbec

Rotweinrebe/mittlere bis späte Reifungsperiode
Anbauländer u. a.: Argentinien, Australien, Bolivien, Chile, China, Frankreich, Israel, Italien, Neuseeland, Spanien, Südafrika, USA.
Auch als **Côt** (F, AUS, Argentinien, Chile, USA), **Malbeck** und

Malbech (I, ZA, Argentinien), **Noir de Pressac** und **Pressac** (Saint-Émilion), **Auxerrois** (Cahors), **Cahors, Pied Rouge, Jacobain** und **Griffo-rin** (übriges Frankreich), **Médoc Noir** (H), **Côt Noir** (Chile) bezeichnet.
Ergibt dunkelrote Weine, die sich rasch ausbauen und eine weiche Geschmacksnote haben; sie werden häufig mit anderen Sorten, vor allem Cabernet Sauvignon und Cabernet Franc, verschnitten. In Frankreich geht der Anbau stark zurück, obwohl die Rebe in einigen A.-O.-C.-Weinen eine wichtige Rolle spielt. In Argentinien ist sie die am meisten angebaute und in Chile eine stark vertretene rote Sorte.

Malmsey

1. Englische Bezeichnung für → Malvasia.
2. Süße und dunkle Madeirasorte.

Malvar

Weißweinrebe in Spanien, die rustikale Weine liefert.

Malvasia

1. Weißweinrebe
   Ursprung: wahrscheinlich Ägäische Inseln.
   Anbauländer u. a.: Argentinien, Brasilien, Deutschland, Frankreich, Griechenland, Italien, BR Jugoslawien, Libanon, Österreich, Portugal, Slowenien, Spanien, USA, Venezuela.
   Auch als **Malmsey** (GB, P), → Malvoisie (F), **Malvasier** und **Früher Veltliner** (D), **Uva Greca** (I), **Rioja, Rojal, Blanquirroja, Blancarroga, Tobia, Cagazal** und **Blanca-Rioja** (E), **Malvasia Fina** (E, P), **Malvazija** (SLO), **Monemvasia** (GR), **Malvasia Bianca** (Sizilien, Sardinien, CA), **Subirat Parent** (E) bezeichnet.
   Die Rebe kommt in vielen weißen und roten Versionen vor, u. a. → Malvasia Bianca, → Malvasia Bianca di Cândida, → Malvasia Bianca di Chianti, → Malvasia del Lazio, → Malvasia delle Lipari, → Malvasia di Candia, → Malvasia di Casorzo, → Malvasia Fina, → Malvasia Friulana, → Malvasia Nera, → Malvasia Rei, → Malvasia Roxa, Roter Malvasier und → Malvasia Sarda.
   Ergibt gelbe bis dunkelgoldgelbe, aromatische, körperreiche, trockene bis süße Weißweine, die einen leichten Mandelton aufweisen; in seltenen Fällen auch helle Rotweine. In Italien, wo die Rebe am häufigsten vorkommt, wird sie zu sortenreinen und verschnittenen Weinen aller Alkoholstärken und Süßegrade verarbeitet, wobei die Dessertweine besonders typisch sind. Besonders bekannte Weine sind Frascati, Est! Est!! Est!!! und Chianti sowie die Dessertweine Malvasia delle Lipari, Malvasia di Bosa und Malvasia di Cagliari sowie der Madeira. Der Name Malvasia ist eine Abwandlung von Monemvasia (Hafen in Südgriechenland).
2. In Norditalien und in Korsika

gebräuchliche Bezeichnung für → Vermentino.

Malvasia Bianca
In Kalifornien, Sardinien und Sizilien vorkommende Malvasiarebe, die pikante, halbtrockene Weißweine mit Substanz und Charakter liefert. Auch zur Erzeugung von Qualitätslikörwein zugelassen.

Malvasia Bianca di Cândida
Malvasiarebe, die vor allem in Madeira vorkommt. Auch **Malmsey** genannt. Malvasia Candida ist auch eine süße Madeirasorte.

Malvasia Bianca di Chianti
Malvasiarebe, die in Latium, Umbrien und in der Toskana wächst. Auch als **Malvasia Toscana, Sagranarella** und **Malvasia Bianca Lunga** bezeichnet.

Malvasia del Lazio
Spielart der Malvasiarebe, die wegen der fleckigen Beeren **Malvasia Puntinata, Malvasia col Puntino** sowie **Malvasia Nostrale** und **Malvasia Gentile** genannt wird.

Malvasia delle Lipari
Ist die orangensüße Version des weißen Malvasia von den Liparischen Inseln vor der Küste Siziliens. In Basilicata produziert man ebenfalls eine eigene, süße Malvasiavariante, die es auch in trockener und schäumender Qualität gibt.

Malvasia di Candia
Spielart der Malvasiarebe in Latium und auf Kreta, die wegen ihrer rötlichen Blüten **Malvasia Rossa** genannt wird und deren Weine ein feines Nussaroma haben. Sie sind dem Muskateller ähnlich.

Malvasia di Casorzo
Der dunkelrote Malvasia kommt in Casorzo d'Asti und in Castelnuovo Don Bosco im Piemont vor. Sie wird auch **Malvasia Nera di Piemonte** genannt und liefert eine trockene und eine süße Version des roten Malvasia. Im Piemont ist weiters der Malvasia di Schierano bekannt, der wiederum Malvasia di Castelnuovo Don Bosco bezeichnet wird.

Malvasia Fina
Bezeichnung für die in Portugal angebaute Malvasiarebe, die zur Erzeugung von unterschiedlichen Weinen dient, z. B. ist sie zu 80 Prozent im Colares sowie im weißen Portwein und Schaumwein enthalten.

Malvasia Friulana
Spielart der Malvasiarebe mit grünen Beeren; auch **Malvasia Istriana** genannt. Die Weine sind leichter und nicht so würzig wie die anderen Malvasiaweine. Der Malvasia Istriana ist der feinste, sortenreine weiße Malvasia, z. B. der Malvasia del Collio und der Malvasia dell'Isonzo. In Slowenien heißt die Sorte **Malvazija,** in Kroatien **Istrska Malvazija und Dubrovnska Malvazija.**

Malvasia Nera
Rote Spielart der Malvasiarebe,

die in Apulien, in der Toskana, im Piemont und in Südtirol, wo sie **Roter Malvasier** genannt wird, wächst. In Apulien wird Malvasia Nera gerne mit Negro Amaro, in der Toskana mit Sangiovese verschnitten, wo sie allerdings zunehmend von der dunkleren und aromatischen Cabernet Sauvignon verdrängt wird. Auch **Malvasia Nera di Brindisi, Malvasia Nera di Bari** und **Malvasia Nera di Basilicata** genannt.

Malvasia Rei

Malvasiarebe in Portugal; Bestandteil des weißen Portweins. Auch **Seminario** genannt.

Malvasia Riojana

Weißweinrebe, die in Rioja wächst, aber nicht identisch mit der Malvasiarebe ist, die ebenfalls dort vorkommt; auch als **Subirat Parent** und **Rojal Blanco** bezeichnet.

Malvasia Roxa

Rote Spielart der Malvasiarebe, die u. a. zur Herstellung von rotem Madeira verwendet wird.

Malvasia Sarda

Süße Malvasiavariante in Sardinien; auch **Malvasia di Sardegna** genannt.

Malvoisie

Ein verwirrender Weinrebenname in Frankreich, vermutlich weil die Bezeichnung früher für hochwertige Sorten, vermeintlich griechischen Ursprungs, benutzt wurde. Malvoisie ist keine eigene Rebsorte, sondern wird als Synonym für viele weiße Rebsorten verwendet, die üblicherweise aromatischen, körperreichen Wein liefern.

1. Französische Bezeichnung für → Malvasia.
2. Im Wallis, in Savoyen und im Loiretal gebräuchliche Bezeichnung für Pinot Gris (→ Ruländer), in der Schweiz auch Malvoisie du Valais genannt.
3. In Roussillon gebräuchliche Bezeichnung für → Tourbat.
4. In Languedoc gebräuchliche Bezeichnung für → Bourboulenc.
5. Im Departement Aude Bezeichnung für → Macabéo.
6. In Korsika und auf der iberischen Halbinsel gebräuchliche Bezeichnung für → Vermentino; in Korsika auch Malvoisie de Corse genannt.
7. In Savoyen gebräuchliche Bezeichnung für → Veltliner.
8. In Bordeaux Bezeichnung für → Clairette.
9. Bezeichnung für aufgespritete Dessertweine in Südfrankreich (z. B. Banyuls); die Bezeichnung ist irreführend, da die Weine aus der Grenacherebe gekeltert werden.

Malvoisie Noire

Laut Dr. Pierre Galet vermutlich die Rotweinrebe Trousseau. Siehe auch → Bastardo.

Mandelaria

Rotweinrebe
Anbauländer u. a.: Nordafrika, griechische Inseln (besonders Kreta).
Auch **Mandelari** genannt.
Ergibt tanninreiche, trockene oder süße Weine; wahrschein-

lich ist sie mit der Amorghiano auf Rhodos verwandt.

Manseng
Baskische Weiß- und Rotweinrebe; es gibt die weißen Spielarten → Gros Manseng und → Petit Manseng sowie die rote **Manseng Noir,** die auch **Mansec** genannt wird.

Manteúdo
Weißweinrebe in Portugal.

Manto Negro
Rotweinrebe in Spanien (Balearen), die duftige und leichte, harmonische Weine liefert.

Mantonico Bianco
Alte Weißweinrebsorte, die wahrscheinlich aus Griechenland stammt und heute in Kalabrien angebaut wird. Die dunkle Sorte heißt **Mantonico Nero.**

Maraština
Anbauländer u. a.: Kroatien.
Auch als **Rukatac** bezeichnet.
Ergibt goldgelbe, fruchtige, alkoholreiche Weine mit feinem Bukett. Der Maraština aus Cara Smokvica ist gesetzlich geschützt und kommt als Maraština-Cara-Smokvica in den Handel. Es gibt auch einen Dessertwein aus dieser Sorte.

Maréchal Foch
Die rote Vitis-Riparia-Hybride, die im Elsass gezüchtet wurde und heute im Osten der USA und in Kanada wächst, wird auch **Foch** genannt; frühe Reifungsperiode.

Mariensteiner
Weißweinrebe/späte Reifungsperiode
Anbauländer u. a.: Deutschland.
Ergibt gelbgrüne, fruchtige, rassige, körperreiche Weine mit ausgeprägter Säure; Neuzüchtung der Bayerischen Landesanstalt für Wein-, Obst- und Gartenbau in Würzburg/Franken durch Kreuzung von Silvaner mit Rieslaner; hohe Erträge.

Mariquinhas
Weißweinrebe in Portugal.

Markgräfler
Bezeichnung für Gutedel und für ihren Wein im Markgräflerland (Baden/D).

Marmajuelo
Weißweinrebe auf den Kanarischen Inseln.

Marsanne (Blanche)
Weißweinrebe/späte Reifungsperiode
Anbauländer u. a.: Australien, Frankreich, Schweiz.
Auch als **Avilleran** und **Grosse Roussette** (Savoyen/F), **Ermitage, Ermitage Blanc** und **Hermitage Blanc** (CH), **Hermitage** (F, CH) bezeichnet.
Die französische Rebe ergibt gelbe, samtige, extrakt-, alkohol- und bukettreiche Weine; wenn die Bedingungen des Weinjahres besonders günstig sind, bewahrt der Ermitage (Wallis/CH) natürlichen Restzucker; er wird auch als Aperitif oder Dessertwein gereicht. Die Reifezeit sollte mindestens 3–4

Jahre sein. Die Rebe ist nach dem Ort Marsanne bei Montélimar benannt und eine beliebte Verschnittpartnerin.

Marufo
Rotweinrebe in Portugal. Ist wahrscheinlich mit der Mourisco Tinto identisch.

Marzemino
Rotweinrebe/späte Reifungsperiode
Anbauländer u. a.: Italien.
Auch als **Berzemino, Barzemina, Marzemino Gentile** und **Marzemina d'Isera** (I) bezeichnet.
Die alte italienische Rebsorte ergibt lebendige, zum Teil perlende Weine, die eher selten sortenrein gekeltert werden; sie ist in den Weinen Botticino und Riviera del Garda enthalten.

Matrassa
Weißweinrebe in Aserbaidschan; auch als **Kara Shirei** und **Kara Shirai** bezeichnet; vor allem für Dessertweine verwendet.

Maturana
Spanische Weißweinrebe, die in der Region La Rioja wächst.

Mauzac Blanc
Weißweinrebe/späte Reifungsperiode
Anbauländer u. a.: Frankreich.
Auch als **Blanquette, Mausac, Mauza, Moisac, Moysac** und **Sundunais** bezeichnet. Ergibt kräftig aromatische Weine, die gerne mit Chenin Blanc und Chardonnay verschnitten werden. Aus der Rebe wird u. a. der Blanquette de Limoux erzeugt. Der Anbau der weit verbreiteten Rebe ist jedoch rückläufig. Aufgrund ihrer kräftigen Säure wird sie gerne zu Schaumwein verarbeitet. Mauzac ist auch der Name eines perlenden Weines aus Gaillac. Eine Spielart ist **Mausac Rosé.**

Mauzac Noir
Rotweinrebe in Frankreich, die mit der Mauzac Blanc nicht verwandt sein soll.

Mavro
Griechisches Wort für schwarz; ist die Bezeichnung der dominierenden dunklen Traubensorte auf Zypern.

Mavrodaphne
Rotweinrebe
Anbauländer u. a.: Albanien, Bulgarien, Griechenland.
Auch als **Schwarzlorbeertraube** (D) bezeichnet.
Die griechische Rebsorte ergibt dunkle, kräftige, süßliche, manchmal auch trocken ausgebaute, alkoholreiche Weine sowie den Dessertwein gleichen Namens.

Mavrud
Rotweinrebe
Anbauländer u. a : Albanien, Bulgarien.
Auch **Marvud** genannt.
Ergibt einen geschätzten, robusten Wein, der besonders gut auf den Ausbau in Eichenfässern anspricht. **Mavroudi** ist wahrscheinlich mit Mavrud identisch.

Médoc Noir

1. In Ungarn gebräuchliche Bezeichnung für Malbec sowie für Merlot.
2. Am Balkan manchmal verwendete Bezeichnung für Chasselas Noir.

Melnik

Rotweinrebe
Anbauländer u. a.: Bulgarien.
Ergibt dunkelrote, alkohol- und extraktreiche, langlebige Weine. Melnik ist die Kurzform der Sortenbezeichnung **Shiroka Melnishka Losa,** die um die alte Stadt Melnik vorkommt.

Melon de Bourgogne

1. Im Loiretal gebräuchliche Bezeichnung für die Weißweinrebsorte und den Wein → Muscadet.
2. Im Elsass, manchmal im Burgund, auch **Melon Blanc** genannt
3. Im Burgund und in Kalifornien häufig nur als Melon bezeichnet. Melon ist auch ein verwendetes Synonym für Chardonnay.

Mencía

Rotweinrebe in Galicien, die hellrote, würzige und früh trinkreife Weine liefert. Die im 19. Jahrhundert nach Galicien gebrachte Cabernet Franc wird ebenfalls Mencia genannt. Die Ähnlichkeit beider Rebsorten belegen auch neue Untersuchungen.

Merenzao

Seltene spanische Rotweinrebe, die manchmal auch **Maria Ordoña** und gelegentlich **Bastardo** genannt wird. Es ist nicht bekannt, ob sie mit der portugiesischen Rebe Bastardo identisch ist.

Merille

Rotweinrebe
Anbauländer u. a.: Frankreich.
Auch als **Grosse Mérille, Bordelais, Plant de Bordeaux, Périgord, Pica, Picard, Piquat** und **Pouchou** bezeichnet.
Ergibt einfache und derbe Weine.

Merlot

Rotweinrebe/frühe bis mittlere Reifungsperiode
Anbauländer: in fast allen Weinbauregionen der Welt.
Auch als **Merlot Noir, Bigney, Plant Medre, Plant Médoc, Merlau, Vitraille, Vitrail, Crabutet** und **Sémillon Rouge** (F), **Merló** (I, BIH, YU), **Médoc Noir** (H) bezeichnet.
Die aus Frankreich stammende Rebe ergibt granatrote bis dunkelrote, fruchtige, körperreiche, vollmundige Rotweine, die ein feines Bukett haben; hervorragende Merlots brauchen zum Ausreifen eine lange Lagerzeit. Die Merlottrauben werden gerne mit anderen Sorten verschnitten (z. B. bei den Bordeauxweinen).
Der Name der Rebe ist vom französischen Wort Merle (Amsel) abgeleitet, da diese Vögel die früh reifende Rebe bevorzugen.

Merlot Blanc

Weißweinrebe, die in Bordeaux und im Loiretal wächst; auch als **Merlau Blanc** bezeichnet.

Merseguera
Weißweinrebe/frühe Reifungsperiode
Auch als **Mersefuera** und **Exquitxagos** (Penedès) bezeichnet.
Die spanische Rebenspezialität, die vorwiegend im Osten des Landes vorkommt, ergibt leichte und bukettreiche Weine.

Merzling
Weißweinrebe; Züchtung des Staatlichen Weinbauinstituts Freiburg aus Seyve Villard mit Riesling x Ruländer; ergibt gelbgrüne, neutral duftige, fruchtige Weine.

Meslier Saint-François
Lokale Weißweinrebenspezialität des Departements Loir-et-Cher (F), die früher vorwiegend zu Brennwein verarbeitet wurde, heute ist die Sorte rückläufig.
Auch als **Gros Meslier, Meslier Blanc** und **Meslier d'Orleans** bezeichnet.

Mézesfehér
Weißweinrebe
Anbauländer u. a.: Ungarn.
Auch als **Goldtraube, Weißer Honigler, Weißer Honig, Zandler** und **Sàraga Margit** (H) bezeichnet.
Ergibt meist weiche, süße Weine; die besten kommen aus Eger und Gyöngyös.

Miousap
Weißweinrebenspezialität in Frankreich (Gascogne).

Misket
Weißweinrebe
Anbauländer u. a.: Bulgarien, Türkei.
Ist eine Kreuzung von Dimiat mit Riesling. Der **Rote Misket** ist vermutlich eine Mutation von Misket mit hellroten Beeren, die auch über lokale Subvarietäten verfügt, wie **Sliven Misket** und **Varna Misket.**

Mission
Rotweinrebe
Anbauländer u. a.: USA.
Sie wurde durch Missionare nach Kalifornien gebracht und dort als erste Viniferarebe gepflanzt. Die Rebe ist identisch mit der → Pais in Chile; bildet eine dunklere Variante der Criolla Chica in Argentinien. Sie wird oft für identisch mit der in Sardinien und selten in Spanien vorkommenden Monica gehalten. Heute noch wird sie im Süden Kaliforniens angebaut und hauptsächlich zu süßen Weinen verarbeitet.

Missouri Riesling
Amerikanische Hybride durch Kreuzung von Vitis Risparia mit Labrusca.

Molar
Rotweinrebe in Portugal, die im roten Colares enthalten ist.

Molette
Weißweinrebe in Savoyen; wird zu Schaumwein verarbeitet.

Molinara
Rotweinrebe
Anbauländer u. a.: Italien.
Auch als **Rossara, Rossara Veronese, Rossanell** und **Breppon** bezeichnet.

Die Reben werden neben Corvina und Rondinella zur Erzeugung von Valpolicella und Bardolino verwendet.

Moll

Weißweinrebe auf Mallorca; auch als **Prensal Blanco** bezeichnet; ergibt leichte und harmonische Weine.

Monastrell

Rotweinrebe/späte Reifungsperiode
Anbauländer u. a.: Spanien.
Auch als **Mourvèdre** (F), **Xeres** (CA), **Morastel** und **Moristel** (Somontano/E), **Monastrell, Morrastal, Moraster, Ministral, Alcayata, Valcarcelia, Mataró** und **Murviedra** bezeichnet.
Ergibt alkoholstarke und ziemlich helle Weine. Sie ähneln den Garnachaweinen, sind aber trockener und langlebiger. Die Rebe wird häufig auch zu leichten Rosados, Cavas und zu Dessertweinen verarbeitet. Sie ist ideal für das warme Klima, passt sich fast an jeden Boden an und ist hoch resistent gegen Krankheiten; überdies liefert sie einen guten Ertrag. Nach Airén und Garnacha Tinta ist sie die meistgebaute Rebe Spaniens.

Mondeuse Noire

Rotweinrebe
Anbauländer u. a.: Frankreich, Kroatien, Slowenien.
Auch als **Grand Chétuan, Savoyanche, Molette Noire, Grand Picot** und **Grosse Syrah** (F) bezeichnet.
Einige Fachleute sind der Meinung, die Rebe sei mit der in Friaul vorkommenden Refosco identisch; die Weine sind jedenfalls sehr ähnlich. Ergibt dunkle, volle, kräftige Weine mit charakteristischem Aroma; die weiße Version heißt **Mondeuse Blanche.**

Monica

Rotweinrebe
Anbauländer u. a.: Sardinien (I).
Auch als **Monaca, Munica, Miedda, Pascali** und **Pascale** bezeichnet.
Zur Erzeugung von Qualitätslikörweinen verwendet (u. a. für Monica di Cagliari). Einige Fachleute halten die Rebe für identisch mit der Mission in Kalifornien.

Montepulciano

Rotweinrebe
Anbauländer u. a.: Italien.
Auch als **Cordisco, Morellone, Primaticcio, Uva Abruzzi** und **Montepulciano d'Abruzzo** bezeichnet. In Apulien tritt die Rebe unter dem geografischen Namen **San Severo** auf.
Ergibt rubinrote, trockene und gerbstoffreiche Weine. Die Rebe ist nicht zu verwechseln mit der Stadt Montepulciano in der Toskana, wo es den Vino Nobile di Montepulciano aus anderen Rebsorten gibt.

Montù

Alte italienische Rotweinrebe, die vorwiegend in Emilien vorkommt; auch als **Montuni del Reno, Bianchino** und **Bianchetto** bezeichnet.

Moore's Diamond

Weißweinrebe, die im Osten der

USA angebaut wird und trockene, neutrale Weine ergibt.

Moravia
In Spanien vorkommende Rotweinrebe.

Moreto
In Portugal (Alentejo) vorkommende Rotweinrebe.

Morillon
1. In Chablis eine alte, in der Steiermark (A) heute noch verwendete Bezeichnung für → Chardonnay.
2. In der Champagne gebräuchliche Bezeichnung für Blauen Burgunder (Pinot Noir).

Morio Muskat
Weißweinrebe/mittlere Reifungsperiode
Anbauländer u. a.: Deutschland, Südafrika.
Kurzbezeichnung ist **Morio.**
Ergibt hellgelbe bis grüngelbe, frische, duftige und würzige Weine mit charakteristischem Muskataroma; in reifen Jahren mit Fülle und bestechender Eleganz. Neuzüchtung von Peter Morio an der Bundesversuchsanstalt für Rebenzüchtung in Geilweilerhof/Rheinpfalz durch Kreuzung von Silvaner mit Weißem Burgunder; sie hat in Deutschland zunehmend den Gelben Muskateller ersetzt; hoher Ertrag; der Anbau ist dennoch rückläufig.

Morisca
Rotweinrebe in Spanien, die weit verbreitet ist; wird auch als Tafeltraube verwendet.

Moristel
Rotweinrebenspezialität in Nordspanien; fruchtiger Anteil für Verschnitte; siehe → Monastrell.

Mortágua
1. In Westportugal Bezeichnung für → Castelão Francês.
2. In Ribatejo Bezeichnung für → Touriga National.
3. An der Algarve wahrscheinlich Bezeichnung für Crato Preto.

Moscatel
In Spanien und Portugal Bezeichnung für Muskateller, wird vor allem für → Muscat d'Alexandrie aber auch für → Muscat Blanc à Petits Grains verwendet. In Portugal auch **Arrabida, Douro, Galego, Palmela** und **Sétubal** genannt.

Moscatel de Austria
Weißweinrebe, die für den aromatischen Branntwein Pisco in Chile verwendet wird. Sie ist wahrscheinlich die gleiche wie die **Torrontés Sanjuanino** in Argentinien.

Moscatel Rosado
Weißweinrebe in Argentinien, die vor allem als Tafeltraube verwendet wird. Sie ist vermutlich mit der Muscat nicht verwandt. Auch **Moscatel Rosé.**

Moscatel Roxo
Rotweinrebe, die zur Herstellung des Dessertweins Moscatel de Setúbal verwendet wird; ist eine Spielart der → Muscat d'Alexandrie.

Moscato Bianco
Auch als **Moscato di Canelli** bezeichnet; ist die feinste Muskatellersorte, nämlich → Muscat Blanc à Petits Grains. Die Rebe ist besonders in Italien stark vertreten und daher werden in ganz Italien Weine unter dem Namen Moscato produziert. Am bekanntesten ist der erfrischende Moscato d'Asti. Im Süden Italiens und auf den Inseln ist der Moscato meist golden und süß. Eine Lokalvariante in Mittelitalien ist **Moscadello,** auch **Moscadelleto** genannt. In Südtirol gibt es den **Moscato Giallo** und den **Moscato Rosa.**

Moscophilero
Griechische Rebenfamilie, die es in weißer und roter Version gibt; alle Sorten werden zu leichten, duftigen und trockenen Weinen gekeltert; andere Schreibweise Moscofilero.

Mourisco
Rot- und Weißweinrebe in Portugal, die hauptsächlich zur Portweinherstellung verwendet wird; es gibt die Varianten **Mourisco Branco, Mourisco Tinto** und **Mourisco de Semente.**

Mourvaison
Rotweinrebe, die in der Provence/F von Bedeutung ist.

Mourvèdre
Rotweinrebe/späte Reifungsperiode
Anbauländer u. a.: Australien, Frankreich, Kroatien, Libanon, Spanien, Südafrika, USA.
Ergibt einen alkoholstarken, tanninreichen Wein mit intensiver Frucht, speziell in guten Jahren. Die Sorte wird in Frankreich gerne mit Grenache und Cinsaut verarbeitet, obwohl auch sortenreine Weine erzeugt werden. Ursprünglich kam die Rebe aus Spanien, Murviedro ist ein Ort bei Valencia. In Spanien ist sie auch eine der wichtigsten Sorten und wird → Monastrell genannt. Sie ist aber nicht identisch mit der Graciano, die wiederum in Frankreich Morrastel heißt.
In Frankreich, Kroatien und in der Neuen Welt ist die Traubensorte auch als **Mataró** und als **Esparte** bekannt. Sie ist in den letzten Jahren beliebter geworden.

Müller-Thurgau
Weißweinrebe/frühe Reifungsperiode
Anbauländer u. a.: Belgien, China, Deutschland, Italien, BR Jugoslawien, Kanada, Kolumbien, Kroatien, Luxemburg, Neuseeland, Österreich, Schweiz, Slowakei, Slowenien, Ungarn, USA.
Auch als **Riesling x Sylvaner** (CH, NZ, FL), **Rivaner** (D, L, SLO), **Rizvanaz** (HR, YU), **Rizlingszilváni** (H) bezeichnet. Nach den EU-Regeln darf sich die Sorte nur mehr Riesling x Sivaner bzw. Rivaner nennen.
Die Weine sind blass hellgelb, haben eine feine Säure, einen diskreten Duft, sind angenehm weich, jugendlich spritzig, fruchtig und sehr harmonisch; sie sollen jung getrunken werden, da sich das sortentypische Bukett mit zunehmender Reife verlieren kann. In Südtirol, Fri-

aul und Emilien sind die Weine durch genügend Säure sehr ansprechend. Auch in Mittel- und Osteuropa wird die Sorte gerne angebaut.
Die Sorte wurde von Prof. Dr. Müller aus Thurgau in Geisenheim/Rheingau im Jahre 1882 aus Riesling mit Silvaner gekreuzt. Nach der Übersiedlung von Prof. Müller an die Eidgenössische Forschungsanstalt Wädenswil/Zürich wurde sie 1889 selektioniert; von allen 150 Kreuzungsprodukten wies ein Rebstock vorteilhafte Eigenschaften auf, der weiter beobachtet und vermehrt wurde. Nach einer neuen Genanalyse soll es sich bei der Rebe allerdings um eine Kreuzung von Riesling mit Gutedel handeln.

Multaner

Weißweinrebe; Neuzüchtung von Prof. Dr. Birk an der Lehr- und Forschungsanstalt in Geisenheim/Rheingau durch Kreuzung von Riesling mit Silvaner; sehr ertragreich.

Muscabona

Weißweinrebe; Neuzüchtung der Bayerischen Landesanstalt für Wein-, Obst- und Gartenbau in Würzburg/Franken durch Kreuzung von Siegerrebe mit Müller-Thurgau; eignet sich sehr gut als Tafeltraube.

Muscadelle

Weißweinrebe/frühe Reifungsperiode
Anbauländer u. a.: Australien, Frankreich, Osteuropa, USA.
Auch als **Muscade, Musquette, Muscadet Doux, Guillan, Muscat Fou, Angelico, Raisinotte** (Südwestfrankreich), **Tokay** (AUS), **Sauvignon Vert** (CA) bezeichnet.
Ergibt goldgelbe, liebliche bis edelsüße Weine, vor allem in Sauternes und Barsac (F). Die Rebe geht auch häufig in Verschnitte und liefert den süßen Weißweinen in Südwestfrankreich eine jugendliche Fruchtigkeit. In Australien liefert die Rebe den Dessertwein Liqueur Tokay.
Die Rebe weist ein kräftiges Muskatelleraroma auf; sie soll jedoch mit der Muskatfamilie nicht verwandt sein. Der Anbau geht zurück. Mit der südafrikanischen Rebe Muskadel ist sie ebenfalls nicht verwandt.

Muscadet

Weißweinrebe
Anbauländer u. a.: Frankreich, USA.
Auch als **Melon de Bourgogne** (Loiretal), **Melon** (Burgund), **Melon Blanc** (Elsass, Burgund), **Gamay Blanc à Feuilles Rondes, Gros Auxerrois** und **Lyonnaise Blanche** (übriges Frankreich), **Weißburgunder** (D), **Pinot Blanc** (CA) bezeichnet.
Ergibt blassgelbe, trockene, aromatische und leichte Weine.

Muscadine

Nordamerikanische Rebenart, die aus der Vitis Rotundifolia und der Vitis Muscadinia gezüchtet wurde. Sie unterscheidet sich von den übrigen amerikanischen Reben und Hybriden wesentlich. Die Beeren sind rund und ähneln eher den Kirschen als den Weinbeeren. Eine bekannte Muscadinerebe ist die Scuppernong.

Muscardin

Im Rhônetal zugelassene Rotweinrebe, die eine Ähnlichkeit mit der Mondeuse haben soll.

Muscat

Große Rebenfamilie, von der es vier Hauptvarietäten gibt: → Muscat Hamburg, → Muscat d'Alexandrie, die sowohl als Tafeltrauben als auch der Weinerzeugung dienen, → Muscat Blanc à Petits Grains, die feinste Sorte, sowie → Muscat Ottonel.

Muskatellerweine gibt es unter verschiedenen Namen, wie Moscato in Italien und Moscatel auf der iberischen Halbinsel. Sie ist vielfacher Bestandteil, vom erfrischenden, alkoholschwachen Asti Spumante bis hin zum Süßwein mit einem Alkoholgehalt von 15 und mehr Vol.-%.

Muscat Blanc à Petits Grains

1. Weißweinrebe/späte Reifungsperiode

   Anbauländer u. a.: Algerien, Argentinien, Australien, Brasilien, Bulgarien, Chile, Deutschland, Frankreich, Griechenland, GUS-Staaten, Israel, Italien, Kalifornien, Kanada, Kolumbien, Kroatien, Libanon, Österreich, Portugal, Rumänien, Schweiz, Slowenien, Spanien, Südafrika, Tunesien, Ungarn.

   Auch als **Muskateller, Schmeckende, Gelber Weihrauch** und **Katzendreckler** (A), **Muskat, Weiße Muskattraube** und **Gelber Muskateller** (D), **Muscat Blanc, Muscat Blanc à Petits Grains Ronds, Muscat Doux, Muscat de Frontignan, Muscat de Frontignac** und **Muscat** (F, CH), **Muscat Lunel, Blanc Doux, Muscat d'Alsace** und **Muscat Rosé** (F), **Muscat** und **Muscat du Pays** (CH), **Moscato** (I, GR), **Goldmuskateller, Gelber Muskateller** bzw. **Moscato Giallo (Moscato del Trentino), Rosenmuskateller** bzw. **Moscato Rosa** (Südtirol), **Moscatello Bianco, Moscato, Moscato Bianco, Moscatellone, Moscato di Canelli, Moscato d'Asti** und **Moscato di Terracina** (I), **Moscatel** (E, P), **Zoruna, Moscatel de Grano Menudo, Moscatel de Frontignan** und **Moscatel Dorado** (E), **Moscatel Branco** (P), **Muscat Canelli** (F, CA), **Lunel, Muskat Beli** und **Sárgamuskotály** (H), **Muskat Bijeli** und **Muskat Ruza** (HR), **Beli Muskat** und **Muskateller** (SLO), **Moscato Asp(r)o** (GR), **White Muscat** und **Orange Muscat** (CA), **Muskadel** und **White Muskadel** (ZA), **Brown Muscat, Frontignac** und **Frontignan Grains** (AUS), **Tamyanka** (GUS), **Tamîioasa Alba** (RO), **Muscato, Muscat à Petits Grains Rouge** (AUS) bezeichnet.

   Die Beeren sind, wie der Name sagt, besonders klein. Sie sind, im Gegensatz zu den ovalen Beeren des Muscat d'Alexandrie, rund. Sie sind nicht immer weiß, sondern es gibt sie auch in den Varianten weiß über gelb bis hell- oder dunkelrot. Manche Synonyme weisen auch darauf hin, z. B. Gelber Muskateller oder Brown Muscat. Stehen neben Muscat die Namenszusätze Alexandria, Gordo, Romain oder Hamburg, dann handelt es sich sicher nicht um diese hochwertige Sorte.

Die aus Nordafrika stammende Rebe ergibt gelbgrüne, sattgelbe bis goldfarbene, süße, körperreiche Weine mit ausgeprägtem Muskatbukett; dazu zählen auch die Süß- und Dessertweine, wie z. B. die Moscatels aus Portugal und Spanien (sie werden auch häufig aus Muscat d'Alexandrie hergestellt), der sizilianische Moscato und der Samos, die alle natursüß oder gespritet sein können. Auch im Sherry, im Tokajerausbruch und bei den Sauternes ist ein kleiner Anteil enthalten. In Italien werden der Schaumwein Asti Spumante und der Moscato d'Asti sowie diverse Spumante und Frizzante aus Muskatellertrauben hergestellt.

Eine Ausnahme bilden die Weine aus dem Elsass, aus Österreich, der Schweiz, Bulgarien und Kalifornien, da sie heller, trockener und leichter ausgebaut sind.

Die größte Verbreitung und Bedeutung hat die Rebe heute im Mittelmeerraum, wobei die Regionen Languedoc und Roussillon am bedeutendsten sind. Muskateller ist eine der ältesten Rebsorten; in Österreich, in Deutschland und der Schweiz zählt diese Rebe zu den Raritäten.

2. Andere Bezeichnung für → Aleatico.

Muscat d'Alexandrie

Weißweinrebe/mittlere Reifungsperiode

Anbauländer u. a.: Ägypten, Argentinien, Bolivien, Chile, Ecuador, Frankreich, Griechenland, Israel, Italien, Kolumbien, Marokko, Peru, Portugal, Rumänien, Slowenien, Spanien, Südafrika, Tunesien, Türkei.

Am häufigsten gebrauchtes Synonym ist **Muscat Romain** (F); andere Bezeichnungen sind **Rumeni Muskat** (SLO), **Moscato di Alexandria, Moscatellone** und **Zibibbo** (I), **Moscatel** (E, P), **Moscatel de Alejandria** (E, Chile, Argentinien), **Moscatel de España, Moscatel Gordo (Blanco)** und **Moscatel de Málaga** (E), **Moscatel de Setúbal** und **Moscatel Roxo** (P), **Moscatel Romano** und **Moscato Alexandrias** (GR), **Muscat Gordo, Muscat Gordo Blanco, Muscatel** und **Lexia** (AUS), **Hanepoot** (ZA), **Muscat of Alexandria** (USA), **Rumeni Muskat** und **Muskat Zuti** (SLO, HR) und **Alexandria Muskateller.**

Ergibt gelbe, starke und süße Weine mit einem deutlichen Muskatbukett, u. a. die süßen Moscatels aus Spanien und Portugal. Sie erreichen allerdings nicht die Qualität der Muskatellerweine aus der Sorte Muscat Blanc à Petits Grains. Früher wurde aus der Muscat

d'Alexandrie überwiegend aufgespriteter Wein erzeugt, heute zunehmend trockene Weine.
Im warmen Klima gedeiht die Rebe besonders gut und bringt auch gute Erträge. In Europa wird diese Rebe weniger angebaut; Bedeutung hat sie auf der iberischen Halbinsel sowie in Südafrika und Australien. Sie ist in den USA und in Australien eine beliebte Tafeltraube und dient zur Rosinenproduktion. In Chile wird die Sorte zur Lokalspirituose Pisco destilliert.
Wie der Name sagt, wird der Ursprung in Alexandria in Ägypten vermutet. Die Römer haben die Rebe in den Ländern um das Mittelmeer verbreitet.

Muscat Hamburg

Rotweinrebe/späte Reifungsperiode
Anbauländer u. a.: Australien, China, Frankreich, Griechenland, Kroatien, Serbien, Mazedonien, Osteuropa, USA.
Auch als **Muscat de Hambourg** (F), **Moscato di Amburgo** (I), **Black Muscat** (AUS), **Muskat Hamburg** (HR), **Tamîioasa Hamburg** und **Tamîioasa Neagra** (RO) bezeichnet.
Ist die einfachste aller für die Weinproduktion genutzten Muskatellersorten, hat dunkle Beeren und wird besonders in Frankreich, Griechenland, Osteuropa und Australien als Tafeltraube genutzt. Ergibt trockene, traubige Weine mit leichtem Muskataroma.

Muskateller

Sortenbezeichnung für den hochwertigen Muscat Blanc oder eine seiner Mutationen. Der **Gelbe Muskateller** genießt in der Steiermark große Popularität. In Deutschland sind die Sorten **Gelber** und **Roter Muskateller** weniger, in Osteuropa hingegen besonders stark vertreten.

Muskat Ottonel

Weißweinrebe/mittlere bis späte Reifungsperiode
Anbauländer u. a.: Bulgarien, Deutschland, Frankreich, Kroatien, Österreich, Rumänien, Slowenien, Südafrika, Ungarn und übriges Osteuropa.
Auch als **Muscat Ottonel** (F), **Muscadel Ottonel** (ZA), **Muskotály** (H), **Muskat-Otonell** (HR, SLO), **Tamîioasa Ottonel** (RO), **Luxerrois Muscat Ottonel** (L) bezeichnet.
Ergibt goldgelbe, milde, säure- und extraktarme, lieblich-edelsüße Weine mit feinem, intensivem Muskatbukett. Die Rebe ist eine Spielart des Muskatellers, sie ist die meistangebaute Muskatellersorte in Osteuropa.

Muskat Trollinger

Rebvariante der Trollingerrebe mit feinem Muskatton; ergibt zartrosa Wein.

Mutation

Veränderung der Erbeigenschaften der Rebe. Eine sichtbare Mutation ist z. B. eine Farbveränderung der Traube. Manchmal ist auf einem Stock nur ein Trieb, der andersfärbige Trauben aufweist, eine so genannte **Mutante.** Durch getrennte Vermehrung entsteht ein neuer → Klon.

N

Napa Gamay
In Kalifornien Bezeichnung für Gamay. Der französische Rebsortenforscher Dr. Pierre Galet vermutet, dass es sich um die Valdiguiérebe aus Languedoc und Roussillon handelt; nicht identisch mit der Gamay-Beaujolais.

Nasco
Italienische Weißweinrebe, die in Sardinien verbreitet ist und recht milde Weine und Qualitätslikörweine liefert. Auch als **Nascu** und **Nuscu** bezeichnet.

Nebbiolo
Rotweinrebe/späte Reifungsperiode
Anbauländer u. a.: Argentinien, Brasilien, Israel, Italien, Kalifornien, Uruguay.
Auch als **Spanna** (Piemont), **Spana** und **Picutener** (Aostatal), **Chiavennasca** (Valtellina), **Nebbiolo del Piemonte, Nebbiolo di Carema** und **Nebieul** (I) bezeichnet.
Die italienische Rebe ergibt runbinrote, trockene, kernige, körperreiche Weine mit charakteristischem zartem Duft, der an Veilchen erinnert; nach längerer Lagerung werden diese Weine samtig und harmonisch; allerdings ist der Farbstoff etwas lichtempfindlich, sodass die Weine im Alter leicht braun werden. Aus der Nebbiolo werden der Barbaresco und der Barolo gekeltert. In geringer Menge werden in Venetien mit einer Reciotoversion von getrockenten Nebbiolatrauben Weine erzeugt. Die Weine aus den umliegenden Bereichen sind weniger intensiv, was auf die Lagen und Böden zurückzuführen ist, z. B. beim Nebbiolo d'Alba. Jene aus dem Distrikt Roero sind ausgesprochen leicht und mild. Der bekannte Wein Gattinara sowie der Spumante aus Alba bestehen hauptsächlich aus Nebbiolotrauben.
Die Nebbiolo stammt aus dem Piemont und wird auch dort sowie in der Lombardei angebaut. Im übrigen Italien kommt Nebbiolo selten vor. Der daraus gewonnene Wein wird gelegentlich Nostrano genannt. Klone sind **Lampia, Michet** und **Rosé.**

Negoska
Griechische Rotweinrebe, die fruchtige, alkoholstarke Weine liefert und gerne mit Xynomavro verarbeitet wird.

Negra Mole
Rotweinrebe
Anbauländer u. a.: Portugal, Kanarische Inseln (E).
Auch **Negramoll** genannt; vgl. → Tinta Negra Mole.
Ergibt junge, geschmeidige Bukettweine, die trotz ihrer Jugend von hoher Qualität sind.

Negrara
Italienische Rotweinrebe, die vorwiegend am Gardasee angebaut und zur Erzeugung von Bardolino verwendet wird. Auch als **Negrara Trentina, Terodola**, **Doleana** und **Edelschwarze** bezeichnet.

Négrette
Rotweinrebe
Anbauländer u. a.: Frankreich.
Auch als **Négret, Négret des Gaillac, Morelet, Petit Noir de Charentes** und **Folle Noire** (F), **Pinot St. George** (CA) bezeichnet.
Ergibt einen geschmeidigen und duftigen Wein.

Negro Amaro (Negroamaro)
Rotweinrebe
Anbauländer u. a.: Italien.
Auch als **Nicra Amaro** und **Uva Carne** bezeichnet.
Ergibt alkoholreiche, kräftige, langlebige Rotweine und lebendige Rosés. Traditionell wird die Rebe mit Malvasia Nera verschnitten.

Nerello
Rotweinrebe
Anbauländer u. a.: Sizilien.
Auch **Nerello Mascalese, Nirello, Nerello Cappuccio** und **Nerello Mantellato** genannt.
Ergibt alkoholstarke Weine, die meist für Verschnittzwecke verwendet werden.

Nero d'Avola
Rotweinrebe
Anbauländer u. a.: Sizilien (I).
Auch als **Calabrese** bezeichnet.
Eine der besten Rotweinrebsorten in Sizilien; verleiht den Verschnitten Fülle und Haltbarkeit. Sortenrein weist der Wein ein feines Aroma und ein gutes Entwicklungspotenzial auf.

Neuburger
Weißweinrebe/frühe bis mittlere Reifungsperiode
Anbauländer u. a.: Österreich.
Ergibt goldgelbe, milde, volle, kräftige und feinwürzige Weine mit zartem Bukett und angenehmer Säure; es werden auch Spät- und Auslesen erzeugt. Die österreichische Rebe ist wahrscheinlich eine Kreuzung von Rotem Veltliner mit Silvaner.

Neuzüchtungen
Sammelbezeichnung für neue Rebsorten, die in den letzten Jahrzehnten durch Kreuzungen, vorwiegend in Rebzuchtanstalten bzw. in Lehr- und Versuchsanstalten für Wein- und Obstbau, gezüchtet wurden. Die neuen Sorten sollen die positiven Eigenschaften von mehreren klassischen Sorten übernehmen. Zum Teil sind die Neuzüchtungen noch nicht amtlich zugelassen und in die Sortenlisten aufgenommen.
Bekannte Neuzüchtungen, die sich zum Teil auch schon durchgesetzt haben, sind Bacchus, Ehrenfelser, Faber, Huxelrebe, Kanzler, Kerner, Morio Muskat, Optima, Rieslaner, Scheurebe, Siegerrebe und vor allem Zweigelt.
In der Versuchsanstalt für Wein- und Obstbau in Weinsberg wurden sechs neue Rotweinrebsorten gezüchtet, denen Prüfungen von drei Jahrzehnten vorausgingen. Es sind dies: **Palas** (Trollinger x Rubintraube), **Acolon** (Lemberger x Dornfelder), **Cabernet Dorio** (Dornfelder x Cabernet Sauvignon), **Cabernet Dorsa** (Dornfelder x Cabernet Sauvignon), **Cabernet Mitos** und **Cabernet Cubin** (Lemberger x Cabernet Sauvignon).

Neyret
Italienische Rotweinrebe, die im Aostatal und im Piemont wächst und mit anderen Sorten verschnitten wird.

Niagara
Die weiße, nordamerikanische Labruscahybride wird u. a. in Brasilien, Kanada und in den USA angebaut und ergibt grüngelbe, fruchtige Weine mit starkem Foxton.

Nielluccio
Rotweinrebe in Korsika (F); sie ist wahrscheinlich mit der Sangiovese aus der Toskana identisch. Sie wird mit Sciacarello verschnitten.

Nincusa
Rotweinrebe in Dalmatien (HR).

Noah
Die weiße, nordamerikanische Hybride wird in New Jersey angebaut und zur Kreuzung mit Baco Blanc herangezogen.

Noblessa
Weißweinrebe/frühe Reifungsperiode
Neuzüchtung der Bundesforschungsanstalt für Rebenzüchtung in Geilweilerhof/Rheinpfalz durch Kreuzung von Madeleine Angevine mit Silvaner; geringer Ertrag, aber hohes Mostgewicht, sodass Weine besonderer Leseart erzielt werden können.

Nobling
Weißweinrebe/mittlere Reifungsperiode
Anbauländer u. a.: Deutschland.
Ergibt gelbgrüne, fruchtige, körperreiche Weine mit feinem Sortenbukett; auch Weine besonderer Leseart. Neuzüchtung des Dr. J. Zimmermann im Staatlichen Weinbauinstitut in Freiburg im Breisgau durch Kreuzung von Silvaner mit Gutedel.
Der Name soll auf den noblen Charakter des Weines hinweisen. Der Anbau geht zurück, da die Rebe gute Lagen braucht, die gewinnbringender für modische Sorten genutzt werden.

Noirien
In Frankreich gebräuchliche Bezeichnung für die vorkommenden Reben der Pinotfamilie, u. a. für Pinot Noir und Pinot Gris. Verwirrenderweise wird Chardonnay als Noirien Blanc bezeichnet.

Norton
Rotweinrebe
Anbauländer u. a.: Brasilien, Nordamerika.
Auch als **Cynthiana, Cynthia** und **Cintiana** (Brasilien) bezeichnet.
Wahrscheinlich die beliebteste Hybridsorte, da ihre Weine keinen Foxton aufweisen; geringer Ertrag; der bekannteste Wein ist der Norton Claret.

Nosiola
Weißweinrebenspezialität im Trentin. Sie liefert den gleichnamigen Wein, einen Vino Santo, und ist im Sorni Bianco neben Müller-Thurgau, Silvaner und Pinot Bianco Verschnittanteil.

Nuragus
Weißweinrebe in Sardinien, die in der Regel strohgelbe, eher trockene Weine mit grünlichen Reflexen liefert, u. a. den sortenreinen Nuragus di Cagliari.

O

Okanagan Riesling
Irreführende Bezeichnung für eine amerikanische Hybride in Kanada.

Ökuz Gözü
Rotweinrebe in der Türkei. Die Weine sind dunkelrot mit einem leichten Blaustich und weisen ein ausgeprägtes Aroma und ein hervorstechendes Bukett auf; sie bedürfen einer langen Lagerung bis zu ihrer Flaschenreife.

Ondenc
Weißweinrebe/frühe Reifungsperiode
Anbauländer u. a.: Australien, Frankreich.
Auch als **Ondin, Oundenc, Ondent, Bequin, Primai, Chalosse** und **Sensit Blanc** (F), **Irvine's White, Blanc Select** und **Sercial** (AUS) bezeichnet.
Ergibt robuste und bukettreiche Weine. Der Anbau geht zurück.

Opačevina
Weißweinrebe in Kroatien.

Optima
Weißweinrebe/frühe Reifungsperiode
Anbauländer u. a.: Deutschland.
Ergibt gelbgrüne, elegante, duftige Weine, die rieslingähnlich sind und bei Edelfäule einen starken Botrytiston aufweisen. Bedeutende Neuzüchtung von Prof. Dr. Husfeld an der Bundesforschungsanstalt für Rebenzüchtung in Geilweilerhof/Rheinpfalz durch Kreuzung von Silvaner x Riesling mit Müller-Thurgau. Der Name Optima kommt aus dem Lateinischen und heißt die Beste.

Oraniensteiner
Weißweinrebe; Neuzüchtung des Instituts für Rebenzüchtung in Geisenheim/Rheingau durch Kreuzung von Riesling mit Silvaner. Die Rebe ist benannt nach dem Schloss Oranienstein in Diez an der Lahn.

Orémus
Weißweinrebe; ungarische Züchtung durch Kreuzung von Furmint mit Bouvier. Kommt im ungarischen Tokaj vor und erbringt trockene und feurige Weißweine mit Charakter.

Orinto
Portugiesische Weißweinrebe; ergibt trockene, fruchtige und harmonische Weine, die an Rieslingweine erinnern.

Orion
Weißweinrebe; ist eine Neuzüchtung aus Optima mit Villard Blanc und wird in geringer Menge in England und Deutschland angebaut.

Oriou
Rotweinrebe, die im Aostatal (I) wächst.

Ortega
Weißweinrebe/frühe Reifungsperiode
Anbauländer u. a.: Deutschland, Kanada.
Ergibt hellgelbe bis gelbgrüne, feinfruchtige, volle, harmonische Weine mit ausgeprägtem Muskatbukett und milder Säure; auch Prädikatsweine werden erzeugt.
Neuzüchtung der Bayerischen Landesanstalt für Wein-, Obst- und Gartenbau in Würzburg/Franken durch Kreuzung von Müller-Thurgau mit Siegerrebe. Die Rebe ist sehr ertragreich und auch zum Anbau als Tafeltraube gut geeignet. Namensbezeichnung nach dem spanischen Philosophen José Ortega y Gasset.

Ortlieber
Weißweinrebe
Anbauländer u. a.: Deutschland, Frankreich.
Auch als **Kleinräuschling** (Baden/D), **Franzose** (Nahe/D), **Bockenauer Riesling, Breisgauer Riesling** und **Eltinger** (D), **Petit Mielleux, Kipperlé** und **Knipperlé** (F) bezeichnet; manchmal wird auch die Bezeichnung **Früher Gelber Ortlieber** verwendet.
Die fast ausgestorbene Elsässer Rebe ist kein Riesling, wie es einige Synonyme vermuten lassen; ergibt meist nur einfache Tischweine.

Ortrugo
Weißweinrebenspezialität in Oberitalien, die meist mit Malvasia verschnitten wird.

Oseletta
In Vergessenheit geratene hochwertige Rebe im italienischen Valpolicellagebiet, die nun wieder kultiviert wird.

Osiris
Weißweinrebe; Neuzüchtung der Bayerischen Landesanstalt für Wein-, Obst- und Gartenbau in Würzburg/Franken durch Kreuzung von Riesling mit Rieslaner; ergibt rieslingähnliche Weine.

Osteiner
Weißweinrebe; Neuzüchtung des Instituts für Rebenzüchtung in Geisenheim/Rheingau durch Kreuzung von Riesling mit Silvaner; ergibt rassige, dem Riesling ähnliche Weine.

Othello
Amerikanische Hybride aus Clinton und Schiava Grossa.

P

Padeiro de Basto
Im Vinho-Verde-Gebiet (P) vorkommende Rotweinrebe.

Pais
Rotweinrebe
Anbauländer u. a.: Chile.
Meistangebaute Rebsorte Chiles, ist identisch mit der → Mission in Kalifornien. Sie bildet eine dunklere Variante der **Criolla Chica** in Argentinien. In den südlichen Regionen Chiles auch **Negra Peruana** genannt.

Palmela
Weißweinrebe in Portugal, die

von der → Muscat d'Alexandrie abstammt.

Palomino

Weißweinrebe/frühe Reifungsperiode

Anbauländer u. a.: Ägypten, Algerien, Argentinien, Australien, Frankreich, Mexiko, Neuseeland, Spanien, Südafrika, USA, Zypern.

Auch als **Palomino Fino, Palomino Fino Viura, Palomino Basto, Palomino de Jerez, Pedro Ximénez, Palomino des Pinchite, Palomino de Chipiona, Tempranilla, Temprana, Alban, Léon** und **Zamora** (E), **Listán** und **Listán Blanc** (F), **Listán de Jerez** (E), **Horgazuela** (Puerto de Santa Maria/E), **Perrum** (P), **Frans, French Grape, White French** und **Fransdruif** (ZA), **Sweetwater** und **Paulo** (AUS), **Golden Chasselas** (CA) bezeichnet.

Die andalusische Rebe ist die Sherryrebe schlechthin; sie ist bis zu 90 % am Sherrygrundwein beteiligt und wird zur Herstellung von Vinos Generosos (Dessertweinen) verwendet. In Südafrika ist die Sorte besonders stark vertreten; es werden daraus neutrale, weiche Weißweine hergestellt, die jung getrunken werden sollen; der Großteil wird dort allerdings destilliert. In Australien und in Zypern wird die Sorte zu alkoholangereicherten Weinen im Sherrystil verarbeitet.

Pamid

Rotweinrebe

Anbauländer u. a.: Albanien, Bulgarien, Rumänien.

Auch als **Piros Szlanka** (H) und **Rosioara** (RO) bezeichnet.

Ergibt hellrote, frische, süffige und leichte Konsumweine mit gewisser Süße.

Pampanuto

Weißweinrebe

Anbauländer u. a.: Italien.

Auch als **Pampanino** und **Rizzulo** bezeichnet

Die Rebenspezialität Apuliens hat große Ähnlichkeit mit der Sorte Bianco d'Alessano; sie wird stets mit säurereichen Sorten verschnitten.

Papazkarasi

Türkische Rotweinrebe, die dunkelrote, kräftige und volle Weine liefert; bedürfen einer langen Lagerung, um ihre Vollreife zu erreichen.

Pardillo

Weißweinrebe

Anbauländer u. a.: Spanien.

Sie wird auch **Pardina** (Extremadura) und **Albilla** (P) genannt.

Ergibt einfache, säurearme Weine, die zur Oxidation neigen.

Parellada

Weißweinrebe/späte Reifungsperiode

Anbauländer u. a.: Spanien.

Auch als **Montonec** bezeichnet.

Die katalanische Rebe ergibt feinfruchtige und trockene Weine, die früh genussreif sind, sich aber nicht lange halten. Sie werden gerne als Verschnittanteil für Weißweine verwendet, z. B. mit Chardonnay und Sauvignon Blanc. Parellada wird mit Macabéo und Xarel-lo für die Herstellung von Cava genutzt.

Parreira-Matias
Rotweinrebe in Colares (P).

Parreleta
Rotweinrebe, die in Somontano (E) heimisch ist und leichte Bukettweine liefert.

Pascal Blanc
Weißweinrebe, die in der Provence (F) vorkommt und trockene Weine liefert.

Pascale di Cagliari
Rotweinrebenspezialität auf Sardinien (I). Auch als **Barberone** und **Giacomino** bezeichnet.

Pecorino
Die früh reifende Weißweinrebe wird u. a. in Italien angebaut und liefert charaktervolle Weine; auch als **Arquitano, Promotico, Veciá, Pecorino di Osimo** und **Moscianello** bezeichnet.

Pederña
Weißweinrebe in Portugal. Ist wahrscheinlich Paderña (Arinto).

Pedral
Weiß- und Roweinrebe im Vinho-Verde-Gebiet (P).

Pedro Giménez
In Argentinien verbreitete Weißweinrebe. Sie spielt sowohl bei der Weißweinherstellung als auch bei der Produktion der Lokalspirituose Pisco eine wichtige Rolle. Die Rebe soll nach Meinung argentinischer Fachleute nicht mit der Pedro Ximénez (obwohl sie ein Synonym ist) identisch sein.

Pedro Ximénez
Weißweinrebe
Anbauländer u. a.: Argentinien, Australien, Chile, Kolumbien, Marokko, Spanien, USA.
Auch als **Pedro Giménez, Pedro Jiménez, Pedro Ximén, Ximénes, Pedro Jerez, Pedro Ximinez** und **Ximénez** bezeichnet.
Die spanische Rebe ergibt strohfarbene, extraktreiche, volle und süße Weine. Sie wird entweder reinsortig vergoren oder dient verschnitten zur Sherry- und Malagaherstellung. **PX,** die übliche Abkürzung, ist der beste und zugleich teuerste „Zuckerersatz" für Sherry.

Pelaverga
Rotweinrebenspezialität im Piemont, auch **Pelaverga Piccola** genannt.

Peloursin
Südfranzösische Rotweinrebe; geringe Mengen sollen in Australien vorkommen.

Perle
Weißweinrebe/mittlere Reifungsperiode
Anbauländer u. a.: Deutschland.
Ergibt blumige, milde und ansprechende Weine; Neuzüchtung an der Bayerischen Landesanstalt Würzburg durch Kreuzung von Gewürztraminer mit Müller-Thurgau.

Perle von Csaba
Weiße Tafeltraube, die auch für Kreuzungen verwendet wird.

Perricone
Rotweinrebe
Anbauländer u. a.: Sizilien, Sardinien.
Andere Bezeichnung ist **Pignatello.**
Wird zur Herstellung von Dessertwein verwendet. Es wird vermutet, dass es sich um Barbera handelt.

Perrum
Die Weißweinrebe wird u. a. in Portugal angebaut und liefert einfache Weine. Manche Fachleute halten sie für identisch mit der → Palomino.

Petit Bouschet
Rotweinrebe, die von Louis Bouschet aus der Aramon und der Teinturier du Cher gezüchtet wurde. Die Rebe war im vergangenen Jahrhundert in Frankreich stark verbreitet und ist heute noch in Nordafrika und Portugal vertreten. Sie ist eine wichtige Grundlage verschiedener Züchtungen, wie Alicante Bouschet, Grand Noir de la Calmette und Carignan Bouschet.

Petite Sirah
Bezeichnung für eine Reihe von Rotweinreben, die in Nord- und Südamerika vorkommen. In Argentinien wird die Rebe fälschlich Sirah (nicht Syrah) genannt; in Brasilien und Mexiko ist sie als Petite Sirah oder Petite Syrah verbreitet. In Kalifornien wird die Bezeichnung für → Durif (in Frankreich fast ausgestorbene Rebsorte) verwendet.
Die Weine sind tanninreich mit ausgeprägtem pfeffrigem Geschmack; sie werden selten sortenrein erzeugt, sondern mit anderen Sorten verschnitten, um elegantere Weine zu erhalten.
Die Rebe ist nicht identisch mit Syrah oder Petite Syrah. Früher wurden Rotweine in Kalifornien sowohl als Petite Sirah als auch als Petite Syrah (aus der Syrahrebe) bezeichnet; erst in den letzten Jahren wird auf eine genaue Bezeichnung größerer Wert gelegt, um signifikante Unterschiede dieser beiden Traubensorten hervorzuheben.

Petit Manseng
Weißweinrebe
Anbauländer u. a.: Frankreich, Uruguay, USA.
Auch als **Manseng Blanc** und **Mansegnou** (F), **Ichirota Zuria Tipia** (E) bezeichnet.
Die Spielart der Mansengrebe ist vor allem für pikante, füllige Weißweine in Südwestfrankreich (u. a. Jurançon) verantwortlich. Die Rebe erfreut sich zunehmender Beliebtheit.

Petit Rouge
Italienische Rotweinrebe, die im Aostatal und im Piemont wächst und dunkle, blumige Weine liefert.

Petit Verdot
Rotweinrebe/späte Reifungsperiode
Anbauländer u. a.: Argentinien, Australien, Chile, Frankreich, Kalifornien, Libanon, Spanien, USA.

Auch als **Petit Verdau, Verdot Rouge** und **Carmelin** (F), **Verdot** (F, Chile), **Petite Verdot** (CA) bezeichnet.
Die französische Rebe ergibt dunkle, körper- und gerbstoffreiche Weine; sie werden mit Cabernet Sauvignon verschnitten; der Anbau dieser Rebe ist allerdings rückläufig.

Peverella

Die Weißweinrebe wird u. a. in Kalifornien und in Brasilien angebaut; auch als **Pfeffertraube** bezeichnet.

Phoenix

Die Weißweinrebe ist eine Kreuzung von Villard Blanc mit Bacchus. Ergibt gelbgrüne, duftig frische, harmonische und körperreiche Weine.

Picardan

Weißweinrebe, die in der Côtes du Rhône (F) wächst. Ihr Wein ist fast farblos, neutral und säurereich.

Picolit

Weißweinrebe
Anbauländer u. a.: Italien, Slowenien.
Auch als **Uva del Friuli, Piccolito** und **Piccolito del Friuli** bezeichnet.
Liefert den gleichnamigen, süßen Wein.

Picpoul

1. Weißweinrebe/Rotweinrebe
   Anbauländer u. a.: Frankreich, Spanien.
   Ist eine alte Rebsorte, die es in den Versionen Blanc, Noir und Gris gibt. Die Weine sind beliebte Verschnittpartner. Picpoul Blanc ist als **Picpoul de Pinet** anzutreffen; Picpoul Noir bringt alkoholstarken, reichduftigen Wein, wahrscheinlich den spanischen **Picapoll Negre,** hervor. Picpoul Gris wird stark forciert. Auch als **Picpoule, Piquepoul, Picapulla, Languedocien** und **Avillo** bezeichnet.
2. In Gers (F) manchmal gebräuchliche Bezeichnung für → Folle Blanche.

Picudo

In Spanien vorkommende Rotweinrebe.

Piedirosso

Rotweinrebe
Anbauländer u. a.: Italien.
Auch als **Pere'e Palummo, Piede di Colombo, Piedepalumbo, Palumbina Nera, Palombina** und **Strepparossa** bezeichnet.

Pigato

Weißweinrebe, die wahrscheinlich aus Griechenland stammt und heute in Ligurien (I) wächst. Sie liefert gelbe Weine mit ausgeprägtem Sortengeschmack.

Pignerol

Alte provenzalische Weißweinrebe, die im Bellet enthalten ist.

Pignola Valtellinese

Rotweinrebenspezialität im Norden der Lombardei (Valtellina/I).

Pignoletto

Weißweinrebe aus Emilien (I), die zur Herstellung von Spumante und Frizzante verwendet wird.

Pignolo
Rotweinrebe im Friaul (I); liefert dunkle, reichhaltige und volle Weine.

Pineau
In Frankreich gebräuchliches Synonym für die Rebsorten der Pinotfamilie. An der Loire wird das Synonym häufig auch für Chenin Blanc bzw. **Pineau de la Loire** verwendet.

Pineau d'Aunis
Rotweinrebe
Anbauländer u. a.: Frankreich.
Auch als **Chenin Noir, Plant d'Aunis** und **Pineau Rouge** bezeichnet.
Ergibt frische und spritzige Rosé- und Rotweine.

Pinot
1. Sammelbezeichnung für alle weißen und blauen Reben der Burgunderfamilie.
   Von den unzähligen Pinots sind die wichtigsten → Pinot Blanc, → Auxerrois, Pinot Gris (→ Ruländer), → Pinot Meunier und → Pinot Noir.
2. Französische Bezeichnung für → Blauer Frühburgunder.

Pinotage
Rotweinrebe/frühe Reifungsperiode
Anbauländer u. a.: Südafrika, in geringem Umfang Neuseeland.
Ergibt intensiv rote, abgerundete, füllige, blumige Weine mit hohem Alkoholgehalt. Es werden sowohl jung zu trinkende Weine nach Beaujolais-Art als auch fassgereifte Weine erzeugt, die sich zu längerer Flaschenlagerung eignen. Züchtung von Prof. A. I. Perold im Jahr 1925 in Südafrika durch Kreuzung von Pinot Noir mit Hermitage (Cinsaut), daher der Name Pinotage.

Pinot Blanc
1. Weißweinrebe/mittlere Reifungsperiode
   Ursprung: wahrscheinlich Burgund.
   Anbauländer u. a.: Argentinien, Brasilien, Chile, China, Deutschland, Frankreich, Indien, Italien, Kanada, Kroatien, Luxemburg, Moldawien, Österreich, Osteuropa, Portugal, Schweiz, Slowakei, Slowenien, Tschechien, Ungarn, Uruguay, USA.
   Auch als **Weißburgunder** (A, D, I), **Weißer Burgunder** (A, D), **Weißer Klevner, Weißer Ruländer, Weißer Arbst** und **Clävner** (D), **Arnaison Blanc** und **Blanc de Champagne** (F), **Clevner** und **Klevner** (Elsass/F, Steiermark/A), **Grüner Weißburgunder, Terlaner** und **Weißterlaner** (Südtirol), **Pinot Bianco, Borgogna Bianco, Chasselas Dorato** und **Pineau Blanc** (I), **Pinot Branco** (P), **Féherburgundi** (H), **White Pinot** (CA), **Beli Pinot** (SLO), **Rouci Bilé** und **Burgundské Biele** (SK), **Rouci Bilé** (CZ), **Pinot Bijeli** und **Burgundac Bijeli** (HR) bezeichnet.
   Ergibt gelbgrüne, gehaltvolle, milde, neutrale Weine; in guten Jahren werden Weine höchster Güte erzielt. Die Rebe ist eine Mutation der

Ruländerrebe (Pinot Gris); sie ist nicht identisch mit der Pinot Chardonnay und der Auxerrois.
Lange Zeit wurde zwischen Pinot Blanc und Chardonnay nicht unterschieden. Der französische Rebsortenforscher Dr. Pierre Galet stellte schließlich den Unterschied fest. Da auch die Pinotweine körperreich sind, hat dies sowohl in Frankreich als auch in Italien zur Verwechslung mit Chardonnay beigetragen.
Obwohl die Sorte in Burgund beheimatet ist, wird sie heute vorwiegend in Mitteleuropa angebaut. Pinot Blanc ist zwar in vielen A.-O.-C.-Weinen Burgunds zugelassen, doch dominiert die Sorte Chardonnay. Im Elsass ist Pinot Blanc stärker vertreten und dennoch ist der Verschnitt mit Auxerrois üblich. In Deutschland, Italien und Österreich ist die Sorte wiederum sehr beliebt und liefert trockenen und kräftigen, neutralen Wein, der in Österreich oft Prädikatsweinniveau erreicht. Auch in Osteuropa und in der Neuen Welt ist sie vertreten, wird jedoch oft zugunsten der Chardonnay vernachlässigt. Wegen der kräftigen Säure wird Pinot Blanc in vielen Gegenden zur Schaumweinerzeugung verwendet.
2. In Kalifornien manchmal verwendete Bezeichnung für → Muscadet.

Pinot Chardonnay

1. Alte, irreführende Bezeichnung für → Chardonnay; sie ist also keine Pinotrebe.
2. Weißwein in Kalifornien.

Pinot Gris

Vgl. → Ruländer.

Pinot Gris Aj-Danil

Weißweinrebe, die zur Herstellung von Dessertwein dient.

Pinot Liebault

Rotweinrebe aus Frankreich (Burgund), sie ist eine Mutante der Pinot-Noir-Rebe.

Pinot Meunier

Rotweinrebe/frühe bis mittlere Reifungsperiode
Anbauländer u. a.: Australien, Bulgarien, China, Deutschland, Frankreich, Italien, Kalifornien, Kanada, Österreich, Osteuropa, Schweiz.
Auch als **Blaue Postitschtraube** (Steiermark/A), **Müllerrebe, Schwarzriesling** und **Samtrot** (D), **Plant Meunier, Auvergnat Gris, Munier, Favineux Noir, Morillon Taconé, Plant de Brie** und **Meunier** (F), **Gris Meunier** (Loiretal), **Millers Burgundy** (AUS), **Wrotham Pinot** (GB) bezeichnet.
Ergibt samtrote, körperreiche Rotweine mit angenehmer Fruchtigkeit; Mutation des Blauen Burgunders (→ Pinot Noir). Durch sorgfältige Klonenselektion wurde in Deutschland die Müllerrebe oder Schwarzrieslingrebe herangezogen, die eine besondere Spezialität Württembergs ist. Gut geeignet zu harmonischen Verschnitten mit Blauem Limberger, Trollinger und Blauem Burgunder.

Die geschätzte Rebe wird hauptsächlich in der Champagne angebaut und dient zur Bereitung von Champagnergrundweinen. Sie bringt ihre angenehme Fruchtigkeit in die Cuvée ein.

Pinot Noir

Rotweinrebe/mittlere bis späte Reifungsperiode

Anbauländer: nahezu auf der ganzen Welt.

Auch als **Blauer Burgunder** und **Blauer Spätburgunder** (A, D), **Blaue Postitschtraube** und **Blauer Nürnberger** (A), **Blauburgunder** (D, CH, I, FL), **Burgunder, Spätburgunder, Schwarzer oder Blauer Klevner, Süßrot, Samtrot, Klebrot, Möhrchen** und **Süßedel** (D), **Franc Noirien, Noirien, Pineau Noir** und **Franc Pineau** (F), **Noble Joue** (Loiretal), **Salvagnin** und **Savagnin Noir** (Jura), **Morillon Noir** (alte Bezeichnung im Burgund), **Morillon, Auvernat, Plant Doré** und **Vert Doré** (Champagne), **Clevner, Klevner, Chläfner** und **Cortaillod** (CH), **Pignol, Pignola** und **Pinot Nero** (I), **French Pinot** (Ägypten), **Burgundac Crni** und **Pinot Crno** (HR), **Pinot Crni** (YU), **Modri Burgundec** und **Modri Pinot** (SLO), **Rouci** und **Rouci Modré** (CZ), **Burgundské Modré** (SK), **Nagyburgundi** und **Kék Kisburgundi** (H), **Borgona's** (Chile), **Pinot Negro** und **Pinot Joubertin** (Argentinien) bezeichnet.

Die Rebe neigt zu Mutationen, von denen es in Frankreich über 40 geben soll. Ein Klon mit dem Namen Pommard ist in der Neuen Welt verbreitet. Allgemein werden die ertragreichen Klone mit großen Beeren Pinot Droit und die kleinbeerigen Pinot Fin, Pinot Tordu oder Pinot Classique genannt. Der deutsche Name ist vom Herkunftsland der Rebe – Burgund – abgeleitet.

Ergibt rubin- bis tiefrote, extrakt- und alkoholreiche Weine, die vollmundig, samtig und würzig sind und ein volles, ausgeprägtes Bukett haben; es sind meist hervorragende Qualitätsweine, die sich in der Flasche noch weiter ausbauen. Pinot Noir ist die klassische und beste Rebe für Rotwein, die Kalksteinböden und relativ kühles Klima braucht. Allerdings ist die Vinifizierung oft schwierig. In der Côte d'Or ist sie als einzige Rotweinrebe vorgeschrieben. Aus der Pinot-Noir-Rebe werden nicht nur dunkle, vollmundige Rotweine, sondern auch Rosés, Champagner und in Kalifornien sogar Blanc de Noirs und Schaumweine erzeugt. Auch in Italien wird aus Pinot Nero vielfach Weißwein bereitet, der großteils zu Schaumwein verarbeitet wird. In der Schweiz kann der Wein unter bestimmten Voraussetzungen Œil de Perdrix, Salvagnin, Dôle oder Goron heißen. In Ungarn wird der Nagyburgundi als der feinste Rotwein des Landes bezeichnet.

Pinot St. George

Die Rotweinrebe wird u. a. in den USA angebaut; auch als **Red Pinot** bezeichnet. Der französische Rebsortenexperte Dr. Pierre Galet hält die Rebe für Négrette.

Planta Fina
Weißweinrebe in Spanien; auch als **Planta Pedralba** und **Planta Fina de Pedralba** bezeichnet; liefert einen robusten aromatischen Wein.

Plant de Graisse
Weißweinrebe, die in Frankreich wächst; auch als **Graisse** bzw. **Blanquette** bezeichnet.

Plantet
An der Loire (F) vorkommende rote Hybride.

Plavac Mali
Rotweinrebe
Anbauländer u. a.: Kroatien.
Auch als **Plavac** und **Plavac Mali Crni** bezeichnet.
Ergibt tiefrote, kräftige und volle Weine mit viel Tannin. Sie sind typisch für Dalmatien. Wird Plavac Mali auf bestimmten gesetzlich geschützten Lagen angebaut, werden daraus der Dingac und der Postup erzeugt.
Die Rebsorte soll nach Meinung einiger Fachleute mit Zinfandel und Primitivo identisch sein. Sie kommt auch in einer weißen Version, nämlich als **Plavac Beli** oder nur als **Plavac,** sowie in einer gelben Version, nämlich als **Plavac Žuti,** vor.

Plavai
Weißweinrebe aus Moldawien, die vor allem in Osteuropa und in vielen Ländern der ehemaligen Sowjetunion verbreitet ist und dort unter verschiedenen Namen angebaut wird. In Moldawien heißt sie auch **Belan** und **Plakun,** in Rumänien **Plavana,** in Ungarn **Melvais,** in der Ukraine **Bela Muka** oder **Ardanski,** in Zentralasien **Bely Krugly** und in Österreich **Gelber Plavez.** Es wird sowohl Tafelwein als auch Branntwein erzeugt.

Plavina
Rotweinrebe in Kroatien.
Auch als **Plavka, Brajdica** und **Plajka** bezeichnet. Manchmal dient der Name als Synonym für Plavac Mali.
Ergibt hellrote, angenehme, ausgeglichene Weine, die den Plavacweinen ähnlich sind; die Sorte wird häufig mit anderen verschnitten.

Plechistik
In Russland vorkommende Rotweinrebe.

Plovdina
Weißwein- und Rotweinrebe, die vor allem in Mazedonien und Serbien angebaut wird.

Pollera Nera
Alte Rotweinrebe in Italien (Ligurien und Toskana).

Pollux
Rotweinrebe in den USA.

Pontac
In Südafrika vorkommende Färbertraube unbekannten Ursprungs, die zur Herstellung von Weinen im Portweinstil verwendet wird.

Portan
Seltene Rotweinrebsorte im Languedoc. Ist eine Züchtung des französischen Ampelographen Paul Truel aus Grenache mit Blauem Portugieser.

Pošip
Weißweinrebe in Kroatien, sie ist im gleichnamigen Wein enthalten und wahrscheinlich mit der Furmint verwandt.

Poulsard
Rotweinrebe/Weißweinrebe
Anbauländer u. a.: Jura und Savoyen (F).
Auch als **Plousard, Peloussard, Pleusart, Pulceau, Mieckle** und **Mesle** bezeichnet.
Die pigmentschwache Rebe dient zur Erzeugung von feinen Rosé- und Weißweinen.

Preto Martinho
In Portugal angebaute Rotweinrebsorte. Sie ist vermutlich mit Tinta Negra Mole identisch.

Prie
Weißweinrebe
Anbauländer u. a.: Italien, Schweiz.
Auch als **Resi** (CH), **Rèze** (CH, F) und **Bernada** (I) bezeichnet.
Die alte italienische Rebe ergibt im Wallis den so genannten Gletscherwein (Vin du Glacier).

Prieto
In Spanien vorkommende Rotweinrebe, die einen hellen, markanten Wein liefert. Auch **Prieto Picudo** genannt.

Primitivo
Rotweinrebe/frühe Reifungsperiode
Anbauländer u. a.: Italien.
Auch als **Primativo, Primaticcio, Morellone, Uva di Corato, Zagarese** und **Primitivo di Gioia** bezeichnet.
Ergibt tiefdunkle, würzige, alkoholreiche und charaktervolle Weine.

Prinzipal
Weißweinrebe; Neuzüchtung der Forschungsanstalt für Weinbau in Geisenheim; ergibt gelbgrüne, duftige und fruchtige Weine.

Prokupac
Rotweinrebe
Anbauländer u. a.: Albanien, Serbien, Dalmatien (HR), Mazedonien.
Die sehr robuste Rebsorte ergibt in der Regel dunkelrote, mittelschwere und würzige Weine, die häufig mit international bekannten Sorten verschnitten werden. Außerdem werden die Trauben gerne zu einem dunklen Rosé verarbeitet. Nach Meinung einiger Fachleute ist sie mit der Syrah verwandt.

Prosecco
Weißweinrebe/späte Reifungsperiode
Anbauländer u. a.: Argentinien, Italien.
Auch als **Glera, Serpina, Prosecco Balbi, Prosecco Tondo Serprino** und **Prosecco Lungo** bezeichnet.
Ergibt strohgelbe, trockene bis süße, leicht bittere, fruchtige Weine. Aus der Proseccorebe werden nicht nur Stillweine, sondern vor allem Schaumweine erzeugt, allen voran der Prosecco di Conegliano-Valdobbiadene. Die italienische Rebe soll bereits zur Römerzeit bekannt gewesen sein.

Provechon
In Spanien vorkommende Rotweinrebe.

Prugnolo Gentile
In der Toskana bekannter Klon von Sangiovese.

Pugnet
Rotweinrebe, eine Spielart der → Nebbiolo, die im Piemont wächst.

R

Rabaner
Weißweinrebe; Neuzüchtung des Instituts für Rebenzüchtung in Geisenheim/Rheingau durch Kreuzung von Rieslingklonen; ergibt milde, gefällige Weine, die dem Müller-Thurgau ähneln.

Rabigato
Portugiesische Weißweinrebe, die für die Tafel- und Portweinerzeugung (weiße Sorten) von Bedeutung ist.

Rabo de Ovelha
In ganz Portugal angebaute Weißweinrebe. Ihr Wein ist einfach, aber reich an Alkohol. Die rote Variante heißt **Rabo de Ovelha Tinto.**

Raboso
Rotweinrebe/späte Reifungsperiode
Anbauländer u. a.: Argentinien, Italien.
Auch als **Rabosa** bezeichnet. Am meisten werden die Klonen **Raboso Veronese** (auch **Terrano d'Istria)** und **Raboso Piave** (auch **Raboso Nostrano** bzw. **Raboso Friulano)** angebaut.
Ergibt tiefdunkle, robuste, alkoholschwache Weine, die sich gut zum Verschneiden eignen.

Rafsai
Rotweinrebe in Algerien.

Raisin Blanc
Weißweinrebe
Anbauländer u. a.: Südafrika.
Ergibt gelbgrüne, leichte, frische, aromatische Weine, die häufig als Brennweine dienen. Sie wurde aus Frankreich eingeführt und stammt von der Servin Blanc ab.

Ramisco
Rotweinrebe
Anbauländer u. a.: Portugal.
Die angeblich aus Bordeaux stammende Rebe ergibt dunkelrote bis schwarze, charaktervolle, in der Jugend jedoch sehr gerbstoffreiche Weine; nach einer längeren Lagerung entwickeln sie sich zu weichen, samtig schmeckenden Weinen.

Rasafi
Weißweinrebe in Marokko.

Ráthay
Rotweinrebe
Neuzüchtung aus dem Jahre 1970 von Dr. Gertraud Mayer von der Weinbauschule in Klosterneuburg durch Kreuzung von Blauburger mit Seyve Villard 18-402 (französische Hybride) x Blaufränkisch. In Österreich seit 2000 als Qualitätsweinrebsorte zugelassen. Der gerbstoff- und extraktreiche Wein

hat eine tiefdunkle Farbe und eignet sich gut für den Ausbau in der Barrique.

Räuschling

1. Weißweinrebe unbekannter Herkunft.
   Anbauländer u. a.: Deutschland, Frankreich, Schweiz.
   Auch als **Zürichrebe, Thunerrebe** und **Offenburger** (CH), **Welsche** (Südtirol) bezeichnet. Vielleicht handelt es sich um die Gouais Blanc. Eine Varietät ist wahrscheinlich die heute fast ausgestorbene Elsässer Rebe **Knipperlé.**
   Ergibt goldgelbe, spritzige, dezent fruchtige Weine mit eleganter Säure.
   Die späte Reife, die Blüteempfindlichkeit und die starken Ertragsschwankungen sind die wesentlichen Gründe für den Rückgang im Anbau.
2. In Deutschland selten verwendete Bezeichnung für → Elbling.

Ravat

Die weiße und rote nordamerikanische Hybride wächst im Osten der USA; die weiße Ravat wird auch als **Vignoles** bezeichnet.

Rayon d'Or

Die weiße nordamerikanische Hybride wächst im Osten der USA und im Loiretal (F).

Red Muskadel

Rotweinrebe, eine rote Spielart des Muskatellers, die in Südafrika angebaut wird.

Refosco

Rotweinrebe/späte Reifungsperiode
Anbauländer u. a.: Argentinien, Italien, Kroatien, Slowenien, USA.
Auch als **Terrano** (Friaul/I), **Cagnina** (Emilien/I), **Teran** und **Terran** (SLO, HR), **Rafošk** und **Refošk** (HR, Mazedonien) bezeichnet.
Ergibt dunkle, lebendige und kräftige Weine mit ausgeprägter Säure. Teran ist eine höchst charaktervolle slowenische Weinspezialität.
Die feinste Spielart heißt wegen ihrer roten Stiele **Refosco dal Peduncolo Rosso,** deren Weine durch die leichte Pflaumenwürze, das Beerenbukett und etwas Mandelgeschmack auffallen.
Manche Fachleute halten die Refosco für identisch mit der Mondeuse Noire aus Savoyen.

Regner

Weißweinrebe/mittlere bis späte Reifungsperiode
Anbauländer u. a.: Deutschland.
Neuzüchtung von Georg Scheu im Jahre 1929 an der Landesanstalt für Rebenzüchtung in Alzey/Rheinhessen durch Kreuzung von Luglienca Bianca mit Gamay.
Die Sorte wird meist nicht sortenrein gekeltert. Sie trägt den Namen einer langjährigen Mitarbeiterin der Anstalt. Ergibt gelbgrüne, duftige, fruchtige und harmonische Weine.

Reichensteiner

Weißweinrebe

Anbauländer u. a.: Deutschland, Neuseeland.

Neuzüchtung des Instituts für Rebenzüchtung in Geisenheim/ Rheingau durch Kreuzung von Müller-Thurgau mit Madeleine Angevine x Früher Calabreser. Der Name stammt von Burg Reichenstein. Die Rebe ist auch für ungünstige Lagen geeignet. Die Weine haben ein schwaches Bukett, sind eher neutral und werden häufig verschnitten.

Rhoditis

Weißweinrebe

Anbauländer u. a.: Griechenland.

Auch als **Roditis** bezeichnet.

Ergibt interessante, säurereiche Weine. Sie wird oft mit der milderen Sorte Savatiano verschnitten, insbesondere für den Retsina.

Ribolla

Weißweinrebe

Anbauländer u. a.: Griechenland, Italien, Slowenien.

Auch als **Rebolla, Raibola, Ribolla Gialla, Ribolla Bianca, Ribuole** und **Ribuèle** (I), **Rebula** (SLO) bezeichnet. Mit großer Sicherheit ist sie identisch mit der → Robola auf der griechischen Insel Kephalonia.

Ergibt grüngelbe, trockene, leichte, zartblumige Weine, manchmal mit feiner Zitronennote. Die Rebe stammt angeblich von der antiken Avolarebe ab. Die rote Mutante heißt **Schioppettino.**

Rieslaner

Weißweinrebe

Anbauländer u. a.: Deutschland.

Auch als **Mainriesling** (D) bezeichnet.

Ergibt grüngelbe, harmonische, fruchtige, rassige und gut lagerfähige Weine. Neuzüchtung von Dr. August Ziegler an der Bayerischen Landesanstalt für Wein-, Obst- und Gartenbau in Würzburg durch Kreuzung von Riesling mit Silvaner. Die Bezeichnung ist eine Zusammenziehung beider Namen. Aufgrund der späten Reife ist ihr Anbau jedoch rückläufig.

Riesling

1. Weißweinrebe/mittlere bis späte Reifungsperiode

   Anbauländer u. a.: in allen Weinbauländern der Welt. Deutschland bestreitet 80 % des europäischen Rieslinganbaus.

   Auch als **Rheinriesling** (D, A, FL, RO, SLO, Friaul/I), **Weißer Riesling** (A, D, ZA), **Rößlinger** (A), **Klingelberger** (Ortenau/Baden), **Moselriesling, Rieslinger, Rheingauer, Hochheimer, Gräfenberger, Kastellberger, Karbacher Riesling, Kleinriesling, Kleinriesler, Deutscher Riesling, Weißer Kleiner Riesling, Gewürztraube** und **Pfefferl** (D), **Petit Riesling, Gentil Aromatique** und **Petracine** (F), **Petit Rhin** und **Riesling Blanc** (CH), **Johannisberger** (D, CH), **Riesling Renano** (I), **Rajnski Rizling** und **Rajinski Rizling Bijeli** (HR), **Renski Rizling** (SLO),

Rajnai Rizling (H), **Rizling Rynsky** (SK), **Riesling de Rhin** und **Reynai** (RO), **Rizling** (BG), **Johannisberg Riesling (JR.)** und **White Riesling** (ZA, USA), **Rhine Riesling** (ZA, AUS, NZ), **Rhine** (AUS) bezeichnet.
Ergibt hellgelbe bis zart grünstichige, trockene bis leicht süße, spritzige, blumige und fruchtige, harmonische Weine mit feinem Sortenbukett. Riesling ist wohl die feinste Weißweinrebe der Welt und liefert die edelsten und rassigsten Spitzenweine, die die Charakteristika der Weinberglagen zum Ausdruck bringen, ohne den speziellen Rieslingstil aufzugeben. Sie sind auf der ganzen Welt als beste Weine aus den nördlichen Zonen des Weinbaus anerkannt. Durch die Harmonie von Säure und Extrakt sind sie unabhängig von ihrem oft nur geringen Alkoholgehalt gut lagerfähig. Die Rebe eignet sich auch für Auslesen, Beerenauslesen und Trockenbeerenauslesen. In den wärmeren Zonen wird Riesling zwar kultiviert, aber häufig durch Welschriesling ersetzt.
Die Herkunft ist unbestimmt und gibt zu verschiedenen Spekulationen Anlass. Möglich wäre, dass sie sich aus der rheinischen Rebe Vitis Vinifera Silvestris entwickelt hat. Ihr größtes Verbreitungsgebiet ist der Rheingau. Die Sorte stellt hohe Ansprüche an den Boden und das Klima. Es gibt auch einen Blauen Riesling, der jedoch nicht dem Riesling entspricht.
2. In Kalifornien gebräuchliche Bezeichnung für → Gray Riesling.

Ripley

Die Weißweinrebe wird u. a. in den USA angebaut, wo sie zur Erzeugung von Weinen mittlerer Qualität und als Tafeltraube verwendet wird.

Rkatsiteli

Russische Weißweinrebe.
Anbauländer u. a.: Bulgarien, China, Georgien, BR Jugoslawien, Kasachstan, Kroatien, Mazedonien, Moldawien, Rumänien, Russland, Tschetschenien, Ukraine, USA, Usbekistan.
Auch als **Rkatziteli, Rikat** und **Baiyu** (China) bezeichnet.
Ergibt kräftige, säurebetonte, aber auch neutrale Weißweine; sie werden gerne mit anderen Sorten verschnitten. Die Rebe war in der ehemaligen Sowjetunion die meistangebaute Sorte. Durch das Rebenrodungsprogramm in der Mitte der 1980er Jahre wurde ihr Anbau stark reduziert. Dennoch ist sie heute noch in diesen Ländern am stärksten vertreten und liefert durch ihre kräftige Säure und ihre hohen Süßegrade die Grundlage für die unterschiedlichsten Weinstile sowie für versetzte Weine und Branntweine.

Robola

Weißweinrebe/frühe Reifungsperiode
Ergibt kraftvolle, trockene, zitronenduftige Weine. Sortenrein gekeltert ist er einer der feinsten

Weine Griechenlands. Die Spezialität der Insel Kephalonia ist mit großer Sicherheit identisch mit der Ribolla in Friaul (I) bzw. der Rebula in Slowenien.

Roesler
Rotweinrebe
Neuzüchtung aus dem Jahre 1970 von Dr. Gertraud Mayer von der Weinbauschule in Klosterneuburg durch Kreuzung von Zweigelt mit Seyve Villard 18-402 (französische Hybride) x Blaufränkisch. In Österreich seit 2000 als Qualitätsweinrebsorte zugelassen. Der gerbstoff- und extraktreiche Wein hat eine tiefdunkle Farbe und eignet sich gut für den Ausbau in der Barrique. Die Rebe ist nahezu resistent gegen Pilzerkrankungen und frostunempfindlich.

Rolle
Die provenzalische Weißweinrebe kommt auch in Languedoc und Roussillon vor. Die Sorte ist aromatisch und für warme Weinbaugegenden willkommen frisch. Französische Fachleute halten sie für identisch mit der Sorte Vermentino aus Korsika, Sardinien bzw. Süditalien. Italienische Experten sind der Meinung, dass die Rolle aus Ligurien nichts mit ihr zu tun hat.

Romé
Spanische Weißweinrebe, die zur Sherry- und Malagaherstellung verwendet wird.

Romeiko
Rebsorte in Griechenland, auch **Romeinko** genannt.

Rondinella
Die italienische Rotweinrebe wird selten sortenrein gekeltert; Bestandteil von Valpolicella und Bardolino.

Rondo
Rotweinrebe; Neuzüchtung der Forschungsanstalt in Geisenheim/Rheingau; ergibt dunkelrote, duftige, körperreiche Weine.

Rosette
Alte französische Hybridrebe, die im Staat New York vorkommt. Auch als **Seibel 1000** bezeichnet.

Rossara
Rotweinrebe aus Italien, die in Südtirol und um Verona angebaut wird und bei der Erzeugung von Bardolino mitverwendet wird.

Rossese
Rotweinrebe
Anbauländer u. a.: Italien.
Auch als **Rossese di Albenga** und **Rossese di Ventimiglia** bezeichnet.
Ergibt trockene, fruchtige, angenehme Weine mit leicht bitterem Nachgeschmack.

Rossignola
Die für die Erzeugung von Valpolicella zugelassene Rotweinrebe wird auch als **Rossetta, Gropello** und **Rossiola** bezeichnet.

Rotberger
Rotweinrebe/späte Reifungsperiode
Anbauländer u. a.: Deutschland, Kanada.

Neuzüchtung des Instituts für Rebenzüchtung in Geisenheim/ Rheingau durch Kreuzung von Trollinger mit Riesling. Die Sorte ist dem Trollinger sehr ähnlich und wird gerne zu frischen Roséweinen verarbeitet; auch als Tafeltraube gut geeignet.

Roter Muskateller

Rote Spielart der → Muskatellerrebe.
Die Rebsorte verlangt warme Standorte und ist daher in den Mittelmeerländern vertreten; auch in Südafrika wird eine rote Spielart der Muskatellerrebe angebaut, nämlich die **Red Muskadel.** Eine weitere Variante ist der **Schwarzblaue Muskateller.**
Die Weine sind rassig und haben ein ausgeprägtes Muskatbukett; auch als Tafeltraube gut geeignet.

Roter Veltliner

Ist eine Spielart der Veltlinerrebe und liefert spritzige und fruchtige Weine. Sie kommt, wie der **Braune Veltliner** ebenfalls eine dunkle Variante, in geringem Umfang in Niederösterreich und im Burgenland (A) vor. Die Rebe ist nicht mit dem → Frühroten Veltliner identisch.

Rotgipfler

Weißweinrebe/späte Reifungsperiode
Anbauländer u. a.: Österreich, Slowenien.
Auch als **Zelen** und **Slatki Zelenac** (SLO) bezeichnet.
Die österreichische Rebe ergibt goldgelbe, vollmundige, rassige, kräftige Weine mit angenehmer Säure und feinem Bukett. Der Rotgipfler wird gern mit dem Zierfandler verschnitten. Die beiden Sorten liefern die bekannten Gumpoldskirchner Weine bzw. den Spätrot-Rotgipfler. Der Name kommt von den roten Spitzen der Triebe; eigentlich gehört die Rebe zur Familie der Veltliner.

Roupeiro

Portugiesische Weißweinrebe, die u. a. im Alentejogebiet angebaut wird; ergibt schlichte, jung zu trinkende Weine; wird überwiegend zur Portweinherstellung verwendet; auch als **Códega** (Portweingebiet), manchmal als **Alva** und **Siria** (Alentejo) bezeichnet.

Roussanne

Weißweinrebe/späte Reifungsperiode
Anbauländer u. a.: Australien, Frankreich.
Auch als **Bergeron** (Savoyen), **Fromenteau** (Rhônetal), **Roussanne Blanche, Barbin, Rebelot** und **Picotin Blanc** (übriges Frankreich) sowie → Roussette bezeichnet.
Ergibt zusammen mit der Marsannerebe die bekannten Hermitageweine; die Roussannerebe verleiht den Weinen das Feuer, die kräftige Säure und ihr nachhaltiges Aroma. Sie ist an der südlichen Rhône eine der vier zugelassenen Reben im weißen Châteauneuf-du-Pape (ohne Marsanne). Die dunkelrote Sorte **Roussanne du Var** soll nicht mit ihr verwandt sein.

Roussette

Weißweinrebe/späte Reifungsperiode

Anbauländer u. a.: Frankreich.

Auch als **Altesse, Roussette Haute** und **Mâconnais** bezeichnet. Im Rhônetal Synonym der **Roussanne.**

Ergibt trockene, reichhaltige Weine mit kräftiger Säure und feinem Bukett. In Savoyen trägt der Wein die Appellation Roussette de Savoie Controlée.

Der Ursprung der Rebe ist nicht ganz klar, einerseits glaubt man, sie stamme aus Zypern, andererseits meint der französische Rebsortenforscher Dr. Pierre Galet, die Rebe sei mit der ungarischen Furmint identisch.

Royalty

Die rote kalifornische Hybride, gezüchtet an der University of Californa in Davis, dient zur Erzeugung von Dessertweinen; empfohlen für die wärmeren Klimazonen.

Rubin

Rotweinrebe in Bulgarien; Kreuzung zwischen Syrah und Nebbiolo.

Rubired

Rote kalifornische Hybridrebe; dank guter Erträge und tiefer Farbe ist sie als Verschnittsorte für Wein, kalifornischen Port und Traubensaft sehr beliebt. Ist auch in Australien erprobt worden.

Ruby-Cabernet

Rotweinrebe

Anbauländer u. a.: Australien, Israel, Südafrika, USA.

Ergibt rubinrote, fruchtige, aromatische Weine, die einen hohen Gerbstoffgehalt haben und lange lagerfähig sind; kein typischer Cabernetcharakter. Kalifornische Neuzüchtung von Dr. H. P. Olmo an der University of California in Davis durch Kreuzung von Cabernet Sauvignon mit Carignan; die Rebe eignet sich zum Anbau in den wärmeren Klimazonen und wird zur Erzeugung von Sparkling Wines verwendet.

Ruchè

Rotweinrebe

Anbauländer u. a.: Italien.

Auch als **Rouchet** und **Rochè** bezeichnet.

Ergibt stark duftige, tanninreiche Weine. Die Sorte wächst im Piemont und soll aus dem Burgund stammen.

Rudezusa

Rotweinrebe in Dalmatien (HR).

Rufete

Die Rotweinrebe wird u. a. in Spanien, Portugal angebaut und ergibt einfache, leichte Weine. Die früh reifende Portweinrebe ist vermutlich mit der Tinta Pinheira identisch.

Ruländer

Weißweinrebe/mittlere Reifungsperiode

Anbauländer u. a.: Argentinien, Deutschland, Frankreich, Italien, Kroatien, Luxemburg, Mexiko, Moldawien, Neuseeland, Österreich, Rumänien, Russland, Schweiz, Slowakei, Slowenien, Tschechien, Ukraine, Ungarn, USA.

Auch als **Grauer Burgunder, Grauer Riesling, Grauklevner** und **Druser** (D), **Edelklevner** und **Grauburgunder** (D, A, USA), **Pinot Gris** (Argentinien, F, CH, FL, A, RO), **Auxerrois Gris** und **Tokay d'Alsace** (Elsass), **Pinot Beurot** und **Beurot** (Burgund), **Gris Cordelier, Fauvet, Auvernat Gris** und **Petit Gris** (F), **Tokay d'Alsace** und **Tokayer** (Elsass, D, CH; haben mit der Tokajer-Furmint-Rebe nichts zu tun), **Malvoisie** (Savoyen, Loiretal, CH), **Pinot Grigio** und **Borgogna Grigio** (I), **Burgundac Sivi, Pinot Sivi** und **Rulandec** (HR), **Sivi Pinot** (L, SLO), **Szürkebarát** (H), **Grauer Mönch** (A, H), **Rulandac** (SLO), **Burgundské Sedé** (SK), **Rulanda** (RO) bezeichnet.
Ergibt blassgelbe bis braungelbe (Kupferschimmer), kräftige, vollmundige, körperreiche Weine mit ausgewogener Säure; in guten Jahren werden Spitzenqualitäten erzeugt; die Weine sind gut haltbar; in Österreich werden Auslesen, Beeren- und Trockenbeerenauslesen sowie Eisweine erzeugt. In Frankreich kommt die Sorte im Burgund, an der Loire und vor allem im Elsass vor. In vielen Rotweinen im Burgund ist die Sorte unter dem Namen Pinot Beurot zugelassen. In Deutschland sowie im Norden und Nordosten Italiens ist die Rebe beliebt. Auch Spumante und Frizzante werden in der Lombardei gerne damit hergestellt.
In der Schweiz, wo sie Malvoisie genannt wird, liefert sie vollmundige, reiche Weine. Auch in Ungarn werden, besonders im vulkanischen Badacsony, herrliche Weine gekeltert. Insgesamt braucht die Sorte eine gute Lage mit tiefgründigen Böden.
Ruländer ist eine Mutation des Blauen Burgunders; in Deutschland hat der Kaufmann Johann Seger Ruland aus Speyer viel zu seiner Verbreitung beigetragen.

Ruling
Weißweinrebe; Neuzüchtung der Staatlichen Lehr- und Versuchsanstalt für Wein-, Obst und Gartenbau in Weinsberg/Württemberg durch Kreuzung von Ruländer mit Riesling; die Bezeichnung ist eine Zusammenziehung beider Namen.

S

Sacy
Weißweinrebe, die im Burgund (F) wächst; sie ist durch ihre Säure zur Schaumweinherstellung besonders geeignet. Auch **Tressalier** genannt.

Sagrantino
Rotweinrebe
Anbauländer u. a.: Italien.
Als **Sagrantino di Montefalco** (D.-O.-C.-G.-Wein) bekannt. Vielfach werden die Trauben auf Strohmatten getrocknet und ein süßer Passito erzeugt. Bei sorgfältiger Verarbeitung werden mit Sangiovese feine trockene Rotweine hergestellt.

Ste. Croix
Rotweinrebe in den USA.

Ste-Marie
Weißweinrebenspezialität in Frankreich (Gascogne).

St. Macaire
Rotweinrebe in Kalifornien.

Salvador
Rote kalifornische Hybride, ihr Anbau ist rückläufig. Sie wird zunehmend durch Rubired ersetzt.

Samaninho
Weißweinrebe in Portugal.

Sämling 88
Vor allem in Österreich gebräuchliche Bezeichnung für → Scheurebe.

Samsó
Traditionelle Rotweinrebe in Katalonien (E), die für diverse Cuvées verwendet wird.

Samtrot
Rotweinrebe in Deutschland. Ergibt in der Regel rubin- bis dunkelrote Weine; sie sind zart und samtig und im Abgang kernig. Die Rebe ist eine selektierte Mutation der Müllerrebe (Pinot Meunier) vom Züchter Schneider aus Heilbronn, die von August Herold in Weinsberg züchterisch weiterbearbeitet wurde.

Sangiovese
Rotweinrebe
Anbauländer u. a.: Argentinien, Brasilien, Israel, Italien, USA.
Die alte italienische Rebe neigt zu Mutationen. Herkömmliche ampelographische Beschreibungen teilen die Sorte in zwei Familien, nämlich in **Sangiovese Grosso** und **Sangiovese Piccolo** ein. Allerdings ist diese Gliederung recht einfach, da es eine riesige Anzahl von Klonen gibt. Sangiovese ist nicht nur in Italien, sondern auch zunehmend in Argentinien und Kalifornien vertreten.
Zu Sangiovese Grosso gehören die **Brunello di Montalcino** (wichtigster Klon in Montalcino) und die **Pugnolo Gentile** (Montepulciano); die Rebe ist bei vielen hochpreisigen Rotweinen der Toskana Hauptbestandteil; sie ist als einzige Traube für Brunello di Montalcino zulässig und bildet die Grundlage für Chianti und Vino Nobile di Montepulciano. Auch **Sangiovese Dolce, Sangiovese Gentile, Sangiovese Toscano, Sangiovese di Lamole, Morellino, Calabrese, Nerino** und **Sanvicetro** genannt.
Sangiovese Piccolo wird auch als **Sangiovese Forte, Sangiovese di Romagna, Sangiovese del Verucchio, Sangioveto** und **San Gioveto** bezeichnet.
Insgesamt ergibt die Rebe hellrubinrote, trockene, elegante, körperreiche und alkoholreiche Weine, die manchmal einen leicht bitteren Nachgeschmack haben.
In Umbrien ist die Sorte im Torgiano und im Montefalco vertreten. In den Marken, in Kampanien und in Latium sowie im Norden, in der Lombardei, ist Sangiovese anzutreffen. Die Sorte wird gerne mit Cabernet Sauvignon, aber auch mit anderen Sorten verschnitten. Die Rebe

Nielluccio auf Korsika ist mit der Sangiovese identisch.

St. Laurent

Rotweinrebe/frühe bis mittlere Reifungsperiode

Anbauländer u. a.: Deutschland, Frankreich, Kroatien, Österreich, Slowakei, Tschechien.

Auch als **St.-Lorenz-Traube, St. Laurentius, Blauer St. Laurent** und **Lorenzitraube** (A), **Pinot Saint Laurent** (F), **Svatovavrinecké** (CZ), **Lovrenac, Lovrijenac Crveni** und **Sentlovrenka** (HR) bezeichnet.

Die französische Rebe ergibt samtrote, herbe, trockene, bei zunehmender Reife vollmundige Weine mit feinem Burgunderbukett, das im Jungweinstadium an schwarze Johannisbeeren erinnert; gute Lagerfähigkeit. Einfachere Versionen sind süffig und leicht süß.

Die Rebe ist eine Spielart der Pinot Noir und hat ihren Namen wahrscheinlich nach dem St.-Lorenz-Tag (10. August), an dem sie zu reifen beginnt. Der Name könnte aber auch von der Gemeinde Saint-Laurent im Médoc (F) hergeleitet sein.

Saperavi (Saperawi)

Rotweinrebe/späte Reifungsperiode

Anbauländer u. a.: Bulgarien, Georgien, Kasachstan, Kirgistan, Moldawien, Russland, Tadschikistan, Tschetschenien, Turkmenistan, Ukraine, Usbekistan.

Ergibt säurereiche, besonders zum Verschnitt geeignete Weine. Sie werden aber auch sortenrein gekeltert und verlangen dann eine lange Flaschenlagerung.

Im Weinbauforschungszentrum Magaratsch auf der Krim wurden mit der Saperavi die Sorten Magaratsch Ruby und Magaratsch Bastardo gezüchtet. Die ertragreiche Rebe ist relativ winterfest. Eine Züchtung aus dieser Sorte ist die **Severny** und aus diesen beiden wiederum entstand die **Saperavi Severny.**

Sárfehér

Ungarische Weißweinrebe, die in Alföld als Tafeltraube und zur Schaumweinherstellung angebaut wird.

Sauvignon Blanc

Weißweinrebe/mittlere Reifungsperiode

Anbauländer: in fast allen Weinbauländern der Welt.

Auch als **Muskat-Silvaner** und **Feigentraube** (D, A), **Blanc Fumé, Sauvignon Fumé, Quinechon, Fié dans le Neuvillois, Punechon** und **Gentin á Romorantin** (F), **Spergolina** und **Spergola** (I), **Savagnin Musqué** und **Sauvignon** (CA, CH, SLO), **Fumé Blanc** (CA, ZA, AUS, NZ, F), **Muskatni Silvanec** (SLO), **Silvanac Zeleni** und **Sentlovrenka** (SLO, HR), **Zeleni Silvanec, Muskatni Silvanac** und **Sauvignon Bijeli** (HR), **Sovignon** (YU) bezeichnet.

Die französische Rebe ergibt hellgrüngelbe, frischfruchtige und würzige Weine; in manchen Gebieten süße bis trockene, extraktreiche, volle Weißweine mit feinem Bukett und

hohem Alkoholgehalt; gute Lagerfähigkeit.
Sauvignon Blanc ist die führende weiße Bordeauxrebe, die mit Muscadelle und Sémillon verschnitten den süßen Sauternes und den eher trockenen Graves ergibt. Bekannte Weine sind weiters Sancerre und Pouilly Fumé. In den letzten Jahren ist die Sorte u. a. auch in Friaul und in Südtirol sowie in Slowenien und vor allem in der Steiermark erfolgreich. Weiter im Osten wird sie ebenfalls angebaut, ihre Weine sind allerdings zunehmend schwerer und süßer. In Kalifornien (Napa, Sonoma) wird aus dieser Rebe der Fumé Blanc gekeltert, der in der Regel frisch und trocken ist. Australien und Neuseeland liefern den Sauvignon Blanc mit einem eigenen Stil, nämlich intensiv duftig, pikant und besonders fruchtig. Auch Chile, Argentinien und Südafrika bieten gelungene Weine aus dieser Sorte an.
Sie wird oft nur Sauvignon genannt, es gibt sie aber auch, je nach Beerenfarbe, als Jaune, Noir, Rosé und Violet. Sauvignon Gris ist eine Bezeichnung für Sauvignon Rosé, die in Bordeaux und an der Loire manchmal gehaltvolle Weine liefert. Weiters sind die Erzeugung von Spumante in der Lombardei und von Frizzante in Emilien aus dieser Rebe beliebt.

Sauvignon Gris

Ist ein Sauvignon-Blanc-Klon aus Kalifornien mit deutlich rötlichen Beeren, ähnlich wie **Sauvignon Rosé.**

Sauvignon Vert

Weißweinrebe
Anbauländer u. a.: Chile, Kalifornien.
Auch als **Sauvignonasse** bezeichnet.
Die rustikale Rebe ist mit dem Sauvignon Blanc nicht verwandt; sie ergibt aber dem Sauvignon Blanc ähnliche Weine, die allerdings nicht viel Extrakt und Haltbarkeit besitzen. Der französische Rebsortenforscher Dr. Pierre Galet meint, dass die Sorte Sauvignon Vert aus Chile mit der in Italien vorkommenden Tocai Friulano identisch sei. Die in Kalifornien als Sauvignon Vert bezeichnete Sorte soll wiederum die → Muscadellerebe aus Bordeaux sein.

Savagnin

1. Weißweinrebenspezialität im französischen Jura, der daraus gekelterte Wein heißt **Vin Jaune.** Die Sorte darf in allen Weißweinappellationen der Region mitverarbeitet werden. Unter dem Namen **Gringet** ist sie ein Bestandteil im Schaumwein aus Savoyen. Auch als **Fromenteau** bezeichnet.
2. In der Schweiz gebräuchliche Bezeichnung für **Traminer** und **Heida.**
3. Die roséfarbene Musquémutation ist laut Dr. Pierre Galet – französischer Rebsortenforscher – wahrscheinlich → Gewürztraminer.

Savagnin Rosé

Wird in kleinem Umfang im Elsass (F) angebaut und heißt dort **Klevner de Heiligenstein.**

Savatiano

Die meistgepflanzte griechische Weißweinrebe, die im Gebiet Attika angebaut wird und einen säurehaltigen, kernigen Wein liefert; ein bekannter Wein aus dieser Rebe ist der Retsina. Die Trauben werden gerne mit Assyrtiko verschnitten, aber auch zu Likörwein verarbeitet.

Scara Nova

Portugiesische Weißweinrebsorte.

Scheurebe

Weißweinrebe/mittlere bis späte Reifungsperiode
Anbauländer u. a: Deutschland, Ecuador, Österreich, USA.
Auch als **Sämling 88** (A) bezeichnet.
Ergibt gelbgrüne bis goldgelbe, körperreiche, rassige, harmonische Weine mit feiner Säure und ausgeprägtem Bukett, die gut haltbar sind. In guten Jahren werden auch Beeren- und Trockenbeerenauslesen hergestellt. Neuzüchtung des Züchters Georg Scheu aus dem Jahre 1916 an der Landesanstalt für Rebenzüchtung in Alzey/Rheinhessen durch Kreuzung von Silvaner mit Riesling.

Schiava

Rotweinrebe
In Südtirol heißt die Schiava bzw. Trollinger **Vernatsch.** In Südtirol und Trentin ist die Sorte **Schiava Grossa** oder Großvernatsch am häufigsten, die allerdings keine besonders charaktervollen Weine hervorbringt. Dagegen liefert die **Schiava Gentile** oder Kleinvernatsch mit den kleinen Beeren aromatische Weine besserer Qualität. Die Trauben dieser Sorten sind in fast allen nicht sortenreinen Weinen enthalten. Subvarietäten sind die **Tschaggerle** und die **Schiava Grigia** (Grauvernatsch oder Edelvernatsch), die feine Weine liefern.

Schioppettino

Rotweinrebe, die in Italien (Friaul) wächst; ist die rote Mutante der Ribollarebe; wird auch als **Ribolla Nera** und **Pocalza** bezeichnet.

Schlagerrebe

Rotweinrebe/frühe bis mittlere Reifungsperiode
Anbauländer u. a.: Österreich.
Ergibt rote, milde, leichte Weine mit meist geringem Alkoholgehalt. Neuzüchtung der Fachschule für Weinbau und Kellerwirtschaft des Landes Steiermark in Silberberg durch Kreuzung von Blauem Portugieser mit Färbertraube.

Schönburger

Weißweinrebe
Anbauländer u. a.: Deutschland, Kanada.
Ergibt Weine von guter bis hervorragender Qualität; die Rebe ist sehr ertragreich und auch als Tafeltraube geeignet. Neuzüchtung des Instituts für Rebenzüchtung in Geisenheim/Rheingau durch Kreuzung von Spätburgunder mit Chasselas Rosé x Muskat Hamburg. Der Name ist nach der Schönburg bei Oberwesel/Rhein gewählt.

Sciaccarello

Rotweinrebe, von Bedeutung auf der Insel Korsika (F). Wird zur Erzeugung von Rot- und Roséweinen verwendet. Andere Schreibweise Sciacarello.

Sciascinoso

Rotweinrebe in Italien, die zur Erzeugung von Lacrima Christi verwendet wird.

Scuppernong

Weißweinrebe in den Südstaaten der USA, die als Tafel- und Weintraube kultiviert wird. Ist eine Vitis-Muscadinia-Variante.

Ségalin

Rotweinrebe in Südwestfrankreich; ist eine Neuzüchtung von Jurançon Noir mit Portugais Bleu.

Seibel

Sammelbezeichnung für Neuzüchtungen von Rot- und Weißweinreben, die im Osten der USA und in Brasilien angebaut werden, z. B. Seibel 5455, Seibel 7053, Seibel 13053 und Seibel 5279. In Frankreich nennt man diese Sorten Producteurs Directs (PDs), da sie nicht veredelt sind. In den meisten Weinbaugebieten Frankreichs, Deutschlands und Österreichs sind diese Reben nicht zugelassen.

Sémillon

Weißweinrebe/mittlere Reifungsperiode

Anbauländer u. a.: Argentinien, Australien, Brasilien, Chile, Frankreich, Griechenland, Israel, Japan, BR Jugoslawien, Kanada, Kroatien, Libanon, Mexiko, Neuseeland, Portugal, Rumänien, Schweiz, Südafrika, Türkei, Ungarn, USA, Uruguay, Venezuela.

Auch als **Sémillon Blanc** (F, USA, Japan), **Sémillon Muscat, Sémillon Roux, Chevrier, Malaga, Colombar, Colombier** und **Blanc Doux** (F), **St. Emilion** (RO), **Green Grape, Wine Grape** und **Wyndruif** (ZA), **Hunter River Riesling** und **Hunter Riesling** (AUS) bezeichnet.

Die Rebe aus Südwestfrankreich ergibt goldene, üppig süße bis trockene, körperreiche, fruchtige Weine; in manchen Anbaugebieten und Jahren weisen die Weine eine frische Säure auf und haben einen diskreten Duft und ein typisches Aroma, das manchmal an Feigen erinnert. Im Verschnitt mit Sauvignon Blanc ist die Sorte ein wichtiger Bestandteil der Sauternes- und Gravesweine. Unverschnitten wird die Sémillon auch gerne in der Neuen Welt verarbeitet. Dennoch ist der Anbau rückläufig.

Bei der Sémillon spielt die Edelfäule eine besondere Rolle. Der Name soll von Saint-Émilion abgeleitet sein; andere Schreibweise ist Semillion. In Australien und in Südafrika gibt es auch eine rote Spielart der Sémillonrebe, sie wird als **Red Green Grape** bezeichnet.

Senator

Die Weißweinrebe ist eine Mutation vom Silvaner und wurde von August Lersch aus Langenlonsheim/Nahe (D) gezüchtet.

Septimer
Weißweinrebe
Anbauländer u. a.: Deutschland.
Ergibt gelbe, säurearme, milde, weiche Weine mit traminerähnlichem Bukett. Neuzüchtung von Georg Scheu aus dem Jahre 1927 an der Landesanstalt für Rebenzüchtung in Alzey/Rheinhessen durch Kreuzung von Gewürztraminer mit Müller-Thurgau; der Name aus dem Lateinischen bedeutet Siebenter. Die Rebe ist ziemlich frostempfindlich; geringer Ertrag.

Sercial
1. Weißweinrebe
   Anbauländer u. a.: Portugal. Auch als **Esgana-Cão, Esgana, Eganinho** und **Esganiso** bezeichnet.
   Der ursprüngliche Name der Rebsorte war **Cerceal.** Sie wurde früher vorwiegend in Madeira angebaut, heute ist sie in mehreren Anbaugebieten Portugals vertreten. Sercial ist eine Verwandte der Rieslingrebe und nicht der Esgana-Câo vom Douro, wie es die Synonyme vermuten lassen.
2. Bezeichnung für eine Madeirasorte.
3. In Australien Bezeichnung für → Ondenc.

Servanin
Alte französische Rebsorte.

Severny
Russische Rebsorte, die versuchsweise auch in Kanada verwendet wird; → Saperavi.

Seyval Blanc
Weißweinrebe
Ist eine französische Kreuzung zwischen Seibelhybriden, die in kühlen Gegenden, wie in England, Frankreich, den USA und Kanada, angebaut wird. Auch **Seyve-Villard 5276** genannt.
Ergibt in der Regel trockene, frische und duftige Weine, die auch im Eichenfass ausgebaut werden. Eine Kreuzung mit Seyval Blanc ist die in den USA vorkommende **Melody.**

Seyve-Villard
Ist eine in Frankreich gezüchtete weiße Hybride, die im Osten der USA, in Brasilien, Südkorea und in England angebaut wird und gefällige, säurearme Weine liefert. Auch **Villard Blanc** und **Seyve Villard 12375** genannt.

Siegerrebe
Weißweinrebe/frühe Reifungsperiode
Anbauländer u. a.: Deutschland, Kanada.
Ergibt gelbe, extraktreiche Weine mit traminerähnlichem Bukett; die Weine werden zum Verschnitt bukettarmer Weine verwendet. Neuzüchtung von Georg Scheu aus dem Jahre 1929 an der Landesanstalt für Rebenzüchtung in Alzey/Rheinhessen durch Kreuzung von Madeleine Angevine mit Gewürztraminer. Der Wein soll bei einer Neuzüchtungsprobe als Sieger hervorgegangen sein, daher der Name; geringer Ertrag, der Anbau ist rückläufig.

Siegfriedrebe
Weißweinrebe, die in den USA und Kanada vorkommt. Die Hybride stammt von der Bundesforschungsanstalt für Rebenzüchtung in Geilweilerhof/Rheinpfalz.

Silcher
Weißweinrebe in Deutschland; die Kreuzung Silvaner mit Kerner der Staatlichen Lehr- und Versuchsanstalt in Weinsberg/Württemberg ergibt gelbgrüne, neutrale, harmonische Weine.

Silvaner
In Deutschland offiziell **Grüner Silvaner;** in Frankreich, Österreich und anderen Ländern unter der Schreibweise → Sylvaner bekannt.

Sirius
Weißweinrebe in Deutschland. Ergibt gelbgrüne, neutrale Weine. Neuzüchtung des Instituts für Rebenzüchtung Geilweilerhof/Rheinpfalz aus Bacchus mit Villard Blanc.

Smederevka
Weißweinrebe, die wahrscheinlich mit der bulgarischen Dimiatrebe identisch ist.
Sie kommt vor allem in Mazedonien, Serbien (Wojwodina), Bosnien und Herzegowina, in Jugoslawien und Ungarn vor; auch als **Belina** und **Grobweiße** bezeichnet.

Sousón
Rotweinrebe in Spanien (Galicien).

Souzão (Sousão)
Rotweinrebe
Anbauländer u. a.: Australien, Kalifornien, Portugal, Südafrika. Ergibt dunkelrote, körper- und gerbstoffreiche Weine, die vor allem als Verschnittpartner und zur Herstellung von Portweinen dienen. Auch in der Neuen Welt wird die Sorte vor allem zur Erzeugung von Weinen im Portweinstil verwendet.

Spagnol
Alte provenzalische Weißweinrebe, die um Nizza (F) noch vorkommt.

Stanušina
Rotweinrebe in Mazedonien.

Staufer
Deutsche Weißweinrebe. Ergibt gelbgrüne, duftige, fruchtige und doch neutrale Weine. Neuzüchtung des Instituts für Rebenzüchtung Geilweilerhof/Rheinpfalz aus Bacchus mit Villard Blanc.

Steuben
In den USA vorkommende Rotweinrebe.

Sulmer
Rotweinrebe; Neuzüchtung der Lehr- und Versuchsanstalt für Wein-, Obst- und Gartenbau in Weinsberg/Württemberg durch Kreuzung von Schwarzem Elbling mit Blauem Limberger; die Rebe ist zum Anbau noch nicht zugelassen.

Sultana
Weißweinrebe/frühe Reifungsperiode

Ursprung: wahrscheinlich Anatolien.

Anbauländer u. a.: Algerien, Australien, Griechenland, Kalifornien, Südafrika, Türkei.

Auch als **Sultanina** (ZA, F), **Sultanine Blanche** (F), **Thompson Seedless** (ZA, außerhalb Kaliforniens), **Kismis** und **Kishmish** (Osteuropa), **Feherszultan** (H), **Kismis Alb** (RO), **Cekizdecsis** (TR), **Murray River Pinot** (AUS) bezeichnet.

Nur ein geringer Teil der Trauben wird zu einem neutralen Tischwein verarbeitet bzw. als Brennwein oder zur Sherryherstellung verwendet; ein großer Teil der Trauben wird als Tafeltrauben verwendet oder getrocknet und als Sultaninen verkauft.

Sylvaner

Weißweinrebe/mittlere bis späte Reifungsperiode

Anbauländer u. a.: Argentinien, Brasilien, Bulgarien, Chile, Deutschland, Frankreich, Italien, Kolumbien, Liechtenstein, Luxemburg, Neuseeland, Österreich, Schweiz, Slowenien, Tschechien, Türkei, Ungarn, USA.

Auch als **Silvaner** (D), **Grüner Zierfandl, Fliegentraube** und **Fliegentraubl** (A), **Grüner Silvaner** und **Grüner** (D), **Grüner Sylvaner** (A, CH), **Sylvaner Verde** (CH), **Österreicher, Franken, Frankentraube, Grünfränkisch, Salviner, Salvaner, Grünedel, Schönfellner, Scharvaner** und **Bötzinger** (D), **Frankenriesling** (D, CA), **Silvain Vert, Gentil Vert, Picardon Blanc, Gamay Blanc** und **Clozier** (F), **Johannisberg(er), Gros-Rhin** und **Plant du Rhin** (CH), **Silvana, Silvaner Bianco, Silvana Bianca** und **Sylvaner Verde** (I), **Zelena Sedmogradka** und **Silvanac Zeleni** (HR), **Zöld Szilváni** (H), **Silvanské** (CZ), **Monterey Riesling** und **Sonoma Riesling** (CA) bezeichnet.

Neben dem Grünen Silvaner kommt auch die Variante **Blauer Silvaner** mit dunklen Beeren in Württemberg vor. Ihre größte Verbreitung hat die Sorte in Österreich, Deutschland und im Elsass; als Heimat wird mit ziemlicher Sicherheit Transsilvanien im heutigen Rumänien angenommen.

Ergibt fruchtige bis würzige, milde bis herbe Weine, die eine geringe Säure aufweisen; die Farbe ist Lichtgrün über Grünbis Goldgelb. Jung getrunken schmecken die Weine am besten.

Symphony

Weißweinrebe; in Davis (CA) durch Kreuzung von Grenache Gris und Muscat of Alexandria gezüchtet. Heute in Sonoma in geringer Menge für Tisch- und Schaumwein angebaut.

Syrah

Rotweinrebe/mittlere Reifungsperiode

Anbauländer u. a.: Argentinien, Australien, Bolivien, Brasilien, Chile, Frankreich, Griechenland, Indien, Israel, Italien, Libanon, Österreich, Schweiz, Spanien, Südafrika, Uruguay, USA, Venezuela.

Auch als **Schiras, Sirac, Syra, Syrac, Sirah, Hignin Noir, Candive, Entournerein, Antournerein Noir, Serène, Serenne, Serine, Serine Noir, Marsanne Noir** und **Marsanne Rouge** (F), **Petite Syrah** (F, CA), **Shiraz** (ZA, AUS), **Hermitage** (AUS), **Balsamina** (Argentinien, Chile) bezeichnet.
Die Franzosen unterscheiden zwischen Petite Syrah und Grosse Syrah (ist die Mondeuse bzw. Mondeuse Noir). Bei den in Australien (Shiraz) und in Kalifornien vorkommenden Sorten handelt es sich um die Petite Syrah. Nicht identisch mit der kalifornischen → Petite Sirah, sie ist die Durifrebe aus dem Midi (F).
Ergibt dunkle, tannin- und körperreiche, ausdrucksvolle Weine, die gut lagerfähig sind. Erst nach fünf und mehr Jahren Reife bringen sie ihre Qualität. Die Rebe wird gerne mit anderen Sorten verschnitten (u. a. mit Viognier, Grenache und Cinsaut).
Die bekanntesten Weine aus dieser Rebe sind u. a. der rote Hermitage und der Côte du Rhône; im Châteauneuf-du-Pape ist die Rebe ebenfalls enthalten. In Australien gefragte Weine aus Syrah (Shiraz) sind der Penfolds Grange und der Hermitage, die nach langer Flaschenreife einem Bordeaux erstaunlich ähnlich sind. Die Rebe gewinnt zunehmend an Popularität, die Anbaufläche hat sich in den letzten Jahrzehnten vervierfacht.
Der Legende nach sollen Teilnehmer der Kreuzzüge die Rebsorte aus der Stadt Shiraz mit nach Hermitage bei Tain im Südwesten Frankreichs gebracht haben.

Szürkebarát
In Ungarn gebräuchlicher Name für Pinot Gris (→ Ruländer). Besonders schwere volle Weine liefert die Sorte im Norden des Plattensees, während in Nordungarn lebendigere Weine gekeltert werden.

T

Tamara
Weißweinrebe; Neuzüchtung der Landesanstalt für Rebenzüchtung in Würzburg/Franken durch Kreuzung von Müller-Thurgau mit Siegerrebe.

Tamarez
Weißweinrebe in Spanien und Portugal bzw. allgemein verwendete Bezeichnung für verschiedene Weißweinrebsorten; auch **Arinto Gordo** genannt.

Taminga
Australische Neuzüchtung einer Weißweinrebe (wahrscheinlich Tamianka).

Tamîioasá
Rumänische Bezeichnung für Muscat. So steht z. B. Tamîioasá Alba für Muscat Blanc à Petits Grains oder Tamîioasá Ottonel für Muscat Ottonel.

Tamîioasá Româneascá
Alte rumänische Weißweinrebe mit Muskatgeschmack, die sich besonders für starkduftige Süß-

weine eignet. In Deutschland **Weinrauchtraube** und in Bulgarien **Tamianka** genannt. Tamyanka wiederum ist in Russland die → Muscat Blanc à Petits Grains.

Tannat
Rotweinrebe
Anbauländer u. a.: Argentinien, Frankreich, Uruguay.
Auch als **Tanat, Moustrou** und **Madiran** (F), **Bordeleza Belcha** (E), **Harriague** (Uruguay) bezeichnet.
Ergibt tiefdunkelrote, alkohol- und gerbstoffreiche Weine. Aus Tannatreben werden in Südwestfrankreich hervorragende Roséweine hergestellt. Regional auch **Bordelais** genannt.

Tarrango
Rotweinrebe in Australien; Kreuzung von Touriga mit Sultana, die einen frischen, früh trinkreifen, milden Rotwein liefert. Für Weißwein gibt es die Variante **Taminga.**

Taubenschwanz
Rotweinrebe; in Deutschland Neuzüchtung in der Staatlichen Lehr- und Versuchsanstalt in Weinsberg/Württemberg. Ergibt rubinrote, fruchtige und körperreiche Weine.

Tazzelenghé
Herbe Rotweinrebenspezialität im Nordosten Italiens.

Tempranillo
Rotweinrebe/frühe bis mittlere Reifungsperiode
Anbauländer u. a.: Argentinien, Chile, Israel, Marokko, Portugal (Dourotal), Spanien, Südfrankreich, Venezuela.
Auch als **Ull de Llebre** und **Ojo de Llebre** (Katalonien), **Cencibel** (Kastilien-La Mancha), **Tinto Fino** (Kastilien-Léon), **Tinto (de) Madrid** (Madrid), **Tinto Santiago** (Galicien), **Tempranilla** (Argentinien, E), **Tempranillo de la Rioja, Tinto de la Rioja, Grenache de Logrono, Tinto del Pais, Jacivera** und **Tinta de Toro** (übriges Spanien), **Aragonez, Tinta Roriz** und **Roriz** (Portugal) bezeichnet.
Die spanische Rebsorte ergibt tiefdunkle, trockene, bukettreiche und langlebige Weine, die nicht sehr hoch im Alkohol sind; sie haben ein charakteristisches Aroma von Waldfrüchten. Im Dourotal ist sie eine der meistangebauten Trauben für die Portweinherstellung. Tempranillo wird häufig mit den Sorten Garnacha, Mazuelo und Graciano verschnitten. Weiters wird sie mit Airén verschnitten und dann als Clarete anstelle von Tinto deklariert. Die Rebe ist besonders widerstandsfähig gegen tiefe Temperaturen. Man sagt, es könne sich um einen Nachfahren der Pinot-Noir-Rebe aus dem Burgund handeln, die von den Mönchen aus Cluny nach Spanien gebracht wurde.

Terbasch
Weißweinrebe in Kasachstan.

Teroldego
Rotweinrebe
Anbauländer u. a.: Italien.
Auch als **Teroldigo, Tiraldega, Teroldega, Teroldega Rotalia-**

no und **Tiroldola** bezeichnet. Die italienische Rebe ergibt rosa bis rubinrote, volle, gerbstoffreiche Weine, die ein leichtes Mandelaroma haben; gute Haltbarkeit.

Terrano del Carso

Rotweinrebe
Anbauländer u. a.: Italien.
Ergibt leichte, säurereiche Weine; ist eine Mutante der Refoscorebe; der Wein wird Refosco Nostrano genannt. Siehe → Mondeuse Noire.

Terrantez (Terrantês)

1. Portugiesische Weißweinrebe, die im Dãogebiet vorkommt und volle, duftige Weine liefert. Siehe → Donzelinho.
2. Weißer Madeira, meist süß.
3. Terrantês da Terceira ist ein selten gewordener Wein auf den Azoren.

Terret

Weißweinrebe/Rotweinrebe
Anbauländer u. a.: Frankreich.
Auch als **Tarret** und **Tarrain** bezeichnet.
Die Rebe gibt es in den Varianten **Terret Blanc** (auch **Bourret Blanc)** und **Terret Gris** (auch **Terret Bourret)** sowie **Terret Noir.** Alle Sorten werden wegen ihrer Säure geschätzt und zu Vins de Table verarbeitet oder dienen als Verschnittweine.

Thurling

Weißweinrebe; Neuzüchtung der Landesanstalt für Rebenzüchtung in Alzey/Rheinhessen durch Kreuzung von Müller-Thurgau mit Riesling; die Bezeichnung ist aus den Namen beider Reben gebildet. Ursprünglich wurde sie **Aurea** genannt.

Tibouren

Rotweinrebe, die in der Provence (F) von Bedeutung ist; auch als **Tiboulen, Antiboulen, Antibouren, Antibois** und **Gaysserin** bezeichnet.

Timorasso

Weißweinrebenspezialität im Piemont, die überwiegend der Grappaherstellung dient.

Tinta

1. Gruppe von Weinreben in Portugal, die zu Rotwein, Portwein und Madeira verarbeitet werden. Dazu gehören Tinta Aguiar, → Tinta Amarel(l)a, Tinta Bairrada, Tinta Barca, → Tinta Baroccoa, Tinta Caiada, → Tinto Cão (Tinta Cão bzw. Cão), Tinta Carvalha, Tinta Francisca (auch Francisca; der Wein der Portweinrebe ist relativ süß), Tinta Grossa, Tinta Lameira, → Tinta (da) Madeira, Tinta Martins, Tinta Mesquita, Tinta Miúda, → Tinta Negra Mole, Tinta Pereira, →Tinta Pinheira, Tinta Pomar, → Tinta Roriz, Tinta Roseira, Tinta Trincadeira, Tinta Valdosa.
   Die Originalbezeichnung von Tinta ist **Tinta Neagra Mole.**
2. In Spanien gebräuchliche Bezeichnung für Garnacha (→ Grenache).

Tinta Amarel(l)a

Rotweinrebe

Anbauländer u. a.: Australien, Israel, Portugal, USA.
Auch als **Trincadeira Preta, Trindadeira das Pratas, Crato Preto** und **Espadeira** (P), **Portugal** (AUS) bezeichnet.
Die Rebe wird sowohl zur Tafelwein- als auch zur Portweinherstellung verwendet.

Tinta Barocca

Rotweinrebe/mittlere Reifungsperiode
Anbauländer u. a.: Portugal, Südafrika.
Auch als **Barroca** (ZA) bezeichnet.
Die Trauben werden hauptsächlich zu Barrocas im Portweinstil verarbeitet; es werden aber auch dunkle, robuste, erdige Tafelweine hergestellt; ähnlich der Touriga National.

Tinta (da) Madeira

Die zur Portwein- und Madeiraerzeugung verwendete Rotweinrebe wird auch in den USA angebaut.

Tinta de Toro

Die Rotweinrebe ist eine Mutation der Tempranillo.

Tinta Negra Mole

Rotweinrebe in Portugal, vorwiegend für Madeira; als **Negramoll** in Spanien angebaut.
Ergibt einen süßen Rotwein, der später bernsteinfarben und mit der Zeit gelbgrün wird. Am Festland könnte es die Preto-Martinho-Rebe sein.

Tinta Pinheira

Einfache portugiesische Rotweinrebe für die Produktion von rotem Dão- und Bairradawein.
Vgl. → Rufete.

Tinta Roriz

Die Portweinrebe hat viel Tannin und Säure, aber weniger Balance. Sie gibt dem Portwein das Rückgrat. Tinta Roriz ist rasch wachsend, benötigt aber Südhänge. Sie ist der gebräuchlichste von mehreren portugiesischen Namen für die spanische Rotweinrebe → Tempranillo. Synonyme sind **Aragonez, Roriz** und **Tinto Santiago.**

Tinto

1. In Spanien gebräuchliche Bezeichnung für Garnacha (→ Grenache).
2. In Spanien gebräuchliche Bezeichnung für → Mataró (Mourvédre).

Tinto Cão (Tinta Cão)

Hochwertige Rotweinrebe. Sie liefert würzigen, aber nicht sehr dunklen Wein und neigt zur Oxidation. Am besten gedeiht sie in kühlen Lagen. Im Dãogebiet ist der Roséwein Tintorera bekannt.

Tinto (de) Madrid

Rotweinrebe in Spanien, die auch **Tinto Basto** genannt wird.
Vgl. →Tempranillo.

Tintorera

Die Rebe dient zur Qualitätslikörweinerzeugung.

Tocai Friulano

Ist eine eigenständige Weißweinrebe, die im Friaul (I), in Argentinien und Slowenien wächst.

Auch als **Sauvignonasse** und **Sauvignon Vert** (F), **Toca, Tocai, Tokai** und **Tokaybianco** (I), **Furlanski Tokaj** (SLO) bezeichnet.
Ergibt einen hellen, leichten, blumigen, frischen Wein mit ausgeprägter Mandelnote. Über die Sorte gibt es unterschiedliche Meinungen: Sie soll nicht mit dem Tokay d'Alsace (im Elsass; dort Synonym für Pinot Gris) verwandt sein und hat vermutlich auch nichts mit dem bekannten Tokajer aus Ungarn zu tun. Von manchen Ampelographen wird sie für ein italienisches Synonym für → Welschriesling gehalten. Der französische Rebsortenforscher Dr. Pierre Galet hingegen glaubt, es handle sich um die in Chile vorkommende → Sauvignon Vert (daher auch die beiden Synonyme Sauvignonasse und Sauvignon Vert).
Auch in Venetien wächst ein Tocai. Dieser soll wiederum nach Meinung italienischer Fachleute nicht mit dem Tocai Friulano identisch sein. Der Widerspruch ist bis heute nicht geklärt, doch unter ungarischem Druck wird die Bezeichnung Tocai in Italien nicht mehr benutzt.

Torbato
Weißweinrebenspezialität in Sardinien (I); viele Fachleute glauben, dass es sich um eine spanische Rebe handelt. Synonyme sind **Razola, Cuscosedda Bianca** und **Caninu.** Im Roussillon heißt sie **Tourbat** bzw. **Malvoisie.**

Torrontés
Weißweinrebe
Anbauländer u. a.: Spanien, Argentinien, Chile, weitere spanisch sprechende Länder.
Auch als **Torontel Verdil, Moscatel de Austria** und **Torontel** (Chile) bezeichnet; Subvarietäten sind **Torrontés Riojano, Torrontés Sanjuanino** und **Torrontés Mendocino** (Argentinien).
Die galicische Rebe ergibt leichte und fruchtige Weine mit kräftiger Säure und interessantem Aroma, das an Muskateller erinnert.

Touriga
Portugiesische Rotweinrebe, aus der der Vinho Verde gekeltert wird; auch im Portwein enthalten. In Australien das Synonym für → Touriga National. Bei der in Kalifornien angebauten Touriga handelt es sich um die → Touriga Francesa.

Touriga Francesa
Rotweinrebe in Portugal (Dourotal, Trás-os-Montes, Madeira) und Kalifornien. Sie gilt als eine der besten Portweinrebsorten und zeichnet sich durch ihre Duftigkeit, Frucht und Nachhaltigkeit aus. Nicht zu verwechseln mit der Tinta-Francisca-Rebe, die ebenfalls zur Portweinherstellung verwendet wird.

Touriga National
Edle portugiesische Rotweinrebe, die sich wie Touriga Francesa ganz hervorragend zur Portweinherstellung eignet. Sie ist die klassische der fünf Portweinrebsorten und vor allem die Grundlage für Vintage Port. Sie

gibt eine schöne Farbe und viel Körper, liefert allerdings die geringsten Erträge aller Sorten und ist besonders empfindlich. Sie kommt auch in Australien vor, wo sie lediglich Touriga heißt. Sie ist auch der wertvollste Bestandteil des roten Dão. In Ribatejo heißt sie gelegentlich **Mortágua.** Siehe auch → Castelão Francês. Spielarten sind u. a.: **Touriga Fina, Touriga Foiufeira** und **Touriga Macho.**

Trajadura

Weißweinrebe
Anbauländer u. a.: Portugal, Spanien.
Auch als **Treixadura** (Galicien/E) bezeichnet.
Ergibt frische, fruchtige Weine; die Rebe ist eine der besseren Sorten für den Minho, bringt aber keine großen Erträge.

Traminer

Weißweinrebe/mittlere bis späte Reifungsperiode
Anbauländer u. a.: Argentinien, Australien, Brasilien, Bulgarien, Deutschland, Frankreich, Griechenland, Italien, Japan, Kroatien, Liechtenstein, Luxemburg, Moldawien, Neuseeland, Österreich, Rumänien, Schweiz, Slowenien, Südafrika, Tschechien.
Ist der nicht so aromatische, mit hellerer Haut versehene Vorläufer der Sorte → Gewürztraminer. In verschiedenen Ländern (AUS, D, I, RO, CH, USA) wird Traminer als Synonym für Gewürztraminer gebraucht. Auch als **Nürnberger** und **Ranfoliza** (A), **Clevner** (Baden/D; mit rötlichen Beeren), **Traminec** und **Traminac** (YU, SLO), **Traminac Creveni** (HR), **Rusa** und **Ruska** (RO), **Tramini** (I, H), **Tramin** und **Prinç** (CZ), **Savagnin** und **Heida** (CH) bezeichnet. Sind die Beeren rötlich, dann heißt er **Roter Traminer.**
Ergibt gelbe bis goldgelbe, intensiv traubige, vollmundige, körperreiche Weine; oft sind sie lieblich bis leicht süß. Die Traminerrebe ist eine der ältesten und qualitativ besten Sorten; wahrscheinlich wurde sie nach dem Ort Tramin benannt.

Trbljan

Weißweinrebe; an der kroatischen Küste auch als **Trboljan** und in Dalmatien als **Kuç** bezeichnet.

Trebbianello

1. Weißweinrebe; Synonym für → Trebbiano.
2. Im italienischen Volksmund fälschliche Bezeichnung für → Tocai Friulano.

Trebbiano

Weißweinrebe/mittlere bis späte Reifungsperiode
Anbauländer u. a.: Algerien, Argentinien, Australien, Brasilien, Bulgarien, China, Frankreich, Indien, Israel, Italien, Libanon, Marokko, Mittel- und Südamerika, Portugal, Russland, Spanien, Südafrika, USA.
Auch als **Ugni Blanc** (in sehr vielen Weinbaugebieten), **Clairette** und **Greco** bezeichnet. Es gibt eine Reihe von Mutationen, u. a.: **Trebbiano di Soave, Trebbiano di Lugana, Trebbiano di Verona, Turbiana, Trebianello, Trebbiano Perugino, Buzzetto, Treb-**

biano Spoletino, Roussan, Trebbiano della Fiamma, Trebbiano di Romagna, Trebbiano Romagnolo, Trebbiano dei Castelli, Giallo di Velletri, Trebbiano di Frascati, Biancuccio, Greco di Valletri, Greco Giallo, Rosciola, Rossetto, Rossola (die rote Mutante ist Rossola Nera), **Trebbiano Castelli Romani, Bobiano** und **Procanico** (Umbrien, Toskana), **Santoro, Albano** und **Saint-Èmilion** (Charente, CA), **Clairette Ronde** (Südfrankreich), **Clairette de Vence, Clairette Rosé** und **Gredelin** (Provence), **Muscadet Aigre** (Gironde), **Vigne Blanc** (Marokko), **Thália** und **Talia** (Portugal), **White Shiraz** und **White Hermitage** (AUS).

Die wichtigsten italienischen Klone sind **Trebbiano Toscano, Trebbiano Romagnolo, Trebbiano Giallo, Trebbiano di Soave, Trebbiano Perugino** und **Trebiano Spoletino.** Andere Schreibweise ist Trebiano.

Die aus Italien stammende Rebe ergibt hellgrüne bis goldgelbe, leichte und säurebetonte bis körperreiche, schwere und alkoholreiche Weine. Sie ist unbestritten die ertragreichste Rebe der Welt und liefert bis zu 200 hl/ha. In Italien ist sie besonders stark vertreten, es gibt nur wenige Weine in Italien, die keinen Trebbiano enthalten. So ist sie Hauptbestandteil u. a. im Orvieto, im Soave, im Lugano und im Frascati. In geringen Mengen ist sie im Chianti enthalten. In Frankreich, wo die Traube Ugni Blanc heißt, wird sie zum Brennwein für Cognac und Armagnac verwendet. Darüber hinaus ist sie in den Regionen Languedoc, Roussillon und Provence stark vertreten.

Trepat

Rotweinrebenspezialität in Nordspanien, die vor allem leichte Roséweine liefert.

Tressot

Rotweinrebe, die im Departement Yonne/Burgund (F) wächst; auch als **Tréceau** und **Verot** bezeichnet. Es ist wahrscheinlich die im Jura heimische Rebe **Tresseau.**

Trollinger

Rotweinrebe/späte Reifungsperiode

Anbauländer u. a.: Württemberg (D), Südtirol (I).

Auch als **Großer Burgunder** und **Ägyptischer** (A), **Blauer Trollinger, Troller, Zottelwäscher, Frankentaler, Schwarzer Frankentaler, Bockstraube, Bocksauge, Bocksbeutel, Fleischtraube, Hammelhoden, Schwarzwälder, Pommerer, Bammerer** und **Blauer Malvasier** (D), **Vernatsch, Edel-Vernatsch, Meraner Kurtraube, Kurtraube** und **Blatterle** (Südtirol), **Schiava** und **Uva Cenente** (I), **Frankental Noir, Raisin Bleu de Frankental, Chasselas de Jérusalem** und **Raisin de Languedoc** (F), **Gros Bleu** (B) bezeichnet.

Es gibt mehrere Klone, von denen **Groß-Vernatsch** oder **Schiava Grossa** (stark verbreitet), **Grauvernatsch** oder **Schiava Grigia** (liefert besonders ausdrucksvolle Weine) und

Kleinvernatsch oder **Schiavone** die bekanntesten sind. Die wahrscheinlich aus Südtirol stammende Rebe ergibt hellrote, würzige, herzhafte und gerbstoffarme Weine von guter bis hervorragender Qualität, bekannt sind vor allem der Grauvernatsch, der Kalterer See und der Sankt Magdalener. Sie kam durch die Römer nach Deutschland. Der Name dürfte von Tirol über Tirolinger abgeleitet worden sein.
Trollinger ist auch eine beliebte Tafeltraube und wird deshalb in mehreren Ländern (auch in Gewächshäusern) gezüchtet; sie trägt den Namen Black Hamburg.

Trousseau

Rotweinrebe im Jura. Die Fachleute sind sich nicht einig, einerseits glaubt Dr. Pierre Galet, es handle sich um die Sorte Malvoisie Noire, andererseits soll es sich nach dem Franzosen A. Otard um die portugiesische Bastardo handeln. Irrtümlich wird die Sorte in Australien Touriga genannt. Die mit helleren Beeren ausgestattete Trousseau Gris ist möglicherweise die gleiche Sorte, die in Kalifornien als Gray Riesling wächst.

Tsaoussi

Weißweinrebenspezialität der griechischen Insel Kephalonia.

Tsolikauri

Weißweinrebe in Georgien.

U

Uhudler

Rote Versuchsrebe im Burgenland (A). Direktträger, dessen gleichnamiger Roséwein einen Waldbeerengeschmack und eine ausgeprägte Säure aufweist. Darf als Tafelwein verkauft werden.

Urgesteinsriesling

Bezeichnung für Rheinriesling (→ Riesling), der auf Urgesteinsboden wächst; infolge des hohen Kaligehaltes des Bodens haben diese Weine ein besonders ausgeprägtes Bukett. Er ist eine Spezialität der Wachau (A).

Urrebsorten

Bezeichnung für die an der Ostküste der Krim (Ukraine) vorkommenden Sorten Ketesija, Äkim Kara, Sara Pandas und Kokur Bely.

Urveltliner

1. In Retz/Niederösterreich gebräuchliche Bezeichnung für → Grüner Veltliner.
2. Bezeichnung für einen Markenwein aus der Gegend um Retz.

Uva Apiana

Weißweinrebe, die bereits 60 n. Chr. von Plinius dem Älteren urkundlich erwähnt wurde; dürfte der Stamm aller Muskatreben sein.

Uva Cão

Weißweinrebe in Portugal.

Uva di Spagna
1. In Spanien gebräuchliche Bezeichnung für Garnacha (vgl. → Grenache).
2. In Italien gebräuchliche Bezeichnung für → Carignan.

Uva di Troia
Rotweinrebe
Anbauländer u. a.: Süditalien.
Auch als **Barletta, Uva di Barletta, Barlettana, Nero di Troia, Uva della Marina, Uva di Canosa, Tranese, Troiano** und **Vitigno di Barletta** bezeichnet.

Uva Rara
Rotweinrebe
Anbauländer u. a.: Italien (Lombardei).
Die seltene Rebe wird auch **Rairon, Martellana, Oriola, Balsamea, Balsamina** und → Croatina genannt. Irreführend ist der Name **Bonarda Novarese** für einen Wein, der in den Novarabergen kultiviert wird und vorwiegend zum Verschnitt dient.

Vaccarèse
Die Rotweinrebe aus dem Rhônetal (F) wird auch als **Camarèse, Vaccareso** und **Brun Argente** bezeichnet.

Valdepeñas
1. Rotweinrebe in Mexiko und Kalifornien, die wahrscheinlich von der spanischen Rebe Tempranillo abstammt.
2. D.-O.-Gebiet in Spanien.

Valdiguié
Rotweinrebe
Anbauländer u. a.: Frankreich.
Auch als **Valdiguer, Brocol, Gros Auxerrois** (alter Name), **Jean-Perre à Sauzet** (F), **Gamay 15** (CA) bezeichnet.
Die Trauben werden großteils zu Brennwein verarbeitet. Siehe auch → Napa Gamay.

Veltliner
1. Bezeichnung für die in Österreich stark vertretene Weißweinrebe → Grüner Veltliner und die Varianten der Veltlinerrebe, nämlich → Roter Veltliner, **Brauner Veltliner,** → Früher Veltliner und **Rotweißer Veltliner.**
2. In Deutschland nur für → Grüner Veltliner.
3. In Italien gebräuchliche Bezeichnung für → Frühroter Veltliner.
   Ursprünglich wurde angenommen, dass der Name Veltliner vom Valtellina, Hochgebirgstal in der Lombardei, stammt; dies ist jedoch nicht belegbar.
4. In Savoyen Bezeichnung für **Malvoisie.**

Verdea
Weißweinrebenspezialität in Oberitalien.

Verdeca
Weißweinrebe
Anbauländer u. a.: Italien (Apulien).
Auch als **Verdone, Verde, Verdera, Verdicchio Femmina, Albese Bianco** und **Verdesca** bezeichnet.
Die italienische Rebe ergibt

gelbgrüne, trockene, delikate und alkoholreiche Weine; sie wird gerne mit anderen Sorten verschnitten. Die Verdeca wird u. a. für den Lacrima Christi und in der Wermutindustrie verwendet.

Verdejo

Weißweinrebe
Anbauländer u. a.: Spanien.
Auch als **Verdejo Palido** und **Verdejo Blanco** bezeichnet.
Ergibt frische, saubere und ausgewogene Weine, die ein charaktervolles Nussaroma zeigen, und ist Grundlage von sherryartigen Aperitifs und Dessertweinen. Die rote Mutante heißt **Verdejo Tinto.**

Verdelho

1. Weißweinrebe
   Anbauländer u. a.: Australien, Italien, Portugal, USA.
   Auch als **Gouveio** und **Vidonia** (Douro), **Madeira** (AUS) bezeichnet.
   Ergibt gelbe, milde, trockene Dessertweine (Madeira Portweine); in Australien wird der Verdellwein erzeugt, der etwas frischer ist. Ist wahrscheinlich die gleiche Traubensorte wie **Verdelho Branco** (für weißen Madeira).
2. Halbtrockene Madeirasorte.

Verdelho dos Açores

Weißweinrebe, deren frische und fruchtige Weine zur Herstellung von Vinho Licoroso verwendet werden.

Verdelho Feijão

Rotweinrebe in Portugal; ist nicht mit der weißen Verdelhorebe verwandt.

Verdelho Tinto

Rotweinrebe, dunkle Variante der weißen Verdelho.

Verdelet

Weiße Hybride in Kanada und USA.

Verdello

Weißweinrebe
Anbauländer u. a.: Italien (Umbrien, Sizilien), Kanarische Inseln (E).
Ist mit 20 Prozent im Orvieto enthalten. Die Rebe ist mit der → Verdelho nicht verwandt, eine Verbindung ist nahe liegend, aber nicht nachgewiesen.

Verdicchio

Weißweinrebe
Anbauländer u. a.: Italien.
Auch als **Verdicchio Bianca**, **Verdone, Marchigiano**, **Verdicchio Bianco**, **Dolce**, **Vero**, **Marino**, **Peloso**, **Stretto**, **Verzello**, **Giallo** sowie **Trebbiano Verde**, **Uva Aminea**, **Uva Marana** bezeichnet.
Die italienische Rebe ergibt strohgelbe, duftige und volle Weine mit angenehm bitterem Geschmack. Ein bekannter Wein ist der Verdicchio dei Castelli di Jesi.

Verdil

Die Weißweinrebe wird u. a. in Spanien angebaut; auch **Verdosilla** genannt. Die schlichten Weine sind frisch und trocken und dienen der Spumante- und Frizzanteherstellung.

Verdiso

Die Weißweinrebe wird u. a. in Norditalien angebaut; auch als **Verdisio, Predevenda, Verdisco Grosso, Verdisone** und **Verdisa** bezeichnet.

Verdoncho

Weißweinrebe in Spanien.

Verdot

Rotweinrebe, die in den Versionen → Petit Verdot (wertvolle Sorte im Bordeaux) und → Gros Verdot (rauere Sorte aus Argentinien) vorkommt.

Verduzzo

Weißweinrebe
Anbauländer u. a.: Italien.
Auch als **Verduzzo Friulano** und **Verduzzo di Romandolo** bezeichnet.
Die wahrscheinlich aus dem Orient stammende Rebe ergibt trockene Weine. Romandolo gilt als die klassische Zone für den feinblumigen, geschmeidigen, köstlichen und edelsüßen Verduzzo mit Fruchtgeschmack und lang anhaltendem Abgang. Der Wein trägt den Zusatz Amabile; er wird durch späte Lese und Eintrocknen der Trauben erzielt. Neben dem Verduzzo Friulano gibt es noch die Spielart **Verduzzo Trevigiano,** die neutrale, trockene Weine ergibt.

Vergennes

Die amerikanische weiße Hybride aus dem Osten der USA ergibt trockene Weine.

Vermentino

Weißweinrebe
Anbauländer u. a.: China, Frankreich, Italien, Libanon, Marokko.
Auch als **Verminto** und **Malvoisie de Corse** (Korsika), **Malvasia** und **Malvasia Grossa** (Norditalien), **Vennentino, Verlantin, Varresana Bianca, Carbesso** und **Carbes** (I), **Malvasia à Gros Grains** und **Malvasia du Dourc** (F) bezeichnet.
Ergibt strohgelbe Weine mit leichten Grünreflexen; die Weine sind trocken, weich, leicht bitter und haben ein intensives Bukett sowie einen hohen Alkoholgehalt und einen zartbitteren Abgang. Ein bekannter Wein ist der Vermentino di Gallura. Sowohl Spumante, Frizzante als auch Likörweine werden erzeugt.
Vermentino ist wahrscheinlich mit der in der Provence, auf Korsika und in Süditalien seit langem kultivierten → Rolle identisch.

Vernaccia

1. Weißweinrebe
   Anbauländer u. a.: Brasilien, Italien.
   Auch als **Vernaccia di Oristano, Vernaccia Bianca, Garnaccia, Moranina, Granazza** (Sardinien, E), **Vernaccia di San Grimignano, Vernaccia di Toscana** und **Zuccaia** bezeichnet. Die deutsche Schreibweise ist Vernatsch, vgl. aber → Trollinger.
   Ergibt in der Regel grüngelbe bis goldgelbe, trockene, frische Weine mit leicht bitterem Nachgeschmack.
2. Rotweinrebe
   Anbauländer u. a.: Italien.

Ist eine Spielart der weißen Vernaccia; auch als **Vernaccia di Serrapetrona** mit den Synonymen **Vernaccia Nera, Vernaccia di Carreto** oder **Cerretana** und **Vernaccia di Teramo** bezeichnet.
Ergibt granatrote, aromatische, halbsüße bis süße Weine und Spumante. Die Trauben werden auch häufig hell gekeltert.

Vespaiola
Weißweinrebe/mittlere Reifungsperiode
Anbauländer u. a.: Nordostitalien.
Auch als **Vespaiolo, Bresparola** und **Vespara** bezeichnet.
Mit anderen Sorten verschnitten ergibt sie einen relativ süßen Wein.

Vespolina
Rotweinrebe
Anbauländer u. a.: Italien (Piemont, Lombardei).
Auch als **Vespolina Novarese, Vespolina Nera, Croattina, Guzetta** und **Ughetta** (Lombardei), manchmal **Uva Rara** bezeichnet. Die Rebe wird meist mit anderen Sorten, wie Nebbiolo und Bonardo, verschnitten.

Vidal Blanc
Die weiße, amerikanisch-französische Hybride wird auch als **Vidal 256** bezeichnet; ergibt trockene, frische Weine; ist eine Kreuzung aus Ugni Blanc mit Seibel 4986. Die Rebe ist gut winterhart. Für Spätlesen (ohne Edelfäule) und Eisweine in Kanada sehr bekannt.

Vien des Nus
Rotweinrebe im Aostatal (I); wird mit anderen Sorten verschnitten.

Vijariego
Weißweinrebe in Spanien.

Vilana
Auf der Insel Kreta beheimatete weiße Rebenspezialität. Die lebendigen, recht zarten Weine sollen jung getrunken werden.

Viognier
Weißweinrebe
Anbauländer u. a.: Australien, Chile, China, Frankreich, Griechenland, Libanon, Südafrika, USA.
Auch als **Vionnier** bezeichnet.
Die französische Rebe ergibt feine, trockene Weine mit blumigem Aroma und würzigem Abgang. Der bekannteste Wein ist der Condrieu des nördlichen Rhônetales.

Viosinho
Weißweinrebe in Portugal, die auch zur weißen Portweinherstellung verwendet wird.

Vital
Portugiesische Weißweinrebe, die nur mittelmäßige Weine liefert. Im Norden des Landes soll sie **Malvasia Corado** heißen.

Vitis
Eine Gattung der Rebenfamilie Vitaceae. Sie umfasst etwa 35, großteils amerikanische Rebarten. Die vier wichtigsten sind → Vitis Labrusca, → Vitis Aestivalis, → Vitis Riparia (Uferrebe) und → Vitis Muscadinia. Wei-

ters sind Vitis Rupestris (Felsenrebe), Vitis Rotundifolia und Vitis Berlandieri (Kalkrebe) sowie die europäischen Arten → Vitis Silvestris und → Vitis Vinifera Sativa von Bedeutung.

Vitis Aestivalis
Amerikanische Direktträger-Rotweinrebe mit auffallend dunklen Trauben, hohem Zucker- und Säuregehalt. Die Variation Norton wird auch **Cynthia** genannt.

Vitis Amurensis
Ostasiatische Wildrebe.

Vitis Apiana
Altrömische Rebe.

Vitis Caucasica
Wildrebe in Kleinasien.

Vitis Labrusca
Ursprüngliche Bezeichnung der Wildrebenart → Labrusca, die in Nordamerika gepflanzt und züchterisch weiterbearbeitet und gekreuzt wurde; wird auch **Foxrebe** genannt; die Concord ist ein typischer Vertreter dieser Sorte; in Europa gelegentlich als Unterlagsrebe verwendet. Variationen sind meist Kreuzungen von Labrusca mit Vinifera, u. a. Catawba, Delaware, Diamond, Dutchess, Edelweiss, Isabella, Ives und Niagara.

Vitis Muscadinia
Die nordamerikanische Direktträgerrebe ist besonders widerstandsfähig gegen Weinkrankheiten. Aus der Muscadinia sind → Muscadine, **Scuppernong, Magnolia** und **Noble** hervorgegangen.

Vitis Riparia
Nordamerikanische Direktträgerrebe, die besonders kälteresistent ist, dunkle Trauben liefert, einen hohen Zucker- und Säuregehalt und einen ausgeprägten Kräutergeschmack hat, der allerdings mit der Lagerung geringer wird. Die Rebe kommt heute in Minnesota vor. Varianten sind **Baco Noir, Maréchal Foch** und **Millot.**

Vitis Silvestris
Wildrebe in Europa, die heute noch am Rhein und in der Schweiz anzutreffen ist; die wissenschaftliche Bezeichnung ist Vitis Vinifera Silvestris.

Vitis Vinifera Sativa
Wissenschaftliche Bezeichnung für die kultivierte Weinrebe (Weinstock), kurz **Vitis Vinifera** oder **Vinifera** genannt. Zu dieser Edelrebe gehören rund 8.000 Rebsorten, die entweder auf natürlichem Wege durch → Mutation oder durch → Kreuzung entstanden sind und wegen der besonderen Eigenschaften vom Menschen ausgelesen und vermehrt worden sind.

Vranac
Rotweinrebe, die in Montenegro, Bosnien und Herzegowina sowie Mazedonien angebaut wird; ergibt intensiv dunkelrote, volle und extraktreiche Weine. Sie werden gerne im Eichenfass ausgebaut.

Vugava
Weißweinrebe in Kroatien.

W

Weldra
Weißweinrebe/mittlere bis späte Reifungsperiode
Anbauländer u. a.: Südafrika.
Auch als **K 2** (ZA) bezeichnet.
Neuzüchtung von C. J. Orffer am Stellenbosch-Elsenburg College of Agriculture im Jahre 1974 durch Kreuzung von Chenin Blanc mit Trebbiano.

Welschriesling
Weißweinrebe/mittlere bis späte Reifungsperiode
Anbauländer u. a.: Albanien, Bulgarien, China, Italien, BR Jugoslawien, Kroatien, Mazedonien, Österreich, Rumänien, Slowakei, Slowenien, Tschechien, Ungarn.
Auch als **Riesling Italien** (F, RO), **Riesling Italico** (I, RO), **Riesli** und irreführend **Riesler** (A), **Weißfraneler** (Südtirol), **Laški Rizling** (SLO, Wojwodina), **Ljutomer Riesling** und **Ljutomer Rizling** (SLO), **Grassica** und **Riesling Italianski** (YU), **Welschrizling** und **Talianski (Italijanski) Rizling** (BG), **Grâsevina, Taljanska Grâsevina** und **Talijanski Rizling** (HR), **Olaszrizling** und **Olaszriesling** (H), **Rizling Vlassky** (SK), **Ryzlink Vlassky, Olasrizlink** und **Laski Rizlink** (CZ) bezeichnet.
Ergibt grüngelbe, säurebetonte, trockene, blumige, extraktarme Weine mit aromatischer Frische; sie ist großartig, wenn es im Prädikatsbereich um botrytis-betonte noble Süße geht. In der Jugend ist der Wein grün, später manchmal zart goldgelb. Welschriesling wird auch gerne zur Schaumweinherstellung herangezogen.
Nicht identisch mit dem „echten" Riesling und sollte nach Ansicht deutscher Fachleute als Welsch-Rizling bzw. Welschrizling bezeichnet werden, wie es bereits bei einer Reihe von Synonymen der Fall ist. Andere Schreibweise Wälschriesling.

Würzer
Weißweinrebe/mittlere Reifungsperiode
Anbauländer u. a.: Deutschland.
Ergibt feine, frische, fruchtige und würzige Weine mit manchmal intensivem Muskatbukett.
Neuzüchtung von Georg Scheu an der Landesanstalt für Rebenzüchtung in Alzey/Rheinhessen durch Kreuzung von Gewürztraminer mit Müller-Thurgau; der Name weist auf die würzige Weinart hin.

Xarello
Weißweinrebe/mittlere Reifungsperiode
Anbauländer u. a.: Spanien.
Auch als **Xarel-lo** und **Pansa Blanca** bezeichnet.
Die aus Katalonien stammende Rebe ergibt robuste, fruchtige und säurereiche Weine; wird großteils mit Parellada- und Macabeoreben zur Cavaherstellung verwendet. Die hellrote Variante heißt **Pansa Rosada.**

Xynisteri
Zypriotische Weißweinrebe, die in der Regel neutrale, bei überreifen Trauben sherryähnliche Weine liefert.

Xynomavro
Rotweinrebe
Anbauländer u. a.: Griechenland.
Ergibt rote, herzhaft kernige Weine mit hoher Säure. Wird auch zur Schaumweinherstellung verwendet. Andere Schreibweise Xinomavro.

Yapincak
Weißweinrebe in der Türkei; ist eine Spielart der → Sémillon; die aus ihr gekelterten Qualitätsweine sind goldgelb und besitzen ein feines Bukett.

Z

Zähringer
Weißweinrebe; Neuzüchtung des Staatlichen Weinbauinstituts in Freiburg im Breisgau durch Kreuzung von Traminer mit Riesling. Auch **Zühringer** genannt.

Zamela
Weißweinrebe in Südspanien.

Žametna Crnina
Rotweinrebe
Anbauländer u. a.: Kroatien, Slowenien.
Auch als **Žametovka, Kavžina** und **Blauer Kölner** bezeichnet. Die Rebe ist neben Kraljevina und Modra Frankinja im slowenischen Wein Cviček enthalten.

Zefir
Weißweinrebe in Ungarn; Neuzüchtung durch Kreuzung von Leányka mit Hárslevelü, die einen milden Wein liefert.

Zenit
Weißweinrebe; ungarische Neuzüchtung aus Bouvier mit Ezerjó, die frisch-fruchtige Weine liefert.

Zierfandler
Weißweinrebe/späte Reifungsperiode
Anbauländer u. a.: Österreich, Ungarn.
Auch als **Cirfandli** (H), **Roter Zierfandler** und **Spätrot** bezeichnet.
Ergibt hellgoldgelbe, harmonische, feurig-würzige, extraktreiche Weine mit feiner Säure und einem arteigenen Sortenbukett. Die Qualitätsunterschiede sind je nach Weinjahr sehr groß, die Skala reicht vom einfachen Wein bis zur kostbaren Spitzenqualität. Der Wein wird mit Rotgipfler, mit dem er auch im Mischsatz angebaut wird, zum Spätrot-Rotgipfler verschnitten; die Weine sind sehr gut haltbar.
Die österreichische Rebe, deren Herkunft unbekannt ist, ist eine Spezialität aus dem niederösterreichischen Gumpoldskirchen. Sie ist sehr frostempfindlich; geringe Erträge.

Žilavka
Weißweinrebe
Anbauländer u. a.: Bosnien und

Herzegowina, Kroatien, Mazedonien.
Ergibt gelbe bis grüngelbe, trockene, körperreiche Weine mit feinem Nussaroma.

Zinfandel

Rotweinrebe/mittlere Reifungsperiode
Anbauländer u. a.: Australien, Israel, Südafrika, USA.
Auch als **Kalifornischer Beaujolais** (CA), **Primativo** und **Primitivo** bezeichnet.
Ergibt rubinrote, abgerundete, würzige, dem Beaujolais ähnliche Weine; oft recht alkoholreich. Gelegentlich werden sie mit großem Erfolg auch weiß ausgebaut oder im White Zin als ganz heller Rosé. Manchmal haben Zinfandelweine ein leichtes Himbeeraroma und werden zum Verschneiden oder für Sparkling Wines verwendet.
Die Rebe soll von der italienischen Primitivorebe abstammen.

Zlahtina

Weißweinrebe in Kroatien, liefert z. B. Weine von der Insel Krk.

Zweigelt

Rotweinrebe/mittlere bis späte Reifungsperiode
Anbauländer u. a.: Österreich, Ungarn.
Auch als **Blauer Zweigelt, Zweigeltrebe** und **Rotburger** bezeichnet.
Ergibt hell- bis mittelrote (vereinzelt intensiv rote), gefällige, fruchtige und rassige Weine, die mit zunehmender Reife zu milden Weinen mit fruchtigem Sortenbukett werden. Die Sorte ist eine Kreuzung von Blaufränkischem mit St. Laurent; sie ist sehr widerstandsfähig gegen Frost.
Den Namen erhielt die Rebe nach dem österreichischen Züchter Dr. Fritz Zweigelt von der Bundeslehr- und Versuchsanstalt für Wein- und Obstbau in Klosterneuburg.

Afghanistan – Ägypten – Albanien –
Algerien – Argentinien – **Australien**
– Belgien – Bolivien – Bosnien und Her-
zegowina – Brasilien – Bulgarien – Chile
– China – **Deutschland** – Ecuador –
Frankreich – Griechenland – Großbritann
en (und Jersey) – GUS-Staaten (Armenier
Aserbaidschan, Georgien, Kasachstan,
Kirgisistan, Moldawien, Russland, Tadsch
kistan, Turkmenistan, Ukraine, Usbekista
– Indien – Irak – Iran – Israel – **Italien** –
Japan – Jordanien – Jugoslawien (Motene
gro und Serbien mit Kosovo und Wojwo-
dina) – Kanada – Kolumbien – Kroatien
– Libanon – Liechtenstein – Luxemburg
– Malta – Marokko – Mazedonien – Mexi
ko – Neuseeland – **Österreich** – Paragua
– Peru – Portugal – Rumänien – Schweiz
– Slowakei – Slowenien – **Spanien**
– **Südafrika** – Südkorea – Syrien – Taiwan
– Tschechien – Tunesien – Türkei – Ungar
– Uruguay – **USA** – Venezuela – Zypern

WEINBAULÄNDER

DEUTSCHLAND

FRANKREICH

ITALIEN

ÖSTERREICH

SPANIEN

SÜDAFRIKA

USA

AFGHANISTAN

Im Hindukusch, im schluchtenreichen Hochgebirge im Nordosten Afghanistans, betrieb die Sekte der Ismaeliten Weinbau und es gab auch Weingärten entlang der Seidenstraße im Hunzatal. Im 19. Jahrhundert verlor der Weinbau seine Bedeutung und wurde erst Ende der 1960er Jahre bei Kabul wiederbelebt. Zu Beginn des Bürgerkrieges Anfang der 1980er Jahre gab es eine Rebfläche von etwa 50.000 Hektar, die jedoch hauptsächlich für die Produktion von Tafeltrauben und Rosinen genutzt wurde.
Einheimische Rebsorten sind Abjouch, Gholadan, Hossieini und Kalili bei den weißen Sorten sowie Kandahari, Mohoka, Saibi und Taifi bei den blauen Trauben.
Die Rebflächen liegen in einer Höhe von 2.000 Metern. Durch den jahrzehntelangen Bürgerkrieg und die Machtübernahme der Taliban, die den Handel mit Wein im Jahre 1992 unter Strafe stellten, ist die Produktion von Wein zum Erliegen gekommen.

ÄGYPTEN

Statistische Daten

- Gesamtrebfläche etwa 45.000 Hektar.
- Jährliche Gesamtproduktion rund 27.000 Hektoliter.

Geschichte

Ägypten war bereits während der pharaonischen Epoche ein bekanntes Weinanbaugebiet. Im Norden des Landes wurden und werden Weiß- und Rotweinsorten angebaut. Die Firma Egyptian Vineyards Gianaclis in Abu Hummus, die bereits 1880 gegründet wurde, ist heute noch tonangebend für den ägyptischen Weinbau.

Klima und Böden

Die Anbaugebiete liegen im Nildelta. Besonders die Umgebung von Alexandria ist für ihre guten Lagen und den süffigen Wein bekannt. Der sandige Lehmboden und das heiße Klima machen eine künstliche Bewässerung nötig. Im Süden des Landes scheitert der Weinbau an der zu starken Sonneneinstrahlung.

Rebsorten und Weine

Die angebauten Weißweinsorten sind Chasselas, Colombard, Muscat und Palomino. Für die Rotweinerzeugung werden die Sorten French Pinot, Grenache, Cabernet Sauvignon und Gamay verwendet. Die daraus erzeugten Weine sind:
Weißweine: Village (gängigste Marke), Ptolemeia und Abaraka (Süßwein).
Roséwein: Rubis Egypt.
Rotweine: Omar Khayyam (sehr beliebt) und Pharaon.

Gesetz

Da es sich bei Ägypten um ein muslimisches Land handelt, ist der Traubenanbau zwar gestattet, er beschränkt sich jedoch auf Tafeltrauben. Für den Anbau von Weintrauben zur Erzeugung von Traubensaft und Wein bedarf es einer staatlichen Genehmigung. Einziger Träger einer solchen Lizenz ist die oben erwähnte Firma Gianaclis. Sie erzeugt und vertreibt alle ägyptischen Weine.

ALBANIEN

Statistische Daten

- Gesamtrebfläche rund 5.300 Hektar.
- Jährliche Gesamtproduktion rund 250.000 Hektoliter.

Geschichte

Albanien verbindet mit der Kultivierung der Weinrebe eine sehr lange Tradition, die bis ins 8. Jahrhundert v. Chr. zurückgeht. Frühe römische Autoren nennen Illyrien, das heutige Albanien, als Herkunftsland einer nach Italien eingeführten ertragreichen Rebsorte. Aufgrund der jahrzehntelangen Isolation Albaniens ist die Weinproduktion teilweise noch auf einem sehr niedrigen Standard und die Weinerzeugung hat nur geringe Bedeutung. Durch eine fortschreitende Privatisierung der Kellereien und vermehrte Investitionen in neue Technologien seit 1992 scheint die Zukunft des albanischen Weinbaus wieder aussichtsreicher.

Klima

Milde Winter und trockene, sonnenreiche Sommer prägen das Klima der Küstenregionen. In den höheren Lagen des gebirgigen Landesinneren herrschen gemäßigte kontinentale Bedingungen.

Böden

Die Böden sind karg, sehr steinig und haben nur wenig Krume.

Rebsorten

Hauptrebsorten für Weißweine
Shesh i bardhe, Reisling (Riesling), Sernen Moskat, Mereshnik, Delvine, Seren i bardhe, Mavrud.

Hauptrebsorten für Rotweine
Vlosh, Shesh i Zi, Pamid, Barbera, Merlot, Cabernet Sauvignon, Kallmet, Seren i Zi, Prokupac, Pula, Debine e Zeze.

Albanien grenzt im Norden und Osten an das ehemalige Jugoslawien, im Süden ist Griechenland der Nachbar. Da die meist weit verstreuten, kleinen, privaten Weingartenflächen oft nur geringe Mengen einfacher Traubenqualitäten liefern, werden Weine und auch Trauben aus den Nachbarländern importiert. Vier Weinbauzonen sind zu nennen:

Meereszone (niedrige Zone)
Die Weingärten liegen in einer Höhe bis zu 300 Meter über dem Meer, und zwar um die Städte Tirana, Durres, Shkodra, Lezha, Lushnja, Fier, Vlora und Delvina.

Hügelzone (mittlere Zone)
Weinbau wird auf Höhen zwischen 300 und 600 Metern über dem Meer betrieben, hauptsächlich um die Städte Elbasan, Kruja, Gramsh, Berat, Permet, Librazhd und Mirdita.

Gebirgszone (höhere Zone)
Die Anbaugebiete befinden sich in Lagen zwischen 600 und 800 Metern. Zu nennen sind die Orte Pogradec, Korca, Leskovik, Peshkopi und Gjirokastra.

Gebirgszone (hohe Zone)
Die Rebflächen liegen in diesem Teil der Gebirgszone zwischen 800 und 1.000 Meter Seehöhe.

Insgesamt werden in Albanien Weiß-, Rot-, Dessert- und Schaumweine sowie Tafeltrauben und Rosinen erzeugt. Ein Teil der Ernte wird auch zum Nationalgetränk Raki destilliert, das in Albanien eine Art Grappa ist. In der Türkei ist mit Raki ein Anisée gemeint.

Die Dessertweine (Kagor) werden, ähnlich einem Marsala, im Süden Albaniens in der Umgebung von Sarande hergestellt.

Die bekanntesten Betriebe sind u. a.:

In Ballsh
Kantine Hodo.

In Berat
Kantine Durro, Shpiragu und Luani.

In Delvina
Kantine Delvine: geringe Produktivität, vorwiegend Merlotweine.
Kantine Albion.

In Durres
Kantine Rashbull: seit dem Jahr 2000 privatisiert; Weine sind Riesling, Merlot, Shesh und Cabernet Sauvignon.
Kantine Sukth und Enisa.

In Fier
Kantine Kristal, Dafa, B Permeti und Sara.

In Gjirokastra
Kantine Boukas: bekannt für gute Weinqualitäten aus den Sorten Tokai, Merlot und Shesh.

In Kelcyre
Kantine Metushi, TS Skenderbej Mitro Kano (Suke) und Aneksi (Hodo).

In Klos
Kantine J Fejza.

In Korca
Kantine Rilindja: erzeugt Weine aus den Sorten Merlot, Cabernet Sauvignon, Riesling und Tokai sowie einen Raki Muskat.
Kantine Shqiponja ne Moglice.

In Kukes
Kantine Kukes: hat nur lokale Bedeutung; erzeugt auch einen Pflaumen-Raki.

In Leskovik
Kantine Ludhi Mici: erzeugt vor allem Weine aus den Sorten Riesling, Mavrud und Pinot Noir sowie einen Raki.

In Lezha
Kantine Lezhe: im Jahr 2000 modernisiert.

In Librazhd
Kantine Librazhd: erzeugt Weine aus den Sorten Tokai, Shesh und Cabernet Sauvignon sowie einen Raki aus Muskattrauben.

In Lushnja
Kantine Marku und AK.

In Permet
Kantine Dori.

In Shkodra
Kantine Shkodra: vor 1990 die größte Kellerei Albaniens. Sie wurde privatisiert und erzeugt einfache Weine vorwiegend aus importierten Trauben.
Kantina Egerci, Ulqini, Kaloshi und Vata.

In Skrapar
Kantine Prishta.

In Tepelene
Kantine Metushi.

In Tirana
Kantine Tirane: erzeugt Weine aus Shesh- und Merlottrauben sowie einen Raki.
Kantine Fagero, Alfavo und Apollon 5.

ALGERIEN

Statistische Daten

- Zwei Weinbauprovinzen: Alger, Oran.
- Gesamtrebfläche rund 7.000 Hektar.
- Jährliche Gesamtproduktion rund 424.000 Hektoliter, davon etwa 20 Prozent Qualitätsweine (A.-O.-G.-Weine).

Geschichte

Das nordafrikanische Algerien hat eine alte Weinbautradition, bereits im Mittelalter kamen über Karthago die Weinreben nach Tunesien und weiter nach Algerien. Seit die Franzosen das Land kolonialisierten, wurde der Weinbau ausgebaut und modernisiert. Sie wollten Algerien zu einem Teil Frankreichs machen, doch 1954 brach ein Aufstand aus und 1962 wurde Algerien ein selbstständiger Staat. Nachdem sich die Franzosen zurückgezogen hatten, sind die Rebfläche und die Produktion auf einen Bruchteil ihrer Größe vor der Unabhängigkeit geschrumpft. Algerien ist ein muslimisches Land; es bleiben daher nur etwa zwei Prozent des erzeugten Weines im Inland. Der Rest wird zum Verschneiden als Deckwein zu günstigen Preisen exportiert.

Klima

Das Klima des Küstenstreifens am Mittelmeer und in den Tälern des anschließenden Hügellandes, wo Weinbau möglich ist, zeichnet sich durch trockene, heiße Sommer und milde, niederschlagsreiche Winter aus.

Böden

Die Böden sind kalk- und kieselhaltig. An der Küste findet sich fruchtbares Schwemmland.

Rebsorten

Hauptrebsorten für Weißweine
Aligoté, Clairette Blanche, Farranah, Muskateller, Sultanina, Ugni Blanc.

Hauptrebsorten für Rotweine
Alicante (Bouschet), Aramon, Cabernet Sauvignon, Carignan, Cinsault, Chasselas Noir, Grenache, Morrastél, Mourvèdre, Pinot Noir, Sirah. Die heimischen Sorten sind Hasseroum, Rafsai, Zerkhoum und Farhana.

Gesetz

Seit der Kolonialzeit gibt es in Algerien ein gut entwickeltes Qualitätsweinsystem. Sieben Zonen dürfen einen offiziell anerkannten Wein einer Appellation d'Origine Garantie (AOG) produzieren.

Weinbau wird auf einer Meereshöhe von 300 bis 800 Metern betrieben. Es werden hauptsächlich Rotweine, in geringer Menge auch Rosé-, Weiß- und Dessertweine hergestellt. Die besten Weingebiete sind in den Provinzen Oran und Alger, sowohl an der Mittelmeerküste als auch in den Gebirgslagen im Landesinneren. Oran ist die größte Weinbauprovinz mit hervorragenden Qualitätsweinen. Im A.-O.-G.-Gebiet Coteaux de Mascara werden die besten algerischen Rotweine produziert. Sie sind dunkel, kräftig und körperreich und weisen häufig ein kräftiges Eichenholzaroma auf. Auch die Weißweine sind von guter Qualität. Das A.-O.-G.-Gebiet Coteaux de Tlemcen reicht bis an die Grenze zu Marokko. Es werden Rot-, Weiß- und Roséweine von guter Qualität erzeugt. Insgesamt sind die Weine ziemlich stark und trocken. Andere Anbauzonen in der

Provinz Oran sind Ain-Temouchent, Ain-el-Turk, Sidibel-Abbés, Messarghin, La Sanca und Arzen sowie das A.-O.-G.-Gebiet Monts du Tessala.

In der Weinbauprovinz Alger gibt es einige kühle Berggegenden. Das geschätzte Gebirgsweinbaugebiet Miliana war bereits während der französischen Kolonialzeit für seine Qualitätsweine bekannt. Auch heute noch werden hier solide, kräftige Rotweine, Rosé- und Weißweine hergestellt. Das A.-O.-G.-Gebiet Médéa produziert ebenfalls bemerkenswerte Rotweine. Weitere A.-O.-G.-Gebiete in der Provinz Alger sind Ain-Bessem-Bouira und Coteaux du Zaccar, die recht ansprechende Weine liefern.

An der Grenze zwischen Oran und Alger sowie in Küstennähe liegen die Weinberge von Dahra. In Haut-Dahra werden rote und weiße A.-O.-G.-Weine erzeugt. Das Gebiet Mostaganem-Dahra teilt sich in vier Abschnitte, die starke Rot-, Rosé- und Weißweine produzieren.

Bekannte Weine

Die bekanntesten Rotweine des Landes, die einen Großteil der Qualitätsweinproduktion ausmachen, sind die so genannten Domaine-Weine bzw. die Château-Weine, und zwar:
Domaine El Bordj, Domaine Mamounia und Domaine Selatna (Coteaux de Mascara),
Domaine Sebra (Coteaux de Tlemcen),
Domaine Djendel und Roséwein Domaine Benchicao (Médéa),
Domaine Amourah (Coteaux du Zaccar),
Domaine Khadra (Dahra),
Cuvée du Président (Markenwein ohne Ursprungsangabe),
Château Romain,
Château Tellagh.

ARGENTINIEN

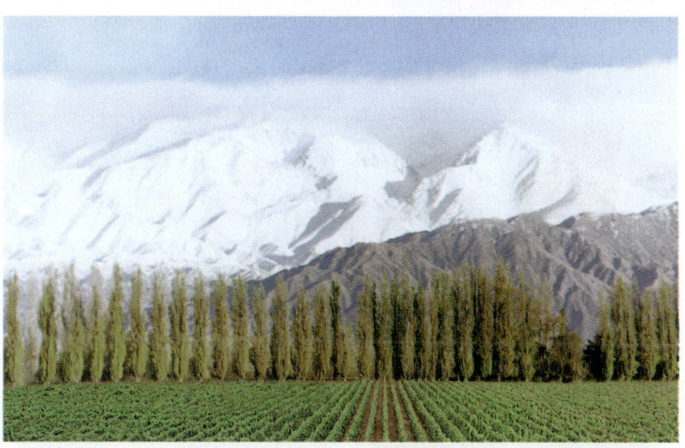

Weingarten der Bodegas Lopez, Maipú, im Hintergrund die Anden

Statistische Daten

- Sechs Hauptregionen: Mendoza, Salta, La Rioja, Catamarca, San Juan und Rio Negro; zwei weitere kleine Regionen sind in den Provinzen Córdoba und San Luis.
- Gesamtrebfläche rund 211.000 Hektar.
- Jährliche Gesamtproduktion rund 15,6 Mio. Hektoliter.
- Jährlicher Pro-Kopf-Verbrauch etwas unter 39 Liter.
- Fünftgrößtes Wein produzierendes und Wein konsumierendes Land der Welt.
- Etwa 1,1 Mio. Hektoliter werden exportiert, v. a. in die USA, nach Großbritannien, Japan und Deutschland.

Klima

Durch den Schutz der Andenkette ist das Klima von starker Trockenheit geprägt. Starke Unterschiede zwischen Tages- und Nachttemperaturen sowie viel Sonnenschein tragen zum typischen Aroma der Trauben bei. So werden Höhenlagen bis über 1.700 Meter genutzt, um der Hitze am Tag zu entgehen. Kühle nächtliche Temperaturen sorgen dafür, dass die tagsüber eingelagerten Aromen erhalten bleiben. Jährliche Niederschlagsmengen von 100 bis 400 Millimeter sind durchaus normal. Eine künstliche Bewässerung mit Andenschmelzwasser, das in einem umfangreichen Kanalsystem durch die Weingärten geleitet wird, ist unumgänglich.

Bolivien
Paraguay
Salta
Salta
Chile
Catamarca
Catamarca
La Riaja
La Rioja
Brasilien
San Juan
San Juan
Córdoba
San Luis
Mendoza
Córdoba
Maipú
Luján de
Cuyo
Uruguay
San Luis
Buenos Aires
San Rafael
Mendoza
Colorado
Negro
0
200
400 km
Rio Negro

Geschichte

Argentinien mit seiner spanisch-italienischen Geschichte ist ein Land mit einer ausgeprägten Weinkultur. Die Anfänge des Weinbaus gehen auf das Jahr 1556 zurück, als spanische Missionare die ersten Reben bei Santiago del Estero pflanzten. Die bis heute bei der Tafelweinerzeugung (Vinos Communes) dominierende Rebsorte Criolla soll von diesen in der Umgebung von Klöstern angelegten Weingärten abstammen. Der Weinbau im eigentlichen Sinne ist den spanischen Kolonialherren zu verdanken, die sich im Tal von Güentata niederließen und begannen, Wein zu produzieren. Ende des 16. Jahrhunderts wurden die Weinberge ausgedehnt und es entstand ein aufstrebender Industriezweig. Einer statistischen Erhebung zufolge wurden 1739 in der Provinz Mendoza auf einer Rebfläche von 66 Hektar rund 400.000 Liter Wein erzeugt.

Einen großen Fortschritt im Weinbau bedeutete die Einführung von Malbecreben durch Miguel Aimé Pouget. Die Traube fand in Argentinien ideale Anbaubedingungen vor. Der Erfolg mit der Rebe veranlasste viele Weinbauern, die Rebflächen auszubauen, wie z. B. Honorio Baquere in Godoy Cruz und Balbino Arizú in Luján de Cuyo (Zona Alta del Rio Mendoza) sowie Villa Atuel (San Rafael).

Bedingt durch den Einfluss spanischer und italienischer Einwanderer nahm der Weinbau im Gebiet von Mendoza gegen Ende des 19. Jahrhunderts einen enormen Aufschwung. 1887 sind bereits 2.693 Hektar Rebfläche in der Provinz Mendoza dokumentiert. Obwohl der Anbau der heimischen Criollatraube stark überwog, fanden von den eingeführten Sorten die französischen Trauben Cabernet Sauvignon und Pinot Noir immer mehr Zuspruch. Nach dem Ersten Weltkrieg importierte Argentinien verstärkt Weinreben aus Italien, Frankreich und Spanien. Das Land entwickelte sich in den darauf folgenden Jahrzehnten zum viertgrößten Weinproduzenten der Welt. In den 1970er Jahren ging die Haupttendenz zu einer Massenproduktion von billigem Tafelwein. Die Produktionsfläche erreichte 1977 ihren Höchststand mit 350.700 Hektar. In den 1980er Jahren fand eine Umorientierung zu qualitativ höherwertigen Weinen verbunden mit einer Reduktion der Anbauflächen statt.

Mit dem Einzug der Demokratie in Argentinien machte auch die Weinproduktion einen raschen Wandel durch. Große Investitionen von ausländischen Firmen konnten den Qualitätsstandard erhöhen. Die für den Export interessanten Weine stammen heute von einer neuen Generation, und zwar aus Bodegas, die mit jedem Jahrgang an Kompetenz gewinnen und besonders aufgrund der allgemeinen internationalen Erfolge ab dem Jahrgang 1996 großes Ansehen erreichten.

Böden

Sandige Böden mit Steinen und Geröll sind besonders in der Piedmont-Zone in der Region Mendoza vorherrschend. Je weiter man sich von dieser Region entfernt, desto lockerer werden die Böden. Obwohl die Böden ähnliches Ausgangsgestein in den Anbaugebieten aufweisen, finden sich in den Rebanlagen Parzellen mit eigener Charakteristik. Insgesamt beeinflussen die mineralhaltigen Böden die argentinischen Weine nachhaltig.

Rebsorten

Hauptrebsorten für Weißweine
Chardonnay, Chenin Blanc, Sauvignon Blanc, Pinot Blanc, Pinot Gris, Ugni Blanc, Sémillon, Riesling, Tocai Friulano, Traminer, Torrontés, Pedro Ximénez, Moscatel, Criolla, Cereza, Criolla Chica, Criolla Grande.

Hauptrebsorten für Rotweine
Malbec, Cabernet Sauvignon, Cabernet Franc, Merlot, Pinot Noir, Carignan, Petit Verdot, Tannat, Bonarda, Syrah, Barbera, Nebbiolo, Sangiovese, Tempranillo.

Gesetz

Das argentinische Weingesetz nennt folgende Qualitätsstufen:

Vinos de Corte
Sind Weine, die ausschließlich für den Verschnitt bestimmt sind. Mindestwerte für Alkohol-, Säure- und Extraktgehalt.

Vinos Communes (Tafelweine)
Diese in großen Mengen erzeugten Weine müssen gewisse Richtwerte für Alkohol-, Säure- und Extraktgehalt aufweisen. Auf Qualität, Herkunft (Lagenanforderung), Jahrgang und Reinsortigkeit wird kein Wert gelegt. Sie werden in großen Glasbehältern verkauft. Für Vinos Communes sind folgende, meist einheimische Rebsorten zugelassen: Criolla Grande, Criolla Chica, Pedro Ximénez, Cereza, Bonarda, Petit Verdot, Tempranillo und Malbec. Vinos Communos sind jung zu trinken.

Vinos Finos (Qualitätsweine)
Diese Weine unterliegen strengeren Kontrollen durch das Instituto Nacional de Vitivinicultura.
Folgende Anforderungen sind zu erfüllen:

- Aufzeichnungen über Herkunft, Rebziehung, Erntemethoden, Sorte und Weinbehandlung.

- Analytische und organoleptische Prüfung, Mindest- und Höchstwerte für die Weininhaltsstoffe.
- Voraussetzungen bezüglich Vinifikation und Lagerung.

Die Übereinstimmung mit den festgelegten Qualitätsbedingungen wird regelmäßig vom argentinischen Weininstitut überprüft.

Kategorie A
Es handelt sich dabei meist um fruchtige, leichte Weiß-, Rosé-, manchmal auch Rotweine, die eher reduktiv und sortentypisch schmecken. Die Lagerung soll sechs bis zwölf Monate dauern. Nach der Flaschenfüllung muss außerdem sechs Monate bis zum Verkauf gewartet werden.

Kategorie B
In diese Kategorie gehören die besten Weißweine und die hochwertigsten Rotweine. Ernteüberprüfung, biologischer Säureabbau und Lagerung in Holzfässern von mindestens einem Jahr werden überprüft. Nach der Abfüllung muss der Wein mindestens drei Jahre in der Flasche lagern.

Die wichtigsten Rebsorten für die Vinos Finos sind bei den Rotweinen: Cabernet Sauvignon, Cabernet Franc, Pinot Noir, Malbec, Merlot, Syrah, Barbera und Nebbiolo. Bei den Weißweinen: Chardonnay, Sémillon, Pinot Gris, Pinot Blanc, Sauvignon Blanc und Riesling.

Qualitätsweine, die als Regionalweine bestimmter Provinzen (La Rioja, San Luis, Catamarca, Córdoba oder Salta) verkauft werden, müssen zu 100 Prozent aus dem Weinbaugebiet stammen und auch dort abgefüllt worden sein.

D.-O.-C.-Weine (Denominacione de Origen)
Die Klassifikation ist noch im Aufbau begriffen. In einigen Distrikten wurde sie bereits eingeführt, und zwar in:
Mendoza: Distrikt Luján de Cuyo, San Rafael, Maipú, Tupungatotal.
La Rioja: Valles de Famatina (Famatina-Täler).
San Juan: Pedernaltal.

Die argentinische Weinbauzone erstreckt sich am Fuße des Osthanges des Andenmassivs über mehr als 2.000 Kilometer zwischen dem 22. und dem 40. südlichen Breitengrad. Die meisten Weingärten liegen in einer Höhe zwischen 1.700 Meter im Norden (an einer Stelle sogar auf 2.400 Meter) und 300 Meter im Süden. Zentrum der Weinproduktion ist die Provinz Mendoza, von hier kommen über 72 Prozent der argentinischen Weine, gefolgt von San Juan mit rund 20 Prozent. Auf die Gebiete La Rioja, Salta, Catamarca und Rio Negro verteilen sich die restlichen acht Prozent.
Im argentinischen Weinbau ist ein eindeutiger Trend in Richtung

Qualitätswein- und Qualitätsschaumweinerzeugung festzustellen. Aufgrund der günstigen klimatischen Bedingungen können die Rebkulturen weitgehend biologisch bewirtschaftet werden. Die Behandlung der Reben, z. B. gegen Mehltau, ist nur in geringem Umfang nötig, da das trockene Klima Schimmelpilze und bakterielle Schädlinge kaum entstehen lässt. In den meisten Jahren muss auch nicht gegen die Graufäule behandelt werden, da durch die intensive Sonneneinstrahlung und die lockere Auspflanzung der Rebflächen der Botrytis keine Existenzmöglichkeit gegeben wird. Im Allgemeinen benötigen die Weinbaubetriebe keine Insektizide, Pestizide oder Fungizide, um die Rebstöcke gesund zu erhalten. Da die Bewässerung großteils mit Wasser aus den Andenflüssen erfolgt, werden den bereits mineralischen Böden noch weitere Mineralstoffe zugeführt. Gedüngt wird daher lediglich mit Guano und Gründüngung.

MENDOZA

Cosechadores der Bodegas Lopez, Maipú

In der Provinz Mendoza werden auf rund 144.000 Hektar Rebfläche mehr als 72 Prozent der jährlichen argentinischen Weinmenge produziert. In den letzten Jahrzehnten hat sich die Weinindustrie durch Verbesserungen des Ausgangsmaterials und durch technische Investitionen in den Kellereien erheblich weiterentwickelt. In der Weinbauregion Mendoza ist es sehr trocken, daher befinden sich die Anbauflächen, Oasen ähnlich, nahe den Flüssen, die das nötige Wasser zur Bewässerung liefern. Teilweise wird auch Wasser aus bis zu 300 Meter tiefen Brunnen verwendet.

50 Prozent der Rebfläche sind mit Sorten geringer Farbintensität bepflanzt (z. B. Criolla Grande, Cereza, Moscatel Rosé) und zumeist für die Herstellung von Most sowie billigem Weißwein (Blanco

Escurrido) bestimmt. Rote Rebsorten mit hoher Farbintensität, wie Barbara, Bonarda, Cabernet Sauvignon, Malbec, Merlot, Pinot Noir, Sangiovese, Syrah/Shiraz und Tempranillo machen 25 Prozent aus. Weitere 25 Prozent der Rebfläche sind mit Chardonnay, Chenin Blanc, Muscat Blanc, Pedro Ximénez, Riesling, Sauvignon Blanc, Sémillon, Tocai Friulano, Torrontés und Ugni Blanc bepflanzt.

Die **nördliche Flussregion,** auch „Erste Zone" genannt, weist günstige Voraussetzungen für den Weinbau auf. Sie umfasst die Departamentos Godoy Cruz, Guaymallén, Luján de Cuyo und Maipú. Das Klima variiert von kühl-gemäßigt im Süden bis warm-gemäßigt im Norden. Die Temperaturen und die alkalischen Lehmböden begünstigen eine optimale Traubenreife. Bewässerungswasser wird dem Fluss Mendoza entnommen. Luján de Cuyo ist das erste D.-O.-C.-Gebiet Argentiniens (1993). Hier wird Weinbau auf über 850 Meter in der übergreifenden Weinbauzone Piedmont betrieben. Die zweite Appellation ist Maipú.

Die Weinberge der **oberen Flussregion,** ebenfalls im Piedmont gelegen, befinden sich auf einer Höhe von 650 bis 1.060 Meter. Auch sie wird vom Fluss Mendoza bewässert. Aufgrund der guten Böden und der hervorragenden klimatischen Bedingungen (Durchschnittstemperatur 15 °C) ist sie das wichtigste Gebiet für die Erzeugung von Qualitätsweinen in Argentinien. Die höchsten Lagen, wie Las Compuertas, Perdriel und Vistalba, weisen die niedrigsten Temperaturen auf. In tieferen Tallagen steigt die Temperatur und somit kommt es zum Entstehen bestimmter Terroirs. Die klimatischen Bedingungen begünstigen die Farb- und Tanningewinnung, sodass die Weine ein ausgesprochen gutes Reifepotenzial besitzen.
Rund 30.000 Hektar Rebfläche teilen sich 360 Weinerzeugerbetriebe. Die vorherrschende Rebsorte ist Malbec. Weiters werden Cabernet Sauvignon, Merlot, Syrah und Sangiovese zu besten Qualitäten mit Reifung im Eichenfass verarbeitet. Neben Tocai Friulano, Riesling, Chardonnay und Sauvignon Blanc scheint Sémillon am besten für höher gelegene Lagen geeignet zu sein.

Die **östliche Flussregion** liegt auf dem 33. Breitengrad und ist der größte Weinproduzent der Provinz Mendoza. Das 60.000 Hektar große Anbaugebiet umfasst die Departamentos Junín, La Paz, Rivadavia, San Martin und Santa Rosa. Die Weinbauflächen liegen auf Höhen zwischen 640 und 750 Meter. Das warme Klima zeichnet sich durch eine Vegetationsperiode von mehr als 210 Tagen aus, was eine gute Reife der Trauben erlaubt. Die Böden sind tiefgründige, zumeist sandige Lehmböden oder sandige Schwemmlandböden mit hohem Kalkgehalt. Das Bewässerungswasser kommt von den Flüssen Tunuyán und Mendoza sowie aus Brunnen. Das Gebiet zeichnet sich durch große Fortschritte in der Rebkultivierung, beim Bewässerungssystem durch Tropfbewässerung sowie in der Kellertechnik aus. Die östliche Flussregion produziert vor allem Tafelweine, Most, Mostkonzentrat und Rosinen, aber auch Qualitätsweine. Die verwendeten Rebsorten sind Pedro Ximénez, Ugni Blanc, Barbera, Bonarda, Cereza, Criolla Grande, Malbec, Merlot, Moscatel de Alejandria, Sangiovese, Syrah und Tempranillo.

Die **südliche Flussregion** umfasst die Departamentos General Alvear und San Rafael und liegt am Fuße der Anden auf einer Höhe von 450 bis 800 Meter. Etwa 30.000 Hektar sind bepflanzt, die jährliche Durchschnittstemperatur liegt bei 15 °C. Die Böden sind alluvialen Ursprungs und haben einen hohen Kalkanteil. Die Rebflächen werden von den Flüssen Atuel und Diamante bewässert. Sehr hochwertige Weine bringen die Rebsorten Chenin Blanc, Pedro Ximénez, Bonarda, Cabernet Sauvignon, Malbec und Tempranillo hervor. Das einzige D.-O.-C.-Gebiet heißt San Rafael.

Das **Uco-Tal** liegt südwestlich der Stadt Mendoza zwischen dem 33. und 34. Breitengrad und wird aus den Ausläufern der Anden sowie der Huayquerias-Zone gebildet. Es umfasst die Departamentos San Carlos, Tunuyán und Tupungato. Etwa 8.000 Hektar sind bepflanzt. Es wird zwischen drei Zonen unterschieden, und zwar den Huayquerias (Kette von kleinen Bergen mit Höhen zwischen 50 und 1.200 Metern), der Huarpes Depression und der Andenkette. Die Fruchtbarkeit der Böden ist gering. Das Klima kann als gemäßigt eingestuft werden, der Anbau von früh und auch spät reifenden Sorten ist möglich. Für die Bewässerung wird das Wasser aus dem Tunuyán-Fluss sowie seinen Zuläufen entnommen. Weiße Hauptrebsorten sind Chardonnay, Chenin Blanc, Pedro Ximénez, Sémillon und Torrontés Riojano. Sémillon ist die qualitativ hochwertigste Rebsorte, die hier viel Frucht und feine Säuren entwickelt. Die roten Hauptrebsorten sind Barbera, Bonarda, Cabernet Sauvignon, Malbec, Merlot, Sangiovese und Tempranillo. Die Weine aus den Malbectrauben sind im Tupungatotal von besonderer Qualität. Sie haben meist einen höheren Säuregehalt. Das Tupungatotal weist eine D.-O.-C.-Klassifikation auf.

Bekannte Erzeuger

Arizú Leoncio/Luigi Bosca	Die gut eingeführte und angesehene Firma in Luján de Cuyo hat rund 400 Hektar Eigenbesitz. Sie erzeugt die hervorragenden Luigi-Bosca-Weine aus Malbec-, Cabernet- und Syrahtrauben. Weiters stehen Weine aus den Sorten Chardonnay, Sauvignon Blanc, Riesling und Pinot Noir im Programm. Neben der Marke Luigi Bosca tragen die Weine die Namen Señor del Robledal, Léon de Unzué und Langent.

Bodega Esmeralda/ Bodegas Catena	Großes Weingut in Junín, das 1966 von der Familie Catena Zapata erworben wurde. Es gilt als Argentiniens Exportpionier. Die besten Weine stammen aus der Bodega Esmeralda. Die Chardonnays und ein Cabernetverschnitt können Geschmacksnoten aufweisen, die feinen Weinen aus dem Sonoma- und Napa-Valley ähneln. Die Malbecweine zählen zu den besten Argentiniens.
Bodega Lavaque	Weingut in San Rafael, gegründet 1889; durch den Kauf von Michel Torinos Bodega la Rosa in Cafayate im Jahre 1993 Vergrößerung der Rebflächen. Die Weine werden aus Chardonnay, Ugni Blanc, Cabernet Sauvignon, Malbec, Merlot und Pinot Noir gekeltert, wobei das Weingut bei den Malbecweinen qualitätsführend in ganz Argentinien ist. Die Standardqualitäten werden unter der Marke Lavaque, die Prestigeweine unter dem Namen Félix Lavaque vermarktet.
Bodega Navarro Correas S. A.	Drei Weinbaubetriebe in Correas mit beachtlichen Weinen aus den Sorten Malbec, Pinot Noir, Syrah und Sauvignon Blanc sowie Rieslingschaumweinen und -spätlesen.
Bodega Norton	Weingut in Luján de Cuyo mit einer Rebfläche von 520 Hektar, 1895 von Edmund James Palmer Norton gegründet; heute im Besitz der österreichischen Familie Langes-Swarovski. Norton zählt zu den führenden Betrieben in Argentinien und exportiert nach Europa und Asien. Die verarbeiteten Hauptrebsorten sind Chardonnay, Sauvignon Blanc, Riesling, Sémillon und Torrontés (weiß) sowie Cabernet Sauvignon, Malbec, Merlot, Syrah und Sangiovese (rot). Die Weine werden reinsortig und als Cuvée, teilweise mit ausgeprägtem Eichenholzton, ausgebaut. Weißweine lagern bis zu 12 Monaten im Holz, Rotweine bis zu 18 Monaten. Zu den besten Rotweinen zählen der kräftige Malbec und der elegante Prestigewein Norton Privada (aus Merlot, Cabernet Sauvignon und Malbec). Weitere Marken sind Norton Clássico, Dalton und Pedriel Centenario (Sekt). Im Export tragen die Weine die Namen Norton und Norton Privada.
Bodega Pascual Toso	Kleiner Familienbetrieb in San José, der v. a. durch den Cabernet Toso bekannt ist. Weiters sind Rieslinge und Schaumweine nach der klassischen Methode im Angebot.

Bodega Proviar	Weingut in Mendoza. Unter Aufsicht des Champagnerhauses Moët & Chandon entstehen Champaña (Schaumweine), die Spitzenmarke heißt Baron B. Weiters wird ein milder, leichter Weißwein mit dem Namen Castell Chandon aus Sauvignon Blanc, Sémillon und Ugni Blanc gekeltert.
Bodega Santa Ana	Kleines, alteingesessenes Familienweingut in Guaymallén mit einer Rebfläche von 75 Hektar. Es wurde 1891 von Luis Turisso gegründet und 1996 von Viña Santa Carolina gekauft. Die verwendeten Hauptrebsorten sind Chardonnay, Chenin Blanc, Sauvignon Blanc, Pinot Gris, Torrontés, Syrah, Merlot, Malbec und Cabernet Sauvignon. Viele Weine werden in französischen und amerikanischen Eichenholzfässern ausgebaut. Bekannte Marken sind Santa Ana, Casa de Campo und Rincón del Sol sowie Villeneuve für einen Schaumwein aus Chardonnay- und Chenin-Blanc-Trauben. Zu den Prestigeweinen zählen der Santa Ana Cepa Privadas Cabernet Sauvignon und der Chardonnay.
Bodega San Telmo	Großer, moderner Konzern in Maipú; die ersten Rebflächen wurden 1973 ausgepflanzt. Es werden Weine nach kalifornischem Vorbild aus den Sorten Chardonnay, Chenin Blanc, Cabernet Sauvignon und Malbec hergestellt.
Bodega Sutter	Weingut in San Rafael, im Jahre 1900 vom Schweizer Otto R. Sutter gegründet. Auf den Lagen Las Paredes, Canada Seca und El Cerrito werden die Sorten Chardonnay, Chenin Blanc, Pinot Blanc, Pinot Gris und Sémillon sowie Cabernet Sauvignon, Malbec und Merlot angebaut. Der Chenin Blanc mit dem Namen Etiqueta Marrón ist führend bei den feinen argentinischen Weißweinen. Die Spitzenmarke für Rotwein heißt JS. Sutter erzeugt auch die Schaumweine Extra Brut und Demi-Sec nach der klassischen Methode.
Bodega Weinert	Kleiner, moderner Weinbaubetrieb in Luján; Hauptrebsorten sind Cabernet Sauvignon, Malbec, Sémillon, Merlot und Chardonnay. Bekannt sind v. a. die Rotweine Cavas de Weinert (Cuvée aus Cabernet Sauvignon, Merlot und Malbec) und Carrascal.
Bodegas Balbi – Maison Calvet	Tochterbetrieb von Allied Domecq in San Rafael. Das Weingut ist ein populärer Erzeuger von Chardonnay, Malbec und Cabernet Sauvignon.

Bodegas Chandon S. A.	Weingut in Luján de Cuyo, gegründet 1960 und im Besitz des Champagnerhauses Moët & Chandon. Die erzeugten Schaumweine gehören zu den meistgeschätzten Südamerikas und werden als Brut Nature, Extra Brut, Demi-Sec und Rosé verkauft. Es werden auch Stillweine aus den Sorten Chardonnay, Malbec, Merlot, Syrah und Cabernet Sauvignon vinifiziert, die teilweise in Eichenholzfässern ausgebaut werden. Die Marken des Hauses sind Baron B, Chandon, Castel Chandon, Kleinburg Clos du Moulin, Paul Galard, Comte de Valmont und Beltour.
Bodegas La Rual	Historische Bodega in Maipú mit 250 Hektar Rebfläche. Bekannt sind die Chardonnay-, Malbec- und Merlotweine.
Bodegas Lopez	Altes Weingut mit 1.000 Hektar in Maipú, Luján de Cuyo und Tupungato, spezialisiert auf Rotweine. Lopez ist berühmt durch den beständigen Château Montchenot (im Export: Don Federico). Merlot und Malbec gelten als die besten seiner fassgereiften Rotweine. Der Cabernet Château Vieux geht als Casona Lopez in den Export.
Bodegas Nesman S. A.	Weingut in Mendoza, gegründet 1919. Auf rund 300 Hektar Rebfläche werden etwa 4 Mio. Liter Wein aus den Sorten Chardonnay, Chenin Blanc, Sémillon, Torrontés, Cabernet Sauvignon und Malbec erzeugt. Bekannte Weine sind u. a. Nesman Cabernet Sauvignon Sarmiento, Nesman Cabernet Sauvignon/Malbec Sarmiento, Nesman Chenin/Chardonnay 25 de Mayo und Nesman Chardonnay 25 de Mayo.
Bodegas Peñaflor S. A.	Größtes Weinbauunternehmen des Landes mit vier modernen Bodegas, 1.400 Hektar Rebfläche und einem riesigen Weinprogramm. Die Bodega **Trapiche** ist der Spitzenbetrieb des Unternehmens, das vom Besitzer Carlos Pulenta geleitet wird. Am bekanntesten sind der Trapiche Medalla und der Trapiche Millenum. Der Zweitwein heißt Andean Vineyards. Das Sortenweinprogramm umfasst u. a. Merlot, Malbec, Cabernet Sauvignon, Pinot Noir, Chardonnay und Torrontés, ferner die Auslese „Oak Cask“ sowie Cabernet Rosé. Weiters sind Weine von einheimischen Rebsorten und ein exzellenter Sauvignon Blanc aus dem Tupungatotal im Verkauf.

Casa Vinícola Nieto & Senetiner

Einer der fortschrittlichsten Betriebe in Mendoza. Die Weine aus den Sorten Chardonnay, Cabernet Sauvignon, Merlot und Malbec haben internationales Niveau. Viña de Santa Isabel ist die Exportmarke für Weine aus Chenin Blanc, Torrontés, Cabernet Sauvignon, Malbec, Barbera und Syrah. Weitere bekannte Weine sind Cabernet Sauvignon Val de Vistalba und DOC de Luján de Cuyo-Malbec Cadus sowie ein Merlot-Roséwein und der Schaumwein Tête de Cuvée.

Etchart

Bodega in den Regionen Mendoza und Salta mit guten Chardonnays und Chenin Blancs. Das Weingut mit 265 Hektar Rebfläche wurde 1975 gegründet und befindet sich heute in Besitz der Firma Pernot-Ricard. Mit modernster Technologie und internationalen Beratern werden Cuvées und reinsortige Weine aus Chardonnay, Chenin Blanc, Torrontés, Cabernet Sauvignon, Merlot und Malbec erzeugt. Der Cabernet Sauvignon und der Verschnittwein „Arnaldo B. Etchart“ aus Salta zählen zu den führenden Weinen Argentiniens. Exportmarken sind Etchart und Rio de Plata.

Finca Filchman

Weingut in Maipú mit einer Rebfläche von 220 Hektar, 1910 von Sami Flichman gegründet. Heute gehört es dem portugiesischen Unternehmen Sograpé. Der Schwerpunkt wird auf Sortenweine mit und ohne Barriqueausbau gelegt, und zwar aus den Sorten Pedro Ximénez und Torrontés (Argenta-Serie), Chardonnay, Chenin Blanc, Riesling, Malbec, Tempranilla, Merlot und Cabernet Sauvignon (Caballero de la Cepa) sowie Syrah. Die Flichman-Weine sind in der Regel leichte, frische und preiswerte Qualitätsweine. Darüber hinaus wird auch der „Aberdeen-Angus“ erzeugt, der rote Grillwein des argentinischen Viehzuchtverbandes.

Goyenechea Y CÍA.

Der Familienbetrieb wurde 1868 von den Brüdern Santiago und Narcisco Goyenechea in San Rafael gegründet, besitzt heute zirka 300 Hektar und wird von Alberto Goyenechea geführt. Es werden ausgezeichnete Weißweine (DOC San Rafael) aus Chardonnay, Chenin Blanc und Tocai Friulano sowie gut strukturierte Rotweine mit ausgewogenen Eichenholzaromen aus Cabernet Sauvignon, Merlot und Syrah erzeugt. Die Marke heißt Goyenechea Marqués del Nevado.

La Agrícola	Das von José Alberto Zuccardi 1963 gegründete Weingut besitzt moderne Produktionsanlagen in Maipú und Santa Rosa. Für die Weißweinerzeugung werden Chardonnay, Sauvignon Blanc, Chenin Blanc, Ugni Blanc und Torrontés, für die Rotweine Cabernet Sauvignon, Sangiovese, Bonarda, Tempranillo, Pinot Noir, Malbec und Syrah verwendet. Santa Julia ist eine bekannte Marke für Weiß- und Rotweincuvées.
Martins Domingos	Neues Weingut mit 55 Hektar Rebfläche in Mendoza. Produziert beachtliche Cabernet-Sauvignon-, Merlot-, Malbec- und Chardonnay-Weine.
Orfila	Familienbetrieb in San Martin mit einer Rebfläche von rund 270 Hektar. Die verwendeten Hauptrebsorten sind Chardonnay, Pinot Blanc (wird sehr trocken ausgebaut), Sauvignon Blanc, Ugni Blanc und Riesling sowie Sangiovese, Malbec, Barbera und Cabernet Sauvignon. Der Spitzenwein heißt Cautivo, ein besonders guter Cabernet. Orfila produziert auch in Frankreich Schaumweine, um sie in Argentinien zu vertreiben.
Valentín Bianchi	Tochterbetrieb von Seagram's mit 100 Hektar Rebfläche in San Rafael. In einer der modernsten Kellereien des Landes werden die Rebsorten Chardonnay, Riesling, Sauvignon Blanc, Malbec, Barbera und Lambrusco verarbeitet. Der bekannteste Wein ist der Cabernet Sauvignon Particular Proprietorís Reserve. Weitere Erzeugnisse sind Don Valentin (guter Standardwein) und Bianchi Borgogna (meistverkaufter Rotwein des Landes aus Barbera und Malbec).

SALTA

Die Provinz Salta ist die nördlichste Weinbauregion Argentiniens. Bekannt ist sie vor allem für die aromatischen und körperreichen Weißweine aus der Sorte Torrontés. Weiters findet man hier die Sorten Criolla und Moscato sowie Cabernet Sauvignon und Malbec. Die Rotweine sind sehr würzig, mit tiefer Farbe und reichem Bukett. Salta, auch **Norte** genannt, wird in Zukunft weiter an Bedeutung gewinnen.

Die **Nordostregion** liegt zwischen dem 22. und dem 29. südlichen Breitengrad. Sie umfasst die südlichen Teile der Provinzen Catamarca, La Rioja und Salta sowie den nördlichsten Teil der Provinz Tucumán. Weinbau findet man vorwiegend in den Tälern Andalgatá, Cafayate, Chilecito und Tinogasta in Höhenlagen zwischen 1.000 und 2.000 Metern; die Weingärten werden künstlich bewässert.

Die **Calchaquítäler** sind das bekannteste Weinbaugebiet der Region. Sie liegen im Norden des Landes um den 25. Breitengrad auf einer Höhe von etwa 1.500 Meter. Es sind dies die Zonen Poma, Cachi, Molinos, San Carlos und Cafayate (Provinz Salta), das Amaichatal (Provinz Tucumán) und das Santa-María-Tal (Provinz Catamarca). Insgesamt beträgt die Anbaufläche rund 1.500 Hektar. Das Klima ist gemäßigt mit langen Sommern. Die jährliche Durchschnittstemperatur liegt bei 15 °C. Hagelstürme im Sommer sind üblich. Die Böden sind sandig und verfügen über eine gute Durchlässigkeit. Das Wasser für die Bewässerung wird den Flüssen Calchaquí und Santa María sowie deren Zuflüssen entnommen. Die am meisten angebaute Rebsorte ist Torrontés Riojana, die hier Weine mit einem blumigen Aroma gedeihen lässt. Weiters werden interessante Weine aus Chardonnay, Chenin Blanc und Cabernet Sauvignon erzeugt.

Bekannte Erzeuger

Bodega La Rosa, Michel Torino	Die Bodega von Levaque in Salta verarbeitet Trauben aus Cafayete in 1.700 Meter Seehöhe, vor allem Chenin Blanc, Chardonnay und Torrontés. Die Rotweine werden aus Cabernet Sauvignon und Malbec erzeugt. Der Chardonnay-Torrontés-Verschnitt Don David ist neben der Marke Michel Torino besonders bekannt.
Viña Riojanas	Weingut in Salta; Spitzenprodukte sind der trockene Weißwein Torrontés Sta. Florentina und der gute Rotwein Malbec Sta. Florentina.

LA RIOJA

La Rioja ist das älteste Weinbaugebiet Argentiniens mit einer Rebfläche von rund 5.500 Hektar. Weinbau findet in den kleinen Tälern Velasco und Famatina im Westen der Provinz statt. Die alluvialen Böden, sie werden bewässert, sind in der Regel fruchtbar. Das trockene, sonnige Klima bedingt hauptsächlich die Produktion von Tafelweinen. Weiße Rebsorten dominieren, gefolgt von roten Sorten geringer Farbintensität. Die Weißweine sind lieblich, aromatisch, mit wenig Säure und von goldgelber Farbe. Die Hauptrebsorten sind Torrontés Riojano, Moscatel de Alexandría, Torrontés Sanjuanino, Barbera und Bonarda. Die einzige D.-O.-C.-Bezeichnung gilt für die Famatinatäler und heißt Valles de Famatina.

Bekannte Erzeuger

Bodegas Nacari	Weingut in der Provinz La Rioja, das mit den Torrontés-Weißweinen in Bordeaux bereits Medaillen gewonnen hat.
La Riojana Cooperativa Vitivinifrutícola de la Rioja LTDA.	Die Erzeugergemeinschaft mit 650 Mitgliedern entstand 1940 im Famatinatal in Chilecito. Sie ist eine der größten ihrer Art in der südlichen Hemisphäre mit einem Produktionsvolumen von 36 Mio. Litern jährlich und auch der weltgrößte Produzent von Weinen aus der Torrontés Riojano. Auch die Appellation „Valles del Famatina Torrontés Riojano" wurde von der Erzeugergemeinschaft gegründet. Die Anbaufläche wurde in den letzten Jahren mit Cabernet-Sauvignon-, Malbec- und Syrahreben (je 60.000 Pflanzen) erweitert. Seit 1989 hat sich die Weinqualität durch internationales Know-how sowie modernste technische Ausrüstung verbessert. Auch eine ISO-9000-Zertifizierung für alle Produktionsschritte wurde eingeführt. Die Exportmarken heißen El Montenero, Caballo de Plata, Santa Florentina, La Masia, La Nature Organic Barbera (100 % Barbera; aus dem Famatinatal) und La Natur Organic Torrontés (100 % Torrontés; aus dem Famatinatal).

CATAMARCA

In diesem Weinbaugebiet unterscheidet man zwischen dem westlichen und dem östlichen Catamarcatal. Der östliche Teil weist hohe Sommertemperaturen auf, die jährliche Niederschlagsmenge beträgt zirka 400 Millimeter. Die Böden sind tiefgründig, lehmig oder sandig. Der westliche Teil ist kühler, die jährliche Niederschlagsmenge ist weniger als 200 Millimeter und die Böden sind sehr kalkreich. Viele kleine Betriebe liefern ihre Trauben an größere Weingüter. Die Hauptrebsorten sind Torrontés Riojano, Moscatel de Alexandría, Criolla, Malvasia, Cereza, Malbec und Barbera. Es werden hauptsächlich Weißweine produziert, die teilweise für die Branntweinherstellung Verwendung finden.

SAN JUAN

Dieses Weinbaugebiet liegt nördlich von Mendoza in den Tälern von Zoda, Ullun und Tullun. Die Rebflächen befinden sich näher am Äquator, daher ist es wärmer. Die Weine sind zum Teil schwerer und haben weniger Säure. Durch die Bewässerung ist es aber auch möglich, fruchtig-frische Weißweine zu erzeugen. Auf einer Rebfläche von rund 49.000 Hektar werden zirka 3,8 Mio. Hektoliter

Wein gekeltert. Die häufigsten weißen Rebsorten sind Chardonnay, Sauvignon Blanc, Sémillon, Criolla Grande, Cereza, Pedro Ximénez, Torrontés Sanjuanino und Moscatel. Bei den Rotweinsorten dominieren Nebbiolo, Barbera, Cabernet Sauvignon und Malbec.
Das **Pedernaltal** liegt nur wenige Kilometer von der Grenze zu Mendoza entfernt. Es ist ein junges Anbaugebiet in einer Höhenlage von 1.340 Meter. Das Klima ist gekennzeichnet durch angenehme Temperaturen im Sommer mit kühlen Nächten. Die Niederschlagsmenge beträgt 150 Millimeter pro Jahr, eine Bewässerung ist unabdingbar. In den letzten Jahren wurde verstärkt in Tropfbewässerung investiert. Die Böden sind in der Regel arm an Nährstoffen und verhindern somit hohe Erträge. Die Hauptrebsorten bei den Weißweinen sind Chardonnay, Sauvignon Blanc und Sémillon. Cabernet Sauvignon, Malbec, Merlot, Pinot Noir und Syrah sind bei den roten Sorten zu nennen.

Bekannter Erzeuger

Bodegas Y Viñedos Santiago Graffigna LTDA	Modernst ausgestattetes Weingut mit 320 Hektar Rebfläche in Pocito im Tulumtal (Provinz San Juan) und 130 Hektar im San-Rafael-Tal (Provinz Mendoza), gegründet 1870. Die Hauptrebsorten im San-Rafael-Tal sind Chardonnay, Chenin Blanc, Sauvignon Blanc, Riesling, Bonarda, Cabernet Sauvignon, Malbec und Syrah, im Tulumtal überwiegen die Sorten Cabernet Sauvignon, Malbec, Merlot und Syrah. Die Marken heißen Colón, Graffigna und Santa Silvia für den heimischen Markt sowie Finca de la Montaña, Graffigna und Santa Silvia für den Export.

RIO NEGRO

Zu diesem südlichsten Anbaugebiet (in Patagonien) werden auch die Flächen der Provinz Neuquén gezählt. Das Klima ist wesentlich kühler als in den anderen Gebieten, deshalb sind die Weine auch fruchtiger und säurereicher. Die weißen Hauptrebsorten, neben den heimischen, sind Sémillon, Chenin Blanc, Pinot Blanc, Chardonnay, Torrontés und Malvasier. Von den roten Sorten werden hauptsächlich Malbec, Cabernet Sauvignon, Merlot, Barbera und Syrah verwendet. Obwohl die Weine aus dem Rio-Negro-Gebiet bis jetzt nur fünf Prozent der argentinischen Produktion ausmachen, zeigen europäische Investoren, vor allem Champagner-Häuser, großes Interesse. Es werden daher in dieses Gebiet große Erwartungen für die Zukunft gesetzt.
Das **obere Rio-Negro-Gebiet** erstreckt sich von Chichinales bis nach Confluencia entlang der Flüsse Limay und Neuquén. Es umfasst die Departamentos General Roca (Provinz Rio Negro) und Confluen-

cia (Provinz Neuquén). Frost ist hier der größte Problemfaktor für den Weinbau. Durch das kühle Klima haben die Weine einen niedrigeren Zuckergehalt, aber dafür einen höheren Säuregehalt. Bis auf einige Weine höherer Qualität werden meist Tafelweine produziert. Weiße Hauptrebsorten sind Chenin Blanc, Pedro Ximénez, Sauvignon Blanc, Sémillon, Torrontés Mendocino, Torrontés Riojano und Torrontés Sanjuanino. Cabernet Sauvignon, Malbec, Pinot Noir, Bonarda und Syrah stehen für die Rotweinproduktion zur Verfügung. Das **mittlere Rio-Negro-Tal** weist in den Weingärten entlang des Flusses klimatisch günstige Anbaubedingungen auf. Die jährliche Niederschlagsmenge beträgt durchschnittlich 280 Millimeter. An Rebsorten sind vor allem die weißen Pedro Ximenéz, Sémillon, Torrontés Riojano und Torrontés Sanjuanino sowie die roten Cabernet Sauvignon, Malbec, Merlot, Pinot Noir und Tempranillo vertreten. Das zum Gebiet gehörende obere Rio-Colorado-Tal hat eine Rebfläche von etwa 125 Hektar. Die am meisten angepflanzten Rebsorten sind Sémillon und Torrontés Mendocino (hier auch Loca Blanca genannt) sowie Malbec, Pinot Joubertin und Merlot. Das **mittlere Rio-Colorado-Tal** liegt im Nordosten der Provinz Rio Negro im Departamento Pichi Mahuida. Es erstreckt sich über eine Länge von 70 Kilometer vom Fluss Colorado im Norden bis an die Grenze des patagonischen Plateaus im Süden. Die weißen Hauptrebsorten sind Pedro Ximénez, Rio Colorado, Sémillon und Torrontés Mendocino. Bei den roten Sorten dominieren Bonarda und Malbec. Weiters existieren nur hier zwei noch nicht offiziell klassifizierte Rebsorten, und zwar Pedro Ximénez Rio Colorado und Sauvignon Rio Colorado. Die **Südregion** umfasst Teile der Provinzen Neuquén, La Pampa und Rio Negro, wobei die Weingärten in den tief gelegenen Flussbetten des Colorados und des Negros zu finden sind. Das Klima ist gemäßigt mit angenehmen Tages- und kühlen Nachttemperaturen. Viel Sonne und eine ausreichend lange Vegetationsperiode erlauben den Anbau von frühreifenden Rebsorten. Die alluvialen Böden sind gut geeignet für den Weinbau, der nur als Nebenerwerb betrieben wird.

Bekannter Erzeuger

Establecimiento Humberto Canale S.A.	Der Familienbetrieb wurde 1913 von Humberto Canale gegründet und ist heute der größte Weinproduzent in der Provinz. Konstante Qualitätskontrolle und innovative Kellertechnologie erhöhten die Nachfrage. Die Hauptrebsorten sind Riesling, Chardonnay, Sémillon, Sauvignon Blanc, Pinot Noir, Merlot und Malbec. Die registrierten Marken heißen Humberto Canale und Diego Murillo (für den heimischen Markt und den Export), Black River (für den Export) sowie Marcus Murillo (für den heimischen Markt).

AUSTRALIEN

Kängurus in einem Weingarten in New South Wales

Statistische Daten

- Sechs Weinbauregionen: Western Australia, South Australia, Victoria, New South Wales, Queensland, Tasmanien.
- Gesamtrebfläche zirka 90.000 Hektar, davon etwa 10.000 Hektar für Tafeltrauben; 50.000 Hektar Neupflanzungen angelegt.
- Jährliche Gesamtproduktion rund 7–8 Mio. Hektoliter.
- Zwei Drittel Weißweine. Ein Teil des Weißweins wird zu Schaumwein verarbeitet, aber auch die Dessertweinproduktion hat eine lange Tradition.
- Ein Drittel Rotweine.
- Pro-Kopf-Verbrauch rund 22 Liter pro Jahr.

Northern Territory
Queensland
Western Australia
South Australia
Mount Lofty Ranges
Eden Valley
Lower Murray Zone mit Riverland
Brisbane
Perth
Swan Valley
Barossa Valley
New South Wales
Hunter Valley
Coastal Sand Plain
Albany
Big River Zone
Sydney
Central Ranges
Canberra
Adelaide
Margaret River
Lower Great Southern
Limestone Coast Zone
North West Victoria
Victoria
Central Victoria Zone
Fleurieu Zone
North East Victoria Zone
Coonawarra
Yarra Valley
Western Victoria Zone
Geelong
Gippsland Zone
Macedon
Melbourne
Mornington Peninsula
Sunbury
Tasmania
N
0
500
1000 km

Geschichte

Die Geschichte der Weinerzeugung ist in Australien älter als in den anderen Weinbauzonen der Neuen Welt. Ursprünglich gelangte der Wein durch europäische Siedler nach Australien. Die ersten Weingärten wurden 1791 von Kapitän Arthur Phillip in Sydney und die erste Weinfarm wurde 1822 von Gregory Blaxland in der Nähe von Sydney angelegt. 1833 brachte James Busby Rebstecklinge verschiedener Sorten aus Europa. Im Jahre 1841 begannen schlesische Siedler im Barossa Valley in South Australia mit dem Weinbau. In diese Zeit fällt auch die Gründung von Penfolds, jenem australischen Weingut, das wie kein anderes den „Neue-Welt-Wein" rund um die Erde bekannt gemacht hat. Der Arzt Dr. Christopher Penfold pflanzte nämlich im Jahre 1844 die ersten Reben in seinem Magill Estate. 1851 kamen Schweizer Familien ins Yarra Valley (in der heutigen Region Victoria) und gründeten mehrere Weinfarmen. Der englische Pionier Thomas Hardy gründete 1853 sein erstes Weingut.

Ab dem Jahre 1861 begann der Aufstieg der süßen alkoholverstärkten Weine, vor allem aus Rutherglen (Victoria) und aus dem Murray River Valley (Victoria und New South Wales). In der Folge wurden eine Reihe von Weingütern gegründet. 1875 gab es erste Anzeichen des Reblausbefalls in Geelong (Victoria). 1891 wurde die erste Kellerei in Coonawarra (South Australia) durch John Riddoch errichtet. Ab 1893 begann ein langsamer, aber steter Niedergang der australischen Weinwirtschaft. Erst nach Ende des Zweiten Weltkriegs zeigten sich Erholungstendenzen. Penfolds, Lindemans und Hardys, die drei größten Weinunternehmen, begannen vorsichtig mit der Produktion von trockenen Qualitätsweinen. Im Jahre 1951 erzeugte die Firma Penfolds erstmals mit dem Kellermeister Max Schubert auf der Farm Grange den Grange Hermitage, einen besonders gelungenen Shiraz-Wein, der 1955 zum besten Wein der Welt gekürt wurde. Heute heißt dieser Wein nur noch Grange.

Klima

Die Klimaspange ist sehr groß und reicht von kühlen Anbaugebieten bis zu Gegenden mit subtropischer Wärme. Hauptsächlich sind heiße, trockene Sommer und mäßig kalte, feuchte Winter anzutreffen. Bei Trockenheit wird künstlich bewässert.

Böden

Im nördlichen Teil überwiegen Schieferböden, im Süden findet sich rote Erde (Terra Rossa) mit fruchtbaren Lehm-, Kalk- und Tonschichten.

Rebsorten

Hauptrebsorten für Weißweine
Die wichtigsten weißen Rebsorten sind Chardonnay, Sémillon und Riesling. Weiters werden angebaut Sultana, Muscat Gordo Blanco (Muscat d'Alexandrie), Doradillo (Massensorte), Colombard, Sauvignon Blanc, Muscadelle, Muscat Blanc à Petits Grains, Chenin Blanc, Pedro Ximénes, Palomino, Trebbiano, Taminga, Traminer, Verdelho, Houghton Suprème und Marsanne.

Hauptrebsorten für Rotweine
Die am häufigsten vorkommenden roten Sorten sind Shiraz, Cabernet Sauvignon und Merlot. Weiters werden angebaut Cabernet Franc, Currant, Pinot Noir, Grenache, Frontignac, Malbec, Mataro, Mourvèdre, Muscat Hamburgh, Ruby Cabernet, Tarrango, Zinfandel, Muscat à Petits Grains Rouge und Petit Verdot.

Gesetz

Insgesamt ist das australische Weingesetz recht liberal und industriefreundlich, wobei die Kontrollen aber sehr genau sind.
Der Gesetzgeber verlangt Angaben über die verwendeten Rebsorten, die Herkunft der Trauben und den Jahrgang. Angeführt werden weiters der Hersteller, der Ort und die Region (Adresse).
85 Prozent des Weines müssen aus der Rebsorte, dem Gebiet und dem Jahrgang stammen, die angegeben sind. Kommt der Wein aus mehreren Anbaugebieten, muss die übergreifende geografische Bezeichnung auf der Etikette stehen. Bei Traubenmischungen ist die bevorzugte Sorte zuerst zu nennen. Ein Abkommen mit der EU besagt, dass Weinnamen wie Chablis, Burgunder oder Champagner nicht aufscheinen dürfen. Die übrige Namensgebung ist frei.
Australische Weine tragen manchmal so genannte Bin-Nummern auf der Etikette. Gemeint ist ein Kellerabteil, in dem Weine lagern, bevor sie freigegeben werden. Die Weine sind nach Sorte, Herkunft und vor allem im Stil verschieden. Es gibt einen fruchtbetonten oder einen holzbetonten, einen kalifornischen und einen Burgunderstil. Die Bin-Nummer steht für einen dieser Stile oder einen anderen. Sie hat also mit dem Verschneiden zu tun (z. B. bei unterschiedlicher Herkunft der Trauben). Heute werden Bin-Nummern nur mehr von großen Weinhäusern verwendet.

Das aufstrebende Weinbauland Australien liegt zwischen dem 34. und dem 38 Breitengrad in der südlichen Hemisphäre. Weinbau wird ausschließlich im Süden des Kontinents betrieben. Bei den Weißweinen besonders hervorzuheben sind die allgegenwärtigen, eleganten Chardonnays, die finessereichen Sauvignon Blancs, die weichen und kraftvollen Sémillons sowie die duftigen und körperreichen Rieslinge, die dem traditionellen australischen Weinstil entsprechen. Heute wird allerdings dieser Stil zunehmend von den frischen, fruchtigen, dezent holzbetonten Weinen abgelöst. Sie werden aus Trauben hergestellt, die in kühleren Anbaugebieten wachsen.

Bei den Rotweinen sind die dunkelrot funkelnden, geschmeidigen bis wuchtigen und würzigen Shirazweine, die vollmundigen Cabernet Sauvignons, Merlots und Pinot Noirs beliebt. Die Australier lehnen den harten Tanningehalt kräftiger Rotweine ab, wie er etwa bei französischen oder italienischen Weinen zu finden ist. Wenn schon Tannin, dann ziehen die Australier das Tannin der Holzfässer vor, weil es weich und süß ist. Es gibt ihnen den Eindruck größerer Fülle im Mund.

Die beiden Sorten Cabernet Sauvignon und Shiraz werden gerne zu einem kräftigen, würzigen, eukalyptusduftenden Wein verschnitten, den es in dieser Art nur in Australien gibt. Die Sorte, die auf der Etikette als Erste genannt wird, gibt im Verschnitt den Ton an. Je nach Mischverhältnis weist der Wein mehr auf die Strenge (Cabernet Sauvignon) oder auf die füllige Seite (Shiraz) hin. Die Cabernet Sauvignons werden gerne in Barriques aus französischer Eiche ausgebaut, während die anderen Rotweine überwiegend in süßerer amerikanischer Eiche reifen.

WESTERN AUSTRALIA

Am Margaret River

Im Westen des australischen Kontinents gelegen, ist Western Australia eine der alten Weinbauregionen des Landes. Es handelt sich um eine wechselhafte Landschaft mit den fruchtbaren Ebenen der Coastal Sand Plains, der Berglandschaft Lower Great Southern sowie den sumpfigen Lehmböden im Gebiet Margaret River. Im nördlichen Teil, im Swan Valley, herrscht mittelmeerähnliches Klima mit viel Regen im Winter und langen, trockenen Sommern. Im Margaret River Valley ist ebenfalls genug Feuchtigkeit. Im Süden dagegen ist das Klima durch Frost und Hagel gekennzeichnet. Zur Entwicklung des Weinlandes haben jugoslawische Einwanderer sehr viel beigetragen. In Western Australia wurde ursprünglich der kalifornische Zinfandel vermehrt angebaut. Heute werden etwa 4.000 Hektar Rebfläche bearbeitet.

Die Anbaugebiete sind:

Swan Valley
Es ist das Hauptanbaugebiet Westaustraliens und befindet sich im Tal des Swan River in der Nähe von Perth. Von der Tradition her waren die Dessertweine wegen ihrer Lagerfähigkeit und der hohen Qualität bekannt. Heute werden aus Chardonnay und Verdelho sowie Chenin Blanc und Muscadelle körperreiche, komplexe Weißweine gekeltert. Cabernet Sauvignon und Shiraz sind die Basis für die großen Rotweine dieses Gebietes.

Bekannte Erzeuger sind u. a.:
Evans & Tate (größte Privatkellerei Westaustraliens),
Coorinja Vineyards, Houghton (gehört zu BLR Hardy),
Olive Farm (ältestes Weingut),
Sandalford,
Lamont.

Coastal Sand Plain

In der fruchtbaren Ebene mit feinen Sommerwinden vom Meer wächst eine große Zahl von Rebsorten. Insgesamt sind die Weine hier leichter als in den meisten Gebieten dieser Region.
Bekannte Erzeuger sind u. a.:
Capel Vale,
Conteville,
Peel Estate.

Margaret River

Das Gebiet liegt etwa 200 Kilometer südlich der Stadt Perth, nahe der Küste. Das noch relativ junge Weinbaugebiet bringt dank des kühlen Klimas aus so unterschiedlichen Sorten wie Shiraz, Pinot Noir und Merlot sowie Chardonnay, Sémillon, Riesling und Sauvignon Blanc Rot- und Weißweine mit ausgezeichneter Qualität hervor.
Bekannte Erzeuger sind u. a.:
Cape Mentelle mit bekannten Weinen aus den Sorten Sauvignon Blanc, Chardonnay, Cabernet Sauvignon und Zinfandel,
Leeuwin Estate mit den beiden Prestigeserien „Art Serie Chardonnay“ und „Prelude“ (preiswertere Zweitserie),
Moss Wood mit einem hervorragenden Sémillon,
Amberley Estate,
Ashbrook Estate,
Château Xanadu,
Vasse Felix,
Redbrook (Evans & Tate),
Capel Vale,
Devil's Lair und Cullen mit den sortentypischen Chardonnay- und Cabernet-Weinen.

Lower Great Southern

Die etwa 300 Kilometer südlich von Perth gelegene Berglandschaft ist ebenfalls ein junges Weinbaugebiet und umfasst Frankland, Mount Barker und Albany. Es bringt Weine höchster Qualität aus den Sorten Shiraz, Cabernet Sauvignon sowie Chardonnay hervor.
Bekannte Erzeuger sind u. a.:
Alkoomi,
Château Barker,
Plantagenet (mit hervorragenden Cuvées),
Frankland Estate,
Goundrey.

SOUTH AUSTRALIA

Im Barossa Valley

Der Bundesstaat South Australia mit der Hauptstadt Adelaide ist die wichtigste Weinbauregion mit etwa 60 Prozent des Gesamtertrages des australischen Kontinents. Die Rebfläche beträgt zirka 38.000 Hektar. Der Schwerpunkt der Produktion liegt am Murray River mit riesigen Rebenfeldern und im Barossa Valley. Hier ist auch der Standort der großen Weinfirmen, die einen wesentlichen Teil der australischen Weine erzeugen. Die Böden sind sehr unterschiedlich, sie reichen von den kalkhaltigen Terra-Rossa-Böden in Coonawarra bis hin zu den fruchtbaren Böden mit Schiefer im Barossa Valley sowie den Sand- und Lehmböden im Eden Valley. Auch das Klima ist vielfältig. Im heißen Riverland ist künstliche Bewässerung obligat. Das Klima der kühleren Zonen ist ähnlich wie in der Champagne.

Die Weinbaugebiete, nach ihrer Bedeutung für die Weinproduktion, sind:

Barossa Zone mit Barossa und Eden Valley; Mount Lofty Ranges und Adelaide mit Clare Valley, Adelaide Hills und Adelaide Plains; Limstone Coast Zone mit Coonawarra und Padthaway; Fleurieu Zone mit McLaren Vale und Longhorne Creek; Lower Murray Zone mit Riverland.

Barossa Valley und Eden Valley

Die beiden Weinbaugebiete liegen nördlich von Adelaide. Barossa gilt als eines der bekanntesten und wichtigsten Gebiete des Landes. Hier befinden sich auch die ältesten Weingüter, die vielfach noch heute in Betrieb sind. Der fruchtbare Boden und das warme Klima eignen sich besonders gut für vorzügliche Shiraz-, Cabernet-Sau-

vignon- und Grenache-Weine sowie für Weißweine aus den Sorten Sémillon, Chardonnay und Rhine Riesling. Sehr viele Trauben werden aus anderen Regionen mitverarbeitet. Barossa hat auch einen gut entwickelten Weintourismus. Bekannt ist das Weinfestival in Tanunda mit einer der besten Weinversteigerungen des Kontinents.
Die wenigen kühleren bergigen Gebiete im Eden Valley sind führend in der Riesling- und Chardonnayproduktion. Der angebaute Shiraz wird hier gerne mit Cabernet Sauvignon verschnitten. Der Großteil der Weinberge gehört größeren Weinfirmen, die allesamt ihre Weine in Barossa keltern.

Bekannte Erzeuger

Château Yaldara Estate	In Lyndoch; früher auf Portweine spezialisiert, liegt heute der Schwerpunkt auf feinen Weiß- und Rotweincuvées.
Charles Cimicky	In Lyndoch; interessante Sauvignon Blancs und Cabernet Sauvignons.
Redgum Twin Valley Estate	In Lyndoch; spezialisiert auf Massenweine und aufgespritete Weine.
Miranda Rovalley	In Lyndoch; bekannt sind vor allem der Barossa Ridge Chardonnay, der High Country Shiraz und der Rovalley Ridge Bush Wine Grenache.
Lyndoch Hills Cellars	In Lyndoch; eine der größten Weinfirmen Australiens, im Besitz der Pernod-Ricard-Gruppe, bekannt geworden vor allem durch die Jacob's-Creek-Weine; herausragend sind der Jacaranda Ridge Cabernet Sauvignon und der Lawsons Padthaway Shiraz.
Basedows	In Tanunda; mit den besten Sémillon-Weinen.
Peter Lehmann	In Tanunda; mit ausdrucksstarken Chardonnays sowie den bekannten Rotweinen Stonewell Shiraz und Mentor Cabernet Sauvignon.
St. Hallett	In Tanunda; bekannt durch den Old Block Shiraz.
BRL Hardy	In Tanunda; einer der größten Produzenten Australiens; bietet einfache Tafelweine bis zu hervorragenden Qualitätsweinen aller Sorten; die besten Weine gehören zur Prestigeserie Eileen Hardy (Chardonnay und Shiraz).

Tollana	In Nuriootpa; bekannt für Cabernet Sauvignon.
Seppelts	In Nuriootpa; bekannt für Cabernet Sauvignon.
Wolf Blass, heute Mildara Blass	In Nuriootpa; mit den roten Prestigeweinen Black Label Cabernet/Shiraz sowie Grey und Yellow Label; die Weißweine heißen Classic Dry White und der beliebte Yellow Label Rhine Riesling.
Penfolds	In Nuriootpa; das berühmteste Weingut Australiens. 1844 als Penfolds Magill Estate gegründet, heute im Besitz der Southcorp Wines mit Sitz im Barossa Valley. Zu diesem Unternehmen gehören noch weitere bedeutende Weinbaubetriebe, u. a. Seppelts, Lindemans und Wynns. Penfolds wurde besonders in den Fünfzigerjahren durch die Erzeugung des als Premier Cru der südlichen Hemisphäre bekannten Grange Hermitage berühmt. 1991 „winemaker of the year", zählt Penfolds zu den weltbesten Weinerzeugern (5 Gold- und 4 Silbermedaillen) und ist sicher die angesehenste Rotweinkellerei Australiens. Zu den klassischen Penfolds-Weinen gehören Grange Shiraz Hermitage, Shiraz Magill Estate, Koonunga Hill Shiraz-Cabernet Sauvignon, Bin 707 Cabernet Sauvignon, Kalimna Shiraz, St. Henri Shiraz sowie der wuchtige Chardonnay Yattarna.
Saltram Estate	In Angaston; eine der größten privaten Kellereien; durch den Besitz mehrerer Weingüter in verschiedenen Höhenlagen wird eine breite Palette von Weiß- und Rotweinen erzeugt. Hervorzuheben sind The Mezies Cabernet Sauvignon und der Growers Bush Vine Grenache sowie die Rieslinge und Shiraz'.
Henschke	In Keyneton; ein Familienbetrieb mit den zwei berühmten Shirazmarken Hill of Grace und Mount Edelstone; ferner wird ein eleganter Merlotverschnitt sowie ein frischer, trockener Riesling erzeugt.

Mount Lofty Ranges und Adelaide

Zu diesem Gebiet gehören das Clare Valley sowie Adelaide Plains und Adelaide Hills. Die Weingärten liegen südlich bzw. östlich der Hauptstadt. Im Clare Valley ist die bevorzugte und qualitativ beste Sorte der Riesling. Die anderen weißen und die roten Trauben liefern ansprechende Weine. Bekannte Erzeuger sind u. a.: Taylors, Quelltaler, Leasingham, Knappstein Wines, Sevenhill Cellars und Jim Barry Wines.

Adelaide Plains war früher ein bedeutender Weinbaubereich u. a. mit Weingärten vom Penfolds Magill Estate. Heute breiten sich hier die Vororte der Stadt Adelaide immer mehr aus. Aus den Talebenen kommen fruchtige, körperreiche Weißweine und kraftvolle Rotweine.

Im letzten Jahrzehnt haben sich die Adelaide Hills – etwa zwischen 400 und 600 Meter über dem Meer – zur absoluten Spitze emporgearbeitet. Die teils sandigen, teils eisenhaltigen Lehmböden sowie das vergleichsweise kühle Mikroklima und die kühlen Winde des Ozeans begünstigen die Erzeugung der sehr eleganten Weiß- und Rotweine. Nur wenige Winzer vinifizieren selbst, sie schließen Verträge mit großen Produzenten. In den letzten Jahren haben sich in Australien die so genannten Boutique Wineries etabliert, die meisten im Clare Valley. Es sind dies Weingüter, die weniger als 100.000 Liter Wein pro Jahr erzeugen, dessen Qualität jedoch herausragend ist. Bekannt ist u. a. das Weingut Kilikanoon von Kevin Mitchell und Tim Adams. Sie produzieren einen Riesling und einen Shiraz, Weine, die auch nach Europa exportiert werden.

Bekannte Erzeuger in Mount Lofty Ranges und Adelaide sind u. a.: Primo Estate, Petaluma (mit Rebflächen auch in anderen Weinbaugebieten; erzeugt Rhine Riesling, Chardonnay und Cabernet Sauvignon; Schaumweine nach der klassischen Methode), Montadam (mit einem der besten Pinot Noirs), Stafford Ridge, Shaw & Smith und Yalumba.

Limestone Coast Zone

Etwa auf halbem Weg zwischen Adelaide und Melbourne gelegen, gilt die Limestone Coast als eines der besten Gebiete für Qualitätsweine. Die Zentren sind um Coonawarra und Padthaway. Auf den Böden der berühmten Terra Rossa – einer fruchtbaren roten Erde auf einem Kalklager – und in dem trockenen und relativ kühlen Klima gedeihen hervorragende, langlebige, fruchtige und kräftige Weine aus Cabernet Sauvignon und Shiraz sowie ausgezeichnete Chardonnays und Rieslinge. Der Trend vom traditionellen australischen Stil zu eleganten Weinen mit großer Finesse und zartem Holzton ist auch in diesem Gebiet unverkennbar.

Bekannte Erzeuger sind u. a.: Wynns Coonawarra Estate (Spitzenweine John Riddoch Cabernet Sauvignon und Michaels Shiraz), Lindemans, Penfolds, Petaluma, Reynella, Katnook Estate, Hollick. Alle Poduzenten setzen auf Qualität.

Fleurieu Zone (Southern District)

Das Gebiet McLaren Vale liegt südlich von Adelaide, nahe der Ortschaft McLaren. Es ist für seine ausgezeichneten Weine der Sorten Shiraz und Cabernet Sauvignon sowie Rhine Riesling und Chardonnay bekannt. Die Meeresnähe, das gemäßigte Klima, die regelmäßigen Niederschläge sowie die teils sandigen und auf den Hängen eisenreichen Vulkanböden begünstigen das Wachstum dieser Sorten.
Bekannte Erzeuger sind u. a.: D'Arenberg Wines, Coriole, Seaview Winery und Hardy's mit Château Reynella.
Das kleine Gebiet Langhorne Creek, südlich von Adelaide, hat sich besonders auf die Sorten Chardonnay und Cabernet Sauvignon spezialisiert. Es werden feine Cuvées hergestellt.

Lower Murray Zone mit Riverland

Traditionell für seine Dessertweine und Weinbrände bekannt, hat sich dieses heiße und trockene Gebiet infolge der künstlichen Bewässerung zu einem bedeutenden Fassweinproduzenten entwickelt. Der Großteil der Weine wird jedoch nach wie vor zum Verschneiden für billige Tafelweine sowie zur Erzeugung von aufgespriteten Weinen verwendet.

Das Weinfestival in Tanunda im Barossa Valley zieht viele Touristen an

VICTORIA

Im Yarra Valley; zum Schutz der Trauben vor diebischen Vögeln werden Netze gespannt

Der Bundesstaat Victoria mit 24.500 Hektar Rebfläche steuert zur Weinproduktion Australiens nur 17 Prozent bei. Es ist die südlichste Weinbauregion (außer Tasmanien). 1875 hat die Reblaus große Schäden angerichtet. Einige Gebiete in Victoria, vor allem das Yarra Valley und Great Western, blieben teilweise verschont. Viele Produzenten stellten daher ihre Weinerzeugung ein, bis auf ein paar Vorposten, wie Château Tahbilk. Ende der Sechzigerjahre des 20. Jahrhunderts begann eine Renaissance der Weinindustrie. In den Achtziger- und Neunzigerjahren explodierte geradezu die Erschließung des Yarra Valley. Heute gibt es eine Vielzahl kleiner Anbaugebiete, die teilweise weit auseinander liegen. Die Böden sind besonders nährstoffreich. Sie lassen die Reben gut gedeihen und ermöglichen die Erzeugung ganz vorzüglicher Weine. Die Höhenlage und die Nähe zum Meer bringen viel Feuchtigkeit. Aber Victoria hat auch einen erheblichen Anteil an Weingärten im Inland, die hauptsächlich zur Tafelweinerzeugung angelegt wurden. Im Landesinneren ist es feuchtwarm, während der Süden in Meeresnähe von kühlen Klimabedingungen geprägt ist.

Nach dem von der Weinindustrie vorgeschlagenen Abgrenzungsschema gliedert sich der Staat Victoria in sechs Zonen, die regionale Anbaugebiete umfassen.

Port Phillip Zone mit Yarra Valley, Mornington Peninsula, Geelong, Macedon und Sunbury.

Western Victoria Zone mit Grampians, Pyrenees, Far South West und Ballarat.
Central Victoria Zone mit Bendingo, Goulburn Valley und Central Victorian High Country.
North West Victoria mit Murray Darling and Swan Hill.
North East Victoria Zone mit Rutherglen, Glenrowan, King Valley und Ovens Valley.
Gippsland Zone.

Yarra Valley
Es liegt etwa 50 Kilometer östlich von Melbourne am Yarra River. Bereits im 19. Jahrhundert waren die Weine dieses Gebietes hoch angesehen. Vom Niedergang der australischen Weinwirtschaft blieb aber auch das Yarra Valley nicht verschont. So wurden die Anbaugebiete in den Zwanzigerjahren des 20. Jahrhunderts aufgegeben und erst gegen Ende der Sechzigerjahre wieder neu bestockt, und zwar mit klassischen Rebsorten. Vor allem die großen Weinfirmen wie Southcorp oder Mildara Blass haben kräftig investiert und den Aufschwung in den letzten Jahren stark vorangetrieben. Den Großteil der Rebflächen im Yarra Valley nehmen heute Pinot Noir, Cabernet Sauvignon und Shiraz sowie Chardonnay ein. Aus diesen Sorten werden feine Cuvées hergestellt. Aber auch hervorragende reinsortige Pinot Noirs, Shiraz' und Chardonnays, vielfach aus kleineren Weinbaubetrieben, sind zu finden. Darüber hinaus ist das Yarra Valley bekannt für trocken ausgebaute Sémillons und edelsüße Botrytis-Weine.

Bekannte Erzeuger

Goldstream Hills	Heute im Besitz von Southcorp; ist besonders erfolgreich mit den eleganten Pinot Noirs und Chardonnays.
De Bortoli	Größte und rasch expandierende Kellerei, die ihre Weine unter den Top Labels De Bortoli, Premium Melba, Yarra Valley, Gulf Station und Windy Peak vermarktet.
Domaine Chandon	Feine Schaumweincuvées, Blanc de Blancs, Blanc de Noirs sowie der süße Schaumwein Cuvée Riche werden erzeugt.
Diamond Valley Vineyards, Oakridge Estate und Mount Mary Estate	Vorzügliche Cabernets und Burgunder.

St. Huberts Wines und Tarrawarra Vineyard	Beachtliche Chardonnays und Pinot Noirs.
Yarra Yering Vineyard, Yarra Ridge Vineyard, Yeringberg, Fergusson Winery und Arthurs Creek Estate	Spitzenchardonnays und Cabernet Sauvignons sowie Weine aus den Sorten Pinot Gris und Viognier.

Mornington Peninsula

Die lang gestreckte Halbinsel besticht durch sehr gute Weine aus Pinot Noir, Cabernet Sauvignon und Chardonnay. Die Rotweine werden mit 20 Prozent Merlot und Cabernet Franc gemischt. Bekannte Erzeuger sind u. a.: Dromana Estate, Kings Creek Vineyard, Main Ridge Estate, Massoni Main Creek, Moorooduc Estate, Stonier's, T'Gallant und Tuck's Ridge.

Geelong, Macedon und Sunbury

Die Gebiete liegen südwestlich bzw. nordwestlich von Melbourne. In Geelong sind die bevorzugten Rebsorten Chardonnay, Sauvignon Blanc und Cabernet Sauvignon, die von den Erzeugern Bannockburn Vineyards, Idyll Vineyard und Scotchmans Hill zu ansprechenden Weinen verarbeitet werden. In Macedon sind die Sorten Pinot Noir, Shiraz, Chardonnay und die Erzeugung von Sparkling Wines von Bedeutung. Bekannt ist u. a. die Hanging Rock Winery. Die Virgin Winery stellt vorwiegend Rotweine aus Cabernet Sauvignon, Merlot, Shiraz und Malbec her. In Sunbury werden wiederum Weine aus Chardonnay, Sémillon, Shiraz und Pinot Noir von den Produzenten Craiglee, Goona Warra Vinyard und Wildwood erzeugt.

Western Victoria Zone

In dieser Zone sind vor allem die Gebiete Grampians und Pyrenees von Bedeutung. Grampians besticht durch Weine, wie Shiraz, Sparkling Burgundy und Cabernet Sauvignon, u. a. von den Erzeugern Best's Wines, Mount Langi Ghiran Vineyards und Seppelt Great Western. Im Gebiet Pyrenees sind die Sorten Shiraz, Cabernet Sauvignon und Chardonnay verbreitet. An Erzeugern sind Blue Pyrenees Estate, Mount Avoca Vineyard, Redbank Winery und Taltarni zu nennen. Ein großer Teil der Produktion besteht aus Schaumweinen, die nach der klassischen Methode erzeugt werden. Weiters gehören Weißweine und langlebige Rotweine zum Sortiment. Die kleinen Anbaugebiete Far South West und Ballarat sind mit Riesling, Chardonnay, Cabernet Sauvignon und Pinot Noir bestockt. Bekannte Weinbaubetriebe sind Dulcina, Eastern Peake und Yellowglen.

Central Victoria Zone

Typisch für die Gegend um Bedingo sind die Eukalyptuswälder. Die Rotweine Shiraz und Cabernet Sauvignon sind dunkelrot mit deut-

lichem Kirschgeschmack. Bekannte Erzeuger sind u. a. Balgownie Estate, Château Leamon, Jasper Hill, Passing Clouds und Water Wheel Vineyards.
Zwei Weingüter haben das Goulburn Valley besonders bekannt gemacht, nämlich Château Tahbilk und Mitchelton mit ihrem Shiraz und ihrem Cabernet Sauvignon. Im Central Victorian High Country sind Riesling und Gewürztraminer die häufigsten Sorten. Von den Weingütern Delatite und Plunkett werden vor allem Sparkling Wines hergestellt.

North West Victoria
Die Zone gliedert sich in die Gebiete Murray Darling und Swan Hill. 80 Prozent der Trauben von Victoria kommen aus dieser Zone. Eine der größten Kellereien hat ihren Sitz unweit der Stadt Mildura, nämlich Lindemans. Sie bringt eine breite Palette an Weiß- und Rotweinen, Sherrys und Ports unter verschiedenen Etiketten auf den Markt. Von den weißen Sorten sind Chardonnay, Sauvignon Blanc und Colombard am stärksten vertreten. Bei den Rotweinsorten überwiegen Cabernet Sauvignon, Shiraz und Merlot. Weitere Erzeuger in North West Victoria sind u. a.: Mildara, Alambic Wines und Buller's Beverford.
Im Gebiet um die Stadt Mildura am Murray River hat sich ein großes Weinbauzentrum gebildet. Es wird auch Sunraysia genannt und liegt genau zwischen den Bundesstaaten Victoria und New South Wales. Dank des subtropischen Klimas und der künstlichen Bewässerung gedeihen hier auf fruchtbarem Boden nahezu alle in Australien vorkommenden Sorten, insbesondere auch die Sultana, die als Tafel- und Rosinentraube hier eine große Bedeutung hat. Bekannte Erzeuger sind u. a.: Lindemans Karadoc, McWilliams und Mildura.

North East Victoria Zone
In Rutherglen und Glenrowan wachsen vorwiegend die Sorten Muscat, Tocay (Muscadelle), Chardonnay und Riesling sowie Shiraz und Cabernet Sauvignon. Bekannte Weingüter sind u. a.: All Saints, Campells und Chambers Rosewood sowie Baileys of Glenrowan, St. Leonards und Stanton & Killeen Wines.
Im King Valley und im Ovens Valley sind Chardonnay und Cabernet Sauvignon vertreten. Teilweise werden Sparkling Wines erzeugt. Bekannte Weingüter im King Valley sind u. a. Brown Brothers und Darling Estate; im Ovens Valley Boynton's of Bright.

Gippsland Zone
Das Klima Gippslands ist sehr stark vom Meer beeinflusst, verschiedene Kleinklimazonen sind vorhanden. Pinot Noir und Chardonnay sind die führenden Rebsorten. Bekannte Weingüter sind u. a.: Phillip Island Wines, Nicholson River Winery und Wa De Lock Vineyards.

NEW SOUTH WALES

Im Hunter Valley

Rund 25 Prozent der australischen Weine kommen aus der Region New South Wales, die etwa 20.000 Hektar Rebfläche hat. Von den acht offiziellen Gebieten sind Hunter Valley, Central Ranges und Big River Zone von Bedeutung. Southern New South Wales, South Coast, Northern Rivers, Northern Slopes und Western Plains weisen kleinere Rebflächen auf und erzeugen großteils nur Tafelweine.
Insgesamt haben die eher flachen Anbaugebiete steinige Lehmböden, die teilweise stark kalkhältig sind. Das Klima ist heiß und trocken, gemildert durch häufige Bewölkung. Die Ernte wird sehr früh durchgeführt und fällt in die Regenzeit. Die traditionellen Rebsorten sind Shiraz und Sémillon (Hunter Riesling), auch Chardonnay ist erfolgreich. Die Weine sind in der Regel duftig und robust und entfalten sich durch ihre Lagerung erst richtig.

Hunter Valley
Das Gebiet liegt etwa zweieinhalb Autostunden nördlich von Sydney landeinwärts und gliedert sich in das Hauptanbaugebiet Lower Hunter Valley um die Stadt Cessnock und das Upper Hunter Valley, das im Weinbau eine unbedeutende Rolle spielt. Im Lower Hunter Valley wächst die Paradesorte Sémillon, die einen trockenen Weißwein liefert. Er verträgt eine Reifezeit von zehn und mehr Jahren, ohne mit Holz in Kontakt gewesen zu sein. Die besten Produzenten sind Tyrell's und Lindemans, die die herausragenden Dry Sémillons sowie hervorragende Chardonnays und Shiraz' auf den Markt bringen. Andere bekannte Weingüter sind: Brokenwood, Drayton's Family, Hungerford Hill, McGuigan Wines, Pepper Tree Wines, Petersons.

Central Ranges
Die Teilbereiche Mudgee, Orange und Cowra liegen jeweils um die gleichnamigen Städte. In Mudgee gibt es strenge Qualitätskontrollen. Das Mudgee-Weinsiegel wird verliehen, wenn der Wein zu 100 Prozent aus der angegebenen Sorte und ebenso zu 100 Prozent aus dem angeführten Anbaugebiet stammt. Das Siegel wird am Flaschenhals angebracht (Mudgee Appellation Wine Certified). In Mudgee überwiegen die Sorten Cabernet Sauvignon und Shiraz sowie Chardonnay, Sémillon und Sauvignon Blanc. Es werden auch sehr gute Ports hergestellt. Bekannte Erzeuger sind u. a. Craigmoor, Huntington Estate, Montrose und Thistle Hill.
In Cowra stellen zumeist kleinere Weingüter hervorragende Cuvées aus Cabernet und Merlot her. Es sind dies u. a. Cowra Estate und Windowrie Estate, in Orange Bloodwood Estate und Canobolas-Smith.

Big River Zone
Zu diesem Anbaugebiet gehören Teile der Gebiete Murray Darling und Swan Hill (siehe North West Victoria) sowie Riverina. Neben den traditionellen Weinen von New South Wales werden hier Amontillado Sherry, Olorosa Sherry, Port, Muscat, Botrytis Sémillon und Sparkling Wines hergestellt. Bekannte Erzeuger sind u. a. De Bortoli, Cranswick, Miranda und Rossetto.

QUEENSLAND

Der Bundesstaat hat lediglich zwei kleine Weinbaugebiete, nämlich Burnett Valley und Granite Belt, die nördlich bzw. südwestlich von Brisbane liegen. Dementsprechend gering ist auch ihre Weinproduktion. Die traditionellen Sorten anderer australischer Regionen werden auch hier angebaut. Erfolgreich sind der intensiv fruchtige Sémillon und der Shiraz, der dunkelfarbig und stark tanninhältig ist und einen deutlichen Pfeffergeschmack aufweist. Nach entsprechender Reifezeit ist er weich, feinfruchtig und kann den Vergleich mit Weinen anderer Regionen gut bestehen. Nennenswert sind die Erzeuger Ballandean Estate, Kominos und Robinsons Family Vineyards.

TASMANIEN

Die Insel Tasmania liegt im Südosten Australiens. Die beiden Weinbaugebiete sind Northern Tasmania und Southern Tasmania. Sowohl im Norden als auch im Süden werden Chardonnay, Riesling, Pinot Noir und Cabernet Sauvignon angebaut. Die Erzeugung von Sparkling Wines nach der klassischen Methode ist sehr beliebt.
Bekannte Erzeuger sind Heemskerk, Pipers Brook Vineyard, Rochecombe Vineyard, Bream Creek Vineyard und Freycinet Vineyards.

BELGIEN

In Belgien gibt es zirka 100 Weinerzeuger mit einer Anbaufläche von insgesamt nur 30 Hektar. Die wenigen Rebflächen liegen an der Meuse von Liège bis Charleroi sowie in Aarschot und Tintigny. Sie werden vielfach von Hobbywinzern bearbeitet. Hauptrebsorten sind Müller-Thurgau und Pinot Noir.

BOLIVIEN

Statistische Daten

- Gesamtrebfläche rund 3.600 Hektar, um die 2.000 Hektar werden bewässert.
- Jährliche Gesamtproduktion 20.700 Tonnen Trauben.
- Hektarertrag liegt bei 5.416 Kilogramm.

Geschichte

Der Weinbau wurde durch spanische Missionare vom benachbarten Peru aus eingeführt und nahm Mitte des 16. Jahrhunderts in den nördlichen Hochtälern Boliviens seinen Anfang. Zwischen 1550 und 1570 wurden Rebanlagen in den Distrikten Pilaya, Paspalla und Cinti angelegt. Vom Norden kam in weiterer Folge der Weinbau in den südlichen Teil des heutigen Bolivien, nach Chuquisaca, Potosi und in die um 1600 erschlossene Region Tarija. Bis Anfang 1960 erfolgte der Anbau in kleinen Strukturen mit traditionellen Anbaumethoden. Dabei wurden die Reben an Molle-Bäumen (immergrüne peruanische Pfefferbäume) hochgezogen und in einer Reihenkultur zwischen den Bäumen kultiviert. Heute hat sich die Spaliererziehung im modernen Weinbau durchgesetzt. Ab 1974 begann in der Provinz Tarija ein Aufschwung durch den Bau großer Kellereibetriebe. Die Rebfläche wurde in kurzer Zeit auf 1.600 Hektar vergrößert. Mit aus Argentinien importiertem Rebmaterial wurde Anfang der 1980er Jahre die Reblaus eingeschleppt, die große Schäden anrichtete und verbunden mit einer konstanten wirtschaftlichen Krise den Weinbau in Bolivien zum Erliegen brachte. Im Jahre 1986 begann die CODETAR (Coorperacion Regional de Desarrollo Tarija) in Zusammenarbeit mit den Vereinten Nationen ein Entwicklungsprogramm. Es wurde das Weinbauzentrum CEVITA (Centro Vitivinicola de Tarija) errichtet, widerstandsfähige Veredlungsunterlagen und hochwertige Vitis-Vinifera-Edelreiser wurden importiert sowie moderne Labor- und Kelleranlagen installiert. Durch diese Maßnahmen, verbunden mit einer wachsenden Nachfrage nach Wein und Singani (einem hochprozentigen Weindestillat; ähnlich dem peruanischen Pisco), wurde wieder ein Aufschwung im Weinbau Boliviens herbeigeführt.

Klima

Bolivien ist das Land mit den höchsten Weinbergen der Welt. Die Rebpflanzungen befinden sich im gemäßigten Klima in Höhenlagen von 2.000 bis über 3.200 Meter Seehöhe. Einige Höhentäler weisen ideale klimatische und geologische Bedingungen für europäische Rebsorten auf. Intensive Sonneneinstrahlung und Tagestemperaturen um 26 °C, verbunden mit kühleren Nächten, sind optimal für die Zuckereinlagerung in den Trauben.

Böden

Vorwiegend fruchtbare Schwemmlandböden.

Rebsorten

Hauptrebsorten für Weißweine
Muscat de Alexandria (über 60 %; hauptsächlich für die Herstellung von Singani), Criolla, Chenin Blanc, Chardonnay, Riesling, Sauvignon Blanc, French Colombard, Torrontés.

Hauptrebsorten für Rotweine
Malbec, Merlot, Cabernet Sauvignon, Cabernet Franc, Syrah, Barbera.

TARIJA

Die Anbaufläche von etwa 1.250 Hektar konzentriert sich auf die Nähe der Stadt Tarija im Valle Central. Tarija ist nicht nur die bedeutendste, sondern auch die einzige geschlossene Weinbauregion in Bolivien. Durch den Stausee bei San Jacinto können die Rebflächen bewässert werden, was zu etwas höheren Hektarerträgen führt. In Tarija gibt es die größten Kellereien des Landes, die Trauben von etwa 1.200 Familienbetrieben verarbeiten. Der bekannteste Weinerzeuger ist Bodegas y Viñedos de la Conceptión S. A. in der Stadt Conceptión. Das Weingut wurde im 17. Jahrhundert von Jesuitenmönchen gegründet und ist seit 1951 im Besitz der Familie Pinedo. Der moderne Weinbaubetrieb wird heute vom Önologen Sergio Prudencio-Navarro nach neuesten Erkenntnissen bewirtschaftet. Auf über 90 Hektar werden jährlich insgesamt 2 Mio. Hektoliter Wein sowie Singani (mit dem Namen Rujero) erzeugt. Die Lagen befinden sich in bis zu 2.400 Meter Seehöhe. Die besten Weine tragen die Markenbezeichnung La Conceptión Reserva und werden aus Cabernet Sauvignon und Merlot sowie aus Chardonnay und Sauvignon Blanc reinsortig hergestellt. Bekannt ist auch die Rotweincuvée San Bernardo de la Frontera aus Cabernet Sauvignon und Barbera.

CHUQUISACA

Das Cintital und die Stadt Camargo sind traditionelle Weinbauzentren. Von den mittleren und kleinen Betrieben, die in der Region tätig waren, existiert nur noch der Betrieb SARIC in San Pedro. Auch der traditionelle Weinbau mit Molle-Bäumen als Unterstützungssystem ist nur mehr vereinzelt in intakter Form zu finden. Eine geschätzte Spezialität aus dem Tal Cinti ist der bereits von Missionaren aus der Muskattraube hergestellte süß-aromatische Weinbrand Singani.

COCHABAMBA

Der Großteil der Rebanlagen dient der Erzeugung von Tafeltrauben. Eine Ausnahme ist die vom Schweizer Entwicklungsdienst aufgebaute Kellerei in Misque, die einfache Weinqualitäten in geringer Menge (rund 5.000 Flaschen) produziert.

BOSNIEN UND HERZEGOWINA

Statistische Daten

- Zwei Weinbauregionen: Hercegovina und Sjeverna Bosna.
- Gesamtrebfläche rund 4.000 Hektar.
- Jährliche Gesamtproduktion rund 50.000 Hektoliter.
- Zwei Drittel Weißweine, ein Drittel Rotweine.
- Rund die Hälfte Tischweine ohne Angabe einer geografischen Herkunft. Von den Weinen mit geografischer Herkunft entfallen zehn Prozent auf Žilavka und Blatina, 30 Prozent auf andere Qualitätsweine.

Klima

Das Klima ist in Herzegowina stark vom Mittelmeer beeinflusst.

Böden

Die Großpflanzungen erstrecken sich auf den ebenen Flächen der Karstfelder und Flusstäler (Quartärsedimente). Die übrigen Rebgärten befinden sich auf den steilen Lagen der Kreidekalksteine des Karstes, zum Teil von Flysch- und Mergelschichten überlagert.

Rebsorten

Hauptrebsorten für Weißweine
Žilavka (60 Prozent), Krkošija, Bena; in letzter Zeit auch Smederevka.

Hauptrebsorten für Rotweine
Blatina, Vranac, Merlo, Game Bojadiser.

Die Republik Bosna i Hercegovina (BiH) liegt zwischen Kroatien und der Bundesrepublik Jugoslawien. Das Hauptweinbaugebiet ist im Süden des Landes in der Region Hercegovina. Diese ist in die beiden Teilgebiete Sredna Neretva-Trebšnica und Rama eingeteilt. Ersteres liegt vorwiegend um den Mittellauf des Flusses Neretva bzw. um die Städte Mostar, Čitluk, Ljubuški, Capljina und Stolac. Rama erstreckt sich im Tal des gleichnamigen Flusses. Die zweite Region mit nur etwa 200 Hektar ist Sjeverne Bosne (Nordbosnien). Sie befindet sich an den sonnigen Hängen zwischen den Flüssen Bosna und Drina.

Bekannte Weine

Žilavka Mostar	Weißer Spitzenwein aus Mostar; aus 70 bis 80 Prozent Žilavkatrauben und 20 bis 30 Prozent Krkošija und Benattrauben; in der Regel grünlich gelb, fruchtig, kräftig, voll und ausgewogen.
Žilavka	Qualitätswein in der gleichen Traubenzusammensetzung wie Žilavka Mostar.
Samotok, Mostarka und Herceg	Ebenfalls eine Komposition der vorkommenden weißen Sorten.
Ero, Krkošija, Bena, Hercegovačko und Krstac	Beliebte heimische Weine.
Blatina Mostar	Roter Spitzenwein aus der gleichnamigen Rebsorte mit etwas Merlo-, Vranac-, Game- und Alicante-Bouchet-Anteil.
Crnjak, Crni Samotok Merlo, Muškat Hamburg, Vranac und Ružica	Beliebte heimische Weine.

Bekannte Produzenten sind u. a. Hepok in Mostar sowie die Weinhäuser in Stolac und Ljubuški.

BRASILIEN

Statistische Daten

- Gesamtrebfläche rund 61.000 Hektar; auf mehr als 50 Prozent wachsen Tafeltrauben.
- Jährliche Gesamtproduktion rund 3,5 Mio. Hektoliter.
- Jährlicher Pro-Kopf-Verbrauch zirka 1,8 Liter.

Geschichte

Obwohl Brasilien vom traditionellen Weinbauland Portugal kolonialisiert wurde, haben italienische Einwanderer in den 1920er Jahren den Weinbau in größerem Stil entwickelt. Weine mit Anspruch auf Qualität entstanden erstmals Ende der 1960er, Anfang der 1970er Jahre, als internationale Konzerne, wie Moët & Chandon, Martini & Rossi, Cinzano und Domecq, in moderne Weinbereitungsausrüstung und neue Rebpflanzungen investierten. Die Weingärten stehen heute hauptsächlich in den gemäßigteren, äquatorferneren Zonen.

Klima

Da alle Weinbauregionen Brasiliens an der Küste liegen, ist das Klima durch den Einfluss des Atlantiks geprägt. Zudem liegen die wichtigsten Weingüter in der gemäßigten Zone mit sehr milden Wintern. Die Durchschnittstemperaturen bewegen sich um die 28 °C. Die jährliche Regenmenge kann je nach Gebiet bis 1.700 Millimeter, manchmal noch mehr betragen. Durch das warme Klima sind zwei Ernten im Jahr möglich.

Böden

Im Allgemeinen sind die Böden etwas säuerlicher als in anderen Weinbauländern. Sie haben eine ertragreiche Krume mit einem Untergrund aus Kiesel und Ton, im Süden aus vulkanischem Gestein.

Rebsorten

In Brasilien ist der Anteil an Amerikanerreben und Hybriden sehr hoch. Sie sind widerstandsfähiger gegen Pilzkrankheiten, die durch das warme Klima und die hohe Luftfeuchtigkeit in Brasilien hervorgerufen werden. Diese Rebsorten sind Isabella, Pirovano, Concord, Seibel, Niagara, Delaware, Herbemont, Seyve Villard, Black July, Cintiana, Duchesse, Folha de Figo und verschiedene Moscatelletypen.

Hauptrebsorten für Weißweine
Chardonnay, Chenin Blanc, Gewürztraminer, Malvasia, Moscato, Peverella, Pinot Blanc, Riesling Italico, Sauvignon Blanc, Sémillon, Sylvaner, Ugni Blanc, Vernaccia.

Hauptrebsorten für Rotweine
Barbera, Bonarda, Cabernet Franc, Cabernet Sauvignon, Gamay, Merlot, Nebbiolo, Petite Syrah, Pinot Noir, Sangiovese, Syrah.

Gesetz

Die Weißweine (Veriedades Brancas) und die Qualitätsrotweine (Veriedades Tintos Finos) werden im Allgemeinen nach den Rebsorten benannt. Das brasilianische Weingesetz verlangt weiters auf den Etiketten folgende Deklarationen:

- Name des Weines, Marke und Typ.
- Name und Anschrift des Produzenten oder Abfüllers.
- Nummer der Registrierung.
- Aufdruck „Industria Brasilera".
- Inhaltsmenge und Alkoholgehalt.
- Eventuelle Klassifizierung oder Angabe des Zuckergehalts.

Brasilien ist das größte südamerikanische Land. In Bezug auf Wein nimmt es hinter Argentinien und Chile den dritten Platz ein. Es werden Weiß-, Rosé- und Rotweine sowie Dessert- und Schaumweine erzeugt; daneben Mostkonzentrat und eine große Menge an Tafeltrauben. Der Rebanbau ist auf Tausende kleine Farmen mit einer Durchschnittsfläche von nur drei Hektar verteilt. Große Erntemengen, vor allem aufgrund der hohen Niederschläge, zeichnen den Weinbau in Brasilien aus. Die Produktion ist im Wachsen begriffen. Durch Know-how-Importe aus Europa konnte die Qualität gesteigert werden.

RIO GRANDE DO SUL

Die Region ist die größte des brasilianischen Weinbaus und liegt im südlichen Landesteil. Das Zentrum bildet das Hügelland Sierra Gaúcha mit rund 33.000 Hektar Rebfläche und einem hohen Anteil an Hybridreben. Ein neueres, interessantes Gebiet ist Campanha (früher Frontera) an der Grenze zu Uruguay und Argentinien. Hier wurden auf etwa 1.000 Hektar europäische Rebsorten ausgepflanzt.

PERNAMBUCO

Im trockenen Norden des Landes, im San-Francisco-Tal bei Recife befindet sich eine Rebfläche von rund 1.500 Hektar. Obwohl hier der Äquator nicht weit entfernt ist, verzeichnet die Region in den letzten Jahren große Fortschritte. Weitere Weinbauflächen sind in den Provinzen Rio de Janeiro, São Paulo, Paraná und Santa Catarina.

Bekannte Erzeuger

Die Weinindustrie Brasiliens wird von etwa drei Dutzend Großfirmen beherrscht, wobei viele genossenschaftlich organisiert sind. Die meisten Weine sind Verschnitte, die wie die Sortenweine oft den Namen des Weinguts auf der Etikette tragen.

Companhia Vinícola Rio Grandense	50 Hektar des in Caxias do Sul ansässigen Weingutes sind mit Merlot, Cabernet Sauvignon und Trebbiano bepflanzt. Die Marke heißt Granja União.
Cooperativa Vinícola Aurora	Genossenschaft in Bento Concalves, 1931 von 16 Winzern gegründet; heute werden von 1.500 Mitgliedern mit über 20.000 Hektar Rebfläche 60 Mio. Flaschen erzeugt. Die besten Weine sind die Marken Conde de Foucauld für Cabernet Sauvignon und Clos de Nobles für Cabernet Franc sowie die Spitzenmarke **Marcus James,** die auch in die USA exportiert wird.
Cooperativa Vinícola Garibaldi	Ist der viertgrößte Weinproduzent Brasiliens und erzeugt Qualitätsweine im italienischen Stil. Bekannte Marken sind Acquasantiera, Raschiatti und Precioso.
Dreher-Heublein do Brasil Comércio Eindustria	Das Unternehmen ist mit der Tochtergesellschaft Dreher SA Vinhos e Champanhas der größte private Weinproduzent. Die führenden Exportweine sind Cabernet Sauvignon, Barbera und die Cuvée Castel Marjolet aus Cabernet Sauvignon und Merlot.
Martini & Rossi	Das Unternehmen ist mit der Tochtergesellschaft De Lantier ein Pionier in Brasilien und erzeugt die bekannteste brasilianische Weinmarke, nämlich Château Duvalier. Weitere bekannte Marken sind Baron de Lantier und De Gréville (1974 der erste Schaumwein).

Weitere Erzeuger sind Charleville, Domecq, Medieval, Montemago, Casa do Vinho, Casa Valduga, Dal Pizzol Vinhos Finos-Vinícola Monte Lemos Ltda., Dom Cândido-Vinhos Finos, Rancho do Vinho, Vinhos Finos Velha Cantina Ltda., Vinhos Bella Aurora, Vinhos Don Laurindo Ltda., Vinícola Durigan Ltda., Vinícola Cordelier Ltda., Vinícola Marco Luigi und Stefani.

BULGARIEN

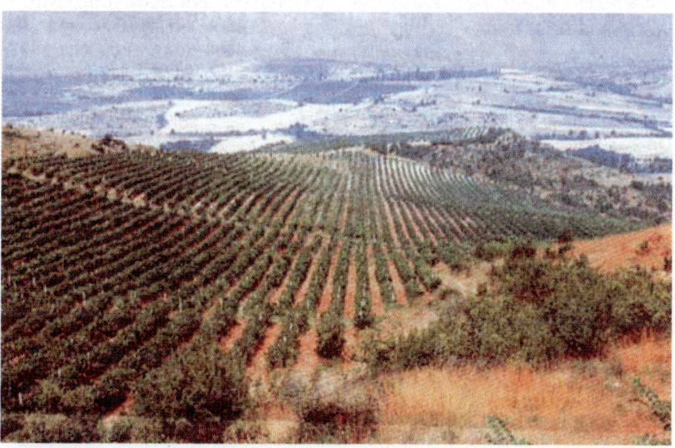

Weingarten, Havsovo bei Melnik

Statistische Daten

- Fünf Weinbauregionen: Nordregion/Donauebene, Ostregion/Schwarzmeergebiete, Zentralregion/Rosental, Südregion/Thrakien, Südwestregion/Strumatal.
- Gesamtrebfläche rund 110.000 Hektar; in den nächsten Jahren hoffen die Bulgaren auf EU-Mittel, um die Anbauflächen erheblich erweitern zu können, da es für die Beitrittskandidaten spezielle landwirtschaftliche Entwicklungsprogramme geben wird.
- Jährliche Gesamtproduktion 3 Mio. Hektoliter.
- 60 % Rot- und Roséweine.
- 40 % Weißweine.
- 85 % werden exportiert, vorwiegend nach Großbritannien und Deutschland.

Geschichte

Weinanbau wird in Bulgarien seit über zwei Jahrtausenden betrieben, so wird bereits bei Homer Wein aus dem Süden Bulgariens erwähnt. Eine besonders reichhaltige Entwicklung ist in den letzten zwei Jahrzehnten eingetreten. Basierend auf der Erfahrung von Generationen haben moderne Herstellungsmethoden ebenso Einzug gehalten wie neue Traubensorten. Investoren aus Japan, aus den USA und aus Westeuropa haben viel Geld ins Land gebracht.

Heute werden etwa 85 % der Weinproduktion Bulgariens exportiert, wodurch der Wein eine enorme Bedeutung als Devisenbringer hat. Innerhalb Osteuropas kann der bulgarische Weinbau als extrem mechanisiert und modern bezeichnet werden, was eine ungewohnte Qualitätskonstanz garantiert.

Klima

Bulgarien liegt auf den gleichen Breitengraden wie die Toskana und Bordeaux und bietet den Trauben optimale Bedingungen.

Böden

Die geologische Beschaffenheit der Böden ist sehr unterschiedlich und wird bei den einzelnen Weinbauregionen behandelt.

Rebsorten

Die heimischen Rebsorten werden immer mehr von den französischen Sorten verdrängt, die auch im Weinexport dominieren. Es sind vor allem die französischen Sorten Cabernet Sauvignon, Merlot und Chardonnay, die in Bulgarien eine wichtige Rolle spielen. Die Cabernets zeichnen sich durch gute Frucht, große Fülle und Kraft aus.

Hauptrebsorten für Weißweine
Chardonnay, Aligoté, Muskat Ottonel, Dimiat, Rkatsiteli, Misket.

Hauptrebsorten für Rotweine
Cabernet Sauvignon, Merlot, Mavrud, Gamza, Pamid, Melnik.

Gesetz

In Bulgarien gibt es seit 1978 eine Gebietseinteilung, und zwar in fünf Regionen. Die Bestimmungen im neuen Weingesetz aus dem Jahre 2000 wurden mit den EU-Vorschriften harmonisiert. Neben den Tafelweinen gibt es Qualitätsweine ohne und mit kontrollierter Herkunftsbezeichnung. Spitzenweine aus ausgewählten, knapp 30 Gebieten dürfen den Namen Region Controliran tragen. Auf der Hauptetikette müssen der Alkoholgehalt in Vol.-%, die Weinbauregion und der Abfüllbetrieb angegeben sein.

Die Republik Bulgarien grenzt im Norden an Rumänien, im Osten an das Schwarze Meer, im Süden an die Türkei und an Griechenland und im Westen an Mazedonien und Serbien. Die Hauptstadt Sofia liegt im Westen. Die nördlichen Regionen bringen genauso wie der Süden hauptsächlich Rotweine hervor. Der Osten an der Schwarzmeerküste ist auf die Erzeugung von Weißweinen spezialisiert. Im Südwesten halten sich Rotweine und Weißweine in etwa die Waage. In ausgewählten Betrieben werden die Weine in Barriques ausgebaut. Vor allem die Rebsorte Melnik lagert in Fässern aus bulgarischer Eiche, um ihr ein eigenes Profil zu verleihen.

NORDREGION/DONAUEBENE

Die leicht hügelige Landschaft auf der Südseite der Donau erstreckt sich vom Fluss Timok im Westen bis zur Stadt Rousse im Osten. An der Donau sowie an den Hängen zu den vielen kleinen Flüssen, die in die Donau münden, liegen die Weingärten auf insgesamt rund 42.000 Hektar. Das Klima ist kontinental mit kurzen, feuchten Frühlingszeiten und langen, heißen Sommern. Die Berge im Süden schützen im Sommer vor zu heißen Winden. Daher ist die Sommertemperatur um durchschnittlich zwei Grad niedriger als in der Südregion. Der Boden ist schwarz, leicht körnig und hat eine gute Speicherkapazität für Wasser.

Bekannte Erzeuger

Rousse	Eines der größten Weingüter Bulgariens am Rande der gleichnamigen Stadt, gegründet 1932; 1998 privatisiert und umfassend modernisiert. Die interessanten und vielfältigen Weine zeigen deutliche Einflüsse der französischen und australischen Investoren. Die Rotweine zeichnen sich durch besondere Fruchtigkeit aus. Die Weißweine überzeugen durch intensiven Duft und Geschmack. Es werden Trauben der gesamten Region verarbeitet, und zwar die Sorten Cabernet Sauvignon, Merlot, Chardonnay, Sauvignon Blanc, Welschriesling, Ugni Blanc, Muskat sowie Cinsault, Misket und Rkatsiteli.
Svischtov	Dieses kleinere Weingut westlich von Rousse wurde 1948 gegründet und 1997 privatisiert. Erzeugt werden ausschließlich Rotweine, vor allem aus den Sorten Cabernet Sauvignon und Merlot sowie aus der autochthonen Sorte Gamza. Svischtov ist bekannt durch seine naturnah angebauten Weine.

OSTREGION/SCHWARZMEERGEBIETE

Die Region umfasst den gesamten Osten Bulgariens von der Grenze zur Türkei am Schwarzen Meer nordwärts bis Rumänien und weiter westwärts entlang der Donau fast bis Rousse. Das Klima ist trockener und milder als in der Nordregion, beeinflusst vom Schwarzen Meer. Der Boden ist häufig durchsetzt mit Sand. Weinanbau erfolgt auf rund 36.000 Hektar.

Bekannte Erzeuger

Burgas	Im Süden an der Schwarzmeerküste gelegenes Weingut, gegründet 1963, privatisiert 1998. Die wichtigsten Traubensorten sind Aligoté, Ugni Blanc, Rkatsiteli, Misket, Muskat, Chardonnay, Merlot, Cabernet Sauvignon und Pamid. Die Weine sind von fruchtigem Charakter. Sie sollen relativ jung konsumiert werden.
Pomorie	In unmittelbarer Nachbarschaft von Burgas liegt das Weingut **Black Sea Gold Pomorie.** Es wurde 1954 gegründet, 1997 privatisiert und konzentriert sich auf die Herstellung leichter Weißweine. Es werden hauptsächlich die Sorten Chardonnay, Ugni Blanc, Aligoté und Riesling verarbeitet. Teilweise werden diese Weine auch in Holzfässern ausgebaut. Bei den roten Sorten dominieren Cabernet Sauvignon, Merlot und Pamid.
Shumen	Im Zentrum der Ostregion liegt die 1962 gegründete und 1997 privatisierte, moderne und international bekannte **Domaine Boyar Shumen.** Der Ausbau der Weine aus den Rebsorten Cabernet Sauvignon, Merlot, Gamza, Chardonnay, Sauvignon Blanc und Aligoté erfolgt mehrheitlich in Holzfässern aus amerikanischer bzw. französischer Eiche. Daneben werden auch frische und fruchtige Weiß- und Rotweine angeboten, die keiner Fasslagerung unterzogen worden sind. Die Domaine Boyar unterhält auch in der Zentralregion (in Sliven) sowie in der Südregion (in Yambol) führende Weingüter. Die Domaine Boyar ist Hoflieferant der Königsfamilie, die Weine tragen das königliche Wappen von König Simeon II.
Targovischte	40 Kilometer westlich von Shumen liegt das Weingut Targovischte. Es wurde 1956 als Privatunternehmen gegründet, arbeitet seitdem eng zusammen mit Weinbauern der Region und ist spezialisiert auf die Herstellung von Weißweinen aus internationalen Traubensorten. Die wichtigs-

	ten sind Sauvignon Blanc, Chardonnay, Traminer und Muskat-Ottonel. Die Weine zeichnen sich durch viel Frucht und Natürlichkeit, Frische und Klarheit aus. Besonders bekannt ist der Sauvignon Blanc, der durch seinen Stachelbeercharakter mit leichter Kräuternote besticht.

ZENTRALREGION/ROSENTAL

An den Südhängen des Balkangebirges wird auf rund 8.400 Hektar in durchschnittlich 200 Meter über dem Meer Wein auf schwarzen Humusböden angebaut. Das Klima ist durch relativ milde Winter und kühle Sommer sowie durch viel Regen geprägt. Das Rosental ist bekannt durch die Produktion von Rosenöl.

Bekannte Erzeuger

Slaviantzi	Dieses exquisite Weingut wurde 1935 gegründet und 1996 privatisiert. Es liegt im Osten der Zentralregion. Bekannt sind die köstlichen Weißweine, die denen der Ostregion ähnlich sind, hergestellt aus den Traubensorten Chardonnay, Misket, Ugni Blanc und Muskat. Es wird auch eine kleine Selektion guter Rotweine angeboten, die im Charakter eher denen der Südregion entsprechen. Die wichtigsten Rotweinsorten sind Cabernet Sauvignon und Merlot.
Sliven	Das Weingut **Vini Sliven** ist eines der größten in Bulgarien. Es wurde 1920 gegründet, verfügt über eine moderne Kellertechnik und befindet sich noch in Staatsbesitz. 80 Prozent der Produktion werden exportiert. Weiß- und Rotweine werden in gleichen Mengen hergestellt, hauptsächlich aus international bekannten Sorten wie Muskat-Ottonel, Chardonnay, Cabernet Sauvignon, Pinot Noir und Merlot. Die Weine sind bekannt für ihren Körperreichtum, verbunden mit leichten Holznoten und einem langen Abgang. Im Süden der Stadt Sliven wird von der Domaine Boyar ein Weingut betrieben.

SÜDREGION/THRAKIEN

In der landschaftlich sehr schönen südlichen Weinregion findet man viele Zeugen der Vergangenheit aus mehreren Jahrtausenden. Der Weinanbau wurde hier schon vor Beginn unserer Zeitrechnung betrieben. Das Klima ist eher kontinental mit langen, trockenen und heißen Sommern und milden, feuchten Wintern. Die rund 26.400 Hektar Rebfläche stehen auf dunklem, humusreichem Boden.

Bekannte Erzeuger

Assenovgrad	Am Fuße der Rhodope-Berge werden von dem 1948 gegründeten Weingut gleichen Namens Weine der Traubensorten Cabernet Sauvignon und Merlot gekeltert. Von ganz besonderer Bedeutung sind jedoch die Weine der autochthonen roten Traubensorte Mavrud. Die Trauben werden spät geerntet, wenn sie ein Maximum an Intensität erreicht haben. Der relativ hohe Säureanteil des Weines erlaubt eine gute Lagerfähigkeit.
Haskovo	Haskovo ist eine 1947 gegründete Kooperative, in der über 90 Prozent aller Weingüter um diese Stadt zusammengefasst sind. Heute werden die Weine auf modernste Weise gewonnen und ausgebaut. Die wichtigste Traubensorte ist Merlot. Weiters werden Cabernet Sauvignon, Pamid und Tamianka angebaut.
Liubimetz	Das Weingut **Domaine Sakar Liubimetz** wurde 1974 gegründet und ist heute zu 86 Prozent in Privatbesitz. Es werden nur Rotweinsorten angebaut, in erster Linie und mit großem Erfolg Merlot. Die weiteren Sorten sind Cabernet Sauvignon, Rkatsiteli und Dimiat. Die Weine werden grundsätzlich als qualitativ hochwertig und von reifer, voller Fruchtigkeit beschrieben. Liubimetz liegt in der heißesten Zone Bulgariens.
Perushtitza	Stadt und Weingut im Westen der Südregion, nahe der historischen Stadt Plovdiv. Die Stadt ist bekannt durch die Landwirtschaftsuniversität und deren önologische Fakultät. Das eher kleine Weingut, gegründet 1934, produziert besonders typische Weine Bulgariens in guter Qualität, hauptsächlich aus Cabernet Sauvignon, Mavrud und Merlot. Die Sorten werden zu Cuvées verschnitten, die nicht unähnlich denen im Bordeaux sind. Dabei garantiert die Sorte Mavrud einen besonderen Körperreichtum und eine gute Lagerfähigkeit. Von geringerer Bedeutung ist die ausschließlich in dieser Gegend angebaute Rotweinsorte Rubin, eine Kreuzung aus Nebbiolo und Syrah. Aus ihr werden sortenreine Weine ebenso gekeltert wie Verschnitte mit Cabernet Sauvignon.
Stara Zagora	Um diese Stadt, nördlich von Liubimetz, werden in dem Weingut **Menada Stara Zagora** ausschließlich Rotweine der Traubensorten Cabernet Sauvignon und Merlot erzeugt. Die Kellerei wurde

	1947 gegründet. Beschreibung der Weine: vollmundig-fruchtig nach Johannisbeeren, mit einem an Korinthen erinnernden Duft, gute Tanninbalance, trockener Abgang. Mehr als 85 Prozent der Produktion werden exportiert.
Yambol (Jambol)	Das größte Weingut der Südregion ist die Domaine Boyar Yambol. Bereits 1928 gegründet, gehört es zu den ältesten dieser Region; 1995 wurde es privatisiert. Als wichtigste Traubensorten werden Cabernet Sauvignon, Merlot, Pamid, Gamza, Rkatsiteli und Muskat kultiviert. Weinanbau und -verarbeitung erfolgen nach modernsten Methoden. In den letzten Jahren wurden neue Weingärten ausgepflanzt. Die Hauptarbeit konzentriert sich sowohl auf die Gewinnung sortenreiner Cabernet Sauvignons und Merlots als auch auf die Erstellung interessanter Cuvées aus diesen Traubensorten. Alle Weine zeichnen sich durch große Fruchtigkeit aus.

SÜDWESTREGION/STRUMATAL

Die Nähe zu Griechenland beeinflusst diese Region im äußersten Südwesten Bulgariens seit Jahrtausenden. Im Tal des Flusses Struma existiert seit Jahrhunderten eine wichtige Nord-Süd-Route für Reisende und Händler durch die hohen Berge von Rila und Pirin. Die Winter sind mild, die Sommer warm und es regnet zu jeder Jahreszeit. Der Boden ist dunkel, sand- und lehmhaltig. Auf rund 7.200 Hektar wird Wein angebaut. Die Böden und das Klima sind ideal für den Anbau von Rotweinsorten.

Bekannter Erzeuger

Melnik	Nicht weit von der Grenze zu Griechenland liegt südlich der Stadt Melnik das Weingut **Damianitza.** Die Weine wachsen an den Südhängen der Ausläufer des Piringebirges. Sie werden von selbstständigen Winzern geerntet und an das seit 1940 in Form einer Kooperative geführte Weingut geliefert. Es werden die autochthone Sorte Melnik (Broad Vine of Melnik) sowie Cabernet-Sauvignon-Trauben angebaut. Der Ausbau der Weine erfolgt sortenrein bzw. hauptsächlich als Cuvées. Die Melniktraube reift spät. Die Weine sind tiefrot, fruchtig-herb, erinnern an wilde Früchte und Tabak und haben einen komplexen, körperreichen Geschmack. Der lokale Cabernet Sauvignon ist eher mild und fruchtig.

CHILE

Weingut Torres, Valle de Curicó

Statistische Daten

- Fünf Regionen: Atacama, Coquimbo, Aconcagua, Zentraltal, Región del Sur.
- Gesamtrebfläche rund 107.000 Hektar (1997: 63.500 Hektar).
- Jährliche Gesamtproduktion rund 5,7 Mio. Hektoliter; damit zehntgrößter Weinproduzent der Welt.
- 80 % Rotweine.
- 20 % Weißweine.
- 80 % Qualitätsweine.
- Über 55 % Export, damit fünftgrößter Exporteur weltweit. Export überwiegend nach Europa, Nordamerika (in den USA ist Chile drittgrößter Weinimporteur) und in andere Länder Südamerikas.

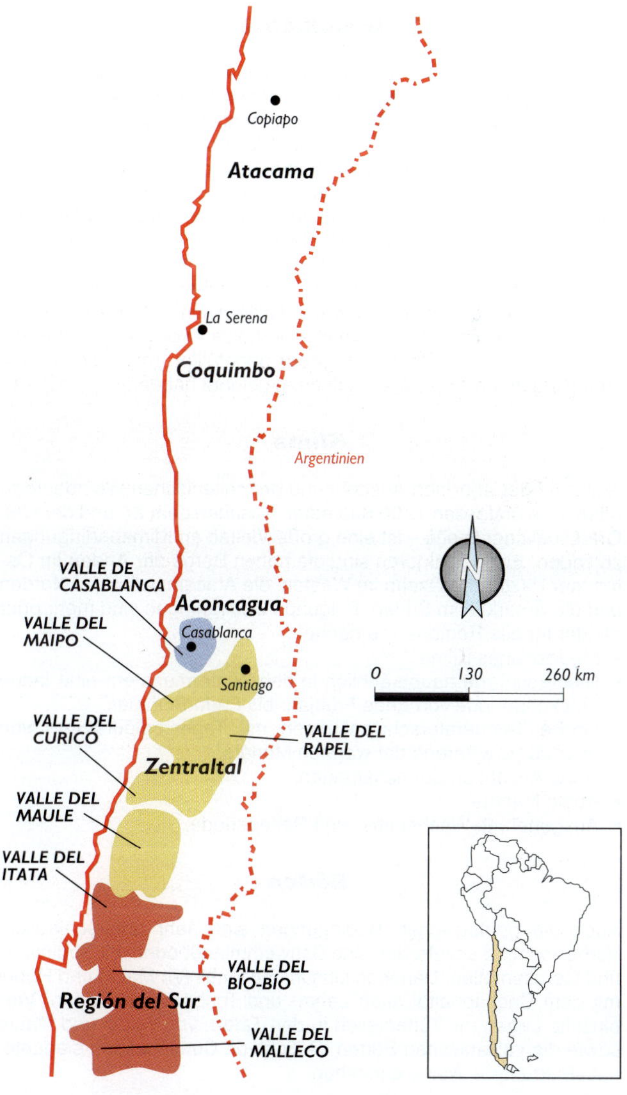
Copiapo
Atacama
La Serena
Coquimbo
Argentinien
VALLE DE
CASABLANCA
Aconcagua
VALLE DEL
MAIPO
Casablanca
Santiago
0
130
260 km
VALLE DEL
CURICÓ
VALLE DEL
RAPEL
Zentraltal
VALLE DEL
MAULE
VALLE DEL
ITATA
VALLE DEL
BÍO-BÍO
Región del Sur
VALLE DEL
MALLECO

Geschichte

Chiles Weinbaugeschichte reicht bis in das 16. Jahrhundert zurück. Sie ist eng mit der Ankunft der spanischen Eroberer verknüpft, die die Weinkultur aus der Alten Welt mitbrachten. Ab der Mitte des 19. Jahrhunderts entschieden sich die Weinbauern für französische Rebsorten, Reberziehung und Ausbaumethoden. 1979 führte das Weingut Torres, eine Tochtergesellschaft der spanischen Bodega Miguel Torres, modernste Technologien ein; andere Weingüter folgten bald diesem Beispiel. Heute zählen die chilenischen Weinbaubetriebe zu den fortschrittlichsten der Welt. Die Weinindustrie profitiert sehr stark von den vielen ausländischen Investoren. Spanische, französische, italienische und kalifornische Produzenten sind nach Chile gekommen und haben eine Vielzahl von neuen Betrieben gegründet. Da erst wenige Jahrgänge abgefüllt wurden, wird die Zukunft zeigen, ob sich die Investitionen gelohnt haben.

Klima

Aufgrund der enormen Ausdehnung der chilenischen Weinbauregionen – sie umfassen 1.100 Kilometer zwischen dem 27. und dem 38. Grad südlicher Breite – ist eine große Vielfalt an Klimabedingungen zu finden. Einflussfaktoren sind die hohen Berge der Anden im Osten, der Pazifische Ozean im Westen, die Atacamawüste im Norden und die Antarktis im Süden. Folgende Bedingungen sind mehr oder minder für alle Regionen zu nennen:

- Mediterranes Klima.
- Niederschläge hauptsächlich in den Wintermonaten; eine lange Trockenperiode von Ende Frühjahr bis Ende Sommer.
- Große Temperaturschwankungen mit Tagestemperaturen von über 20 °C während der warmen Monate.
- Hohe Anzahl an Sonnenstunden.
- Kühle Nächte.
- Ausgedehnte Wachstums- und Reifeperiode.

Böden

Auch die geologischen Bedingungen sind sehr unterschiedlich. Vorherrschend anzutreffen sind Schwemmlandböden mit Sediment- und Geröllanteilen. Daneben sind in den Gebieten Maipo und Rapel mit dem Cachapoaltal auch Lehm- und Tonböden zu finden. Vereinzelte Lagen mit Tuffanteilen in den Tälern von Rapel und Maule sowie die vulkanischen Böden südlich von Curicó lassen elegante, gut strukturierte Weine entstehen.

Rebsorten

Chile gehört zu den wenigen Weinbauländern, die bisher keine Reblausplage hatten. Die somit verwendeten wurzelholzechten Reben begünstigen die Qualität der Trauben enorm. Viele Rebstöcke sind 50–100 Jahre alt. Dennoch beginnen einige Weinproduzenten ihre Rebstöcke zu veredeln, um einer möglichen Reblausplage vorzubeugen. Neue Sorten, wie z. B. die spanische Tempranillo, müssen zwei bis drei Jahre in Quarantäne bleiben, bevor sie ausgepflanzt werden dürfen. Der Anteil an roten Trauben beträgt 80 Prozent.
Wurden vor einigen Jahren fast ausschließlich reinsortige Weine erzeugt, so findet man heute vermehrt Cuvées, die in ihrer Zusammensetzung Bordeaux-Verschnitten ähneln. Sehr häufig werden auch Cabernet Sauvignon und Carmenère verschnitten oder es wird überhaupt eine andere Zusammensetzung gewählt. Die Rotweine weisen ein intensives, fruchtiges Bukett sowie eine schöne Farbe, eine gute Farbentwicklung und reichlich Polyphenole auf. Kontrollierte Bewässerung ermöglicht eine ausgeglichene Ernte und eine hohe Qualität.

Hauptrebsorten für Weißweine (nach Anbauhäufigkeit)
Chardonnay, Sauvignon Blanc (mit der Spielart Sauvignon Vert oder Sauvignonasse), Sémillon, Riesling. Moscatel Alejandra und Torontel finden hauptsächlich für die Erzeugung von Pisco (Branntwein aus Wein und Weintrestern) Verwendung. Weiters sind Chenin Blanc, Gewürztraminer, Pinot Blanc und Viognier verbreitet.

Hauptrebsorten für Rotweine (nach Anbauhäufigkeit)
Cabernet Sauvignon (38.000 Hektar), Pais (in Argentinien als Criolla Chica, in Kalifornien als Mission bezeichnet; Pais-Weine werden nicht exportiert), Merlot, Carignan, Cot (Malbec), Pinot Noir, Carmenère, Syrah, Cinsaut, Cabernet Franc. Der Anbau der Sorten Pinot Noir und Syrah ist sehr stark im Steigen begriffen.

Gesetz

Das chilenische Weingesetz orientiert sich in erster Linie an europäischen Regelungen. In den neuesten Bestimmungen aus dem Jahre 1999 findet man die gesetzlichen Grundlagen der Weinherstellung und -bezeichnung. Bei den erlaubten Vinifikationsmethoden lehnt man sich an internationale Normen warmer Weinbauländer an. So ist die Zugabe von Säure gestattet, das Chaptalisieren nicht. Ebenfalls erlaubt ist die Verwendung von Chips und Staves (Fassdauben) aus Eichenholz, die die Holzaromen an den Wein abgeben.
29 erlaubte Rebsorten wurden definiert, sofern eine Herkunftsbezeichnung angegeben ist. Dazu gehören alle international wichtigen Sorten, nicht aber die Pais. Um Herkunftsbezeichnungen zu führen,

müssen die Bodegas Mitglied eines Kontrollrates werden, der auch die Einhaltung der Vorschriften überwacht.
Das Weingesetz unterscheidet Región vitivinicola (Weinregion), Subregion (Täler) und Ortslagen. Letztere erscheinen selten auf Weinetiketten, teilweise sicher auch deshalb, weil sie außerhalb Chiles nicht sehr bekannt sind.
Betreffend Herkunft, Jahrgang und Rebsorte müssen mindestens 75 Prozent den Angaben auf der Etikette entsprechen; 25 Prozent der Trauben können aus anderen Gebieten kommen. Es dürfen nicht mehr als drei Rebsorten auf der Etikette angegeben sein und es darf auch keine weitere Rebsorte verwendet werden. Der Mindestanteil einer Traubensorte beträgt 15 Prozent. Für Ausbau und Reifezeit gibt es keine gesetzlichen Vorschriften. Ebenso wenig geregelt ist die Bezeichnung „Vino Fino", die üblicherweise für alle Exportweine verwendet wird.
Weine, die die Bezeichnung „Denominación de origen" führen, müssen Herkunft, Rebsorte(n), Jahrgang und die Bezeichnung „Embotellado den Origen" (abgefüllt am Ursprungsort) auf der Etikette anführen.
Bezeichnungen wie Reserva, Gran Reserva, Reserva Especial, Reserva Privada, Selección und Superior sind ausschließlich Weinen mit Herkunftsbezeichnung vorbehalten. Sie müssen jedoch einen höheren Alkoholgehalt, mindestens 12 bzw. 12,5 Vol.-%, aufweisen. Reserva und Reserva Privada können im Holz ausgebaut worden sein. Für Reserva Especial und für Gran Reserva ist ein Ausbau im Holz verpflichtend. Die Bezeichnung „Clásico" ist den Rebsorten Cabernet Sauvignon, Merlot, Carmenère, Chardonnay, Sauvignon Blanc, Sauvignon Gris und Sauvignon Vert vorbehalten. Der Mindestanteil hat dann 85 Prozent zu betragen.

Wie Argentinien gehört Chile zu den wichtigsten Wein produzierenden Ländern Südamerikas. Ausgehend von der Hauptstadt Santiago erstreckt sich der Weingürtel 400 Kilometer nördlich und etwa 700 Kilometer südlich davon. Kaum ein Land hat günstigere Wachstumsbedingungen für Wein als Chile. Die kühleren Nachttemperaturen wirken sich sehr positiv auf die Aromaentwicklung aus. Der überwiegende Teil der Rebflächen befindet sich in den Ebenen der Täler. Für die Erzeugung der besten Qualitäten werden immer mehr die steinigen, kargen Hügellagen als Anbauflächen bevorzugt. Wie in Argentinien ist auch in Chile eine künstliche Bewässerung obligatorisch. Die traditionelle Bewässerungsmethode, bei der die Erde mit Wasser überflutet wird, geht auf eine Zeit zurück, bevor die Spanier ins Land kamen. Das Andenwasser wurde in Reservoirs gesammelt und bei Bedarf wurden in der heißen Sommerzeit die

Schleusen geöffnet. Heute werden vorwiegend Pumpensysteme mit unterirdischen Wasserleitungen verwendet. Diese intensive Form führte und führt noch immer zu sehr hohen Hektarerträgen.
Es gibt auch Gebiete, in denen nicht ausreichend Wasser oder überhaupt kein Wasser aus den Anden zur Verfügung steht. Hier wird, vor allem in den besseren Lagen, mit Tropfleitungen gearbeitet. Diese Tröpfchenbewässerung hat den Vorteil, dass nicht so viel Wasser auf einmal kommt. Einerseits wird verhindert, dass die mineralstoffreiche Erde weggeschwemmt wird, andererseits vermindern sich bei weniger Wasser die Erträge, was eine qualitative Verbesserung durch Konzentration in den Trauben nach sich zieht. Manche Winzer beginnen damit, auf die künstliche Bewässerung zu verzichten. Die Reben können den mineralischen Gehalt des Terroirs noch besser aufnehmen, da sie ohne Bewässerung gezwungen sind, ihre Wurzeln tiefer in die steinige Erde zu graben.
In Chile werden Weiß-, Rosé-, Rot-, Dessert- und Schaumweine erzeugt. Die meisten Weingüter unterscheiden ihre Produktpalette durch verschiedene Markennamen für unterschiedliche Preissegmente und Käuferschichten. Die größeren Produzenten besitzen Weingärten in verschiedenen Regionen des Landes.
Das Preis-Leistungs-Verhältnis der chilenischen Weine ist besonders hervorzuheben. Deutlich über 100 Weingüter sind im Export tätig. Manche Produzenten exportieren fast ihre gesamte Produktion. Es gibt große geschmackliche Unterschiede zwischen Exportweinen und Weinen, die für den heimischen Markt bestimmt sind.
Seit einiger Zeit setzt sich vermehrt der „Terroirgedanke" durch. Die Ausdehnung der Rebfläche und insbesondere die Neugründung von Kellereien führt dazu, dass einzelne Regionen und Gebiete zunehmend eigenes Profil zeigen.
Jede der fünf Weinbauregionen ist in Unterregionen und Zonen unterteilt, die alle mit der Bezeichnung Valle (Tal) beginnen.

ATACAMA

Sie ist die am nördlichsten gelegene Weinbauregion und umfasst 800 Hektar Rebfläche. Es werden ausschließlich Grundweine für die Herstellung des Branntweines Pisco erzeugt, da es für die Produktion von Spitzenweinen zu heiß und zu trocken ist. Die Unterregionen heißen Valle de Copiapó und Valle de Huasco.

COQUIMBO

Weinbau wird im Valle del Elqui, im Valle del Limarí und im Valle del Choapa auf insgesamt zirka 10.000 Hektar betrieben. Es werden überwiegend Grundweine für den Pisco aus verschiedenen Muskatellersorten und aus der Pedro Ximénez hergestellt. 1993 wurde hier das erste bedeutende Weingut, Viña Francisco de Aguirre, gegründet. Ein relativ gemäßigtes Klima sorgt für gute Voraussetzungen für die Herstellung von Tafelweinen.

ACONCAGUA

Das Aconcaguatal liegt etwa 100 Kilometer nördlich von Santiago und zählt mit einer Rebfläche von mehr als 1.000 Hektar zu den kleinsten Weinbauregionen des Landes. Aconcagua ist bekannt für seine Cabernet Sauvignons mit fruchtigem Geschmack und dem für Chile typischen Cassis- und Eukalyptusaroma. Der namhafteste Produzent dieser Region ist Viña Errázuriz, benannt nach Maximiano Errázuriz, der 1870 als Erster mit dem Weinbau hier begann. Die klimatischen Bedingungen, 14 Grad Celsius im Jahresdurchschnitt, 240 bis 300 wolkenlose Tage im Jahr sowie geringe Niederschläge, ermöglichen hervorragende Wachstumsbedingungen für blaue Trauben. Die Región de Aconcagua wird in die Gebiete Valle del Aconcagua, Valle de Casablanca und Valle de San Antonio eingeteilt.

Valle de Casablanca

Erst seit gut 20 Jahren wird dieses Tal zwischen der Stad Casablanca und der Küste für den Weinbau genutzt. Auf rund 16 Kilometer Länge und 80 Kilometer Breite sind derzeit 3.500 Hektar mit Reben bepflanzt. Kühle Nächte und Nebel am Morgen ermöglichen die Erzeugung von exzellenten Weißweinen. Die Reifeperiode dauert oftmals einen Monat länger als in anderen Gebieten Chiles. Chardonnay und Sauvignon Blanc gelten als die vielversprechendsten Rebsorten. Pinot Noir und Merlot zeigen die besten Erfolge bei den roten Sorten. Einige namhafte Produzenten aus anderen Gebieten, wie z. B. Concha y Toro, Errázuriz, Santa Carolina/Viña Casablanca und Santa Rita besitzen hier Weingärten mit mehr als 100 Hektar Rebfläche. Als führende Produzenten dieser Region gelten Veramonte und Villard.

Bekannte Erzeuger

Seña	Spitzencuvée aus Cabernet Sauvignon, Merlot und Carmenère.
Veramonte	Spitzenwein ist die Cuvée Primus aus Carmenère und Cabernet Sauvignon. Die reinsortigen Weine Sauvignon Blanc, Chardonnay, Merlot und Cabernet Sauvignon tragen den Namen Veramonte.
Villard	Spitzenerzeuger im Valle de Casablanca.

Viña Errázuriz	Bekannt sind der Chardonnay Wild Ferment und der Cabernet Sauvignon Don Maximiano Founders Reserve.

ZENTRALTAL

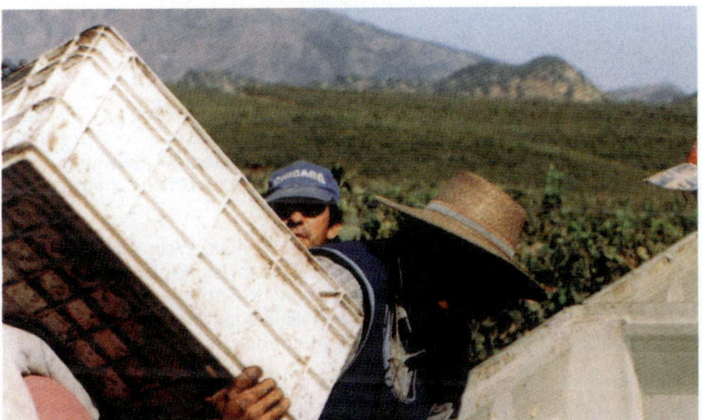

Weinernte bei Casa Silva, Valle del Rapel

Das Zentraltal mit rund 86.000 Hektar ist die größte Weinbauregion Chiles. Die Gebiete Valle del Maipo, Valle del Rapel, Valle del Curicó und Valle del Maule liegen weit auseinander. Sie haben sehr unterschiedliche Wachstumsbedingungen, die sich aus folgenden Voraussetzungen ergeben: Im Osten befinden sich die Anden, im Westen eine etwas niedriger gelegene Bergkette, die Coastal Range. Es regnet normalerweise nur im Winter und im Frühjahr. Bei sehr hohen Durchschnittstemperaturen, 12 Grad im Winter und 21 Grad im Sommer, ist eine künstliche Bewässerung mit Andenschmelzwasser erforderlich. Die Böden sind durch unterschiedlichste Formationen gekennzeichnet.

Valle del Maipo

Das Maipotal ist gemeinsam mit dem Rapeltal Chiles führendes Weinbaugebiet. Es liegt in unmittelbarer Nähe von Santiago und hat die älteste Weinbautradition. Viele der vor mehr als 100 Jahren gegründeten Weingüter sind hier beheimatet, zum Beispiel Cousiño Macul, Concha y Toro, Santa Rita und Undurraga. Neben den vielen neu gegründeten Weingütern sind besonders Almaviva und Haras de Pirque zu nennen.

Die ersten Weingärten wurden im Maipotal bereits Mitte des 19. Jahrhunderts ausgepflanzt, und zwar auf einer Seehöhe zwischen 500 und knapp 1.000 Metern. Französische Experten wurden damals zu Rate gezogen, um die besten Gebiete und Lagen Chiles für die qualitativ hochwertigen Rebsorten Cabernet Sauvignon, Merlot und Carmenère zu finden. In Maipo stießen sie auf die besten Bedingungen. Zurzeit beträgt die Rebfläche rund 9.000 Hektar.

Bekannte Erzeuger

Almaviva	Das Weingut ist ein Joint Venture zwischen Château Mouton Rothschild und Concha y Toro. Die Cuvée Almaviva (Cabernet Sauvignon und Carmenère) ist einer der chilenischen Super-Premium-Weine.
Antiyal	Neues Weingut; der erste Wein kam erst 1998 auf den Markt. Bekannt ist die gleichnamige Cuveé aus Carmenère, Cabernet Sauvignon und Syrah. Durch limitierte Produktion entstehen stark Terroir-geprägte Weine.
Aquitania	Das Weingut befindet sich in französisch-chilenischem Besitz. Der Topwein heißt Domaine Paul Bruno. Weitere Marken sind Aquitania und Sol de Sol.
Azienda Chadwick	Kleines Weingut; erzeugt den gleichnamigen Spitzenrotwein aus Cabernet Sauvignon, Cabernet Franc und Carmenère.
Canepa	Unternehmen in Familienbesitz mit über 1.000 Hektar im Maipo- und Colchaguatal sowie Besitzungen in anderen Regionen. Das Produktionsspektrum umfasst 18 verschiedene Rebsorten. Die Spitzenrotweine heißen Cabernet Sauvignon Private Reserve, Cabernet Sauvignon Finisimo und Cabernet Sauvignon Magnificum.
Carmen	Das Weingut wurde 1850 gegründet und ist heute im Besitz des Eigentümers von Santa Rita. Bekannt sind vor allem die Rotweine aus den Rebsorten Merlot und Cabernet Sauvignon (Gold Reserve) aus dem Rapel- und Maipotal sowie der Chardonnay Wine Makers Reserve aus dem Casablancatal.
Casablanca	Tochterunternehmen von Santa Carolina. Die Rotweine stammen überwiegend von Weingärten aus dem Maipotal. Sehr bekannt sind Weißweine vom Santa Isabel Estate.

Concha y Toro	Größter Weinerzeuger Chiles mit rund 3.300 Hektar Rebfläche sowie weiteren 3.000 Hektar von verschiedenen Tochterunternehmen, wie Viña Maipo, Viña Cono sur und Tocornal. Bekannteste Marke ist Casillero del Diablo. Die Spitzenweine sind Amelia Chardonnay Private Reserve, Marqués de Casa Concha Cabernet Sauvignon, Cabernet Sauvignon Don Melchor und die Weine der Terrunyolinie sowie der absolute Topwein Almaviva (siehe oben).
Cousiño Macul	1865 gegründet; gilt als eines der besten Weingüter in Chile. Der Spitzenwein heißt Finis Terrae (85 % Merlot und 15 % Cabernet Sauvignon). Weitere Premiumweine sind Merlot Reserva, Antiguas Reservas Cabernet Sauvignon und Antiguas Reservas Chardonnay. Bekannt sind auch die Weine der Varietaleslinie.
Haras de Pirque	Bekannt sind die Weine der Premiumlinie Haras.
Santa Ines	Die Toplinien sind Enigma und Legado di Familia.
Santa Rita	Traditionsreicher Betrieb und einer der größten Erzeuger Chiles. Bekannte Marken sind „120“ sowie die Linien Reserva (Cabernet Sauvignon, Merlot, Chardonnay und Sauvignon Blanc), Medalla Real (Cabernet Sauvignon und Chardonnay), Triple C und Floresta (beide stehen für rote Cuvées). Als Spitzenwein gilt der Casa Real Cabernet Sauvignon.
Undurraga	Traditionsreiches Unternehmen in der Nähe von Santiago, gegründet 1885. Der Spitzenwein heißt Cabernet Sauvignon Bodega de Familia.
Viña Baron Philippe de Rothschild	Die Franzosen begann 1996 in Zusammenarbeit mit Concha y Toro die Produktion des bekannten Almaviva (siehe oben). Neben der Marke Baron Philippe de Rothschild (Merlot, Cabernet Sauvignon, Chardonnay und Sauvignon Blanc) gibt es die Linie Reserva Baron Philippe de Rothschild. Der Topwein des mittleren Segmentes heißt Escudo Rojo und ist eine Cuvée aus Cabernet Sauvignon, Carmenère und Cabernet Franc.

Valle del Rapel

Dieses Weinbaugebiet teilt sich in zwei Zonen, nämlich im Norden in das Valle del Cachapoal und im Süden in das Valle de Colchagua. In den 1990er Jahren entstanden eine Reihe von Weinbaubetrieben, die sich auch in Tälern ansiedelten, in denen bisher kein Weinbau stattgefunden hatte. Bei den neuen Tälern gilt das Apaltatal als eines der viel versprechenden Weinbaugebiete.
Südlich von Maipo befindet sich das **Valle del Cachapoal.** Es ist durch große klimatische Unterschiede gekennzeichnet, vom kalten Klima am Fuße der Anden bis zu den heißesten Zentren Chiles um den Rapelsee. Die Gebiete Rancagua, Rengo und Requinoa befinden sich an den Ausläufern der Anden. 80 Prozent der erzeugten Weine sind Rotweine, die durch die großen Temperaturunterschiede zwischen Tag und Nacht qualitativ sehr hochwertig sind. Die am häufigsten verbreitete Rebsorte ist Cabernet Sauvignon, gefolgt von Merlot und einem kleinen Anteil Carmenère. Chardonnay, Sauvignon Blanc und Sémillon sind als die wichtigsten weißen Sorten zu nennen. Insgesamt kann man sagen, dass das Cachapoaltal besonders für die exzellenten Merlots bekannt ist.
Unterschiedliche Klimazonen an den verschiedenen Nebenflüssen bringen interessante Weine hervor, wobei großteils ein moderater mediterraner Einfluss vorherrscht. Im Vergleich zu den nördlicheren Gebieten gibt es etwas mehr Regen, die Jahresdurchschnittstemperatur ist mit 14 °C jedoch die gleiche.
Viele Traubenproduzenten sind dazu übergegangen, ihre eigenen Weine herzustellen und auch selbst abzufüllen. So sind eine Reihe neuer Weingüter entstanden und mit ihnen viele neue Weingärten.
Die zweite Weinbauzone im Valle del Rapel, das **Valle de Colchagua,** gab den Anstoß für die großen Veränderungen im chilenischen Weinbau. Bekannte, in Maipo ansässige Betriebe haben sich hier eingekauft. Obwohl in diesem Tal schon sehr lange Wein erzeugt wird, gibt es nur wenige alte Rebanlagen. Die klimatische Vielfalt zusammen mit der geografischen Lage ermöglicht höchst interessante Kleinklimazonen, die sich sehr positiv auf den Weinbau auswirken. Die Rebfläche hat sich seit 1992 verdoppelt und beträgt derzeit rund 16.000 Hektar. Es wird vorwiegend Cabernet Sauvignon angebaut. Merlot ist hier aber ebenso zu finden wie die Rebsorte Carmenère.
Im Valle del Rapel werden die zwei Kultweine des Landes gekeltert, der Clos Apalta und der Montes M.

Bekannte Erzeuger

Bisquertt	Mit rund 1.000 Hektar gehört Bisquertt zu den großen Weinproduzenten Chiles. Bekannt sind die Marken Bisquertt und Las Garzas sowie Château La Joya, deren Selection- und Gran-Reserva-Weine als die besten gelten.
Caliterra	Ein Joint-Venture-Betrieb von Eduardo Chadwick und Robert Mondavi. Das Weingut hat viele internationale Auszeichnungen errungen. Die Cuvées heißen Arboleda, Caliterra und Seña, ein absoluter Spitzenwein.
Casa Lapostolle	Der Spitzenwein ist die Cuvée Clos Apalta (aus Cabernet Sauvignon und Carmenère), benannt nach dem Apaltatal; weiters bekannt sind die Weine Chardonnay Cuvée Alexandre, Merlot Cuvée Alexandre und Cabernet Sauvignon Cuvée Alexandre.
Casa Silva	Der Spitzenwein heißt Quinta Generación Cabernet Sauvignon Reservado.
Cono Sur	Ist eine Tochterfirma von Concha y Toro. Der 20 Barrels Limited Edition Pinot Noir gilt als einer der besten chilenischen Weine seiner Sorte.
Los Vascos	Der Spitzenwein heißt Le Dix und ist ein reinsortiger Cabernet Sauvignon.
Mont Gras	Eines der modernsten Weingüter Chiles, gegründet 1992. Der Topwein heißt Ninquén (reinsortiger Cabernet Sauvignon) vom gleichnamigen Weinberg im Colchaguatal. Weiters zu nennen sind die Weine Colchagua Valley Cabernet Sauvignon Premium Reserva Hilltop, Carmenère Reserva und Cuvée Quatro. Das Weingut hat bisher mehr als 200 nationale und internationale Auszeichnungen erhalten.
Morandé	Bekannte Weine sind Sauvignon Blanc Golden Harvest (Süßwein mit Botrytisnote) und Cabernet Sauvignon Terrarum.
Santa Emiliana	Mit knapp 1.500 Hektar Rebfläche einer der größten Produzenten des Landes. Die Linie Santa Emiliana Varietals wird für den Inlandsmarkt erzeugt. Santa Emiliana Reserve/ Palmers Estate, Andes Peaks Wines und Walnut Crest Wines werden ausschließlich für den Exportmarkt mit Schwerpunkt USA produziert.
Viña de Larose	Im Besitz von Château Larose-Trintaudon.

Vina Porta	Im Jahre 1991 kam der erste Wein auf den Markt, zuvor wurden nur Trauben produziert. Auch bei Vina Porta bemüht man sich, das Konzept der Terroirweine zu verfolgen. Bekannte Weine sind Porta Cabernet Sauvignon Grand Reserve, Porta Pinot Noir Grand Reserve, Porta Carmenère Reserve, Merlot Select Reserve. Das Weingut hat zahlreiche internationale Auszeichnungen erhalten.
Viu Manet	Spitzenwein ist die Cuvée Viu 1 (90 % Malbec, 10 % Cabernet Sauvignon); bekannt sind auch der Cabernet Sauvignon La Capia und der Malbec Reserva.

Valle de Curicó

Das Curicótal liegt etwa 200 Kilometer südlich von Santiago. Gemeinsam mit dem Mauletal bildet es rebflächenmäßig den Schwerpunkt des chilenischen Weinbaus. Die ersten Reben wurden hier bereits 1830 gepflanzt. Das Zentrum dieses Gebietes befindet sich im Lontuétal, wo nahezu alle großen Weingüter Chiles, wie Concha y Toro, Santa Carolina, San Pedro und Santa Rita, Besitzungen haben.

Da das Zentraltal an dieser Stelle breiter ist, wird der Weinbau auf überwiegend flachen Lagen betrieben. Die weitläufigen Ausdehnungen der Rebflächen kann man auf beiden Seiten entlang des panamerikanischen Highways sehen. Aus diesem Gebiet kommen besonders viele der preisgünstigen chilenischen Weine.

Die größte Konzentration an Weinbau findet man im Süden, wo Viña San Pedro alleine mehr als 2.000 Hektar Rebfläche besitzt. Valle del Lontué, nach der Stadt Lontué benannt, ist eine Gebietsbezeichnung, die häufig auf Weinetiketten zu finden ist. Östlich von Molina, im kühleren Teil des Gebietes, findet man ausgezeichnete Bedingungen für Sauvignon Blanc und Chardonnay. Es ist dies das größte Weißweinanbaugebiet des Landes. Die wichtigsten roten Sorten sind auch im Curicótal Cabernet Sauvignon, Merlot und Carmenère.

Im Allgemeinen betragen die Temperaturschwankungen zwischen Tag und Nacht 15–18 °C. Eine ganze Reihe von Flüssen bewässert das Gebiet. Das Klima ist hier deutlich feuchter als im Rapel- oder Maipotal. Diese Angaben gelten auch für das nächstgenannte Anbaugebiet, das Valle del Maule. Beide Gebiete zusammen umfassen eine Rebfläche von 26.000 Hektar.

Bekannte Erzeuger

Echeverria	Traditionsreiches Weingut in Familienbesitz. Seit 1992 füllt das Weingut unter eigener Etikette ab.
Miguel Torres	Bekannte Weine sind die hervorragende Cuvée Cordillera (Cariñena, Syrah und Merlot) und der reinsortige Cabernet Sauvignon Manso de Velasco aus der gleichnamigen Lage, benannt nach dem Gründer der Stadt Curicó.
Montes	Der Spitzenwein ist die Cuvée Montes Alpha M (Cabernet Sauvignon, Cabernet Franc und Merlot); bekannt sind auch die Weine Montes Alpha Merlot, Syrah und Cabernet Sauvignon.
Santa Carolina	Traditionsreiches Weingut, gegründet 1875. Der unter Denkmalschutz stehende erste Weinkeller des Unternehmens befindet sich in Santiago. Umfangreicher Weinbergbesitz in allen Weinbauregionen Chiles. Exportiert in über 30 Länder und ist somit einer der vier großen chilenischen Weinerzeuger. Die Markenweine tragen die Namen Uno, Dos und Tres Estrellas sowie Antares, Barrica Selection und Reserva de Familia.
Valdivieso	Spitzenwein ist die Cuvée Caballo Loco, bekannt ist auch der Cabernet Franc Reserve Single Vineyard.
Viña San Pedro	Mit 2.500 Hektar Rebfläche zweitgrößter Weinerzeuger Chiles; hoher Exportanteil. Es werden 15 verschiedene Marken, wie z. B. Castillo di Molina, Gato Premium, Gato Negro und Gato Blanco, produziert. Der Spitzenwein des Unternehmens ist Cabo de Hornos, ein reinsortiger Cabernet Sauvignon, mit zahlreichen internationalen Auszeichnungen.

Valle del Maule

Dieses Gebiet ist der am südlichsten gelegene Teil des Zentraltals. Es ist 250 Kilometer von Santiago entfernt und nach dem Rio Maule benannt. Mit rund 23.000 Hektar Rebfläche ist es das größte Weinbaugebiet Chiles. Es ist auch das Tal mit den größten klimatischen Unterschieden von allen chilenischen Weinbauzonen. Der Unterschied zwischen den Tages- und Nachttemperaturen beträgt 15–18 °C. In Kombination mit den verschiedenen Bodenarten entsteht ein großes Spektrum an verschiedenen Terroirs.

Schon im 17. Jahrhundert wurden hier Reben gepflanzt. 1831 betrug die Rebfläche 5.000 Hektar. Alle Rebsorten Chiles sind hier zu finden; der Anteil an roten Sorten überwiegt. Seit Ende der 1980er Jahre werden viele weiße und blaue Qualitätsrebsorten angepflanzt. Nach wie vor wird hier noch sehr viel Wein aus Paistrauben produziert. Die Paistraube wird aber immer mehr durch Cabernet Sauvignon und Merlot ersetzt. Die wichtigsten Rebsorten im Valle del Maule sind Cabernet Sauvignon, Merlot und Carmenère. In der Gegend von San Clemente befinden sich die größten Rebflächen Chiles für die Sorte Carmenère. Sauvignon Blanc und Chardonnay sind die Hauptrebsorten für Weißweine.

Bekannte Erzeuger sind u. a.:
Balduzzi, Calina, Carta Vieja, Cremaschi Furlotti, J. Bouchon, San Rafael und Terra Noble mit dem Wein Cabernet Sauvignon Gran Reserva.

REGIÓN DEL SUR

Die Südregion wird in die drei Gebiete Valle del Itata, Valle del Bío-Bío und Valle del Malleco eingeteilt.

Valle del Itata

In großem Stile wurde der Weinbau im Tal des Itataflusses schon zur Zeit der Konquistadoren betrieben. Künstliche Bewässerung existierte damals noch nicht und war auch nicht notwendig. Die Pais und andere einfache Traubensorten, wie Moscatel Alejandra und Torontel, mit zirka 10.000 Hektar Rebfläche sind ein Erbe dieser Zeit. Die Weine weisen ein rustikales Geschmacksbild auf. Sie werden meist von kleinen Weingütern produziert und überwiegend in der Region konsumiert. Heute, mit der Einführung der roten Bordeaux-Sorten sowie des Chardonnays, bemüht man sich, qualitativ ansprechende Weine zu erzeugen.

Valle del Bío-Bío

Die südlichste Zone, 400 Kilometer südlich von Santiago gelegen, produzierte früher große Mengen einfachen Tafelweins für den Inlandsmarkt. Bedingt durch das relativ kühle Klima im Bío-Bío-Tal reifen die Trauben langsamer als in den nördlich gelegenen Weinbaugebieten. Chardonnay, Riesling und Pinot Noir zeigen die besten Ergebnisse. Mittlerweile experimentieren einige Weingüter mit Gewürztraminer sowie Cabernet Franc, Syrah und anderen französischen Rebsorten, wobei die traditionellen chilenischen Sorten, wie Pais und Moscatel Alejandria, immer noch rund 80 Prozent der bepflanzten Fläche ausmachen.

Valle del Malleco

Jüngstes und kleinstes Weinbaugebiet Chiles. Es wurde 1995 vom Önologen Felipe de Solmihac auf der Suche nach einem kühleren Klima gepaart mit höheren Temperaturen während der Reifeperiode entdeckt. Er wurde in Traiguén fündig.

CHINA

China hat sich in den letzten Jahren nicht nur zu einem großen Weinproduzenten, sondern auch Weinkonsumenten entwickelt und ist heute das größte Wein produzierende Land Asiens. Durch die Zollerleichterung bei Importen, aber auch durch Änderungen bei den Konsumgewohnheiten ist nach der Begeisterung für Bier und Brandy in der chinesischen Bevölkerung ein bemerkenswerter Wandel zu Wein eingetreten. Obwohl der Traubenwein immer mehr an Popularität gewinnt, ist der Reiswein nach wie vor das Nationalgetränk der Chinesen. Dass Wein, wie bei anderen großen Kulturvölkern, nicht zu einem wesentlichen Bestandteil des Lebens gehört, hängt vor allem mit den Essgewohnheiten zusammen. Die Chinesen bevorzugen gut bis scharf gewürzte Speisen, zu denen Reisschnaps oder Reiswein (vgl. Versetzte Weine) besser passt als Wein. Steigende Aufgeschlossenheit gegenüber der westlichen Küche hat jedoch nunmehr den Wein in die (städtischen) chinesischen Küchen gebracht.
Die Kunst der Weinbereitung war in China bereits in der Antike und Rebsorten der Vitis-Vinifera-Familie waren seit dem 2. Jahrhundert v. Chr. bekannt. Marco Polo (1254–1324) berichtet in seinen Reiseerzählungen von Weinplantagen und ausgezeichnetem Wein in der Region Taiyuan. Der moderne Weinbau in China ist weitgehend das Ergebnis ausländischer Bemühungen, die bereits Ende des 19., Anfang des 20. Jahrhunderts einsetzten. Das Jahr 1892 gilt als Beginn der modernen chinesischen Weingeschichte, als der Regierungsbeamte Zhan Bi Shin in Yantai die Kellerei Zhang Yu gründete. Französische Missionare setzten im Distrikt Tsingtao Impulse im Weinbau und die Deutschen bauten dort eine der ersten Kellereien. Auch der österreichische Konsul Baron Max von Babo brachte europäische Weintechnologien nach China, indem er Rebsorten, Fässer und Pressen aus Österreich einführte. Baron von Babo leitete und führte die Zhang-Yu-Kellerei zu internationalem Ansehen. Sie ist derzeit Chinas größter Weinhersteller. Anfang der 80er Jahre förderte die chinesische Regierung aktiv ausländische Beteiligungen an der Modernisierung des Weinbaus. Einige multinationale Konzerne, wie Remy Martin, Pernod Ricard, Hiram Walker usw., stellten das Kapital für neue Rebpflanzungen, moderne Technologien und Beratung bereit. Die Rebfläche Chinas beträgt heute rund 260.000 Hektar,

es werden zwei Drittel Rotweine sowie Weiß-, Rosé-, Schaum- und Dessertweine erzeugt. Ein Großteil der Traubenproduktion wird frisch oder als Rosinen verzehrt. Die jährliche Weinproduktion beträgt durchschnittlich 5,5 Mio. Hektoliter.
Die Anbauflächen sind zwischen dem 32. und 44. Grad nördlicher Breite verstreut. Sie weisen unterschiedliche Klimabedingungen mit tiefen Temperaturen im Winter und feuchtheißen Sommermonaten auf. Viel Regen fällt besonders im Juli und August. Sommertaifune können schwere Schäden verursachen. Die besten Rebanlagen befinden sich im Allgemeinen auf Südhängen mit gut entwässerten Schwemmlandböden. Weiter im Süden gibt es wegen der Feuchtigkeit Probleme mit Pilzkrankheiten und Fäulnis.
Etwa 20 chinesische Rebsorten, wie die Rote Rose, die Gemüseperlen des Drachen, Dragon's Eye, Cow's Nipple oder Cock's Heart, werden vorwiegend für die Tafeltraubenproduktion oder für die Erzeugung halbsüßer Weißweine (Kui hua chen chiew) verwendet. Die meistangepflanzte Sorte ist die rote Longyan (Drachenauge), die wie viele andere durch Kreuzung chinesischer Wildreben (Vitis Amurensis) entstanden ist.
Neben den beiden Weißweinsorten russischer Herkunft Rakateji (Rkaziteli Rikatsiteli) und Muscat Gamburgskij sind die europäischen Sorten Gewürztraminer, Welschriesling, Weißburgunder, Chenin Blanc, Chardonnay, Ugni Blanc, Riesling und Müller-Thurgau (Rivaner) bei den weißen Sorten zu nennen.
Außer der erwähnten roten Longyan sind folgende Rotweinsorten in China zu finden: Beichun, Heijixiu (Schwarzes Hühnerherz), Muscat de Hamburg, Ju Feng Noir (Jifeng), Cabernet Sauvignon, Carignan, Malbec, Blaufränkisch, Gamay, Pinot Noir und Pinot Meunier.
China hat derzeit etwa 120 Weinproduzenten, davon sind viele Joint Ventures mit ausländischen Firmen eingegangen. Da heimische Erzeuger die Nachfrage nach Wein bei weitem nicht decken können, werden große Mengen Weintraubenrohsaft oder fertige Weine aus Europa, Südamerika und Australien importiert und weiterverarbeitet. Riesige Anbauflächen, gute klimatische Bedingungen und Böden in einigen Provinzen sowie Hongkong als chinesisches Handelszentrum lassen noch einiges an Potenzial erwarten.
Obwohl die Reisweinerzeugung in China genau geregelt ist, fehlen für die Traubenweinerzeugung die gesetzlichen Bestimmungen. So ist in China das Hinzufügen von verschiedenen Ingredienzen zu Traubenwein üblich. China Red ist eine Mischung aus Wein, Brandy, Zitronensäure und Zucker. Shaxi Zhujeging („Die Grünen Bambusblätter") ist ein Weißwein, mit Bambusblättern abgeschmeckt. Er wird von Fenjiu Spirits Distillery in Xinghua produziert.

China ist in sechs Weinbauregionen gegliedert.

BO HAI (BOHAI-AREAL)

Die Region liegt östlich von Beijing (Peking) und erstreckt sich entlang der Chinesischen Mauer bis zur Bo-Hai-Bucht. Sie zählt zu den Hauptanbaugebieten mit den bekanntesten chinesischen Weinen.

HUAI (HENAN-AREAL)

Der Huai-Fluss (Gelbe Fluss) durchfließt die Provinzen Anhui sowie Jiangsu und mündet im Gelben Meer. Fruchtbare Schwemmlandböden kennzeichnen die Weinbauregion am Huai.

HUABAI-EBENE (LÖSS-HOCHPLATEAU)

Die Huabai-Ebene, auch Große Ebene genannt, ist eine äußerst fruchtbare Tiefebene nördlich des Yangtse in Nordchina. Sie umfasst eine Fläche von 300.000 km2. Die Anbaugebiete heißen **Shanxi, östliches Gansu** und **westliches Neimenggu.**

NORDOSTEN (HEILONGJIANG, JILIN, LIAONING)

Heilongjiang ist die nördlichste Provinz Chinas und grenzt im Norden an Russland und im Westen mit den Provinzen Jilin und Liaoning an die Mongolei. Klimatische Extreme beeinträchtigen in dieser Region die Weinproduktion.

NORDWESTEN (XINJIANG, GANSU)

In der Provinz Xinjiang, an der nördlichen Seidenstraße, erstreckt sich ein Viertel der Rebfläche Chinas. Sie befindet sich um die Turpan-Senke, die bis 154 Meter unter dem Meeresspiegel liegt. Die Temperaturen erreichen im Winter minus 40 °C und im Sommer bis zu 48 °C. Es können daher nur kälte- und trockenheitsresistente Rebsorten angebaut werden. Die Jahresniederschlagsmenge beträgt lediglich 20 Millimeter, es wird daher künstlich bewässert. Neben etwas süßem Dessertwein werden hauptsächlich Tafeltrauben und Rosinen erzeugt.

SÜDEN (HEBEI, SHANDONG)

Die Rebflächen liegen im Norden der Shandong-Halbinsel bei Longkou und Penglai, im Süden der Halbinsel bei Quingdao sowie in den Provinzen Hebei und Tianjin. Das am besten für den Weinbau geeignete Klima befindet sich im Zentrum der Halbinsel Shandong bei Pingdu, Laixi und Dazeshan.

Im Südosten Chinas befinden sich noch Rebflächen in der Provinz Hubei und in der Nähe Shanghais.

Bekannte Erzeuger

Beijing Friendship Winery	In diesem Joint-Venture-Betrieb mit Pernod Ricard in Beijing wird der Weißwein Dragon Seal aus französischen und chinesischen Trauben erzeugt. Die Kellerei wurde 1987 gegründet.
Chang Yu Pioneer Winery	Das Weingut in Yantai/Shandong zählt zu den größten Erzeugern Chinas.
China Great Wall Winery	Weingut in der Provinz Hebei, ein Joint-Venture-Betrieb mit Firmen in Hongkong und Frankreich, bringt Weine unter dem Namen Great Wall auf den Markt.
Fujian Longma Winery Co. Ltd.	Weingut in Fujian; ein Joint-Venture-Betrieb mit Firmen in Frankreich.
Great Wall Torres	Weingut in der Provinz Hebei, das der spanischen Weinbaufamilie Torres gehört.
Great Wall Vineyards	Das Unternehmen in Tianjin arbeitet mit dem Konzern Remy Martin zusammen, der bereits 1980 mit einer Provinzialverwaltung (Tianjin Farm Bureau) eine Kooperation hatte. Das Unternehmen produziert ca. 1,5 Mio. Flaschen Dynasti Rot und Weiß für den heimischen Markt sowie für den Export. Imperial Court ist ein Schaumwein aus Chardonnay, Pinot Noir, Pinot Meunier und Ugni Blanc. Er wird nach der Champagnermethode in der **Shen Ma Winery** bei Schanghai hergestellt.
Guangxia (Yinchuan) Helan Mountain Winery Co. Ltd.	Im September 1997 gegründet, ist das Weingut Teil der Guangxia (Yinchuan) Industry Group mit zwei Kellereien und Abfüllbetrieben. Es zählt zu den größten des Landes. Die Weingärten am Fuße des Helan Mountain (früher Gobi) gehören zu den besten Anbaugebieten des Landes.
Hebei Great Wall Grape Wine Company	Weingut in der Provinz Hebei, das den bekannten Wein Shacheng White erzeugt.
Henan Minquian Grape Winery	Weingut in Shandong; auch als **Henan Min Chuan** bezeichnet; erzeugt die bekannten Weine Minquian White (in Eiche ausgebaut), Penlaige (halbsüßer Weißwein), Qomolangma (halbtrockener Weißwein), Linqui (Cabernet Sauvignon).
Huadong Winery	Das Weingut in Qingdao/Shandong, das von einem Weinhandelshaus in Hongkong errichtet

	wurde, war der erste Joint-Venture-Betrieb, der Weiß- und Rotweine internationalen Standards erzeugte. Australische Berater waren bei der Errichtung des Unternehmens beteiligt, sie legten einen 50 Hektar großen Chardonnay-Versuchsweingarten an. Die Huadong Winery ist heute im Besitz von Allied Domecq und stellt ausgezeichnete Weine aus den Sorten Riesling, Chardonnay und Gamay her. Die bekanntesten Exportweine sind Weißweine der Marke Tsingtao.
Huaxia Winery Co. Ltd., Hebei	Weingut nahe der Stadt Quinhuangdao in der Provinz Hebei; ein Joint-Venture-Betrieb mit Firmen in Hongkong.
Ji'an Songrong	Weingut in Jilin; ein Joint-Venture-Betrieb.
Marco Polo Winery	Reisweinhersteller in Hangzou, der mit italienischen Investoren die Weinmarken Great Wall und Summer Palace erzeugt.
Shamen John	Weingut in Fujian; ein Joint-Venture-Betrieb.
Summer Palace Winery	Weingut in Beijing; ein Gemeinschaftsunternehmen mit Beteiligung des amerikanischen Konzerns Seagrams.
Tianjin Gerhardt Winery Ltd.	Das Joint-Venture-Unternehmen in Tianjin produziert mit einem deutschen Partner Weine unter dem Namen Taipan.
Tianjin Shigelan Co. Ltd. Hepingqu	Weingut in Tianjin; ein Joint-Venture-Betrieb mit Firmen in Frankreich und in den USA.
Tonghua Winery	Das Weingut zählt zu den größten in der Provinz Jilin und erzeugt Weine in traditionellem und westlichem Stil.
Yeguangbei Winery	Das Weingut in Beijing erzeugt Weine in traditionellem und westlichem Stil.

ECUADOR

Das südamerikanische Land besitzt nur wenige hundert Hektar Rebflächen. Hauptsächlich werden die einheimischen Rebsorten Nacional Negra und Moscatel Morado, aber auch die Scheurebe kultiviert.

Rund 50 Hektar befinden sich an der pazifischen Küste und unterliegen einem tropischen Klima. Durch die Äquatornähe sind bis zu drei Ernten im Jahr möglich. Mitte der 1980er Jahre pflanzte Hermann Jäger aus Ockenheim am Rhein Reben auf 2.700 Meter Seehöhe. Diese zählen zu den höchstgelegenen Weinbergen der Welt.

WEINBAULÄNDER
DEUTSCHLAND

DEUTSCHLAND

Die Spitzenlage „Sonnenuhr" in Wehlen im Anbaugebiet Mosel-Saar-Ruwer

Statistische Daten

- 14 bestimmte Anbaugebiete: Ahr, Baden, Franken, Hessische Bergstraße, Mittelrhein, Mosel-Saar-Ruwer, Nahe, Pfalz, Rheingau, Rheinhessen, Saale-Unstrut, Sachsen, Stargarder Land, Württemberg; sie unterteilen sich in 40 Bereiche, 164 Großlagen und 2.658 Einzellagen.
- Gesamtrebfläche rund 103.000 Hektar.
- Jährliche Gesamtproduktion rund 10 Millionen Hektoliter.
- 98 % Qualitätsweine.
- 70 % Weißwein; ansonsten Rosé-, Rot- und Schaumwein; zunehmend werden mehr Rotweinsorten gepflanzt.
- Weinexport zirka 2,7 Millionen Hektoliter.
- Weinimport zirka 9,5 Millionen Hektoliter.
- Pro-Kopf-Verbrauch pro Jahr rund 24 Liter.

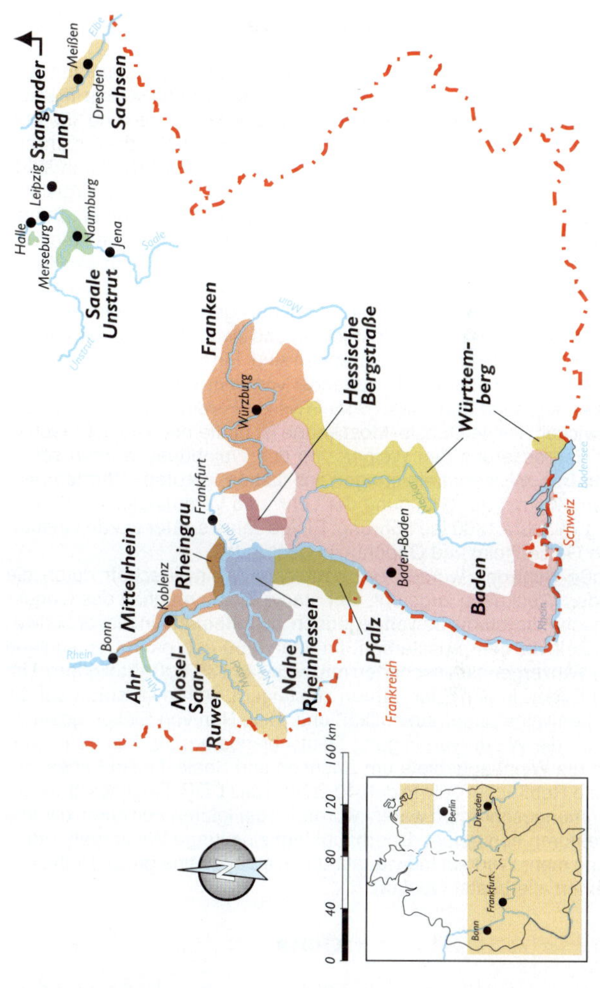
Stargarder Land
Sachsen
Meißen
Dresden
Elbe
Leipzig
Halle
Merseburg
Naumburg
Jena
Saale
Saale Unstrut
Unstrut
Franken
Main
Würzburg
Hessische Bergstraße
Württem-berg
Frankfurt
Mittelrhein
Rheingau
Koblenz
Bonn
Rhein
Ahr
Mosel-Saar-Ruwer
Mosel
Nahe
Rheinhessen
Pfalz
Frankreich
Baden-Baden
Baden
Neckar
Schweiz
Bodensee
0
40
80
120
160 km
Berlin
Dresden
Frankfurt
Bonn

Geschichte

Die ersten Nachweise für den deutschen Weinbau stammen aus der Römerzeit, die höchste Blüte erreichte er unter Kaiser Marcus Aurelius. Im Mittelalter fand der deutsche Weinbau mit rund 350.000 Hektar seine bislang weiteste Verbreitung. Er erlitt jedoch mehrere Rückschläge, zuerst im Dreißigjährigen Krieg, später durch Wirtschaftskrisen, das Einschleppen von Schädlingen aus dem Ausland wie der Reblaus sowie die Pilzerkrankung „falscher Mehltau". Schon im 19. Jahrhundert hatten die Klöster und Adelssitze großen Einfluss auf die fachgerechte Weinproduktion; auch heute noch existieren eine Reihe dieser Weingüter. Insgesamt war die Qualität der Weinerzeugung schon damals ein Hauptanliegen der Deutschen. So wurden Qualitätskriterien festgelegt, und zwar, dass Trauben unterschiedlichen Reifegrades zu trennen sind. Ein System zur Ermittlung des Mostgewichtes wurde zunächst von dem Wissenschaftler J. J. Reuss erfunden und später vom Physiker Ferdinand Öchsle weiterentwickelt. Diese Öchsle-Mostwaage ist heute noch in Gebrauch.

Zur Verbesserung des Weines und des Weinbaues wurden schon sehr früh Winzervereinigungen ins Leben gerufen. Württemberg übernahm mit der Gründung der Lehr- und Versuchsanstalt Weinsberg im Jahre 1860 die Führung. Einige Jahre später wurden Institute in Geisenheim und Oppenheim gegründet.

Große Schäden wurden der deutschen Weinwirtschaft durch die beiden Weltkriege zugefügt. Der starke Zusammenhalt des Genossenschaftssystems bewahrte jedoch viele Betriebe in dieser schweren Zeit vor dem Aussterben. Im Jahr 1950 gab es in Deutschland 483 Winzergenossenschaften mit insgesamt 35.000 Mitgliedern. Um den Export in den 50er-Jahren zu steigern, wurde verstärkt auf die Markenweine „Liebfrauenmilch" und „Blue Nun von Sichel" gesetzt.

Durch die Wiedervereinigung Deutschlands am 19. Mai 1990 wurden die Weinbaugebiete um Sachsen und Saale-Unstrut erweitert. Diese Rebflächen, die in den 40 Jahren des DDR-Regimes stark zusammengeschrumpft waren, wurden in der letzten Zeit durch diverse Investoren neu belebt. Überhaupt legt eine junge Winzergeneration heute mehr Wert auf Individualität und erzeugt eine ganze Reihe von Weinen allerbester Qualität.

Klima

Um Sonne und Wärme bestmöglich auszunutzen, sind nur die nach Süden, Südosten und Südwesten geneigten Hanglagen bepflanzt oder die warmen Flachlagen der Rheinebene. In dem nördlichen Klima Deutschlands gibt die zusätzliche Sonneneinstrahlung auf diesen Lagen oft den wesentlichen Ausschlag für den Reifegrad der Trauben. Im Allgemeinen liegen die Weinbaugebiete in den klimagünstigen Tälern des Rheins und seiner Nebenflüsse Neckar, Main, Nahe, Mosel und Ahr sowie an der Saale, der Unstrut und der Elbe. Der warme Golfstrom begünstigt ganz allgemein das Klima Westeuropas.

Böden

Leichte, steinige Schiefer-, Sand- und Granitböden bringen jene Weine hervor, die sich rasch entwickeln und schon als Jungwein ein ausgeprägtes, blumiges Bukett besitzen. Demgegenüber ergeben tiefgründige, schwere Ton- oder Mergelböden Weine, die sich langsamer entwickeln, aber mit zunehmender Reife ein intensiveres Aroma entfalten. Saure Böden, wie sie für Mosel-Saar-Ruwer typisch sind, ergeben oft Weine mit höherer Säure, die in der Jugend aggressiv sein kann. Ein alkalischer Boden, wie der für das Weinbaugebiet Franken typische Kalkstein, mildert den Säurecharakter der Weine, was vor allem bei der Rebsorte Riesling am klarsten hervorsticht.

Rebsorten

Grundsätzlich gilt, dass in Deutschland nur amtlich zugelassene Rebsorten ausgepflanzt werden dürfen, die für das Klima und die Bodenart des jeweiligen Gebietes am geeignetsten sind und beste Qualität garantieren.

Hauptrebsorten für Weißweine
Bacchus, Chardonnay, Elbling, Gelber Muskateller, Gutedel, Kerner, Riesling, Rivaner (Müller-Thurgau), Ruländer, Scheurebe, Silvaner, Traminer, Weißburgunder.

Hauptrebsorten für Rotweine
Blauer Portugieser, Blauer Spätburgunder, Blauer Trollinger, Lemberger (Limberger), Schwarzriesling (Müllerrebe), St. Laurent.
Der deutsche Rebsortenspiegel wurde nach dem Zweiten Weltkrieg durch zahlreiche Neuzüchtungen ergänzt. Einige haben das Experimentierstadium hinter sich und sind im kommerziellen Anbau. Erfolgreiche weiße Neuzüchtungen sind Kerner, Scheurebe, Bacchus, Faberrebe, Morio-Muskat, Huxelrebe, Ortega, Ehrenfelser, Optima, Reichensteiner, Perle, Siegerrebe, Regner, Nobling, Würzer, Kanzlerrebe, Schönburger, Rieslaner und Juwel. Bei ausreichender Reife liefern Bacchus, Kerner, Ehrenfelser, Rieslaner und Scheurebe die ausdrucksvollsten Weine. Bei den roten Neuzüchtungen sind Dornfelder (erfolgreichste Sorte), Domina, Samtrot, Deckrot, Rotberger, Heroldrebe, Dunkelfelder, Sulmer und Kolor zu nennen. Die → Lehr- und Versuchsanstalt Weinsberg hat darüber hinaus die

Rebsorten Acolon, Cabernet Cubin, Cabernet Dorio, Cabernet Dorsa, Cabernet Mitos und Palas entwickelt.
Gegenwärtig erfahren die traditionellen Rebsorten in Deutschland eine Renaissance. Viele Weingüter und Winzergenossenschaften haben die Anbaupräferenzen auf Rotweinsorten verlegt. Derzeit umfassen sie rund 30 % der Weinerzeugung. Die Tendenz ist weiter steigend.

Gesetz

Das deutsche Weingesetz unterscheidet zwischen Weinarten und Weingüteklassen.
Weinarten

- Weißwein: Der aus weißen Trauben gekelterte Most (nicht die Maische) wird sofort vergoren.
- Rotwein: Zuerst wird die Maische aus blauen Trauben einige Zeit vergoren (mit oder ohne Erhitzen), dann erst gekeltert und der Most weiter vergoren.
- Roséwein: Der aus Rotweintrauben gekelterte Most wird vergoren, wobei eine blassrötliche Farbe entsteht.
- Weißherbst: Roséwein, der nur aus einer einzigen Rotweinsorte bestehen darf und ein Qualitätswein b. A. oder Qualitätswein mit Prädikat sein muss.
- Rotling: Eine Maische aus weißen und blauen Trauben wird kurze Zeit angegoren, dann gekeltert und der Most weiter vergoren. Die Farbe ist blass- bis hellrot.
- Schillerwein: Ist ein Rotling aus dem Anbaugebiet Württemberg; muss ein Qualitäts- oder Prädikatswein sein.
- Badisch Rotgold: Rotling aus dem Anbaugebiet Baden, der durch Mischung der Rebsorten Grauburgunder und Spätburgunder entsteht; muss ein Qualitäts- oder Prädikatswein sein.

Weingüteklassen

Seit dem Jahre 1971, dem Inkrafttreten des reformierten Weingesetzes, werden die Qualitäten der einzelnen Jahrgänge anhand des Zuckergehaltes im Traubenmost gemessen und in Öchslegraden bestimmt.

Güteklassen im Vergleich			
Tafelwein	**Landwein**	**Qualitätswein b. A.**	**Qualitätswein mit Prädikat**
100 % Trauben aus			
deutschem Rebland	benannter Region	einem bestimmten Anbaugebiet	einem Bereich

<table>
<tr><th colspan="4">Natürliches Mindestmostgewicht</th></tr>
<tr><td>44–50°</td><td>47–55°</td><td>50–69°</td><td>67–154°</td></tr>
<tr><td colspan="3">Anreicherung erlaubt</td><td>verboten</td></tr>
<tr><td colspan="2">Lebensmittelrechtliche Kontrolle</td><td colspan="2">Amtliche Qualitätsprüfung</td></tr>
<tr><th colspan="4">Tatsächlich vorhandener Mindestalkohol</th></tr>
<tr><td colspan="2">8,5 Vol.-% = 67 g/l</td><td>7 Vol.-% = 56 g/l</td><td>ab Beeren-auslese 5,5 Vol.-%</td></tr>
<tr><th colspan="4">Gesamtalkoholgehalt</th></tr>
<tr><td colspan="2">höchstens 15 Vol.-%</td><td colspan="2">mindestens 9 Vol.-%</td></tr>
<tr><th colspan="4">Mögliche Geschmacksrichtungen</th></tr>
<tr><td>alle</td><td>trocken, halbtrocken</td><td colspan="2">alle</td></tr>
</table>

In den letzten Jahren ist auch das Interesse an einer Klassifizierung der Spitzenweinlagen gewachsen. Eine Weinbergklassifizierung wurde von Mitgliedern des Verbandes Deutscher Prädikatsweingüter (→ VDP) und Einzelpersonen aus den 13 bestimmten Anbaugebieten entwickelt. Sie wurde regierungsunabhängig festgelegt und ist daher gesetzlich nicht anerkannt (außer im Rheingau). Diese klassifizierten Lagen sind bei den Weinbaugebieten angeführt.

Tafelweine

Deutsche Tafelweine sind einfache Tischweine, die nur einen sehr geringen Anteil der deutschen Gesamtproduktion ausmachen. Der natürliche Mindestalkoholgehalt liegt bei 5 Vol.-% (44° Öchsle), im Anbaugebiet Baden bei 6 Vol.-% (50° Öchsle). Der Gesamtalkoholgehalt muss 8,5 Vol.-%, der Gesamtsäuregehalt mindestens 3,5 g/l betragen. Zur Herstellung dürfen nur amtlich zugelassene Rebsorten und im Inland geerntete Weintrauben verwendet werden. Auf der Etikette darf ein Weinbaugebiet oder Untergebiet (siehe Gebietseinteilung), aber nicht eine Gemeinde oder ein Weinberg genannt sein. Trägt der Tafelwein den Namen eines der fünf Tafelweinbaugebiete (Rhein-Mosel, Bayern, Neckar, Oberrhein, Albrechtsburg), müssen 75 Prozent der Trauben aus dem Gebiet stammen.

Ist eine Rebsorte angegeben, muss der Wein zu mindestens 85 Prozent aus ihr bestehen. Handelt es sich um einen Verschnitt aus Weinen verschiedener Tafelweinbaugebiete, muss auf der Etikette Deutscher Tafelwein sowie die Weinbezeichnung (weiß, rosé, rot, Perlwein) und der Alkoholgehalt angeführt sein. Ohne den Zusatz „Deutscher“ handelt es sich meist um einen Verschnitt mit Erzeugnissen anderer EU-Länder.

Landweine

Seit 1982 gibt es die Qualitätsstufe Deutscher Landwein. Es ist dies ein gebietstypischer trockener oder halbtrockener Tafelwein höherer Qualität. Die Namen entsprechen den Landschaften, aus denen die Weine stammen. Deutscher Landwein muss ausschließlich aus Trauben der 19 Landweingebiete (siehe Gebietseinteilung) gekeltert werde. Sein Mindestalkoholgehalt liegt um 0,5 Vol.-% (= 4° Öchsle) höher als beim Tafelwein. Der Restzuckergehalt darf 18 g/l nicht übersteigen (halbtrocken). Neben dem Begriff „Deutsch" und den Landweingebietsnamen sind die Bereichs-, Gemeinde- und Ortsteilnamen zur Kennzeichnung zugelassen.

Gebietseinteilung

Um Verwechslungen zwischen Qualitäts- und Tafelweinen zu vermeiden, unterscheidet das deutsche Weingesetz zwischen „bestimmten Anbaugebieten" und „Weinbaugebieten". Für Landweine wurden unterscheidungsfähige Namen festgelegt.

Schubert'sche Gutsverwaltung in Mertesdorf im Anbaugebiet Mosel-Saar-Ruwer

Bestimmte Anbaugebiete	Bereiche	Landweingebiete	Tafelweinbau-gebiete	Tafelwein-Untergebiete
Baden	Bodensee, Markgräflerland, Tuniberg, Kaiserstuhl, Breisgau, Ortenau, Kraichgau, Badische Bergstraße, Tauberfranken	Badischer Landwein, Taubertäler Landwein	Oberrhein	Burgengau, Römertor
Württemberg	Remstal-Stuttgart Württembergisches Unterland Kocher-Jagst-Tauber Oberer Neckar Württembergischer Bodensee Bayerischer Bodensee	Schwäbischer Landwein	Neckar	
Franken	Steigerwald, Mainviereck, Maindreieck	Fränkischer Landwein Regensburger Landwein Bayerischer Bodensee Landwein	Bayern Bayern	Main Lindau, Donau
Pfalz	Südliche Weinstraße, Mittelhaardt/Deutsche Weinstraße	Pfälzer Landwein	Rhein-Mosel	Rhein

Rheinhessen	Bingen, Nierstein, Wonnegau	Rheinischer Landwein	Rhein-Mosel	Rhein
Nahe	Nahetal	Nahegauer Landwein	Rhein-Mosel	Rhein
Hessische Bergstraße	Umstadt, Starkenburg	Starkenburger Landwein	Rhein-Mosel	Rhein
Rheingau	Johannisberg	Rheingauer Landwein	Rhein-Mosel	Rhein
Ahr	Walporzheim/Ahrtal	Ahrtaler Landwein	Rhein-Mosel	Rhein
Mittelrhein	Loreley, Siebengebirge	Rheinburgen-Landwein	Rhein-Mosel	Rhein
Mosel-Saar-Ruwer	Zell/Mosel, Bernkastel, Obermosel, Saar, Ruwertal, Moseltor	Landwein der Mosel Landwein der Saar Landwein der Ruwer Saarländischer Landwein der Mosel	Rhein-Mosel	Mosel
Sachsen	Meißen Elstertal	Sächsischer Landwein	Albrechtsburg	
Saale-Unstrut	Schloss Neuenburg Thüringen	Mitteldeutscher Landwein		
Stargarder Land		Mecklenburger Landwein		

Qualitätsweine bestimmter Anbaugebiete
(Qualitätsweine b. A., Q. b. A.)

Die Weine dieser Güteklasse sind gehaltvoll und gebietstypisch. Die höheren Anforderungen an Q.-b.-A.-Weine richten sich besonders an den Reifegrad des Lesegutes. Die Vorschriften über die Herkunftsangaben sind wesentlich enger gefasst. Ein Wein darf nur als Qualitätswein b. A. gekennzeichnet werden, wenn ihm eine amtliche Prüfungsnummer zugeteilt worden ist. Die verwendeten Weintrauben müssen ausschließlich aus zugelassenen Rebsorten stammen und in einem der 13 bestimmten Anbaugebiete geerntet worden sein. Das Mindestmostgewicht liegt je nach Gebiet zwischen 50 und 72° Öchsle. Qualitätsweine dürfen (im gesetzlichen Rahmen) mit Zucker vor der Gärung angereichert werden. Je nach Anbaugebiet und Rebsorte dürfen 20–28 Gramm zusätzlicher Alkohol durch Anreicherung entstehen. Der vorhandene Alkoholgehalt muss mindestens 7 Vol.-% betragen. Der Wein muss einen Mindestalkoholgehalt von 9 Vol.-% aufweisen. Eine Mostkonzentration darf nur por Umkehrosmose oder Vakuumverdampfung erfolgen. Der Alkoholgehalt darf nur um 2 Vol.-% erhöht werden, die Volumenminderung ist auf 20 Prozent begrenzt. Ab dem Jahrgang 2000 sind für Qualitätsweine b. A. die Bezeichnungen Classic und Selection möglich.
Wird als engste geografische Bezeichnung der Name einer Einzellage gewählt, dann müssen die verwendeten Weintrauben zu 100 Prozent in der betreffenden Einzellage gewachsen sein. Bei der Wahl einer Lagenbezeichnung ist die Gemeinde oder der Ortsteil anzugeben.

Qualitätsweine garantierten Ursprungs
(Q. g. U.)

Seit dem Herbst 1994 ist die Bezeichnung Qualitätswein garantierten Ursprungs möglich. Für diese Kategorie wurden gegenüber den Q.-b.-A.-Weinen engere Erzeugungsvorschriften und besondere sensorische und analytische Anforderungen festgelegt. Die Bezeichnung gilt für ein bestimmtes Herkunftsgebiet (Bereich, Lage, Ortsteil).

Qualitätsweine besonderer Reife und Leseart
Qualitätsweine mit Prädikat (Q. m. P.)

Diese Weine entsprechen der höchsten Qualitätsstufe. Sie müssen aus einem einzigen Bereich stammen und je nach Rebsorte und Anbaugebiet festgelegte Mindestmostgewichte aufweisen. Sie müssen die Voraussetzungen der Q.-b.-A.-Weine erfüllen und dürfen nicht aufgebessert werden. Die Prädikatsweine unterliegen keiner Restzuckerbegrenzung. Weiters werden Qualitätsweine mit Prädikat einer behördlichen Lesekontrolle, einer amtlichen Analyse und einer Sinnenprüfung unterzogen sowie mit einer Prüfungsnummer versehen.

Die Prädikate lauten:

Kabinett
- Feine, leichte Weine aus reifen Trauben.
- Geringer Alkoholgehalt.
- Mostgewicht 67–82° Öchsle.
- Mindestens 7 Vol.-% Alkohol.
- Darf nicht vor dem 1. Jänner abgefüllt werden.

Spätlese
- Reife, elegante Weine mit feiner Frucht.
- Frühestens sieben Tage nach Beginn der allgemeinen Weinlese geerntet.
- Mostgewicht 76–90° Öchsle.
- Mindestens 7 Vol.-% Alkohol.
- Darf nicht vor dem 1. März abgefüllt werden.

Auslese
- Edle Weine aus vollreifen Trauben.
- Unreife Beeren werden ausgesondert.
- Mostgewicht 83–100° Öchsle.
- Mindestens 7 Vol.-% Alkohol.
- Darf nicht vor dem 1. März abgefüllt werden.

Beerenauslese
- Volle, fruchtige Weine aus überreifen, edelfaulen Beeren (Botrytis).
- Nicht in jedem Weinjahrgang möglich.
- Beerenauslesen sind über Jahrzehnte lagerfähig.
- Mostgewicht 110–128° Öchsle.
- Mindestens 5,5 Vol.-% Alkohol.
- Darf nicht vor dem 1. März abgefüllt werden.

Trockenbeerenauslese
- Aus rosinenartig eingeschrumpften, edelfaulen Trauben.
- Süß und honigartig.
- Alterungsfähigkeit über viele Jahrzehnte.
- Mostgewicht 150–154° Öchsle.
- Mindestens 5,5 Vol.-% Alkohol.
- Darf nicht vor dem 1. März abgefüllt werden.

Eiswein
- Trauben müssen bei der Lese und Kelterung gefroren sein (–7° C), nur das Fruchtkonzentrat wird ausgepresst.
- Hohe Süße und Säure.
- Mostgewicht wie bei einer Beerenauslese.
- Mindestens 5,5 Vol.-% Alkohol.
- Darf nicht vor dem 1. März abgefüllt werden.

Jeder deutsche Prädikatswein muss mit einer dieser Qualitätsbezeichnungen deklariert werden. Die hierfür festgelegten Voraussetzungen müssen erfüllt sein. Dazu zählen die Einhaltung der festgelegten geografischen Herkunft, die Befolgung festgelegter Produktionsbedingungen, der Anbau bestimmter Rebsorten oder die Einhaltung der Hektarhöchstertragsbegrenzung.

Zuckergehalt

Da das Klima und die Bodenbeschaffenheit die natürlichen Wachstumsbedingungen für die Rebe darstellen und die Rebsorten unterschiedliche Fähigkeiten zur Zuckerbildung und Reifung aufweisen, erfolgt eine individuelle Festlegung der Mindestmostgewichte für die einzelnen Qualitäten nach Region und Rebsorte.

Amtliche Prüfungsnummer

Qualitätsweine und Qualitätsweine mit Prädikat unterliegen seit dem Jahrgang 1971 einer amtlichen Qualitätsprüfung durch die zuständige Prüfungsbehörde der Weinbau treibenden Länder. Die Prüfungsnummer besagt, dass der Wein die amtliche Prüfung bestanden hat und den auf der Etikette einzeln angegebenen gesetzlichen Anforderungen entspricht.

Geschmacksrichtungen

Trocken: Der Restzuckergehalt beträgt höchstens 4 g/l oder höchstens 9 g/l, wenn der in Gramm pro Liter (g/l) Weinsäure ausgedrückte Gesamtsäuregehalt höchstens 2 g/l niedriger ist als der Restzuckergehalt. Formel: Säure + 2 bis zur Höchstgrenze 9.
Halbtrocken: Der Restzuckergehalt beträgt höchstens 12 g/l oder höchstens 18 g/l, wenn der in Gramm pro Liter Weinsäure ausgedrückte Gesamtsäuregehalt höchstens 10 g/l niedriger ist als der Restzuckergehalt.
Lieblich: Der Restzuckergehalt beträgt höchstens 45 g/l, übersteigt aber die Werte von halbtrocken.
Süß: Die Angabe süß ist ab 45 g/l zulässig.

Classic *und* Selection

Ab dem Jahrgang 2000 dürfen erstmals Weine mit den Begriffen Classic und Selection bezeichnet werden.
Der Begriff **Classic** signalisiert, dass es sich um einen Wein aus einer klassischen, gebietstypischen Rebsorte handelt, der einem gehobenen Qualitätsanspruch genügt. Er ist gehaltvoll, kräftig, aromatisch und trocken. Das Mindestmostgewicht liegt um 1 Vol.-% über dem Mindestmostgewicht der jeweiligen Rebsorte. Der Gesamtalkoholgehalt muss mindestens 12 Vol.-% betragen, Ausnahme ist Mosel-Saar-Ruwer mit mindestens 11,5 Vol.-%. Der Restzuckergehalt beträgt maximal 15 g/l.
Classic-Wein darf nur aus einer Rebsorte gekeltert werden. Ausnahmen sind Spätburgunder, Dornfelder und Blauer Portugieser.

Die neue trockene Spitzenklasse der deutschen Weine wird durch den Begriff **Selection** gekennzeichnet. Ausgewählte Standorte (der Verbraucher erfährt, aus welcher abgegrenzten Einzellage die Trauben kommen), geringer Ertrag und Handlese sind Garanten der überragenden Qualität dieser Weine. Selections-Weine müssen mindestens 12,2 Vol.-% natürlichen Alkoholgehalt bzw. Auslesemostgewicht aufweisen. Der Hektarertrag ist auf 60 Hektoliter begrenzt. Selections-Weine weisen weniger als 9 g Restzucker pro Liter auf. Ausnahme sind säurebetonte Rieslingweine, die bis 12 g Restzucker pro Liter haben können.
Weine mit der Bezeichnung Selection sind immer nur aus einer, auf der Etikette vermerkten Rebsorte hergestellt.

Markenweine

Sie werden meist in Großkellereien hergestellt und sind Verschnitte der Tafel- und Qualitätsweinklasse. Die Namen sind oft Fantasiebezeichnungen. Weiters dürfen keine Angaben verwendet werden, die falsche Vorstellungen über die geografische Herkunft erwecken können. Geografische Hinweise (Moseltröpfchen, Rheingold) dürfen nur verwendet werden, wenn dafür die Voraussetzungen nach dem Gesetz (Herkunft des Lesegutes) erfüllt sind.

Typenweine

Es handelt sich um Erzeugerabfüllungen mit gleich bleibender Qualität. Das Weingesetz definiert verschiedene Weine, die von ihrer Herkunft her geschmackstypische Eigenschaften aufweisen. Die einzelnen Landesregierungen wurden ermächtigt, solche Definitionen festzulegen. Diese gesetzlich definierten herkunftstypischen Weinbezeichnungen garantieren, dass es sich nicht etwa um beliebige Fantasiebezeichnungen für Weine jeglicher Herkunft handelt, sondern dass im Rahmen der amtlichen Qualitätsprüfung die geografische Herkunft, die Qualität und die Geschmacksrichtung amtlich überprüft und zur Sicherheit des Verbrauchers anhand der Prüfungsnummer bestätigt werden.

Neben gebietstypischen Besonderheiten wie → Badisch Rotgold und → Affentaler sind folgende gängige Typenweine verbreitet:
→ Liebfraumilch/Liebfrauenmilch
Ehrentrudis Spätburgunder Weißherbst
→ Moseltaler
→ Riesling-Hochgewächs

In den letzten Jahren haben Verbände die Erzeugung von gebietstypischen Rebsortenweinen initiiert. Sie werden gemeinsam vermarktet, wie z. B. der → Rheinhessen Silvaner (RS), der Pfalzriesling, der Nahesteiner sowie die Marken Der Rheinhess und Der Franke.

Ökologisch arbeitende Betriebe

Ökologischer Anbau ist seit 1991 in einer EG-Verordnung definiert und wird in Deutschland von einer Kontrollstelle überwacht. Die Weine tragen auf der Etikette eine Kontrollnummer in der Form „DE-xxx Öko Kontrollstelle". Verbände von ökologisch wirtschaftenden Betrieben sind → Ecovin, → Bioland, → Demeter, → Naturland und → GÄA. Bei Bezeichnungen wie „umweltschonend", „naturnah", „kontrolliert" oder „integriert" handelt es sich nicht um ökologischen Weinbau im oben beschriebenen Sinn.

Auszeichnungen

Als Auszeichnungen auf den Flaschen sind Gütezeichen und Preise von Prämierungen zugelassen. Auszeichnungen werden nur bei Erfüllung einer höheren Qualität verliehen, die genau festgelegt ist und durch gesonderte Verkostung neutral bestätigt werden muss.

Gütezeichen

Deutsches Weinsiegel

Es wird von der → DLG (Deutsche Landwirtschaftsgesellschaft) für Weine besonderer Qualität verliehen und stellt daher eine zusätzliche Qualitätsinformation dar. Die Beurteilung erfolgt nach dem amtlichen Prüfungsverfahren, wobei die Weine das Deutsche Weinsiegel nur dann erhalten, wenn sie mindestens 14 der möglichen 20 Punkte erreichen. Das Weinsiegel gibt es in drei Farben, nämlich gelb für trockene Weine, grün für halbtrockene Weine und rot für alle übrigen Weine. Weine, die den Anforderungen besonderer gebietlicher Qualitätsprogramme entsprechen, können von der DLG mit dem Deutschen Weinsiegel „Selection" ausgezeichnet werden.

Gütezeichen des Fränkischen Weinbauverbandes

Seit 1981 wird das Gütezeichen Franken für Qualitätsweine und Qualitätsweine mit Prädikat in Bocksbeutelflaschen verliehen. Dieses Gütezeichen verlangt höhere Bewertungsziffern als das Deutsche Weinsiegel, wobei noch zusätzlich der Extraktgehalt geprüft wird.

Gütezeichen des Badischen Weinbauverbandes

Das Gütezeichen für badische Qualitätsweine und Qualitätsweine mit Prädikat wird für Flaschengrößen bis 0,75 Liter verliehen, und zwar in den Farben Weiß und Gelb. Die gelbe Kennzeichnung erfolgt bei Weinen, die auf den Etiketten zulässigerweise die Bezeichnung trocken tragen. Zusätzlich kann vom Badischen Weinbauverband für ausgesuchte Weine das Gütezeichen „Baden Selection" verliehen werden.

Weinprämierungen

Prämierungen finden für Qualitätsweine und Qualitätsweine mit Prädikat statt. Für alle 13 bestimmten Anbaugebiete gibt es eine Gebiets- bzw. Landesprämierung, getragen von fünf Organisationen, die dafür von der jeweiligen Landesregierung anerkannt sind. Auf Bundesebene prämiert die Deutsche Landwirtschaftsgesellschaft (→ DLG) im Anschluss an die regionalen Wettbewerbe. Die DLG zeichnet die Weine mit dem Goldenen, Silbernen und Bronzenen DLG-Preis aus, die oberste Spitze eines Prämierungsjahres mit dem „Großen Preis Extra". Die besten Betriebe können mit einem Ehrenpreis des Bundesministers (ELF) ausgezeichnet werden.

Erzeugerzusammenschlüsse

In Deutschland gibt es eine ganze Reihe von Produktionsgemeinschaften. Die bekanntesten sind: → Casimir: Rieslingweine von Mettenheimer Winzern in Rheinhessen; → Rheingauer Leichtsinn: Riesling-Perlwein von Rheingauer Jungwinzern; → Rheinhessen Silvaner (RS): Silvaner von Rheinhessenwinzern aus dem Dreieck zwischen Worms, Bingen und Mainz; → Charta: Rieslingweine aus dem Rheingau; → Deutsches Barrique-Forum: Förderung des Barrique-Ausbaus; → HADES: Zusammenschluss der sechs Weingüter → **H**ohenlohe-Oehringen, → Graf **A**delmann, → **D**rautz-Able, Jürgen → **E**llwanger und Sonnenhof sowie Staatweingut Weinsberg (→ Lehr- und Versuchsanstalt Weinsberg); → Bernkasteler Ring: etwa 35 Mosel-Saar-Ruwer-Winzer; → Deutsches Eck: widmet sich dem Riesling aus den Steillagen der Untermosel und des Mittelrheins; → VDP. Die Prädikatsweingüter.

Das dreistufige VDP-Klassifikationsmodell

Wein aus erster Lage

1. Stufe

Großes/Erstes Gewächs geschmacklich trocken	Großes edelsüßes Gewächs

Wein aus klassifizierter Lage

2. Stufe

Die Regionalverbände klassifizieren sorgfältig und in eigener Verantwortung in enger Abstimmung mit den Mitgliedern ihre Lagen, die künftig ausschließlich verwendet werden dürfen. Die VDP-Mitglieder zeichnen ihre besten Lagen dadurch aus, indem sie nur noch diese Lagennamen auf der Etikette benennen.

Guts- und Ortswein

3. Stufe

Erläuterungen
Großes Gewächs ist die Bezeichnung für trockene und edelsüße Spitzenweine nach dem VDP-Statut zur Klassifikation aus dem Jahre 2002. Erstes Gewächs ist die Bezeichnung für diese Spitzenweine im Rheingau, wo die Klassifikation bereits weinrechtlich geregelt ist.
Erzeugungskriterien für das große/erste Gewächs (1. Stufe)

- Engere Eingrenzung der klassifizierten Lagen.
- Engere Definition der Rebsorten.
- Hektarertrag 50 Hektoliter.
- Kontrolle der Produktionsbedingungen.
- Mostgewicht mindestens spätlesegeeignet.
- Selektive Handlese.
- Organoleptische VDP-Weinprüfung.
- Späterer Vermarktungszeitpunkt.

Erzeugungskriterien für Wein aus klassifizierter Lage (2. Stufe)

- Die Typizität und Originalität der Lage muss im Wein erkennbar sein.
- Regionale Festlegung der Rebsorten.
- Hektarertrag 65 Hektoliter.
- Selektive Lese.
- Vollreifes Lesegut.

Erzeugungskriterien für Guts- und Ortswein (3. Stufe = VDP-Standard laut Satzung)

- Anbau VDP-empfohlener, traditioneller, gebietstypischer Rebsorten (80 %).
- Hektarertrag 75 Hektoliter.
- Mostgewichtsanhebung gemäß regionaler Vorgaben.
- Handlese ab Prädikat Auslese.
- Bewirtschaftung der Weinberge nach den Regeln des integrierten Weinbaus.
- Weinprüfung im Rahmen der allgemeinen VDP-Betriebsprüfung.
- Einhaltung der VDP-Betriebsprüfungskriterien (30 Punkte).

Bei diesem Klassifikationsmodell handelt es sich um einen einheitlichen Rahmen, den der Bundesverband vorgibt und den die Regionalverbände individuell noch strenger regeln können.

Deutschland ist das nördlichste Weinbauland Europas. Die Beschreibung der Anbaugebiete erfolgt nicht in alphabetischer Reihenfolge, sondern aufgrund der beigefügten Karten nach geografischer Nähe.

AHR, MITTELRHEIN, NAHE

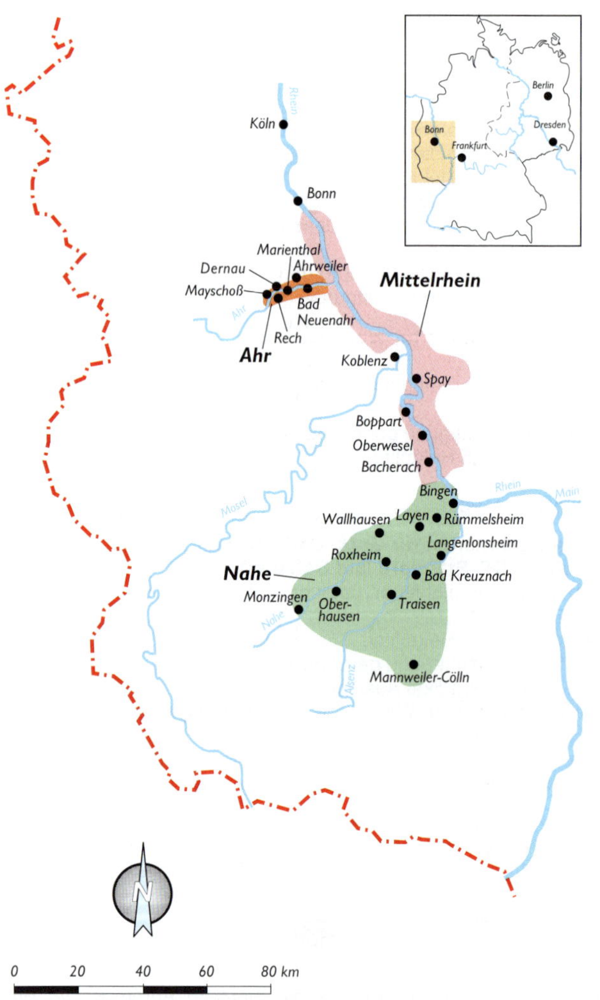
Berlin
Bonn
Dresden
Frankfurt
Rhein
Köln
Bonn
Marienthal
Dernau
Ahrweiler
Mayschoß
Bad
Neuenahr
Rech
Ahr
Ahr
Mittelrhein
Koblenz
Spay
Boppart
Oberwesel
Bacherach
Mosel
Rhein
Main
Bingen
Wallhausen
Layen
Rümmelsheim
Langenlonsheim
Roxheim
Nahe
Bad Kreuznach
Monzingen
Ober-
hausen
Traisen
Nahe
Alsenz
Mannweiler-Cölln
N
0
20
40
60
80 km

AHR

Weingut Hehle (Deutzerhof) in Mayschoß

Statistische Daten

- Ein Bereich: Walporzheim/Ahrtal; eine Großlage: Klosterberg; 40 Einzellagen.
- Gesamtrebfläche rund 520 Hektar; eines der kleinsten Weinbaugebiete, aber das größte in sich abgeschlossene Rotweingebiet.
- Jährliche Gesamtproduktion rund 35.000 Hektoliter, das sind weniger als 0,5 % des deutschen Weinertrages.
- Zirka 83 % Rotwein.

Klima

Die besten Weinberge an der Ahr weisen ein für die nördliche Lage erstaunlich warmes Mikroklima auf. Sie verdanken dies der Enge des Tales und ihrer Südlage.

Böden

Geologisch gehört das Ahrtal zum Rheinischen Schiefergebirge (Devon). Zwischen Altenahr im mittleren Ahrtal bis Heimesheim im unteren Ahrtal wird auf steil abfallenden Hang- und Terrassenlagen Weinbau betrieben. Nur 10 Prozent der Weingärten liegen in der Ebene. Die steinigen, flachgründigen Schiefer- und Basaltböden, die die Wärme speichern, wirken sich positiv auf die Weinqualität aus.

Rebsorten

Hauptrebsorten für Weißweine
Riesling, Rivaner.

Hauptrebsorten für Rotweine
Blauer Portugieser, Dornfelder, Frühburgunder bzw. Klevner (besondere Spezialität), Spätburgunder.

Hauptrebsorten für Roséweine
Die Neuzüchtungen Domina und Rotberger werden vorwiegend zu frischen Roséweinen verarbeitet.

Die Ahr gehört zu den nördlichsten Anbaubaugebieten Deutschlands. Die auf Terrassen gebräuchliche Einzelstockziehung (Stockkultur) am Pfahl wurde durch Drahtrahmenerziehung (Hochkultur), vor allem auf flurbereinigten Terrassen, ersetzt. Die überwiegende Mehrzahl der Winzer betreibt den Weinbau als Nebenerwerb. Der einzige Großbetrieb ist die Staatliche Weinbaudomäne Kloster Marienthal. Zirka 80 Prozent der Rebfläche werden von Winzergenossenschaften bewirtschaftet. Eine neue Winzergeneration arbeitet sehr erfolgreich und konnte durch die strikte Reduzierung der Erträge, die vollständige Maischevergärung und durch den kombinierten Einsatz von alten und neuen Eichenholzfässern die Weinqualität erheblich steigern. Zirka zehn Prozent aller Rotweintrauben werden zu Weißherbst (Rosé) verarbeitet. Die Weißweine sind außerhalb des Weinbaugebietes kaum bekannt. Sie präsentieren sich kernig-spritzig.

Bekannte Lagen in der Ahr
Walporzheimer Gärkammer
Altenahrer Eck
Neuenahrer Sonnenberg
Dernauer Pfarrwingert

Bekannte Erzeuger

Name des Weingutes	*Ort*
J. J. → Adeneuer	Bad Neuenahr, Ortsteil Ahrweiler
→ Brogsitter	Grafschaft-Gelsdorf/Walporzheim
→ Görres-Linden (Sonnenberg)	Bad Neuenahr, Ortsteil Ahrweiler
→ Hehle (Deutzerhof)	Mayschoß
Ludwig → Kreuzberg	Dernau
Staatliche Weinbaudomäne Kloster → Marienthal	Marienthal
→ Meyer-Näkel	Dernau
Thomas → Nelles	Bad Neuenahr, Ortsteil Heimersheim
Jean → Stodden	Rech

Weitere nennenswerte Betriebe: Winzergenossenschaft Walporzheim (Bad Neuenahr/Ortsteil Ahrweiler), Weingut Burggarten (Heppingen), Winzergenossenschaft Mayschoß-Altenahr e. G. (Mayschoß), Weinkellerei Jakob Sebastian (Rech).

MITTELRHEIN

Gutenfels mit Pfalzgrafenstein im Rhein

Statistische Daten

- Zwei Bereiche: Loreley, Siebengebirge; elf Großlagen; 111 Einzellagen.
- Gesamtrebfläche rund 480 Hektar.
- Jährliche Gesamtproduktion rund 40.000 Hektoliter.
- Zirka 80 % Steillagen, 15 % Hanglagen, nur 5 % Flachlagen.

Klima

Auf dem hügeligen Plateau oberhalb des Rheins kann es bitterkalt und windig sein. Das enge, tief eingeschnittene Tal und der damit verbundene Terrassenbau sowie der Rhein als großer Wärmespeicher schaffen einen Temperaturausgleich mit günstigem Mikroklima.

Böden

Die Verschiedenartigkeit der Böden bestimmt auch den Charakter der mittelrheinischen Weine. Die Steillagen weisen hauptsächlich Schiefer- und Sandsteinböden auf. Im nördlichen Teil des Siebengebirges sind die Böden vulkanischen Ursprungs, aber auch Lössablagerungen finden sich im ganzen Gebiet.

Rebsorten

Rund 91 Prozent der erzeugten Weine sind Weißweine.

Hauptrebsorten für Weißweine
Riesling (72 %); weiters Kerner, Rivaner, Silvaner und einige Neuzüchtungen.

Hauptrebsorten für Rotweine
Blauer Portugieser, Dornfelder, Spätburgunder.

Es ist das nördlichste Weinbaugebiet am Rhein und erstreckt sich 100 Kilometer auf beiden Seiten des Rheins von der Nahe bis Koblenz bzw. bis zum Siebengebirge. Seit den 80er-Jahren des vorigen Jahrhunderts ist die Rebfläche von 2.000 auf 530 Hektar geschrumpft. Das ist zum Teil darauf zurückzuführen, dass die steilen, höher gelegenen, besten Hang- und Terrassenanlagen schwierig zu bearbeiten sind und sich dadurch die Kultivierung mit einem höheren Kostenaufwand niederschlägt. Aufgrund der Flurbereinigung sind viele Kleinterrassen durch Großflächenterrassen ersetzt worden.

Der typische mittelrheinische Terrassenbau ist dennoch erhalten geblieben. Bis auf die Steillagen hat sich die Drahtrahmenerziehung durchgesetzt.

Loreley

Der südliche Bereich liegt am linken Ufer des Rheins. Er umschließt die beiden Großlagen Schloss Reichenstein und Schloss Stahleck (um Bacharach). Der Bereich reicht von Oberwesel/Kaub bis Unkel. Die Großlagen sind Herrenberg (um Kaub), Schloss Schönburg (um Oberwesel), Burg Rheinfels (um St. Goar), Loreleyfelsen (von Bornisch bis Kamp), Gedeonseck (von Boppart bis Rhens), Marksburg (von Filsen bis Vallendar), Lahntal (Flachbach bis Obernhof) und Burg Hammerstein (von Leutesdorf bis Unkel).

Siebengebirge

Der nördlichste Bereich erstreckt sich am rechten Rheinufer von Bad Honnef bis Oberdollendorf. Er besitzt nur die Großlage Petersberg und ist das einzige Weinbaugebiet des Bundeslandes Nordrhein-Westfalen. Etwa 80 Prozent der Rebfläche werden von Nebenerwerbsbetrieben bewirtschaftet. Auch Vollerwerbsbetriebe besitzen oft nur einige Hektar Rebfläche. Bis auf wenige Betriebe mit guten Lagen und hohen Qualitätsstandards werden viele Konsumweine hergestellt. Der Mittelrhein ist ein typisches Selbstvermarktergebiet. Bedingt durch den starken Tourismus können 75 Prozent des erzeugten Weins direkt vermarktet werden (Straußwirtschaft, Schenken und Flaschenverkauf). Viele Winzer verkaufen Weine in großen Mengen an Schaumweinhersteller, wie z. B. an die Firma Deinhard in Koblenz. Die Winzergenossenschaften haben nur lokale Bedeutung. Als eine Spezialität gilt der Rotwein vom Drachenfels (im Siebengebirge), das so genannte Drachenblut ist ein Blauer Portugieser. Die in diesem Gebiet typische Flaschenform ist die Rheinweinflasche aus braunem Glas.

Große-Gewächs-Lagen der VDP-Prädikatsweingüter

Ort	*Lage*
Bacherach	Hahn Posten Wolfshöhle
Engehöll	Bernstein
Oberwesel	Oelsberg
Steeger	St. Jost

Bekannte Erzeuger

Name des Weingutes	***Ort***
Fritz → Bastian	Bacharach
Toni → Jost (Hahnenhof)	Bacharach
Dr. Randolf → Kauer	Bacharach
Lanius → Knab	Oberwesel, Ortsteil Engehöll
Matthias → Müller	Spay
August → Perll	Boppart
→ Ratzenberger	Bacharach
Adolf → Weingart	Spay

Weitere nennenswerte Betriebe: Liescheid Rollauer (Bacharach), Bernhard Praß (Bacharach), Rolf Bach (Bacharach), Karl Heidrich (Bacharach), Helmut Mades (Bacharach/Ortsteil Steeg), Rugard Zahn (Bacharach/Ortsteil Steeg), Walter Perll (Boppart), Toni Lorenz (Boppart), Königshof (Boppart), Weinhaus Heilig Grab (Boppart), Scheidgen (Hammerstein), Peter Hohn (Leutesdorf), Mohr & Söhne (Leutesdorf), Hermann Ockenfels (Leutesdorf), Selt (Leutesdorf), Goswin Lambrich (Oberwesel/Ortsteil Dellhofen), Albert Lambrich (Oberwesel/Ortsteil Dellhofen), Didinger (Osterspai), Volk (Spay), Adolf und Ursula Pieper (Königswinter), Broel-Blöser (Königswinter), Klaus Wagner & Sohn (Koblenz), Adolf Göhlen (Koblenz).

Bacharach

NAHE

Eingang zur Gutsverwaltung Niederhausen-Schlossböckelheim

Statistische Daten

- Ein Bereich: Nahetal; sieben Großlagen; 312 Einzellagen.
- Gesamtrebfläche rund 4.300 Hektar, davon sind zirka 13 % mit roten Rebsorten bestockt.
- Jährliche Gesamtproduktion rund 350.000 Hektoliter.

Klima

Die bis zu 600 Meter hohe Bergkette des Hunsrücks schützt das Nahebecken und begünstigt den Weinbau. Westwinde und Regenwolken werden abgehalten, sodass die durchschnittliche Regenmenge pro Jahr nur 520 Millimeter beträgt.

Böden

Verschiedene geologische Unterschiede beeinflussen die Naheweine in ihrer Geschmacksvielfalt. An der unteren Nahe gibt es Quarzit- und Schieferböden; an der mittleren und oberen Nahe, je nach geografischer Lage, Porphyr, Melaphyr und Buntsandstein sowie in der Kreuznacher Gegend Verwitterungsböden, Sandstein, Löss und Lehm.

Rebsorten

Hauptrebsorten für Weißweine
Rivaner und Riesling machen rund 60 Prozent des Rebsortenspiegels aus. Weitere Sorten sind Bacchus, Faberrebe, Gewürztraminer,

Huxelrebe, Kerner, Morio-Muskat, Ruländer, Scheurebe, Silvaner und Weißburgunder. Versuche mit Chardonnay sind in den letzten Jahren begonnen worden.

Hauptrebsorten für Rotweine
Blauer Portugieser, Dornfelder, Spätburgunder.

Die Nahe ist ein Nebenfluss des Rheins. Das Weinbaugebiet erstreckt sich von Binnenbrück am Rhein, mit einer nicht immer geschlossenen Rebfläche, naheaufwärts über Bad Kreuznach bis zum Soonwald. Weinbau wird aber auch in den Seitentälern der Alsenz, der Glan, des Gräfen- und Guldenbachs sowie auf den angrenzenden höheren Flächen betrieben. Etwa 25 Prozent der Rebkulturen sind in Steillagen angelegt. Flach- und mäßige Hanglagen herrschen vor. Terrassierte Steillagen findet man nur noch im Trollbachtal, am Rotenfels und in kleinem Umfang an der Obernahe. Durch die starke Verbreitung der Drahtrahmenerziehung wird die Bearbeitung großteils maschinell durchgeführt. In den letzten Jahren hat das Weinbaugebiet Nahe erstaunlichen Aufschwung genommen. Gab es Ende der 1980er-Jahre nur wenige Erzeuger mit guten Qualitäten, so zählen die Topqualitäten von heute (vor allem die Rieslinge) zu den besten Deutschlands.

Nahetal

Umfasst die Großlagen Schlosskapelle (Bingen bis Guldental), Sonnenborn (Langenlonsheim), Pfarrgarten (um Waldhausen), Kronenberg (Bad Kreuznach bis Bretzenheim), Rosengarten (Roxheim bis Bockenau), Burgweg (Bad Münster bis Waldböckelheim) und Paradiesgarten (Alsenz bis Monzingen).

Rund 40 Prozent der erzeugten Flaschenweine werden direkt an Endverbraucher verkauft. 20 Prozent werden von Winzergenossenschaften und der Rest vom Weinhandel vermarktet. Die gebietstypische Geschmacksnote der Naheweine erfreut sich großer Beliebtheit. Sie werden oft als Weine zwischen Mosel und Rheingau eingestuft. Schiefer und Porphyr verleihen den Weinen Rasse, Frische und Frucht, während die tiefgründigen alkalischen Böden mit mehr Lehmanteil mildere und rundere Weine gedeihen lassen. Mehrere Winzer haben den Ausbau von Grau- und Weißburgunder in neuen Eichenfässern ausprobiert. Einige Winzer haben auch den Versuch, den Chardonnay in der Barrique auszubauen, riskiert. Spätburgunder-Rosé wird in verschiedenen Stilrichtungen gekeltert, vom blassen, beinahe weißen Blanc de Noir bis zu farbintensiveren, lachsfarbenen Weinen.

Klassifizierte Lagen der VDP-Prädikatsweingüter

Ort	*Lage*
Monzingen	Frühlingsplätzchen* Halenberg
Bockenau	Felseneck*
Schlossböckelheim	Felsenberg Kupfergrube*
Oberhausen	Brücke Leistenberg*
Niederhausen	Felsensteyer Hermannsberg Hermannshöhle Kertz Steinberg*
Norheim	Dellchen Kirschheck
Traisen	Bastei Rotenfels*
Altenbamberg	Rotenberg*
Roxheim	Berg*
Wallhausen	Felseneck* Johannisberg*
Langenlonsheim	Königsschild Löhrer Berg Rothenberg
Laubenheim	Karthäuser* Krone* St. Remigiusberg
Dorsheim	Burgberg* Goldloch* Pittermännchen
Münster-Sarmsheim	Dautenpflänzer Kapellenberg* Pittersberg Rheinberg*

Die mit * gekennzeichneten Lagen sind nur zum Teil zur Erzeugung von Großen Gewächsen geeignet. Die übrigen Teile werden als klassifizierte Gewächse vermarktet.

Bekannte Erzeuger

Name des Weingutes	*Ort*
Paul → Anheuser	Bad Kreuznach
Dr. → Crusius	Traisen

Hermann → Dönnhoff	Oberhausen
→ Emrich-Schönleber	Monzingen
→ Hahnmühle	Mannweiler-Cölln
→ Kruger-Rumpf	Münster-Sarmsheim
Adolf → Lötzbeyer	Feilbingert
Helmut → Mathern	Niederhausen
Gutsverwaltung → Niederhausen-Schlossböckelheim	Niederhausen
→ Prinz zu Salm (Dalberg'sches Weingut)	Wallhausen
→ Reichsgraf von Plettenberg	Bad Kreuznach
→ Schlossgut Diel	Rümmelsheim, Ortsteil Burg Layen
Bürgermeister Willi → Schweinhardt Nachf.	Langenlonsheim
Wilhelm → Sizius	Langenlonsheim

Weitere nennenswerte Betriebe: Gutshöfe FVA (Carl Finkenauer und Ernst Anheuser, beide Nahe, sowie Villa Waldorf in Rheinhessen; Mitglied der Vereinigung → Ecovin), Meinolf Schömehl (Dorsheim), Karl-Josef Eckes (Wallhausen), Schmitt-Peitz (Wallhausen), Montigny (Laubenheim), Michael Schäfer (Rümmelsheim/Ortsteil Burg Layen), Joh. Bapt. Schäfer (Rümmelsheim/Ortsteil Burg Layen), Göttelmann (Münster-Sarmsheim), Carl Adelseck (Münster-Sarmsheim), Jakob Schneider (Niederhausen), Lindenhof (Windesheim), Gebrüder Kauer (Windesheim), Schauß & Sohn (Monzingen), Axel Schramm (Monzingen), Udo Weber (Monzingen), Manfred Müller-Fiscus (Mannweiler-Cölln), Staatsweingut Bad Kreuznach (Bad Kreuznach), Anton Finkenauer (Bad Kreuznach), Korrell-Johanneshof (Bad Kreuznach), Jung-Hirsch (Bad Kreuznach/Ortsteil Ippesheim), Rüdiger Steinert (Feilbingert), Weingut Im Zwölberich (Langenlonsheim), Tesch (Langenlonsheim), Graf-Binzel (Langenlonsheim), Karl von der Weiden (Langenlonsheim), Johannes Haas (Langenlonsheim), Wilhelmy (Langenlonsheim), Königswingert (Guldental), Helmut Enk (Guldental), Schäfer-Fröhlich (Bockenau), E. W. Rapp (Bad Münster-Ebernburg), Schmidt (Obermoschel), Hehner-Kiltz (Waldböckelheim), Emmerich-Koebernik (Waldböckelheim), Helmut Dautermann (Duchroth), Alfred Porr (Duchroth), Karl-Kurt Bamberger & Sohn (Meddersheim), Reinhard Beck (Meddersheim), Hexamer (Meddersheim), Michael Rohr (Raumbach).

MOSEL-SAAR-RUWER

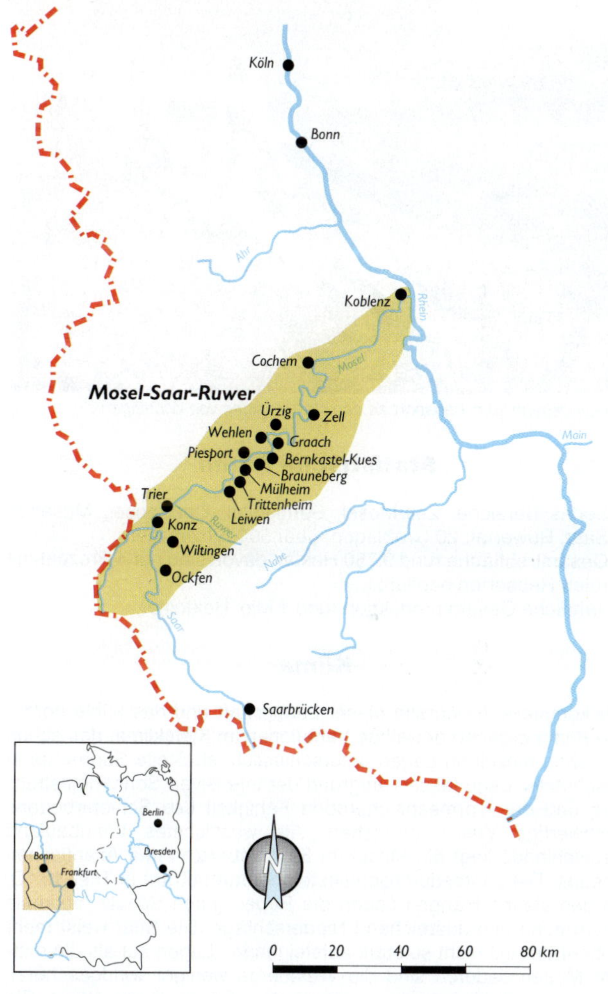
Köln
Bonn
Ahr
Koblenz
Rhein
Cochem
Mosel
Mosel-Saar-Ruwer
Ürzig
Zell
Wehlen
Graach
Piesport
Bernkastel-Kues
Brauneberg
Mülheim
Trittenheim
Leiwen
Trier
Konz
Ruwer
Wiltingen
Ockfen
Nahe
Main
Saar
Saarbrücken
Berlin
Dresden
Bonn
Frankfurt
N
0
20
40
60
80 km

Monorackbahn zum Transport an den steilen Lagen von Winningen

Statistische Daten

- Sechs Bereiche: Zell/Mosel, Bernkastel, Obermosel, Moseltor, Saar, Ruwertal; 20 Großlagen; über 500 Einzellagen.
- Gesamtrebfläche rund 9.750 Hektar, davon sind nur 4 Prozent mit roten Rebsorten bepflanzt.
- Jährliche Gesamtproduktion rund 1 Mio. Hektoliter.

Klima

Die komplexe Topografie dieser Landschaft und das kühle nördliche Klima ergeben gewaltige Variationen im Kleinklima, das schon zwischen einzelnen Lagen unterschiedlich ist. Steile Südhänge in geschützter Lage lassen aufgrund der intensiven Sonneneinstrahlung und der wärmespeichernden Fähigkeit des Schieferbodens hochwertige Weine entstehen. Als westlichstes Weinbauland Deutschlands liegt die Mosel im Einflussbereich des Atlantischen Ozeans. Die Jahresdurchschnittstemperatur beträgt in Trier 10 °C. An den steilen Hängen finden die Reben guten Schutz, optimale Erwärmung und ausreichend Niederschläge. Die Saar weist mehr Nebentäler mit nicht so stark aufsteigenden Lagen auf als die mittlere Mosel, dadurch sind die Weinberge weniger windgeschützt. Daraus resultiert auch die ausgeprägtere Säure dieser Weine. Die Weinberge der Ruwer liegen an steilen abschüssigen Hängen, sie werden jedoch durch den Grüneberg vor kalten Winden geschützt.

Aufgrund der vorherrschenden Schieferböden werden die Weine aromatischer.

Böden

Die Anbauflächen sind in den einzelnen Bereichen dieses Weinbaugebietes sehr verschieden. Im Bereich Obermosel findet man vor allem Buntsandstein-, Keuper- (roter, sandiger Ton) und Kalkböden; im Bereich Bernkastel eher Schieferböden und im Bereich Zell und Saar-Ruwer dominieren Grauwacken- (Sandstein-) und Tonschieferböden.

Rebsorten

Hauptrebsorten für Weißweine
Riesling (55 %), bedeutend sind weiters Rivaner und Elbling, gefolgt von den Neuzüchtungen Kerner, Bacchus, Optima, Reichensteiner und Ortega.

Das tief eingebettete Flusstal der Mosel zwischen Hunsrück und Eifel ist landschaftlich eines der reizvollsten Gebiete Deutschlands. Durch die starken Windungen dieses Tales entstehen Binnenkessel, die Treibhäusern gleichkommen und daher ideale Gebiete für den Weinbau sind. Links und rechts dieser gewundenen Strecke von Trier bis Koblenz liegen eine große Zahl von Weinbauorten und Lagen, die den Moselwein in aller Welt berühmt gemacht haben. Auch die Täler der beiden Nebenflüsse Saar und Ruwer weisen hochwertige Weine auf. Sie sind allerdings härter und rassiger als die Moselweine. Auf dem Grund und Boden der steilsten Weinberge der Welt kann keine andere Nutzpflanze als die Weinrebe rentabel angepflanzt werden. Es sind aber auch die arbeitsintensivsten Weinberge. Sie erfordern bis zu siebenmal mehr Aufwand als die flachen Lagen, daher gehen die Rebflächen in diesen Lagen sehr stark zurück. Terrassierungen sind kaum vorzufinden, da durch den felsigen Untergrund der Boden selbst bei Steigungen von 60 bis 70 Prozent gut hält. Die Weinberge liegen zwischen der Talsohle der Mosel und den Bergkämmen. In Steillagen herrscht fast ausschließlich die traditionelle Pfahlerziehung vor. Größe und Form der Grundstücke kommen dieser Erziehungsart entgegen. Auf einem 80 Zentimeter langen Stamm werden zwei Strecker (Bogen) angeschnitten. In Hang- und Flachlagen ist die Drahtrahmenkultur anzutreffen.
Das weltweit größte, zusammenhängende Riesling-Steillagengebiet hat das Gütesiegel **Riesling S** geschaffen. Die trockenen Rieslinge (aus 100% Rieslingtrauben) weisen eine Gesamtsäure von 6 bis 7,5 g/l und einen Alkoholgehalt von mindestens 11,5 Vol.-% bzw.

80° Öchsle auf. Als Steillage gelten Lagen, die mindestens 30 Grad Neigung haben.

Zell/Mosel

Dieser Bereich von Koblenz bis Zell mit den fünf Großlagen wird eingeteilt in Weinhex (von Koblenz über Winningen bis Burgen), Goldbäumchen (nördliches Moselufer bis Cochem), Rosenhang (von Cochem bis Ediger-Eller), Grafschaft (von Eller bis Bullay) und Schwarze Katz (in und um Zell).

Bernkastel (Mittelmosel)

Dieser größte und berühmteste Bereich erstreckt sich von Zell bis kurz vor Trier und wird in zehn Großlagen eingeteilt: Vom Heißen Stein (Briedel bis Reil), Schwarzlay (Burg bis Ürzig) sowie Schwarzlay um Wittlich, Nacktarsch (Kröver Lagen inmitten der Großlage Schwarzlay), Münzlay (Zeltingen bis Graach), Badstube (Bernkastel), Kurfürstlay (Kues bis Wintrich), Michelsberg (Minheim bis Trittenheim), St. Michael (Leiwen bis Longen), Probstberg (Fell bis Schweich) und Römerlay (das Gebiet um Trier und das Tal der Ruwer). Aus diesem Bereich stammen die berühmtesten Weine.

Saar, Ruwertal

Saar umschließt die Großlage Scharzberg (das Tal der Saar und ihre Seitentäler); die Weine zählen zu den qualitativ besten des Gebietes. Das Ruwertal ist großlagenfrei.

Obermosel

Dieser Bereich umfasst das Moseltal ab der Saarmündung bis an die Grenze zum Saarland. Die beiden Großlagen sind Königsberg (Igel und das Tal der Sauer) und Gipfel (Wasserliesch und Palzem). Die Elblingtraube liefert säurereiche Sektgrundweine.

Moseltor

Der kleinste Bereich liegt im Saarland am rechten Moselufer mit den Lagen von Perl, die zur Großlage Schloss Bübinger gehören.

Im Mosel-Saar-Ruwer-Gebiet gibt es neben weltberühmten Weingütern sehr viele Nebenerwerbswinzer, die auf extremen Steillagen nur kleine Parzellen bearbeiten. Fast die Hälfte aller erzeugten Weine wird vom Weinhandel aufgekauft. Die Entwicklung des Tourismus begünstigt die Direktvermarktung. Rund 25 Prozent werden von Winzergenossenschaften vermarktet, wobei ein Großteil seit 1970 zur Moselland e. G. Zentralkellerei zusammengeschlossen ist. Die meisten Weine werden leicht, spritzig und elegant fruchtig ausgebaut. Die Saar- und Ruwerweine weisen eine lebhafte, fruchtige Säure auf. Saarweine (hauptsächlich Rieslinge) werden deshalb gerne von Schaumweinerzeugern verwendet. Rotweine sind eine Rarität und werden in geringen Mengen im Saargebiet gekeltert. An der Mosel sind Großkellereien ansässig, die neben Moselweinen auch Weine anderer Gebiete verarbeiten und im In- und Ausland vermarkten.

Klassifizierte Lagen der VDP-Prädikatsweingüter

Ort	*Lage*
Kanzem	Altenberg Würtzberg Schloss Saarstein Serriger Schloss Saarfelser Schlossberg
Wawern	Herrenberg
Wiltingen	Scharzhofberg Braune Kupp Hölle
Ayl	Kupp
Filzen	Pulchen
Oberemmel	Hütte
Eitelsbach	Karthäuserhofberg
Leiwen	Laurentiuslay
Wintrich	Ohligsberg
Trittenheim	Apotheke Felsenkopf Leiterchen
Piesport	Goldtröpfchen Domherr
Ürzig	Würzgarten Lay Graben Badstube
Brauneberg	Juffer Sonnenuhr Juffer
Erden	Treppchen Prälat
Graach	Himmelreich Domprobst
Lieser	Niederberg Helden

Dhron	Hofberg
Wehlen	Sonnenuhr
Zeltingen	Sonnenuhr
Winningen	Uhlen Röttgen
Hatzenport	Kirchberg (für vier Jahre zurückgestellt)

Bekannte Erzeuger

Name des Weingutes	***Ort***
→ Bischöfliche Weingüter Trier	Trier
Joh. Jos. → Christoffel Erben	Ürzig
Franz-Josef → Eifel	Trittenheim
Dr. → Fischer	Ockfen
Reinhold → Franzen	Bremm
→ Grans-Fassian	Leiwen
Fritz → Haag	Brauneberg
Willi → Haag	Brauneberg
Von → Hövel	Konz, Ortsteil Oberemmel
Carl August → Immich-Batterieberg	Enkirch
→ Karlsmühle	Mertesdorf
→ Kirsten	Klüsserath
→ Knebel	Winningen
Carl → Loewen	Leiwen
Dr. → Loosen (St. Johannishof)	Bernkastel-Kues
→ Meulenhof	Erden
Markus → Molitor	Bernkastel-Kues, Ortsteil Wehlen
Egon → Müller-Scharzhof und Le Gallais	Wiltingen
Dr. → Pauly-Bergweiler	Bernkastel-Kues
→ Piedmont	Konz, Ortsteil Filzen
Joh. Jos. → Prüm	Bernkastel-Kues, Ortsteil Wehlen
S. A. → Prüm	Bernkastel-Kues, Ortsteil Wehlen

Johann Peter → Reinert	Kanzem
Max Ferdinand → Richter	Mülheim
Josef → Rosch	Leiwen
→ St.-Urbans-Hof	Leiwen
Willi → Schaefer	Bernkastel-Kues, Ortsteil Graach
→ Schloss Lieser	Lieser
C. von → Schubert'sche Gutsverwaltung Maximin Grünhaus	Mertesdorf
→ Studert-Prüm (Maximinhof)	Bernkastel-Kues, Ortsteil Wehlen
Geheimrat J. → Wegeler Erben	Bernkastel-Kues
Dr. F. → Weins-Prüm	Bernkastel-Kues, Ortsteil Wehlen

Weitere nennenswerte Betriebe: St. Niklaus Hospital (Bernkastel-Kues), Dr. Thanisch-Erben Müller-Burggraef (Bernkastel-Kues), Wwe. Dr. H. Thanisch-Erben Thanisch (Bernkastel-Kues), Heribert Kerpen (Bernkastel-Kues/Ortsteil Wehlen), Franz Friedrich-Kern (Bernkastel-Kues/Ortsteil Wehlen), Kees-Kieren (Bernkastel-Kues/Ortsteil Graach), Herbert A. Schmitz (Bremm), Heinrich Schmitges (Erden), Van Volxem (Wiltingen), Von Othegraven (Kanzem), Piedmont (Konz/Ortsteil Filzen), Edmund Reverchon (Konz), Herbert Junk-Hoffmann (Leiwen), Alfons Stoffel (Leiwen), St.-Niklaus-Hof (Leiwen), Köwerich (Leiwen), Schlossberghof (Lieser), Sybille Kuntz (Lieser), Erben von Beulwitz (Mertesdorf), Vereinigte Hospitien (Trier), Stiftung Friedrich-Wilhelm-Gymnasium (Trier), Peter Terges (Trier), Karthäuserhof (Trier/Ortsteil Eitelsbach), Heinz Spurzem (Koblenz), Heinrich Paelzer (Koblenz), Karolinger Hof (Kröv), Kilian Trossen-Thielen (Kröv), Dr. Heinz Wagner (Saarburg), Forstmeister Geltz-Zilliken (Saarburg), Reinhold Haart (Piesport), Kurt Hain (Piesport), Lehnert-Veit (Piesport), Johann Haart (Piesport), Weller-Lehnert (Piesport), Carl-Schmitt Wagner (Longuich), Franziskushof (Longuich), Otto Burg (Longuich), Richard Erbes (Zell), Albert Kallfelz (Zell/Ortsteil Merl), Sekt- und Weingut Stefan Fischer (Zell), Leo Fuchs (Pommern), Herrenberg – Bert Simon (Serrig), Schloss Saarstein (Serrig), Eifel-Pfeiffer (Trittenheim), Hubertushof (Trittenheim), Heribert Boch (Trittenheim), Milz-Laurentiushof (Trittenheim), Laurentiushof (Trittenheim, Mitglied der Vereinigung → Ecovin), Ernst Clüsserath (Trittenheim), Bernhard Eifel (Trittenheim), Clüsserath-Weiler (Trittenheim), Clüsserath-Eifel (Trittenheim), Dietmar Clüsserath-Hilt (Trittenheim), Heymann-Löwenstein (Winningen), Freiherr von Heddesdorff (Winningen), Richard Richter (Winningen), Rudolf Müller (Reil), Selbach-Oster (Zeltingen/Ortsteil Rachtig), Jordan und Jordan (Wiltingen), Clemens Busch (Pünderich).

RHEINGAU, RHEINHESSEN, PFALZ

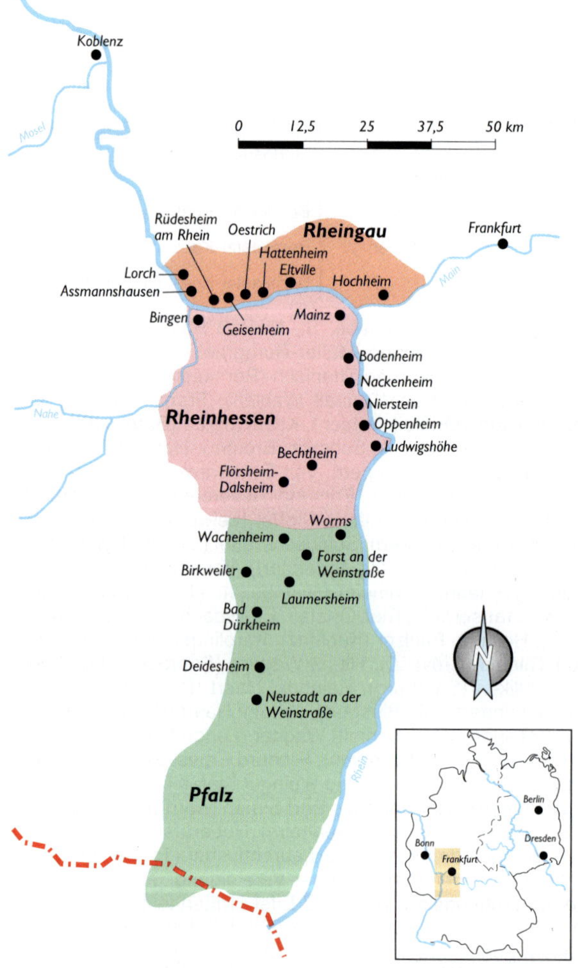
Koblenz
Mosel
0 12,5 25 37,5 50 km
Rüdesheim am Rhein
Oestrich
Rheingau
Frankfurt
Hattenheim
Eltville
Lorch
Hochheim
Main
Assmannshausen
Bingen
Mainz
Geisenheim
Bodenheim
Nackenheim
Nierstein
Nahe
Rheinhessen
Oppenheim
Ludwigshöhe
Bechtheim
Flörsheim-Dalsheim
Worms
Wachenheim
Forst an der Weinstraße
Birkweiler
Laumersheim
Bad Dürkheim
N
Deidesheim
Neustadt an der Weinstraße
Rhein
Berlin
Pfalz
Bonn
Dresden
Frankfurt

PFALZ

In der Pfalz (Quelle: Pfalzwein e. V.)

Statistische Daten

- Zwei Bereiche: Südliche Weinstraße, Mittelhaardt/Deutsche Weinstraße; 25 Großlagen; 323 Einzellagen.
- Gesamtrebfläche rund 23.400 Hektar, davon sind zirka 25 Prozent mit roten Rebsorten bepflanzt.
- Jährliche Gesamtproduktion rund 2 Mio. Hektoliter.

Klima

Die Pfalz entspricht klimatisch dem Elsass. Sie verfügt über ein für den Weinbau ideales gemäßigtes Klima.

Böden

Die Bergrücken des Pfälzer Waldes bestehen hauptsächlich aus Verwitterungsprodukten des Buntsandsteins, verbunden mit Muschelkalk, Granit, Zechstein, Porphyr und Schieferinseln. Die daraus entstandenen lehmigen Ton- und Mergelböden lassen wuchtige, nachhaltige Weine heranreifen.

Rebsorten

In der Pfalz gibt es aufgrund des Klimas und der Böden mehr Rebsorten als in den anderen deutschen Anbaugebieten.

Hauptrebsorten für Weißweine
Riesling (21 %) und Rivaner, weiters Bacchus, Chardonnay, Faberrebe, Gewürztraminer, Grauburgunder, Huxelrebe, Kanzler, Kerner, Morio-Muskat, Ortega, Ruländer, Scheurebe, Silvaner und Weißburgunder.

Hauptrebsorten für Rotweine
Blauer Portugieser, Cabernet Sauvignon, Dornfelder, Spätburgunder.

Die Weinberge der Pfalz erstrecken sich über eine Länge von 80 Kilometer entlang der Bergrücken der bewaldeten Haardt und des Pfälzer Waldes von Worms bis zur französischen Grenze. Das Rebgebiet zieht sich über sanfte Hänge mit einer Breite von 6 bis 10 Kilometer bis hinunter ins Rheintal. Die Rebpflanzungen reichen jedoch nicht bis an den Fluss. Dies ist möglicherweise der Grund dafür, warum das früher als Rheinpfalz bekannte Gebiet umbenannt wurde. Die Pfalz ist Deutschlands zweitgrößtes Weinanbaugebiet, aber auch das fruchtbarste, sonnigste und ertragreichste. Der Weinbau wird hauptsächlich in Hang- und Flachlagen betrieben, nur fünf Prozent der Fläche liegen in Steillagen. Terrassen kommen kaum vor. Eine maschinelle Bearbeitung ist möglich.

Mittelhaardt/Deutsche Weinstraße

Der Bereich beginnt bei der Grenze zur südlichen Weinstraße und reicht in nördlicher Richtung bis südlich von Worms. Die 16 Großlagen sind: Schnepfenpflug vom Zellertal (Kirchheimbolanden bis Zell), Grafenstück (Bockenheim bis Obrigheim), Höllenpfad (um Grünstadt), Schwarzerde (Dirmstein bis Kirchheim), Rosenbühl (um Weisenheim am Sand), Kobnert (Dackenheim bis Kallstadt), Feuerberg (Bobenheim bis Ellerstadt), Honigsäckel (Ungstein), Hochmeß (Bad Dürkheim), Schenkenböhl (Bad Dürkheim bis Wachenheim), Schnepfenpflug a. d. Weinstraße (Forst bis Friedelsheim), Mariengarten (Wachenheim bis Deidesheim), Hofstück (Ellerstadt bis Ruppertsberg), Meerspinne (Neustadt, nördliche Ortsteile), Rebstöckel (Neustadt, südliche Ortsteile) und Pfaffengrund (Neustadt, östliche Ortsteile). Im Herzstück der Pfalz (Bad Dürkheim, Neustadt) liegt das Gebiet der großen Rieslinge.

Südliche Weinstraße

Der Bereich reicht von Schweigen bis Maikammer und besitzt neun Großlagen: Mandelhöhe (Maikammer bis Kirrweiler), Schloss Ludwigshöhe (St. Martin bis Edenkoben), Ordensgut (Rhodt bis Edesheim), Bischofskreuz (Gleisweiler bis Landau), Königsgarten (Siebeldingen bis Landau), Trappenberg (Venningen bis Ottersheim), Herrlich (Leinsweiler bis Insheim), Kloster Liebfrauenberg (Klingenmünster bis Hergersweiler) und Guttenberg (Bad Bergzabern bis Schweigen). Hier werden vorwiegend Schoppenweine von mittlerer bis guter Qualität erzeugt.

Von den rund 8.000 Weinbaubetrieben arbeiten zwei Drittel im Nebenerwerb. Etwa 25 Prozent der Erzeugung werden über Winzergenossenschaften, mehr als 30 Prozent von den Weingütern selbst und der Rest von Weinkellereien vermarktet. Die selbst vermarktenden Winzer nehmen zu, hauptsächlich als Folge der steigenden Beliebtheit der Pfalz als Weinreiseland. Wie in anderen Rheinregionen ist der Riesling die bedeutendste Rebsorte für die Qualitätsweinerzeugung. Ein Großteil der Rivaner-Weine sowie die Weine aus den Sorten Kerner und Silvaner werden als → Liebfrauenmilch oder sortenrein in Literflaschen abgefüllt. Die Weinskala der Pfalz ist stark gefächert und reicht von einfachen, leichten Konsum- bzw. Schoppenweinen bis zu erlesenen Spitzenweinen.

Große-Gewächs-Lagen der VDP-Prädikatsweingüter

Ort	*Lage*
Leinsweiler	Sonnenberg Mandelberg
Siebeldingen	Im Sonnenschein
Königsbach	Idig
Ruppertsberg	Reiterpfad Gaisböhl
Deidesheim	Grainhübel Kalkofen Hohenmorgen Langenmorgen
Forst an der Weinstraße	Ungeheuer Kirchenstück Pechstein
Wachenheim	Gerümpel Weilberg

Bekannte Erzeuger

Name des Weingutes	***Ort***
Geh. Rat Dr. von → Bassermann-Jordan	Deidesheim
Josef → Biffar	Deidesheim
Dr. → Bürklin-Wolf	Wachenheim
Steffen → Christmann	Grimmeldingen, Ortsteil von Neustadt an der Weinstraße
Kurt → Darting	Bad Dürkheim
Dr. → Deinhard	Deidesheim
→ Fitz-Ritter	Bad Dürkheim
→ Knipser	Laumersheim
→ Koehler-Ruprecht	Kallstadt
Herbert → Messmer	Burrweiler
→ Müller-Catoir	Haardt, Ortsteil von Neustadt an der Weinstraße
→ Pfeffingen-Fuhrmann-Eymael	Bad Dürkheim
→ Reichsrat von Buhl	Deidesheim
Karl → Schaefer	Bad Dürkheim
Heinrich → Vollmer	Ellerstadt
Dr. → Wehrheim	Birkweiler
→ Werlé Erben	Forst an der Weinstraße

Weitere nennenswerte Betriebe: Bärenhof (Bad Dürkheim), Julius Koch (Bad Dürkheim), Karl Wegner & Sohn (Bad Dürkheim), Egon Schmitt (Bad Dürkheim), Brenneis-Koch (Bad Dürkheim), Gebrüder Bart (Bad Dürkheim), Castel Peter (Bad Dürkheim), Helmut Wolf (Bad Dürkheim), Julius Ferdinand Kimich (Deidesheim), H. Giessen Erben (Deidesheim), Wegeler-Gutshaus (Deidesheim), Andres & Mugler (Deidesheim), Michael Andres (Deidesheim), Johannes Kleinmann (Birkweiler), Birkenhof (Birkweiler), Gies-Düppel (Birkweiler), Scholler (Birkweiler), Siener (Birkweiler), Alois Hayna und Sohn (Burrweiler), St. Annaberg (Burrweiler), Acham-Magin (Forst an der Weinstraße), Georg Mosbacher (Forst an der Weinstraße), Eugen Müller (Forst an der Weinstraße), Mossbacherhof (Forst an der Weinstraße), Lindenhof (Forst an der Weinstraße), Lucashof (Forst an der Weinstraße), Winzerverein Forst (Forst an der Weinstraße), Spindler (Forst an der Weinstraße), Herbert Müller Erben (Forst an der Weinstraße), Margarethenhof (Franz Lucas/Forst an der Weinstraße), Klaus Schneider (Ellerstadt), Studier (Ellerstadt), Altes Weingut Karl Steigelmann (Neustadt an der Weinstraße), Weingut am Burggarten (Neustadt an der Weinstraße), Wein- und Sektgut Corbet (Neustadt an der Weinstraße), Georg Naegele (Neustadt an der Weinstraße/Ortsteil Hambach), Hermann Hauck (Neustadt an der Weinstraße), Weingut am Herzog (Neustadt an der Weinstraße), Kurt Mugler (Neustadt an der Weinstraße), Probsthof (Neustadt an der Weinstraße), Klostergut St. Lamprecht (Neustadt an der Weinstraße), Staatl. Lehr- und Versuchsanstalt Staatsweingut mit Johannitergut (Neustadt an der Weinstraße), Weegmüller (Neustadt an der Weinstraße/Ortsteil Haardt), Bergdolt (Neustadt an der Weinstraße/Ortsteil Duttweiler), Wolfgang Geissler (Neustadt an der Weinstraße/Ortsteil Duttweiler), J. L. Wolf (Wachenheim), Karl Pfaffmann (Wachenheim), Karl Reich (Wachenheim), Theo Minges (Flemlingen), Marienhof (Flemlingen), Sonnenhof (Flemlingen), Lingenfelder (Groß Karlbach), Frank Dietrich (Groß Karlbach), W. Lergenmüller & Söhne (Hainfeld), Manfred Glaser (Hainfeld), Wein- und Sektgut G. L. Möller (Hainfeld), Theodor Hof (Hainfeld), Gerhard Klein (Hainfeld), Wein- und Sektgut Bernhard Koch (Hainfeld), Georg Henninger IV (Kallstadt), Benderhof (Kallstadt), Wein- & Sektgut Müller-Ruprecht (Kallstadt), Winzergenossenschaft Kallstadt (Kallstadt), Helmut Eberle (Laumersheim), Philipp Kuhn (Laumersheim), Motzenbäcker (Ruppertsberg), Ruppertsberger Winzerverein Hoheburg (Ruppertsberg), Oswald Zimmermann & Sohn (Ruppertsberg), Friedrich Becker (Schweigen), Günther Scheu (Schweigen/Ortsteil Rechtenbach), Bernd Grimm (Schweigen/Ortsteil Rechtenbach), Bruno Grimm & Sohn (Schweigen/Ortsteil Rechtenbach), Gnägy (Schweigen/Ortsteil Rechtenbach), Jülg (Schweigen/Ortsteil Rechtenbach), Gerhard Beck (Schweigen/Ortsteil Rechtenbach), Ökonomierat Rebholz (Siebeldingen), Wein- und Sektgut Wilhelmshof (Siebeldingen), K. Neckerauer (Weisenheim am Sand), Lehmann-Hilgard (Weisenheim am Sand), Langenwalter (Weisenheim am Sand), Gehrig (Weisenheim am Sand), Weingut Klosterhof (Zellertal), Weingut Schwan (Zellertal), August Ziegler (Maikammer), Hubert Müller (Maikammer), Immengartenhof (Maikammer), Dengler-Seyler (Maikammer), Münzberg (Landau/Ortsteil Godramstein), Siegrist (Leinsweiler), Weik (Neustadt an der Weinstraße/Ortsteil Mußbach), Alois Friess (Biedesheim), Georg Messer (Weisenheim am Berg), Rudolf Pfaffmann (Frankweiler), Karl Pfaffmann (Walsheim), Jakob Pfleger (Herxheim am Berg), Schumacher (Herxheim am Berg), Petri (Herxheim am Berg), Wilhelm Gabel (Herxheim am Berg), Günter und Markus Stentz (Landau), Münzberg (Landau), Jürgen Stentz (Landau), Rudi Neiss (Kindenheim), Kranz (Ilbesheim), Rheinhard & Esther Schmitt (Ilbesheim), Kissel (Freinsheim), Fluch-Gaul (Grünstadt), Argus (Gleichweiler), Hermann Zöller, Inh. Thomas Zöller (Kirrweiler), Wilker (Pleisweiler), Heiner Sauer (Böchingen/Bioland), Stiftsweingut Frank Meyer (Klingenmünster), Janson Bernhard (Zellertal, Mitglied der Vereinigung → Ecovin), Bruno Leiner (Landau/ Ortsteil Wollmesheim), Jürgen Leiner (Ilbesheim), Fred Becker (Ilbesheim), Lergenmüller (Landau/ Ortsteil Nussdorf), Emil Bauer & Söhne (Landau/Ortsteil Nussdorf), Leinigerhof, Fam. Benzinger (Kirchheim), Eymann (Gönnheim), Fader (Kastanienhof), (Rhodt unter Rietburg), Fritz Walter (Niederhorbach), Wein- und Sektgut Ernst Weisbrodt (Niederkirchen), Winkels-Herding (Dackenheim), Bach-Frobin (Niederkirchen), Ernst Minges (Edesheim), Edmund Meyer & Sohn (Heuchelheim).

RHEINGAU

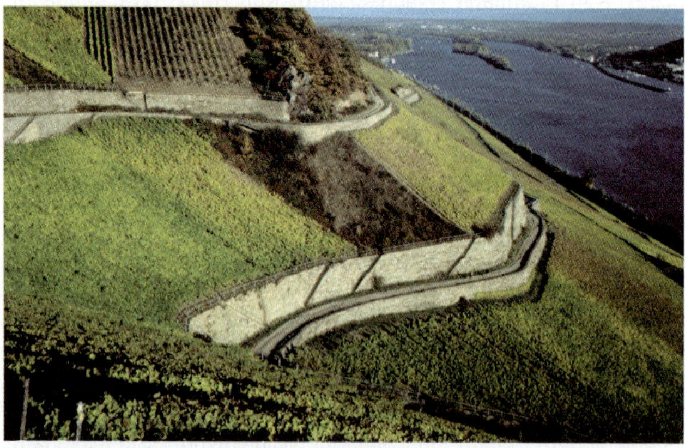

Weingut Georg Breuer in Rüdesheim am Rhein

Statistische Daten

- Ein Bereich: Johannisberg; zehn Großlagen; 119 Einzellagen.
- Gesamtrebfläche rund 3.200 Hektar, davon sind 14 Prozent mit roten Rebsorten bepflanzt.
- Jährliche Gesamtproduktion rund 220.000 Hektoliter.

Klima

Das Mikroklima wird von zwei Faktoren bestimmt: Im Norden schirmen die Hügel des Taunus die Reben gegen kalte Winde ab und die tiefen Lagen profitieren von der Wärmestrahlung des Flusses.

Böden

Dieses kleine kompakte Weingebiet bringt Weine von beachtlicher Vielfalt hervor. Dies ist auf die verschiedenen Bodenverhältnisse zurückzuführen. Der Boden in Flussnähe ist tiefgründig und besteht aus Lehm und Mergel, wodurch der Wein vollmundig und kräftig schmeckt. In den höheren Lagen gedeihen die Reben auf Schiefer-, Quarzit- und Kiesböden. Dies wiederum verleiht dem Wein eine duftige, delikate und rassige Note.

Rebsorten

Hauptrebsorten für Weißweine
Riesling (mit über 80 % seit Jahrhunderten die führende Rebsorte), weiters Ehrenfelser, Gewürztraminer, Kerner, Rivaner, Ruländer, Silvaner und Neuzüchtungen.

Hauptrebsorte für Rotweine
Die dominierende Sorte ist der Spätburgunder.

Der Rheingau ist Deutschlands berühmtestes Weinbaugebiet. International gesehen genießt das Gebiet seit vielen Jahren durch die Erzeugung bester Rieslingqualitäten höchste Anerkennung. Weiters befindet sich in Geisenheim die Fachhochschule und Forschungsanstalt für Weinbau, der man eine Reihe von Neuzüchtungen (Arnsburger, Dunkelfelder, Ehrenfelser, Reichensteiner, Rotberger und Schönburger) zu verdanken hat. Die Rebfläche erstreckt sich am rechten Rheinufer in einer Länge von 36 Kilometern und einer Breite von vier Kilometern von Hochheim bis Lorch. Die Rebkulturen sind vorwiegend auf Südhängen und Terrassen angelegt. Viele kleine Weinbergterrassen wurden großflächig zusammengelegt und die vorherrschende Pfahlerziehung durch Drahtanlagen völlig ersetzt.

Johannisberg

Johannisberg ist der einzige Bereich des Rheingaus, in dem sich alle zehn Großlagen und 119 Einzellagen befinden. Die Großlagen sind Daubhaus (Flörsheim bis Hochheim), Steinmächer (Wiesbaden bis Eltville), Heiligenstock (Kiedrich), Honigberg (Erbach, Mittelheim und Winkel), Deutelsberg (Hattenheim), Mehrhölzchen (Hallgarten), Gottesthal (Oestrich), Erntebringer (Johannisberg, Geisenheim), Burgweg (Geisenheim, Rüdesheim und Lorch) und Steil (Assmannshausen).

Viele Winzer im Rheingau widmen sich vor allem der Erzeugung trockener Rieslingweine. Bernhard Breuer gründete mit der → Charta einen Zusammenschluss erstklassiger Weingüter, die es sich zur Aufgabe machten, den Rheingauer Riesling als trockenen, mittelschweren Wein mit erfrischender Säure zu vermarkten. Heute ist allerdings ein Trend zu mehr Restsüße zu verzeichnen. Das Wahrzeichen der Charta ist ein romanischer Doppelbogen auf einer braunen, langhalsigen Schlegelflasche.

Von den fast 1.800 Winzerbetrieben des Rheingaus sind zirka 1.000 Flaschenabfüller mit Selbstvermarktung. Der Handel übernimmt ungefähr ein Drittel der Ernte. 10 Prozent der Rheingauproduktion gehen in die Schaumweinherstellung (Fürst Metternich, Reuter und Sturm sowie Schloss Vaux). Viele Winzer liefern Trauben oder Most an die Winzer- und Gebietswinzergenossenschaften bei Eltville ab. Eine Besonderheit im Rheingau stellt Assmannshausen dar. Hier werden vorwiegend Rotweine aus der Sorte Spätburgunder (Pinot Noir) erzeugt.

Klassifizierte Lagen der VDP-Prädikatsweingüter

Ort	*Lage*
Lorchhausen	Seligmacher Langenberg Rödchen Wildsau
Mittelheim	Edelmann St. Nikolaus
Oestrich	Doosberg Lenchen
Rauenthal	Baiken Gehrn Rothenberg Wülfen
Rüdesheim	Berg Roseneck Berg Rottland Berg Schloßberg Bischofsberg Drachenstein Klosterlay Magdalenenkreuz
Walluf	Berg Bildstock Vitusberg Walkenberg
Wicker	Mönchsgewann Stein

Winkel	Gutenberg Hasensprung Jesuitengarten Schlossberg
Anerkannte Ortsteilbezeichnungen	
Schloss Johannisberg*	
Steinberg*	
Schloss Reichartshausen*	

Die mit * gekennzeichneten Lagen sind nur zum Teil zur Erzeugung von Großen Gewächsen geeignet. Die übrigen Teile werden als klassifizierte Gewächse vermarktet.

Bekannte Erzeuger

Name des Weingutes	***Ort***
Geheimrat → Aschrott	Hochheim
J. B. → Becker	Walluf
Georg → Breuer	Rüdesheim am Rhein
→ Domdechant Werner'sches Weingut	Hochheim
August → Eser	Oestrich
Johannishof → Eser	Geisenheim, Ortsteil Johannisberg
Weingut der → Forschungsanstalt Geisenheim	Geisenheim
→ Freiherr zu Knyphausen	Eltville, Ortsteil Erbach
→ Graf von Kanitz	Lorch
August → Kesseler	Assmannshausen
Peter Jakob → Kühn	Oestrich-Winkel
Gunther → Künstler	Hochheim
Hans → Lang	Hattenheim
→ Langwerth von Simmern'sches Rentamt	Eltville
Dr. Heinrich → Nägler	Rüdesheim am Rhein
→ Prinz	Oestrich-Winkel, Ortsteil Hallgarten
→ Prinz von Hessen	Geisenheim, Ortsteil Johannisberg

Balthasar → Ress	Hattenheim
Weinbaudomäne → Schloss Johannisberg	Geisenheim, Ortsteil Johannisberg
→ Schloss Reinhartshausen	Eltville, Ortsteil Erbach
Domänenweingut → Schloss Schönborn	Hattenheim
→ Schloss Vollrads	Oestrich-Winkel
→ Staatsweingut Assmannshausen	Assmannshausen
→ Staatsweingüter Kloster Eberbach	Eltville
Geheimrat J. → Wegeler Erben	Oestrich
Robert → Weil	Kiedrich

Weitere nennenswerte Betriebe: Joachim Flick (Flörsheim), Ernst Rußler (Rauenthal), Friedel Rußler (Walluf), Robert König (Rüdesheim am Rhein), Krone (Rüdesheim am Rhein), Josef Leitz (Rüdesheim am Rhein), Asbach-Kretschmar (Rüdesheim am Rhein), Weingut des Bistums Limburg, Pfarrgut Rüdesheim (Rüdesheim am Rhein), Friedrich Fendel Erben (Rüdesheim am Rhein), Klosterweingut Abtei St. Hildegard-Eibingen (Rüdesheim am Rhein), Carl Ehrhard (Rüdesheim am Rhein), Weingut Freiherr von Zwierlein (Geisenheim), Alexander Freimuth (Geisenheim), Erbslöh'sches Weingut (Geisenheim), Schumann-Nägler (Geisenheim), Georg J. & J. Wagenitz (Geisenheim), Sohns (Geisenheim), G. H. von Mumm (Geisenheim/Ortsteil Johannisberg), Fürst von Metternich, Winneburg'sche Domäne, (Geisenheim/Ortsteil Johannisberg), Fritz Perabo (Lorch), Troitzsch-Pusinelli (Lorch, Mitglied der Vereinigung → Ecovin), Friedrich Altenkirch (Lorch), Wilhelm Mohr Erben (Lorch), Emmerich Himmel (Hochheim), Rebenhof (Hochheim), H. W. Sack (Hochheim), Wilhelm-Josef Schäfer (Hochheim), Schloss Vaux (Eltville), C. Belz Erben (Eltville), Diefenhardt'sches Weingut (Eltville), Ökonomierat J. Fischer Erben (Eltville), Jakob Jung (Eltville), Weingut der Stadt Eltville (Eltville), J. Koegler-Hof, Bechtermünz (Eltville), Weingut Erbach (Eltville/Ortsteil Erbach), Detlev Ritter und Edler von Oetinger (Eltville/Ortsteil Erbach), Hans Barth (Hattenheim), Stefan Gerhard (Hattenheim), Nass-Engelmann (Oestrich-Winkel/Ortsteil Hallgarten), Jakob Riedel (Oestrich-Winkel/Ortsteil Hallgarten), Fürst Löwenstein (Oestrich-Winkel/Ortsteil Hallgarten), Schloss Groenesteyn (Kiedrich), Speicher-Schuth (Kiedrich), Krone Assmannshausen (Assmannshausen), Robert König (Assmannshausen), Bernhard Eser (Oestrich), Ludwig Eser (Oestrich), Weingut Allendorf (Georgshof), (Oestrich), Hupfeld, Königin Viktoriaberg (Oestrich), Wilfried Querbach (Oestrich), Carl Strieth Erben (Oestrich), Jakob Hamm (Oestrich), Heinrich Kühn (Oestrich), Lorenz Kunz (Oestrich), Gutsverwaltung Graf Matuschka-Greiffenclau (Oestrich), Manfred Bickelmeier (Oestrich), Josef Spreitzer (Oestrich), Fritz Rottenbach (Oestrich), Egert (Oestrich), F. B. Schönleber (Oestrich), Johannes Ohlig (Oestrich).

RHEINHESSEN

Nierstein

Statistische Daten

- Drei Bereiche: Bingen, Nierstein, Wonnegau; 24 Großlagen; 432 Einzellagen.
- Gesamtrebfläche rund 26.300 Hektar, davon sind 18,7 Prozent mit roten Rebsorten bestockt.
- Jährliche Gesamtproduktion rund 2,2 Mio. Hektoliter (ein Viertel der Produktion Deutschlands).

Klima

Rheinhessen ist klimatisch sehr begünstigt, wird es doch vom Taunus sowie vom Soon- und Odenwald weiträumig von ungünstigen Einflüssen abgeschirmt.

Böden

In diesem großen Gebiet sind die unterschiedlichsten Bodenverhältnisse anzutreffen. Im Mainzer Becken kommen Verwitterungs- und Lössböden, im Westen des Gebietes Quarzit- und Porphyrverwitterungsböden vor. Entlang des Rheins dominieren Rotsteinböden.

Rebsorten

Fast überall in Rheinhessen dominieren die Weißweinsorten.

Hauptrebsorten für Weißweine
Es dominiert Rivaner, gefolgt von Silvaner, Scheurebe, Bacchus, Riesling, Kerner, Faberrebe, Morio-Muskat, Huxelrebe, Ortega, Siegerrebe, Perle, Kanzler, Optima, Traminer und Ruländer. Weißburgunder, Grauburgunder und Chardonnay konnten in den letzten Jahren leichte Zuwächse verzeichnen. Die für die weiteren Weißweinrebsorten benützte Fläche nimmt zu Gunsten von roten Rebsorten ab.

Hauptrebsorten für Rotweine
Blauer Portugieser, Cabernet Sauvignon, Dornfelder, Frühburgunder, Merlot, Regent, St. Laurent, Spätburgunder.

Rheinhessen ist das flächenmäßig größte Weinbaugebiet Deutschlands. Es erstreckt sich von Bad Kreuznach im Westen bis zum Rhein im Osten und von Mainz im Norden bis nach Worms im Süden. Das Gebiet wird nach wie vor stark mit dem Exportschlager → Liebfrauenmilch identifiziert. Die Nachfrage nach diesem Wein geht allerdings seit den 1980er-Jahren stetig zurück. Dennoch bestreitet er zusammen mit den Weinen Niersteiner Gutes Domtal und Oppenheimer Krötenbrunnen einen Großteil der Weinproduktion Rheinhessens.
Eine geschlossene Rebfläche besteht nur entlang des Rheins. Die so genannte Rheinfront ist die einzige Zone des Gebietes mit Rebkulturen, die auf steilen Hängen angelegt sind. Die berühmten Weinberge des „Roten Hanges“ von Nierstein und Neckenheim liegen im Herzen der Rheinfront. Im Rheinhessischen Hügelland sind meist die nach Süden geneigten Hänge mit Reben bepflanzt. Die Drahtrahmenkultur ist im gesamten Gebiet vorzufinden.
Rheinhessen ist auch bekannt für die Vielfalt der ausgepflanzten Neuzüchtungen wie Ortega, Optima usw. Diese Sorten benötigen wenig Sonnenschein, um ihre Trauben auf hohe Öchslegrade reifen zu lassen. In den letzten Jahren ist aber eine Rückentwicklung auf traditionelle Rebsorten zu erkennen.

Bingen

Dieser Bereich wird von Rhein und Nahe begrenzt und reicht im Süden bis nach Alzey. Er besitzt die sechs Großlagen St. Rochuskapelle (Bingen bis Badenheim), Rheingrafenstein (Hackenheim bis Eckelsheim), Abtey (Gau-Algesheim bis Sprendlingen), Kaiserpfalz (Ingelheim bis Jugenheim), Kurfürstenstück (Vendersheim bis Gumbsheim) und Adelberg (Wörrstadt bis Nieder-Wiesen).

Nierstein

Der Bereich Nierstein von Mainz bis Mettenheim südlich des Rheins hat elf Großlagen. Es sind dies St. Alban (Mainz bis Lörzweiler), Domherr (Ober-Olm bis Gabsheim), Gutes Domtal (Nieder-Olm bis Weinolsheim), Spiegelberg (Nackenheim bis Nierstein), Rehbach (Nierstein), Auflangen (Nierstein, innerhalb der Großlage Spiegelberg), Krötenbrunnen (Oppenheim bis Hillesheim und Mettenheim), Guldenmorgen (Oppenheim, Dienheim), Vogelsgärten (Guntersblum), Rheinblick (Alsheim bis Mettenheim) und Petersberg (Spießheim bis Gau-Heppenheim).

Wonnegau

Der kleinste der drei Bereiche erstreckt sich zwischen Alzey und Worms und teilt sich in die sieben Großlagen Sybillenstein (Alzey bis Freimersheim), Bergkloster (Esselborn bis Westhofen), Pilgerpfad (Frettenheim bis Osthofen), Gotteshilfe (Bechtheim bis Osthofen), Burg Rodenstein (Ober-Flörsheim bis Mörstadt), Domblick (Mölsheim bis Offstein) und Liebfrauenmorgen (Worms mit seinen Ortsteilen).

Entsprechend der Größe des Anbaugebiets gibt es eine Vielzahl von Weinbaubetrieben. Von den 11.000 Winzern bauen zirka zwei Drittel ihren Wein selbst aus. Eine bedeutende Menge wird über Winzergenossenschaften und Handelskellereien abgesetzt. Mainz, Nierstein und Oppenheim sind Zentren des Weinhandels.
Die Vielfältigkeit der rheinhessischen Weine reicht von einfachen Konsumweinen (Schoppenwein) bis zu Qualitäts- und hervorragenden Prädikatsweinen. Die meisten Spitzenweine stammen von den Weinbergen am linken Rheinufer, der so genannten Rheinfront. Seit vielen Jahrzehnten zählen Riesling-Beerenauslesen und -Trockenbeerenauslesen zu den erlesensten Dessertweinen. Vor einigen Jahren wurde im Rheinhessischen Hügelland eine Initiative

namens **Rheinhessische Selektion** zur Förderung trockener Weine, wie Silvaner, Riesling, Weißburgunder und anderer traditioneller Rebsorten, ins Leben gerufen. Die Weine werden unter bestimmten Vorgaben erzeugt und kontrolliert, um sich mit einem gewissen Profil von den Massenweinen abzuheben.
Rotweine spielen in Rheinhessen eine untergeordnete Rolle. Über die Grenzen hinaus bekannt ist lediglich der Ingelheimer Spätburgunder.

Große-Gewächs-Lagen der VDP-Prädikatsweingüter

Ort	*Lage*
Bingen	Scharlachberg
Bodenheim	Burgweg
Dalsheim	Bürgel Hubacker
Nackenheim	Rothenberg
Nierstein	Brudersberg Hipping Oelberg Orbel Pettental
Oppenheim	Kreuz Sackträger
Westhofen	Aulerde Kirchspiel Morstein

Bekannte Erzeuger

Name des Weingutes	*Ort*
Brüder Dr. → Becker	Ludwigshöhe
Jean → Buscher	Bechtheim
→ Freiherr Heyl zu Herrnsheim	Nierstein
Ökonomierat J. → Geil-Erben	Bechtheim
→ Gunderloch	Nackenheim
→ Keller	Flörsheim-Dalsheim
→ Krug'scher Hof	Gau-Odernheim
→ Kühling-Gillot	Bodenheim
→ Rappenhof	Alsheim

→ Sankt Antony	Nierstein
→ Schales	Flörsheim-Dalsheim
Georg Albrecht → Schneider	Nierstein
→ Staatliche Landes-, Lehr- und Versuchsanstalt Oppenheim	Oppenheim
→ Villa Sachsen	Bingen
→ Winzergenossenschaft Nierstein	Nierstein
→ Wittmann	Westhofen

Weitere nennenswerte Betriebe: Flörsheimerhof (Flörsheim-Dalsheim), Strubel (Flörsheim-Dalsheim), D. und H. Ziegler (Flörsheim-Dalsheim), Scherner-Kleinhanss (Flörsheim-Dalsheim), Göhring (Flörsheim-Dalsheim), P. A. Ohler'sches Weingut (Bingen), Riffel (Bingen), Balbach Erben (Nierstein), Franz Karl Schmitt (Nierstein), Heinrich Seebrich (Nierstein), J. & H. A. Strub (Nierstein), Heinrich Braun (Nierstein), Louis Guntrum (Nierstein), Dr. Alex Senfter (Nierstein), Reinhold Senfter (Nierstein), Gehring (Nierstein), Schlamp-Schätzel (Nierstein), Louis Guntrum (Nierstein), Dittewig-Bogen (Nierstein), Georg Gustav Huff (Nierstein), Martinushof (Bodenheim), Adam Darmstadt & Sohn (Bodenheim), Villa Kerz (Bodenheim), Franz-Josef Kerz (Bodenheim), Weingut und Sektkellerei Riederbacherhof (Bechtheim), Brenner'sches Weingut (Bechtheim), Kurt Erbeldinger & Sohn (Bechtheim), Groh (Bechtheim), Carl Koch Erben (Oppenheim), Staatliche Weinbaudomäne Oppenheim (Oppenheim), Friedrich Baumann (Oppenheim), Dr. Heyden (Oppenheim), Meiser (Gau-Odernheim), Christophorus-Hof (Mainz), Johannishof & Weingut d. Stadt Mainz (Mainz), Martinushof (Mainz), Hans Werner Nauth (Mainz), Heinz Lemb (Mainz), Willi Knell (Albig), Reinhard Knobloch (Albig, Mitglied der Vereinigung → Ecovin), Köster-Wolf (Albig), Erich Meiser & Sohn (Köngernheim), J. Neus (Ingelheim), Kurt Dautermann (Ingelheim), Hans-Karl Bender (Ingelheim), Johann Saalwächter III (Ingelheim), Paul Christian Saalwächter (Ingelheim), Schloss Westernhaus (Ingelheim), Erich Weidenbach (Ingelheim, Mitglied der Vereinigung → Ecovin), Eckhard Weitzel (Ingelheim, Mitglied der Vereinigung → Ecovin), Michel-Pfannbecker (Flomborn), Hedesheimerhof (Stadecken-Elsheim), Kissinger (Uelversheim), Stallmann-Hiestand (Uelversheim), K. F. Groebe (Biebesheim), Ohnacker (Guntersblum), Gernot Gysler (Alzey), Oberst Schultz-Werner (Gau-Bischofsheim), Gutzler (Gundheim), Neef-Emmich (Bermersheim), Hauck (Bermersheim), Hirschhof (Westhofen), Seehof (Ernst Fauth (Westhofen), Goldschmidt (Worms/Ortsteil Pfeddersheim), Wagner-Stempel (Siefersheim), Posthof-Doll & Göth (Stadecken-Elsheim), Karlheinz Milch & Sohn (Mondsheim), Sander (Mettenheim), Geil (Eimsheim), Georg Jung (Undenheim), Jakob Neumer (Uelversheim).

FRANKEN, HESSISCHE BERGSTRASSE

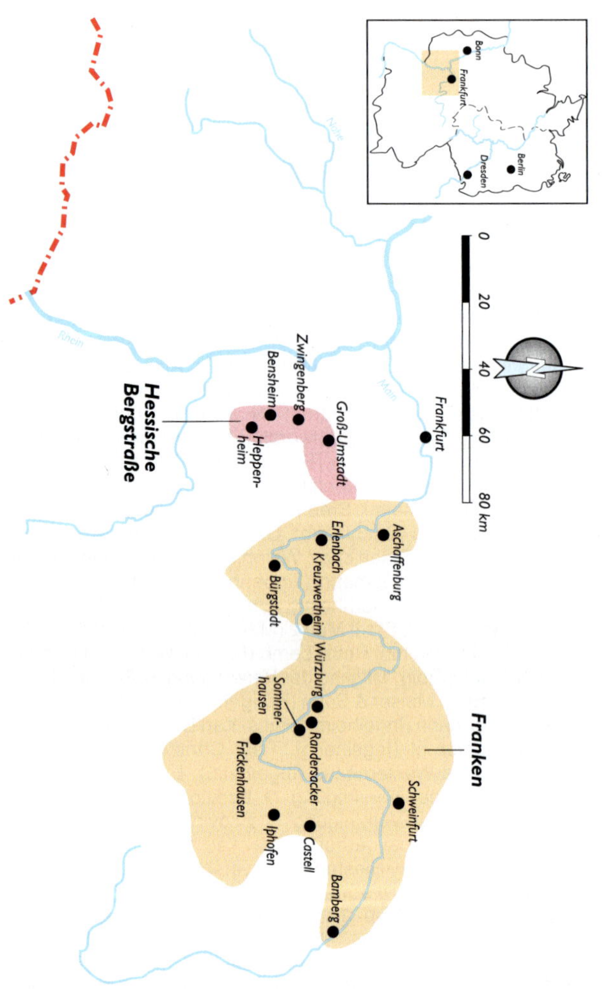

Hessische Bergstraße
Franken
Frankfurt
Groß-Umstadt
Zwingenberg
Bensheim
Heppen-heim
Aschaffenburg
Erlenbach
Kreuzwertheim
Bürgstadt
Würzburg
Sommer-hausen
Randersacker
Frickenhausen
Schweinfurt
Castell
Iphofen
Bamberg
Rhein
Main
Nahe
0
20
40
60
80 km
Bonn
Frankfurt
Berlin
Dresden

FRANKEN

Statistische Daten

- Entsprechend den Windungen des Mains in drei Bereiche eingeteilt: Mainviereck, Maindreieck, Steigerwald; 23 Großlagen; 216 Einzellagen.
- Gesamtrebfläche rund 6.000 Hektar.
- Jährliche Gesamtproduktion rund 400.000 Hektoliter.
- Zirka 94 % Weißwein.

Klima

Das in den Flusstälern vorherrschende, überwiegend kontinentale Klima mit trockenen, warmen Sommern und kalten Wintern ist für den Weinbau sehr gut geeignet.

Böden

Drei Hauptbodentypen herrschen vor: an den Hängen des Spessarts in Unterfranken im Bereich Mainviereck Buntsandstein, im Bereich Maindreieck zwischen Hammelburg und Schweinfurt Muschelkalk und im Bereich Steigerwald Keuperformationen.

Rebsorten

Hauptrebsorten für Weißweine
Bacchus, Kerner, Rieslaner, Riesling, Rivaner, Ruländer, Scheurebe, Silvaner, Traminer, Weißburgunder sowie die Neuzüchtungen Perle und Ortega.

Hauptrebsorte für Rotweine
Die beliebteste Rotweinsorte ist der Spätburgunder.

Das Anbaugebiet Franken ist stark aufgesplittert. Weinberge findet man nur in Südlagen des Maintales und seiner Nebenflüsse sowie auf den Ausläufern des Steigerwaldes. Es reicht von Schweinfurt im Osten bis nach Aschaffenburg im Westen. Mittelpunkt des Weinbaugebiets ist die Barockstadt Würzburg. Ihr berühmtester Weinberg, der **Würzburger Stein,** bedeckt einen Hang, der zum Main hinabreicht. Der Name Stein steht im Ausland als Begriff für Frankenwein. Viele der alten abschüssigen Rebanlagen wurden in den letzten

Jahrzehnten flurbereinigt oder umstrukturiert, um ihre Bearbeitung weniger arbeits- und kostenintensiv zu machen. Dafür musste fast die ganze Rebbestockung erneuert werden.

Mainviereck

Dieser kleinste der Bereiche erstreckt sich von Aschaffenburg bis Wertheim/Markt Heidenfeld und umfasst die Großlagen Reuschberg und Heiligenthal. Beide beinhalten nur eine Gemeinde. Alle anderen Orte sind großlagenfrei.

Maindreieck

Zu diesem recht ausgedehnten Bereich gehören folgende zwölf Großlagen: Burg (um Hammelburg an der Fränkischen Saale), Roßtal (Karlstadt und Arnstein an der Wern), Ravensburg (Zellingen bis Veitshöchheim), Marienberg (um Würzburg), Ewig Leben (Randersacker), Teufelstor (Eibelsstadt), Ölspiel (Sommerhausen), Markgraf Babenberg (Frickenhausen), Hofrat (Marktbreit bis Mainstockheim), Honigberg (Dettelbach), Engelsberg (Sommerach) und Kirchberg (Nordheim bis Wipfeld). Ebenso gibt es großlagenfreie Einzellagen.

Steigerwald

Der östliche Bereich Frankens erstreckt sich an den westlichen Hangausläufern des Steigerwaldes mit neun Großlagen: Frankenberger Schlossstück (Ippesheim bis Seinsheim), Ipsheimer Burgberg (Ipsheim), Burgweg (Iphofen), Schlossberg (um Rödelsee), Herrenberg (um Castell), Schild (um Abtswind), Steige (Oberschwarzach), Zabelstein (Michelau) und Kapellenberg (bei Zeil).
Neben einigen großen Weingütern findet man in Franken viele Kleinbetriebe. Etwa 50 Prozent der gesamten Weinerzeugung werden von neuen, modern ausgestatteten Winzergenossenschaften vermarktet. Die Weine Frankens sind besonders erdig, rebsortenbetont und großteils trocken bzw. halbtrocken ausgebaut. Seit dem Jahr 1981 hat Franken ein eigenes Gütezeichen, das gegenüber dem badischen Gütezeichen höhere Bewertungsziffern erfordert. Das vom Fränkischen Weinbauverband verliehene Zeichen trägt im grünen Rahmen die Aufschrift „Gütezeichen Franken“. Wird der Wein als trocken klassifiziert (fränkisch trocken), muss er in Franken weniger als 4 Gramm Restzucker pro Liter aufweisen. Die in diesem Gebiet typische Flaschenform ist die **Bocksbeutelflasche,** auch als **Steinweinflasche** bezeichnet.

Große-Gewächs-Lagen der VDP-Prädikatsweingüter

Ort	*Lage*
Bürgstadt	Centgrafenberg
Castell	Schlossberg
Dettelbach	Berg-Rondell
Escherndorf	Lump
Frickenhausen	Kapellenberg
Homburg	Kallmuth
Iphofen	Julius-Echter-Berg
Randersacker	Pfülben Sonnenstuhl Lämmerberg
Rödelsee	Küchenmeister
Sommerhausen	Steinbach
Stetten	Stein
Thüngersheim	Johannisberg
Volkach	Karthäuser
Würzburg	Stein Innere Leiste

Bekannte Erzeuger

Name des Weingutes	*Ort*
→ Bickel-Stumpf	Frickenhausen
→ Bürgerspital zum Heiligen Geist	Würzburg
Josef → Deppisch	Erlenbach
Rudolf → Fürst	Bürgstadt
→ Fürstlich Castell'sches Domänen-Amt	Castell
→ Fürst Löwenstein	Kreuzwertheim
Martin → Göbel	Randersacker
→ Juliusspital	Würzburg
Ernst → Popp	Iphofen

Johann → Ruck	Iphofen
Horst → Sauer	Volkach, Ortsteil Escherndorf
→ Schloss Sommerhausen	Sommerhausen
→ Schmitt's Kinder	Randersacker
→ Staatlicher Hofkeller	Würzburg
Josef → Störrlein	Randersacker
→ Trockene Schmitts	Randersacker
Hans → Wirsching	Iphofen

Weitere nennenswerte Betriebe: Götz Meintzinger (Frickenhausen), Johann Arnold (Iphofen), Richard Schmitt (Randersacker), Winzergenossenschaft Randersacker (Randersacker), Konrad Schwarz – Weingut am Ölspiel (Sommerhausen), Steinmann (Sommerhausen), Ludwig Knoll am Stein (Würzburg/Ortsteil Steinberg), Waldemar Braun (Nordheim), Glaser Himmelstoß (Nordheim), Ignaz Bunzelt (Nordheim), Roman Schneider (Nordheim), Norbert Kram (Nordheim), Helmut Christ (Nordheim), Graf von Schönborn (Volkach), Weingut „Zur Schwane" (Volkach), Franz Kirch (Volkach), Egon Schäffer (Volkach), Michael Fröhlich (Volkach/ Ortsteil Escherndorf), Rainer Sauer (Volkach/Ortsteil Escherndorf), Weingut am Lump – Paul Sauer (Volkach/Ortsteil Escherndorf), Max Müller (Volkach), Römmert (Volkach), Hugo Muth (Sommerach), Weingut „Am Schwarzacher Tor" (Sommerach), Wolfgang Weltner (Rödelsee), Roland Hemberger (Rödelsee), Ernst Wenzel (Alzenau), Friedel Simon (Alzenau), Zehnthof-Luckert (Sulzfeld), Gerhard Roth (Wiesenbronn, Mitglied der Vereinigung → Naturland), Schwab (Thüngersheim), Dr. Heigel (Zeil), Hart (Thüngersheim), Max Markert (Eibelstadt), H. Brügel (Greuth), Brennfleck (Sulzfeld), Hirn (Untereisenheim), Öko-Weingut Hell (Wiesenbronn, Mitglied der Vereinigung → Ecovin).

HESSISCHE BERGSTRASSE

Statistische Daten

- Zwei Bereiche: Starkenburg, Umstadt; drei Großlagen; 24 Einzellagen.
- Gesamtrebfläche rund 450 Hektar, davon sind etwa nur 10 Prozent mit roten Rebsorten bepflanzt.
- Jährliche Gesamtproduktion rund 30.000 Hektoliter.

Weinlese in Heppenheim mit Blick auf St. Peter

Klima

Sehr gute Sonnenbestrahlung und genügend Niederschläge begünstigen die Weinlagen im Süden und Westen. Der Norden ist durch den Odenwald vor den rauen Ostwinden geschützt.

Böden

Die Böden an der Bergstraße werden zum Großteil von tiefgründigen kalkhaltigen Löss- oder Hochflutlehmen gebildet. Reine Buntsandsteineinschläge finden sich in einigen Lagen von Heppenheim. Im Bereich Groß-Umstadt sind Verwitterungsböden vorwiegend aus Quarz anzutreffen.

Rebsorten

In diesem Gebiet sind fast ausschließlich Weißweinreben zu finden.

Hauptrebsorten für Weißweine
Riesling (55 %), Ehrenfelser, Gewürztraminer, Kerner, Rivaner, Ruländer (Grauburgunder), Scheurebe, Silvaner, Weißburgunder.

Hauptrebsorten für Rotweine
Blauer Portugieser, Spätburgunder.

Die Hessische Bergstraße ist das zweitkleinste Anbaugebiet Deutschlands, es liegt am Rhein und reicht von Heppenheim bis Seeheim. Weiters gehört auch noch die bei Groß-Umstadt gelegene „Odenwälder Weininsel“ dazu. Die Weine der Bergstraße haben vorwiegend lokale Bedeutung und werden nur in minimalen Mengen exportiert. Ein Großteil der Weine wird von Touristen getrunken und gekauft, die dieses landschaftlich sehr reizvolle Gebiet besuchen. Fast alle Rebkulturen weisen Hang- oder Terrassenlagen auf. Sie sind meist süd- oder südwestlich ausgerichtet. Die Auspflanzung von Rieslingreben hat in den letzten Jahrzehnten zugenommen.

Umstadt

In diesem kleinen Bereich, östlich von Darmstadt, gibt es nur sechs großlagenfreie Einzellagen. Die Groß- und Klein-Umstädter Weine werden gemeinsam unter der Bezeichnung „Umstadt“ vermarktet.

Starkenburg

Die wenigen Weinorte in diesem Bereich werden auf drei Großlagen aufgeteilt: Schlossberg (bei Heppenheim), Wolfsmagen (bei Bensheim) und Rott (Bensheim bis Alsbach).
Der Anteil der hauptberuflichen Winzer, die selbst Wein vermarkten, ist sehr gering. Neben einigen Winzergenossenschaften und privaten Weingütern sind die Hessischen Staatsweingüter die bedeutendsten Weinerzeuger. Obwohl ausgezeichnete Sortenweine von den Bergstraßer Genossenschaften erzeugt werden, machen Verschnitte von Riesling mit Silvaner und Rivaner einen wesentlichen Teil der Produktion aus. Die Bergstraßer Weine gelten als fruchtige, duftige, kernige Weine mit einer angenehmen Fruchtsäure.

Bekannte Lagen in der Hessischen Bergstraße

Heppenheimer Steinkopf, Stemmler und Centgericht, Bensheimer Kalkgasse und Kirchberg.

Bekannte Erzeuger

Name des Weingutes	*Ort*
→ Bergsträsser Winzer	Heppenheim
→ Simon-Bürkle	Zwingenberg
→ Staatsweingut Bergstraße	Bensheim
→ Weingut der Stadt Bensheim	Bensheim

Weitere nennenswerte Betriebe: Jäger (Bensheim), Weinkellerei Tobias Georg Seitz (Bensheim-Auerbach), Hanno Rothweiler (Bensheim-Auerbach), Löffler (Bensheim-Gronau), Hörr (Bensheim-Gronau), Volker Dingeldey (Bensheim-Gronau), Willi Wohlfahrt (Heppenheim), Rudolf von Krezmar (Groß-Umstadt), Lydia Schulz (Groß-Umstadt), Brücke-Ohl (Groß-Umstadt).

BADEN

Statistische Daten

- Neun Bereiche: Bodensee, Markgräflerland, Kaiserstuhl, Tuniberg, Breisgau, Ortenau, Badische Bergstraße, Kraichgau, Tauberfranken; 16 Großlagen; 314 Einzellagen.
- Gesamtrebfläche rund 15.900 Hektar, davon sind 65 Prozent mit weißen Rebsorten bestockt.
- Jährliche Gesamtproduktion rund 1 Mio. Hektoliter.

Klima

Aufgrund des großen Anbaugebietes sind die klimatischen Unterschiede beträchtlich. Die meisten badischen Weinberge liegen am Fuße des Schwarzwaldes, wo dieser zum Rheintal abfällt. Die Gipfel des Schwarzwaldes bilden einen äußert wirksamen Schutz gegen kalte Ostwinde. Die Vogesen auf der französischen Rheinseite halten den Großteil der von Westen herangeführten Niederschläge ab.

Böden

Die durchwegs warmen fruchtbaren Böden bringen bei günstigen Klimabedingungen körperreiche, wuchtige Weine hervor. In den Bereichen Badische Bergstraße und Tauberfranken findet man vorwiegend Keuper- und Muschelkalkböden, am Kaiserstuhl Vulkanerde und am Bodensee Moränenschotter mit großen Lössablagerungen. In den übrigen Bereichen überwiegen Kalk-, Ton- und Mergelböden.

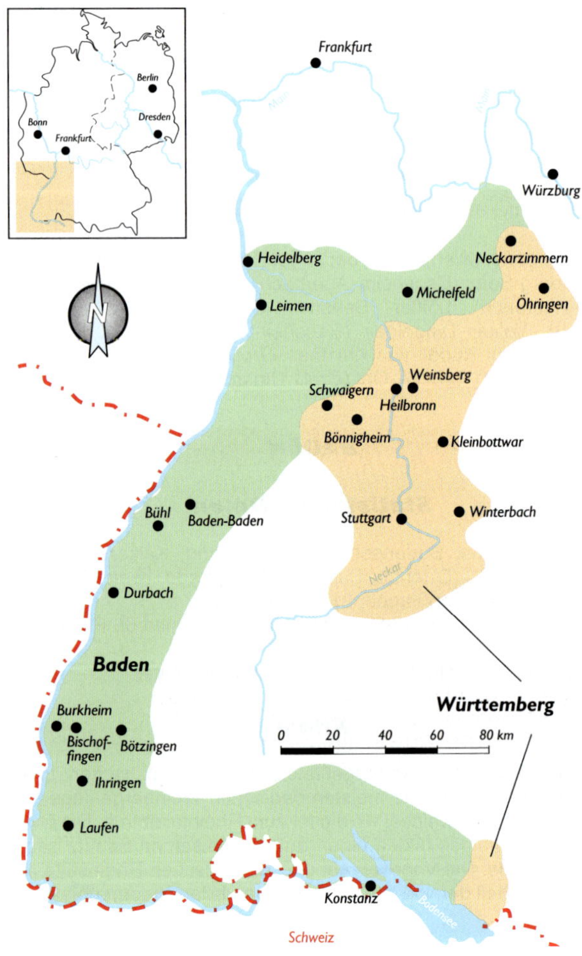
Berlin
Bonn
Dresden
Frankfurt
N
Frankfurt
Main
Würzburg
Heidelberg
Neckarzimmern
Leimen
Michelfeld
Öhringen
Weinsberg
Schwaigern
Heilbronn
Bönnigheim
Kleinbottwar
Bühl
Baden-Baden
Stuttgart
Winterbach
Neckar
Durbach
Baden
Württemberg
Burkheim
Bischof-
fingen
Bötzingen
0 20 40 60 80 km
Ihringen
Laufen
Konstanz
Bodensee
Schweiz

Rebsorten

Hauptrebsorten für Weißweine
Gutedel, Muskateller, Muskat Ottonel, Riesling, Rivaner, Ruländer (Grauburgunder), Silvaner, Traminer.

Hauptrebsorten für Rotweine
Führend unter den Rotweinsorten ist der Spätburgunder, gefolgt von Schwarzriesling, Trollinger, Lemberger und Blauem Portugieser.

Baden ist das südlichste Anbaugebiet Deutschlands. Mit einer Länge von mehr als 300 Kilometern erstreckt es sich vom Bodensee im Süden entlang der Oberrheinischen Ebene nordwärts bis nach Tauberfranken. Baden ist ein sehr gebietsbewusstes, aktives Weinbaugebiet mit einer geschickten Profilierung. Lokale Besonderheiten werden in den Vordergrund gestellt. Ein eigenes Weinsiegel wurde geschaffen.
In der gesamten Region sind die Weinberge an Hängen oder Terrassen mit West- oder Südwestausrichtung angelegt. Etwa 15 Prozent liegen in Steillagen, in der Ebene ist Weinbau nicht gestattet. Über 96 Prozent der Gesamtfläche haben Drahtrahmenerziehung, die Zeilenabstände sind mit 1,5 Meter als normal anzusehen. Weitraumanlagen konnten sich nicht durchsetzen.

Bodensee

Der Bereich Bodensee weist nur die Großlage Sonnenufer auf. Die Weingärten liegen in der Umgebung von Überlingen, Meersburg, Markdorf, Konstanz, auf der Insel Reichenau und im Klettgau. Die in diesem Bereich gekelterten Weine werden auch als **Seeweine** bezeichnet.

Markgräflerland

Der Bereich Markgräflerland reicht von der deutsch-schweizerischen Grenze bei Basel bis Freiburg. Die drei Großlagen sind Vogtei Rötteln, Burg Neuenfels und Lorettoberg. Die gebietstypische Rebsorte ist die Leitsorte Gutedel, der daraus erzeugt Wein wird als **„Markgräfler“** bezeichnet.

Kaiserstuhl

Vor 1990 gehörten die Bereiche Kaiserstuhl und Tuniberg zusammen. Aufgrund der unterschiedlichen Bodenverhältnisse kam es zur Trennung der Gebiete. Der Kaiserstuhl umfasst die Großlage Vulkanfelsen. Der Boden des Bergstocks ist vulkanischen Ursprungs und mit einer Lössschicht bedeckt. Durch eine Flurbereinigung ist dieses Bergmassiv terrassiert worden.

Tuniberg

Dieser Bereich mit der Großlage Attilafelsen wird ebenfalls von einem Bergstock beherrscht, der jedoch aus einem Kalkuntergrund mit einer Lössschicht besteht. Die Weingärten sind ebenfalls terrassenförmig angelegt.

Breisgau

Zum Bereich Breisgau, zwischen den Orten Freiburg und Lahr, gehören die drei Großlagen Burg Zähringen, Burg Lichteneck und Schutterlindenberg. Produziert werden vorwiegend Konsumweine, auf guten Lagen werden auch ausgezeichnete Qualitäten gekeltert.

Ortenau

Dieses südlich von Baden-Baden am Fuß des Schwarzwaldes bis Offenburg gelegene Gebiet liefert eine breite Palette von einfachen Schoppenweinen bis zu Spitzengewächsen. Dazu gehören die Großlagen Fürsteneck und Schloss Rodeck. Durbach und Umgebung hat viele Spitzenlagen mit einem großen Anteil an Traminer, der hier auch Clevner heißt.

Badische Bergstraße

Die Badische Bergstraße war früher mit dem Kraichgau in einem Gebiet zusammengefasst. Zu diesem Bereich gehören die Großlagen Mannaberg und Rittersberg. Hier findet man ein großes Angebot an Weinsorten mit durchschnittlicher Qualität. Die Spitzengewächse sind auf den Lagen entlang der Badischen Bergstraße zu suchen.

Kraichgau

Im Süden der Badischen Bergstraße liegt der Kraichgau. Zu diesem Bereich gehören die Großlagen Stiftsberg und Hohenberg. Aufgrund unterschiedlicher Böden sind die Weine hier heterogener als in den anderen badischen Bereichen. Als Spezialität neben den traditionellen Rebsorten gilt der Auxerrois. Immer häufiger findet man Sorten wie Regent und Cabernet Sauvignon.

Tauberfranken

Dieser nördlichste badische Bereich trägt erst seit 1991 diesen Namen (zuvor Badisches Frankenland) und reicht von Bad Mergentheim über Tauberbischofsheim bis an den Main. Die einzige Großlage heißt Tauberklinge.

Neben einer großen Anzahl selbst vermarktender Winzer und Weingüter ist Baden ein Land der Winzergenossenschaften. Über 100 Genossenschaften verarbeiten zirka 85 Prozent der gesamten Ernte. Ungefähr 50 Prozent der Produktion dieser Genossenschaften finden den Weg in die größte und modernste Kellerei Europas: Die Badische Winzergenossenschaft in Breisach ist die größte Genossenschaftskellerei in Europa; sie hat ein Fassungsvermögen von 120 Mio. Hektoliter, deren Trauben auf rund 5.000 Hektar gedeihen, und füllt 800 verschiedene Weine ab. „**Badisch Rotgold**" ist eine in Baden gesetzlich erlaubte Weinbezeichnung für einen Rotling. Diese Spezialität wird aus mindestens 51 Prozent Ruländermaische sowie Spätburgunder hergestellt.

Klassifizierte Lagen der VDP-Prädikatsweingüter

Bereich	*Ort*	*Klassifizierte Lage*
Markgräflerland	Istein	Kirchberg
	Auggen	Schäf
	Mauchen	Sonnenstück
	Schliengen	Sonnenstück
Kaiserstuhl	Oberrotweil	Kirchberg
		Eichberg
		Henkenberg
		Käsleberg
	Glottertal	Eichberg
	Ihringen	Winklerberg
		Fohrenberg
	Freiburg	Schlossberg
	Achkarren	Schlossberg
	Sasbach	Limburg
	Burkheim	Schlossgarten
	Jechtingen	Eichert
Breisgau	Hecklingen	Schlossberg
	Malterdingen	Bienenberg

Ortenau	Zell-Weierbach Berghaupten Neuweier	Abtsberg Neugesetz Schützenberg Schlossberg Mauerberg Heiligenstein
Kraichgau	Michelfeld Sulzfeld (Ort ist nicht Teil der Lagenbezeichnung) Tiefenbach	Himmelberg Burg Ravensburger Löchle Burg Ravensburger Husarenkappe Burg Ravensburger Dicker Franz Schellenbrunnen

Bekannte Erzeuger

Name des Weingutes	***Ort***
→ Abril	Vogtsburg, Ortsteil Bischoffingen
→ Bercher	Vogtsburg, Ortsteil Burkheim
Jakob → Duijn	Bühl, Ortsteil Kappelwindeck
→ Gräflich Wolff Metternich'sches Weingut	Durbach
Dr. → Heger	Ihringen
→ Johner	Vogtsburg, Ortsteil Bischoffingen
→ Laible	Durbach
→ Lämmlin-Schindler	Schliengen, Ortsteil Mauchen
Heinrich → Männle	Durbach, Ortsteil Sendelbach
→ Reichsgraf und Marquis zu Hoensbroech	Angelbachtal, Ortsteil Michelfeld
→ Salwey	Vogtsburg, Ortsteil Oberrotweil
→ Schloss Neuweier	Baden-Baden, Ortsteil Neuweier
Hartmut → Schlumberger	Sulzburg, Ortsteil Laufen
→ Schwarzer Adler (Franz Keller)	Vogtsburg, Ortsteil Oberbergen
→ Seeger	Leimen
→ Stigler	Ihringen
→ Winzergenossenschaft Bötzingen am Kaiserstuhl e. G.	Bötzingen

Weitere nennenswerte Betriebe: Schätzle (Vogtsburg/Ortsteil Schellingen), Hofgut Consequence (Vogtsburg/Ortsteil Bischoffingen, Mitglied der Vereinigung → Ecovin), Freiherr von Gleichenstein (Vogtsburg/Ortsteil Oberrotweil), Bercher-Schmidt (Vogtsburg/Ortsteil Oberrotweil), Winzergenossenschaft Durbach (Durbach), Markgräflich Badisches Weingut (Schloss Staufenberg, Durbach), Briem (Ihringen), Karl Karle (Ihringen), Konstanzer (Ihringen), Weingut H x Pix x R (Ihringen, Mitglied der Vereinigung → Bioland), Kurt Fischer (Baden-Baden), Weinkellerei Eduard Fröhlich (Baden-Baden), Weinkellerei Adam Müller (Leimen), Rosemarie Blankenhorn (Schliengen/Ortsteil Mauchen), Rainer Schlumberger (Sulzburg/Ortsteil Laufen), Thomas Hagenbucher (Sulzfeld), Weingut Burg Ravensburg (Sulzfeld), Brodbeck (Bötzingen), Winzergenossenschaft Auggen e. G. (Auggen), Fritz Bolantz (Auggen), Winzergenossenschaft Wasenweiler (Wasenweiler), Winzergenossenschaft Achkarren (Vogtsburg), Winzergenossenschaft Britzingen (Britzingen/Ortsteil von Müllheim), Winzergenossenschaft Bickensohl (Bickensohl/Ortsteil von Vogtsburg), Winzergenossenschaft Fessenbach (Fessenbach), Winzergenossenschaft Königschaffhausen (Königschaffhausen/Ortsteil von Endingen), Winzergenossenschaft Varnhalt (Varnhalt/Ortsteil von Baden-Baden), Winzergenossenschaft Sasbach (Sasbach), Winzergenossenschaft Ehrenstetten (Ehrenstetten/Ortsteil von Ehrenkirchen), Affenthaler Winzergenossenschaft (Eisental/Ortsteil von Bühl), Winzergenossenschaft Pfaffenweiler (Pfaffenweiler), Winzergenossenschaft Bischoffingen (Bischoffingen/Ortsteil von Vogtsburg), Freiherr von Franckenstein (Offenburg), Schlossgut Istein (Istein/Ortsteil von Efringen-Kirchen), Versuchsgut Schloss Ortenberg (Ortenberg), Reinhold und Cornelia Schneider (Endingen), Gebrüder Müller (Breisach), Badische Winzergenossenschaft (Breisach), Freiherr Roeder von Diersburg (Diersburg), Staatsweingut Freiburg und Blankenhornsberg (Ihringen), Kaiserstühler Winzergenossenschaft (Ihringen), Tauberfränkische Winzergenossenschaft Beckstein (Beckstein/Ortsteil von Lauda-Königshofen), Weingut Stadt Lahr, Familie Wöhrle (Lahr, Mitglied der Vereinigung → Ecovin), Schlör (Reicholzheim/Ortsteil von Wertheim), Bernhard Huber (Malterdingen), Kalkbödele (Merdingen), Hermann Dörflinger (Müllheim), Emil Marget (Hügelheim/Ortsteil von Müllheim), Klaus-Martin Marget (Heitersheim), Albert Heitlingen (Tiefenbach/Ortsteil von Östringen), Weinbauversuchsgut Schloss Ortenberg (Ortenberg), Max Markgraf von Baden, Schloss Salem (Salem), Walter und Josef Michel (Achkarren/Ortsteil von Vogtsburg), Winzergenossenschaft ALDE Gott (Sasbachwalden), Staatsweingut Meersburg (Meersburg), Fischer (Teningen/Ortsteil Nimburg-Bottingen; zweiter Betrieb von Silvia und Frick, Binzen), Gallushof, Familie Hügle (Heimbach/Ortsteil von Teningen, Mitglied der Vereinigung → Ecovin), Öko Wein- & Sektgut Gretzmeier (Merdingen, Mitglied der Vereinigung → Ecovin), Öko Wein- & Sektgut Helde (Jechtingen), Öko Wein- & Sektgut Bernd Hummel (Malsch), Klaus Hermann (Vogtsburg), Winzerkeller Hex vom Dastenstein (Kappelrodeck), Kopp (Sinzheim-Ebenung), Gut Nägelsförst (Nägelsförst/Ortsteil von Baden-Baden), Biologisches Weingut Schambachhof (Schambachhof/Ortsteil von Bötzingen, Mitglied der Vereinigung → Bioland), Hügl (Kirchberghof), (Bombach/Ortsteil von Kenzingen, Mitglied der Vereinigung → Ecovin), Knab (Endingen), Winzergenossenschaft Zell-Weierbach (Offenburg), Weingut und Weinkellerei Julius Zotz (Heitersheim), Wein- und Sektgut Zipf (Mahlberg).

WÜRTTEMBERG

Lage Käsberg

Statistische Daten

- Sechs Bereiche: Kocher-Jagst-Tauber, Württembergisch Unterland, Remstal-Stuttgart, Oberer Neckar, Württembergischer Bodensee, Bayerischer Bodensee; 17 Großlagen, 207 Einzellagen.
- Gesamtrebfläche rund 11.400 Hektar, davon sind zirka 62,5 Prozent mit Rotweinrebsorten bepflanzt.
- Jährliche Gesamtproduktion rund 900.000 Hektoliter.
- 90 % der gesamten Weinerzeugung werden im Land getrunken.

Klima

In Württemberg herrscht kontinentales Klima mit tiefen winterlichen Temperaturen und heißen trockenen Sommern. Durch den Schwarzwald, die Löwensteiner Berge und die Schwäbische Alb ist dieses Weinbaugebiet vor rauen Witterungseinflüssen geschützt.

Böden

Aufgrund des stark zersplitterten Gebietes und der weit verstreuten Weingärten (mit kleinen Flächen am Bodensee) gibt es eine Vielfalt verschiedener Böden. Sie sind zum Großteil tiefgründig, mit guter Wasserführung und wechseln je nach Höhenlage von Keuperformationen bis Muschelkalk.

Rebsorten

Württemberg ist eines der sortenreichsten Weinbaugebiete.

Hauptrebsorten für Weißweine
Hauptsächlich Riesling, gefolgt von Rivaner, Kerner, Weiß- und Grauburgunder, Chardonnay, Sauvignon Blanc, Muskat, Gewürztraminer, Silvaner, Ruländer und einigen Neuzüchtungen.

Hauptrebsorten für Rotweine
Blauer Portugieser, Clevner, Dornfelder, Helfensteiner, Heroldrebe, Limberger/Lemberger, Merlot, Muskat-Trollinger, Samtrot, Schwarzriesling, Spätburgunder, Trollinger, Zweigelt.

Württemberg ist ein stark aufgesplittertes Weinbaugebiet, das sich auf die wärmsten Lagen des Neckartales und seiner Nebenflüsse Rems, Murr, Enz, Bottwar, Zaber, Kocher und Jagst verteilt. Zentrum des Anbaues ist der Landkreis Heilbronn. Württemberg ist das größte Rotweinland Deutschlands. Der heute qualitätsbewusste Anbau beschränkt sich auf die günstigsten Standorte. 60 Prozent davon liegen in Hanglagen, 25 Prozent in geschützten Steillagen, die zum Teil terrassiert sind. Der größte Teil des Rotweinanbaues liegt um Heilbronn sowie um das nahe gelegene Neckarsulm und Weinsberg. Es dominiert die Drahtrahmenerziehung. Auf steilen Lagen und Terrassen ist noch die Pfahlerziehung anzutreffen.

Kocher-Jagst-Tauber

Dieser Bereich umfasst die Weingärten an den Flüssen Kocher, Jagst und Tauber. Er hat die zwei Großlagen Tauberberg (Bad Mergentheim bis Oberstetten) und Kocherberg (in den Tälern von Jagst und Kocher).

Württembergisch Unterland

Zu diesem Bereich gehören neun Großlagen, die um den Neckar angeordnet sind. Es sind dies Staufenberg (Gundelsheim bis Heilbronn), Lindelberg (Bretzfeld bis Öhringen), Salzberg (Eberstadt bis Löwenstein), Wunnenstein (Beilstein bis Kleinbottwar), Schozachtal (Löwenstein bis Schozach), Kirchenweinberg (Flein bis Lauffen), Heuchelberg (Schwaigen bis Brackenheim), Stromberg (Maulbronn bis Vaihingen) und Schalkstein (Besigheim bis Ludwigsburg).

Remstal-Stuttgart

Die fünf Großlagen erstrecken sich von Gerlingen über Stuttgart und Esslingen bis Metzingen. Sie heißen Weinstiege (Gerlingen, Stuttgart bis Plochingen), Kopf (Waiblingen bis Schorndorf), Wartbühl (Remshalden bis Beutelsbach), Sonnenbühl (Beutelsbach bis Stetten) und Hohenneuffen (Neuffen bis Metzingen).

Oberer Neckar

Das Gebiet ist großlagenfrei und besitzt nur fünf Einzellagen um Tübingen und bei Reutlingen.

Württembergischer Bodensee

Dieses Gebiet ist ebenfalls großlagenfrei und besitzt kleine Rebflächen bei Kressbronn.

Bayerischer Bodensee

Dazu gehört die Großlage Lindauer Seegarten. Dieser Bereich besitzt drei Einzellagen sowie einige Rebflächen, die keinen eigenen Namen haben und zwischen Nonnenhorn und Zech liegen.
Etwa 75 Prozent des württembergischen Weines werden von den Orts- und Gebietswinzergenossenschaften sowie der Landeszentralgenossenschaft (LZG) in Möglingen ausgebaut und vermarktet. Zu den wenigen Selbstvermarktern zählen auch einige renommierte Weingüter in Form von Adelshöfen und ehemaligem klösterlichem

Besitz einschließlich der → Lehr- und Versuchsanstalt für Wein- und Obstbau in Weinsberg. Dieses Institut mit einer Rebfläche von 40 Hektar ist auch das größte Weingut der Region. Der Ausbau von Rot- und Weißweinen erfolgte bisher traditionsgemäß in großen neutralen Eichenfässern. Bei vielen Erzeugern hat sich vor allem der Rotweinausbau in neuer Eiche seit einigen Jahren durchgesetzt. Die Mitglieder von → HADES, einer Arbeitsgemeinschaft mehrerer Weingüter, bauen Rotweine in neuen Eichenfässern aus und vermarkten diese als Deutschen Tafelwein. Erkennbar sind sie an den besonderen Schlegelflaschen mit dem eingeprägten Emblem der Vereinigung.
Als schwäbische Spezialität gilt der **Schillerwein,** ein Q.-b.-A.-Wein. Er wird aus roten und weißen Trauben gekeltert, weinrechtlich ist er ein Rotling (Rosé). Die Trauben dafür müssen ausschließlich aus Württemberg stammen.

Große-Gewächs-Lagen der VDP-Prädikatsweingüter

Ort	***Lage***
Untertürkheim	Gips
Fellbach	Lämmler
Besigheim	Wurmberg
Neckarsulm	Scheuerberg
Heilbronn	Wartberg
Schnaiter	Halde
Kleinbottwar	Oberer Berg Süßmund
Neipperger	Schlossberg
Schwaigerner	Ruthe
Stetten	Pulvermächer Brotwasser
Schnaiter	Burghalde
Untertürkheim	Mönchberg Herzogenberg
Mundelsheim	Käsberg
Maulbronner	Eilfingerberg
Hohenbeilsteiner	Schlosswengert
Verrenberger	Verrenberg
Gundelsheimer	Himmelreich

Bekannte Erzeuger

Name des Weingutes	***Ort***
→ Burg Hornberg	Neckarzimmern
Ernst → Dautel	Bönnigheim
→ Drautz-Able	Heilbronn
Jürgen → Ellwanger	Winterbach
→ Graf Adelmann (Burg Schaubeck)	Kleinbottwar
→ Hohenlohe-Oehringen	Öhringen
→ Lehr- und Versuchsanstalt Weinsberg	Weinsberg
→ Schlossgut Graf von Neipperg	Schwaigern
→ Wöhrwag	Stuttgart, Ortsteil Untertürkheim

Weitere nennenswerte Betriebe: G. A. Heinrich (Heilbronn), Walter Albrecht (Heilbronn), Albrecht-Kiessling (Heilbronn), Amalienhof (Heilbronn), Heinz Drautz (Heilbronn), Stutz (Heilbronn, Mitglied der Vereinigung → Ecovin), Kistenmacher-Hengerer (Heilbronn), Drautz-Hengerer (Heilbronn), Reinhard Schäfer (Kleinbottwar), Weingut der Stadt Stuttgart (Stuttgart), Theodor Kurrle (Stuttgart), Weingärtnergenossenschaft Rotenberg (Stuttgart), Weingärtnergenossenschaft Bad Cannstatt (Stuttgart), Weingärtnergenossenschaft Uhlbach (Stuttgart), Weingärtnergenossenschaft Untertürkheim (Stuttgart), Fritz Kurrle (Stuttgart/Ortsteil Uhlbach), Winzergenossenschaft Grantschen (Weinsberg), Josef Bender (Weinsberg), Gerhard Leiss (Weinsberg/Ortsteil Gellmersbach), Sabine und Martin Häberlein (Weinsberg, Mitglied der Vereinigung → Ecovin), Gerhard Aldinger (Fellbach), Paul Häussermann (Fellbach), Rainer Schnaitmann (Fellbach), Heid (Fellbach), Sonnenhof, Bezner-Fischer (Vaihingen/Ortsteil Gündelbach), Andrea Zimmermann (Vaihingen), Weinkellerei Hohenlohe e. G. (Bretzfeld), Rolf Weibler (Bretzfeld), Genossenschaftskellerei Heilbronn Erlenbach-Weinsberg o. T. (Erlenbach), Theo Haberkern (Erlenbach), Von Stapf'sches Weingut (Erlenbach), Reinhold Schropp (Erlenbach), Albrecht Schwegler (Korb), Friedrich Zimmerle (Korb), Singer (Korb), Albin Bauer (Neckarsulm), Hermann Berthold (Neckarsulm), Bernhard Ellwanger (Weinstadt), Kuhnle (Weinstadt), Wolfgang Klopfer (Weinstadt), Öko-Weingut Siglinger (Weinstadt, Mitglied der Vereinigung → Ecovin), Jürgen Ellwanger (Weinstadt), Feindert (Bietigheim-Bissingen), Weingenossenschaft Flein-Talheim (Flein), Karl Haidle (Kernen), Weingut des Hauses Württemberg.

SAALE-UNSTRUT, SACHSEN, STARGARDER LAND

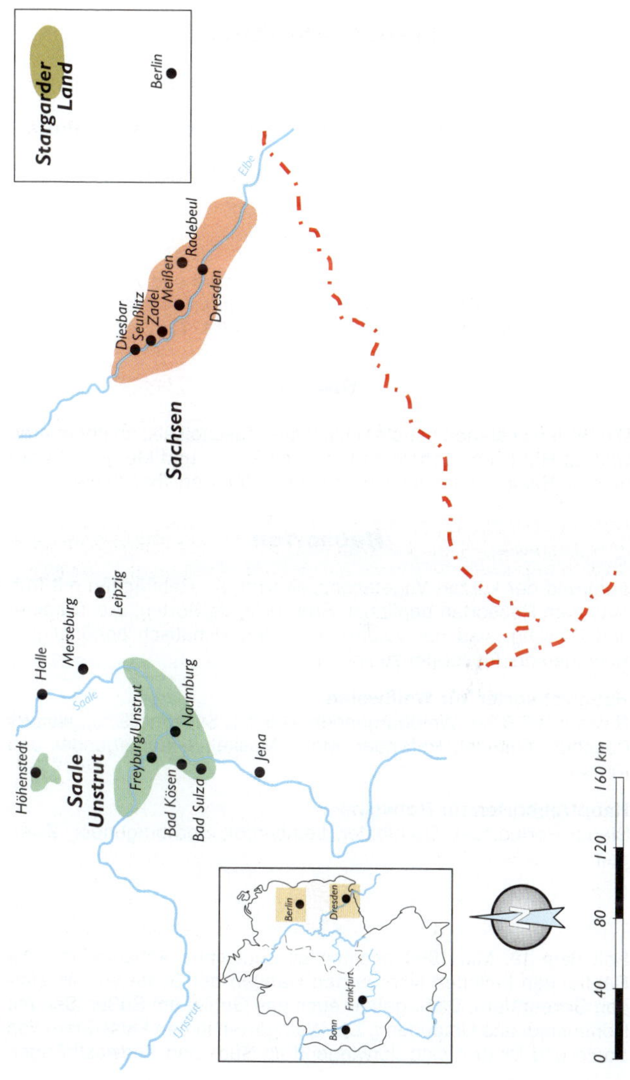

SAALE-UNSTRUT

Statistische Daten

- Zwei Bereiche: Thüringen, Schloss Neuenburg; vier Großlagen; 28 Einzellagen.
- Gesamtrebfläche rund 645 Hektar, davon sind etwa 20,5 Prozent mit Rotweinsorten bepflanzt.
- Jährliche Gesamtproduktion rund 31.000 Hektoliter.

Klima

Die Rebflächen liegen um den 51. Breitengrad und zählen zu den nördlichsten Europas. Es herrscht gemäßigtes, kontinentales Klima und eine mittlere Jahrestemperatur von nur 9,1 °C.

Böden

Die Böden bestehen hauptsächlich aus Muschelkalk; an der oberen Unstrut Röt (Buntsandstein mit bunten Tonen und Mergel), an der unteren Saale Buntsandstein und am Süßen See Tonschiefer.

Rebsorten

Aufgrund der kurzen Vegetationszeit sind die Rebflächen mit früh reifenden Rebsorten bepflanzt. Spät reifende Sorten, wie Traminer und Riesling, sind nur vereinzelt an den klimatisch begünstigten Südlagen der Flusstäler zu finden.

Hauptrebsorten für Weißweine
Rivaner (22,5 %), Weißburgunder (11,5 %), Silvaner (9 %), weiters Bacchus, Gutedel, Ruländer, Morio-Muskat, Grauburgunder und Kerner.

Hauptrebsorten für Rotweine
Blauer Portugieser, Dornfelder, Lemberger, Spätburgunder, Zweigelt.

Seit dem 19. Mai 1990 bestimmtes deutsches Anbaugebiet. Die Rebflächen befinden sich an den Hängen der Saale und an einigen Seitentälern. Dazu gehört auch das Gebiet am Süßen See mit Höhenstedt und Umgebung. Die Weingärten in den Flusstälern von Saale und Unstrut sind vorwiegend an Süd- und Südwesthängen angelegt. Terrassierte Weinberge umfassen zirka 40 Prozent. In den 1970er- und 1980er-Jahren wurden weite Bereiche neu bestockt. Um eine maschinelle Bewirtschaftung zu gewährleisten, wurden die Reihenabstände bis auf 3,5 Meter gesetzt. Aufgrund der großen Abstände können die Rebwurzeln mehr Stickstoff aufnehmen, was zu übermäßigem Pflanzenwuchs führt, aber die Entwicklung der Früchte beeinträchtigt. Die wichtigsten Weinbaugebiete sind Naumburg und Freyburg.

Schloss Neuenburg

Zu diesem Bereich gehören die Großlagen Kelterberg, Schweigenberg, Blütengrund und Göttersitz.

Thüringen

Der Bereich Thüringen sowie der Weinbau in der Mark Brandenburg sind großlagenfrei.

Die Winzergenossenschaft Freyburg erzeugt und vermarktet Weine von einer Rebfläche von 250 Hektar. 60 Hektar werden vom Landesweingut Naumburg → Kloster Pforta in Bad Kösen bewirtschaftet. Nur 20 Prozent der Weingärten befinden sich in Privatbesitz, der Rest ist staatlich. Die Weißweinsorten werden traditionsgemäß trocken ausgebaut, einige Winzer experimentieren mit natürlich süßen Weinen aus den Rebsorten Riesling und Traminer. Die **Rotkäppchen-Sektkellerei** in Freyburg (siehe Schäumende Weine) besitzt ein umfangreiches Sortiment an Qualitätsschaumweinen.

Bekannte Lagen in Saale-Unstrut
Naumburger Paradies, Gosecker Dechantenberg, Pfortenser Köppelberg, Karsdorfer Hohe Gräte.

Bekannte Erzeuger

Name des Weingutes	*Ort*
Florian → Deckert	Freyburg/Unstrut
Landesweingut Naumburg → Kloster Pforta	Bad Kösen
→ Lützkendorf	Bad Kösen
→ Thüringer Weingut Bad Sulza	Bad Sulza, Ortsteil Sonnendorf
→ Winzergenossenschaft Freyburg/Unstrut	Freyburg/Unstrut

Weitere nennenswerte Betriebe: Birgit Thürkind (Gröst), Günter Born (Höhnstedt), Klaus Böhme (Kirchscheidungen), Winzerhof Gussek (Naumburg).

SACHSEN

Statistische Daten

- Zwei Bereiche: Meißen, Elstertal; vier Großlagen; 17 Einzellagen.
- Gesamtrebfläche rund 445 Hektar, etwa 12 Prozent sind mit Rotweinrebsorten bepflanzt.
- Jährliche Gesamtproduktion rund 14.000 Hektoliter.

Klima

Das Klima in Sachsen ist noch stärker von kontinentalen Einflüssen geprägt als an Saale und Unstrut. Das Elbetal weist ein Jahresmittel von etwas über 9 °C auf. Spätfröste führen zu Ernteeinbußen.

Böden

Tief verwitterte Gesteinsböden (Granit, Syenit, Granitporphyr), die mit Lehm, Löss und Sand versetzt sind.

Rebsorten

Hauptrebsorten für Weißweine
Bevorzugt werden früh reifende Weißweinsorten wie Rivaner (rund 22 %), Silvaner, Kerner, Bacchus und Scheurebe. Der zeitige Frühjahrsbeginn und das wärmere Mikroklima an den Südhängen ermöglichen auch gute Erfolge mit den Sorten Riesling (rund 16 %), Grauburgunder, Weißburgunder (rund 13 %) und Traminer. Weitere weiße Rebsorten sind Bacchus, Elbling, Goldriesling, Gutedel, Kerner, Morio-Muskat, Perle von Csaba und Scheurebe.

Hauptrebsorten für Rotweine
Blauer Portugieser, Dornfelder, Spätburgunder.
Das seit 19. Mai 1990 bestimmte deutsche Anbaugebiet liegt im Elbetal und erstreckt sich von Dresden über Meißen bis Seußlitz. Die wichtigsten Zentren sind Radebeul und Meißen. Die Weinberge sind in den geschützten Bereichen des Elbetales an Süd- oder Südwesthängen angelegt. Die vorherrschende Erziehungsform sind Weitraumanlagen mit Gassenbreiten bis 3,5 Meter. Der Stockabstand ist 1,2 Meter, die Drahtrahmenhöhe zwei Meter. Weiters sind Normal-

anlagen mit einer Gassenbreite von 1,5 Meter, einem Stockabstand von 1,2 und einer Drahtrahmenhöhe von 1,7 Meter vorzufinden. Seit der Wiedervereinigung ist die Rebfläche in Sachsen kontinuierlich gewachsen.

Meißen

Dieser Bereich erfasst die Großlagen Schlossweinberg, Spaargebirge, Lößnitz und Elbhänge.

Elstertal

In der Niederlausitz gibt es noch etwa 20 Hektar Rebfläche bei Jessen und Rade, nahe der Mündung der Schwarzen Elster in die Elbe. Hier gedeihen Rivaner und Riesling auf kargem Sandboden.
Die Weine werden kernig, trocken und sortentypisch ausgebaut. Die 2.000 Mitglieder zählende sächsische Winzergenossenschaft verarbeitet das Lesegut von 195 Hektar Rebfläche. 90 Hektar bearbeitet das → Sächsische Staatsweingut Schloss Wackerbarth, das auch Sekte im Tankgärverfahren erzeugt. Die restliche Rebfläche wird von etwa zwölf unabhängigen Winzern bewirtschaftet.

Bekannte Lagen in Sachsen
Edelacker, Katzensprung, Rosengründchen, Kapitelberg, Königlicher Weinberg.

Bekannte Erzeuger

Name des Weingutes	*Ort*
→ Lehmann	Seußlitz
→ Sächsisches Staatsweingut Schloss Wackerbarth	Radebeul
→ Schloss Proschwitz über Meißen	Dorfanger, Ortsteil Zadel
Klaus → Zimmerling	Dresden teil Pillnitz

Weitere nennenswerte Betriebe: Jan Ulrich (Diesbar), Sächsische Winzergenossenschaft Meißen e. G. (Meißen), Vincenz Richter (Meißen), Klaus Seifert (Radebeul), Hof Lössnitz (Radebeul, → GÄA).

STARGARDER LAND

Wein aus den Lagen um Schloss Rattey und Burg Stargard in Mecklenburg-Vorpommern ist ab 2005 als Mecklenburger Landwein im Handel. Die Gesamtrebfläche beträgt 3,7 Hektar.

Deutsche Weine von A bis Z

Unglaubliche 98 Prozent der erzeugten 10 Millionen Hektoliter deutschen Weines sind Qualitätsweine. Diese große Anzahl an Produzenten hochwertiger Weine macht es unmöglich auch nur annähernd alle zu beschreiben bzw. anzuführen. Wir haben daher eine Auswahl vorgenommen und uns auf einige renommierte Weingüter mit internationalem Ruf beschränkt. Bei der Beschreibung der Erzeuger folgen auf die wichtigsten Lagen die Hauptrebsorten bzw. Weine.

A

Abril – Baden
Weingut in Vogtsburg, Ortsteil Bischoffingen, mit einer Rebfläche von 6,5 ha; traditionsreicher Betrieb mit überwiegend Burgundersorten, die teilweise in Barriques reifen.
Lagen: Bischoffinger Enselberg, Schelinger Kirchberg; bekannt für Weine aus den Sorten Chardonnay, Grauburgunder und Blauer Spätburgunder.

J. J. **Adeneuer** – Ahr
Weingut in Bad Neuenahr, Ortsteil Ahrweiler, mit einer Rebfläche von 9 ha.
Lage: Walporzheimer Gärkammer (0,67 ha; im Alleinbesitz); das Weingut produziert ausschließlich Rotweine, vorwiegend Spätburgunder im Barrique-Ausbau in den Qualitätsstufen Spätlese und Auslese trocken.

Affentaler
Badischer Herkunfts-Typenwein, auch **Affentaler Spätburgunder Rotwein** genannt. Weine dieser Bezeichnung müssen aus Blauem Spätburgunder hergestellt sein und laut Lagenverordnung aus den Gemarkungen der Gemeinden Pühlertal, Altschweier, Eisental-Affentale und Neuweier stammen. Affentaler darf nur als Qualitätswein angeboten werden und wird hauptsächlich von den beiden örtlichen Winzergenossenschaften hergestellt.

Amtliche Prüfnummer (A. P. Nr.)
Sie muss auf der Etikette jedes deutschen Qualitätsweines mit und ohne Prädikat angeführt werden. Die Nummer besagt, dass der Wein die amtliche Prüfung bestanden hat und den auf der Etikette einzeln angegebenen gesetzlichen Anforderungen entspricht.

Paul **Anheuser** – Nahe
Traditionsreiches Weingut in Bad Kreuznach, gegründet 1627, mit einer Rebfläche von 66 ha. Rudolf Anheuser brachte um 1880 erstmals Rieslingreben an die Nahe. Seine Nachkommen bemühen sich um Weine mit Sorten- und Jahrgangscharakter.
Lagen: Kreuznacher Brückes, Schlossböckelsheimer Felsenberg, Kahlenberg und Kröten-

pfuhl, In den Felsen und Königsfels, Niederhäuser Felsensteyer, Norheimer Dellchen und Kafels, Roxheimer Berg und Höllenpfad, Monzinger Halenberg; bekannt für Weine aus den Sorten Riesling, Grauburgunder und Weißburgunder.

Geheimrat **Aschrott** – Rheingau

Weingut in Hochheim mit einer Rebfläche von 14 ha; seit 1997 im Besitz von Gunther → Künstler, der hervorragende Qualitäten erzeugt.
Lagen: Hochheimer Hölle, Stielweg; bekannt für Rieslingweine.

B

Badisch Rotgold

Ein → Rotling aus dem Anbaugebiet Baden, der durch Mischen von Grauburgunder- und Spätburgundertrauben entsteht.

Geh. Rat Dr. von **Bassermann-Jordan** – Pfalz

Weingut in Deidesheim mit einer Rebfläche von 42 ha; bekannt für Qualitätsweine seit etwa zwei Jahrhunderten. Alle Rieslinge gären und reifen in Holzfässern aus deutscher Eiche. Die extraktreichen „Großen Gewächse" haben Potenzial für viele Jahre.
Lagen: 20 Einzellagen in Deidesheim, Forst und Ruppertsberg, z. B. Ruppertsberger Hoheburg, Forster Jesuitengarten, Forster Ungeheuer und Ruppertsberger Reiterpfad; die Hauptrebsorte ist Riesling.

Fritz **Bastian** – Mittelrhein

Weingut in Bacharach mit einer Rebfläche von 5,8 ha. Das Rieslingweingut setzt auf reduktiv und trocken sowie halbtrocken ausgebaute Weißweine mit kerniger Säure. Die Weine der zwei Hektar großen Insel Heyles'en Werth mitten im Rhein tragen eine weiße Etikette mit dem Familiensiegel.
Lage: Bacharacher Posten; bekannt für Weine aus den Sorten Riesling (90 %) und Scheurebe.

Brüder Dr. **Becker** – Rheinhessen

Weingut in Ludwigshöhe mit einer Rebfläche von 11 ha. Nicht nur durch die intensive ökologische Weinbergpflege (Mitglied der Vereinigung → Ecovin) genießt das Weingut einen guten Ruf, sondern auch wegen der fassgereiften Riesling- und Silvaner-Weine und der lebendig fruchtigen Scheureben mit Natursüße. Der Ausbau der Weine erfolgt auch im Edelstahl, Spätburgunder teilweise auch in der Barrique.
Lagen: Dienheimer Tafelstein und Paterhof, Ludwigshöher Teufelkopf; Hauptrebsorten: Riesling, Silvaner, Scheurebe, Rivaner, Kerner, Spät-, Weiß- und Grauburgunder.

J. B. **Becker** – Rheingau

Weingut in Walluf mit einer Rebfläche von 13 ha. Die Weine werden in Holzfässern mit 600 bis 3.000 Litern Inhalt ausgebaut. Die Reifezeit für Rieslinge beträgt etwa sechs bis neun Monate, für Spätburgunder 12 bis 24 Monate. Alle Weine haben ein gutes Lagerpotenzial. Lagen: Eltviller Sonnenberg, Rauenthaler Wülfen, Wallufer Walkenberg; Hauptrebsorten: Riesling, Spätburgunder, Rivaner.

Bercher – Baden
Weingut in Vogtsburg, Ortsteil Burkheim, mit einer Rebfläche von 23 ha. Neben den eigenen Weinbergen verarbeiten die Top-Winzer Rainer und Eckhardt Bercher Trauben von weiteren 11 ha. Die Weine bürgen seit vielen Jahren für einen gleichmäßig hohen Qualitätsstandard. Seit den 1980er Jahren werden auch eichenfassgereifte Spätburgunder produziert, die zu den feinsten Rotweinen Deutschlands zählen. Weine ab Spätlesequalität kommen erst nach fünfjähriger Flaschenreife in den Verkauf.
Lagen: Burkheimer Feuerberg und Schlossgarten, Sasbacher Limburg, Jechtinger Eichert und Steingrube, Königschaffhausener Hasenberg, Leiselheimer Gestühl; Hauptrebsorten: Rivaner, Riesling, Spätburgunder, Chardonnay, Grauburgunder, Weißburgunder, Muskateller, Gewürztraminer, Scheurebe, Silvaner, Spätburgunder.

Bereich
Eine Zusammenfassung mehrerer Großlagen mit den dazugehörigen Einzellagen, aus deren Erträgen Weine gleichartiger Geschmacksrichtungen hergestellt werden sollen und die in nahe beieinander liegenden Gemeinden desselben bestimmten Anbaugebietes gelegen sind. Die Namen der Bereiche können sowohl für Tafelweine als auch für Qualitätsweine b. A. verwendet werden.

Bergsträsser Winzer e. G. – Hessische Bergstraße
Winzergenossenschaft in Heppenheim mit einer Rebfläche von 263 ha.
Etwa 500 Mitglieder der Genossenschaft bewirtschaften die Rebflächen an der Bergstraße, die zu fast 60 % mit der Rieslingrebe bepflanzt sind. Die Weine sind meist trocken ausgebaut, auch Eisweine sind im Angebot. Die Weinberge verteilen sich auf 17 Einzellagen. Da auch Winzer aus den Nachbargemeinden der Badischen Bergstraße ihre Trauben in Heppenheim anliefern, führen die Bergsträsser Winzer badische Weine im Programm.
Lagen: Heppenheimer Stemmler, Schlossberg, Eckweg, Auersbacher Höllberg, Bensheimer Streichling; Hauptrebsorten: Riesling, Grauburgunder, Rivaner, Silvaner, Kerner, Scheurebe, Spätburgunder, St. Laurent.

Bernkasteler Ring
Produktionsgemeinschaft, die aus etwa 35 Mosel-Saar-Ruwer-Winzern besteht und 1899 gegründet wurde. Das ursprüngliche Ziel war, die naturreinen Erzeugerweine möglichst gewinnträchtig zu versteigern. Heute werden neben der jährlichen Herbstversteigerung auch Frühjahrspräsentationen und bundesweite Aktivitäten durchgeführt.

Bickel-Stumpf – Franken
Weingut in Frickenhausen mit einer Rebfläche von 8 ha. Es werden überwiegend trocken ausgebaute Rivaner, Silvaner und Rieslinge erzeugt. Auf einem Viertel der Rebfläche sind Spätburgunder, Domina, Blauer Portugieser und Cabernet Dorsa gepflanzt.
Lagen: Frickenhäuser Kapellenberg, Thüngersheimer Johannisberg.

Josef **Biffar** – Pfalz
Weingut in Deidesheim mit einer Rebfläche von 12,5 ha; es werden ausgezeichnete Riesling-Auslesen und -Beerenauslesen erzeugt. Typisch für dieses Weingut sind die schlanken flötenförmigen Flaschen mit modernen Etiketten. Die trockenen Weißburgunder werden auch „sur lie" (ohne vorhergehenden Abstich) in Flaschen gefüllt.
Lagen: Deidesheimer Grainhübel, Kalkofen, Kieselberg, Maushöhle und Leinhöhle, Ruppertsberger Nußbien und Reiterpfad, Wachenheimer Altenburg, Gerümpel und Goldbächel; Hauptrebsorten: Riesling, Weißburgunder, Auxerrois, Sauvignon Blanc.

Bioland
Zusammenschluss ökologisch arbeitender Betriebe; seit 1987 als Markenzeichen registriert.

Bischöfliche Weingüter Trier – Mosel-Saar-Ruwer
Weingut in Trier mit einer Rebfläche von 103 ha, davon rund 6 ha in der Spitzenlage Scharzhofberg.
Lagen: Kanzemer Altenberg, Trittenheimer Apotheke, Eitelsbacher Marienholz, Scharzhofberg; Hauptrebsorte ist Riesling.

Bocksbeutel
Flachbauchige Kugelflasche, hauptsächlich für Frankenweine.

Georg **Breuer** – Rheingau
Weingut in Rüdesheim am Rhein mit einer Rebfläche von 23 ha. Der Besitzer des Gutes, Bernhard Breuer, ist Gründer der Vereinigung → Charta-Weingüter. Er hält seinen Betrieb seit Jahren in der Spitzengruppe der deutschen Weingüter. Seine Rieslinge repräsentieren den Rheingauer Typ in idealer Weise. Sie sind hochfein und edel, mit exzellenter Säurestruktur, dichter Frucht und stoffigem Körper. Das Weinprogramm beinhaltet neben den Großen-Lagen-Weinen die Gutsrieslinge trocken und halbtrocken (Sauwage bzw. Charm genannt), die Ortsrieslinge (Rüdesheim und Rauenthal Estate) und den Zweitwein Montosa.
Lagen: Rauenthaler Nonnenberg (Alleinbesitz), Rüdesheimer Berg Rottland, Rüdesheim Berg Schlossberg, Bischofsberg und Roseneck; Hauptrebsorten: Riesling, Grauburgunder, Rivaner.

Brogsitter – Ahr
Weingut in der Grafschaft Gelsdorf/Walporzheim mit einer Rebfläche von 30 ha. Das Traditionsweingut betreibt auch ein Importhaus. Über 60 % der

Rotweinerzeugung entfallen auf die Sorte Spätburgunder. Weiters werden Blauer Portugieser, Frühburgunder, Dornfelder und Riesling verarbeitet. Roséweine und ein Sekt im traditionellen Verfahren werden hergestellt.

Bürgerspital zum Heiligen Geist – Franken
Traditionsreiches Stiftsweingut in Würzburg mit einer Rebfläche von 140 ha. Die Weine werden überwiegend trocken ausgebaut; die trockenen Rieslinge sind von großer Geschmacksfülle.
Lagen: Würzburger Stein, Abtsleite und Innere Leiste, Randersackerer Teufelskeller, Marsberg und Pfülben; Hauptrebsorten: Riesling, Silvaner, Rivaner, Kerner, Scheurebe, Weißburgunder, Spätburgunder.

Burg Hornberg – Württemberg
Traditionsreiches Weingut in Neckarzimmern mit einer Rebfläche von 14 ha, auf denen kraftvolle und harmonische Rieslinge gedeihen.
Lagen: Götzhalde, Wallmauer; Hauptrebsorten: Riesling, Spät- und Weißburgunder, Rivaner, Muskateller, Gewürztraminer, Ruländer.

Dr. **Bürklin-Wolf** – Pfalz
Weingut in Wachenheim mit einer Rebfläche von 95,5 ha, in Besitz von Bettina Bürklin von Guradze und Christian von Guradze. Das Weingut zählt zu den größten und bekanntesten in Deutschland. Die besten Qualitäten kommen mit Lagenbezeichnung auf den Markt, alle übrigen unter dem Namen „Villa Eckel“. Die Auslesen, Beeren- und Trockenbeerenauslesen sowie Eisweine gehören zu den großartigsten Weinen, die am Rhein wachsen. Die Spitzenrieslinge werden unter den Bezeichnungen „Edition G. C.“ und „Edition P. C.“ vermarktet.
Lagen: Forster Ungeheuer, Kirchenstück und Pechstein; Wachenheimer Gerümpel, Goldbächel und Rechbächel; Jesuitengarten; Deidesheimer Hohenmorgen, Langenmorgen und Kalkofen; Ruppertsberger Hoheburg, Reiterpfad, Nußbien und Geisböhl; Hauptrebsorten: Riesling, Spätburgunder.

Jean **Buscher** – Rheinhessen
Weingut in Bechtheim mit einer Rebfläche von 15 ha. Eine gute Adresse für Rieslinge, Weißburgunder und Silvaner sowie Spätburgunder und Schwarzriesling; Lagen: Bechtheimer Stein und Rosengarten.

C

Casimir
Vermarktungsorganisation von Mettenheimer Winzern in Rheinhessen. Die Rieslingweine der etwa 15 Winzerbetriebe werden jährlich von einer Jury in unterschiedlicher Besetzung ausgewählt.
Die Merkmale sind:
- feingliedriger, bukettbetonter Riesling,
- 7 Gramm Säure, trocken ausgebaut,
- ausgewählt von einer unabhängigen Jury,

- gemeinsame Etikette,
- Mindestverkaufspreis.

Charta
Deutsche Typenweine aus dem Rheingau, die folgende Anforderungen erfüllen müssen:
- 100 % Erzeugerabfüllung,
- 100 % Riesling,
- mindestens 7,5 Promille Säure,
- die Restsüße richtet sich nach dem Säuregehalt, darf aber 13 Gramm nicht übersteigen,
- Mindestmostgewichte: Qualitätswein 65° Oechsle, Kabinett 78° Oechsle, Spätlese 88° Oechsle,
- typisch für Riesling, Jahrgang und Lage,
- dürfen nicht vor dem Oktober des auf die Ernte folgenden Jahres verkauft werden,
- organoleptische Probe und Auswahl durch eine Jury.

Die Charta-Weine werden in langhalsige Schlegelflaschen abgefüllt; das Symbol ist der romanische Torbogen.

Charta-Weingüter
Vereinigung von Weingütern aus dem Rheingau, gegründet 1984. Sie hat das Ziel, die Qualität der Rheingauer Weine anzuheben und vor allem den Rheingauer Riesling zu fördern. Die → Charta-Weine werden vor und nach der Füllung einer organoleptischen Prüfung unterzogen. Gründer der Vereinigung ist Bernhard → Breuer. Folgende weitere Betriebe sind Mitglieder dieser Vereinigung:
August → Eser,
Johannishof → Eser,
Weingut der → Forschungsanstalt Geisenheim,
→ Freiherr zu Knyphausen,
→ Graf von Kanitz,
Gunther → Künstler,
Hans → Lang,
→ Prinz von Hessen,
Balthasar → Ress,
→ Schloss Vollrads,
→ Staatsweingüter Kloster Eberbach,
Geheimrat J. → Wegeler Erben,
Robert → Weil.

Steffen **Christmann** – Pfalz
Weingut in Gimmeldingen, Ortsteil von Neustadt an der Weinstraße, mit einer Rebfläche von 14 ha in den besten Lagen der Mittelhaart.
Lagen: In Gimmeldingen (Mandelgarten, Biengarten), in Königsbach (Idig, Ölberg), in Ruppertsberg (Hoheburg, Linsenbusch, Reiterpfad) und in Deidesheim (Hohenmorgen); Hauptrebsorten: Riesling (65 %), Weiß- und Grauburgunder, Gewürztraminer, Rotweinsorten (22 %).

Joh. Jos. **Christoffel Erben** – Mosel-Saar-Ruwer
Kleines Weingut mit sehr gutem Ruf in Ürzig mit einer Rebfläche von nur 2,5 ha. Die bis zu 50 Jahre alten Rieslingreben wachsen in den besten Lagen von Ürzig und Erden. Seit dem Frühjahr 2000 ist Hans-Leo Christoffel eine Kooperation mit dem Weingut Mönchhof eingegangen. Trotz gemeinsamer Bewirtschaftung und gemeinsamem Verkauf sind die beiden Weingüter selbstständig geblieben.

Lagen: Ürziger Würzgarten, Erdener Treppchen; Hauptrebsorte ist Riesling.

Collegium Vini
Gesellschaft zur Pflege der Deutschen Weinkultur mit Sitz in Frankfurt am Main.

Dr. **Crusius** – Nahe
Weingut in Traisen mit einer Rebfläche von 14 ha; besticht durch gleichbleibend hohe Qualität der Rieslingweine mit würzigem Duft, viel Mineralität und fester Frucht.
Lagen: Niederhäuser Felsensteyer, Norheimer Kirschheck, Schlossböckelheimer Felsenberg, Traiser Bastei (kleinste Einzellage Deutschlands), Traiser Rotenfels; Hauptrebsorten: Riesling (70 %), Weiß- und Spätburgunder, Rivaner; aus Spätburgunder und Schwarzriesling Roséweine.

D

Kurt **Darting** – Pfalz
Weingut in Bad Dürkheim mit einer Rebfläche von 17 ha. Die Basis für die sehr hohe Qualität wird durch Ertragsbegrenzung, schonende Verarbeitung und gezügelte Vergärung gelegt. Die Weine präsentieren sich frisch und fruchtig, am besten sind die Rieslinge aus der Lage Ungsteiner Herrenberg. Seit dem Jahrgang 2000 reifen alle Rotweine im Eichenfass.
Lagen: Ungsteiner Herrenberg, Dürkheimer Michelsberg; Hauptrebsorten: Riesling und Chardonnay; zum Weingut gehört ein Rebveredelungsbetrieb, weshalb es noch eine Vielzahl von weiteren Rebsorten gibt.

Ernst **Dautel** – Württemberg
Weingut in Bönnigheim mit einer Rebfläche von 9,5 ha. Es werden hervorragende, perfekt vinifizierte weiße und rote Barriqueweine erzeugt. Auch der Riesling wird im kleinen Holzfass gereift.
Lagen: Besigheimer Wurmberg, Bönnigheimer Sonnenberg; Hauptrebsorten: Riesling, Trollinger, Lemberger, Schwarzriesling, Spätburgunder, Kerner, Rivaner, Weißburgunder, Samtrot, Chardonnay.

Florian **Deckert** – Saale-Unstrut
Weingut in Freyburg/Unstrut mit einer Rebfläche von 15 ha. Die Weine sind von guter und sauberer Qualität.
Lagen: Freyburger Herrenberg, Großjenaer Blütengrund; Hauptrebsorten: Riesling, Rivaner und Bacchus.

Dr. **Deinhard** – Pfalz
Weingut in Deidesheim mit einer Rebfläche von 41 ha. Die hervorragenden Lagen des Gutes sind die Basis für beste Rieslinge mit Frucht und beachtlicher Struktur.
Lagen: Einzellagen in Deidesheim, Forst und Ruppertsberg; Hauptrebsorten: Riesling (80 %), Rivaner, Kerner, Scheurebe, Gewürztraminer, Weißburgunder, Silvaner.

Demeter
Zusammenschluss ökologisch arbeitender Betriebe; basiert auf den Ideen des biologisch-dynamischen Landbaus von Rudolf Steiner und berücksichtigt z. B. die Mondphasen.

Josef **Deppisch** – Franken
Weingut in Erlenbach mit einer Rebfläche von 15 ha; zum Weingut gehören noch 10 ha im benachbarten Tauberfranken in Baden. Die Sorten Spätburgunder und Silvaner gedeihen auf den roten Sandsteinböden der Lage Homburger Kallmuth hervorragend. Vor allem die Silvanerweine prägen den guten Ruf des Weingutes.
Lagen: Homburger Kallmuth, Erlenbacher Krähenschnabel; Hauptrebsorten: Spätburgunder, Silvaner, Rivaner.

Deutscher Weinbauverband
Gegründet 1874; hat ein Mitspracherecht bei allen deutschen Weingesetzen. Das Verbandsziel ist es, die deutschen Winzer in Rechts- und Steuerfragen zu beraten, ihnen die neuesten wissenschaftlichen Erkenntnisse zu vermitteln und den Absatz des deutschen Weines zu fördern.

Deutsches Barrique-Forum
Überregionale Gruppierung, die die Pioniere und Könner des Weinausbaus in Eichenholz von Betrieben abgrenzen soll, die weniger Erfahrung haben.
Die Aufnahmebedingungen sind:
- mindestens drei in der Barrique ausgebaute Jahrgänge,
- der Prüfungsausschuss verkostet zwölf Weine des in Frage kommenden Betriebes, davon muss mindestens die Hälfte der Proben aus Barriques stammen,
- die Weine müssen den Qualitätsvorstellungen der Mitglieder entsprechen,
- mindestens 5 % der Ernte oder 5.000 Liter müssen pro Jahr in der Barrique ausgebaut werden,
- die Etiketten tragen die Abbildung von drei Holzfässern.

Deutsches Eck
Erzeugergemeinschaft, die sich dem Riesling aus den Steillagen der Untermosel und des Mittelrheins widmet.
Die Anforderungen sind:
- Mindestmostgewicht 62° Oechsle,
- Hektarhöchstertrag 80 Hektoliter pro Hektar,
- trockener, halbtrockener und lieblicher Ausbau in allen Qualitätsstufen,
- Kontrolle der Einhaltung der Richtlinien durch neutrale Prüfer.

Deutsches Weininstitut
Gemeinschaftseinrichtung der deutschen Weinwirtschaft mit Sitz in Mainz. Die Mitglieder sind der Bundesverband des Deutschen Wein- und Spirituosenhandels, der Stabilisierungsfonds für Wein und der Deutsche Weinbauverband. Ihre Aufgaben sind Öffentlichkeitsarbeit, Absatzförderung und Verbraucheraufklärung.

Deutsche Weinstraße
Die älteste Weinstraße Deutschlands, die seit dem Jahre 1932 besteht. Sie reicht von Bockenheim bei Worms (Rheinhessen) bis Schweigen (Pfalz).

Diabetikerwein
Ist ein trocken ausgebauter, säurereicher Wein, der wegen seines geringen Zuckergehaltes auch von Diabetikern genossen werden kann. Er wird von Weinkennern sehr geschätzt. Laut Deutschem Weingesetz muss Diabetikerwein folgende Analysewerte pro Liter aufweisen: höchsten 4 g unvergorener Zucker, höchstens 25 mg freie und 200 mg gesamte schwefelige Säure und höchstens 12 Vol.-% Alkoholgehalt. Der Wein muss auf der Rückenetikette eine Vollanalyse tragen. In Österreich gibt es die Bezeichnung „für Diabetiker geeignet“, sofern der Restzuckergehalt 4 g/Liter nicht übersteigt.

DLG (Deutsche Landwirtschaftsgesellschaft)
Die DLG hat ihren Sitz in Frankfurt am Main. Sie veranstaltet die Bundesweinprämierung und verleiht das Deutsche Weinsiegel.

Domäne
Ist ein staatlicher, landwirtschaftlicher Betrieb. Es gibt derzeit sechs deutsche Weinbaudomänen, und zwar → Staatsweingüter Kloster Eberbach in Eltville, → Staatlicher Hofkeller in Würzburg, Staatliche Weinbaudomäne Kloster → Marienthal, Staatliche Weinbaudomäne Trier, Staatliche Weinbaudomäne → Niederhausen-Schlossböckelheim, Staatsweingut Meersburg am Bodensee.
Einige private Weingüter, wie zum Beispiel Domäne Bensheim im Gebiet Hessische Bergstraße sowie → Schloss Johannisberg und → Schloss Schönborn im Rheingau, nennen sich auch Domäne, da sie aufgrund ihrer herrschaftlichen Besitzverhältnisse ursprünglich staatliche Funktionen und Privilegien besaßen.

Domdechant Werner'sches Weingut – Rheingau
Weingut in Hochheim mit einer Rebfläche von 12 ha. Die Rieslinge aus den Toplagen Domdechaney, Kirchenstück, Hölle und Stein sind extraktreich und langlebig. Individueller Ausbau in großen Holzfässern.
Lagen: Hochheimer Domdechaney, Hochheimer Kirchenstück, Stein, Stielweg, Hölle und Reichestal; Hauptrebsorten: Riesling, Spätburgunder.

Hermann **Dönnhoff** – Nahe
Weingut in Oberhausen mit einer Rebfläche von 12,5 ha. Die qualitativ sehr hochstehenden Weine, die ausschließlich in Holzfässern reifen, kommen von den bekannten Lagen Oberhäuser Brücke und Niederhäuser Hermannshöhle. Am kraftvollsten sind die Weine der Lage Brücke, während die der Hermannshöhle Eleganz und Komplexität verkörpern. Die besten Spätlesen und Auslesen mit natürlicher Restsüße reifen

20 Jahre und länger. Auch die Eisweine Dönnhoffs zählen zu den besten in Deutschland.
Lagen: Niederhäuser Hermannshöhle, Norheimer Dellchen, Norheimer Kirschheck, Oberhäuser Leistenberg, Oberhäuser Brücke (Alleinbesitz), Schlossböckelheimer Felsenberg; Einzellagen: Bad Kreuznacher Mollenbrunnen, Oberhäuser Felsenberg und Kieselberg; Hauptrebsorten: Riesling (75 %), Weiß- und Grauburgunder.

Drachenblut
Die Lage Drachenfels in Königswinter im Anbaugebiet Mittelrhein bringt unter dem Namen Drachenblut vorwiegend Rotweine in den Handel.

Drautz-Able – Württemberg
Weingut in Heilbronn mit einer Rebfläche von 18 ha, im Besitz von Richard Drautz. Die Lemberger- und Dornfelderweine haben eine tiefdunkle Farbe, sind kraftvoll mit deutlichen Anklängen an Rauch und Vanille aus der Lagerung in neuen Eichenfässern. Die Rotweine des Weingutes zählen zu den besten Deutschlands. Sie reifen zwei Jahre in Holzfässern und werden als Deutscher Tafelwein unter der Bezeichnung **Jodokus** verkauft. Drautz-Able ist eines der wenigen deutschen Weingüter, die Sauvignon Blancs und Grauburgunder in Barriques ausbaut. Das Weingut ist Mitglied der Produktionsgemeinschaft → HADES. Seit 1998 gibt es die „Drei Traubenweine“, benannt nach den drei Trauben im Familienwappen.
Lage: Neckarsulmer Scheuerberg; Hauptrebsorten: Trollinger, Riesling, Lemberger, Grau- und Spätburgunder, Kerner, Silvaner, Traminer, Sauvignon Blanc, Schwarzriesling, Dornfelder, Cabernet Sauvignon, Cabernet Dorio.

Jakob **Duijn** – Baden
Weingut in Bühl, Ortsteil Kappelwindeck mit einer Rebfläche von 7 ha. Jakob Duijn produziert bei niedrigen Hektarerträgen ausschließlich Spätburgunder: den normalen Pinot Noir aus den Steillagen, den „SD“ von weit über 30 Jahre alten Reben und seit 2003 den Spätburgunder Grand Cru vom zweiten Besitz, dem Gut Alsenhof. Alle Weine werden trocken und in Barriques ausgebaut und werden ohne Filtration abgefüllt.

E

e
Der kleine Buchstabe e auf der Flaschenetikette besagt, dass es sich um eine geeichte Flasche nach EU-Richtlinien handelt. Die Angabe ist für alle EU-Länder verpflichtend. Die Zahl nach dem Buchstaben gibt das Nennvolumen in Liter (Flascheninhalt) an.

Ecovin
Zusammenschluss ökologisch wirtschaftender Betriebe des deutschen Bundesverbandes Ökologischer Weinbau mit etwa 200 Mitgliedern und einer Ge-

samtanbaufläche von rund 900 Hektar.
Der Vereinigung gehören u. a. folgende Betriebe an:
Brüder Dr. → Becker,
Janson Bernhard (Zellertal), Frank Brohl (Pünderich), Clemens Busch (Pünderich),
→ Freiherr Heyl zu Herrnsheim, Gallushof, Familie Hügle (Heimbach),
→ Graf von Kanitz,
Öko Wein- & Sektgut Gretzmeier (Merdingen),
→ Gutshöfe FVA,
Sabine und Martin Häberlein (Weinsberg), Öko-Weingut Hell (Wiesenbronn), Hofgut Consequence (Vogtsburg), Hügl (Bombach),
Dr. Randolf → Kauer,
Reinhard Knobloch (Albig), Laurentiushof (Trittenheim), Peter Mentges (Bullay), Troitzsch-Pusinelli (Lorch), Eugen Schönhals (Bibelnheim), Weingut Stadt Lahr, Familie Wöhrle (Lahr), Waldorf in Rheinhessen, Schlossgut Hohen Beilstein (Beilstein), Öko-Weingut Siglinger (Weinstadt), Stutz (Heilbronn), Erich Weidenbach (Ingelheim), Eckhard Weitzel (Ingelheim),
→ Wittmann.

Franz-Josef **Eifel**

– Mosel-Saar-Ruwer

Weingut in Trittenheim mit einer Rebfläche von 5 ha in den besten Lagen der Gegend; es werden neben trocken ausgebauten Qualitäten auch edelsüße Spitzenweine erzeugt.
Lagen: Trittenheimer Apotheke, Altärchen; Hauptrebsorte ist Riesling.

Einzellage

Ist eine bestimmte Rebfläche, die ab einer Größe von 8 ha klassifiziert wird und gleichwertige Weine gleichartiger Geschmacksrichtungen hervorbringt. Es gibt jedoch Sonderregelungen für bestimmte kleinere Lagen, die trotzdem in die Weinbergsrolle eingetragen werden. Die Angabe der Einzellage ist nur für Qualitätsweine und Qualitätsweine mit Prädikat zulässig. Die klassifizierten Lagen sind bei den einzelnen Anbaugebieten angegeben.
Zusammengelegt ergeben mehrere Einzellagen eine Großlage.
Eine Einzellage wird in Frankreich als Climat und in Österreich als Riede bezeichnet.

Jürgen **Ellwanger**

– Württemberg

Weingut in Winterbach mit einer Rebfläche von 17 ha. Bekannt sind die Weiß- und Rotweine **Nicodemus,** die in Barriquefässern als Cuvée oder reinsortig ausgebaut werden. Das Weingut ist Mitglied der Produktionsgemeinschaft → HADES.
Lagen: Grunbacher Klinge und Berghalde, Winterbacher Hungerberg, Geradstettener Lichtenberg, Hebsacker Lichtenberg, Schnaiter Altenberg und Sonnenberg; Hauptrebsorten: Riesling, Grauburgunder, Kerner, Trollinger, Zweigelt, Merlot, Dornfelder, Spätburgunder.

Emrich-Schönleber – Nahe

Weingut in Monzingen mit einer Rebfläche von 14 ha. Die Schieferböden verleihen den Weinen eine feine aromatische Fruchtigkeit, mineralischen Charakter und eine rassige Säure. Die besten Weine des Gutes sind die Riesling-Auslesen von den Lagen Frühlingsplätzchen und Halenberg. Hauptrebsorten: Riesling (75 %), Kerner, Grauburgunder, Rivaner, Bacchus, Weißburgunder.

Entrappen
Andere Bezeichnung für abbeeren.

August **Eser** – Rheingau
Weingut in Oestrich mit einer Rebfläche von 10 ha; Mitglied der Vereinigung → Charta-Weingüter. Die Rieslinge sind ausgewogen, aromatisch, fruchtig und besitzen den typischen Charakter ihrer Lagen. Weiters wird Spätburgunder angebaut.
Lagen: Hallgartener Schönhell, Oestricher Doosberg und Lenchen, Rauenthaler Gehrn und Rothenberg, Winkeler Gutenberg und Jesuitengarten, Hattenheimer Engelmannsberg und Wisselbrunnen.

Johannishof **Eser** – Rheingau
Weingut in Geisenheim, Ortsteil Johannisberg mit einer Rebfläche von 20 ha; Mitglied der Vereinigung → Charta-Weingüter. Die Riesling-Spätlesen mit natürlicher Restsüße sowie die Auslesen, Beerenauslesen und Eisweine sind von höchster Qualität. Sie zeichnen sich durch eine gute Lagerfähigkeit in der Flasche aus.
Lagen: Die Weinberge verteilen sich auf elf Einzellagen in Johannisberg, Rüdesheim, Winkel und Geisenheim, u. a. Geisenheimer Kläuserweg, Johannisberger Hölle, Winkeler Hasensprung und Jesuitengarten; Hauptrebsorten: Riesling (99 %), Weißburgunder.

F

Federweißer
Bezeichnung für einen Wein, der sich noch in Gärung befindet, dessen Zucker aber schon weitgehend in Alkohol und Kohlensäure aufgespalten ist; er ist noch flockig und milchig-trüb, enthält viel Kohlensäure und Vitamin B. In diesem Stadium schmeckt dieses Getränk mehr nach Most als nach Wein; Federweißer wird wegen seiner Spritzigkeit und der leichten Restsüße gerne getrunken. In Österreich als **Sturm** bezeichnet.

Dr. **Fischer** – Mosel-Saar-Ruwer
Weingut in Ockfen mit einer Rebfläche von 14,5 ha. Die besten Weine sind die großartigen Spätlesen und Auslesen aus der Lage Wawerner Herrenberg; weitere Lage: Ockfener Backstein; Hauptrebsorte ist Riesling.

Fitz-Ritter – Pfalz
Weingut in Bad Dürkheim mit einer Rebfläche von 21 ha; es werden frische, fruchtige und edelsüße Weine erzeugt. Familie Fitz begann bereits 1837 mit der Sekterzeugung und ist somit eines der ältesten deutschen Sektunternehmen.

Lagen: Dürkheimer Michelberg und Spielberg, Ungsteiner Herrenberg; Hauptrebsorten: Riesling, Spätburgunder, Gewürztraminer, Weißburgunder, Dornfelder, Acolon.

Weingut der **Forschungsanstalt Geisenheim** – Rheingau
Weingut in Geisenheim mit einer Rebfläche von 22 ha; Mitglied der Vereinigung → Charta-Weingüter. Der Önologe Wolfgang Pfeifer ist für den Ausbau der Weine verantwortlich. Die Rieslinge und Weißburgunder sind duftig und von delikater Feinheit. Weitere Sorten sind Gewürztraminer, Chardonnay, Früh- und Spätburgunder; Lagen: Geisenheimer Rothenberg, Kläuserweg, Mäuerchen und Fuchsberg.

Reinhold **Franzen**
– Mosel-Saar-Ruwer
Weingut in Bremm mit einer Rebfläche von 4,7 ha. Am Bremmer Calmont, dem steilsten Weinberg Europas mit 65° Steigung, erntet Ulrich Franzen säurebetonte, gehaltvolle, trockene Rieslinge. Lediglich botrytisfaules Lesegut über 100 ° Öchsle wird edelsüß ausgebaut und mit der Goldkapsel ausgestattet, ohne eine Prädikatsbezeichnung zu tragen.
Lagen: Bremmer Calmont, Neefer Frauenberg; Hauptrebsorten: Riesling (70 %), Weißburgunder, Elbling, Spätburgunder.

Freiherr Heyl zu Herrnsheim
– Rheinhessen
Weingut in Nierstein mit einer Rebfläche von 22 ha in kontrolliert ökologischem Anbau (Mitglied der Vereinigung → Eco-vin). In diesem Weingut werden mit traditioneller Kellertechnik die feinsten Rieslinge (75%), Silvaner und Weißburgunder der Region erzeugt. Das Sortiment wird eingeteilt in Gutsweine, Rheinfront- und Rotschieferweine sowie Erste Gewächse.
Lagen: Niersteiner Brudersberg (Alleinbesitz), Pettenthal, Hipping, Rosenberg und Ölberg.

Freiherr zu Knyphausen
– Rheingau
Weingut in Eltville, Ortsteil Erbach mit einer Rebfläche von 22 ha; Mitglied der Vereinigung → Charta-Weingüter. Beim Ausbau der Weine legt man auf eine ausgeprägte Säure besonderen Wert. Auch bei einfachen Qualitäten wird die malolaktische Gärung versucht. Die besten Rieslinge zeigen erst mit der Reife ihr großes Potenzial. Die Produktpalette gliedert sich in Guts- und Lagenweine, Erste Gewächse und Charta-Weine (werden auch als Zweite Gewächse bezeichnet) sowie edelsüße Weine.
Die Weinberge verteilen sich auf acht Einzellagen in Erbach, Hattenheim, Kiedrich und Eltville, u. a. Erbacher Marcobrunn, Siegelsberg, Hohenrain und Steinmorgen, Hattenheimer Wisselbrunnen. Rebsorten neben Riesling sind Spätburgunder, Weiß- und Grauburgunder sowie Ehrenfelser.

Fuder
Im Anbaugebiet Mosel-Saar-Ruwer für die Weinlagerung

verwendetes Eichenfass mit etwa 1.000 Liter Inhalt.

Rudolf **Fürst** – Franken
Weingut in Bürgstadt mit einer Rebfläche von 15 ha, im Besitz von Monika und Paul Fürst. Paul Fürst ist als der „Rotweinfürst" Frankens bekannt. Seine gerbstoffbetonten Rotweine verfügen über Kraft und Eleganz. Zu seinen Spezialitäten gehören samtige volle Frühburgunder sowie natursüße Weine von Rieslaner und Scheurebe. Weitere Sorten sind Spätburgunder, Weißburgunder, Riesling, Rivaner, Silvaner, Domina; französische Burgunderklone (PN 555) und Pinot Noir sind im Versuch. Lagen: Bürgstadter Centgrafenberg, Volkacher Karthäuser.

Fürstlich Castell'sches Domänen-Amt – Franken
Weingut in Castell mit einer Rebfläche von 64 ha. Der ökologisch arbeitende Betrieb produziert neben verschiedenen Weißweinen auch Sekte nach der traditionellen Flaschengärmethode. Die eindruckvollsten Weine aus dem umfangreichen Angebot sind die vollsüßen Rieslaner, Silvaner und Rivaner. Über 90 % der Weine werden „Fränkisch trocken" ausgebaut, das entspricht einem Restzuckergehalt von weniger als 4 Gramm. Weitere Sorten sind Perle, Ortega, Scheurebe und Kerner. Lagen: Casteller Schlossberg, Reitsteig, Trautberg, Hohnart, Kugelspiel und Feuerbach (alle in Alleinbesitz).

Fürst Löwenstein – Franken
Weingut in Kreuzwertheim mit einer Rebfläche von 30 ha. Besonders eindrucksvoll sind die Silvaner, die im traditionellen Stil ausgebaut werden. Neben dem Stammgut in Franken bewirtschaftet Alois Konstantin Fürst zu Löwenstein Lagen im badischen Tauberfranken sowie ein 20 Hektar großes Weingut in Hallgarten im Rheingau und ein Weingut im ungarischen Tokaj.
Lagen: Homburger Kallmuth, Bürgstadter Centgrafenberg; Hauptrebsorten: Riesling, Silvaner, Weißburgunder, Spätburgunder.

G

GÄA
Zusammenschluss ökologisch wirtschaftender Betriebe; verbindet ökologisch-dynamische mit organisch-biologischen Prinzipien.

Le **Gallais** – Mosel-Saar-Ruwer
Weingut, das von → Müller-Scharzhof verwaltet wird.

Ökonomierat J. **Geil-Erben** – Rheinhessen
Weingut in Bechtheim mit einer Rebfläche von 25 ha; man produziert die ganze rheinhessische Palette, von trockenen Silvanern und Rieslingen bis zu Süßweinen aus der Huxelrebe. Weitere Sorten sind Rivaner, Kerner, Ortega, Bacchus, Scheurebe, Faberrebe, Traminer, Weißburgunder, Chardon-

nay, Früh- und Spätburgunder, Blauer Portugieser, Dornfelder.

Gemarkung
Die zu einer bestimmten Gemeinde gehörende Acker- oder Weinbergsflur.

Gesellschaft für Geschichte des Weines
Sie hat ihren Sitz in Wiesbaden und wurde 1959 gegründet; ihr Ziel ist die wissenschaftliche Erforschung des Weines.

Martin **Göbel** – Franken
Weingut in Randersacker mit einer Rebfläche von 6 ha. Die Weine aus den Sorten Silvaner und Rivaner sind typische fränkisch-herbe Weine mit bis zu 4 Gramm Restzucker. Große Erfolge erzielen Rieslaner und Traminer, die zu ausgezeichneten Auslesen verarbeitet werden. Weitere Sorten sind Riesling, Spätburgunder und Domina. Lage: Randersackerer Teufelskeller.

Görres-Linden (Sonnenberg) – Ahr
Weingut in Bad Neuenahr, Ortsteil Ahrweiler mit einer Rebfläche von 5 ha; man verzichtet konsequent auf den Barrique-Ausbau; durch strenge Selektion verleiht man dem Spätburgunder Kraft und Ausdruck. Lage: Neuenahrer Schieferlay.

Graf Adelmann (Burg Schaubeck) – Württemberg
Weingut in Kleinbottwar mit einer Rebfläche von 17 ha. Es besteht seit dem 13. Jahrhundert und ist Württembergs berühmtestes Weingut. Die Weine werden auch unter dem Namen **Brüssele** verkauft. Die trockenen Rieslinge und die roten Lemberger zählen zweifellos zu den Spitzenweinen Württembergs. Das Weingut ist Mitglied der Produktionsgemeinschaft → HADES. Seit 2002 gibt es das vom Verband → VDP zertifizierte Erste Gewächs Kleinbottwarer Süßmund Riesling Spätlese. Weitere Sorten sind Silvaner, Muskat-Trollinger, Clevner, Frühburgunder, Samtrot, Spätburgunder. Lagen: Kleinbottwarer Süßmund und Oberer Berg (in Alleinbesitz).

Gräflich Wolff Metternich'sches Weingut – Baden
Hervorragendes Weingut in Durbach mit einer Rebfläche von 35 ha. Die Weine vergären so natürlich wie möglich. Das Ergebnis sind reine, klare Frucht und Eleganz.
Lage: Durbacher Schlossberg; Hauptrebsorten: Riesling, Traminer, Scheurebe, Sauvignon Blanc.

Graf von Kanitz – Rheingau
Weingut in Lorch mit einer Rebfläche von 13,5 ha. Das alte Familienweingut wurde Anfang der 1990er Jahre auf ökologischen Weinbau umgestellt. Mitglied der Vereinigung → Ecovin. Die Lorcher Rieslinge begeistern in guten Jahren mit dezenter Frucht, Säure und mineralischem Körper. Mitglied der Vereinigung → Charta-Weingüter.
Lagen: Lorcher Schlossberg, Kapellenberg, Krone, Pfaffen-

wies und Bodental Steinberg; neben dem Riesling wird etwas Gewürztraminer und Spätburgunder angebaut.

Grans-Fassian – Mosel-Saar-Ruwer
Weingut in Leiwen mit einer Rebfläche von 9,5 ha in den besten Lagen der Gegend. Gerhard Grans produziert trockene Weine, Spätlesen mit natürlicher Restsüße sowie Eisweine; Hauptrebsorte ist Riesling.
Lagen: Leiwener Laurentiuslay, Trittenheimer Apotheke, Piesporter Goldtröpfchen.

Großlage
Ist eine Zusammenfassung mehrerer → Einzellagen, die wiederum in einer Weinbaugemeinde oder in einem ihrer Ortsteile liegen; es gibt aber auch großlagenfreie Weinbaugemeinden.

Gunderloch – Rheinhessen
Weingut in Nackenheim mit einer Rebfläche von 24 ha. Der innovationsfreudige Winzer und ehemalige Weinschullehrer Fritz Hasselbach hat sich mit seinen hochqualitativen Weinen weltweiten Ruhm geschaffen. Der Riesling Kabinett „Jean Baptiste" ist ein Musterbeispiel für den klassischen deutschen Weintyp. Auch der einfache Gunderloch-Riesling setzt in der trockenen Version hohe Maßstäbe. Mit der Pachtung des Weingutes Balbach-Erben im Jahr 1996 hat sich die Betriebsgröße für Hasselbach verdoppelt. Neben Riesling werden Silvaner und Rivaner angebaut.
Lagen: Nackenheimer Rothenberg (Gunderloch), Niersteiner Pettenthal (Balbach), Niersteiner Ölberg und Hipping.

Gutshöfe FVA
Unter diesem Namen wurden die Weingüter Carl **Finkenauer** und Ernst **Anheuser** (beide Nahe) sowie die **Villa Waldorf** in Rheinhessen zu einem Betrieb zusammengefasst. Mitglied der Vereinigung → Ecovin.

H

Fritz **Haag** – Mosel-Saar-Ruwer
Weingut in Brauneberg mit einer Rebfläche von 7,5 ha; Spitzenadresse für vollendete, elegante, fassgereifte Rieslinge. Die Qualitäten reichen bis zu Beeren- und Trockenbeerenauslesen. Lagen: Brauneberger Juffer, Brauneberger Juffer Sonnenuhr.

Willi **Haag** – Mosel-Saar-Ruwer
Weingut in Brauneberg mit einer Rebfläche von 5,5 ha. Neben guten Rieslingen werden auch beeindruckende Riesling-Spätlesen und -Auslesen erzeugt. Lagen: Brauneberger Juffer, Brauneberger Juffer Sonnenuhr.

HADES
Zusammenschluss der sechs Weingüter → **H**ohenlohe-Oehringen, → Graf **A**delmann, → **D**rautz-Able, Jürgen → **E**llwanger und **S**onnenhof so-

wie **S**taatweingut Weinsberg (→ Lehr- und Versuchsanstalt Weinsberg). Die Studiengruppe „Neues Eichenfass" hat sich im Jahre 1986 formiert. Ihre Mitglieder bauen ihre Weine meist selbst aus und füllen sie in typische Schlegelflaschen mit Gravur. Seit 1994 gibt es eine HADES-Cuvée, zu der alle Betriebe ihren (Rotwein-)Part beisteuern. Generell kommen nur qualitativ hochwertige Tropfen – sowohl weiß als auch rot – ins 228-Liter-Fass.

Hahnmühle – Nahe
Weingut in Mannweiler-Cölln mit einer Rebfläche von 8 ha. Das Ehepaar Linxweiler produziert im biologischen Anbau trocken ausgebaute Weine.
Lagen: Alsenztal, Cöllner Rosenberg, Alsenzer Elkersberg, Oberndorfer Beutelstein; Hauptrebsorten: Riesling (50 %), Traminer, Silvaner, Weißburgunder, Chardonnay, Spätburgunder.

Halbstück
Im Rheingau verwendetes 600-Liter-Weinfass.

Dr. **Heger** – Baden
Weingut in Ihringen mit einer Rebfläche von 15 ha. Der gute Ruf des Weinguts beruht auf den wuchtigen, trockenen Weißweinen, vorwiegend Grauburgundern. Seit den 1990er Jahren haben aber auch die in Eichenfässern gereiften Spätburgunder Aufmerksamkeit erregt (Premiumlinie Dr. Heger). Silvia und Joachim Heger betreiben auch das Weingut Fischer in Teningen (Ortsteil Nimburg-Bottingen).
Lagen: Ihringer Winklerberg, Achkarrer Schlossberg, Freiburger Schlossberg; Hauptrebsorten: Weißburgunder, Grauburgunder, Spätburgunder, Silvaner, Muskateller, Chardonnay, Riesling.

Hehle (Deutzerhof) – Ahr
Weingut in Mayschoss mit einer Rebfläche von 9 ha, bekannt vor allem für die ausgezeichneten, fülligen Spätburgunder-Weine im Barrique-Ausbau, aber auch für Chardonnay-Barriques. Weitere Sorten sind Riesling, Dornfelder und Blauer Portugieser; Lagen: Altenahrer Eck, Mayschosser Mönchberg.

Hock
In England gebräuchliche Bezeichnung für weiße Rheinweine; das Wort ist aus der verkürzten bzw. entstellten Wiedergabe des Gemeindenamens → Hochheim entstanden.

Hohenlohe-Oehringen – Württemberg
Weingut in Öhringen mit einer Rebfläche von 20 ha. Der große Rieslinganteil ist für Württemberg ebenso herausragend wie die beständige Qualität der daraus erzeugten Weine. Die Rotweine sind gefällig und die rote Cuvée Ex flammis orior ist ein Württemberger Spitzenprodukt. Das Weingut ist Mitglied der Produktionsgemeinschaft → HADES.
Lage: Verrenberger Verrenberg; Hauptrebsorten: Riesling, Lemberger, Spätburgunder, Schwarzriesling, Weißburgunder, Chardonnay, Trollinger.

Von **Hövel** – Mosel-Saar-Ruwer
Weingut in Konz, Ortsteil Oberemmel, mit einer Rebfläche von 10 ha. Die Rieslinge aus der Monopollage Oberemmeler Hütte sind trocken bis fruchtig und zählen zu den besten des Saargebietes. Die Weine vom Scharzhofberg sind fülliger als die der Lage Hütte, in der viele Prädikatsstufen entstehen. Die Weine werden in Holzfässern ausgebaut. Die Stärken des Weingutes sind die süßen und edelsüßen Rieslinge. Darüber hinaus wird Weißburgunder angebaut; Lagen: Scharzhofberg, Oberemmeler Hütte.

I

Carl August **Immich-Batterieberg** – Mosel-Saar-Ruwer
Weingut in Enkirch mit einer Rebfläche von 6 ha. Die Weine gären in Edelstahltanks. Je nach Jahrgang erfolgt der Ausbau im Holzfass. Riesling-Spätlesen und -Auslesen verfügen über ein ausgewogenes Süße-Säure-Spiel. Seit dem Jahrgang 2000 sind die besten Weine nummeriert; die besten Qualitäten tragen die „No. 1".
Einzellagen: Enkircher Ellergrub, Zeppwingert, Steffensberg (Monopollage), Batterieberg (mit den besten Weinen).

J

Johner – Baden
Weingut in Vogtsburg, Ortsteil Bischoffingen mit einer Rebfläche von 17,5 ha. Karl Heinz Johner und sein Sohn Patrick zählen zu den erfolgreichsten Qualitätsweinerzeugern Badens. Den Kern des Programms bilden die als Tafelweine vermarkteten und in neuen Eichenfässern gereiften trockenen Weiß- und Spätburgunder. Die besten Qualitäten werden als „S J" (Selektion Johner) abgefüllt. Das Kellereigebäude wurde nach kalifornischem Vorbild gebaut. Weitere Sorten sind Rivaner, Grauburgunder, Chardonnay und Sauvignon Blanc.

Toni **Jost** (Hahnenhof) – Mittelrhein
Weingut in Bacharach mit einer Rebfläche von 12 ha. Es werden Spitzenqualitäten von fruchtigen, trockenen, natursüßen Rieslingen und Spätburgundern, die zum Teil in Barriques reifen, erzeugt. Ein Drittel der Rebfläche liegt im Rheingau mit der Spitzenlage Wallufer Walkenberg, klassifiziert als „Erstes Gewächs". Weitere Lagen sind Bacharacher Hahn und Oberdiebacher Fürstenberg.

Juliusspital – Franken
Weingut in Würzburg mit einer Rebfläche von 168 ha; somit das größte Weingut in Franken und der drittgrößte Weinbaubetrieb Deutschlands; gilt als der führende Erzeugerbetrieb in Franken.
Lagen: Würzburger Stein, Iphöfer Julius-Echter-Berg, Escherndorfer Lump, Randersackerer Pfülben, Volkacher Karthäuser; Hauptrebsorten: Silva-

ner, Rivaner, Riesling, Ruländer, Weißburgunder, Muskateller, Scheurebe, Bacchus, Kerner, Spätburgunder.

K

Karlsmühle – Mosel-Saar-Ruwer
Weingut in Mertesdorf mit einer Rebfläche von 12,5 ha. Die Weinberge von Inhaber Peter Geiben befinden sich zu 80 % in Steillagen auf der rechten Seite der Ruwer. Die würzig-mineralischen Rieslinge werden trocken, halbtrocken und süß ausgebaut. Die edelsüßen Spitzenweine aus der Monopollage Lorenzhöfer zählen zu den besten der Region.

Käthchenwein
Der beste Wein des Jahres der Weinbaugemeinde Heilbronn erhält den Namen Käthchenwein; nach Kleists Drama „Das Käthchen von Heilbronn". Bekannt ist u. a. das Weingut → Drautz-Able.

Dr. **Randolf Kauer** – Mittelrhein
Weingut in Bacharach mit einer Rebfläche von 2,5 ha. Das ökologisch bewirtschaftete Weingut (Mitglied der Vereinigung → Ecovin) bringt exquisite, äußerst langlebige Rieslinge hervor. Sie sind rassig, blumig und mit starkem mineralischem Charakter. Riesling-Spätlese und -Auslese sowie die Schaumweine zählen zu den besten ihrer Art am Mittelrhein. Daneben wird noch etwas Spätburgunder angebaut; Lagen: Bacharacher Wolfshöhle, Urbarer Beulsberg.

Keller – Rheinhessen
Weingut in Flörsheim-Dalsheim mit einer Rebfläche von 12,5 ha in drei verschiedenen Anbaugebieten. Es werden eindrucksvolle trockene und süße Rieslinge, sehr gute trockene Weißburgunder und Silvaner sowie Rieslaner und Dessertweine aus der Huxelrebe erzeugt. Die besten Rieslinge reifen im Dalsheimer Hubacker (Kalksteinfels), die besten Spätburgunder im Dalsheimer Bürgel (Muschelkalkboden). Die aromatischen, rassigen Auslesen und Prädikatsweine zählen zu den besten in Rheinhessen. Weitere Sorten sind Rivaner, Scheurebe und Grauer Burgunder; weitere Lagen sind Kaseler Kehrnagel (im Gebiet Mosel-Saar-Ruwer) und Rüdesheimer Berg Roseneck (im Rheingau).

August Kesseler – Rheingau
Weingut in Assmannshausen mit einer Rebfläche von 20 ha, auf denen aromatische Spätburgunder-Rotweine und Rieslinge mit natürlicher Restsüße gedeihen; in kleinen Mengen Silvaner; Lagen: Assmannshäuser Höllenberg; Rüdesheimer Berg Roseneck, Berg Schlossberg und Bischofsberg.

Kirsten – Mosel-Saar-Ruwer
Weingut in Klüsserath mit einer Rebfläche von 8 ha. Die mineralische Eleganz beziehen die Rieslinge aus den reinen Schieferböden der Lage Klüsserather Bruderschaft, wo sich auch der

Großteil der Weinberge von Berhard Kirsten befindet. Die Weine werden trocken bis süß ausgebaut. Weitere Sorten sind Weiß- und Spätburgunder in kleinen Mengen.

Kloster Erbach
Ehemaliges Kloster im Rheingau, gehört zur Gemeinde Hattenheim; war im Mittelalter bedeutendes Weinbauunternehmen und Weinumschlagplatz; heute ist die Kloster-Erbach-Staatsweinkellerei ein Veranstaltungsort für Weinprämierungen und Versteigerungen.

Landesweingut Naumburg
Kloster Pforta – Saale-Unstrut
Weingut in Bad Kösen mit einer Rebfläche von 55 ha. Es wurde 1899 vom preußischen Staat als staatliche Weinbauverwaltung gegründet und geht ursprünglich auf Zisterziensermönche zurück. Heute ist es im Besitz des Landes Sachsen-Anhalt. Die trockenen und körperreichen Weine sind durch die Muschelkalk- und Buntsandsteinböden geprägt.
Lagen: Naumburger Paradies, Gosecker Dechantenberg; Hauptrebsorten: Riesling, Zweigelt, Weißburgunder.

Lanius **Knab** – Mittelrhein
Weingut in Oberwesel, Ortsteil Engehöll mit einer Rebfläche von 6,5 ha. Bei den höheren Prädikaten haben die Rieslinge mehr konzentrierte Frucht und eine würzigere Säure. Eigene Sektherstellung. Weitere Sorten sind Rivaner und Spätburgunder; Lagen: Engehöller Bernstein und Goldemund, Oberweseler Oelsberg.

Knebel – Mosel-Saar-Ruwer
Weingut in Winningen mit einer Rebfläche von 6 ha in den Steillagen der Unteren Mosel (Terrassenmosel). Die Rieslinge weisen ein ausbalanciertes Frucht-Säure-Spiel mit mineralischen Schiefertönen auf. Weiters werden hoch konzentrierte Weine im edelsüßen Bereich vinifiziert.
Lagen: Winninger Röttgen, Uhlen und Brückstück.

Weingut **Knipser** – Pfalz
Weingut in Laumersheim mit einer Rebfläche von 22 ha in den besten Lagen der Mittelhaardt. Die Brüder Knisper zählen zu den besten Rotweinerzeugern Deutschlands. Auch die Weißweine gehören zur Spitze in der Pfalz.
Lagen: Laumersheimer Mandelberg, Großkarlbacher Burgweg, Dirmsteiner Mandelpfad; Hauptrebsorten: Riesling, Weiß-, Grau- und Spätburgunder, Chardonnay, Sauvignon Blanc, Saint Laurent, Cabernet Sauvignon.

Koehler-Ruprecht – Pfalz
Weingut in Kallstadt mit einer Rebfläche von 12 ha. Eleganz und Kraft zeigen seit Jahren die Gewächse von Besitzer Bernd Philippi. Die Weine sind sehr gut lagerfähig und erreichen erst nach fünf bis sechs Jahren ihren Höhepunkt. Weine, die in neuen Barriquefässern ausgebaut werden, sind mit Philippi-Etiketten versehen, die Reser-

ve-Weine mit „R" oder „RR" bezeichnen.
Lage: Kallstadter Saumagen; Hauptrebsorten: Riesling, Pinot Gris, Pinot Blanc, Chardonnay; Cabernet Sauvignon, Pinot Noir.

Ludwig **Kreuzberg** – Ahr
Weingut in Dernau mit einer Rebfläche von 8 ha. Seit den 1990er Jahren werden füllige und elegante Spätburgunder und als Besonderheit Cabernets gekeltert.
Lage: Dernauer Pfarrwingert; Hauptrebsorten: Spätburgunder (65 %), Frühburgunder, Cabernet Sauvignon, Regent, Blauer Portugieser, Dornfelder.

Kruger-Rumpf – Nahe
Weingut in Münster-Sarmsheim mit einer Rebfläche von 19 ha; in ganz Deutschland für trockene Weine in bestem Stil aus erstklassigen Lagen bekannt. Die Rieslinge sind kristallklar, geschmeidig und besitzen ein kräftiges Bukett. Die trockenen Silvaner und der (nicht in Eichenfässern gereifte) Chardonnay sowie die weißen Spätburgunder (Blanc de Noir) erfreuen sich großer Beliebtheit. Weitere Sorten sind Weißburgunder, Rivaner, Scheurebe und Grauburgunder. Lagen: Münsterer Dautenpflänzer, Münsterer Pittersberg und Kapellenberg.

Krug'scher Hof – Rheinhessen
Weingut in Gau-Odernheim mit einer Rebfläche von 60 ha. Nicht nur die Weine, sondern auch die Sekte des Hauses bestechen durch ausgezeichnete Qualität. Hauptrebsorten sind Riesling, Weißburgunder und Chardonnay.

Kühling-Gillot – Rheinhessen
Wein- und Sektgut in Bodenheim mit einer Rebfläche von 8,5 ha. Bekannt wurde Gillot durch seine eleganten und vielschichtigen Dessertweine. Die Rotweine werden in kleinen Barriquefässern ausgebaut. Eigene Sekterzeugung.
Lagen: Oppenheimer Sackträger und Herrenberg, Bodenheimer Burgweg und Kapelle; Hauptrebsorten: Riesling (40 %), Grauburgunder, Silvaner, Chardonnay, Blauer Portugieser, Spätburgunder.

Peter Jakob **Kühn** – Rheingau
Weingut in Oestrich-Winkel mit einer Rebfläche von 15 ha. Die Rieslinge zeichnen sich durch eine harmonische Säure aus, die der Frucht genügend Spielraum lässt. Die edelsüßen Weine zählen zu den besten in Deutschland, die barriqueausgebauten Spätburgunder zu den besten im Rheingau. Das Weinprogramm gliedert sich in Gutsrieslinge, Classic-Weine, Oestricher Rieslinge, Lagenrieslinge (Oestricher Doosberg und Lenchen) sowie Erste Gewächse (aus einer kleinen Parzelle der Lage Oestricher Doosberg). Edelsüße Weine und Rotweine werden ohne Lagenbezeichnung vermarktet.

Gunther **Künstler** – Rheingau
Weingut in Hochheim mit einer Rebfläche von 24 ha. Die kon-

zentrierten, mineralisch-trockenen Rieslinge bringen viel Ruhm und Prämierungen. Gunther Künstler hat das renommierte Weingut Geheimrat → Aschrott erworben und dadurch seinen Weinbergbesitz verdreifacht. Mitglied der Vereinigung → Charta-Weingüter. Neben Riesling wird auch Spätburgunder angebaut; Lagen: Hochheimer Domdechaney, Hölle, Kirchenstück, Herrnberg und Reichestal.

L

Lage
Bezeichnung einer Rebfläche, deren Name und Umgrenzung gesetzlich erfasst und geschützt ist. Laut Weingesetz von 1971 ist eine Lage eine bestimmte Rebfläche (Einzellage) oder die Zusammenfassung solcher Flächen (Großlage), aus deren Erträgen gleichwertige Weine gleichartiger Geschmacksrichtung hergestellt werden können. Die **klassifizierten Lagen** lt. → VDP sind bei den einzelnen Anbaugebieten angeführt.

Laible – Baden
Weingut in Durbach mit einer Rebfläche von 6 ha. Die Weine kommen vorwiegend von steilen Einzellagen und überzeugen mit höchster Güte. Die Granitböden, wie in Durbach vorherrschend, lassen Weine mit Frucht und mineralischem Charakter sowie natürlicher Süße entstehen.
Lage: Durbacher Plauelrain; Hauptrebsorten: Riesling, Gewürztraminer, Scheurebe, Weißburgunder, Spätburgunder.

Lämmlin-Schindler – Baden
Weingut in Schliengen, Ortsteil Mauchen mit einer Rebfläche von 19,6 ha. Das mit biologisch-organischen Methoden bewirtschaftete Weingut zählt heute zu den führenden Qualitätsbetrieben im Markgräflerland. Die trockenen Spätburgunder gehören zu den ausgefeiltesten in ganz Baden. Selbst der einfache trockene Gutedel ist ansprechend ausgebaut. Weitere Sorten sind Weißburgunder, Grauburgunder, Chardonnay, Riesling, Muskat Ottonel und Silvaner; Lagen: Mauchener Sonnenstück und Frauenberg.

Landesweingut Naumburg
siehe → Kloster Pforta.

Hans **Lang** – Rheingau
Weingut in Hattenheim mit einer Rebfläche von 17,5 ha; Mitglied der → Charta-Weingüter. Die Weine werden in Barriques ausgebaut, sie sind robust mit viel Charakter und kräftiger Säure. → Charta-Rieslinge ergänzen das Angebot.
Lagen: Hattenheimer Nussbrunnen, Hassel und Wisselbrunnen, Hallgartener Schönhell, Assmannshäuser Höllenberg, Lagen in Kiedrich; Hauptrebsorten: Riesling (80 %), Weißburgunder, Chardonnay, Spätburgunder.

Langwerth von Simmern'sches Rentamt – Rheingau
Weingut in Eltville mit einer

Rebfläche von 26,5 ha, in dem kraftvolle und elegante Rieslinge erzeugt werden. Weitere Sorten in kleinen Mengen sind Spätburgunder, Weißburgunder, Chardonnay. Lagen: Erbacher Marcobrunn, Hattenheimer Nussbrunnen, Mannberg, Rauenthaler Baiken und Rothenberg, Eltviller Sonnenberg.

Lauer
In Deutschland gebräuchliche Bezeichnung für Trester.

Lehmann – Sachsen
Weingut in Seußlitz mit einer Rebfläche von 2 ha. Die Weine aus der Lage Am Ellbogen sind von den Granit- und Lössböden geprägt. Weitere Lage ist Seußlitzer Heinrichsburg; Hauptrebsorten: Riesling, Rivaner, Traminer.

Lehr- und Versuchsanstalt Weinsberg – Württemberg
Zur Verbesserung des Weines und des Weinbaues wurden schon sehr früh Winzervereinigungen gegründet. Württemberg übernahm mit der Gründung der Lehr- und Versuchsanstalt in Weinsberg im Jahre 1860 die Führung. Heute verfügt das Weingut über eine Rebfläche von 40 ha. Die Staatliche Lehr- und Versuchsanstalt für Wein- und Obstbau bzw. das **Staatsweingut Weinsberg** haben die breiteste Rebsortenpalette Württembergs. Die Rotweine erreichen oft beachtliche Qualität. Das Weingut ist Mitglied der Produktionsgemeinschaft → HADES.
Lage: Gundelsheimer Himmelreich; Hauptrebsorten: Riesling, Spätburgunder, Lemberger. Im Jahre 1999 wurden sechs Rotweinneuzüchtungen vorgestellt, und zwar Acolon, Cabernet Cubin, Dorio, Dorsa, Mitos und Palas.

Liebfraumilch/ Liebfrauenmilch
Herkunfts-Typenbezeichnung für weiße Qualitätsweine der bestimmten Anbaugebiete Nahe, Rheinhessen, Pfalz und Rheingau. Sie müssen aus mindestens 70 Prozent Trauben der Rebsorten Riesling, Silvaner, Kerner oder Rivaner hergestellt sein, von der Geschmacksart dieser Rebsorten bestimmt, aber nicht mit einer Rebsortenangabe versehen sein. Der Restzuckergehalt muss den für die Geschmacksangabe „halbtrocken" höchstzulässigen Wert (18 g/ Liter) übersteigen; Mindestmostgewicht 60° Öchsle. Bereits Anfang des 18. Jahrhunderts wurde der Name „der Lieben Frauenmilch zu Worms" urkundlich nachgewiesen. Historischer Ursprung dieses Namens ist die frühere Katasterlage des Wormser Liebfrauenstiftes; die Wortbildung Milch geht vermutlich auf das mittelalterliche Wort „Minch" für Mönch zurück. Schon im 19. Jahrhundert wurden im internationalen Weinhandel deutsche Weißweine gehobener Qualität von milder Geschmacksrichtung mit geografischer Herkunft aus den Anbaugebieten am Rhein als Liebfrauenmilch bezeichnet; sie zählen auf den Weltmärkten nach wie vor zu den bekanntesten deutschen Weinen.

Carl Loewen – Mosel-Saar-Ruwer
Weingut in Leiwen mit einer Rebfläche von 6,2 ha; es werden gute Erfolge mit einer langsamen, kalten Vergärung und mit dem Ausbau in großen Holzfässern erzielt. Die besten Rieslinge stammen von der Lage Leiwener Laurentiuslay. Weitere Lagen sind Detzemer Maximiner Klosterlay, Pölicher Held. Neben Riesling werden Rivaner und Kerner angebaut.

Dr. Loosen (St. Johannishof) – Mosel-Saar-Ruwer
Weingut in Bernkastel-Kues mit einer Rebfläche von 11,5 ha. Dr. Loosen ist der führende Vorkämpfer der Lagenklassifizierung. Von Reblagen erster Klasse produziert Ernst Loosen die besten Rieslinge mit intensiver Frucht und hohem Extrakt. Weiters wird Rivaner in kleinen Mengen angebaut. Lagen: Bernkastler Lay, Erdener Treppchen, Erdener Prälat, Graacher Himmelreich, Ürziger Würzgarten (mit teilweise 100 Jahre alten Reben), Wehlener Sonnenuhr.

Loreley-Riesling
Jahrgangs- und sortenreiner Qualitätswein aus dem Anbaugebiet Mittelrhein mit einem eigenen Loreleyetikett; halbtrocken.

Adolf Lötzbeyer – Nahe
Weingut in Feilbingert mit einer Rebfläche von 6,2 ha; arbeitet nach streng ökologischen Richtlinien und vergärt die Weine mit natürlichen Hefen. Kabinettweine und Spätlesen besitzen gute Struktur und animierende Frucht.
Lagen: Norheimer Dellchen, Feilbingerter Kahlenberg und Königsgarten, Niederhäuser Stollenberg; Hauptrebsorten: Riesling, Rivaner, Scheurebe.

Lützkendorf – Saale-Unstrut
Weingut in Bad Kösen mit einer Rebfläche von 10,7 ha. Der Sohn des Besitzers, Uwe Lützkendorf, zählt zu den besten Weinproduzenten der Region. Seine Rieslinge, Weißburgunder und Traminer haben genug Lebenskraft für fünf Jahre Entfaltung in der Flasche. In geringen Mengen wird Silvaner angebaut. Die besten Spätburgunder aus der Lage Karsdorfer Hohe Gräte werden in der Barrique ausgebaut.
Lagen: Freyburger Schweigenberg, Pfortenser Köppelberg, Karsdorfer Hohe Gräte.

M

Heinrich Männle – Baden
Weingut in Durbach, Ortsteil Sendelbach mit einer Rebfläche von 5,5 ha. Die Rotweine genießen einen ausgezeichneten Ruf, 20 % werden in der Barrique ausgebaut. Die Weißweine sind fruchtig-würzig und elegant. Sie werden trocken und lieblich ausgebaut. Hauptrebsorten: Spätburgunder (zirka 60 %), Riesling (Klingelberger), Weiß- und Grauburgunder, Scheurebe, Rivaner, Traminer, Cabernet Sauvignon. Eine bekannte Lage ist Durbacher Kochberg.

Staatliche Weinbaudomäne Kloster **Marienthal** – Ahr
Weingut mit einer Rebfläche von 19,5 ha; es werden typische Ahrweine, 98 % aus blauen Rebsorten, auf traditionelle Weise bereitet. Dank des selektionierten Ertrages besitzen die Weine Charakter und Struktur. Lagen: Marienthaler Klostergarten (Alleinbesitz), Stiftsberg, Rosenberg; Hauptrebsorten: Spätburgunder, Blauer Portugieser, Domina, Dornfelder, Riesling und Weißburgunder.

Helmut **Mathern** – Nahe
Weingut in Niederhausen mit einer Rebfläche von 12 ha; erzeugt ausgezeichnete, aromatische Rieslinge mit einem gewissen Grad an Restsüße. Nach dem jüngsten Erwerb eines Anteils aus der Lage Norheimer Dellchen ist noch eine Qualitätssteigerung zu erwarten. Weitere Lagen sind Niederhäuser Kertz, Niederhäuser Rosenheck und Felsensteyer; Hauptrebsorten: Riesling (80 %), Rivaner, Kerner, Würzer, Dornfelder, Optima.

Mauerwein
In Bocksbeutelflaschen abgefüllter Weißwein aus Neuweier in Baden. Das Recht, den Wein in diese Flaschen abzufüllen, übertrug der Fürstbischof von Würzburg, der einst dem Neuweierer Kloster vorstand.

Herbert **Messmer** – Pfalz
Weingut in Burrweiler mit einer Rebfläche von 26 ha. Die eleganten trockenen und süßen Rieslinge sowie Grauburgunder Spätlesen aus der Lage Burrweiler Schäwer mit moselähnlichem Schieferboden zählen zu den feinsten Weinen der Region. Ausdrucksvolle Weiß- und Grauburgunder sowie Spätburgunder, St. Laurent und Dornfelder werden vom Kellermeister Gregor Messmer ausgebaut. Weitere Sorten sind Rivaner, Chardonnay, Cabernet Sauvignon und Merlot; weitere Lage Burrweiler Schlossgarten.

Meulenhof – Mosel-Saar-Ruwer
Weingut in Erden mit einer Rebfläche von 4,5 ha. Die besten Rieslinge kommen aus den Erdener Lagen Prälat und Treppchen; sie sind vollmundig und komplex. Der Meulenhof ist das größte Weingut von Erden. Neben dem Riesling werden Rivaner und Kerner angebaut. Die Lage Erdener Prälat zählt zu den kleinsten, aber renommiertesten Moselsteillagen.

Meyer-Näkel – Ahr
Weingut in Dernau mit einer Rebfläche von 12,5 ha. Werner Näkel revolutionierte in den 1980er Jahren die Rotweinproduktion an der Ahr. Die Besonderheit sind dunkelfarbene Spätburgunder mit Intensität und Substanz (Eichenholzreifung). Hat eine eigene Klassifizierung aufgestellt:
G = leichte, früh trinkreife Weine,
Blauschiefer = ausgefeilte Weine von Schieferböden,
S = wuchtige Gewächse.
Näkel verzichtet auf die Bezeichnung Kabinett und Spätlese bei Rotweinen.

Lagen: Dernauer Pfarrwingert, Bad Neuenahrer Sonnenberg; Hauptrebsorten: Spätburgunder (75 %), Blauer Portugieser, Dornfelder, Frühburgunder, Riesling.

Markus Molitor – Mosel-Saar-Ruwer
Weingut in Bernkastel-Kues, Ortsteil Wehlen, mit einer Rebfläche von 35 ha, das größte Weingut an der Mittleren Mosel. Das Potenzial seiner Lagen spielt Molitor beim Riesling im fruchtig süßen und edelsüßen Bereich aus. Die trockenen Lagenweine und edelsüßen Weine werden sowohl in Edelstahl- als auch in Holzfässern ausgebaut. Die Burgundersorten reifen nur im Holz.
Lagen: Zeltinger Sonnenuhr (ein Viertel in Alleinbesitz), Bernkasteler Badstube und Lay; Wehlener und Graacher Lagen.

Moseltaler
Qualitätswein aus den Sorten Riesling, Rivaner, Elbling oder Kerner mit einem Restzuckergehalt zwischen 15 und 30 Gramm pro Liter und mindestens 7 Gramm Säure. Die Rebsorte wird nicht angegeben.

Matthias Müller – Mittelrhein
Weingut in Spay mit einer Rebfläche von 7,5 ha. Das qualitätsorientierte Weingut erzeugt fruchtige Rieslinge mit harmonischer Säure sowie etwas Grau- und Spätburgunder. Lagen: Bopparder Hamm, Bopparder Hamm Feuerlay, Bopparder Hamm Mandelstein, Bopparder Hamm Ohlenberg und Engelstein.

Müller-Catoir – Pfalz
Weingut in Haardt, Ortsteil von Neustadt an der Weinstraße mit einer Rebfläche von 20 ha; die Spezialitäten sind volle, trockene Weiß- und Grauburgunder mit 14 oder 15 Vol.-%. Beeindruckend verarbeitet sind auch die Rieslingkreuzungen Scheurebe und Rieslaner. Weitere Sorten sind Riesling, Gewürztraminer, Muskateller, Rivaner, Kerner und Spätburgunder. Lagen: Gimmeldinger Mandelgarten, Haardter Bürgergarten, Herrenletten, Herzog, Mandelring, Mußbacher Eselshaut.

Egon Müller-Scharzhof und Le Gallais – Mosel-Saar-Ruwer
Weingüter in Wiltingen mit einer Gesamtrebfläche von 12 ha. Le Gallais wird von Müller-Scharzhof verwaltet. Jahrgang für Jahrgang reifen im Keller des Scharzhofes Rieslinge von Weltklasse in allen Prädikatsstufen heran. Das Weingut Le Gallais mit der Monopollage Wiltinger Braune Kupp bringt Rieslinge mit Fülle und schöner Säurestruktur hervor. Weitere Lage Scharzhofberg.

Münchner Großkomturei der Weinbruderschaft der Pfalz
Gegründet 1960; eng mit der  Weinbruderschaft der Pfalz verbunden.

N

Nacktarsch
Berühmte Lage an der Mosel. Nur Weine des Ortes Kröv dürfen diese Zusatzbezeichnung

tragen. Aus Kröv kommen weltbekannte Moselweine.

Dr. Heinrich **Nägler** – Rheingau

Weingut in Rüdesheim am Rhein mit einer Rebfläche von 8 ha. Die trockenen, finessereichen und fruchtbetonten Rieslinge gehören zu den besten im Rheingau. Lagen: Rüdesheimer Berg Schlossberg und Berg Rottland.

Naturland

Zusammenschluss ökologisch arbeitender Betriebe, gegründet 1982. Seit 1993 gibt es einen Fachverband für Wein, der eine Kooperation mit dem → VDP eingegangen ist. Der Vereinigung gehören u. a. folgende Betriebe an: → Prinz zu Salm, Gerhard Roth (Wiesenbronn), Georg Siben Erben (Deidesheim) und → Wittmann.

Thomas **Nelles** – Ahr

Weingut in Bad Neuenahr, Ortsteil Heimersheim, mit einer Rebfläche von 6,5 ha. Thomas Nelles gibt seinen Weinen lateinische Namen oder Nummern. Bei den Rotweinen dominiert Spätburgunder (50 %), weitere Sorten sind Blauer Portugieser, Domina, Frühburgunder, Riesling, Grauburgunder.

Gutsverwaltung **Niederhausen-Schlossböckelheim** – Nahe

Weingut in Niederhausen mit einer Rebfläche von 37 ha. Die ehemalige Weinbaudomäne wurde 1998 privatisiert und befindet sich seither im Besitz der Pfälzer Familie Maurer. Die herausragende Qualität der Lagen garantiert Rieslinge mit hoher Qualität und hohem Prädikat. Weitere Sorten sind Rivaner und Kerner. Lagen: Schlossböckelheimer Kupfergrube und Felsenberg, Niederhäuser Hermannsberg und Hermannshöhle, Altenbamberger Rotenberg, Traisener Bastei.

Nikolauswein

In Deutschland gebräuchliche Bezeichnung für einen Eiswein, dessen Traubengut am 6. Dezember (Nikolaus) geerntet wurde.

Nürnberger Komturei der Weinbruderschaft der Pfalz

Gegründet 1969; eng mit der → Weinbruderschaft der Pfalz verbunden.

O

Christian Ferdinand **Öchsle**

1774–1852. Er errichtete die Spirituosenbrennerei Pforzheim und machte eine Reihe interessanter Erfindungen. Am bekanntesten wurde die von ihm und seinem Sohn Christian konstruierte Mostwaage, die zur Bestimmung des Zuckergehaltes im Most dient.

P

Dr. **Pauly-Bergweiler** – Mosel-Saar-Ruwer

Weingut in Bernkastel-Kues mit einer Rebfläche von 15 ha; verfügt über die meisten Spitzenlagen an der Mittelmosel. Besitzer Dr. Peter Pauly hat sich auf fruchtige, süße und edelsüße Rieslinge spezialisiert, daneben etwas Rivaner und Spätburgunder. Die Weine aus Ürzig und Erden werden unter dem Namen des Weingutes Peter Nicolay vermarktet. Lagen: Bernkasteler Alte Badstube am Doctorberg, Bernkasteler Doctor, Bernkasteler Lay, Graacher Domprobst, Graacher Himmelreich, Wehelner Sonnenuhr, Erdener Treppchen, Erdener Prälat, Ürziger Goldwingert (Alleinbesitz), Ürziger Würzgarten und Brauneberger Juffer Sonnenuhr.

August **Perll** – Mittelrhein
Weingut in Boppart mit einer Refläche von 6,5 ha. Die Rieslinge sind rassige, elegante Weine mit Raffinesse. Daneben wird Spätburgunder angebaut. Lagen: Bopparter Hamm, Fässerlay, Feuerlay und Mandelsteig.

Pfeffingen-Fuhrmann-Eymael – Pfalz
Weingut in Bad Dürkheim mit einer Rebfläche von 10,6 ha. Die besten Rieslinge des Traditionsgutes vereinen die volle Fruchtigkeit der Pfalz mit einer moselähnlichen Eleganz und Lebhaftigkeit. Aus der Scheurebe werden trockene und süße Weine höheren Prädikats erzeugt. Seit einigen Jahren verzichtet Inhaberin Doris Eymael auf Lagenbezeichnungen. Ausnahme sind die Spitzenweine der Ungsteiner Lagen Herrenberg, Nussriegel und Weilberg. Weitere Sorten sind Rivaner, Silvaner, Gewürztraminer, Weiß- und Spätburgunder sowie Dornfelder.

Piedmont
– Mosel-Saar-Ruwer
Weingut in Konz, Ortsteil Filzen mit einer Rebfläche von 4 ha. Piedmont hat lange Tradition in der Erzeugung leichter, rassiger Rieslinge, die hauptsächlich auf Schieferböden wachsen. Die Weine reifen vorwiegend im Holzfass. Daneben wird Weißburgunder angebaut. Lagen: Filzener Pulchen und Urbelt.

Piffche
In Rheinhessen und im Rheingau gebräuchliche Bezeichnung für ein Weinglas mit 0,1 Liter Inhalt.

Ernst **Popp** – Franken
Weingut in Iphofen mit einer Rebfläche von 25 ha. Das 1878 gegründete Weingut produziert trockene, gebietstypische Weine mit großem Charakter, Fülle und Fruchtigkeit.
Lagen: Iphöfer Kronsberg, Iphöfer Julius-Echter-Berg und Kalb, Rödelseer Küchenmeister; Hauptrebsorten: Silvaner (45 %), Rivaner, Riesling, Bacchus, Kerner, Scheurebe, Weißburgunder, Dornfelder, Domina.

Prinz – Rheingau
Weingut in Oestrich-Winkel, Ortsteil Hallgarten mit einer Rebfläche von 1,6 ha, auf denen ausdrucksvolle, trockene und natursüße Rieslinge wachsen, daneben etwas Spätburgunder; Lage: Hallgartener Schönhell.

Prinz von Hessen – Rheingau
Weingut in Geisenheim, Ortsteil Johannisberg mit einer Rebfläche von 45 ha. Mitglied der Vereinigung → Charta-Weingüter. Die rassigen Rieslinge aus den Lagen von Eltville bis Rüdesheim verfügen über eine eindrucksvolle Aromenfülle bei kräftiger Säure. Opulente Fruchtaromen begleiten auch die Süßweine. 60 % der Weinberge sind als klassifizierte Flächen ausgewiesen.
Die wichtigsten Lagen sind: Winkeler Hasensprung und Jesuitengarten, Johannisberger Klaus, Kiedricher Sandgrub; Hauptrebsorten: Riesling (86 %), Scheurebe, Rivaner, Spätburgunder, Merlot, Frühburgunder.

Prinz zu Salm (Dalberg'sches Weingut) – Nahe
Weingut in Wallhausen mit einer Rebfläche von 11,5 ha. Als ältestes Weingut der Welt (erste urkundliche Erwähnung im Jahre 1200) ist es ununterbrochen im Besitz einer Familie. Michael Prinz zu Salm-Salm, der auch Präsident des → VDP (Verbandes Deutscher Prädikats- und Qualitätsweingüter e. V.) ist, hat seine Weinberge auf ökologischen Weinbau umgestellt (Mitglied der Vereinigung → Naturland). Er hat die Namen der Weinberge von allen Etiketten entfernt, außer bei den Rieslingen der Spitzenlagen.
Das Weingut ist bekannt für Rieslinge mit natürlicher Restsüße, für feinrassige Weiß- und Grauburgunder sowie für frische und kraftvolle, trockene Spätburgunder-Roséweine. In guten Erntejahren werden auch Auslesen und Beerenauslesen erzeugt. Weitere Sorten sind Silvaner, Rivaner, Kerner und Scheurebe. Lagen: Roxheimer Berg, Wallhäuser Johannisberg und Felseneck.

Joh. Jos. **Prüm**
– Mosel-Saar-Ruwer
Weingut in Bernkastel-Kues, Ortsteil Wehlen mit einer Rebfläche von 14 ha. Seit Jahrzehnten zählt dieses Weingut zu den bekanntesten an der Mittelmosel. Die Rieslinge sind von fruchtiger Reife, tiefgründiger Würze und Honigsüße. Spät- und Auslesen benötigen zehn Jahre Lagerung, bis sie ihren Höhepunkt erreichen.
Lagen: Bernkasteler Lay, Graacher Himmelreich, Wehlener Sonnenuhr, Zeltinger Sonnenuhr.

S. A. **Prüm**
– Mosel-Saar-Ruwer
Weingut in Bernkastel-Kues, Ortsteil Wehlen, mit einer Rebfläche von 16,5 ha. Die Spitzenlage Wehlener Sonnenuhr und alte Reben sind das Geheimnis ausgezeichneter Riesling-Weine mit reifer, süßer und edelsüßer Substanz sowie mineralischer Säure. Daneben wird Weißburgunder angebaut. Weitere Lagen sind Bernkasteler Lay und Graben, Graacher Himmelreich, Graacher Domprobst, Zeltinger Sonnenuhr.

R

Raddegaggel
Kerniger, frischer Silvaner x Riesling aus der Weinbaugemeinde Neustadt an der Weinstraße in der Pfalz.

Rappenhof – Rheinhessen
Weingut in Alsheim mit einer Rebfläche von 50 ha. In letzter Zeit ist das sehr alte Familienweingut stark gewachsen und zählt nun zu den größten der Region. Der Ausbau von Spätburgunder-Rotweinen und auch von Chardonnays in Barriques wird praktiziert. Daneben wird Riesling und Weißburgunder angebaut.
Lagen: Niersteiner Ölberg und Pettenthal, Oppenheimer Sackträger und Herrenberg.

Ratzenberger – Mittelrhein
Weingut in Bacharach mit einer Rebfläche von 9 ha. Die Rieslinge von Ratzenberger sind kernig trocken bis edelsüß mit pikanter Säure und mineralischer Struktur. Die extraktreichen Spätburgunder werden im großen Holzfass oder in der Barrique ausgebaut. Weitere Sorten sind Spätburgunder (15 %), Grauburgunder und Rivaner.
Lagen: Bacharacher Wolfshöhle, Bacharacher Posten, Steeger St. Jost.

Reichsgraf und Marquis zu Hoensbroech – Baden
Weingut in Angelbachtal, Ortsteil Michelfeld mit einer Rebfläche von 17 ha; Bereich Kraichgau. Vor allem die hochfeinen und zarten Weißburgunder zählen zur Spitze Deutschlands, sie werden traditionell ausgebaut. Weitere Sorten sind Riesling, Grauburgunder, Auxerrois und Silvaner. Lage: Michelfelder Himmelberg.

Reichsgraf von Plettenberg – Nahe
Weingut in Bad Kreuznach mit einer Rebfläche von 40 ha. Die Weine werden kühl im Edelstahl vergoren und im Holzfass ausgebaut. Ihren unverwechselbaren Geschmack erhalten sie durch die unterschiedlichen Bodentypen der einzelnen Lagen.
Lagen: Bretzenheimer Pastorei, Winzenheimer Rosenheck, Kreuznacher Brückes und Kahlenberg, Roxheimer Berg und Mühlenberg; Hauptrebsorten: Riesling, Weißburgunder.

Reichsrat von Buhl – Pfalz
Weingut in Deidesheim mit einer Rebfläche von 50 ha; einer der architektonischen Höhepunkte von Deidesheim. Das Weingut wurde Ende der 1980er Jahre von japanischen Investoren gepachtet. Alle „Großen Gewächse“ reifen im großen Holzfass.
Lagen: Forster Ungeheuer, Pechstein, Kirchenstück, Freundstück und Jesuitengarten, Deidesheimer Kieselberg, Maushöhle, Herrgottsacker und Leinhöhle, Ruppertsberger Reiterpfad. Hauptrebsorten: Riesling, Grauburgunder, Spätburgunder, Scheurebe, Gewürztraminer, Weißburgunder.

Johann Peter **Reinert** – Mosel-Saar-Ruwer
Weingut in Kanzem mit einer Rebfläche von 4,2 ha in Steillagen. In diesem Weingut praktiziert man den naturnahen Weinbau und keltert extraktreiche, stabile Weine mit guter Lagerfähigkeit.
Lagen: Ayler Kupp, Wiltinger Schlangengraben, Wawerner Ritterpfad. Hauptrebsorten: Riesling, Elbling, Ortega, Bacchus.

Balthasar **Ress** – Rheingau
Weingut in Hattenheim mit einer Rebfläche von 33 ha; Mitglied der → Charta-Weingüter. Die Weine sind kompromisslos modern im Stil, werden in Stahltanks vinifiziert und früh abgefüllt, damit die höchste Frische bewahrt bleibt.
Lagen: Rüdesheimer Berg Rottland und Berg Schlossberg, Geisenheimer Kläuserweg, Hattenheimer Wisselbrunnen und Nussbrunnen; Hauptrebsorten: Riesling, Spätburgunder.

Rheingauer Leichtsinn
Zusammenschluss von Rheingauer Jungwinzern, die Riesling-Perlweine anbieten. Die Grund-Cuvée wird von 22 Betrieben geliefert. Das Endprodukt entsteht in einem Rheingauer Erzeugerbetrieb.
Die Merkmale sind:
- Grund-Cuvée in Riesling-Kabinett-Qualität,
- Alkoholgehalt 9,5 Vol.-%,
- geringe Kohlensäure,
- festgelegter Mindestpreis.

Rheingauer Weinkonvent
Sitz im Kloster Eberbach, gegründet 1971; sein Ziel ist es, die charakteristischen Eigenarten der Rheingauer Weine zu erhalten.

Rheinhessen Silvaner (RS)
Gebietstypischer Rebsortenwein von Winzern aus dem Dreieck zwischen Worms, Bingen und Mainz. Die Teilnahme am RS-Programm ist jedoch jedem rheinhessischen Winzer möglich. Die Initiatoren wollen einen charakteristischen Silvaner-Typ mit folgenden Merkmalen anbieten:
- schlank, leicht, frisch, trocken ausgebaut,
- Auswahl durch ein unabhängiges Fachgremium,
- schwarz-gelbe Etikette,
- individueller Ausbau,
- getrennte Vermarktung,
- Mindestpreis.

Max Ferdinand **Richter** – Mosel-Saar-Ruwer
Weingut in Mülheim mit einer Rebfläche von 15 ha. Die Rieslinge liefern zuverlässige Qualität aus den Toplagen in Brauneberg und Graach. Rund 50 % der Produktion werden trocken ausgebaut. Eine weitere Sorte ist Kerner.
Lagen: Brauneberger Juffer, Brauneberger Juffer Sonnenuhr, Erdener Treppchen, Graacher Domprobst, Graacher Himmelreich, Wehlener Sonnenuhr.

Riesling-Hochgewächs
Bezeichnung für Rieslingweine aus allen deutschen Anbaugebieten, vor allem aus Mosel-

Saar-Ruwer und Mittelrhein, deren Ausgangsmostgewicht mindestens 1,5 Vol.-% (zirka 10° Öchsle) über den vorgeschriebenen Werten liegt. Es erfolgt eine Lesekontrolle. Bei der amtlichen Qualitätsprüfung muss eine Qualitätszahl von mindestens 3,0 erreicht werden.

Josef **Rosch** – Mosel-Saar-Ruwer
Weingut in Leiwen mit einer Rebfläche von 5 ha. Fast 70 % der Weine baut Werner Rosch trocken aus. Sein Sortiment ist klar strukturiert: Trockene und halbtrockene Spitzenrieslinge bietet er als „Spätlese Selection J. R." und Auslesen als „Auslese Classic feinherb" an.
Lagen: Klüsserather Bruderschaft, Leiwener Laurentiuslay, Küwericher Bruderschaft, Leiwener Klostergarten, Trittenheimer Apotheke.

Rotling
Bezeichnung für einen deutschen Wein von blass- bis hellroter Farbe, der durch das Mischen von Rot- und Weißweinmaische hergestellt wird, z. B. → Badisch Rotgold.

Johann **Ruck** – Franken
Weingut in Iphofen mit einer Rebfläche von 12 ha. Seit den 1980er Jahren produziert Johann Ruck prachtvolle Frankenweine im modernen Stil. In ihnen vereinigen sich die erdigen und kräuterwürzigen Noten, die für die Weine aus den berühmten Lagen mit großartiger Frische und rassiger Säure typisch sind. Von alten Reben in Rödelsee bereitet Ruck einen konzentrierten, trockenen Grauburgunder. Hervorragend sind die Dessertweine aus der Huxelrebe, und zwar voller Grapefruit- und Honigaromen. Weitere Sorten sind Silvaner (40 %), Riesling, Scheurebe, Kerner und Spätburgunder.
Lagen: Iphöfer Julius-Echter-Berg (3,5 ha), Kronsberg und Kalb, Rödelseer Schwanleite und Küchenmeister.

S

Sächsisches Staatsweingut Schloss Wackerbarth – Sachsen
Weingut in Radebeul mit einer Rebfläche von 90 ha; bedacht auf reduktiven, sorten- und gebietstypischen Anbau. Das Barockschloss liegt inmitten der Weinberge.
Lagen: Seußlitzer Schlossweinberg und Heinrichsburg, Radebeuler Lößnitz und Johannisberg; Hauptrebsorten: Riesling, Grauburgunder, Traminer, Spätburgunder.

Salwey – Baden
Weingut in Vogtsburg, Ortsteil Oberrotweil, mit einer Rebfläche von 20 ha. Erzeugt wird eine große Zahl von Weiß-, Rot- und Roséweinen aus den Besitzungen um Oberrotweil am Kaiserstuhl und im Glottertal im Breisgau. Man ist der traditionellen Weinbereitung treu geblieben. Den größten Erfolg brachte der rappenvergorene Spätburgunder im Barriqueaus-

bau, bei dem die ganzen Trauben verarbeitet werden. Weitere Sorten sind Grau- und Weißburgunder, Riesling, Rivaner, Auxerrois und Silvaner. Lagen: Oberrotweiler Eichberg, Kirchberg, Käsleberg, Henkenberg.

Sankt Antony – Rheinhessen
Weingut in Nierstein mit einer Rebfläche von 23 ha. Die Rieslinge vom Niersteiner Roten Hang präsentieren sich aromatisch mit harmonischer Frucht und mineralischem Geschmack. Die Weinpalette wird eingeteilt in Gutsweine, Ortsweine (Vom Rotliegenden), Lagenweine und Erste Gewächse (beste Jahrgänge). Weitere Sorten sind Silvaner, Kerner, Dornfelder, Rivaner, Weißburgunder, Scheurebe, Blauer Portugieser und Spätburgunder. Weitere Lagen sind Niersteiner Hipping, Ölberg, Orbel und Pettenthal.

St.-Urbans-Hof – Mosel-Saar-Ruwer
Weingut in Leiwen mit einer Rebfläche von 35 ha. Die trocken ausgebauten Rieslinge stammen von der Saar und der mittleren Mosel. Bekannt wurde der Besitzer Nik Weis vor allem durch den in seiner Rebschule selektionierten Weis-Klon (B 21) vom Riesling. Lagen: Leiwener Laurentiuslay, Ockfener Bockstein.

Horst **Sauer** – Franken
Weingut in Volkach, Ortsteil Escherndorf, mit einer Rebfläche von 10 ha. Horst Sauer produziert aus seinen Spitzenlagen feinste edelsüße Silvaner und Rieslinge, die zu den besten des Landes zählen. Weitere Sorten sind Rivaner, Kerner, Bacchus, Scheurebe und Spätburgunder. Lagen: Escherndorfer Lump und Fürstenberg.

Karl **Schaefer** – Pfalz
Weingut in Bad Dürkheim mit einer Rebfläche von 17 ha; bereits in der 2. Hälfte des 19. Jahrhunderts wurden Weine in Flaschen abgefüllt. Herausragende Weinqualität durch extrem langsame Vergärung und schonenden Ausbau im traditionellen Holzfass. Besonders die Rieslinge begeistern durch schöne Frucht und hohen Extrakt. Weitere Sorten sind Silvaner, Rivaner, Kerner, Scheurebe, Weißburgunder, St. Laurent, Cabernet Sauvignon und Spätburgunder.
Lagen: Dürkheimer Michelsberg und Spielberg, Forster Pechstein, Ungsteiner Herrenberg, Wachenheimer Gerümpel.

Willi **Schaefer** – Mosel-Saar-Ruwer
Weingut in Bernkastel-Kues, Ortsteil Graach mit einer Rebfläche von 2,7 ha. Das kleine Weingut bringt regelmäßig die feinsten Rieslinge von Graacher Spitzenlagen hervor. Die edelsüßen Weine zählen zu den besten an der Mosel. Bis zu 70 Jahre alte Reben findet man auf den Steillagen. Die klassifizierten Spitzenlagen sind Graacher Domprobst, Graacher Himmelreich und Wehlener Sonnenuhr.

Schales – Rheinhessen
Weingut in Flörsheim-Dalsheim mit einer Rebfläche von 36 ha. Eindrucksvoll präsentieren sich die kraftvollen, trockenen Weißburgunder und die Süßweine aus der Huxelrebe. Die Weine werden ohne Lagennamen vermarktet. Als Unikat gelten der Eiswein aus der Rebsorte Kanzler und die Siegerrebe Trockenbeerenauslese. 1991 hat das Weingut den ersten Eisweinsekt der Welt herausgebracht. Weitere Sorten sind Riesling, Rivaner, Kerner, Sauvignon Blanc, Muskateller, Schwarzriesling, Spätburgunder, Blauer Portugieser, Dornfelder, Silvaner, Scheurebe und Grauburgunder.

Schillerwein
Herkunfts-Typenbezeichnung, die anstelle der Bezeichnung Rotling für Qualitätswein b. A. herangezogen werden darf, zu dessen Herstellung ausschließlich Erzeugnisse aus dem bestimmten Anbaugebiet Württemberg verwendet wurden.

Schlossgut Diel – Nahe
Weingut in Rümmelsheim, Ortsteil Burg Layen, mit einer Rebfläche von 15 ha. Mit den erstklassigen Lagen Dorsheims ist Diel das führende Weingut an der unteren Nahe. Trockene und natursüße Rieslinge der oberen Prädikatsstufen bilden den Großteil der Erzeugung. Ein in Eichenfässern gereifter Weiß- und Grauburgunder sowie der „Victor", ein Verschnitt beider Sorten, genießt hohe Reputation. Erwähnenswert sind auch die hervorragenden Eisweine und die Dornfelder-Rotweine.
Lagen: Dorsheimer Burgberg, Goldloch, Pittermännchen, Honigberg und Klosterpfad, Burg Layener Schlossberg, Rothenberg, Hölle und Johannisberg.

Schlossgut Graf von Neipperg – Württemberg
Weingut in Schwaigern mit einer Rebfläche von 31,5 ha. Es ist urkundlich belegt, dass die Familie seit 1248, kurz nach dem Bau der Burg Neipperg, hier Wein anbaut. Die Neippergs führten die Lembergerrebe ein, die kräftig gefärbte Rotweine mit Gerbstoffgehalt liefert. Weitere Sorten: Riesling, Schwarzriesling, Gewürztraminer, Muskateller, Spätburgunder; Lagen: Schwaigerner Ruthe, Neipperger Schlossberg.

Weinbaudomäne **Schloss Johannisberg** – Rheingau
Weingut in Geisenheim, Ortsteil Johannisberg, mit einer Rebfläche von 35 ha; auch **Fürst von Metternich Winneburg'sche Domäne** genannt.
Das frühere Benediktinerkloster, das im 11. Jahrhundert errichtet wurde, war das erste Kloster im Rheingau. Hier sollen die ersten Spät- und Auslesen Deutschlands erzeugt worden sein. Heute bringt Schloss Johannisberg (auch der Name der Lage) Spitzenweine von höchster Qualität hervor, die einen hervorragenden internationalen Ruf besitzen.
Schloss-Johannisberg-Rieslinge sind fruchtige, lebendige und körperreiche Weine, die erst

nach zirka drei Jahren ihre volle Harmonie entwickeln und lange haltbar sind.
Auf Schloss Johannisberg gibt es eine der ältesten und größten Vinotheken Europas. Der älteste Wein dieser Schatzkammer stammt aus dem Jahre 1748.
Eine Besonderheit der Schloss-Johannisberg-Weine sind die Zusatzbezeichnungen. Rotlack steht für Kabinett, Grünlack für Spätlese und Goldlack für Trockenbeerenauslese, Rosa Goldlack für Beerenauslese und Blaulack für Eiswein. Diese Weine gehören zu den bekanntesten Rheinweinen.

Schloss Lieser – Mosel-Saar-Ruwer
Weingut in Lieser mit einer Rebfläche von 7 ha. Thomas Haag, Sohn des Brauneberger Winzers Wilhelm Haag, hat das Weingut 1997 gekauft. Seine konzentrierten, langlebigen Moselrieslinge sind von erstklassiger Qualität.
Lage: Schloss Lieser Niederberg Helden.

Schloss Neuweier – Baden
Weingut in Baden-Baden, Ortsteil Neuweier mit einer Rebfläche von 10 ha. Schloss Neuweier verfügt über die besten Lagen und mit 85 % den höchsten Rieslinganteil in Baden. Die Weine weisen viel Aroma und einen Alkoholgehalt von 11 bis 12 Vol.-% auf. Die Steillage Goldenes Loch wurde durch Querterrassen wieder bewirtschaftbar gemacht. Weitere Sorten sind Spätburgunder, Weißburgunder und Gewürztraminer. Lagen: Neuweier Mauerberg, Neuweier Schlossberg.

Schloss Proschwitz über Meißen – Sachsen
Weingut in Dorfanger, Ortsteil Zadel (bei Meißen), mit einer Rebfläche von 40 ha. Durch den Besitzer Dr. Georg Prinz zur Lippe hat das Weingut einen beachtlichen Qualitätsanstieg zu verzeichnen. Goldriesling und Grauburgunder mit gefälliger Säure und Eleganz bestätigen die Arbeit der Kellermeister. Weitere Sorten sind Rivaner, Weißburgunder, Scheurebe, Morio Muskat, Traminer, Elbling, Spätburgunder und Dornfelder.
Lage: Schloss Proschwitz.

Schloss Reinhartshausen – Rheingau
Weingut in Eltville, Ortsteil Erbach, mit einer Rebfläche von 83 ha, das beständig Rieslinge in hoher Qualität hervorbringt. Am besten sind die wuchtigen Weine aus der Lage Erbacher Marcobrunn und die moselähnlichen Gewächse aus der Lage Hattenheimer Wisselbrunnen. 1999 wurde das Weingut von einer Investorengruppe übernommen, die sich Freunde von Schloss Reinhartshausen nennt.
Weitere Lagen: Erbacher Schlossberg (in Alleinbesitz), Siegelsberg, Hoherain und Steinmorgen, Hattenheimer Nussbrunnen; weiters eine eigene Insel im Rhein mit einer Rebfläche von 20 ha; Hauptrebsorten: Riesling (90 %), Weißburgunder, Spätburgunder, Chardonnay.

Domänenweingut **Schloss Schönborn** – Rheingau
Weingut in Hattenheim mit einer Rebfläche von 50 ha, seit 1349 im Besitz der Familie der Grafen Schönborn. Es ist das größte Gut des Rheingaues in Privateigentum. Die Weinpalette ist außerordentlich umfangreich. Die Anbauflächen reichen von der Lage Erbacher Marcobrunn in der Mitte bis nach Lorch im Westen und Hochheim im Osten.
Weitere Lagennamen sind: Hattenheimer Pfaffenberg und Nussbrunnen, Rauenthaler Baiken, Oestricher Doosberg, Winkeler Hasensprung, Johannisberger Klaus, Geisenheimer Rothenberg und Kläuserweg, Rüdesheimer Berg Schlossberg und Berg Rottland, Hochheimer Domdechaney, Kirchenstück und Hölle. Hauptrebsorten: Riesling (91 %), etwas Spät- und Weißburgunder.

Schloss Sommerhausen – Franken
Weingut in Sommerhausen mit einer Rebfläche von 20 ha. Silvaner und Riesling dominieren nicht nur die Rebsortenpalette des Weinguts, sie stellen auch von jedem Jahrgang die besten Qualitäten. Die Weine sind überwiegend trocken mit sortentypischer Frucht und frischer Säure. Weitere Sorten sind Rivaner, Weißburgunder, Grauburgunder, Auxerrois und Chardonnay.

Schloss Vollrads – Rheingau
Weingut in Oestrich-Winkel mit einer Rebfläche von 50 ha und einer über 800-jährigen Weinbautradition; im Besitz der Grafen Matuschka-Greifenclau. Vollrads gilt als eigener Ortsteil, sodass auf den Etiketten alleine die Bezeichnung Schloss Vollrads ohne Nennung eines Ortes steht. Die Weinberge liegen in südlicher Hanglage im Halbkreis um das Schloss, weshalb die Rebhänge und das Weingut den gleichen Namen tragen. Schloss Vollrads ist Mitglied der Vereinigung → Charta-Weingüter.
Großer Wert wird auf den Ausbau trockener und halbtrockener Rieslingweine gelegt, die nach zwei bis drei Jahren Lagerzeit ihre perfekte Harmonie erreichen. Es werden auch Eisweine erzeugt.

Hartmut **Schlumberger** – Baden
Weingut in Sulzburg, Ortsteil Laufen mit einer Rebfläche von 7,5 ha. Die mit Sorgfalt in diesem umweltschonend arbeitenden Betrieb erzeugten Weine werden in Holzfässern ausgebaut. Der gerbstoffreiche Spätburgunder steht an der Spitze der Produktpalette. Weitere Sorten sind Auxerrois, Chardonnay, Weißburgunder, Rivaner und Gutedel.

Schmitt's Kinder – Franken
Weingut am Sonnenstuhl in Randersacker mit einer Rebfläche von 14 ha. Besitzer und Kellermeister Karl Martin Schmitt bevorzugt modernste Methoden der Weinerzeugung. Die Weine sind stoffig und extraktreich mit einem Hauch von Restsüße.

Ausgewählte Weine werden in der Barrique ausgebaut.
Hauptrebsorten: Silvaner, Rivaner, Bacchus, Riesling, Kerner, Scheurebe, Rieslaner, Domina und als Kuriosum die Sorte Würzer.

Georg Albrecht **Schneider** – Rheinhessen
Weingut in Nierstein mit einer Rebfläche von 16 ha, auf denen hauptsächlich Weißweinsorten kultiviert werden; seit 1998 erste Rebanlage mit Rotweinrebsorten.
Lagen: Niersteiner Hipping, Ölberg, Orbel, Pettenthal und Spiegelberg; Hauptrebsorten: Riesling, Rivaner, Kerner, Scheurebe, Silvaner, Weißburgunder, Spätburgunder und Dornfelder.

Schoppen
In Deutschland gebräuchliche Bezeichnung für 1/4 Liter offenen Wein; im Bundesland Württemberg auch **Viertele** genannt.

Schorle (auch **Schorlemorle)**
Ist ein Mischgetränk aus einem 1/8 Liter Weiß- oder Rotwein mit einem 1/8 Liter Sodawasser und heißt dann **saure Schorle.** Wird der Wein mit weißer Limonade aufgespritzt, nennt man das Getränk **süße Schorle.**

C. von **Schubert'sche Gutsverwaltung Maximin Grünhaus** – Mosel-Saar-Ruwer
Weingut in Mertesdorf mit einer Rebfläche von 34 ha an der Ruwer; erste urkundliche Erwähnung 966 n. Chr.; im Besitz von Dr. Carl von Schubert. Das Weingut besitzt einen ungeteilten Weinberg, der sich in drei Weingärten unterteilt. Die Weine der Lage Abtsberg sind von klassischer Eleganz. Den Herrenbergweinen verleiht der rote Schiefer ein stärkeres Aroma. Die Lage Bruderberg ergibt leichtere, frische, säurebetonte Produkte. Eine weitere Lage ist Maximin Grünhäuser.
Hauptrebsorten: Riesling, Rivaner, Kerner.

Schwarzer Adler (Franz Keller) – Baden
Weingut in Vogtsburg, Ortsteil Oberbergen mit einer Rebfläche von 45 ha. Alle Weine werden trocken ausgebaut. Die besten Weine tragen ein S für Selection, Weine mit hohem Lagerpotenzial werden als Selection A angeboten. Alle Selectionsweine sind zu 100 % im Holzfass ausgebaut.
Lagen: Oberbergener Vulkanfelsen, Bassgeige, Pulverbuck; Rebsorten: Im Anbau dominieren die Burgundersorten, dazu kommen Rivaner, Silvaner, Sauvignon Blanc, Merlot, Cabernet Sauvignon.

Bürgermeister Willi **Schweinhardt Nachf.** – Nahe
Weingut in Langenlonsheim mit einer Rebfläche von 24 ha, im Besitz von Wilhelm und Axel Schweinhardt. Riesling und Scheurebe werden zum Teil lieblich, Weiß- und Grauburgunder trocken mit höherem Alkoholgehalt ausgebaut. Das Angebot beinhaltet auch Beeren- und Trockenbeerenauslesen.

Lagen: Langenlonsheimer Rothenberg und Löhrer Berg.

Seeger – Baden
Weingut in Leimen mit einer Rebfläche von 8 ha. Die in jungen Jahren noch verhaltenen, später aber eindrucksvollen Rotweine verschafften dem Winzer einen hohen Bekanntheitsgrad an der Badischen Bergstraße.
Hauptrebsorten: Weißburgunder, Blauer Spätburgunder, Riesling, Grauburgunder.

Simon-Bürkle – Hessische Bergstraße
Weingut in Zwingenberg mit einer Rebfläche von 14 ha. Die beiden ambitionierten Winzer Simon und Bürkle haben gemeinsam das Weingut 1991 gegründet und immer wieder gute Erfolge mit Riesling und Silvaner verzeichnen können. Sie gehören heute zu den Spitzenerzeugern der Hessischen Bergstraße. Weitere Sorten sind Grauburgunder, Weißburgunder, Chardonnay, Spätburgunder, Lemberger, St. Laurent, Dunkelfelder und Cabernet Sauvignon.

Wilhelm **Sizius** – Nahe
Weingut in Langenlonsheim mit einer Rebfläche von 14 ha; erzeugt werden eindrucksvolle Rieslinge und Weißburgunder mit natürlicher Süße sowie Rotweincuvées. Weitere Sorten sind Grau- und Spätburgunder, Kerner, Blauer Portugieser, Rivaner, Chardonnay, Cabernet Dorsa, Feinburgunder und Acolon.
Lagen: Langenlonsheimer St. Antoniusweg, Niederhäuser Hermannshöhle, Oberhäuser Kieselberg.

Staatliche Landes-, Lehr- und Versuchsanstalt Oppenheim – Rheinhessen
Weinbaufachschule und Weingut in Oppenheim mit einer Rebfläche von 25 ha. Die 1895 gegründete Schule gilt heute als vorbildliche, mit modernsten Methoden arbeitende Lehranstalt. 40 % der Anbaufläche bestehen aus steilen Hängen. Die vielen ausgepflanzten Rebsorten, u. a. Rieslinge, dienen großteils für Versuche.
Lagen: Oppenheimer Sackträger und Herrenberg, Niersteiner Ölberg, Glöck und Pettenthal.

Staatlicher Hofkeller – Franken
Weingut in Würzburg mit einer Rebfläche von 150 ha. Der Weinbergbesitz aus dem 12. Jahrhundert wird seit 1814 von der Bayerischen Staatsdomäne und der Bayerischen Landesanstalt für Wein- und Gartenbau verwaltet. Die Weine werden nach fränkischer Art ausgebaut, wobei die Säure durch kraftvollen Geschmack ausgewogen wird.
Lagen: Würzburger Stein, Innere Leiste, Randersackerer Pfülben, Marsberg; Hauptrebsorten: Rivaner, Riesling, Silvaner, Rieslaner, Kerner, Abalonga, Scheurebe, Spätburgunder.

Staatsweingut Assmannshausen – Rheingau
Weingut in Assmannshausen mit einer Rebfläche von 21 ha,

dessen Inhaber das Land Hessen ist. Im historischen Fasskeller (zirka 500 Jahre alt) reifen hervorragende Spätburgunder von der Spitzenlage Assmannshäuser Höllenberg mit viel Charakter, feiner Frucht und dezentem Mandelaroma. Die Assmannshäuser Weine der Hessischen Staatsweingüter werden im Staatsweingut Assmannshausen ausgebaut.

Staatsweingut Bergstraße – Hessische Bergstraße
Weingut in Bensheim mit einer Rebfläche von 32 ha. Die Weinberge befinden sich an den Hängen über Bensheim und Heppenheim. Zu den großen Leistungen dieses Weinguts zählt die Erzeugung der ersten Trockenbeerenauslese in der Region (1971) und des ersten Eisweines (1973). Die meisten Weine werden jedoch trocken ausgebaut.
Lagen: Heppenheimer Steinkopf, Bensheimer Kalkgasse; die beiden Lagen Heppenheimer Centgericht und Schönberger Herrnwingert sind im Alleinbesitz. Hauptrebsorten: Riesling (zwei Drittel der Fläche), Grauburgunder, Weißburgunder, Rivaner, Spätburgunder, Dornfelder.

Staatsweingut Weinsberg
Vgl. → Lehr- und Versuchsanstalt Weinsberg.

Staatsweingüter Kloster Eberbach – Rheingau
Weingut in Eltville mit einer Rebfläche von 121 ha. Über 800 Jahre Weinbautradition prägen das Weingut, das nur Rieslinge ausbaut. Bekannt sind die Süßweine und die Weinversteigerungen im Kloster. Mitglied der Vereinigung → Charta-Weingüter.
Lagen: Weinberg Steinberg, Rauenthaler Baiken und Gehrn, Rüdesheimer Berg Rottland und Berg Schlossberg, Erbacher Marcobrunn, Hochheimer Domdechaney und Kirchenstück.

Steinwein
Ursprünglicher Gattungsname für Wein aus Franken. Der Name kommt von der bekannten Würzburger Lage Stein. Es wird angenommen, dass Weine aus Stein die ersten waren, die im späten 18. Jahrhundert in Deutschland mit einer Flaschenetikette versehen wurden. Die typische Flaschenform für Steinweine ist der Bocksbeutel, auch als **Steinweinflasche** bezeichnet.

Stigler – Baden
Weingut in Ihringen mit einer Rebfläche von 8,5 ha. Durch modernes Design und Marketing sticht das Weingut besonders hervor. Den trockenen und eigenständigen Weißweinen gibt man hier stets ein Jahr mehr Zeit zur Reife.
Lagen: Ihringer Winklerberg, Freiburger Schlossberg, Oberrotweiler Eichberg. Hauptrebsorten: Spätburgunder, Riesling, Weißburgunder, Silvaner, Chardonnay.

Jean **Stodden** – Ahr
Weingut in Rech mit einer Rebfläche von 6,5 ha. Es werden

vorwiegend Spätburgunder mit Kraft und Fülle aus guten Recher Lagen ausgebaut, teilweise in Barriques. Ein ausgewählter Spätburgunder kommt als Edition Stodden mit Künstleretikette auf den Markt. Lage: Recher Herrenberg.

Josef **Störrlein** – Franken
Weingut in Randersacker mit einer Rebfläche von 8 ha. Seine Winzerkunst widmet Armin Störrlein dem Silvaner, der Traditionsrebsorte Frankens. Die Rotweine werden in der Barrique ausgebaut. Weitere Sorten sind Rivaner, Riesling, Domina, Rivaner, Schwarzriesling und Spätburgunder. Lage: Randersackerer Sonnenstuhl.

Studert-Prüm (Maximinhof) – Mosel-Saar-Ruwer
Weingut in Bernkastel-Kues, Ortsteil Wehlen mit einer Rebfläche von 5 ha. Der größte Teil der Produktion entfällt auf klassische Mosel-Rieslinge mit einem Anflug von Natursüße. Außerdem erzeugt das Weingut Tresterbrände und Obstdestillate.
Lagen: Bernkasteler Graben, Graacher Himmelreich und Domprobst, Wehlener Sonnenuhr und Nonnenberg.

T

Thüringer Weingut Bad Sulza – Saale-Unstrut
Weingut mit Sitz in Bad Sulza, Ortsteil Sonnendorf, mit einer Rebfläche von 25 ha. Es wurde 1992 als erstes Weingut in Thüringen gegründet und hat seit 1998 seine Betriebsstätte in Sonnendorf. Die Weinberge liegen an den Hängen des Ilmtals zwischen Auerstedt, Bad Sulza und Großheringen. Hauptrebsorten: Rivaner, Traminer, Gutedel, Kerner, Riesling, Weiß-, Grau- und Spätburgunder, Regent, Silvaner.

Trockene Schmitts – Franken
Weingut in Randersacker mit einer Rebfläche von 7 ha. Bruno Schmitt führt das Gut seines Onkels Robert weiter und setzt auf naturnahen Anbau, lässt die Weine durchgären und verzichtet auf die Anreicherung des Mostes. Die Weine brauchen Zeit, um ihre ganze Klasse zu zeigen.
Lagen: Randersackerer Pfülben und Sonnenstuhl; Hauptrebsorten: Rivaner, Silvaner, Kerner, Riesling, Rieslaner und Huxelrebe sowie die seltene Sorte Abalonga.

V

VDP. Die Prädikatsweingüter
Verband Deutscher Prädikats- und Qualitätsweingüter e. V.
Ältester Zusammenschluss deutscher Weingüter mit dem Ziel der Qualitätsförderung. Der VDP ist überregional und umfasst bislang knapp 180 Mitglieder. Die Bewirtschaftung der Weingärten erfolgt nach den Regeln des naturgemäßen, umweltschonenden Weinanbaues, dessen Richtlinien mit dem anerkannten ökologischen Verband → Naturland entwickelt wurden. Zeichen ist der Trau-

benadler auf der Kapsel sowie das Zeichen Naturland. Präsident des Verbandes ist Michael → Prinz zu Salm-Salm. Das Ziel des Verbandes ist es, die Profilierung großer Weine aus deutschen Spitzenlagen zu garantieren. Aus diesem Grund wurde eine Lagenklassifizierung geschaffen, die das Terroir (Herkunft und Charakter) der Weine widerspiegelt. Auch wurde ein dreistufiges Qualitätsklassifikationsmodell entwickelt.
Weitere Merkmale sind:
- reduzierte Erträge,
- mindestens 80 % gebietstypische Rebsorten,
- Prädikatsweinanteil über dem Durchschnitt des jeweiligen Anbaugebietes,
- periodische Überprüfung von Verbandsvorgaben und Preisniveau,
- gemeinsame Öffentlichkeitsarbeit.

Villa Sachsen – Rheinhessen
Weingut in Bingen mit einer Rebfläche von 21 ha, im Besitz von Michael → Prinz zu Salm-Salm. Auf der steilen Südhanglage Binger Scharlachberg (Schieferböden) werden gehalt- und stilvolle Rieslinge von Weltruf hergestellt. Weitere Sorten sind Weiß- und Grauburgunder, Rivaner, Silvaner und Kerner. Eine zweite Lage in Bingen heißt Kirchberg.

Heinrich **Vollmer** – Pfalz
Weingut in Ellerstadt mit einer Rebfläche von 110 ha. Heinrich Vollmer, der auch Weingärten in Argentinien besitzt, gehört zu den deutschen Barrique-Pionieren. Die besten Ergebnisse erzielt er mit Spätburgunder und Cabernet Sauvignon, den er als einer der Ersten in Deutschland angepflanzt hat. Weitere Sorten sind Riesling und Chardonnay. Lagen: Ellerstadter Bubeneck und Kirchenstück.

W

Geheimrat J. **Wegeler Erben** – Mosel-Saar-Ruwer
Weingut in Bernkastel-Kues mit einer Rebfläche von 15 ha. Besonders hervorzuheben sind die süßen und edelsüßen Rieslinge. Neben dem Moselweingut betreiben Geheimrat J. Wegeler Erben noch zwei Weingüter, und zwar im Rheingau und in der Pfalz. Lagen: Bernkasteler Doctor, Graben und Lay, Graacher, Himmelreich, Wehlener Sonnenuhr, Kaseler Nies'chen.

Geheimrat J. **Wegeler Erben** – Rheingau
Weingut in Oestrich mit einer Rebfläche von 55 ha; Mitglied der Vereinigung → Charta-Weingüter. 16 verschiedene Weinberge gehören zu den als „Erste Gewächse" klassifizierten Lagen. Ebenso wie die ausgezeichneten Rieslinge ist der trockene Riesling-Schaumwein Geheimrat J, der 1983 erstmals erzeugt wurde, sehr bekannt. Neben dem Weingut im Rheingau betreiben Geheimrat J. Wegeler Erben noch zwei Weingüter, und zwar an der Mosel und in der Pfalz.
Lagen: Geisenheimer Kläuserweg und Rothenberg, Hall-

gartener Schönhell, Oestricher Doosberg und Lenchen, Rüdesheimer Berg Rottland und Berg Schlossberg, Winkeler Hasensprung und Jesuitengarten.

Dr. **Wehrheim** – Pfalz
Weingut in Birkweiler mit einer Rebfläche von 13 ha auf den steilen Hängen der klassifizierten Lage. Sie sind die am höchsten und am südlichsten gelegenen Spitzenlagen der Pfalz. Der rote Schieferboden bringt nicht nur eindrucksvolle Weißweine hervor, sondern auch kräftige Spätburgunder. Weitere Rebsorten sind Riesling, Weiß- und Grauburgunder, Silvaner, St. Laurent, Cabernet Sauvignon, Merlot und Chardonnay.
Lagen: Birkweiler Kastanienbusch und Mandelberg.

Robert **Weil** – Rheingau
Weingut in Kiedrich mit einer Rebfläche von 65 ha, seit 1988 im Besitz des japanischen Getränkekonzerns Suntory. Leiter des Betriebes ist Wilhelm Weil. Mitglied der Vereinigung → Charta-Weingüter.
Das Gut hat eine lange Tradition in der Erzeugung von Auslesen, Beerenauslesen, Trockenbeerenauslesen und Eisweinen.
Lagen: Kiedricher Gräfenberg und Wasseros; Hauptrebsorten: Riesling (98 %), Spätburgunder.

Weinbergsrolle
Lagenregister, das zur Überwachung der Lagen und Bereichsnamen dient. Jede Lage ist kartografisch festgehalten und geologisch, klimatisch sowie bezüglich der anzubauenden Rebsorten beschrieben.

Weinbruderschaft Baden-Württemberg
Auf Schloss Weitenburg am Neckar; gegründet 1969; ihr Ziel ist es, Geschichte und Kultur des Weines bekannt zu machen.

Weinbruderschaft der Pfalz
In Neustadt an der Weinstraße; gegründet 1954; ihr Ziel ist es, das Kulturgut des pfälzischen Weines zu erhalten und zu fördern.

Weinbruderschaft Heidelberg
In Heidelberg; gegründet 1972 .

Weinbruderschaft Mosel-Saar-Ruwer
In Bernkastel-Kues; gegründet 1967; hat es sich zum Ziel gesetzt, die Weinkultur zu heben.

Weinbruderschaft Rheinhessen zu St. Katharinen
In Oppenheim; gegründet 1970; hat es sich zum Ziel gesetzt, allgemeines Weinwissen zu verbreiten, die Bereitungsmethoden zu differenzieren und vor allem für Weinwahrheit einzutreten.

Weinbruderschaft St. Martin zu Mülheim/Ruhr
Gegründet 1969 mit dem Ziel, das Weinkulturgut einer breiteren Öffentlichkeit zugänglich zu machen.

Weinbruderschaft zu Berlin
Gegründet 1957.

Weinbruderschaft zu Hamburg
Gegründet 1964 mit dem Ziel, den Weingenuss zu fördern.

Weinbruderschaft zu Hannover
Gegründet 1964.

Adolf **Weingart** – Mittelrhein
Weingut in Spay mit einer Rebfläche von 9 ha. Die Rieslinge sind trocken, frisch und elegant. Die Grauburgunder werden in der Barrique ausgebaut. Lagen: Bopparder Hamm, Bopparder Hamm Feuerlay, Bopparder Hamm Ohlenberg und Engelstein.

Weingut der Stadt Bensheim – Hessische Bergstraße
Weingut in Bensheim mit einer Rebfläche von 13 ha. Die Weingärten sind vorwiegend mit Rieslingreben bepflanzt. Es wird aber auch Sekt aus Weiß- und Grauburgunderweinen hergestellt. Spezialitäten sind der Riesling-Eiswein sowie der Weißherbst aus der Rebsorte Rotberger. Weitere Sorten sind Chardonnay, Dornfelder und Spätburgunder. Lagen: Heppenheimer Centgericht, Bensheimer Kalkgasse, Kirchberg, Auersbacher Fürstenlager.

Weinorden an der Nahe
Weinbruderschaft in Bad Kreuznach; gegründet 1969; ihr Ziel ist es, das Wissen um die Naheweine zu fördern.

Weinorden in Vino Pax
Weinbruderschaft in München, die 1964 auf Château Coutet in Bordeaux gegründet wurde.

Dr. F. **Weins-Prüm** – Mosel-Saar-Ruwer
Weingut in Bernkastel-Kues, Ortsteil Wehlen, mit einer Rebfläche von 4 ha. Auf hervorragenden Lagen werden leichte Moselrieslinge und süße Spätlesen und Auslesen gekeltert. Lagen: Bernkasteler Badstube, Erdener Prälat, Graacher Himmelreich und Domprobst, Ürziger Würzgarten, Wehlener Sonnenuhr.

Weinzunft Bacchus Zechgesellschaft Bacharach-Steeg
Weinbruderschaft in Mittelrhein, gegründet 1960.

Weißherbst
Ein Q.-b.-A.- bzw. Q.-m.-P.-Roséwein darf Weißherbst genannt werden, wenn er ausschließlich aus Trauben einer Rebsorte hergestellt wurde aus Ahr, Franken, Rheingau, Rheinhessen, Pfalz oder Württemberg stammt.

Werlé Erben – Pfalz
Weingut in Forst an der Weinstraße mit einer Rebfläche von 12 ha; erzeugt werden beste Rieslinge traditioneller Art. Das Weingut exportiert sehr viel. Lagen: Deidesheimer Leinhöhle, Forster Jesuitengarten, Kirchenstück, Pechstein und Ungeheuer.

Winzergenossenschaft Bötzingen am Kaiserstuhl e. G. – Baden
Winzergenossenschaft in Bötzingen mit einer Gesamtrebfläche von 298 ha. Auf zwei Drittel der Rebfläche, die von 650 Win-

zern bewirtschaftet wird, stehen Rivaner und Spätburgunder. Empfehlenswert aus den Lagen am Kaiserstuhl sind noch Weißburgunder und Chardonnay.

Winzergenossenschaft Freyburg/Unstrut – Saale-Unstrut
Winzergenossenschaft in Freyburg/Unstrut mit einer Gesamtrebfläche von 350 ha. Auf den Freyburger Kalksteinterrassen werden gebietstypische Weine aus den Sorten Grauburgunder, Riesling und Weißburgunder erzeugt.

Winzergenossenschaft Nierstein – Rheinhessen
Winzergenossenschaft in Nierstein mit einer Gesamtrebfläche von 224 ha. Eine der besten Winzergenossenschaften Deutschlands, die Rieslinge und ausdrucksvolle Dessertweine aus der Huxelrebe erzeugt.

Hans **Wirsching** – Franken
Weingut in Iphofen mit einer Rebfläche von 70 ha; Besitzer Dr. Heinrich Wirsching. Das Gut zählt zu den Paradeunternehmen Frankens, die hohes Niveau durch niedrige Erträge erzielen. Die Weißweine vergären vorwiegend im Edelstahl, die Rotweine klassisch im Holzfass. Die Weine sind voll, fruchtig, aromatisch und zeigen hervorragende Ausgewogenheit. Spitzenweine werden in der Selektionsreihe „S“ vermarktet. Lagen: Iphöfer Julius-Echter-Berg, Kronsberg und Kalb; Rebsorten: Silvaner, Rivaner, Riesling, Scheurebe, Bacchus, Weiß- und Spätburgunder, Blauer Portugieser, Domina, Dornfelder.

Wittmann – Rheinhessen
Weingut in Westhofen mit einer Rebfläche von 23 ha. Mitglied der Vereinigungen → Naturland und → Ecovin. Die Weine werden lange auf der Hefe ausgebaut und nur einmal filtriert; trockene Qualitäten dominieren. Lagen: Westhofener Morstein, Aulerde und Kirchspiel; Rebsorten: Riesling, Silvaner, Weißburgunder, Chardonnay.

Wöhrwag – Württemberg
Weingut in Stuttgart, Ortsteil Untertürkheim, mit einer Rebfläche von 18 ha. Eindrucksvolle Qualitäten liefern Gewürztraminer und Riesling. Als Spezialität gelten der Weißwein vom Herzogenberg und diverse Rotweinneuzüchtungen. Weitere Sorten sind Spätburgunder, Weiß- und Grauburgunder sowie Sauvignon Blanc. Lage: Untertürkheimer Herzogenberg.

Z

Zeller Schwarze Katz
Bekannter Wein aus der Weinbaugemeinde Zell im Anbaugebiet Mosel-Saar-Ruwer.

Klaus **Zimmerling** – Sachsen
Weingut in Dresden, Ortsteil Pillnitz, mit einer Rebfläche von 4 ha. Das führende Weingut Sachsens entstand 1987. Es bringt hochfeine trockene Rieslinge, Traminer und Grauburgunder aus der Lage Pillnitzer Königlicher Weinberg hervor.

WEINBAULÄNDER

FRANKREICH

FRANKREICH

Die Stadt Bordeaux an der Garonne

Statistische Daten

- 16 Weinbauregionen: Bordeaux, Burgund, Rhônetal, Loiretal, Zentralfrankreich, Elsass, Lothringen, Jura, Savoyen, Provence, Languedoc, Roussillon, Südwesten/Midi-Pyrénées, Korsika sowie Champagne (siehe Schäumende Weine) und Cognacgebiet (Charente; nördlich von Bordeaux).
- Gesamtrebfläche rund 1 Mio. Hektar.
- Jährliche Gesamtproduktion 50–60 Mio. Hektoliter (davon 5–7 Mio. Hektoliter A.-O.-C.-Weine, rund 26 Mio. Hektoliter V.-D.-Q.-S.-Weine, rund 12 Mio. Hektoliter Vins de Pays, 8–10 Mio. Hektoliter Vins de Table).
- Rund eine halbe Million Menschen sind mittelbar oder unmittelbar mit Wein beschäftigt.
- Mehr als 400 Weinbaugebiete mit Appellation d'Origine Contrôlée.
- Export in über 120 Staaten der Erde, v. a. in die USA, nach Großbritannien, Deutschland und Japan.
- Pro-Kopf-Verbrauch pro Jahr ca. 70 Liter (1954 waren es noch 140 Liter).

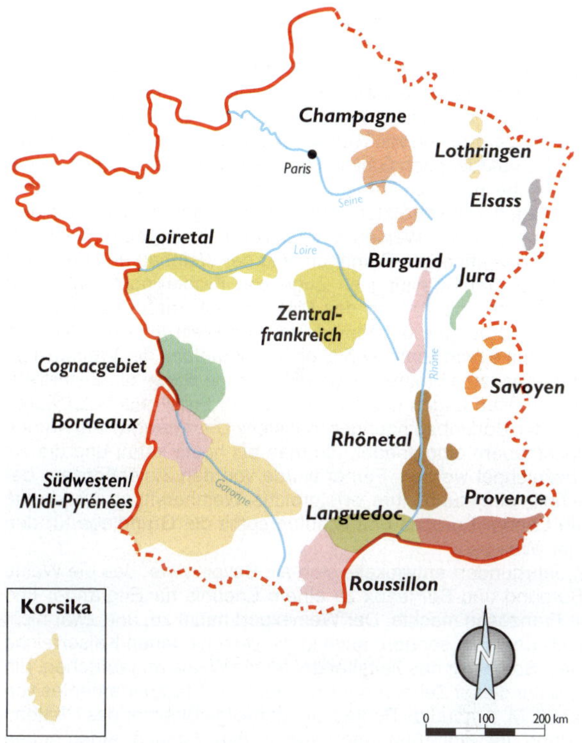

Klima

In Frankreich gibt es drei große Klimazonen. Die westliche Hälfte des Landes mit den Weinbauregionen Bordeaux, Loiretal und Südwesten hat vorwiegend warmes, maritimes Klima mit mäßigen Einflüssen des Atlantiks und des Golfstroms. Der Norden und der Nordosten Frankreichs mit den Regionen Champagne, Elsass und Chablis ist vorwiegend vom Kontinentalklima beherrscht. Es bringt große Temperaturunterschiede zwischen den kälteren Wintern und den heißeren Sommern als im Westen. Das Rhônetal, die Provence, Languedoc, Roussillon und Korsika haben unbeständiges Mittelmeerklima mit unvorhersehbar großen Niederschlagsmengen und Einflüssen von starken Winden, z. B. vom Mistral.

Geschichte

Frühe Quellen über den Weinbau in Frankreich sind in beinahe allen Weinbaugebieten des Landes zu finden. Sie stammen aus einer Zeit, die noch vor der Besetzung durch die Römer liegt. Die bedeutendste Epoche der Verbreitung von Weinreben sowie der Weinbereitung (die aus der Lombardei nach Gallien kam) fällt jedoch in die Zeit, in der das Römische Imperium Frankreich eingenommen hatte. Die Römer der damaligen Zeit schätzten nicht nur den eigenen Wein, sondern waren auch von den Weinen aus Gallien sehr angetan. Nach der Auflösung des Imperium Romanum war der Weinbau und die damit verbundene Weinbereitung im Zuge von Eroberungskriegen und Feindseligkeiten bis Anfang des Mittelalters beinahe ausgelöscht. Anschließend begann der Klerus, der den Wein für seine Messen brauchte, mit einem kontinuierlichen Wiederaufbau der Weingärten. Die bedeutendsten Weinerzeuger dieser Tage waren die Zisterzienser. Sie suchten Lagen und Rieden, die vor Frost geschützt waren und wo die Bodenbedingungen passten. Die Weingärten wurden mit Steinmauern eingefriedet, die man bis heute kennt und die als Clos bezeichnet werden. Ferner wurde von den Zisterziensern der Rebschnitt eingeführt. Ihre erfolgreiche Weinbereitung trugen sie in viele Länder Europas und schufen somit die Grundlage für den heutigen Weinbau.

Im 17. Jahrhundert entwickelte sich ein Savoir-vivre, das die Weine aus Burgund und Bordeaux zu einem Erlebnis für Engländer und reiche Franzosen machte. Der Weinexport nahm zu, und zwar nicht nur nach England, sondern auch in die verschiedenen Kaiserreiche Europas. Somit war das Zeitalter der feinen Weine angebrochen. Ein Weinpionier dieser Zeit war der Präsident des Stadtparlamentes von Bordeaux, M. Arnaud de Pontac, der damalige Besitzer des Château Haut Brion. Im Jahr 1660 unternahm er den Versuch, einen neuen Wein herzustellen, indem er mit bis dato unbekannten Weinbereitungsmethoden experimentierte. Seine Eckpunkte der Erneuerung waren strenge Ausleseverfahren, kleine Erträge und vor allem Hygiene im Keller. Heute gehören diese Methoden zur Routine im klassischen Weinbau.

Im Jahre 1855 erfolgte eine Klassifizierung von Weingütern aus Bordeaux, aus dem Médoc und aus Sauternes. Sie bestand aus einer Liste von Händlern und Weingütern mit ihren bekanntesten und teuersten Weinen. Noch heute hat die offizielle Klassifizierung Gültigkeit. Diese Liste liegt in den Archiven des Château Latour im Médoc.

Die Reblausplage im 19. Jahrhundert, der Erste Weltkrieg, gefolgt von der Rezession in Europa, und schließlich der Zweite Weltkrieg brachten den Weinbau für Jahrzehnte beinahe zum Erliegen. Danach erholte sich die Weinwirtschaft nur sehr langsam. Erst seit 1960 verzeichnet Frankreich einen neuen Höhenflug, der in der

Erzeugung von sagenhaften Spitzenweinen gipfelt. In den letzten Jahren sind zu den außergewöhnlichen Qualitäten aus Bordeaux und Burgund die bemerkenswerten Erzeugnisse aus dem Rhône- und Loiretal sowie aus dem Elsass dazugekommen, in jüngster Zeit aus Languedoc und Roussillon.

Böden

Die Bodenformationen Frankreichs sind besonders mannigfaltig und vielschichtig. Eine detaillierte Beschreibung befindet sich bei den einzelnen Weinbauregionen und -gebieten.

Rebsorten

Rund 60 Prozent der angebauten Rebsorten sind rot bzw. blau, 40 Prozent sind weiß. Bei den Weißweinsorten dominiert die Ugni Blanc weit vor der Chardonnay. Die am meisten angebauten Rotweinsorten sind Carignan, gefolgt von Grenache, Merlot, Syrah, Cinsaut, Gamay und Cabernet Sauvignon.
Während im Süden Frankreichs, besonders im Bordelais, vor allem die Rotweine aus Cuvées bestehen, werden im Norden Frankreichs die Weine reinsortig hergestellt.

Hauptrebsorten für Weißweine (in alphabetischer Reihenfolge)
Aligoté, Altesse, Bourboulenc, Chardonnay, Chasselas, Chenin Blanc, Clairette, Colombard, Folle Blanche, Fumé Blanc, Gewürztraminer, Gros Plant, Jacquère, Maccabeau, Malvoisie, Marsanne, Melon de Bourgogne, Merlot Blanc, Molette, Mondeuse Blanche, Muscadelle, Muscat Blanc à Petits Grains, Muscat Ottonel, Pinot Blanc, Pinot Gris, Riesling, Roussanne, Sauvignon Blanc, Savagnin, Sémillon, Seyval Blanc, Sylvaner, Ugni Blanc, Viognier.

Hauptrebsorten für Rotweine (in alphabetischer Reihenfolge)
Cabernet Franc, Cabernet Sauvignon, Camenère, Carignan, Chenin Noir (Pineau d'Aunis), Cinsault, Gamay, Grenache, Grolleau, Malbec, Merlot, Mourvèdre, Petit Syrah, Petit Verdot, Pinot Meunier, Pinot Noir, Poulsard, Syrah, Tannat, Trousseau.

Gesetz

Bereits gegen Ende des ersten Jahrtausends gab es in Frankreich strenge gesetzliche Vorschriften. So waren die Weinbauregionen und -gebiete schon damals in genauen Karten verzeichnet. Die Qualität der Weine konnte klar abgeleitet werden. Dieses System der kontrollierten Herkunft ist als Appellation Contrôlée (A.-C.-System) bekannt.
Das französische Weingesetz stuft die Weine in vier Kategorien ein.

Tafelweine
(Vins de Table)

Tafel- bzw. Tischweine sind laut EU-Verordnung vom 16. März 1987 (CEE Nr. 282/87) Weine aus Verschnitten französischer oder anderer europäischer Regionen. Diese einfachen Weine tragen keine innerfranzösische Herkunftsbezeichnung, die Bezeichnung „Frankreich" als Produktionsland genügt. Der Hinweis „Vin de Table" muss nicht auf der Etikette angegeben werden. Die Begrenzung der Hektarerträge ist zu erfüllen. Sie liegt bei Weißweinen bei 130 Hektoliter, bei Rot- und Roséweinen bei 100 Hektoliter pro Hektar.

Landweine
(Vins de Pays)

Landweine sind Tafelweine mit geografischer Herkunftsbezeichnung. Sie dürfen nicht mit Weinen anderer Regionen verschnitten werden. Im Jahr 1968 wurden die Departements festgelegt, in denen Landweine hergestellt werden dürfen. Diese Regelungen wurden 1970 in die EU-Weinbaubestimmungen integriert. Weitere Veränderungen erfuhren die Verordnungen in den Jahren 1991 und 1992. Es gibt zirka 140 offiziell anerkannte Landweinbezeichnungen.

Wichtige Bestimmungen für die Herstellung von Landweinen sind:

- Sie müssen zu 100 Prozent aus der Region stammen, deren Namen sie tragen. Es gibt vier Kategorien: Landweine mit Regionsbezeichnung, z. B. Midi-Pyrénées; Landweine mit Departementsbezeichnung, z. B. Gard; Landweine mit Zonenbezeichnung, z. B. Vin de Pays de Côtes de Gascogne; Landweine mit Zonen- und Departementsbezeichnung.
- Sie dürfen nur aus Weinbergen stammen, die mit den empfohlenen Rebsorten (Vitis-Vinifera-Sorten) bepflanzt sind. Die meisten Winzer stellen die Landweine reinsortig her, obwohl von der EU nur ein Mindestanteil von 85 Prozent vorgeschrieben ist.
- Der Ertrag darf bei Landweinen mit Zonenbezeichnung durchschnittlich 90 Hektoliter pro Hektar nicht übersteigen. Bei Landweinen mit Regions- und Departementsbezeichnung liegt der erlaubte Höchstbetrag bei 70–80 Hektoliter pro Hektar. Ausnahmen sind jedoch die Regel.
- Sie müssen einen natürlichen Alkoholgehalt von mindestens 9 Vol.-% aufweisen. Auch hier gibt es Ausnahmebestimmungen.
- Um als Landwein anerkannt zu werden, dürfen Rotweine einen Schwefeldioxidgehalt von nicht mehr als 125 mg, Rosé- und Weißweine von nicht mehr als 150 mg aufweisen.
- Sie dürfen nicht mehr als 0,4 Gramm flüchtige Säure pro Liter aufweisen.
- Sie benötigen die Zustimmung (nach einer organoleptischen Blindverkostung) der OPA (Organisme Professionnel Agrée), um als Vins de Pays bezeichnet zu werden.

- Obligatorische Angaben auf der Etikette sind der Alkoholgehalt in Vol.-%, das Fassungsvermögen in Liter oder cl, die Bezeichnung „Vin de Pays", gefolgt vom Namen des Anbaugebietes sowie dem Namen und der Adresse des Erzeugers oder Abfüllers.

Rund 35 Prozent der französischen Weinproduktion sind Landweine. Drei Viertel davon stammen aus den Weinbauregionen Languedoc und Roussillon. Es werden rund 3,8 Mio. Hektoliter Landweine mit Regionsbezeichnung, rund 5 Mio. Hektoliter Landweine mit Departementsbezeichnung und 3,2 Mio. Hektoliter Landweine mit Zonenbezeichnung hergestellt.

Landweine mit Regionsbezeichnung
Loiretal: Vin de Pays du Jardin de la France.
Midi-Pyrénées: Vin de Pays du Comté Tolosan.
Languedoc: Vin de Pays d'Oc.
Roussillon: Vin de Pays d'Oc.
Rhône-Alpes: Vin de Pays des Comtés Rhodaniens.

Landweine mit Departementsbezeichnung
Südwesten und Charente: Vin de Pays des Landes, ... des Pyrénées-Atlantique, ... de la Dordogne, ... Lot et Garonne.
Zentralfrankreich: Vin de Pays du Puy-de-Dôme, ... de la Creuse.
Languedoc: Vin de Pays de l'Aude, ... de l'Hérault, ... du Gard.
Roussillon: Vin de Pays des Pyrénées-Orientales.
Loiretal: Vin de Pays de l'Allier, ... des Deux-Sèvres, ... du Loir-et-Cher, ... de la Nièvre, ... Loire-Atlantique, ... du Maine-et-Loire, ... du Loiret, ... de la Vienne, ... de l'Indre, ... de l'Indre-et-Loire, ... de la Sarthe, ... de Vendée.
Midi-Pyrénées: Vin de Pays de l'Aveyron, ... de l'Ariège, ... de la Haute-Garonne, ... des Hautes-Pyrénées, ... du Tarn-et-Garonne, ... du Tarn, ... du Gers, ... du Lot.
Ostfrankreich: Vin de Pays du Bas-Rhin, ... de la Meuse, ... du Doubs, ... de Franche-Comté, ... de la Haute-Marne, ... de la Haute-Saône, ... de la Saône-et-Loire, ... de la Seine-et-Marne, ... de l'Yonne.
Provence-Côte d'Azur: Vin de Pays des Bouches-du-Rhône, ... des Alpes-de-Haute-Provence, ... des Alpes-Maritimes, ... des Hautes-Alpes, ... du Var, ... du Vaucluse.
Rhône-Alpes: Vin de Pays de l'Ain, ... de l'Ardèche, ... de la Drôme, ... de l'Isère.
Andere Regionen: Vin de Pays de la Haute-Vienne.

Landweine mit Zonenbezeichnung
Südwesten und Charente: Vin de Pays de l'Agenais, ... Charentais, ... du Périgord, ... des Terroirs Landais, ... de Thézac-Perricard.
Korsika: Vin de Pays de l'Ile de Beauté.

Languedoc: Vin de Pays de l'Ardailhou, ... de la Bénovie, ... de Bessan, ... de Cassan, ... de Caux, ... de Cessenon, ... des Cévennes, ... de la Cité de Carcassonne, ... des Collines de la Moure.
Roussillon: Vin de Pays des Côtes Catalanes.
Loiretal: Vin de Pays du Bourbonnais, ... des Coteaux de la Cabrerisse, ... des Coteaux de Cèze, ... des Coteaux Charitois, ... des Coteaux du Cher et de l'Arnon, ... des Coteaux d'Enserune, ... des Coteaux des Fenouillèdes, ... des Coteaux Flaviens, ... des Coteaux de Fontcaude, ... des Coteaux de Laurens, ... des Coteaux du Libron, ... des Coteaux du Littoral Audois, ... des Coteaux de Miramont, ... des Coteaux de Murviel, ... des Coteaux de Narbonne, ... des Coteaux de Peyriac, ... des Coteaux du Pont du Gard, ... des Coteaux du Salagou, ... de la Côte Vermeille, ... des Côtes du Brian, ... des Côtes du Ceressou, ... des Côtes de Lastours, ... des Côtes de Perpignan, ... des Côtes de Prouilhe, ... des Côtes de Thau, ... des Côtes de Thongue, ... des Côtes du Vidourle, ... de Cucugnan, ... du Duché d'Uzès, ... des Gorges de l'Hérault, ... de la Haute Vallée de l'Aude, ... de la Haute Vallée de l'Orb, ... d'Hauterive, ... des Hauts de Badens, ... du Mont Baudile, ... des Monts de la Grage, ... de Pézenas, ... de Retz, ... des Sables du Golfe du Lion, ... du Torgan, ... des Vals d'Agly, ... du Val de Cesse, ... du Val de Dagne, ... du Val de Montferrand, ... de la Vallée du Paradis, ... de la Vaunage, ... de la Vicomté d'Aumelas, ... de la Vistrenque.
Midi-Pyrénées: Vin de Pays de Bigorre, ... des Coteaux de Glanes, ... des Coteaux du Quercy, ... des Coteaux et Terrasses de Montauban, ... du Condomois, ... des Côtes de Gascogne, ... de Montestruc, ... des Côtes du Tarn, ... de Saint-Sardos.
Ostfrankreich: Vin de Pays des Coteaux de l'Auxois, ... des Coteaux de Coiffy, ... de Franche-Comté, ... de Sainte-Marie-la-Blanche.
Provence-Côte d'Azur: Vin de Pays d'Aigues, ... d'Argens, ... des Coteaux du Verdon, ... des Maures, ... de Mont-Caume, ... de la Petite Crau, ... de la Principauté d'Orange, ... du Var, ... du Vaucluse.
Rhône-Alpes: Vin de Pays d'Allobrogie, ... des Coteaux des Baronnies, ... des Coteaux de l'Ardèche, ... des Coteaux de Bessilles, ... du Comté de Grignan, ... des Balmes Dauphinoises, ... des Collines Rhodaniennes, ... des Coteaux du Grésivaudan, ... d'Urfé.

Weine höherer Qualität aus begrenzten Anbaugebieten

(Vins Délimités de Qualité Supérieur bzw. V.-D.-Q.-S.-Weine)

Die Weine werden seit einigen Jahren in die Gruppe der A.-O.-C.-Weine eingegliedert und als A.-O.-V.-D.-Q.-S.-Weine bezeichnet. Es wird in absehbarer Zeit die Kategorie der V.-D.-Q.-S.-Weine nicht mehr geben. Die EU-Bestimmungen sprechen von Q.-W.-P.-S.-R.-Weinen (Quality Wine Produced in a Specific Region).

A.-C.- oder A.-O.-C.-Weine (Appellation d'Origine Contrôlée)

Die höchste Kategorie im französischen Weingesetz sind die Qualitätsweine, die strengen Herkunfts- und Produktionsbestimmungen unterliegen. Die Herstellungsmethode und die für die A.-O.-C.-Weine zugelassenen Rebsorten sind exakt festgelegt. Die Erträge pro Hektar Rebfläche sind ebenso gesetzlich bestimmt wie die Mindestalkoholgehalte. Die Anbauflächen sind genau abgegrenzt. Das „O" bei den A.-O.-C.-Weinen wird durch eine Region (z. B. Bordeaux), ein Gebiet (z. B. Médoc), eine Gemeinde (z. B. Sauternes) oder eine Einzellage (z. B. Le Montrachet) ersetzt. Die Appellation kann aber auch für einen Weintyp (z. B. Crémant de Bourgogne) vergeben werden. Dieses System der kontrollierten Herkunft wird vom INAO (Institut National des Appellations d'Origine) bestimmt. Derzeit gibt es rund 390 A.-O.-C.-Weine, die aus etwa 40 Prozent der französischen Rebfläche stammen. Innerhalb der A.-C.-Kategorien gibt es weitere, aber nicht amtliche Qualitätszuordnungen.

Die erste offizielle Klassifizierung der Weingüter fand 1855 in Bordeaux statt. Es war das Jahr der Weltausstellung in Paris unter der Herrschaft von Napoleon III. Dieser gab den Auftrag, eine Rangordnung unter den Weingütern zu schaffen, sie zu klassifizieren. Aus rund 4.000 Bordeauxweinen wurden nur 61 Grands Crus (Hochgewächse) bzw. Châteaus ausgewählt. Dieser so genannten Médoc-Klassifizierung haben wir zwei Klassifizierungen neueren Datums gegenübergestellt, und zwar jener von Michael Parker und der von Wein Wisser. Die tabellarische Gegenüberstellung zeigt, wie unterschiedlich Weinbeurteilung sein kann (siehe Bordeaux). Darüber hinaus existieren unzählige weitere Bewertungen, z. B. von Alain Winkelman (vergibt 10 Punkte), Michel Dovaz (vergibt 10 Punkte), Vinum (vergibt 20 Sternchen), Wine Spectator (vergibt 100 Punkte) und Alles über Wein (vergibt 100 Punkte) sowie Hugh Johnson, Michel Bettane, Clive Coates, Michael Broadbent, Gilbert Delos, Thierry Desseauve und Philippe Faure-Brac.

Etikettensprache

Assemblage: Verschneiden verschiedener Weine verschiedener Lagen und Böden. Das Ergebnis ist ein Verschnitt, der eine Vielfalt an individuellen Nuancen besitzt.

Barrique: Eichenfass mit einem Fassungsvolumen von 225, 228 oder 232 Litern. Es wird für die Weinreifung und Geschmacksgebung (Holzton) verwendet. Heute ist der Begriff Barrique ganz allgemein gebräuchlich für einen Wein, dessen Ausbau in ungebrauchten Eichenfässern stattgefunden hat. Das Geschmacksbild des Weines wird unter der Bezeichnung Barriqueausbau zusammengefasst.

Baumé: In Frankreich übliche Mostwaage, um den Zuckergehalt des Traubenmostes zu messen.

Bouillie Bordelaise: Bordelaiser Brühe; gegen Mehltau.

Cave: Keller.
Cave Cooperative: Keller einer Genossenschaft.
Cépage: Rebsorte.
Chai: Oberirdischer Weinlagerraum.
Château: Weingut oder Bezeichnung eines Weines.
Clairet: Heller Rotwein mit leichtem Körper.
Climat: Einzellage im Burgund.
Clos: Weinberg oder Weingut, das von einer Mauer umgeben ist.
Collage: Klärung des Weines.
Coteaux de .../Côtes de ...: Weinbaulagen auf Berghängen.
Coulure: Abfallen der Rebblüten ohne Fruchtansatz.
Courtier: Weinhändler, der die Weinverkäufe des Weinbauern an den Négociant vermittelt.
Cru: Gewächs.
Cru Bourgeois: Zweithöchste Qualitätsstufe im Bordeaux bzw. Médoc. Ursprünglich war die Bezeichnung für Weingüter im Besitz des Bürgertums aus Bordeaux üblich, um Unterschiede zu den Crus Classés zu machen. Heute sind manche Cru-Bourgeois-Weine den Crus Classés sowohl in der Qualität als auch im Preis überlegen. Nach den letzten Bestimmungen im EU-Gesetz gibt es für die acht Appellationen des Médoc für 282 Weingüter und deren Weine die Bezeichnung Cru Bourgeois.
Cru Classé: Höchste Qualitätsstufe im Bordeaux.
Cuvaison/Couvage: Stadium des Weines, während er in den Gärbottich kommt.
Cuvée: Verschnitt verschiedener Weine, aber auch Selektion.
Cuvée Prestige: Bester Wein eines Gutes.
Cuverie: Fasslagerraum.
Décuvage: Ausstich oder Abstich eines Weines nach der Gärung.
Depot: Ablagerung von Sedimenten (Tanninen und Pigmentstoffen) bei alten Rotweinen; feine Weinsteinkristalle bei Weißweinen.
Domaine: Weingut bis Weinbau-Holding.
Élevage: Behandlung des Weines zwischen Gärung und Abfüllung.
En Cépagement: Summe aller Rebsorten, die entweder auf einem Weinberg wachsen oder in einer Cuvée vorhanden sind.
En Primeur: Im Bordeaux üblicher Verkauf von Weinen unmittelbar nach ihrer Bereitung im Fassgebinde.
Foudre: Großes Holzfass mit ca. 300 Liter Fassungsvermögen.
Gobelet: Französische Rebschnittmethode; kelchförmiger Schnitt.
Gout de Terre: Erdgeschmack beim Wein.
Grand Cru: Großes und bestes Gewächs sowie Lagenbezeichnung im Burgund.
Grand Cru Classé: Bezeichnung für Spitzenweinqualitäten, die im Médoc 1855 klassifiziert wurden.
Grand Vin: Hauptmarke eines Weingutes.
Millésime: Jahrgangsbezeichnung.
Mise en Bouteille au Château/Domaine: Erzeugerabfüllung.

Mise en Bouteille dans nos Caves: Kellereiabfüllung, Händlerabfüllung.
Moelleux: Bezeichnung für süße Weißweine.
Négociant: Weinhändler, der Weine einkauft und verkauft. Der **Négociant Éleveur** ist ein Weinhändler, der die Weine zusätzlich verschneidet, ausbaut und unter seinem Namen in Flaschen abfüllt. Der **Négociant Embouteilleur** ist ein Weinhändler, der Weine abfüllt und lagert. Der **Négociant Récoltant** ist auch Weinbauer.
Nouveau: Jüngster Wein eines Jahres, der nach dem 31. August auf den Markt kommt.
Non Vintage (NV): Ohne Jahrgang.
Petit Château: Nicht klassifiziertes Weingut (Château).
Premier Cru: Offiziell definierter Weinberg oder Weinlage. Premier Cru ist aber auch die zweithöchste Qualitätsstufe im Burgund und mit dem Zusatz Classé die höchste Qualitätsstufe im Médoc.
Primeur-Landwein: Er kommt am dritten Donnerstag im Oktober auf den Markt. Ganz allgemein ist ein Primeur ein jung zu trinkender Wein (am besten zwischen November und Ende Jänner).
Propriétaire Récoltant: Weingutbesitzer, der einen Wein erzeugt.
Récoltant: Weinbauer.
Récolte: Weinlese.
Rendement: Ernteertrag.
Sur Liè: Auf der Hefe ausgebaute Weine; ohne Abstich. Dieses Verfahren wird meist im Loiretal beim Muscadet verwendet.
Terroir: Bezeichnung für die Weinbaufaktoren, das Zusammenspiel von Böden, Lagen und Mikroklima.
Varietal: Auch Vin de Cépage; sortenreiner Wein.
Vendage: Lese; **Vendage par Tries:** Weinlese, die nur das Ernten von vollreifen oder von Botrytis befallenen Trauben zulässt; **Vendage Vert:** Entfernung von grünen und unreifen Trauben während der Vegetationszeit.
Veraison: Veränderung der Farbe bei den Trauben.
Vielles Vignes: Alte Rebstöcke.
Vigneron: Winzer.
Vignoble: Weinberg, Lage bzw. Parzelle, aber auch Weinbauregion.
Vin de Garde: Wein, der lagerfähig ist.
Vin de Goutte: Seihmost.
Vin de Liqueur: Traubensüßmost, der mit Weindestillat(en) gespritet wurde.
Vin de Paille: Strohwein.
Vin Gris: Roséwein aus roten Trauben, der vor der Vergärung noch auf der Maische bleibt.
Vin Jaune: Gelber Wein, eine Spezialität des Jura mit einem sherryähnlichen Flor.
Vin Ordinaire: Einfacher Tischwein.
Viticulteur: Weinbauer.

BORDEAUX
Bordelaise

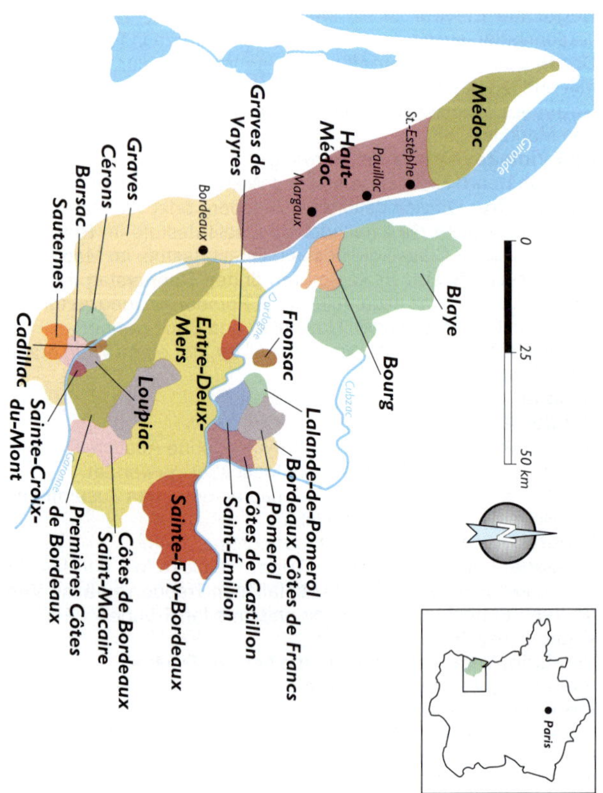

Libournais
Dieser inoffizielle Name bezeichnet eine Gebietszusammenlegung der Weinbaugebiete → Saint-Émilion, → Pomerol und → Fronsac mit der „Hauptstadt" Libourne. Eingeschlossen sind: → Lussac Saint-Émilion, → Montagne Saint-Émilion und → Puisseguin Saint-Émilion in Saint-Émilion, → Lalande-de-Pomerol und Néac in Pomerol sowie → Canon-Fronsac und → Côtes de Castillon in Fronsac.

Médoc, Foto Burdin S. A.

Statistische Daten

- Weinbaugebiete: → Barsac, → Blaye (Blayais) mit Côtes de Blaye und Premières Côtes de Blaye; → Bordeaux Côtes de Francs, → Bourg (Bourgeais) mit Côtes de Bourg; → Cadillac, → Cérons, → Côtes de Bordeaux Saint-Macaire, → Côtes de Castillon, → Entre-Deux-Mers mit Entre-Deux-Mers Haut-Benauge; → Fronsac und → Canon-Fronsac; → Graves mit → Pessac-Léognan; → Graves de Vayres, → Haut-Médoc mit → Listrac-Médoc, → Margaux, → Moulis-en-Médoc, → Pauillac, → Saint-Julien und → Saint-Estèphe; → Lalande-de-Pomerol, → Loupiac, → Médoc, → Pomerol, → Premières Côtes de Bordeaux, → Sainte-Croix-du-Mont, → Sainte-Foy-Bordeaux, → Saint-Émilion mit → Lussac Saint-Émilion, → Montagne Saint-Émilion, → Puisseguin Saint-Émilion und → Saint-Georges Saint-Émilion; → Sauternes.
- Gesamtrebfläche rund 119.000 Hektar, davon sind 117.000 Hektar für A.-O.-C.-Rotweine zugelassen.
- Jährliche Gesamtproduktion rund 7 Mio. Hektoliter.

Klima

Im Bordeaux herrscht ausgewogenes und relativ gemäßigtes Kontinentalklima, Gefahr von Frost besteht kaum. Positiv wirken sich die Einflüsse des Mittelmeeres aus; gegen die Einflüsse des Atlantiks werden die Weinbaugebiete durch Kiefernwälder abgeschirmt. Das Frühjahr ist meist ziemlich feucht, fallweise beeinflussen Kälteeinbrüche während der Blütezeit die Reben negativ. Der Herbst ist üblicherweise außergewöhnlich schön; warmes und trockenes Wetter während der Lese wirkt sich positiv auf die Qualität der Trauben aus.

Böden

Die Beschaffenheit der Böden ist sehr unterschiedlich, mehrheitlich sind es karge Sand-, Geröll- und Schotterböden. Der größte Teil der Rotwein-Grands-Crus wächst auf kieselhaltigen Anschwemmungen von Kiessand, doch es gibt auch Rebflächen auf Seesternkalk oder sogar auf tonigen Ablagerungen. Trockene Weißweine stammen von Schwemmlandböden mit Kies und Sand, Böden mit Seesternkalk, Lehm oder Molassen. Eine wesentliche Voraussetzung für qualitätvolle Weine ist die Regulierung der Wasserversorgung; wo dies nicht durch die natürlichen Gegebenheiten geschieht, werden daher die Böden sehr gut drainagiert.

Rebsorten

Hauptrebsorten für Weißweine
Hauptsächlich Sauvignon Blanc, gefolgt von Sémillon und Muscadelle. Von 1970 bis 2002 hat sich die Anbaufläche für Weißweinreben von 52 % auf 15 % verringert.

Hauptrebsorten für Rotweine
Hauptsächlich Merlot (auf rund 54.000 Hektar) und Cabernet Sauvignon (auf rund 27.000 Hektar), weiters Cabernet Franc, Malbec und Petit Verdot.

Spricht man von Wein, so ist die Weinbauregion Bordeaux, die am 45. Breitengrad liegt, ein Synonym für weltbeste Rotweine. Es waren die alten Römer, die erstmals in der Provinz Gallien Weinreben pflanzten. Im 12. Jahrhundert entwickelte sich bereits ein sehr reger Weinhandel mit England, danach mit der damaligen Weltmacht Holland. In einem heute zentralen Weinbaugebiet, dem Médoc, wurde erst ab dem 17. Jahrhundert Weinbau möglich, bis dahin war es ein unwirtliches Sumpfgebiet. Niederländische Ingenieure entwässerten es, und im Laufe der Zeit zeigte sich, wie gut der Boden für den Anbau von Weinreben geeignet ist.
Den zweiten Höhepunkt hatten die Bordeauxweine im 18. Jahrhundert, als Frankreich damit begann, Handel mit Zucker, Kaffee und Baumwolle mit den Westindischen Inseln zu betreiben. Aus diesen erfolgreichen Geschäften etablierte sich eine neue potente Finanz-

schicht, die man die „noblesse de robe" nannte. Sie bevorzugten nicht nur die Weine des Bordelais und tranken sie gerne, sondern investierten auch in den Ankauf von Weingärten. Eines der bekanntesten Mitglieder dieses Geldadels war Nicolas Alexander, Marquis de Ségur, der schon im 18. Jahrhundert die heute weltbekannten Châteaux Lafite, Latour, Mouton und Calon-Ségur besaß.
Im Laufe des 20. Jahrhunderts sank die Qualität vieler Weine aus dem Bordeaux, doch konnten gezielte und engagierte Bemühungen der Winzer diesen Trend stoppen und an die frühere Bedeutung anschließen. Heute sind im Bordeaux rund 10.000 Winzer beheimatet, die die Weinerzeugung nach traditionellen und modernen Gesichtspunkten pflegen.

Traditionelle Rotweinbereitung im Bordeaux

- Die erste Fermentation ist die Vergärung des gequetschten Traubengutes mit Schalen, Kernen und Kämmen, um den Farbstoff und die Gerbsäure (Tannin) zu erhalten und den Traubenzucker in Alkohol und Kohlensäure umzuwandeln. Die Dauer dieses Vorganges beträgt zwischen sechs und zehn Tagen.
- Der Jungwein bleibt mit den Schalen für die so genannte Cuvaison eine weitere Woche im Gärtank.
- Die Trennung der Hefe vom übrigen Wein ergibt den so genannten Vin de Goutte, wobei der gesondert abgepresste Wein aus der Hefe als Vin de Presse bezeichnet wird.
- Die malolaktische Gärung, die auch schon bei der ersten Fermentation einsetzen kann, ist die Umwandlung der harten Apfelsäure in die mildere Milchsäure und die feine Kohlensäure.
- Der Wein wird mit Weinen aus anderen Rebsorten zu einer Cuvée verschnitten und erhält eine Reifephase im Gärtank oder in der Barrique, wobei die verdunstete Menge an Wein immer wieder aufgefüllt wird.
- Die letzten Trubstoffe werden durch eine Schönung mit Hühnereiweiß entfernt. Dabei wird etwas Wein mit Eiweiß verschlagen und dem Wein beigemengt.
- Entweder wird der Wein am Weingut selbst abgefüllt und trägt die Bezeichnung Mise en Bouteille au Château bzw. Mise en Bouteille au Domaine oder er wird durch einen Händler (Négociant) abgefüllt, der seinen Namen auf die Etikette schreibt. In diesem Fall mit der Bezeichnung Mise en Bouteille par ... oder Mise en Bouteille dans nos Caves oder Mise en Bouteille à la Propriété.

Die Nachfrage nach den Topweinen aus dem Bordelais ist höher als die produzierte Menge. Die teuren, individuellen, sehr gut ausgewogenen und langlebigen Spitzenweine machen maximal fünf Prozent der französischen Gesamtproduktion aus.

Klassifizierung

Die offizielle Médoc-Klassifizierung aus dem Jahre 1855 hat nach wie vor weingesetzlich Gültigkeit, obwohl in den letzten Jahren verschiedene Weinexperten wie Michael Parker jun., der Wine Spectator oder die Vereinigung Wein Wisser eigene Bewertungskriterien und -modalitäten anwenden.

Die allgemeine Klassifizierung der Bordeauxweine wird in drei Stufen vorgenommen:

Allgemeine Herkunftsbezeichnungen

Sie gelten für alle Weine aus der Region Bordeaux, also dem Anbaugebiet der Gironde, die den recht strengen Vorschriften bezüglich Rebsorten, Höchsterträge usw. entsprechen. Es sind dies die Appellation Bordeaux Contrôlée, die Appellation Bordeaux Supérieur Contrôlée (höherer Alkoholgehalt), die Appellation Bordeaux Clairet Contrôlée, die Appellation Bordeaux Rosé Contrôlée, die Appellation Bordeaux Sec Contrôlée und die Appellation Crémant de Bordeaux Contrôlée.

Regionale Herkunftsbezeichnungen

Dabei handelt es sich um enger gefasste Regionen, z. B. Médoc, Graves (mit Graves Supérieures), Saint-Émilion (mit Saint-Émilion Grand Cru), Pomerol, Fronsac, Sauternes.

Lokale Herkunftsbezeichnungen

Sie beziehen sich auf einen Weinbauort, vielfach in Verbindung mit einem Erzeugerbetrieb, z. B. Pauillac (Ort) – Château Latour (Erzeugerbetrieb).

In der nachfolgenden Tabelle haben wir die offizielle Médoc-Klassifizierung den Klassifizierungen von Michael Parker und von Wein Wisser gegenübergestellt. Die beiden Klassifizierungen neueren Datums sind anerkannte, sehr seriöse Beurteilungen. Dabei ist es uns wichtig zu zeigen, wie unterschiedlich Weinbewertung sein kann.

Wurden früher einmal die Preise rein über die Klassifizierung der Weingüter gemacht, so hat sich auch diese Praxis geändert. In der heutigen Zeit spielt bei der Preisgestaltung der Klassifizierungsstatus nicht mehr die wichtigste Rolle. Heute gibt es so genannte Designerweine (Garagenweine, Kultweine, Superseconds), die das einstige unumstößliche Preisgefüge empfindlich in Frage stellen.

Zu beachten ist auch die wachsende Bedeutung der als Crus Bourgeois bezeichneten Weine aus dem Médoc.

Médoc-Klassifizierung von 1855 *5 Premier Crus Classés*	*Parker-Klassifizierung* *100 Punkte* *20 Premier Crus Classés* *von 100 bis 90,01 Punkten*	*Wein-Wisser-Klassifizierung* *20 Punkte* *11 Premier Crus Classés*
Lafite Rothschild (Pauillac)	Léoville Las Cases (St.-Julien)	Petrus (Pomerol)
Latour (Pauillac)	Petrus (Pomerol)	**Mouton Rothschild** (Pauillac)
Margaux (Margaux)	**Margaux** (Margaux)	**Haut Brion** (Pessac-Léognan)
Mouton Rothschild (Pauillac; seit 1973)	**Haut Brion** (Pessac-Léognan)	Cheval Blanc (St.-Émilion)
Haut Brion (Pessac-Léognan)	Lafleur (Pomerol)	**Margaux** (Pauillac)
	Lafite Rothschild (Pauillac)	**Lafite Rothschild** (Pauillac)
	Le Pin (Pomerol)	De Valandraud (St.-Émilion)
	Latour (Pauillac)	Ausone (St.-Émilion)
	Mouton Rothschild (Pauillac)	**Latour** (Pauillac)
	De Valandraud (St.-Émilion)	La Fleur (Pomerol)
	La Mission Haut Brion (Graves)	Le Pin (Pomerol)
	L'Eglise-Clinet (Pomerol)	
	Cos d'Estournel (St.-Estéphe)	
	Angélus (St.-Émilion)	
	Monbousquet (St.-Émilion)	
	Cheval Blanc (St.-Émilion)	
	Clinet (Pomerol)	
	Le Tertre Roteboeuf (St.-Émilion)	
	Ducru-Beaucaillou (St.-Julien)	
	L'Evangelie (Pomerol)	

14 Deuxièmes Crus Classés	*20 Deuxièmes Crus Classés von 90,01 bis 88,50 Punkten*	*20 Deuxièmes Crus Classés*
Brane-Cantenac (Margaux)	Grand-Puy-Lacoste (Pauillac)	Angélus (St.-Émilion)
Cos d'Estournel (St.-Estèphe)	**Léoville-Barton** (St.-Julien)	**Léoville-Las-Cases** (St.-Julien)
Ducru-Beaucaillou (St.-Julien)	**Montrose** (St.-Estèphe)	La Mission Haut Brion (Graves)
Durfort-Vivens (Margaux)	Troplong Mondot (St.-Émilion)	**Gruaud-Larose** (St.-Julien)
Gruaud-Larose (Margaux)	Certan de May de Certan (Pomerol)	Gazin (Pomerol)
Lascombes (Margaux)	Lynch-Bages (Pauillac)	Clinet (Pomerol)
Léoville-Barton (St.-Julien)	Trotanoy (Pomerol)	L'Evangelie (Pomerol)
Léoville-Las-Cases (St.-Julien)	**Pichon-Longueville Comptesse de ...**	Grand-Puy-Lacoste (Pauillac)
Léoville-Poyferré (St.-Julien)	Sociando-Mallet (Haut-Médoc)	Palmer (Margaux)
Montrose (St.-Estèphe)	Ferrand-Lartigue (St.-Émilion)	**Montrose** (St.-Estèphe)
Pichon-Longueville-Baron (Pauillac)	Pavie Macquin (St.-Émilion)	L'Eglise-Clinet (Pomerol)
Pichon-Longueville Comtesse-de-Lalande (Pauillac)	**Pichon-Longueville Baron** (Pauillac)	Lynch-Bages (Pauillac)
Rauzan-Ségla (Margaux)	Le Bon Pasteur (Pomerol)	**Pichon-Longueville Comptesse de ...**
Rauzan-Gassies (Margaux)	La Conseillante (Pomerol)	**Ducru-Beaucaillou** (St.-Julien)
	L'Arossée (St.-Émilion)	**Cos d'Estournel** (St.-Estèphe)
	Clos de l'Oratoire (St.-Émilion)	**Léoville-Barton** (St.-Julien)
	Beauséjour-Duffau Lagarosse (St.-Émilion)	Trotanoy (Pomerol)
	Gruaud-Larose (St.-Julien)	Troplong Mondot (St.-Émilion)
	La Fleur de Gay (Pomerol)	Le Tertre Roteboeuf (St.-Émilion)
	La Causpaude (St.-Émilion)	Magdelaine (St.-Émilion)

14 Troisièmes Crus Classés	*27 Troisièmes Crus Classés von 88,49 bis 88,25 Punkten*	*21 Troisièmes Crus Classés*
Boyd-Cantenac (Margaux)	Rauzan-Ségla (Margaux)	La Conseillante (Pomerol)
Calon-Ségur (St.-Estèphe)	Canon-La-Gaffelière (St.-Émilion)	Pichon-Longueville Baron (Pauillac)
Cantenac-Brown (Margaux)	La Fleur-Pétrus (Pomerol)	Vieux Château Certan (Pomerol)
Desmirail (Margaux)	Ausone (St.-Émilion)	Léoville-Poyferré (St.-Julien)
Ferrière (Margaux)	**Lagrange** (St.-Julien)	Petit Village (Pomerol)
Giscours (Margaux)	Latour à Pomerol (Pomerol)	Clerc Milon (Pauillac)
d'Issan (Margaux)	Pontet-Canet (Pauillac)	Figeac (St.-Émilion)
Kirwan (Margaux)	Grand Mayne (St.-Émilion)	Pape Clément (Graves)
Lagrange (St.-Julien)	La Roc de Cambes (Bourg)	Canon-La-Gaffelière (St.-Émilion)
La Lagune (Haut-Médoc)	Léoville-Poyferré (St.-Julien)	Charmail (Haut-Médoc)
Langoa Barton (St.-Julien)	**Palmer** (Margaux)	Monbousquet (St.-Émilion))
Malescot-Saint-Exupéry (Margaux)	de Ferraund (St.-Émilion)	Le Roc de Cambes (Bourg)
Marquis d'Alesme-Becker (Margaux)	Clerc Milon (Pauillac)	Sociando-Mallet (Haut-Médoc)
Palmer (Margaux)	Talbot (St.-Julien)	Ferrand-Lartigue (St.-Émilion)
	Haut-Bailly (Graves)	La Fleur de Gay (Pomerol)
	Magdelaine (St.-Émilion)	La Fleur-Pétrus (Pomerol)
	Gazin (Pomerol)	Pavie Macquin (St.-Émilion)
	Clos du Marquis (St.-Julien)	Certan de May de Certan (Pomerol)
	Vieux Château Certan (Pomerol)	Latour à Pomerol (Pomerol)
	La Croix du Casse (Pauillac)	Poujeaux (Moulis)
	Les Forts du Latour (Margaux)	
	La Louvière (Graves)	
	La Fleur du Jaugue (St.-Émilion)	
	Lafon-Rochet (St.-Estèphe)	
	Durhart-Milon Rothschild (Pauillac)	
	La Bahans du Château Haut-Brion (Graves)	

10 Quatrièmes Crus Classés	***32 Quatrièmes Crus Classés von 88,24 bis 86,05 Punkten***	***27 Quatrièmes Crus Classés***
Beychevelle (St.-Julien)	de Fieuzal (Graves)	Beauséjour Duffau-Lagarosse (St.-Ém.)
Branaire-Ducru (St.-Julien)	Larmande (St.-Émilion)	Le Bon Pasteur (Pomerol)
Duhart-Milon-Rothschild (Pauillac)	La Tour du Pin Figeac (St.-Émilion)	Chasse Spleen (Moulis)
Lafont-Rochet (St.-Estèphe)	Haut-Marbuzet (St.-Estèphe)	La Dominique (St.-Émilion)
Marquis de Terme (Margaux)	du Tertre (Margaux)	Pensées de Lafleur (St.-Émilion)
Pouget (Margaux)	Les Carmes Haut Brion (Graves)	La Serre (St.-Émilion)
Prieuré-Lichine (Margaux)	La Dominique (St.-Émilion)	Tour de Pez (St.-Estèphe)
Saint-Pierre (St.-Julien)	Beauregard (Pomerol)	Domaine de Chevalier (Graves)
Talbot (St.-Julien)	Beau-Séjour Bécot (St.-Émilion)	Batailley (Pauillac)
La Tour-Carnet (Haut-Médoc)	La Tour Haut Brion (Graves)	Haut-Bailly (Pessac-Léognan)
	Faugères (St.-Émilion)	Phélan-Segur (St.-Estèphe)
	Corbin-Michotte (St.-Émilion)	Larmande (St.-Émilion)
	Branaire-Ducru (St.-Julien)	Le Gay (Pomerol)
	Calon-Ségur (St.-Estèphe)	Lagrange (St.-Julien)
	Fourcas Loubaney (Listrac)	**Prieuré-Lichine** (Margaux)
	La Tour Figeac (St.-Émilion)	La Tour Haut-Caussan (Médoc)
	La Lagune (Haut-Médoc)	Les Forts de Latour (Pauillac)
	Cantemerle (Haut-Médoc)	Monbrison (Margaux)
	Lanessan (Haut-Médoc)	**Saint Pierre** (St.-Julien)
	Pape Clément (Graves)	Citran (Haut-Médoc)
	La Tour Haut-Caussan (Médoc)	de Fieuzal (Pessac-Léognan)
	D'Armailhac (Pauillac)	Beau-Séjour Bécot (St.-Émilion)
	Figeac (St.-Émilion)	Clos du Clocher (Pomerol)
	Gloria (St.-Julien)	La Grave à Pomerol (Pomerol)
	Fontenil (Fronsac)	Belair (St.-Julien)
	Chasse Spleen (Moulis)	Guillot (Pomerol)
	La Grave à Pomerol (Pomerol)	Langoa Barton (St.-Julien)
	Soutard (St.-Émilion)	
	La Gaffelière (St.-Émilion)	
	Couvent des Jacobins (St.-Émilion)	
	Clos Fourtet (St.-Émilion)	
	Haut-Batailley (Pauillac)	

18 Cinquièmes Crus Classés	*47 Cinquièmes Crus Classés von 86,04 bis 84,75 Punkten*	*47 Cinquièmes Crus Classés*
d'Armailhac (Pauillac)	Citran (Haut-Médoc)	Ferrière (Margaux)
Batailley (Pauillac)	Petit Village (Pomerol)	Pavie (St.-Émilion)
Belgrave (Haut-Médoc)	du Domaine de Eglise (Pomerol)	Pavie Desesse (St.-Émilion)
de Camensac (Haut-Médoc)	La Vielle Cure (Fronsac)	Clos Fourtet (St.-Émilion)
Cantemerle (Haut-Médoc)	Poujeaux (Moulis)	Pavillon Rouge (Margaux)
Clerc-Milon (Pauillac)	Clos du Clocher (Pomerol)	Corbin (St.-Émilion)
Clos-Labory (Saint Estèphe)	Les Carruades de Lafite (Pauillac)	Meyney (St.-Estèphe)
Croizet-Bages (Pauillac)	Clos Saint Martin (St.-Émilion)	Brown (Pessac-Léognan)
Dauzac (Margaux)	Pavie Decesse (St.-Émilion)	Grand Meyne (St.-Émilion)
Grand-Puy-Ducasse (Pauillac)	Haut-Corbin (St.-Émilion)	Fourcas Loubanay (Listrac)
Grand-Puy-Lacoste (Pauillac)	La Garde (Pessac-Lógnan)	Beychevelle (St.-Julien)
Haut-Bages-Libéral (Pauillac)	Langoa Barton (St.-Julien)	Clos des Jacobins (St.-Émilion)
Haut-Batailley (Pauillac)	Rocher Bellevue Figeac (St.-Émilion)	L'Arrosée (St.-Émilion)
Lynch-Bages (Pauillac)	Grand-Pontet (St.-Émilion)	Haut-Marbuzet (St.-Estèphe)
Lynch-Moussas (Pauillac)	Dufort-Vivens (Margaux)	Talbot (St.-Julien)
Pédesclaux (Pauillac)	Parenchére (Bordeaux Supérieur)	**d'Armailhac** (Pauillac)
Pontet-Canet (Pauillac)	La Croix de Gay (Pomerol)	Lagrange (Pomerol)
du Tertre (Margaux)	Les Ormes Sorbet (Médoc)	Fougères (St.-Émilion)
	Lalande Borie (St.-Julien)	Mazeyres (Pomerol)
	Tour de Haut-Moulin (Haut-Médoc)	Beauregard (Pomerol)
	Malescot Saint Exupéry (Margaux)	Gloria (St. Julien)
	Canon de Brem (Canon-Fronsac)	**Belgrave** (Haut-Médoc)
	Meyney (St.-Estèphe)	Cap de Mourlin (St.-Émilion)
	Pontensac (Médoc)	Rouget (Pomerol)
	Picque Caillu (Pessac-Léognan)	Duhart-Milon Rothschild (Pauillac)
	Rouget (Pomerol)	Les Carmes Haut Brion (Pessac)
		Saint-André Corbin (St.-Émilion)

Bertineau St.-Vincent (Lalande de Pomerol)
Marquise de Terme (Margaux)
Coufran (Haut-Médoc)
Bonalque (Pomerol)
Smith Haut Lafitte (Pessac-Léognan)
Moulin Pey-Labrie (Fronsac)
Certan-Giroud (Pomerol)
Mazeris (Canon-Fronsac)
Les Ormes de Pez (St.-Estèphe)
La Fleur (St.-Émilion)
Kirwan (Margaux)
Hortevie (St.-Julien)
Prieure-Lichine (Margaux)
Haut-Bages Libéral (Pauillac)
Canon-Moueix (Canon-Fronsac)
Dalem (Fronsac)
De Sales (Pomerol)
Grand-Puy Ducasse (Pauillac)
Phélan-Ségur (St.-Estèphe)
Bougneuf (Pomerol)
Faizou (Haut-Médoc)

Domaine de L'Eglise (Pomerol)
La Croix du Casse (Pomerol)
d'Angludet (Margaux)
Curé-Bon (St.-Émilion)
Biston-Brillette (Moulis)
Les Ormes de Pez (St.-Estèphe)
Lafon-Rochet (St.-Estèphe)
Canon (St.-Émilion)
Chauvin (St.-Émilion)
Cantenac-Brown (Margaux)
Les Carruades de Lafite (Pauillac)
Haut-Bages-Libéral (Pauillac)
Labégorce Zédé (Margaux)
La Louviére (Pessac-Léognan)
Smith Haut Lafitte (Pessac-Léognan)
Dassault (St.-Émilion)
La Gurgue (Margaux)
Les Ormes Sorbet (Médoc)
La Croix de Gay (Pomerol)
La Lagune (Haut-Médoc)

BURGUND

Bourgogne

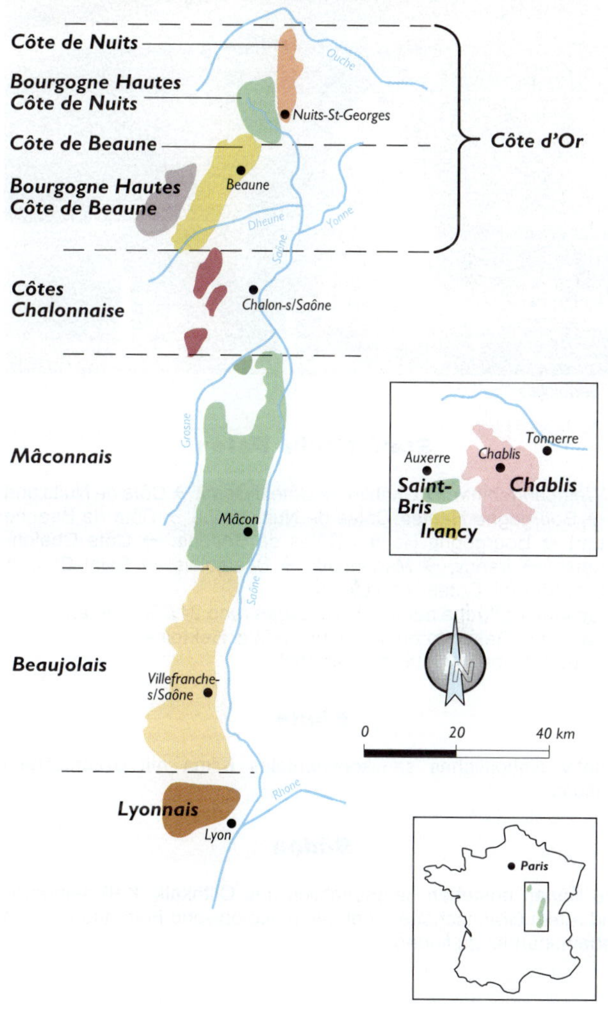
Côte de Nuits
Bourgogne Hautes Côte de Nuits
Côte de Beaune
Bourgogne Hautes Côte de Beaune
Côte d'Or
Ouche
Nuits-St-Georges
Beaune
Dheune
Yonne
Saône
Côtes Chalonnaise
Chalon-s/Saône
Mâconnais
Grosne
Mâcon
Beaujolais
Villefranche-s/Saône
Lyonnais
Lyon
Rhone
Tonnerre
Auxerre
Chablis
Saint-Bris
Chablis
Irancy
N
0
20
40 km
Paris

Im Beaujolais

Statistische Daten

- Weinbaugebiete: → Chablis, → Côte d'Or mit → Côte de Nuits und → Bourgogne Hautes-Côtes de Nuits sowie → Côte de Beaune und → Bourgogne Hautes-Côtes de Beaune; → Côte Chalonnaise, → Irancy, → Mâconnais, → Beaujolais, → Saint-Bris, → Lyonnais mit Coteaux du Lyonnais.
- Gesamtrebfläche der A.-O.-C.-Lagen rund 24.000 Hektar.
- Jährliche Gesamtproduktion rund 3 Mio. Hektoliter.
- Export in über 100 Länder der Welt.

Klima

Relativ einheitliches semikontinentales Klima mit ozeanischem Einfluss.

Böden

Die Böden bestehen hauptsächlich aus Olithkalk, Kalksteingeröll und rotem Granitschotter. Vielfältige geologische Formationen sind nebeneinander zu finden.

Rebsorten

Hauptrebsorten für Weißweine
Chardonnay vor Aligoté sowie Pinot Blanc, Pinot Beurot (Pinot Gris) und Sauvignon Blanc.

Hauptrebsorten für Rotweine
Hauptsächlich Pinot Noir, weiters Gamay.

Die Weinbauregion Burgund liegt in der Mitte Frankreichs zwischen den Städten Dijon und Lyon und ist neben dem Bordelais und der Champagne das wichtigste Weinbauzentrum Frankreichs. Die weltbesten Spitzenweine sind vor allem im Gebiet zwischen Dijon und Beaune zu finden. Neben den Weiß- und Rotweinen werden Clairets (Roséweine) und Schaumweine (Crémants de Bourgogne) erzeugt. Erste Quellenangaben über Weinbau in dieser Region gehen auf das 13. Jahrhundert zurück. Im 14. und 15. Jahrhundert war Burgund ein eigenständiges Herzogtum, das von den Herzögen von Valois beherrscht wurde. Ihre Hauptstadt und ihr Regierungssitz war Dijon. Schon damals wurden Vorschriften erlassen, die eine hohe Weinqualität sicherten.

Klassifizierung
Die Klassifizierung der Burgunderweine umfasst fünf Qualitätsstufen, und zwar die Appellation Générique (Gebietsweine), die Appellation Régional (Distriktsweine), die Appellation Communale (Gemeindeweine) und die Premiers Crus sowie Grands Crus.

Gebietsweine
Die niedrigste Qualitätsstufe der Burgunderweine umfasst die sehr allgemeine Appellation Bourgogne Grand Ordinaire, die sehr selten Verwendung findet, die Appellation Bourgogne Contrôlée sowie Bourgogne Rosé, Bourgogne Clairet, → Bourgogne Aligoté, → Bourgogne Passetoutgrain und Crémant de Bourgogne (für schäumende Weine).

Distriktsweine
Die Appellation Régional umfasst ein enger begrenztes Gebiet, z. B. → Côte de Nuits, → Côte de Beaune.

Gemeindeweine
Die dritte Stufe, die so genannte Appellation Communale, beinhaltet die Gemeindenamen. Es sind 45 Gemeinden klassifiziert: → Aloxe-Corton, → Auxey-Duresses, → Beaune, Blagny, → Bouzeron, → Chablis, → Chambolle-Musigny, → Chassagne-Montrachet, Cho-

rey-lès-Beaune, → Fixin, → Gevrey-Chambertin, → Givry, → Irancy, → Ladoix, → Maranges, → Marsannay, → Mercurey, → Meursault, → Montagny, → Monthelie, → Morey-Saint-Denis, → Nuits-Saint-Georges, → Pernand-Vergelesses, → Pommard, → Pouilly-Fuissé, → Pouilly Loché, Pouilly Vinzelles, → Puligny-Montrachet, → Rully, → Saint-Aubin, → Saint-Romain, → Saint-Véran, → Santenay, → Savigny-lès-Beaune, → Viré-Clessé, → Volnay, Volnay-Santenots, → Vosne-Romanée, → Vougeot.

Premiers Crus
Auf der Etikette scheint der Gemeindename mit der Lage auf, z. B. Volnay Les Clos des Ducs. Steht neben dem Gemeindenamen die Bezeichnung 1er Cru bzw. Premier Cru, dann stammt der Wein aus mehreren Premier-Cru-Lagen der Gemeinde.

Grands Crus
Bei der höchsten Qualitätsstufe steht auf der Etikette nur die Lage. Es sind 32 Grand-Cru-Lagen in der → Côte d'Or sowie der → Chablis Grand Cru in dieser Kategorie eingetragen.
→ Bâtard-Montrachet, → Bienvenues-Bâtard-Montrachet, → Bonnes-Mares, → Chablis Grand Cru, → Chambertin, → Chambertin-Clos de Bèze, → Chapelle-Chambertin, → Charmes-Chambertin, → Chevalier-Montrachet, Clos de la Roche, → Clos de Tart, → Clos de Vougeot, → Clos des Lambrays, Clos Saint-Denis, → Corton, → Corton-Charlemagne, → Criots-Bâtard-Montrachet, → Echézeaux, → Grands-Echézeaux, Griotte-Chambertin, → La Grande Rue, → La Romanée, → La Tâche, → Latricières-Chambertin, → Mazis-Chambertin, → Mazoyères-Chambertin, → Montrachet, → Musigny, → Richebourg, → Romanée-Conti, → Romanée-Saint-Vivant, → Ruchottes-Chambertin.

Bekannte Weinerzeuger und Négociants
Domaine du Marquis d'Angerville, Jean-Marc → Boillot, Michel Bouzereau et Fils, Domaine Chandon de Briailles, Domaine Gerard Chavy et Fils, Domaine Bruno Clair, Coche-Dury, Domaine Dujac, Domaine William Fèvre, Domaine Jean Grivot, Michel Gros, Bernard Hudelot, Jacky Janodet, Michel Juillot, Domaine Comtes → Lafon, Domaine Laroche, Domaine → Leroy, Jean-Claude Boisset, Bouchard Père et Fils, → Champy, André Delorme, Joseph → Drouhin, Georges → Dubœuf, → Faiveley, Vincent Girardin, Louis → Jadot, → Labouré Roi, Louis → Latour, Domaine → Leflaive, Loron et Fils, Olivier Merlin, Patriarche Père et Fils, Antonin → Rodet.

RHÔNETAL
Vallée du Rhône

Lyon
Château-Grillet
Condrieu
Côte Rôtie
Rhône
Saint-Joseph
Crozes-Hermitage
Tournon
Hermitage
Isère
Paris
Cornas
Saint-Péray
Eyrieux
Châtillon-en-Diois
Coteaux de Die
Drôme
Roubion
Côtes du Vivarais
Côtes du Rhône-Villages
Côteaux du Tricastin
Rhône
Côtes du Ventoux
Rasteau
Gigondas
Vacqueyras
Orange
Beaumes-de-Venise
Lirac
Tavel
Châteauneuf-du-Pape
Côteaux de Pierrevert
Côtes du Luberon
Avignon
N
0
10
20 km

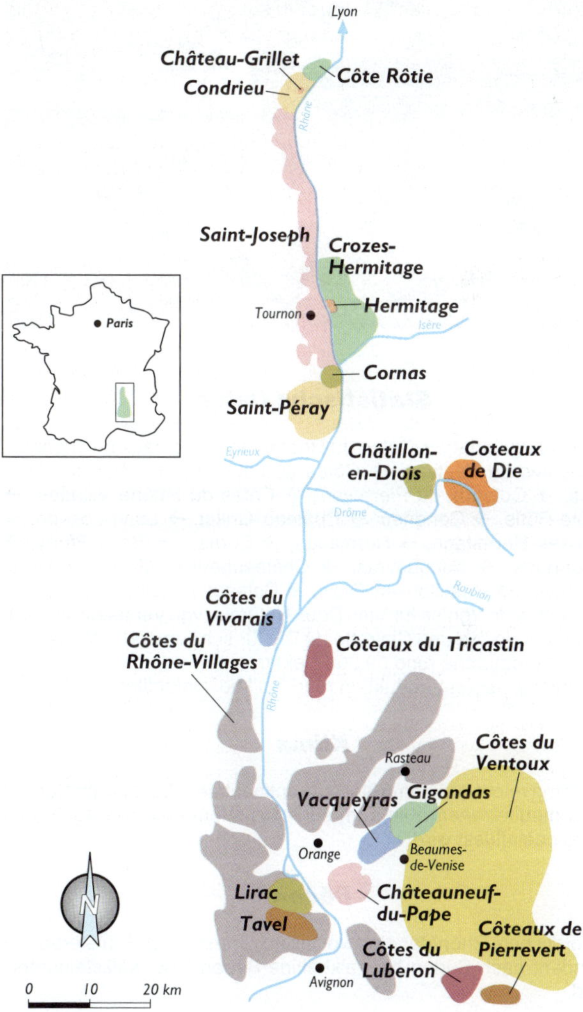

Gigondas

Statistische Daten

- Weinbaugebiete: → Côtes du Rhône mit → Coteaux du Tricastin, → Côtes du Ventoux, → Côtes du Luberon, → Côtes du Vivarais, → Coteaux de Pierrevert; → Côtes du Rhône-Villages, → Côte Rôtie, → Condrieu, → Château-Grillet, → Saint-Joseph, → Crozes-Hermitage, → Hermitage, → Cornas, → Saint-Péray, → Gigondas, → Vacqueyras, → Châteauneuf-du-Pape, → Lirac, → Tavel, → Châtillon-en-Diois, → Coteaux de Die; Rasteau und Beaumes de Venise für Vins Doux Naturels (vgl. Versetzte Weine); Crémant de Die und Clairette de Die für schäumende Weine.
- Gesamtrebfläche rund 59.000 Hektar.
- Jährliche Gesamtproduktion rund 2,9 Mio. Hektoliter.

Klima

Das Klima reicht von gemäßigt mit kontinentalem Einfluss im Norden bis zu mediterranem Klima im südlichen Rhônetal, das auch vom Mistral beeinflusst wird.

Böden

Im nördlichen Rhônetal sind vor allem Granit- und Schieferböden zu finden, nach Süden hin kalkhaltige Böden bzw. Kalksteinuntergrund.

Rebsorten

Hauptrebsorten für Weißweine
Die wichtigste Sorte ist die Viognier, gefolgt von der Muscattraube sowie Marsanne, Roussanne und Clairette.

Hauptrebsorten für Rotweine
Die wichtigste Sorte ist die Syrah, gefolgt von Mourvèdre, Grenache, Carignan und Cinsault.

Die Weinbauregion Rhônetal ist nach dem Bordelais das zweitgrößte Qualitätsweinbaugebiet Frankreichs und zugleich das älteste. Es erstreckt sich von Vienne bis nach Avignon, der alten Residenzstadt des Papstes, und war schon in der Zeit der Phönizier und der Griechen sehr bekannt. Im 17. und 18. Jahrhundert waren die Weine von der Rhône sehr beliebt, später wurde ihnen von den Regionen Bordeaux und Burgund der Rang abgelaufen. In neuerer Zeit haben die Anstrengungen der Winzer dazu geführt, dass die Qualität der Weine gestiegen ist, die Besonderheiten des Terroirs werden gezielt akzentuiert. Die Vielfalt der Weine wird bewusst hervorgehoben und das Rhônetal wird von vielen Kennern zu den aufstrebendsten Weinbauregionen gezählt. Rund 95 Prozent der Produktion entfallen auf Rotweine. Der Rest sind Rosé- und Weiß- sowie Schaumweine.

Bekannte Weinerzeuger und Négociants
Allemand, Château d'Aquéria, Domaine Gilles Barge, Guy de Barjac, Château de Beaucastel, Domaine de Beaurenard, René Brunel, Domaine le Clos de Cazeau, Domaine Chante Cigale, Domaine Chante Perdrix, M. → Chaputier, Domaine du Charavin, Chave, A. & P. M. Clape, Domaine Clefs d'Or, Jean-Luc Colombo, Domaine de Combelonge, M. & D. Courbis, Domaine Pierre Coursodon, Yves Cuilleron, Pierre Dumazet, Domaine Durieu, Domaine des Entrefaux Tardy et Ange, Philippe Faury, Château des Fines Roches, Château de la Font du Loup, Château Fortia, Domaine de la Foumone, Pierre Gonon, Domaine de Goubert, Alain Graillot, Domaine du Grand Montmirail, Domaine du Grand Tinel, Château Grillet, Domaine de la Grapillon d'Or, Bernard Grippa, Jean-Louis Grippat, Etienne → Guigal, Marcel → Guigal, Paul → Jaboulet Ainé, Robert Jasmin, Marcel Juge, La Bosquet des Papes, Jean-Pierre Lafon, Domaine des Lambertins, Château La Nerthé, Les Cailloux, Levet, Domaine Maby, Gabriel Meffre, Domaine de Montpertuis, Domaine de Nalys, Clos de Papes, André Perret, Domaine Raspail-Ay, Cave Coopérative Rasteau, Château → Rayas, Château du Rozay, Domaine le Sang des Cailloux, Domaine de la Solitude, Marc Sorrel, Cave Coopérative de Tain-l'Hermitage, Château de Trinquevedel, Georges Vernay, Vidal-Fleury, Domaine du Vieux Télégraphe.

LOIRETAL
Vallée de la Loire

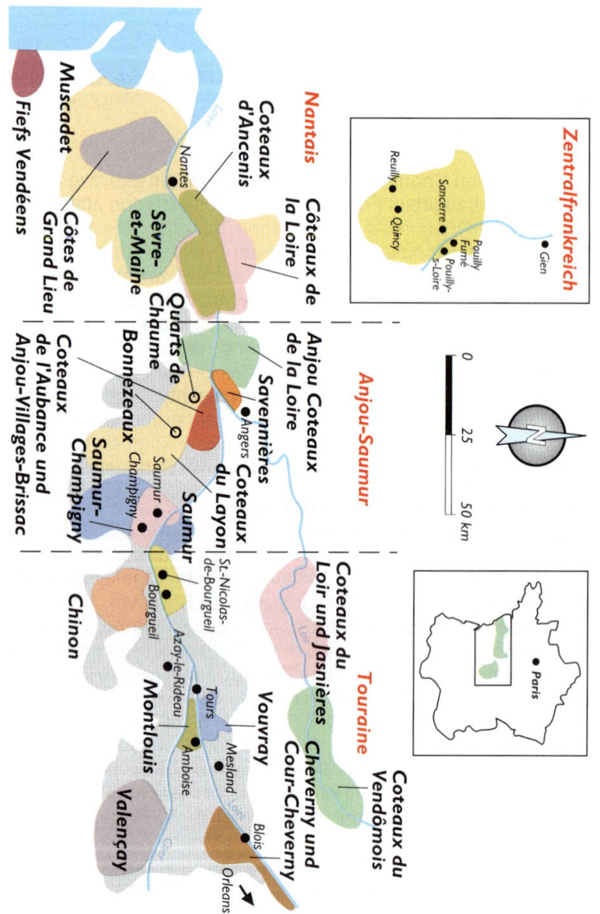

In der Touraine

Statistische Daten

- Drei Hauptweinbaugebiete: → Anjou-Saumur, → Nantais, → Touraine; regionale Appellationen sind → Rosé de Loire und Crémant de Loire (für schäumende Weine).
- Gesamtrebfläche rund 70.000 Hektar.
- Jährliche Gesamtproduktion rund 2,5 Mio. Hektoliter, davon sind 700.000 Hektoliter Vins de Pays.

Klima

Das Klima im westlichen Teil des Loiretals ist von unterschiedlichsten Einflüssen des Atlantiks geprägt, weiter im Osten herrscht kontinentales Klima vor.

Böden

Die Böden sind durch vielfältige Formationen gekennzeichnet. Im unteren Tal der Loire bestehen sie aus Schiefer und Gneis. Der Bereich um Saumur ist durch Kreidetuff gekennzeichnet.

Rebsorten

Hauptrebsorten für Weißweine (nach Anbauhäufigkeit)
Sauvignon Blanc, Chardonnay, Chenin, Grolleau Gris, Melon de Bourgogne, Folle Blanche, Muscadet, Pinot Blanc, Arbois.

Hauptrebsorten für Rosé- und Rotweine (nach Anbauhäufigkeit)
Cot, Gamay, Grolleau (Groslot), Cabernet Franc, Cabernet Sauvignon, Pinot Noir, Pineau d'Aunis, Abouriou.

Die Weinbauregion erstreckt sich über 13 Departements von der Auvergne bis zum Atlantik bei Nantes. Die Loire verbindet zwar diese Gebiete, doch zeigen sich entlang des Flusses Unterschiede hinsichtlich Klima und Bodenbeschaffenheit, die sich auch in den Weinen widerspiegeln.
Neben den Weinen aus den A.-O.-C.-Gebieten werden hauptsächlich Weißweine, in kleineren Mengen Rosé- und Rotweine sowie Schaumweine erzeugt.
Mit rund 1.000 Kilometer ist die Loire der längste Fluss Frankreichs, Nebenflüsse sind Cher und Loir (ohne e). Durch die unzähligen Renaissanceschlösser der französischen Könige ist der so genannte Garten Frankreichs ein begehrtes Reiseziel vieler Touristen.

Bekannte Weinerzeuger und Négociants
Ackerman-Laurance, Aubert Frères, Audebert et Fils, Domaine de Bablut, Domaine Bahaud, Domaine Beaujeau, Guy Bossard, Bouvet-Ladubay, Domaine de Breuil, Château de Chaintres, Chéreau-Carré, Michel Chiron, Château du Cléray, Domaine de la Désoucherie, Château de Fesles, Paul Fillatreau, Domaine des Forges, Marquis de Goulaine, Yves Guégniard, Guilbaud Frères, Hardy-Luneau, Château de Hureau, Charles Joguet, Caves de la Loire, Pascal Lorieux, Louis Métairau, Château la Noe, Caves des Vins de Rabelais, Domaine Richou, Cave Coopérative Saumur, R. et S. Simon, Château de Targé.

ZENTRALFRANKREICH
Centre

Statistische Daten

- Weinbaugebiete: → Côtes du Forez, → Coteaux du Giennois (um Gien), → Côte Roannaise, → Menetou-Salon, → Pouilly-Fumé, → Pouilly-sur-Loire, → Quincy, → Reuilly, → Sancerre sowie die A.-O.-V.-D.-Q.-S.-Gebiete → Châteaumeillant, → Côtes d'Auvergne, → Saint-Pourçain und → Orléanais.

Klima

In der Gegend von Sancerre und Pouilly-sur-Loire herrscht semikontinentales Klima mit kalten Wintern und warmen Sommern, während im Bereich von Saint-Pourçain, Côtes du Forez und Côte Roannaise verstärkt kontinentales Klima zu beobachten ist.

Böden

Die Böden stammen großteils aus der Juraformation. Bei Sancerre und Pouilly-sur-Loire sind sie denen des → Chablis ähnlich. In Saint-Pourçain, Côtes du Forez und der Côte Roannaise findet sich das Urgestein des Zentralmassivs (Granit). In Côtes d'Auvergne ist der Boden relativ kalkhaltig, Châteaumeillant weist Granitböden mit etwas Schiefer und Sandstein auf. Auch Feuerstein ist zu finden.

Rebsorten

Hauptrebsorten für Weißweine
Zum größten Teil wird die Sauvignonrebe (in Pouilly auch Blanc-Fumé genannt) gepflanzt, daneben in Saint-Pourçain die Tressallierrebe und in Pouilly-sur-Loire die Chasselasrebe.

Hauptrebsorten für Rotweine
Hauptsächlich wird die Gamayrebe gepflanzt, daneben noch Pinot Noir (in Sancerre, Menetou-Salon und Reuilly) und speziell für Roséweine Pinot Gris und Pinot Meunier.

Die unter dem Begriff Zentralfrankreich zusammengefassten Weinbaugebiete am Oberlauf der Loire und an ihren Nebenflüssen Allier und Cher bilden keine Einheit, sondern zeigen individuelle Besonderheiten, die sich auch in den erzeugten Weinen widerspiegeln (zum Beispiel der Gris Meunier aus dem Orléanais). Die Côtes du Forez und die Côte Roannaise zählen zu den höchstgelegenen Rebflächen Frankreichs (400 bis 600 Meter über dem Meeresspiegel).

Bekannte Weinerzeuger und Négociants
Michel Bailly, Gilles Bonnefoy, Domaine Henri Bourgeois, Domaine Dominique et Janine Crochet, Paul Figeat, Madame Fontaine, SA Fouassier Père et Fils, Domaine du Grand Rosières, Ladoucette, Famille Laurent, Bruno Lecomte, Jacky Legroux, Pierre Marchand et Fils, Domaine Meunier, Gérard Millet, Serge et Odile Nebout, Château du Nozet, Jean Pabiot et Fils, Roger Pabiot, Jean-Louis Pétillat, Les Caves de Pouilly-sur-Loire, Clos de la Poussie, Domaine de Poyet, Cave François Ray, Domaine de Reuilly, Bernard-Noël Reverdy, Domaine Reverdy-Ducroux, Domaine Guy Saget.

ELSASS
Alsace

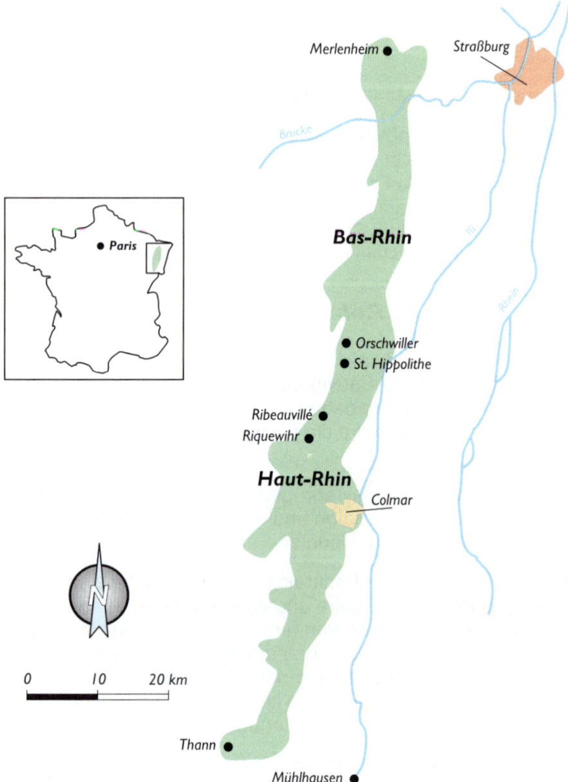

Statistische Daten

- Weinbaugebiete: → Bas-Rhin, → Haut-Rhin.
- Gesamtrebfläche rund 14.700 Hektar.
- Jährliche Gesamtproduktion rund 915.000 Hektoliter.
- Ertrag: 70 Hektoliter pro Hektar (im Burgund 30 Hektoliter pro Hektar).

Im Elsass, Foto Zvardon, CIVA Colmar

Klima

Das elsässische Klima ist geprägt von einem warmen Frühling, von einem trockenen, sonnenreichen Sommer, einem langen milden Herbst und einem nicht zu kalten Winter.

Böden

Mannigfaltige Bodenstrukturen, wie Kalk, Mergel, Granitsand, Konglomerat, Gneis und Kalkschutt, liegen auf dem Granit der Vogesen.

Rebsorten

Hauptrebsorten für Weißweine
Neben Riesling, Muscat, Gewürztraminer und Pinot Gris werden noch Sylvaner, Chasselas (meist nur für Verschnittweine) und Pinot Blanc gepflanzt.

Hauptrebsorte für Rotweine
Ausschließlich Pinot Noir.

Gesetz

In den Jahren 1975, 1983 und 1992 wurde vom INAO eine Klassifizierung der Grand-Cru-Lagen für die folgenden Rebsorten vorgenommen: Riesling, Muscat, Muskateller, Muskat Ottonel, Gewürztraminer und Pinot Gris (Tokay d'Alsace). Die Bestimmungen besagen, dass ausdrücklich nur Weine aus diesen Sorten (mit einem 100%igen Anteil) das Recht haben, als Grand Cru bezeichnet zu werden. Weine aus den Rebsorten Riesling und Muscat müssen einen Mindestalkoholgehalt von 11 Vol.-%, Weine aus den Sorten Gewürztraminer und Pinot Gris von 12 Vol.-% aufweisen. Seit 1984 dürfen die Prädikatsweine (Vendages Tardives und Sélections de Grains Nobles) nur aus den Sorten Gewürztraminer, Pinot Gris, Riesling und Muscat hergestellt werden. Der Restzuckergehalt bewegt sich zwischen 220 und 279 Gramm, der Alkoholgehalt beträgt 12,9–16,4 Vol.-%.

Im Nordosten Frankreichs gelegen, ist das Elsass dessen nördlichste Weinbauregion. Da die Vogesen die Westwinde abfangen, ist es hier wesentlich wärmer, sonniger und trockener als westlich des Gebirges.
Das Elsass hat eine sehr bewegte Zeit mit Kriegen und Nationalitätenwechsel (bis 1860 bei Deutschland und ab 1871 wieder bei Deutschland) hinter sich und zählt heute in Europa zu den interessantesten gastronomischen Gegenden. Die Weinbauregion erstreckt sich entlang des westlichen Rheintales und der Stadt Straßburg und beginnt im Norden bei Wissembourg und endet im Süden bei Vieux-Thann. Eine Vorreiterrolle nimmt das Elsass in puncto Ökologie ein, die Zahl der Betriebe, die nach organischen oder biologisch-dynamischen Richtlinien produzieren, nimmt ständig zu.
Die Elsässer Weißweine sind sehr individuell und charaktervoll und zählen zu den besten Europas. Die Lagerfähigkeit für Weißweine liegt bei durchschnittlich fünf Jahren. Sélections de Grains Nobles (Beerenauslesen) und Vendanges Tardives (Spätlesen) können fünf bis zehn Jahre gelagert werden.

Appellationen
Im Elsass werden die Weine nach der Rebsorte bezeichnet, so ist die Appellation Alsace mit folgenden Rebsorten verbunden: Gewürztraminer, Riesling, Pinot Gris, Muscat à Petits Grains, Muskat Ottonel, Pinot Blanc, Auxerrois Blanc, Pinot Noir, Sylvaner Blanc und Chasselas. Die Bezeichnungen sind: Alsace Klevner de Heiligenstein, Alsace Chasselas oder Gutedel, Alsace Sylvaner, Alsace Pinot oder Klevner, Alsace Edelzwicker (traditionelle Bezeichnung für einen Verschnitt mehrerer Rebsorten), Alsace Riesling, Alsace Muscat, Alsace Gewurztraminer (meist mit u und nicht mit ü), Alsace Tokay-Pinot Gris (Pinot Gris ist im Elsass Tokay d'Alsace), Alsace Pinot Noir.

Um die besten Elsässer Lagen höher einzustufen, wurde im Jahr 1975 die Appellation **Alsace Grand Cru** geschaffen. Sie bleibt den Rebsorten Gewürztraminer, Pinot Gris, Riesling und Muscat vorbehalten. Der Lagenname wird an die Bezeichnung Alsace Grand Cru angehängt, z. B. Alsace Grand Cru Altenberg de Bergbieten. Weitere Lagennamen sind Altenberg de Bergheim, Brand, Bruderthal, Eichberg, Engelberg, Florimont, Frankstein, Froehn, Furstentum, Goldert, Hatschbourg, Hengst, Kanzlerberg, Kirchberg de Barr, Kirchberg de Ribeauvillé, Mambourg, Mandelberg, Moenchberg, Muenchberg, Ollwiller, Osterberg, Pfersigberg, Pfingstberg, Praelatenberg, Rangen de Thann, Rosacker, Searing, Schlossberg, Schoenenbourg, Sommerberg, Sonnenglanz, Spiegel, Sporen, Steinert, Steingrübler, Steinklotz, Vorbourg, Wiebelsberg, Wineck-Schlossberg, Winzenberg, Zinnkoepflé und Zotzenberg.

Bekannte Weinerzeuger
J. B. Adam, Domaine → Hugel & Fils, Lucien Albrecht, Jean Becker, Domaine → Beyer, Blanck & Fils, Boxler & Fils, Domaine → Bursin, Joseph Cattin & ses Fils, Théo Cattin & Fils, Domaine Marcel → Deiss, → Dopff & Irion, → Dopff au Moulin, Freudenreich & Fils, → Gisselbrecht & Fils, Louis → Gisselbrecht, André & Rémy Gresser, Hauller & Fils, Albert Hertz, Domaine → Josmeyer, → Kreydenweiss, Kuentz-Bas, Jean Meyer, André Kientzler, Domaine → Klipfel, Louis → Klipfel, Kuentz-Bas, Maison Michel Laugel, Gustave Lorentz, Muré, Domaine Ostertag, Preiss-Zimmer, Gassmann, Schaller & Fils, Domaine Schlumberger, Domaine → Siffert, Louis Sipp, Domaine Schoffit, Pierre Sparr, Domaine → Trimbach, Domaine → Weinbach, Alsace Willm, Domaine → Zind-Humbrecht.

Die wichtigsten Genossenschaften sind: Bennwihr, Union Vinicole Divinal, Wolfberger, Caves de Hoen, Ingersheim, Kietzenheim-Kayserberg, Pfaffenheim-Gueberschwihr, Ribeauvillé et Environs, Sigolsheim, Turckheim.

LOTHRINGEN
Lorraine

Statistische Daten

- Weinbaugebiete: → Côtes de Toul, → Moselle.
- Gesamtrebfläche rund 110 Hektar.
- Jährliche Gesamtproduktion rund 7.000 Hektoliter.

Klima

Relativ hohe Temperaturen im Sommer und Fröste im Frühjahr.

Böden

Die Böden bestehen hauptsächlich aus Ton und Kalksteingeröll, wodurch eine gute Entwässerung gegeben ist.

Rebsorten

Hauptrebsorten für Weißweine
In der Côtes de Toul: Aligoté, Auxerrois Blanc und Aubin.
Im Gebiet Vins de Moselle: Auxerrois Blanc, Sylvaner, Riesling, Meunier Blanc, Gewürztraminer und Pinot Blanc.

Hauptrebsorten für Rotweine
In der Côtes de Toul: Pinot Noir und Gamay.
Im Gebiet Vins de Moselle: Pinot Noir, Gamay, Auxerrois Gris und Meunier Gris.

Das ehemals blühende und angesehene Lothringen (Höhepunkt Ende des 19. Jahrhunderts) verlor im 20. Jahrhundert stark an Bedeutung. Dadurch wurden lange Zeit die Weinbauregionen Elsass und Lothringen zusammengefasst; erst 1951 wurde der eigenständige Charakter Lothringens behördlich anerkannt. Heute werden die Gebiete immer getrennt angeführt, da die Weine doch sehr eigenständig sind: Der individuelle Charakter der lothringischen Weine ist geprägt von einem anderen Klima, teilweise anderen Rebsorten und vor allem der Menge des Hektarertrages. Die erzeugten Weine sind nur von regionaler Bedeutung und werden nicht exportiert. Die Weiß-, Rosé- (Vins Gris) und Rotweine sollten sehr jung getrunken werden.

JURA

Statistische Daten

- A.-O.-C.-Weinbaugebiete: → Arbois, → Château-Chalon, → Côtes du Jura, Crémant du Jura (für schäumende Weine), → L'Etoile, Macvin de Jura.
- Gesamtrebfläche rund 1.900 Hektar.
- Jährliche Gesamtproduktion rund 85.000 Hektoliter.

Klima

In der Weinbauregion Jura herrscht vornehmlich kontinentales Klima. Die Winter sind streng, die Sommer wechselhaft, jedoch oft mit vielen warmen Tagen.

Böden

Im Jura finden sich die unterschiedlichsten Geröllböden, im Süden vornehmlich Kalksteinböden.

Rebsorten

Hauptrebsorten für Weißweine
Chardonnay, Savagnin (Traminer).

Hauptrebsorten für Rosé und Rotweine
Poulsard, Trousseau, Pinot Noir.

Die kleine Weinbauregion erstreckt sich von Arbois im Norden bis nach Lons-sur-Saunier im Süden. Die Rebhänge liegen eher verstreut und unregelmäßig; die Reben wachsen in einer Höhe zwischen 250 und 400 Meter über dem Meeresspiegel keineswegs nur in günstigen Lagen. Das Herzstück der Anbauzone ist Arbois, gleichzeitig die wichtigste Appellation im Jura. Bekannt sind vor allem die Vins Jaunes (gelbe Weine mit sherryähnlichem Flor) und die Vins de Paille (Strohweine). Es werden aber auch Clairets (helle Rotweine), Rosé- und Rotweine erzeugt. Die Weiß- und Rotweine sind im Stil klassisch, aber man versucht, ihnen einen sehr entwickelten Charakter zu verleihen. Der Macvin du Jura ist ein Likörwein (Vin de Liqueur) mit eigener Appellation. Er wird aus Traubenmost hergestellt, dem nach der Gärung ein Tresterbranntwein zugesetzt wird.
Vins-de-Pays-Gebiete im Jura sind de la Franche-Comté und das Coteaux de Coiffy.

Bekannte Weinerzeuger
Château d'Arlay, Domaine Michel Geraletti, Château Gréa, Château Monfort, Robert Frères, Domaine Reverchon, Domaine Tissot.

SAVOYEN
Savoie

Statistische Daten

- A.-O.-C.-Weinbaugebiete: → Crépy, → Seyssel sowie die regionalen Appellationen → Rousette de Savoie und → Vin de Savoie.
- Gesamtrebfläche rund 1.800 Hektar.
- Jährliche Gesamtproduktion rund 115.000 Hektoliter, davon ca. 70 % Weißweine, 25 % Rotweine und 5 % Schaumweine.

Klima

Das vorherrschende kontinentale Klima wird positiv vom Genfer See beeinflusst.

Böden

Die Böden sind sehr verschiedenartig, viele Weinberge befinden sich auf alten Gletschermoränen oder auf Geröll.

Rebsorten

Hauptrebsorten für Weißweine
Chasselas, Altesse, Jacquère, Roussanne (Bergeron).

Hauptrebsorten für Rotweine
Mondeuse, Pinot Noir, Gamay.

Diese sich ständig erweiternde Weinbauregion liegt südlich des Genfer Sees und nordöstlich der Stadt Lyon in den Departements Haute-Savoie, Savoie, Isère und Ain. Bugey hat V.-D.-Q.-S.-Status. Das Anbaugebiet gleicht einem Mosaik von Rebinseln, deren Anordnung durch die Form der Täler bestimmt wird. Der größte Teil des erzeugten Weins wird vor Ort konsumiert.
Vins-de-Pays-Gebiete in Savoyen sind Comtes Rhodaniens und de l'Allobrogie.

Bekannte Weinerzeuger und Négociants
Canelli-Suchet, Cave Coopérative de Chautagne, Domaine Dupasquier, Domaine Jean Perrier et Fils, Le Vigneron Savoyard, Varichon et Clerc.

PROVENCE

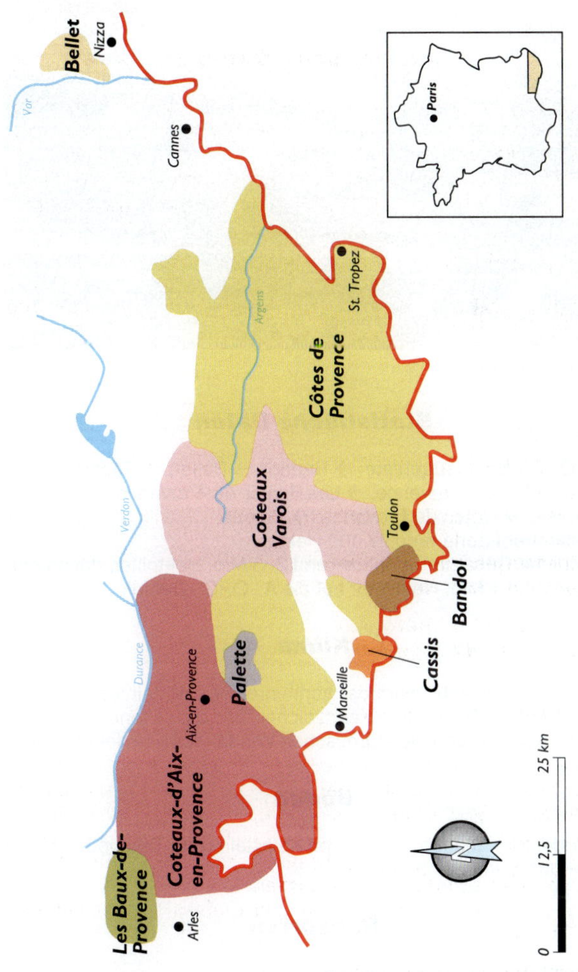
Bellet
Nizza
Var
Cannes
St. Tropez
Argens
Côtes de Provence
Verdon
Coteaux Varois
Toulon
Bandol
Cassis
Marseille
Palette
Aix-en-Provence
Durance
Coteaux-d'Aix-en-Provence
Les Baux-de-Provence
Arles
Paris
0
12,5
25 km

Côtes de Provence

Statistische Daten

- A.-O.-C.-Weinbaugebiete: → Bandol, → Bellet, → Cassis, → Coteaux d'Aix-en-Provence, → Les Beaux-de-Provence, → Coteaux Varoise, → Côtes de Provence, → Palette.
- Gesamtrebfläche rund 27.000 Hektar.
- Jährliche Gesamtproduktion rund 2–3 Mio. Hektoliter, davon entfallen rund 1 Mio. Hektoliter auf die A.-O.-C.-Gebiete.

Klima

Es herrscht ein sehr warmes, sonnenreiches Mittelmeerklima mit milden Wintern. Besondere Kennzeichen sind die seltenen, aber heftigen Regenfälle und die stürmischen Winde (speziell der Mistral).

Böden

Die Bodenformationen reichen von Kalkstein- und Triasböden bis zu Lehm- und Sandsteinböden.

Rebsorten

Hauptrebsorten für Weißweine
Roussanne, Chardonnay.

Hauptrebsorten für Rotweine
Grenache, Cinsault, Mourvèdre, Cabernet Sauvignon, Syrah.

Noch vor einigen Jahren kannte man die Provence nur als Produzent von schweren, kräftigen Roséweinen. In den letzten Jahren investierten die Weinbauern in sehr großem Ausmaß und es wurden neue Rebsorten wie Cabernet Sauvignon, Syrah und Chardonnay ausgepflanzt, neue Holzfässer eingesetzt und die Vinifizierung den modernsten Standards angepasst. Die Weinerzeugung der Provence hat sich nicht grundsätzlich von der alten Tradition getrennt, sondern nach Vorbildern der Neue-Welt-Weine ausgerichtet. Nach wie vor sind die Roséweine und die Vins de Pays die Hauptprodukte, jedoch mit veränderten Absichten und Zielen. Es wird aber heute vermehrt auf die Rotweinerzeugung geachtet.
Die Produktionsgebiete für Vins de Pays liegen in den sechs Departements Hautes-Alpes, Alpes-Maritimes, Alpes-de-Haute-Provence, Vaucluse, Var und Bouches-du-Rhône.

Bekannte Weinerzeuger
Domaine de l'Aumerade, Domaine du Bagnol, Château Barbeyrolles, Château Bas, Domaine les Bastides, La Bastide Blanche, Château de Beaupré, Château de Bellet, Domaine de la Bernarde, Château de Berne, Domaine de Bertraude-Belieu, Domaine Bunan, Domaine du Cagueloup, Catel Roubine, Château Commanderie de la Bargemone, Château la Coste, Château Crémat, Mas de la Dame, Domaine du Deffens, La Ferme Blanche, Château Ferry Lacombe, Domaine Frégate, Château de Gavelles, Domaine Gavoty, Grand d'Boise, Domaine du Jas d'Esclans, Château de Jasson, Domaine la Laidière, Domaine Ott, Commanderie de Peyrassol, Domaine Ray-Jane, Mas de Sainte-Berthé, Clos Sainte-Magdelaine, Château Saint-Jean, Domaine de Saint-Jean de Villecroze, Château Simone, Domaine Tempier, Domaine Trévallon, Domaine de la Vallonge.

LANGUEDOC

Statistische Daten

- Weinbaugebiete: → Cabardès, → Clairette de Bellegarde, → Clairette du Laguedoc, → Corbières, → Costières de Nîmes, → Coteaux du Languedoc, → Faugères, → Fitou, → Limoux, → Minervois, Minervois la Livinière und → Saint-Chinian (alles A.-O.-C.-Gebiete); → Côtes de la Malepère (A.-O.-V.-D.-Q.-S.-Gebiet); Blanquette de Limoux und Crémant de Limoux (für schäumende Weine); Frontignan, Lunel und Mireval für Vins Doux Naturels (vgl. Versetzte Weine).
- Gesamtrebfläche rund 330.000 Hektar, was etwa einem Drittel der Gesamtweinbaufläche Frankreichs entspricht.
- Jährliche Gesamtproduktion rund 22 Mio. Hektoliter.
- Mehr als 85 % Rot- und Clairette-Weine.

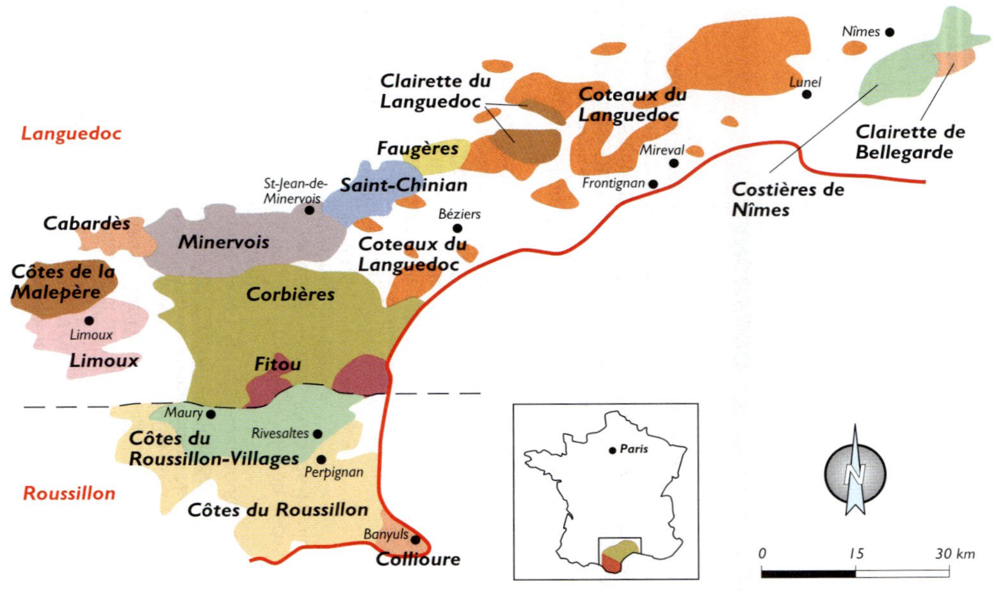
Languedoc
Clairette du Languedoc
Coteaux du Languedoc
Nîmes
Lunel
Clairette de Bellegarde
Faugères
Mireval
Frontignan
St-Jean-de-Minervois
Saint-Chinian
Béziers
Costières de Nîmes
Cabardès
Minervois
Coteaux du Languedoc
Côtes de la Malepère
Corbières
Limoux
Limoux
Fitou
Maury
Côtes du Roussillon-Villages
Rivesaltes
Perpignan
Roussillon
Côtes du Roussillon
Banyuls
Collioure
Paris
N
0
15
30 km

Klima

In dieser wärmsten Region Frankreichs herrscht mediterranes Klima. Die seltenen Niederschläge verursachen Wassermangel, wobei die Trockenheit durch die Winde vom Land her verstärkt wird. Hingegen bringen die Meeresbrisen günstige Feuchtigkeit.

Böden

Hauptsächlich Schiefer, kalkhaltiger Lehm und Kalksteingeröll.

Rebsorten

Hauptrebsorten für Weißweine
Muscat, Chardonnay, Blanquette (Mauzac Blanc), Chenin Blanc.

Hauptrebsorten für Rotweine
Hauptsächlich Grenache und Cabernet Sauvignon.

Die Weinbauregion liegt zwischen Perpignan und Montpellier am Mittelmeer. In dieser Gegend wurde Wein bereits von den alten Griechen und Römern gekeltert. Im 9. Jahrhundert spielten die Klöster eine wichtige Rolle bei der Belebung des Weinbaus. In den letzten Jahren verzeichnen die Weingüter einen enormen Aufstieg bei der Produktion von Spitzenweinen und es ist nicht abzusehen, wann dieser positive Trend endet. Die Weinbauern haben einen Produktions- und Marketingwandel vollzogen, der mit dem der Neuen Welt vergleichbar ist. Namhafte Weinjournalisten bezeichnen die Region als „Europas neue Welt des Weines".
Von der Gesamtproduktion entfallen rund 2,7 Mio. Hektoliter auf A.-O.-C.-Weine, rund 30.000 Hektoliter auf A.-O.-V.-D.-D.-S.-Weine, rund 80.000 Hektoliter auf V.-D.-Q.-S.-Weine und ca. 10 Mio. Hektoliter auf die Vins de Pays. Bei den Vins de Pays hervorzuheben ist der Vin de Pays d'Oc. Hervorragende Qualitäten dieses Weines stammen von den Produzenten Val d'Orbieu, Skalli und Jeanjean.

Bekannte Weinerzeuger und Négociants
Domaine de l'Amarine, Château la Baronne, Château de Belle-Coste, Château Canet, Château de Coujan, Château Grand-Caumont, La Grange de Quatre Sous, Château la Grave, Château Haut-Gleon, Domaine de l'Herbe Sainte, Listel, Mas de Daumas Gassac, Château de Mattes, Domaine des Pensées-Sauvage, Les Producteurs de Mont Tauch, Château Raboud, Domaine Sainte-Eulalie, Château de Saint-Vincet, Château la Voulte-Gasparets.

ROUSSILLON

Maury; CIVR, Foto: M. Gauthier-Fleuri

Statistische Daten

- Weinbaugebiete: → Collioure, → Côtes du Roussillon, → Côtes du Roussillon-Village; Banyuls, Maury und Rivesaltes für Vins Doux Naturels (vgl. versetzte Weine).
- Gesamtrebfläche rund 26.000 Hektar.
- Jährliche Gesamtproduktion rund 700.000 Hektoliter, hauptsächlich Vins de Pays und V.-D.-Q.-S.-Weine.

Klima

Sehr heißes, sonnenreiches und trockenes Mittelmeerklima mit positiven Einflüssen sowohl der Pyrenäen als auch des Mittelmeeres.

Böden

Schiefer bzw. Kalksteinböden mit Schotter.

Rebsorten

Hauptrebsorten für Weißweine
Hauptsächlich Grenache Blanc sowie Bourboulenc, Chardonnay, Clairette, Macabeu und Picpoul.

Hauptrebsorten für Rotweine
Hauptsächlich Carignan sowie Cinsault, Grenache, Mourvèdre und Syrah; Neupflanzungen mit Cabernet Franc, Cabernet Sauvignon und Merlot.

Die natürlichen Bedingungen sind im Roussillon für den Weinbau besonders günstig: Auf drei Seiten wird das Gebiet von Gebirgsmassiven begrenzt, die vierte Seite bildet das Mittelmeer.
Bereits im 7. Jahrhundert v. Chr. brachten griechische Seeleute den Weinbau nach Roussillon und im Mittelalter gewann er an Bedeutung. Beinahe 400 Jahre war diese Weinbauregion unter der Herrschaft der Könige von Mallorca und so ist es nicht verwunderlich, dass ein unverkennbarer katalonischer Einfluss vorhanden ist.
Das Zentrum der Region ist die Stadt Perpignan. Schon immer wurden im Roussillon likörartige süße Weine erzeugt, die über die Grenzen der Region bekannt waren. In den letzten Jahren verzeichnen die Roussillonweine einen enormen Qualitätsanstieg.
Die Pflanzdichte beträgt etwa 4.000 Rebstöcke pro Hektar, die Anbaumethoden sind traditionell geblieben und nur geringfügig mechanisiert. Mehr technischer Fortschritt ist in den Kellereien zu finden, wobei auch hier ein Mittelweg zwischen Tradition und Technik beschritten wird.

Bekannte Weinerzeuger
Domaine de Cateranne, Domaine Cazes, Domaine Força Rál, Château Grand-Caumont, Domaine Gauby, Château Haut-Gleon, Château de Jau, Domaine du Mas Blanc, Château de Mattes, Domaine des Pensées-Sauvage, Domaine Piquemal, Domaine de la Retorie, Domaine Sarda-Malet, Cellier de Templiers, Vignerons Catalans, Domaine la Voulte-Gasparets.

SÜDWESTEN/MIDI-PYRÉNÉES

Statistische Daten

- A.-O.-C.-Weinbaugebiete: → Béarn, → Bergerac mit Bergerac Sec und Bergerac Rosé, → Buzet, → Cahors, → Côtes de Bergerac mit Côtes de Bergerac Moelleux, → Côtes de Duras, → Côtes du Frontonnais, → Côtes du Marmandais, → Gaillac, → Irouléguy, → Jurançon mit Jurançon Sec, → Madiran, → Marcillac, → Monbazillac, → Montravel mit Côtes de Montravel und Haut-Montravel, → Pacherenc du Vic-Bilh, → Pécharmant, → Rosette und → Saussignac.
- A.-O.-V.-D.-Q.-S.-Gebiete: Coteaux du Quercy, Côtes de Saint-Mont, Côtes du Brulhois, Lavilledieu, Tursan, Vins d'Entraygues et du Fel, Vins d'Estaing.
- Von der jährlichen Gesamtproduktion werden mehr als 700.000 Hektoliter als Vins de Pays ausgewiesen.

Château Buzet, Buzet-sur-Baïse

Klima

Es herrschen die unterschiedlichsten Kleinklimazonen vor, die stärker oder schwächer vom Mittelmeer, vom Atlantik, von den Pyrenäen oder vom Kontinentalklima beeinflusst sind.

Böden

Die Böden können nicht generell beschrieben werden, da die Anbaugebiete so weit auseinander liegen und sich die Bodenbeschaffenheiten stark voneinander unterscheiden.

Rebsorten

Hauptrebsorten für Weißweine
Colombard, Mauzac, Len-de-l'el, Gros Manseng, Muscadelle, Sémillon, Sauvignon Blanc.

Hauptrebsorten für Rotweine
Cabernet Sauvignon, Cabernet Franc, Merlot, Duras, Côt, Négrette, Tannat, Fer Servadou, Jurançon Noir, Albouriou, Portougais Bleu.

Südwesten/Midi-Pyrénées ist die Bezeichnung einer Weinbauregion, die sich südlich an das Bordelais anschließt. Es ist keine in sich geschlossene Zone, sondern besteht aus einer Vielzahl verstreuter Anbaugebiete.
In der Antike wurde sie als **Aquitanien** bezeichnet, was so viel wie „Land des Wassers" bedeutet.
Die große Region liegt in den Departements Landes, Pyrénées Atlantiques, Hautes-Pyrénées, Gers, Haute-Garonne, Ariège, Tarn, Tarn-et-Garonne, Aveyron, Lot und Lot-et-Garonne. Sie ist im Norden begrenzt von den Ufern der Garonne, im Westen vom Atlantik, im Süden vom Baskenland und den Pyrenäen und im Osten von Languedoc und Roussillon. Ursprünglich waren die heute eigenständigen Weinbauregionen Languedoc und Roussillon integriert.
Die Weinproduktion, vorwiegend weiße, rosé und rote Landweine, ist eher rustikal, obwohl in den letzten Jahren eine enorme Qualitätssteigerung zu verzeichnen ist. Aus der Gascogne, westlich von Toulouse, stammt der Armagnac, ein Branntwein aus Wein.

KORSIKA
Corse

Statistische Daten

- Weinbaugebiete: → Ajaccio, Muscat du Cap Corse (für Vins Doux Naturels), → Patrimonio, → Vins de Corse mit den Untergebieten Calvi, Coteaux du Cap Corse, Figari, Sartène und Porto-Vecchio.
- Gesamtrebfläche rund 32.000 Hektar.
- Jährliche Gesamtproduktion rund 100.000 Hektoliter A.-O.-C.-Weine.

Klima

Heißes Mittelmeerklima, tagsüber ist es sehr warm mit hoher Luftfeuchtigkeit, nachts ist es kühl bis kalt.

Böden

Die Bodenbeschaffenheit reicht von Mergel, Sand und Schwemmland in den östlichen Ebenen über tonhaltige Kalkböden in der Region von Patrimonio, Schiefer- und Tonschieferböden im Norden und Nordosten bis zu Granitböden auf der Westseite der Insel.

Rebsorten

Hauptrebsorten für Weißweine
Neben den heimischen Sorten Vermentino und Muscat à Petits Grains werden noch Chardonnay und Ugni Blanc angepflanzt.

Hauptrebsorten für Rotweine
Neben den heimischen Sorten Sciacarello, Nielluccio und Barbarossa werden noch Aleatico, Cabernet Sauvignon, Merlot, Pinot Noir, Grenache und Cinsault angepflanzt.

Korsika ist von vielen kulturellen Einflüssen geprägt. 600 v. Chr. waren es die Phönizier, danach die Etrusker, die Syrakuser, die Karthager und schließlich die Römer, die ihre Kultur auf die Insel brachten. Im 14. Jahrhundert wurde Korsika von den Genuesen übernommen und ihre Herrschaft dauerte fast vier Jahrhunderte. Sie hinterließen einen bis heute nicht zu übersehenden italienischen Bau- und Lebensstil. Erst nach der Französischen Revolution begann sich der französische Einfluss zu etablieren.
Die Weinbauern der Insel produzieren hauptsächlich einfache weiße, rosé und rote Tischweine sowie gute Vins de Pays, z. B. den sortenreinen Vin de Pays de l'Ile de Beauté. Die Qualitätsweine mit eigener A.O.C. kommen aus 12 Gebieten, wobei die trockenen weißen A.-O.-C.-Weine einen Anteil von mindestens 75 Prozent Vermentino haben müssen. Die Appellation wird oft in Italienisch als Denominazione bezeichnet. Auch die Rebsorten werden in korsischem Dialekt oder in Italienisch ausgesprochen. Die Weinlagen befinden sich hauptsächlich auf steilen Hängen in durchschnittlich 300 Metern über dem Meeresspiegel.

Bekannte Weinerzeuger
Clos d'Alzeto, Domaine d'Alzipratu, Domaine Antoine Arena, Clos de Bernardi, Domaine Napoléon Brizi, Clos Capitoro, Domaine de Caterelli, Domaine Culomb, Domaine Culumbu, Domaine de la Figarella, Domaine Fiumicicoli, Domaine Gentile, Domaine de Gioielli, Clos Grégoire, Clos Landry, Domaine La Signora, Lazzarini, Clos Marfisi, Domaine Martini, Clos de Montemagni, Clos Nicrosi, Cave Cooperative Omn di Cagna, Oregna de Gaffory, Domaine Pastricciola, Domaine Paviglia, Comte Péraldi, Domaine Pieretti, Clos Reginu, Domaine de San-Michèl, Domaine de Torraccia, Union de Vignerons Assocités du Levant (UVAL).

Französische Weine von A bis Z

Wie in allen anderen Weinbauländern musste auch in Frankreich eine Auswahl bei der Beschreibung der Weine getroffen werden. Vorrangig wurden die A.-O.-C.-Gebiete beschrieben, wobei in den meisten Fällen eine allgemeine Charakteristik der Weine, ergänzt um bekannte Lagen und die wichtigsten Weinerzeuger zu finden ist. Ausgewählte Châteaux aus dem Bordelais sowie herausragende Erzeugungsbetriebe aus allen französischen Weinbauregionen ergänzen das nachfolgende Kapitel. Hier vor allem zu nennen sind Burgund, Rhônetal, Elsass und Loiretal sowie die aufstrebenden Regionen Languedoc, Roussillon und die Provence.

A

Ajaccio – Korsika
Die Hauptstadt der Insel Korsika ist namengebend für das A.-O.-C.-Weinbaugebiet, das rund 200 Hektar auf den steilen Hügeln um die Stadt umfasst. Die Hänge befinden sich durchschnittlich 300 Meter über dem Meeresspiegel. Die Böden bestehen hauptsächlich aus Granit. Die Hauptrebsorte ist die Sciacarello. Es werden insgesamt knapp 7.500 Hektoliter Wein erzeugt, der Rotwein hat mit rund 60 Prozent den größten Anteil.
Bekannte Weinerzeuger sind u. a.: Clos d'Alzeto, Clos Capitoro, Domaine Comte Péraldi, Domaine Martini, Domaine Paviglia.

Aloxe-Corton – Burgund
A.-O.-C.-Weinbaugebiet in der → Côte de Beaune am Fuße des Berges Corton. Die Rebfläche beträgt rund 130 Hektar, von denen rund 90 Hektar in der Gemeindeappellation Aloxe-Corton, rund 30 Hektar in den Premier-Cru-Lagen und etwa 10 Hektar in Ladoix-Serrigny liegen. Die Rebsorten sind Pinot Noir und Chardonnay, die Produktionsmenge beträgt rund 6.000 Hektoliter. Die Böden bestehen aus einem Gemisch aus Kalk und Ton mit Kies und Feuersteineinschlüssen.
Bekannt sind die gehaltvollen, fruchtigen Pinot-Noir-Weine, die feine Tannine aufweisen. Ihre Lagerfähigkeit beträgt durchschnittlich zehn Jahre, wobei Spitzenjahrgänge auch länger lagerfähig sind.
Die bedeutendsten Premier-Cru-Lagen sind: Clos des Maréchaudes, Clos du Chapitre, La Coutière, Les Chaillots, Les Fournières, Les Guérets, La Maréchaude, Les Maréchaudes, Les Moutottes, Les Paulands, Les Petites Lolières, La Toppe au Vert, Les Valozières, Les Vercots.
Bekannte Weinerzeuger sind u. a.: Maurice Chapuis, Château de Cordon-André, La Reine Pédauque, Michel Voarick.

Château **Angélus (L'Angélus)** – Bordeaux
1. Weltbekanntes Weingut und Grand-Cru-Lage in der A.-

O.-C.-Weinbaugemeinde → Saint-Émilion mit einer Rebfläche von 26 Hektar und einer Produktionsmenge von durchschnittlich 125.000 Flaschen.

2. Rotwein aus Merlot (50 %), Cabernet Sauvignon (5 %) und Cabernet Franc (45 %); aus sehr alten Rebstöcken; A.-O.-C. Saint-Émilion Grand Cru; Klassifizierung als Premier Grand Cru Classé B.

Anjou – Loiretal
A.-O.-C.-Weinbaugebiet in → Anjou-Saumur mit einer Produktion von rund 320.000 Hektoliter (davon rund 80 Prozent Rotweine). Das Gebiet umfasst beinahe 200 Gemeinden. Es werden auch Schaumweine erzeugt.

Anjou-Coteaux de la Loire – Loiretal
A.-O.-C.-Weinbaugebiet in → Anjou-Saumur mit einer Produktion von nur rund 1.100 Hektoliter, obwohl die Anbaufläche ein Dutzend Gemeinden umfasst. Diese Appellation ist auf Weißweine beschränkt.

Anjou-Saumur – Loiretal
Eines der drei Hauptanbaugebiete im Loiretal mit einer Gesamtrebfläche von rund 14.500 Hektar und einer jährlichen Produktionsmenge von 800.000 bis 1 Mio. Hektoliter. Sie erstreckt sich entlang der Loire zwischen der Stadt Tours im Osten und der → Touraine im Westen. Es ist kein zusammenhängendes Gebiet, sondern besteht aus mehreren Weinbauinseln. Die Böden bestehen einerseits aus Schiefer und anderem Urgestein sowie andererseits aus Kreidetuff. In Anjou werden traditionell liebliche Weiß- und Roséweine hergestellt, der Trend geht jedoch in Richtung trockener Weine sowie Rotweine. In Saumur werden die Rotweine und die hervorragenden Schaumweine sehr geschätzt.
Die weißen Hauptrebsorten sind Chardonnay, Chenin Blanc und Sauvignon Blanc. Für Rosé- und Rotweine werden die Sorten Cabernet Franc, Cabernet Sauvignon, Pinaeu d'Aunis, Groslot, Pinot Noir, Côt und Pinot Meunièr angebaut.
Die wichtigsten A.-O.-C.-Weinbaugebiete sind: → Anjou, → Anjou-Villages, → Anjou-Villages-Brissac, → Rosé d'Anjou, → Cabernet d'Anjou, → Coteaux de l'Aubance, → Anjou-Coteaux de la Loire, → Rosé de Loire, → Savennières, → Savennières Roche-aux-Moines, → Savennières Coulée-de-Serrant, → Coteaux du Layon, → Bonnezeaux, → Quarts de Chaume, → Saumur, → Cabernet de Saumur, → Coteaux de Saumur, → Saumur-Champigny.
Bekannte Weinerzeuger sind u. a.: Domaine de Bablut, Caves de la Loire und Domaine Richou (in Anjou); Ackerman-Laurance, Bouvet-Ladubay, Cave Coopérative Saumur, Château de Chaintres, Paul Fillatreau, Château de Hureau, Château de Targé (in Saumur).

Anjou-Villages – Loiretal
A.-O.-C.-Weinbaugebiet in

→ Anjou-Saumur mit einer Produktion von rund 14.000 Hektoliter.

Anjou-Villages-Brissac – Loiretal
A.-O.-C.-Weinbaugebiet in → Anjou-Saumur mit einer Produktion von rund 6.000 Hektoliter. Zehn Gemeinden auf einer Hochebene bilden das Gebiet dieser seit 1998 bestehenden AOC.

Arbois – Jura
A.-O.-C.-Weinbaugebiet im Norden des Jura mit zwölf Gemeinden. Es werden hauptsächlich Rot- und Roséweine hergestellt, weiters Weißweine, Vins Jaunes (gelbe Weine), Vins de Paille (Strohweine) und Schaumweine.
Die Gesamtrebfläche beträgt rund 850 Hektar. Es werden rund 40.000 Hektoliter Wein erzeugt.
Die weißen Hauptrebsorten sind Chardonnay und Savigny. Für Rosé- und Rotweine werden die Sorten Poulsard, Trousseau und Pinot Noir verwendet.

Château **Ausone** – Bordeaux
1. Weltbekanntes Weingut in der A.-O.-C.-Weinbaugemeinde → Saint-Émilion mit einer Rebfläche von 7 Hektar und einer Produktionsmenge von durchschnittlich 25.000 Flaschen.
2. Rotwein aus Merlot (50 %) und Cabernet Franc (50 %); aus sehr alten Rebstöcken; A.-O.-C. Saint-Émilion Grand Cru; Klassifizierung als Premier Grand Cru Classé A.

Auxey-Duresses – Burgund
A.-O.-C.-Weinbaugebiet in der → Côte de Beaune westlich von → Meursault, das 1924 den bekanntesten Lagennamen Duresses in seinen Ortsnamen aufnahm. Die Rebfläche umfasst rund 175 Hektar, von den gepflanzten Rebsorten sind 70 Prozent Pinot Noir und 30 Prozent Chardonnay. Die Produktionsmenge beträgt rund 6.300 Hektoliter, davon rund 30 Prozent Weißwein. Die Rotweine sind rubinrot, fruchtig und mittelstark. Die Böden bestehen aus Tonkalk und Mergel.
Die wichtigsten Premier-Cru-Lagen sind Bas de Duresses, Les Bréterins, La Chapelle, Climat du Val, Clos du Val, Les Duresses, Les Ecussaux, Les Grands Champs, Reugne.
Bekannte Weinerzeuger sind u. a.: Jean-Pierre Diconne, Maison Leroy (→ Bizet-Leroy), Michel Prunier, Roger Prunier, Roy Frères.

B

Bandol – Provence
A.-O.-C.-Weinbaugebiet in acht Gemeinden westlich der Stadt Toulon. Es ist vor allem für die blassfarbigen, mit fruchtig-herbalen Aromen versehenen Roséweine bekannt, die einen Anteil von zumindest 80 Prozent Grenache und Mourvèdre haben. Zum Verschnitt kommen Syrah und einige Weißweinsorten. Es werden aber auch gute Rot- und Weißweine hergestellt. Bei heißem Mittelmeerklima gedeihen die Reben vorwiegend

auf Kalk-Sandstein- und Sand-Mergel-Böden.
Bekannte Weinerzeuger sind u. a.: Domaine du Cagueloup, Domaine Bunan, Domaine Frégate, Domaine la Laidière, Domaine Tempier (für Rosé- und Rotweine), La Bastide Blanche (für Weißweine).

Barsac – Bordeaux
A.-O.-C.-Weinbaugebiet, das gemeinsam mit → Sauternes klassifiziert ist. Alle Weine der Appellation Barsac dürfen die Appellation Sauternes in Anspruch nehmen. Die Weingärten liegen 40 Kilometer südlich der Stadt Bordeaux am westlichen Ufer der Garonne und sind durch das kleine Flüsschen Ciron getrennt. Sauternes und Barsac sind weltweit für die weißen Süßweine aus Edelfäuletrauben von höchster Qualität bekannt. Die erzeugenden Gemeinden sind Sauternes, Barsac, Preignac, Bommes und Fargues. Die trockenen Weißweine aus Barsac fallen in die Appellation Bordeaux Contrôlée.
Die Gesamtrebfläche in Barsac beträgt rund 600 Hektar. Es werden rund 13.500 Hektoliter Wein erzeugt.
Die weißen Hauptrebsorten sind Sémillon, Muscadelle und Sauvignon Blanc. Die öligen, goldfarbigen Weine entfalten sich sehr gut nach ihrer Lagerung. Das Honig- bzw. Nussbukett ist sehr reich und komplex. Die Sauternes-Weine waren die einzigen Weißweine, die bereits 1855 klassifiziert wurden.
Ein **Premier Cru Supérieur:** Château d' → Yquem (Sauternes).
Elf **Premiers Crus**: Château Climens (Barsac), Château Clos Haut-Peyraguey (Bommes), Château → Coutet (Barsac), Château Guiraud (Sauternes), Château Lafaurie-Peyraguey (Bommes), Château La Tour Blanche (Bommes), Château de Rayne Vigneau (Bommes), Château Rabaud-Promis (Bommes), Château Rieussec (Sauternes), Château Sigalas Rabaud (Sauternes), Château Suduiraut (Preignac).
Ursprünglich sechzehn, heute nur noch vierzehn **Deuxièmes Crus:** Château d'Arche (Sauternes), Château Broustet (Barsac), Château Caillou (Barsac), Château Doisy-Daëne (Barsac), Château Doisy-Dubroca (Barsac), Château Doisy-Védrines (Barsac), Château Filhot (Sauternes), Château Lamothe (Sauternes), Château Lamothe Guignard (Sauternes), Château de Malle (Preignac), Château Myrat (ist bereits geschlossen; Barsac), Château Nairac (Barsac), Château Romer (Preignac), Château Romer-du-Hayot (Preignac), Château Suau (Barsac).
Bekannte Weinerzeuger sind u. a.: Château Broustet (2ème Cru Classé), Château Caillou (2ème Cru Classé), Château Climens (1er Cru Classé), Château Contet (1er Cru Classé), Château Doisy-Daëne (2ème Cru Classé), Château Doisy-Dubroca (2ème Cru Classé), Château Doisy-Védrines (2ème Cru Classé), Château d' → Yquem (Sauternes), Château

Liot (Cru Bourgeois), Château De Malle (2ème Cru Classé; ein Teil der Rebfläche liegt in Sauternes), Château Nairac (2ème Cru Classé), Château Piada (Cru Bourgeois).

Bas-Rhin – Elsass
Nördlicher Teil des Elsässer Weinbaugebietes. Es reicht von Nordheim bis Orschwiller.

Bâtard-Montrachet – Burgund
1. A.-O.-C.-Grand-Cru-Lage in den Gemeinden Puligny und Chassagne in der → Côte de Beaune.
2. Weltbekannter Weißwein aus der Chardonnayrebe. Er ist von goldgelber Farbe, hat einen ausgeprägten Duft von Bittermandeln, Honig, verschiedenen Kräutern und Gewürzen und weist eine harmonische Geschmackstiefe auf.

Béarn
– Südwesten/Midi-Pyrénées
A.-O.-C.-Weinbaugebiet in den Departements Pyrénées-Atlantique, Hautes-Pyrénées und Gers. Es ist dreigeteilt. Zwei Gebiete fallen mit → Jurançon und → Madiran zusammen, das dritte beschränkt sich auf das Gemeindegebiet Béarn und heißt **Bellocq.**
Es werden hauptsächlich Rotweine aus den Sorten Tannat, Manseng Noir, Fer Servadou, Courbu und Cabernet Sauvignon hergestellt, und zwar insgesamt rund 10.000 Hektoliter.

Beaujolais – Burgund
A.-O.-C.-Anbaugebiet südlich des → Mâconnais, es endet bei den Coteaux du Lyonnais. Bekannt wurde dieses Gebiet durch die intensive Vermarktung der jungen, frischen Rotweine, genannt → Beaujolais Nouveau. Sie haben eine sehr kurze Lagerfähigkeit von maximal ein bis zwei Jahren und liegen ganz im Trend von fruchtigen Rotweinen. Gute Beaujolais tragen die Bezeichnung Beaujolais Supérieur (rund 2.500 Hektoliter jährlich), die besten sind die → Beaujolais-Villages. Die Appellation Beaujolais Supérieur besitzt kein abgegrenztes Gebiet, die Rebflächen werden jedes Jahr neu bestimmt. Im Jahr 2003 wurde aufgrund der großen Hitze bereits am 14. August mit der Lese begonnen, obwohl der offizielle Lesebeginn noch nie vor dem 25. August war.
Die Böden bestehen vorwiegend aus Granit, ansonsten aus kristallinem Gestein, Sedimentgestein, Kalk und Ton-Kalk. Das gemäßigte Klima wird von kontinentalen, atlantischen und mediterranen Strömungen beeinflusst.
Die Gesamtrebfläche beträgt rund 23.000 Hektar. Es werden rund 1,4 Mio. Hektoliter Wein erzeugt, fast ausschließlich Rotwein. Bis zu 60 Prozent des Traubengutes gehen in die Herstellung des → Beaujolais Nouveau.
Die rote Hauptrebsorte ist die Gamay Rouge à Jus Blanc, auch Gamay Beaujolais genannt. Die geringen Mengen an Weißweinen werden aus Chardonnaytrauben gekeltert.
Die Crus Beaujolais werden ab

dem 15. Dezember verkauft. Es sind dies: → Brouilly, Côte-de-Brouilly, → Chénas, → Chiroubles, → Fleurie, → Juliénas, → Morgon, → Moulin-à-Vent, → Régnié, → Saint-Amour.
Bekannte Weinerzeuger sind u. a.: Château du Basty, Château de Boisfranc, Cellièr des Samsons, Chanut Frères, Jaques Dépagneux, Georges → Dubœuf, Domaine des Grandes Bruyéres, Loron & Fils, Maison Beaudet, Maison Ferraud, Maison Gobet, Paul Sapin, Robert Sarrau, Maison Thorin, Georges Rollet, Pivot, Château de Pizay, Vins Dessalle, Vins Fessy, Les Vins Mathelin.

Beaujolais Nouveau – Burgund
Bezeichnung für einen trockenen, frischen und aromatischen Rotwein, der in den A.-O.-C.-Gebieten → Beaujolais, Beaujolais Supérieur und → Beaujolais-Villages aus Gamaytrauben mit einer kurzen Maischegärung hergestellt wird. Der Beaujolais Nouveau ist ab dem dritten Donnerstag im November des Erntejahres auf dem Markt. Er sollte leicht gekühlt serviert werden. Von der Produktionsmenge von rund 600.000 Hektoliter gehen fast 50 Prozent ist Ausland.

Beaujolais-Villages – Burgund
Innerhalb des Beaujolaisgebietes haben 38 Gemeinden das Recht, ihre Rotweine aus der Gamaytraube als Beaujolais-Villages zu vermarkten. 30 dieser Gemeinden haben das Recht, den Ortsnamen an die Appellation anzuhängen. Die Weine sind in der Regel fruchtig, süffig, tannin- und säurearm und weisen eine schöne, rote Farbe auf. Die Gesamtrebfläche der Beaujolais-Villages-Gemeinden beträgt rund 6.100 Hektar. Es werden rund 365.000 Hektoliter Wein erzeugt, davon 99 Prozent Rosé- und Rotwein.
Klima und Böden sowie Weinerzeuger vgl. → Beaujolais.

Beaune – Burgund
Eines der flächenmäßig größten A.-O.-C.-Weinbaugebiete in der → Côte de Beaune. Die Rebfläche beträgt rund 405 Hektar, davon etwa 25 Hektar für Weißweine; Hauptrebsorten sind Pinot Noir und Chardonnay. Die Produktion beträgt rund 18.000 Hektoliter, wobei die Rotweine rund 90 Prozent ausmachen. Die Böden bestehen aus Kalk, Kies, Mergel, Ton und Tonsand.
Die wichtigsten Premier-Cru-Lagen sind: A l'Ecu, Aux Coucherias, Aux Cras, Bellisand, Champs Pimont, Clos de la Féguine, Clos de la Mousse, Clos de l'Ecu, Clos des Avaux, Clos des Ursules, Clos du Roi, Clos Saint-Landry, En Genét, En l'Orme, La Mignotte, Le Bas des Teurons, Clos des Mouches, Les Aigrots, Les Boucherotes, Les Bressandes, Les Cent Vignes, Les Chouacheux, Les Epenots, Les Fèves, Les Grèves, Les Marconnets, Les Montrevenots, Les Perrières, Les Reversés, Les Scaux, Les Seurey, Les Sizies, Les

Teurons, Les Toussaints, Les Tuvilains, Les Vignes Franches, Montée Rot, Pertuisots, Sur les Morot, Domaine Rateau, Grèves, Clos Sainte-Anne.
Bekannte Weinerzeuger sind u. a.: Domaine Besancenot, Domaine Cauvard Père et Fils, Hospice de Beaune, Maison Bichot, Maison Bouchard Père et Fils, Joseph → Drouhin, Maison Champy Père et Cie., Maison Chanson Père et Fils, Maison Giroud, Maison Louis → Jadot, Maison Louis → Latour.

Château **Belgrave** – Bordeaux
1. Weltbekanntes Weingut im → Médoc.
2. Rotwein aus den Rebsorten Merlot, Malbec, Cabernet Sauvignon und Cabernet Franc; Klassifikation als 5ème Cru Classé.

Bellet – Provence
Kleines A.-O.-C.-Weinbaugebiet nördlich von Nizza, das neben Rosé- und Rotweinen aromatische Weißweine liefert. Insgesamt beläuft sich die Produktion auf rund 1.000 Hektoliter.
Bekannte Weinerzeuger sind u. a.: Château de Bellet, Château Crémat.

Bergerac – Südwesten und Midi-Pyrénées
A.-O.-C.-Weinbaugebiet östlich von Bordeaux entlang der Dordogne; umfasst 90 Gemeinden. Unter dieser regionalen A.O.C. werden gefällige Weiß-, Rosé- und Rotweine erzeugt. Für die Weißweine gilt auch die AOC **Bergerac Sec,** für die Roséweine die A.O.C. **Bergerac Rosé.** Weitere A.-O.-C.-Bezeichnungen in Bergerac sind → Côtes de Bergerac, Côtes de Bergerac Moelleux, → Rosette, → Pécharmant, → Saussignac, → Monbazillac und → Montravel mit Côtes de Montravel und Haut Montravel.
Insgesamt umfasst das Anbaugebiet rund 10.000 Hektar und erzeugt knapp 600.000 Hektoliter Wein.
Bekannte Weinerzeuger sind u. a.: Château Court-lès-Muts, Domaine de Gouyat und Château Grinou (für Rotweine) sowie Château du Bloy, Domaine de Constant und Château de Panniseau (für trockene Weißweine).

Domaine **Beyer** – Elsass
Altbekanntes, hervorragendes Weingut in Eguisheim im Weinbaugebiet → Haut-Rhin mit einer Rebfläche von rund 20 Hektar. Neben den typischen Weinerzeugnissen sind noch sehr bekannt die Rieslingcuvées aus Ecailleres und Particulière sowie die Gewürztraminercuvée aus der Lage des Comtes d'Eguisheim.

Bienvenues-Bâtard-Montrachet – Burgund
1. A.-O.-C.-Weinbaugebiet in der → Côte de Beaune.
2. Weltbekannter Weißwein aus der Chardonnayrebe; goldgelbe Farbe mit grünen Reflexen; blumig, ausgewogen und finessereich. Seine Lagerfähigkeit reicht bis zu 30 Jahre.

Lalou **Bizet-Leroy** – Burgund
Bis 1991 Besitzerin der weltbekannten Domaine → Romanée-Conti; heute gehören ihr die Domainen d'Auvenay in Meursault und Leroy in Auxey-Duresses sowie kleinere Spitzenlagen, die durch biodynamische Bewirtschaftung von sich reden machten. Die besten Weine von der **Domaine Leroy** sind die Grands Crus von Clos de Vougeot, Richebourg, Vosne-Romanée, Clos de la Roche, Latricières-Chambertin, Chambertin und Musigny. Daneben werden aber auch junge Weine erzeugt, die als „en primeur" verkauft werden. Die durchschnittliche Jahresproduktion liegt bei rund 10.000 Flaschen.

Blaye (Blayais) – Bordeaux
Kleines A.-O.-C.-Weinbaugebiet am rechten Ufer der Gironde, das häufig gemeinsam mit → Bourg (Bourgeais) genannt wird. Das Städtchen Blaye ist namengebend. Es werden Weiß- und Rotweine gekeltert, wobei die Rotweine wirtschaftlich eine viel größere Rolle spielen.
Die Gesamtrebfläche beträgt rund 6.000 Hektar. Es werden rund 320.000 Hektoliter erzeugt. Die Böden bestehen aus Kalk, Sand und Ton.
Die weißen Hauptrebsorten sind Sémillon, Sauvignon Blanc, Colombard und Muscadelle, wobei die Colombard ausschließlich für Weine mit der Appellation Côtes de Blaye verwendet wird. Die roten Hauptrebsorten sind Cabernet Sauvignon, Merlot und Cabernet Franc. Die Lagerfähigkeit der Weißweine liegt bei durchschnittlich zwei bis drei Jahren, die der Rotweine bei vier bis sieben Jahren.
Die Appellationen sind **Côtes de Blaye** (für Weiß- und Rotweine) sowie **Blaye** oder **Blayais** und **Premières Côtes de Blaye** (für Rotweine).
Bekannte Weinerzeuger sind u. a.: Château de Bertinerie, Château Charron, Château Duchesse de Tutiac, Château Les Graves, Château Haut-Grelot, Château Louméde, Château Sociondo.

Jean-Marc **Boillot** – Burgund
Renommiertes Weingut in der → Côte de Beaune, das hervorragende Rotweine aus eigenen Spitzenlagen in → Pommard erzeugt.

Bonnes-Mares – Burgund
1. A.-O.-C.-Weinbaugebiet in der → Côte de Nuits; Grand-Cru-Lage zwischen Morey-Saint-Denis und Chambolle-Musigny mit einer Produktion von rund 580 Hektoliter.
2. Weltbekannter rassiger Rotwein, der aus Pinot-Noir-Trauben hergestellt wird und eine durchschnittliche Lagerfähigkeit von 10 Jahren aufweist.

Bonnezeaux – Loiretal
A.-O.-C.-Weinbaugebiet in → Anjou-Saumur mit einer Rebfläche von rund 130 Hektar und einer Produktion von rund 2.400 Hektoliter. Auf den steilen, nach Süden gelegenen Hängen reift ein kraftvoller Wein, der gerne als Aperitif getrunken wird.

Bordeaux Côtes de Francs – Bordeaux

Das A.-O.-C.-Weinbaugebiet mit der gleichnamigen Appellation liegt östlich von → Saint-Émilion in den Gemeinden St. Cibard und Tayac.
Die Gesamtrebfläche beträgt rund 500 Hektar. Es werden rund 29.000 Hektoliter Wein erzeugt, davon rund 500 Hektoliter Weißwein. Es ist die höchstgelegene Appellation an der Gironde. Auf Ton-, Mergel- und Kalkböden werden vorwiegend körperreiche, tanninhaltige und alkoholstarke Rotweine aus den Sorten Cabernet Franc, Cabernet Sauvignon und Malbec erzeugt. Die weißen Hauptrebsorten sind Sémillon, Sauvignon Blanc und Muscadelle; die Weißweine sollten jung getrunken werden.

Bourg (Bourgeais) – Bordeaux

A.-O.-C.-Weinbaugebiet am rechten Ufer der Gironde, das häufig gemeinsam mit → Blaye (Blayais) genannt wird. Das Städtchen Bourg ist namengebend. Es werden Weiß- und Rotweine gekeltert, wobei die Weißweine eine untergeordnete Rolle spielen.
Die Gesamtrebfläche beträgt rund 4.000 Hektar. Es werden rund 220.000 Hektoliter Wein erzeugt. Die Böden bestehen aus Kalk, Sand und Lehm.
Die weißen Hauptrebsorten sind Sémillon, Sauvignon Blanc, Colombard und Muscadelle. Die roten Hauptrebsorten sind Cabernet Sauvignon, Merlot, Malbec und Cabernet Franc. Die Appellationen sind Bourg oder Bourgeais und **Côtes de Bourg.**
Bekannte Weinerzeuger sind u. a.: Château de Barbe, Château Beaulieu du Castenet, Château Bégot, Château Brulesécaille, Château Bujan, Château Caruel, Château Falfas, Château Gros Moulin, Château Macay, Château Nodoz, Château Rousset, Château Tayac.

Bourgogne Aligoté – Burgund

A.-O.-C.-Bezeichnung für junge, frische Weißweine aus Aligotétrauben aus Pernand, aus den Hautes-Côtes sowie aus Saint-Bris im Departement Yonne.

Bourgogne Côte Chalonnaise – Burgund

A.-O.-C.-Bezeichnung in der → Côte Chalonnaise für 44 Gemeinden. Die Produktion beträgt rund 27.000 Hektoliter (rund drei Viertel davon Rotweine).

Bourgogne Hautes-Côtes de Beaune – Burgund

A.-O.-C.-Gebiet in rund 20 Gemeinden des Hinterlandes der → Côte de Beaune. Es werden rund 41.000 Hektoliter Wein erzeugt, davon rund 7.000 Hektoliter Weißweine.

Bourgogne Hautes-Côtes de Nuits – Burgund

A.-O.-C.-Gebiet in 16 Gemeinden des Hinterlandes und in Gemeindeteilen der → Côte de Nuits. Es werden rund 29.000 Hektoliter Wein erzeugt, wobei die rund 5.000 Hektoliter Weißweine qualitativ hervorzuheben sind. Die Hauptrebsorten sind Chardonnay bzw. Pinot Noir.

Bourgogne Passetoutgrain – Burgund
A.-O.-C.-Bezeichnung im Yonnetal, in der Côte d'Or und in Saône-et-Loire für einfache, leichte, frische Rotweine und eine geringe Menge von Roséweinen, die mindestens 33 Prozent Pinot Noir und Gamay Noir aufweisen müssen. Diese Weine trinkt man ganz frisch.

Bourgueil – Loiretal
A.-O.-C.-Weinbaugebiet im Westen der → Touraine mit einer Rebfläche von rund 1.250 Hektar und einer Produktion von rund 70.000 Hektoliter Rotwein. Die Winzer bauen ihre Weine oft im eigenen Keller aus.

Bouzeron – Burgund
A.-O.-C.-Weinbaugebiet in der → Côte Chalonnaise. Auf rund 60 Hektar werden Aligotéreben gepflanzt; die Weißweinproduktion beträgt rund 2.150 Hektoliter.

Brouilly – Burgund
A.-O.-C.-Weinbaugebiet im Süden des → Beaujolais mit einer Rebfläche von rund 1.300 Hektar und einer Produktion von rund 76.000 Hektoliter. Schwemm-, Granit-, Quarzsand-, Ton-Kalk- und Schieferböden bestimmen das Gebiet. Die zu den Beaujolais Crus zählenden Rotweine aus der Gamayrebe sind von rubinroter bis violetter Farbe, mit fruchtigen Aromen, Körper und Finesse, wobei die durchschnittliche Lagerfähigkeit zwei bis drei Jahre beträgt.

Domaine **Bursin** – Elsass
Hervorragendes Weingut in Bergheim im Weinbaugebiet Haut-Rhin, dessen bester Wein der Eminence Sylvaner aus der Lage Zinnkoepflé ist.

Buzet – Südwesten/Midi-Pyrénées
A.-O.-C.-Weinbaugebiet an der Garonne mit einer Rebfläche von rund 2.000 Hektar und einer Produktionsmenge von rund 120.000 Hektoliter; der Großteil sind kraftvolle, seidige Rotweine.
Bekannte Weinerzeuger sind u. a.: Domaine du Pech, Domaine de Versailles, Château Frandant, Les Vignerons Réunis.

C

Cabardès – Languedoc
A.-O.-C.-Weinbaugebiet westlich von Minervois mit einer Rebfläche von rund 500 Hektar; bringt Rosé- und elegante Rotweine hervor. Das trockene Klima des Languedoc ist hier besonders stark dem ozeanischen Einfluss ausgesetzt.
Es werden jährlich rund 30.000 Hektoliter Wein aus den Sorten Grenache, Cabernet Sauvignon, Syrah und Merlot erzeugt.

Cabernet d'Anjou – Loiretal
A.-O.-C.-Weinbaugebiet in → Anjou-Saumur mit einer Produktion von rund 180.000 Hektoliter. Die halbtrockenen,

gealterten Roséweine eignen sich hervorragend als Aperitif.

Cabernet de Saumur – Loiretal
A.-O.-C.-Weinbaugebiet in → Anjou-Saumur mit einer Produktion von rund 7.000 Hektoliter.

Cadillac – Bordeaux
A.-O.-C.-Weinbaugebiet in der Nachbarschaft von → Sauternes und → Barsac; zählt zu den wenigen Anbaugebieten für edelsüße Weißweine. Es besitzt seit 1980 eine eigenständige Appellation.
Die Gesamtrebfläche beträgt rund 200 Hektar. Es werden rund 6.000 Hektoliter edelsüße Weißweine aus den Sorten Muscadelle, Sauvignon Blanc und Sémillon erzeugt.
Weitere vom Mikroklima zur Bildung der Botrytis begünstigte Gebiete sind → Cérons, → Loupiac und → Sainte-Croix-du-Mont.

Cahors – Südwesten/Midi-Pyrénées
A.-O.-C.-Weinbaugebiet im Departement Lot; die Rebfläche beträgt rund 4.200 Hektar, die Produktion rund 250.000 Hektoliter. Die aus den Sorten Auxerroise (Côt oder Malbec), Tannat und Merlot hergestellten Rotweine sind kraftvoll, robust, tanninreich und langlebig.
Bekannte Weinerzeuger sind u. a.: Château Caminade, Château du Cèdre, Château La Coustarelle, Château Saint-Didier-Parnac, Domaine de Savarines, Domaine du Souleillou, Domaine de Paillas, Clos de Gamot.

Canon-Fronsac – Bordeaux
A.-O.-C.-Weinbaugebiet beim Zusammenfluss der Dordogne mit dem Flüsschen Isle; liegt westlich der Stadt Libourne in der Libournais. Die Gemeinden Fronsac und Saint-Michel-de-Fronsac dürfen die Appellation Canon-Fronsac verwenden und erzeugen rund 15.000 Hektoliter Rotweine. Weitere vier Gemeinden im A.-O.-C.-Weinbaugebiet → Fronsac tragen die Appellation Fronsac Contrôlée.

Château **Canon-La Gaffelière** – Bordeaux
1. Weltbekanntes Weingut in → Saint-Émilion; die Rebfläche beträgt 20 Hektar, die Produktionsmenge durchschnittlich 90.000 Flaschen.
2. Rotwein aus Merlot (55 %), Malbec, Cabernet Sauvignon (5 %) und Cabernet Franc (40 %); aus alten Rebstöcken; Klassifizierung als Grand Cru Classé B. Der Zweitwein heißt Château → **La Mondotte** und stammt aus einem 4,5 Hektar großen Besitz der Gegend.

Cassis – Provence
A.-O.-C.-Weinbaugebiet zwischen den Städten Toulon und Marseille, das für seine trockenen und alkoholstarken Weißweine bekannt ist. Die Rebfläche beträgt rund 170 Hektar, die Produktion rund 5.500 Hektoliter, von denen etwa 25 Prozent auf Rosé-, etwa 5 Prozent auf Rot- und

rund 70 Prozent auf Weißweine entfallen. Die Rebsorten für Rosé- und Rotweine sind Grenache, Cinsault, Mourvèdre und Carignan; für Weißweine Bourboulenc, Ugni Blanc, Clairette, Sauvignon Blanc.
Bekannte Weinerzeuger sind u. a.: Domaine du Bagnol, La Ferme Blanche, Clos Sainte-Magdelaine.

Cérons – Bordeaux
A.-O.-C.-Weinbaugebiet in der Nachbarschaft von → Sauternes und → Barsac; zählt zu den wenigen Anbaugebieten für edelsüße Weißweine.
Die Gesamtrebfläche beträgt rund 90 Hektar. Es werden rund 2.500 Hektoliter edelsüße Weißweine aus den Sorten Muscadelle, Sauvignon Blanc und Sémillon erzeugt, die eine Lagerfähigkeit von rund 15 Jahren aufweisen.
Weitere vom Mikroklima zur Bildung der Botrytis begünstigte Gebiete sind → Cadillac, → Loupiac und → Sainte-Croix-du-Mont.

Chablis – Burgund
A.-O.-C.-Weinbaugebiet im Norden der Region außerhalb des eigentlichen Burgund im Departement Yonne; weltberühmt für seine Weißweine. Die Weinberge befinden sich an den steilen Hanglagen des Sereins, eines Nebenflusses der Yonne. Bereits die Zisterzienser erkannten die guten Bedingungen für den Weinbau in diesem Gebiet und pflanzten im 12. Jahrhundert Rebgärten um die nahe gelegene Abtei in Pontigny. Trotz dieses geschichtsträchtigen Anbaus wären um 1960 die Weingärten beinahe verschwunden, da mehrere Spätfröste schlimmste Schäden angerichtet hatten. Doch die Weinbauern ersannen Maßnahmen gegen den Frost. Die Rebanlagen werden heute mit Öfen, den so genannten Chaufferettes, „beheizt“. Die strengen Winter machen es auch möglich, die Rebstöcke mit Wasser mit einem Eismantel überziehen zu lassen – eine andere wirksame Methode zum Schutz der Reben.
In Chablis findet man vorwiegend Mergelböden, die ideal sind für den Anbau der Chardonnayrebe, aus der der Chablis zu 100 Prozent besteht. Die Traube wird hier auch Beaunois genannt.
Die Gesamtrebfläche des Weinbaugebietes beträgt knapp 7.000 Hektar. Zuletzt wurden rund 4.300 Hektar angemeldet. Es werden rund 260.000 Hektoliter Chablis erzeugt. Er ist leicht, trocken, mineralstoffarm, sehr körperreich und gut lagerfähig. Seine Vorzüge kommen erst nach längerer Lagerzeit zur Geltung.
Die Klassifizierung ist viergeteilt; die besten Lagen führen die Bezeichnung → Chablis Grand Cru, gefolgt von → Chablis Premier Cru und → Chablis (ohne Lagenbezeichnung) bis zu → Petit Chablis.
Bekannte Weinerzeuger sind u. a.: Michel Barat, Jean-Claude Bessin, Pascal Bouchard, René & Vincent Dauvissat, Domaine Jéan Defaix, Jean-Paul Droin,

Joseph → Drouhin, GAEC du Colombier, Alain Geoffroy, Jean-Pierre Grossnot, Thierry Hamelin, Domaine de la Maladière, Domaine des Malandes, Louis Michel & Fils, Moreau & Fils, Domaine Pinson, Domaine François & Jean-Marie → Raveneau, Regnard et Fils, Domaine Sainte-Claire, Gérard Tremblay, Domaine de Varoux, Raymond Dupuis, GAEC du Clos du Roy, Jean Podor, Caves de Bailly, G. & J.-H. Goisot.

Chablis Grand Cru – Burgund

1. A.-O.-C.-Gebiet im → Chablis, das die sieben Spitzenlagen (Climats) **Les Blanchots, Bougros, Les Clos, Grenouille, Les Preuses, Valmur** und **Vaudésir** aufweist. Diese Südwesthänge gehören ausnahmslos zur Gemeinde Chablis.
2. Weltbekannter Weißwein aus Chardonnaytrauben. Er weist einen grünlichen Goldton, eine typische Butternote, einen Feuersteinduft sowie eine besondere Ausgewogenheit in Kraft und Säure auf. Er benötigt acht bis zehn Jahre, um harmonisch zu werden.

Chablis Premier Cru – Burgund

1. A.-O.-C.-Gebiet im → Chablis, das 30 Reblagen aufweist. Zu den wichtigsten zählen: Beugnons, Beauroy, Butteaux, Côte de Brécham, Côte de Lechet, L'Homme Mort, Côte de Prés, Côte de Savant, Côte de Fonternay, Forêt, Fourchaume, Girots, Les Epinottes, Les Lys, Melinots, Montée de Tonnerre, Mont de Milieu, Montmais, Morem Fourneau, Roncieres, Séchet, Troèmes, Vaillons, Vau Ragons, Van de Vey, Vosgros.
2. Weißwein aus Chardonnaytrauben mit einem komplexen, anhaltenden Bukett. Das typische Haselnussaroma wird meist nach einer fünfjährigen Reifezeit erreicht. Der Maximalertrag beträgt 50 Hektoliter pro Hektar. Es werden rund 45.000 Hektoliter pro Jahr erzeugt.

Chablis (ohne Lagenbezeichnung) – Burgund

1. A.-O.-C.-Gebiet im → Chablis, das keine Lagenbezeichnungen führt.
2. Weißwein aus Chardonnaytrauben, der relativ jung (mit ein bis drei Jahren) zu trinken ist. Es werden rund 170.000 Hektoliter pro Jahr erzeugt.

Chambertin – Burgund

1. A.-O.-C.-Weinbaugebiet in der → Côte de Nuits und Grand-Cru-Lage in der Gemeinde → Gevrey-Chambertin mit einer Rebfläche von etwas mehr als 13 Hektar und einer Produktion von rund 500 Hektoliter.
2. Weltbekannter Rotwein, oft als König der Weine bezeichnet, wird aus der Pinot Noir hergestellt und besitzt eine kirschrote Farbe, ausgeprägtes Beerenaroma und einen kraftvollen dominanten fleischigen Körper.

Chambertin-Clos de Bèze – Burgund

1. A.-O.-C.-Weinbaugebiet in der → Côte de Nuits und Grand-Cru-Lage in der Gemeinde → Gevrey-Chambertin mit einer Rebfläche von etwa 15 Hektar und einer Produktion von rund 460 Hektoliter. Bereits im Jahr 630 wurde in diesem Gebiet von Mönchen der Abtei Bèze Weinbau betrieben.
2. Weltbekannter Rotwein, der eine sehr lange Reifungszeit braucht und aus Pinot-Noir-Trauben erzeugt wird. Kennzeichnend sind die tiefrote Farbe und das Aroma mit vielen Fruchtnoten; im Geschmack zeigt er Eleganz und Festigkeit. Das Lagerpotenzial beträgt bis zu 50 Jahre.

Chambolle-Musigny – Burgund

1. A.-O.-C.-Weinbaugebiet in der → Côte de Nuits zwischen der Weinbaugemeinde Morey-St.-Denis im Norden und Vougeot im Süden mit einer Rebfläche von 207 Hektar, davon 61 Hektar für Premier Cru. Die Produktion beträgt rund 7.000 Hektoliter, wovon rund 2.800 Hektoliter als Premier Cru klassifiziert sind. Kalkböden mit Mergel und Kalkgeröllböden sind in diesem Gebiet zu finden.
   Die wichtigsten **Grand-Cru-Lagen** sind u. a.: Les Petits Musigny, Les Bonnes Mares, Musigny.
   Die wichtigsten **Premier-Cru-Lagen** sind u. a.: Aux Beau Bruns, Les Amoureuses, Les Baudes, Les Borniques, Les Carrières, Les Chabiots, Les Charmes, La Combe d'Orveau, Les Combottes, Les Cras, Aux Echanges, Les Fuées, Les Groseilles, Les Lavrottes, Les Plantes, Les Véroilles.
2. Renommierter Rotwein aus der Pinot Noir, der als der delikateste und leichteste aller Weine aus der Côte bezeichnet wird. Seine Lagerfähigkeit beträgt durchschnittlich zwölf Jahre.

Bekannte Weinerzeuger sind u. a.: Barthod Noellat, Domaine Bertheau, Château de Chambolle-Musigny, Domaine Comte Georges de → Vogüé, Daniel Moine Hudelot, Domaine Georges Roumier, Hervé Roumier.

Champy – Burgund
Ältestes Weinhandelshaus im Burgund, das Weinerzeugnisse von über 200 Weingütern vertreibt und seit 1990 im Besitz von **Henri Meurgey** ist.

Chapelle-Chambertin – Burgund

1. A.-O.-C.-Weinbaugebiet und Grand-Cru-Lage in der → Côte de Nuits.
2. Weltbekannter Rotwein aus der Pinot Noir, der eine lange Reifezeit benötigt. Er hat eine dunkelrote Farbe, Gewürz- und Fruchtaromen sowie kraftvolle Tannine. Seine Lagerfähigkeit reicht bis 50 Jahre.

M. **Chaputier** – Rhônetal
Renommierter Weinbaubetrieb

mit Sitz in Tain-l'Hermitage mit einer Rebfläche von zirka 70 Hektar, 25 Prozent davon liegen in → Hermitage. Die Gesamtproduktion beträgt 30.000 Kisten pro Jahr. Hervorzuheben sind die Spitzenrotweine Hermitage Pavillon und Crozes-Hermitage Les Varonnières sowie der Weißwein Hermitage de l'Orée. Weiters erzeugt das Haus den Rotwein Côte Rôtie La Mordorée, Saint-Joseph Les Granits als Weiß- und Rotwein sowie Rotweine aus Châteauneuf-du-Pape, Côte du Rhône und der Côte du Ventoux.

Charmes-Chambertin – Burgund

1. A.-O.-C.-Weinbaugebiet in der → Côte de Nuits und Grand-Cru-Lage in der Gemeinde → Gevrey-Chambertin.
2. Weltbekannter Rotwein aus der Pinot Noir, der eine lange Reifezeit benötigt. Seine Farbe ist granatrot, das Aroma ist blumig bis würzig und im Geschmack weist er einen festen, seidigen Körper auf. Seine Lagerfähigkeit reicht bis 50 Jahre.

Chassagne-Montrachet – Burgund

1. A.-O.-C.-Weinbaugebiet in der → Côte de Beaune neben der Grand-Cru-Lage → Bâtard-Montrachet zwischen den Weinbaugemeinden Puligny, Montrachet und Santenay. Die Rebfläche beträgt rund 300 Hektar, von denen ein kleiner Teil in der Gemeinde Remigny liegt. Die Böden bestehen aus Kies, Mergel, Kalk und Sand.
   Die **Premier-Cru-Lagen** sind Abbaye de Morgeot, Blanchot-Dessous, Bois de Chassagne, Boudriotte, Les Brussonnes, Caillertet, Les Champs Gain, Les Chaumées, Les Chevenottes, Clos Saint-Jean, Dent de Cien, En Cailleret, En Remilly, La Grande Montagne, La Maltroie, Les Macherelles, Tonton Marcel, Les Vergers und Vide-Bourse. Die Produktion beträgt rund 16.000 Hektoliter, knapp 60 Prozent davon sind Weißweine.
2. Renommierter Weißwein aus Chardonnaytrauben; goldgelbe Farbe, mit Feuerstein- und Röstaromen; lebendig und geschmeidig. Die Lagerfähigkeit liegt bei etwa zwölf Jahren.
3. Weltbekannter Rotwein aus Pinot-Noir-Trauben; schwarzrote Farbe, Beeren- und Kirschenaromen, konzentrierter, komplexer Geschmack. Bis rund 15 Jahre lagerfähig.

Bekannte Weinerzeuger sind u. a.: Blain-Gagnard, Champy Père & Cie., Michel Colin-Deleger, Domaine du Duc du Magenta, Domaine Gagnard-Delagrange, Jean-Noel Gagnard, Morey, Paul Pillot, Domaine Ramonet.

Château-Chalon – Jura

A.-O.-C.-Weinbaugebiet mit einer Rebfläche von rund 45 Hektar. Es werden jährlich rund 1.700 Vins Jaunes erzeugt, die hier auf Böden aus schwarzem Liasmergel gedeihen.

Sie weisen ein ausgeprägtes Nussaroma auf und werden aus der einzigen hier zugelassenen Rebsorte, der Savigny, hergestellt. Die vier Gemeinden, die die Appellation führen dürfen, sind Château-Chalon, Menétru-le-Vignoble, Nevy-sur-Selle und Domblans.

Château-Grillet – Rhônetal

1. Kleinstes A.-O.-C.-Weinbaugebiet der → Côtes du Rhône-Villages mit einer Rebfläche von rund 3,5 Hektar und einer Produktion von rund 100 Hektoliter. Der Boden ist vorwiegend ein Gemisch aus Ton mit Sand. Es gibt nur einen Besitzer und Erzeuger, und zwar Neyret-Gachet.
2. Der Weißwein wird ausschließlich aus der Viogniertraube gekeltert. Er ist goldgelb in der Farbe, mit herrlichen Fruchtaromen, hat Finesse und ist alkoholreich. Die Lagerfähigkeit beträgt durchschnittlich sechs bis acht Jahre.

Châteaumeillant – Zentralfrankreich

Weinbaugebiet mit A.-O.-V.-D.-Q.-S.-Status; die Rebfläche beträgt rund 90 Hektar, die Produktion rund 3.600 Hektoliter. Berühmt ist der durch unmittelbares Keltern aus Gamaytrauben hergestellte Wein.

Châteauneuf-du-Pape – Rhônetal

1. A.-O.-C.-Weinbaugebiet der → Côtes du Rhône-Villages nördlich der Stadt Avignon mit den dazugehörenden Gemeinden Orange, Couthézon, Bédarrides und Sorgues. Die Böden bestehen aus roter Tonerde mit alpinem Quarzitkiesel. Die Reben werden in Buschform gehalten, um dem Mistralwind standzuhalten; Rebfläche rund 3.200 Hektar. Die Gesamtproduktion liegt bei rund 110.000 Hektoliter.
2. Hervorragender Weißwein, der vorwiegend aus den Rebsorten Grenache Blanc, Bourboulenc, Roussanne, Picpoul, Picardan und Clairette hergestellt wird und in letzter Zeit große Beliebtheit erlangt hat.
3. Weltbekannter Rotwein, rubinrot mit orangefarbenen Reflexen; würzige Fruchtaromen; aus den Rebsorten Grenache Noir, Syrah, Cinsault, Terret Noir, Mourvèdre, Muscardin und Vaccarèse; Lagerfähigkeit mehr als 20 Jahre.

Bekannte Weinerzeuger sind u. a.: Château de Beaucastel, Domaine de Beaurenard, La Bosquet des Papes, Les Cailloux, Domaine Chante Cigale, Domaine Chante Perdrix, Domaine Clefs d'Or, Clos de Papes, Domaine Durieu, Château des Fines Roches, Château de la Font du Loup, Château Fortia, Domaine du Grand Tinel, Domaine de Montpertuis, Domaine de Nalys, Château La Nerthé, Domaine de la Solitude, Domaine du Vieux Télégraphe, Château → Rayas.

Châtillon-en-Diois – Rhônetal

A.-O.-C.-Weinbaugebiet der → Côtes du Rhône-Villages mit

einer Rebfläche von rund 50 Hektar und einer Produktion von rund 3.300 Hektoliter.

Chénas – Burgund
A.-O.-C.-Weinbaugebiet im → Beaujolais; zählt mit einer Rebfläche von rund 285 Hektar (auf Schwemmland und Granitsandböden) zu den kleinsten Beaujolais-Appellationen; die Produktion beträgt rund 15.500 Hektoliter. Die Rotweine aus Gamaytrauben sind tiefrot bis violett mit fruchtig-blumigen Aromen und tanninreichem, fleischigem Charakter. Die Lagerfähigkeit beträgt durchschnittlich sechs Jahre.
Bekannte Weinerzeuger sind u. a.: Daniel Robin, Louis Champagnon, Hubert Lapierre, Bernard Santé.

Château **Cheval Blanc** – Bordeaux

1. Weltbekanntes Weingut in → Saint-Émilion. Die Rebfläche umfasst 35 Hektar, die Produktionsmenge beträgt durchschnittlich 120.000 Flaschen.
2. Rotwein aus Merlot, Malbec, Cabernet Sauvignon (34 %) und Cabernet Franc (66 %); aus sehr alten Rebstöcken; Klassifizierung als Premier Grand Cru Classé A.

Chevalier-Montrachet – Burgund

1. A.-O.-C.-Weinbaugebiet in der → Côte de Beaune und Grand-Cru-Lage in der Weinbaugemeinde → Puligny-Montrachet.
2. Weltbekannter Weißwein aus der Chardonnayrebe; goldgelb, harmonisch; zeigt mineralische Nuancen. Die Lagerfähigkeit beträgt durchschnittlich 15 Jahre.

Cheverny – Loiretal
A.-O.-C.-Weinbaugebiet in der → Touraine mit einer Rebfläche von rund 2.000 Hektar, von denen rund ein Viertel im Ertrag stehen. Die Produktion beträgt rund 20.000 Hektoliter, Rotweine machen mehr als die Hälfte aus.

Chinon – Loiretal
A.-O.-C.-Weinbaugebiet in der → Touraine mit einer Produktion von rund 110.000 Hektoliter, davon nur etwa 1.000 Hektoliter Weißwein. Die Rotweine werden aus der Rebsorte Cabernet Franc produziert, die hier Breton heißt.

Chiroubles – Burgund

1. A.-O.-C.-Weinbaugebiet im → Beaujolais zwischen Fleurie und Villé-Morgon mit einer Rebfläche (vorwiegend Granitsandböden) von rund 380 Hektar. Die Produktion beträgt rund 22.000 Hektoliter. Die Rotweine sind hell rubinrot, tanninarm, weisen Aromen von Waldbeeren und feinen bis zarten Geschmack auf. Die Lagerfähigkeit beträgt durchschnittlich drei bis vier Jahre.
2. Rotwein aus der Rebsorte Gamay Noir, den man zu den feinsten des Beaujolais zählt. Er ist ein Cru Beaujolais.
   Bekannte Weinerzeuger sind u. a.: Georges Boulon, Do-

maine Cheysson-lès-Farges, Domaine de la Combe au Loup, Château de Raousset.

Clairette de Bellegarde – Languedoc
A.-O.-C.-Weißweingebiet zwischen Arles und Nîmes, im südöstlichen Teil des A.-O.-C.-Gebietes → Costières de Nîmes. Prägend ist das heiße, trockene Mittelmeerklima; auf den steinigen, roten Böden werden knapp 2.500 Hektoliter Weißwein erzeugt. Die einzige zugelassene Rebsorte ist die weiße Clairette Blanc.
Ein bekannter Weinerzeuger ist u. a. die Domaine de l'Amarine.

Clairette du Languedoc – Languedoc
A.-O.-C.-Weißweingebiet am Fuße des Berges Vissou auf Schwemmland- und Kiesböden. Das heiße, trockene Mittelmeerklima begünstigt die Reifung der schweren Weißweine im Ranciostil, von denen jährlich rund 4.000 Hektoliter erzeugt werden. Die Gesamtrebfläche des in acht Gemeinden liegenden Gebietes beträgt rund 100 Hektar.

A. & P. M. **Clape** – Rhônetal
Kleiner, aber sehr erfolgreicher Weinbaubetrieb in → Cornas, der hervorragende und langlebige Vins Noirs aus dem nördlichen Rhônetal herstellt. Die Rebfläche beträgt 6,5 Hektar, die Gesamtproduktion rund 2.500 Kisten.

Clos des Lambrays – Burgund
1. Kleines, weltbekanntes Weingut in der → Côte de Nuits und Grand-Cru-Lage im A.-O.-C.-Weinbaugebiet → Morey-Saint-Denis. Die Rebfläche beträgt rund 8,5 Hektar, die Produktionsmenge durchschnittlich 15.000 Flaschen.
2. Rotwein aus Pinot-Noir-Trauben sehr alter Rebstöcke.

Clos de Tart – Burgund
1. A.-O.-C.-Weinbaugebiet in der → Côte de Nuits und Grand-Cru-Lage im Süden der Weinbaugemeinde → Morey-Saint-Denis.
2. Weltbekannter Rotwein aus der Pinot Noir, der erst kurz vor der Abfüllung verschnitten wird. Er besitzt eine Lagerfähigkeit zwischen 15 und 50 Jahren.

Clos de Vougeot – Burgund
1. A.-O.-C.-Weinbaugebiet in der → Côte de Nuits und Grand-Cru-Lage zwischen Chambolle-Musigny und Flagey-Échézeau mit einer Produktion von rund 1.850 Hektoliter. Die Rebfläche von rund 50 Hektar teilt sich auf über 70 Besitzer auf.
2. Weltbekannter granatroter Rotwein aus der Pinot Noir, dessen Aromen von Blumen bis zu Beeren reichen und der einen vollen kräftigen Körper besitzt. Die Lagerfähigkeit reicht bis zu 30 Jahre.

Collioure – Roussillon
A.-O.-C.-Weinbaugebiet am Mittelmeer; es entspricht der Appellation Banyuls, die für Vins Doux Naturels bekannt ist.

Aus Grenache Noir, Carignan und Mourvèdre werden Rot- und Roséweine erzeugt, deren Trauben geerntet werden, noch bevor man die Trauben für den Banyuls liest. Es werden rund 14.000 Hektoliter Rot- und Roséweine hergestellt.

Condrieu – Rhônetal

1. A.-O.-C.-Weinbaugebiet der → Côtes du Rhône-Villages mit einer Rebfläche von rund 100 Hektar und einer Produktion von rund 4.200 Hektoliter Weißwein. Die Böden bestehen vorwiegend aus Ton und tonigem Sand.
2. Bekannter Weißwein, der aus der einzig zugelassenen Rebe, der Viognier, hergestellt wird. Er ist strohgelb mit grünen Reflexen, hat ein mächtiges Bukett von Früchten und einen sehr hohen Säuregehalt, der jedoch gut eingebunden ist. Die durchschnittliche Lagerfähigkeit beträgt rund drei bis fünf Jahre.

Bekannte Weinerzeuger sind u. a.: André Perret, Château du Rozay, Georges Vernay, Yves Cuilleron. Der wichtigste Négociant-Recolté ist Marcel → Guigal.

Corbières – Languedoc

A.-O.-C.-Weinbaugebiet zwischen Roussillon und Carcasson-Narbonne. Auf Sandstein-, Mergel- und Kalkböden werden Weiß-, Rosé- und Rotweine erzeugt, wobei die Rotweinproduktion mit über 90 Prozent deutlich überwiegt. Das heiße, trockene Mittelmeerklima mit ozeanischen Strömungen begünstigt die Reifung der Trauben, vornehmlich Carignantrauben, die in den Rotweincuvées einen Höchstanteil von 60 Prozent haben dürfen.
Die Gesamtrebfläche beträgt rund 14.400 Hektar. Es werden rund 700.000 Hektoliter Wein erzeugt.
Bekannte Weinerzeuger sind u. a.: Château Grand-Caumont, Château Haut-Gleon, Château de Mattes, Domaine des Pensées-Sauvage, Domaine la Voulte-Gasparets.

Corey-lès-Beaune – Burgund

A.-O.-C.-Weinbaugebiet der → Côte de Beaune mit einer Produktion von rund 6.560 Hektoliter (davon mehr als 95 Prozent Rotwein).

Cornas – Rhônetal

1. A.-O.-C.-Weinbaugebiet der → Côtes du Rhône-Villages mit einer Rebfläche von rund 110 Hektar und einer Produktion von rund 6.000 Hektoliter (ausschließlich Rotwein).
2. Bekannter Rotwein aus der Syrahrebe, der eine durchschnittliche Lagerfähigkeit von zwölf Jahren aufweist. Hervorragende Jahrgänge können auch 20 Jahre und darüber gelagert werden. Dieser sehr dunkle und wuchtige Wein bringt erst nach einigen Jahren der Fasslagerung seine Frucht-, Trüffel- und Beerenaromen voll zur Geltung.
   Bekannte Weinerzeuger sind u. a.: Guy de Barjac, A. & P. M. → Clape, Jean-Luc

Colombo, Marcel Juge; der wichtigste Négociant-Recolté ist Marcel → Guigal.

Corton – Burgund
A.-O.-C.-Weinbaugebiet in der → Côte de Beaune und Grand-Cru-Lage in den Gemeinden Aloxe-Corton, Ladoix-Serrigny und Pernand-Vergelesses. Die Produktion beträgt rund 3.800 Hektoliter Rotwein (aus Pinot Noir) und rund 100 Hektoliter Weißwein (aus Chardonnay).

Corton-Charlemagne
– Burgund

1. A.-O.-C.-Weinbaugebiet in der → Côte de Beaune und Grand-Cru-Lage auf dem Weinberg Corton nördlich der Stadt Beaune. Die Produktion beträgt rund 2.400 Hektoliter.
2. Weltbekannter hellgelber, körperreicher Weißwein aus der Chardonnayrebe, mit vielfältigen Aromen wie Zitrus, Gewürzen, Feuerstein, Wacholder. Die Lagerfähigkeit beträgt bis zu 30 Jahre.

Château **Cos d'Estournel**
– Bordeaux

1. Weltbekanntes Weingut in → Saint-Estèphe mit einer Rebfläche von 64 Hektar und einer Produktionsmenge von durchschnittlich 300.000 Flaschen.
2. Rotwein aus Cabernet Sauvignon (60 %), Merlot (38 %) und Cabernet Franc (2 %); aus sehr alten Rebstöcken; Klassifizierung als Deuxième Grand Cru Classé.

Costières de Nîmes
– Languedoc
A.-O.-C.-Weinbaugebiet bei Nîmes nördlich der Camargue; erzeugt Weiß- und Roséweine, die jung getrunken werden sollen, sowie robuste und gut lagerfähige Rotweine, insgesamt rund 270.000 Hektoliter. Die Gesamtrebfläche beträgt 12.000 Hektar.
Die roten Hauptrebsorten sind Carignan, Grenache Noir, Cinsault und Syrah. Für die Weißweine werden Clairette, Marsanne und Roussanne angebaut.
Bekannte Weinerzeuger sind u. a.: Château de Belle-Coste, Château Raboud, Château de Saint-Vincent.

Coteaux d'Aix-en-Provence
– Provence
A.-O.-C.-Weinbaugebiet nördlich und westlich von Marseille; ist vor allem für die frischen Roséweine bekannt. Die rund 4.000 Hektar Rebfläche befinden sich auf Kalkstein- bzw. Sandböden. Pro Jahr werden rund 175.000 Hektoliter Wein, vorwiegend Roséwein, erzeugt. Das heiße Mittelmeerklima begünstigt die Reifung der Trauben, für Rosé- und Rotweine Grenache, Syrah, Cinsault, Cabernet Sauvignon und Mourvèdre, für Weißweine Grenache Blanc, Clairette, Bourboulenc, Rolle, Sémillon und Ugni Blanc.
Bekannte Weinerzeuger sind u. a.: Château Commanderie de la Bargemone, Château Bas, Château de Beaupré, Château de Gavelles, Château la Coste, Château Saint-Jean, Domaine les Bastides.

Coteaux de Die – Rhônetal
Sehr kleines A.-O.-C.-Weinbaugebiet der → Côtes du Rhône-Villages.

Coteaux de l'Aubance – Loiretal
A.-O.-C.-Weinbaugebiet in → Anjou-Saumur mit einer Produktion von rund 5.700 Hektoliter, wobei die Erträge einer strengen Begrenzung unterliegen.

Coteaux de Pierrevert – Rhônetal
A.-O.-C.-Weinbaugebiet der → Côtes du Rhône mit einer Rebfläche von knapp 300 Hektar und einer Produktion von rund 14.400 Hektoliter Rot-, Rosé- und Weißwein mit relativ geringem Alkoholgehalt.

Coteaux de Saumur – Loiretal
A.-O.-C.-Weinbaugebiet in → Anjou-Saumur mit einer Produktion von rund 400 Hektoliter.

Coteaux du Giennois – Zentralfrankreich
A.-O.-C.-Weinbaugebiet in den Departements Nièvre und Loiret. Die Hauptrebsorten sind Gamay, Pinot Noir und Sauvignon Blanc. Es werden rund 6.700 Hektoliter Wein erzeugt, mehr als 60 Prozent sind Rotweine.

Coteaux du Languedoc – Languedoc
A.-O.-C.-Weinbaugebiet, das Weinlagen umfasst, die über das ganze Languedoc verstreut sind, hauptsächlich zwischen Nîmes und Narbonne. Auf den rund 10.000 Hektar Rebfläche werden überwiegend Rot- und Roséweine erzeugt, an die, neben der allgemeinen Appellation Coteaux du Languedoc, elf Bezeichnungen angefügt werden dürfen. Es werden jährlich rund 60.000 Hektoliter Weißwein sowie rund 500.000 Hektoliter Rot- und Roséwein hergestellt.

Coteaux du Layon – Loiretal
A.-O.-C.-Weinbaugebiet in → Anjou-Saumur mit einer Produktion von rund 58.500 Hektoliter. Die Rebfläche verteilt sich auf 25 Gemeinden, wovon Chaume am bekanntesten ist. Sieben Gemeinden dürfen der Appellation ihren Namen hinzufügen. Es sind dies außer Chaume noch Rochefort-sur-Loire, Saint-Aubin-de-Luigné, Saint-Lambert-du-Lattay, Beaulieu-sur-Layon, Rablay-sur-Layon und Faye-d'Anjou.

Coteaux du Loir – Loiretal
A.-O.-C.-Weinbaugebiet in der → Touraine mit einer Produktion von rund 3.000 Hektoliter, davon etwa ein Drittel Weißwein.

Coteaux du Tricastin – Rhônetal
A.-O.-C.-Weinbaugebiet in der → Côtes du Rhône mit einer Rebfläche von rund 2.000 Hektar und einer Produktion von rund 112.000 Hektoliter. Die Appellation umfasst 22 Gemeinden auf dem linken Rhôneufer.

Coteaux du Vendômois – Loiretal
A.-O.-C.-Weinbaugebiet in der

→ Touraine mit einer Produktion von rund 8.600 Hektoliter. Als Besonderheit gilt der „graue" Wein aus der Rebsorte Pineau d'Aunis.

Coteaux Varois – Provence
A.-O.-C.-Weinbaugebiet mit einer Rebfläche von rund 1.700 Hektar im Departement Var. Es werden jährlich rund 90.000 Hektoliter A.-O.-C.-Rosé-, Rot- und Weißweine erzeugt, darüber hinaus eine große Menge an Vins de Pays. Die verwendeten Rebsorten für die Roséweine sind Grenache, Cinsault, Mourvèdre und Carignan, für die Rotweine noch zusätzlich Syrah und Cabernet Sauvignon.
Bekannte Weinerzeuger sind u. a.: Domaine du Deffens, Domaine de Saint-Jean de Villecroze.

Côte Chalonnaise – Burgund
A.-O.-C.-Weinbaugebiet mit einer Gesamtrebfläche von rund 4.500 Hektar, das bei Santenay an die → Côte d'Or anschließt und bis zum nächsten Anbaugebiet, dem → Mâconnais, reicht. Die Böden bestehen aus Kalkstein und Mergel. Die Hauptrebsorten sind Chardonnay und Aligoté bzw. Pinot Noir. Die wichtigsten Appellationen sind: → Bourgogne Côte Chalonnaise, → Bouzeron, → Rully, → Mercurey, → Givry, → Montagny.
Bekannte Weinerzeuger sind u. a.: Bouchard, Rodet, Louis → Latour, André → Delorme, Joseph Faivelet, A. & P. de Villaine, Château de Chamirey, Château de Rully, Domaine de la Folie, Michel Juillot, Domaine Emile Voarick, Clos Salomon, Lumpp, Michel Sarrazin, Alain Roy, Domaine Steinaier, Domaine Jean Vachet.

Côte de Beaune – Burgund
A.-O.-C.-Weinbaugebiet, das an die → Côte de Nuits anschließt. Es erstreckt sich von der kleinen Gemeinde Ladoix im Norden bis zu den Weinbaugemeinden bzw. berühmten Gemeindelagen von → Chassagne-Montrachet, → Saint-Aubin und → Santenay im Süden. Das Zentrum bildet die mittelalterliche Stadt Beaune mit dem weltbekannten **Hospice de Beaune,** wo hoch dotierte Weinauktionen stattfinden. Im Gegensatz zur Côte de Nuits werden hier nicht nur besondere Rotweine, sondern auch eine große Zahl der weltbesten Weißweine gekeltert, wobei die Hauptrebsorten Pinot Noir bzw. Chardonnay sind. Die Rebgärten liegen in einer Höhe von bis zu 400 Meter, also bedeutend höher als in der Côte de Nuits.
Die wichtigsten Appellationen von Norden nach Süden sind u. a.: → Ladoix, → Aloxe-Corton, → Pernand-Vergelesses, → Corton, → Corton-Charlemagne, → Savigny-lès-Beaune, → Corey-lès-Beaune, → Beaune, → Pommard, → Volnay, → Monthelie, → Auxey-Duresses, → Saint-Romain, → Meursault, → Puligny-Montrachet, → Montrachet, → Chevalier-Montrachet, → Bâtard-Montrachet, → Bienvenues-Bâtard-Mon-

trachet, → Criots-Bâtard-Montrachet, → Chassagne-Montrachet, → Saint-Aubin, → Santenay, → Maranges, → Côte de Beaune-Villages.

Côte de Beaune-Villages – Burgund
Ist eine Ersatzappellation für alle Rotweine der → Côte de Beaune, mit Ausnahme der A.O.C.s Beaune, Aloxe-Corton, Pommard und Volnay. Geringe Produktion.

Côte-de-Brouilly – Burgund

1. A.-O.-C.-Weinbaugebiet im Süden des → Beaujolais mit einer Rebfläche von rund 325 Hektar und einer Produktion von rund 19.000 Hektoliter. Schwemm-, Granit-, Quarzsand-, Ton-Kalk- und Schieferböden bestimmen das Gebiet. Die zu den Beaujolais Crus zählenden Rotweine sind tiefgranatrot, frisch-blumig, tanninreich und durchschnittlich vier bis sechs Jahre lagerfähig. In der Gemeinde Cercié liegt die bekannte Reblage „la Pisse Vieille“.
2. Robuster, pfeffriger Rotwein aus der Gamay Noir, der zu den Beaujolais Crus zählt.
   Bekannte Weinerzeuger sind u. a.: Alain Bernillon, Alain Michaud, Nicole Chanrion, Claudius Guérin, Château Thivin.

Côte de Nuits – Burgund
A.-O.-C.-Weinbaugebiet zwischen der Stadt Dijon im Norden (bei Marsannay) und den bekannten Marmorsteinbrüchen von Comblanchien und Chambolle im Süden. Der sehr schmale Hang umfasst insgesamt 29 Appellationen, Grand Crus, Premier Crus und Gemeindelagen. Von Norden nach Süden sind dies u. a.: → Marsannay, → Fixin, → Gevrey-Chambertin mit → Latricières-Chambertin, → Chapelle-Chambertin, → Charmes-Chambertin, Griotte-Chambertin, → Mazis-Chambertin und → Mazoyères-Chambertin; → Chambertin, → Chambertin-Clos de Bèze, → Morey-Saint-Denis, Clos de la Roche, → Clos de Tart, Clos de Saint-Denis, → Clos des Lambrays, → Chambolle-Musigny, → Bonnes-Mares, → Vougeot, → Clos de Vougeot, → Echézeaux, → Grands-Echézeaux, → Vosne-Romanée, → Richebourg, → La Romanée, → Romanée-Conti, → Romanée-Saint-Vivant, → La Grande Rue, → La Tâche, → Nuits-Saint-Georges, → Côte de Nuits-Villages.
Es werden rund 20 Prozent Weißweine und rund 77 Prozent gut strukturierte Rotweine mit einer durchschnittlichen Lagerzeit von acht bis zehn Jahren erzeugt. Die restlichen drei Prozent entfallen auf Roséweine.
Die Böden bestehen aus Kies, Kalk mit Feuerstein und Ton. Die Hauptrebsorte für Rotweine ist die Pinot Noir, für Weißweine hauptsächlich die Chardonnay und in geringem Umfang die Aligoté.

Côte de Nuits-Villages – Burgund

Appellation der → Côte de Nuits mit einer Rebfläche von 160 Hektar, vorwiegend auf tonigen Kalkböden, und einer Produktion von rund 7.300 Hektoliter.

Diese Appellationsbezeichnung beschränkt sich auf die Gemeinden von Fixin, Brochon, Gevrey-Chambertin, Prissey, Comblachin und Corgoloin, die hauptsächlich Rotweine aus der Pinot Noir unter dieser Appellationsbezeichnung vermarkten. In jüngerer Zeit werden vermehrt Weißweine aus der Chardonnaytraube erzeugt. Bekannte Weinerzeuger sind u. a.: Domaine Fribourg, Yves Chaley, Claude Cornu, Hudelot-Verdel, Jayer-Gilles, Naudin-Ferrand, Simon Fils, Thévenot-le-Brun et Fils, Alain Verdet, Thierry Vigot.

Côte d'Or – Burgund

Sie ist das Zentrum des Weinanbaus im Burgund, beginnt südlich von Dijon und erstreckt sich auf einer Länge von 50 Kilometern bis nach Dezize-lès-Maranges. Hier findet man die allerbesten Lagenweine und die bekanntesten Weinerzeuger und Négociants. Die Côte d'Or teilt sich in die → Côte de Nuits (ein schmaler Hang mit 29 Appellationen) und in die → Côte de Beaune (ein etwas breiterer Hang mit gemäßigterem Klima). Seit einigen Jahren werden die Hautes-Côtes wieder bepflanzt; die Appellationen sind → Bourgogne Hautes-Côtes de Nuits und → Bourgogne Hautes-Côtes de Beaune.

Côte Roannaise – Zentralfrankreich

A.-O.-C.-Weinbaugebiet im Loiretal, das aus 14 Gemeinden besteht, rund 200 Hektar Rebfläche umfasst und ständig erweitert wird. Die Produktion beträgt rund 10.000 Hektoliter. Hauptrebsorte ist die Gamay.

Bekannte Weinerzeuger sind u. a.: André et Frédéric Villeneuve, Jacques Plasse, Domaine du Fontenay.

Côte Rôtie – Rhônetal

1. A.-O.-C.-Weinbaugebiet der → Côtes du Rhône-Villages mit einer Rebfläche von rund 200 Hektar und einer Produktion von rund 8.800 Hektoliter. Die Böden sind vorwiegend Verwitterungsböden und Gneis, auf denen die blaue Syrah und die weiße Viognier gepflanzt werden. Die wichtigsten Weinbauorte und Gebietsteile sind Ampuis, → Condrieu, → Cornas, → Crozes-Hermitage, → Hermitage, → Saint-Joseph, Tain-l'Hermitage und Tournon-sur-Rhône. Die bekanntesten Lagen sind Côte Blonde und Côte Brune.
2. Voller, schwerer und kräftiger Rotwein, dem meistens ein kleiner Anteil der weißen Viogniertraube beigemengt wird und dessen Lagerfähigkeit durchschnittlich zehn Jahre beträgt. Hervorragende Jahrgänge können jedoch 15–20 Jahre gelagert werden.
   Bekannte Weinerzeuger sind u. a.: Vidal-Fleury, Levet; der wichtigste Négociant-Recolté ist Marcel → Guigal.

Côtes d'Auvergne – Zentralfrankreich
Weinbaugebiet mit A.-O.-V.-D.-Q.-S.-Status in der Limage und am Ostrand des Zentralmassivs. Auf einer Rebfläche von rund 370 Hektar wird ausschließlich die Gamayrebe angepflanzt. Rund zwei Drittel der Produktionsmenge von rund 16.000 Hektoliter sind Rotweine, etwa sechs Prozent Weißweine, der Rest Roséweine.
Bekannte Weinerzeuger sind u. a.: Domaine Meunier, EARL de la Sardissère.

Côtes de Bergerac – Südwesten/Midi-Pyrénées
Die A.-O.-C.-Bezeichnung entspricht keinem Anbaugebiet, sondern beinhaltet strengere Bestimmungen bei der Lese. Die produzierten Weine sind gehaltvoller und länger lagerfähig als die → Bergerac-Weine. Die A.-O.-C.-Bezeichnung **Côtes de Bergerac Moelleux** steht für liebliche Weißweine, die aus überreifen Trauben hergestellt werden.

Côtes de Bordeaux Saint-Macaire – Bordeaux
Das kleine A.-O.-C.-Weinbaugebiet schließt an die Appellation → Premières Côtes de Bordeaux an und liegt innerhalb von → Entre-Deux-Mers. Es werden rund 2.000 Hektoliter weiche, weiße Süßweine erzeugt.

Côtes de Bourg → Bourg.

Côtes de Castillon – Bordeaux
A.-O.-C.-Weinbaugebiet zwischen den Städten Bordeaux und Bergerac östlich von → Saint-Émilion.
Die Gesamtrebfläche beträgt rund 3.000 Hektar. Es werden 170.000 Hektoliter Rotweine von sehr alten Rebstöcken der Sorten Cabernet Sauvignon, Cabernet Franc und Merlot erzeugt; die Lagerfähigkeit beträgt vier bis neun Jahre. Die Böden bestehen hauptsächlich aus Sand und Kalk.
Die heutige Appellation Côtes de Castillon besteht seit 1989 und ist aus der Appellation Bordeaux Côtes de Castillon hervorgegangen.

Côtes de Duras – Südwesten/Midi-Pyrénées
A.-O.-C.-Weinbaugebiet zwischen Bordeaux und Bergerac. Aus den Bordeauxrebsorten werden rund 50.000 Hektoliter Weißweine, rund 70.000 Hektoliter Rotweine und rund 3.000 Hektoliter Roséweine hergestellt. Vor allem die trockenen Weißweine aus den Sauvignon-Blanc-Reben sind zu erwähnen.
Bekannte Weinerzeuger sind u. a.: Château la Grave-Béchade, Château Lafon, Domaine de Durand, Domaine de La Ferrant, Château la Moulière.

Côtes de la Malepère – Languedoc
Das A.-O.-V.-D.-Q.-S.-Gebiet im Departement Aude umfasst eine Rebfläche von rund 650 Hektar. Es werden jährlich

rund 35.000 Hektoliter Rot- und Roséweine aus den Sorten Grenache Noir und Syrah mit einem Anteil von Merlot, Cabernet Sauvignon und Cabernet Franc erzeugt.

Côtes de Provence – Provence

Großes A.-O.-C.-Weinbaugebiet zwischen Nizza und Marseille in den Departements Var, Bouches du Rhône und Alpes-Maritimes. Die Gesamtrebfläche beträgt rund 19.000 Hektar und die Produktion ist mit rund 900.000 Hektolitern sehr hoch. Es werden ca. 5 Prozent Weißweine, 15 Prozent Rotweine und 80 Prozent Roséweine erzeugt. Die Appellation Côtes de Provence lässt 13 Rebsorten zu, für Rosé- und Rotweine sind es u. a. Cinsault, Grenache, Tibouren, Cabernet Sauvignon, Mourvèdre und Syrah. Die Weißweine werden hauptsächlich aus Ugni Blanc, Rolle, Sémillon und Clairette gekeltert.
Das heiße Mittelmeerklima wird von unterschiedlichen Kleinklimazonen beeinflusst. Auch die Böden bieten die unterschiedlichsten geologischen Voraussetzungen. Man findet einerseits kieselhaltige Böden, andererseits roten Sandstein, aber auch Kalk.
Bekannte Weinerzeuger sind u. a.: Château Barbeyrolles, Château de Berne, Château Ferry Lacombe, Grand d'Boise, Commanderie de Peyrassol, Domaine de l'Aumerade, Domaine de la Bernarde, Domaine de Bertraude-Belieu, Catel Roubine, Domaine Gavoty, Domaine du Jas d'Esclans, Château de Jasson.

Côtes de Toul – Lothringen

Kleines A.-O.-C.-Weinbaugebiet mit rund 80 Hektar westlich von Toul nahe dem Moselbogen. Die Böden bestehen häufig aus Kalksteingeröll, die höheren Sommertemperaturen begünstigen den Weinbau. Gamay- und Pinot-Noir-Trauben werden zu Vins Gris (grauen Weinen) verarbeitet; es sind sehr helle Roséweine. Die Weißweintraube ist die Auxerrois. Es werden jährlich rund 5.000 Hektoliter Wein erzeugt.

Côtes du Forez – Zentralfrankreich

A.-O.-C.-Weinbaugebiet im Departement Loire; umfasst 21 Gemeinden, die Rebfläche beträgt rund 175 Hektar. Die eher blassen und kernigen Rosé- und Rotweine aus der Gamayrebe (Produktion rund 8.000 Hektoliter) weisen eine Zuckermelonennote auf und sind jung zu trinken.
Bekannte Weinerzeuger sind u. a.: Les Vignerons Foreziens, Gilles Bonnefoy, Domaine de Poyet.

Côtes du Frontonnais – Südwesten/Midi-Pyrénées

A.-O.-C.-Weinbaugebiet westlich von Gaillac zwischen den Städten Toulouse und Montauban. Die Rebfläche beträgt rund 2.000 Hektar, die Produktionsmenge rund 120.000 Hektoliter. Es werden hauptsächlich Rotweine erzeugt, die immer Cuvées aus einer ganzen Reihe von Rebsorten sind: Négrette, Côt, Cabernet Sauvignon, Cabernet Franc, Syrah und Gamay. Bekannte Weinerzeuger sind u. a.: Château Baudare, Château Bel Air, Château Cahuzac, Château Colombière, Château Devès, Domaine de Calloroy, Domaine Caze, La Cave de Fronton.

Côtes du Jura – Jura
Die Appellation Côtes du Jura umfasst die gesamte Anbauzone Jura für Qualitätsweine. Es werden Weiß-, Rosé-, Rot- und Schaumweine sowie Vins Jaunes und Vins de Paille erzeugt, wobei der Weißweinanteil am höchsten ist.
Die Gesamtrebfläche beträgt rund 600 Hektar. Es werden jährlich rund 25.000 Hektoliter Wein erzeugt.
Die weißen Hauptrebsorten sind Chardonnay und Savigny. Für Rosé- und Rotweine werden die Sorten Poulsard, Trousseau und Pinot Noir verwendet.

Côtes du Luberon – Rhônetal
A.-O.-C.-Weinbaugebiet der → Côtes du Rhône; es umfasst 36 Gemeinden mit einer Rebfläche von etwas mehr als 4.000 Hektar und einer Produktion von rund 190.000 Hektoliter. Der relativ hohe Anteil an Weißwein (rund 20 Prozent) resultiert aus dem kühleren Klima auf den Hängen des Kalksteinmassivs. Der Anteil der Roséweine beträgt 30 Prozent, 50 Prozent sind Rotweine. Die Weißweine werden aus den Rebsorten Grenache Blanc, Clairette, Roussanne und Vermentino hergestellt, die Rotweine aus den Rebsorten Syrah, Mourvèdre, Grenache Noir und Cinsault. Die weißen Vins de Pays sind sehr bekannt.

Côtes du Marmandais – Südwesten/Midi-Pyrénées
A.-O.-C.-Weinbaugebiet mit eine Rebfläche von rund 1.700 Hektar; liegt unweit von Entre-Deux-Mers und der Stadt Bordeaux. Hier werden fruchtige Weiß- und Roséweine sowie überwiegend bukettreiche Rotweine erzeugt. Von den Rotweinen aus den Bordeauxrebsorten sowie Syrah, Côt und Gamay werden jährlich rund 100.000 Hektoliter produziert.

Côtes du Rhône – Rhônetal
A.-O.-C.-Weinbaugebiet mit rund 41.000 Hektar. Es werden rund 2 Mio. Hektoliter Wein erzeugt, davon 96 Prozent Rotweine. Diese müssen einen Mindestanteil von 40 Prozent Grenachetrauben haben, der Rest sind Syrah und Mourvèdre. Nur bei den Roséweinen dürfen weiße Rebsorten beigemischt werden. Die Spitzenerzeugnisse der Côtes du Rhône sind gut lagerfähige, gehaltvolle und tanninreiche Rotweine. Weiters werden leichtere Rotweine sowie süffige und fruchtige rote Primeurweine, rund 15 Mio. Flaschen, erzeugt.
Innerhalb der Côtes du Rhône sind folgende Appellationen zugelassen: → Coteaux du Tricastin, → Côtes du Ventoux, → Côtes du Luberon. → Côtes du Vivarais, → Coteaux de Pierrevert.

Ein bekannter Weinerzeuger ist Paul → Jaboulet Ainé.

Côtes du Rhône-Villages

– Rhônetal

Innerhalb des A.-O.-C.-Weinbaugebietes → Côtes du Rhône haben einige Gemeinden das Recht, die Appellation Côtes du Rhône-Villages zu führen, 16 davon mit Nennung des Ortsnamens. Zwei sind besonders hervorzuheben, und zwar Beaumes-de-Venise und Rasteau, die für ihre Vins Doux Naturels bekannt sind (vgl. Versetzte Weine).
Insgesamt werden mit der Appellation Côtes du Rhône-Villages rund 400.000 Hektoliter Rotweine und rund 5.000 Hektoliter Weißweine erzeugt.
Appellationen innerhalb der Côtes du Rhône-Villages: → Côte Rôtie, → Condrieu, → Château-Grillet, → Saint-Joseph, → Crozes-Hermitage, → Hermitage, → Cornas, → Saint-Péray, → Gigondas, → Vacqueyras, → Châteauneuf-du-Pape, → Lirac, → Tavel, → Châtillon-en-Diois, → Coteaux de Die.

Côtes du Roussillon

– Roussillon

A.-O.-C.-Weinbaugebiet im Departement Pyrénées-Orientales; umfasst gemeinsam mit der Appellation → Côtes du Roussillon-Villages rund 8.800 Hektar, aus denen jährlich rund 400.000 Hektoliter Wein hervorgebracht werden.
Die Mischböden bestehen aus Schiefer, Gneis und Sand, das Klima ist sehr trocken und windanfällig.
Die vorwiegend erzeugten Rot- und Roséweine werden aus mehreren Rebsorten hergestellt: Grenache Noir, Carignan (höchstens 60 %), Cinsault, Syrah, Mourvèdre und Macabeu (höchstens 20 %).
Eine Besonderheit der Côtes du Roussillon sind die alkoholstarken Roséweine, die im Saignée-Verfahren hergestellt werden. Dabei müssen die Weine nach kurzer Gärung abgestochen werden, ohne dass die Trauben vorher gepresst wurden.
Bekannte Weinerzeuger sind u. a.: Domaine Força Rál, Domaine Gauby, Domaine Piquemal.

Côtes du Roussillon-Villages

– Roussillon

Im nördlichen Teil der Côtes du Roussillon liegen die vier Gemeinden Caramany, Latour-de-France, Tautavel und Lesquerde. Sie sind berechtigt, die Appellation mit dem Ortsnamen zu verwenden. Die Rotweine sind dunkelrot, mit ausgeprägtem Bukett, robustem Körper und gut eingebundenen Tanninen. Ihre Lagerfähigkeit beträgt drei bis acht Jahre.
Bekannte Weinerzeuger sind u. a.: Les Vignerons Catalans, Domaine Cazes.

Côtes du Ventoux – Rhônetal

A.-O.-C.-Weinbaugebiet der → Côtes du Rhône am Fuß des knapp 2.000 Meter hohen Kalksteinmassivs Ventoux; umfasst über 50 Gemeinden. Die Rebfläche beträgt rund 7.600 Hektar, die Produktion rund 330.000 Hektoliter. Da-

von sind 80 Prozent Rot- und 15 Prozent Roséweine, die aus den Rebsorten Mourvèdre, Grenache, Cinsault und Syrah erzeugt werden. Die Weißweinsorten sind Roussanne, Bourboulenc, Clairette und Grenache Blanc.
Bekannte Weinerzeuger sind u. a.: Cave Coopérative Montmoiron, Domaine des Anges.

Côtes du Vivarais – Rhônetal
A.-O.-C.-Weinbaugebiet in der → Côtes du Rhône in den Departements Ardèche und Gard. Die Rebfläche beträgt rund 650 Hektar, die Produktion rund 31.000 Hektoliter. Es werden etwa 80 Prozent Rotweine und zirka 15 Prozent Roséweine (beide von guter Qualität) aus den Rebsorten Grenache und Syrah hergestellt. Die Weißweinsorten sind Grenache Blanc, Marsanne und Clairette.
Bekannte Weinerzeuger sind u. a.: Domaine de Combelonge, René Brunel.

Cour-Cheverny – Loiretal
A.-O.-C.-Weinbaugebiet in der → Touraine mit einer Produktion von rund 1.500 Hektoliter. Es handelt sich ausschließlich um Weißwein aus der Rebsorte Romorantin.
Bekannte Weinerzeuger sind u. a.: Domaine de la Désoucherie, R. et S. Simon.

Château Coutet – Bordeaux
1. Eines der ältesten und renommiertesten Weingüter in → Barsac mit einer Rebfläche von rund 39 Hektar und einer Produktionsmenge von durchschnittlich 50.000 Flaschen.
2. Edelsüßer Weißwein aus Sémillon (75 %), Sauvignon Blanc (23 %) und Muscadelle (2 %); aus sehr alten Rebstöcken; trägt die A.-O.-C.-Bezeichnung Barsac-Sauternes; Klassifizierung als Premier Cru Classé.

Crépy – Savoyen
Das kleine A.-O.-C.-Weinbaugebiet umfasst rund 70 Hektar. Es werden jährlich rund 4.000 Hektoliter trockene, leichte Weißweine aus der Chasselasrebe erzeugt.

Criots-Bâtard-Montrachet – Burgund
1. A.-O.-C.-Weinbaugebiet in der → Côte de Beaune und Grand-Cru-Lage in der Gemeinde Chassagne.
2. Weltbekannter Weißwein aus der Chardonnayrebe; goldgelb mit grünen Reflexen, zeigt komplexe Aromenvielfalt, Reintönigkeit und Eleganz. Die Lagerfähigkeit beträgt durchschnittlich 20 Jahre.

Crozes-Hermitage – Rhônetal
1. A.-O.-C.-Weinbaugebiet der → Côtes du Rhône-Villages nordwestlich von Tain-l'Hermitage. Die Böden bestehen hauptsächlich aus Granit und Kies. Die Rebfläche beträgt rund 1.300 Hektar und die Gesamtproduktion rund 60.000 Hektoliter, von denen etwa 90 Prozent auf Rotweine entfallen.
2. Weltbekannte Rotweine, die

beinahe ausnahmslos aus der Rebsorte Syrah hergestellt werden; dunkelviolette Farbe, Frucht- und Gewürzduft; feine Tannine; elegant und geschmeidig. Die Lagerfähigkeit ist nicht so hoch wie bei Hermitage-Rotweinen und beträgt durchschnittlich drei bis vier Jahre.

3. Weißweine hauptsächlich aus Marsanne- und sehr wenig aus Roussannetrauben; helle Farbe; blumiger Duft; frisch und trocken. Die Weine sollten jung getrunken werden.
   Bekannte Weinerzeuger sind u. a.: Cave Cooperative de Tain-l'Hermitage, M. → Chaputier, Alain Graillot, Bernard Grippa und Marc Sorrel.

D

Domaine Marcel **Deiss** – Elsass
Hervorragendes Weingut in Bergheim im Weinbaugebiet → Haut-Rhin mit einer Rebfläche von rund 20 Hektar. Hervorzuheben sind die Rieslinge aus den Grand-Cru-Lagen **Altenberg de Bergheim** und **Schoenenbourg.**

André **Delorme** – Burgund
Einer der bekanntesten Négociants für Weißweine der → Côte Chalonnaise sowie einer der wichtigsten Lieferanten für Crémant de Bourgogne; Sitz in Rully.

Dopff au Moulin – Elsass
Hervorragendes Weingut in Riquewihr im Weinbaugebiet → Haut-Rhin mit einer Rebfläche von rund 12 Hektar. Die Spitzenerzeugnisse sind Weine aus den Grand-Cru-Lagen **Brand, Sporen** und **Schoenenbourg**. Erzeugt wird auch ein Crémant d'Alsace.

Domaine **Dopff & Irion** – Elsass
Hervorragendes, sehr großes Weingut in Riquewihr im Weinbaugebiet → Haut-Rhin mit einer Rebfläche von rund 31 Hektar. Zu den besten Weinen zählen der Riesling Les Murailles, der Gewürztraminer Les Sorcières und der Pinot Gris Les Maquisards.

Joseph **Drouhin** – Burgund
Einer der bekanntesten Négociants für Weine der → Côte d'Or und des → Chablis. Hervorzuheben ist der weiße, extrem trockene Montrachet Marquis de Laguiche.

Georges **Dubœuf** – Burgund
Einer der bekanntesten Négociants für Weine aus dem Beaujolais, Weißweine aus → Saint-Véran und → Bourgogne Aligoté; Stammhaus in Romanèche-Thorins.

E

Echézeaux – Burgund
1. A.-O.-C.-Weinbaugebiet in der → Côte de Nuits und Grand-Cru-Lage, eingebettet zwischen → Chambolle-Musigny, → Vosne-Romanée und → Clos de Vougeot. Die

Rebfläche beträgt rund 30 Hektar, die Produktion rund 1.350 Hektoliter.
2. Weltbekannter Rotwein aus der Pinot Noir, der zu den langlebigen und robustesten gehört. Die durchschnittliche Lagerfähigkeit beträgt 15 Jahre.

Entre-Deux-Mers – Bordeaux
Bezeichnung eines ganzen Landstriches östlich der Stadt Bordeaux, der zwischen den beiden Flüssen Garonne und Dordogne liegt. Ein Teilgebiet heißt **Entre-Deux-Mers Haut-Benauge.** Es umfasst die Gemeinden Arbis, Cantois, Escoussans, Gornac, Ladaux, Mourens, Soulignac, St. Pierre-de-Bat und Targon.
Das A.-O.-C.-Weinbaugebiet Entre-Deux-Mers stimmt nicht ganz mit dem geografischen Gebiet Entre-Deux-Mers überein, da die Orte mit eigener Appellation ausgeschlossen sind, und zwar → Graves de Vayres, → Sainte-Foy-Bordeaux, → Premières Côtes de Bordeaux und → Côtes de Bordeaux Saint-Macaire.
Die Appellation Entre-Deux-Mers gilt für trockene Weißweine und umfasst rund 1.500 Hektar mit einem Ausstoß von rund 90.000 Hektoliter. Für die Rotweine werden die Appellationen Bordeaux und Bordeaux Supérieur verwendet.
Die weiße Hauptrebsorte ist Sauvignon Blanc. Weiters werden Sémillon und Muscadelle angebaut. Die rote Hauptrebsorte ist Merlot, gefolgt von Cabernet Sauvignon und Cabernet Franc.
Die Böden sind sehr unterschiedlich, im Teilgebiet Haut Benauge sind meist Lehm, Sand, Kies und Kalk vorherrschend.
Einer der bekanntesten Weißweinerzeuger ist Château Bonnet.

F

Maison Joseph **Faiveley** – Burgund
Renommierter Négociant in → Nuits-Saint-Georges, dessen Spezialität Weine aus Mercurey sind. Hervorzuheben sind die in Kleinstmengen erzeugten → Corton-Charlemagne, Clos de Cortons (reinsortiger Pinot Noir) und der → Chambertin-Clos de Bèze.

Faugères – Languedoc
A.-O.-C.-Gebiet in der Nähe von → Saint-Chinian; umfasst eine Rebfläche von knapp 2.000 Hektar. Es werden jährlich rund 80.000 Hektoliter schwere, aromatische Rotweine erzeugt.

Château **Figeac** – Bordeaux
1. Renommiertes Weingut in → Saint-Émilion mit einer Rebfläche von rund 39 Hektar und einer Produktionsmenge von durchschnittlich 150.000 Flaschen.
2. Rotwein aus Merlot (30 %), Cabernet Sauvignon und Malbec (35 %) sowie Cabernet Franc (35 %); aus sehr alten Rebstöcken; trägt die Appellation Saint-Émilion Grand Cru; Klassifizierung als Premier Grand Cru Classé B.

Fitou – Languedoc
Das älteste A.-O.-C.-Gebiet des Languedoc mit seiner Appellation seit 1948 erstreckt sich auf neun Gemeinden innerhalb des A.-O.-C.-Gebietes → Corbières. In den Gemeinden dürfen auch die bekannten Vins Doux Naturels Rivesaltes und Muscat Rivesaltes erzeugt werden.
Der Fitou ist ein robuster Rotwein mit guter Lagerfähigkeit aus den Sorten Carignan, Syrah, Mourvèdre und Grenache Noir. Er muss einen Mindestalkoholgehalt von 12 Vol.-% aufweisen und mindestens neun Monate im Fass reifen. Jährlich werden rund 100.000 Hektoliter erzeugt.

Fixin – Burgund
A.-O.-C.-Weinbaugebiet in der → Côte de Nuits, südlich von Marsannay-la-Côte und Nachbargemeinde von Couchey mit Kalk- und Mergelböden. Die Rebfläche beträgt rund 110 Hektar, die Produktion rund 3.700 Hektoliter Rotweine sowie rund 100 Hektoliter Weißweine aus Pinot Noir bzw. Chardonnay. Die Rotweine sind im Vergleich zu den Weinen von Marsannay-la-Côte dunkler in der Farbe und weisen einen robusteren Körper auf. Rotweine sind rund sieben Jahre lagerfähig, Weißweine vier bis fünf Jahre.
Die besten Premier-Cru-Lagen sind: Clos de la Perrière, Clos du Chapitre, Clos Napoléon, Les Arvelets und Les Hervelets.
Bekannte Weinerzeuger sind u. a.: Berthaut, Pierre Gelin, Philippe Joliet, Jean-Marie Molin. Siehe auch → Côte de Nuits-Villages.

Fleurie – Burgund
A.-O.-C.-Weinbaugebiet im → Beaujolais zwischen Moulin-à-Vent, Chiroubles und Morgon mit einer Rebfläche (vorwiegend auf Granitböden) von rund 875 Hektar und einer Produktion von rund 50.000 Hektoliter. Die Rotweine aus Gamaytrauben sind karminrotviolett, weisen blumige Aromen auf und sind samtig-fruchtig im Geschmack. Die Lagerfähigkeit beträgt durchschnittlich bis zu vier Jahre. Er ist ein → Beaujolais-Cru.
Bekannte Weinerzeuger sind u. a.: Domaine Bernard, Domaine André Cologne et Fils, Domaine Berrod, Michel Chignard, Guy Depardon, André Métrat.

Fronsac – Bordeaux
A.-O.-C.-Weinbaugebiet beim Zusammenfluss der Dordogne mit dem Flüsschen Isle westlich der Stadt Libourne in der Libournais.
In der sehr alten Anbauzone mit Kalk- und Ton-Kalk-Böden werden in sechs Gemeinden körperreiche, elegante Rotweine erzeugt. Alle Gemeinden dürfen die Appellation Fronsac verwenden, die rund 40.000 Hektoliter Wein deklariert. Die Gemeinden Fronsac und Saint-Michel-de-Fronsac dürfen zusätzlich die Appellation → Canon-Fronsac verwenden. Die durchschnittliche Lagerfähigkeit der Weine beträgt sechs Jahre.

G

Gaillac

– Südwesten/Midi-Pyrénées A.-O.-C.-Weinbaugebiet nördlich von Toulouse; die Rebfläche beträgt rund 3.500 Hektar und die Produktionsmenge rund 200.000 Hektoliter Wein (drei Viertel Rotwein).
Die roten Hauptrebsorten sind Duras, Cabernet Sauvignon, Syrah, Merlot, Gamay, Braucol und Cabernet Franc, die auf den Kiesböden aromareiche, würzige und geschmeidige Weine hervorbringen. Die Roséweine werden aus den gleichen Rebsorten hergestellt und sind frisch und fruchtig.
Die weißen Hauptrebsorten sind Sauvignon Blanc, Muscadelle, Mauzac, Len-de-l'El und Ondenc. Die Kalksteinhügel eignen sich hervorragend für ihren Anbau. Die Weißweine sind trocken, frisch und aromatisch bzw. lieblich und reichhaltig. Ferner werden Schaumweine erzeugt.
Bekannte Weinerzeuger sind u. a.: Cave Coopérative de Técou, Domaine Labarthe, Mas d'Aurel, Mas Pignou, Robert Plageoles et Fils.

Gevrey-Chambertin

– Burgund

1. A.-O.-C.-Weinbaugebiet in der → Côte de Nuits südlich von Dijon zwischen den Weinbaugemeinden Fixin und Morey-Saint-Denis mit rund 400 Hektar Rebfläche mit den Lagen in Brochon, rund 50 Hektar davon sind Premier-Cru-Lagen. Hauptsächlich sind Kiesböden, aber auch Kalk- und Tonböden zu finden. Die Produktionsmenge beträgt rund 17.000 Hektoliter, davon entfallen rund 2.700 Hektoliter auf die Premiers Crus. Grand-Cru-Lagen sind → Chambertin, → Ruchottes-Chambertin, → Mazis-Chambertin, → Chambertin-Clos de Bèze, → Chapelle-Chambertin, Griotte-Chambertin, → La Romanée, Latricières-Chambertin, → Mazoyères Chambertin und → Charmes-Chambertin.
2. Feiner Rotwein aus der Pinot Noir mit einer Lagerfähigkeit bis zu 15 Jahre; Klassifizierung als Premier Cru.

Bekannte Weinerzeuger sind u. a.: Denis Bachelet, Lucien Boillot, Pierre Bourée, Alain Burguet, Camus Père et Fils, Domaine Drouhin Laroze, Michel Esmonin et Fille, Philippe Leclerc, René Leclerc, Domaine Denis Mortet, Thierry Mortet, Philippe Rossignol, Domaine Armand Rousseau, Domaine Tortochot, Domaine des Varoilles.

Gigondas – Rhônetal

1. A.-O.-C.-Weinbaugebiet der → Côtes du Rhône-Villages nordöstlich von Avignon mit einer Rebfläche von rund 1.300 Hektar und einer Produktion von rund 45.000 Hektoliter, mehr als 95 Prozent davon sind Rotweine, der Rest Roséweine. Die Böden bestehen in der Regel aus Schwemmland, Kies und Sand.

2. Robuste, langlebige Rotweine aus Grenache, Syrah, Cinsault und Mourvèdre, die zu den gefragtesten des südlichen Rhônetals zählen. Sie sind von intensivem Rot, komplex fruchtig mit Röstaromen, im Geschmack spürt man den hohen Alkoholgehalt und die Tannine mit relativ wenig Säure. Nach langer Lagerung hervorragend geschmeidig.
   Bekannte Weinerzeuger sind u. a.: Domaine de Goubert, Domaine du Grand Montmirail, Domaine de la Grapillon d'Or, Gabriel Meffre, Domaine Raspail-Ay.

Vincent **Girardin** – Burgund
Bekannter, dynamischer Négociant in → Santenay.

Louis **Gisselbrecht** – Elsass
Bekanntes Weißweingut in Dambach-la-Ville im Weinbaugebiet → Bas-Rhin mit einer Rebfläche von rund 12 Hektar.

Gisselbrecht et Fils – Elsass
Bekanntes Weinhandelshaus in Dambach-la-Ville im Weinbaugebiet → Bas-Rhin mit einer Rebfläche von rund 160 Hektar. Es werden vorwiegend Weißweine erzeugt, spezialisiert ist man auf Edelzwicker und Crémant d'Alsace.

Givry – Burgund
A.-O.-C.-Weinbaugebiet in der → Côte Chalonnaise, dessen Gesamtproduktion rund 20.800 Hektoliter beträgt. Fast 19.000 Hektoliter entfallen auf den roten Givry.

Grands-Echézeaux – Burgund
1. A.-O.-C.-Weinbaugebiet in der → Côte de Nuits und Grand-Cru-Lage zwischen → Chambolle-Musigny und → Vosne-Romanée mit einer Rebfläche von rund 9 Hektar und einer Produktion von rund 350 Hektoliter.
2. Weltbekannter kraftvoller Rotwein aus der Pinot Noir mit einem Lagerungspotenzial von durchschnittlich 15 Jahren.

Graves – Bordeaux
Weltbekanntes A.-O.-C.-Weinbaugebiet westlich der Garonne, in dem sich seit 1987 die eigenständige Appellation → Pessac-Léognan befindet. Die Weinbaugebiete → Sauternes und → Barsac sowie → Cérons bilden Enklaven.
Das Klima ist stark durch den Atlantik beeinflusst. Die Böden sind gut drainagiert und bestehen aus Kies und Geröllaufschüttungen, die sich auf Ton- bzw. Kalkunterböden abgelagert haben.
Die Gesamtrebfläche beträgt rund 4.000 Hektar. Es werden rund 52.000 Hektoliter Weißweine und 130.000 Hektoliter Rotweine erzeugt.
Die Appellationen heißen Graves und Graves Supérieures. Die weißen Hauptrebsorten sind Sauvignon Blanc und Sémillon, die großteils trockene, elegante, oft in Barriques ausgebaute Weißweine hervorbringen. Daneben gibt es aber noch die halbtrockenen und süßen Weißweine, die allerdings mehr und mehr verschwinden. Die

roten Hauptrebsorten sind Merlot, Cabernet Sauvignon und Cabernet Franc. Die kräftigen Rotweine erlauben eine Lagerung bis zu 15 Jahre, typisch ist ihr rauchiges Bukett.

Bekannte Weinerzeuger sind u. a.: Château d'Archambeau, Château Bouscaut (Cru Classé), Château Carbonnieux (Cru Classé), Château de Cérons, Château Calvimont, Château → Haut-Brion (1er Cru Classé), Domaine de Chevalier, Château La Louvière, Château Fayau, Château Rahoul, Château Couhins-Lurton (Cru Classé), Château Fieuzal (Cru Classé), Château Haut-Bailly (Cru Classé), Château La Malartic-Lagravière (Cru Classé), Château La Tour Martillac (Cru Classé), Château Le Bonnat, Clos Bourgelat, Château Chicane, Château → La Mission Haut-Brion (Cru Classé), Château Oliver (Cru Classé), Château Pape Clémant (Cru Classé), Château Smith Haut-Lafitte (Cru Classé), Château Rahoul, Château Respide-Médeville, Château Vieux Gobert, Château → Laville Haut-Brion (Cru Classé).

Graves de Vayres – Bordeaux

Kleines A.-O.-C.-Weinbaugebiet mit eigener Appellation, das innerhalb von → Entre-Deux-Mers liegt. Das gemäßigte kontinentale Klima wird sehr positiv von den beiden Flüssen Garonne und Dordogne beeinflusst. Die Rebböden bestehen aus Kies.

Die Gesamtrebfläche beträgt rund 500 Hektar für rote Trauben und rund 100 Hektar für weiße Trauben. Es werden rund 40.000 Hektoliter A.-O.-C.-Weine erzeugt; ein Großteil der Rotweinproduktion wird als Appellation Bordeaux Contrôlée klassifiziert.

Trotz des ähnlichen Namens hat Graves de Vayres nichts mit dem Weinbaugebiet → Graves zu tun.

Marcel & Etienne **Guigal**

– Rhônetal

Sehr bekannter Négociant-Recolté in Ampuis, der sein Unternehmen 1946 gegründet hat. Besitzt in der → Côte Rôtie drei Weingärten (14 Hektar mit Viogniertrauben), und zwar La Moulin, La Turque und La Landonne. Die hervorragenden Weißweine lagern mindestens 42 Monate in neuen Eichenfässern. Sein Côtes du Rhône zählt zu den besten des Landes. Die Gesamtproduktion des Unternehmens beläuft sich auf durchschnittlich 340.000 Kisten pro Jahr.

H

Château **Haut-Brion**

– Bordeaux

1. Weltbekanntes Weingut und Grand-Cru-Lage in → Pessac-Léognan mit einer Rebfläche von rund 43 Hektar und einer Produktionsmenge von durchschnittlich 145.000 Flaschen.
2. Rotwein aus Cabernet Sauvignon (45 %), Merlot (37 %) und Cabernet Franc (18 %); aus sehr alten Rebstöcken;

trägt die Appellation Pessac-Léognan; Klassifizierung als Premier Grand Cru Classé de Graves.

Haut-Médoc – Bordeaux
A.-O.-C.-Weinbaugebiet, das den südlichen Teil des → Médoc umfasst. Die Appellation Haut-Médoc Contrôlée bringt auf rund 4.500 Hektar 240.000 Hektoliter Wein hervor. Die im Haut-Médoc befindlichen Gebiete mit eigener Appellation sind → Saint-Estèphe, → Pauillac, → Saint-Julien, → Listrac-Médoc, → Moulis-en-Médoc und → Margaux.
Zur Klassifizierung vgl. → Médoc.
Bekannte Weinerzeuger sind u. a.: Château d'Agassac, Château d'Arche, Château Cambon La Pelouse, Château Cantemerle, Château Clément-Pichon, Château Dillon, Château La Lagune, Château Magnol, Château de Malleret, Château Maucamps, Château du Taillan.

Haut-Rhin – Elsass
Südlicher Teil des Elsässer Weinbaugebietes. Es reicht von Orschwiller und St. Hippolyte bis Thann.

Hermitage – Rhônetal
A.-O.-C.-Weinbaugebiet der → Côtes du Rhône-Villages nördlich und nordwestlich der Stadt Tain-l'Hermitage. Die Böden sind aus Kalk, Sand und Löss mit Kies. Die Rebfläche beträgt rund 130 Hektar, die Produktion rund 4.500 Hektoliter. 20 Prozent sind blumige, trockene Weißweine aus der Marsanne und der Roussanne sowie eine kleine Menge von weißen Strohweinen. 80 Prozent sind langlebige und kraftvolle Rotweine aus der Syrahrebe, granat- bis dunkelrot, mit Aromen von Beerenfrüchten, voll, tanninhältig. Die Lagerfähigkeit liegt zwischen fünf und zehn Jahren.
Bekannte Weinerzeuger sind u. a.: Cave Cooperative de Tain-l'Hermitage, M. → Chaputier, Alain Graillot, Bernard Grippa und Marc Sorrel.

Domaine **Hugel et Fils** – Elsass
Hervorragendes Weingut in Riquewihr im Weinbaugebiet → Haut-Rhin mit einer Rebfläche von rund 17 Hektar. Die außergewöhnlichen Weißweine tragen die Bezeichnung Réserve Personnelle. Es werden auch Spätlesen sowie ein Rotwein aus der Pinot Noir hergestellt. Eine besondere Weißweinspezialität ist die Cuvée Gentil Hugel aus Muscat, Gewürztraminer, Riesling und Sylvaner.

I

Irancy – Burgund
Kleines A.-O.-C.-Weinbaugebiet südlich von Chablis. Die Rotweincuvées mit einem Anteil der heimischen César- bzw. Romainrebe weisen einen hohen Tanningehalt und damit eine lange Lagerfähigkeit auf. Die rote Hauptrebsorte ist jedoch die Pinot Noir, die sehr fruchtige, farbintensive Weine hervorbringt. Es werden rund 6.000 Hektoliter pro Jahr erzeugt.

Irouléguy – Südwesten/Midi-Pyrénées
A.-O.-C.-Weinbaugebiet an den Ausläufern der Pyrenäen; umfasst eine Rebfläche von rund 200 Hektar. Es werden jährlich rund 8.000 Hektoliter Weiß-, Rosé- und Rotweine hergestellt, wobei die Rotweine aus Cabernet Sauvignon, Cabernet Franc und Tannat überwiegen.

J

Paul **Jaboulet Ainé** – Rhônetal
Einer der renommiertesten Erzeuger und Händler in der → Côtes du Rhône mit Sitz in Tounon-sur-Rhône. Sein Spitzenerzeugnis ist der Hermitage La Chapelle, der aus der Syrah hergestellt wird. Die Lage La Chapelle ist im Alleinbesitz der Familie Jaboulet.

Louis **Jadot** – Burgund
Einer der ganz großen Négociants in → Beaune, der neben einer großen Menge an Konsumweinen Spitzenprodukte aus → Beaujolais und der → Côte d'Or sowie → Moulin-à-Vent vertreibt. Seit 1985 gehört dieses Unternehmen einem amerikanischen Importeur.

Jasnières – Loiretal
A.-O.-C.-Weinbaugebiet in der → Touraine mit einer Produktion von rund 2.400 Hektoliter. Es handelt sich ausschließlich um Weißweinlagen, die sich auf einem einzigen, südlich ausgerichteten Hang befinden.

Domaine **Jayer** – Burgund
Erzeuger in → Vosne-Romanée, weltbekannt für seine Rotweine Richebourg (Produktionsmenge rund 1.200 Flaschen) und Cros Parantoux (Produktionsmenge rund 3.000 Flaschen), die aus alten Pinot-Noir-Reben erzeugt werden.

Domaine **Josmeyer** – Elsass
Hervorragendes Weingut in Wintzenheim im Weinbaugebiet → Haut-Rhin mit einer Rebfläche von rund 30 Hektar. Spezialitäten sind Pinot Blanc, Riesling Les Pierrets und Gewürztraminer Les Archenets sowie die Spätlesen von der Lage Hengst.

Juliénas – Burgund
A.-O.-C.-Weinbaugebiet im → Beaujolais mit einer Rebfläche von rund 600 Hektar und einer Produktion von rund 35.000 Hektoliter. Granit und Schiefer mit wenig Ton herrschen bei der Bodenbeschaffenheit vor. Die Rotweine aus der Gamay sind dunkelrot, fruchtig-blumig mit kräftigen Tanninen und haben eine durchschnittliche Lagerfähigkeit von sieben Jahren.
Bekannte Weinerzeuger sind u. a.: Domaine de la Boittière, Château de Julénas, Michel Téte, Michel Juillard.

Jurançon – Südwesten/Midi-Pyrénées
A.-O.-C.-Weinbaugebiet mit rund 1.000 Hektar Rebfläche; es hat eine sehr alte Tradition. Der Wein wurde schon zur Zeit König Heinrichs IV. im französischen Herrscherhaus

geschätzt. Im Jurançon werden ausschließlich Weißweinreben kultiviert, und zwar Gros Manseng, Petit Manseng und Courbu. Der trocken ausgebaute Weißwein, der 75 Prozent der Produktion ausmacht, trägt die A.-O.-C.-Bezeichnung **Jurançon Sec.** Der liebliche Jurançon wird aus spät gelesenen, überreifen Trauben hergestellt.
Die jährliche Gesamtproduktion liegt bei rund 45.000 Hektoliter. Bekannte Weinerzeuger sind u. a.: Domaine Bellegarde, Domaine Bru-Baché, Domaine de Nays, Cave des Producteurs de Juraçon, Château de Rousse, Clos Lamouroux, Clos de la Vièrge.

K

Domaine **Klipfel** – Elsass
Weinhandelshaus und Weingut in Barr im Weinbaugebiet → Bas-Rhin mit einer Rebfläche von rund 28 Hektar. Vertrieben werden neben hervorragenden A.-C.-Alsace-Qualitäten vor allem der Gewürztraminer Grand Cru Zisser und der Pinot Gris Freiberg.

Domaine **Kreydenweiss** – Elsass
Renommiertes Weingut in Barr im Weinbaugebiet → Bas-Rhin mit einer Rebfläche von rund 11 Hektar. Die Spitzenprodukte sind Pinot Blanc, Klevner und Gewürztraminer Kitt sowie Riesling Grand Cru Wiebelsberg und Grand Cru Tokay Pinot Gris Moenchberg.

L

Labouré Roi – Burgund
Bekannter Négociant in → Nuits-Saint-Georges, dessen Weine aus der → Côte d'Or zu den besten Frankreichs zählen. Hervorzuheben ist der → Puligny-Montrachet.

Ladoix – Burgund
A.-O.-C.-Weinbaugebiet in der → Côte de Beaune mit einer Produktion von rund 4.600 Hektoliter, davon rund 1.000 Hektoliter Weißwein. Die Appellation Ladoix weist aufgrund der unterschiedlichen Lagen eine große Vielfalt an Weintypen auf.

Château **Lafite Rothschild** – Bordeaux
1. Weltbekanntes Weingut in → Pauillac, 1868 von Baron James Rothschild gekauft. Die Rebfläche beträgt rund 89 Hektar, die Produktionsmenge durchschnittlich 33.000 Kisten.
2. Außergewöhnlicher Rotwein aus Cabernet Sauvignon (70 %), Merlot (20 %), Cabernet Franc (5 %) und Petit Verdot (5 %); aus sehr alten Rebstöcken; die Fassreifezeit liegt zwischen 24 und 30 Monaten; trägt die Appellation Pauillac Contrôlée; Klassifizierung als Premier Grand Cru Classé.

Château **Lafleur** – Bordeaux
1. Weltbekanntes Weingut im Weinbaugebiet → Pomerol mit einer Rebfläche von knapp 5 Hektar und einer Produktions-

menge von durchschnittlich 15.000 Flaschen.
2. Rotwein aus Merlot (50 %) und Cabernet Franc (50 %); aus alten Rebstöcken; trägt die Appellation Pomerol Contrôlée.

Domaine Comtes **Lafon** – Burgund

Bekanntes Weingut in → Meursault mit einer Rebfläche von rund 13 Hektar und einer Produktionsmenge von durchschnittlich 60.000 Flaschen. Erzeugt hervorragende Weißweine aus Chardonnaytrauben unter dem Namen Meursault, Meursault-Charmes, Meursault Gouttes d'Or und Meursault-Genevrières.

La Grande Rue – Burgund

1. A.-O.-C.-Weinbaugebiet in der → Côte de Nuits und Grand-Cru-Lage zwischen → Romanée-Conti und → La Tâche.
2. Weltbekannter eleganter Rotwein aus der Pinot Noir mit einer Lagerfähigkeit von 20 Jahren.

Lalande-de-Pomerol – Bordeaux

A.-O.-C.-Weinbaugebiet in unmittelbarer Nachbarschaft von → Pomerol östlich von → Saint-Émilion; schließt die Gemeinde **Nèac** mit ein. Hier herrscht ein gemäßigtes kontinentales Klima. Die Bodenbeschaffenheit aus Ton, Sand und Kies ist der aus Pomerol sehr ähnlich. Die besten Weine sind denen von Pomerol und Saint-Émilion ebenbürtig.
Die Gesamtrebfläche beträgt rund 1.100 Hektar. Es werden rund 57.000 Hektoliter Rotweine erzeugt, wobei die Hauptrebsorte Merlot ist. Weiters werden Cabernet Sauvignon, Cabernet Franc und Malbec verwendet.
Bekannte Weinerzeuger sind u. a.: Château des Anneraux, Château Bel Air, Château de l'Eglise, Château des Templiers, Château Fougeailles, Château Grand Ormeau, Château Perron, Château Sergant, Domaine de Viaudes; in Nèac: Château Belles-Graves, Château Bertineau St. Vincent, Château La Croix St.-André, Château La Fleur St.-Georges, Château Garraud, Château Haut-Chaigneau, Château Les Hauts-Consaillants und Château Siaurac.

Château **La Mission Haut-Brion** – Bordeaux

1. Weltbekanntes Weingut in → Pessac-Léognan mit einer Rebfläche von rund 43 Hektar und einer Produktionsmenge von durchschnittlich 140.000 Flaschen.
2. Rotwein aus Cabernet Sauvignon (48 %), Merlot (45 %) und Cabernet Franc (7 %); aus alten Rebstöcken; trägt die Appellation Pessac-Léognan Contrôlée; Klassifizierung als Cru Classé de Graves.

Château **La Mondotte** – Bordeaux

Kleinstweingut des Grafen Stephan von Neipperg (der auch Château Canon-La Graffelière und Clos de l'Oratoire besitzt) in → Saint-Émilion; der intensive, weltweit gefragte Rotwein gleichen Namens war einer der ersten so genannten Garagen- oder Designerweine.

La Romanée – Burgund
Weltbekannte Lage in der → Côte de Nuits mit einer Rebfläche von weniger als einem Hektar.

La Tâche – Burgund
1. A.-O.-C.-Weinbaugebiet in der → Côte de Nuits, Grand-Cru-Lage und Weinbergname in der Gemeinde → Vosne-Romanée mit einer Rebfläche von rund sechs Hektar. La Tâche ist im Besitz der Domaine → Romanée-Conti.
2. Weltbekannter Rotwein aus der Pinot-Noir-Rebe mit konzentriertem Bukett, Eleganz und Fülle.

Château **Latour** – Bordeaux
1. Weltbekanntes Weingut in → Pauillac mit einer Rebfläche von rund 65 Hektar (zurzeit nur 47 Hektar in Ertrag) und einer Produktionsmenge von durchschnittlich 200.000 Flaschen.
2. Rotwein aus Cabernet Sauvignon (75 %), Merlot (20 %), Cabernet Franc (4 %) und Petit Verdot (1 %); aus sehr alten Rebstöcken; trägt die Appellation Pauillac Contrôlée; Klassifizierung als Premier Grand Cru Classé.

Louis **Latour** – Burgund
Bekannter Négociant in → Beaune, der auf Weiß- und Rotweine der → Côte d'Or spezialisiert ist. Sonderstatus nehmen im Sortiment die weißen Corton- und Pouilly-Fuissé-Weine ein.

Latricières-Chambertin – Burgund
1. A.-O.-C.-Weinbaugebiet in der → Côte de Nuits und Grand-Cru-Lage südlich von Gevrey-Chambertin.
2. Weltbekannter körperreicher, geschmeidiger Rotwein aus der Pinot Noir mit einer Lagerfähigkeit bis zu 30 Jahre.

Château **Laville Haut-Brion** – Bordeaux
1. Kleines, weltbekanntes Weingut in → Pessac-Léognan mit einer Rebfläche von rund 4 Hektar und einer Produktionsmenge von durchschnittlich 15.000 Flaschen.
2. Weißwein aus Sémillon (70 %), Sauvignon Blanc (27 %) und Muscadelle (3 %); aus sehr alten Rebstöcken; trägt die Appellation Pessac-Léognan Contrôlée; Klassifizierung als Cru Classé de Graves.

Domaine **Leflaive** – Burgund
Bekannter Négociant-Recolté in → Puligny-Montrachet, der einen eigenen Weingarten mit 25 Hektar besitzt; hervorzuheben sind die Puligny-Montrachet Premiers Crus und Grands Crus, die aus Chardonnaytrauben gekeltert werden.

Château **Léoville-Las-Cases** – Bordeaux
1. Weltbekanntes Weingut in → Saint-Julien mit einer Rebflä-

che von rund 97 Hektar und einer Produktionsmenge von durchschnittlich 400.000 Flaschen.
2. Rotwein aus Cabernet Sauvignon (45 %), Merlot (37 %) und Cabernet Franc (18 %); aus sehr alten Rebstöcken; trägt die Appellation Saint-Julien Contrôlée; Klassifizierung als Deuxième Grand Cru Classé.

Château **Le Pin** – Bordeaux
1. Kleines, weltbekanntes Weingut in → Pomerol mit einer Rebfläche von rund 2 Hektar und einer Produktionsmenge von durchschnittlich 6.000 Flaschen.
2. Rotwein mit Kultcharakter aus Merlot (92 %) und Cabernet Franc (8 %), der der erste der so genannten Garagen- oder Designerweine war; aus alten Rebstöcken; trägt die Appellation Pomerol Contrôlée; es wird auch ein hervorragender Primeur angeboten.

Domaine **Leroy** – Burgund
Dieses Weingut ist im Besitz von Lalou → Bizet-Leroy und bietet höchste Weinqualität zu allerhöchsten Preisen.

Les Beaux-de-Provence – Provence
A.-O.-C.-Weinbaugebiet mit einer Rebfläche von rund 260 Hektar und einer Produktion von rund 9.000 Hektoliter innerhalb der A.O.C. → Coteaux d'Aix-en-Provence. Sie gilt nur für Rot- und Roséweine, wobei die kräftigen und lagerfähigen Rotweine ca. 80 Prozent der Herstellmenge ausmachen.
Das heiße Mittelmeerklima ermöglicht eine besonders frühe Reife der Sorten Cinsault, Carignan, Syrah, Cabernet Sauvignon und Mourvèdre. Bei den Böden sind Kalkstein und Kalkmergel vorherrschend.
Bekannte Weinerzeuger sind u. a.: Domaine Trévallon, Domaine de la Vallonge, Mas de la Dame, Mas de Sainte-Berthé.

L'Etoile – Jura
A.-O.-C.-Weinbaugebiet mit rund 70 Hektar. Es werden rund 2.600 Hektoliter Wein erzeugt, vorwiegend Weißweine, Vins Jaunes, Vins de Paille und Schaumweine.

Limoux – Languedoc
Die A.-O.-C.-Bezeichnung hieß urspünglich **Limoux Nature,** um ihn als Stillwein gegenüber den schäumenden Weinen Blanquette de Limoux und Crémant de Limoux zu positionieren. Die Verwendung der Bezeichnung „nature" wurde jedoch untersagt.
Der Limoux besteht aus den weißen Trauben Chenin Blanc, Chardonnay und Mauzac, seine Gärung und sein Ausbau müssen bis zum 1. Mai jedes Jahres im Eichenfass erfolgen.

Lirac – Rhônetal
A.-O.-C.-Weinbaugebiet der → Côtes du Rhône-Villages nahe der Stadt Avignon; die wichtigsten Gemeinden sind Lirac, Roquemaure, Saint-Laurent-des-Abres und Saint-Géniès-de-Colomas. Die Rebfläche beträgt rund 715 Hektar, die Produktion rund 29.000 Hektoliter, davon

entfallen auf Rotweine etwa 80 Prozent, auf Roséweine etwa 15 Prozent und auf Weißweine etwa 5 Prozent. Die wichtigsten Rebsorten für Rosé- und Rotweine sind Syrah, Grenache Noir, Mourvèdre, Carignan und Cinsault; für Weißweine Ugni Blanc, Clairette, Grenache Blanc, Bourboulenc, Roussanne, Marsanne und Viognier.
Bekannte Weinerzeuger sind u.a.: Jean-Pierre Lafon, Domaine Maby.

Listrac-Médoc – Bordeaux
A.-O.-C.-Weinbaugebiet im → Haut-Medoc mit eigener Appellation. Die Böden bestehen aus Kies, Ton und Kalk. Die aus den Sorten Cabernet Sauvignon, Merlot und Petit Verdot erzeugten Rotweine bestechen durch ihr komplexes Bukett, ihre gute Dichte und ihre durchschnittliche Lagerfähigkeit von 10 bis 18 Jahren. Die Gesamtrebfläche beträgt rund 700 Hektar. Es werden rund 36.000 Hektoliter Rotwein erzeugt.
Zur Kassifizierung vgl. → Médoc.
Bekannte Weinerzeuger sind u. a.: Château Cap Léon Veyrin, Château Clarke, Château Ducluzeau, Château Foréaud, Château Fourcas Dupré, Château Fourcas-Hosten, Château Lestage und Château Mayne Lalande (alle Crus Bourgeois). Mit der A.-O.-C.-Bezeichnung Haut Médoc sind es die Crus Bourgeois: Château Arnauld, Château Beaumont, Château Citran, Château d'Arsin, Château Lamarque, Château Lanessan, Château Malecasse, Château Tour-de-Haut-Moulin.

Loupiac – Bordeaux
A.-O.-C.-Weinbaugebiet in der Nachbarschaft von → Sauternes und → Barsac; zählt zu den wenigen Anbaugebieten für edelsüße Weißweine.
Die Gesamtrebfläche beträgt rund 400 Hektar. Es werden rund 13.000 Hektoliter edelsüße Weißweine aus den Sorten Muscadelle, Sauvignon Blanc und Sémillon erzeugt, deren Lagerfähigkeit bei acht bis zwölf Jahren liegt. Die Böden bestehen aus Kalk, Kies und Ton.
Weitere vom Mikroklima zur Bildung der Botrytis begünstigte Gebiete sind → Cadillac, → Cérons und → Sainte-Croix-du-Mont.

Lussac Saint-Émilion – Bordeaux
A.-O.-C.-Weinbaugebiet mit eigener Appellation; zählt zu den Satelliten von → Saint-Émilion. Die Gesamtrebfläche beträgt rund 1.400 Hektar. Es werden rund 80.000 Hektoliter Rotweine aus den Sorten Merlot, Cabernet Sauvignon und Cabernet Franc erzeugt. Die Lagerfähigkeit der Weine beträgt durchschnittlich fünf bis neun Jahre.
Bekannte Weinerzeuger sind u. a.: Château Barbe-Blanche, Château Bel Air, Château Bellevue, Château de Bordes, Château La Haut Claymore, Château Moulin Noir, Château Mayne Blanc.

Château **Lynch-Bages**
– Bordeaux

1. Weltbekanntes Weingut in → Pauillac mit einer Rebfläche von rund 85 Hektar, von denen etwa 5 Hektar auf Weißweinreben entfallen. Die Produktionsmenge beträgt durchschnittlich 500.000 Flaschen.
2. Rotwein aus Cabernet Sauvignon (75 %), Merlot (15 %) und Cabernet Franc (10 %); aus sehr alten Rebstöcken; trägt die Appellation Pauillac Contrôlée; Klassifizierung als Cinquième Grand Cru Classé.
3. Weißwein aus Sémillon (40 %), Sauvignon Blanc (40 %) und Muscadelle (20 %).

Lyonnais – Burgund
A.-O.-C.-Weinbaugebiet mit der Appellation **Coteaux du Lyonnais;** liegt am Ostrand des Zentralmassivs, es schließt an das → Beaujolais an. Man findet hier Granit, Schwemmland und Löss. Der Einfluss des Mittelmeeres prägt das Klima.
Die Gesamtrebfläche beträgt rund 350 Hektar in 49 Gemeinden, die um die Großstadt Lyon angeordnet sind. Es werden rund 20.000 Hektoliter Rot- und Roséweine und rund 2.000 Hektoliter Weißweine erzeugt. Die rote Hauptrebsorte ist, wie im Beaujolais, die Gamay Noir à Jus Blanc. Sie ergibt süffige, fruchtige Weine, die reich an Düften sind. Die Weißweine werden aus den Sorten Chardonnay und Aligoté hergestellt. Der bekannteste Weinerzeuger ist die Domaine de Prapin.

M

Mâcon – Burgund
A.-O.-C.-Weinbaugebiet im → Mâconnais. Die Appellationen Mâcon, **Mâcon Supérieur** und **Mâcon-Villages** erzeugen rund 250.000 Hektoliter (davon etwa 46.200 Hektoliter Rotwein). Weißweine werden aus der Chardonnayrebe, Rosé- und Rotweine aus der Hauptrebsorte Gamay und einer kleinen Menge Pinot Noir erzeugt.

Mâconnais – Burgund
A.-O.-C.-Weinbaugebiet mit einer Rebfläche von rund 5.700 Hektar; beginnt südlich von Chalon-sur-Saône (→ Côte Chalonnaise). Das Zentrum ist die Stadt Mâcon, das Gebiet schließt an das → Beaujolais an.
Das Klima ist ideal für den Weinbau, das Mittelmeerklima zeigt hier schon sehr starken Einfluss. Die Böden bestehen meist aus Kalkstein, es sind aber auch vereinzelt Sandböden mit Kalkeinschlüssen zu finden. Es werden Weiß- und Rotweine sowie Schaumweine erzeugt, wobei rund 80 Prozent auf die regionalen Appellationen Mâcon Blanc und Mâcon Rouge entfallen.
Die weißen Hauptrebsorten sind Chardonnay, Aligoté und Pinot Blanc. Die roten Hauptrebsorten sind Gamay Noir à Jus Blanc und Pinot Noir.
Die Appellationen sind: → Mâcon, Mâcon Supérieur, Mâcon-Villages, → Viré-Clessé, → Pouilly-Fuissé, → Pouilly

Loché, → Pouilly Vinzelles, → Saint-Véran.
Bekannte Weinerzeuger sind u. a.: Domaine Bonhomme, Roger Dubœuf & Fils, Domaine de Roally, Henry Lafarge, Maison Mommessin, Domaine Mathias, Domaine de la Bon Gran (für Mâcon- und Mâcon-Villages-Weine); Domaine Corsin, Domaine des Deux Roches, Thierry Drouin, Jaques Saumaize (für Weine aus Saint-Véran).

Madiran – Südwesten/Midi-Pyrénées
A.-O.-C.-Weinbaugebiet in unmittelbarer Nähe von → Béarn. Die Rebfläche beträgt rund 1.300 Hektar. Es werden jährlich rund 70.000 Hektoliter Wein erzeugt. Der überaus kraftvolle und langlebige Rotwein wird überwiegend aus Tannattrauben hergestellt. Die weiteren Sorten sind Fer Servadou, Cabernet Sauvignon und Cabernet Franc.
Bekannte Weinerzeuger sind u. a.: Château d'Aydie, Château Barréjat, Château Laffitte-Teston.

Maranges – Burgund
A.-O.-C.-Weinbaugebiet in der → Côte de Beaune mit einer Produktion von rund 8.700 Hektoliter, fast ausschließlich Rotwein.

Marcillac – Südwesten/Midi-Pyrénées
Kleines A.-O.-C.-Rotweingebiet, das jährlich rund 5.000 Hektoliter rustikale, tanninreiche Weine hervorbringt.

Margaux – Bordeaux
A.-O.-C.-Weinbaugebiet im → Haut-Médoc mit eigener Appellation. Die roten Spitzenweine des Gebietes sind international sehr begehrt, das Gebiet weist die höchste Dichte an klassifizierten Weingütern im Médoc auf. Das Château → Margaux gehört zu den im Jahre 1855 klassifizierten vier Premiers Grands Crus Classés. Die Appellation Margaux Contrôlée erstreckt sich auf die fünf Gemeinden Margaux, Arsac, Cantenac, Labarde und Soussans mit sehr leichten, hellen Kies- und Kies-Sand-Böden.
Die Gesamtrebfläche beträgt rund 1.400 Hektar. Es werden rund 66.000 Hektoliter Wein erzeugt.
Die Hauptrebsorten sind Merlot, Cabernet Sauvignon, Cabernet Franc und Petit Verdot, wobei im Margaux als einzigem Gebiet dieser Region die Cabernet-Sauvignon-Rebe weniger bevorzugt wird. Die Weine zeichnen sich durch eine eigene Duftnote, ihre Zartheit und harmonische Fülle aus, die durch ein überaus fruchtiges Aroma unterstützt wird.
Zur Klassifizierung vgl. auch → Médoc.
Bekannte Weinerzeuger sind u. a.: Château La Tour de Mons, Château Labegorce, Château Labergorce Zede, Château → Margaux, Château La Gurgue, Château Marquis d'Alesme-Becker, Château Malescot-Saint-Exupéry, Château d'Issan, Château Durfort Vivens, Château → Palmer, Château Lascombes, Château

Ferriere, Château Marquis de Terme, Château Rauzan-Gassies, Château Rauzan-Segla, Château Cantenac-Brown, Château Brane-Cantenac, Château Boyd-Cantenac, Château Prieuré-Lichine, Château Kirwan, Château Pouget, Château d'Angludet, Château Siran, Château Dauzac, Château Giscours, Château du Tertre, Château Monbrison, Château Cantemerle, Château La Lagune, Château d'Agassac, Château Deyrem Valentin, Château Martinens, Château Pavail de Luze, Château Pontac-Lynch, Château Tayac.

Château **Margaux** – Bordeaux

1. Weltbekanntes Weingut in → Margaux mit einer Rebfläche von rund 78 Hektar und einer Produktionsmenge von durchschnittlich 24.000 Flaschen.
2. Rotwein aus Merlot (20 %), Cabernet Sauvignon (75 %), Petit Verdot (3 %) und Cabernet Franc (2 %); aus sehr alten Rebstöcken; trägt die Appellation Margaux Contrôlée; Klassifizierung als Premier Grand Cru Classé.

Marsannay – Burgund

A.-O.-C.-Weinbaugebiet in der → Côte de Nuits vor der Stadt Dijon mit einer Produktion von rund 8.900 Hektoliter (davon mehr als 65 Prozent Rotwein). Einst wurden nur Roséweine erzeugt. Die besten Lagen sind u. a. Champs Perdrix, Clos du Jeu und Monchenevoy.

Bekannte Weinerzeuger sind u. a.: Domaine Bart, Bruno Clair, Bernard Coillot, Château Marsannay.

Maury – Roussillon

A.-O.-C.-Weinbaugebiet mit einer Rebfläche von rund 950 Hektar und einer Produktion von rund 26.000 Hektoliter, davon 97 % gute Rotweine aus Grenache Noir bzw. Grenache Gris. Die Weißweine und Vins Doux Naturels werden aus Muscat, Macabeu und Malvasier hergestellt.

Mazis-Chambertin – Burgund

1. A.-O.-C.-Weinbaugebiet in der → Côte de Nuits und Grand-Cru-Lage nördlich von → Chambertin-Clos de Bèze.
2. Weltbekannter, kraftvoller, eleganter Rotwein aus der Pinot Noir mit einer Lagerfähigkeit bis zu 50 Jahre.

Mazoyères-Chambertin – Burgund

1. A.-O.-C.-Weinbaugebiet in der → Côte de Nuits und Grand-Cru-Lage südlich von → Gevrey-Chambertin.
2. Weltbekannter, kraftvoller Rotwein mit Steinobstaromen aus der Pinot Noir mit einer Lagerfähigkeit bis zu 50 Jahre.

Médoc – Bordeaux

A.-O.-C.-Weinbaugebiet nördlich der Stadt Bordeaux; es bildet das Herzstück der Weinbauregion Bordeaux. Es wird unterteilt in den nördlichen Teil (gemeinhin als Médoc bezeichnet) und in → Haut-Médoc mit den eigenständigen Appellationen → Saint-Estèphe, → Pauillac, → Saint-Julien, → Listrac-Médoc, → Moulis-en-Médoc und → Margaux. Das gesamte Weinbaugebiet umfasst rund 15.000 Hektar und ist berechtigt, die Appellation Médoc Contrôlée zu tragen, was jedoch nur im nördlichen Teil geschieht. Die anderen Gebiete nehmen die Appellation Haut-Médoc bzw. die eigenen Appellationen in Anspruch. Unter der Appellation Médoc Contrôlée werden auf rund 5.000 Hektar jährlich durchschnittlich 300.000 Hektoliter Wein produziert.

Maßgeblich dafür, dass Spitzenweine erzeugt werden, sind die Kiesböden, die sich an den Hängen zur Mündung der Gironde in den Atlantik befinden. Daneben sind Ton-, Lehm-, Kalk- und Sandböden zu finden. Das sehr milde Mittelmeerklima, das durch die Einflüsse des Atlantiks und der Flüsse Garonne und Dordogne optimiert wird, trägt zur Besonderheit des Terroirs im Médoc bei.

Die rote Hauptrebsorte ist Cabernet Sauvignon (rund 50 Prozent), gefolgt von Merlot (rund 34 Prozent) sowie Cabernet Franc, Malbec und Petit Verdot. Die Weine zählen nicht nur in Frankreich, sondern auch weltweit zu den besten. Der fruchtige Duft, die ziegelrote Farbe, die dichte Tanninstruktur und das ausgezeichnete Alterungspotenzial machen sie zu äußerst begehrten Weinen.

Die Klassifizierung von 1855 mit ihrer Erweiterung im Jahr 1973 umfasst folgende Weine:

Fünf **Premiers Grands Crus Classés:** Château → Lafite Rothschild in Pauillac, Château → Latour in Pauillac, Château → Margaux in Margaux, Château → Haut-Brion in Pessac-Léognan und Château → Mouton Rothschild in Pauillac.

14 **Deuxièmes Grands Crus Classés:** Château Brane-Cantenac in Margaux, Château → Cos-d'Estournel in Saint-Estèphe, Château Ducru-Beaucaillou in Saint-Julien, Château Durfort-Vivens in Margaux, Château Gruaud-Larose in Saint-Julien, Château Lascombes in Margaux, Château Léoville-Barton in Saint-Julien, Château → Léoville-Las-Cases in Saint-Julien, Château Léoville-Poyferré in Saint-Julien, Château Montrose in Saint-Estèphe, Château → Pichon-Longueville-Baron in Pauillac, Château Pichon-Longueville Comtesse-de-Lalande in Pauillac, Château Rauzan-Ségla in Margaux, Château Rauzan-Gassies in Margaux.

14 **Troisièmes Grands Crus Classés:** Château Boyd-Cantenac in Margaux, Château Calon-Ségur in Saint-Estèphe, Château Cantenac-Brown in Margaux, Château Desmirail in Margaux, Château Ferrière in Margaux, Château Giscours in Margaux, Château d'Issan in Margaux, Château Kirwan in Margaux, Château Lagrange in Saint-Julien, Château La Lagune in Haut-Médoc, Château Langoa Barton in Saint-Julien, Château Malescot-Saint-Exupéry in Margaux, Château Marquis d'Alesme-Becker in Margaux, Château → Palmer in Margaux.

10 **Quatrièmes Grands Crus Classés:** Château Beychevelle in Saint-Julien, Château Branaire-Ducru in Saint-Julien, Château Duhart-Milon-Rothschild in Pauillac, Château Lafont-Rochet in Saint-Estèphe, Château Marquis de Terme in Margaux, Château Pouget in Margaux, Château Prieuré-Lichine in Margaux, Château Saint-Pierre in Saint-Julien, Château Talbot in Saint-Julien, Château La Tour-Carnet in Haut-Médoc.
18 **Cinquièmes Grands Crus Classés:** Château d'Armailhac in Pauillac, Château Batailley in Pauillac, Château → Belgrave in Haut-Médoc, Château de Camensac in Haut-Médoc, Château Cantemerle in Haut-Médoc, Château Clerc-Milon in Pauillac, Château Clos-Labory in Saint-Estèphe, Château Croizet-Bages in Pauillac, Château Dauzac in Margaux, Château Grand-Puy-Ducasse in Pauillac, Château Grand-Puy-Lacoste in Pauillac, Château Haut-Bages-Libéral in Pauillac, Château Haut-Batailley in Pauillac, Château → Lynch-Bages in Pauillac, Château Lynch-Moussas in Pauillac, Château Pédesclaux in Pauillac, Château Pontet-Canet in Pauillac, Château du Tertre in Margaux.
Zu den **Crus Bourgeois** zählen u. a.: In Bégadan: Château La Clare, Château Greysac, Château du Monthil, Château Patâche d'Aux, Château Rollan de By, Château St.-Saturnin, Château La Tour de By; in Blaignan: Château La Cardonne, Château La Tour-Haut-Caussan; in Jau-Dignac-et-Loirac: Château Noaillac, Château Lacombe-Noaillac, Château Sestignan; in St.-Christoly-Médoc: Château Le Bosq, Château La Tour-St.-Bonnet, Château Tou Séran; in St. Germain-d'Esteuil: Château Castéra; in St.-Yzans-de-Médoc: Château Loudenne, Château Sigognac; in Ordonnac: Château Pontensac; in Valeyrac: Château Bellerive, Château Bellevue.

Menetou-Salon – Zentralfrankreich

A.-O.-C.-Weinbaugebiet nahe der Stadt Bouges im Loiretal. Frische und fruchtige Weißweine aus der Sauvignon-Blanc-Rebe machen 70 Prozent der Produktion aus. 30 Prozent sind gute Rosé- und Rotweine aus der Pinot-Noir-Rebe.

Domaine **Méo-Camuzet** – Burgund

1. Weltbekanntes Weingut in → Vosne-Romanée mit einer Rebfläche von 15 Hektar, davon 0,35 Hektar in → Richebourg und 0,34 Hektar in → Clos de Vougeot. Die jährliche Gesamtproduktion liegt bei rund 1.350 Flaschen.
2. Weltweit bekannter Rotwein aus der Lage Richebourg aus der Pinot Noir.

Mercurey – Burgund

A.-O.-C.-Weinbaugebiet in der → Côte Chalonnaise südlich von Chagny. Premier-Cru-Lagen sind: La Bondue, Les Byots, La Cailloute, Les Champs Martin, La Chassière, Clos de Paradis, Clos des Bar-

raults, Clos des Grands Voyens, Clos des Montaigus, Clos des Myglands, Clod du Roy, Clos l'Evéque, Clos Marcilly, Clos Marcilly, Clos Tonnerre, Clos Voyens, Grand Clos Fortoul, Les Combins, Les Crêts, Les Croichots, Les Fourneaux, Griffères, Le Levrière, La Mission, Les Montaigus, Les Naugues, Les Ruelles, Sazenay, Les Vasées und Les Velley.
Die Produktion beträgt rund 28.000 Hektoliter, davon sind mehr als 85 Prozent Rotweine und kleine Mengen Roséweine aus der Pinot Noir. Die runden, blumigen Weißweine (rund 15 Prozent) werden aus der Chardonnayrebe erzeugt.
Bekannter Weinerzeuger ist u. a. Antonin → Rodet.

Meursault – Burgund
Weltbekanntes A.-O.-C.-Weinbaugebiet in der → Côte de Beaune zwischen → Monthelie und → Auxey-Duresses. Die Rebfläche umfasst rund 375 Hektar, zumeist sind Mergel- und Kalkböden zu finden. Die Produktion beträgt rund 20.000 Hektoliter, davon sind nur rund 5 Prozent Rotweine aus der Pinot-Noir-Rebe. Der aus der Chardonnayrebe gekelterte Weißwein ist bukettreich, voll strukturiert und finessenreich und besitzt eine sehr hohe Lagerfähigkeit. Die wichtigsten Premier-Cru-Lagen sind Charmes, Clos des Perrières, Genevières, Le Porusot, Les Bouchères, Les Caillerets, Les Gras, Les Gouttes d'Or, Les Plures, Les Santenots Blancs, Les Santenots du Millieu, Perrières, La Jeunelotte, La Pièce sous le Bois, Sous Blagny, Sous le Dos d'Ane. Siehe auch → Volnay Santenots.
Bekannte Weinerzeuger sind u. a.: Robert Ampeau et Fils, Domaine Ballot-Millot, Bouzereau, Yves Boyer Martenot, Coche-Debord, Coche-Dury, Domaine Comtes → Lafon, Domaine Darnat, Joseph Matrot, Château de Meursault, Michelot, Pierre Morey, Jaques Prieur, Domaine Rougeot, Guy Roulot.

Midi
Bezeichnung einer Region, die sich vom Westen der Pyrenäen über die Mittelmeerküste nach Roussillon, Languedoc, Pyrénées-Orientales, Aude, Hérault und Gard bis zum Mündungsdelta der Rhône erstreckt. Im Norden schließt sie an das Zentralmassiv. Das Midi ist nicht nur die größte, sondern auch die älteste Weinbauregion. Die ersten Rebpflanzungen wurden von den Griechen im 5. Jahrhundert v. Chr. und später von den Römern angelegt. Der erste Fall der Reblausplage zu Beginn des 20. Jahrhunderts kommt aus dem Midi.
Heute werden größte Anstrengungen unternommen, um das negative Image eines Billigweinherstellers loszuwerden. Die Regionen Roussillon und Languedoc heben sich deutlich von den anderen Weinbauzonen ab.

Minervois – Languedoc
A.-O.-C.-Weinbaugebiet zwischen den Orten Carcassonne und Narbonne; erzeugt auf

kalkhaltigen Böden Weiß-, Rosé- und Rotweine, wobei letztere mit einem Anteil von 95 Prozent deutlich überwiegen. Die Gesamtrebfläche beträgt rund 4.500 Hektar. Es werden rund 200.000 Hektoliter Wein erzeugt.
Die Gemeinde La Livinière verfügt nunmehr über eine eigene Appellation, nämlich **Minervois la Livinière.** Der Muscat de Saint Jean de Minervois ist ein bekannter Vin Doux Naturel.

Monbazillac – Südwesten/Midi-Pyrénées
A.-O.-C.-Weinbaugebiet mit einer Rebfläche von rund 2.500 Hektar und einer Produktionsmenge von rund 45.000 Hektoliter; liegt innerhalb von → Bergerac. Der bekannte Süßwein wird aus edelfaulen Trauben der Sorten Sémillon, Sauvignon Blanc und Muscadelle gekeltert.
Bekannte Weinerzeuger sind u. a.: Château Haut-Bernasse, Château le Fagé, Château Poulvère, Château la Borderie, Château de Theulet, Domaine de l'Ancienne Cure, Clos Fontindoule.

Montagne Saint-Émilion – Bordeaux
A.-O.-C.-Weinbaugebiet mit eigener Appellation; zählt zu den Satelliten von → Saint-Émilion. Die Gesamtrebfläche beträgt rund 1.600 Hektar. Es werden rund 88.000 Hektoliter Rotweine aus den Sorten Merlot, Cabernet Sauvignon und Cabernet Franc erzeugt.

Montagny – Burgund
A.-O.-C.-Weinbaugebiet in der → Côte Chalonnaise, dessen Produktion rund 16.000 Hektoliter beträgt. Es werden ausschließlich Weißweine aus Chardonnaytrauben mit mäßiger Lagerfähigkeit erzeugt.

Monthelie – Burgund
A.-O.-C.-Weinbaugebiet in der → Côte de Beaune zwischen → Meursault und → Volnay mit einer Rebfläche von rund 115 Hektar (davon rund 94 Prozent für Rotweinreben); Rebsorten sind Pinot Noir und Chardonnay. Die Produktion beträgt rund 5.700 Hektoliter, davon mehr als 90 Prozent Rotwein. Bekannt sind die sehr fruchtigen und aromareichen Rotweine mit einer sehr hohen Lagerfähigkeit. Kalk- und Kalkmergelböden sind in diesem Gebiet zu finden. Die wichtigsten Premier-Cru-Lagen sind Le Cas Rougeot, Les Champs Fulliots, Le Château Gaillard, Le Clos Gauthey, Les Duresses, Le Meix Bataille, Les Riottes, Sur la Velle, La Taupine, Le Village, Les Vingnes Rondes.
Bekannte Weinerzeuger sind u. a.: Domaine Perrin, Paul Garaudet, Château Monthelie, Château Monthelie Douhairet, Domaine Potinet-Ampeau.

Montlouis – Loiretal
A.-O.-C.-Weinbaugebiet in der → Touraine mit einer Produktion von rund 15.500 Hektoliter Still- und Schaumweinen. Von den rund 1.000 Hektar sind etwa 400 Hektar als A.O.C. eingestuft.

Montrachet – Burgund

1. A.-O.-C.-Weinbaugebiet im Süden der → Côte de Beaune und Grand-Cru-Lage zwischen den Weinbaugemeinden → Puligny-Montrachet und → Chassagne-Montrachet.
2. Weltbekannter Weißwein aus der Chardonnayrebe mit einer durchschnittlichen Lagerfähigkeit von zwölf Jahren.

Montravel – Südwesten und Midi-Pyrénées

A.-O.-C.-Gebiet bei Sainte-Foy-la-Grande an der Dordogne; liegt innerhalb von → Bergerac. Mit den angrenzenden Gebieten **Côtes de Montravel** und **Haut-Montravel** wird ein Ausstoß von rund 20.000 Hektoliter Wein erreicht.

Bekannte Weinerzeuger sind u. a.: Château Calabre, Château Puy-Servain, Château de Montaigne, Domaine Krével, Domaine de Libarde.

Morey-Saint-Denis – Burgund

A.-O.-C.-Weinbaugebiet in der → Côte de Nuits zwischen den Weinbaugemeinden → Gevrey-Chambertin im Norden und → Chambolle-Musigny im Süden mit einer Rebfläche von etwas mehr als 100 Hektar, vereinzelt auf Kiesböden, vorwiegend auf Kalkböden mit Ton- und Mergeleinschlüssen. Die Produktion beträgt rund 4.400 Hektoliter (fast ausschließlich Rotwein), die Rebsorten sind Pinot Noir (97 %), Chardonnay und Pinot Blanc.

Die wichtigsten Premier-Cru-Lagen sind Clos de la Roche, Les Mochamps, Les Fremières, Les Froichots, Les Chabiots, → Clos de Tart, → Clos des Lambrays, Les Bouchots, Calouère, Clos St.-Denis, Chaffots.

Andere bekannte Lagen sind Les Blanchards, La Bussiére, Aux Charmes, Clos Baulet, Clos des Ormes, Clos Sorbé, Les Gruenchers, Les Milandes, Monts Luisants, Les Rouchots.

Bekannte Weinerzeuger sind u. a.: Domaine Arlaud, Clos de Tart, Domaine des Lambrays, Henri Perrot Minot, Domaine Louis Rémy, Domaine Taupenot-Merme, Trouchon Martin.

Morgon – Burgund

A.-O.-C.-Weinbaugebiet im → Beaujolais mit einer Rebfläche von rund 1.100 Hektar und einer Produktion von rund 65.000 Hektoliter. Kies-, Granit- und verwitterte Schieferböden herrschen vor. Die beste Lage dieses Beaujolais Cru ist Côte de Py. Die Rotweine aus der Gamayrebe sind typische Vertreter eines kräftigen Beaujolais-Stils: granatrot, stark aromatisch an Wildkirschen erinnernd, gehaltvoll und kräftig. Die durchschnittliche Lagerfähigkeit beträgt zehn Jahre.

Bekannte Weinerzeuger sind u. a.: Claude et Nicole Jambon, Domaine des Pillets, Domaine Savoye, Domaine de la Chanaise.

Domaine **Mortet** – Burgund

Hervorragendes Weingut in → Gevrey-Chambertin in der → Côte de Nuits mit einer Gesamtrebfläche von rund 10 Hektar, von denen 9 Hektar für Rotweine und 1 Hektar für Weißweine bestimmt sind. Bekannteste Erzeugnisse sind → Chambertin, → Gevry-Chambertin, Marsannay und → Clos de Vougeot.

Moselle – Lothringen
A.-O.-V.-D.-Q.-S.-Weinbaugebiet an den Hängen des Moseltals mit rund 20 Hektar. Die drei Weinbauzentren befinden sich um Metz und Sierck-les-Bains sowie im Tal der Seille. Es werden jährlich rund 1.300 Hektoliter trockene, fruchtige Weißweine erzeugt, die den Weinen des nahe gelegenen Luxemburg sehr ähnlich sind.

Moulin-à-Vent – Burgund
A.-O.-C.-Weinbaugebiet im → Beaujolais mit Teilbereichen in Romanèche und Chénas. Die Rebfläche (vorwiegend Granitböden) beträgt rund 680 Hektar, die Produktion rund 38.000 Hektoliter.
Die Rotweine aus der Gamayrebe sind purpurrot bis rubinrot, mit fruchtigen, blumigen Aromen und robustem, ausgewogenem Geschmack. Sie zählen mit denen aus → Fleurie zu den teuersten und langlebigsten Weinen des Beaujolais.
Bekannte Weinerzeuger sind u. a.: Domaine de la Bruyère, Château Moulin-à-Vent, Château des Jacques, Hubert Lapierre, Jacky Janodet.

Moulis-en-Médoc – Bordeaux
A.-O.-C.-Weinbaugebiet im → Haut-Médoc; weist eine eigene Appellation auf. Es umfasst mit zwölf Kilometer Länge und einer Breite von nicht mehr als 300–400 Metern die kleinste Anbaufläche im Médoc. Die Böden bestehen aus Kies, Mergel und Kalk. Die aus den Sorten Cabernet Sauvignon, Merlot und Petit Verdot erzeugten Rotweine entwickeln sich rascher als die ihrer Nachbargebiete, ihre durchschnittliche Lagerfähigkeit beträgt aber trotzdem 7–8 Jahre.
Die Gesamtrebfläche beträgt rund 600 Hektar. Es werden rund 30.000 Hektoliter Rotwein erzeugt.
Zur Kassifizierung vgl. → Médoc.
Bekannte Weinerzeuger sind u. a.: Château Brillette, Château Biston-Brillette, Château Chasse Spleen, Château Dutruch Grand Poujeau, Château Gressier Grand Poujeau, Château Maucaillou, Château Moulin à Vent und Château → Poujeaux (alle Crus Bourgeois).

Château **Mouton Rothschild** – Bordeaux
1. Weltbekanntes Weingut in → Pauillac mit einer Rebfläche von rund 75 Hektar und einer Produktionsmenge von durchschnittlich 300.000 Flaschen.
2. Rotwein aus Petit Verdot (2 %), Merlot (8 %), Cabernet Franc (10 %) und Cabernet Sauvignon (80 %); aus sehr alten Rebstöcken; trägt die Appellation Pauillac Contrôlée; Klassifizierung als Premier Grand Cru (1855 als Deuxième Grand Cru).

Muscadet – Loiretal
1. A.-O.-C.-Weinbaugebiet an

der Loiremündung beim Atlantik. Siehe → Nantais.
2. Süffiger Weißwein aus der lokalen Weißweinrebe Melon Blanc, der traditionell reinsortig oder „sur Liè“ (auf der Hefe) ausgebaut wird und innerhalb von drei bis fünf Jahren getrunken werden soll.

Muscat de...
Siehe Versetzte Weine.

Musigny – Burgund
1. A.-O.-C.-Weinbaugebiet in der → Côte de Nuits und Grand-Cru-Lage oberhalb des Château du Clos de Vougeot.
2. Weltbekannter delikater Rotwein aus der Pinot-Noir-Rebe, dessen Lagerpotenzial bis zu 50 Jahre beträgt.
3. Gesuchter Weißwein aus der Chardonnayrebe.

N

Nantais – Loiretal
Eines der drei Hauptanbaugebiete im Loiretal mit rund 16.000 Hektar Rebfläche südlich und östlich der Stadt Nantes. Früher als **Pays Nantais** bezeichnet. Um eine Verwechslung mit Vins de Pays zu vermeiden, wurde das Wort Pays weggelassen. Die Weingärten befinden sich an den sonnenreichen Hängen des Loiretales auf leichten, steinigen Böden. Das Gebiet ist traditionell mit dem Weinbau verbunden, den schon die Römer in dieser Gegend forcierten. Der besonders kalte Winter im Jahr 1709 vernichtete alle Weingärten. Die Neuauspflanzungen wurden mit der Melonrebe durchgeführt, die bis heute die Grundlage der Muscadetweine darstellt. Die vier Appellationen dieser Weine sind **Muscadet** (rund 120.000 Hektoliter), **Muscadet de Sèvre-et-Maine** (rund 490.000 Hektoliter), **Muscadet Côtes de Grand-Lieu** (rund 17.000 Hektoliter) und **Muscadet des Coteaux de la Loire** (rund 116.000 Hektoliter). Als A.O.V.D.Q.S. eingestuft sind die Weine **Gros-Plant** (ein Weißwein aus der Folle Blanche), **Coteaux d’Ancenis** und **Fiefs Vendéens.**
Eine Spezialität dieses Gebietes ist der **Muscat sur Liè,** der ohne Abstich oder Filtration abgefüllt wird.
Bekannte Weinerzeuger sind u. a.: Donatien Bahaud, Guy Bossard, Michel Chiron, Chéreau-Carré, Guilbaud Frères, Hardy-Luneau, Château la Noe, Château du Cléray.

Nuits-Saint-Georges – Burgund
A.-O.-C.-Weinbaugebiet und Stadt in der → Côte de Nuits mit einer Produktion von knapp 13.400 Hektoliter (fast ausschließlich Rotwein). Im Hospice de Nuits wird am Sonntag vor Ostern eine bekannte Weinauktion und eine karitative Weinveranstaltung durchgeführt.
Die Rebfläche beträgt rund 300 Hektar, die Produktionsmenge rund 13.620 Hektoliter, davon sind rund 120 Hektoliter Weißweine (aus Chardonnay) und rund 13.500 Hektoliter

Rotweine (aus Pinot Noir). Die Lagen haben sehr gute kiesige Kalkböden. Die Weine sind sehr verschiedenartig, jedoch grundsolide und haben eine durchschnittliche Lagerfähigkeit von bis zu 15 Jahren.
Die wichtigsten Premier-Cru-Lagen sind Aux Boudots, Aux Cras, Aux Damodes, La Richemone, Aux Vigne Rondes, Aux Chaignots, Aux Bousselots, Aux Thorey, Aux Argillas, Aux Crots, Aux Rue de Chaux, Lés Procés, Les Pruliers, Roncière, Les Poirets Saint-Georges, Les Cailles, Les Saint-Georges, Les Vaucrains, Chaines Cardeaux.
Bekannte Weinerzeuger sind u. a.: Marcel Bocquenet, Domaine Chauvement, Robert Chevillon, Domaine Dufouleur, Domaine Gouges, Hospices de Nuits, Dominique Laurent, Maison Boisset, Maison Dufouleur Père et Fils, Maison Joseph → Faiveley, Geisweiler & Fils, Maison Moillard, Domaine Michelot, Domaine → Prieuré-Roch, Domaine Remoriquet.

O

Orléanais – Zentralfrankreich
Weinbaugebiet mit A.-O.-V.-D.-Q.-S.-Status; die Rebfläche beträgt rund 127 Hektar, die Produktion rund 4.000 Hektoliter, weniger als ein Viertel davon sind Weißweine. Die Rebsorten sind Pinot Meunier, die den Rot- und Roséweinen ihre Originalität verleiht, sowie Auvernat Rouge (Pinot Noir), Auvernat Blanc (Chardonnay), Gris Meunier und Breton (Cabernet).
Bekannte Weinerzeuger sind u. a.: Jacky Legroux, Javoy Père et Fils.

P

Pacherenc du Vic-Bilh – Südwesten/Midi-Pyrénées
Das A.-O.-C.-Weinbaugebiet entspricht dem → Madiran. Die A.-O.-C.-Bezeichnung steht für einen trockenen oder einen lieblichen Weißwein aus Manseng-, Courbu- und Bordeaux-Rebsorten, von dem jährlich rund 9.000 Hektoliter erzeugt werden.

Palette – Provence
Kleines A.-O.-C.-Weinbaugebiet südöstlich von Aix-en-Provence; umfasst den ehemaligen Weinberg des Guten Königs René (Clos du Bon René). Auf knapp 40 Hektar werden körperreiche und vollmundige Rotweine, fruchtige, runde Roséweine und robuste Weißweine gekeltert, insgesamt etwas mehr als 1.500 Hektoliter pro Jahr. Die roten Hauptrebsorten sind Cinsault, Mourvèdre und Grenache sowie eine große Vielfalt an bodenständigen Sorten. Die Weißweine werden hauptsächlich aus Clairettetrauben gekeltert. Das heiße Mittelmeerklima begünstigt die Reifung der Trauben. Die Böden bestehen aus Kalk und Kalksteingeröll mit Kiesablagerungen.
Der bekannteste Weinerzeuger ist Château Simone.

Château **Palmer** – Bordeaux
1. Weltbekanntes Weingut in

→ Margaux mit einer Rebfläche von rund 43 Hektar und einer Produktionsmenge von durchschnittlich 170.000 Flaschen.

2. Rotwein aus Petit Verdot (5 %), Merlot (40 %) und Cabernet Sauvignon (55 %); aus alten Rebstöcken; trägt die Appellation Margaux Contrôlée; Klassifizierung als Troisième Grand Cru Classé.

Patrimonio – Korsika
Kleines A.-O.-C.-Weinbaugebiet mit knapp 400 Hektar, deren Böden vornehmlich aus Kies und tonigem Kalk bestehen. Es umfasst die Gemeinden Saint-Florent, Farinole, Patrimonio, Barbaggio, Poggio d'Oletta und Oletta.
Es werden jährlich rund 15.000 Hektoliter Wein erzeugt. Die weiße Hauptrebsorte ist die Malvasia. Die prächtigen Rotweine mit gutem Alterungspotenzial werden hauptsächlich aus Niellucciotrauben hergestellt.
Bekannte Weinerzeuger sind u. a.: Domaine Antoine Arena, Domaine Napoléon Brizi, Domaine de Caterelli, Clos de Bernardi, Clos Grégoire, Clos Marfisi, Clos de Montemagni, Domaine Gentile, Lazzarini, Oregna de Gaffory, Domaine Pastricciola.

Pauillac – Bordeaux
Weltberühmtes A.-O.-C.-Weinbaugebiet im → Haut-Médoc mit eigener Appellation. Neben der Gemeinde Pauillac, die als Weinhauptstadt des Médoc gilt, liegen hier am Westufer der Gironde die Orte Le Pouvalet, St. Lambert, Daubos und Artiques. Bei der Klassifizierung im Jahre 1855 wurden in Pauillac gleich drei Châteaus als Premiers Grands Crus Classés eingestuft, und zwar Château Lafite Rothschild, Château Mouton Rothschild und Château Latour. Darüber hinaus weist dieses Gebiet eine besondere Dichte an klassifizierten Weingütern auf. Die reinen, durchlässigen Kiesböden sind manchmal mit Kalkgestein durchsetzt.
Die Gesamtrebfläche beträgt rund 1.200 Hektar. Es werden rund 60.000 Hektoliter Wein erzeugt.
Die roten Hauptrebsorten sind Cabernet Sauvignon, Cabernet Franc und Merlot. Es wird auch etwas Weißwein erzeugt, z. B. auf Château Mouton Rothschild.
Die kraftvollen, körperreichen, aber auch sehr eleganten Rotweine zählen zu den teuersten im Médoc. Sie weisen ein sehr hohes Lagerpotenzial, durchschnittlich 25 Jahre, auf.
Zur Klassifizierung vgl. auch → Médoc.
Bekannte Weinerzeuger für Crus Classés sind u. a.: Château d'Armailhac (5ème Cru Classé), Château Batailley (5ème Cru Classé), Château Clerc-Milon, (5ème Cru Classé), Château Croizet-Bages (5ème Cru Classé), Château Duhart-Milon-Rothschild (4ème Cru Classé), Château Grand-Puy-Ducasse (5ème Cru Classé), Château Grand-Puy-Lacoste (5ème Cru Classé), Château Haut-Bages-Libéral (5ème Cru Classé), Château Haut-Batail-

ley (5ème Cru Classé), Château → Lafite Rothschild (1er Cru Classé), Château → Latour (1er Cru Classé), Château → Lynch-Bages (5ème Cru Classé), Château Lynch-Moussas (5ème Cru Classé), Château → Mouton Rothschild (1er Cru Classé), Château Pédesclaux (5ème Cru Classé), Château Pichon-Longueville-Baron (2ème Cru Classé), Château → Pichon-Longueville Comtesse-de-Lalande (2ème Cru Classé), Château Pontet-Canet (5ème Cru Classé).
Bekannte Weinerzeuger für Crus Bourgeois sind u. a.: Château Colombier-Monpelou, Château La Couronne, Château La Fleur Milon, Château Haut-Bages-Monpelou, Château Pibran.

Pécharmant – Südwesten/Midi-Pyrénées
A.-O.-C.-Weinbaugebiet innerhalb von → Bergerac; liefert rund 21.000 Hektoliter gut lagerfähige Rotweine.

Pernand-Vergelesses – Burgund
A.-O.-C.-Weinbaugebiet in der → Côte de Beaune mit einer Rebfläche von rund 135 Hektar und einer Produktion von rund 3.800 Hektoliter Rotwein (Pinot Noir) und rund 2.000 Hektoliter Weißwein (Chardonnay). Jurakalk-, Kalk-Mergel- und Kiesböden sind in diesem Gebiet zu finden. Die wichtigsten Premier-Cru-Lagen sind u. a. Creux de la Net, En Caradeux, Ile des Vergelesses, Les Fichots.
Bekannte Weinerzeuger sind u. a.: Domaine Delarche, Denis Père et Fils, Dubreuil-Fontaine, Laleur-Piot, Domaine Rollin.

Pessac-Léognan – Bordeaux
A.-O.-C.-Weinbaugebiet mit eigenständiger Appellation seit 1987; liegt innerhalb des nördlichen Teils des Weinbaugebietes → Graves. Die Genehmigung einer eigenständigen Appellation erklärt sich aus der Andersartigkeit des Terroirs in diesem Teilgebiet. Die steilen Hänge mit Kieselsteinböden eignen sich ganz besonders für den Weinanbau. Das Château → Haut-Brion wurde im Jahre 1855 als einziges nicht im Médoc befindliches Château klassifiziert.
Es werden rund 50.000 Hektoliter Rotweine erzeugt, die sich von den Graves-Weinen durch ihre Samtigkeit und ihr außergewöhnliches Bukett abheben. Die rund 12.000 Hektoliter Weißweine sind trocken und eignen sich besonders für den Ausbau in der Barrique.
Zu den bekanntesten Weinerzeugern vgl. → Graves.

Petit Chablis – Burgund
1. A.-O.-C.-Gebiet im → Chablis, das keine Lagenbezeichnungen führt und die unterste Stufe darstellt.
2. Weißwein aus Chardonnaytrauben, der jung zu trinken ist und einen höheren Säuregehalt als die Lagen-Chablis aufweist. Es werden rund 34.000 Hektoliter pro Jahr erzeugt.

Château **Petrus** – Bordeaux

1. Weltbekanntes Weingut in → Pomerol mit einer Rebfläche von rund 12 Hektar und einer Produktionsmenge von durchschnittlich 45.000 Flaschen.
2. Kult-Rotwein aus Merlot (95 %) und Cabernet Franc (5 %); aus sehr alten Rebstöcken; trägt die Appellation Pomerol Contrôlée.

Château **Pichon-Longueville Comtesse-de-Lalande** – Bordeaux

1. Weltbekanntes Weingut in → Pauillac mit einer Rebfläche von rund 64 Hektar (zusätzlich 11 Hektar in Saint-Julien) und einer Produktionsmenge von durchschnittlich 400.000 Flaschen.
2. Rotwein aus Petit Verdot (8 %), Merlot (35 %), Cabernet Franc (12 %) und Cabernet Sauvignon (45 %); aus sehr alten Rebstöcken; trägt die Appellation Pauillac Contrôlée; Klassifizierung als Deuxième Grand Cru Classé.

Pomerol – Bordeaux
Weltbekanntes A.-O.-C.-Weinbaugebiet für robust-üppige und intensive Rotweine, die zu den begehrtesten und teuersten der Welt zählen. Es liegt auf einer flachen Terrasse oberhalb des kleinen Nebenflüsschens Isle nahe der Gemeinde Libourne. Das kontinentale, gemäßigte Klima und die Böden aus Sand, Kies und Ton beeinflussen die Besonderheit der Pomerolweine. In unmittelbarer Nachbarschaft befindet sich → Lalande-de-Pomerol.
Es gibt keine offizielle Klassifizierung, aber Château → Petrus gilt in Pomerol, neben Château → Le Pin, als bester Wein; diese beiden werden zu den besten Weinen des Bordelais gezählt.
Die Gesamtrebfläche beträgt knapp 800 Hektar, wobei die allerbesten Lagen auf den Kiesplateaus zu finden sind. Es werden durchschnittlich 36.000 Hektoliter Rotweine erzeugt.
Die Lagerfähigkeit beträgt durchschnittlich 10–20 Jahre, bei Spitzenjahrgängen weit darüber. Trotz des Alterungspotenzials kann man die Weine schon ziemlich jung trinken.
Die Hauptrebsorten sind Merlot (80 %), Cabernet Franc, Cabernet Sauvignon und Malbec.
Bekannte Weinerzeuger sind u. a.: Château → Petrus, Château → Le Pin, Château Beauregard, Château Le Bon Pasteur, Château Bonalgue, Château La Cabanne, Château Certan de May, Château Certan-Guiraud, Château Clinet, Château Clos de l'Eglise, Château Clos René, Château La Consaillante, Château La Croix, Château La Croix de Gay, Château l'Eglise-Clinet, Château l'Enclose, Château l'Evangelie, Château Feytit-Clinet, Château Lafleur-Petrus, Château Le Gay, Château Gazin, Château Gombaude-Guillot, Château La Grave, Château → Lafleur, Château La Fleur-Gazin, Château Lafleur du Roy, Château Lagrange, Château Latour à Pomerol, Château Mazeyres, Château Moulinet, Château Ne-

nin, Château Petit Village, Château Plince, Château La Pointe, Château Rouget, Château de Sales, Château Trotanoy, Château Vieux Certan, Château La Violette, Château Vray Croix de Gay.

Pommard – Burgund
A.-O.-C.-Weinbaugebiet in der → Côte de Beaune zwischen den bekannten Weingemeinden → Beaune und → Volnay. Kalk-, Kalzit-, Mergel- und Schwemmböden herrschen vor. Die Rebfläche umfasst rund 330 Hektar, davon entfallen 120 Hektar auf die Premier-Cru-Lagen. Die Produktion beträgt rund 14.500 Hektoliter Rotweine aus Pinot Noir, die aromatisch, robust und tanninreich sind und eine Lagerfähigkeit von rund zehn Jahren haben.
Die wichtigsten Premier-Cru-Lagen sind Les Arvelets, Les Bertins, Les Boucherottes, La Chanière, Les Chanlins-Bas, Les Chapponièrs, Les Charmots, Clos Blanc, Clos de la Commeraine, Clos des Epenaux, Le Clos Micot, Clos de Verger, Les Combes Dessus, Les Croix Noires, Derrière Saint-Jean, Les Fremiers, Les Grands Epenos, Les Jarolièrs, En Largillière, Les Petits Epenots, Les Pézerolles, La Platière, Les Poutures, La Refène, Les Rugiens-Bas, Les Rugiens-Hauts, Les Saussilles, Le Village.
Bekannte Weinerzeuger sind u. a.: Domaine Gonnet, Domaine Jean Marc → Boillot, Domaine Comte Armand, Domaine Coste Caumartin, Domaine Michel Gaunoux, Domaine Joillot, Domaine Lejeune, Domaine Mussy, Domaine Parent.

Pouilly-Fuissé – Burgund
A.-O.-C.-Weinbaugebiet im → Mâconnais mit einigen berühmten Lagen wie Les Cailloux, Les Bras, Les Pelous und Les Rinces; es ist eine Enklave im Mâconnais, bekannt für ihre sehr guten Weißweine mit dem typischen Feuersteingeschmack. Die Rebflächen (auf Kiesel- und Feuersteinkieselerde) umfassen rund 760 Hektar und liegen meist auf steilen Hanglagen zwischen 200 und 400 Meter über dem Meeresspiegel, die Hauptrebsorten sind Chardonnay (80 %), Aligoté und Pinot Blanc. Die Produktion beträgt rund 42.000 Hektoliter Weißweine.
Bekannte Weinerzeuger sind u. a.: Louis → Latour, Domaine Corsin, Château de Fuissé, Domaine Ferret, Roger Luquet, Leger-Plumet, Gilles Noblet.

Pouilly-Fumé – Zentralfrankreich

1. A.-O.-C.-Weinbaugebiet am rechten Ufer der Loire bei → Pouilly-sur-Loire mit einer Rebfläche von rund 1.100 Hektar und einer Produktion von rund 70.000 Hektoliter.
2. Fruchtiger, fest strukturierter Weißwein, der aus der Sauvignon Blanc (Blanc Fumé) gekeltert wird.

Bekannte Weinerzeuger sind u. a.: Pierre Marchand et Fils, Jeannot Père et Fils, Jean Pabiot et Fils.

Pouilly Loché – Burgund
A.-O.-C.-Weinbaugebiet im → Mâconnais mit einer Produktion von rund 1.800 Hektoliter (ausschließlich Weißwein).

Pouilly-sur-Loire – Zentralfrankreich
A.-O.-C.-Weinbaugebiet im Nordosten des Departements Nièvre im oberen Loiretal mit einer Rebfläche von rund 50 Hektar und einer Produktion von rund 2.500 Hektoliter. Erzeugt werden ausnahmslos leichte Weißweine, deren Reben auf Böden aus Kalkgestein und Ton mit Feuerstein gedeihen.
Bekannte Weinerzeuger sind u. a.: Roger Pabiot, Domaine Bel-Air.

Pouilly Vinzelles – Burgund
A.-O.-C.-Weinbaugebiet im → Mâconnais mit einer Produktion von rund 2.700 Hektoliter (ausschließlich Weißwein).

Château **Poujeaux** – Bordeaux
1. Bekanntes Weingut im A.-O.-C.-Weinbaugebiet → Moulisen-Médoc mit einer Rebfläche von rund 50 Hektar und einer Produktionsmenge von durchschnittlich 250.000 Flaschen.
2. Rotwein aus Petit Verdot (5 %), Merlot (40 %), Cabernet Franc (5 %) und Cabernet Sauvignon (50 %); aus alten Rebstöcken; trägt die Appellation Moulis-en-Médoc Contrôlée; Klassifizierung als Cru Bourgeois.

Prémeaux-Prissey – Burgund
A.-O.-C.-Weinbaugemeinde in der → Côte de Nuits südlich von → Nuits-Saint-Georges. Die bekanntesten Premier-Cru-Lagen sind Clos de la Maréchale, Clos Arlot, Les Angillières, Les Didiers, Les Foréts, Aux Corvées und Aux Perdrix.
Bekannte Weinerzeuger sind u. a.: Domaine Ambroise, Domaine de l'Arlot, Robert Dubois, Domaine Gramont, Rion Père et Fils, Domaine Rion.

Premières Côtes de Bordeaux – Bordeaux
A.-O.-C.-Weinbaugebiet auf rund 60 Kilometern entlang des rechten Ufers der Garonne; es reicht vom Stadtrand der Stadt Bordeaux bis nach → Cadillac und liegt innerhalb von → Entre-Deux-Mers. Die Böden sind sehr vielfältig, bestehen aber vorwiegend aus Kalk, Kies und Ton.
Die Gesamtrebfläche beträgt rund 4.000 Hektar, wobei 300 Hektar für liebliche, süße Weißweine und der Rest für Rotweine deklariert sind. An Rotweinen werden rund 190.000 Hektoliter erzeugt. Sie sind füllig und aromatisch und weisen eine Lagerfähigkeit von zirka zehn Jahren auf.
Die weißen Hauptrebsorten sind Muscadelle, Sémillion und Sauvignon Blanc. Die roten Hauptrebsorten sind Cabernet Sauvignon, Cabernet Franc, Merlot und Malbec.
In südöstlicher Richtung liegt die Appellation → Côtes de Bordeaux Saint-Macaire.

Domaine **Prieuré-Roch** – Burgund
Weltbekanntes Weingut in → Nuits-Saint-Georges mit einer Rebfläche von 11 Hektar, von denen 10,5 Hektar für Pinot Noir und 0,5 Hektar für Chardonnay verwendet werden. Spitzenerzeugnisse sind der Gevrey-Chambertin und der Premier Cru Nuits-Saint-Georges.

Puisseguin Saint-Émilion – Bordeaux
A.-O.-C.-Weinbaugebiet mit eigener Appellation; zählt zu den Satelliten von → Saint-Émilion. Die Gesamtrebfläche beträgt rund 750 Hektar. Es werden rund 41.000 Hektoliter Rotweine aus den Sorten Merlot, Cabernet Sauvignon und Cabernet Franc erzeugt. Die Lagerfähigkeit der Weine beträgt durchschnittlich fünf Jahre.
Bekannte Weinerzeuger sind u. a.: Château Branda, Château Durand-Laplange, Château Haut-Bernat, Château Lafourie, Château Soleil.

Puligny-Montrachet – Burgund
Weltbekanntes A.-O.-C.-Weinbaugebiet in der → Côte de Beaune zwischen → Meursault und → Chassagne-Montrachet mit einer Rebfläche von rund 260 Hektar und einer Produktion von rund 11.000 Hektoliter. Felsenschutt-, Kalk-, Mergel- und Tonböden sind in diesem Gebiet zu finden. Rebsorten sind Chardonnay (97 %) und Pinot Noir (3 %). Die Weißweine sind denen aus der Weißweingemeinde Meursault ähnlich, sie sind bukettreich, fett, fleischig und weisen eine sehr lange Lagerfähigkeit auf.
Die wichtigsten Premier-Cru-Lagen sind Le Caillerets, Les Chalumaux, Champ Carnet, Champ Grain, Clavaillon, Close de la Garenne, Clos de la Mouchère, Les Combettes, Les Demoiselles, Les Folatières, Les Perrièrs, Les Pucelles, Les Referts, La Truffière.
Bekannte Weinerzeuger sind u. a.: Domaine Louis Carillon, Jean Chartron, Gérard Chavy et Fils, Domaine Henri Clerc et Fils, Domaine → Leflaive, Jean Pascal, Paul Pernot et Fils, Labouré Roi.

Q

Quarts de Chaume – Loiretal
A.-O.-C.-Weinbaugebiet in → Anjou-Saumur mit einer Rebfläche von rund 40 Hektar und einer Produktion von rund 600 Hektoliter. Die oft geringen Produktionsmengen weisen große Qualität auf.
Bekannte Weinerzeuger sind u. a.: Yves Guégniard, Domaine des Forges.

Quincy – Zentralfrankreich
A.-O.-C.-Weinbaugebiet an den Ufern des Cher in der Nähe von Bourges mit einer Rebfläche von rund 180 Hektar und einer Produktion von rund 10.000 Hektoliter. Durch die verschiedenartige Bodenbeschaffenheit sind trotz der ausschließlich angepflanzten Sauvignon-Blanc-Rebe unterschiedliche Weine zu finden. Insgesamt sind die

Weine frisch und fruchtig, sie zeichnen sich durch Feinheit und Eleganz aus.
Bekannte Weinerzeuger sind u. a.: Bruno Lecomte, Domaine du Grand Rosières, Philippe Portier.

R

Domaine Françoise & Jean-Marie **Raveneau** – Burgund
Weltbekanntes Weingut in → Chablis mit einer Rebfläche von 7 Hektar alter Chardonnayreben in den Grand-Cru-Lagen Les Clos, Blanchot und Vaulmur. Die Premier-Cru-Lagen der Domaine sind Butteaux, Chapelot, Les Vaillons, Les Forêts und Route de Cougis. Die jährliche Produktionsmenge beträgt rund 40.000 Flaschen.

Château **Rayas** – Rhônetal
Weingut in → Châteauneuf-du-Pape mit einer Rebfläche von 12 Hektar und einer Produktionsmenge von rund 12.000 Flaschen Rotwein aus sehr alten Rebstöcken der Grenacherebe.

Régnié – Burgund
A.-O.-C.-Weinbaugebiet im → Beaujolais mit einer Rebfläche von 750 Hektar auf Sand- und Granitsandböden, wobei nicht die gesamte Fläche genutzt wird. Die Produktion beträgt rund 28.000 Hektoliter. Die Rotweine aus der Gamayrebe sind tiefrot mit blauen Reflexen, fruchtig und haben eine optimale Tanninstruktur mit leichtem, feinem Körper. Schlechte Qualitäten dürfen im Vergleich zu den anderen Cru-Lagen im Burgund nicht zu Bourgogne-Rouge-Weinen abgestuft werden.
Bekannte Weinerzeuger sind u. a.: Château de la Tour Bourdon, Joel Rechette, Cave de Beaujolais de Quincié.

Reuilly – Zentralfrankreich
A.-O.-C.-Weinbaugebiet in sieben Gemeinden der Departements Indre und Cher mit einer Rebfläche von rund 160 Hektar und einer Produktion von rund 5.000 Hektoliter, zum Großteil trockene, fruchtige Weißweine aus der Sauvignon Blanc. Die Roséweine werden aus der Pinot-Gris-Rebe und zunehmend aus der Pinot-Noir-Rebe erzeugt. Letztere liefert auch volle, korpulente Rotweine mit ausgeprägter Fruchtigkeit.
Bekannte Weinerzeuger sind u. a.: Domaine Chantal et Michel Cordaillat, Domaine de Reuilly.

Richebourg – Burgund
1. A.-O.-C.-Weinbaugebiet in der → Côte de Nuits bei → Vosne-Romanée mit einer Rebfläche von rund acht Hektar und einer Produktion von knapp 300 Hektoliter.
2. La Richebourg ist der Name des weltbekannten kräftigen, eleganten Rotweins aus der Pinot Noir mit einer durchschnittlichen Lagerfähigkeit von zwölf Jahren.

Antonin **Rodet** – Burgund
Négociant in → Mercurey, spezialisiert auf Weine der → Côte Chalonnaise. Besitzt und verwaltet die Châteaux Chamirey, de Ruilly und de Mercey.

Romanée-Conti – Burgund
A.-O.-C.-Weinbaugebiet in der → Côte de Nuits. Der Weinberg ist in Alleinbesitz der Domaine → Romanée-Conti.

Domaine **Romanée-Conti**
– Burgund
1. Weltbekanntes Weingut in → Vosne-Romanée, gegründet 1760, mit einer Rebfläche von nur 1,8 Hektar. Der Boden aus Mergel und Erosionsgestein ist mit 40 Jahre alten Rebstöcken bepflanzt.
2. La Romanée ist der Name des Rotweins aus Pinot-Noir-Trauben, der Kultstatus erreicht hat und zu den allerteuersten Weinen der Welt zählt. Es werden jährlich nur etwa 6.000 Flaschen erzeugt.

Romanée-Saint-Vivant
– Burgund
1. A.-O.-C.-Weinbaugebiet in der → Côte de Nuits und Grand-Cru-Lage nahe dem gleichnamigen Kloster mit einer Rebfläche von rund zehn Hektar und einer Produktion von knapp 350 Hektoliter.
2. Weltbekannter feinduftiger, fülliger Rotwein aus der Pinot Noir, der zu seiner optimalen Reifung viel Zeit braucht.

Rosé d'Anjou – Loiretal
1. A.-O.-C.-Weinbaugebiet in → Anjou-Saumur. Die Bedeutung dieser Appellation ist in den letzten Jahren zurückgegangen.
2. Junge, frische und fruchtige Roséweine aus den Rebsorten Cabernet Franc, Cabernet Sauvignon, Gamay, Côt und Pinau d'Aunis.

Rosé de Loire – Loiretal
Regionale A.-O.-C.-Bezeichnung innerhalb der Gebiete → Anjou-Saumur und → Touraine. Sie gilt für trockene Roséweine aus den Sorten Cabernet Franc, Cabernet Sauvignon, Gamay Noir à Jus Blanc, Pineau d'Aunis und Grolleau. Es werden rund 42.000 Hektoliter pro Jahr erzeugt.

Rosette
– Südwesten/Midi-Pyrénées
Kleines A.-O.-C.-Weinbaugebiet innerhalb von → Bergerac; bringt knapp 1.000 Hektoliter Wein hervor.

Rousette de Savoie – Savoyen
Regionale Appellation, die in allen Anbauzonen Savoyens verwendet wird. Von dem Weißwein, der ausschließlich aus der Altesserebe hergestellt werden darf, wurden zuletzt jährlich rund 1.900 Hektoliter erzeugt.

Ruchottes-Chambertin
– Burgund
Grand-Cru-Lage in der → Côte de Nuits im Besitz von Armand Rousseau, von der tannin- und alkoholreiche Rotweine aus der Pinot Noir hervorgehen.

Rully – Burgund
A.-O.-C.-Weinbaugebiet in der → Côte Chalonnaise, in dem mehr Weißweine (rund 9.250 Hektoliter) als Rotweine (rund 5.000 Hektoliter) erzeugt werden. Einige Reblagen sind als Premiers Crus eingestuft.

S

Saint-Amour – Burgund
A.-O.-C.-Weinbaugebiet im → Beaujolais mit einer Rebfläche (Granit-, Sand- und Schwemmböden) von rund 320 Hektar und einer Produktion von rund 18.300 Hektoliter, wovon ein großer Teil exportiert wird. Die Rotweine aus der Gamayrebe sind rubinrot, haben starke Fruchtdüfte und eleganten Körper. Die Lagerfähigkeit beträgt durchschnittlich drei Jahre.
Bekannte Weinerzeuger sind u. a.: Domaine de Ducs, Raymond Durand, Francis Saillant, Georges Trichard.

Saint-Aubin – Burgund
A.-O.-C.-Weinbaugebiet in der → Côte de Beaune, begrenzt von → Montrachet und → Puligny-Montrachet. Dieses Weinbaugebiet mit einer Rebfläche von rund 150 Hektar ist vor allem für seine extrem steilen Weinlagen bekannt; hauptsächlich bestehen die Böden aus Ton, Kalk, Mergel und Kies. Die Rebsorten sind Chardonnay und Pinot Noir. Die Produktion beträgt rund 7.850 Hektoliter, davon sind mehr als 60 Prozent Weißweine. Sowohl Weiß- als auch Rotweine sind lange lagerfähig.
Die wichtigsten Premier-Cru-Lagen sind: Les Castets, Echaillé, Marinot, Les Perrières, Sur le Sentier du Clou, Les Frionnes, Vigness Moingeon, Bas de Vermarin à l'Est, Château Terrière la Tour, Les Champlots, Sous la Roche, En Montceau, Sur Gamay, La Chantenière, Les Cortons, En Remilly.
Bekannte Weinerzeuger sind u. a.: Domaine Prunier, René Lamy, Domaine du Pimont, Gilles Bouton, Maison Raoul Clerget, Dominique Derain.

Saint-Bris – Burgund
Kleines A.-O.-C.-Gebiet unweit von → Chablis bzw. → Irancy, in dem Weißweine aus Sauvignon-Blanc-Trauben erzeugt werden; daher wurde das Gebiet früher auch als Sauvignon de Saint-Bris bezeichnet. Heute tragen neben der namengebenden Gemeinde auch einige angrenzende kleine Gemeinden die Appellation Saint-Bris Contrôlée. Die aromatischen Weine sind duftig und sanft und weisen einen Alkoholgehalt von durchschnittlich 12 Vol.-% auf.

Saint-Chinian – Languedoc
A.-O.-C.-Weinbaugebiet mit einer Gesamtrebfläche von rund 3.000 Hektar; umfasst 20 Gemeinden. Es werden jährlich rund 145.000 Hektoliter Rot- und Roséweine erzeugt.

Sainte-Croix-du-Mont – Bordeaux
A.-O.-C.-Weinbaugebiet in der Nachbarschaft von → Sauternes und → Barsac; zählt zu den wenigen Anbaugebieten für edelsüße Weißweine.
Die Gesamtrebfläche beträgt rund 400 Hektar auf Kalk- und Tonböden. Es werden rund 14.000 Hektoliter edelsüße Weißweine aus den Sorten Muscadelle, Sauvignon Blanc und Sémillon erzeugt.

Weitere vom Mikroklima zur Bildung der Botrytis begünstigte Gebiete sind → Cadillac, → Cérons und → Loupiac.

Sainte-Foy-Bordeaux – Bordeaux

Kleines A.-O.-C.-Weinbaugebiet mit eigener Appellation, das innerhalb von → Entre-Deux-Mers liegt. Das gemäßigte kontinentale Klima wird sehr positiv von den beiden Flüssen Garonne und Dordogne beeinflusst. Die Rebböden bestehen aus Sand und Kies und befinden sich auf höher gelegenen Plateaus.

Die Gesamtrebfläche beträgt rund 350 Hektar. Es werden rund 12.000 Hektoliter Rot- und Weißweine erzeugt mit einem deutlichen Überhang der Rotweine.

Die Hauptrebsorten für Weißweine sind Sémillon, Muscadelle und Sauvignon Blanc, die Weißweine sollten jung getrunken werden. Die roten Hauptrebsorten sind Merlot, Cabernet Sauvignon und Cabernet Franc, die Lagerfähigkeit der Rotweine beträgt durchschnittlich fünf Jahre.

Saint-Émilion – Bordeaux

Weltbekanntes A.-O.-C.-Weinbaugebiet um die mittelalterliche Stadt Saint-Émilion, die von der UNESCO zum Weltkulturerbe erklärt wurde. Das Gebiet an den Hängen über dem Tal der Dordogne wird von den so genannten Satelliten → Lussac Saint-Émilion, → Montagne Saint-Émilion, → Puisseguin Saint-Émilion und → Saint-Georges Saint-Émilion umgeben, wobei die beiden letzteren Gemeinden mit Montagne zusammengewachsen sind. Es findet sich eine Vielzahl von Bodenarten, vorwiegend aus Kalk, Mergel, Kies und Sand.

Die Gesamtrebfläche beträgt rund 2.300 Hektar. Es werden rund 100.000 Hektoliter mit der Appellation Saint-Émilion und rund 165.000 Hektoliter mit der Appellation Saint-Émilion Grand Cru erzeugt.

Bei den Rebsorten überwiegt mit 60 Prozent die Merlotrebe, gefolgt von Cabernet Franc (in Saint-Émilion auch als Bouchet bezeichnet) und einem geringen Anteil von Cabernet Sauvignon.

Die körperreichen, kräftigen Weine weisen eine schöne Farbe sowie eine durchschnittliche Lagerfähigkeit von vier bis sechs Jahren (für die Appellation Saint-Émilion Contrôlée) bzw. von 8 bis 20 Jahren (für die Appellation Saint-Émilion Grand Cru Contrôlée) auf.

Eine Besonderheit ist die Klassifizierung. Sie stammt aus dem Jahre 1955 und wird immer wieder überprüft, zuletzt 1996. Die Appellation Saint-Émilion Grand Cru bezieht sich nicht auf ein festgelegtes Anbaugebiet, sondern die Weine werden verkostet und anschließend klassifiziert. 1996 wurden 68 Châteaus eingestuft, 13 davon als Premiers Grands Crus (geteilt in Gruppe A und B).

Die Premiers Grands Crus Classés A sind: Château → Ausone und Château → Cheval Blanc.

Die Premiers Grands Crus Classés B sind: Château →

Angélus, Château Beauséjour (Duffau-Lagarrosse), Château Beau-Séjour (Bécot), Château Belair, Château Canon, Château → Figeac, Clos Fourtet, Château La Gaffelière, Château Magdalaine, Château Pavie, Château Trottevieille.

Die Grands Crus Classés sind: Château Balestard La Tonnelle, Château Bellevue, Château Bergat, Château Berliquet, Château Cadet-Bon, Château Cadet-Piola, Château → Canon-La Gaffelière, Château Cap de Mourlin, Château Chauvin, Clos des Jacobins, Clos de L'Oratoire, Clos Saint-Martin, Château Corbin, Château Corbin-Michotte, Couvent des Jacobins, Château Curé Bon La Madeleine, Château Dassault, Château Faurie de Souchard, Château Fonplégade, Château Fonroque, Château Franc-Mayne, Château Grand Mayne, Château Grand-Pontet, Château Guadet Saint-Julien, Château Haut-Corbin, Château Haut-Sarpe, Château La Clotte, Château La Clusière, Château La Couspaude, Château La Dominique, Château La Marzelle, Château Laniote, Château Larcis-Ducasse, Château Larmande, Château Laroque, Château Laroze, Château L'Arrosée, Château La Serre, Château La Tour du Pin-Figeac (Giraud-Belivier), Château La Tour du Pin-Figeac (Moueix), Château La Tour-Figeac, Château Le Prieuré, Château Les Grandes Murailles, Château Matras, Château Moulin du Cadet, Château Pavie-Decesse, Château Pavie-Macquin, Château Petit-Faurie-de-Soutard, Château Ripeau, Château Saint-Georges Côte Pavie, Château Soutard, Château Tertre Daugay, Château Troplong-Mondot, Château Villemaurine, Château Yon-Figeac.

Weitere bekannte Weinerzeuger sind u. a.: Château → La Mondotte, Château → Tertre Rotheboeuf, Château → Valandraut.

Saint-Estèphe – Bordeaux

Weltbekanntes A.-O.-C.-Weinbaugebiet im → Haut-Médoc mit einer eigenen Appellation. Es befindet sich in unmittelbarer Nähe von → Pauillac. Mit Ausnahme von einigen Hektar, die zur Appellation Pauillac gehören, entspricht dieses A.-O.-C.-Gebiet dem Gemeindegebiet von Saint-Estèphe. Die Böden bestehen hauptsächlich aus Schwemmland und sind Kiesinseln mit Lehm und Muschelkalkmergel.

Die Gesamtrebfläche beträgt rund 1.200 Hektar. Es werden rund 65.000 Hektoliter Rotweine erzeugt.

Die rote Hauptrebsorte ist Cabernet Sauvignon, gefolgt von Merlot, Cabernet Franc und Petit Verdot. Die Weine besitzen eine intensivere Farbe und einen höheren Tanningehalt als die anderen Rotweine im Médoc. Sie reifen langsam, sind anfangs teilweise verschlossen, jedoch lange lagerfähig.

Zur Klassifikation vgl. auch → Médoc.

Die fünf im Jahre 1855 klassifizierten Crus sind: Château → Cos-d'Estournel (3ème Cru Clas-

sé), Château Montrose (2ème Cru Classé), Château Calon-Ségur (3ème Cru Classé), Château Lafon-Rochet (4ème Cru Classé) und Château Clos-Labory (5ème Cru Classé). Die meisten Weine sind jedoch Crus Bourgeois, Crus Supérieurs oder Crus Bourgeois Exceptionnel.
Bekannte Weinerzeuger sind u. a.: Château Andron-Blanquet, Château Beau-Site, Château Beausejour, Château Le Boscq, Château La Commanderie, Château Le Crock, Château Les Ormes de Pez, Château Phélan-Ségur.

Saint-Georges Saint-Émilion – Bordeaux
A.-O.-C.-Weinbaugebiet mit eigener Appellation, zählt zu den Satelliten von → Saint-Émilion. Die Gesamtrebfläche beträgt rund 190 Hektar. Es werden rund 10.000 Hektoliter Rotweine aus den Sorten Cabernet Sauvignon, Cabernet Franc und Merlot erzeugt. Die Lagerfähigkeit der Weine beträgt durchschnittlich fünf bis acht Jahre. Sie werden auch als Vins du Montagne bezeichnet.
Bekannte Weinerzeuger sind u. a.: Château Bonneau, Château Calon, Château Corbin, Château Coucy, Château Croix-Beauséjour, Château Faizeau, Château Grand Barreil, Château Haut Musset, Château Maison Blanche, Château Maison-Neuve, Château des Moines, Château Négrit, Château Roc de Calon, Château Roudier.

Saint-Joseph – Rhônetal
A.-O.-C.-Weinbaugebiet mit 26 Gemeinden der → Côtes du Rhône-Villages. Die Böden bestehen vorwiegend aus Granit, Gneis und etwas Schiefer. Die Rebfläche beträgt rund 900 Hektar, die Produktion rund 38.000 Hektoliter, davon mehr als 90 Prozent Rotwein. Die Rotweine aus der Syrah sind granatrot, fruchtbetont, bukettreich, rund und harmonisch; feine Tanninstruktur. Die durchschnittliche Lagerung beträgt sechs Jahre. Die Weißweine aus den Rebsorten Marsanne und Roussanne sind hell bis goldgelb, blumig im Duft, harmonisch, ausgeglichen und rassig im Geschmack. Die durchschnittliche Lagerfähigkeit beträgt drei bis fünf Jahre.
Bekannte Weinerzeuger sind u. a.: Bernard Grippa, Domaine Pierre Coursodon, Pierre Dumazet, Pierre Gonon, M. & D. Courbis, Philippe Faury. Der wichtigste Négociant-Recolté ist Marcel → Guigal.

Saint-Julien – Bordeaux
Kleines A.-O.-C.-Weinbaugebiet in der Mitte des → Haut-Médoc; weist eine eigene Appellation auf, die mitunter auch **Saint-Julien-Beychevelles** heißt. Es liegt zwischen → Margaux und → Saint-Estèphe und stellt wohl das beständigste Appellationsgebiet im Médoc bzw. im ganzen Bordelais dar. Es werden langlebige Rotweine mit ausgeprägtem Körper und viel Tannin erzeugt, wobei die Weingüter, die an der Grenze zu Pauillac liegen, starke Ähnlichkeit mit den dortigen aufweisen. Die Böden bestehen aus Kies und Kiesgeröll.

Die roten Hauptrebsorten sind Cabernet Sauvignon, Merlot, Petit Verdot und Cabernet Franc.
Die Gesamtrebflache beträgt rund 900 Hektar. Es werden rund 47.000 Hektoliter Wein erzeugt. Im Jahre 1855 wurden elf Weingüter aus Saint-Julien in die Liste der Crus Classés aufgenommen, die 80 Prozent der Gesamtrebfläche für sich beanspruchen; heute sind es zwölf. Daneben gibt es noch eine Reihe von Crus Bourgeois. Zur Klassifizierung vgl. auch → Médoc.
Die Crus Classés sind: Château Belgrave (5ème Cru Classé), Château Beychevelle (4ème Cru Classé), Château Branaire-Ducru (4ème Cru Classé), Château Camensac (5ème Cru Classé), Château Ducru-Beaucaillou (2ème Cru Classé), Château Gruaud-Larose (2ème Cru Classé), Château Lagrange (3ème Cru Classé), Château Langoa (3ème Cru Classé), Château Léoville-Barton (2ème Cru Classé), Château → Léoville-Las-Cases (2ème Cru Classé), Château Léoville-Poyferré (2ème Cru Classé), Château Saint-Pierre (4ème Cru Classé).
Bekannte Weinerzeuger für Crus Bourgeois sind u. a.: Château Caronne Saint-Gemme, Château du Glana, Château Gloria, Château Hortovie, Château Lalande-Borie, Château Larose-Trintandon; sie alle führen die Appellation Haut-Médoc Contrôlée.

Saint-Nicolas-de-Bourgueil – Loiretal
A.-O.-C.-Weinbaugebiet in der → Touraine mit einer Produktion von rund 60.000 Hektoliter. Es handelt sich häufig um Verschnittweine.

Saint-Péray – Rhônetal
A.-O.-C.-Weinbaugebiet der → Côtes du Rhône-Villages mit einer Rebfläche von rund 60 Hektar und einer Produktion von rund 2.700 Hektoliter (hauptsächlich Schaumweine aus Marsanne und Roussanne).

Saint-Pourçain – Zentralfrankreich
Weinbaugebiet mit A.-O.-V.-D.-Q.-S.-Status im oberen Loiretal mit rund 520 Hektar und einer Produktion von rund 30.000 Hektoliter. Die frischen, fruchtigen Weißweine werden aus Sauvignon Blanc, Chardonnay und Tressalier gekeltert; die Roséweine aus der Gamay, die Rotweine aus der Gamay und der Pinot Noir.
Bekannte Weinerzeuger sind u. a.: Cave François Ray, Serge et Odile Nebout, Famille Laurent, Jean-Louis Pétillat.

Saint-Romain – Burgund
A.-O.-C.-Weinbaugebiet in der → Côte de Beaune mit einer Produktion von rund 4.500 Hektoliter, davon sind mehr als die Hälfte Weißweine.

Saint-Véran – Burgund
Dieses A.-O.-C.-Weinbaugebiet bildet die Südgrenze des → Mâconnais; die Produktion beträgt rund 40.500 Hektoliter (aus-

schließlich fruchtige Weißweine aus der Chardonnayrebe).

Sancerre – Zentralfrankreich
A.-O.-C.-Weinbaugebiet auf einer Hügelkette um die gleichnamige Stadt im oberen Loiretal mit einer Rebfläche von rund 2.600 Hektar und einer Produktion von rund 167.000 Hektoliter, davon sind 80 Prozent Weißweine. Aus der Sauvignonrebe werden elegante, rassige Weißweine gekeltert. Die Rosé- und Rotweine stammen aus Pinot-Noir-Trauben.
Bekannte Weinerzeuger sind u. a.: Domaine Hubert Brochard, Jacques Guillerault, Domaine Dominique et Janine Crochet, Madame Fontaine, SA Fouassier Père et Fils, Bernard-Noël Reverdy, Gérard Millet, Domaine Reverdy-Ducroux.

Santenay – Burgund
A.-O.-C.-Weinbaugebiet in der → Côte de Beaune mit einer Rebfläche von rund 260 Hektar und einer Produktion von rund 15.500 Hektoliter, mehr als 85 Prozent davon sind Rotweine. Bei den Böden findet sich vorwiegend Kalkgestein mit Mergel- und Kiesanteilen. Die Rebsorten sind Pinot Noir und Chardonnay. Die Rotweine sind hervorragend und sehr langlebig; in Finesse sind sie dem → Volnay und an Körper dem → Pommard sehr ähnlich.
Die wichtigsten Premier-Cru-Lagen sind: Beauregard, Beaurepair, Clos de Tavannes, Clos de Mouche, Clos Faubard, Clos Rousseau, Grand Clos Rousseau, La Comme, La Maladière, Les Gravières, Les Gravières-Clos de Tavannes, Passetemps.
Bekannte Weinerzeuger sind u. a.: Domaine Vincent → Giradin, Domaine Fleurot Larose, Guy Dufouleur, Domaine René Lequin, Maison Maufoux.

Saumur – Loiretal
A.-O.-C.-Weinbaugebiet in → Anjou-Saumur mit einer Rebfläche von rund 2.750 Hektar in 36 Gemeinden und einer Produktion von rund 90.000 Hektoliter Rot- und Weißweine sowie rund 70.000 Hektoliter Schaumweine.

Saumur-Champigny – Loiretal
A.-O.-C.-Weinbaugebiet in → Anjou-Saumur mit einer Rebfläche von rund 1.500 Hektar und einer Produktion von rund 85.000 Hektoliter.

Saussignac
– Südwesten/Midi-Pyrénées
Kleines A.-O.-C.-Weinbaugebiet innerhalb von → Bergerac. Es werden rund 2.000 Hektoliter weiße, lieblich-fruchtige, süße Weine aus den Rebsorten Sémillon, Muscadelle und Sauvignon Blanc erzeugt.
Bekannte Weinerzeuger sind u. a.: Château Court-Les-Muts, Château les Miaudoux, Domaine de Richard.

Sauternes – Bordeaux
A.-O.-C.-Weinbaugebiet, auch Sauternais, das gemeinsam mit dem → Barsac klassifiziert wird und genau genommen eine Enklave von → Graves ist. Die Gebiete liegen 40 Kilometer

südlich der Stadt Bordeaux am westlichen Ufer der Garonne und sind durch das kleine Flüsschen Ciron getrennt. Sauternes und Barsac sind weltweit für die weißen Süßweine aus Edelfäuletrauben von höchster Qualität bekannt. Die erzeugenden Gemeinden sind Sauternes, Barsac, Preignac, Bommes und Fargues. Die trockenen Weißweine aus Sauternes fallen in die Appellation Bordeaux Contrôlée.
Die Gesamtrebfläche in Sauternes beträgt rund 1.600 Hektar. Es werden rund 34.000 Hektoliter erzeugt. Laut Verordnung ist ein Hektarertrag von maximal 25 Hektoliter vorgeschrieben, tatsächlich sind es nur rund 19 Hektoliter, was dem geringsten Hektarertrag im ganzen Bordelais entspricht.
Die weißen Hauptrebsorten sind Sémillon, Muscadelle und Sauvignon Blanc. Die Böden bestehen in der Regel aus Kalk, Lehm und rotem Ton mit Oberschichten aus Siliziumkalk und Kies. Die öligen, goldfarbigen Weine entfalten sich sehr gut nach ihrer Lagerung. Das Honig- bzw. Nussbukett ist sehr reich und komplex. Die Sauternes-Weine waren die einzigen Weißweine, die bereits 1855 klassifiziert wurden. Die Klassifikation umfasst einen Premièr Cru Supérieur (Château d' → Yquem), elf Premièrs Crus (siehe → Barsac) und 14 Deuxièmes Crus (siehe → Barsac) sowie Crus Bourgeois.
Bekannte Weinerzeuger sind u. a.: Château d'Arche (2ème Cru Classé), Château Bastor-Lamontagne (Cru Bourgeois), Château de Fargues (Cru Bourgeois), Château Filhot (2ème Cru Classé), Château Gilette (Cru Bourgeois), Château Guiraud (1er Cru Classé), Château Haut-Claverie (Cru Bourgeois), Château de Malle (2ème Cru Classé), Château Lafaurie-Peyraguey (1er Cru Classé), Château Lamothe-Despujols (2ème Cru Classé), Château Lamothe Guignard (2ème Cru Classé), Château Rabaud-Promis (1er Cru Classé), Château Raymond-Lafon (Cru Bourgeois), Château de Rayne Vigneau (1er Cru Classé), Château Rieussec (1er Cru Classé), Château Sigalas Rabaud (1er Cru Classé), Château Suduiraut (1er Cru Classé), Château La Tour Blanche (1er Cru Classé), Château d' → Yquem (Premier Cru Supérieur).

Savennières – Loiretal
A.-O.-C.-Weinbaugebiet in → Anjou-Saumur am rechten Ufer der Loire. Die Produktion beträgt rund 3.900 Hektoliter eines trockenen, fruchtigen Weißweines aus der Chenin Blanc (Pineau de la Loire).

Savennières Coulée-de-Serrant – Loiretal
A.-O.-C.-Weinbaugebiet in → Anjou-Saumur mit einer Rebfläche von sieben Hektar und einer Produktion von rund 150 Hektoliter; ist in Alleinbesitz der Familie Joly.

Savennières Roche-aux-Moines – Loiretal
A.-O.-C.-Weinbaugebiet in → Anjou-Saumur mit einer

Rebfläche von 19 Hektar und einer Produktion von rund 600 Hektoliter.

Savigny-lès-Beaune – Burgund
A.-O.-C.-Weinbaugebiet in der → Côte de Beaune mit einer Rebfläche von rund 340 Hektar auf Kies-, Sand-Kalk- und Kalkböden und einer Produktion von rund 16.300 Hektoliter, fast 90 Prozent davon sind Rotweine. Die Rebsorten sind Pinot Noir und Chardonnay.
Bekannte Weinerzeuger sind u. a.: Simon Bize et Fils, Domaine Capron Charcousset, Maison Doudet-Naudin, Girard Vollot, Pavelot.

Seyssel – Savoyen
A.-O.-C.-Weinbaugebiet am Ufer der Rhône, umfasst rund 80 Hektar und erzeugt frische Weißweine (rund 2.500 Hektoliter) und Schaumweine (rund 600 Hektoliter). Die Hauptrebsorten sind Molette und Altesse.

Domaine Siffert – Elsass
Bekanntes Weingut in Orschwiller im Weinbaugebiet → Bas-Rhin mit einer Rebfläche von rund 8 Hektar. Es ist auf Rieslinge, Gewürztraminer und Spätlesen spezialisiert.

T

Tavel – Rhônetal
A.-O.-C.-Weinbaugebiet der → Côtes du Rhône-Villages, begrenzt durch Lirac, Châteauneuf-du-Pape und Avignon, mit einer Rebfläche von rund 950 Hektar und einer Produktion von rund 43.000 Hektoliter. Die Böden bestehen meist aus Geröllschutt und mageren, sandigen Kalkböden. Diese Appellation umfasst ausschließlich Roséweine, von denen Kenner behaupten, sie seien die besten Frankreichs. Diese wurden früher aus der blauen Grenache Noir (Hauptanteil) und anderen Rotweinsorten verschnitten. Heute werden auch Cinsault, Clairette Blanche und Rosé, Piquepoul, Calitor und Bourboulenc, in jüngster Zeit Syrah und Mourvèdre verwendet.
Bekannte Weinerzeuger sind u. a.: Château d'Aquéria, Domaine Jean-Pierre Lafon, Domaine Maby und Château de Trinquevedel.

Château **Tertre-Rotheboeuf** – Bordeaux
1. Kleines, bekanntes Weingut in → Saint-Émilion mit einer Rebfläche von rund 6 Hektar und einer Produktionsmenge von durchschnittlich 30.000 Flaschen.
2. Rotwein aus Merlot (80 %) und Cabernet Franc (20 %); aus alten Rebstöcken; trägt die Appellation Saint-Émilion Grand Cru.

Touraine – Loiretal
Eines der drei Hauptanbaugebiete im Loiretal bei Tours, das gegen Ende des 19. Jahrhunderts seine größte Ausdehnung besaß, nämlich rund 13.000 Hektar. Heute liegt die bebaute und im Ertrag stehende Fläche deutlich darunter. Es werden jährlich rund 700.000 Hektoliter

Rotweine (50 Prozent), Roséweine (5 Prozent) und Weißweine (45 Prozent) sowie einige Schaumweine erzeugt.
An den unzähligen Hanglagen finden sich vorwiegend Tuffböden, in den Tälern bestehen die Böden aus Ton mit Kalkstein und Sand. Das Klima ist abwechslungsreich, ein Zusammenspiel von atlantischen und kontinentalen Klimaeinflüssen.
Die weißen Hauptrebsorten sind Pinot de la Loire, Chenin Blanc und Sauvignon Blanc. Für Rotweine werden die Sorten Côt, Gamay, Cabernet Sauvignon und Cabernet Franc angebaut, für Roséweine ergänzt um die Rebsorte Pineau d'Aunis.
Die regionale Appellation Touraine umfasst rund 5.000 Hektar.
Die A.-O.-C.-Weinbaugebiete sind: → Touraine Noble-Joué, → Touraine-Amboise, → Touraine-Azay-le-Rideau, → Touraine-Mesland, → Bourgueil, → Saint-Nicolas-de-Bourgueil, → Chinon, → Coteaux du Loir, → Jasnières, → Montlouis, → Vouvray, → Cheverny, → Cour-Cheverny, → Coteaux du Vendômois, → Valençay (A.-O.-V.-D.-Q.-S.-Status).

Touraine-Amboise – Loiretal
A.-O.-C.-Weinbaugebiet in der → Touraine mit einer Rebfläche von rund 161 Hektar und einer Produktion von rund 11.000 Hektoliter, davon mehr als 85 Prozent Rotwein.

Touraine-Azay-le-Rideau – Loiretal
A.-O.-C.-Weinbaugebiet in der → Touraine mit einer Rebfläche von rund 150 Hektar und einer Produktion von rund 2.500 Hektoliter, zwei Drittel entfallen auf Rotwein.

Touraine-Mesland – Loiretal
A.-O.-C.-Weinbaugebiet in der → Touraine mit einer Rebfläche von rund 200 Hektar und einer Produktion von rund 5.400 Hektoliter, Weißweine machen rund 12 Prozent aus.

Touraine Noble-Joué – Loiretal
A.-O.-C.-Weinbaugebiet in der → Touraine mit einer Rebfläche von rund 21 Hektar und einer Produktion von rund 1.200 Hektoliter. Beachtenswert ist vor allem der sehr helle Rosé.

Domaine **Trimbach** – Elsass
Hervorragendes Weingut und Weinhandelshaus in Ribeauvillé im Weinbaugebiet → Haut-Rhin mit einer Rebfläche von rund 28 Hektar. Erzeugt werden die drei Qualitätsklassen Standard, Réserve und Réserve Personnelle. Hervorzuheben ist der Riesling Clos Sainte-Hune.

V

Vacqueyras – Rhônetal
A.-O.-C.-Weinbaugebiet der → Côtes du Rhône-Villages im Departement Vaucluse. Die Rebfläche beträgt rund 1.330 Hektar, die Produktion rund 47.500 Hektoliter (davon etwa 95 Prozent Rotwein, der Rest sind Rosé- und Weißweine). Bekannt sind die rubin- bis dun-

kelroten, fruchtig-würzigen und robusten, kraftvollen Rotweine, die aus den Rebsorten Grenache Noir, Cinsault, Mourvèdre und Syrah gekeltert werden.
Bekannte Weinerzeuger sind u. a.: Domaine le Clos de Cazeau, Domaine de la Foumone, Domaine le Sang des Cailloux, Domaine des Lambertins.

Château **Valandraud** – Bordeaux

1. Kleines, weltberühmtes Weingut mit Weinhandel in Saint-Émilion im Besitz des Ehepaares Thunevin.
2. Ungefilterter Kult-Rotwein, der zu den so genannten Garagen- oder Designerweinen zählt und sehr teuer ist; trägt die Appellation Saint-Émilion Contrôlée.

Valençay – Loiretal
Weinbaugebiet in der → Touraine mit A.-O.-V.-D.-Q.-S.-Status. Die Rebfläche beträgt rund 300 Hektar, die Produktion rund 8.000 Hektoliter, etwa drei Viertel sind Rotweine.

Vin de Savoie – Savoyen
Regionale Appellation, die in der gesamten Anbauzone Savoyens Verwendung findet und insgesamt rund 100.000 Hektoliter Wein hervorbringt. An den Ufern des Genfer Sees werden aus Chasselastrauben leichte, spritzige, jung zu trinkende Weißweine erzeugt. Neben gefälligen Gamay-Rotweinen sowie Rotweinen aus der Mondeuserebe werden in geringen Mengen noch Schaumweine erzeugt.

Vins de Corse – Korsika
A.-O.-C.-Weinbaugebiet mit knapp 2.000 Hektar Rebfläche auf der ganzen Insel; einen eigenen Status haben nur die Lagen um → Ajaccio und → Patrimonio. Fünf Untergebiete, nämlich **Calvi, Coteaux du Cap Corse, Figari, Sartène** und **Porto Vecchio,** haben das Recht, ihren Namen an die Appellation anzuhängen, also z. B. Appellation Corse-Calvi Contrôlée zu schreiben.
Insgesamt werden rund 80.000 Hektoliter Wein erzeugt, die Rotweinproduktion überwiegt mit einem Anteil von 60 Prozent. Die roten Hauptrebsorten sind Nielluccio und Sciacarello. Die weiße Malvasiarebe wird auf Korsika unter dem Namen Vermentino oder Malvoisie geführt.
Bekannte Weinerzeuger sind u. a.: Domaine d'Alzipratu, Clos Landry, Clos Reginu, Domaine Culumbu, Domaine de la Figarella, Domaine La Signora (Calvi); Clos Nicrosi, Domaine de Gioielli, Domaine Pieretti (Coteaux du Cap Corse); Cave Coopérative Omu di Cagna (Genossenschaft in Figari); Domaine Fiumicicoli, Domaine de San-Michèl (Sartène); Domaine de Torraccia (Porto Vecchio).

Viré-Clessé – Burgund
A.-O.-C.-Weinbaugebiet im → Mâconnais mit einer Rebfläche von rund 550 Hektar und einer Produktion von rund 16.650 Hektoliter. Die Weißweine sind hervorzuheben.

Domaine Comte Georges de Vogüé – Burgund

1. Weingut in → Chambolle-Musigny bzw. in der Grand-Cru-Lage → Musigny, mit einer Rebfläche von rund 7 Hektar und einer jährlichen Produktionsmenge von rund 15.000 Flaschen.
2. Weltbekannter und gesuchter Weißwein aus der Chardonnayrebe.
3. Weltbekannter Rotwein aus der Pinot Noir, dessen alleiniger Erzeuger Comte Georges de Vogüé ist.

Volnay – Burgund
A.-O.-C.-Weinbaugebiet in der → Côte de Beaune zwischen → Pommard und → Meursault mit tiefgründigen Böden mit Kalk und Kies. Hier befinden sich auch die Premier-Cru-Lagen von **Santenots,** die eigentlich in Meursault liegen, aber schon immer zu Volnay gezählt wurden. Die Rebfläche umfasst rund 245 Hektar, davon 98 Hektar für Volnay, 115 Hektar für Volnay Premier Cru und rund 29 Hektar für Volnay-Santenots; Produktion rund 10.000 Hektoliter. Volnay ist für seine früh reifenden, feinen Rotweine aus Pinot Noir bekannt.
Die wichtigsten Premier-Cru-Lagen in Volnay sind: En Chevret, Les Caillerets-Dessus, Clod des Chenes, Teille-Pieds, En Verseuil, En Champans, Les Brouillards, Clos de Ducs, Bousse d'Or, Les Fermiets, Pitures-Dessus, Les Angles, Clos des Chênes. Die wichtigsten Premier-Cru-Lagen in Santenots sind: Les Santenots-Dessus, Les Santenots du Milieu, Les Santenots Blancs, Les Plures, Les Cras.
Bekannte Weinerzeuger sind u. a.: Domaine Bitouzet-Prieur, Jean-Marc Bouley, Domaine Lafarge, Domaine du Marquis d'Angerville, Hubert de Montille, Domaine de Pousse d'Or, Joseph Voillot.

Vosne-Romanée – Burgund
A.-O.-C.-Weinbaugebiet in der → Côte de Nuits mit einer Rebfläche von rund 155 Hektar, davon etwa 57 Hektar Premier-Cru-Lagen. Hauptsächlich sind Kalk- und Kalk-Mergel-Böden zu finden. Die Produktion beträgt rund 7.000 Hektoliter. Vosne (das den Beinamen Romanée seit 1866 führt) und Flagey-Echézeaux gehören weltweit zu den bekanntesten Weinbaugemeinden. Die Weine, die hier gekeltert werden, sind komplex und edel mit einer Lagerfähigkeit von rund 15 Jahren.
Die bekanntesten Grand-Cru-Lagen sind: La Romanée, Romanée-Saint-Vivant, Le Richebourg, La Tache, Ou la Tache, La Romanée-Conti, Les Gaudichots, La Grande Rue, Les Verroilles ou Richebourg, Le Clos des Réas. Die berühmtesten Premier-Cru-Lagen sind La Croix Rameau, Les Suchots, Aux Brulées, Les Chaumes, Aux Malconsorts, Aux Raignots, Les Petits Monts, Les Beaux Monts, Les Hates Beaux Monts.
Bekannte Weinerzeuger sind u. a.: Robert Arnoux, Jaques Chaeux, Domaine Cathiard, Domaine René Engel, Do-

maine Gerbet, Domaine Grivot, Domaine Gros, Michel Gros, Domaine → Jayer, Domaine Lamarche, Domaine Leroy, Domaine → Méo-Camuzet, Domaine Mongeard-Mugneret, Domaine Mugneret-Gibourg, Domaine Pernin-Rossin, Domaine → Romanée-Conti, Robert Sirugue.

Vougeot – Burgund
A.-O.-C.-Weinbaugebiet in der → Côte de Nuits zwischen den Weinbaugebieten → Chambolle-Musigny im Norden und → Vosne-Romanée im Süden mit einer Produktion von rund 660 Hektoliter, davon sind rund 520 Hektoliter Rotweine. Die Rebfläche (auf Kalk- und Ton-Mergel-Böden) umfasst lediglich rund 15 Hektar, Rebsorten sind Pinot Noir und Chardonnay.
Die wichtigsten Premier-Cru-Lagen sind Clos de Vougeot, Les Grands Echézeaux, Les Treux, En Orveaux, Les Poulaillères, Echézeaux du Dessus, Les Rouges du Bas, Les Champs Traversins, Les Quartiers de Nuit.
Bekannte Weinerzeuger sind u. a.: Domaine Bertagna, Georges Clerget, Domaine Engel, Domaine Jean Grivot, Domaine Gros, Domaine → Méo-Camuzet, Domaine Mortet, Domaine Prieur, Domaine Raphet, Château de la Tour.

Vouvray – Loiretal
A.-O.-C.-Weinbaugebiet in der → Touraine mit einer Rebfläche von rund 2.000 Hektar und einer Produktion von rund 120.000 Hektoliter Weiß- und Schaumweine.

W

Domaine **Weinbach** – Elsass
Bekanntes Weingut in Kayserberg im Weinbaugebiet → Haut-Rhin, das auch als **Clos des Capucins** bekannt ist, mit einer Rebfläche von rund 25 Hektar.

Y

Château **d'Yquem** – Bordeaux
1. Weltbekanntes Weingut in → Sauternes mit einer Rebfläche von rund 188 Hektar, von der zurzeit rund 105 Hektar in Ertrag stehen. Die Produktionsmenge beträgt durchschnittlich 60.000 Flaschen.
2. Weltbekannter Süßwein aus Sémillon (80 %) und Sauvignon Blanc (20 %); aus alten Rebstöcken; trägt die Appellation Sauternes Contrôlée; Klassifizierung als Premier Grand Cru Exceptionnel.
3. Trockener Weißwein mit der Bezeichnung **„Y"**.

Z

Domaine **Zind-Humbrecht** – Elsass
Hervorragendes bio-dynamisch geführtes Weingut in Wintzenheim im Weinbaugebiet → Haut-Rhin mit einer Rebfläche von rund 42 Hektar. Mehr als 60 Prozent sind Gewürztraminer und Riesling. Alle Weine werden unfiltriert abgefüllt. Die besten Weine stammen aus den Grand-Cru-Lagen Rangen, Goldert, Brand und Hengst.

GRIECHENLAND

Weingut Mercouri in Korakohori (Peloponnes)

Statistische Daten

- Neun Weinbauregionen: Mazedonien und Thrakien, Thessalien, Ipiros, Peloponnes, Kreta, Ägäische Inseln, Dodekanes, Ionische Inseln, Zentralgriechenland und die Halbinsel Evia.
- Gesamtrebfläche rund 187.000 Hektar, wovon nur rund 98.000 Hektar für die Weinerzeugung genutzt werden.
- Jährliche Gesamtproduktion zirka 4 Mio. Hektoliter.
- 60 % Weißweine.
- 40 % Rosé- und Rotweine.
- Rund 10 % Qualitätsweine (inklusive Qualitätslikörweine).

Klima

Das Klima ist vorwiegend von maritimen und kontinentalen Einflüssen geprägt. Es ist, mit Ausnahme der Höhenlagen, größtenteils sehr heiß. Die Feuchtigkeit, die von den Meeresbrisen ins Land gebracht wird, wirkt sich mäßigend auf die Trauben aus.

Böden

Die Böden sind meist steinig, mit Unterschichten aus Löss, Lehm, Sand, Granit und Kreide. Auf den Inseln dominieren Vulkangesteinsböden.

Bulgarien
Mazedonien
Thrakien
Alexandroupoli
Türkei
GOUMENISSA
Mazedonien
AMYNTEON
Thessaloniki
Albanien
NAOUSSA
Ägäische Inseln
Limnos
RAPSANI
CÔTES DE MELITON
ZITSA
Thessalien
Ipiros
ANCHIALOS
KEPHALONIA
Patras
Athen
PATRAS
Korinth
NEMEA
Ionische Inseln
MANTINIA
Peloponnes
Kreta
ARCHANES
Heraklion
DAPHNES
PEZA
SITIA
Ägäische Inseln
Samos
Rhodos
Dodekanes
N
0
100
200 km

Geschichte

Griechenland ist das älteste europäische Weinbauland, das seit rund 2.300 Jahren als solches zu bezeichnen ist. Die Griechen waren sehr angesehene Seefahrer und noch bessere Händler. Sie waren von den Phöniziern beeinflusst, die die Handelsrouten im Mittelmeer beherrschten und so Griechenland die Möglichkeit gaben, regen Handel zu betreiben.
Um 300 v. Chr. brachte die Insel Thassos die teuersten und beliebtesten Weine der damaligen Zeit hervor. Diese wurden in Amphoren transportiert und waren (schon zu dieser Zeit) mit dem Siegel des Herstellers versehen.
Während des Imperium Romanum war Griechenland eine römische Provinz und produzierte die feinsten Weine für die römische Oberschicht, da der italienische Wein zu diesem Zeitpunkt nicht zur Ehre gereichen konnte.
Während der Blüte des Byzantinischen Reiches war Konstantinopel das Zentrum für den Kauf und Verkauf von griechischem Wein, der nach Venedig, Genua, England und Polen ging.
Als die Zeit des Osmanischen Reiches anbrach, verflachte in Griechenland die Weinerzeugung zusehends und kam beinahe zum Erliegen. Ein Aufschwung war erst wieder ab 1860 zu verzeichnen, wobei hauptsächlich der Süßwein Samos von der gleichnamigen Insel und der süße Vin Santo aus Santorin zum Exportschlager wurden. Diese Weine waren am russischen Zarenhof genauso wie in Frankreich, in Schweden und in der Schweiz hoch geschätzt.
Nach 1920 war es der süße Mavrodaphne, der Patras zu Ruhm verhalf. Heute ist der Retsina, ein einfacher, geharzter Wein, ein Synonym für griechischen Wein.
Ein Qualitätsbewusstsein hat sich bei den griechischen Winzern erst in den letzten Jahren entwickelt. Der Weinbau veränderte sich in dieser Zeit stärker als in den letzten zwei Jahrtausenden. Vor allem waren es die EU-Richtlinien seit 1981, die den Weinbau, die Weinerzeugung und die Qualität auf den heutigen Standard brachten. Die griechischen Winzer haben diesen Anfang zu einem Strukturwandel im Weinbau genutzt und man kann sicher sein, schon sehr bald sehr gute Weinprodukte in garantierten Mengen auf dem internationalen Markt zu finden.

Rebsorten

In Griechenland wird eine unbeschreiblich große Anzahl an verschiedenen Rebsorten angebaut, es sind an die 300. Weiters ist zu vermerken, dass die Rebstöcke ein überdurchschnittlich hohes Alter von zirka 60 Jahren aufweisen, auf Santorin sogar von rund 80 Jahren.

Hauptrebsorten für Weißweine

Die wichtigsten einheimischen Sorten sind Assyrtiko, Athiri, Malagousia, Moscofilero, Moskato, Robola, Roditis, Savatiano und Vilana. Die Savatiano gehört zu den am meisten angebauten Sorten Griechenlands. Die milde Traube ist die Basis für den Retsina. Neue Kellereimethoden entlocken dieser Sorte ein erstaunlich fruchtiges Aroma. Heute werden vermehrt auch Chardonnay, Sauvignon Blanc, Sémillon und Viognier gebaut.

Hauptrebsorten für Rotweine

Die wichtigsten einheimischen Sorten sind Aghiorghitiko, Kotsifali, Limnio, Mandelaria, Mavrodaphne und Xinomavro. Neue Pflanzungen werden auch mit französischen Sorten durchgeführt, wobei vorwiegend Cabernet Sauvignon, Cabernet Franc, Merlot und Syrah verwendet werden.

Gesetz

Die heute gültige Weinklassifizierung ist gemäß den EU-Richtlinien entstanden und nimmt wie in den meisten europäischen Weinbauländern eine Einteilung in Tafelweine, Landweine und Qualitätsweine vor.

Epitrapezios Oinos (Tafelweine)

Die Tafelweine sind meist mit bestimmten Markennamen im Handel. Die Zusatzbezeichnung **Cava** darf geführt werden, wenn eine bestimmte Reifezeit eingehalten wurde. Bei Weißweinen sind dies mindestens zwei Jahre und bei Rotweinen mindestens drei Jahre.
Einige der neuen Weinerzeuger vermarkten ihre qualitativ hochstehenden Weine als Tafelweine, um in der Rebsortenauswahl und bei den Ausbaumethoden nicht an das Appellationssystem gebunden zu sein.

Topikos Oinos (Landweine)

Diese Kategorie bietet einige sehr interessante Kreszenzen. Sie werden meist aus traditionellen griechischen Sorten erzeugt. Der Verzicht auf die Qualitätsweinbezeichnung eröffnet die Möglichkeit, verschiedene griechische Rebsorten miteinander zu verschneiden oder auch Traubensorten zu verwenden, die nicht im Qualitätsrebsortenverzeichnis zu finden sind. Die Herkunftsbezeichnungen für Landweine sind Regionen, Bezirke und Gemeinden.

Onomasias Proelefsis Anoteris Piotitas (O.P.A.P.)

In Griechland sind 22 Qualitätsweine aus bestimmten Anbaugebieten klassifiziert. Dazu kommen 13 Qualitätslikörweine (O.P.E.). Die Qualitätsweine tragen eine rote Banderole, die Qualitätslikörweine eine blaue Banderole. Die Banderolen werden vom Landwirtschaftsministerium ausgegeben. Man findet darauf einen Code für die Herkunft und den Jahrgang des Weines sowie eine Flaschennummer. Auf den Etiketten dürfen die Bezeichnungen **Epilegmenos** (Reserve) und **Idika Epilegmenos** (Grand Reserve) angeführt werden, wenn bestimmte Reifezeiten eingehalten wurden:

- Epilegmenos: Weißwein mindestens zwei Jahre, Rotwein mindestens drei Jahre im Holzfass.
- Idika Epilegmenos: Weißwein mindestens drei Jahre, Rotwein mindestens vier Jahre im Holzfass und in der Flasche.

Folgende griechische Weine dürfen eine Herkunftsbezeichnung führen:

Appellation	***Weinart***	***Rebsorte/n***
Amynteon	Roséwein Schaumwein Trockener Rotwein	Xinomavro
Anchialos	Trockener Weißwein	Roditis, Savatiano
Archanes	Trockener Rotwein	Kotsifali, Mandelaria
Côtes de Meliton	Trockener Weißwein Trockener Rotwein	Roditis, Assyrtiko, Athiri, Limnio, Cabernet Sauvignon, Cabernet Franc
Daphnes	Trockener Rotwein Roter Likörwein	Liatiko
Goumenissa	Trockener Rotwein	Xinomavro, Negosca
Limnos	Trockener Weißwein Lieblicher Weißwein	Moskato
Mantinia	Trockener Weißwein	Moscofilero
Mavrodaphne Kephalonia	Roter Likörwein	Mavrodaphne, Corinthiaki
Mavrodaphne Patras	Roter Likörwein	Mavrodaphne, Corinthiaki
Moskato Kephalonia	Weißer Likörwein	Moskato
Moskato Limnos	Weißer Likörwein	Moskato

Moskato Patras	Weißer Likörwein	Moskato
Moskato Rhodos	Weißer Likörwein	Moskato, Muskat Trani
Moskato Rion	Weißer Likörwein	Moskato
Naoussa	Trockener Rotwein Lieblicher Rotwein	Xinomavro
Nemea	Trockener Rotwein Lieblicher Rotwein Roter Likörwein	Aghiorghitiko
Paros	Trockener Rotwein	Monemvassia, Mandelaria
Patras	Trockener Weißwein	Roditis
Peza	Trockener Rotwein Trockener Weißwein	Kotsifali, Mandelaria Vilana
Rapsani Olympos	Trockener Rotwein	Xinomavro, Krassato, Stavroto
Rhodos	Trockener Weißwein Trockener Rotwein	Athiri Mandelaria
Robola Kephalonia	Trockener Weißwein	Robola
Samos	Weißer Likörwein	Moskato
Santorini	Trockener Weißwein Weißer Likörwein	Assyrtiko, Athiri,
Sitia	Trockener Rotwein Roter Likörwein	Liatiko
Zitsa	Weißer Schaumwein Trockener Weißwein	Debina

Appellation by Tradition für Retsina

Der griechischen Spezialität Retsina wurde von der EU eine eigene traditionelle Bezeichnung zuerkannt. Bekannte Erzeuger sind Boutari, C. A. I. R., Cambas, Gaia (der qualitativ herausragende Retsina trägt den Namen Ritinitis Nobilis), Kehris, Kourtakis, Malamatinas, Thebes Co-op, Tsantalis und Tyrnavos Co-op.

Weinbau wird in Griechenland zwischen Meeresspiegelniveau und einer Höhe von 850 Metern betrieben.

MAZEDONIEN UND THRAKIEN

Mazedonien und Thrakien ist eine Region, die sich durch ihren üppigen Pflanzenwuchs auszeichnet, da es im Gegensatz zu den anderen griechischen Regionen hier häufiger regnet. Nachdem die Reblaus in diesem Landstrich den Weinanbau nahezu völlig ausgelöscht hatte, sind heute rund 15.500 Hektar mit Reben bepflanzt. Sie liefern rund 500.000 Hektoliter Wein, hauptsächlich Rotwein. Die vorherrschende Sorte ist die rote Xinomavro. Vier Herkunftsbezeichnungen sind in dieser Region eingetragen. Auf den windgeschützten, sonnigen Hängen südöstlich des Veliagebirges gedeiht der **Naoussa.** Bereits seit 1971 wird dieser Rotwein mit Appellation hergestellt, die die erste in Griechenland war. Der **Goumenissa,** eine leichtere Version des Naoussa, wird aus den Sorten Xinomavro und Negosca hergestellt. Die Anbaubedingungen für den **Amynteon** sind besonders hart; die Reife tritt spät ein. In Chalkidike werden auf rund 300 Hektar die weißen und roten, griechischen wie französischen Rebsorten für den **Côtes de Meliton** angebaut. Die trockenen Weißweine sind frisch und fruchtig, die ebenfalls trockenen Rotweine gehaltvoll.

Bekannte Erzeuger

Kostas Lazaridis	Weingut in Adriani bei Drama, gegründet 1992 von den Brüdern Constantin und Nikos. Letzterer hat sich vor einigen Jahren von seinem Bruder getrennt und bewirtschaftet ein eigenes Weingut unter dem Namen Nikos Lazaridis, wobei vor allem die Weine Château Lazaridi und Maghiko Vouno hervorzuheben sind. Die bekanntesten Marken von Kostas Lazaridis sind Amethystos, ein Weißwein aus Sémillon und Assyrtiko, sowie Amethystos Cava, ein Cabernet Sauvignon, der 20 Monate in Eichenfässern reift. Weiters gibt es noch einen Moskato, der als Jungfernernte im Jahre 2000 hergestellt wurde.
Sithonia	Weingut auf Chalkidike, gegründet 1965, dessen Eigenheit es ist, ein besonders trockenes Mikroklima zu besitzen. Der Paradewein dieses Gutes ist ein mächtiger Syrah mit einem kräftigen Erdgeschmack.
Tsantalis	Sehr großer Weinerzeuger in Aghios Pavlos mit Weingärten in Naoussa und Rapsani. Dieses Weingut des Dr. Georg Tsantalis war bis vor wenigen Jahren für seine große Produktion von Tafelweinen bekannt. Heute werden hervorra-

	gende Qualitätsweine mit Hilfe von australischen Weinspezialisten erzeugt. Die Exportrate ist sehr hoch. Die gepflanzten Rebsorten für Rotweine sind Aghiorghitiko, Syrah, Merlot, Grenache und Cabernet Sauvignon. Für Weißweine werden Athiri, Roditis, Sauvignon Blanc und Assyrtiko verwendet.

Weitere nennenswerte Betriebe sind: Aïdarinis in Goumenissa, Carras in Sithonia (Chalkidike), Dalamaras in Naoussa, Fountis in Naoussa, Gerovassiliou in Epanomi, Karydas in Naoussa, Kyr-Yanni in Naoussa, Voyatzis in Velventos.

THESSALIEN

Die Region Thessalien in Mittelgriechenland verfügt über eine Rebfläche von knapp 9.000 Hektar, wobei auf rund 3.000 Hektar Tafeltrauben angebaut werden. Der trockene Weißwein **Anchialos** und der trockene Rotwein **Rapsani** tragen eine Herkunftsbezeichnung. Die Gegend von Rapsani, am Fuß des Olymp, zählt zu den schönsten Landschaften Griechenlands. Nennenswerte Betriebe sind u. a. Katsaros in Krania und Hatzimihalis in Atalanti, das mit einem jährlichen Ausstoß von einer Million Flaschen zu den größten Produzenten Griechenlands zählt.

IPIROS

Die im äußersten Nordwesten Griechenlands liegende Provinz Ipiros ist mit rund 1.000 Hektar die kleinste Region. Hier wird der aromatische, spritzige, weiße **Zitsa** gekeltert. Die Appellation umfasst die Weinberge von sechs Gemeinden, wo auf kalkhaltigen Böden die Weißweinrebe Debina wächst.

Bekannter Erzeuger

Katogi Averoff	Weingut des ehemaligen Verteidigungsministers, der 1963 als Erster Cabernet Sauvignon in Griechenland pflanzte. Der Ktima Averoff besteht zu 100 % aus dieser Sorte. Bekannt sind auch die Rotweine aus der Aghiorghitikorebe. Seit einigen Jahren wird in Höhenlagen von 850 Metern die Sorte Traminer gepflanzt.

PELOPONNES

Die Region ist bergig, im Westen regenreich und im Osten eher regenärmer. Abgesehen von den zwei hoch gelegenen Weinbaugebieten Nemea und Mantinia folgt der Weinbau dem Verlauf des Korinthischen Golfs und des Ionischen Meeres. Die Gesamtrebfläche beträgt rund 60.000 Hektar. Herkunftsbezeichnungen tragen die Weißweine **Mantinia** und **Patras,** der Rotwein **Nemea** und die Süßweine **Mavrodaphne Patras, Moskato Patras** und **Moskato Rion.** Der Nemea, aus dem gleichnamigen Gebiet um Mykene, wird aus der einheimischen Aghiorghitikorebe hergestellt. Ein führender Erzeuger ist Gaia Estate. Die Basis für den trockenen Weißwein Mantinia sind Moscofilerotrauben, für den Patras Roditistrauben.

Bekannte Erzeuger

Boutari	Weingut u. a. in Nemea, im Besitz von John Boutari und seinen Söhnen Stellios und Mihalis, die seit 1996 einen eigenen und individuellen Weg bei der Weinbereitung gehen. Das Weingut wurde 1879 gegründet und ist eines der ältesten des Landes. Die Rebfläche von rund 50 Hektar ist über ganz Griechenland verteilt. Die rote Weinspezialität ist der Yianakohori, der zu zwei Dritteln aus der bodenständigen Rebsorte Xinomavro und zu einem Drittel aus Merlot besteht. Hervorzuheben sind noch die Rotweine Ramnista (aus Xinomavrotrauben aus Naoussa) und ein sehr kräftiger und konzentrierter Syrah. Darüber hinaus wird eine große Anzahl an Weiß- und Rotweinen erzeugt.
Gaia Wines	Weingut in Koútsi, gegründet 1997 von Leon Karatsalos und Yannis Paraskevopoulos, mit hohen Leistungsansprüchen, z. B. einer Ertragsbegrenzung auf maximal 6,5 Tonnen pro Hektar. Das Weingut besticht durch eine auffallende, interessante Architektur. Herausragend ist die Rotweincuvée Gaia Estate mit der Herkunftsbezeichnung Nemea. Weiters zu nennen sind der Rotwein Notios (100 % Aghiorghitiko) und der Weißwein Thalassitis aus Santorin. Neue Wege beschreitet das Weingut Gaia beim Retsina, der mit der Bezeichnung Ritinitis Nobilis auf den Markt kommt. Er ist qualitativ sehr hochstehend.

Oenoforos	Sehr modernes Weingut in Aighio, im Besitz von Anghelos Rouvalis. Besonders hervorzuheben ist der Weißwein Asprolithi Roditis, der die Herkunftsbezeichnung Patras trägt. Seit einiger Zeit werden auch erfolgreich Riesling, Cabernet Sauvignon und Syrah gepflanzt und gekeltert.

Weitere nennenswerte Betriebe sind: Antonopoulos in Patras, Cambas in Kantza (Mantinia), Mercouri in Korakohori, Papaïoannou in Nemea, Parparoussis in Patras, Skouras in Pyrghela und Ghymno, Spyropoulos in Mantinia, Tselepos in Mantinia.

KRETA

Kreta, die älteste Weinbauregion des Mittelmeerraumes, ist für seine Rotweine bekannt. Das Klima ist sehr mild, ein Gebirgskamm schützt die Weinhänge vor den heißen afrikanischen Winden. Kreta verfügt über 50.500 Hektar Rebfläche, vier Anbaugebiete sind durch Herkunftsbezeichnungen geschützt. In **Daphnes** im Bezirk Iraklion gedeiht vorwiegend die rote Traube Liatiko, aus der vor allem aromatische Süßweine hergestellt werden. In **Peza** werden sowohl Weißweine als auch Rotweine hergestellt, wobei die Rotweine aus den Sorten Mandelaria und Kotsifali qualitativ hochwertiger sind. Der rote **Archanes** weist die gleiche Rebsortenzusammensetzung wie der Rotwein aus Peza auf, dem er auch im Geschmack sehr ähnlich ist. Im Osten der Insel liegt **Sitia.** Aus Liatikotrauben wird hier ein trockener Rotwein und ein Süßwein erzeugt. Nennenswerte Betriebe sind das Weingut Economou in Sitia, das Weingut Lyrarakis in Alaghni und die Sitia Co-op in Sitia.

ÄGÄISCHE INSELN

Auf den ägäischen Inseln mit einer Gesamtrebfläche von 4.000 Hektar herrscht ein sehr mildes Klima, das den Weinbau begünstigt. Gebiete mit Appellation sind auf den beiden Inseln **Samos** und **Limnos.** Auf Samos wird der bekannte weiße Dessertwein gleichen Namens aus Muskattrauben hergestellt, der im Kapitel Versetzte Weine ausführlich beschrieben ist. Auf Limnos werden sowohl weiße Muskat-Dessertweine als auch trockene und liebliche Weißweine aus verschiedenen Muskattrauben hergestellt. Bekannt für seinen Muskatwein ist u. a. das Weingut Kyathos.

DODEKANES

Von allen Dodekanes, der Inselgruppe im Ägäischen Meer, erzeugt nur **Rhodos** Weine, die exportiert werden. Die Rebfläche beträgt rund 3.400 Hektar. Die Herkunftsbezeichnung Rhodos gilt für drei Weine, einen trockenen Weißwein aus Athiritrauben, einen trockenen Rotwein aus Mandelariatrauben und einen Muskateller-Dessertwein. Auf Kos wird eine geringe Menge an Weißwein hergestellt, die nur lokale Bedeutung hat.

IONISCHE INSELN

Auf den gebirgigen ionischen Inseln Leukas und Kephalonika wird bis zu einer Höhe von 2.000 Metern Wein angebaut. Das milde Klima und die reichhaltigen Niederschläge begünstigen den Weinbau. Insgesamt sind 8.700 Hektar bestockt. Die Herkunftsbezeichnung **Kephalonia** gilt für den trockenen Weißwein Robola und die beiden Likörweine Mavrodaphne Kephalonia (rot) und Moskato Kephalonia (weiß). Bekannt ist u. a. das Weingut Gentilini mit einem hervorragenden Robola.

ZENTRALGRIECHENLAND UND DIE HALBINSEL EVIA

Attiki, Böotien und Evia bilden mit knapp 29.000 Hektar eine gemeinsame Weinbauregion. Mehr als ein Viertel der gesamten griechischen Weinerzeugung stammt von hier. In dem sehr warmen und trockenen Klima werden hauptsächlich die weißen Sorten Savatiano und Roditis für die Herstellung des Retsinas angebaut. Nennenswerte Betriebe sind u. a. das Weingut Kokotos in Stamata und das Weingut Kourtakis in Markopoulo.

GROSSBRITANNIEN

Im frühen Mittelalter gab es eine ganze Reihe von Weingärten, die an englische Klöster angeschlossen waren. Doch durch die Einnahme von Bordeaux um 1150 wurden die englischen Anlagen überflüssig. Erst um 1950 begannen wieder zaghafte Versuche im südenglischen Hampshire. Heute bearbeiten in England und Wales über 100 Betriebe rund 900 Hektar Rebfläche und erzeugen durchschnittlich 2,5 Mio. Flaschen Wein pro Jahr. Die größten Gefahren für den Weinbau stellen ein unregelmäßiger Fruchtansatz und die verbreiteten Herbstregen dar, die zu einer Unterreife der Trauben führen. Großteils werden Weißweine, immer öfter trocken ausgebaut, aus den Sorten Müller-Thurgau, Seyval Blanc und Reichensteiner erzeugt. Die am meisten verwendete rote Rebsorte ist der früh reifende Dornfelder. Hervorzuheben sind die erzeugten „Sparkling Wines“, die, in Flaschengärung hergestellt, eine sehr gute Qualität aufweisen. So erzeugt z. B. Valley Vineyard an den Ausläufern der Berkshire Downs den Ascot Brut, benannt nach der nahe gelegenen Pferderennbahn. Der größte Weinerzeuger Englands ist das Weingut Denbies in Surrey, das über eine Rebfläche von rund 100 Hektar verfügt – eine große Ausnahme in Großbritannien.

Jersey

Die Kanalinsel Jersey liegt auf dem gleichen Längengrad wie die Champagne und weist eine Rebfläche von rund 8,5 Hektar auf. La Mare Vineyards & Distillery ist der einzige Weinbaubetrieb, er liegt im Nordosten der Insel. Seit 1972 wird hier Wein und Schaumwein produziert, und zwar jährlich insgesamt rund 30.000 Flaschen, die großteils auf der Insel vermarktet werden. Die gepflanzten Rebsorten sind Seyval Blanc, Pinot Blanc, Huxelrebe, Schönburger und Pinot Noir. Sie werden meist zu frischen, fruchtigen Cuvées zusammengestellt. Die traditionelle Methode der Flaschengärung findet bei den beiden erzeugten Schaumweinen Verwendung.

GUS-STAATEN

Das Auseinanderfallen der Sowjetunion sowie die Antialkoholkampagne (beginnend 1985) haben der Wein-, Schaumwein- sowie Branntweinindustrie schwer zugesetzt. Die fehlenden Geldmittel lassen eine Mechanisierung nur begrenzt zu und es wird wohl noch einige Jahre dauern, bis in diesem Wirtschaftszweig ein Standard Einzug hält, der nur einigermaßen unserem gleichzusetzen ist.
Wir haben in der Folge die Weinbau treibenden Länder der ehemaligen Sowjetunion aufgelistet und so gut es ging (soweit es unsere Recherchen erlaubten) Informationen zum Thema Wein zusammengetragen.
Bevor wir mit der Beschreibung (in alphabetischer Reihenfolge) beginnen, haben wir die **Hymne der Weinerzeuger der Sowjetunion** abgedruckt. Sie kommt einer Aufzählung verschiedener Weine gleich.

Kawkas, Taribana. Tschemen, Gurdschaani,
Gissar, Achascheni, Ulybka, Dalljar,
Derbent, Saperawi, Agdam, Mukusani,
Tschaschma, Kopet-dag, Aschtarak, Solnzedar.

Zizka, Iweria, Beloje krepkoje,
Wolschskie sori, Safedi, Pamir,
Aist, Trinadzaty, Krasnoje krepkoje
Lidija, Psou, Gadrut, Kjurdamir.

Getap, Zolotisty, Anapa, Kacheti,
Farchad, Akstafa, Schemacha, Aigeschat,
Lychny, Marabda, Isabella, Gareti,
Kisljar, Chwantschkara, Matrasa, Schasorat.

Sachra, Adschaleschi, Tschumai, Rkaziteli,
Chirsa, Zinandali, Kukr, Chindogny,
Wiorika, Twischi, Kodrjanka, Kwareli,
Taifi, Karabach, Kardanachi, Apsny.

ARMENIEN

Armenien liegt zwischen der Türkei und dem Iran im europäischen Teil der ehemaligen Sowjetunion. Die Geschichte des Weinbaus und der Weinbereitung geht in früheste Zeit zurück. Das besagen Ausgrabungsmaterialien, z. B. von den Roten Hügeln bei Jerewan oder in der ehemaligen Hauptstadt Dwin. Auch ein Bewässerungskanal, der vor über 3.000 Jahren durch die Andesit-Basalt-Felsen gebaut wurde, erinnert an die Weinerzeugung um Jerewan.
Seit der Privatisierung der Weinberge durchlebt die armenische Weinindustrie jedoch erhebliche Schwierigkeiten. Die Bauern verwenden die Trauben zunehmend als Tauschobjekte für andere Produkte oder haben die Rebflächen durch andere Kulturen ersetzt. Die Weinhersteller werden nicht mehr zuverlässig beliefert, ihre Produktionsstätten sind nicht mehr ausgelastet.
Die Anbauflächen werden ständig verringert. Von 37.000 Hektar verblieben nur mehr 12.000–15.000 Hektar. Der Ertrag fällt ständig, zuletzt wurden rund 34.000 Tonnen verarbeitet. Wobei sich diese Summe nicht nur auf Wein bezieht, sondern auch auf Dessertweine und Branntweine sowie Liköre. Insgesamt wurden nur rund 7.000 Hektoliter Wein produziert, obwohl Klima und Bodenbeschaffenheit den armenischen Weinbau sehr begünstigen und sich die Trauben durch einen hohen Zuckergehalt sowie ausgeprägte Aroma- und Farbstoffe auszeichnen.
Folgende Weinerzeugnisse sind zu nennen: Aigeschat, Arevschat, Aschtarak, Bynrakan, Oshakan und Voskevaz (alles aufgespritete Weißweine) sowie Getashen und Norashen (schwere Rotweine).

ASERBAIDSCHAN

Aserbaidschan liegt südlich des Kaukasus am Kaspischen Meer. Die Entwicklung wilder Trauben hat ihre Wurzeln in der frühesten Geschichte dieses Landes. Davon zeugen die Abdrücke von Weinblättern der Sorte Vitis Silvestris Gmel auf einem Stein aus dem Oberpliozän in der Nähe der iranischen Grenze. Diese hybriden Trauben sind in Aserbaidschan weit verbreitet, und zwar in Gebieten von 18 Metern unter dem Meeresspiegel, am Ufer des Flusses Kura im Saljansker Gebiet, bis zu 2.000 Höhenmetern im Kusarsky-Gebiet. Da die hybriden Sorten in vielerlei Hinsicht widerstandsfähiger sind, versucht man, die Vorteile durch Kreuzung mit kultivierten Sorten nutzbar zu machen.

GEORGIEN

Grusinien, so der russische Name für dieses am Südhang des Kaukasus liegende Land, hat ebenfalls eine vorchristliche Weinbautradition. Bereits im 4. Jahrhundert v. Chr. wurde Wein aus Georgien nach Europa und Mittelasien ausgeführt. Nach der Christianisierung wurde der Wein vielfach bei religiösen Ritualen verwendet. Aussagen des französischen Forschungsreisenden Chardin belegen, dass es zu jener Zeit kein Land gab, das so viel und so guten Wein erzeugte wie Georgien.

Von den regionalen Rebsorten am weitesten verbreitet sind Rkaziteli, Saperawi, Zizka, Zolikouri und Mzwanje. Neben den Weinen werden vor allem Schaumweine und Branntweine erzeugt. Sehr bekannt sind die trockenen Weine Zinandali, Gurdschaani, Rkaziteli und Mukusani. Die halbtrockenen und halbsüßen Weine heißen Kindsmarauli, Chwantschkara, Odschaleschi, Twischi und Tschaweri.

Seit dem Zerfall der UdSSR gingen die traditionellen Absatzmärkte Georgiens (die GUS-Staaten) weitgehend verloren. So werden heute jährlich nur rund 42.000 Hektoliter an Weinprodukten erzeugt. Die Situation beginnt sich jedoch etwas zu entspannen, man spürt wieder Interesse an der traditionellen Qualität der georgischen Erzeugnisse. Europäische und amerikanische Firmen stiegen vereinzelt als Partner in Joint Ventures ein.

KASACHSTAN

Kasachstan liegt am Kaspischen Meer und grenzt im Südosten an China. Die Ursprünge des Weinbaus datieren aus dem 7. Jahrhundert n. Chr., wobei angenommen wird, dass Händler entlang der Seidenstraße die ersten Stecklinge pflanzten. Heute werden rund 27.000 Hektar Weinbauflächen ausgewiesen, 24.000 Hektar davon in öffentlicher Hand. Die Zentren sind um Alma Ata, Dshambul und Tschimkent. Es wurden technisch gut ausgestattete Betriebe geschaffen, und zwar Kaplanbek (im Gebiet Sarygatsch) und Kirowski (im Gebiet Kirow). Klimatisch ist das Land durch sibirische Einflüsse mit sehr kalten Wintern geprägt, wobei im Süden günstigere Bedingungen herrschen. Neben den einheimischen Sorten sind vor allem Riesling und Aligoté bei den Weißweinen sowie Cabernet Sauvignon bei den Rotweinen zu nennen. Die Haupterzeugnisse sind süße weiße und rote Tischweine sowie Schaumweine und aufgespritete Weine. Über die Republiksgrenzen hinaus ist der Riesling Issyk bekannt. Weiters erwähnenswert sind die Dessertweine Muscat Violet und Kyzik-Kum, der einen portweinähnlichen Charakter aufweist.

KIRGISTAN

Auch **Kirgisien** oder **Kirgisistan.** Das Land liegt zwischen Usbekistan im Westen und China im Südosten, also im asiatischen Teil der ehemaligen Sowjetunion. Neben Obst und Feldfrüchten werden Tafeltrauben angebaut. Vereinzelt findet man im Süden des Landes, im Issyl-Kul- und im Ala-Kul-Becken, Weingärten mit roten und weißen Traubensorten. Sie bringen Tischweine von einfacher Qualität hervor.

MOLDAWIEN

Moldawien, auch bekannt als **Bessarabien,** ist seit 1991 ein unabhängiger Staat. Er beginnt nördlich des Donaudeltas und setzt sich in östlicher Richtung fort bis Odessa. Im Norden und Nordosten ist das Land von der Ukraine umschlossen. Das Schwarze Meer zeichnet für das gemäßigte Klima verantwortlich. Weitere positive Einflussfaktoren auf den Weinbau sind die kargen Böden an den Hanglagen vieler Flusstäler und der Umstand, dass sich das Rebland auf der gleichen geografischen Breite wie das Burgund befindet. Die meisten Reben wachsen im Süden Moldawiens sowie um die Hauptstadt Chisinau. Hier hatte bereits Zar Alexander der Große das Château Romanest mit 600 Hektar gegründet. Überhaupt entstanden hier schon in frühen Jahren Weingärten, die mit Cabernet-Sauvignon- und Merlotreben bepflanzt wurden.

Moldawien erzeugt heute auf rund 170.000 Hektar Rebfläche zirka 1,2 Mio. Hektoliter Grundwein. Neben Tischweinen werden vor allem Schaumweine und Branntweine hergestellt. Die Planung bis zum Jahr 2020 sieht vor, die Rebfläche auf 200.000 Hektar zu vergrößern. Es ist geplant, das Hauptgewicht auf Hochqualitätssorten, wie Aligoté, Chardonnay, Pinottrauben, Fetjaska, Traminer, Rheinriesling und Sauvignon, zu legen. In Moldawien sind 127 Weinerzeugerbetriebe (im Wesentlichen sind es AGs) ansässig. Bekannt sind die Kombinate Krikowo und Wismos, die AGs Schemtschuschina und Selkuza sowie die Staatsbetriebe Moldowa und Strugurasch.

RUSSLAND

Russland war innerhalb der UdSSR nie führend in der Traubenproduktion. Deshalb waren auch die Weinbaumaschinen-Erzeugerbetriebe eher in Moldawien, Usbekistan und der Ukraine angesiedelt. Die finanzielle Lage ließ es nicht zu, in Russland die nötige Mechanisierung im Weinbau voranzutreiben.
Im 20. Jahrhundert verzeichnete der Weinbau drei Perioden:

- 1950–1970: Reblausbefall
- 1985–1990: Kampf gegen Alkoholmissbrauch in der Ära Gorbatschow
- ab 1990: neue Reformen, jedoch kein festgelegter Beginn und kein festgelegtes Ende

1985 betrug die Rebfläche über 190.000 Hektar, davon brachten 130.000 Hektar Ertrag. Jährlich wurden 10.000–11.000 Hektar neu bebaut. In den Jahren 1981–1985 wurden jährlich durchschnittlich 847.000 Tonnen Weintrauben geerntet. Etwa 200 Betriebe waren auf Weinbau spezialisiert, 97 davon hatten auch Fabriken zur Weiterverarbeitung der Trauben angeschlossen.
Das Landwirtschaftsministerium förderte den Anbau von Rebsorten für die Schaumweinproduktion, deren Anteil an der gesamten Rebfläche 35 Prozent ausmachte. Es entstanden riesige Abfüllbetriebe, im Uralgebiet, in Sibirien, im Fernen Osten und in Zentralrussland vor allem zur Schaumweinerzeugung. Dazu wurden Trauben zur Verarbeitung auch aus Moldawien, Aserbaidschan, Mittelasien usw. zugekauft. Die Weinproduktion erreichte damals immerhin eine Million Hektoliter.
Als man allerdings 1986 begann, die Anbauflächen zu verringern, sanken auch die Trauben- und Weinproduktion. Dies führte zu einem enormen Absinken des Trauben-, Wein- und Saftkonsums bei der Bevölkerung. Und schon zehn Jahre später, also 1996, betrug die Traubenproduktion lediglich 345.700 Tonnen.
Heute, mehr als zehn Jahre nach dem Beginn der so genannten Antialkoholkampagne sowie mehrere Jahre nach Beginn der wirtschaftlichen Perestroika, kann man sagen, dass Weinbau und Weinbereitung in Russland nahezu aufgehört haben als selbstständiger Agrarindustriezweig zu existieren. Die Rebfläche beträgt zirka 90.000 Hektar, es gehen rund 83.000 Hektoliter Wein in die Abfüllung. Die meisten Betriebe befinden sich in den dicht besiedelten Gebieten des Nord-Kaukasus. Die Städte Nowosibirsk, Swerdlowsk, Chabarowsk, Moskau, Togliatti, Alitus und Terdschola sind für Wein- und Schaumweinbetriebe bekannt.

Die Liga der Moskauer Weinproduzenten wurde 1996 gegründet. Einige Mitglieder sind nachfolgend beschrieben.

Moskauer Wein- und Dessertweinkombinat

1896 von den Brüdern Trawnikow zur Erzeugung von Wodkaprodukten gegründet. In der Folge Einstieg in die Weinbereitung mit kleinen Traubenmengen aus dem Kaukasus und von der Krim. Derzeit werden folgende Weine erzeugt: Monastyrskoje, Muskatnoje (halbsüß) und Monastyrskaja Trapesa (halbtrocken); darüber hinaus der aromatisierte, wermutähnliche Wein Felitschita (weiß und rot), der Dessertwein Isabel sowie die aromatisierten Weine Kljukwa (Moosbeeren), Wischnja (Weichsel) und Malina (Himbeeren).

Offene AG „Konzentrate und Getränke"

Die Moskauer Weinfabrik wurde 1940 von der Produktionsvereinigung Dagwino (Dagestan-Wein) als Abfüllbetrieb für Weine und Branntweine gegründet. 1993 wurde der Betrieb privatisiert und in eine AG umgewandelt. Es werden jedoch hauptsächlich Branntweine erzeugt.

Offene AG „Wiwat"

1970 in Betrieb genommen, ist die Moskauer Weinfabrik einer der größten Traubenverarbeiter und Abfüllbetriebe. Folgende Produkte kommen auf den Markt: Die trockenen, halbtrockenen und halbsüßen Weine Swadebnoje, Arbatskoje, Bagrjanoje, Bagrjanez Rossii und Gostewoje sowie die schäumenden weißen und roten Weine Saljut, Ogni Moskwy, Wiwat und Korolewa Winogradnikow.

Offene GmbH Mosaserwinsawod

Gegründet 1925 als Abfüllbetrieb aserbaidschanischen Weines. Später nahm die Gesellschaft selbst Erzeugerbetriebe in Kasan und Irkutsk in Betrieb. Die Weine werden über ein Netz von firmeneigenen Geschäften mit dem Namen Pogrebók (kleine Weinkellerei) verkauft. Seit 1991 liefert Aserbaidschan weniger Weinmaterial. Die Gesellschaft leidet daher unter großen finanziellen Schwierigkeiten.

Moskauer Weinfabrik Samtrest

Mitte des 19. Jahrhunderts von einem französischen Industriellen als Abfüllbetrieb für französischen Wein gegründet. Nach der Machtübernahme durch die Sowjets wurde der Betrieb nationalisiert. Es gab immer enge Zusammenarbeit mit Georgien. Beginn großer Schwierigkeiten in den 1980er Jahren; die Antialkoholkampagne hätte fast den Ruin bedeutet. Auch das Auseinanderfallen der Sowjetunion brachte viele Probleme. Erst seit 1989 erholt sich der Betrieb etwas. Das Weinsortiment besteht aus Zinandali, Mukusani, Napareuli, Zolikouri, Teliani, Kwareli, Rkaziteli, Chwantschkara, Kindsmarauli, Achascheni, Alasanskaja Dolina (weiß und rot), Twischi, Tetra, Achmeta, Lychny, Psou, Tibaani und Gurdschaani.

Moskauer Wein- und Cognacfabrik Ararat
Der Betrieb wurde 1922 gegründet, um den Absatz armenischer Weine und Branntweine zu gewährleisten.

Geschlossene AG „Losa"
Losa (Rebe) wurde 1978 als Sekundärweinbetrieb gegründet. Der Grundwein wurde vorwiegend aus Mittelasien angeliefert. Heute wird jedoch kein Traubenwein mehr abgefüllt, sondern nur mehr Beerenweine.

TADSCHIKISTAN

An Kirgistan angrenzend verweist Tadschikistan auf eine alte Weinbautradition. Historisches Material zeugt davon, dass die Bevölkerung Baktriens und Sogdianas (Staaten, die im Gebiet des heutigen Tadschikistan lagen) schon im 4. bis 3. Jahrhundert v. Chr. erfolgreich Weinbau betrieb. Die weite Verbreitung von wild wachsendem Weingestrüpp, sein Vorkommen in den hintersten, von Menschen kaum aufgesuchten Winkeln und nicht zuletzt einige Reliktpflanzen weisen auf das beträchtliche Alter dieser Kultur hin. Heute sind rund 9.000 Hektar ausgewiesen, die sich hauptsächlich an den Hängen des Pamirgebirges befinden. Die regionalen Sorten sind Tagobi, Kara Bogi, Bachtiori und Angur Sio (Wasarga Tschjornaja). Es werden weiße und rote Tischweine sowie Schaumweine und süße Dessertweine erzeugt.

TURKMENISTAN

Turkmenistan liegt am Kaspischen Meer, die Weinzentren befinden sich jedoch weiter östlich, und zwar um Aschchabad, Mary und Tschardschou. Die größten Weinbaubetriebe sind die Kolchose Sowjet Turkmenistany und die Sowchose Sowjet Aserbaidschany, beide am Fuße des Kopetdag gelegen. Die Geschichte des Weinbaus geht in die früheste Zeit zurück. Weinbereitung ist schon vor Christi Geburt bekannt. Der Niedergang kam mit der Ausbreitung des Islams. Heute werden rund 20.000 Hektar Rebfläche genannt. Aus den Sorten Terbasch, Kara-usjum Aschchabadski, Bajan Schirek, Saperawi, Chindogny, Kisyl Sapak, Tachkentski und Gurgoi sowie Riesling werden kräftige Tischweine, aber auch Dessert- und Schaumweine erzeugt.

UKRAINE

Die Ukraine liegt eingebettet zwischen Russland, Weißrussland, Polen, Rumänien und Moldau. Im Süden liegt das Schwarze Meer mit der Halbinsel Krim, die das Hauptweinbaugebiet der Ukraine darstellt. Auf der Krim wurde schon vor Christi Geburt in großem

Umfang Wein angebaut. Bis heute sind in der Nähe der Höhlenstädte auf der westlichen Krim wilder Wein und von der Zeit zerstörte Weinwirtschaften anzutreffen. Anfang und Mitte des 19. Jahrhunderts bildete sich an der Südküste der Krim eine eigenständige Weinkultur mit eigener Tradition und wissenschaftlichen Schulen (Magaratsch, Massandra) heraus. Man sprach in der Folge von der Südküsten-Weinerzeugungsmethode. Weitere Weinbaugebiete befinden sich am Unterlauf des Dnjepr-Flusses bei Odessa, Cherson, Mykolajiw und Saporizhja sowie an den Hängen der Karpaten. Der klimatische Einfluss des Schwarzen Meeres wirkt sich sehr positiv auf das Gedeihen der Weinreben aus. Die Vielfältigkeit der Böden in den einzelnen Weinzonen ermöglicht die Erzeugung von Tischweinen und Schaumweinen genauso wie die Produktion von Süßweinen und gespriteten Weinen. Insgesamt werden rund 260.000 Hektar Rebfläche genannt. An der Ostküste der Krim tragen noch heute die Ur-Rebensorten Kefesija, Äkim Kara, Sary Pandas und Kokur Bely Früchte, die von Genueser Auswanderern eingeführt wurden. Daraus werden hervorragende Dessertweine und kräftige Weine hergestellt, und zwar der Tschjorny Doktor, der Tschjorny Polkownik, der Solnetschnaja Dolina und der Kokur Dessertny Surosch.
Zu den heute angebauten weißen Rebsorten zählen vor allem Aligote Solota Balka, Risling Krimskyj, Rkazeteli Inkermanske, Perlyna Stepy, Nadaniprjanske, Serednjanske, Berehiwske und Promenyste. Bei den roten Rebsorten sind hauptsächlich Kaberne Katschynske, Kaberne Krymske, Oksamyt Ukrajiny und Starowynnyi Samok zu nennen.

Die Qualitätsweinproduktion konzentriert sich auf die Krim, vor allem auf das Weingut **Massandra,** das auf internationalen Auktionen in England und Japan erfolgreich auftritt. Bekannt sind vor allem die Weine Muskat Bely Krasnowo Kamnja, Pinot Gris Aj-Danil und Tokai Juschnobereschny.
Die Schaumweine werden in mehreren Betrieben hergestellt, die besten kommen aus dem Sektwerk **Artemiwskyi Sawod Schampanskych Wyn** in der Region Donezk sowie von **Nowyj Swit** auf der Krim.
Das Weingebiet um Sewastopol besticht durch ein hohes und stabiles Niveau. Die Agrofirma **Solotaja Balka** erzeugt konkurrenzfähige Weine, und zwar den Dessertwein Balaklawa, den halbtrockenen Wein Solotaja Balka sowie Schaumweine. Die **Sewastopol-Weinfabrik** ist wegen ihrer Schaumweine aus Muskattrauben und den roten Traubensorten Sewastopolskoje Igristoje bekannt. In den letzten Jahren taten sich unter den Weinerzeugern der Krim die Betriebe **Dionis, Ampelos** und die **Bachtschisarai-Weinfabrik** hervor. Bemerkenswert ist auch das **Weininstitut Magaratsch.** Der Muskat Bely wurde international ausgezeichnet. Darüber hinaus kommen u. a. die Weine Rkaziteli Wilino, Madeira Alminskaja, Serdolik Tawri-

dy, Jubileinoje und Lastotschkino Gnesdo auf den Markt. Im Guinness-Buch der Rekorde ist außerdem eine Krim-Rarität verzeichnet, deren Besitzer das Institut Magaratsch ist. Man erhielt ein Diplom mit dem Vermerk, dass der 1836er „Muskat Rosowy“ aus der Kollektion des Weininstitutes der älteste inländische Wein sei.

USBEKISTAN

Usbekistan grenzt an viele der ehemaligen Sowjetstaaten im asiatischen Teil: Kirgistan und Tadschikistan, Turkmenistan, Georgien sowie Aserbaidschan. Auf dem Gebiet des heutigen Usbekistan wurde lange vor den Feldzügen Alexanders des Großen Weinbau betrieben. Im 8. Jahrhundert wurden neue Sorten aus dem Osten eingeführt. Der Mongoleneinfall (im 13. Jahrhundert) führte zum Niedergang des Weinbaues, der erst im 15. Jahrhundert wieder in die Höhe kam. Als Folge der Ausbreitung des Islams wurden die Anbauflächen jedoch wieder verringert. Die Anbindung Mittelasiens an Russland im 19. Jahrhundert wirkte sich aber wieder positiv auf den Weinbau aus. Von der Krim, aus Moldawien und Transkaukasien wurden europäische Traubensorten eingeführt.
Heute werden rund 120.000 Hektar bepflanzt, die Hauptanbaugebiete sind die Vorgebirgszone des Fergansker Tales, die Südwesthänge bei Buchara und Taschkent sowie die Weinhänge an den Gebirgszonen von Samarkand, Surchandarja und Kaschkadarja. Trotz günstiger Bodenbeschaffenheit und gutem Klima, trotz ausgezeichneter Weinsorten und vorhandenem Know-how fehlt es aber weitestgehend an der Mechanisierung. Die bevorzugten Rebsorten sind Kischmisch Bely, Kischmisch Tschjorny, Nimrang, Kara Dschandschal, Sultani, Chusaine Bely, Bajan Schirek, Rkaziteli, Saperawi, Sojaki. Es werden aber auch die Sorten Riesling, Kuldschinski, Rkaziteli, Tarnau, Cabernet, Morastel, Maiski Tschjorny, Chindogny, Muskat Wengerski (Ungarischer Muskat), Muskat Rosowy (Muskat Rosé) und Aleatico angebaut. Die besten Weinbaubetriebe der Republik sind Bulungur, Kubrai, Ogonjok und Pastdargom. Sie erzeugen weiße und rote Tafelweine, Schaumweine und gespritete Weine, die die Namen Usbekiston, Buaki, Schirin und Gulja-Kando tragen.

INDIEN

In einigen Gebieten Indiens wurde schon zu Beginn der Zeitrechnung Wein produziert. Durch die Kolonisation der Portugiesen im 16. Jahrhundert entstand eine regional begrenzte Weinindustrie in Goa. Um das Jahr 1891 fiel die gesamte Rebfläche der Reblaus zum Opfer. Danach legten französische Missionare Weingärten bei Chennai (vorm. Madras) an. Bis in die 1970er Jahre gab es keine qualitativ befriedigende Weinherstellung. Es wurde minderwertiger, eher süßlicher, zum Teil alkoholstarker Wein erzeugt. Erst durch internationale Joint Ventures sind neue Rebflächen mit europäischen Rebsorten und moderne Kellereianlagen entstanden. Heute werden in diesen Betrieben Still- und Schaumweine internationalen Stils erzeugt, die auch exportiert werden. Die Gesamtrebfläche Indiens beträgt etwa 37.000 Hektar, zu 95 Prozent wird sie aber für die Produktion von Tafeltrauben und Traubenmost genutzt.

Es werden sowohl einheimische als auch importierte Sorten angepflanzt. Arkavati, Anabeshi, Anab-e-Shahi, Arka Kanchan und Arka Shyam (beide Neuzüchtungen), Bhokari, Khandari, Kali Sahebi, Pandari, Phakali, Khali sowie Bangalore Purple/Blue und Thompson-Selection-Seven (beide importiert). Einige portugiesische Traubenvarianten kommen noch in Goa vor. Die angebauten europäischen Rebsorten sind Ugni Blanc, Pinot Blanc, Perlet, Colombard, Pinot Noir, Cabernet Sauvignon, Merlot und Syrah. In einigen Gebieten Indiens werden die Reben noch auf Bäumen gezogen, um sie vor der sengenden Sonne zu schützen. Hocherziehungssysteme mit Draht-Bambus-Gerüsten sind in modernen Anlagen anzutreffen.

Die Rebpflanzungen befinden sich in Höhenlagen zwischen 300 Meter (in Maharashtra) und 1.000 Meter (in Kaschmir). Im heißen Monsunklima Indiens liegen die Temperaturen zwischen 8 °C im Winter und 45 °C im Sommer. Die Hauptniederschläge im Juli und August betragen je nach Region 300–700 Millimeter. Vor allem die südöstlichen Regionen leiden unter großer Hitze und Luftfeuchtigkeit. Aufgrund der klimatischen Bedingungen sind zwei bis drei Ernten im Jahr möglich.

Traditionellerweise werden in Indien süße, aromatische Weine vorwiegend von kleinen, dörflichen Betrieben erzeugt und in Flaschen mit Schraubverschlüssen verkauft. Moderne Technologie findet man nur in einigen Genossenschaftskellereien und privaten Unternehmen mit ausländischer Beteiligung.

Etwa 70 Prozent der Rebfläche befinden sich im Bundesstaat Maharashtra, 150–300 Kilometer von Mumbai (vorm. Bombay) entfernt. Der Anbau konzentriert sich auf die kalkhaltigen Osthänge der Sahyadri-Mountains. Größere Rebflächen findet man noch in Narayangaon, um Poona, Kolhapur und Nasik. Weitere Anpflanzungen befinden sich im Norden Indiens um Delhi, in den Bundesstaaten Haryana, Rajasthan und Punjab bei Amritsar und Gurdaspur an der Grenze zu Pakistan sowie im Hunzatal in Kaschmir. Weiters gibt es Pflanzungen bei Surat im Bundesstaat Gujarat. In Südindien gibt es Rebflächen im Bundesstaat Karnataka, in Mysore südwestlich von Bangalore sowie im Bundesstaat Tamil Nadu.

Bekannte Erzeuger

Château Indage (C I Ltd.)	Weingut des Hotel-Millionärs Sham Chougule, das 1982 im Bundesstaat Maharashtra bei Narayangaon gegründet wurde. In Kooperation mit französischen Unternehmen werden mit modernster Technologie vorwiegend Schaumweine nach der Champagnermethode erzeugt sowie Weine aus den Sorten Anabeshi, Arkavati, Bangalore Purple/Blue, Cabernet Sauvignon, Chardonnay, Thompson Seedless, Perlet und Ugni Blanc. **Riviera White** ist ein halbtrockener Weißwein aus den Sorten Ugni Blanc, Chardonnay und Thompson Seedless. Der Rotwein heißt Riviera Red (Pinot Noir, Cabernet Sauvignon und Bangalore Blue). Die Schaumweine tragen die Namen **Omar Khayyám** (trocken; aus Chardonnay, Pinot Noir und Ugni Blanc; benannt nach einem berühmten persischen Dichter) und **Marquise de Pompadour** (halbtrocken; mit einem Anteil von 20 % Thompson Seedless).
Golconda	Einer der größten Weinerzeuger im Bundesstaat Andhra Pradesh.
Vindale	Bekannt ist der Rotwein Shah-Eh-Shah.

IRAK

Offiziell wird im Irak kein Wein produziert. Es gibt aber eine kleine christliche Minderheit, in der Wein einen Bestandteil des religiösen Lebens darstellt. In der Antike bildete das Land einen Teil Mesopotamiens, wo es eine blühende Weinerzeugung bzw. einen regen Weinhandel gab. Die etwa 45.000 Hektar große Rebfläche wird vorwiegend für die Rosinen- und Tafeltraubenerzeugung genutzt.

IRAN

Das alte Persien hat eine jahrtausendealte Weinbaugeschichte. Shiraz, ein altes persisches Weinzentrum, hatte sich bereits im 9. Jahrhundert den Ruf erworben, die feinsten Weine im Mittleren Osten hervorzubringen. Moderne Weinbaumethoden wurden in den 1970er Jahren in Tabriz eingeführt. Nachdem der Schah 1979 das Land verließ, wurde jeglicher Konsum von Alkohol verboten. Der Ertrag der heute bestehenden 220.000 Hektar Rebfläche wird zur Produktion von Tafeltrauben und Rosinen verwendet. Der Iran ist weltweit der zweitgrößte Rosinenerzeuger nach der Türkei. Die Rebflächen befinden sich in den nördlichen und westlichen Landesteilen, in Khorasan, Tehran, Farse, Hamedan, Lorestan und Zanjan.

ISRAEL

Golan Hights Winery

Statistische Daten

- Fünf Weinbauregionen: Galiläa (Galil) mit den Golanhöhen und dem Berg Hermon, Samaria (Shomron) mit Haifa und dem Mount Carmel, Samson (Shimshon), Harey Yuhuda mit Jerusalem und der Westbank sowie Ramat Arad in der Negev-Wüste.
- Gesamtrebfläche rund 11.000 Hektar.
- Jährliche Gesamtproduktion rund 700.000 Hektoliter.

Klima

Mittelmeerklima mit langen heißen Sommern und kurzen feuchten Wintern. Eine Ausnahme bildet die Negev-Wüste mit wesentlich höheren Temperaturen.

Böden

Meist Sand- und Sandgeröllböden, vereinzelt Roterdeböden. In den nördlichen Höhenlagen sind vulkanische Verwitterungsböden anzutreffen.

Rebsorten

Eine der ältesten Rebsorten überhaupt ist die Rotweinrebe Dabuki, die in Israel heimisch ist.

Hauptrebsorten für Weißweine
Alicante Bouschet, Chardonnay, Chinin Blanc, Colombard, Emerald Riesling, Gewürztraminer, Muscat Blanc, Muscat d'Alexandrie, Riesling, Sauvignon Blanc, Sémillon, Ugni Blanc.

Hauptrebsorten für Rotweine
Cabernet Franc, Cabernet Sauvignon, Carignan, Concord, Gamay, Grenache, Malbec, Merlot, Petite Sirah, Ruby Cabernet, Zinfandel. Neupflanzungen mit Barbera, Nebbiolo, Sangiovese und Tempranillo.

Der Weinbau in Israel ist so alt wie die Geschichtsschreibung. Mit Ausnahme der 400-jährigen Okkupation durch die Osmanen wird durchgehend über Weinerzeugung und Weine berichtet. Einen enormen Aufschwung in der israelischen Weinwirtschaft brachte die Gründung einer Kellerei südlich von Tel Aviv im Jahre 1886 durch Baron Edmund de Rothschild, der die europäischen Vitis-Vinifera-Pflanzen ins Land brachte. Seit der Gründung des Staates Israel im Jahre 1948 haben auch moderne Kellereimethoden Einzug gehalten. Durch die enge Zusammenarbeit mit kalifornischen Weinexperten fließt sehr viel Know-how nach Israel, was sich sehr positiv auf die Qualität der erzeugten Weine auswirkt. Der Durchbruch gelang 1989, als bei der Vinexpo in Bordeaux mehrere Rotweine höchste Auszeichnungen erhielten. Weitere Prämierungen gab es in den Folgejahren für Weine aus den Sorten Cabernet Sauvignon und Merlot.
Neben den Weiß- und Rotweinen in allen Qualitätsstufen werden auch Schaumweine nach der Champagnermethode hergestellt. Eine Besonderheit ist der **koschere Wein.** Dieser naturbelassene Wein wird nach bestimmten Vorschriften des mosaischen Glaubens erzeugt. So muss er zum Beispiel pasteurisiert sein. Der koschere Wein hat bei der israelischen Exportrate einen sehr hohen Anteil; 60 Staaten der Erde werden als Nachfrageländer angegeben.

Bekannte Erzeuger

Askalon Wines, Carmel Zichron Yaacov Shomron (größter Betrieb), Barkan Wine Cellars (zweitgrößter Betrieb), Baron Cellars, Domaine du Castel, Golan Hights Winery, Château Kefraya, Château Ksara, Margalit, Château Musar, Sarafin, Tishbi Estate, Yarden.

ITALIEN

ITALIEN

Maremma (Toskana)

Statistische Daten

- 21 Weinbauregionen: Aostatal, Piemont, Ligurien und Lombardei (im Nordwesten), Südtirol, Trentino, Venetien und Friaul-Julisch Venetien (im Nordosten), Toskana, Umbrien und Latium sowie Emilien, Marken, Abruzzen und Molise (in Mittelitalien), Apulien, Kampanien, Basilikata und Kalabrien (in Süditalien) sowie die Inseln Sardinien und Sizilien.
- Gesamtrebfläche rund 830.000 Hektar.
- Jährliche Gesamtproduktion 50–55 Mio. Hektoliter.
- Rund 20 % Qualitätsweine.
- 50 % Rot- und Roséweine.
- 50 % Weißweine.
- Pro-Kopf-Verbrauch pro Jahr knapp 50 Liter (in Österreich 33 Liter).
- Rund 16 Mio. Hektoliter werden exportiert, vorwiegend nach Deutschland, Frankreich und in die USA. Italien ist weltweit der größte Weinexporteur.
- Zirka 360 Rebsorten sind für die Qualitätsweinproduktion empfohlen bzw. zugelassen.

Schweiz
Österreich
Aostatal
Frankreich
Po
Südtirol
Lombardei
Slowenien
Trentino
Piemont
Friaul-
Julisch
Venetien
Venetien
Ligurien
Genua
Venedig
Triest
Emilien
Toskana
Marken
Tiber
Umbrien
Sardinien
Rom
Abruzzen
Latium
Molise
Apulien
Neapel
Kampanien
Basilikata
Kalabrien
Sizilien
0 50 100 150 km

Geschichte

Unter den Wein erzeugenden Ländern der Welt nimmt Italien neben Frankreich einen führenden Platz ein. Die Tradition des Weinbaus geht bereits auf die Etrusker zurück (1100–1000 v. Chr.). Zu diesem Zeitpunkt lassen sich im ober- und mittelitalienischen Raum die ersten Anzeichen von Weinbau finden. Die Griechen verbreiteten den Anbau der Weinrebe im Mittelmeerraum und so auch auf der ganzen italienischen Halbinsel. Sie gaben im 5. Jahrhundert v. Chr. Italien den Namen Oinotria – Land des Weines. Die italienische Übersetzung von Oinotria ist Enotria. Diesem Namen wird auch das heutige Italien gerecht, da vom Norden bis in den Süden Weingärten zu finden sind. Die Herrschaft der Familie Medici brachte für die Toskana auch in Sachen Wein einen enormen Aufschwung. Bereits 1716 wurden unter Herzog Cosimo III. Weinzonen für den Chianti festgelegt. Die Geschichte des modernen Weinbaus beginnt in den sechziger Jahren des 20. Jahrhunderts. Rund 20 Jahre später revolutionieren Önologen wie Carlo Ferrini, Giulio Gambelli und vor allem Giacomo Tachis die Kellertechnik. Große Rotweincuvées internationalen Zuschnitts entstehen. Die meisten Massenweine kommen noch aus dem Süden Italiens, aus Apulien, Sizilien und Latium. Doch die Menge der offen im Tank verkauften Weine nimmt stetig ab. Nicht zuletzt durch die Investitionen großer Weinerzeuger wie von Zonin, Pasqua und GIV (Gruppo Italiano Vini) erfährt auch der Süden Italiens einen beachtlichen Aufschwung.

Klima

Das warme mediterrane Klima Italiens begünstigt den Weinbau. Die Alpen im Norden schützen das Land vor den Kälteeinflüssen Mitteleuropas. Der Apennin wirkt wie eine Klimascheide. Er durchzieht das Land vom Piemont bis nach Kalabrien und bewirkt vielfältige Mikroklimaformen. Auf Grund der unterschiedlichen Klimazonen weist der italienische Wein sämtliche Geschmacksrichtungen auf. Es gibt trocken bis süß ausgebaute Weine sowie schäumende Weine und Dessertweine unterschiedlichen Stils.

Die Anbaugebiete reichen von den Küstenzonen Apuliens, der Maremma, entlang der Adria und des Ligurischen Meeres bis in Höhen von 500 Meter (im Piemont) bzw. 700 Meter (im Chianti-Classico-Gebiet). Die klimatischen Verhältnisse variieren zum Teil sehr stark zwischen Norden und Süden sowie zwischen Küste und Inland. Die besten Regionen haben Durchschnittstemperaturen von 12 bis 16 °C. Die Winter weisen ausreichend Regen- und Schneefälle auf. Die Sommer sind warm bis heiß, die Sonne scheint bis spät in den Herbst.

Böden

Die geologische Beschaffenheit der Böden ist sehr unterschiedlich und wird bei den einzelnen Weinbauregionen behandelt.

Rebsorten

Kein Land der Erde weist eine solche Vielzahl an verschiedenen Rebsorten auf wie Italien. Bevor die Reblaus um die Jahrhundertwende die italienischen Weinberge vernichtete, gab es Tausende Rebsorten. Heute sind offiziell zirka 400 Sorten registriert. Insgesamt werden jedoch mehr als 1.000 genannt, wobei eine große Zahl von Spielarten der gleichen Sorte berücksichtigt wurden. Mehr als 150 Sorten sind für die Erzeugung von D.-O.-C.- und D.-O.-C.-G.-Weinen zugelassen. Alte Sorten werden wieder verstärkt kultiviert, z. B. in Sardinien der Cannonau, in Sizilien Nero d'Avola, in Kampanien und in Basilikata Aglianico, in Apulien Negro Amaro, Uva di Troia und Primitivo.
Die Pflanzdichte der Rebstöcke wurde und wird von engagierten Winzern erhöht. Vor einiger Zeit haben die Italiener auch mit der systematischen Selektion hochwertiger Klone heimischer Sorten begonnen und deren Entwicklung auf bestimmten Böden und unter den mikroklimatischen Bedingungen verschiedener Weingüter und Standorte beobachtet.

Hauptrebsorten für Weißweine
Albana, Catarratto, Chardonnay, Cortese, Malvasia, Pinot Bianco, Pinot Grigio, Trebbiano, Vernaccia. Es werden viele Spielarten der einzelnen Sorten angebaut. Die Chardonnaytraube wird, vor allem in Sizilien und im übrigen Süden, immer mehr forciert und in der Barrique ausgebaut.

Hauptrebsorten für Rotweine
Barbera, Cabernet Franc, Cabernet Sauvignon, Cannonau, Dolcetto, Vernatsch, Lambrusco, Merlot, Montepulciano d'Abruzzo, Nebbiolo, Negro Amaro, Primitivo, Sangiovese. Es werden viele Spielarten der einzelnen Sorten angebaut.
Die Sangiovesetraube ist mit fast 11 % die am häufigsten angebaute Sorte Italiens, gefolgt von den weißen Cataratto- und Trebbiano-Toscano-Trauben (jeweils 7 %). Der Cabernet Sauvignon, vor allem in der toskanischen Maremma und in Sardinien, gewinnt immer mehr an Bedeutung.

Gesetz

Erst seit 1963 hat Italien in Anlehnung und Berücksichtigung der EG-Vorschriften und mit Frankreich als Vorbild ein Weingesetz. Es teilte die italienischen Weine zunächst in fünf verschiedene Klassifikationsstufen. Geschützt wurde ursprünglich ein Weintyp und nicht ein Weintyp mit Herkunftsbezeichnung, was heute der Fall ist. 1992 trat das jüngste Weingesetz in Kraft (Gesetz 164), das bis heute Gültigkeit hat. Es definiert vier Qualitätsstufen.

Tafelweine
(Vini da Tavola – VdT)

Rund 70 % der gesamten italienischen Weinproduktion fallen in diese Qualifikationsstufe. Es sind dies Weine einfachen Stils. Sie tragen nur die Bezeichnung „Rosso“, „Bianco“ oder „Rosato“, den Namen des Abfüllers, nicht aber eine Herkunfts-, Sorten- oder Jahrgangsbezeichnung. Bis zum Jahrgang 1995 waren die Super-Toskaner in dieser Kategorie klassifiziert, da ihre Rebsorten noch keinen D.-O.-C.-Status hatten. Das wurde geändert, vgl. das D.-O.-C.-Gebiet → Bolgheri.

Tafelweine mit typischer Herkunftsbezeichnung
(Indicazione Geografica Tipica – IGT)

Die zweite Qualitätsstufe entspricht ungefähr dem französischen „Vin de pays“. Auf der Etikette von IGT-Weinen dürfen die Herkunftsregion (z. B. Rosso di Toscana), die Hauptrebsorte (z. B. Pinot Grigio del Friuli) und der Jahrgang angegeben werden. Die Verwendung von Lagennamen ist laut Gesetz unzulässig. Derzeit sind etwa 150 Herkunftsbezeichnungen eingetragen.

D.-O.-C.-Weine
(Denominazione di Origine Controllata)

D.-O.-C.-Weine sind Weine mit kontrollierter Ursprungsbezeichnung (Herkunft). Außerdem müssen bestimmte Qualifikationen nachgewiesen werden, wie z. B. die genaue Abgrenzung des Anbaugebietes, der Mindestalkoholgehalt, vorgeschriebene Rebsorten, Vinifikationsmethoden, Traubenhöchsterträge pro Hektar, prozentueller Anteil der einzelnen Rebsorten und Mindestreifezeit. Sie werden einer chemischen Analyse und einer Geschmacksprüfung unterzogen, bevor sie in den Handel kommen. Die Einzelheiten werden für jedes D.-O.-C.-Gebiet von den dort ansässigen Erzeugern festgelegt, die in einem **Konsortium (Consorzio)** zusammengeschlossen sind. Durch die Aufnahme von bestimmten Rebsorten wurden in den neunziger Jahren des abgelaufenen Jahrhunderts viele neue D.-O.-C.-Gebiete geschaffen, z. B. in der Toskana.

Aus der Fülle der knapp über 320 D.-O.-C.-Zonen haben wir nur die wichtigsten beschrieben. Es gibt viele kleine D.-O.-C.-Zonen, deren Weine außerhalb des Erzeugungsgebietes kaum bekannt sind. Diese haben wir bewusst vernachlässigt.

D.-O.-C.-G.-Weine
(Denominazione di Origine Controllata e Garantita)

Die höchste Qualitätsstufe bezeichnet Weine mit kontrollierter und garantierter Herkunft. Im Gegensatz zu den D.-O.-C.-Weinen, die auch in Fässern und Tanks gehandelt werden dürfen, müssen D.-O.-C.-G.-Weine in Flaschen mit nicht mehr als fünf Litern Inhalt verkauft werden. Sie dürfen nur aus erstklassigen Lagen stammen. Zusätzlich sind sie mit einer staatlichen Banderole versehen und müssen im Register der Weinberge eingetragen sein. Sie werden zweimal überprüft. Einmal bei ihrer Erzeugung (wie die D.-O.-C.-Weine) und noch einmal, bevor sie abgefüllt werden.
1980 wurde vier Weinen dieses Prädikat erstmals verliehen, nämlich Barbaresco, Barolo, Brunello di Montalcino und Vino Nobile di Montepulciano. Immer wieder wird für D.-O.-C.-Weine der D.-O.-C.-G.-Status beantragt und oft auch vergeben.

In den letzten Jahren kamen Italiens Weinerzeuger dem Bedürfnis nach einer genaueren Kennzeichnung der Weine aus besonderen Lagen nach. Sie führten die Bezeichnung **Vigna** ein – vergleichbar mit dem französischen „Cru“ (Lage). Die Bezeichnung ist gesetzlich festgelegt und findet nur bei D.-O.-C.- und D.-O.-C.-G.-Weinen Verwendung. Diese Weine dürfen ausschließlich den Namen der Lage, nicht aber eine geografische Bezeichnung tragen. Das Gesetz sieht für solche Weine schärfere Kontrollen vor. So müssen die Grenzverläufe der Rebflächen auf Plänen verzeichnet sein und die Trauben einer bestimmten Lage dürfen nicht gemeinsam mit denen einer anderen vinifiziert werden.

Etikettensprache

Abboccato: lieblich. Bezeichnung für einen milden, halbsüßen Wein mit einer Restsüße von 10 bis 20 g/l.
Amabile: lieblich, etwas süßer.
Amaro: bitter.
Ambrato: bernsteinfarben. Farbe vieler Passitos und Liquorosos.
Annata: Jahrgang.
Azienda agricola: Gut, Weingut.
Bianco: weiß.
Cantina: Kellerei.
Cantina sociale (C. S.) oder cooperativa: Genossenschaftskellerei.
Caratello: kleines, längliches Holzfass mit einem Fassungsvermögen von 50 Litern, das für die Erzeugung von Vin Santo verwendet wird. Plural: caratelli.
Carato: Die Bezeichnung wird in der Toskana für ein Holzfass verwendet, das zur Erzeugung des Vin Santo verwendet wird.
Castello: Schloss; häufiger Name für ein Weingut.
Cerasuolo: kirschrot; Bezeichnung bei Roséweinen.
Chiaretto: Bezeichnung für dunkle Roséweine.

Classico: noch enger eingegrenzte Gebiete in einem D.-O.-C.-Bereich.
Colle (Colle di ...): Hügelgebiet bzw. aus dem Hügelgebiet; Mehrzahl: colli.
Consorzio: Konsortium. Zusammenschluss von Erzeugern zur Kontrolle der Ursprungsbezeichnung und zur Absatzförderung.
Dolce: süß.
Dorato: goldfarbig.
Enoteca: Vinothek, Weinkeller.
Fattoria: Weingut. Die Bezeichnung wird vor allem in der Toskana verwendet.
Frizzante: leicht perlend. Italienische Bezeichnung für Perlwein.
Frizzantino: spritzig. Bezeichnung für einen Wein mit einem geringen Rest an Kohlensäure.
Fusto: Fass.
Imbottigliato da ...: abgefüllt von ....
Imbottigliato all'origine da ...: Erzeugerabfüllung von ....
Liquoroso: likörartig; mit hohem Alkohol- und Zuckergehalt; gespriteter Wein.
Naturale: naturbelassen.
Naturale dolce: Wein mit natürlicher Restsüße.
Passito: Wein aus teilgetrockneten Trauben, die entweder am Rebstock oder unter Dach getrocknet wurden (Strohwein). Sehr süß, hoher Alkoholgehalt.
Riserva: Zusatzbezeichnung bei D.-O.-C.- und D.-O.-C.-G.-Weinen mit vorgeschriebener Lagerzeit; bei Riservaweinen muss der Jahrgang angegeben werden.
Rosato: rosé.
Rosso: rot.
Satèn: Bezeichnung für „Crémants“ aus Franciacorta, die darüber hinaus nur aus weißen Trauben hergestellt werden.
Scelto: Weine aus selektioniertem Traubengut.
Scuro: dunkel.
Secco: trocken.
Semisecco: halbtrocken.
Superiore: Weine, deren Alkoholgehalt das vorgeschriebene Minimum überschreitet; manchmal auch ein Hinweis auf eine längere Lagerzeit und eine höhere Qualitätsstufe.
Talento: seit 1996 Bezeichnung für Schaumweine, die nach dem traditionellen Flaschengärverfahren hergestellt werden. Nur in Norditalien gebräuchlich.
Tenimenti: Weingüter.
Tenuta vinicola: Weingut.
Vecchio: alt; Zusatzbezeichnung bei D.-O.-C.-Weinen mit entsprechender Lagerzeit.
Vendemmia: Weinlese, manchmal auch Jahrgang.
Vendemmia tardiva: Spätlese.

Vigna: Weinberg, Lage.
Vigneto: Weinberg.
Vino: Wein; vino bianco, vino liquoroso, vino novello (neuer Wein, meist Rotwein, in der Art des Beaujolais Nouveau), vino rosato, vino rosso, vino fermo oder vino tranquillo (Stillwein).
Vitigno: Rebsorte.
Vivace: spritzig.
V. Q. P. R. D.: Abkürzung für „Vini di qualità prodotto in regioni determinate"; wörtlich „Qualitätsweine bestimmter Anbaugebiete".
V. S. Q. P. R. D.: Abkürzung für „Vini spumante di qualità prodotto in regioni determinate"; wörtlich „Qualitätsschaumweine bestimmter Anbaugebiete".

PIEMONT
Piemonte

Statistische Daten

- Weinbaugebiete: Asti (siehe Schäumende Weine), → Carema, Canavese, Caluso, Colline Novaresi, Colline Vercellesi, Colline Torinesi, Colli Tortonesi, → Langhe, → Monferrato, → Roero.
- Gesamtrebfläche rund 59.800 Hektar.
- Jährliche Gesamtproduktion rund 3,4 Mio. Hektoliter.
- 90 % Rotweine.
- 10 % Weißweine.
- Mengenmäßig größte Spumanteproduktion Italiens.
- 70 % D.-O.-C.- und D.-O.-C.-G.-Weine.

Klima

Landschaftlich wird die Region von den Voralpenhügeln geprägt, die durch ihre Mikroklimaformen die unterschiedlichsten Charakteristika der Piemonteser Weine bedingen. Grundsätzlich ist das Klima durch warme Wachstumsperioden und nebelige Herbste gekennzeichnet.

Böden

Vor allem in den Hanglagen herrschen Kalkböden vor.

Rebsorten

Hauptrebsorten für Weißweine
Arneis, Cortese, Moscato Bianco, Malvasia.

Hauptrebsorten für Rotweine
Barbera, Nebbiolo, Dolcetto, Freisa, Brachetto.

Schweiz
Lago d'Orta
Lago Maggiore
Boca
Gattinara
Lessona
Ghemme
Ticino
Carema
Bramaterra
Sizzano
Novara
Po
Dora Riparia
Turin
Casale Monferrato
Asti
Frankreich
Tanaro
Roero
Tortona
Alessandria
Barbaresco
Alba
Barolo
Gavi
Langhe
Acqui
Cuneo
Loazzolo
Ovada
Dogliani
Rom
N
0
25
50 km

Das Land am Fuße der Berge, so die italienische Übersetzung für Piemonte, ist eine der größten und berühmtesten Weinbauregionen Italiens. Es ist außerdem eine der wenigen italienischen Regionen, die keinen Zugang zum Meer haben. Sie liegt im Nordwesten des Landes. Im Westen und Norden wird die Region von den Alpen begrenzt, im Süden reicht sie bis zum ligurischen Apennin und im Osten erstreckt sich das Piemont bis in die norditalienische Tiefebene. Der Anteil der reinsortigen Weine ist im Unterschied zu anderen Weinbauregionen besonders hoch. Die Spitzenweine Barolo und Barbaresco haben den Ruf des Piemonts begründet. Der Trend zur Weinbereitung aus Einzellagen trifft besonders auf diese beiden Weine zu. Gemeinsam mit der Toskana stellt das Piemont die qualitative Spitze des italienischen Weinbaus dar. Seit Beginn der achtziger Jahre spielt die am meisten angebaute Rebsorte Barbera, vor allem ihre in der Barrique gereiften Topqualitäten, eine immer wichtigere Rolle im Piemonteser Weinbau.
Der Schaumwein Asti Spumante hat diese Region bis weit über ihre Grenzen hinaus bekannt gemacht. Ebenfalls berühmt ist der Wermut, der erstmals im 18. Jahrhundert in Turin produziert wurde.

D.-O.-C.- und D.-O.-C.-G.-Weine

Gebiet bzw. Wein	**Weintyp**	**Hauptrebsorten**
→ Barbaresco	rot	Nebbiolo
→ Barbera d'Alba	rot	Barbera
→ Barbera d'Asti	rot	Barbera
→ Barolo	rot	Nebbiolo
→ Brachetto d'Acqui	rot/Spumante	Brachetto
→ Carema	rot	Nebbiolo
→ Cortese dell' Alto Monferrato	weiß/Spumante/ Frizzante	Cortese
→ Dolcetto d'Acqui	rot	Dolcetto
→ Dolcetto d'Alba	rot	Dolcetto
→ Dolcetto d'Asti	rot	Dolcetto
→ Dolcetto di Diano d'Alba	rot	Dolcetto
→ Dolcetto di Dogliani	rot	Dolcetto
→ Erbaluce di Caluso	weiß/Spumante/ Passito, Passito liquoroso	Erbaluce

→ Freisa d'Asti	rot/Spumante	Freisa
→ Gattinara	rot	Nebbiolo
→ Gavi (Cortese di Gavi)	weiß/Frizzante/ Spumante	Cortese
→ Ghemme	rot	Nebbiolo, Vespolina, Bonarda
→ Grignolino d'Asti	rot	Grignolino
→ Grignolino del Monferrato Casalese	rot	Grignolino
→ Langhe	rot/weiß	Nebbiolo, Dolcetto, Freisa, Chardonnay, Favorita, Arneis
→ Loazzolo	weiß	Moscato
→ Monferrato	rot/weiß	Dolcetto, Freisa, Casalese Cortese
→ Moscato d'Asti	weiß	Moscato Bianco
→ Nebbiolo d'Alba	rot/Spumante	Nebbiolo
→ Piemonte	rot/weiß/Spumante/ Passito	Barbera, Bonarda, Grignolino, Cortese, Brachetto, Moscato, Chardonnay
→ Roero	rot/weiß/Spumante	Nebbiolo, Arneis

Weitere Weine: Albugnano (rot/rosé; Nebbiolo, Freisa), Alta Langhe (Spumante), Asti Spumante (Spumante), Barbera del Monferrato (rot; Barbera), Boca (rot; Nebbiolo, Vespolina, Bonarda), Bramaterra (rot; Nebbiolo, Croatina, Bonarda), Canavese (rot/rosé/weiß; Nebbiolo, Barbera, Erbaluce), Colline Novaresi (rot/weiß; Nebbiolo, Uva Rara, Vespolina, Croatina, Barbera, Erbaluce), Colli Tortonesi (rot/weiß/Spumante/Frizzante; Barbera, Cortese), Collina Torinese (rot/weiß; Barbera, Malvasia, Bonarda, Pelaverga), Colline Saluzzesi (rot/Spumante; Pelaverga, Nebbiolo, Quagliano), Coste della Sèsia (rot/rosé/weiß), Dolcetto delle Langhe Monregalesi (rot; Dolcetto), Dolcetto di Ovada (rot; Dolcetto), Fara (rot; Nebbiolo, Vespolina, Bonarda), Freisa di Chieri (rot/Spumante; Freisa), Gabiano (rot; Barbera), Lessona (rot; Nebbiolo), Malvasia di Casorzo (rot/rosé/Spumante/Passito; Malvasia di Casorzo), Malvasia di Castelnuovo Don Bosco (rosé/Frizzante/Spumante; Malvasia di Schierano), Pinerolese (rot/rosé), Rubino di Cantavenna (rot; Barbera, Freisa, Grignolino), Ruché di Castagnole Monferrato (rot; Ruché), Sizzano (rot; Nebbiolo, Vespolina, Bonarda), Valsusa (rot; Avana, Barbera, Dolcetto, Neretta), Verduno Pelaverga (rot; Pelaverga Piccolo).

TOSKANA
Toscana

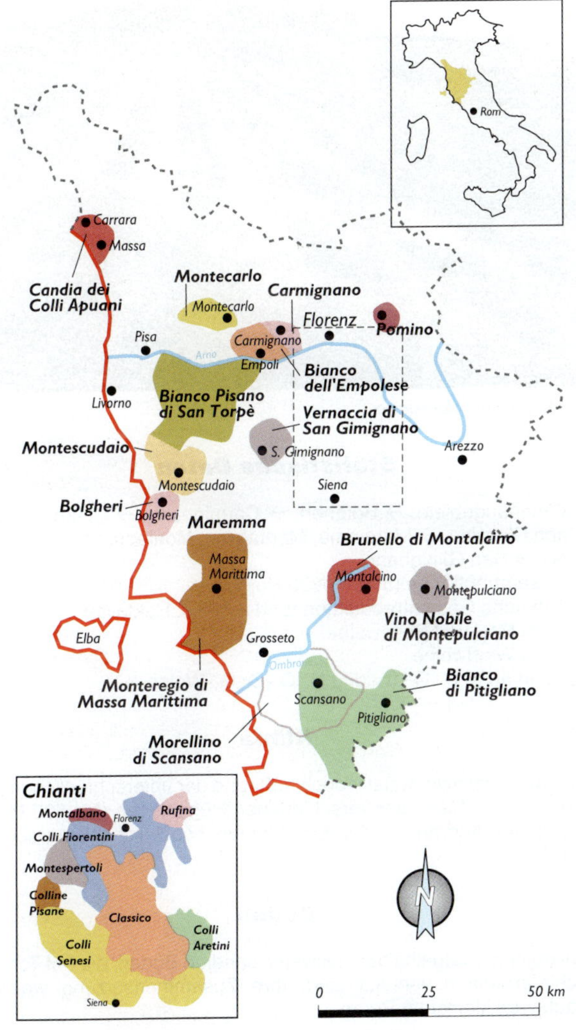

Rom
Carrara
Massa
Candia dei Colli Apuani
Montecarlo
Montecarlo
Carmignano
Florenz
Pomino
Pisa
Carmignano
Arno
Empoli
Bianco dell'Empolese
Livorno
Bianco Pisano di San Torpè
Vernaccia di San Gimignano
Montescudaio
S. Gimignano
Arezzo
Montescudaio
Siena
Bolgheri
Bolgheri
Maremma
Brunello di Montalcino
Massa Marittima
Montalcino
Montepulciano
Vino Nobile di Montepulciano
Elba
Grosseto
Ombrone
Bianco di Pitigliano
Scansano
Pitigliano
Monteregio di Massa Marittima
Morellino di Scansano
Chianti
Montalbano
Florenz
Rufina
Colli Fiorentini
Montespertoli
Colline Pisane
Classico
Colli Aretini
Colli Senesi
Siena
N
0
25
50 km

Weingarten bei Montalcino

Statistische Daten

- Weinbaugebiete: → Bolgheri, → Carmignano, → Chianti, → Chianti Classico, → Maremma, Montalcino, Montepulciano, → Pomino, → San Gimignano.
- Gesamtrebfläche rund 63.500 Hektar.
- Jährliche Gesamtproduktion rund 2,2 Mio. Hektoliter.
- 75 % Rot- und Roséweine.
- 25 % Weißweine.
- Rund 50 % D.-O.-C.- und D.-O.-C.-G.-Weine.

Klima

Das Klima ist mild, weist jedoch aufgrund der unterschiedlichen Entfernung zum Meer, der verschiedenen Höhenlagen (bis 700 Meter) sowie der Anordnung der Erhebungen beachtliche Unterschiede auf.

Böden

Kalkreiche, mergelhaltige, teilweise sandige Böden, die mit Ton und Schiefergestein versetzt sind. Ihre Zusammensetzung wechselt häufig auf kleinstem Raum.

Rebsorten

Hauptrebsorten für Weißweine
Chardonnay, Malvasia, Moscato Bianco, Pinot Bianco, Sauvignon Blanc, Trebbiano di Toscano, Vernaccia. Die traditionelle Basis der toskanischen Weißweine sind Trebbiano di Toscano und/oder Malvasia.

Hauptrebsorten für Rotweine
Brunello di Montalcino (Sangiovese Grosso), Cabernet Franc, Cabernet Sauvignon (vor allem in der Maremma), Canaiolo, Merlot, Pinot Nero, Sangiovese Piccolo (Prugnolo Gentile), Syrah. Die traditionelle Basis der toskanischen Rotweine ist die Sangiovesetraube.

Die mittelitalienische Region mit ihrer Hauptstadt Florenz ist die Heimat eines der im Ausland bekanntesten und auch meistgetrunkenen Weine Italiens, des Chianti. Rund 70 % des Chianti Classico werden exportiert. Bei den D.-O.-C.- und D.-O.-C.-G.-Weinen dominieren mit fast 90 % die Rotweine. Der Chianti macht einen beachtlichen Anteil davon aus.
Im Weinbereich ist die Toskana die dynamischste Region Italiens. Grundlegende Neuerungen, wie die hochwertigen Tafelweine (Vini da tavola oder auch Supertoskaner, seit 1996 IGT, wie z. B. → Tignanello), der Ausbau in der Barrique und die Verbindung klassischer italienischer mit internationalen Reben wurden hier zum ersten Mal vermehrt eingeführt. 1980 erhielt der **Brunello di Montalcino** als erster italienischer Wein das D.-O.-C.-G.-Prädikat. Dieser Rotwein wird im Unterschied zu den anderen D.-O.-C.-G.-Weinen **Chianti, Chianti Classico, Chianti Montespertoli, Carmignano** und **Vino Nobile di Montepulciano** reinsortig hergestellt.
Namhafte Önologen haben über die Jahre zu einer enormen Verbesserung der Kellertechnik beigetragen, die Anbaumethoden wurden den modernsten Erfordernissen angepasst. Weiters wurde die Verwendung von leistungsfähigen Klonen forciert. Eine Rückbesinnung auf den Ursprung, auf den Terroir, hat stattgefunden. Alle diese Maßnahmen führten zu einer Rückkehr vieler Produzenten der so genannten Supertoskaner zur offiziellen D.-O.-C.-G.-Etikettierung. Der Chianti kann nun auch reinsortig oder mit einem Anteil von bis zu 15 % Cabernet Sauvignon, Merlot oder Syrah gekeltert werden.
Seit einigen Jahren wird eine Spezialität, der **Vin Santo,** wörtlich „heiliger Wein", wieder verstärkt produziert. Es ist dies ein Dessert- und Aperitifwein, der aus teilgetrockneten Trauben hergestellt wird.

D.-O.-C.- und D.-O.-C.-G.-Weine

Gebiet bzw. Wein	Weintyp	Hauptrebsorten
→ Barco Reale di Carmignano	rot	Sangiovese, Canaiolo, Cabernet Franc
→ Bianco di Pitigliano	weiß	Trebbiano
→ Bolgheri	rot/weiß/Vin Santo	Cabernet Sauvignon, Sangiovese, Trebbiano, Vermentino
→ Brunello di Montalcino	rot	Sangiovese Grosso
→ Capalbio	rot/weiß/Vin Santo	Sangiovese, Trebbiano
→ Carmignano	rot	Sangiovese, Canaiolo, Cabernet Franc
→ Chianti	rot	Sangiovese
→ Chianti Classico	rot	Sangiovese
→ Chianti Colli Aretini	rot	Sangiovese
→ Chianti Colli Fiorentini	rot	Sangiovese
→ Chianti Colli Senesi	rot	Sangiovese
→ Chianti Montalbano	rot	Sangiovese
→ Chianti Montespertoli	rot	Sangiovese
→ Chianti Rufina	rot	Sangiovese
→ Colli dell'Etruria Centrale	rot/weiß/Vin Santo	Sangiovese, Trebbiano
→ Cortona	rot/rosé/weiß/Vin Santo	Sangiovese
→ Elba	weiß/rot/Spumante/ Passito/Vin Santo	Sammelbezeichnung
→ Montecarlo	rot/weiß/Vin Santo	Sangiovese, Merlot, Cabernet Sauvignon, Trebbiano
→ Montecucco	rot/weiß	Sangiovese, Trebbiano, Vermentino
→ Montescudaio	rot/weiß	Sangiovese, Trebbiano

→ Morellino di Scansano	rot	Sangiovese
→ Moscadello di Montalcino	weiß/Frizzante	Moscato Bianco
→ Orcia	weiß/rot	Trebbiano Toscano, Sangiovese, Merlot
→ Pomino	rot/weiß/Vin Santo	Sangiovese, Chardonnay
→ Rosso di Montalcino	rot	Sangiovese Grosso
→ Rosso di Montepulciano	rot	Sangiovese (Prugnolo Gentile)
→ San Gimignano	rot/rosé/Vin Santo	Sangiovese, Canaiolo Nero, Trebbiano, Vernaccia di San Gimignano
→ Sant'Antimo	rot/weiß/Vin Santo	Sammelbezeichnung
→ Sassicaia (→ Bolgheri)	rot	Cabernet Sauvignon
→ Sovana	rosé/rot	Sangiovese, Cabernet Sauvignon, Aleatico, Merlot
→ Val di Cornia	rot/rosé/weiß/Passito	Sammelbezeichnung
→ Vernaccia di San Gimignano	weiß	Vernaccia di San Gimignano
→ Vino Nobile di Montepulciano	rot	Sangiovese (Prugnolo Gentile)
→ Vin Santo del Chianti	weiß/rot	Malvasia Bianca, Trebbiano
→ Vin Santo del Chianti Classico	weiß/rot	Malvasia Bianca, Trebbiano, Sangiovese
→ Vin Santo di Montepulciano	weiß/rot	Trebbiano, Sangiovese (Prugnolo Gentile), Malvasia Bianca

Weitere Weine: Ansonica Costa dell'Argentario (weiß; Ansonica Bianco), Bianco della Valdinievole (weiß; Trebbiano), Bianco dell'Empolese (weiß/Spumante/Vin Santo; Trebbiano), Bianco Pisano di San Torpè (weiß; Trebbiano), Candia dei Colli Apuani (weiß; Vermentino), Chianti Colline Pisane (rot; Sangiovese), Colli di Luni (rot/weiß; Sangiovese, Vermentino), Colline Lucchesi (rot/weiß/Vin Santo; Sangiovese, Merlot, Trebbiano, Vermentino, Sauvignon Blanc), Monteregio di Massa Marittima (rot/rosé/weiß/Vin Santo; Sammelbezeichnung), Parrina (rot/rosé/weiß; Sangiovese, Trebbiano, Chardonnay), Terratico di Bibbona (weiß/rosé/rot; Trebbiano Toscano, Vermentino, Sangiovese, Cabernet Sauvignon), Val d'Arbia (weiß/Vin Santo; Trebbiano), Valdichiana (weiß/Spumante/Frizzante; Sammelbezeichnung).

Tempio di San Biagio, Montepulciano

FRIAUL-JULISCH VENETIEN

Friuli-Venezia Giulia

Statistische Daten

- Weinbaugebiete: → Carso, → Collio Goriziano oder Collio, → Colli Orientali del Friuli, Friuli-Annia, Friuli-Aquileia, → Friuli-Grave, Friuli-Latisana, → Isonzo del Friuli, Lison-Pramaggiore (überregionales D.-O.-C.-Gebiet, das nach Venetien reicht).
- Gesamtrebfläche rund 19.600 Hektar.
- Jährliche Gesamtproduktion rund 1,1 Mio. Hektoliter.
- Rund 60 % Weißweine.

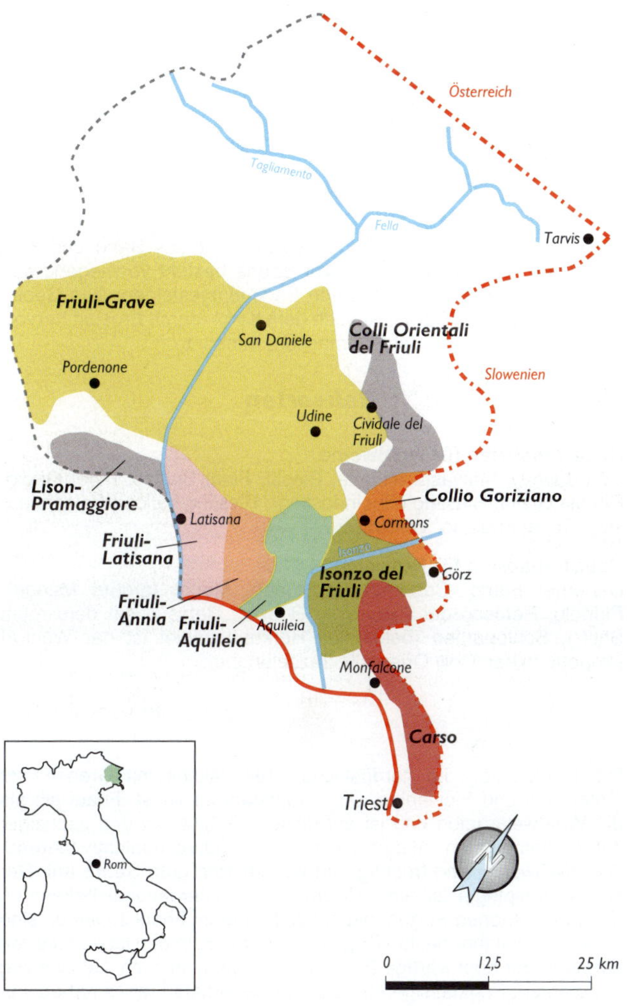
Österreich
Tagliamento
Fella
Tarvis
Friuli-Grave
San Daniele
Colli Orientali del Friuli
Pordenone
Slowenien
Udine
Cividale del Friuli
Lison-Pramaggiore
Collio Goriziano
Latisana
Cormons
Friuli-Latisana
Isonzo
Görz
Isonzo del Friuli
Friuli-Annia
Friuli-Aquileia
Aquileia
Monfalcone
Carso
Triest
Rom
0
12,5
25 km

Klima

Im Norden wird das Gebiet von den Karnischen und Julischen Alpen begrenzt, die den Weingärten in den Ebenen klimatischen Schutz bieten. In Kombination mit den Einflüssen des Mittelmeerklimas ergibt das ideale Bedingungen für den Weinbau.

Böden

Im Norden bestehen die Böden vorwiegend aus Sand und Kieselsteinen. Das Hügelland bis zur Ebene besteht vorwiegend aus Sand, Lehm, Kreide und marinen Sedimentgesteinen. Das Gebiet im Osten, nämlich Carso, ist nach dem Karst (durch Erosion hervorgetretene Lehm- und Schiefermassen) benannt.

Rebsorten

Hauptrebsorten für Weißweine
Chardonnay, Malvasia Istriana, Picolit, Pinot Bianco, Pinot Grigio, Ribolla Gialla, Riesling (Rheinriesling), Riesling Italico (Welschriesling), Tocai Friulano, Verduzzo.

Hauptrebsorten für Rotweine
Cabernet Franc, Cabernet Sauvignon, Merlot (größte Menge), Pignolo, Refosco dal Peduncolo Rosso („Refosco mit dem roten Stiel"), Schiopettino (bekanntes Herkunftsgebiet ist der Weinort Prepotto in den Colli Orientali), Tazzelenghe.

Die Region liegt im nordöstlichen Teil Italiens mit Grenzen zu Österreich und Slowenien. Die Hauptstadt ist Triest. Friaul gilt als die Weißweinregion und ist auf diesem Gebiet seit den sechziger Jahren gemeinsam mit dem Trentino und Südtirol qualitativ führend. Die Weißweine sind fruchtig und weisen eine gute Säure auf. Der Rebsortenspiegel ist eine Mischung aus international bekannten und autochthonen Sorten, die entweder nur im Friaul zu finden sind oder aber hier ihre besten Ergebnisse bringen. In den letzten Jahren hat auch der hochwertige Rotwein einen beachtlichen Aufschwung genommen. Erstklassige Merlots und Cabernets Francs haben von sich reden gemacht. Ebenfalls sind eine Vielzahl von weißen und roten Cuvées, oft in der Barrique ausgebaut, auf den Markt gekommen. In letzter Zeit erleben die traditionellen Dessertweine der Region, Picolit und Verduzzo, eine kleine Renaissance. Der **Verduzzo di Ramandolo** hat D.-O.-C.-G.-Status.

Im Gegensatz zu den anderen Regionen Italiens gibt es im Friaul keine einzelnen Weine, die D.-O.-C.-Status genießen, sondern die Region ist nahezu flächendeckend von D.-O.-C.-Gebieten überzogen. Besondere Aufmerksamkeit verdienen die zwei Gebiete **Collio Goriziano** an der Grenze zu Slowenien und **Colli Orientali del Friuli** um Udine. Die Weine weisen aufgrund der Bodenzusammensetzung und der klimatischen Gegebenheiten große Komplexität auf. Sie sind auch die teuersten der ganzen Region.
Im Flachland liegt das D.-O.-C.-Gebiet **Friuli-Grave.** Es ist die größte Weinbaufläche.

D.-O.-C.-Weine

Gebiet bzw. Wein	*Weintyp*	*Hauptrebsorten*
→ Carso	weiß/rot	Sammelbezeichnung
→ Collio Goriziano oder Collio	weiß/rot/Frizzante	Sammelbezeichnung
→ Colli Orientali del Friuli	weiß/rosé/rot	Sammelbezeichnung
→ Friuli-Grave	weiß/rosé/rot/ Frizzante/Spumante	Sammelbezeichnung
→ Isonzo del Friuli	weiß/rot/Spumante	Sammelbezeichnung

Weitere Weine: Friuli-Annia (weiß/rosé/rot/Frizzante/Spumante; Sammelbezeichnung), Friuli-Aquileia (weiß/rosé/rot; Sammelbezeichnung), Friuli-Latisana (weiß/rosé/rot/Frizzante; Sammelbezeichnung), Lison-Pramaggiore (weiß/rot/Spumante; Sammelbezeichnung).

VENETIEN
Veneto

Statistische Daten

- Weinbaugebiete: die Provinzen Padua, Treviso, Venedig, Verona (mit → Bardolino, → Valpolicella und → Soave) und Vicenza.
- Gesamtrebfläche rund 75.000 Hektar.
- Mehr als 15 % der Gesamtproduktion Italiens, das sind rund 8,6 Mio. Hektoliter pro Jahr.
- 47 % Rotweine.
- 53 % Weißweine.
- Landesweit die größte D.-O.-C.-Produktion.
- 75 % Export.

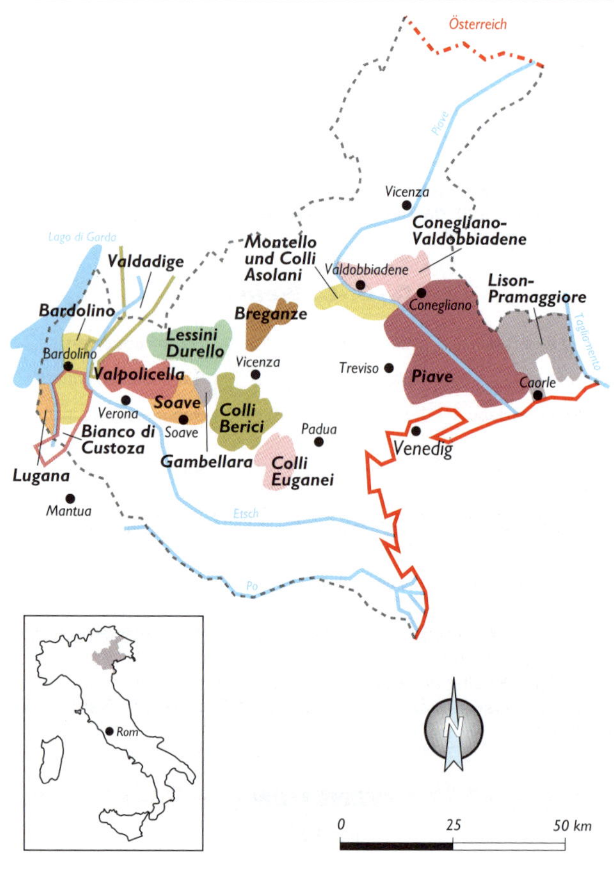

Klima

Gemäßigtes Klima im Landesinneren. Entlang der adriatischen Küste sind die Sommer heiß und schwül. An den Ufern des Gardasees herrschen besonders milde klimatische Bedingungen.

Böden

Außerordentlich fruchtbare Böden. Auf den Hügeln großteils vulkanisches Gestein und Kalkstein.

Rebsorten

Hauptrebsorten für Weißweine
Bianchetta Trevigiana, Chardonnay, Garganega, Malvasia, Pinot Bianco, Pinot Grigio, Prosecco, Sauvignon Blanc, Tocai, Trebbiano di Soave, Verduzzo, Vespaiola.

Hauptrebsorten für Rotweine
Cabernet Sauvignon, Corvina Veronese, Merlot, Molinara, Negrara, Pinot Nero, Raboso, Rondinella.

Die Region reicht von den Dolomiten bis zum Po und vom Gardasee bis nach Venedig und hier werden auch einige der bekanntesten Weine Italiens erzeugt. Dazu zählen der **Bardolino** (Bardolino Superiore und Bardolino Classico Superiore seit 2001 D.-O.-C.-G-Weine), der **Soave** (Soave Superiore seit Herbst 2001 D.-O.-C.-G.-Wein), der **Prosecco di Conegliano-Valdobbiadene** (sehr bekannter Schaumwein), der **Recioto** (Recioto di Soave seit 1998 D.-O.-C.-G.-Wein) und der **Amarone della Valpolicella.**
Seit kurzer Zeit entstehen nach Vorbild der Supertoskaner die Supervenetier, zumeist außerhalb der D.-O.-C.-Gebiete. Cabernet Sauvignon, Merlot und Syrah sowie lokale Rebsorten werden für die Herstellung dieser Weine verwendet. Bekannte Beispiele sind → La Poja, → Toar, → Alberto, → Rosso La Fabriseria. Viele dieser Weine werden nach der Ripassomethode hergestellt.
Insgesamt weist die Region 23 D.-O.-C.-Gebiete (inklusive Überschneidungen zu angrenzenden Regionen auf). Für die Erzeugung von D.-O.-C.- und D.-O.-C.-G-Weinen sind ca. 80 verschiedene Rebsorten zugelassen. Der überwiegende Teil der Weine wird aus traditionellen Reben gekeltert. Die größte Provinz ist Verona mit dem größten Anteil an D.-O.-C.-Weinen. In der Stadt Verona findet jährlich Italiens größte Weinmesse, die Vinitaly statt. An zweiter Stelle rangiert die Provinz Treviso.

D.-O.-C.- und D.-O.-C.-G.-Weine

Gebiet bzw. Wein	*Weintyp*	*Hauptrebsorten*
→ Arcole	weiß/rot/Spumante	Sammelbezeichnung
→ Bardolino	rot/rosé/Spumante	Corvina, Rondinella, Molinara
→ Bianco di Custoza	weiß/Spumante	Trebbiano Toscano, Garganega, Tocai friulano

→ Breganze	weiß/rot	Sammelbezeichnung
→ Colli Euganei	weiß/rot/Spumante/ Frizzante	Sammelbezeichnung
→ Conegliano Valdob-biadene	weiß/Frizzante/ Spumante	Prosecco
→ Gambellara	weiß/Spumante/Vino Santo	Garganega
→ Garda	weiß/rot/Spumante/ Frizzante	Sammelbezeichnung
→ Lison-Pramaggiore	weiß/rot/Spumante	Sammelbezeichnung
→ Lugana	weiß/Spumante	Trebbiano di Lugana
→ Piave oder Vini del Piave	weiß/rot	Sammelbezeichnung
→ Prosecco di Cone-gliano-Valdobbiadene	weiß/Spumante/ Frizzante	Prosecco
→ Recioto di Soave	weiß/Spumante/ Liquoroso	Garganega, Pinot Bianco, Trebbiano di Soave
→ Soave	weiß/Spumante/ Frizzante	Garganega, Pinot Bianco, Trebbiano di Soave
→ Valpolicella	rot/Spumante	Corvina, Rondinella, Molinara

Weitere Weine: Bagnoli di Sopra oder Bagnoli (weiß/rosé/rot/ Spumante), Colli Berici (weiß/rot/Spumante), Colli di Conegliano (weiß/rot/Passito), Garda Colli Mantovani (weiß/rosé/rot), Lessini Durello (weiß/Spumante; Durello), Merlara (weiß/rot/Frizzante), Montello und Colli Asolani (rot/weiß/Spumante/Frizzante), San Martino della Battaglia (weiß/Liquoroso; Tocai Friulano), Valdadige (weiß/rot/rosé), Vicenza (weiß/rot/rosé/Spumante).

Weingut Conti Guerrieri Rizzardi, Bardolino

SÜDTIROL UND TRENTINO

Alto Adige e Trentino

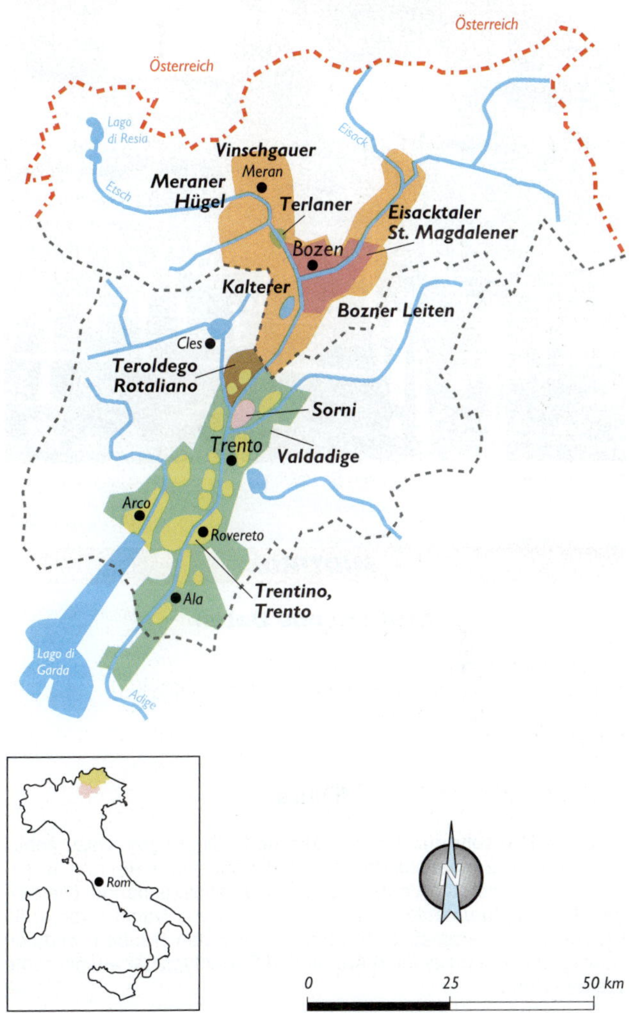

Kellerei St. Michael in Eppan, Lage St. Valentin

SÜDTIROL

Statistische Daten

- Gesamtrebfläche knapp 5.000 Hektar.
- Jährliche Gesamtproduktion rund 400.000 Hektoliter.
- Rund 95 % Qualitätsweine.
- Mehr als 65 % Rotweine.

Klima

Es herrschen sehr günstige klimatische Bedingungen. Dazu gehören die hohe Sonnenstundenanzahl, die günstigen Temperaturmittelwerte und die gute Verteilung der Niederschlagsmenge. Die großen Temperaturunterschiede zwischen Tag und Nacht fördern die Produktion von aromatischen Substanzen in den Trauben, wodurch Südtirol das Potenzial für in Aroma und Sortentypizität ausgeprägte Weine erhält.

Böden

Die Hochebene von Bozen besteht aus rotem Porphyr, einem Eruptivgestein.

Rebsorten

Hauptrebsorten für Weißweine
Chardonnay, Gewürztraminer, Goldmuskateller, Kerner, Müller-Thurgau (Rivaner), Riesling, Ruländer (Pinot Grigio), Sauvignon Blanc, Sylvaner, Weißburgunder, Welschriesling.

Hauptrebsorten für Rotweine
Blauburgunder, Cabernet Franc, Cabernet Sauvignon, Lagrein, Merlot, Rosenmuskateller (Moscato Rosa), Vernatsch (knapp 45 %; Schiava). Vereinzelt wird auch mit Zweigelt, Syrah und Petit Verdot experimentiert.

Die Weinbauregion Südtirol – die Provinz Bozen – verfügt über eine hoch spezialisierte Weinwirtschaft. In 52 von 116 Gemeinden wird erwerbsmäßig Weinbau betrieben. Das Prädikat „Weinbaugemeinde" verdienen aber insbesondere die Gemeinden Eppan, Kaltern, Bozen, Kurtatsch, Tramin, Salurn, Margreid, Neumarkt und Terlan, auf deren Territorien sich etwa 75 % der Gesamtrebfläche Südtirols konzentrieren.
Das Rebsortiment ist äußerst vielfältig. Das Spektrum reicht von einfachen Weinen aus der Vernatschrebe (knapp 50 %, in verschiedenen Spielarten), deren Produktion jedoch rückläufig ist, bis zu sehr interessanten Rot- und Weißweinen. Obgleich die Weine überwiegend reinsortig gekeltert werden, nimmt die Zahl der Cuvées ständig zu. Vor allem die Weißweine aus Chardonnay und den Burgundersorten haben in der letzten Zeit durch sorgfältige Vinifizierung von sich reden gemacht. Ähnliches gilt bei den Roten für Lagrein (dunkel), Cabernet Sauvignon und Merlot. Charakteristische Erziehungsmethode ist das Pergelsystem (Pergola), das zumeist dem Vernatsch und dem Lagrein vorbehalten bleibt. Für die Schaumweinerzeugung werden in erster Linie die Rebsorten Chardonnay und Pinot Bianco verwendet.
Die Kellereigenossenschaften haben mit einem Produktionsanteil von fast 70 % einen besonderen Stellenwert im Südtiroler Weinbau. Sie erzeugen neben guten und sehr guten Basisweinen auch Spitzenweine in großen Mengen.

D.-O.-C.-Weine

Gebiet bzw. Wein	*Weintyp*	*Hauptrebsorten*
→ Südtirol oder Südtiroler bzw. Alto Adige oder Dell' Alto Adige mit **Bozner Leiten, Meraner Hügel** und **St. Magdalener**	weiß/rosé/rot/ Schaumwein	Sammelbezeichnung
→ Südtiroler (mit der Unterbezeichnung) **Terlaner**	weiß/Schaumwein	Sammelbezeichnung
→ Südtiroler (mit der Unterbezeichnung) **Eisacktaler**	weiß/rot	Sammelbezeichnung
→ Südtiroler (mit der Unterbezeichnung) **Vinschgau**	weiß/rot	Sammelbezeichnung
→ Kalterer See oder Kalterer	rot	Vernatsch

TRENTINO

Die Heimat des Teroldego Rotaliano

Statistische Daten

- Gesamtrebfläche rund 8.800 Hektar.
- Jährliche Gesamtproduktion rund 830.000 Hektoliter.
- Rund 27 % Qualitätsweine.
- 60 % Weißweine.
- 40 % Rotweine.

Klima

Drei Klimazonen, nämlich Mittelmeerklima im Tal der Seen, subkontinentales Klima im Lager- und Etschtal sowie ausgeprägtes Alpenklima im Cembratal.

Böden

Auch die Böden sind unterschiedlich, Kristallgestein und Schiefer in den gebirgigen Landschaften der Dolomiten sowie des Ortlermassivs und kostbare Böden in den Flusstälern, vor allem entlang der Etsch.

Rebsorten

Hauptrebsorten für Weißweine
Chardonnay (mehr als 50 %), Müller-Thurgau (Rivaner), Nosiola (für Vino Santo), Pinot Grigio, Pinot Bianco.

Hauptrebsorten für Rotweine
Die am meisten angebaute rote Sorte ist die Schiava (Vernatsch) mit ihren verschiedenen Unterarten Schiava Gentile (Edelvernatsch) und Schiava Grigia (Grauvernatsch). Weiters Lagrein, Marzemino, Pinot Nero und Teroldego.

Die Provinz Trentino kann auf eine lange Weinbautradition zurückblicken. Schon die Etrusker haben im fünften bis siebten Jahrhundert v. Chr. den Weinbau hier gefördert. Seit 1874 überwacht und koordiniert die Landwirtschaftsschule von San Michele all'Adige den gesamten Weinbau in der Region.
Das Etschtal ist das Zentrum des Trentiner Weinbaus, es reicht von Trient bis Roveré. Von hier, aus dem Campo Rotaliano, einer Hochebene, stammt auch der berühmte **Teroldego.** Die Trentiner Schaumweine werden aus Chardonnaytrauben, der Vino Santo (im Sarcatal) aus der Rebsorte Nosiola hergestellt.

D.-O.-C.-Weine

Gebiet bzw. Wein	Weintyp	Hauptrebsorten
→ Kalterer See oder Kalterer	rot	Vernatsch
→ Teroldego Rotaliano	rot/rosé	Teroldego
→ Trentino (mit Sorni)	weiß/rot/Liquoroso/ Vino Santo	Sammelbezeichnung
→ Trento/Trient	Spumante	Chardonnay, Pinot Bianco, Pinot Nero, Pinot Meunier

Weitere Weine: Casteller (rot/rosé; Vernatsch, Enantio), Valdadige (weiß/rot/rosé; Sammelbezeichnung).

LIGURIEN
Liguria

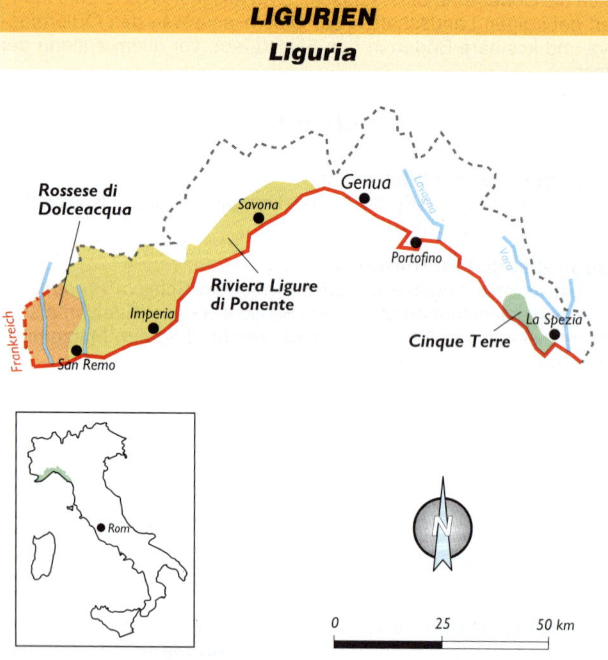

Statistische Daten

- Gesamtrebfläche rund 4.800 Hektar.
- Jährliche Gesamtproduktion rund 100.000 Hektoliter.
- 60 % Rotweine.

Klima

Vorwiegend mildes Klima.

Böden

Großteils Rot- oder Braunerden, im Osten mit Sand vermischte lehm- und kalkhaltige Böden, die fest und tief sind.

Rebsorten

Hauptrebsorten für Weißweine
Albarola, Bosco, Pigato, Trebbiano, Vermentino.

Hauptrebsorten für Rotweine
Barbera, Dolcetto, Freisa, Merlot, Rossese, Sangiovese.

Im südwestlichen Teil Norditaliens zwischen Ventimiglia und La Spezia erstreckt sich an der italienischen Riviera die Weinbauregion Liguria. Bedingt durch die Steilküste und die spärlichen Anbaumöglichkeiten im Hinterland (an den Hängen des Apennins), ist Ligurien eine der kleinsten Weinbauregionen Italiens. Der bekannte Weißwein Cinque Terre wird auch als Dessertwein erzeugt. Das Anbaugebiet des Rossese di Dolceaqua liegt im Westen Liguriens und erstreckt sich bis zur französischen Grenze. Obwohl der Name des Weines „dolce aqua“ eigentlich auf einen süßen Wein hinweist, handelt es sich um einen trockenen, fruchtigen Rotwein mit mildem Tannin.

D.-O.-C.-Weine

Gebiet bzw. Wein	*Weintyp*	*Hauptrebsorten*
→ Cinque Terre	weiß/Liquoroso	Bosco, Albarola, Vermentino
→ Riviera Ligure di Ponente	weiß/rosé/rot	Dolcetto, Rossese, Vermentino, Pigato
→ Rossese di Dolceacqua oder Dolceacqua	rot	Rossese

Weitere Weine: Colli di Luni (rot/weiß; Sangiovese, Vermentino, Trebbiano Toscano), Colline di Levanto (rot/weiß; Sangiovese, Vermentino), Golfo del Tigullio (weiß/rosé/rot/Spumante/Passito; Sammelbezeichnung), Pornassio (rot/Passito; Ormeasco), Val Polcèvera (weiß/rosé/rot/Frizzante/Spumante/Passito; Sammelbezeichnung).

EMILIEN

Emilia-Romagna

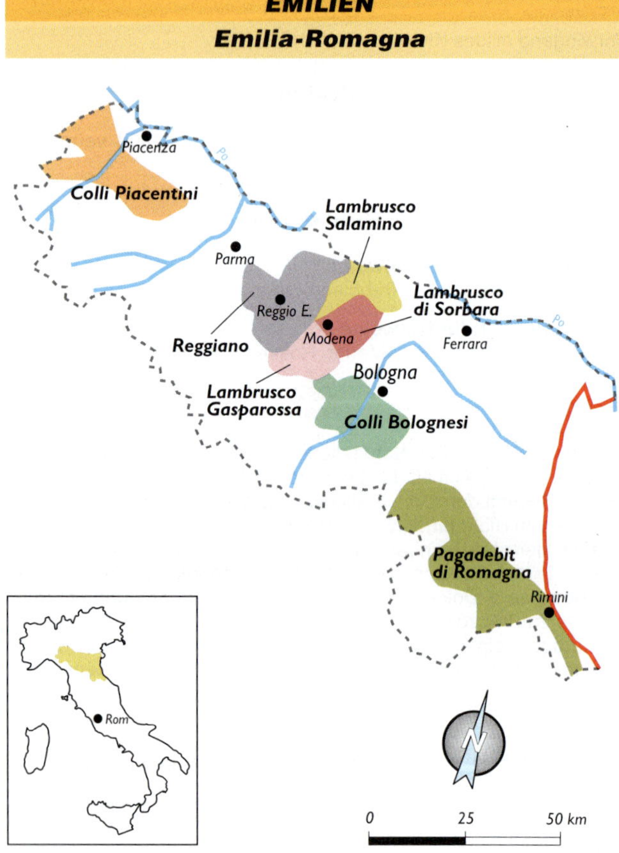

Der Lambrusco ist immer leicht prickelnd

Statistische Daten

- Gesamtrebfläche rund 58.000 Hektar.
- Jährliche Gesamtproduktion rund 7 Mio. Hektoliter.

Klima

An der Küste herrscht mildes Meeresklima, während im Landesinneren größere Temperaturschwankungen verzeichnet werden, mit im Verhältnis zu anderen Gebieten relativ kühlen Sommermonaten und eher kalten Wintern. Die Winter sind zudem feucht und nebelig.

Böden

Bei den Böden überwiegen Lehm, Mergel und Kalkstein. Die Schwemmlandebene entlang des Pos ist sehr fruchtbar.

Rebsorten

Hauptrebsorten für Weißweine
Albana, Bombino Bianco, Chardonnay, Malvasia Bianca di Candida Aromatica, Montuni del Reno, Sauvignon Blanc, Trebbiano Romagnolo.

Hauptrebsorten für Rotweine
Barbera, Bonarda, Cagnina, Cabernet Sauvignon, Gutturnio, Lambrusco (di Sorbara, Grasparossa, Maestri, Salamino), Merlot, Pinot Nero, Sangiovese.

Die Region Emilia-Romagna erstreckt sich von Piacenza über Parma, Modena, Bologna bis nach Ravenna. Sie liegt zwischen der Poebene im Norden und dem Apennin im Süden und bildet somit die Grenze zwischen Ober- und Mittelitalien. Wein wird vor allem in folgenden Teilgebieten angebaut: in der Emilia im Westen um die Städte Modena, Reggio, Parma und Piacenza. Von hier stammt der bekannte **Lambrusco,** den es in verschiedenen Typen und Geschmacksrichtungen gibt, von trocken bis süß sowie leicht prickelnd. Der überwiegende Teil sind Tafelweine, die unter der Bezeichnung Lambrusco dell'Emilia und Lambrusco di Modena vermarktet werden. Für Lambruscoweine mit D.-O.-C.-Prädikat (etwa 11 %) ist der künstliche CO_2-Zusatz verboten. Die zweite Anbauzone, Colli Piacentini, liegt im äußersten Nordwesten der Emilia südlich der Stadt Piacenza. Die dritte wichtige Anbauzone liegt in der Romagna südöstlich von Bologna über Faenza, Ravenna und Rimini bis hin zur Adria. Das Gebiet wird durch die drei Sortenweine **Albana di Romagna** (erster D.-O.-C.-G.-Weißwein Italiens), Sangiovese di Romagna und Trebbiano di Romagna bestimmt. Andere Anbaugebiete liegen rund um die niedrigen Hügel bei Parma und Bologna.

D.-O.-C.- und D.-O.-C.-G.-Weine

Gebiet bzw. Wein	*Weintyp*	*Hauptrebsorten*
→ Albana di Romagna	weiß/Passito	Albana
→ Colli Bolognesi	weiß/rot/Spumante/ Frizzante/Passito	Sammelbezeichnung
→ Colli Piacentini	weiß/rot/Spumante	Sammelbezeichnung
→ Lambrusco di Sorbara	rot/rosé	Lambrusco
→ Lambrusco Grasparossa di Castevetro	rot/rosé	Lambrusco
→ Pagadebit di Romagna	weiß/Frizzante	Bombino Bianco
→ Reggiano	rot/rosé	Lambrusco
→ Sangiovese di Romagna	rot	Sangiovese

Weitere Weine: Bosco Eliceo (weiß/rot/Frizzante; Merlot, Fortana, Trebbiano Romagnolo, Sauvignon Blanc), Cagnina di Romagna (rot; Cagnina), Colli Bolognesi Classico Pignoletto (weiß; Pignoletto), Colli di Faenza (weiß/rot; Chardonnay, Trebbiano Romagnolo, Pinot Bianco, Cabernet Sauvignon, Sangiovese), Colli d'Imola (weiß/rot; Sammelbezeichnung), Colli di Parma (weiß/rot/Frizzante/Spumante; Barbera, Malvasia, Sauvignon Blanc), Colli di Scandiano e di Canossa (weiß/rot; Sammelbezeichnung), Colli di Rimini (weiß/rot; Sammelbezeichnung), Lambrusco Salamino di Santa Croce (rot/rosé; Lambrusco), Reno (weiß/Frizzante; Albana, Trebbiano Romagnolo, Pignoletto), Romagna Albana Spumante (Spumante; Albana), Trebbiano di Romagna (weiß/Spumante/Frizzante; Trebbiano).

LOMBARDEI
Lombardia

Terrassenweinbau in der Franciacorta

Statistische Daten

- Gesamtrebfläche rund 27.000 Hektar.
- Jährliche Gesamtproduktion rund 1,3 Mio. Hektoliter.
- 44 % D.-O.-C.-Weine.
- 45 % Weißweine (inklusive der Grundweine für die Spumanteerzeugung).

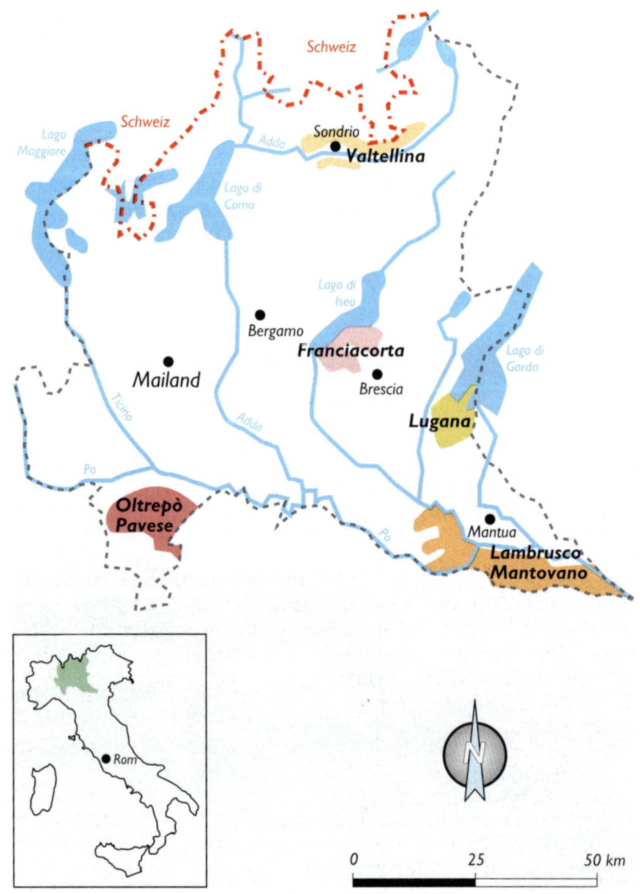

Klima

Im nördlichen Seengebiet mit dem Lago Maggiore, dem Como-, Iseo- und Gardasee herrscht mildes mediterranes Klima. Die norditalienische Tiefebene des Pos ist geprägt vom kontinentalen Klima mit sehr heißen, gegen Norden hin feuchten, ansonsten trockenen Sommern und kalten Wintern.

Böden

Vorwiegend Lehmböden.

Rebsorten

Hauptrebsorten für Weißweine
Chardonnay, Pinot Bianco, Riesling, Riesling Italico (Welschriesling), Sauvignon Blanc, Trebbiano.

Hauptrebsorten für Rotweine
Barbera, Cabernet Franc, Cabernet Sauvignon, Croatina, Merlot, Nebbiolo (Chiavennasca), Pinot Nero.

Zwischen dem Alpenbogen im Norden und dem Flusslauf des Pos im Süden befindet sich die Region Lombardia mit der Hauptstadt Mailand. Sie gehört zu den Regionen, in denen die rebsortenreinen Weine deutlich in der Minderheit sind und rote sowie weiße Mischsätze überwiegen.
Die Weingärten sind in der als **Veltlin** bekannten Zone, die an die benachbarte Schweiz angrenzt, terrassenförmig angelegt. Der → **Valtellina** ergibt in guten Jahren einen feinen Wein mit guter Frucht. Der Valtellina Superiore besitzt das D.-O.-C.-G.-Prädikat. Sassella gilt als die beste Anbauzone.
Im **Oltrepò Pavese** („jenseits des Pos zu Pavia gehörend"), dem größten Gebiet, gibt es eine Vielfalt von Weinen von unterschiedlichem Niveau. Neben stillen Rotweinen werden auch Perlweine, Dessertweine sowie trockene Weißweine bis hin zu qualitativ hochwertigen Schaumweinen erzeugt.
In der Provinz Brescia befinden sich die D.-O.-C.-Gebiete Bottocino, Capriano del Colle, Cellatica, Riviera del Garda Bresciano, Terre di Franciacorta und **Franciacorta.** Dieses Gebiet gehört zu den besten Weinbaugebieten Italiens, bekannt ist es vor allem für seine ausgezeichneten **D.-O.-C.-G.-Schaumweine** (seit 1995).

D.-O.-C.- und D.-O.-C.-G.-Weine

Gebiet bzw. Wein	*Weintyp*	*Hauptrebsorten*
→ Franciacorta	Schaumwein	Chardonnay, Pinot Bianco, Pinot Nero

→ Garda	weiß/rot/Spumante/ Frizzante	Sammelbezeichnung
→ Lugana	weiß/Spumante	Trebbiano
→ Oltrepò Pavese	weiß/rosé/rot/ Spumante/Liquoroso	Sammelbezeichnung
→ Terre di Franciacorta	weiß/rot	Cabernet Sauvignon, Cabernet Franc, Chardonnay, Pinot Bianco
→ Valtellina (Rosso della Valtellina)	rot	Nebbiolo (Chiavennasca)
→ Valtellina Superiore	rot	Nebbiolo (Chiavennasca)

Weitere Weine: Botticino (rot; Barbera, Schiava Gentile, Marzemino, Sangiovese), Capriano del Colle (weiß/rot; Trebbiano, Sangiovese, Marzemino), Cellatica (rot; Marzemino, Barbera), Garda Colli Mantovani (weiß/rosé/rot; Sammelbezeichnung), Lambrusco Mantovano (rot; Lambrusco), Riviera del Garda Bresciano (weiß/rosé/ rot/Spumante; Riesling, Groppello, Sangiovese), San Colombano al Lambro (rot; Croatina, Barbera, Uva rara), San Martino della Battaglia (weiß/Liquoroso; Tocai Friulano), Valcalepio (weiß/rot/Passito; Merlot, Cabernet Sauvignon, Moscato di Scanzo, Pinot Bianco, Chardonnay).

MARKEN
Marche

Statistische Daten

- Gesamtrebfläche rund 24.500 Hektar.
- Jährliche Gesamtproduktion durchschnittlich 1,7 Mio. Hektoliter.
- 75 % Weißweine.

Klima

Durch die vom Meerwind geschützte Lage ist das warme mediterrane Klima dieser Region besonders günstig für den Weinbau.

Böden

Die Böden sind kalk- und lehmhaltig.

Rebsorten

Hauptrebsorten für Weißweine
Bianchello, Malvasia, Pinot Bianco, Trebbiano, Verdicchio.

Hauptrebsorten für Rotweine
Barbera, Ciliegiolo, Lacrima, Merlot, Montepulciano, Pinot Nero, Sangiovese.

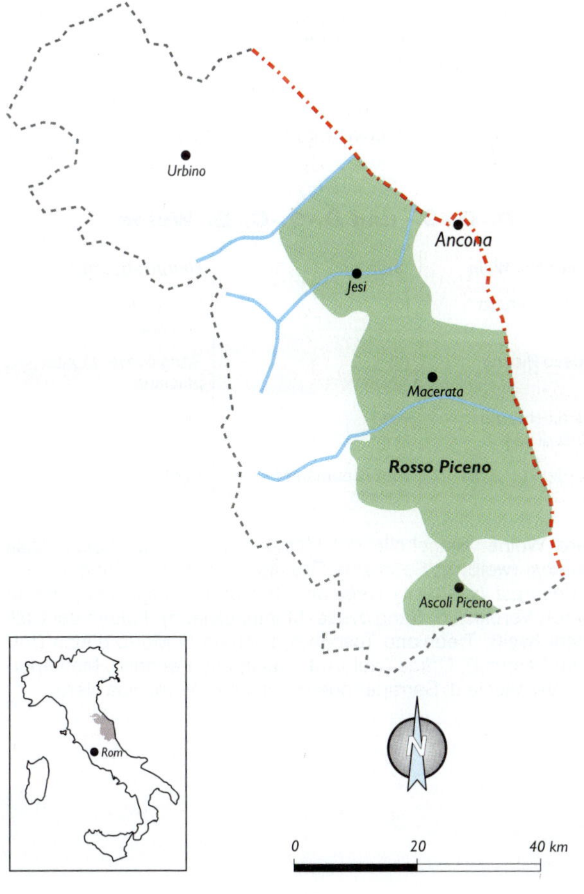

Längs der Adriaküste zwischen Rimini und Porto Ascoli östlich des Apennins und der Toskana erstreckt sich die Region Marche. Der Name geht auf den Ausdruck „Mark“ zurück, was so viel wie Provinz bedeutet. Die Hauptstadt ist Ancona. Landschaftlich ist Marken geprägt von den sanften Hügelausläufern des Apennins und den fruchtbaren Küstenebenen an der Adria.
Der bekannteste Weißwein ist der **Verdicchio** aus der gleichnamigen Rebsorte. Bekannt geworden durch die ungewöhnliche hellgrüne, vasenförmige Amphorenflasche. Er ist trocken und säurereich. Angebaut wird der Verdicchio in den beiden D.-O.-C.-Gebieten Verdicchio dei Castelli di Jesi, hier einer der meistproduzierten Weißweine, und Verdicchio di Matelica.
Einer der besten Rotweine der Marken ist der → Rosso Conero aus dem Anbaugebiet des Monte Conero. Ebenfalls bekannt ist der Rosso Piceno, der aus der Montepulcianotraube erzeugt wird.
Der rote Spumante Vernaccia di Serrapetrona weist ein D.-O.-C.-G.-Prädikat auf.

D.-O.-C.- und D.-O.-C.-G.-Weine

Gebiet bzw. Wein	*Weintyp*	*Hauptrebsorten*
→ Rosso Conero	rot	Montepulciano, Sangiovese
→ Rosso Piceno	rot	Sangiovese, Montepulciano
→ Verdicchio dei Castelli di Jesi	weiß	Verdicchio
→ Verdicchio di Matelica	weiß/Spumante/ Passito	Verdicchio

Weitere Weine: Bianchello del Metauro (weiß; Bianchello), Colli Maceratesi (weiß/rot/Spumante/Passito; Maceratino, Sangiovese), Colli Pesaresi (weiß/rot; Trebbiano Toscano, Sangiovese), Esino (weiß/rot; Verdicchio, Sangiovese, Montepulciano), Falerio dei Colli Ascolani (weiß; Trebbiano Toscano), Lacrima di Morro d'Alba (rot/ Passito; Lacrima), Offida (weiß/rot; Passerina, Pecorino, Montepulciano), Vernaccia di Serrapetrona (Spumante; Vernaccia Nera).

LATIUM

Lazio

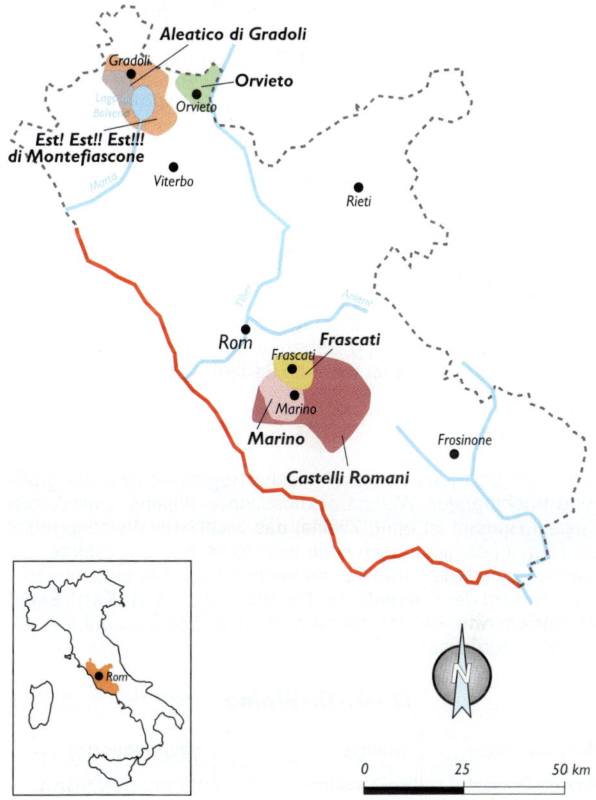

Statistische Daten

- Gesamtrebfläche rund 38.000 Hektar.
- Jährliche Gesamtproduktion durchschnittlich 3 Mio. Hektoliter.
- 20 % D.-O.-C.-Weine.
- 70 % Weißweine.
- 30 % Rotweine.

Klima

Mildes Klima. Sehr günstige mikroklimatische Bedingungen für den Weinbau an den verschiedenen Seen, z. B. am Lago di Bolsena.

Böden

Durchlässige Böden, teilweise vulkanischen Ursprungs, die sich sehr günstig auf den Weinbau auswirken.

Rebsorten

Hauptrebsorten für Weißweine
Bellone, Bombino Bianco, Chardonnay, Malvasia, Trebbiano.

Hauptrebsorten für Rotweine
Barbera, Cesanese, Merlot, Montepulciano, Sangiovese. In geringen Mengen auch Syrah und Cabernet Sauvignon. Sie gewinnen auch in dieser Region immer mehr an Bedeutung.

Die um Rom gelegene mittelitalienische Region ist eine der größten und fruchtbarsten Weinproduktionszonen Italiens. Das Gebiet → Castelli Romani ist ohne Zweifel das wichtigste Weinbaugebiet dieser Region, es gibt jedoch noch weitere 24 Weinbaugebiete. Sie alle weisen eine lange Tradition im Weinbau auf. Die bekanntesten Weißweine sind der **Frascati,** der **Marino** und der **Est! Est!! Est!!! di Montefiascone,** dessen Name nach einer Legende auf das 13. Jahrhundert zurückgeht.

D.-O.-C.-Weine

Gebiet bzw. Wein	*Weintyp*	*Hauptrebsorten*
→ Castelli Romani	weiß/rosé/rot	Malvasia, Trebbiano, Sangiovese, Montepulciano, Cesanese, Merlot, Nero Buono
→ Est! Est!! Est!!! di Montefiascone	weiß/Spumante	Trebbiano
→ Frascati	weiß/Spumante	Malvasia, Trebbiano
→ Marino	weiß/Spumante	Malvasia
→ Orvieto	weiß	Trebbiano, Verdello

Weitere Weine: Aleatico di Gradoli (rot/Liquoroso; Aleatico), Aprilia (weiß/rot; Trebbiano, Sangiovese, Merlot), Atina (rot; Cabernet Sauvignon), Bianco Capena (weiß; Malvasia, Trebbiano), Cerveteri (weiß/rosé/rot/Frizzante; Trebbiano, Sangiovese, Montepulciano), Cesanese di Affile (rot/Frizzante/Spumante; Cesanese), Cesanese di Olevano Romano (rot/Frizzante/Spumante; Cesanese), Cesanese del Piglio (rot/Frizzante/Spumante; Cesanese), Circeo (weiß/rosé/rot/Frizzante; Trebbiano, Malvasia, Merlot, Sangiovese), Colli Albani (weiß/Spumante; Malvasia), Colli Etruschi Viterbesi (weiß/rosé/rot/Frizzante/Passito; Sammelbezeichnung), Colli Lanuvini (weiß; Malvasia), Colli della Sabina (weiß/rosé/rot/Spumante/ Frizzante; Trebbiano, Malvasia, Sangiovese, Montepulciano), Cori (weiß/rot; Malvasia, Montepulciano, Nero Buono), Genazzano (weiß/rot; Malvasia, Sangiovese), Montecompatri Colonna (weiß/ Frizzante; Malvasia), Tarquinia (weiß/rosé/rot; Trebbiano, Malvasia, Sangiovese, Montepulciano), Velletri (weiß/rot/Spumante; Malvasia, Trebbiano, Sangiovese, Montepulciano), Vignanello (weiß/rosé/ rot/Spumante; Trebbiano, Malvasia, Sangiovese, Ciliegiolo, Greco), Zagarolo (weiß; Malvasia, Trebbiano).

UMBRIEN

Umbria

Statistische Daten

- Gesamtrebfläche rund 16.600 Hektar.
- Jährliche Gesamtproduktion rund 880.000 Hektoliter.

Klima

Ideale klimatische Bedingungen durch feuchte, kühle Winter und warme, trockene Sommer.

Böden

Ton- und kalkhaltige Böden.

Rebsorten

Hauptrebsorten für Weißweine
Chardonnay, Malvasia, Riesling Italico, Trebbiano, Verdello.

Hauptrebsorten für Rotweine
Canaiolo, Merlot, Montepulciano, Sagrantino, Sangiovese.

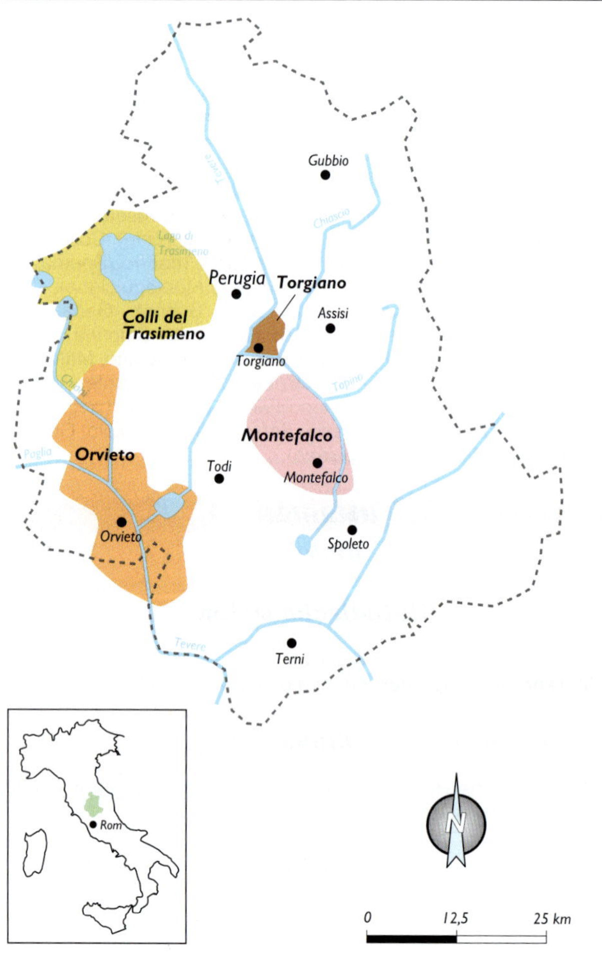
Gubbio
Tevere
Chiascio
Lago di Trasimeno
Perugia
Torgiano
Assisi
Colli del Trasimeno
Torgiano
Topino
Chiani
Montefalco
Paglia
Orvieto
Todi
Montefalco
Orvieto
Spoleto
Tevere
Terni
Rom
N
0
12,5
25 km

Inmitten der Halbinsel Italien liegt die Weinbauregion Umbria, ein relativ kleiner, hügeliger Landstrich zwischen der Toskana im Norden und Westen, Latium im Süden sowie Marken im Osten. Sie ist das grüne Herzstück Italiens. Am Trasimenischen See, dem größten Binnensee der Halbinsel, befinden sich die Colli del Trasimeno, ein D.-O.-C.-Anbaugebiet mit trockenen Weiß- und Rotweinen. Das Gebiet mit der ältesten Weinbautradition ist **Orvieto.** Hier wird der gleichnamige Wein, einer der bekanntesten Weißweine Italiens, erzeugt. Die Gegend um Orvieto ist eine der wenigen in Italien, wo auch Weine aus edelfaulen, von Botrytis (muffa nobile) befallenen Trauben hergestellt werden. Der **Torgiano Rosso Riserva** und der **Sagrantino di Montefalco,** beide D.-O-.C.-G.-Weine, gehören zu den besten Weinen Italiens.

D.-O.-C.- und D.-O.-C.-G.-Weine

Gebiet bzw. Wein	*Weintyp*	*Hauptrebsorten*
→ Colli del Trasimeno	weiß/rosé/rot/ Frizzante/Spumante	Sammelbezeichnung
→ Montefalco	weiß/rot	Grechetto, Trebbiano, Sangiovese, Sagrantino
→ Orvieto	weiß	Trebbiano, Verdello
→ Sagrantino di Montefalco	rot/Passito	Sagrantino
→ Torgiano	weiß/rosé/rot/ Spumante	Sammelbezeichnung
→ Torgiano Rosso Riserva	rot	Sangiovese

Weitere Weine: Assisi (weiß/rosé/rot; Trebbiano, Grechetto, Sangiovese, Merlot), Colli Altotiberini (weiß/rosé/rot; Trebbiano, Sangiovese), Colli Amerini (weiß/rosé/rot; Trebbiano, Malvasia, Sangiovese, Merlot), Colli Martani (weiß/rot; Trebbiano, Grechetto, Sangiovese), Colli Perugini (weiß/rosé/rot; Trebbiano, Sangiovese), Lago di Corbara (rot; Cabernet Sauvignon, Merlot, Pinot Nero, Sangiovese), Rosso Orvietano oder Orvietano Rosso (rot; Aleatico, Cabernet Sauvignon, Cabernet Franc, Canaiolo, Ciliegiolo, Merlot, Pinot Nero, Sangiovese).

SIZILIEN

Sicilia

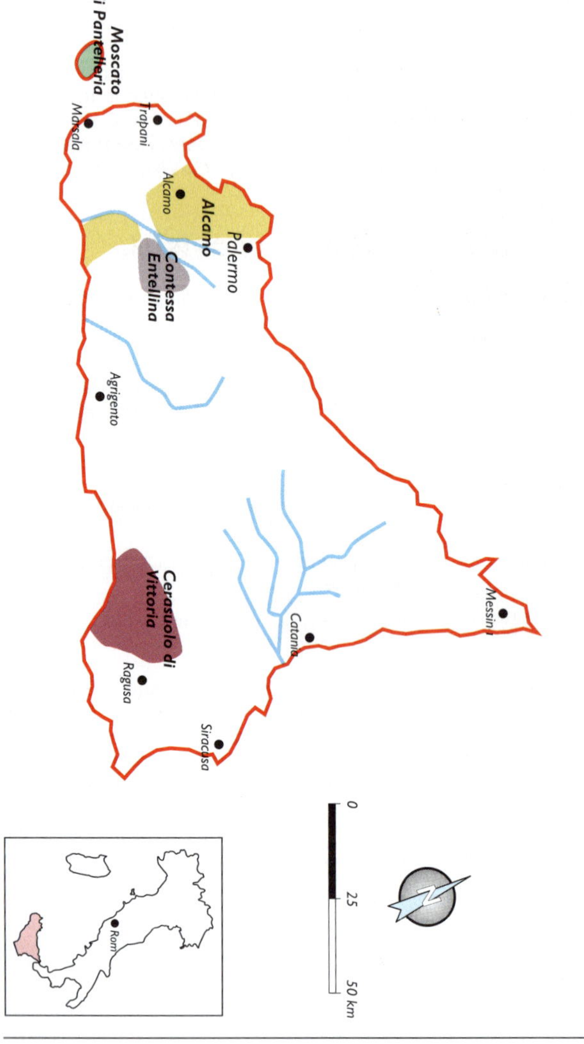
Moscato di Pantelleria
Trapani
Marsala
Alcamo
Alcamo
Palermo
Contessa Entellina
Agrigento
Cerasuolo di Vittoria
Ragusa
Siracusa
Catania
Messin
Rom
0
25
50 km

Zibibbo-Ernte für den Moscato di Pantelleria

Statistische Daten

- Gesamtrebfläche rund 112.000 Hektar (größte Weinbauregion Italiens).
- Jährliche Gesamtproduktion rund 7,2 Mio. Hektoliter.
- 80 % aus Genossenschaftskellereien, viele davon ohne Ursprungsbezeichnung.
- 4 % D.-O.-C.-Weine.
- 70 % Weißweine.

Klima

Heißes, mediterranes Klima. Oft sehr starke Winde. Der heiße, afrikanische Schirokko kann die Lufttemperatur bis 55 °C aufheizen, was dem Weinbau sehr schadet.

Böden

Großteils vulkanische Böden.

Rebsorten

Hauptrebsorten für Weißweine
Ansonica, Cataratto Commune, Cataratto Lucido, Chardonnay, Grillo, Inzolia, Moscato, Trebbiano.

Hauptrebsorten für Rotweine
Barbera, Calabrese (Nero d'Avola), Frappato, Nerello Cappuccio, Nerello Mascalese, Perricone.

Sizilien ist die größte Insel Italiens und wird durch die drei Kilometer breite Meerenge von Messina vom Festland getrennt.
Die Provinz Trapani weist eine Rebfläche von knapp 60.000 Hektar auf. Hier wird mehr Wein erzeugt als in irgendeiner anderen Provinz Italiens. Mehr als die Hälfte des Weines wird jedoch für die Destillation verwendet.
Mit dem Einzug moderner Kellertechnik und durch die Arbeit kreativer Önologen ist es gelungen, das alte Image von alkoholschweren, sperrigen Rotweinen und laschen Weißweinen zu ändern. Einige private Erzeuger, wie z. B. Planeta, stellen heute Weiß- und Rotweine her, die sich in die qualitative Spitze Italiens eingereiht haben. Diese Weine kommen jedoch meist als IGT-Weine auf den Markt.
Lange Zeit war man davon ausgegangen, dass unter den klimatischen Bedingungen Siziliens nur schwere, alkoholreiche, likörartige Verschnittweine für die Dessertwein- bzw. Wermutherstellung erzeugt werden können. Seit den fünfziger Jahren des vergangenen Jahrhunderts haben jedoch zahlreiche Bemühungen gezeigt, dass durch die Einführung neuer Erziehungsarten (Spalierform) sowie neuer Rebsorten aus anderen Regionen durchaus frische, fruchtige, trockene Qualitätsweine entstehen können.
Die wichtigsten sizilianischen Anbaugebiete für Qualitätswein sind Trapani mit dem bekannten Dessertwein **Marsala** und dem trockenen Weißwein Alcamo, das Ätnagebiet und die Anbauzonen um Siracusa und östlich von Ragusa. Vor allem die verschiedenen Moscato- und Malvasiaweine haben außerhalb der Insel Berühmtheit erlangt. Beispiele dafür sind der **Malvasia delle Lipari,** der → **Moscato di Pantelleria,** der **Moscato di Noto** und der **Moscato di Siracusa.**
Auf der Insel, die über die unterschiedlichsten Klimazonen und Anbaubedingungen verfügt, lassen sich mit Cabernet Sauvignon, Merlot und Syrah Weine in fast allen beliebigen Stilrichtungen erzeugen.

D.-O.-C.- und D.-O.-C.-G.-Weine

Gebiet bzw. Wein	*Weintyp*	*Hauptrebsorten*
→ Alcamo	weiß	Cataratto
→ Cerasuolo di Vittoria	rot	Frappato, Calabrese

→ Contessa Entellina	weiß/rosé/rot	Sammelbezeichnung
→ Moscato di Pantelleria	weiß/Spumante/Passito/Liquoroso	Zibibbo

Weitere Weine: Contea di Sclafani (weiß/rosé/rot/Spumante/Dessertwein; Sammelbezeichnung), Delia Nivolelli (weiß/rot/Spumante; Sammelbezeichnung), Eloro (rosé/rot; Nero d'Avola, Frappato, Pignatello), Etna (weiß/rosé/rot; Sammelbezeichnung), Faro (rot; Nerello), Malvasia delle Lipari (weiß/Passito/Liquoroso; Malvasia di Lipari), Marsala (siehe Versetzte Weine), Menfi (weiß/rot; Sammelbezeichnung), Monreale (weiß/rosé/rot; Sammelbezeichnung), Moscato di Noto (weiß/Spumante; Moscato Bianco), Moscato di Siracusa (weiß; Moscato), Sambuca di Sicilia (weiß/rosé/rot; Sammelbezeichnung), Santa Margherita di Belice (weiß/rot; Sammelbezeichnung), Sciacca (weiß/rosé/rot; Sammelbezeichnung).

KAMPANIEN
Campania

Weingärten in Pompeji mit Blick auf den Vesuv

Statistische Daten

- Gesamtrebfläche rund 41.100 Hektar.
- Jährliche Gesamtproduktion rund 1,7 Mio. Hektoliter.
- Nur 2,8 % D.-O.-C.-Weine.

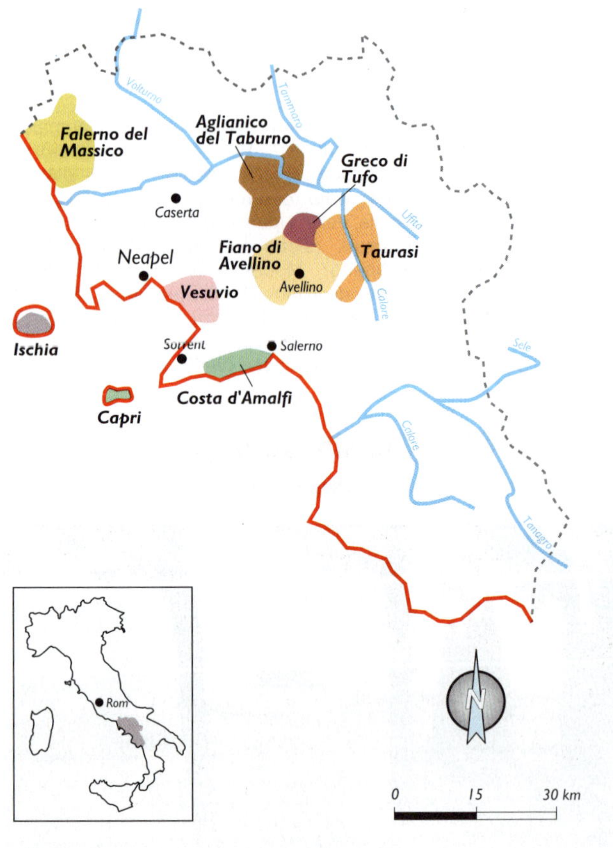

Klima

Außergewöhnlich mildes Klima, auch in den Wintermonaten sinkt die Temperatur nie unter null Grad.

Böden

Hauptsächlich vulkanische Böden, in den Hügeln von Avellino überwiegen schieferhaltige Tonböden.

Rebsorten

Hauptrebsorten für Weißweine
Coda di Volpe Bianca, Falanghina, Fiano, Forastera, Greco, Verdeca.

Hauptrebsorten für Rotweine
Aglianico, Piedirosso, Sangiovese.

Südlich von Latium und entlang der Küste des Tyrrhenischen Meeres bis zur Basilikata bzw. landeinwärts bis Molise und Apulien erstreckt sich die Weinbauregion Campania. Im Landesinneren werden eher körperreiche Rot- und Weißweine hergestellt. Im Küstengebiet und an den Hügeln des Vesuvs gedeihen fruchtige und frische Weißweinsorten.
Aus der Aglianicorebe wird einer der bedeutendsten Weine des italienischen Südens gekeltert, und zwar der D.-O.-C.-G.-Wein → **Taurasi.** Einer der bekanntesten und berühmtesten Weine mit großer lokaler Bedeutung in Kampanien ist der → Lacryma Christi del Vesuvio (vgl. → Vesuvio).
Kampanien wird weingeografisch in drei große Teilbereiche eingeteilt. Einerseits sind es die Inseln Ischia und Capri sowie der ihnen gegenüberliegende Küstenstreifen, andererseits das Gebiet um den Vesuv. Der dritte Bereich umfasst das Landesinnere mit den D.-O.-C.-G.-Weinen → **Greco di Tufo** und → **Fiano di Avellino** (Weißweine) sowie dem → Solopaca und dem schon erwähnten Taurasi.

D.-O.-C.- und D.-O.-C.-G.-Weine

Gebiet bzw. Wein	*Weintyp*	*Hauptrebsorten*
→ Aglianico del Taburno oder Taburno	weiß/rosé/rot/ Spumante	Sammelbezeichnung
→ Costa d'Amalfi	weiß/rosé/rot	Sammelbezeichnung
→ Falerno del Massico	rot	Aglianico, Piedirosso
→ Fiano di Avellino	weiß	Fiano
→ Greco di Tufo	weiß/Spumante	Greco
→ Ischia	weiß/rot/Passito/ Spumante	Sammelbezeichnung
→ Taurasi	rot	Aglianico
→ Vesuvio mit der Unterbezeichnung Lacryma Christi	weiß/rosé/rot/ Spumante/Liquoroso	Coda di Volpe, Verdeca, Piedirosso, Sciascinoso

Weitere Weine: Aversa (weiß/Spumante; Asprinio), Campi Flegrei (weiß/rot/Passito/Spumante; Falanghina, Piedirosso [Pér'e Palummo]), Capri (weiß/rot; Greco, Falanghina, Piedirosso), Castel San Lorenzo (weiß/rosé/rot/Spumante; Trebbiano, Malvasia, Moscato, Barbera), Cilento (weiß/rosé/rot; Sammelbezeichnung), Galluccio (weiß/rosé/rot; Falanghina, Aglianico), Guardia Sanframondi oder Guardiolo (weiß/rosé/rot/Spumante; Malvasia di Candia, Falanghina, Sangiovese, Aglianico), Penisola Sorrentina (weiß/rot/Frizzante; Sammelbezeichnung), Sannio (weiß/rosé/rot/Passito/Frizzante/ Spumante; Sammelbezeichnung), Sant'Agata de' Goti (weiß/ rosé/rot/Passito; Sammelbezeichnung), Solopaca (weiß/rosé/rot/ Spumante; Sammelbezeichnung).

KALABRIEN
Calabria

Statistische Daten

- Gesamtrebfläche rund 25.000 Hektar.
- Jährliche Gesamtproduktion durchschnittlich 880.000 Hektoliter.
- 5 % Qualitätsweine.
- 90 % Rotweine.

Klima

Sehr heißes, trockenes, mediterranes Klima.

Böden

Die Böden der Schwemmlandebenen sind grobkörnig und nicht sehr fruchtbar.

Rebsorten

Hauptrebsorte für Weißweine
Greco Bianco.

Hauptrebsorten für Rotweine
Gaglioppo, Greco Nero.

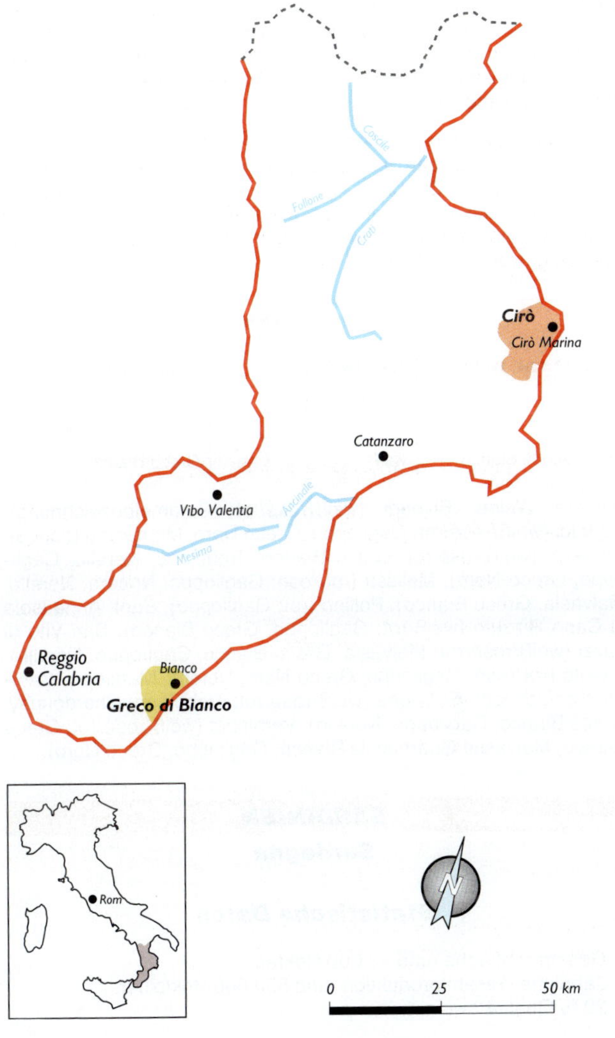
Coscile
Fullone
Crati
Cirò
Cirò Marina
Catanzaro
Vibo Valentia
Ancinale
Mesima
Reggio Calabria
Bianco
Greco di Bianco
Rom
N
0
25
50 km

Die Region Calabria, die so genannte Fußspitze des italienischen Stiefels, ist die südlichste Weinbauregion am Festland Italiens. Die Landschaft ist geprägt von den Südostausläufern des Apennins mit tief eingeschnittenen Tälern, in denen bis zu einer Höhe von 1.000 Metern Wein angebaut wird.

Besondere Beachtung verdient der rote → **Cirò** aus dem gleichnamigen D.-O.-C.-Gebiet an der Ostküste. Er ist angeblich ein Nachkomme des berühmten Cremissa, eines der ältesten Weine der Welt. In der Zeit, als dieses Gebiet unter griechischer Herrschaft war, soll er den Athleten angeboten worden sein, die bei den Olympischen Spielen gewonnen hatten.

D.-O.-C.-Weine

Gebiet bzw. Wein	*Weintyp*	*Hauptrebsorten*
→ Cirò	weiß/rosé/rot	Greco Bianco, Gaglioppo, Trebbiano
→ Greco di Bianco	weiß	Greco Bianco

Weitere Weine: Bivongi (weiß/rosé/rot; Sammelbezeichnung), Donnici (weiß/rosé/rot; Gaglioppo, Greco Nero, Montonico Bianco), Lamezia (weiß/rosé/rot; Greco Bianco, Trebbiano, Nerello, Gaglioppo, Greco Nero), Melissa (rot/rosé; Gaglioppo, Nocera, Nerello, Malvasia, Greco Bianco), Pollino (rot; Gaglioppo), Sant' Anna Isola di Capo Rizzuto (weiß/rot; Gaglioppo, Greco Bianco), San Vito di Luzzi (weiß/rosé/rot; Malvasia, Greco Bianco, Gaglioppo, Nerello), Savuto (rot/rosé; Gaglioppo, Greco Nero, Nerello, Magliocco Canino, Sangiovese), Scavigna (weiß/rosé/rot; Trebbiano, Chardonnay, Greco Bianco, Gaglioppo, Nerello), Verbicaro (weiß/rosé/rot; Greco Bianco, Malvasia, Guarnaccia Bianca, Gaglioppo, Greco Nero).

SARDINIEN
Sardegna

Statistische Daten

- Gesamtrebfläche rund 43.000 Hektar.
- Jährliche Gesamtproduktion rund 850.000 Hektoliter.
- 20 % Qualitätsweine.

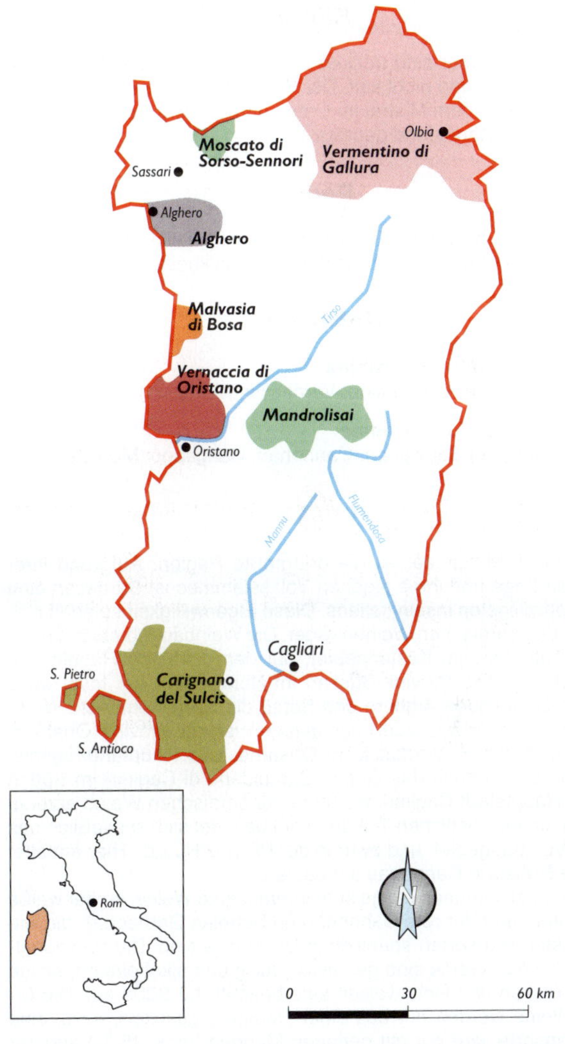
Moscato di Sorso-Sennori
Olbia
Vermentino di Gallura
Sassari
Alghero
Alghero
Malvasia di Bosa
Tirso
Vernaccia di Oristano
Mandrolisai
Oristano
Mannu
Flumendosa
Cagliari
S. Pietro
Carignano del Sulcis
S. Antioco
Rom
N
0
30
60 km

Klima

Die langen Sommer sind trocken und heiß, dabei aber windig. Die Winter sind kurz und nicht kalt. Der Weinbau wird von den dominierenden Winden, dem Mistral im Osten und den warmen Schirokkos im Süden, einschneidend geprägt.

Böden

Landschaftlich wird Sardinien von dem aus kristallinem Gestein bestehenden Gebirge geprägt. Es dominiert Kalkgestein.

Rebsorten

Hauptrebsorten für Weißweine
Nuragus, Pascale, Vermentino, Vernaccia di Oristano.

Hauptrebsorten für Rotweine
Bovale, Cabernet Sauvignon, Cannonau, Carignano, Monica.

Die Insel im Mittelmeer ist die drittgrößte Region. Aufgrund ihrer isolierten Lage und ihres eigenen Volksstammes ist Sardinien eine der eigenwilligsten Inseln Italiens. Diese Eigenwilligkeit spiegelt sich auch in den sardischen Weinen wider. Die Weinbaugebiete befinden sich größtenteils im Küstengebiet, auf den niedrigen Hügeln und im Flachland. Die Provinz Sassari im Nordwesten der Insel weist mit den Gemeinden Alghero und Sorso die ausgedehnteste Weinbaufläche auf. Etwas südlicher gelegen ist die Provinz Oristano, die Heimat des → Vernaccia di Oristano. Das Hauptanbaugebiet Sardiniens ist jedoch das Gebiet Campidano di Cagliari im Süden um die Hauptstadt Cagliari, wo 60 % der sardischen Weine erzeugt werden. Im nordöstlichen Teil der Insel befindet sich schließlich das vierte Weinbaugebiet, und zwar in der Provinz Nuoro. Hier entfaltet sich die Rebsorte Cannonau am besten.
Von der Insel stammen einige sehr interessante Weine, so der weiße Vermentino und der rote Cannonau (in Spanien Garnacha), die wie die meisten Rebsorten spanischen Ursprungs sind. Die traditionellen sardischen Weine sind gehaltvoll, füllig und alkoholreich, einige davon trocken und viele weisen eine beachtliche Süße auf. Die D.-O.-C.-Weine werden nur aus einer Rebsorte gekeltert, d. h., eine Hauptrebsorte wird nur mit geringen Mengen (max. 15 %) anderer Rebsorten verschnitten. Der Anteil an Qualitätsweinen steigt ständig. So gibt es seit 1998 auch einen D.-O.-C.-G.-Wein auf Sardinien, den → **Vermentino di Gallura.**

D.-O.-C.- und D.-O.-C.-G.-Weine

Gebiet bzw. Wein	Weintyp	Hauptrebsorten
→ Alghero	weiß/rosé/rot/ Frizzante/Spumante/ Passito/Liquoroso	Sammelbezeichnung
→ Cannonau di Sardegna	rot/rosé/Liquoroso	Cannonau
→ Moscato di Sorso Sennori	weiß/Liquoroso	Moscato Bianco
→ Nuragus di Cagliari	weiß/Frizzante	Nuragus
→ Vermentino di Gallura	weiß	Vermentino
→ Vermentino di Sardegna	weiß/Spumante	Vermentino
→ Vernaccia di Oristano	weiß/Liquoroso	Vernaccia di Oristano

Weitere Weine: Arborea (weiß/rosé/rot/Frizzante; Trebbiano, Sangiovese), Campidano di Terralba (rot; Bovale), Carignano del Sulcis (rot/rosé/Passito; Carignano), Girò di Cagliari (rot/Liquoroso; Girò), Malvasia di Bosa (weiß/Liquoroso; Malvasia di Sardegna), Malvasia di Cagliari (weiß/Liquoroso; Malvasia di Sardegna), Mandrolisai (rot/rosé; Bovale, Cannonau, Monica), Monica di Cagliari (rot/Liquoroso; Monica), Monica di Sardegna (rot/Frizzante; Monica), Moscato di Cagliari (weiß/Liquoroso; Moscato Bianco), Moscato di Sardegna (Spumante; Moscato Bianco), Nasco di Cagliari (weiß/Liquoroso; Nasco), Sardegna Semidano (weiß/Spumante/Passito; Semidano).

ABRUZZEN

Abruzzo

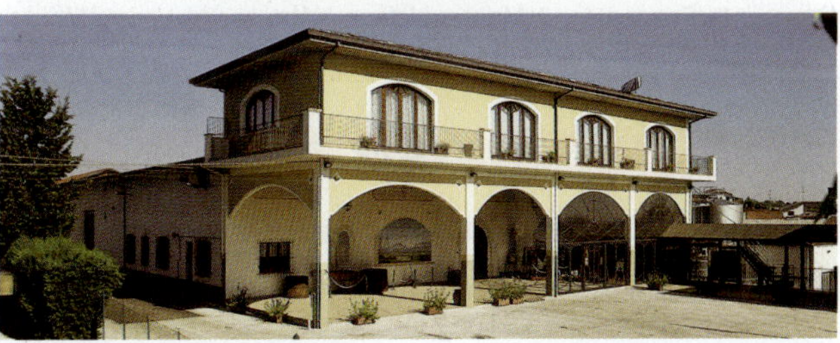

Weingut Illuminati in Controguerra

Statistische Daten

- Gesamtrebfläche rund 33.300 Hektar.
- Jährliche Gesamtproduktion rund 3,4 Mio. Hektoliter.

Klima

Das Klima ist vorwiegend mild, am Meer liegt die Jahresdurchschnittstemperatur zwischen 12 und 16 °C.

Böden

Vorwiegend Kalk- und Tonstein- sowie Sandsteinböden von mittlerer Körnung.

Rebsorten

Hauptrebsorte für Weißweine
Trebbiano.

Hauptrebsorte für Rotweine
Montepulciano.

Die Weinbauregion ist eine Hügellandschaft in Mittelitalien östlich von Rom an der Adriaküste. Die Weinreben wachsen auf sonnigen Hängen, die zum Meer abfallen. Großteils werden Tafelweine erzeugt. Die D.-O.-C.-Weine der Region sind der rote → Montepulciano d'Abruzzo und der weiße → Trebbiano d'Abruzzo. Der Cerasuolo Montepulciano d'Abruzzo ist ein Roséwein von kirschroter Farbe. Er gehört zu den am meisten erzeugten Weinen Italiens.

D.-O.-C.- und D.-O.-C.-G.-Weine: Controguerra (weiß/rot/Passito/Spumante/Frizzante), → Montepulciano d'Abruzzo (rot/rosé; Montepulciano), → Trebbiano d'Abruzzo (weiß; Trebbiano d'Abruzzo).

MOLISE

Statistische Daten

- Gesamtrebfläche rund 7.600 Hektar.
- Jährliche Gesamtproduktion rund 340.000 Hektoliter.
- 3,6 % Qualitätsweine.

Klima

Entlang der Küste herrscht mildes, mediterranes Klima.

Böden

Tonig-sandige Böden, die aufgrund des hohen Eisengehalts rötlich sind.

Rebsorten

Hauptrebsorten für Weißweine
Fiano, Greco, Trebbiano Toscano.

Hauptrebsorten für Rotweine
Aglianico, Barbera, Bombino Rosso, Montepulciano, Sangiovese.

Die Weinbauregion Molise bildet einen schmalen Streifen zwischen den Regionen Apulien und Abruzzen und ist eine der kleinsten Regionen des Landes. Der Großteil der Weine wird in der Region getrunken.

D.-O.-C.-Weine: → Biferno (weiß/rosé/rot; Trebbiano, Bombino, Montepulciano), Molise oder Del Molise (weiß/rot/Passito/Spumante), Pentro oder Pentro di Isernia (weiß/rosé/rot; Trebbiano, Bombino, Montepulciano, Sangiovese).

APULIEN
Puglia

Castel del Monte – das weithin sichtbare Wahrzeichen der Region

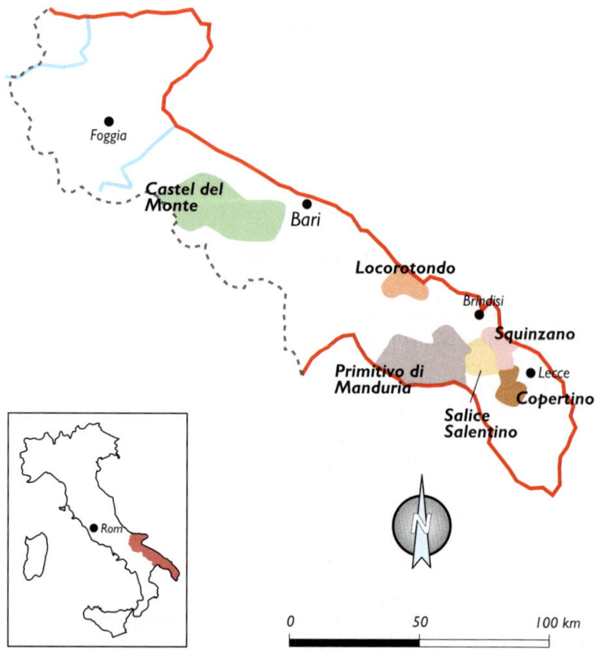

Statistische Daten

- Gesamtrebfläche rund 107.000 Hektar.
- Jährliche Gesamtproduktion rund 7 Mio. Hektoliter.
- Nur 10 % der Produktion werden in Flaschen abgefüllt.
- Nur 4 % Qualitätsweine.
- Mehr als 50 % aller italienischen Tafeltrauben stammen aus Apulien.

Klima

Im nördlichen Teil warmes, trockenes und zum Landesinneren hin etwas kühleres Klima. Im südlichen Teil heißes, trockenes Klima.

Böden

Leicht alkalische, ockerfarbene bzw. rote (eisenhältige) Böden.

Rebsorten

Hauptrebsorten für Weißweine
Bombino Bianco, Trebbiano Toscano, Verdeca.

Hauptrebsorten für Rotweine
Bombino Nero, Malvasia Nera, Montepulciano, Negro Amaro, Primitivo, Sangiovese, Uva di Troia.

Die Ferse des italienischen Stiefels ist eine große Region, deren Nordgrenze sich auf dem gleichen Breitengrad wie Rom befindet und die im Süden auf einer Höhe mit Korfu liegt. Die Roséweine aus Apulien zählen zu den besten Italiens. Sie werden nach dem Lacrimasystem gekeltert, bei dem nur der Seihmost vinifiziert wird. Einige Rotweine weisen ein exzellentes Potenzial auf. Das Weinbaugebiet lässt sich in zwei Gebiete gliedern. Der südliche Teil reicht vom Hafen Tarent am Ionischen Meer quer durch das Land nach Brindisi. Der nördliche Teil erstreckt sich großteils entlang der Küste.

D.-O.-C.-Weine

Gebiet bzw. Wein	*Weintyp*	*Hauptrebsorten*
→ Aleatico di Puglia	rot	Aleatico, Negro Amaro, Primitivo
→ Castel del Monte	weiß/rosé/rot	Sammelbezeichnung
→ Locorotondo	weiß/Spumante	Verdeca, Bianco d'Alessano
→ Primitivo di Manduria	rot/Liquoroso	Primitivo
→ Salice Salentino	weiß/rosé/rot/ Spumante/Liquoroso	Sammelbezeichnung

Weitere Weine. Alezio (rosé/rot; Negro Amaro), Brindisi (rosé/rot; div. Sorten), Cacc'e Mmitte di Lucera (rot; div. Sorten), Copertino (rosé/rot; Negro Amaro, Malvasia Nera), Galatina (weiß/rosé/rot/ Frizzante; Chardonnay, Negro Amaro), Gioia del Colle (weiß/rosé/ rot; Sammelbezeichnung), Gravina (weiß/Spumante; div. Sorten), Leverano (weiß/rosé/rot; Malvasia, Negro Amaro), Lizzano (weiß/ rosé/rot/Frizzante/Spumante; Sammelbezeichnung), Martina Franca (weiß/Spumante; Verdeca, Bianco d'Alessano), Matino (rosé/rot; Negro Amaro), Moscato di Trani (weiß; Moscato Bianco), Nardò (rosé/rot; Negro Amaro), Orta Nova (rosé/rot; Sangiovese),

Ostuni (weiß/rot; Impigno, Ottavianello), Rosso Barletta (rot; Uva di Troia), Rosso Canosa (rot; Uva di Troia), Rosso di Cerignola (rot; Uva di Troia, Negro Amaro), San Severo (weiß/rosé/rot; Bombino, Trebbiano, Montepulciano), Squinzano (rosé/rot; Negro Amaro, Malvasia Nera).

BASILIKATA
Basilicata

Statistische Daten

- Gesamtrebfläche rund 11.000 Hektar.
- Jährliche Gesamtproduktion rund 400.000 Hektoliter.
- Nur 3 % D.-O.-C.-Weine.

Klima

Heißes Klima mit wenig Niederschlag.

Böden

Böden vulkanischen Ursprungs.

Rebsorten

Hauptrebsorten für Weißweine
Asprino, Malvasia, Moscato.

Hauptrebsorte für Rotweine
Aglianico.

Die Region liegt im Süden Italiens zwischen Kampanien, Apulien und Kalabrien. Die Weine der Basilikata gedeihen vor allem an den Hängen des Monte Vulture, eines erloschenen Vulkans im nördlichen Teil der Region. Die besten Trauben reifen auf den vulkanischen Böden von Rionero und Barile.
Die zwei D.-O.-C.-Gebiete der Region sind → **Aglianico del Vulture** und **Terre dell' Alta Val d'Agri**. Der Rotwein Aglianico del Vulture wird aus der gleichnamigen Rebe hergestellt und gehört zu den besten süditalienischen Rotweinen. Die Anbautradition lässt sich bis in die Antike zurückverfolgen, wo sie bei den Griechen unter dem Namen Ellenicon bekannt war.

AOSTATAL

Val d'Aosta oder Vallée d'Aoste

Statistische Daten

- Mit rund 635 Hektar Gesamtrebfläche die kleinste Weinbauregion Italiens.
- Jährliche Gesamtproduktion durchschnittlich 18.000 Hektoliter.

Klima

Kontinentales Klima.

Böden

Vorwiegend sandig-tonige Böden.

Rebsorten

Hauptrebsorten für Weißweine
Blanc de Morgex, Moscato, Müller-Thurgau (Rivaner), Pinot Bianco, Pinot Grigio.

Hauptrebsorten für Rotweine
Dolcetto, Gamay, Nebbiolo, Petit Rouge.

Das Val d'Aosta ist die kleinste Weinbauregion Italiens und liegt im nordwestlichen Teil Italiens zwischen Piemont sowie der französischen und Schweizer Grenze. Die einzelnen Anbauzonen erstrecken sich entlang des Flusses Dora Baltea in Tausenden kleinsten Parzellen und reichen bis zu einer Höhe von 1.200 Metern an die Alpengletscher heran.
Nachdem es jahrelang nur zwei D.-O.-C.-Weine gab (Donnaz und Enfer d'Arvier), erhielten 1985 bzw. 1992 die meisten übrigen Anbaugebiete ebenfalls D.-O.-C.-Status. Sie sind unter der Bezeichnung → **Valle d'Aosta** oder **Vallée d'Aoste** zusammengefasst. Die besten Weine sind schlank, säure- und fruchtbetont. Bei den Rebsorten macht sich die Nähe zu Frankreich und zum Piemont bemerkbar. Eine Spezialität des Aostatals ist der aus halbgetrockneten Trauben gekelterte weiße Dessertwein „Malvasoisie des Nus“, der nur in geringen Mengen erzeugt wird und sehr gut lagerfähig ist.

Italienische Weine von A bis Z

Wie bereits ausgeführt, werden in Italien jährlich zwischen 50 und 55 Millionen Hektoliter Wein erzeugt. Es ist also nicht möglich, alle lokalen Weinsorten zu beschreiben – es sind zu viele. Demgemäß sahen wir uns gezwungen, eine Selektion zu treffen. Das anschließende Kapitel enthält die bekanntesten D.-O.-C.- und D.-O.-C.-G.-Weine sowie ausgewählte Weine, die kein Prädikat aufweisen. Bei den meisten Weinen finden Sie eine kleine Auswahl an Erzeugerbetrieben, die jedoch keineswegs Anspruch auf Vollständigkeit erhebt.

A

Acininobili – Venetien
Hervorragender, aus edelfaulen Trauben hergestellter Wein vom Weingut Maculan.

Aglianico del Taburno – Kampanien
D.-O.-C.-Gebiet in der Provinz Benevento. Rot- und Roséwein aus mind. 85 % Aglianicotrauben; kräftig, tanninbetont, mit leichter Brombeerfrucht; mind. 11,5 Vol.-%; Riserva 12 Vol.-% und Mindestreifezeit 36 Monate.
Bekannte Erzeuger sind u. a.: Cantina del Taburno, Fontanavecchia.

Aglianico del Vulture – Basilikata
D.-O.-C.-Gebiet in der Provinz Potenza. Rotwein aus Aglianicotrauben; kräftig, tanninbetont mit leichter Brombeerfrucht; mind. 11,5 Vol.-%; als Vecchio und Riserva 12,5 Vol.-% und Mindestreifezeit von einem Jahr; gute Lagerfähigkeit; hervorragende Jahrgänge waren u. a. 1993, 1994 und 1997.
Bekannte Erzeuger sind u. a.: Basilium, D'Angelo, Paternoster Tenuta la Querce.

Albana di Romagna – Emilien
D.-O.-C.-G.-Gebiet zwischen Bologna und Rimini. Weißwein aus Albanatrauben in den Sorten Secco, Amabile, Dolce und Passito; der Secco ist hell, trocken, mit leichtem Bittermandelgeschmack. Mindestens 11,5 Vol.-%.
Bekannte Erzeuger sind u. a.: Castellucio, Celli, Cesari, Ferrucci, Tre Monti, Zerbina.

Alberto – Venetien
Roter IGT-Wein aus Corvina- und Merlottrauben von Zenato.

Alcamo – Sizilien
D.-O.-C.-Gebiet in den Provinzen Palermo und Trapani. **Bianco** (mind. 60 % Cataratto, max. 40 % Ansonica oder Inzolia, 11 Vol.-%; auch als Spumante), **Bianco Classico** (mind. 80 % Cataratto Bianco Comune und/oder Cataratto Bianco Lucido, 11,5 Vol.-%), **Rosso** (mind. 60 % Calabrese oder Nero d'Avola, 11,5 Vol.-%; Novello 11 Vol.-%; Riserva 12 Vol.-%, Mindestreifezeit 25 Monate), **Rosato** (Traubenzusammensetzung ähnlich wie Rosso, 11 Vol.-%; auch als Spumante), **nach den Rebsorten benannte Weine, wie** Ansonica oder

Inzolia, Cataratto, Chardonnay, Grecanico, Grillo, Müller-Thurgau, Sauvignon, Calabrese oder Nero d'Avola, Cabernet Sauvignon, Merlot und Syrah, wobei 85 % der namengebenden Sorte enthalten sein müssen, 11–11,5 Vol.-%.
Bekannter Erzeuger ist Rapitalà.

Aleatico – Toskana
Roter IGT-Wein aus Aleaticotrauben; rubinrot, süß, nuancenreicher Rosenduft; nur in kleinen Mengen hergestellt.

Aleatico di Puglia – Apulien
D.-O.-C.-Gebiet, das die ganze Region Apulien umfasst. Rotwein aus Aleaticotrauben, wobei ein Zusatz von 15 % Negro Amaro, Malvasia Nera und Primitivo zulässig ist; aromatisch, süß, fruchtig, weich; mind. 13 Vol.-%, Mindestlagerzeit 4 Monate; Riserva 13 Vol.-%; Liquoroso 16 Vol.-%.
Bekannter Erzeuger ist Candido.

Alghero – Sardinien
D.-O.-C.-Gebiet in der Provinz Sassari. **Bianco** (10 Vol.-%; Frizzante und Spumante 11,5 Vol.-%; Passito 15 Vol.-%), **Rosso** (wie Bianco, nur rote Rebsorten, 11 Vol.-%; Novello und Liquoroso 11 Vol.-%, Mindestreifezeit 38 Monate; Liquoroso Riserva 11 Vol.-%, Mindestreifezeit 62 Monate; Spumante 11,5 Vol.-%), **Rosato** (Rebsorten wie Rosso, 10,5 Vol.-%; Frizzante 10,5 Vol.-%), **Torbato, Sauvignon Blanc, Chardonnay, Vermentino, Sangiovese** und **Cagnulari** (mind. 85 % der angegebenen Traubensorte, 11 Vol.-%), **Cabernet** (Cabernet-Sauvignon- und/oder Cabernet-Franc- und/oder Carmenèretrauben, 11,5 Vol.-%), **Sangiovese.**
Bekannte Erzeuger sind Cherchi und Sella & Mosca.

Altero – Toskana
Roter IGT-Wein aus Sangiovesetrauben (100 %) von Poggio Antico; mittlere Lagerfähigkeit.

Alto Adige
Vgl. → Südtirol.

Anghelu Ruju – Sardinien
Ausgezeichneter Dessertwein aus halb getrockneten Cannonautrauben, der ähnlich einem Portwein von Sella & Mosca hergestellt wird.

Angialis – Sardinien
Exzellenter Passito aus Nasco- und Malvasiatrauben vom Weingut Argiolas.

Piero **Antinori**
Weinerzeugerdynastie mit Sitz in Florenz. Mitbegründer der so genannten Supertoskaner, und zwar mit den Weinen **Tignanello** und **Solaia.** Im Besitz vieler namhafter Weingüter in verschiedenen Regionen des Landes, z. B. im Piemont (Prunotto), in Umbrien (Castello della Sala), in der Maremma (Tenuta Belvedere) und auf Sizilien.

Appassimento
Bezeichnung für das Trocknen der Trauben (z. B. auf Matten) für den Recioto.

Arborina – Piemont
Hervorragender Langhe-D.-O.-C.-Wein aus Nebbiolotrauben vom Weingut Elio Altare.

Arcole – Venetien
D.-O.-C.-Gebiet in der Provinz Verona. **Bianco** (mind. 50 % Garganega, 10,5 Vol.-%; Spumante 11 Vol.-%), **Rosso** (mind. 50 % Merlot, 11 Vol.-%; Novello 11 Vol.-%), **nach den Rebsorten benannte Weine, wie** Garganega, Pinot Bianco, Pinot Grigio, Chardonnay, Merlot und Cabernet Sauvignon, mit einem Anteil von mind. 85 % der namengebenden Traubensorte; 10,5–11,5 Vol.-%; Rotweine in Riservaqualität mit 12 Vol.-% und einer Mindestreifezeit von 24 Monaten.

Argiolas – Sardinien
Produzent sardischer Spitzenweine, wie Angialis und → Turriga.

Asti – Piemont
Bedeutende Weinstadt im Piemont, die für den süßen Schaumwein Asti Spumante und den → Moscato d'Asti bekannt ist.

Auhof – Südtirol
Sehr guter Rotwein aus Cabernet Sauvignon und Merlot von Baron Widmann.

Avvoltore – Toskana
Roter IGT-Wein aus Sangiovese- (75 %) und Cabernet-Sauvignon-Trauben (25 %) vom Weingut Moris Farms; gute Lagerfähigkeit.

B

Barbaresco – Piemont
D.-O.-C.-G.-Gebiet in den Gemeinden Barbaresco, Neive und Treiso sowie in Teilen der Gemeinde Alba in der Provinz Cuneo; 485 Hektar. Mit dem → Barolo einer der Spitzenweine des Piemont aus Nebbiolotrauben; kräftig, gut strukturiert, tief, deutliches Tannin mit guter Säure. Etwas leichter, dafür aber ausgewogener als Barolos. Langlebig in guten Jahren; mind. 12,5 Vol.-%, Mindestreifezeit 2 Jahre (davon 1 Jahr im Fass); als Riserva mindestens 4 Jahre; gute Lagerfähigkeit. Hervorragende Jahrgänge: 1985, 1988, 1989, 1990, 1997, 1998. Beste Lagen: Santo Stefano, Montefico, Montestefano, Martinenga, Asili, Rabajà, Pora, Rio Sordo und Sori Tildin. Traditionellerweise verwenden die meisten Weingüter große Holzfässer aus slawonischer Eiche, einige Güter auch Barrique-Fässer.
Bekannte Erzeuger sind u. a.: Bricco Asili, Castello di Neive, Fiorenza Nada, Angelo Gaja, Bruno Giacosa, Marchesi di Gresy, Moccagatta, Giorgio Pelissero, Pio Cesare, Produttori del Barbaresco, Prunotto, Bruno Rocca, Sottimano, La Spinetta, Traversa.

Barbera d'Alba – Piemont
D.-O.-C.-Gebiet in der Provinz Cuneo. Rotwein aus Barberatrauben; farbintensiv, körperreich, mit guter Säure, duftig; mind. 12 Vol.-%; als Superiore 12,5 Vol.-% und Mindestreife-

zeit 1 Jahr; gute Lagerfähigkeit. Hervorragende Jahrgänge: 1997, 1998.
Bekannte Erzeuger sind u. a.: Alessandria, Boglietti, Clerico, Conterno Aldo, Conterno Fantino, Conterno Giacomo, Angelo Gaja, E. Grasso, Silvio Grasso, Mascarello Mauro, Prunotto, Scavino, Vietti, Gianni Voerzio, Roberto Voerzio.

Barbera d'Asti – Piemont
D.-O.-C.-Gebiet in den Provinzen Alessandria und Asti. Rotwein aus mind. 85 % Barberatrauben; farbintensiv, körperreich, mit guter Säure, Kirschton; mind. 12 Vol.-%, Mindestreifezeit 4 Monate; durchschnittliche bis gute Lagerfähigkeit. Hervorragende Jahrgänge: 1997, 1998. Trägt die Zusatzbezeichnung Superiore ab einem Alkoholgehalt von 12,5 Vol.-% und nach 14-monatiger Lagerzeit. Von allen Barbera-Weinen ist dies der am meisten produzierte.
In den Unterzonen: **Barbera d'Asti Superiore Nizza** (mind. 85 % Barbera, 13 Vol.-%, Mindestreifezeit 20 Monate), **Tinella** (mind. 85 % Barbera, 13 Vol.-%, Mindestreifezeit 13 Monate) und **Colli Astiani** (mind. 90 % Barbera, 13 Vol.-%, Mindestreifezeit 23 Monate).
Bekannte Erzeuger sind u. a.: Marchesi Alfieri, La Barbatella, Bava, Bertelli, Boffa, Bologna, Brema, Bricco Mandalino, Cantina Sociale di Vinchio e Vaglio, Chiarlo, Luigi Coppo & Figli, L. Pavese, Prunotto, Occhetti, Rovero, Scagliola, Scarpa, Terre da Vino, Trinchero, Viarengo.

Barco Reale di Carmignano – Toskana
D.-O.-C.-Gebiet in der Provinz Prato. Rot- und Roséwein aus mind. 50 % Sangiovesetrauben, wobei ein Zusatz von max. 20 % Canaiolo Nero, 10–20 % Cabernet Franc und/oder Cabernet Sauvignon sowie max. 10 % Trebbiano Toscano und/oder Canaiolo Bianco und/oder Malvasia zulässig ist; jüngere Version des → Carmignano mit mind. 11 Vol.-%. Weiters gibt es den **Rosato di Carmignano** (11 Vol.-%), den **Vin Santo di Carmignano** (mind. 75 % Trebbiano Toscano und/oder Malvasia; Secco und Amabile, 13 Vol.-%) und den **Vin Santo di Carmignano Occhio di Pernice** (mind. 50 % Sangiovese, 14 Vol.-%).

Bardolino – Venetien
D.-O.-C.-Gebiet am Gardasee. Rotwein aus folgenden Trauben: 35–65 % Corvina, 10–40 % Rondinella, max. 10 % Negrara und bis zu 15 % andere Rebsorten; trocken, harmonisch, hellrubinrot mit fruchtigem Bukett. Bardolino aus der ältesten Anbauzone (das sind die Gemeinden Bardolino, Garda, Lazise, Affi, Costermano und Cavaion) darf die Bezeichnung Classico tragen. Mindestens 9,5 Vol.-%. Auch als Chiaretto, Novello und Chiaretto Spumante erhältlich.
Bekannte Erzeuger sind u. a.: Anselmi, Guerrieri-Rizzardi, Masi, Tommasi, Zenato.

Bardolino Superiore – Venetien
Bardolino mit D.-O.-C.-G.-Prädikat, das auch für den

Bardolino Classico Superiore gilt; mindestens 12 Vol.-%, Mindestreifezeit 24 Monate.

Barolo – Piemont
D.-O.-C.-G.-Gebiet in den Gemeinden Barolo, Castiglione Falletto, Serralunga, Monforte und La Morra in der Provinz Cuneo; zirka 1.450 Hektar. Neben dem → Barbaresco der beste Wein des Piemont; reinsortig aus Nebbiolotrauben hergestellt; in den besten Lagen ausgeprägtes Gleichgewicht von Tannin, Säure und Frucht. Trocken, voll, harmonisch. Im Duft oft an reife Pflaumen, Beeren, Veilchen, Tabak und Teer erinnernd. Es gibt deutliche Unterschiede zwischen den einzelnen Gemeinden und Lagen. In folgenden Gemeinden sind die besten Lagen:
In Serralunga und Monforte sind es Rionda und Bussia Soprana.
In Castiglione Falletto sind es Monprivato, Rocche und Villero.
In La Morra sind es Arborina, Brunate, Cerequio und Rocche.
In Barolo sind es Brunate und Cannubi.
Ebenso wie beim Barbaresco kommen sowohl große (meist aus slawonischer Steineiche) als auch kleine Eichenholzfässer zum Einsatz; mind. 13 Vol.-%, Mindestreifezeit 3 Jahre (2 Jahre davon im Fass); als Riserva mindestens 5 Jahre; gute bis sehr gute Lagerfähigkeit. Hervorragende Jahrgänge: 1982, 1985, 1988, 1989, 1990, 1997, 1998, 2000.
Bekannte Erzeuger sind u. a.: Abbazia dell'Annunziata, Elio Altare, Enzo Boglietti, Fratelli Brovia, Ceretto, Chiarlo, Domenico Clerico, Aldo Conterno, Conterno-Fantino, Fontanafredda, Angelo Gaja, Giacomo Conterno, Bruno Giacosa, Marchesi di Barolo, Bartolo Mascarello, Mauro Mascarello, Pio Cesare, Andrea Oberto, Pira & Figli, Prunotto, Rocche dei Manzoni, Luciano Sandrone, Paolo Scavino, G. D. Vajra, Vietti, Giovanni Voerzio, Roberto Voerzio.

Barthenau Vigna S. Urbano – Südtirol
Gilt als einer der besten Blauburgunder Italiens; vom Weingut J. Hofstätter in Tramin.

Batàr – Toskana
Hervorragender IGT-Weißwein aus Pinot-Bianco- und Chardonnaytrauben von Querciabella.

Bianco di Custoza – Venetien
D.-O.-C.-Gebiet westlich von Verona. Weißwein aus 20–45 % Trebbiano Toscano, 20–40 % Garganega, 20–40 % Tocai Friulano, 20–30 % Cortese, Malvasia Toscana, Riesling Italico, Pinot Bianco und Chardonnay; mind. 11 Vol.-%; mild, strohgelb, blumiges Bukett; relativ jung zu trinken. Auch als Spumante erhältlich.
Bekannte Erzeuger sind u. a.: Cavalchina, Corte Gardari, Le Tende, Le Vigne di San Pietro.

Bianco di Pitigliano – Toskana
D.-O.-C.-Gebiet in der Provinz Grosseto. Weißwein aus mind. 50–80 % Trebbiano Toscano, 15–30 % Greco, Malvasia Tos-

cana, Verdello, Chardonnay, Sauvignon Blanc, Pinot Bianco und Riesling Italico; mind. 11 Vol.-%, als Superiore 12 Vol.-%; hell, trocken, eher neutral im Geschmack; relativ jung zu trinken. Auch als Spumante erhältlich.
Bekannte Erzeuger sind u. a.: Cantina Sociale di Pitigliano, La Stellata, Bargagli, Sassotondo.

Biferno – Molise
D.-O.-C.-Gebiet in der Provinz Campobasso. **Bianco** (65–70 % Trebbiano Toscano, 25–30 % Bombino Bianco, 5–10 % Malvasia Bianca, 10,5 Vol.-%), **Rosso** (60–70 % Montepulciano, 15–20 % Trebbiano Toscano, 15–20 % Aglianico, 11,5 Vol.-%; Riserva 13 Vol.-%, Mindestreifezeit 36 Monate), **Rosato** (Rebsorten wie Rosso, 11,5 Vol.-%).
Bekannte Erzeuger sind u. a.: Borgo di Colloredo und Di Majo Norante.

Biondi-Santi
Renommierte Winzerfamilie in Montalcino mit dem Weingut „Tenuta Greppo“. 1888 füllte Ferruccio Biondi-Santi den ersten → Brunello di Montalcino ab. Lange Zeit war die Familie der alleinige Erzeuger dieses weltbekannten Rotweines.

Bolgheri – Toskana
D.-O.-C.-Gebiet in der Provinz Livorno mit derzeit rund 350 Hektar, 450 Hektar werden dazu ausgepflanzt. **Bianco** (10–70 % Trebbiano, Vermentino oder Sauvignon Blanc, 10,5 Vol.-%), **Vermentino** (mind. 85 % Vermentino, 10,5 Vol.-%), **Sauvignon** (mind. 85 % Sauvignon Blanc, 10,5 Vol.-%), **Rosato** (10–80 % Cabernet Sauvignon, max. 80 % Merlot, max. 70 % Sangiovese, 11,5 Vol.-%), **Rosso** (Rebsorten wie Rosato, 11,5 Vol.-%; Superiore 12,5 Vol.-%, Mindestreifezeit 2 Jahre), **Vin Santo Occhio di Pernice** (50–70 % Sangiovese, 16 Vol.-%), → **Sassicaia** (mind. 80 % Cabernet Sauvignon, 12 Vol.-%, Mindestreifezeit 2 Jahre).
Bekannte Erzeuger sind u. a.: Ca' Marcanda (Angelo Gaja), Caccia al Piano, Ceralti, Gualdo al Tasso, Grattamacco, Le Macchiole, Tenuta dell'Ornellaia, Enrico Santini, Tenuta San Guido, Michele Satta.

Borgo del Tiglio – Friaul-Julisch Venetien
Weingut im Friaul, das neben sehr guten Weißweinen den hervorragenden IGT-Wein Rosso della Centa (Merlot) herstellt.

Bozner Leiten – Südtirol
Vgl. → Südtiroler.

Brachetto d'Acqui – Piemont
D.-O.-C.-G.-Gebiet südlich von Asti. Auch als **Acqui** bezeichnet. Rot- und Roséwein aus Brachettotrauben; in geringen Mengen hergestellt; aromatisch, feine Frucht und Rosenbukett; deutliche Restsüße; mind. 11,5 Vol.-%. Auch als Spumante erhältlich.
Bekannte Erzeuger sind u. a.: Braida, Banfi, Correggia, Marenco, Scarpa.

Braida
Weingut der Familie Bologna in Rocchetta Tanaro. Giacomo Bologna (1990 verstorben) war der Schöpfer des ersten Barbera, der vollständig in der Barrique ausgebaut wurde. Bekannt sind die Barbera-Weine Bricco della Bigotta, Barbera d'Asti ai Suma und → Bricco dell'Uccellone.

Brancaia – Toskana
IGT-Wein aus Sangiovese, Merlot und Cabernet Sauvignon vom Weingut La Brancaia.

Breganze – Venetien
D.-O.-C.-Gebiet nördlich von Vicenza. **Bianco** (mind. 85 % Tocai Friulano, 11 Vol.-%; Superiore 12 Vol.-%), **Rosso** (mind. 85 % Merlot, 11 Vol.-%; Superiore 12 Vol.-%; Riserva Mindestreifezeit 24 Monate), **Cabernet** (Cabernet Franc und/ oder Cabernet Sauvignon und/ oder Carmenère), **nach den Rebsorten benannte Weine, wie** Cabernet Sauvignon, Pinot Nero, Marzemino, Pinot Bianco, Pinot Grigio, Chardonnay und Sauvignon Blanc, mit einem Anteil von mind. 85 % der namengebenden Rebsorte; bei den Sorten Vespaiolo und Torcolato sind keine Mindestwerte angegeben; 11 Vol.-%, Torcolato 14 Vol.-%; Superiorequalitäten 12 Vol.-%, Riservaqualitäten Mindestreifezeit 24 Monate.
Bekannte Erzeuger sind u. a.: Maculan, Due Santi, Miotti.

Bric oder **Bricco**
Erstklassiger Weinberg im Piemont.

Bricco dell'Uccellone
Ausgezeichneter, in der Barrique ausgebauter Barbera-IGT-Wein von → Braida.

Bricco Manzoni – Piemont
Sehr guter, in der Barrique ausgebauter IGT-Wein aus Nebbiolo- und Barberatrauben des Weingutes Rocche dei Manzoni in Monforte d'Alba.

Brunello di Montalcino – Toskana
D.-O.-C.-G.-Gebiet südlich von Siena. **Der** D.-O.-C.-G.-Rotwein der Toskana aus Sangiovese-Grosso-Trauben; erstmals 1888 von Ferruccio → Biondi-Santi abgefüllt, der im 19. Jahrhundert einen haltbaren Wein vor Augen hatte und sich zu einer reinsortigen Vinifizierung des Sangiovese statt des üblichen Mischsatzes entschloss. Derzeit gibt es etwa 200 Weingüter, die über eine zirka 1.800 Hektar große Weinbaufläche (inklusive Rosso di Montalcino) verfügen. Seit einigen Jahren gibt es Einzellagenweine, z. B. den Vigna del Fiore von Barbi, den Vigna della Pianrosso von Ciacci Piccolomini d'Aragona, den Schiena d'Asino von Mastrojanni, den Rennina und Sugarille von Pieve di Santa Restituta und den Vigna del Lago von Val di Suga.
Bedingt durch Höhenlage und Klima erweisen sich die Weine aus dem Süden von Montalcino als kraftvoll und alkoholreich; im Norden bestechen sie durch Eleganz, Raffinesse und Rasse. Für den Ausbau kommen sowohl große als auch kleine

Eichenholzfässer zum Einsatz. Die Weine sind gehaltvoll, körperreich, aromareich, komplex, tanninbetont und langlebig; mind. 12,5 Vol.-%, Mindestreifezeit 50 Monate (2 Jahre davon im Fass); als Riserva mindestens 62 Monate; sehr gute Lagerfähigkeit. Hervorragende Jahrgänge: 1985, 1988, 1990, 1993, 1995, 1997. Sehr gute Jahrgänge: 1982, 1987, 1991, 1994, 1996, 1998.
Bekannte Erzeuger sind u. a.: Altesino, Argiano, Banfi (größter Erzeuger mit 800 ha Rebfläche), Biondi-Santi, Campogiovanni, Caparzo, Casanova di Neri, Case Basse, Castelgiocondo, Castiglion del Bosco, Cerbaiona, Col d'Orcia, Constanti, Fattoi, Gorelli, Lambardi, Lisini, Mastrojanni, Siro Pacenti, Il Palazzone, Pertimali, Pian delle Vigne, Pieve di Santa Restituta, Poggio Antico, Poggio di Sotto, Poggione, Salvoni, Talenti, Valdicava, Val di Suga.

Bruno di Rocca – Toskana
Bekannter IGT-Rotwein aus Sangiovese- und Cabernet-Sauvignon-Trauben vom Weingut Vecchie Terre di Montefilie.

Bukkuram – Sizilien
Hervorragender → Moscato di Pantelleria von de Bartoli.

C

Il **Caberlot** – Toskana
Hervorragender roter IGT-Wein aus Cabernet Sauvignon und Merlot von Podere Il Carnasciale; sehr gute Lagerfähigkeit.

Cabreo „Il Borgo" – Toskana
Roter IGT-Wein aus Sangiovese (70 %) und Cabernet Sauvignon (30 %) von Tenute Ambrogio e Giovanni Folonari; gute Lagerfähigkeit.

Cà del Bosco – Lombardei
Hervorragender Erzeuger von D.-O.-C.-G.-Schaumweinen und IGT-Weinen.

Cà del Pazzo – Toskana
Roter IGT-Wein aus Sangiovese (50 %) und Cabernet Sauvignon (50 %) von Caparzo; mittlere Lagerfähigkeit.

Camartina – Toskana
Roter IGT-Wein aus Sangiovese (75–80 %) und Cabernet Sauvignon (20–25 %) von Querciabella.

Campo Fiorin – Venetien
Nach der Ripasso-Methode hergestellter Rotwein von Masi; gute Lagerfähigkeit.

Canneto – Basilikata
Exzellenter roter IGT-Wein, Aglianico-Auslese, von Fratelli d'Angelo; sehr gute Lagerfähigkeit.

Cannonau di Sardegna – Sardinien
D.-O.-C.-Gebiet, das die ganze Insel umfasst. Folgende Unterbezeichnungen sind möglich: **Oliena, Capo Ferrato** und **Jerzu.** Rot- und Roséweine aus mind. 90 % Cannonautrauben; mind. 12,5 Vol.-%, Mindestreifezeit 4 Monate; fruchtig, kräftig, dunkel, würzig; Riserva ab einem Alkoholgehalt von 13

Vol.-% und nach 25-monatiger Lagerzeit.
Bekannte Erzeuger sind u. a.: Argiolas, Cantina Sociale di Dolianova, Cantina Sociale di Dorgali, Cantina Sociale di Jerzu, Sella & Mosca.

Capalbio – Toskana
D.-O.-C.-Gebiet in der Provinz Grosseto. **Bianco** (mind. 50 % Trebbiano Toscano, 10,5 Vol.-%, Mindestreifezeit 2 Monate), **Rosso** (mind. 50 % Sangiovese, 11 Vol.-%, Mindestreifezeit 4 Monate; Riserva 12 Vol.-%, Mindestreifezeit 31 Monate), **Rosato** (mind. 50 % Sangiovese, 10,5 Vol.-%, Mindestreifezeit 2 Monate), **Vermentino** (mind. 85 % Vermentino, 11 Vol.-%, Mindestreifezeit 2 Monate), **Sangiovese** und **Cabernet Sauvignon** (mind. 85 % der angegebenen Sorte, 12 Vol.-%, Mindestreifezeit 4 Monate), **Vin Santo** (mind. 50 % Trebbiano Toscano, Secco und Amabile, 16 Vol.-%, Mindestreifezeit 36 Monate).

Capitel
In Venetien verwendete Bezeichnung für Lage.

Carema – Piemont
D.-O.-C.-Gebiet in der Provinz Turin. Rotwein, der in geringen Mengen aus mind. 85 % Nebbiolotrauben hergestellt wird; mind. 12 Vol.-%, Mindestreifezeit 36 Monate; als Riserva 48 Monate; fein, schlank, schöne Frucht und gute Säure; mittlere Lagerfähigkeit.
Bekannte Erzeuger sind u. a.: Produttori Nebbiolo di Carema, Ferrando.

Carmignano – Toskana
D.-O.-C.-G.-Gebiet in der Provinz Prato. Rotwein aus mind. 50 % Sangiovese, max. 20 % Canaiolo Nero, 10–20 % Cabernet Franc und/oder Cabernet Sauvignon (hier: Uva Francese); mind. 12,5 Vol.-% (auch als Riserva), Mindestreifezeit 19 Monate, 12 davon in Eichenholzfässern. Hervorragende Jahrgänge: 1988, 1990, 1992, 1998.
Bekannte Erzeuger sind u. a.: Fattoria Ambra, Capezzana, Le Farnete, Piaggia.

Carso – Friaul-Julisch Venetien
D.-O.-C.-Gebiet in den Provinzen Görz und Triest; Untergebiet Carso Terrano. **Rosso** (Terranotrauben, max. 30 % andere Sorten, 10 Vol.-%), **nach den Rebsorten benannte Weine, wie** Chardonnay, Malvasia (Malvasia Istriana), Pinot Grigio, Traminer, Vitovska, Sauvignon (Sauvignon Blanc), Cabernet Sauvignon, Cabernet Franc, Merlot, Terrano und Refosco dal Peduncolo Rosso, mit einem Anteil von 85 % der namengebenden Sorte; 10–11,5 Vol.-%.
Bekannte Erzeuger sind u. a.: Castelvecchio, Kante, Zidarich.

Casalferro – Toskana
Sehr guter roter IGT-Wein aus 100 % Sangiovesetrauben vom Castello di Brolio; gute Lagerfähigkeit.

Casòn Hirschprunn – Südtirol
Exzellenter Wein aus Merlot, Cabernet Sauvignon, Cabernet Franc sowie anderen Trauben

vom Weingut Hirschprunn/ Lageder in Margreid.

Castel del Monte – Apulien
D.-O.-C.-Gebiet westlich von Bari. **Bianco** (Pampanuto und/ oder Chardonnay und/oder Bombino Bianco sowie max. 35 % andere Trauben, 10,5 Vol.-%; auch als Frizzante erhältlich), **Rosso** (Uva di Troia und/oder Aglianico und/oder Montepulciano sowie max. 35 % andere Trauben, 12 Vol.-%; Riserva 12,5 Vol.-%, Mindestreifezeit 26 Monate), **Rosato** (Bombino Nero und/oder Aglianico und/ oder Uva di Troia sowie max. 35 % andere Trauben, 11 Vol.-%; auch als Frizzante erhältlich), **nach den Rebsorten benannte Weine, wie** Bombino Bianco, Chardonnay, Pinot Bianco, Sauvignon Blanc, Uva di Troia, Bombino Nero, Cabernet (aus Cabernet Sauvignon und Cabernet Franc), Pinot Nero und Aglianico (auch als Roséwein), mit einem Anteil von mind. 90 % der namengebenden Sorte; 10,5–12 Vol.-%; frisch, trocken und eher neutral.
Bekannte Erzeuger sind u. a.: Rivera, Santa Lucia, Torrevento.

Castelli Romani – Latium
D.-O.-C.-Gebiet südöstlich von Rom. **Bianco** (Malvasia und/oder Trebbiano, max. 30 % andere Trauben, 10,5 Vol.-%; Amabile und Frizzante 10,5 Vol.-%), **Rosso** (Sangiovese und/oder Montepulciano und/ oder Cesanese und/oder Merlot und/oder Nero Buono sowie max. 15 % andere Trauben, 11 Vol.-%; Novello, Amabile und Frizzante mit jeweils 11 Vol.-%) und **Rosato** (Rebsorten wie Rosso, 10,5 Vol.-%; Amabile 10,5 Vol.-%; Frizzante 10,5 Vol.-%).

Castello di Fonterutoli – Toskana
Exzellenter Chianti Classico Riserva aus Sangiovese (85 %) und Cabernet Sauvignon vom Castello di Fonterutoli; gute Lagerfähigkeit.

Cepparello – Toskana
Roter IGT-Wein aus 100 % Sangiovese von Isole e Olena; gute Lagerfähigkeit.

Cerasuolo di Vittoria – Sizilien
D.-O.-C.-G.-Gebiet in der Provinz Catania. Rotwein aus mind. 40 % Frappato, max. 60 % Calabrese sowie max. 10 % Grosso Nero und Nerello Mascalese; mind. 13 Vol.-%; trocken, fruchtig, leuchtend kirschrot.
Bekannte Erzeuger sind u. a.: Avide, COS, Valle d'Acate.

Cervaro della Sala – Umbrien
Exzellenter Chardonnay vom Castello della Sala (Antinori).

Chianti – Toskana
Weltberühmtes D.-O.-C.-G.-Gebiet mit 100 Anbaugemeinden in den Provinzen Florenz und Siena; jährlich werden ca. 750.000 Hektoliter erzeugt. Das Gebiet wird in die acht Anbauzonen → Chianti Classico, → Chianti Colli Aretini, → Chianti Colli Fiorentini, Chianti Colline Pisane, → Chianti Colli Senesi, → Chianti Montalbano, →

Chianti Montespertoli und → Chianti Rufina unterteilt. Chianti, der einen dieser Namen auf der Etikette trägt, muss auch in dieser Zone erzeugt worden sein. Die Unterteilung grenzt nicht nur verschiedene Terroirs gegeneinander ab, sondern entspricht auch den unterschiedlichen Produktionsbestimmungen und Weinbereitungstechniken. Daneben gibt es Markennamen mit eigenem Schutzsiegel, die sich auf Konsortien (Zusammenschlüsse von Weinproduzenten) beziehen. Die bekanntesten sind das Consorzio del Marchio Storico des → Chianti Classico sowie das Consorzio → Chianti Putto. Einige Produzenten füllen ihre Weine auch aus Einzellagen ab, wie z. B. Vigna Rancia von Felsina-Berardenga.

Der Chianti wird aus folgenden roten und weißen Rebsorten hergestellt: 75–100 % Sangiovese, max. 10 % Canaiolo Nero, max. 10 % Trebbiano Toscano und/oder Malvasia Bianca Lunga sowie bis zu 10 % rote Komplementärtrauben. Eine Besonderheit war und ist die Herstellungsmethode des Chianti. Früher wurde anstelle des heute oft durchgeführten biologischen Säureabbaus durch Zugabe von Most eine zweite Gärung **(Governo)** eingeleitet. Dies sollte den Geschmack des Weines runder und milder machen und ihm ein Prickeln verleihen.

Chianti ist immer rot und trocken. Die Farbe reicht von Hellrubinrot bis Granatrot. Er ist fruchtig, mit zartem Veilchenbukett und leichtem Brombeerton, anfangs leicht tanninhaltig, später weich und samtig. Mittlere Lagerfähigkeit. Hervorragende Jahrgänge: 1990, 1995. Sehr gute Jahrgänge: 1991, 1993, 1994, 1996, 1997, 1998.

Chianti, der im gesamten Gebiet produziert wurde, muss einen Alkoholgehalt von mindestens 11,5 Vol.-% und eine Mindestreifezeit von 4 Monaten aufweisen; Riserva 12 Vol.-%, Mindestreifezeit 26 Monate; Superiore 12 Vol.-%, Mindestreifezeit 7 Monate.

Chianti Classico – Toskana

Wichtigste Anbauzone und Kernstück des D.-O.-C.-G.-Gebietes Chianti mit zirka 7.200 Hektar. Sie beginnt nur wenige Kilometer südlich der Stadt Florenz und liegt in den Gemeinden Greve (mit Panzano), Castellina, Radda und Gaiole sowie in Teilen der Gemeinden San Casciano, Tavernelle, Barberino, Castelnuovo Berardenga und Poggibonsi.

Der Chianti Classico besteht aus 75–100 % Sangiovese, max. 10 % Canaiolo Nero, max. 6 % Trebbiano Toscano und/oder Malvasia Bianca Lunga sowie max. 15 % anderen Rebsorten, wie z. B. Cabernet Sauvignon, Merlot oder Syrah. Ab 2006 müssen die weißen Trauben weggelassen werden. In der Regel voller und extraktreicher als der „normale" Chianti; mind. 12 Vol.-% und Mindestreifezeit von 11 Monaten; als Riserva 12,5 Vol.-% und Mindestreifezeit von 29 Monaten; mittlere bis gute Lagerfähigkeit. Hervorragende

Jahrgänge: 1990, 1994, 1995. Sehr gute Jahrgänge: 1991, 1993, 1996, 1997, 1998, 1999.
Die Bepflanzungsdichte darf bei Neupflanzungen nicht weniger als 3.350 Stöcke pro Hektar betragen. Der durchschnittliche Ertrag liegt bei 40 hl/ha. Zwei Drittel der Produktion werden exportiert.
Bekannte Erzeuger sind u. a.: Antinori, Badia a Coltibuono, Le Boncie, Brolio (Barone Ricasoli), Carobbio, Castellare, Castell'in Villa, Castello di Ama, Castello di Cacchiano, Castello di Fonterutoli, Castello dei Rampolla, Castello di San Polo in Rosso, Castello di Uzzano, Castello Vicchiomaggio, Castello di Verrazzano, Castello di Volpaia, Collelungo, Corzano e Paterno, Dievole, Fattoria le Fonti, Felsina, Fontodi, Le Filigare, Il Mandorlo, Il Palazzino, Isole e Olena, La Massa, Monsanto, Nittardi, Querceto, Querciabella, Riciene, San Felice, Tenuta di Arceno, Tenuta di Nozzole, Valtellina, Villa Casale, Wilhelm-II Colombaio di Cencio.

Chianti Colli Aretini

– Toskana

Anbauzone im östlichen Teil des Chiantigebietes mit rund 1.000 Hektar in der Provinz Arezzo. Der Chianti Colli Aretini wird aus den vorgeschriebenen → Chianti-Traubensorten hergestellt; mittlerer Körper; jung zu trinken; 11,5 Vol.-%, Mindestreifezeit 4 Monate; Superiore 12 Vol.-%, Mindestreifezeit 7 Monate; Riserva 12,5 Vol.-%, Mindestreifezeit 26 Monate.
Bekannte Erzeuger sind u. a.: Fattoria di San Fabiano, Petrolo, Tenuta Sette Ponti, Villa Cilnia.

Chianti Colli Fiorentini

– Toskana

Anbauzone im Chiantigebiet mit zirka 950 Hektar, zum größten Teil in der Provinz Florenz. Der Chianti Colli Fiorentini wird aus den vorgeschriebenen → Chianti-Traubensorten hergestellt; sollte jung konsumiert werden; einige Riserva-Weine weisen eine beachtliche Qualität auf. 12 Vol.-%, Mindestreifezeit 7 Monate; Superiore 12 Vol.-%, Mindestreifezeit 7 Monate; Riserva 12,5 Vol.-%, Mindestreifezeit 26 Monate.
Bekannte Erzeuger sind u. a.: Le Calvane, Castelvecchio, Fattoria di Lilliano, Lanciola, Azienda Agricola La Querce, Ghizzano, Montellori.

Chianti Colli Senesi

– Toskana

Größte Anbauzone (um Siena) im südlichen Teil des Chiantigebietes mit zirka 3.700 Hektar; hier gibt es die meisten Überschneidungen mit anderen D.-O.-C.- und D.-O.-C.-G.-Gebieten, und zwar mit dem → Chianti Classico, dem → Vino Nobile di Montepulciano, dem → Brunello di Montalcino und dem → Vernaccia di San Gimignano. Die Weine weisen eine große Verschiedenartigkeit auf. Der Chianti Colli Senesi wird aus den vorgeschriebenen → Chianti-Traubensorten hergestellt; für den raschen Verbrauch bestimmt. 11,5 Vol.-%, Mindestreifezeit 4 Monate; Superi-

ore 12 Vol.-%, Mindestreifezeit 7 Monate; Riserva 12,5 Vol.-%, Mindestreifezeit 26 Monate.
Die wichtigsten Erzeuger sind u. a.: Amorosa, Castello della Farnetella, Fattoria del Cerro, Guicciardini Strozzi, Pietraserena, Poggio Salvi, La Lastra, Marciano.

Chianti Montalbano – Toskana
Chiantianbauzone im Nordwesten von Florenz, die sich teilweise mit dem D.-O.-C.-G.-Gebiet → Barco Reale di Carmignano überschneidet; zirka 400 Hektar. Der Chianti Montalbano wird aus den vorgeschriebenen → Chianti-Traubensorten hergestellt; leicht, weich und fruchtig; jung zu trinken; 11,5 Vol.-%, Mindestreifezeit 4 Monate; Superiore 12 Vol.-%, Mindestreifezeit 7 Monate; Riserva 12,5 Vol.-%, Mindestreifezeit 26 Monate.
Bekannte Erzeuger sind u. a.: Capezzana, Cooperativa Leonardo da Vinci.

Chianti Montespertoli – Toskana
Neu geschaffene Chiantizone südlich von Florenz, benannt nach dem gleichnamigen Städtchen; sie umfasst zirka 1.400 Hektar. Der Chianti Montespertoli wird aus den vorgeschriebenen → Chianti-Traubensorten hergestellt; 12 Vol.-%, Mindestreifezeit 7 Monate; Superiore 12 Vol.-%, Mindestreifezeit 7 Monate; Riserva 12,5 Vol.-%, Mindestreifezeit 26 Monate; darf auch unter der bisherigen Bezeichnung → Chianti Colli Fiorentini verkauft werden.
Bekannte Erzeuger sind u. a.: Castello di Poppiano, Montecastello, Parri, Sonnino, Tenuta La Cipressaia.

Chianti Putto
Bezeichnung für ein Konsortium, das Chianti-Weine aus allen D.-O.-C.-Gebieten, außer Classico, auf den Markt bringt und mit einem eigenen Siegel (traubenumkränzter Bacchus) schützt.

Chianti Rufina – Toskana
Anbauzone um die gleichnamige Stadt im nordöstlichen Teil des Chiantigebietes mit zirka 600 Hektar Rebfläche. Der Chianti Rufina wird aus den vorgeschriebenen → Chianti-Traubensorten hergestellt, er gehört zu den besten Chianti-Erzeugnissen. Einige Jahre gereifter Rufina besitzt Noblesse, Eleganz sowie Rasse und Kraft. Rufina zählt zu den langlebigsten Weinen des gesamten Chiantigebietes. 12 Vol.-%, Mindestreifezeit 7 Monate; Superiore 12 Vol.-%, Mindestreifezeit 7 Monate; Riserva 12,5 Vol.-%, Mindestreifezeit 26 Monate. Chianti Rufina ist nicht zu verwechseln mit den Chiantis der Firma Ruffino.
Bekannte Erzeuger sind u. a.: Fescobaldi, Selvapiana, Tenuta di Bossi, Travignoli.

Cialla – Friaul-Julisch Venetien
Untergebiet der → Colli Orientali del Friuli.

Cinque Terre – Ligurien
D.-O.-C.-Gebiet auf den steil ins Meer abfallenden Hängen

westlich von La Spezia. **Bianco** (mind. 40 % Boscotrauben, max. 40 % Albarola- und/oder Vermentinotrauben, 11 Vol.-%; duftig, fruchtig), **Costa de Sera, Costa de Campu** und **Costa da Posa** (Unterzonen, Weißweine aus für die Region zugelassenen Trauben, 11,5 Vol.-%), **Sciacchetrà** (Passito aus der gleichen Traubenzusammensetzung wie Bianco, 17 Vol.-%, Mindestreifezeit 12 Monate; Riserva 17 Vol.-%, Mindestreifezeit 36 Monate).
Bekannte Erzeuger sind u. a.: Walter De Battè, Bisson, Forlini e Capellini.

Cirò – Kalabrien
D.-O.-C.-Gebiet an der Ostküste. Das Classicogebiet umfasst nur die Gemeinden Cirò und Cirò Marina. Cirò wird überdies in Teilen der Gemeinden Melissa und Crucoli angebaut. **Bianco** (Greco Bianco, 11 Vol.-%), **Rosso** (Gaglioppo und max. 5 % Trebbiano Toscano und Greco Bianco, 12,5 Vol.-%, Mindestreifezeit 7 Monate; Superiore 13,5 Vol.-%; Riserva 13,5 Vol.-%, Mindestreifezeit 26 Monate; auch als Classico erhältlich), **Rosato** (Rebsorten wie Rosso, 12,5 Vol.-%).
Bekannte Erzeuger sind u. a.: Librandi, Fattoria San Francesco.

Colli Bolognesi – Emilien
D.-O.-C.-Gebiet in der Provinz Bologna sowie in Teilen der Provinz Modena. **Bianco** (60–80 % Albana und 20–40 % Trebbiano Romagnolo, Secco oder Abboccato, 10,5 Vol.-%), **nach den Rebsorten benannte Weine, wie** Barbera, Cabernet Sauvignon, Merlot, Sauvignon Blanc, Pignoletto (auch als Classico mit eigener DOC und 12 Vol.-%), Riesling Italico, Chardonnay und Pinot Bianco, mit mind. 85 % der namengebenden Sorte; 11–11,5 Vol.-%; Riserva bzw. Superiore 12 Vol.-%.
Bekannte Erzeuger sind u. a.: Beghelli, Floriano Cinti, Isola, La Mancina, Tizzano.

Colli dell'Etruria Centrale – Toskana
D.-O.-C.-Gebiet, das das gesamte Chiantigebiet umfasst. **Rosso** (mind. 50 % Sangiovese, max. 50 % Cabernet Sauvignon und/oder Cabernet Franc und/oder Merlot und/oder Pinot Nero und/oder Canaiolo Nero, 10,5 Vol.-%, Mindestreifezeit 3 Monate), **Rosato** (Trauben wie Rosso, 10,5 Vol.-%), **Bianco** (mind. 50 % Trebbiano Toscano, max. 50 % Malvasia Bianca Lunga und/oder Pinot Bianco und/oder Pinot Grigio und/oder Chardonnay und/oder Sauvignon Blanc und/oder Vernaccia di San Gimignano, 10 Vol.-%), **Novello** (mind. 50 % Sangiovese, max. 50 % Canaiolo Nero und/oder Merlot und/oder Gamay und/oder Ciliegiolo, 10,5 Vol.-%), **Vin Santo** (mind. 70 % Trebbiano Toscano und/oder Malvasia Bianca Lunga; Secco mit 14 Vol.-% und Amabile mit 13 Vol.-%, Mindestreifezeit 36 Monate; Riserva 48 Monate), **Vin Santo Occhio di Pernice** (mind. 50 % Sangiovese, 16 Vol.-%, Mindestreifezeit 36 Monate; Riserva 48 Monate).

Colli del Trasimeno – Umbrien
D.-O.-C.-Gebiet in der Provinz Perugia, auch **Trasimeno. Bianco** (mind. 40 % Trebbiano Toscano, mind. 30 % Grechetto und/oder Chardonnay und/oder Pinot Bianco und/oder Pinot Grigio, 10,5 Vol.-%, Mindestreifezeit 4 Monate), **Vino Santo** (Rebsorten wie Bianco, 14 Vol.-%, Mindestreifezeit 18 Monate), **Bianco Scelto** (mind. 85 % Vermentino und/oder Grechetto und/oder Chardonnay und/oder Pinot Grigio und/oder Pinot Bianco und/oder Sauvignon Blanc und/oder Riesling Italico, 11,5 Vol.-%, Mindestreifezeit 4 Monate), **Rosso** (mind. 40 % Sangiovese, mind. 30 % Ciliegiolo und/oder Gamay und/oder Merlot und/oder Cabernet Sauvignon, 11,5 Vol.-%, Novello 11 Vol.-%), **Rosso Scelto** (mind. 70 % Gamay und/oder Cabernet Sauvignon und/oder Merlot und/oder Pinot Nero, mind. 15 % Sangiovese, 12,5 Vol.-%, Mindestreifezeit 11 Monate), **Rosso Riserva** (Rebsorten wie Rosso Scelto, 12,5 Vol.-%, Mindestreifezeit 24 Monate), **Rosato** (Rebsorten wie Rosso, 11 Vol.-%, Mindestreifezeit 4 Monate), **nach den Rebsorten benannte Weine, wie** Grechetto, Merlot, Cabernet Sauvignon und Gamay, mit einem Anteil von mind. 85 % der namengebenden Sorte; 12,5 Vol.-%, Grechetto 11,5 Vol.-%; Mindestreifezeit 4 Monate; Riserva 13 Vol.-%, Mindestreifezeit 24 Monate.
Bekannte Erzeuger sind u. a.: Duca della Corgna, Il Poggio, La Fiorita, Pieve del Vescovo.

Colli Euganei – Venetien
D.-O.-C.-Gebiet in der Provinz Padua. **Bianco** (30–50 % Garganega, 10–30 % Prosecco, 20–40 % Tocai Friulano und/oder Sauvignon Blanc, 10,5 Vol.-%; Spumante 11 Vol.-%), **Pinot Bianco** (mind. 90 % Pinot Bianco, 11,5 Vol.-%; Spumante 11 Vol.-%), **Tocai Italico** (mind. 90 % Tocai Italico, 11 Vol.-%), **Moscato Bianco** (mind. 95 % Moscato Bianco, 10,5 Vol.-%; Spumante 10,5 Vol.-%), **Rosso** (60–80 % Merlot, 11 Vol.-%; Novello 11 Vol.-%; Riserva 12,5 Vol.-%, Mindestreifezeit 24 Monate), **Merlot** (mind. 90 % Merlot, 11 Vol.-%; Riserva 12,5 Vol.-%, Mindestreifezeit 24 Monate), **Cabernet Franc** (mind. 90 % Cabernet Franc, 11 Vol.-%; Riserva 12,5 Vol.-%, Mindestreifezeit 24 Monate), **Cabernet** (Cabernet Franc und/oder Cabernet Sauvignon, 11 Vol.-%; Riserva 12,5 Vol.-%, Mindestreifezeit 24 Monate), **Cabernet Sauvignon** (mind. 90 % Cabernet Sauvignon, 11 Vol.-%; Riserva 12,5 Vol.-%, Mindestreifezeit 24 Monate), **Fior d'Arancio** (mind. 95 % Moscato Giallo, 10,5 Vol.-%; Spumante 10,5 Vol.-%), **Chardonnay** (mind. 90 % Chardonnay, 10,5 Vol.-%; Spumante 11 Vol.-%), **Pinello** (mind. 90 % Pinello, 10,5 Vol.-%; Frizzante 10,5 Vol.-%), **Serprino** (mind. 90 % Proseccotrauben, 10,5 Vol.-%; Frizzante 10,5 Vol.-%).
Bekannte Erzeuger sind u. a.: Borin, Vignalta, Villa Sceriman.

Collio Goriziano oder **Collio** – Friaul-Julisch Venetien D.-O.-C.-Gebiet an der slowenischen Grenze bei Gorizia (Görz) bzw. Cormons. **Bianco** (weiße, zugelassene Traubensorten, max. 20 % Müller-Thurgau und Traminer Aromatico, 11 Vol.-%), **Rosso** (rote, zugelassene Traubensorten, 11,5 Vol.-%), **nach den Rebsorten benannte Weine, wie** Cabernet Sauvignon, Cabernet Franc, Merlot, Pinot Nero, Pinot Grigio, Pinot Bianco, Tocai Friulano, Malvasia, Ribolla, Traminer Aromatico, Chardonnay, Müller-Thurgau, Riesling, Riesling Italico, Sauvignon Blanc und Picolit, mit einem Anteil von 95 % der namengebenden Sorte; 11,5 Vol.-%, Ribolla 11 Vol.-% und Picolit 14 Vol.-%; Riserva 12 Vol.-%.
Bekannte Erzeuger sind u. a.: Borgo Conventi, Borgo del Tiglio, Castello di Spessa, Collavini, Conti Attems, Marco Felluga, Franco Toros, Josko Gravner, Renato Keber, La Castellada, Livon, Primosic, Princic, Radikon, Ronco del Gnemiz, Villa Russiz, Russiz Superiore, Mario Schiopetto, Venica & Venica, Tenuta Villanova, Vinnaioli Jermann, Zuani.

Colli Orientali del Friuli – Friaul-Julisch Venetien D.-O.-C.-Gebiet im friulanischen Hügelland in der Provinz Udine, mit den Untergebieten → Colli Orientali del Friuli-Cialla, → Colli Orientali del Friuli-Ramandolo und → Colli Orientali del Friuli-Rosazzo. **Bianco, Rosso** und **Rosato** (11 Vol.-%), **Cabernet** (mind. 85 % Cabernet-Franc- und/oder Cabernet-Sauvignon-Trauben, 11 Vol.-%), **nach den Rebsorten benannte Weine, wie** Cabernet Franc, Cabernet Sauvignon, Merlot, Pignolo, Pinot Nero, Refosco dal Peduncolo Rosso, Schioppettino, Tazzelenghe, Pinot Grigio, Pinot Bianco, Tocai Friulano, Malvasia (Malvasia Istriana), Ribolla Gialla, Traminer Aromatico, Chardonnay, Riesling, Sauvignon Blanc, Picolit und Verduzzo Friulano, mit einem Anteil von 85 % der namengebenden Sorte; 11 Vol.-%, Picolit 14 Vol.-%; Superiore 11,5 Vol.-%, Picolit 14,5 Vol.-%. Riservaqualitäten haben eine Mindestlagerzeit von 24 Monaten.
Bekannte Erzeuger sind u. a.: Rocca Bernarda, Dri, Walter Filiputti, Livio Felluga, Girolamo Dorigo, Le Due Terre, Meroi, Ronchi di Manzano, Roberto Scubla, Torre Rosazza.

Colli Orientali del Friuli-Cialla – Friaul-Julisch Venetien D.-O.-C.-Gebiet im Norden der Gemeinde Prepotto. **Picolit** (Amabile oder Dolce, mind. 15 Vol.-%, Mindestreifezeit 22 Monate; Riserva Mindestreifezeit 50 Monate), **Verduzzo Friulano** (Secco, Amabile oder Dolce, 12 Vol.-%, Mindestreifezeit 22 Monate; Riserva Mindestreifezeit 50 Monate), **Ribolla Gialla** (mind. 12 Vol.-%, Mindestreifezeit 10 Monate; Riserva Mindestreifezeit 50 Monate), **Refosco dal Peduncolo Rosso** (mind. 12 Vol.-%, Mindestreifezeit 34 Monate; Riserva Mindestreifezeit 50 Monate), **Schioppettino** (mind. 12 Vol.-%, Mindestreifezeit 34 Monate; Riserva Mindestreifezeit 50 Monate), **Bianco** und **Rosso** (mind. 12 Vol.-%, Mindestreifezeit 10 Monate; Riserva Mindestreifezeit 50 Monate).

Colli Orientali del Friuli-Ramandolo

– Friaul-Julisch Venetien

D.-O.-C.-G.-Gebiet in Ramandolo. Weißwein aus Verduzzo-Giallo-Trauben; Amabile und Dolce; mind. 12 Vol.-%.

Colli Orientali del Friuli-Rosazzo

– Friaul-Julisch Venetien

D.-O.-C.-Gebiet in den Gemeinden San Giovanni al Natisone, Manzano und Rosazzo. **Picolit** (Amabile oder Dolce, mind. 15 Vol.-%; Riserva Mindestreifezeit 50 Monate), **Ribolla Gialla, Pignolo, Bianco** und **Rosso** (jeweils mind. 12 Vol.-%).

Colli Piacentini – Emilien

D.-O.-C.-Gebiet in der Provinz Piacenza. **Gutturnio** (55–70 % Barbera, 30–45 % Croatina; kräftig, voll, mit feinem Bukett; Classico 12 Vol.-%), **Monterosso Val d'Arda** (20–50 % Malvasia di Candia Aromatica und Moscato Bianco, 20–50 % Trebbiano Romagnolo und Ortrugo, 11 Vol.-%), **Trebbiano Val Trebbia** (35–65 % Ortrugo, 15–30 % Trebbiano Romagnolo und Sauvignon Blanc, 10–20 % Malvasia di Candia Aromatica und Moscato Bianco, 11 Vol.-%), **Valnure** (20–50 % Malvasia di Candia Aromatica, 20–65 % Trebbiano Romagnolo und Ortrugo, 11 Vol.-%), **Novello** (mind. 60 % Pinot Nero und/oder Barbera und/oder Croatina, 11 Vol.-%), **Vino Santo** (mind. 80 % Malvasia di Candia Aromatica und/oder Ortrugo und/oder Sauvignon und/oder Marsanne und/oder Trebbiano Romagnolo, 16 Vol.-%, Mindestreifezeit 48 Monate), **Vino Santo di Vigoleno** (mind. 60 % Marsanne und/oder Bervedino und/oder Sauvignon Blanc und/oder Ortrugo und/oder Trebbiano Romagnolo, 18 Vol.-%, Mindestreifezeit 60 Monate), **Pinot Spumante Bianco** und **Pinot Spumante Rosato** (jeweils mindestens 85 % Pinot Nero, max. 15 % Chardonnay, 11 Vol.-%) sowie **nach den Rebsorten benannte Weine, wie** Malvasia, Sauvignon, Chardonnay, Ortrugo, Pinot Grigio, Pinot Nero, Barbera, Bonarda und Cabernet Sauvignon, mit mind. 85 % der namengebenden Sorte (Ortrugo mit 90 %); 10,5–12 Vol.-%.

Bekannte Erzeuger sind u. a.: Cantine Romagnoli, Lureta, Il Poggiarello, La Stoppa, La Tosa.

Conegliano Valdobbiadene

– Venetien

D.-O.-C.-Gebiet in den Hügeln der Gemeinde Conegliano in der Provinz Treviso; auch als **Conegliano** oder **Valdobbiadene** bezeichnet. Weißwein aus Proseccotrauben mit max. 15 % Verdiso-, Bianchetta-, Perera- und Prosecco-Lungo-Trauben. **Tranquillo** (Secco, Amabile und Dolce; 10,5 Vol.-%), **Frizzante** (Secco und Amabile; 10,5 Vol.-%), **Spumante** (11 Vol.-%),

Superiore di Cartizze (ausschließlich aus Trauben des Anbaugebietes Cartizze, eines Ortsteiles von San Pietro di Barbozza in der Gemeinde Valdobbiadene; als Tranquillo – Secco und Amabile mit 11 Vol.-% –, Frizzante – Secco oder Amabile mit 11 Vol.-% – und Spumante mit 11,5 Vol.-%).
Bekannte Erzeuger sind u. a.: Adami, Bisol, Col Vetoraz, Ruggeri, Bortolin, Canevel, Nino Franco, Zardetto.

Contessa Entellina – Sizilien
D.-O.-C.-Gebiet in der Provinz Palermo. **Bianco** (mind. 50 % Ansonica sowie Cataratto Bianco Lucido und/oder Chardonnay und/oder Grecanico Dorato und/oder Sauvignon Blanc und/oder Müller-Thurgau und/oder Pinot Bianco und/oder Grillo, 11 Vol.-%), **Rosso** (mind. 50 % Calabrese und/oder Syrah, 11,5 Vol.-%; Riserva 12 Vol.-%, Mindestreifezeit 24 Monate), **Rosato** (Rebsorten wie Rosso, 11 Vol.-%), **nach den Rebsorten benannte Weine, wie** Grecanico, Chardonnay, Sauvignon Blanc, Ansonica, Cabernet Sauvignon, Merlot und Pinot Nero, mit einem Anteil von 85 % der namengebenden Sorte; 11,5–12 Vol.-%; Riserva 12 Vol.-%, Mindestreifezeit 24 Monate.
Bekanntester Erzeuger ist die Tenuta di Donnafugata.

Contest – Südtirol
IGT-Weißwein aus Pinot Grigio, Chardonnay und Sauvignon Blanc vom Weingut Hirschprunn/Lageder in Margreid.

Cornelius – Südtirol
Roter D.-O.-C.-Wein aus Cabernet Sauvignon und Merlot von der Kellerei Schreckbichl. Gute Lagerfähigkeit.

Cornell – Südtirol
Spitzenlinie der Kellereigenossenschaft Schreckbichl in Girlan, z. B. **Cornell Chardonnay** (D.-O.-C.-Wein aus 100 % Chardonnaytrauben, mittlere Lagerfähigkeit). Schreckbichl ist einer der besten und innovativsten Weinerzeuger Südtirols.

Cortaccio – Toskana
IGT-Wein aus Cabernet Sauvignon vom Weingut Villa Cafaggio; sehr gute Lagerfähigkeit.

Cortese dell'Alto Monferrato – Piemont
D.-O.-C.-Gebiet in den Hügeln Monferratos. Weißwein aus mind. 85 % Cortesetrauben; mind. 10 Vol.-%.

Cortese di Gavi
Siehe → Gavi.

Cortona – Toskana
D.-O.-C.-Gebiet in der Provinz Arezzo. **Rosato** (40–60 % Sangiovese, 10–30 % Canaiolo Nero, 11 Vol.-%, Mindestreifezeit 5 Monate), **Vin Santo** (mind. 80 % Trebbiano Toscano und/oder Grechetto und/oder Malvasia Bianca Lunga, 17 Vol.-%, Mindestreifezeit 37 Monate; Riserva 17 Vol.-%, Mindestreifezeit 61 Monate), **Vin Santo Occhio di Pernice** (mind. 80 % Sangiovese und/oder Malvasia Nera, 18 Vol.-%,

Mindestreifezeit 100 Monate), **nach den Rebsorten benannte Weine, wie** Chardonnay, Grechetto, Pinot Bianco, Riesling Italico, Sauvignon Blanc, Cabernet Sauvignon, Gamay, Merlot, Pinot Nero, Sangiovese und Syrah, mit einem Anteil von 85 % der namengebenden Sorte; Weißweine 11 Vol.-%, Mindestreifezeit 3 Monate, Rotweine 12 Vol.-%, 5 Monate Reifezeit.
Einige Weingüter aus Montepulciano, wie z. B. La Braccesca (Antinori), Avignonesi und Lodola Nuova (Ruffino), haben in Cortona investiert.

Corvo – Sizilien
Markenname verschiedener Tafelweine vom Weingut Duca di Salaparuta.

Il **Corzano** – Toskana
Roter IGT-Wein aus Sangiovese, Cabernet Sauvignon und Merlot vom Weingut Fattoria Corzano e Paterno; sehr gute Lagerfähigkeit.

Costa d'Amalfi – Kampanien
D.-O.-C.-Gebiet in der Provinz Salerno mit den Unterzonen **Furore, Ravello** und **Tramonti. Bianco** (mind. 40 % Falanghina, mind. 20 % Biancollela, 10 Vol.-%), **Rosso** und **Rosato** (40 % Piedirosso, max. 60 % Sciascinoso und/oder Aglianico, 10,5 Vol.-%); Riserva Mindestreifezeit 24 Monate.
Bekannter Erzeuger ist u. a. Cantine Gran Furor.

D

Darmagi – Piemont
Roter D.-O.-C.-Wein (→ Langhe) aus 100 % Cabernet Sauvignon vom Weingut Angelo Gaja.

Dolcetto d'Acqui – Piemont
D.-O.-C.-Gebiet um Acqui Terme. Rotwein aus Dolcettotrauben; kräftig, sehr fruchtig, dunkelrubinrot; mind. 11,5 Vol.-%; Superiore ab 12,5 Vol.-% und nach 14-monatiger Lagerzeit.
Bekannte Erzeuger sind u. a.: Banfi, La Giustiniana, Villa Sparina, Gianni Voerzio.

Dolcetto d'Alba – Piemont
D.-O.-C.-Gebiet in der Provinz Cuneo. Bekanntester aller Dolcetto-Rotweine; mind. 11,5 Vol.-%; Superiore ab 12,5 Vol.-% und nach 14-monatiger Lagerzeit. Dolcetto d'Alba ist relativ jung zu trinken. Manche Weine weisen eine mittlere Lagerfähigkeit auf. Sehr gute Jahrgänge: 1995, 1996, 1997, 1998.
Bekannte Erzeuger sind u. a.: Elio Altare, Batasiolo, Ca'Viola, Domenico Clerico, Aldo Conterno, Angelo Gaja, Bruno Giacosa, Prunotto, Bruno Rocca, San Fereolo, Paolo Scavino, G. D. Vajra, Roberto Voerzio.

Dolcetto d'Asti – Piemont
D.-O.-C.-Gebiet in der Provinz Asti. Rotwein aus Dolcettotrauben; mind. 11,5 Vol.-%; Superiore ab 12,5 Vol.-% und nach 14-monatiger Lagerzeit.

Dolcetto di Diano d'Alba – Piemont
D.-O.-C.-Gebiet südlich von Alba. Rotwein aus Dolcettotrauben; mind. 11,5 Vol.-%; Superiore ab 12,5 Vol.-% und nach 14-monatiger Lagerzeit.
Bekannte Erzeuger sind u. a.: Alario, Poderi Sinaglio, Oddero.

Dolcetto di Dogliani – Piemont
D.-O.-C.-Gebiet südlich von Alba. Rotwein aus Dolcettotrauben; mind. 11,5 Vol.-%; Superiore ab 12,5 Vol.-% und nach 14-monatiger Lagerzeit.
Bekannte Erzeuger sind u. a.: Chionetti, Einaudi, Fratelli Pecchenino, Pira.

Don Antonio – Sizilien
Roter IGT-Wein aus Nero-d'Avola-Trauben vom Weingut Morgante.

Don Pietro Rosso – Sizilien
Roter IGT-Wein aus Nero-d'Avola-, Cabernet-Sauvignon- und Merlottrauben vom Weingut Spadafora.

Duca Enrico – Sizilien
Roter IGT-Wein aus 100 % Nero-d'Avola-Trauben vom Weingut Duca di Salaparuta; einer der besten Weine Süditaliens; gute Lagerfähigkeit.

E

Elba – Toskana
D.-O.-C.-Gebiet auf der gleichnamigen Insel. **Bianco** (80–100 % Trebbiano Toscano, 11 Vol.-%), **Rosso** (mind. 75 % Sangiovese, 12 Vol.-%; als Riserva 12,5 Vol.-%, Mindestreifezeit 26 Monate), **Ansonica** (mind. 85 % Ansonica Bianca, 15 Vol.-%), **Ansonica Passito** (mind. 85 % Ansonica Bianca, 11,5 Vol.-%), **Aleatico** (Aleaticotrauben, 16 Vol.-%), **Vin Santo** (mind. 70 % Trebbiano Bianco und Malvasia Bianca, Secco 16 Vol.-%, Mindestreifezeit 36 Monate; Amabile 16 Vol.-%, Mindestreifezeit 36 Monate; Riserva 48 Monate Mindestreifezeit), **Vin Santo Occhio di Pernice** (50–70 % Sangiovese, 10–50 % Malvasia Nera, 16 Vol.-%, Mindestreifezeit 36 Monate).
Bekannte Erzeuger sind u. a.: Aquabona, Acquacalda, Montefico, Tenuta La Chiusa.

Erbaluce di Caluso – Piemont
D.-O.-C.-Gebiet in den Provinzen Turin und Vercelli. Auch als **Caluso** bezeichnet. Weißwein aus Erbalucetrauben; aromatisch, frisch, trocken; mind. 11 Vol.-%.
Bekannte Erzeuger sind u. a.: Bianco, Ferrando, Orsolani.

Est! Est!! Est!!! di Montefiascone – Latium
D.-O.-C.-Gebiet in der Provinz Viterbo. Weißwein aus 65 % Trebbiano Toscano (Procanico), 20 % Malvasia Bianca Lunga und 15 % Rossetto; trocken, leicht fruchtig, frisch, Mandelgeschmack; mind. 10,5 Vol.-%; jung zu trinken; auch halbtrocken oder lieblich.
Bekannte Erzeuger sind u. a.: Falesco, Maziotti, Villa Seiano.

Etschtaler – Südtirol
Valdadige.

Euforius – Südtirol
Rotwein aus Cabernet Sauvignon, Cabernet Franc, Lagrein und Merlot von der Weinkellerei Josef Niedermayr.

F

Fabiano – Umbrien
IGT-Rotwein aus 70 % Merlot und 30 % Cabernet Sauvignon von La Carraia; gute Lagerfähigkeit.

Il **Falcone** – Apulien
Riserva aus Uva-di-Troia- und Montepulcianotrauben vom Weingut Rivera in der DOC → Castel del Monte.

Falerno del Massico – Kampanien
D.-O.-C.-Gebiet in der Provinz Caserta. **Bianco** (aus Falanghinatrauben, mind. 11 Vol.-%), **Rosso** (30–50 % Nebbiolo, 10–30 % Vespolina und max. 40 % Bonarda Novarese; mind. 12 Vol.-%, Mindestreifezeit 3 Jahre; mittlere Lagerfähigkeit).
Bekannte Erzeuger sind u. a.: Michele Moio, Villa Matilde.

Feldmarschall von Fenner zu Fennberg – Südtirol
Südtirols bester und bekanntester Müller-Thurgau vom Weingut Tiefenbrunner, benannt nach dem Gründer der Tiroler Kaiserjäger.

Ferrata – Venetien
Cabernet Sauvignon (100 %) vom Weingut Maculan; sehr gute Lagerfähigkeit.

Fiano di Avellino – Kampanien
D.-O.-C.-G.-Gebiet um Avellino. Weißwein aus der gleichnamigen Rebsorte, wobei ein Zusatz von 15 % anderer Rebsorten zulässig ist; mind. 11,5 Vol.-%; trocken, aromatisch, leichtes Haselnussaroma; hervorragende Jahrgänge: 1997, 1998.
Bekannte Erzeuger sind u. a.: D'Antiche Terra Vega, Feudi di San Gregorio, Mastroberadino, Vadiaperti, Vignadora-Mastroberadina.

Flaccianello delle Pieve – Toskana
Roter IGT-Wein aus 100 % Sangiovesetrauben vom Weingut Fontodi; gute Lagerfähigkeit.

Fontalloro – Toskana
Roter IGT-Wein aus 100 % Sangiovesetrauben vom Weingut Felsina; gute Lagerfähigkeit.

Franciacorta – Lombardei
D.-O.-C.-G.-Gebiet in der Provinz Brescia. D.-O.-C.-G.-Schaumweine (vgl. Schäumende Weine). Die Weiß- und Rotweine tragen den Namen → Terre di Franciacorta.

Frascati – Latium
D.-O.-C.-Gebiet in der Provinz Rom. Weißwein aus Malvasia Bianca di Candida und/oder Trebbiano Toscano sowie 30 % Malvasia del Lazio und Greco; mind. 11,5 Vol.-%; zumeist trocken ausgebaut (neutral im

Bukett); auch als Amabile, Cannelino (aus edelfaulen Trauben) und Dolce.
Bekannte Erzeuger sind u. a.: Fontana Candida, Castel de Paolis, Villa Simone, Conte Zandotti.

Freisa d'Asti – Piemont
D.-O.-C.-Gebiet in der Provinz Asti. Rotwein aus Freisatrauben; mind. 11 Vol.-%; Superiore ab 12 Vol.-% und nach 12-monatiger Lagerzeit.
Bekanntester Erzeuger ist Cascina Gilli.

Friuli-Grave
– Friaul-Julisch Venetien
Sehr großes D.-O.-C.-Gebiet in den Provinzen Pordenone und Udine. Der Name Grave leitet sich von dem Kieselstein ab, der hier überall anzutreffen ist. **Bianco, Rosso, Rosato** und **Novello** (10,5 Vol.-%, Superiore 11,5 Vol.-%), **nach den Rebsorten benannte Weine, wie** Chardonnay, Sauvignon Blanc, Pinot Bianco, Pinot Grigio, Riesling, Tocai Friulano, Verduzzo Friulano, Traminer Aromatico, Cabernet Franc, Cabernet Sauvignon, Merlot, Pinot Nero und Refosco dal Peduncolo Rosso, mit jeweils 10,5 Vol.-%; Superiore 11,5 Vol.-%.
Bekannte Erzeuger sind u. a.: Cabert, Di Lenardo, Le Fredis, Pighin, Teresa Raiz, Vistorta, Zonin.

G

Angelo **Gaja**
Er stammt aus Barbaresco und ist eine der großen italienischen Winzerpersönlichkeiten.

Galatrona – Toskana
Reinsortiger Merlot von der Tenuta di Petrolo; gute Lagerfähigkeit.

Galestro – Toskana
Überwiegend aus Trebbianotrauben hergestellter leichter, trockener, eher neutral schmeckender Weißwein. Der Name bezieht sich auf einen steinigen Bodentyp, wie er in einigen Teilen der Toskana vorkommt. In letzter Zeit ist die Produktion stark rückläufig, da die Trebbianorebe hier durch andere weiße oder auch rote Rebsorten ersetzt wird.

Gambellara – Venetien
D.-O.-C.-Gebiet in der Provinz Verona. Weißwein aus mind. 80 % Garganegatrauben; seit einigen Jahren auch aus Einzellagen; strohgelb, leicht, fruchtig, duftig, mit guter Säure; mind. 10,5 Vol.-%; als Classico 11,5 Vol.-%.
Bekannte Erzeuger sind u. a.: La Biancara, Zonin.

Garda – Lombardei
D.-O.-C.-Gebiet in den Provinzen Brescia, Verona und Mantua. Die Classicozone befindet sich in der Provinz Brescia. **Nach den Rebsorten benannte Weine, wie** Garganega, Pinot Bianco, Pinot Grigio, Chardonnay, Tocai (Tocai Friulano), Riesling, Riesling Italico, Cortese, Sauvignon, Cabernet Franc, Cabernet Sauvignon, Merlot, Pinot Nero, Marzemino, Corvina und Barbe-

ra, mit einem Anteil von 85 % der namengebenden Sorte; 10,5–11 Vol.-%; **Classico Bianco** (mind. 70 % Riesling und/oder Riesling Italico, 11 Vol.-%), **Classico Chiaretto** (mind. 30 % Groppello sowie Marzemino, Sangiovese und Barbera, jeweils mind. 5 %, 11,5 Vol.-%), **Classico Rosso** (Rebsorten wie Chiaretto, 11 Vol.-%; Superiore 12 Vol.-%, Mindestreifezeit 14 Monate), **Classico Groppello** (mind. 85 % Groppello, 11 Vol.-%; Riserva 12 Vol.-%, Mindestreifezeit 27 Monate).
Bekannte Erzeuger sind u. a.: Cavalchina, Costaripa, Cascina la Pertica, Cantrina, La Torre, Provenza, Le Ragose, Ricchi.

Gattinara – Piemont
D.-O.-C.-G.-Gebiet in der Provinz Vercelli. Rotwein aus Nebbiolotrauben (hier Spanna) mit einem Zusatz von max. 4 % Vespolina und/oder max. 10 % Bonarda Novarese; kräftig, herb, mit deutlichem Tannin; mind. 12,5 Vol.-%, Mindestreifezeit 3 Jahre; Riserva mind. 13 Vol.-%, Mindestreifezeit 4 Jahre (davon 2 Jahre im Holzfass). Hervorragende Jahrgänge: 1990, 1998. Sehr gute Jahrgänge: 1991, 1993, 1994, 1995, 1996, 1997.
Bekannte Erzeuger sind u. a.: Antoniolo, Nervi, Travaglini.

Gavi oder **Cortese di Gavi** – Piemont
D.-O.-C.-G.-Gebiet nahe der Grenze zur Region Ligurien. Weißwein aus Cortesetrauben; trocken, würzig, nuancenreich; mind. 10,5 Vol.-%; relativ jung zu trinken.
Bekannte Erzeuger sind u. a.: Banfi, Castellari Bergaglio, Chiarlo, La Giustiniana, Tenuta San Pietro, La Scola, Villa Sparina, La Zerba.

Gemola – Venetien
IGT-Rotwein aus 40 % Merlot und 60 % Cabernet Franc vom Weingut Vignalta; gute Lagerfähigkeit.

Ghemme – Piemont
D.-O.-C.-G.-Gebiet in der Nachbarschaft von Gattinara, jedoch geringere Produktion. Rotwein aus mind. 75 % Nebbiolotrauben (hier Spanna) sowie Vespolina und/oder Uva Rara; mind. 12 Vol.-%; Mindestreifezeit 36 Monate; Riserva 12,5 Vol.-%, Mindestreifezeit 48 Monate. Hervorragender Jahrgang: 1997. Sehr gute Jahrgänge: 1991, 1993, 1994, 1995, 1996, 1998.
Bekannter Erzeuger ist u. a. Antichi Vigneti di Cantalupo.

Ghiaie delle Furba – Toskana
Roter IGT-Wein aus Cabernet und Merlot vom Weingut Capezzana.

Governo
Getrocknete Trauben oder Most werden dem Jungwein beigegeben, um eine zweite Gärung und dadurch ein leichtes Prickeln hervorzurufen. Dieses Verfahren wurde früher häufig bei der Erzeugung von Chianti Classico angewendet.

Granato – Trentin
Roter IGT-Wein aus 100 % Teroldegotrauben vom Weingut

Foradori; sehr gute Lagerfähigkeit.

Gratticaia – Apulien
D.-O.-C.-Rotwein aus 100 % Negro-Amaro-Trauben vom Weingut Vallone; sehr gute Lagerfähigkeit.

Greco di Bianco – Kalabrien
D.-O.-C.-Gebiet in der Provinz Reggio di Calabria. Weißwein aus mind. 95 % Greco-Bianco-Trauben; gelb bis goldgelb, süß, fruchtig, gehaltvoll, eigenwilliges Aroma; mind. 17 Vol.-%.
Bekannte Erzeuger sind u. a.: Feudi di San Gregorio, Mastroberadino, Vadiaperti, Vignadora-Mastroberadina.

Greco di Tufo – Kampanien
D.-O.-C.-G.-Gebiet nördlich von Avellino. Weißwein aus Grecotrauben mit einem Zusatz von bis zu 15 % Coda di Volpe; hell, trocken, fruchtig, gehaltvoll, eigenwilliges Aroma; mind. 11,5 Vol.-%.
Bekannte Erzeuger sind u. a.: D'Antiche Terre, Feudi di San Gregorio, Mastroberadino, Vadiaperti, Vignadora-Mastroberadina.

Grifi – Toskana
Roter IGT-Wein aus Sangiovese (Prugnolo Gentile) und Cabernet Sauvignon vom Weingut Avignonesi; gute Lagerfähigkeit.

Grignolino d'Asti – Piemont
D.-O.-C.-Gebiet in der Umgebung von Asti. Rotwein aus Grignolinotrauben mit einem Zusatz von bis zu 10 % Freisatrauben; hell, gute Säure; mind. 11 Vol.-%.
Bekannte Erzeuger sind u. a.: Bruno Giacosa, Scarpa.

Grignolino del Monferrato Casalese – Piemont
D.-O.-C.-Gebiet in den Monferrato-Hügeln. Rotwein aus Grignolinotrauben mit einem Zusatz von bis zu 10 % Freisatrauben; mind. 11 Vol.-%.
Bekannte Erzeuger sind u. a.: Bricco Mandolino, Gaudio.

Guado al Tasso – Toskana
D.-O.-C.-Rotwein (→ Bolgheri) aus Cabernet Sauvignon und Merlot vom gleichnamigen Weingut; gute Lagerfähigkeit.

Guidalberto – Toskana
Zweitwein der Tenuta San Guido (vgl. → Sassicaia). Erstmals 2000 erzeugt. Cuvée aus Merlot (40 %), Cabernet Sauvignon (40 %) und Sangiovese (20 %).

I

Invecchiato
Gereift, wörtlich „gealtert". Bezeichnet einen über einen längeren Zeitraum beim Produzenten ausgebauten Wein.

Ischia – Kampanien
Kleines D.-O.-C.-Gebiet auf der gleichnamigen Insel. **Bianco** (45–70 % Forastera- und Biancollelatrauben, 10,5 Vol.-%; Superiore 11,5 Vol.-%), **Rosso** (40–50 % Guarnaccia-, 40–50 % Piedirossotrauben, 11 Vol.-%), **Forastera** (mind. 85 % Forastera, 10,5 Vol.-%), **Bian-**

collela (mind. 85 % Biancollela, 10,5 Vol.-%), **Piedirosso oder Per'e Palummo** (mind. 85 % Piedirossotrauben, 11 Vol.-%; Passito 13,5 Vol.-%); jung zu trinken.
Bekanntester Erzeuger ist Casa d'Ambra.

Isonzo del Friuli – Friaul-Julisch Venetien
D.-O.-C.-Gebiet in der Provinz Görz, auch **Friuli Isonzo** genannt. **Bianco, Rosso** und **Rosato** (10,5 Vol.-%), **nach den Rebsorten benannte Weine, wie** Cabernet Franc, Cabernet Sauvignon, Merlot, Tocai Friulano, Chardonnay, Refosco etc., mit einem Alkoholgehalt von 10,5 bis 11 Vol.-%.
Bekannte Erzeuger sind u. a.: Tenuta di Blasig, Pierpaolo Pecorari, Giovanni Puiatti, Ronco del Gelso, Vie di Romans, Tenuta Villanova.

K

Kalterersee oder Kalterer – Südtirol und Trentino
Großes D.-O.-C.-Gebiet (mit Trentino zirka 1.000 Hektar) in den Provinzen Bozen und Trient. Rotwein aus Großvernatsch- und/oder Edelvernatsch- und Grauvernatschtrauben; bis max. 15 % sind auch Blauburgunder und Lagrein zulässig. Kalterer gibt es als Classico (aus bestimmten Gemeinden der Provinz Bozen), Scelto (Auslese) und Superiore, auch Classico Superiore; die besten Kalterersee-Weine sind samtig-weich und mandeltönig; 10,5–11 Vol.-%. Sehr gute Jahrgänge: 1995, 1996, 1997, 1998.
Bekannte Erzeuger sind u. a.: Baron Dürfeld Giovanelli, Castel Sallegg, J. Hofstätter, KG Kaltern, A. Lageder, K. Martini & Sohn, KG St. Pauls, Stiftskellerei Neustift, Tiefenbrunner.

Kretzer – Südtirol
Südtiroler Bezeichnung für Roséweine aus Blauburgunder, Lagrein und Merlot. Am bekanntesten ist der **Lagrein-Kretzer,** dessen Bedeutung jedoch stark rückläufig ist.

L

Lacrima-System
Nur der Seihmost wird für die Erzeugung von Roséweinen verwendet (in Apulien).

Lacryma Christi – Kampanien
Unterbezeichnung des D.-O.-C.-Gebietes → Vesuvio.

La Gioia – Toskana
IGT-Rotwein aus 100 % Sangiovesetrauben vom Weingut Riecine; gute Lagerfähigkeit.

Lagrein Abtei – Südtirol
Sehr guter Lagrein Dunkel in Riservaqualität von der Klosterkellerei Muri-Gries.

Lagrein Tor di Lupo – Südtirol
Sehr guter Lagrein Dunkel von der KG Andrian.

Lamaione – Toskana
IGT-Rotwein aus 100 % Merlottrauben vom Weingut Marchesi

de' Frescobaldi; gute Lagerfähigkeit.

Lambrusco di Sorbara – Emilien
D.-O.-C.-Gebiet nördlich von Modena. Rot- und Roséwein aus mind. 60 % Lambrusco-di-Sorbara-Trauben und max. 40 % Lambrusco-Salamino-Trauben; mind. 10,5 Vol.-%; trocken, halbtrocken, lieblich oder süß; hellrot mit ausgeprägtem Duft bzw. rosé, leicht prickelnd. Bekannte Erzeuger sind u. a.: Bellei, Cavicchioli.

Lambrusco Grasparossa di Castelvetro – Emilien
D.-O.-C.-Gebiet südlich von Modena, u. a. in Castelvetro di Modena. Rot- und Roséwein aus Lambrusco-Grasparossa-Trauben mit max. 15 % anderen Lambrusco-Sorten und Uva d'Oro; mind. 10,5 Vol.-%; trocken, halbtrocken, lieblich oder süß; rubin-violett bzw. rosé, immer prickelnd, meist amabile. Bekannte Erzeuger sind u. a.: Graziano, Cavicchioli, Fiorini.

Langhe – Piemont
D.-O.-C.-Gebiet in der Provinz Cuneo. Die weißen Trüffeln aus Alba mit dem jährlich stattfindenden Trüffelmarkt bilden einen ganz besonderen Anziehungspunkt für viele Touristen. Aus der Langhe stammen die bekannten D.-O.-C.-G.-Weine → Barolo und → Barbaresco. Neben der Nebbiolorebe sind auch die Sorten Dolcetto, Freisa, Arneis, Moscato und Chardonnay weit verbreitet. **Rosso** (ohne weitere Angaben, 11 Vol.-%), **Bianco** (ohne weitere Angaben, 10,5 Vol.-%), **Nebbiolo** (11,5 Vol.-%), **Dolcetto** (11 Vol.-%), **Freisa** (11 Vol.-%), **Arneis** (10,5 Vol.-%), **Favorita** (10,5 Vol.-%) und **Chardonnay** (10,5 Vol.-%).

La Poja – Venetien
IGT-Rotwein aus 100 % Corvinatrauben vom Weingut Allegrini; sehr gute Lagerfähigkeit.

Larigi – Piemont
IGT-Rotwein aus Barbera und Nebbiolo vom Weingut Elio Altare; sehr gute Lagerfähigkeit.

La Segreta – Sizilien
IGT-Rotwein aus Nero d'Avola, Merlot und Cabernet Sauvignon vom Weingut La Planeta; gute Lagerfähigkeit.

Le Pergole Torte – Toskana
IGT-Rotwein aus 100 % Sangiovesetrauben vom Weingut Monte Vertine; sehr gute Lagerfähigkeit.

Le Stanze – Toskana
IGT-Rotwein aus 100 % Cabernet Sauvignon vom Weingut Poliziano; sehr gute Lagerfähigkeit.

Linticlarus – Südtirol
Toplinie der Schlosskellerei Turmhof/Tiefenbrunner in Entiklar.

Litra – Sizilien
IGT-Rotwein aus Cabernet Sauvignon und Nero d'Avola von der Abbazia Santa Anastasia.

Loazzolo – Piemont
Kleines D.-O.-C.-Gebiet in der Provinz Asti. Weiße Spätlese (Vendemmia tardiva) aus teilgetrockneten Moscatotrauben; süß, konzentriert, vielschichtig. Der Ausbau von mindestens 6 Monaten in der Barrique ist gesetzlich vorgeschrieben; mind. 11,5 Vol.-%, Mindestreifezeit 2 Jahre; sehr gute Lagerfähigkeit.
Bekannte Erzeuger sind u. a.: Coppo, Gancia, Scaglione.

Locorotondo – Apulien
D.-O.-C.-Gebiet in den Provinzen Bari und Brindisi. Weißwein aus 50–65 % Verdeca, 35–50 % Bianco d'Alessano und max. 5 % Fiano, Bombino Bianco und Malvasia Toscana; mind. 11 Vol.-%; mild, strohgelb, blumiges Bukett. Relativ jung zu trinken.
Bekannte Erzeuger sind u. a.: Borgo Canale, Cantina Cooperativa del Locorotondo, Rivera.

Löwengang – Südtirol
Hervorragender Chardonnay vom Weingut Lageder.

Luce – Toskana
IGT-Rotwein aus Sangiovese (50 %) und Merlot (50 %) vom Weingut Frescobaldi-Mondavi; sehr gute Lagerfähigkeit.

Lugana
– Lombardei und Venetien
D.-O.-C.-Gebiet am Gardasee, das sich zum größten Teil in der Lombardei befindet. Weißwein aus mind. 90 % Trebbiano-di-Lugana-Trauben; mind. 11 Vol.-%; Superiore 12 Vol.-%. Zart blumig, gute Säure. Relativ jung zu trinken.
Bekannte Erzeuger sind u. a.: Bertani, Cà dei Frati, Corte Revi, Lamberti, Visconti, Zenato.

Lupicaia – Toskana
IGT-Rotwein aus Cabernet Sauvignon, Merlot und Sangiovese von der Tenuta del Terriccio; sehr gute Lagerfähigkeit.

M

Maculan – Venetien
Einer der besten und dynamischsten Weinbaubetriebe Italiens in Breganze mit den bekannten Weinen → Acininobili, → Torcolato und → Ferrata.

Maestro Raro – Toskana
IGT-Rotwein aus 100 % Cabernet Sauvignon vom Weingut Felsina; sehr gute Lagerfähigkeit.

Marchese di Villamarina
– Sardinien
Cabernet Sauvignon (100 %) vom Weingut Sella & Mosca; gute Lagerfähigkeit.

Maremma – Toskana
Maremma stammt vom lateinischen Maritima und bedeutet „Gegend, von der aus man das Meer sehen kann“. Sie liegt im Südwesten der Toskana in den Provinzen Grosseto und Viterbo (Latium). Während der nördliche Teil dieses Gebietes mit den Weinen → Sassicaia und → Ornellaia schon längere Zeit eine internationale Reputation aufweist, gelang

dem südlicheren Teil erst vor einigen Jahren der Durchbruch. Namhafte Produzenten wie z. B. Antinori, Frescobaldi, Fonterutoli, Poliziano und Biondi-Santi investieren in Scansano und Umgebung; vgl. → Morellino di Scansano.

Marino – Latium
D.-O.-C.-Gebiet südlich von Rom. Weißwein aus bis zu 60 % Malvasia Bianca di Candia, 25–50 % Trebbiano Toscano und bis zu 30 % Malvasia del Lazio und Greco; leichter, eher neutraler Wein, ähnlich dem → Frascati: mind. 11 Vol.-%; Superiore 11,5 Vol.-%; relativ jung zu trinken.
Als bester Erzeuger gilt Paolo di Mauro.

Masseto – Toskana
IGT-Rotwein aus 100 % Merlot von der Tenuta dell'Ornellaia; sehr gute Lagerfähigkeit.

Meraner Hügel oder **Meraner** – Südtirol
Vgl. → Südtiroler.

Merlot Brenntal – Südtirol
Hervorragender Merlot von der Kellerei Kurtatsch.

Messorio – Toskana
IGT-Rotwein aus 100 % Merlot vom Weingut Le Macchiole; sehr gute Lagerfähigkeit.

Mille e una Notte – Sizilien
D.-O.-C.-Rotwein (Contessa Entellina) aus Nero-d'Avola-Trauben von der Tenuta di Donnafugata; gute Lagerfähigkeit.

Monferrato – Piemont
D.-O.-C.-Gebiet, das 230 Gemeinden in den Provinzen Asti und Alessandria umfasst. Es erstreckt sich von den Turiner Hügeln bis zur lombardischen Grenze und ist in drei Bezirke unterteilt, nämlich in Astigiano, das wichtigste Erzeugungsgebiet Piemonts mit der Provinz Asti, das Umland der Stadt Casalese sowie Alto Monferrato mit den Gemeinden Acqui Terme, Ovada und Gavi. Da die Weingärten in diesem Weinbaugebiet auf sehr unterschiedlichen Böden liegen und es zu starken Temperaturschwankungen kommen kann, ist auch die Produktion sehr vielfältig. Sie reicht vom weißen Cortese über die roten Grignolino, Dolcetto, Freisa und Barbera bis zu den süßen Rotweinen Brachetto und Malvasia Nera. Besondere Bedeutung kommt dem aromatischen Moscato zu.

Montecarlo – Toskana
D.-O.-C.-Gebiet in der Provinz Lucca. **Bianco** (40–60 % Trebbiano, 40–60 % Semillon, Sauvignon Blanc, Pinot Gris, Pinot Bianco, Vermentino und Roussanne, 11 Vol.-%), **Vin Santo** (wie Bianco, 16 Vol.-%), **Rosso** (50–70 % Sangiovese, 5–15 % Canaiolo Nero, Ciliegiolo Colorino, Malvasia Nera, Syrah, Cabernet Sauvignon, Cabernet Franc und Merlot, 11,5 Vol.-%; als Riserva 12 Vol.-%, Mindestreifezeit 26 Monate), **Vin Santo Occhio di Pernice** (wie Rosso, 16 Vol.-%).
Bekannte Erzeuger sind u. a.: Fattoria del Buonamico, Del

Teso, Carmignani, Montechiari, Wandanna.

Montecucco – Toskana
D.-O.-C.-Gebiet in der Provinz Grosseto. **Bianco** (mind. 60 % Trebbiano Toscano, 11,5 Vol.-%, Mindestlagerzeit 3 Monate), **Rosso** (mind. 60 % Sangiovese, 12 Vol.-%, Mindestreifezeit 5 Monate; Riserva 12, 5 Vol.-%, Mindestreifezeit 24 Monate), **Sangiovese** (mind. 85 % Sangiovese, 12 Vol.-%, Mindestreifezeit 5 Monate; Riserva 12,5 Vol.-%, Mindestreifezeit 24 Monate), **Vermentino** (mind. 85 % Vermentino, 11,5 Vol.-%, Mindestreifezeit 3 Monate).
Bekannte Erzeuger sind u. a.: Colle Masari, Perazzeta.

Montefalco – Umbrien
D.-O.-C.-Gebiet in der Provinz Perugia. **Rosso** (mind. 60–70 % Sangiovese, 10–15 % Sagrantino, 12 Vol.-%), **Rosso Riserva** (mind. 12,5 Vol.-%, Mindestreifezeit 30 Monate), **Bianco** (mind. 50 % Grechetto, 20–35 % Trebbiano Toscano, 11 Vol.-%).
Bekannte Erzeuger sind u. a.: Adanti, Antonelli, Caprai, Ruggeri.

Montepulciano d'Abruzzo – Abruzzen
D.-O.-C.- und D.-O.-C.-G.-Gebiet in der Region Abruzzen. D.-O.-C.-Weine: **Montepulciano d'Abruzzo** (mind. 85 % Montepulcianotrauben, 11,5 Vol.-%), **Rosso** (mind. 85 % Montepulcianotrauben, 12 Vol.-%), **Montepulciano d'Abruzzo Cerasuolo** (Roséwein; mind. 85 % Montepulcianotrauben, 11,5 Vol.-%); D.-O.-C.-G.-Wein: **Montepulciano d'Abruzzo Colline Teramane** (mind. 90 % Montepulcianotrauben, 12,5 Vol.-%; tiefdunkel, kräftiger Körper, schöne Brombeerfrucht; beachtliches Reifungspotenzial).
Bekannte Erzeuger sind u. a.: Agriverde, Bove, Farnese, Illuminati, Masciarelli, Montori, Nicodemi, Cooperativa Tollo, Valentini.

Montescudaio – Toskana
D.-O.-C.-Gebiet in der Provinz Pisa. **Rosso** (mind. 50 % Sangiovese, 11,5 Vol.-%; Riserva 12,5 Vol.-%, Mindestreifezeit 24 Monate), **Bianco** (mind. 50 % Trebbiano Toscano, 11 Vol.-%, auch als Vin Santo erhältlich), **Chardonnay** (mind. 85 % Chardonnay, 11 Vol.-%), **Sauvignon Blanc** (mind. 85 % Sauvignon Blanc, 11 Vol.-%), **Vermentino** (mind. 85 % Vermentino, 11 Vol.-%), **Sangiovese** (mind. 85 % Sangiovese, 11,5 Vol.-%; Riserva 12,5 Vol.-%, Mindestreifezeit 24 Monate), **Cabernet** (mind. 85 % Cabernettrauben, 12 Vol.-%; Riserva 12,5 Vol.-%, Mindestreifezeit 24 Monate), **Merlot** (mind. 85 % Merlot, 12 Vol.-%; Riserva 12,5 Vol.-%, Mindestreifezeit 24 Monate).
Bekannte Erzeuger sind u. a.: Poggio Gagliardo, Castello del Terriccio, La Regola, Sorbaiano.

Montesodi – Toskana
In der Barrique ausgebauter Chianti Rufina Riserva von Frescobaldi; gute Lagerfähigkeit.

Monte Vertine – Toskana
Ausgezeichneter Erzeuger in Radda von VdT-Weinen, wie Monte Vertine, Le Pergole Torte und Il Sodaccio. Baute bereits in den 1970er-Jahren die Weine in der Barrique aus.

Montevetrano – Kampanien
IGT-Rotwein aus Cabernet Sauvignon, Merlot und Aglianico vom gleichnamigen Weingut; sehr gute Lagerfähigkeit.

Montiano – Latium
IGT-Rotwein aus 100 % Merlot vom Weingut Falesco.

Morellino di Scansano – Toskana
D.-O.-C.-Gebiet in der Provinz Grosseto. Rotwein aus 85 % Sangiovesetrauben; mind. 11,5 Vol.-%; als Riserva mindestens 2 Jahre gereift. Hervorragende Jahrgänge: 1994, 1997. Sehr gute Jahrgänge: 1992, 1993, 1995, 1996, 1998.
Bekannte Erzeuger sind u. a.: Banti, Fattoria Le Pupille, Fonterutoli, Lohsa, Moris Farms, Motta, Villa Patrizia, Castello di Montepò (Jacopo Biondi-Santi).

Moscadello di Montalcino – Toskana
D.-O.-C.-Gebiet in der Provinz Siena. Weißwein aus mind. 85 % Moscato-Bianco-Trauben; wird traditionell als Dessertwein getrunken; nachweislich älter als der → Brunello di Montalcino.
Ausgeprägtes Muskatellerbukett, aromatisch, natursüß; mind. 8 Vol.-%, als Vendemmia tardiva mind. 11,5 Vol.-%; relativ jung zu trinken. Auch als Frizzante erhältlich.
Bekannte Erzeuger sind u. a.: Banfi, Nardi, Pertimali, La Poderina.

Moscato d'Asti – Piemont
D.-O.-C.-G.-Gebiet in den Provinzen Asti, Cuneo und Alessandria. Weißwein aus Moscato-Bianco-Trauben; süß, ausgeprägtes Muskatbukett, meist leicht perlend oder moussierend; 4,5–6,5 Vol.-%.
Bekannte Erzeuger sind u. a.: Bera, Braida, Chiarlo, Coppo, Dogliotti Redento, Grimaldi, Marenco, Elio Perrone, Rivetti, Saracco, Torelli.

Moscato di Pantelleria – Sizilien
D.-O.-C.-Gebiet auf der Insel Pantelleria, die zur Provinz Trapani gehört. **Moscato di Pantelleria** (100 % Zibibbotrauben, mind. 15 Vol.-%), **Passito di Pantelleria** (100 % Zibibbo, mind. 20 Vol.-%), **Pantelleria Moscato Liquoroso** (100 % Zibibbo, mind. 21 Vol.-%), **Pantelleria Moscato Spumante** (100 % Zibibbo, mind. 12 Vol.-%), **Pantelleria Moscato Dorato** (100 % Zibibbo, mind. 21,5 Vol.-%), **Pantelleria Passito Liquoroso** (100 % Zibibbo, mind. 22 Vol.-%), **Pantelleria Dolce** (100 % Zibibbo, mind. 10 Vol.-%), **Pantelleria Bianco** (mind. 85 % Zibibbo, mind. 11,5 Vol.-%; auch als Frizzante mit 11,5 Vol.-% erhältlich).
Bekannte Erzeuger sind u. a.: Carlos Hauner, de Bartoli, Tenuta di Donnafugata.

Moscato di Sorso Sennori – Sardinien
D.-O.-C.-Gebiet in der Provinz Sassari. Weißwein aus mind. 95 % Moscato-Bianco-Trauben; mind. 13 Vol.-%, Mindestreifezeit 4 Monate.

Muffa Nobile
Italienische Bezeichnung für Edelfäule (Botrytis).

Muffato della Sala – Umbrien
Süßwein aus edelfaulen Trauben vom Weingut Castello della Sala; ohne D.-O.-C.-Prädikat.

N

Nebbiolo d'Alba – Piemont
D.-O.-C.-Gebiet nördlich von Alba. Rotwein aus Nebbiolotrauben in den zwei Geschmacksrichtungen trocken und süß (auch als Spumante); mind. 12 Vol.-%, Mindestreifezeit 1 Jahr.
Bekannte Erzeuger sind u. a.: Gaja, Bruno Giacosa, Prunotto, Scarpa, Vietti.

Nozze d'Oro – Sizilien
Weißwein aus 50 % Inzolia- und 50 % Tascatrauben vom Weingut Tasca d'Almerita.

Nuragus di Cagliari – Sardinien
D.-O.-C.-Gebiet in den Provinzen Cagliari und Oristano. Weißwein aus mind. 85 % Nuragustrauben; mind. 10,5 Vol.-%; fruchtig, leicht samtig.
Bekannte Erzeuger sind u. a.: Argiolas, Cantine Dolianova, CS di Santadi.

O

Occhio del Pernice
Wörtlich: Rebhuhnauge; → Vin Santo aus roten Trauben, der eine rötliche Farbe aufweist.

Occhio del Pernice – Toskana
→ Vin Santo aus Prugnolo-Gentile-Trauben vom Weingut Avignonesi, der über 10 Jahre ausgebaut wird.

Oltrepò Pavese – Lombardei
D.-O.-C.-Gebiet in der Provinz Pavia mit den Unterzonen Buttafuoco und Sangue di Giuda. **Rosso** (25–65 % Barbera und 25–65 % Croatina sowie max. 45 % Uva Rara, Ughetta und Pinot Nero, alleine oder zusammen, 11,5 Vol.-%; Riserva 12 Vol.-%, Mindestreifezeit 24 Monate), **Rosato** (Rebsorten wie Rosso, 10,5 Vol.-%), **Buttafuoco** (Rebsorten wie Rosso, 12 Vol.-%), **Sangue di Giuda** (Rebsorten wie Rosso, halbtrocken, lieblich oder süß, 12 Vol.-%, Mindestreifezeit 5 Monate); **nach den Rebsorten benannte Weine, wie** Bonarda, Barbera, Riesling Italico, Riesling, Cortese, Pinot Nero (auch weiß gekeltert), Cabernet Sauvignon, Pinot Grigio, Moscato, Malvasia, Chardonnay und Sauvignon Blanc, mit einem Anteil von mind. 85 %; 10,5–11,5 Vol.-%. Verschiedene Sorten sind auch als Spumante erhältlich.

Orcia – Toskana
D.-O.-C.-Gebiet in der Provinz Siena. **Bianco** (mind. 50 % Trebbiano Toscano, 11 Vol.-%,

Mindestreifezeit 4 Monate), **Rosso** (mind. 60 % Sangiovese, 12 Vol.-%, Mindestreifezeit 4 Monate), **Novello** (max. 50 % Merlot, 11 Vol.-%), **Vin Santo** (mind. 50 % Trebbiano Toscano, 16 Vol.-%, Mindestreifezeit 36 Monate).

Ornellaia – Toskana
D.-O.-C.-Wein in Superiorequalität (→ Bolgheri) aus Cabernet-Sauvignon-, Cabernet-Franc- und Merlottrauben vom gleichnamigen Weingut, im Besitz von Robert Mondavi und Marchesi de' Frescobaldi; sehr gute Lagerfähigkeit.

Orvieto – Umbrien und Latium
D.-O.-C.-Gebiet um die Stadt Orvieto (Classico-Zone) sowie in zwölf Gemeinden in der Provinz Terni (Umbrien) und in fünf Gemeinden in der Provinz Viterbo (Latium). Weißwein aus 40–60 % Trebbiano Toscano (Procanico), 15–25 % Verdello, max. 20 % Canaiolo Bianco (Drupeggio), Malvasia Toscana und Grechetto; mind. 11,5 Vol.-%; Superiore 12 Vol.-% Alkohol, Mindestlagerzeit 4 Monate; hell, trocken, leichter Bittermandelton. Die Weine aus der Classico-Zone weisen 11,5 Vol.-% auf (Superiore 12 Vol.-%, Mindestreifezeit 4 Monate) und gelten als die bessere Qualität; relativ jung zu trinken.
Bekannte Erzeuger sind u. a.: Barberani, Bigi, La Carraia, Castello della Sala, Decugnano dei Barbi, Il Palazzone, Vaselli.

P

Pagadebit di Romagna – Emilien
D.-O.-C.-Gebiet in der Provinz Ravenna. Weißwein aus mind. 85 % Bombino-Bianco-Trauben, Secco und Amabile. Der Secco ist hell und trocken. Er ist fruchtiger als der → Albana di Romagna und weist ebenfalls einen leichten Bittermandelgeschmack auf; mind. 10,5 Vol.-%. Die Weine des Unterbereichs Bertinoro weisen einen Mindestalkoholgehalt von 11,5 Vol.-% auf.

Palari Faro – Sizilien
IGT-Rotwein aus verschiedenen autochthonen Rebsorten wie Cappuccio, Nerello, Nocera, Acitana, Tignolino und Galatena vom Weingut Geraci.

Paleo Rosso – Toskana
D.-O.-C.-Rotwein aus Cabernet Sauvignon, Sangiovese und Cabernet Franc vom Weingut Le Macchiole. Gemeinsam mit → Sassicaia und → Ornellaia einer der Spitzenweine aus Bolgheri. Sehr gute Lagerfähigkeit. Ab Ernte 2001 zu 100 % aus Cabernet Franc.

Il **Pareto** – Toskana
IGT-Rotwein aus Cabernet Sauvignon vom Weingut Ruffino; gute Lagerfähigkeit.

Patriglione – Apulien
IGT-Rotwein aus leicht überreifen Negro-Amaro- und Malvasia-Nera-Trauben von Cosimo Taurino; sehr gute Lagerfähigkeit.

Pelago – Marken
IGT-Rotwein aus Cabernet Sauvignon (50 %), Montepulciano (40 %) und Merlot (10 %) vom Weingut Umani Ronchi; sehr gute Lagerfähigkeit.

Percarlo – Toskana
IGT-Rotwein aus 100 % Sangiovese von der Fattoria San Giusto a Rentennano; sehr gute Lagerfähigkeit.

Pergel – Südtirol
Traditionelles, in Südtirol noch heute verbreitetes Erziehungssystem, bei dem die Rebe an einem Holzgerüst hochgezogen wird. Die Triebe bilden eine Laube, eine **Pergola.** Vor allem für den Vernatsch gebräuchlich.

Pfarrhof – Südtirol
Bezeichnung für die Spitzenweine der Kellereigenossenschaft Kaltern. Besonders bekannt ist der Cabernet Sauvignon.

Piave oder Vini del Piave – Venetien
Großes D.-O.-C.-Gebiet im Piavetal. **Cabernet** (Cabernet-Franc- und/oder Cabernet-Sauvignon-Trauben, 11 Vol.-%; Riserva 12,5 Vol.-%, Mindestreifezeit 24 Monate), **Cabernet Sauvignon** (mind. 95 % Cabernet Sauvignon, 11 Vol.-%; Riserva 12,5 Vol.-%, Mindestreifezeit 24 Monate), **Merlot** (mind. 95 % Merlot, 11 Vol.-%; Riserva 12,5 Vol.-%, Mindestreifezeit 24 Monate), **Raboso** (Raboso-Piave- und/oder Raboso-Veronese-Trauben, 11,5 Vol.-%, Mindestreifezeit 36 Monate), **Pinot Nero, Pinot Bianco, Pinot Grigio, Tocai Italico, Verduzzo** und **Chardonnay** (alle mind. 95 %, Mindestalkoholgehalt 11 Vol.-%).
Bekannte Erzeuger sind u. a.: Castello di Roncade, Rechsteiner, La Marca.

Picolit – Friaul-Julisch Venetien
Berühmter vielschichtiger Süßwein, der aus der Picolittraube in geringen Mengen und nur von wenigen Erzeugern im gesamten Gebiet der → Colli Orientali del Friuli sowie in den → Collio Goriziano hergestellt wird.

Piemonte – Piemont
Das Erzeugungsgebiet umfasst 356 Gemeinden in den Provinzen Asti, Cuneo und Alessandria. **Barbera** (mind. 85 % Barbera, 11 Vol.-%), **Bonarda** (mind. 85 % Bonarda, 11 Vol.-%), **Grignolino** (mind. 85 % Grignolino, 11 Vol.-%), **Brachetto** (mind. 85 % Brachetto, 11 Vol.-%), **Cortese** (mind. 85 % Cortese, 10 Vol.-%), **Chardonnay** (mind. 85 % Chardonnay, 10,5 Vol.-%), **Moscato** (100 % Moscato Bianco, 10 Vol.-%) und **Moscato Passito** (100 % teilgetrocknete Moscato-Bianco-Trauben, 15,5 Vol.-%). Daneben gibt es sechs D.-O.-C.-Spumante, die den Namen Piemonte tragen, mit einem Alkoholgehalt von 10,5 Vol.-%.

Pin – Piemont
IGT-Rotwein aus Nebbiolo-, Barbera- und Cabernet-Sauvignon-Trauben vom Weingut La Spinetta; gute Lagerfähigkeit.

Podere Il Bosco – Toskana
D.-O.-C.-Wein aus Syrah- (90 %) und Sangiovesetrauben (10 %) vom Weingut Manzano.

Poggio all'Oro – Toskana
Hervorragender → Brunello di Montalcino in Riservaqualität vom Weingut Banfi.

Pomino – Toskana
D.-O.-C.-Gebiet in der Gemeinde Rufina in der Provinz Florenz, also eine Enklave in der Anbauzone → Chianti Rufina. Weiß- und Rotwein aus diesem Gebiet. Der Weißwein wird aus 60–80 % Chardonnay und bis max. 30 % Trebbiano Toscano hergestellt; mind. 11,5 Vol.-%; fruchtig und kräftig. Der Rotwein wird aus 60–70 % Sangiovese, 15–25 % Canaiolo, Cabernet Sauvignon und Cabernet Franc sowie 10–20 % Merlot hergestellt; körperreich, elegant, rund; gute Lagerfähigkeit. Hervorragende Jahrgänge: 1994, 1995, 1997. Sehr gute Jahrgänge: 1991, 1993, 1996.
Die wichtigsten Erzeuger sind Marchesi de' Frescobaldi und Selvapiana.

Pomorosso – Piemont
Erstklassiger → Barbera d'Asti, in der Barrique ausgebaut, vom Weingut Coppo.

Predicato – Toskana
Wörtlich: Prädikat; umfasst vier Typen der in der Barrique ausgebauten Tafelweine: **Predicato di Biturica** (rot, aus Sangiovese und mind. 30 % Cabernet), **Predicato di Cardisco** (rot, aus mind. 90 % Sangiovese), **Predicato del Muschio** (weiß, Chardonnay und/oder mind. 80 % Pinot Bianco), **Predicato del Selvante** (weiß, mind. 80 % Sauvignon Blanc). Die Namen können nur von den Mitgliedern der entsprechenden Vereinigung verwendet werden, die bekanntesten sind Frescobaldi und Ruffino.

Primitivo di Manduria – Apulien
D.-O.-C.-Gebiet in den Provinzen Taranto und Brindisi. Rotwein aus Primitivotrauben. Der Secco weist 14 Vol.-% und eine Mindestreifezeit von 7 Monaten auf; tiefdunkel, kräftig, Kirschfrucht. Weiters Dolce Naturale, 16 Vol.-%, Mindestreifezeit 7 Monate; Liquoroso Secco, 16,5 Vol.-%, Mindestreifezeit 24 Monate; Liquoroso Dolce Naturale, 17,5 Vol.-%, Mindestreifezeit 24 Monate; deutliches Tannin mit Restsüße, gut ausbalanciert.
Bekannte Erzeuger sind u. a.: Cantina ed Oleificio Sociale di Sava, Consorzio Produttori, Felline.

Prosecco di Conegliano-Valdobbiadene – Venetien
D.-O.-C.-Gebiet zwischen den Orten Valdobbiadene und Conegliano in der Provinz Treviso. Weißwein aus Proseccotrauben, wobei ein Zusatz von bis zu 15 % Pinot Bianco, Pinot Grigio oder Chardonnay sowie bis zu 10 % Verdiso zulässig ist; leicht, fruchtig, trocken, oft aber auch mit Restsüße. Folgende Versionen sind erhältlich: Der Tranquillo (Stillwein) ist trocken, lieblich oder süß, 10,5 Vol.-%. Der Friz-

zante (Perlwein) ist trocken oder lieblich, 10,5 Vol.-%. Der Spumante (Schaumwein) ist trocken, lieblich oder süß, 11 Vol.-%.
Werden die Trauben aus dem Ort San Pietro di Barbozza in den Cartizze-Hügeln verarbeitet, darf der Wein die Zusatzbezeichnung **Superiore di Cartizze** tragen. Folgende Versionen sind erhältlich: Der Tranquillo (Stillwein) ist trocken, lieblich oder süß, 11,5 Vol.-%. Der Frizzante (Perlwein) ist trocken oder lieblich, 11 Vol.-%. Der Spumante (Schaumwein) ist trocken, lieblich oder süß, 11,5 Vol.-%.
Bekannte Erzeuger sind u. a.: Adami, Bisol, Col Vetoraz, Le Colture, Ruggeri.

Puntay – Südtirol
Linie hochwertiger Weine der Kellereigenossenschaft Erste & Neue in Kaltern.

R

Ramandolo – Friaul-Julisch Venetien
Untergebiet der → Colli Orientali del Friuli. Der **Verduzzo di Ramandolo** darf seit der Ernte des Jahrganges 2001 das D.-O.-C.-G.-Prädikat führen. Er ist ein körperreicher, süßer Dessertwein.

Recioto
Aus teilgetrockneten Trauben hergestellter Wein. Der Name wird von dem Dialektausdruck rece (für Ohren) abgeleitet. Es werden nur die äußeren Beeren einer Traube verwendet. Vgl. Recioto della → Valpolicella und → Recioto di Soave.

Recioto di Soave – Venetien
D.-O.-C.-G.-Gebiet in → Soave. Weißwein aus Garganegatrauben und max. 30 % Pinot Bianco und/oder Trebbiano di Soave und/oder Chardonnay. Er ist ein Dessertwein, bei dessen Erzeugung nur die reifsten, zuckerhaltigsten Beeren („recie") verwendet werden. Sie werden auf Gittern getrocknet und im Winter gepresst. Süß, fruchtig, dezente Säure; mind. 11, 5 Vol.-%, Mindestreifezeit 9 Monate. Der **Recioto di Soave Classico** stammt aus der bestimmten Classicozone und weist die gleichen Spezifikationen auf.
Bekannte Erzeuger siehe → Soave.

Redigaffi – Toskana
IGT-Rotwein aus 100 % Merlot vom Weingut Tua Rita; gute Lagerfähigkeit.

Regaleali – Sizilien
Weingut von Conte Tasca d'Almerita in Sclafani Bagni in der Provinz Palermo, das die Weine → Rosso del Conte und → Nozze d'Oro auf den Markt bringt.

Reggiano – Emilien
D.-O.-C.-Gebiet in der Provinz Reggio Emilia; früher als Lambrusco Reggiano bezeichnet. Die Produktionszonen sind Reggiano Lambrusco, Reggiano Rosso und Rosato, Reggiano Lambrusco Salamino und Reggiano Bianco Spumante. **Lambrusco Rosso** oder **Lam-**

brusco Rosato (aus verschiedenen Lambruscosorten und max. 15 % anderen Sorten, 10,5 Vol.-%; Novello 11 Vol.-%; in den Geschmacksrichtungen Secco, Abboccato, Amabile und Dolce), **Lambrusco Salamino Rosso** oder **Lambrusco Salamino Rosato** (mind. 85 % Lambrusco-Salamino-Trauben, 10,5 Vol.-%; in den Geschmacksrichtungen Secco, Abboccato, Amabile und Dolce), **Rosso** (50–60 % Ancellottatrauben, 10,5 Vol.-%; Novello 11 Vol.-%; in den Geschmacksrichtungen Secco, Abboccato, Amabile und Dolce), **Bianco Spumante** (11 Vol.-%). Bekannte Erzeuger sind u. a.: Casali, Rinaldini, Riunite.

Ripasso
Traditionelles Verfahren beim Valpolicella Superiore: Der Wein wird über die Trester des Recioto Amarone gepumpt, um ihm mehr Kraft und Tannin zu geben.

Riviera Ligure di Ponente – Ligurien
D.-O.-C.-Gebiet mit den Untergebieten Riviera dei Fiori, Albenga oder Albenganese und Finale oder Finalese. Die DOC Rossese di Dolceacqua ist in das Gebiet eingefügt. **Vermentino** (mind. 95 % Vermentino, 11 Vol.-%), **Rossese** (mind. 95 % Rossese, 11 Vol.-%), **Pigato** (mind. 95 % Pigato, 11 Vol.-%). Bekannte Erzeuger sind u. a.: Riccardo Bruna, Cascina delle Terre, Rosse, Cascina du Fèipu, Lupi.

Roero – Piemont
D.-O.-C.-Gebiet (Weißwein) und D.-O.-C.-G.-Gebiet (Rotwein) in der Provinz Cuneo. Rotwein aus 95–98 % Nebbiolo- und 2–5 % Arneistrauben; die besten Qualitäten werden meist als Superiore deklariert; leicht, fruchtig; mind. 11,5 Vol.-%, Mindestreifezeit 7 Monate; Superiore mind. 12 Vol.-%. Weißwein aus Arneistrauben; mind. 10,5 Vol.-%, Mindestreifezeit 7 Monate. Bekannte Erzeuger sind u. a.: Almondo, Bruno Giacosa, Correggia, Deltetto, Malvirà, Vietti, Gianni Voerzio.

Romitorio di Santedame – Toskana
IGT-Wein aus Sangiovese- und Colorinotrauben vom Weingut Ruffino; gute Lagerfähigkeit.

Ronc di Juri – Friaul-Julisch Venetien
IGT-Weißwein aus Tocai Friulano, Chardonnay, Sauvignon Blanc und Ribolla vom Weingut Girolamo Dorigo.

Ronco
Dialektausdruck für Hügel (Lage), vor allem im Friaul, aber auch in Emilien und in Venetien verwendet. Plural: Ronchi.

Ronco dei Roseti – Friaul-Julisch Venetien
IGT-Rotwein aus Cabernet Sauvignon, Cabernet Franc, Merlot, Refosco und Tazzelenghe von der Abbazia di Rosazzo; gute Lagerfähigkeit.

Ronco delle Acacie – Friaul-Julisch Venetien
IGT-Weißein aus Tocai Friulano,

Chardonnay und Pinot Bianco von der Abbazia di Rosazzo.

Rosazzo
– Friaul-Julisch Venetien
Untergebiet der → Colli Orientali del Friuli.

Rossese di Dolceacqua oder **Dolceacqua** – Ligurien
D.-O.-C.-Gebiet in der Provinz Imperia; eingefügt in die D.-O.-C.-Bezeichnung → Riviera Ligure di Ponente Rossese. Rotwein aus mind. 95 % Rossesetrauben; mind. 12 Vol.-%; als Superiore 13 Vol.-%, Mindestreifezeit 12 Monate; fruchtig, mild, leicht samtig, mit leichtem Bitterton.
Bekannte Erzeuger sind u. a.: Colle dei Bardellini, Guglielmi, Lupi, Terre Bianchi.

Rosso Conero – Marken
D.-O.-C.-G.-Gebiet in der Provinz Ancona. Rotwein aus mind. 85 % Montepulciano und max. 15 % Sangiovese; 11,5 Vol.-%; Riserva 12,5 Vol.-% und 28 Monate Mindestreifezeit. Hervorragende Jahrgänge: 1997, 1998. Sehr gute Jahrgänge: 1993, 1994, 1995.
Bekannte Erzeuger sind u. a.: Conte Leopardi Dittajutti, Fazi Battaglia, Maurizio Marchetti, Enzo Mecella, Moroder, Umani Ronchi, Solvano Strologo, Le Terrazze.

Rosso del Conte – Sizilien
Spitzenwein aus Nero d'Avola und Perricone von Conte Tasca d'Almerita

Rosso di Montalcino
– Toskana
D.-O.-C.-Gebiet in der Provinz Siena. Rotwein aus Sangiovese-Grosso-Trauben; mind. 12 Vol.-%, Mindestreifezeit 10 Monate; als „Kleiner Bruder" des → Brunello di Montalcino bezeichnet. Nicht alle verdienen dieses Prädikat. Oft sind sie jedoch von ausgezeichneter Qualität; trocken, fruchtbetont, nachhaltig; gute Lagerfähigkeit. Hervorragende Jahrgänge: 1993, 1995, 1997. Sehr gute Jahrgänge: 1994, 1996, 1998.
Bekannte Erzeuger sind u. a.: Argiano, Banfi, Barbi, Caparzo, Castiglion del Bosco, Castelgiocondo, Casanova di Neri, Ciacci Piccolomini d'Aragona, Lisini, Mastrojanni, Siro Pacenti, Pertimali, Pieve di Santa Restituta, Poggio Antico, Il Poggione.

Rosso di Montepulciano
– Toskana
D.-O.-C.-Gebiet in der Provinz Siena. Rotwein aus mind. 70 % Sangiovese (Prugnolo Gentile), max. 20 % Canaiolo Nero; mind. 11,5 Vol.-%, Mindestreifezeit 4 Monate. Hervorragende Jahrgänge: 1993, 1995, 1997. Sehr gute Jahrgänge: 1994, 1996, 1998.
Bekannte Erzeuger sind u. a.: Avignonesi, Bindella, Boscarelli, Le Casalte, Fattoria del Cerro, Dei, Poliziano, Talosa, Trerose, Valdipiatta.

Rosso La Fabrisera
– Venetien
Spitzenwein aus Corvina, Corvinone, Rondinella und Cabernet Sauvignon von Tedeschi.

Rosso Piceno – Marken
Großes D.-O.-C.-Gebiet in der Provinz Ascoli Piceno; ausgenommen ist das Erzeugungsgebiet des → Rosso Conero. Rotwein aus 35–70 % Montepulciano und 30–50 % Sangiovese; mind. 11,5 Vol.-%; Novello 11 Vol.-%; Superiore 12 Vol.-%, Mindestreifezeit 12 Monate; leicht, jung zu trinken.
Bekannte Erzeuger sind u. a.: Boccadigabbia, Cocci Grifeno, Pilastri, Saladino Saladini, Tavignano, Tenuta de Angelis, Villa Pigna.

Rubesco – Umbrien
Ausgezeichneter → Torgiano Rosso vom Weingut Lungarotti.

Ruffino
Einer der bekanntesten Weinerzeuger Italiens mit Sitz in Pontassieve in der Provinz Florenz. Besitzungen in der Toskana und im Friaul.

S

Saffredi – Toskana
IGT-Rotwein aus Cabernet Sauvignon, Merlot und Alicante vom Weingut Le Pupille; gute Lagerfähigkeit.

Sagrantino di Montefalco – Umbrien
D.-O.-C.-G.-Gebiet in der Provinz Perugia. Rotwein aus Sagrantinotrauben; dunkel-purpurrot, kräftig, rassig, tanninreich; mind. 13 Vol.-%, Mindestreifezeit 31 Monate, davon mindestens 12 Monate im Holzfass. Hervorragende Jahrgänge: 1995, 1998. Sehr gute Jahrgänge: 1990, 1992, 1993, 1994, 1996, 1997.
Bekannte Erzeuger sind u. a.: Caprai, Antonelli, Còlpetrone, Napolini, Perticaia, Ruggeri.

Salice Salentino – Apulien
D.-O.-C.-Gebiet in der Provinz Brindisi. **Bianco** (mind. 70 % Chardonnay, 11 Vol.-%), **Rosso** (aus Negro-Amaro-Trauben sowie max. 20 % Malvasia Nera di Brindisi und/oder Malvasia Nera di Lecce, 12 Vol.-%; Novello 12 Vol.-%; Riserva 12,5 Vol.-%, Mindestreifezeit 26 Monate), **Rosato** (Rebsorten wie Rosso, 11,5 Vol.-%), **Pinot Bianco** (mind. 85 % Pinot Bianco, max. 15 % Chardonnay und/oder Sauvignon Blanc, 10,5 Vol.-%), **Aleatico Dolce** (mind. 85 % Aleatico, max. 15 % Negro Amaro und/oder Malvasia Nera und/oder Primitivo, 13 Vol.-%, Mindestreifezeit 4 Monate; Riserva 13 Vol.-%, Mindestreifezeit 26 Monate).
Bekannte Erzeuger sind u. a.: Candido, Leone de Castris, Taurino, Vallone.

Sammarco – Toskana
IGT-Rotwein aus 85 % Cabernet Sauvignon und 15 % Sangiovese vom Weingut Rampolla; sehr gute Lagerfähigkeit.

Sanct Valentin – Südtirol
Premiumlinie der Kellerei St. Valentin.

San Gimignano – Toskana
D.-O.-C.-Gebiet in der Provinz Siena. Heimat des D.-O.-C.-G.-Weines → Vernaccia di San

Gimignano. **Rosso** (mind. 70 % Sangiovese, 11,5 Vol.-%, Mindestreifezeit 4 Monate; Novello 11 Vol.-%; Riserva 12 Vol.-%, Mindestreifezeit 26 Monate), **Rosato** (mind. 60 % Sangiovese, max. 20 % Canaiolo Nero, 10,5 Vol.-%); **Sangiovese, Cabernet Sauvignon, Merlot, Syrah** und **Pinot Nero** (je 100 % und 11,5 Vol.-%), **Sangiovese Rosato** (mind. 85 % Sangiovese, 10,5 Vol.-%), **Vin Santo** (Secco und Amabile, max. 50 % Malvasia Bianca Lunga, mind. 30 % Trebbiano Toscano, max. 20 % Vernaccia di San Gimignano, 16,5 Vol.-%, Mindestreifezeit 41 Monate), **Vin Santo Occhio di Pernice** (Dolce, mind. 70 % Sangiovese, 16 Vol.-%, Mindestreifezeit 41 Monate).
Bekannte Erzeuger sind u. a.: Ca' del Vispo, Podere il Paradiso, Le Tre Stelle, Vincenzo Cesani.

Sangiovese di Romagna – Emilien
D.-O.-C.-Gebiet in den Provinzen Rimini, Forli, Ravenna und Bologna; für den Superiore ist das Anbaugebiet etwas eingeschränkt und erstreckt sich nur auf das Hügelgebiet. Rotwein aus mind. 85 % Sangiovese; fruchtig, würzig, mittlerer Körper; mind. 11,5 Vol.-%; mittlere bis gute Lagerfähigkeit. Trägt die Zusatzbezeichnungen Riserva und Superiore.
Bekannte Erzeuger sind u. a.: Dal Nespoli, Fattoria di Paradiso, Spaletti, Tre Monti, Zerbina.

St. Magdalener – Südtirol
Vgl. → Südtiroler.

San Leonardo – Trentino
IGT-Rotwein aus 60 % Cabernet Sauvignon, 30 % Cabernet Franc und 10 % Merlot vom Weingut Tenuta San Leonardo; sehr gute Lagerfähigkeit.

Santa Cecilia – Sizilien
IGT-Rotwein aus Nero d'Avola und Syrah vom Weingut Planeta.

Santa Cristina – Venetien
IGT-Rotwein aus Cabernet Sauvignon vom gleichnamigen Weingut; gute Lagerfähigkeit.

Sant'Antimo – Toskana
D.-O.-C.-Gebiet in der Provinz Siena. **Bianco** (11,5 Vol.-%), **Rosso** (12 Vol.-%; als Novello 11 Vol.-%), **Chardonnay** (mind. 85 % Chardonnay, 11,5 Vol.-%), **Sauvignon** (mind. 85 % Sauvignon-Blanc-Trauben, 11,5 Vol.-%), **Pinot Grigio** (mind. 85 % Pinot Grigio, 11,5 Vol.-%), **Pinot Nero** (mind. 85 % Pinot Nero, 12 Vol.-%), **Cabernet Sauvignon** (mind. 85 % Cabernet Sauvignon, 12 Vol.-%), **Merlot** (mind. 85 % Merlot, 12 Vol.-%), **Vin Santo** (mind. 70 % Trebbiano Toscano und/oder Malvasia Bianca; Secco und Amabile mit 16 Vol.-% und 36 Monaten Mindestreifezeit; Riserva Mindestreifezeit 48 Monate), **Vin Santo Occhio di Pernice** (50–70 % Sangiovese, 30–50 % Malvasia Nera und max. 30 % andere zugelassene Rebsorten, 16 Vol.-%; Riserva Mindestreifezeit 48 Monate).

Sassicaia – Toskana
Weltbekannter D.-O.-C.-Rot-

wein mit der Ursprungsbezeichnung → Bolgheri Sassicaia, seit 1994 DOC, vorher VdT, aus 85 % Cabernet Sauvignon und 15 % Cabernet Franc von der Tenuta San Guido; benannt nach einem steinigen Weinberg (Sassi = Steine). Mit dem → Tignanello Ursprung der hochwertigen, in der Barrique ausgebauten toskanischen Tafelweine. Seit 1968 im Handel. Sehr gute Lagerfähigkeit. Hervorragende Jahrgänge: 1985, 1988, 1990, 1992, 1998. Sehr gute Jahrgänge: 1993, 1994, 1996, 1997.

Sciri – Sizilien
IGT-Rotwein aus Nero-d'Avola-Trauben von COS.

Sella & Mosca – Sardinien
Größter Weinproduzent Sardiniens mit Sitz in Alghero. Erzeugt einige der bekanntesten und besten Weine der Insel wie → Anghelu Ruju, → Tanca Farra und → Marchese di Villamarina.

Serpico – Kampanien
IGT-Rotwein aus 65 % Aglianico, 35 % Piedirosso und 5 % Sangiovese vom Weingut Feudi di San Gregorio; sehr gute Lagerfähigkeit.

Sfurzat – Lombardei
auch **Sforzato,** vgl. → Valtellina; körperreicher roter Passito aus Nebbiolotrauben, extrem langlebig, mind. 14 Vol.-%, Mindestreifezeit 25 Monate.

Siepi – Toskana
IGT-Rotwein aus 50 % Sangiovese und 50 % Merlot vom Weingut Castello di Fonterutoli; sehr gute Lagerfähigkeit.

Sito Moresco – Piemont
Roter Langhe-D.-O.-C.-Wein, vor allem aus Nebbiolo, Merlot und Barbera von Angelo Gaja. Mittlere Lagerfähigkeit.

Soave – Venetien
D.-O.-C.-Gebiet in der Provinz Verona. Die Classicozone liegt östlich der Stadt Soave. Weißwein aus Garganegatrauben und max. 30 % Pinot Bianco, Trebbiano di Soave und Chardonnay; meistproduzierter Weißwein Italiens. Auch aus Einzellagen erzeugt. Schlank, kräftig, mit guter Frucht, frisch, nicht zu säurebetont, mit nussähnlichem Abgang; mind. 10,5 Vol.-%.
Bekannte Erzeuger sind u. a.: Anselmi, Bolla, Coffele, Gini, Guerrieri-Rizzardi, Inama, Pasqua, Pieropan, Pra, Santi, Satori, Suavia, Tamellini.

Soave Superiore – Venetien
Soave mit D.-O.-C.-G.-Prädikat, das auch für den Soave Classico Superiore gilt; mind. 12 Vol.-%; Riserva 12,5 Vol.-%, Mindestreifezeit 24 Monate.

Solaia – Toskana
IGT-Rotwein, benannt nach der gleichnamigen Lage, der aus 80 % Cabernet Sauvignon und 20 % Sangiovese von Antinori hergestellt wird. Solaia ist einer der Spitzenweine Italiens. Er wurde mit zahlreichen Auszeichnungen bedacht. Sehr gute Lagerfähigkeit.

Sori
Hauptsächlich im Piemont verwendeter Ausdruck für eine Lage mit reiner Südausrichtung.

Sori San Lorenzo – Piemont
Barbaresco von Angelo Gaja, der, ebenso wie der Sori Tildin, seit 1999 nur mehr als → Langhe Nebbiolo verkauft wird.

Sovana – Toskana
D.-O.-C.-Gebiet in der Provinz Grosseto. **Rosso** (mind. 50 % Sangiovese, 11 Vol.-%, Mindestreifezeit 4 Monate; Superiore 12 Vol.-%, Mindestreifezeit 7 Monate; Riserva 12 Vol.-%, Mindestreifezeit 30 Monate), **Rosato** (mind. 50 % Sangiovese, 11 Vol.-%, Mindestreifezeit 2 Monate), **Sangiovese** (mind. 85 % Sangiovese, 12 Vol.-%, Mindestreifezeit 7 Monate; Riserva 12 Vol.-%, Mindestreifezeit 30 Monate), **Aleatico** (mind. 85 % Aleatico, 12 Vol.-%, Mindestreifezeit 7 Monate; Riserva 12 Vol.-%, Mindestreifezeit 30 Monate), **Cabernet Sauvignon** (mind. 85 % Cabernet Sauvignon, 12 Vol.-%, Mindestreifezeit 7 Monate; Riserva 12 Vol.-%, Mindestreifezeit 30 Monate), **Merlot** (mind. 85 % Merlot, 12 Vol.-%, Mindestreifezeit 7 Monate; Riserva 12 Vol.-%, Mindestreifezeit 30 Monate).
Bekannte Produzenten sind u. a.: Sassotondo, Sopra la Ripa.

Sperss – Piemont
Langhe Nebbiolo DOC von Angelo Gaja. Früher als Barolo DOCG klassifiziert.

Südtirol oder **Südtiroler** – Südtirol
D.-O.-C.-Gebiet in der Provinz Bozen. Nach den Rebsorten benannte Weine, wie Goldmuskateller/Moscato Giallo, Weißburgunder/Pinot Bianco, Chardonnay, Welschriesling/Riesling Italico, Gewürztraminer/Traminer Aromatico, Rosenmuskateller/Moscato Rosa, Lagrein Kretzer oder Rosé/Lagrein Rosato, Lagrein oder Lagrein Dunkel/Lagrein Scuro, Merlot Kretzer oder Merlot Rosé/Merlot Rosato, Merlot, Cabernet Franc, Cabernet Sauvignon, Malvasier/Malvasia, Vernatsch/Schiava, Großvernatsch/Schiava Grossa, Edelvernatsch/Schiava Gentile und Grauvernatsch/Schiava Grigia sowie Cuvées aus Cabernet-Lagrein, Cabernet-Merlot, Merlot-Lagrein, mit einem Anteil von mind. 95 % der namengebenden Sorte bzw. Sorten; 11–11,5 Vol.-%, Rosenmuskateller 12,5 Vol.-%; Riserva 11,5 Vol.-%.

Südtirol Bozner Leiten – Südtirol
Kleines D.-O.-C.-Gebiet (20 Hektar) in der Gemeinde Leifers und in Teilen von Terlan, St. Jenesien, Bozen, Ritten, Völs am Schlern und Karneid in der Provinz Bozen. Ital.: **Colli di Bolzano.** Rotwein aus mind. 90 % Vernatsch mit einem Rest aus Lagrein und/oder Pinot Nero; 11 Vol.-%.
Bekannter Erzeuger ist u. a. Martini & Sohn.

Südtirol Eisacktaler oder **Eisacktal** – Südtirol
D.-O.-C.-Gebiet in den Gemeinden Barbian, Brixen, Kastelruth, Klausen, Völs, Ritten, Feldthurns und Villanders in der Provinz Bozen. Ital.: **Valle Isarco.** Eine Unterzone ist **Klauser Leitacher.** Der Wein wird aus den Sorten Blauer Portugieser, Lagrein und Vernatsch hergestellt. Nach den Rebsorten benannte Weine, wie Gewürztraminer/Traminer Aromatico, Grauer Burgunder oder Ruländer/Pinot Grigio, Veltliner, Sylvaner, Müller-Thurgau und Kerner, mit einem Anteil von mind. 90 % der namengebenden Sorte; 10,5–11 Vol.-%.
Bekannte Erzeuger sind u. a.: Kloster Neustift, Pliger, Eisacktaler Kellerei.

Südtirol Meraner Hügel oder **Meraner** – Südtirol
D.-O.-C.-Gebiet rund um Meran in der Provinz Bozen. Ital.: **Meranese di Collina** oder **Meranese.** Die Lagenbezeichnungen **Burggräfler, Küchelberg, Gneid, Rosengarten, Lebenberg** und **Labers** können verwendet werden. Rotwein aus Vernatschtrauben; 11 Vol.-%.
Bekannte Erzeuger sind u. a.: KG Meran, KG Burggräfler.

Südtirol St. Magdalener – Südtirol
D.-O.-C.-Gebiet in den Gemeinden St. Magdalena (heute ein Stadtteil von Bozen), Laitach, St. Peter, St. Georg, Sand, Oberbozen, Haslach, St. Moritz und in Teilen von St. Jenesien, Ritten, Karneid und Terlan in der Provinz Bozen. Ital.: **Santa Maddalena.** Die Lagenbezeichnungen **St. Justina, Leiten, St. Peter, Gunschna, St. Georg** und **Sand** können verwendet werden. Rotwein aus mind. 90 % Vernatsch mit einem Rest aus Lagrein und/oder Pinot Nero; 11,5 Vol.-%.
Bekannte Erzeuger sind u. a.: Josef Brigl, KG Girlan, Glögglhof, Cantina Produttori Bolzano, Malojer-Gummerhof, KG Ritterhof, Kellerei St. Magdalena, KG Nals-Margreid/Entiklar, Heinrich Plattner.

Südtirol Terlaner – Südtirol
D.-O.-C.-Gebiet in den Gemeinden Terlan, Jenesien, Tisens, Nals, Andrian, Eppan, Kaltern und Möltern in der Provinz Bozen. Ital.: **Terlano.** D.-O.-C.-Weine: **Terlaner** (Terlano; mind. 50 % Pinot Bianco und/oder Chardonnay; 11,5 Vol.-%), **nach den Rebsorten benannte Weine, wie** Weißburgunder/Pinot Bianco, Chardonnay, Welschriesling/Riesling Italico, Riesling, Sauvignon, Sylvaner und Müller-Thurgau, mit einem Anteil von mind. 90 % der namengebenden Sorte; 10,5–11,5 Vol.-%, Sauvignon 12 Vol.-%; Terlan, Andrian und Nals dürfen die Zusatzbezeichnung Classico tragen.
Bekannte Erzeuger sind u. a.: KG Terlan, KG Andrian.

Südtirol Vintschgau – Südtirol
D.-O.-C.-Gebiet in den Gemeinden Kastebell-Tachars, Latsch, Naturns, Parcins und Schlanders in der Provinz Bozen. Ital.: **Valle Venosta.**

Nach den Rebsorten benannte Weine, wie Gewürztraminer/Traminer Aromatico, Grauer Burgunder oder Ruländer/Pinot Grigio, Chardonnay, Müller-Thurgau, Kerner, Pinot Bianco, Pinot Nero, Vernatsch/Schiava, mit einem Anteil von mind. 90 % der namengebenden Sorte; 10,5–11 Vol.-%.
Bekannte Erzeuger sind u. a.: Hubert Pohl-Köfelgut, Weingut Unterortl/Aurich.

Summus – Toskana
IGT-Rotwein aus Sangiovese Grosso, Cabernet Sauvignon und Syrah vom Castello Banfi; gute Lagerfähigkeit.

Supertoskaner
Um 1970 entstandene Weine eines neuen Typs, die nicht mit den gesetzlichen Vorschriften, da diese wenig Spielraum lassen, im Einklang standen. Auf den Etiketten wurden sie als Tafelweine (Vini da tavola) gekennzeichnet. Internationale Rebsorten wie Cabernet Sauvignon, Merlot und Syrah wurden verwendet. Auf die weißen Rebsorten Trebbiano und Malvasia wurde verzichtet. Der Ausbau der Weine erfolgte in der Barrique. Siehe auch → Le Pergole Torte, → Tignanello und → Sassicaia.

Syriacus – Kampanien
IGT-Rotwein aus Syriacustrauben (vermutlich ein Abkömmling der Syrahrebe) vom Weingut Feudi di San Gregorio.

T

Taberhof – Südtirol
Hervorragender Lagrein Riserva von der Kellerei Bozen.

Tanca Farra – Sardinien
IGT-Rotwein aus Cannonau und Cabernet Sauvignon von Sella & Mosca; gute Lagerfähigkeit.

Taurasi – Kampanien
D.-O.-C.-G.-Gebiet in der Provinz Avellino. Rotwein aus mind. 85 % Aglianicotrauben mit bis zu 15 % Piedirosso-, Sangiovese- und Barberatrauben; mind. 12 Vol.-%, Mindestreifezeit 37 Monate, davon 12 Monate im Fass; Riserva mind. 12,5 Vol.-%, Mindestreifezeit 49 Monate, davon 18 Monate im Fass; kräftig, würzig; sehr gute Lagerfähigkeit.
Bekannte Erzeuger sind u. a.: Mastroberadino (bekannte Einzellage ist Radici), Feudi di San Gregorio, Struzziero.

Taurasi Piano di Montevergine – Kampanien
D.-O.-C.-G.-Wein von Feudi di San Gregorio.

Tendone
In Teilen Mittel- und Süditaliens verbreitete Form der Pergolaerziehung.

Tenuta di Trinoro Rosso – Toskana
IGT-Wein aus Cabernet Franc, Cabernet Sauvignon und Petit Verdot von der Tenuta di Trinoro.

Tenuta San Guido
Vgl. → Sassicaia.

Teroldego Rotaliano – Trentino
D.-O.-C.-Gebiet am Campo Rotaliano in der Provinz Trient. Rotwein aus Teroldegotrauben; mind. 11,5 Vol.-%; Superiore 12 Vol.-%; Riserva 12 Vol.-%, Mindestreifezeit 24 Monate; kräftig, spürbares Tannin, leicht bitterer Abgang, gleichwohl samtig, geschmeidig und weich. Hervorragender Jahrgang: 1997. Sehr gute Jahrgänge: 1995, 1996, 1998; auch als Roséwein erhältlich.
Bekannte Erzeuger sind u. a.: Foradori, Càvit, Sebastiani, MezzaCorona, Mezzolombardo, Zeni.

Terre Brune – Sardinien
D.-O.-C.-Rotwein (Carignano del Sulcis) aus Carignano und Bovaleddu von der Cantina Sociale di Santadi.

Terre di Franciacorta – Lombardei
D.-O.-C.-Gebiet nordwestlich von Brescia. **Rosso** (mind. 25 % Cabernet Sauvignon und Cabernet Franc, mind. 10 % Barbera, mind. 10 % Nebbiolo und mind. 10 % Merlot; mind. 11 Vol.-%), **Bianco** (Chardonnay und/oder Pinot Bianco und/oder max. 15 % Pinot Nero; mind. 11 Vol.-%). Die Angabe einer Lagenbezeichnung ist möglich, gefolgt vom Ortsnamen, ohne einen Bezug auf die Farbe zu nehmen. Die Angabe des Jahrgangs ist obligatorisch. Der Mindestalkoholgehalt dieser Weine beträgt 12 Vol.-%.
Bekannte Erzeuger sind u. a.: Bella Vista, Ca' del Bosco, Cavalleri, Enrico Gatti, San Christoforo, Monzio Compagnoni, Uberti.

Terre di Tufi – Toskana
IGT-Weißwein aus Vernacciatrauben vom Weingut Teruzzi & Puthod.

Tignanello – Toskana
IGT-Rotwein (benannt nach dem gleichnamigen Weinberg) aus 80 % Sangiovese, 15 % Cabernet Sauvignon und 5 % Cabernet Franc von Antinori; mit dem → Sassicaia der Ursprung der hochwertigen, in der Barrique ausgebauten toskanischen Tafelweine. 1971 wurde er erstmals als „Vino da tavola di Toscana" abgefüllt; sehr gute Lagerfähigkeit.

Toar – Venetien
IGT-Rotwein aus Dindarella- und Oselettatrauben vom Weingut Masi; sorgfältig vinifizierter, neuer Typus eines → Valpolicella.

Torcolato – Venetien
In der Barrique ausgebauter Dessertwein aus Garganega, Tocai und Vespolina vom Weingut Maculan.

Torgiano – Umbrien
D.-O.-C.-Gebiet in der Provinz Perugia. **Bianco** (50–70 % Trebbiano Toscano, 15–40 % Grechetto, 10,5 Vol.-%), **Rosso** (50–70 % Sangiovese, 15–30 % Canaiolo, max. 10 % Barbera,

12 Vol.-%), **Rosato** (Rebsorten wie Rosso, 11,5 Vol.-%), **Chardonnay** (mind. 85 % Chardonnay, 10,5 Vol.-%), **Pinot Grigio** (mind. 85 % Pinot Grigio, 10,5 Vol.-%), **Riesling Italico** (mind. 85 % Riesling Italico, 10,5 Vol.-%), **Cabernet Sauvignon** (mind. 85 % Cabernet Sauvignon, 12 Vol.-%, Mindestreifezeit 13 Monate), **Pinot Nero** (mind. 85 % Pinot Nero, 12 Vol.-%, Mindestreifezeit 13 Monate); auch als Spumante erhältlich. Die Farbe oder die Rebsorte muss vor der Bezeichnung Torgiano stehen, z. B. Rosso di Torgiano.
Bekanntester Erzeuger ist Lungarotti.

Torgiano Rosso Riserva – Umbrien
D.-O.-C.-G.-Gebiet in einem Teil der Gemeinde → Torgiano. Rotwein aus 50–70 % Sangiovese, 15–30 % Canaiolo und max. 10 % Trebbiano Toscano; mind. 12,5 Vol.-%, Mindestreifezeit 36 Monate. Elegantes Bukett, körperreich, deutliche Finesse. Sehr gute Lagerfähigkeit. Hervorragende Jahrgänge: 1990, 1992, 1993, 1994, 1995, 1996, 1997. Sehr guter Jahrgang: 1991. Sehr bekannt ist der Torgiano Riserva Vigna Monticchio.
Bekanntester Erzeuger ist Lungarotti.

Toro Desidero – Toskana
IGT-Rotwein aus 100 % Merlot vom Weingut Avignonesi; gute Lagerfähigkeit.

Trebbiano d'Abruzzo – Abruzzen
D.-O.-C.-Gebiet; Weißwein aus Trebbiano d'Abruzzo und/oder Trebbiano Toscano; mind. 11 Vol.-%, Mindestreifezeit 2 Monate.
Bekannte Erzeuger sind u. a.: Barone Cornacchia, Montori, Nicodemi, Orlando Contucci Ponno, Valentini, Zaccagnini.

Trentino – Trentino
D.-O.-C.-Gebiet in der ganzen Region, in das das D.-O.-C.-Gebiet **Sorni** integriert ist. **Bianco** (mind. 80 % Chardonnay und/oder Pinot Bianco, 11 Vol.-%; Riserva 11,5 Vol.-%, 24 Monate Mindestreifezeit), **Rosso** (Cabernet Franc und/oder Cabernet Sauvignon und Merlot, 11,5 Vol.-%, 4 Monate Mindestreifezeit; Riserva 12 Vol.-%, 24 Monate Mindestreifezeit), **Kretzer/Rosato** (Enantio und/oder Vernatsch und/oder Teroldego und/oder Lagrein, 11 Vol.-%), **Sorni Bianco** (Nosiola und/oder Müller-Thurgau und/oder Sylvaner und/oder Pinot Bianco und/oder Pinot Grigio und/oder Chardonnay, 11 Vol.-%), **Sorni Rosso** (Vernatsch und/oder Teroldego und/oder Lagrein, 11 Vol.-%), **nach den Rebsorten benannte Weine, wie** Chardonnay, Sauvignon, Moscato Giallo, Pinot Bianco, Pinot Grigio, Nosiola, Riesling, Riesling Italico, Müller-Thurgau, Moscato Rosa, Traminer Aromatico, Cabernet Franc, Cabernet Sauvignon, Merlot, Lagrein (Lagrein Dunkel und Lagrein Kretzer/Lagrein Rosato), Marzemino, Pinot Nero und Rebo, mit einem Anteil von

mind. 85 % der namengebenden Sorte; 10,5–11 Vol.-%, Moscato Rosso 12 Vol.-%; Riserva 11,5 Vol.-%, Mindestreifezeit 24 Monate; Spätlesen 15 Vol.-%, mind. 14 Monate gelagert; **Vino Santo** (mind. 85 % Nosiola, 16 Vol.-%, Mindestreifezeit 36 Monate).
Bekannte Erzeuger sind u. a.: Ca'vit, Conti Bossi Fedrigotti, Endrizzi, Foradori, Istituto Agrario San Michele all'Adige, LaVis, Letrari, Longariva, Cantine MezzaCorona, Pojer & Sandri, De Tarczal, Roberto Zeni.

Trento oder **Trient** – Trentino
D.-O.-C.-Bezeichnung, ausschließlich für weiße und rosé Schaumweine aus dem Trentino, die durch Flaschengärung erzeugt wurden. Verwendete Rebsorten sind Chardonnay und/oder Pinot Bianco und/oder Pinot Nero und/oder Pinot Meunier; 11,5 Vol.-%. Die Bezeichnung Riserva darf nur für weiße Schaumweine verwendet werden, die einen Alkoholgehalt von mindestens 12 Vol.-% aufweisen und mindestens 36 Monate auf der Weinhefe verblieben sind.
Bekannte Erzeuger sind u. a.: Cavit, Endrizzi, Ferrari, Istituto Agrario S. Michele, Letrari.

Turriga – Sardinien
Rotwein aus Cannonau (70 %), Carignano, Malvasia Nera und Bovale vom Weingut Argiolas; gute Lagerfähigkeit.

Tuvaoes – Sardinien
D.-O.-C.-Wein (Vermentino di Sardegna) von Giovanni Cherchi.

V

Val di Cornia – Toskana
D.-O.-C.-Gebiet in den Provinzen Livorno und Pisa. **Bianco** (mind. 50 % Trebbiano Toscano, max. 50 % Vermentino, 11 Vol.-%), **Rosso** (mind. 50 % Sangiovese, max. 50 % Cabernet Sauvignon und/oder Merlot, 12 Vol.-%; Superiore 12,5 Vol.-%, Mindestreifezeit 18 Monate; Riserva 12,5 Vol.-%, Mindestreifezeit 24 Monate), **Rosato** (Trauben wie Rosso, 11 Vol.-%), **Aleatico Passito** (100 % Aleatico, 16 Vol.-%), **nach den Rebsorten benannte Weine, wie** Ansonica, Vermentino, Cabernet Sauvignon, Ciliegiolo, Merlot und Sangiovese, mit einem Anteil von mind. 85 % der namengebenden Sorte; 11,5–12 Vol.-%; Superiore 12,5 Vol.-%, 18 Monate Mindestreifezeit; Riserva 12 Vol.-%, 24 Monate Mindestreifezeit.
Folgende D.-O.-C.-Weine tragen die Unterbezeichnung **Val di Cornia-Suvereto**, die sich ausschließlich auf die Gemeinde Suvereto bezieht: **Rosso** (mind. 50 % Cabernet Sauvignon, max. 50 % Merlot, 12,5 Vol.-%, Mindestreifezeit 26 Monate), **Merlot** (mind. 85 % Merlot, 12,5 Vol.-%, Mindestreifezeit 26 Monate), **Sangiovese** (mind. 85 % Sangiovese, 12,5 Vol.-%, Mindestreifezeit 26 Monate), **Cabernet Sauvignon** (mind. 85 % Cabernet Sauvignon, 12,5 Vol.-%, Mindestreifezeit 26 Monate).
Bekannte Erzeuger sind u. a.: Jacopo Banti, Gualdo del Re,

Montepeloso, Incontri, Petricci e Del Planta, Podere San Luigi, Russo, San Giusto di Bonti, Tua Rita.

Valle d'Aosta oder **Vallée d'Aoste** – Aostatal
D.-O.-C.-Gebiet mit den Unterzonen **Blanc de Morgex, De la Salle, Enfer d'Arvier, Torrette, Nus** und **Donnas.** D.-O.-C.-Weine: **Blanc de Morgex** und **De la Salle** (Blanc-de-Morgex-Trauben, 9 Vol.-%), **Enfer d'Arvier** (mind. 85 % Vien des Nus, 11,5 Vol.-%), **Torrette** (mind. 70 % Petit Rouge, 11 Vol.-%), **Nus Rosso** oder **Rouge** (mind. 50 % Vien des Nus, 11 Vol.-%), **Donnas** (mind. 85 % Nebbiolo, 11,5 Vol.-%, Mindestreifezeit 25 Monate), **nach den Rebsorten benannte Weine, wie** Müller-Thurgau, Gamay, Pinot Nero bzw. Pinot Noir (auch als Weißwein gekeltert), Pinot Grigio bzw. Pinot Gris, Petit Arvine, Chardonnay, Premetta, Fumin und Petit Rouge, mit einem Anteil von mind. 90 % der namengebenden Sorte; 10–11,5 Vol.-%.

Valpolicella – Venetien
D.-O.-C.-Gebiet nördlich von Verona. Der Landstrich ist zirka 45 km lang und reicht vom Etschtal bis zum Cazzanotal. Rotwein aus 40–70 % Corvina, 20–40 % Rondinella und 5–25 % Molinara zusammen oder alleine, max. 15 % Rossignola, Negrara, Barbera, Sangiovese; rubin- bis purpurrot, trocken, traubiges Aroma, leicht bitterer Abgang; mind. 11 Vol.-%; als Classico ebenfalls 11 Vol.-%; Superiore mind. 12 Vol.-%, Mindestreifezeit 14 Monate. Hervorragende Jahrgänge: 1988, 1989, 1990, 1997. Sehr gute Jahrgänge: 1991, 1993, 1996.
Neben der Standardqualität gibt es Valpolicellaweine aus begrenzten Anbaugebieten: **Valpolicella Classico** muss aus dem ältesten Anbaugebiet zwischen Gardasee und Verona, nämlich den Gemeinden Marano, Fumane, Negrar, Sant' Ambrogio di Valpolicella und San Pietro in Cariano, stammen. **Valpolicella Valpantena** muss in den Gemeinden Alcenago, Rosaro und Azzago angebaut und erzeugt worden sein. Aus angetrockneten Trauben wird der **Amarone della Valpolicella** hergestellt. Er weist einen bitteren (amaro = bitter), trockenen Abgang auf und zeichnet sich durch eine besondere Opulenz und Langlebigkeit aus; bis zu 16 Vol.-%, gesetzliche Mindestreifezeit 25 Monate. Hervorragende Jahrgänge: 1986, 1988, 1989, 1990, 1997. **Recioto della Valpolicella** ist die süße Version des Amarone della Valpolicella; fruchtig, körperreich, intensives Aroma.
Bei der Vinifikation von Valpolicella Superiore und einigen VdT- bzw. IGT-Weinen wird häufig das **Ripasso-Verfahren** angewendet. Nachdem der Amarone seine Mazeration beendet hat, lässt man vier bis fünf Monate jungen Valpolicella auf seinen Trestern nochmals gären, wodurch der Wein mehr Farbe, Körper und Komplexität bekommt.
Bekannte Erzeuger sind u. a.:

Accordini, Allegrini, Bertani, Bussola, Brunelli, Bolla, Dario Boscaini, Dal Forno, Masi, Guerrieri-Rizzardi, Quintarelli, Le Ragose, Serègo-Alighieri, Speri, Tedeschi, Tenuta Sant'Antonio.

Valtellina – Lombardei
D.-O.-C.-Gebiet in der Provinz Sondrio; seit kurzem als **Rosso della Valtellina** bezeichnet; deutsch **Veltlin.** Rotwein aus mind. 80 % Nebbiolotrauben (hier Chiavennasca); kräftig, würzig, leichte Bitternote im Abgang; mind. 11 Vol.-%, Mindestreifezeit 7 Monate. Als → Sfurzat oder Sfursát (DOCG) mind. 14 Vol.-%, Mindestreifezeit 25 Monate; gute Lagerfähigkeit.
Bekannte Erzeuger sind u. a.: Ar. Pe. Pe., Bettini, Nera, Negri, Triacca, Rainoldi.

Valtellina Superiore
– Lombardei
D.-O.-C.-G.-Gebiet in der Provinz Sondrio und D.-O.-C.-G.-Wein aus mind. 90 % Nebbiolotrauben (hier: Chiavennasca); mind. 12 Vol.-%, Mindestreifezeit 25 Monate; Riserva 12 Vol.-%, Mindestreifezeit 37 Monate; aromareich, komplex, dicht und fein; sehr gute Lagerfähigkeit. Hervorragende Jahrgänge: 1988, 1995, 1997. Sehr gute Jahrgänge: 1989, 1990, 1994, 1996, 1998.
Die Bezeichnung Valtellina Superiore gilt auch für die Unterzonen **Sassella, Grumello, Inferno, Valgella** und **Maroggia.** Diese Weine haben einen Mindestalkoholgehalt von 12 Vol.-%, Mindestreifezeit 25 Monate; Riserva Mindestreifezeit 37 Monate. Bekannte Erzeuger sind u. a.: Conti Sertoli Salis, Negri, Rainoldi, Triacca.

Venegazzù della Casa
– Venetien
IGT-Rotwein aus Cabernet Sauvignon und Merlot vom Weingut Venegazzù Montello; sehr gute Lagerfähigkeit.

Verdicchio dei Castelli di Jesi
– Marken
D.-O.-C.-Gebiet in den Provinzen Ancona und Macerata. Die Classicozone befindet sich im südlichen Teil. Weißwein aus 85 % Verdicchiotrauben mit einem Zusatz von 15 % Malvasia Toscana und Trebbiano Toscano; trocken, deutliche Säure, duftig, bitterer Nachgeschmack; mind. 11,5 Vol.-% (auch für den Classico); Riserva 12,5 Vol.-%, Mindestreifezeit 25 Monate.
Bekannte Erzeuger sind u. a.: Bonci, Bucci, Fazi Battaglia, Fone della Luna, Garofoli, Santa Barbara, Saratelli, Umani Ronchi.

Verdicchio di Matelica
– Marken
D.-O.-C.-Gebiet in den Provinzen Macerata und Ancona. Weißwein aus mind. 85 % Verdicchiotrauben; trocken, harmonisch, duftig, etwas frischer als der „große Bruder" → Verdicchio dei Castelli di Jesi; mind. 11,5 Vol.-%; Riserva 12,5 Vol.-%, Mindestreifezeit 25 Monate. Bekannte Erzeuger sind u. a.: Belisario, Bisini, La Monacesca.

Vermentino di Gallura – Sardinien
D.-O.-C.-G.-Gebiet in den Provinzen Sassari und Nuoro. Weißwein aus mind. 95 % Vermentinotrauben; mind. 12 Vol.-%; Superiore 13 Vol.-%; trocken, kräftig, schöne Frucht.
Bekannte Erzeuger sind u. a.: Cantina Sociale di Gallura, Cantina Sociale del Vermentino, Tenute de Capichera, Cherchi, Mancini.

Vermentino di Sardegna – Sardinien
D.-O.-C.-Gebiet, das die gesamte Insel umfasst. Weißwein aus mind. 85 % Vermentino in den Versionen Secco und Amabile; mind. 10,5 Vol.-%.

Vernaccia di Oristano – Sardinien
D.-O.-C.-Gebiet in der Provinz Oristano. Weißwein aus Vernaccia-di-Oristano-Trauben; mind. 15 Vol.-%; Superiore 15,5 Vol.-%; sardische Spezialität, bei der, ähnlich wie beim leichten Sherry, die Weine mit kleineren Mengen älterer Jahrgänge verschnitten werden. Kann trocken oder süß schmecken. Bekannte Erzeuger sind u. a.: Contini, Cantina Sociale di Vernaccia.

Vernaccia di San Gimignano – Toskana
D.-O.-C.-G.-Gebiet in der Provinz Siena. Weißwein aus mind. 90 % Vernaccia-di-San-Gimignano-Trauben; trocken, kräftig, nuancenreich; mind. 11 Vol.-%; Mindestreifezeit Riserva 18 Monate; relativ jung zu trinken.
Bekannte Erzeuger sind u. a.: Falchini, Melini, Montenidoli, Panizzi, Teruzzi & Puthod, Pietraserena, Vagnoni.

Vesuvio – Kampanien
D.-O.-C.-Gebiet in der Provinz Neapel. **Bianco** (mind. 35 % Coda di Volpe oder mind. 80 % Verdeca und Coda di Volpe, max. 20 % Falanghina und/oder Greco, 11 Vol.-%), **Rosso** (mind. 50 % Piedirosso oder mind. 80 % Piedirosso und Sciascinoso, max. 20 % Aglianico, 10,5 Vol.-%), **Rosato** (Rebsorten wie Rosso, 10,5 Vol.-%).
Weine mit der Unterbezeichnung Lacryma Christi: **Bianco** (Rebsorten wie Vesuvio Bianco, 12 Vol.-%; Spumante 12 Vol.-%; Liquoroso 12 Vol.-%), **Rosso** (Rebsorten wie Vesuvio Rosso, 12 Vol.-%; Spumante 12 Vol.-%), **Rosato** (Rebsorten wie Vesuvio Rosso, 12 Vol.-%).
Bekannte Erzeuger sind u. a.: Azienda Vinicola Sorrentino, Mastroberardino.

VIDE
Associazione Vitivinicoltori Italiani di Eccellenza; italienisches Konsortium von Qualitätsweinerzeugern.

Vie de Romans
Weingut inh → Isonzo mit sehr guten Weißweinen.

Vigna al Cavaliere – Toskana
IGT-Rotwein aus 100 % Sangiovese von Michele Satta; gute Lagerfähigkeit.

Vigna d'Alceo – Toskana
IGT-Rotwein aus Cabernet Sauvignon und Petit Verdot vom Castello dei Rampolla.

Vigna del Bosco – Toskana
IGT-Rotwein aus 100 % Syrah vom Weingut Manzano; gute Lagerfähigkeit.

Vigna del Vasallo – Latium
IGT-Rotwein aus Merlot, Cesanese, Sangiovese und Montepulciano vom Weingut Colle Picchioni; gute Lagerfähigkeit.

Vigna L'Apparita – Toskana
IGT-Rotwein aus 100 % Merlot vom Castello di Ama; sehr gute Lagerfähigkeit.

Vino da Meditazione
Wörtlich: Meditationswein; für Süßweine besonderer Qualität.

Vino da Taglio
Meist farb- und alkoholstarker roter Verschnittwein.

Vino Nobile di Montepulciano – Toskana
D.-O.-C.-G.-Gebiet in der Provinz Siena. Rotwein aus mind. 70 % Sangiovese (Prugnolo Gentile), max. 20 % Canaiolo Nero und bis max. 20 % anderen zugelassenen Trauben, wobei max. 10 % weiße Sorten (ausgenommen aromatische Sorten und Malvasia Bianca Lunga) zugelassen sind; kräftig, würzig, mit schöner Sangiovesefrucht, leichte Bitternote im Abgang; mind. 12,5 Vol.-%, Mindestreifezeit 26 Monate (davon 2 Jahre in Holzfässern); Riserva 13 Vol.-%, Mindestreifezeit 38 Monate. Gute Lagerfähigkeit. Hervorragende Jahrgänge: 1990, 1991, 1993, 1994, 1995, 1997, 1999. Sehr gute Jahrgänge: 1996, 1998. Bekannte Erzeuger sind u. a.: Avignonesi, Bindella, La Braccesca, Boscarelli, Canneto, Le Casalte, Fattoria del Cerro, Dei, Fassati, Lodola Nuova, Poliziano, Talosa, Trerose, Valdipiatta.

Vin Ruspo – Toskana
Aus den Trauben des → Carmignano erzeugter Roséwein.

Vin Santo
Wörtlich: „heiliger Wein". Traditioneller Dessert- und Aperitifwein aus teilgetrockneten Trauben. Nach der Ernte werden die Trauben bis zum Frühjahr in eigens dafür geschaffenen Räumen, die gut durchlüftet sein müssen, getrocknet und anschließend eingemaischt. Da der Most nicht selbst genügend Hefen enthält, werden sie ihm durch die so genannte Mutter zugefügt. Das ist bereits vergorener Vin Santo, früher meist der Bodensatz der abgezogenen Fässer. Anschließend wird er mehrere Jahre in kleinen Fässern (caratelli) ausgebaut, die zumeist auf dem Dachboden liegen, um Temperaturschwankungen für die Reifung auszunutzen. Traditionell findet sich Vin Santo hauptsächlich in der Toskana, woher auch die besten Qualitäten stammen. In geringen Mengen wird er auch im Trentino erzeugt und dort als **Vino Santo** bezeichnet.

Vin Santo del Chianti – Toskana
D.-O.-C.-Gebiet, vgl. → Chianti. Dessertwein, der aus mindestens 70 % Trebbiano Toscano und/oder Malvasia Bianca

sowie aus max. 30 % anderen, weißen Sorten hergestellt wird. Mind. 15,5 Vol.-%, Mindestreifezeit 36 Monate. **Vin Santo del Chianti Occhio di Pernice** (mind. 50 % Sangiovese, mind. 16,5 Vol.-%, Mindestreifezeit 36 Monate). In den Chianti-Unterzonen **Colli Fiorentini, Rufina, Montalbano, Colline Pisane, Colli Senesi, Colli Aretini** und **Montespertoli** werden beide Weine mit 16 bzw. 17 Vol.-% und einer Mindestreifezeit von 36 Monaten hergestellt. Die Riservaqualitäten lagern mindestens 48 Monate.

Vin Santo del Chianti Classico – Toskana
D.-O.-C.-Gebiet, vgl. → Chianti Classico. Dessertwein aus mind. 70 % Trebbiano Toscano und/oder Malvasia sowie max. 30 % anderen weißen und roten Sorten; mind. 14 Vol.-%, Mindestreifezeit 36 Monate; Riserva Secco 14 Vol.-%, Mindestreifezeit 48 Monate; Amabile 13 Vol.-%, Mindestreifezeit 36 Monate; Riserva Amabile Mindestreifezeit 48 Monate. **Vin Santo del Chianti Classico Occhio di Pernice** (50–70 % Sangiovese, max. 50 % andere, rote Trauben; mind. 14 Vol.-%, Mindestreifezeit 36 Monate). Die Riservaqualität lagert mindestens 48 Monate.

Vin Santo del Montepulciano – Toskana
D.-O.-C.-Gebiet, vgl. → Vino Nobile di Montepulciano. Dessertwein aus mind. 70 % Trebbiano Toscano und/oder Malvasia Bianca und/oder Grechetto Bianco (Pulcinculo) sowie max. 30 % anderen, weißen Trauben; mind. 15 Vol.-%, Mindestlagerzeit 36 Monate; Riserva 14,5 Vol.-%, Mindestlagerzeit 60 Monate. **Vin Santo di Montepulciano Occhio di Pernice** (mind. 50 % Sangiovese, mind. 15 Vol.-%, Mindestreifezeit 96 Monate).

Vintage Tunina – Friaul-Julisch Venetien
IGT-Weißwein aus Sauvignon Blanc, Chardonnay, Ribolla, Malvasia und Picolit aus der gleichnamigen Lage von Jermann.

Vitiano – Umbrien
IGT-Rotwein aus Merlot, Cabernet Sauvignon und Sangiovese vom Weingut Falesco.

W

Were dreams, now it's just wine – Friaul-Julisch Venetien
IGT-Weißwein aus 85 % Chardonnay von Jermann.

Z

Zonin
Gemessen an der Rebfläche ist Zonin nach → Antinori der zweitgrößte private Weinerzeuger Italiens. Firmensitz in Gambellara in der Provinz Vicenza. Verfügt über verschiedene Weingüter in insgesamt sieben Weinbauregionen Italiens sowie in den USA.

JAPAN

Obwohl der Anfang des japanischen Weinbaus viele Jahrhunderte zurückreicht, hat sich die Weinbereitung erst im 19. Jahrhundert richtig entwickelt. Seit Ende der 1960er und Anfang der 1970er Jahre befassen sich die Japaner mit europäischen Lebensgewohnheiten, so auch mit einem kultivierten Weinkonsum. Dieser zaghafte Beginn eines Weintrends in Japan hat sich sehr positiv auf die heimische Weinwirtschaft ausgewirkt. Die Gesamtrebfläche beträgt heute rund 3.500 Hektar. Es werden Weiß-, Rosé-, Rot- und Schaumweine erzeugt. Die klimatischen Bedingungen wirken sich jedoch oft ungünstig auf die Qualitätsweinproduktion aus. Monsunartige Witterungsverläufe in der Mitte und im Süden Japans, lange und strenge Winter im Norden sowie saure Böden mit Problemen beim Wasserabzug beeinflussen die Qualität des zu erntenden Traubenmaterials sehr negativ.

Japan ist eines der wenigen Länder der Welt, in dem die Rebfamilien sowohl aus Europa als auch aus Amerika und Asien angepflanzt werden. Die weißen Hauptrebsorten sind Koshu, Sémillon Blanc, Chardonnay, Riesling, Sauvignon Blanc, Traminer und Delaware. Bei den roten Sorten dominieren Muscat Berry A (Muscat Bailay A), Black Queen, Cabernet Sauvignon, Cabernet Franc, Merlot, Concord, Campell's Early und Kyomi.

Ein Problem der japanischen Weinwirtschaft stellen die Bodenknappheit bzw. die hohen Bodenpreise und die daraus resultierenden zu hohen Produktionskosten dar. Eine daher übliche Praxis ist das Verschneiden von importierten Tankweinen aus Südamerika und Europa mit japanischen Weinen. Die Produkte kommen als „Japanischer Wein" in den Verkauf. Liegt der Anteil des importierten Weines über 50 Prozent, muss dies auf der Etikette stehen. Das Angebot dieser Weine ist jedoch rückläufig, da importierte Weine zu günstigeren Preisen angeboten werden.

Die bekanntesten Weinbauregionen sind Yamanashi, Nagano, Yamagata, Fukuoka, Hokkaido, Okayama, Osaka, Aomori, Aichi, Iwate, Akita und Kyoto (hier wird der Wein Tanba aus der Seybeltraube gekeltert).

YAMANASHI

Die Region liegt in einem Gebirgstal und grenzt an Nagano und Shizucka. Die Rebpflanzungen befinden sich an den steilen Ufern der Flüsse Fuetuky, Kamanashi und Shige. Sie ist das Zentrum der japanischen Weinproduktion mit 30 modernen Weinbauunternehmen. Die Weinproduktion beträgt 252.000 Hektoliter, das ist knapp die Hälfte der japanischen Gesamtproduktion.

NAGANO

Naganos Rebpflanzungen liegen auf Hochplateaus um die Städte Nagano und Shiojiri. Die Weinproduktion beträgt 37.000 Hektoliter. Das Klima ist trocken und sonnig; die trockenen, tanninreichen Rotweine sind von guter Qualität.

YAMAGATA

In dieser Region sind vorwiegend Rebsorten wie Muscat Berry A, Black Queen und Delaware auf tuffsteinhaltigen Böden mit sedimentärem Gestein angepflanzt. Die Gesamtproduktion beträgt rund 16.000 Hektoliter.

HOKKAIDO

Hokkaido ist eine der nördlichsten japanischen Weinbauregionen und erzeugt rund 31.000 Hektoliter Wein, und zwar in den Gebieten Tokachi, Furano und Yoichi. Die Weine sind eher leicht mit wenig Sortencharakter.

Bekannte Erzeuger

In Japan ist es nicht unbedingt notwendig, den Wein dort herzustellen, wo die Trauben geerntet werden. In Kanagawa und anderen Gebieten gibt es keine Weingärten, dennoch sind dort bedeutende Unternehmen zu finden, die Wein in Flaschen abfüllen.

Château Lumière	Im Besitz der Familienfirma Toshihiko Tsukamoto; erzeugt werden exklusive Weine aus den Sorten Chardonnay, Cabernet Sauvignon und Merlot.
Kitazima Sake Company	Kleiner Weinerzeuger mit der Spezialität Miyozakae, einem würzigen Weißwein.
Manns Wine Co. Ltd.	Das Tochterunternehmen des Sojasaucenherstellers Kikkoman erzeugt Weine, die unter den Namen Manns Harvest, Nouvelair und Mon Fraere verkauft werden.
Marafuji, Shirayuri und Maruki	Kleine Familienbetriebe, ansässig in Yamanashi; Marafuji verkauft unter der Etikette Rubiat, Shirayuri unter der Etikette L'Orient.
Mercian Corporation	Im Besitz des großen Getränkeherstellers Sanraku; es werden die Marken Château Mercian, Château Mercian Superieur, Bon Marché Bistro, Bon Rouge, Wine Cellar und Fresh Series angeboten.

Sainte Neige Wine Co. Ltd.	Der bekannte Brauereikonzern, im Besitz von Kyowa Hakko Kogyo, erzeugt Weine, die mit der Marke „Winery" (für Cabernet Sauvignon, Merlot und Chardonnay) sowie unter dem Namen Oishii Shokutaku (Delicious Table) auf den Markt kommen.
Sapporo Wines Limited	Der Brauereikonzern erzeugt Weine mit den Markennamen Superior, Selection Series, Ureshi Wine (Happy Wine).
Suntory Limited	Der internationale Brauereikonzern erzeugt Weine mit den Markennamen Suntory Reserve, Château Lion, Château Lion Superior, Delica Maison und Wine Cafe.

JORDANIEN

Auf etwa 20.000 Hektar Rebfläche werden vorwiegend Tafeltrauben und Rosinen erzeugt. Es werden jährlich rund 10.000 Hektoliter süßer Wein gekeltert, der im Land selbst konsumiert wird.

JUGOSLAWIEN (ZVEZNA REPUBLIKA JUGOSLAVIJA)

Bis zum Zerfall Jugoslawiens im Jahre 1991 war das Land in der Statistik der zehntgrößte Weinerzeuger der Erde. Heute beträgt die Rebfläche in den verbliebenen Teilen des einstigen Großstaates etwa 82.000 Hektar. Es werden rund 2 Mio. Hektoliter Wein erzeugt. Die Bundesrepublik umfasst heute Serbien mit der Wojwodina und dem Kosovo sowie Montenegro.

SERBIEN (SRBIJA)

In Serbien entfallen rund 30 Prozent der Weinerzeugung auf Qualitätsweine. Rund 70 Prozent sind Rotweine, die führende Rebsorte dafür ist die Prokupac. In geringen Mengen sind Pino Crni, Merlo, Kabernet und Game vertreten. Bei den weißen Sorten sind Smederevka, Rizling Italijanski, Semijon, Sovignon und Muskat Otonel zu nennen. Die größten Kellereien sind in Zemun Navip, Niš, Negotin, Smederevo, Knjaževac, Aleksandrovac, Krusevac und Vranje.

WOJWODINA (VOJVODINA)

In der Wojwodina werden in erster Linie Weißweinsorten, wie Italijanski Rizling, Smederevka, Traminac, Sovinjon, Semijon, Župljanka, Neoplanta, Rizvanac und Muskat Otonel angebaut. Bei den roten Sorten sind Pino Crni, Merlo, Kaberne Sovinjon, Vranac und Frankovka vertreten. Insgesamt werden vor allem Tischweine erzeugt. Die Kellereien sind in Palič, Čoka, Vršac, Šid, Sremski Karlovci und Petrovaradin.

KOSOVO

Im Kosovo entfallen 70 Prozent der Weinproduktion auf Rotweine. Sowohl die heimischen Sorten, wie Vranac, Prokupac und Kratošija, als auch klassische internationale Sorten sind vertreten. Die bekanntesten Erzeuger sind in Djakovica und Orahovica.

MONTENEGRO (CRNA GORA)

Die Weingärten liegen im südlichen Teil in der Podgoriški Rajon (75 Prozent), in der Zetsko-Bjelopavličkoj Ravnici und an der Küste Crnogorsko Primorje. Es werden überwiegend Rotweine erzeugt. Von den Weinsorten sind Krstač, Župljanka, Ugni Blanc und Smederevka bekannt. Die beliebtesten Weine sind Vranac, Kratošija und Crmničko Crno Vino. Große Kellereien befinden sich in Podgorica, PD Boka sowie Kotor und Agropogan.

KANADA

Statistische Daten

- Vier Weinbauregionen: Ontario, British Columbia, Quebec und Nova Scotia.
- Gesamtrebfläche rund 8.500 Hektar.
- Jährliche Gesamtproduktion rund 512.000 Hektoliter.
- Pro-Kopf-Verbrauch rund 7 Liter pro Jahr.

Geschichte

Johann Schiller, ein deutscher Korporal, gilt als Vater des kanadischen Weinbaus. Er bepflanzte 1811 westlich von Toronto in der Provinz Ontario den ersten Weinberg mit Schösslingen wilder Reben. Bereits 35 Jahre später erwarb der Franzose Justin de Courtenay das Weingut und pflanzte erfolgreich die Sorte Gamay an. Der Gamay errang bereits 1867 bei der Pariser Weltausstellung eine Medaille.

Im Okanagantal in British Columbia wurden die ersten Weingärten von Father Charles Pandosy 1860 gepflanzt. Gegen Ende des 19. Jahrhunderts kam der Weinbau aufgrund der Pflanzung von Hybriden, wie Catawba, Isabella und anderen, ein wenig in Schwung. So wurden in dieser Zeit auf Pelee Island am Eriesee einige Weingärten und am Festland weiter östlich auf der Niagara Peninsula Weinberge angelegt. Bereits 1890 gab es in Kanada 41 kommerziell geführte Kellereien.

Während der amerikanischen Prohibitionszeit (1916–1927) waren Produktion und Verkauf von Wein in Kanada erlaubt, sodass vor allem die süßen Labruscaprodukte erzeugt wurden. Nach dem Ende der Prohibition wurde im ganzen Land das „Liquor Board System" eingeführt. Jede Provinzregierung konnte den Verkauf von alkoholischen Getränken gesetzlich regeln. Es wurden staatliche Alkoholläden errichtet und die von ihnen verkauften Erzeugnisse mit hohen Steuern belegt. Man wollte damit den Konsum von Alkohol in Grenzen halten. In den sechziger Jahren des 20. Jahrhunderts begann ein neuer Aufschwung. Man begann auf Qualität zu setzen und die Labruscasorten mussten zunehmend den klassischen europäischen Sorten weichen.

Klima

Das Klima ist meist durch strenge, bitterkalte Winter und heiße Sommer geprägt.

Böden

Überwiegend alluviale und sandige Lehmböden.

Rebsorten

Hauptrebsorten für Weißweine (nach der Anbauhäufigkeit)
Chardonnay, Riesling, Gewürztraminer und Sauvignon Blanc.
Die weiteren weißen Sorten sind Auxerrois Blanc, Bacchus, Chenin Blanc, Ehrenfelser, Kerner, Madeleine Angevine, Müller-Thurgau, Muscat, Optima, Ortega, Pinot Blanc, Pinot Gris, Schönburger, Sémillon, Siegerrebe und Vidal Blanc. Die angepflanzten Direktträgerreben sind Seyval Blanc, Siegfriedrebe und Veredelet.

Hauptrebsorten für Rotweine (nach der Anbauhäufigkeit)
Pinot Noir, Merlot, Gamay, Cabernet Sauvignon und Cabernet Franc.
Die weiteren roten Sorten sind Lemberger (Blaufränkischer), Pinot Meunier und Rotberger. Die angepflanzten Direktträgerreben sind Maréchal Foch, Chancellor und Baco Noir.

Gesetz

Die gesetzlichen Regelungen sind nicht in allen Provinzen gleich. 1988 wurde in Ontario das Appellationssystem VQA (Vintners Quality Alliance), das kanadische Gegenstück zum Appellation-Contrôlée-System, eingeführt. Ein Jahr später wurde es auch in British Columbia verwendet. Je nach Provinz sind die Etiketten in Englisch bzw. Französisch beschriftet.

Die Qualitätsstufen sind:

Provincial Designation
Entspricht den Q.-b.-A.-Weinen. 75 Prozent der Trauben kommen aus der Provinz, die auf der Etikette angeführt ist.

Geographical Designation
Diese Ursprungsbezeichnung gilt für Vinifera-Sorten. 85 Prozent der Trauben müssen aus einer Designation Viticural Area (DVA), also aus einer bestimmten Weinbauregion, stammen. Außerdem müssen bei der Beurteilung 15 von 20 möglichen Punkten erreicht werden.

Kanada erstreckt sich von der Nordgrenze der USA bis an die Polarzone. In Ost-West-Richtung dehnt es sich zwischen dem Atlantischen und dem Pazifischen Ozean aus. Insgesamt ist Kanada, vor allem infolge des Klimas, ein junges Weinbauland. In vier Provinzen wird Wein erzeugt. Die Spezialitäten sind Eisweine, Spätlesen und Trockenbeerenauslesen.

ONTARIO

In Ontario werden auf einer Rebfläche von 7.200 Hektar rund 360.000 Hektoliter Wein erzeugt. Im Osten des Landes gelegen, ist Ontario etwa auf der gleichen geografischen Breite wie der Midi in Frankreich bzw. die italienische Chianti-Classico-Zone. Die Temperatur und die Regenmenge entsprechen jedoch eher nördlicheren Zonen. Trotzdem ermöglicht das warme Mikroklima am Ontariosee und am Eriesee in manchen Jahren hervorragende Cabernet Sauvignons, aromatische Pinot Noirs und Gamays sowie feine Chardonnays und Rieslinge. Auf der anderen Seite machen die kalten Winter die Erzeugung von Eisweinen möglich, die zu den besten der Welt gehören. Die Winzer gehen zunehmend zur Erzeugung von Qualitätsweinen über. Die weißen Hybridensorten sind nahezu verschwunden, die roten Hybriden Maréchal Foch und Baco Noir sind noch anzutreffen. Die drei klassifizierten Gebiete sind Niagara Peninsula, Lake Erie North Shore und Pelee Island.

Bekannte Erzeuger

Inniskillin Wines Inc.	Auf der Niagara Peninsula; mit einem der besten Riesling Icewines (ausgezeichnet 1999); weiters Vidal Icewine, Sparkling Icewine, Chardonnay, Cabernet Sauvignon und Pinot Noir.

Château des Charmes	Auf der Niagara Peninsula; Chardonnay, Cabernet Franc.
Cave Spring Cellars	Auf der Niagara Peninsula; Chardonnay Reserve, Riesling Reserve.
Stony Ridge, Vineland Estate, Southbrook Farms	Alle auf der Niagara Peninsula.
Leblanc Estate	Im Gebiet Lake Erie North Shore.
Pelee Island Winery	Auf Pelee Island.

BRITISH COLUMBIA

Abgesehen von der Bepflanzung des ersten Weingartens im Jahre 1860, ist British Columbia ein junges Weinbauland. Angeregt durch den angrenzenden Bundesstaat Washington (USA), begann die Entwicklung des modernen Weinbaus etwa 1980. Experten aus Weinregionen der Alten und Neuen Welt wurden geholt, um zu experimentieren und die Winzer zu schulen. Die weit verbreiteten Hybridsorten wurden durch klassische Rebsorten ersetzt und man begann ausschließlich auf Qualität zu setzen. Im Jahre 1990 wurde das British Columbia Wine Institute errichtet.

Auf 1.200 Hektar Rebfläche werden insgesamt rund 60.000 Hektoliter Wein erzeugt. Die Weinbaugebiete sind Okanagan Valley, Similkameen Valley (westlich vom Okanagan Valley mit 40 Hektar Rebfläche), Fraser Valley und Vancouver Island.

Die bevorzugten weißen Rebsorten sind Auxerois, Chardonnay, Gewürztraminer, Pinot Blanc, Pinot Gris und Riesling. Für die Rotweinproduktion werden hauptsächlich die Sorten Pinot Noir, Merlot und Cabernet Sauvignon verwendet.

In British Columbia werden drei Typen von Winzern bzw. Weinhändlern unterschieden.

Major: großer Weinhändler mit oder ohne eigene Weingärten.

Estate: 100 Prozent des Traubengutes müssen aus British Columbia, 50 Prozent aus dem eigenen Weingut stammen.

Farm: 100 Prozent des Traubengutes müssen aus British Columbia, 75 Prozent aus eigenen Weingärten stammen.

Bekannte Erzeuger

Im Okanagan Valley und Similkameen Valley: First Estate Cellars, Gehringer Brothers Estate Winery, Gersighel Wineberg, Gray Monk Estate Winery, Blue Mountain Vineyard, Mission Hill, Sumac Ridge Estate, Kettle Valley Winery, Summerhill Estate Winery, Hainle

Vineyard Estate Winery, Hawthorne Mountain Vineyards, Hester Creek Estate Winery.
Im Fraser Valley: Domaine de Chaberton, Peller Estates.
Auf Vancouver Island: Blue Grouse Vineyards & Winery, Cherry Point Vineyards, Venturi-Schulze, Vigneti Zanatta.

QUEBEC

Die 70 Hektar Rebflächen liegen an der Grenze zum Weinbaugebiet New York, Vermont, und sind hauptsächlich mit der Hybridsorte Seyval Blanc bepflanzt. Das Zentrum der Weinerzeugung liegt um die Stadt Dunham. Die Gesamtproduktion beträgt etwa 1.500 Hektoliter.

NOVA SCOTIA

Die Halbinsel im Atlantik ist durch sein kaltes Klima geprägt. Zu nennen sind die Jost Vineyards mit ihren Hybridspezialitäten.

KOLUMBIEN

Das eher für den Qualitätskaffee bekannte Land hat eine sehr junge Weinbaugeschichte, die auf die 1920er Jahre zurückgeht. Die Rebfläche beträgt rund 3.000 Hektar, nur 1.000 Hektar werden für die Weinherstellung verwendet. Die Hauptanbaufläche liegt im südlichen Kolumbien im Valle de Cauca. Weitere Weingärten befinden sich im Gebiet Sierra Nevada de Santa Marta und in Ocaña im nördlichen Teil des Landes. Die Hauptrebsorte ist die Hybridrebe Isabella, die hauptsächlich für die Tafeltraubenproduktion verwendet wird. Weiters sind die internationalen Rebsorten Chardonnay, Muscat Blanc, Riesling, Silvaner, Müller-Thurgau, Cabernet Sauvignon, Pinot Noir, Barbera und Pedro Ximénez zu finden. Neben den Tafeltrauben werden mit Alkohol angereicherte Aperitifweine, Weindestillate und trockene Tischweine erzeugt. Die Firma Pedro Domecq hat in Kolumbien eine Niederlassung und erzeugt Weine aus europäischen Rebsorten.

KROATIEN

Statistische Daten

- Zwei Weinbauregionen: Kontinentalne Rajon, Primorske Rajon.
- Gesamtrebfläche zirka 73.000 Hektar.
- Jährliche Gesamtproduktion rund 2,1 Mio. Hektoliter.
- 60 Prozent Weißweine.
- Jährliche Ernte 3,6 Mio. Tonnen Weintrauben, 10 Prozent werden als frische Weintrauben verkauft.

Motovun, Primorske Rajon

Geschichte

Der Weinbau der seit 1991 selbstständigen Republik hat eine alte Tradition. Wahrscheinlich haben die Griechen die Kultur der Weinstockerziehung an die Küste gebracht. Für die Verbreitung des Weinbaus sorgten neben den Kelten und Illyrern besonders die Römer. Nach dem Zweiten Weltkrieg wurde der Weinbau von Grund auf neu aufgebaut, wobei internationalen Rebsorten der Vorzug vor einheimischen Trauben gegeben wurde. Nach den Verwüstungen durch die Kriegsjahre hat sich auch der Weinbau wieder erholt. Es bleibt allerdings abzuwarten, wie stark das Land auf dem Exportmarkt wieder in Erscheinung treten kann.

Klima

Während im Inneren des Landes kontinentales Klima vorherrscht, ist das Küstengebiet durch mildes mediterranes Klima gekennzeichnet.

Böden

Im Landesinneren bestehen die Böden aus Mergel, Sand und Kalk. An der Küste und auf den Inseln sind die Sand- und Kalkböden mit roter Erde bedeckt.

Rebsorten

Hauptrebsorten für Weißweine
Graševina, Muškat Bijeli und Rumeni Muškat sowie Pinot Bijeli, Pinot Sivi, Rizling Rajnski, Chardonnay, Traminac, Malvazija, Maraština, Vugava und Žilavka.

Hauptrebsorten für Rotweine
Refošk, Cabernet Sauvignon, Cabernet Franc, Merlot, Plavac Mali. Alte einheimische Reben sind in kleinen Mengen vorhanden, z. B. Babič und Blatina.

Gesetz

Im Jahre 1995 wurde das neue Weingesetz erlassen. Es sieht folgende Qualitätsstufen vor:

Tisch- und Tafelwein	stolno vino
Qualitätswein (Tischwein mit geografischer Herkunft)	kvalitetno vino s geografsko oznako
Spitzenwein	vrhunsko vino s geografskim porijeklom
Berühmter Wein	čuveno vino
Prädikatswein	predikatna vina
Spätlese	kasna berba
Auslese	izdvojena berba
Beerenauslese	probirna berba (jagodni izbor)
Trockenbeerenauslese	suhi jagodni izbor

Etikettensprache

Bijelo: weiß.
Cveno: rot.
Kontrolirano porijeklo: kontrollierte Herkunft.
Pjenusavo vino: schäumender Wein.
Poluslatko: halbsüß.
Polusuho: halbtrocken.
Prirodno: naturrein.
Proizvedeno u vinariji: erzeugt von der Kellerei.
Ružica: rosé.
Slatko: süß.
Suvo: trocken.

Die Republik Hrvatska liegt im Süden Europas, eingekreist von Slowenien, Ungarn, Serbien, Bosnien und Herzegowina und der Adria. Sie wird weinbaukundlich in die beiden Regionen Kontinentalne Rajon und Primorske Rajon gegliedert, die sich durch natürliche Gegebenheiten, durch die verwendeten Rebsorten sowie durch ihre Weincharakteristik deutlich voneinander unterscheiden.

KONTINENTALNE RAJON

Damit ist der kontinentale Teil des Landes zwischen Slowenien und Serbien gemeint. Das Gebiet erstreckt sich etwa zwischen den Flüssen Drau und Save bis zur Donau und umfasst sieben Gebiete

und 38 Weinbauzonen. Das Gebiet Plešivica mit etwa 2.000 Hektar Rebfläche und den bekannten Orten Plešivica und Mladina liegt südwestlich von Zagreb. Es werden überwiegend liebliche, aromatische Weißweine erzeugt. Das Gebiet Zagorje-Medjimurje erstreckt sich nördlich von Zagreb an den Hängen der Berge Medvednica und Ivanšcica und reicht östlich von Varaždin bis zur Mur. Bekannte Weinbauorte sind u. a. Stubica, Klanjec, Zlatar, Krapina, Vinica und Varaždin. Die erzeugten Weißweine sind hellfarbig, frisch und mittelschwer. Östlich von Zagreb befindet sich das Gebiet Prigorje-Bilogora mit den Weinbauorten Kašina, Zelina, Križevci und Podravška Slatina. Die überwiegend gekelterten Weißweine sind hellgelb, leicht und harmonisch. Moslavina erstreckt sich an den Hügeln der Moslavina zwischen den Orten Dugo Selo und Novska. Die überwiegend weißen Sorten bringen leichte und ziemlich säurehältige Weine hervor. Das Gebiet Pokuplje umfasst das Kupatal südlich von Zagreb mit den Orten Duga Resa, Karlovac und Petrinja. Slavonija liegt zwischen Save und Drau. Die großen Kellereien befinden sich in Slavonska Požega, Slavonski Brod, Djakovo und Kutjevo. Sie bieten meist feine, alkoholreiche Weißweine sowie Rot- und Roséweine an. Podunavlje schließlich liegt an der Donau und reicht vom Baranja-Gebiet bis Ilok. Es sind sowohl Weiß- als auch Rotweine vertreten. Die besonders günstigen klimatischen Bedingungen ermöglichen hier die Produktion von Qualitätsweinen, z. B. des Traminac. Die großen Kellereien sind in Kneževi Vinogradi und Ilok.
In der Kontinentalne Rajon werden überwiegend Weißweine erzeugt. Die weißen Hauptrebsorten sind Graševina (Welschriesling), Lipovina, Bijela Kraljevina (Weißer Portugieser), Moslavac (Furmint), Muškat Ottonel, Muškat Bijeli (Muskateller), Rumeni Muškat (Alexandria-Muskateller), Pinot Bijeli (Weißburgunder), Pinot Sivi (Ruländer), Rizling Rajnski, Chardonnay, Rizvanac (Müller-Thurgau), Silvanac Zeleni, Sonvignon, Traminac Crveni (Roter Traminer), Traminac Mirisavi (Gewürztraminer) und Belina. Die Weißweine sind in der Regel hell- bis grüngelb und weisen eine angenehme Säure auf. Sie sind frisch und leicht bis lieblich, mittelschwer, fein aromatisch und harmonisch. Neben den eher trockenen Weinen gibt es in günstigen Lagen auch halbsüße Weine, Spätlesen und Auslesen.
Für die meist hochfarbigen, leichten und ziemlich säurehaltigen Rotweine werden die Sorten Frankovka Crna (Blaufränkisch), Hrvatica (Croatina), Kavčina (Blauer Köllner), Lovrijenac Crveni (St. Laurent), Portugizac und Pinot Crno verwendet. Die angenehmen Trinkweine werden hauptsächlich im eigenen Land konsumiert.

PRIMORSKE RAJON

Dabei handelt es sich um den Küstenbereich von der Halbinsel Istrien im Norden bis nach Montenegro im Süden einschließlich Dalmatiens mit den Inseln. Es gibt vier Teilgebiete und 51 Weinbauzonen.

Das Gebiet Istra und Hrvatsko Primorje umfasst den Küstenstreifen auf der West- und Ostseite der Halbinsel, das Landesinnere von Istrien, den Küstenstreifen von Rijeka bis Vinodolski sowie die Kvarner Inseln Cres, Lošinj, Susak und Krk. Während an der Küste mediterranes Klima herrscht, hat Zentralistrien kontinentalen Klimaeinfluss. Die kalkhaltigen Böden sind abwechselnd mit roter Erde, Sand und Flysch bedeckt. Die wichtigsten Weinbauorte liegen an der Westseite der Halbinsel, nämlich Buje, Poreč, Umag, Novigrad, Višnjan, Vrsar und Vodnjan. Im Landesinneren sind Pazin und Motovun und im östlichen Teil Labin und Plovin zu nennen. In Istrien werden gelbgrüne bis strohgelbe, aromatische Weißweine sowie dunkelrote, volle, aromatische Rotweine erzeugt. Zu Dalmatien – dem wesentlichen Teil der Primorske Rajon – gehören Nord-, Mittel- und Süddalmatien, die Inseln sowie das dalmatinische Hinterland. Während an der Adria wiederum mediterranes Klima herrscht, wirkt sich in den Karstpoljen (im Karstgebirge eingeschlossenen Becken) und im Hinterland der kontinentale Klimaeinfluss stark aus.
Das Gebiet Sjeverna Dalmacija umfasst Norddalmatien und reicht von der Insel Pag bis Šibenik. Weinbauorte sind Zadar, Benkovac, Biograd, Stankovič und Šibenik.
Im Gebiet Dalmatinska Zagora (dalmatinisches Hinterland) liegen die Weinbauzonen in den Poljen, z. B. in der Imotsko Polje. Es werden hellere und leichtere Weine als an der Küste erzeugt.
Das Gebiet Srednja i Južna Dalmacija schließlich umfasst den Küstenstreifen von Šibenik bis Boka Kotorska, südlich von Dubrovnik, und die Inseln Brač, Hvar, Vis, Biševo, Korčula und Mljet. An der schmalen Küste sind Weinbauflächen in Trogir, Split, Brela, Vrgorac (Vrgoacko Polje), im Neretvatal, auf der Halbinsel Pelješac und in Konavlje.
In der Primorske Rajon werden überwiegend Rotweine erzeugt. Während in Istrien die roten Sorten Refošk, Cabernet Sauvignon und Merlot gebaut werden, sind in Dalmatien die heimischen Sorten Plavac Mali, Babič, Blatina sowie wiederum Merlot, Cabernet Sauvignon und Cabernet Franc, Borgonja Crna und Grenache anzutreffen. Insgesamt sind die Rotweine meist trocken, farbintensiv, alkoholreich und stark tanninhaltig. Qualitätsweine sind u. a. Teran Refošk aus Istrien, Porečka Borgonja aus Poreč, Primoštenski Babič, Plavac Mali aus Brač und Vis, der konzentrierte süße Postup und der hervorragende, dunkelrote Dingač, der ausschließlich von gesetzlich begrenzten Südlagen der Pelješac-Halbinsel kommt, sowie der hellrote Opoli.
Obwohl die Weißweine hier seltener sind, gibt es eine große Sortenvielfalt. Im nördlichen Teil sind Istrska Malvazija, Muškat Bijeli und in der übrigen Region die einheimischen Sorten Bogdanuša, Grk, Kujundžuša sowie Dubrovniška Malvazija, Maraština, Pošip, Vugava, Žlahtina und Žilavka vertreten. In der Regel sind die Weißweine trocken, hell- bis strohgelb, meist kräftig und ausgewogen mit wenig

Säure. Die besten sind u. a. der schwere Pošip, der trockene und leichte, manchmal auch schwere, fast sherryähnliche Grk und der goldgelbe, fruchtige Maraština aus Korčula. Weiters sind zu nennen der Vugava von der abgelegenen Insel Vis, der Malvazija aus Poreč und Buje und der Žlahtina aus Vrbnik von der Insel Krk. Heimische Spezialitäten sind der Kujundžuša aus Imotsko Polje und der Bogdanuša von den Inseln Hvar und Brač, der überraschend leicht, frisch und aromatisch ist.

Bekannte Erzeuger

Vinoprodukt Badel in Zagreb, Istravinoexport in Rijeka, Agrolaguna in Poreč, Vinoplod in Šibenik, Kombinate von Poreč, Pazin und Umag, Dalmacijavino in Split, Jedinstvo in Smokvica auf Korčula, Maraska in Zadar, Jaska Vino in Jastrebarsko, IPK Osijek, Vino Ilok, Jasinje in Slavonski Brod, PPK Kutjevo, Dingač in Potomje, Blato auf der Insel Korčula.

LIBANON

Der Libanon war als klassische Weinbauregion bereits den antiken Völkern des Mittelmeerraumes bekannt. Die Weinbautradition war jedoch im frühen Mittelalter dem Untergang geweiht und wurde erst im 20. Jahrhundert von den Franzosen wiederbelebt. Auf einer Rebfläche von 30.000 Hektar werden heute 100.000 Hektoliter Wein sowie Rosinen und Tafeltrauben erzeugt. Ein großer Teil der Trauben wird auch für die Destillation von Arrak, einem Branntwein mit Anisgeschmack, verwendet. Abgesehen von einigen Lagen im Libanongebirge liegen die Hauptanbaugebiete für die Weinerzeugung im Bekaatal um 1.000 Meter Seehöhe, dort, wo auch einige führende Weinerzeuger mit internationalem Ruf ihre Rebflächen angelegt haben. Die Küstenregion dient vorwiegend dem Anbau von Tafeltrauben. Die Weinbauflächen im Bekaatal sind aufgrund ihrer Höhenlage durch kühleres Klima begünstigt. 300 Sonnentage pro Jahr sowie schottriger Boden mit Kalkuntergrund sind gute Voraussetzungen für die Erzeugung charaktervoller Weine, die vorwiegend aus französischen Rebsorten gekeltert werden. Für die Rotweine sind dies Cabernet Sauvignon, Mourvèdre, Syrah, Cinsaut, Carignan, Aramon, Grenache, Gamay, Petit Verdot und Cabernet Franc. Bei den Weißweinsorten dominieren Ugni Blanc, Sauvignon Blanc, Malvasier, Sémillon, Bourboulenc, Chardonnay, Muscat, Clairette und Viognier. Obaideh und Merweh/Meroué sind einheimische Rebsorten.

Bekannte Erzeuger

Die jahrelangen Kriegswirren hatten einen negativen Einfluss auf die Entwicklung des Weinbaus im Libanon. Trotz dieser Situation konnten einige Weingüter bei internationalen Präsentationen höchste Auszeichnungen für ihre Produkte erzielen, wie z. B. Château Ksara, Château Kefraya und Château Musar.

LIECHTENSTEIN

Der Weinbau in Liechtenstein reicht bis in die Römerzeit zurück. Zu Anfang des 20. Jahrhunderts war er wesentlich umfangreicher als heute. Das Fürstentum liegt zwischen dem österreichischen Bundesland Vorarlberg und dem Schweizer Kanton St. Gallen. Im Westen, das Rheintal entlang, ist das Land flach; im Osten ist es gebirgig. Die Böden sind ziemlich kalkhaltig. Klimatisch ist Liechtenstein durch warme südliche Winde geprägt. Die 16 Hektar Rebfläche des kleinen Fürstentums liefern etwa 550 Hektoliter Wein, die denen der Ostschweiz gleichen. Die Weingärten sind großteils im Besitz des Fürsten von Liechtenstein, dessen Hofkellerei der bekannteste Erzeuger des Landes ist. Daneben gibt es einige kleinere Privatwinzer. Die meisten Rebflächen Liechtensteins liegen an den Südhängen der Berge, nämlich in Vaduz, Balzers, Triesen und Schaan. Einzelne kleine Rebgärten reichen bis Schellenberg. An Rebsorten kommen Chardonnay, Pinot Gris, RieslingxSilvaner, Rheinriesling, Traminer und Blauburgunder vor. Es gibt kein eigenes Weingesetz, auf den Etiketten sind die Rebsorte und der Erzeuger anzuführen. Eine Qualitätsbezeichnung gibt es nicht.

Bekannte Weine sind der Vaduzer Beerliwein, ein kräftiger Rotwein aus Blauburgundertrauben. Der Süßdruck, auch Kretzer genannt, ist ein leichter Rosé. Die Hofkellerei in Vaduz ist bekannt für ihren Chardonnay von Reben mit niedrigen Erträgen sowie für ihren Pinot Noir von alten Reben. Die Weine sind Raritäten und außerhalb des Landes kaum zu erhalten.

LUXEMBURG

Der Weinbau in Luxemburg reicht bis in die Römerzeit zurück. Heute beträgt die Rebfläche zirka 1.300 Hektar. Die durchschnittliche Ernte liegt bei 155.000 Hektolitern, die von etwa 700 Weinbaubetrieben erzeugt werden. Der Pro-Kopf-Verbrauch ist mit 60 Litern pro Jahr relativ hoch. Es werden hauptsächlich französische und deutsche Weine importiert. In Luxemburg herrscht maritimes Klima mit kontinentalem Einfluss. Die Weingärten befinden sich auf Mergel-, Dolomit-Kalk- sowie steinigen Kreide-Ton-Böden, und zwar über-

wiegend auf den Hanglagen des 300–400 Meter breiten Moseltales. Es reicht von Schengen bis Wasserbillig. Bekannte Weinorte sind u. a. Schengen, Remerschen, Wellenstein, Remich, Stadtbredimus, Ehnen, Wormeldange, Grevenmacher und Wasserbillig.
Als Gütebezeichnung wurde bereits 1935 die Marque Nationale (MN; entspricht der französischen Appellation d'Origine Contrôlée) ins Leben gerufen. 1959 kamen spezifische Qualitätsbezeichnungen wie Vin Classé, Premier Cru und Grand Premier Cru dazu. 1971 wurde die Marque Nationale an die Bestimmungen der EG angepasst. Sie ist seit damals Garant für Echtheit und Qualität. Das Jahr 1985 steht für die Einführung der ausschließlich für Qualitätsweine spezifischen Bezeichnung „Moselle Luxembourgeoise Appellation Contrôlée". Eine Halsschleife ist das offizielle Garantiezeichen der MN. Eine Kommission aus zwölf Mitgliedern überprüft die Weine und stuft sie ein. Es werden zwölf bis 20 Punkte vergeben.
Qualitätsskala:

- Tafelwein (keine offizielle Gütebezeichnung)
- Qualitätswein, MN
- Qualitätswein, MN mit dem Prädikat Vin Classé
- Qualitätswein, MN mit dem Prädikat Premier Cru
- Qualitätswein, MN mit dem Prädikat Grand Premier Cru

In erster Linie werden in Luxemburg Weißweine produziert. Der Rot- und Roséweinanteil liegt bei lediglich rund vier Prozent. Die Hauptsorte dafür ist der Pinot Noir. In Luxemburg gibt es auch eine Schaumweinproduktion.

Bekannte Weine

Rivaner	Unter den weißen Sorten mit etwa 37 Prozent die Hauptsorte; liefert fruchtige Weine mit anmutigem Bukett.
Elbling	Die Weißweine sind sehr trocken mit einem gefälligen Säuregehalt; rund 13 Prozent der Gesamtproduktion.
Auxerrois	Die halbtrockenen Weißweine zeichnen sich durch ihre Feinheit und Blume aus; rund 12 Prozent der Gesamtproduktion.
Riesling	Gilt als der „König der luxemburgischen Weißweine"; die Weine weisen ein fruchtiges Bukett und eine erhabene Rasse auf; Anteil an der Gesamtproduktion rund 13 Prozent.
Pinot Blanc	Besonders delikate, frische Weißweine.
Pinot Gris	Meist halbtrockene Weißweine.
Gewürztraminer	Kräftige Weißweine mit eleganter Eigenheit; nur in geringen Mengen.

Bekannte Erzeuger

Zwei Drittel der Weine werden von sechs Genossenschaftskellereien produziert. Sie sind in der Vinsmoselle (mit Sitz in Remich und Stadtbredimus) zusammengeschlossen. Ein Drittel kommt von unabhängigen Winzern, wie Caves Bernard-Massard, Domaine Thill Frères und Domaine Clos des Rochers (Grevenmacher), Caves Feipel-Staar (Wellenstein), Caves Gales, Caves Krier Frères, Domaine Mathis Bastian, Caves St-Martin und Caves St-Remy-Desom (alle Remich) sowie Gloden Raymond, Legill Ernest und Ruppert Henri (alle Schengen), Domaine Sunnen-Hoffmann und Clos Mon Vieux Moulin Domaine Mme Aly Duhr (Remerschen).

MALTA

Die 100 Kilometer südlich von Sizilien liegende Insel Malta hat viele Jahre italienische Weine gekauft, im Land verschnitten und als maltesische Weine angeboten. Diese Praxis gibt es zwar heute noch, es haben sich aber drei Weingüter auf der Insel etabliert, die ansprechende Erzeugnisse auf den Markt bringen. Meridiana verarbeitet in Zusammenarbeit mit Piero Antinori weiße und rote Bordeauxrebsorten, Delicata produziert unter dem Markennamen Gran Cavalier und die alteingesessene Firma Marsovin kultiviert hauptsächlich Cabernet Sauvignon und Cabernet Franc.

MAROKKO

Ursprünglich brachten die Franzosen die Rebkulturen nach Marokko. Das Klima in diesem nordafrikanischen Staat ist heiß mit wenig Niederschlägen. Die Böden bestehen aus rotem Sandstein, im Atlasgebirge teilweise aus Lehm, Granit und Schiefer. Die Gesamtrebfläche beträgt rund 14.000 Hektar. Es werden durchschnittlich 300.000 Hektoliter Wein pro Jahr erzeugt. Die Weine mit A.-O.-G.-Status (Appellation d'Origine Garantie) unterliegen strengen Kontrollen nach französischem Muster. Erzeugt werden überwiegend Rot- und Roséweine aus den Sorten Grenache, Carignan, Cinsault, Cabernet Sauvignon, Merlot, Syrah und Tempranillo. Von den weißen Sorten sind Chardonnay, Sauvignon Blanc, Clairette, Ugni Blanc und Vermentino zu nennen. Der produzierte Wein wird hauptsächlich von der in Marokko lebenden europäischen Bevölkerung konsumiert. Der Rest wird nach Europa exportiert.

Von den vier Weinbauregionen die wichtigste ist **Fèz/Meknès.** Sie ist zugleich die größte und beste Region und liegt auf 500–700 Metern Seehöhe in den nördlichen Ausläufern des mittleren Atlasgebirges mit den Bereichen Sais, Beni Sadden, Zerkhoun, Beni M'Tir und Guerrouane. Vor allem die beiden Letzteren erzeugen bemerkenswerte und milde A.-O.-G.-Rotweine und sehr helle, trockene A.-O.-G.-Roséweine (Vins Gris). Produziert werden die Weine von der Zentralorganisation SODEVI, zu der auch der bedeutendste Genossenschaftsverband von Meknès gehört. Les Celliers de Meknès kontrolliert die großen Weingüter Les Domaines Viticoles du Sais und Viticole Zniber, beide im A.-O.-G.-Distrikt von Guerrouane. Verarbeitet werden die Trauben im Ain Lorma Cellar (Guerrouane) mit 120.000 Hektolitern und im Cave Boufekrane (Beni M'Tir) mit 60.000 Hektolitern Jahresproduktion. In Meknès werden aber auch Rot- und Roséweine ohne A.-O.-G.-Status erzeugt. Bekannte Rotweine dieser Region sind: Cuvée des Vendages und Guedra Rouge, beide Guerrouane AOG; Ksar, Amazir und Beauvallon, alle Beni M'Tir Rouge AOG. Roséweine sind Guedra Rosé und Firdaous Gris, Guerrouane AOG und Ksar Beni M'Tir Rosé AOC. Als Les Trois Domaines werden Guerrouane Rouge, Rosé und Gris angeboten. Weißweine sind Ksar Vin Blanc und Cap Blanc.

Von **Berkane/Oujda** und **Angad,** diesem schmalen Landstrich im Osten nahe der algerischen Grenze, kommen gute, robuste Rotweine mit erdigem Geschmack. In **Rabat** an der atlantischen Küste liegen die Zonen Charb, Chellah, Zemmour und Zaer, die vorwiegend angenehme, milde und leichte Rot- und Roséweine herstellen.

Die vierte Weinbauregion ist **Casablanca** mit den drei Zonen Zennata, Sahel und Doukkala. Zennata erzeugt den schweren Rotwein Ourika. Die Firma Sincomar produziert den hellen, schwach orangefarbenen, sehr trockenen und leicht fruchtigen Gris de Boulaouane.

MAZEDONIEN

Statistische Daten

- Drei Weinbauregionen: Pčinjsko-Osogorski Rajon, Povardarski Rajon, Pelagonijsko-Pološki Rajon.
- Gesamtrebfläche rund 31.000 Hektar.
- Jährliche Gesamtproduktion rund 1,2 Mio. Hektoliter.
- 80 Prozent Rotweine.
- 20 Prozent Weißweine.

Klima

Das Klima ist gemäßigt, die Winter sind mild, die Sommer ziemlich warm und trocken.

Böden

Vorwiegend sind Schwemmlandböden anzutreffen, die mit roter Erde bedeckt sind.

Rebsorten

Hauptrebsorten für Weißweine
Smederevka (mit über 50 Prozent), Žilavka, Laški Rizling, Belan, Rkaciteli.

Hauptrebsorten für Rotweine
Kratošija, Prokupac, Stanušina, Plavac Mali, Game, Refošk, Merlot.

Seit 1991 ist Makedonija ein selbstständiger Staat. Er liegt zwischen Albanien, der Republik Jugoslawien, Bulgarien und Griechenland. Die Rebflächen befinden sich in der Ebene oder in Höhenlagen von 200 bis 500 Metern, vereinzelt bis 800 Metern.
Weinbaukundlich wird Mazedonien in drei Regionen gegliedert. Pčinjsko-Osogorski Rajon mit vier Teilgebieten liegt im Nordosten des Landes in der Umgebung von Kumanovo. Es werden vorwiegend rote Sorten, davon etwa 70 Prozent Prokupac, gezogen. Von den weißen Sorten kommen Smederevka und Žilavka vor. Infolge des hohen Säuregehaltes sind die Weine großteils frisch und süffig.
Die Povardarski Rajon mit sechs Teilgebieten erstreckt sich südlich von Skopje im Tal des Flusses Vardar und an seinen Nebenflüssen. Es ist die wärmste Zone Mazedoniens, die infolge der geringen Niederschläge künstlich bewässert werden muss. Prokupac und Kratošija sowie Smederevka und Žilavka sind die führenden Rebsorten. 80 Prozent der Tafeltraubenproduktion des Landes kommen aus dieser Region.
Die Pelagonijsko-Pološki Rajon liegt im Südwesten des Landes in der Gegend von Prilep, Bitola und Ohrid. Die Rotweinreben Prokupac und Stanušina überwiegen hier.
In der Regel sind die Rotweine Mazedoniens rubinrot bis dunkelrot, füllig und haben ein charakteristisches Bukett. Vielfach werden die Weine aus mehreren Rebsorten hergestellt, um die positiven Eigenschaften der einzelnen Sorten zu vereinen. Die Weißweine sind ebenfalls häufig Verschnitte. Sie sind in der Regel frisch und konstant in der Qualität.

Bekannte Weine

Kratošija	Dunkelroter, weicher, trockener Rotwein mit einem Alkoholgehalt von etwa 12 Vol.-%; kommt sowohl reinsortig als auch als Verschnitt mit der Sorte Vranac auf den Markt.

Prokupac	Dunkelroter, fruchtig-süffiger Rotwein mit aromatisch würzigem Bukett, der jung getrunken werden soll. Als Prokupac kommt auch ein Rosé in den Handel, der sehr harmonisch ist und vor allem von den Einheimischen bevorzugt wird.

Weitere Rotweine sind Kardinal, Muškat Hamburg und Alphonse Lavallé.

Smederevka	Sortenrein oder als Verschnitt im Handel. Durch die kräftige Säure der Traube ist der Weißwein stets trocken, frisch und relativ leicht.
Žilavka	Vollmundiger, fruchtiger, trockener Weißwein mit ausgewogenem Säuregehalt und herrlichem Nussaroma.

Weitere Weißweine sind Afus-Ali Kraljica Vinogradov, Italija und Belo Zimsko.

Bekannte Erzeuger

Agrokombinat Tikveš in Kavadarci, Povardarje in Negotino, Vinojug in Gevgelija, Crvena Zvezda in Štip, Lozar in Veles und in Bitola, Skopsko Pole in Skopje.

MEXIKO

Casa Madero, Parras Valley

Statistische Daten

- Gesamtrebfläche rund 70.000 Hektar.
- Gesamtproduktion zirka 30 Mio. Liter, wobei ein Großteil des Weines destilliert wird; ein weiterer großer Teil wird zu einfachem Landwein verarbeitet; auch Tafeltrauben und Rosinen werden produziert.
- Der Pro-Kopf-Verbrauch von lediglich einem halben Liter Wein pro Jahr ist niedriger als in den USA und in Japan.

Geschichte

Im Zuge der Eroberung Mexikos durch die Spanier wurden in den Jahren 1521–1527 die ersten Weingärten angelegt. Der bekannte Hernán Cortés befahl den Anbau der Mission-Traube. Das Mutterland Spanien war jedoch neidisch auf den mexikanischen Weinanbau. Dominiciano verfügte schließlich, die Rebstöcke im „neuen Spanien" auszureißen. König Felipe II. verbot darüber hinaus im Jahre 1555, neue Weinplantagen anzulegen. Der Wein aus Spanien hingegen wurde monopolisiert. Trotz des Verbotes wurden neue Weingärten angelegt, die sich im 16. Jahrhundert bis Chile, Peru und Argentinien ausdehnten, im 18. Jahrhundert auch in den Norden, in das heutige Kalifornien. Missionare, die gegen Ende des 19. Jahrhunderts nach Mexiko kamen, experimentierten mit französischen und spanischen Weinpflanzen. Unter ihnen ist besonders Pater Eusebio Kino zu nennen. Ein Züchter aus Irland, namens James Concanon, verbreitete die besten französischen Reben in ganz Kalifornien, zu dem Mexiko damals noch gehörte. Obwohl die Weinberge von dem mexikanischen Führer Francisco Villa geschützt wurden, konnte trotzdem nicht verhindert werden, dass während der mexikanischen Revolution ein Großteil entweder vernichtet wurde oder einfach verwahrloste. Im 20. Jahrhundert nahm der Weinbau einen gewissen Aufschwung, obwohl der Pro-Kopf-Verbrauch bis heute äußerst gering ist. Wein wird in der Regel nur von der obersten Bevölkerungsschicht getrunken und diese bevorzugt oft importierte Weine. Dies fördert natürlich nicht gerade die Weinindustrie. Trotzdem bemüht sich eine Gruppe mexikanischer Produzenten, die Weinqualität ständig zu verbessern und den Weinkonsum anzukurbeln. Eine Reihe ausländischer Investoren sind ins Land gekommen, allen voran der spanische Dessertweinerzeuger Pedro Domecq; weiters die Spanier Byass und Freixenet, die Franzosen Martell und Hennessy, die italienischen Firmen Cinzano und Martini & Rossi sowie der japanische Suntory-Konzern und die nordamerikanische Seagram-Gruppe. Dank des Vormarsches der mexikanischen Küche sowohl in den USA als auch in Europa verzeichnet der Wein bescheidene Exporterfolge.

Die mexikanischen Produzenten haben es dank ihrer Anstrengungen, der großen Investitionen und der technologischen Neuerungen geschafft, die Klimabedingungen, die Trockenheit des Bodens und die Höhen zu bewältigen. Sie erzeugen heute Weine mit weniger Säure, ausgeglichenerem Körper und größerer Qualität.

Klima

Der Einfluss des Pazifiks und die geografische Struktur der Anbaugebiete schaffen mikroklimatische Verhältnisse. Ganz allgemein herrscht mildes Klima. Kühle Meeresbrisen und Seenebel sind genauso zu finden wie heißes, trockenes Wetter. Die Rebflächen werden mit Grundwasser bewässert.

Böden

Die Böden sind karg und bestehen meist aus sandigem Lehm.

Rebsorten

Hauptrebsorten für Weißweine
Chardonnay, Chenin Blanc, Sylvaner, Sauvignon Blanc (nach kalifornischem Vorbild auch Fumé Blanc genannt), Muscat Blanc.

Hauptrebsorten für Rotweine
Cabernet Sauvignon, Merlot, Cabernet Franc, Petite Syrah, Pinot Noir, Nebbiolo, Ruby Cabernet.

Gesetz

Die Gesetzgebung ist lückenhaft. Sie wartet schon lange auf eine Verbesserung.

Mexikos bedeutendstes Anbaugebiet ist das fruchtbare Ensenadatal, auch Baja California (Niederkalifornien) genannt, an der Grenze zu den Vereinigten Staaten. Es liegt auf der gleichen geografischen Breite wie das spanische Anbaugebiet Rioja. In Guadalupe erzeugen der Winzer Don **Luis Cetto** (sein Großvater kam aus Italien) sowie das marktbeherrschende Haus **Domeq** die meisten und auch besten Weine. Im Jahre 1988 gründeten hier einige weinbegeisterte Mexikaner die qualitätsorientierte Kellerei **Monte Xanic.** Sehr bekannt ist auch das Tal von Calafia. Vierzig Kilometer südlich von Ensenada, in **Santo Tomás,** ist die gleichnamige bekannte Kellerei beheimatet.

Im Landesinneren in Parras (der Name kommt von dem Ausdruck „eingepflanzte Weinrebe“) liegen die Weingärten 1.600 Meter über dem Meeresspiegel. Sie sind dem Frost ausgesetzt. Bekannt ist die Weinkellerei Vergel, die im Jahre 1943 gegründet wurde. Ein Großteil des Ertrags wird als Tafeltrauben verkauft sowie zur Herstellung von Brandy verwendet. Die Familie Madero, deren Vorfahren schon Ende des 19. Jahrhunderts hier Wein destillierten, erzeugt seit 1962 ansprechende Weine.
Der wichtigste Produzent in der Weinbauzone Aguascalientes („heiße Wässer“) ist Nazario Ortiz Garza. Er erzeugt Wein und Brandy. San Marco mit 3.200 Hektar ist ein wichtiges Weinanbaugebiet in dieser 300 Kilometer nordwestlich von Mexiko-Stadt liegenden Zone.
Die südlichste Weinbauzone des Landes liegt 150 Kilometer von Mexiko-Stadt entfernt; es ist das Tal des Rio San José. Hier gedeihen vor allem dic Sorten Cabernet Sauvignon, Pinot Noir, Gamay und Pinot Gris. Traubengut, das nicht die höchste Qualität erfüllt, wird zur Herstellung des Hidalgo-Weines verwendet.
Die Zonen Sonora und Zacatecas zeichnen sich durch sehr hohe Temperaturen aus. Die frühreifen, zuckerreichen Trauben werden zur Herstellung von Brandy verwendet.
Die französische Firma Martell hat im Norden von San Juan del Rio eine Niederlassung und erzeugt sowohl Tafelweine als auch Brandys.

NEUSEELAND (NEW ZEALAND)

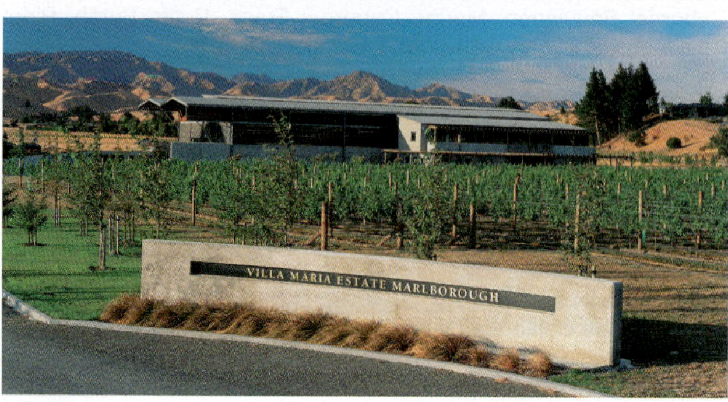

Villa Maria, einer der größten Weinbaubetriebe Neuseelands

Statistische Daten

- Sieben Weinbauregionen auf der Nordinsel: Northland mit Matakana, Auckland Area, Waikato, Bay of Plenty, Gisborne, Hawkes Bay, Wairarapa.

- Vier Weinbauregionen auf der Südinsel: Nelson, Marlborough, Canterbury, Otago.
- Gesamtrebfläche rund 15.500 Hektar.
- Jährliche Gesamtproduktion zirka 600.000 Hektoliter, davon werden etwa 120.000 Hektoliter exportiert.
- Rund 75 % Weißweine, rund 13,6 % Rotweine, der Rest Sparkling Wines und Rosés.
- Drei Großunternehmen erzeugen 84 % der neuseeländischen Weine, das sind Montana (inklusive Corbans), Villa Maria und Nobilo Vintners. Insgesamt knapp 400 Weinkellereien.
- Der Pro-Kopf-Verbrauch liegt bei jährlich 10,7 Liter.

Klima

Es herrscht gemäßigtes bis subtropisches Klima mit Werten von etwa 23 °C im Sommer und 14 °C im Winter. Kurze warme Sommer und viele Niederschläge und Winde im Winter sind typisch für Neuseeland. Insgesamt ist der Norden heiß und der Süden kühl.

Böden

Die Böden sind humusreich und bestehen teilweise aus sandigem Lehm. Das Gestein hat vulkanischen Charakter.

Geschichte

Auf der Nordinsel begann man mit dem Weinbau schon im Jahre 1819, als der Missionar Samuel Marsden den ersten Weinberg anlegte. Weitere Pioniere waren Charles Darwin und James Busby. Die großflächige Verbreitung des Weinbaus erfolgte in erster Linie durch katholische Geistliche. So wurden z. B. 1838 durch Bischof Pompallier zu den bestehenden Sauvignon Blancs und Chardonnays neue Rebsorten eingeführt. Sowohl der spanische Einwanderer Joseph Soler als auch deutsche Siedler pflanzten verschiedene Reben in Hawkes Bay. Ab 1895 gab der Weinbaubeauftragte der Kolonialregierung, der Önologe Romeo Bregato, seine Meinung und Ratschläge für die Entwicklung des Weinbaus in Neuseeland ab. Jugoslawen, Libanesen, Italiener und Deutsche trugen viel zur Entwicklung des neuseeländischen Weinbaus bei. In den Jahren zwischen 1950 und 1965 wurden von den australischen Weinunternehmen McMillan und Penfolds Niederlassungen in Neuseeland gegründet.

Die Südinsel wurde erst 1973 als Weinbauland durch die australische Firma Montana erschlossen. 1975 wurde das „New Zealand Wine Institute“ zur Unterstützung der Weinindustrie eröffnet. In dieser Zeit änderte sich auch, wie im benachbarten Australien, der Geschmack der neuseeländischen Weinliebhaber von den aufgespriteten Weinen im Portwein- oder Sherrystil zu den heute noch beliebten Tafelweinen. Erst um 1980 ist Neuseeland international als Weinbauland bekannt geworden. Seither hat sich viel verändert. Die Weinbauflächen werden ständig erweitert.

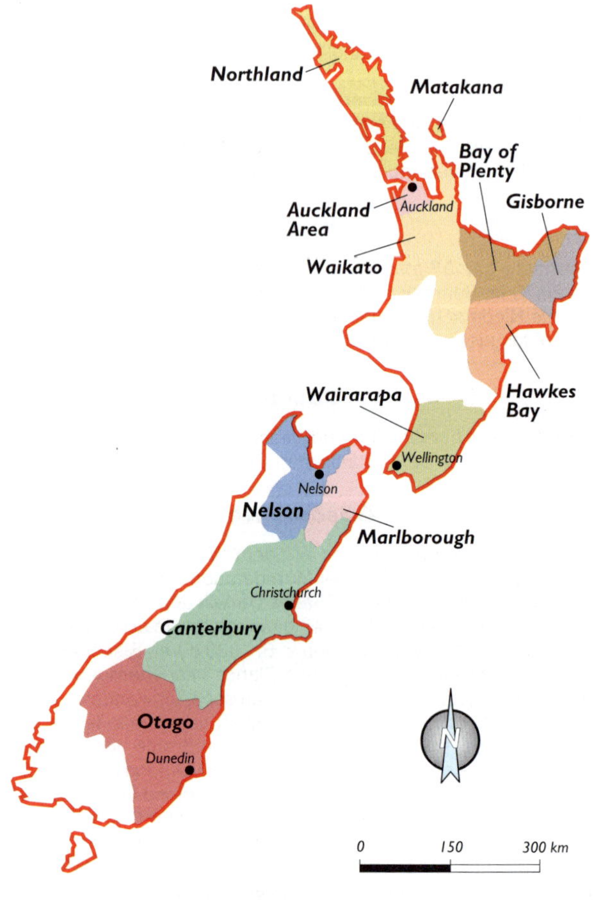

Rebsorten

Bedingt durch die unterschiedlichen Klimazonen werden auch die unterschiedlichsten Rebsorten angebaut, die einen speziellen Geschmack entwickeln.

Hauptrebsorten für Weißweine

Nach der Häufigkeit ihres Anbaus: Sauvignon Blanc (Fumé Blanc), Chardonnay, Riesling, Pinot Gris, Müller-Thurgau, Sémillon, Gewürztraminer, Muscat (in verschiedenen Variationen), Chenin Blanc, Chasselas. Bis etwa 1990 war der Müller-Thurgau die häufigste und beliebteste Sorte des Landes, die einen schlichten, süffigen Wein lieferte.

Hauptrebsorten für Rotweine

Nach der Häufigkeit ihres Anbaus: Pinot Noir, Merlot, Cabernet Sauvignon, Malbec, Cabernet Franc sowie Shiraz und Pinotage.

Gesetz

Das Beurteilungsschema der neuseeländischen Weine ist auf einer Fünf-Sterne- bzw. Fünf-Gläser-Methode aufgebaut. Danach wird die Qualität und auch der Preis bestimmt; fünf Sterne bzw. Gläser bestimmen das qualitativ beste Produkt.
Auf der Etikette sind folgende Bezeichnungen anzugeben: Erzeugerland, Region, Weinbaugebiet, Weingut, Süßigkeitsbeurteilung (Dry, Dryish, Lightly Sweet, Medium und Sweet Pungent), Rebsorte (75 Prozent müssen aus der angegebenen Sorte stammen).
Kontrolliert wird vor allem der freie Verkauf im Inland.

Die Weinbaugebiete der Nordinsel sind:

Northland mit Matakana

Bedeutende Betriebe sind Heron's Flight Vineyard, Okahu Estate Vinery und Hyperion Wines.

Auckland Area

Die Auckland Area ist eine der wichtigsten Regionen des Landes, obwohl sie nur etwa 250 Hektar Rebfläche aufweist. Dazu gehören Kumeu, Henderson, der Ort Auckland, Waiheke Island und Papakura. Die Hauptrebsorten sind Chardonnay, Cabernet Sauvignon, Merlot, Cabernet Franc und Pinot Noir.

Bekannte Erzeuger

Coopers Creek	Bekannter Betrieb in Kumeu.
Kumeu River Wines	Bekannter Betrieb in Kumeu.
Brajkovich	Bekannter Betrieb in Kumeu mit feinen Chardonnays, Sauvignons und Merlots.
Matua Valley	Bekannter Betrieb in Kumeu.

House of Nobilo	Bekannter Betrieb in Kumeu mit einem hervorragenden Müller-Thurgau sowie Weinen aus den Sorten Pinot Chardonnay, Gewürztraminer und Pinot Noir.
Babich Wines	Bekannter Betrieb in Henderson mit einer Reihe von Premium-Weiß- und -Rotweinen, u. a. Winemakers Reserve Sauvignon Blanc, Gewürztraminer, Pinotage, Cabernet – Pinot Noir und Irongate Cabernet-Merlot.
Corbans	Bekannter Betrieb in Henderson; gehört zu Montana.
Pleasant Valley Wines	Bekannter Betrieb in Henderson.
Delegat's Wine Estate	Bekannter Betrieb in Henderson mit einer breiten Palette von Weiß- und Rotweinen.
Villa Maria und Montana Wines	Die beiden großen Weinbaubetriebe haben ihren Sitz in Auckland. Sie besitzen insgesamt etwa 1.000 Hektar Rebfläche. Von ihren Weingärten in Auckland, Gisborne, Hawkes Bay und Marlborough beziehen sie die besten Trauben für ihre Spitzenprodukte. In den Neunzigerjahren wurden beide Firmen mehrmals für ihre Qualitätsweine ausgezeichnet (Winemaker of the Year). Montana's Motto, "In wine there is friendship and happiness", kommt in ihren Produkten zur Geltung. Montana produziert und füllt eine Reihe von Weinen anderer Winzer des Landes ab und sorgt auch für ihren Export. Eine Spezialität von Montana ist die Produktion von Schaumweinen nach der klassischen Methode.
Stony Ridge Vineyard	Erzeugt die Spitzencuvée Larose (Cabernet Sauvignon, Merlot, Cabernet Franc, Malbec, Petit Verdot).

Waikato und Bay of Plenty

Die Region liegt südöstlich von Auckland. Die Rebflächen liegen weit verstreut zwischen Hamilton und der Bay of Plenty. Die hohen Temperaturen kommen eher den roten Sorten entgegen, obwohl auch Chardonnay, Sauvignon Blanc, Riesling und Gewürztraminer angebaut werden.

Bekannte Erzeuger

Morton Estate Wines	International ausgezeichnet wurde der Morton Estate Riverview Chardonnay; es werden auch Trauben aus anderen Regionen verarbeitet.

Mills Reef Winery	Bekannter Betrieb in Tauranga mit vielen nationalen und internationalen Auszeichnungen; die Weinlinie Elspeth ist besonders zu nennen.
Rongopai Wines	In Te Kauwhata; die Linie „The Heritage“ ist besonders zu nennen.

Gisborne

Der an der Ostküste gelegene fruchtbare Küstenstreifen mit etwa 1.400 Hektar ist Neuseelands Massenweinanbaugebiet. Chardonnay, Müller-Thurgau und Muscat machen zusammen fast 70 Prozent des Rebsortensortiments aus. Die Betriebe Longbush Wines, The Milton Vineyard (Chenin Blanc Dry, Noble Chenin Blanc und Riesling) sowie Matawhero Wines sind international bereits bekannt.

Hawkes Bay

Die flache Küstenregion mit etwa 2.000 Hektar südlich von Napier zählt zu den besten Gebieten für Chardonnay. Die Sorte ergibt vollmundige, entwicklungsfähige Weine mit dem Aroma von Zitrusfrüchten und Ananas. Hawkes Bay ist kein einheitliches Anbaugebiet. Einerseits sind die Böden durch den hohen Grundwasserspiegel an der Küste schwer und fruchtbar und andererseits sind die im Hinterland befindlichen Weingärten extrem trocken. Neben den weißen Chardonnays werden in Hawkes Bay die roten Sorten Cabernet Sauvignon, Merlot und Syrah erfolgreich angebaut. Aufgrund der qualitativen Entwicklungsunterschiede von Jahr zu Jahr sind die in Eichenfässern ausgebauten Cuvées die ausgewogensten Rotweine.

Bekannte Erzeuger

C. J. Pask Winery	Spitzenweingut mit den Weinen Reserve Chardonnay, Cabernet Sauvignon, Cabernet Merlot und Pinot Noir.
Kemblefield Estate Winery	In Hastings. Neben den in Neuseeland gängigen Sorten wird auch ein Zinfandel erzeugt.
McDonald Winery	Eines der ältesten Weingüter.
Alpha Domus Winery	Bekannter Betrieb in Hastings.
Kim Crawford Wines	Sehr bekannt für den Sauvignon Blanc und die Cuvée Tané (Cabernet Franc, Merlot).
Ngatarawa Wines	Bekannter Betrieb in Hastings.
Esk Valley Estate	In Napier; bekannt ist der Rotwein „The Terraces“, ein Lagenwein, der nur in besonderen Jahren hergestellt wird.

Te Mata Estate Winery	In Havelock North. Bekannt für die Spitzenweine Elston Chardonnay (in der Barrique) und die Rotweincuvée Coleraine (Cabernet Sauvignon, Merlot).
Sacred Hill Wines	Bekannter Betrieb in Napier.

Auch Großfirmen wie Villa Maria, Corbans, Montana und Babich haben Weingüter in Hawkes Bay.

Wairarapa
Wairarapa ist die Region Southern North Island mit etwa 250 Hektar Rebfläche, die sich hauptsächlich um das Städtchen Martinborough nördlich von Wellington befindet. Die Wachstumsbedingungen sind besonders geeignet für die Sorten Pinot Noir sowie Chardonnay, Sauvignon Blanc, Riesling und Pinot Gris. Bekannte Erzeuger sind u. a. Martinborough Vineyard, Ata Rangi Vineyard (mit dem international erfolgreichen Pinot Noir), Palliser Estate Wines und Dry River Wines.

Die Weinbaugebiete der Südinsel sind:

Nelson
Diese Region wurde vom Österreicher Hermann Seifried 1974 wieder entdeckt. Heute gibt es etwa ein Dutzend Weingüter, die sich auf den Anbau von Chardonnay, Sauvignon Blanc, Riesling und Pinot Noir konzentrieren. Die Rebfläche der Weinbauregion beträgt nur etwa 100 Hektar. Die besten Erzeuger sind Neudorf Vineyards, Seifried Estate mit einem interessanten Ice Wine und Spencer Hill Estate.

Marlborough
Die junge Region ist mit etwa 3.000 Hektar Rebfläche das größte Anbaugebiet des Landes. Im Tal um die Stadt Blenheim herrscht ein günstiges Weinbauklima. Die Tage sind lang, die Nächte kühl, es gibt strahlenden Sonnenschein (in der südlichen Hemisphäre verzeichnet man eine stärkere UV-Strahlung aufgrund der dünneren Ozonschicht) und in guten Jahren einen trockenen Herbst. So entstehen Weine mit außerordentlicher Frische und intensivem Aroma. Bevorzugt sind die Sorten Sauvignon Blanc und Chardonnay. Pinot Noir wird vorwiegend zur Schaumweinerzeugung verwendet, könnte aber in den nächsten Jahren auch fruchtige Stillweine hervorbringen.

Bekannte Erzeuger

Montana Wines	Das Großunternehmen hat auch in dieser Region Weingärten und erzeugt Spätlesen sowie die Deutz Marlborough Cuvée.
Allan Scott Wines & Estates	Mit ausgezeichneten Chardonnays, Rieslingen und Sauvignon Blancs.
Hunter's Wines	In Blenheim; bekannt für Sauvignon Blanc, Riesling und Chardonnay sowie für Schaumwein.
Nautilus Estate	Bekannt für Sauvignon Blanc und Pinot Noir.
Vavasour Wines	Bekannter Betrieb in Redwood Pass/Awatere Valley.
Corbans Marlborough Winery	Bekannt ist der Private Bin Marlborough Sauvignon Blanc.
Cloudy Bay Vineyards	Cloudy Bay ist eine international sehr bekannte Marke mit den Sorten Chardonnay, Sauvignon Blanc und Pinot Noir.
Forrest Estate Winery	Erzeugt Weine aus den typischen Sorten dieser Weinbauregion.
Fromm Winery	Die Weine werden unter dem Label „La Strada" vermarktet.
Herzog's Winery	Erzeugt die rote Spitzencuvée Spirit of Marlborough.
Wairau River Wines Selaks, Kim Crawford, Villa Maria, Shingle Peak und Grove Mill	Alle produzieren besondere Sauvignon Blancs (five *****).

Canterbury
Die 300 Hektar große Weinbauregion um Christchurch ist hauptsächlich mit den Sorten Riesling, Sauvignon Blanc, Chardonnay, Gewürztraminer und Pinot Noir bepflanzt. Bekannte Betriebe sind u. a. Canterbury House Winery, Cellars of Canterbury, Giesen Wine Estate und Langdale Wine Estate.

Otago
Die südlichste Region der Südinsel ist die kühlste Weingegend der Welt. In dieser gebirgigen Zone herrscht kontinentales Klima vor und die Rieslinge und Pinot Noirs müssen auf Hanglagen gepflanzt werden, um die Sonneneinstrahlung maximal zu nutzen und den Frost zu mindern. Beliebt sind v. a. die Sparkling Wines, die nach der klassischen Methode erzeugt werden. Ein bekannter Betrieb ist Chard Farm Vineyard.

WEINBAULÄNDER
ÖSTERREICH

ÖSTERREICH

Loiben und Dürnstein in der Wachau

Statistische Daten

- Vier Weinbauregionen: Weinland Österreich (Niederösterreich und Burgenland), Steirerland, Wien, Bergland Österreich (in Vorarlberg, Tirol, Kärnten, Oberösterreich und Salzburg werden insgesamt 40 Hektar von Hobbywinzern bearbeitet; Ertrag dient großteils der Eigenversorgung).
- Gesamtrebfläche rund 48.500 Hektar, wovon zirka 36.150 Hektar mit Weißweinreben und zirka 12.350 Hektar mit Rotweinreben bepflanzt sind. Die EU fördert die Anpassung der Weinproduktion an die Markterfordernisse. Eine Überproduktion nicht absetzbarer Weine soll verhindert werden. Die Umstellung begann mit dem Weinwirtschaftsjahr 2000/2001 und sollte bis 31. Juli 2005 beendet sein.
- Jährliche Gesamtproduktion zirka 2,5 Mio. Hektoliter.
- Rund 30.000 Weinbaubetriebe.
- Rund 70 % Weißweine, rund 30 % Rosé- und Rotweine; die Rotweinproduktion ist im Steigen begriffen.
- Der Pro-Kopf-Verbrauch an Wein beträgt im Jahresdurchschnitt rund 31 Liter (zum Vergleich in Frankreich 62,5 Liter, in Italien 58,5 Liter, in Deutschland 22,6 Liter und in den USA 6 Liter).
- Wichtige Exportländer sind Deutschland, Italien, Schweiz, Tschechien, die Niederlande, Schweden, Norwegen, Großbritannien, die USA, Kanada, Japan und Taiwan.

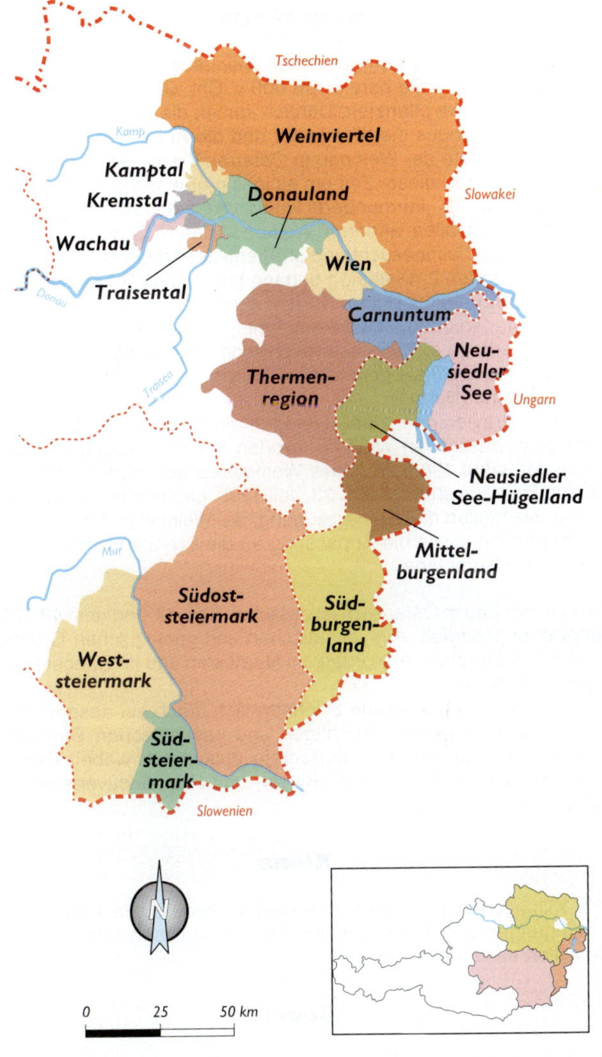
Tschechien
Kamp
Weinviertel
Kamptal
Kremstal
Donauland
Slowakei
Wachau
Wien
Traisental
Donau
Carnuntum
Neu-
siedler
See
Thermen-
region
Traisen
Ungarn
Neusiedler
See-Hügelland
Mittel-
burgenland
Mur
Südost-
steiermark
Süd-
burgen-
land
West-
steiermark
Süd-
steier-
mark
Slowenien
N
0
25
50 km

Geschichte

Die Geschichte des österreichischen Weinbaues reicht bis in die Zeit der Kelten zurück, die bereits um 400 v. Chr. vor allem entlang der Donau Rebstöcke pflanzten. Danach kamen die Römer und bauten unter Kaiser Probus die Weinkultur und die Anbauflächen aus. Im Mittelalter erlebte der Weinbau in Österreich einen Höhepunkt. Die Rebfläche war zu dieser Zeit um einiges größer als heute.
Zu Beginn des 19. Jahrhunderts wurden die österreichischen Weingärten, wie in allen anderen Weinbauländern Europas, von der Reblausplage heimgesucht und größtenteils vernichtet.
Gleich nach dem 2. Weltkrieg begann man mit gezielten Neupflanzungen. Europäische Reben wurden auf reblausresistente amerikanische Unterlagsreben, die so genannten Träger, aufgepfropft.
Langsam erholte sich die österreichische Weinwirtschaft. Im Jahre 1949 wurden erstmals gesetzliche Vorschriften aufgestellt, die den Weinbau kontrollierten.
Aufgrund gravierender Fehlleistungen einiger weniger Winzer, die dem österreichischen Weinbau großen Schaden zugefügt haben, wurde im Jahre 1985 ein neues Weingesetz geschaffen. Die letzte gültige Fassung stammt vom 23. Juli 1999. Laufend erscheinen Novellen; sie stellen die Weinerzeugung, die Weinbezeichnungen und die Kontrollen sowie die Anpassung an die EU-Standards auf eine völlig neue Grundlage.

Der Weinanbau in Österreich ist zwischen dem 47. und dem 48. Breitengrad angesiedelt. Aus klimatischen und geologischen Gründen sind die Rebflächen im Norden, im Nordosten und im Südosten des Landes zu finden.
Die österreichischen Weine zeichnen sich durch ein ausgeprägtes Sortenbukett mit einem fruchtigen und harmonischen Säurespiel aus. Sie werden großteils sortenrein ausgebaut, wobei aber ein stetig steigender Trend zu Weißwein- und Rotweincuvées ersichtlich ist.

Klima

Die Klimazonen sind sehr verschieden, sodass die klimatischen Bedingungen bei den einzelnen Weinbauregionen und -gebieten detailliert beschrieben werden.

Böden

Auch die geologische Beschaffenheit der Böden ist so unterschiedlich, dass sie bei den Regionen bzw. Gebieten einzeln beschrieben wird.

Rebsorten

Für die Erzeugung von Qualitätswein oder Qualitätswein besonderer Reife und Leseart (Prädikatswein) dürfen folgende Qualitätsweinrebsorten verwendet werden:

Weißweinrebsorten
Grüner Veltliner (Weißgipfler)
Frühroter Veltliner (Malvasier)
Roter Veltliner
Bouvier
Müller-Thurgau (Rivaner); bis Ende 2000 produzierte Weine dürfen die Bezeichnung Riesling-Sylvaner tragen
Furmint
Muskateller (Roter Muskateller, Gelber Muskateller)
Goldburger
Jubiläumsrebe
Welschriesling
Weißer Burgunder (Pinot Blanc, Weißburgunder, Klevner)
Chardonnay (Morillon in der Steiermark); bis Ende 2000 produzierte Weine dürfen die Bezeichnung Feinburgunder tragen
Neuburger
Weißer Riesling (Rheinriesling, Riesling)
Grauer Burgunder (Ruländer, Pinot Gris)
Zierfandler (Spätrot)
Rotgipfler
Scheurebe (Sämling 88)
Sylvaner (Grüner Sylvaner)
Sauvignon Blanc; bis Ende 2000 produzierte Weine dürfen die Bezeichnung Muskat-Sylvaner tragen
Muskat Ottonel
Traminer (Gewürztraminer, Roter Traminer)

Rotweinrebsorten
Blauer Portugieser
Blauburger
Zweigelt (Blauer Zweigelt, Rotburger)
Blaufränkisch
St. Laurent
Blauer Burgunder (Blauer Spätburgunder, Blauburgunder, Pinot Noir)
Syrah
Blauer Wildbacher
Cabernet Sauvignon
Cabernet Franc
Merlot
Rathay
Roesler

Hauptrebsorten für Weißweine
Grüner Veltliner auf rund 17.500 Hektar, Welschriesling auf rund 4.300 Hektar, Müller-Thurgau (Rivaner) auf rund 3.300 Hektar, Weißer Burgunder und Chardonnay auf rund 2.900 Hektar, Riesling auf rund 1.650 Hektar. Auf die restlichen Rebflächen (rund 6.500 Hektar) verteilen sich die weiteren zugelassenen Sorten.

Hauptrebsorten für Rotweine
Zweigelt auf rund 4.350 Hektar, Blaufränkisch auf rund 2.640 Hektar, Blauer Portugieser auf rund 2.300 Hektar, Blauburger auf rund 880 Hektar, Blauer Wildbacher auf rund 460 Hektar. Auf die restlichen Rebflächen (rund 1.650 Hektar) verteilen sich die weiteren zugelassenen Sorten.

Gesetz

Seit 1985 hat Österreich eines der strengsten Weingesetze der Welt. Mit dem Beitritt zur EU wurde das Gesetz an die gültigen Gemeinschaftsbedingungen (Umstrukturierung der Weinbauflächen) angeglichen.
Seit der Weingesetznovelle 2002 besteht die Möglichkeit, regionaltypische Qualitätsweine unter der Bezeichnung DAC (Districtus Austria Controllatus – Österreichische kontrollierte Herkunftsbezeichnung) zu vermarkten. Regionale Komitees legen bestimmte Produktionskriterien fest. DAC ersetzt die Verkehrsbezeichnungen Qualitätswein, Prädikatswein und die einzelnen Prädikate. Damit sind auch in Österreich Weine im Handel, die die Zuordnung eines Weingeschmacks zu einer bestimmten Weinbauregion gestatten. Die DAC-Weine sind Qualitätsweine und erfüllen darüber hinaus die Kriterien eines regionaltypischen Weines.
Wein im Sinne des österreichischen Weingesetzes ist das durch alkoholische Gärung aus dem Saft frischer und für die Weinbereitung geeigneter Weintrauben hergestellte Getränk. Die Weintrauben sind frisch, solange sie ohne Zusatz fremder Flüssigkeit Saft hergeben können. Die Weintrauben sind geeignet, wenn der Saft ein Mindestmostgewicht von 10,6 °KMW (51 °Öchsle) aufgewiesen hat.
Nur Wein, der ausschließlich aus im Inland geernteten Trauben bereitet und im Inland hergestellt wurde, darf mit einer Bezeichnung in Verkehr gebracht werden, die auf die österreichische Herkunft hinweist, wie „Österreichischer Wein“, „Wein aus Österreich“ oder „Österreich“. Bei der Bezeichnung eines Weines mit dem Namen einer kleineren geografischen Einheit als „Österreich“ sind folgende Angaben zu verwenden:
- Weinbauregion
- Weinbaugebiet (bestimmtes Anbaugebiet)
- Großlage
- Gemeinde (Gemeindeteil)

- Riede oder nach landesgesetzlichen Vorschriften vorgesehene Weinbauflur in Verbindung mit dem Namen der Gemeinde (Gemeindeteil), in der die Riede oder die Weinbauflur liegt

Mostgewicht
In Österreich wird der Zuckergehalt des Mostes in KMW-Graden (Klosterneuburger Mostwaage) gemessen. Sie geben den Zuckergehalt in Gewichtsprozenten an, d. h., 1 Grad KMW entspricht 1 Prozent Zucker im Most.

Alkoholgehalt
Der Alkoholgehalt muss in Volumprozent (Vol.-%) angegeben sein.

Füllvolumen
Das Füllvolumen muss auf allen im Handel eingesetzten Flaschengrößen verzeichnet sein.

Staatliche Prüfnummer
Jeder Qualitäts- und Prädikatswein, der in Verkehr gebracht wird, muss eine staatliche Prüfnummer auf dem Etikett tragen. Diese Prüfnummer erhält ein Wein erst dann, wenn er den analytischen wie sensorischen Bedingungen entspricht. Die staatliche Prüfnummer setzt sich aus einem Buchstaben- und Zifferncode zusammen. Zum Beispiel: E 6999/98. E = Eisenstadt (als Sitz der Untersuchungsstelle), 6999 = die Einreichnummer, 98 = das Einreichjahr.

Ertragsregulierung
Für Land-, Qualitäts- und Prädikatsweine gilt eine generelle Höchstertragsmenge von 9.000 kg Trauben bzw. 6.750 Liter Wein pro Hektar. Wird mehr produziert, muss die gesamte Menge als Tafelwein deklariert werden.

Herkunftsbezeichnung
Weine, deren Traubengut ausschließlich aus österreichischen Weinbauregionen oder -gebieten stammt, müssen die Bezeichnung „Österreichischer Wein“ oder „Wein aus Österreich“ auf dem Flaschenetikett tragen. Eine zusätzliche Angabe der Herkunft, wie Weinbauregion, Weinbaugebiet, Großlage, Gemeinde oder Riede, dokumentiert, dass die Trauben ausschließlich dort gelesen wurden.

Qualitätsstufe
Auf dem Flaschenetikett muss die Qualitätsstufe des Weines (von Tafelwein bis Trockenbeerenauslese) angegeben sein, wobei es erlaubt ist, einen Wein in eine niedrigere Rubrik zu stufen, also etwa Qualitätswein anstatt Spätlese anzugeben. Qualitäts- und Prädikatsweine müssen die Bezeichnung „Qualitätswein mit staatlicher Prüfnummer“ samt der verliehenen Prüfnummer tragen. Das Weinbaugebiet muss angegeben sein.

Name und Standort
Auf dem Flaschenetikett müssen Name und Standort des Erzeugers, Abfüllers oder Verkäufers angegeben sein.

Jahrgang und Rebsorte
Jahrgangs- und Sortenbezeichnungen dürfen nur dann auf dem Flaschenetikett angegeben sein, wenn der Wein mindestens 85 % aus dem angegebenen Jahrgang und der genannten Rebsorte enthält. Prädikatsweine sowie der österreichische Jungwein „Heuriger" müssen den Jahrgang ausweisen. Bei Spätlesen und Auslesen sind auch die Rebsorten anzugeben.

Restzuckergehalt
Auf jedem Etikett muss der Gehalt an unvergorenem Zucker im Wein angegeben sein, und zwar mit den Worten:

Extra trocken oder „Für Diabetiker geeignet": bis maximal 4 Gramm Zucker pro Liter. Diese Deklaration gilt nur in Österreich.
Trocken: bis maximal 9 Gramm Zucker pro Liter, wenn der in Weinsäure ausgedrückte Gesamtsäuregehalt höchstens 2 g/l niedriger ist als der Restzuckergehalt.
Halbtrocken: bis maximal 12 Gramm Zucker pro Liter.
Lieblich: bis maximal 45 Gramm Zucker pro Liter.
Süß: mehr als 45 Gramm Zucker pro Liter.

Banderole
Jede Flasche muss mit einer Banderole samt registrierter Nummer versehen sein. Die Banderole ist über dem Flaschenverschluss (Korken) in einer die Wiederabfüllung unter Weiterverwendung der Banderole ausschließenden Form anzubringen. Die Banderole kann in die Flaschenkapsel integriert sein. Banderolen dürfen nicht für andere Erzeugnisse als für Qualitätsweine verwendet werden. Kleinbetriebe dürfen anstelle der Banderole ein so genanntes „Kontrollzeichen" verwenden.

Die österreichischen Weine werden in folgende Weingüteklassen eingeteilt (für Land-, Qualitäts- und Prädikatsweine gilt eine Ertragsregulierung):

Tafelweine
Weine, die ein Mostgewicht von mindestens 10,6 °KMW und einen Alkoholgehalt von mindestens 8,5 Vol.-% aufweisen. Auf dem Etikett ist die Bezeichnung Tafelwein angegeben. Keine Verwendung einer geografischen Herkunftsbezeichnung sowie einer Sorten- und Jahrgangsbezeichnung (Ausnahme: Bergwein in Flaschen, bei dem die Region angegeben wird, und Heuriger in Flaschen, bei dem der Jahrgang vermerkt ist).

Landweine

Weine aus einer Weinbauregion, die ausschließlich aus einer Qualitätsrebsorte (sortentypisch) hergestellt wurden, ein Mostgewicht von mindestens 14 °KMW und einen Alkoholgehalt von mindestens 8,5 Vol.-% aufweisen.

Qualitätsweine, Qualitätsweine bestimmter Anbaugebiete

Weine aus einem Weinbaugebiet, die ausschließlich aus einer Qualitätsrebsorte (sortentypisch) hergestellt wurden, ein Mostgewicht von mindestens 15 °KMW und einen Alkoholgehalt von mindestens 9 Vol.-% aufweisen. Sie müssen amtlich geprüft sein und eine staatliche Prüfnummer tragen. Die Weine dürfen aufgebessert werden (max. 4,25 kg Zucker pro 100 l).

Kabinett

- muss den Bestimmungen eines Qualitätsweines entsprechen.
- Mostgewicht mindestens 17 °KMW.
- Alkoholgehalt maximal 13 Vol.-%.
- darf nicht aufgebessert sein.
- Restsüße maximal 9 g pro Liter.

Prädikatsweine

Weine aus einem Weinbaugebiet, die einen späteren Lesetermin (ab 19 °KMW) haben. Sie müssen amtlich geprüft sein und eine staatliche Prüfnummer tragen. Prädikatsweine dürfen nicht aufgebessert werden. Die Restsüße erlangen sie nur über eine Gärungsunterbrechung.

Spätlese

- vollreifer Zustand bei der Ernte.
- Mostgewicht mindestens 19 °KMW.
- goldgelbe Farbe, reifer Geschmack, Rebsortencharakteristik.

Auslese

- Positivlese, d. h. ausschließlich aus sorgfältig ausgelesenen Trauben unter Aussonderung aller nicht vollreifen, fehlerhaften und kranken Beeren.
- Mostgewicht mindestens 21 °KMW.
- ist goldgelb, oft mild.
- hat einen natürlichen Zuckerrest und oft einen edelfaulen Geschmack; bei schöner Witterung, aber feuchter Luft werden die reifen Beeren vom **Edelfäulepilz (Botrytis cinerea)** befallen.

Eiswein

- aus Trauben, die bei Lese und Kelterung gefroren waren (Mindesttemperatur –7 °C).

- Mostgewicht mindestens 25 °KMW.
- extraktreich, feinfruchtig, vollmundig, harmonische Süße.

Strohwein, Schilfwein
- aus vollreifen, zuckerreichen Beeren, die vor der Kelterung mindestens drei Monate auf Stroh oder Schilf gelagert oder an Schnüren aufgehängt wurden.
- Mostgewicht mindestens 25 °KMW.
- Weiters besteht die Möglichkeit, das Lesegut schon nach zwei Monaten abzupressen, sofern ein Mostgewicht von 30 °KMW erreicht wurde.
- darf keine andere Prädikatsbezeichnung tragen.

Beerenauslese
- aus überreifen und edelfaulen Beeren.
- Mostgewicht mindestens 25 °KMW.
- tief goldgelbe Farbe.
- kräftig, hoher Naturzuckerrest.

Ausbruch
- aus überreifen und edelfaulen Beeren.
- Mostgewicht mindestens 27 °KMW.
- zur besseren Zuckerauslaugung sehr stark geschrumpfter Beeren darf Traubenmost in Spätlese- oder Auslesegradation zugegeben werden.
- goldgelbe bis bernsteinartige Farbe.
- hoher Alkoholgehalt; hoher, natürlicher Restzuckergehalt; sehr extraktreich; ölig im Aussehen.
- nachhaltiger Edelreifegeschmack.
- sehr lange lagerfähig.

Trockenbeerenauslese
- aus edelfaulen, rosinenartigen Beeren.
- Mostgewicht mindestens 30 °KMW.
- Geschmack und Aussehen ähnlich wie bei Ausbruchweinen.

Etikettensprache
Barrique-Wein: Die Bezeichnung Barrique darf auf Weinetiketten von Qualitätsweinen stehen, die durch Lagerung in Eichenholzfässern erkennbare und harmonische Geschmacksstoffe erhalten haben.

Bergwein: Wein, der ausschließlich aus Weingärten in Terrassenlagen oder Steillagen mit einer Hangneigung von über 26 Prozent gewonnen wurde.

Hauerabfüllung, Gutsabfüllung, Erzeugerabfüllung: Weine aus Trauben, die ausschließlich aus Weingärten eines Betriebes stammen und in diesem verarbeitet und abgefüllt wurden.
Hauersekt: Qualitätsschaumwein bzw. Sekt eines bestimmten Anbaugebietes. Vgl. das Kapitel „Schäumende Weine".
Premium: Bezeichnung für einen Qualitätswein bzw. Jahrgangswein aus empfohlenen Rebsorten mit besten erkennbaren Eigenschaften hinsichtlich ihrer sortentypischen Eigenart und Herkunft. Rotweine müssen eine Reifelagerung von mindestens zwölf Monaten (Erstverkauf nicht vor dem 31. Dezember des auf die Ernte folgenden Jahres), Weißweine von mindestens vier Monaten (Erstverkauf nicht vor dem 1. Mai des auf die Ernte folgenden Jahres) aufweisen.
Reserve: Bezeichnung für einen Qualitätswein, der unter den bei Premium beschriebenen Bedingungen hergestellt wurde.
Schilcher: Roséwein aus der Rebsorte Blauer Wildbacher. Er muss aus der Weinbauregion Steirerland stammen.
Uhudler: Wein aus Direktträgern mit einem eigenen Geschmack nach Waldbeeren (Foxton) und mit ausgeprägter Säure. Regionale Spezialität im Südburgenland um Heiligenbrunn. Darf dort als Tafelwein verkauft werden, was nicht immer gestattet war.

NIEDERÖSTERREICH

Statistische Daten

- Acht Weinbaugebiete: Thermenregion, Kremstal, Kamptal, Donauland, Traisental, Carnuntum, Wachau, Weinviertel.
- Gesamtrebfläche rund 28.300 Hektar.
- Jährliche Gesamtproduktion rund 1,5 Mio. Hektoliter, das sind 60 % der österreichischen Gesamtmenge.
- 23 % Rotwein, 77 % Weißwein.

Klima

Niederösterreich ist durch kleinklimatische Unterschiede geprägt. Das pannonische Klima stößt mit dem kontinentalen Klima zusammen.

Böden

Niederösterreichs Rebböden sind sehr verschieden. Nähere Beschreibung bei den Weinbaugebieten.

Rebsorten

Hauptrebsorten für Weißweine
Chardonnay, Frühroter Veltliner, Grüner Veltliner (mit rund 56 % der Anbaufläche), Müller-Thurgau, Neuburger, Rheinriesling, Rotgipfler, Weißburgunder, Welschriesling, Zierfandler.

Hauptrebsorten für Rotweine
Blauer Burgunder, Blauer Portugieser (9 %), Blaufränkisch, Cabernet Sauvignon, Merlot, St. Laurent, Zweigelt (8 %).

Die acht niederösterreichischen Weinbaugebiete sind nicht nur in Bezug auf Klima und Böden sehr verschieden, sie unterscheiden sich vor allem auch durch ihre Größe. Das Weinviertel ist so groß, dass es inoffiziell in die drei Gebiete Weinviertel West, Ost und Süd geteilt wird. Andere Weinbaugebiete sind wiederum sehr klein, wie zum Beispiel das Traisental oder Carnuntum. Sie haben sich durch regionale Eigenheiten hervorgetan und wurden so zu eigenständigen Weinbaugebieten.
In erster Linie ist Niederösterreich ein Weißweinland, die typische Spezialität ist der Grüne Veltliner. Daneben gibt es kleinere Rotweingebiete von bemerkenswertem Ruf, vor allem in den Gegenden um Tattendorf und Baden (Thermenregion), um Haugsdorf, Retz und Matzen (Weinviertel) sowie um Göttlesbrunn (Carnuntum).

Thermenregion

Weingarten von Karl Alphart in Traiskirchen

Statistische Daten

- Gesamtrebfläche rund 2.150 Hektar.
- Jährliche Gesamtproduktion rund 82.600 Hektoliter.
- 56 % Rotwein, 44 % Weißwein.

Klima

Es herrscht ein mildes Kontinentalklima, das noch zusätzlich durch die unterirdischen Thermalquellen „angeheizt“ wird. Insgesamt ist es trocken und warm.

Böden

Meist steinige Kalk- und Steinböden sowie karge Schotterböden.

Rebsorten

Hauptrebsorten für Weißweine
Grüner Veltliner (8 %), Neuburger (15 %), Weißburgunder und Chardonnay (9 %).
Die Rebspezialitäten der Thermenregion sind Rotgipfler (5 %) und Zierfandler (Spätrot; 4 %).

Hauptrebsorten für Rotweine
Blauer Portugieser (16 %), St. Laurent (4 %), Zweigelt (8 %).

Das Weinbaugebiet Thermenregion, südlich von Wien, wird auch als **Südbahngebiet** bezeichnet. Weit verbreitet ist die Sorte Neuburger. Er kämpft um sein Image, das wieder im Steigen begriffen ist. Ebenso forciert werden die lokalen Spezialitäten Zierfandler und Rotgipfler, die sich ganz besonders zum Ausbau hochwertiger Prädikatsweine eignen. Aber auch füllige Rotweine, vor allem aus den Sorten Blauer Portugieser, Zweigelt, St. Laurent, Blauer Burgunder und Cabernet Sauvignon, sind um die Orte Tattendorf und Bad Vöslau zu finden.

Bekannte Erzeuger

Name des Weinguts	*Ort*
Karl → Alphart	Traiskirchen
Leopold → Aumann	Tribuswinkel
Heribert → Bayer	Baden
Othmar und Susanne → Biegler	Gumpoldskirchen
Christian → Fischer	Sooß
Johanna und Johannes Gebeshuber (→ Spaetrot)	Gumpoldskirchen
Johann → Gisperg	Teesdorf
→ Landesweingut Gumpoldskirchen	Gumpoldskirchen
Heinrich → Hartl	Oberwaltersdorf
Toni → Hartl	Reisenberg
Gustav → Krug	Gumpoldskirchen
Josef → Piriwe (Josefhof)	Traiskirchen

→ Reinisch (Johanneshof)	Tattendorf
Ing. Andreas → Schafler (Schaflerhof)	Traiskirchen
Gottfried → Schellmann	Gumpoldskirchen
Franz → Schödinger (Lerchenfelderhof)	Tattendorf
Martin → Schwertführer (47er)	Sooß
Johann → Stadlmann	Traiskirchen
Richard und Hannes → Thiel (Kremsmünstererhof)	Gumpoldskirchen
Harald → Zierer	Gumpoldskirchen

Weitere nennenswerte Betriebe: Leopold Auer (Tattendorf), Günther Dopler (Tattendorf), Freigut Thallern (Heiligenkreuzer Klosterweingut; Gumpoldskirchen), Rudolf und Edith Gausterer (Guntramsdorf), Johann Hecher (Sooß), Hans-Georg Hühnel (Gumpoldskirchen), Kas-Nigl (Perchtoldsdorf), Stefan Köstenbauer (Gumpoldskirchen), Karl Rabl (Perchtoldsdorf), Rebhof Schneider (Tattendorf), Franz und Gaby Schlager (Sooß), Robert Schlumberger (Bad Vöslau), Familie Schup (Guntramsdorf), Johann Schwertführer (Sooß).

Carnuntum

Heurigenbetrieb im Weingut Taferner in Göttlesbrunn

Statistische Daten

- Gesamtrebfläche rund 800 Hektar.
- Jährliche Gesamtproduktion rund 38.400 Hektoliter.
- 39 % Rotwein, 61 % Weißwein.

Klima

Durch die Nähe zum Neusiedler See geprägter, starker Einfluss des pannonischen Klimas.

Böden

Steinige Kalk- und Lössböden.

Rebsorten

Hauptrebsorten für Weißweine
Grüner Veltliner (36 %), Welschriesling (7 %), Gemischter Satz (6 %).

Hauptrebsorten für Rotweine
Blaufränkisch (8 %), Blauburger (4 %), Zweigelt (13 %).

Der Name Carnuntum stammt vom einstmaligen römischen Hauptstützpunkt bei Petronell und Bad Deutsch Altenburg. Das römische Heidentor bei Petronell ist das weithin sichtbare Zeichen dieser Geschichtsepoche.
Die Winzer, vor allem um Göttlesbrunn, sorgen mit ihren Rotweinen aus den Sorten Zweigelt, Blaufränkisch und Cabernet Sauvignon sowie mit ihren Rotweincuvées für Aufsehen. Neben dem dominierenden Grünen Veltliner bestechen auch kräftige Weißburgunder und elegante Sauvignon Blancs. Mit den beiden Marken Primus Carnuntum und Rubin Carnuntum wird versucht, die gebietstypischen Merkmale herauszuarbeiten.

Bekannte Erzeuger

Name des Weinguts	*Ort*
Johann → Böheim	Arbesthal
Walter → Glatzer	Göttlesbrunn
Hans und Philipp → Grassl	Göttlesbrunn
Weingut → Marko (Lukas Markowitsch)	Göttlesbrunn
Gerhard und Christine → Markowitsch	Göttlesbrunn

Hans → Pitnauer	Göttlesbrunn
Franz → Taferner	Göttlesbrunn

Weitere nennenswerte Betriebe: Hannes Artner (Höflein), Anton Edelmann (Göttlesbrunn), Manfred Edelmann (Göttlesbrunn), Christian Grassl (Göttlesbrunn), Karl Maranda (Sarasdorf), Meinrad Markowitsch (Göttlesbrunn), Franz und Christine Netzl (Göttlesbrunn), Franz Oppelmayer (Göttlesbrunn), Stefan Ott (Arbesthal), Robert Payr (Höflein), Gerhard Pimpel (Göttlesbrunn), Ing. Gerhard Seidl (Bruck an der Leitha).

Kremstal

Senftenberg

Statistische Daten

- Gesamtrebfläche rund 2.100 Hektar.
- Jährliche Gesamtproduktion rund 96.000 Hektoliter.
- 19 % Rotwein, 81 % Weißwein.

Klima

Gemäßigtes Kontinentalklima mit Kleinklimazonen. Warme Tagestemperaturen und kühle Nächte.

Böden

Die Bodenbeschaffenheit reicht von Lehm und Löss bis zu verwittertem Urgestein.

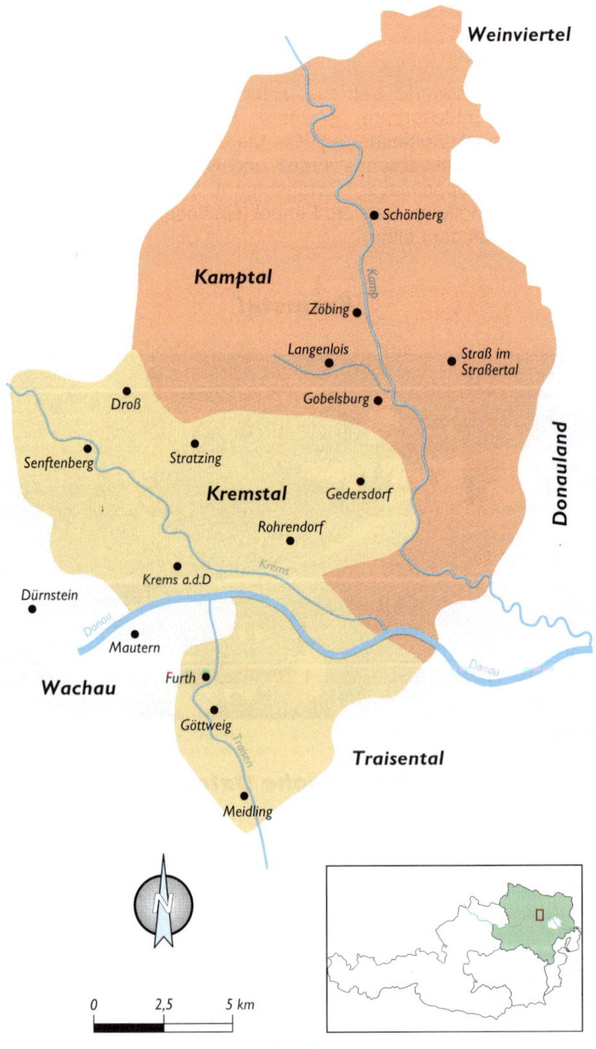
Weinviertel
Schönberg
Kamptal
Kamp
Zöbing
Langenlois
Straß im
Straßertal
Gobelsburg
Droß
Donauland
Senftenberg
Stratzing
Kremstal
Gedersdorf
Rohrendorf
Krems
Krems a.d.D
Dürnstein
Donau
Mautern
Donau
Wachau
Furth
Göttweig
Traisen
Traisental
Meidling
N
0
2,5
5 km

Rebsorten

Hauptrebsorten für Weißweine
Grüner Veltliner (56 %), Müller-Thurgau (10 %), Riesling (4 %).

Hauptrebsorten für Rotweine
Blauer Portugieser (2 %), Zweigelt (8 %).

Das Weinbaugebiet Kremstal erstreckt sich südlich und nördlich der Donau, wobei die Stadt Krems das Zentrum bildet. Östlich der Wachau weitet sich das Donautal aus und in der ebeneren Landschaft entlang der Krems befinden sich die sonnigen Lagen dieses Weinbaugebietes. Darüber hinaus liegen Anbauflächen südlich der Donau um Furth sowie an den Hängen zum Stift Göttweig. Neben fruchtigen Grünen Veltlinern mit dem typischen „Pfefferl" finden sich elegante Rieslinge von den Steinterrassen, kräftige Weißburgunder und die regionale Spezialität Roter Veltliner. Rotweine kommen vor allem aus den Rebflächen südlich der Donau.

Bekannte Erzeuger

Name des Weinguts	*Ort*
Walter → Buchegger	Gedersdorf
Gerald → Malat	Furth bei Göttweig
Josef → Mantler (Mantlerhof)	Brunn im Felde
Sepp → Moser	Rohrendorf bei Krems
Helma → Müller-Grossmann	Furth bei Göttweig
Martin → Nigl	Senftenberg
Franz → Proidl	Senftenberg
→ Salomon (Undhof)	Krems-Stein
Dr. → Unger	Furth bei Göttweig
→ Vorspannhof (Anton Mayr)	Droß

Weitere nennenswerte Betriebe: Wolfgang Aigner (Krems), Erich und Maria Berger (Gedersdorf), Karl Ditz (Lehenhof; Krems), Josef Dockner (Höbenbach), Anton Hagen (Krems), Lenz Moser (Rohrendorf bei Krems), Josef Rosenberger (Rohrendorf), Hubert Siller (Senftenberg), Weingut Stadt Krems (Krems), Thiery-Weber (Rohrendorf), Franz Türk (Stratzing), Ewald Walzer (Krems), Winzer Krems (Krems), Alois Zimmermann (Theiß), Anton Zöhrer (Krems).

Kamptal

Terrassenlage Zöbinger Heiligenstein

Statistische Daten

- Gesamtrebfläche rund 3.700 Hektar.
- Jährliche Gesamtproduktion 160.000 Hektoliter.
- 19 % Rotwein, 81 % Weißwein.

Klima

Pannonisches Klima mit Ausläufern des kontinentalen Klimas aus dem Waldviertel.

Böden

Die Böden bestehen vorwiegend aus Lehm und Löss mit kleinen Anteilen von Urgestein.

Rebsorten

Hauptrebsorten für Weißweine
Grüner Veltliner (52 %), Müller-Thurgau (11 %), Riesling (8 %).

Hauptrebsorten für Rotweine
Blauburger (2 %), Blauer Portugieser (3 %), Zweigelt (8 %).

Dort, wo die Kamp in die Donau mündet, schiebt sich das pannonische Klima nordwärts und trifft auf die Kaltluftzufuhr aus dem angrenzenden Waldviertel. Diese klimatische Besonderheit ist für das würzige Aroma der Weißweine des Kamptals verantwortlich, die durch feine Säure und mineralischen Charakter hervorstechen. Auch die Rotweine zeigen eine elegante Frucht. Besonders bekannt ist die Terrassenlage Heiligenstein, die als markante Erhebung im Bereich von Langenlois weithin zu sehen ist. So wie in der Wachau und im Kremstal sind der Grüne Veltliner und der Riesling die meistangebauten Sorten.

Bekannte Erzeuger

Name des Weinguts	*Ort*
Josef → Aichinger	Schönberg am Kamp
Mag. Willi → Bründlmayer	Langenlois
→ Cobaneshof-Schneider	Gobelsburg
Alfred → Deim	Schönberg am Kamp
Peter → Dolle	Straß im Straßertal
Burgi → Eder	Zöbing am Kamp
Ludwig und Michaela → Ehn	Langenlois
Birgit → Eichinger	Straß im Straßertal
Schloss → Gobelsburg	Gobelsburg
Ludwig → Hiedler	Langenlois
Josef → Hirsch	Kammern
→ Jurtschitsch (Sonnhof)	Langenlois
Fred → Loimer	Langenlois
Karl → Steininger	Langenlois
Johann → Topf	Straß im Straßertal

Weitere nennenswerte Beriebe: Allram-Haas (Straß im Straßertal), Kurt Angerer (Lengenfeld), Günther Brandl (Zöbing am Kamp), Josef Bründlmayer (Grunddorf), Schloss Grafenegg (Haitzendorf), Egmont Höfinger (Gobelsburg), Thomas Leithner (Langenlois), Rupert Summerer (Langenlois), Josef und Reinhard Topf (Straß im Straßertal), Reinhard Waldschütz (Straß im Straßertal), Heinrich Weixelbaum (Straß im Straßertal), Franz Zottlöderer (Straß im Straßertal).

Wachau

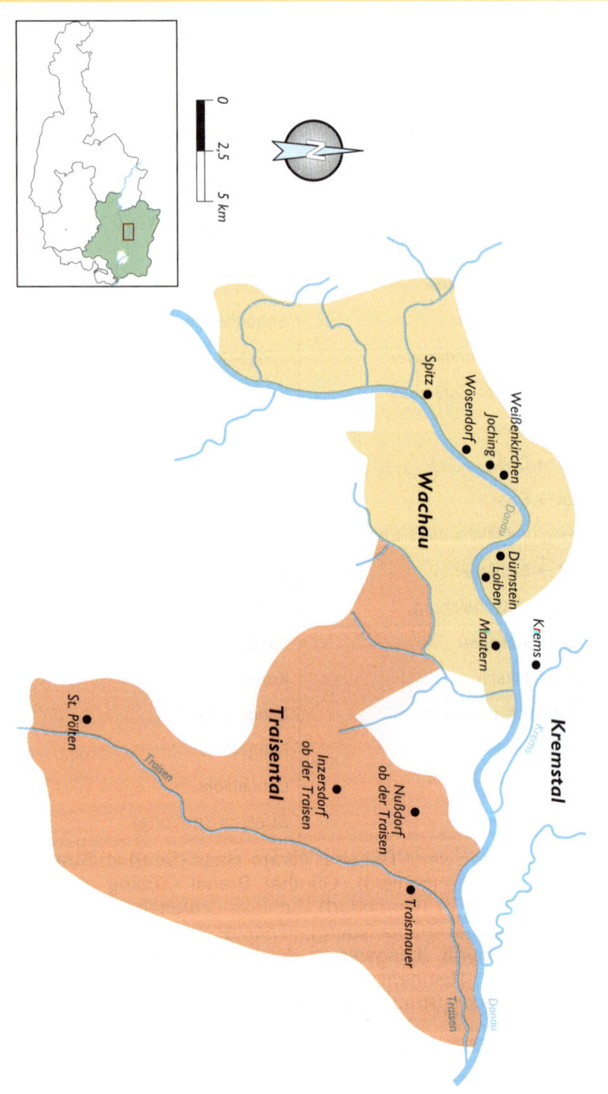
0
2,5
5 km
Spitz
Wösendorf
Joching
Weißenkirchen
Wachau
Donau
Dürnstein
Loiben
Mautern
Krems
Kremstal
Krems
St. Pölten
Traisental
Inzersdorf ob der Traisen
Nußdorf ob der Traisen
Traisen
Traismauer
Traisen
Donau

Weinterrassen vom Dinstlgut Loiben mit Blick auf die Donau

Statistische Daten

- Gesamtrebfläche rund 1.400 Hektar.
- Jährliche Gesamtproduktion rund 76.000 Hektoliter.
- 15 % Rotwein, 85 % Weißwein.

Klima

In der Wachau ist es während des Tages warm bis heiß und kühl bis kalt während der Nacht. Das klimatische Wechselspiel aus pannonischen Luftmassen, die vom Osten kommend die Donau entlang strömen, sowie aus den feuchtkühlen Einflüssen des Waldviertels wird als Fjordklima bezeichnet. Es ist der Urheber der feinen Aromenbildung in den Beeren.

Böden

Die Bodenbeschaffenheit ist unterschiedlich. Die allerbesten Lagen sind die alten Urgesteins- und Lössterrassen an den Hängen zur Donau.

Rebsorten

Hauptrebsorten für Weißweine
Grüner Veltliner (51 %), Müller-Thurgau (9 %), Riesling (13 %).

Hauptrebsorten für Rotweine
Blauer Portugieser (1 %), St. Laurent (1 %), Zweigelt (7 %).

Die Wachau erstreckt sich rechts und links entlang der Donau von Krems bis Melk. Es ist international das bekannteste und renommierteste Weinbaugebiet Österreichs (Stichwort: Weltkulturerbe). Zu nennen sind vor allem die hervorragenden Rieslinge und die Veltlinerweine. Unvergleichlich in Österreich sind die Weißweine aus den Sorten Grüner Veltliner und Riesling. Für die Wachauer Weine charakteristisch ist ihr relativ hoher Säuregehalt. Damit ist eine gute Lagerfähigkeit gegeben. Um die Qualität auch in trockenen Jahren zu gewährleisten, werden die Terrassenweingärten bewässert. Eine der bekanntesten Lagen ist die Riede Klaus, die zum Weingut → Jamek-Altmann gehört. Sie wurde bereits 1386 urkundlich erwähnt.
Die Vinea Wachau Nobilis Districtus ist eine Vereinigung von Winzern aus der Wachau, die die drei Weinkategorien Steinfeder (leicht, spritzig), Federspiel (elegant, mittelgewichtig) und Smaragd (hochreif, kraftvoll) klassifiziert hat. Die Marken sind geschützt.

Bekannte Erzeuger

Name des Weinguts	*Ort*
Leo → Alzinger	Unterloiben
Ferdinand → Denk	Weißenkirchen
→ Dinstlgut Loiben	Unterloiben
Sighardt → Donabaum	Spitz a. d. Donau
→ Freie Weingärtner Wachau (FWW)	Dürnstein
Franz Josef → Gritsch (Mauritiushof)	Spitz a. d. Donau
Franz → Hirtzberger	Spitz a. d. Donau
→ Jamek-Altmann	Joching
Emmerich → Knoll	Unterloiben
Karl → Lagler	Spitz a. d. Donau
→ Nikolaihof	Mautern a. d. Donau
F. X. → Pichler	Oberloiben

Rudi → Pichler	Wösendorf
→ Prager-Bodenstein	Weißenkirchen
Johann → Schmelz	Joching
Paul → Stierschneider (Urbanushof)	Oberloiben

Weitere nennenswerte Betriebe: Wolfgang Bäuerl (Dürnstein), Arnold Bayer (Weißenkirchen), Karl Bracher (Spitz a. d. Donau), Johann Donabaum (Spitz a. d. Donau), Donabaum In der Spitz (Spitz a. d. Donau), Josef Gritsch (Spitz a. d. Donau), Josef Hick (Mitterarnsdorf), Josef Högl (Spitz a. d. Donau), Ing. Alois Höllmüller (Joching), Karl Holzapfel (Prandtauerhof; Weißenkirchen), Manfred Jäger (Weißenkirchen), Thomas Langmayer (Wösendorf), Karl Lechner (Spitz a. d. Donau), Andreas Lehensteiner (Weißenkirchen), Erich Machherndl (Wösendorf), Franz Mittelbach (Tegernseerhof; Unterloiben), Franz und Maria Pichler (Wösendorf), Anton Schneeweiß (Weißenkirchen), Karl Stierschneider (Kartäuserhof; Weißenkirchen).

Traisental

Das Traisental von Nußdorf bis Herzogenburg

Statistische Daten

- Gesamtrebfläche rund 680 Hektar.
- Jährliche Gesamtproduktion rund 33.000 Hektoliter.
- 19 % Rotwein, 81 % Weißwein.

Klima

Gemäßigtes mitteleuropäisches Kontinentalklima mit pannonischen Einflüssen.

Böden

Verschiedene Bodenbeschaffenheit, von Sand- und Lehm- bis Acker- und Steinböden.

Rebsorten

Hauptrebsorten für Weißweine
Grüner Veltliner (64 %), Gemischter Satz (6 %), Riesling (3 %).

Hauptrebsorten für Rotweine
Blaue Portugieser (6 %), Gemischter Satz (2 %), Zweigelt (5 %).

Das Weinbaugebiet Traisental ist das kleinste Weinbaugebiet Niederösterreichs und wird im Norden durch die Donau begrenzt. Auf beiden Seiten der Traisen erstreckt es sich bis zur Landeshauptstadt St. Pölten. In Traismauer, im Schloss, befindet sich der Sitz der Vereinigung Traisentaler Winzer, die sich Regio Tragisana nennt. Die Weine der Mitgliedsbetriebe tragen originelle Namen, wie Steinnelke (für Leichtweine), Frauenschuh (für Kabinettweine), Ehrenpreis (für Prädikatsweine) und Keltenbecher (für Rotweine). Mit Letzterem verweisen die Traisentaler stolz auf die Ureinwohner ihres Gebietes.

Bekannte Erzeuger

Name des Weinguts	*Ort*
Ludwig → Neumayer	Inzersdorf o. d. Traisen
→ Pernikl AWP	(Nußdorf o. d. Traisen)

Weitere nennenswerte Betriebe: Walter Auer (Nußdorf o. d. Traisen), Karl Brindlmayer (Traismauer), Johann Deimel (Inzersdorf o. d. Traisen), Martin Foretnik (Traismauer), Reinhard Herzinger (Nußdorf o. d. Traisen), Rudolf Hofmann (Oezelt Hof, Traismauer), Alfred Holzer (Nußdorf o. d. Traisen), Winzerhof Huber (Reichersdorf), Franz Maurer (Inzersdorf o. d. Traisen), Alois Wurst (Reichersdorf).

Donauland

Statistische Daten

- Gesamtrebfläche rund 2.600 Hektar.
- Jährliche Gesamtproduktion rund 135.000 Hektoliter.
- 21 % Rotwein, 79 % Weißwein.

Klima

Das Klima ist durch kontinentale und pannonische Einflüsse geprägt.

Böden

Es wechseln Sand-Schotter-Kalk-Böden mit Lehm- und Ackerböden ab.

Rebsorten

Hauptrebsorten für Weißweine
Grüner Veltliner (50 %), Müller-Thurgau (10 %), Gemischter Satz (7 %).

Hauptrebsorten für Rotweine
Blauburger (2 %), Blauer Portugieser (3 %), Zweigelt (8 %).

Das Weinbaugebiet Donauland ist zweigeteilt und erstreckt sich nördlich und südlich der Donau. Es umfasst einerseits den politischen Bezirk Tulln von der Stadt Tulln bis Fels am Wagram und andererseits den Gerichtsbezirk Klosterneuburg. In Klosterneuburg befindet sich das Schul- und Forschungszentrum des österreichischen Weinbaus – eine Institution, die zu den ältesten und angesehensten in ganz Europa zählt. Das → Klosterneuburger Stiftsweingut ist das größte österreichische Privatweingut. Es ist im Besitz der Klosterneuburger Chorherren, die nicht nur hervorragende Weine keltern, sondern auch einen ausgezeichneten Sekt erzeugen.
Entlang des Wagramflusses, beginnend bei Grafenwörth und Feuersbrunn, reiht sich ein Weinbauort an den nächsten.
Der Ort Großriedenthal ist für die Eisweine bekannt. Insgesamt sind im Gebiet Donauland vor allem die würzigen Grünen Veltliner sowie die herzhaften Weißburgunder zu nennen.

Bekannte Erzeuger

Name des Weinguts	Ort
Josef → Bauer	Großriedenthal
Josef → Ehmoser	Großweikersdorf
Karl → Fritsch (Weinberghof)	Oberstockstall
→ Klosterneuburger Stiftsweingut	Klosterneuburg
Franz → Leth	Fels am Wagram
Bernhard → Ott	Feuersbrunn
Toni → Söllner	Gösing am Wagram
Hans → Wimmer-Czerny	Fels am Wagram

Weitere nennenswerte Betriebe: Alt-Winzerhof (Großriedenthal), Gerhold (Gösing), Horst Kolkmann (Fels am Wagram), Franz Anton Mayer (Königsbrunn), Mörwald (Feuersbrunn), Fritz Salomon (Gut Oberstockstall, Kirchberg am Wagram), Karl Schuster (Großriedenthal), Rudolf Zimmermann (Klosterneuburg).

Weinviertel

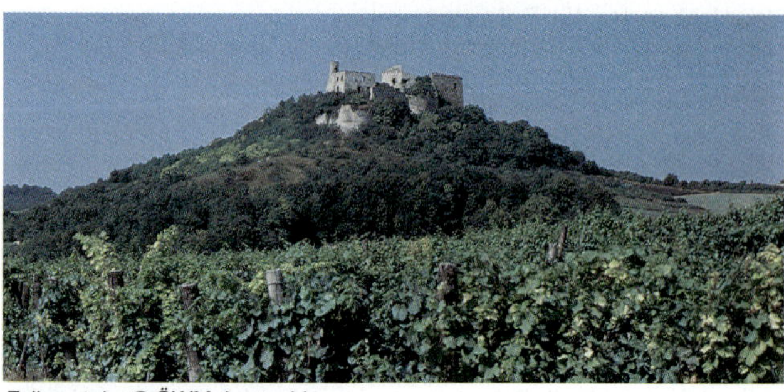

Falkenstein, © ÖWM, Lantschbauer

Statistische Daten

- Drei inoffizielle Gebiete: Weinviertel West (Retzer Land), Weinviertel Ost (Veltlinerland), Weinviertel Süd.
- Gesamtrebfläche rund 15.000 Hektar.
- Jährliche Gesamtproduktion rund 923.000 Hektoliter.
- 23 % Rotwein, 77 % Weißwein.

Klima

Kontinentales Klima, das im Norden und Nordwesten durch das raue Klima vom Böhmerwald, im südöstlichen Teil durch das pannonische Klima beeinflusst wird.

Böden

Meist tiefgründige Ackerböden und Schwarzerdeböden, vereinzelt auch leichte Kalkböden.

Rebsorten

Hauptrebsorten für Weißweine
Grüner Veltliner (58 %), Müller-Thurgau (7 %), Weißer Burgunder (4 %), Welschriesling (10 %).

Hauptrebsorten für Rotweine
Blauburger (3 %), Blauer Portugieser (11 %), Zweigelt (7 %).

Das Weinviertel ist das größte Weinbaugebiet Österreichs und umfasst die politischen Bezirke Gänserndorf, Korneuburg, Mistelbach, Hollabrunn und Horn. Es wird inoffiziell in die drei Gebiete Weinviertel West (Retzer Land), Weinviertel Ost (Veltlinerland) und Weinviertel Süd eingeteilt.

Der Westteil, das **Retzer Land** mit der namengebenden Weinstadt Retz, profitiert klimatisch vom Einflussbereich des Manhartsberges. Viele Sonnenstunden im Sommer und ein kühler Wind im Herbst prägen die würzige Fruchtigkeit der Weißweine, vornehmlich aus den Sorten Grüner Veltliner, Weißer Burgunder und Riesling. Die ebenfalls fruchtigen Rotweine zeichnen sich durch eine starke Konzentration aus.

Im Übrigen bietet Retz eine kleine Sensation. Unter der Stadt befindet sich ein teilweise mehrstöckiger Keller, der länger ist als das Straßennetz der Stadt. Südlich von Retz, im Pulkautal, sind vor allem die Rotweinzentren Haugsdorf und Jetzelsdorf bekannt. Der durch seine Kessellage klimatisch begünstigte Ort Mailberg tritt mit seinen Weinen neuerdings unter dem Namen Mailberg Valley auf, wobei vor allem das Lenz-Moser-Gut Malteser-Ritterorden und das Schlossweingut Graf → Hardegg zu nennen sind.

Weinviertel West

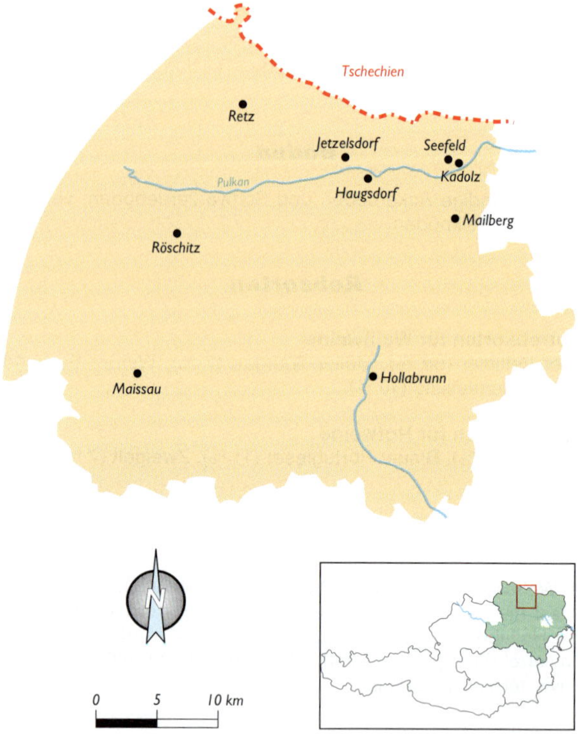

Die Weine des Ostteils wurden früher mit dem reschen „Brünnerstrassler“ gleichgesetzt. Sie stammen aus den Weingärten entlang der Straße nach Brünn. Heute ist das **Veltlinerland** vor allem durch pfeffrige Grüne Veltliner, säurebetonte Welschrieslinge sowie fruchtige Weißburgunder bekannt. Aus Falkenstein stammen sehr gute Rieslinge. In und um Poysdorf werden größere Mengen an Grundweinen für die österreichischen Sekthersteller gekeltert.

Der Bereich südliches Weinviertel liegt vor den Toren Wiens. Das trockene Klima am Rande des fruchtbaren Marchfeldes begünstigt den Anbau der Sorten Grüner Veltliner, Riesling, Weißburgunder und Chardonnay. Bekannt ist auch das Matzner Hügelland.

Weinviertel Süd

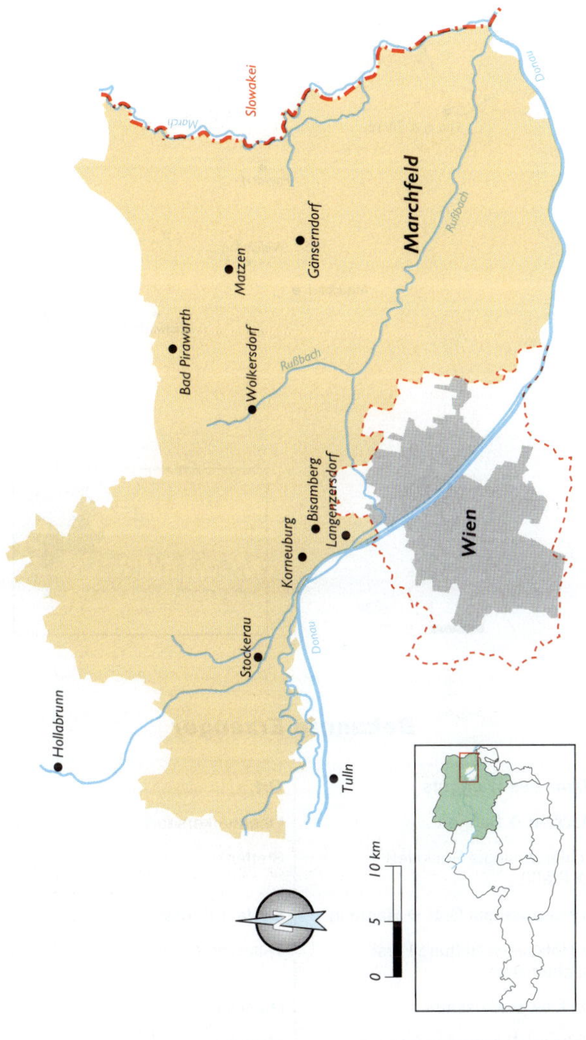

Weinviertel Ost

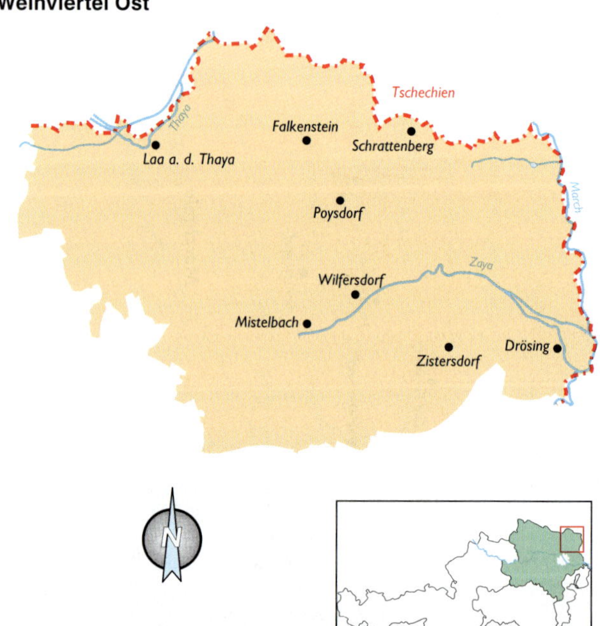

Bekannte Erzeuger

Name des Weinguts	***Ort***
Manfred → Bannert	Obermarkersdorf
Schlossweingut Bockfließ (→ Pfaffl)	Stetten
Schlossweingut Graf → Hardegg	Seefeld-Kadolz
→ Hofkellerei Stiftung Fürst Liechtenstein	Wilfersdorf
Schloss → Maissau	Maissau
Malteser-Ritterorden (→ Lenz Moser)	Mailberg

Roland → Minkowitsch	Mannersdorf
Roman und Adelheid → Pfaffl	Stetten
Ing. Christian → Pleil	Wolkersdorf
Josef → Salomon	Falkenstein
Rudolf → Schwarzböck	Hagenbrunn
Monika und Helmut → Taubenschuß	Poysdorf
Werner → Zull	Schrattenthal

Weitere nennenswerte Betriebe: Hans Bauer (Jetzelsdorf), Norbert Bauer (Jetzelsdorf), Johann Diem (Hohenruppersdorf), Norbert Fidesser (Platt bei Retz), Ewald Gruber (Röschitz), Leopold Hagn (Mailberg), Manfred und Leopold Ladentrog (Obernalb), Josef Leberwurst (Höbersbrunn), Franz und Petra Prechtl (Zellerndorf), Friedrich Rieder (der „Weinrieder“, Poysdorf), Anton Schöfmann (Haugsdorf), Josef und Rainer Schuckert (Poysdorf), Johann Setzer (Hohenwarth), Juliana Strell (Radlbrunn), Herbert Studeny (Obermarkersdorf).

BURGENLAND

Statistische Daten

- Vier Weinbaugebiete: Neusiedler See, Neusiedler See-Hügelland, Mittelburgenland, Südburgenland.
- Gesamtrebfläche rund 13.500 Hektar.
- Jährliche Gesamtproduktion rund 778.000 Hektoliter, das sind 31 % der Gesamtmenge Österreichs.
- 46 % Rotwein, 54 % Weißwein.

Klima

Das Burgenland liegt im Einflussbereich des pannonischen Klimas und hat mit 10 °C die höchste Durchschnittstemperatur Österreichs.

Böden

Im Burgenland sind Schwarzerdeböden, Lössböden, Schotter-Sand-Böden und vereinzelt Zickböden (salzhaltig!) zu finden.

Neusiedler See
Leitha
Jois
Neusiedl/See
Neusiedler See-Hügelland
Leitha
Purbach
Donnerskirchen
St. Georgen
Eisenstadt
Großhöflein
Oggau
Rust
St. Margarethen
Siegendorf
Mörbisch
Pöttelsdorf
Neusiedler See
Gols
Mönchhof
Podersdorf
Frauenkirchen
St. Andrä
Andau
Illmitz
Tadten
Apetlon
Neckenmarkt
Deutschkreutz
Horitschon
Mittelburgenland
Ungarn
Lutzmannsburg
Pinkafeld
Südburgenland
Pinka
Eisenberg
Deutsch Schützen
Güssing
N
0
10
20
30 km

Rebsorten

Hauptrebsorten für Weißweine
Grüner Veltliner (24 %), Müller-Thurgau (7 %), Weißer Burgunder (9 %), Welschriesling (17 %).

Hauptrebsorten für Rotweine
Überwiegend Blaufränkisch. Er ist die Spezialität des Burgenlandes und nach dem Zweigelt die wichtigste österreichische Rotweinsorte. Weiters Cabernet Sauvignon (2 %), St. Laurent (2 %) und Zweigelt (17 %).

Im Burgenland gedeihen sowohl Rot- als auch Weißweine von hervorragender Qualität. Die klimatischen Einflüsse des Neusiedler Sees prägen, mit Ausnahme des Südburgenlandes, die Weinproduktion der gesamten Region. Der Anteil der Prädikatsweine ist aufgrund des günstigen Klimas besonders hoch. Einige Produzenten sind in internationalen Bewerben sehr erfolgreich und haben Weltruf erlangt.

Neusiedler See

Statistische Daten

- Gesamtrebfläche rund 7.100 Hektar.
- Jährliche Gesamtproduktion rund 410.000 Hektoliter.
- 33 % Rotwein, 67 % Weißwein.

Klima

Die wichtigsten Anbaugebiete liegen an den Ufern und in der näheren Umgebung des Neusiedler Sees, der als Klimaregulator eine große Rolle spielt. Aufgrund seiner Größe und seines Charakters als Steppensee bildet er einen riesigen Speicher, der seine Wärme im Herbst langsam abgibt. Außerdem sorgt er im Sommer und Herbst für hohe Luftfeuchtigkeit, was den Reifeprozess und die Edelfäule günstig beeinflusst. Die Edelfäule wird durch einen Pilz (Botrytis cinerea) hervorgerufen. So ist der Anteil an Prädikatsweinen besonders hoch, die einem Vergleich mit den Sauternes- und Tokajerweinen durchaus standhalten.

Böden

Im Gebiet Neusiedler See befinden sich großteils gute, meist sandige Böden.

Rebsorten

Hauptrebsorten für Weißweine
Grüner Veltliner (16 %), Weißburgunder und Chardonnay (8 %), Welschriesling (15 %), Bouvier, Müller-Thurgau, Muskat Ottonel, Neuburger, Scheurebe.

Hauptrebsorten für Rotweine
Blaufränkisch (5 %), St. Laurent (2 %), Zweigelt (12%).

Das Weinbaugebiet Neusiedler See umfasst den gesamten politischen Bezirk Neusiedl am See. Die Orte Illmitz und Gols zählen zu den größten Weinbaugemeinden Österreichs. Das flache, an die ungarische Puszta erinnernde Gebiet am Ostufer des Neusiedler Sees wird als Seewinkel bezeichnet. Es werden vorwiegend qualitativ sehr hoch stehende Süßweine erzeugt. Der Illmitzer Weinlaubenhof unter der Führung von Alois → Kracher ist bis Amerika bekannt, seit der Weinkritiker Robert Parker seine Weine hoch bewertete. Daneben werden verstärkt Rotweine von herausragender Qualität sowie trockene Weißweine erzeugt.

Bekannte Erzeuger

Name des Weinguts	*Ort*
Paul → Achs	Gols
Werner → Achs	Gols
Georg → Allacher	Gols
Matthias → Beck	Gols
Robert → Goldenits	Tadten
→ Gsellmann & Gsellmann	Gols
Martin → Haider	Illmitz
Vinzenz → Haider (Rosenhof)	Illmitz
Gernot → Heinrich	Gols
Leo → Hillinger	Jois
→ Juris-Stiegelmar	Gols
Alois → Kracher (Weinlaubenhof)	Illmitz
Josef → Lentsch	Podersdorf

Sepp → Moser (Seewinkelhof)	Apetlon
Gerhard → Nekowitsch	Illmitz
Ing. Hans & Anita → Nittnaus	Gols
M. & H. → Nittnaus	Gols
Willi → Opitz	Illmitz
→ Pannonia Weingut (Migsich)	Apetlon
Gerhard → Pittnauer	Gols
G. & A. → Pittnauer	Gols
H. & E. → Pittnauer	Gols
R. & H. → Pittnauer	Gols
Josef und René → Pöckl	Mönchhof
Horst und Georg → Schmelzer	Gols
Johann → Tschida (Angerhof)	Illmitz
Stefan → Tschida (Stölzerhof)	Illmitz
Josef → Umathum	Frauenkirchen
Roland und Heinz → Velich	Apetlon
Alfred → Ziniel	St. Andrä am Zicksee

Weitere nennenswerte Betriebe: Achs-Tremmel (Terra Galos) (Gols und Rust, Weinbaugebiet Neusiedler See-Hügelland), Tobias Fuhrmann (Podersdorf), Ing. Richard Goldenits (Tadten), Matthias Hareter (Weiden am See), Franz Heiss (Illmitz), Jagdhof-Fleischhacker (Illmitz), Helmut Lang (Illmitz), Franz Lentsch (Podersdorf), Michlits-Stadlmann (St. Andrä), Peter und Christoph Münzenrieder (Apetlon), Erich und Harald Scheiblhofer (Andau), Schlosskellerei Halbturn (Halbturn), Johann Schwarz (Andau), Gebrüder Stiegelmar (Gols), Josef Wurzinger (Tadten).

Neusiedler See-Hügelland

Statistische Daten

- Gesamtrebfläche rund 4.200 Hektar.
- Jährliche Gesamtproduktion rund 212.000 Hektoliter.
- 42 % Rotwein, 58 % Weißwein.

Klima

Pannonisches Klima. Auch hier wirkt der Neusiedler See als Klimaregulator.

Böden

Vorwiegend sind Schwarzerde-, Löss-, Sand- und Lehmböden zu finden.

Rebsorten

Hauptrebsorten für Weißweine
Grüner Veltliner (25 %), Müller-Thurgau (6 %), Welschriesling (10 %), Neuburger, Weißer Burgunder.

Hauptrebsorten für Rotweine
Blauburger (2 %), Blaufränkisch (23 %), Zweigelt (7 %).

Das Weinbaugebiet Neusiedler See-Hügelland umfasst die politischen Bezirke Eisenstadt und Mattersburg sowie die Freistädte Rust und Eisenstadt. Die Stadt Rust, sie steht teilweise unter Denkmalschutz, ist der berühmteste Weinort des Burgenlandes. Hier wird die Tradition des Ausbruchweines besonders gepflegt. In den Hügeln westlich des Neusiedler Sees reifen jedoch nicht nur edelsüße Weine von hervorragender Qualität, sondern es gedeihen hier auch herausragende Chardonnays, Sauvignon Blancs und Weißburgunder sowie Rotweine aus den Sorten Blaufränkisch und Cabernet Sauvignon. In St. Margarethen verweist man auf eine langjährige Weinbautradition, die bis in die Römerzeit zurückzuverfolgen ist.

Bekannte Erzeuger

Name des Weinguts	*Ort*
Rudolf → Beilschmidt	Rust
→ Domaine Bismarck	Pöttelsdorf
→ Feiler-Artinger	Rust
Hermann → Hammer	Rust
Gerhard → Just (Marienhof)	Rust
→ Kloster am Spitz	Purbach

Klosterkeller Siegendorf (→ Lenz Moser)	Siegendorf
→ Kollwentz-Römerhof	Großhöflein
Josef → Leberl	Großhöflein
→ Mad (Haus Marienberg)	Oggau
Gabi → Mariel	Großhöflein
Konrad → Mariel	Wulkaprodersdorf
Hans → Moser	Eisenstadt
DI Hans → Nehrer	Eisenstadt
Engelbert und Silvia → Prieler	Schützen am Gebirge
Peter → Schandl	Rust
M. & G. → Schönberger	Mörbisch
Heidi → Schröck	Rust
Rosi → Schuster	St. Margarethen
Friedrich → Seiler	Rust
Ernst → Triebaumer	Rust
Günther → Triebaumer	Rust
→ Wagentristl	Großhöflein
Robert und Michael → Wenzel	Rust

Weitere nennenswerte Betriebe: Rudolf Bachkönig (Rust), Braunstein (Purbach), Ehrlich (Großhöfleiner Hof, Großhöflein), Esterházy'sches Weingut & Schlosskellerei (Eisenstadt), Fabian (Oggau), Hermann Fink (Großhöflein), Gerger (Großhöflein), Hahnekamp-Sailer (Großhöflein), Jost Höpler (Winden), H. & Ch. Kraft (Rust), E. H. E. Krauscher (Großhöflein), Thomas Mühlgassner (Eisenstadt), Josef Sailer (Großhöflein), Leopold Sommer (Donnerskirchen), Erwin Tinhof (Eisenstadt), Zöchmeister (Leithaberghof, Großhöflein).

Mittelburgenland

Statistische Daten

- Gesamtrebfläche rund 1.800 Hektar.
- Jährliche Gesamtproduktion rund 133.000 Hektoliter.
- 89 % Rotwein, 11 % Weißwein.

Blaufränkischland – die Sorte Blaufränkisch wird vorwiegend angebaut

Klima

Pannonisches Klima mit adriatischen Klimaeinflüssen.

Böden

Vorwiegend schwere Acker- und Lehmböden.

Rebsorten

Hauptrebsorten für Weißweine
Grüner Veltliner (11 %), Müller-Thurgau (2 %), Welschriesling (2 %).

Hauptrebsorten für Rotweine
Blaufränkisch (52 %), Cabernet Sauvignon (3 %), Zweigelt (22 %).

Vor allem in Horitschon und Deutschkreutz ist die Rebsorte Blaufränkisch vorherrschend. Das Mittelburgenland wird daher als Blaufränkischland bezeichnet. Das Weinbaugebiet umfasst den politischen Bezirk Oberpullendorf. Die tieffruchtigen Cuvées aus Horitschon und Deutschkreutz gehören mit zu den besten Rotweinen in ganz Österreich.

Bekannte Erzeuger

Name des Weinguts	***Ort***
→ Arachon T. FX. T.	Horitschon
Josef → Gager	Deutschkreutz
Albert → Gesellmann	Deutschkreutz
Johann und Silvia → Heinrich	Deutschkreutz
Anton → Hundsdorfer	Neckenmarkt
→ Iby-Lehrner	Horitschon
→ Iby-Rotweingut (Anton Iby)	Horitschon
Hans → Igler	Deutschkreutz
Paul → Kerschbaum	Horitschon
Gerhard → Kirnbauer	Deutschkreutz
Walter und Irmgard → Kirnbauer	Deutschkreutz
Ing. Stefan → Lang	Neckenmarkt
Josef → Tesch	Neckenmarkt
→ Vereinte Winzer Blaufränkischland	Horitschon
Rudolf und Helmut → Weber	Lutzmannsburg
→ Wellanschitz-Donatus	Neckenmarkt
Franz → Weninger	Horitschon
Juliana → Wieder	Neckenmarkt

Weitere nennenswerte Betriebe: Bauer-Pöltl (Unterpetersdorf), Franz Draxler (Neckenmarkt), Grenzlandhof, Christian Reumann (Deutschkreutz), Maria Kerschbaum (Lackenbach), Paul Lehrner (Horitschon), Fam. Strehn (Deutschkreutz), United Vineyards-Pfneisl (Frankenau), Stefan Wieder (Horitschon), Winzerkeller Neckenmarkt (Neckenmarkt).

Südburgenland

Statistische Daten

- Gesamtrebfläche rund 400 Hektar.
- Jährliche Gesamtproduktion rund 23.000 Hektoliter.
- 58 % Rotwein, 42 % Weißwein.

Mit Schilf gedecktes Haus in Heiligenbrunn

Klima

Pannonisches Klima mit adriatischen Einflüssen.

Böden

Vorwiegend schwere, eisenhältige Acker- und Lehmböden.

Rebsorten

Hauptrebsorten für Weißweine
Grüner Veltliner (10 %), Gemischter Satz (9 %), Welschriesling (25 %).

Hauptrebsorten für Rotweine
Blauburger (1 %), Blaufränkisch (33 %), Zweigelt (5 %).

Das Weinbaugebiet Südburgenland (die politischen Bezirke Oberwart, Güssing und Jennersdorf) ist das kleinste Weinbaugebiet in der Großregion Weinland. Über Jennersdorf gelangt man in das südoststeirische Weinbaugebiet.
Das Südburgenland, bis Anfang 1900 bei Ungarn, ist die Heimat des Uhudlers, eines eigenwilligen Weines aus Direktträgern.
Die Rotweine, speziell aus der Sorte Blaufränkisch, gedeihen auf den eisenhältigen Böden des Südburgenlandes besonders gut und sind sehr ausdrucksstark.

Bekannte Erzeuger

Name des Weinguts	*Ort*
Edith und Thomas → Kopfensteiner	Deutsch Schützen
Reinhold und Erich → Krutzler	Deutsch Schützen
Illa → Szémes	Pinkafeld
Gerald → Unger	Deutsch Schützen
→ Wachter & Wiesler (Arkadenhof)	Deutsch Schützen

Weitere nennenswerte Betriebe: Johann Polczer (Eisenberg), Uwe Schiefer (Eisenberg), Schützenhof (Familie Körper-Faulhammer, Deutsch Schützen), Anna und Josef Wallner (Deutsch Schützen), Alfred und Helga Weber (Deutsch Schützen).

STEIERMARK (REGION STEIRERLAND)

Statistische Daten

- Gesamtrebfläche rund 4.000 Hektar.
- Jährliche Gesamtproduktion rund 186.000 Hektoliter, das sind zirka 7 % der Österreichischen Gesamtmenge.
- 27 % Rotwein, 73 % Weißwein.

Klima

In der Steiermark ist der Klimaeinflussbereich des südlichen Europas spürbar.

Böden

Steinige, trockene Böden.

Rebsorten

Hauptrebsorten für Weißweine
Grauer Burgunder, Müller-Thurgau (13 %), Sauvignon Blanc (6 %), Scheurebe (6 %), Weißburgunder und Chardonnay (20 %), Welschriesling (25 %).

Hauptrebsorten für Rotweine
Blauer Wildbacher (17 %), Blauburger, Blaufränkisch, Zweigelt (12 %).

Burgen-
land
Hartberg
Südoststeiermark
Gleisdorf
Weststeiermark
Riegersburg
Ligist
Feldbach
St. Stefan
Stainz
Kapfenstein
Groß
St. Florian
St. Anna am Aigen
St. Andrä
Straden
Deutschlandsberg
Leibnitz
Ungarn
Kitzeck
Tieschen
Klöch
Gamlitz
Spielfeld
Mureck
Leutschach
Eibiswald
Ratsch
Slowenien
Südsteiermark
N
0
10
20
30 km

Das Klima im südöstlichen Teil Österreichs fällt schon in den Einflussbereich des südlichen Europas, obwohl relativ viel Niederschlag zu verzeichnen ist. Die meist steilen Südhänge sind steinig, kaum dem Frost ausgesetzt und es ist heiß. Dies alles wirkt sich sehr positiv auf die Qualität und den Ertrag des Weines aus. Insgesamt befinden sich in der Steiermark über 60 Prozent der Rebflächen in Hanglagen mit über 26 Prozent Neigung. Die Bearbeitung ist aufwändiger als in anderen Gegenden und macht den Einsatz von Spezialmaschinen notwendig. Zudem ist die Arbeit in den Weingärten mit großer Hangneigung nicht ungefährlich. Die Winzer der jüngeren Generation streben daher eine Terrassierung der Anbauflächen an. In der Steiermark gibt es vor allem Weißweine. Eine Ausnahme bildet der Schilcher, eine ausschließlich steirische Spezialität aus der Blauen Wildbachertraube. Der Schilcher ist weingesetzlich besonders geschützt. Jedes Jahr Anfang November wird der Steirische Junker präsentiert und verkostet.

Südsteiermark

Weingut Sattlerhof in Gamlitz

Statistische Daten

- Gesamtrebfläche rund 1.800 Hektar.
- Jährliche Gesamtproduktion rund 96.000 Hektoliter.
- 18 % Rotwein, 82 % Weißwein.

Klima

Mildes adriatisches und kontinentales Klima mit ausgeprägten individuellen Kleinklimazonen.

Böden

Leichte bis mittelschwere Verwitterungsböden und verwittertes Lavagestein sowie Aschenböden.

Rebsorten

Hauptrebsorten für Weißweine
Müller-Thurgau (12 %), Weißburgunder und Chardonnay bzw. Morillon (19 %), Welschriesling (22 %). Weiters Sauvignon Blanc, Scheurebe, Muskateller, Riesling, Grauer Burgunder und Traminer.

Hauptrebsorten für Rotweine
Blauer Wildbacher (4 %), Zweigelt (10 %).

Das Weinbaugebiet Südsteiermark umfasst sämtliche Gemeinden des politischen Bezirkes Leibnitz, mit Ausnahme jener Gemeinden, die sich links der Mur befinden. In Silberberg befindet sich die steirische Weinbauschule und das Steiermärkische Landesweingut, die über eine langjährige Tradition verfügen.
Die Südsteiermark ist seit vielen Jahren ein sehr attraktiver Anziehungspunkt für Touristen (Stichwort: steirische Toskana), nicht nur wegen der reizvollen Landschaft, sondern auch wegen der fruchtigen Welschrieslinge, Muskateller und Weißburgunder sowie der edlen Sauvignon Blancs und Morillons, wie die Chardonnays in der Steiermark gerne genannt werden. Immer häufiger füllen die südsteirischen Winzer ihre Weißweine in Barriques und unterscheiden auf den Weinetiketten die „Steirische Klassik“ (Normalausbau) und den Ausbau in neuen Holzfässern.

Bekannte Erzeuger

Name des Weinguts	*Ort*
Dr. → Aubell (Rebenhof)	Spielfeld
Engelbert und Monika → Elsnegg	Gamlitz
Schloss → Gamlitz (Familie Melcher)	Gamlitz
Alois und Ulrike → Gross	Ratsch a. d. Weinstraße
→ Lackner-Tinnacher	Gamlitz
Erich und Walter → Polz	Spielfeld

Otto und Theresia → Riegelnegg (Olwitschhof)	Gamlitz
Erwin → Sabathi	Leutschach
→ Sattlerhof	Gamlitz
→ Schneckenkogler (Ing. Klaus Prünte)	Spielfeld
→ Silberberg (Steiermärkisches Landesweingut)	Leibnitz
Evelyn und Walter → Skoff	Gamlitz
Franz → Strablegg-Leitner	Arnfels
Manfred → Tement	Berghausen
Eduard und Stefan → Tscheppe	Leutschach
Erwin → Tschermonegg	Glanz a. d. Weinstraße
Gerhard → Wohlmuth	Kitzeck

Weitere nennenswerte Betriebe: Familie Casutt (Gamlitz), Dreisiebner Stammhaus (Ehrenhausen), Hannes Harkamp (St. Nikolai), Helmut Mahorko (Leutschach), Helmut Maitz (Urbanikeller, Ratsch a. d. Weinstraße), Wolfgang Maitz (Rebenburg, Ratsch a. d. Weinstraße), Anton Pilch (Ehrenhausen), Karl Renner (Leutschach), Karl Riegelnegg (Gamlitz).

Weststeiermark

Ried Burgegg, Domäne Müller in Groß St. Florian

Statistische Daten

- Gesamtrebfläche rund 760 Hektar.
- Jährliche Gesamtproduktion rund 23.000 Hektoliter.
- 75 % Rotwein, 25 % Weißwein.

Klima

Mildes bis gemäßigtes Kontinentalklima.

Böden

Gneis-, Schiefer- und Schieferurgesteinsböden.

Rebsorten

Hauptrebsorten für Weißweine
Müller-Thurgau (2 %), Weißburgunder und Chardonnay bzw. Morillon (5 %), Welschriesling (3 %).

Hauptrebsorten für Rotweine
Es dominiert die Blaue-Wildbacher-Traube für den Schilcher. Darüber hinaus sind vereinzelt die Sorten Zweigelt und Blauburger zu finden.

Die Weststeiermark ist vor allem als Schilchergebiet bekannt. Die Farbe des Schilchers reicht von Zwiebelfarben bis Rubinrot, eine Folge der Maischstandzeit. Je länger die Maische stehen bleibt und der Winzer mit dem Pressen wartet, desto dunkler ist der Wein. Der Schilcher weist eine prägnante Säure auf. Die Palette der Schilchererzeugnisse wird ergänzt durch Schilcher-Eisweine und Schilchersekte. Neben aller Dominanz des Schilchers werden vermehrt interessante Weißweine aus den Sorten Welschriesling, Weißburgunder und Sauvignon Blanc erzeugt.

Bekannter Erzeuger

Name des Weinguts	*Ort*
→ Domäne Müller	Groß St. Florian

Weitere nennenswerte Betriebe: Hermann Bscheider (Gleinstätten), Ing. Luise und Johannes Jöbstl (Wies), Jud (Schloss Stainz, Stainz),

Erich Kuntner (Obergreith), Stefan Langmann (St. Stefan ob Stainz), Josef Lazarus (St. Stefan ob Stainz), Eduard Oswald (St. Stefan ob Stainz), Alfed und Aloisia Petschnegg (Frauental), Gerhard Pongratz (Deutschlandsberg), Christian Reiterer (Wies), Ernst-Otto Schilder (St. Stefan ob Stainz), Wein- und Sektmanufaktur Franz Strohmeier (St. Stefan ob Stainz), Thomas Strohmaier (Pölfing-Brunn).

Südoststeiermark

Schloss Kapfenstein mit dem Weingut Winkler-Hermaden, © ÖWM, Faber

Statistische Daten

- Gesamtrebfläche rund 1.400 Hektar.
- Jährliche Gesamtproduktion rund 67.000 Hektoliter.
- 25 % Rotwein, 75 % Weißwein.

Klima

Übergangszone zwischen feuchtem Mittelmeerklima und trockenem pannonischem Klima.

Böden

Vulkanische Verwitterungsböden und Basaltböden.

Rebsorten

Hauptrebsorten für Weißweine
Müller-Thurgau (13 %), Weißburgunder und Chardonnay bzw. Morillon (19 %), Welschriesling (27 %). Weiters Scheurebe, Goldburger, Traminer, Sauvignon Blanc, Riesling und Grauer Burgunder.

Hauptrebsorten für Rotweine
Blauburger (1 %), Blauer Wildbacher (2 %), Zweigelt (14 %).

Das Weinbaugebiet Südoststeiermark ist zwar um vieles größer als die Südsteiermark, aber die Weingärten liegen sehr weit verstreut. Viele Betriebe in der Südoststeiermark haben nur ganz kleine Anbauflächen und arbeiten im Nebenerwerb. Der Großteil der erzeugten Weine wird in den Buschenschanken der Gegend verkauft. In Klöch fühlen sich 18 Weinbaubetriebe der Schutzmarke **Klöcher Traminer** verpflichtet. Er weist einen typischen Wildrosenduft auf. Der Klöcher Gewürztraminer überzeugt mit Rosinen- und Honigtönen.

Bekannte Erzeuger

Name des Weinguts	*Ort*
Franz J. → Hutter	Feldbach
Walter und Elisabeth → Müller	Klöch
Albert und Anna → Neumeister	Straden
Josef → Palz	St. Anna am Aigen
Manfred → Platzer	Tieschen
→ Ploder-Rosenberg	St. Peter am Ottersbach
Karl → Thaller	Großwilfersdorf
→ Winkler-Hermaden (Schloss Kapfenstein)	Kapfenstein

Weitere nennenswerte Betriebe: Anton Amtmann (Riegersburg), Karl Breitenberger (Kaibing), Fritz Frühwirth (Klöch), Giessauf-Nell (Klöch), Franz Gingl (Fehring), Gräflich Stürgkh'sches Weingut (Klöch), Rupert Puntigam (Straden), Simmerl-Klimbacher (Klöchberg), Rupert Ulrich (St. Anna am Aigen), Martin Wippel (Riegersburg).

WIEN

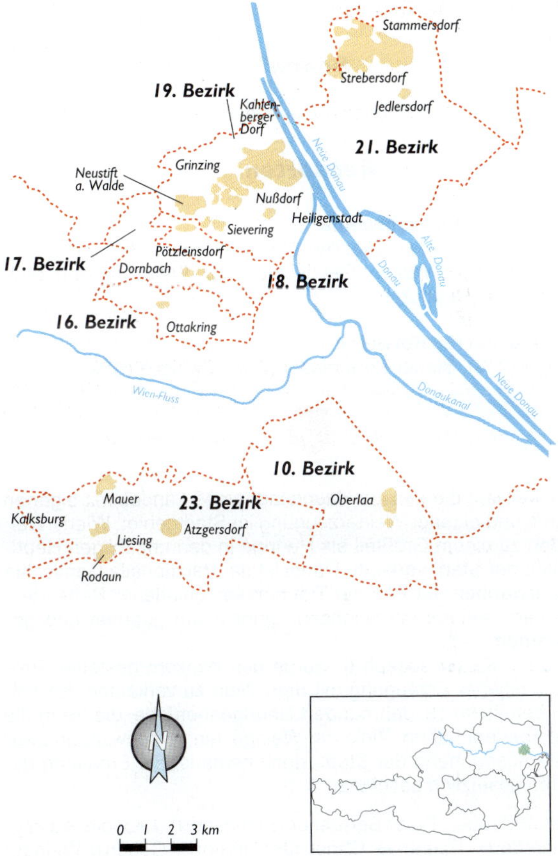

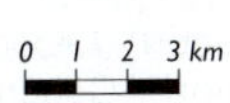

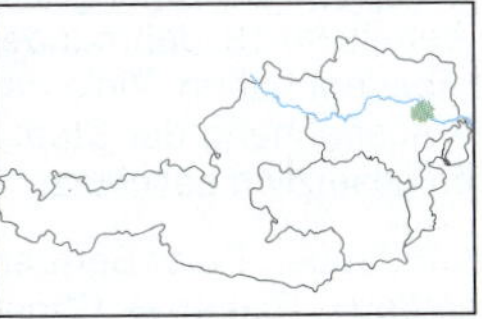

Statistische Daten

- Gesamtrebfläche rund 340 Hektar.
- Jährliche Gesamtproduktion rund 21.000 Hektoliter.
- 18 % Rotwein, 82 % Weißwein.

Klima

Mitteleuropäisches Kontinentalklima mit Einflüssen des pannonischen Klimas. Warme Ostwinde.

Böden

Schiefer-, Schotter-Sandböden, Ackerböden, Löss- und Lehmböden.

Rebsorten

Hauptrebsorten für Weißweine
Grüner Veltliner (29 %), Riesling (13 %), Weißer Burgunder und Chardonnay (13 %). Weiters Gemischter Satz, Welschriesling, Müller-Thurgau und Neuburger.

Hauptrebsorten für Rotweine
Blauburger (2 %), Blauer Portugieser (2 %), Zweigelt (6 %).

Wien ist weltweit die einzige Hauptstadt eines Landes mit eigenen Weinfluren und eigener Weinerzeugung im Stadtgebiet. Wiens Weine werden zu einem Großteil als Heurige in den unzähligen Heurigenlokalen der Stadt verkauft. Dabei ist der traditionelle Gemischte Satz zu erwähnen, für den die Trauben verschiedener Rebsorten, die in einem Weingarten wachsen, gemeinsam geerntet und gepresst werden.
Bereits unter Kaiser Joseph II. wurde den Winzern gestattet, Produkte aus eigener Erzeugung mit dem Wein zu verkaufen. So entstanden bereits im 18. Jahrhundert Heurigenbetriebe, die bis in die Jetztzeit überlebt haben. Viele der Weingärten verschwanden zwar durch die Ausdehnung der Stadt, doch heute ist die Erhaltung der Weinfluren gesetzlich geschützt.

Bekannte Erzeuger: Peter Bernreiter (Floridsdorf), Leopold → Breyer (Jedlersdorf), Rainer → Christ (Jedlersdorf), Cobenzl-Weingut (Grinzing), Karl Heinz und Michael Edlmoser (Mauer), Feuerwehr-Wagner (Grinzing), DI Hans Peter Göbel (Stammersdorf), Hengl-Haselbrunner (Grinzing), Mag. Irene Langes (Strebersdorf), Ing. Franz Mayer (Mayer am Pfarrplatz, Grinzing), Ing. Hugo Reinprecht (Grinzing), DI Herbert Schilling (Strebersdorf), Ing. Fritz → Wieninger (Stammersdorf), Alfred und Richard Zahel (Mauer).

Österreichische Weine von A bis Z

Die erzeugten Mengen österreichischen Weins sind im internationalen Vergleich gering und die Nachfrage übersteigt oft das Angebot, doch qualitätsorientiert denkende Winzer haben es geschafft, den österreichischen Wein auf den internationalen Märkten als begehrtes Produkt zu positionieren. Das nachfolgende Kapitel enthält eine Auswahl dieser Winzer sowie eine Kurzbeschreibung der wichtigsten Winzervereinigungen mit deren Zielen und Mitgliedsbetrieben. Bei der Beschreibung der Betriebe beschränken wir uns auf eine Aufzählung der wichtigsten erzeugten Weine bzw. angebauten Sorten. Auf eine detaillierte Weinbeschreibung wurde bewusst verzichtet. Die Angabe der bewirtschafteten Rebfläche soll vornehmlich zum Größenvergleich der angeführten Betriebe dienen. Die verwendete Abkürzung NÖ. steht für Niederösterreich.

A

Paul **Achs** – Burgenland
Weingut in Gols im Weinbaugebiet Neusiedler See mit einer Rebfläche von zirka 23 ha. Bekannt für Weine aus den Sorten Sauvignon Blanc, Chardonnay, Zweigelt, Blaufränkisch und Pinot Noir; hervorzuheben sind die Cuvée Pannobile (Zweigelt, Blaufränkisch, St. Laurent und Cabernet Sauvignon) und die Trockenbeerenauslesen.

Werner **Achs** – Burgenland
Weingut in Gols im Weinbaugebiet Neusiedler See. Bekannt für Zweigelt-Rotweine und die Cuvée XUR.

Josef **Aichinger** – NÖ.
Weingut in Schönberg am Kamp im Weinbaugebiet Kamptal mit einer Rebfläche von zirka 17 ha. Bekannt für Weine aus den Sorten Roter Traminer, Riesling, Grüner Veltliner und Weißburgunder.

Georg **Allacher** – Burgenland
Weingut in Gols im Weinbaugebiet Neusiedler See. Bekannt für Weine aus den Sorten Welschriesling, Blaufränkisch und Blauburgunder.

Karl **Alphart** – NÖ.
Weingut in Traiskirchen im Weinbaugebiet Thermenregion mit einer Rebfläche von zirka 12 ha. Bekannt für Weine aus den Sorten Neuburger, Chardonnay und Rotgipfler (auch Trockenbeerenauslesen).

Leo **Alzinger** – NÖ.
Weingut in Unterloiben im Weinbaugebiet Wachau mit einer Rebfläche von zirka 8 ha. Bekannt für Weine aus den Sorten Grüner Veltliner, Riesling und Chardonnay.

Angerhof
Vgl. Johann → Tschida.

Arachon T.F.X.T. – Burgenland
Weingut in Horitschon im Weinbaugebiet Mittelburgenland mit einer Rebfläche von 28,5 ha.

Das Weingut produziert den gleichnamigen Rotwein aus Blaufränkisch, Cabernet Sauvignon, Merlot und Zweigelt und den Zweitwein **a'Kira** (Blaufränkisch) in Zusammenarbeit der Weingüter von Illa → Szémes, F. X. → Pichler und Manfred → Tement.

Arkadenhof
Vgl. → Wachter & Wiesler.

Dr. **Aubell (Rebenhof)** – Steiermark
Weingut in Spielfeld im Weinbaugebiet Südsteiermark, das seit 1993 von den Brüdern Erich und Walter → Polz bewirtschaftet wird. Bekannt für Weine aus den Sorten Morillon, Sauvignon Blanc, Grau- und Weißburgunder.

Leopold **Aumann** – NÖ.
Weingut in Tribuswinkel im Weinbaugebiet Thermenregion mit einer Rebfläche von zirka 9 ha. Bekannt für Weine aus den Sorten Riesling, Rotgipfler, Pinot Blanc, Sauvignon Blanc, Zierfandler und Chardonnay sowie Zweigelt, Merlot, St. Laurent und Pinot Noir; hervorzuheben sind die Cuvée Harterberg (Zweigelt, Merlot und Cabernet Sauvignon) sowie Auslesen und Trockenbeerenauslesen vom Welschriesling.

B

Manfred **Bannert** – NÖ.
Weingut in Obermarkersdorf im Weinbaugebiet Weinviertel mit einer Rebfläche von ca. 15 ha. Bekannt für Weine aus den Sorten Chardonnay, Riesling, Grüner Veltliner und Weißburgunder sowie Zweigelt und Pinot Noir.

Josef **Bauer** – NÖ.
Weingut in Großriedenthal im Weinbaugebiet Donauland. Bekannt für Weine aus den Sorten Grüner Veltliner, Riesling und Blauer Burgunder; hervorzuheben ist der Eiswein vom Grünen Veltliner.

Heribert **Bayer** – NÖ.
Negociant (Weinhändler) in Baden im Weinbaugebiet Thermenregion. Die Weißweine entstehen in Zusammenarbeit mit dem Weingut → Krug in Gumpoldskirchen. Sein Partner bei den Rotweinen ist der Winzerkeller Neckenmarkt. Bekannt für die Weißweine Albatros (Rotgipfler, Pinot Gris und Chardonnay) und Sails White (Rotgipfler) sowie die Rotweine In Signo Leonis (Blaufränkisch, Zweigelt und Cabernet Sauvignon), In Signo Tauris (Pinot Noir), Avantgarde Neckenmarkter Zweigelt und Sails Red Neckenmarkter Blaufränkisch.

Matthias **Beck** – Burgenland
Weingut in Gols im Weinbaugebiet Neusiedler See mit einer Rebfläche von zirka 11 ha. Vier Fünftel der Produktion sind Rotweine, u. a. Pannobile Rot (Zweigelt, Blaufränkisch, Cabernet Sauvignon, Merlot), Blauburgunder, Zweigelt, Blaufränkisch.

Rudolf **Beilschmidt** – Burgenland
Weingut in Rust im Weinbaugebiet Neusiedler See-Hügelland. Bekannt für den Rotwein Cuveesee (Blaufränkisch) sowie für Ausbruchweine; erzeugt auch einen Sekt.

Othmar und Susanne **Biegler** – NÖ.
Weingut in Gumpoldskirchen im Weinbaugebiet Thermenregion mit einer Rebfläche von zirka 8,5 ha. Bekannt für Weine aus den Sorten Rotgipfler, Chardonnay, Zierfandler und Zweigelt.

Johann **Böheim** – NÖ.
Weingut in Arbesthal im Weinbaugebiet Carnuntum mit einer Rebfläche von zirka 5 ha. Bekannt für Weine aus den Sorten Grüner Veltliner und Zweigelt; hervorzuheben ist die Troisième Edition (Zweigelt, Merlot und Cabernet Sauvignon).

Leopold **Breyer** – Wien
Weingut in Jedlersdorf im Weinbaugebiet Wien mit einer Rebfläche von zirka 5,5 ha. Bekannt für Weine aus den Sorten Grüner Veltliner und Zweigelt sowie für die Cuvée Genesis (Chardonnay und Ruländer).

Mag. Willi **Bründlmayer** – NÖ.
Weingut in Langenlois im Weinbaugebiet Kamptal mit einer Rebfläche von zirka 50 ha. Auf Schloss → Gobelsburg bewirtschaftet er in Zusammenarbeit mit Eva und Michael Moosbrugger rund 35 ha. Bekannt für Weine aus den Sorten Grüner Veltliner, Riesling, Gelber Muskateller, Grauburgunder, Weißburgunder und Chardonnay sowie Blauburgunder und die Cuvée Anselm (St. Laurent und Zweigelt); erzeugt auch Süßweine, Sekte und Destillate.

Walter **Buchegger** – NÖ.
Weingut in Gedersdorf im Weinbaugebiet Kremstal mit einer Rebfläche von zirka 9 ha. Bekannt für Weine aus den Sorten Grüner Veltliner und Riesling sowie für die Privat Cuvée (Zweigelt und Cabernet Sauvignon) und den Eiswein vom Grünen Veltliner.

C

Rainer **Christ** – Wien
Weingut in Jedlersdorf im Weinbaugebiet Wien mit einer Rebfläche von zirka 6 ha. Bekannt für Weine aus den Sorten Gelber Muskateller, Welschriesling, Chardonnay, Grüner Veltliner, Weißburgunder, Blauburgunder, Cabernet Franc und Syrah; hervorzuheben sind die Cuvée Mephisto (Zweigelt, Cabernet Sauvignon und Blauburgunder) und die weiße Süßweincuvée Or Liquide.

Chorherren Klosterneuburg
Vgl. → Klosterneuburger Stiftsweingut.

Cobaneshof-Schneider – NÖ.
Weingut in Gobelsburg im Weinbaugebiet Kamptal mit einer Rebfläche von zirka 8 ha. Bekannt für Weine aus den Sorten Riesling, Grüner Veltliner, Chardonnay, Weiß-

burgunder, Blauburgunder und Zweigelt.

D

Alfred **Deim** – NÖ.
Weingut in Schönberg am Kamp im Weinbaugebiet Kamptal mit einer Rebfläche von zirka 15 ha. Bekannt für Weine aus den Sorten Riesling, Grüner Veltliner und Zweigelt.

Ferdinand **Denk** – NÖ.
Weingut in Weißenkirchen im Weinbaugebiet Wachau mit einer Rebfläche von zirka 4 ha. Bekannt für Weine aus den Sorten Grüner Veltliner (zirka 50 %), Riesling und Müller-Thurgau sowie Blauburger und Zweigelt.

Dinstlgut Loiben – NÖ.
Winzergenossenschaft in Unterloiben mit über 300 Mitgliedern im Weinbaugebiet Wachau. Gesamtrebfläche zirka 200 ha. Bekannt für Weine aus den Sorten Grüner Veltliner, Riesling, Pinot Blanc, Neuburger, Chardonnay und Traminer sowie Zweigelt und Blauer Portugieser; erzeugt auch eine Trockenbeerenauslese Chardonnay und einen Sekt.

Peter **Dolle** – NÖ.
Weingut in Straß im Straßertal im Weinbaugebiet Kamptal mit einer Rebfläche von zirka 28 ha. 75 % Weißweine (Chardonnay, Riesling, Weißburgunder) und 25 % Rotweine; erzeugt auch Beeren- und Trockenbeerenauslesen vom Grünen Veltliner.

Domaine Bismarck – Burgenland
Winzergenossenschaft mit 150 Mitgliedern in Pöttelsdorf im Weinbaugebiet Neusiedler See-Hügelland mit einer Gesamtrebfläche von 150 ha, wovon 40 ha für Topqualitäten bewirtschaftet werden. Bekannt für Weine aus den Sorten Blaufränkisch und Zweigelt.

Domäne Müller – Steiermark
Weingut in Groß-St. Florian im Weinbaugebiet Weststeiermark mit einer Rebfläche von zirka 45 ha. Bekannt für Weine aus den Sorten Welschriesling, Morillon, Sauvignon Blanc, Pinot Gris, Chardonnay, Cabernet Sauvignon und Zweigelt; erzeugt auch Schilcher und Schilchersekt sowie Destillate.

Sighardt **Donabaum** – NÖ.
Weingut in Spitz a. d. Donau im Weinbaugebiet Wachau mit einer Rebfläche von zirka 10,5 ha. Bekannt für Weine aus den Sorten Riesling, Grüner Veltliner, Gewürztraminer und Neuburger.

E

Burgi **Eder** – NÖ.
Weingut in Zöbing am Kamp im Weinbaugebiet Kamptal mit einer Rebfläche von zirka 26 ha. Bekannt für Weine aus den Sorten Riesling, Frühroter Veltliner und Weißburgunder.

Josef **Ehmoser** – NÖ.
Weingut in Großweikersdorf im Weinbaugebiet Donauland mit

einer Rebfläche von zirka 10 ha. Bekannt für Weine aus den Sorten Grüner Veltliner, Riesling und Weißburgunder.

Ludwig und Michaela **Ehn** – NÖ.
Weingut in Langenlois im Weinbaugebiet Kamptal mit einer Rebfläche von zirka 14 ha. Bekannt für Weine aus den Sorten Riesling, Grüner Veltliner, Sauvignon Blanc, Weißburgunder und Gelber Muskateller.

Birgit **Eichinger** – NÖ.
Weingut in Straß im Straßertal im Weinbaugebiet Kamptal mit einer Rebfläche von zirka 8 ha. Bekannt für Weine aus den Sorten Grüner Veltliner, Roter Veltliner, Riesling, Weißburgunder und Chardonnay; erzeugt auch Sekte und Destillate.

Engelbert und Monika **Elsnegg** – Steiermark
Weingut in Gamlitz im Weinbaugebiet Südsteiermark mit einer Rebfläche von zirka 8 ha. Bekannt für Weine aus den Sorten Sauvignon Blanc, Welschriesling und Chardonnay; erzeugt auch Destillate.

Esterházy'sches Weingut & Schlosskellerei – Burgenland
Weingut in Eisenstadt im Weinbaugebiet Neusiedler See-Hügelland mit einer Rebfläche von zirka 50 ha. Bekannt für Weine aus den Sorten Welschriesling, Chardonnay, Weißburgunder, Sauvignon Blanc und Ruländer sowie Blauburgunder und Blaufränkisch; erzeugt auch Destillate.

F

Feiler-Artinger – Burgenland
Weingut in Rust im Weinbaugebiet Neusiedler See-Hügelland mit einer Rebfläche von zirka 26 ha. Bekannt für Weine aus den Sorten Sauvignon Blanc, Neuburger, Chardonnay, Pinot Blanc, Welschriesling, Pinot Noir, Blaufränkisch und Zweigelt. Hervorzuheben sind die Cuvée Gustav (Riesling, Neuburger und Chardonnay), die Cuvée Solitaire (Blaufränkisch, Zweigelt, Cabernet Franc) und Cuvée 1006 (Cabernet Sauvignon und Merlot) sowie der Ruster Ausbruch (Riesling und Neuburger) und die Beerenauslesen und Auslesen vom Traminer und Muskat Ottonel.

Christian **Fischer** – NÖ.
Weingut in Sooß im Weinbaugebiet Thermenregion mit einer Rebfläche von zirka 20 ha. Produziert 80 % Rotweine (Pinot Noir, Blauer Portugieser, Zweigelt) und 20 % Weißweine (Pinot Blanc, Chardonnay). Hervorzuheben ist die Cuvée Gradenthal (Zweigelt, Merlot und Cabernet Sauvignon).

Freie Weingärtner Wachau (FWW) – NÖ.
Weingut in Dürnstein im Weinbaugebiet Wachau. Die Lagenweine werden unter der Bezeichnung **Domäne Wachau** vermarktet. Bekannt für Weine aus den Sorten Riesling (auch Trockenbeerenauslesen) und Grüner Veltliner; erzeugt auch Destillate.

Karl **Fritsch (Weinberghof)** – NÖ.
Weingut in Oberstockstall im Weinbaugebiet Donauland. Produziert 70 % Weißweine (Grüner Veltliner, Chardonnay, Weißburgunder) und 30 % Rotweine; hervorzuheben ist die Cuvée Foggathal (Zweigelt, Merlot und Cabernet Sauvignon).

G

Josef **Gager** – Burgenland
Weingut in Deutschkreutz im Weinbaugebiet Mittelburgenland mit einer Rebfläche von zirka 10 ha. Bekannt für Weine aus den Sorten Blaufränkisch und Zweigelt sowie für die Rotweincuvées Cablot (Cabernet Sauvignon und Merlot) und Quattro (Cabernet Sauvignon, Blaufränkisch, Zweigelt und Merlot).

Schloss **Gamlitz** (Familie **Melcher)** – Steiermark
Weingut in Gamlitz im Weinbaugebiet Südsteiermark mit einer Rebfläche von zirka 7 ha. Bekannt für Weine aus den Sorten Sauvignon Blanc, Chardonnay und Muskateller; erzeugt auch einen Sekt.

Albert **Gesellmann** – Burgenland
Weingut in Deutschkreutz im Weinbaugebiet Mittelburgenland mit einer Rebfläche von zirka 28 ha. Bekannt für Weine aus den Sorten Chardonnay, Blaufränkisch, Pinot Noir und Syrah sowie für die Cuvées Opus Eximium (Blaufränkisch, Cabernet Sauvignon, Pinot Noir und St. Laurent) und Bela Rex (Cabernet Sauvignon und Merlot); erzeugt auch einen Eiswein vom Sämling.

Johann **Gisperg** – NÖ.
Weingut in Teesdorf im Weinbaugebiet Thermenregion mit einer Rebfläche von zirka 16 ha. Bekannt für Weine aus den Sorten Chardonnay, Riesling, Grüner Veltliner, Weißburgunder, Grauburgunder und Neuburger sowie Blauburgunder, St. Laurent, Cabernet Sauvignon, Zweigelt und Merlot; erzeugt auch Sekte.

Walter **Glatzer** – NÖ.
Weingut in Göttlesbrunn im Weinbaugebiet Carnuntum mit einer Rebfläche von zirka 15 ha, wobei der Rotweinanteil 70 % (teilweise unter dem Markennamen Rubin Carnuntum vermarktet) beträgt. Hauptsorten sind Grüner Veltliner, Weißburgunder und Zweigelt; hervorzuheben ist die Cuvée Gotinsprun (Merlot, Cabernet Sauvignon, Zweigelt und Blaufränkisch).

Schloss **Gobelsburg** – NÖ.
Weingut in Gobelsburg im Weinbaugebiet Kamptal mit einer Rebfläche von zirka 35 ha, die von Eva und Michael Moosbrugger und Mag. Willi → Bründlmayer bewirtschaftet wird. Es werden zirka 75 % Weißweine (Grüner Veltliner, Riesling, Urgesteinsriesling) und 25 % Rotweine (Zweigelt, Pinot Noir, Merlot) produziert; erzeugt auch Süßweine und Sekte.

Robert **Goldenits** – Burgenland
Weingut in Tadten im Weinbaugebiet Neusiedler See. Bekannt für die Weißweincuvée Tetuna (Chardonnay, Sauvignon Blanc) sowie die Rotweincuvées Tetuna (Blaufränkisch, Cabernet Sauvignon, Zweigelt) und Mephisto (Syrah, Cabernet Sauvignon); hervorzuheben ist der Zweigelt Heideboden.

Hans und Philipp **Grassl** – NÖ.
Weingut in Göttlesbrunn im Weinbaugebiet Carnuntum mit einer Rebfläche von zirka 14,5 ha. Bekannt für Weine aus den Sorten Chardonnay, St. Laurent und Zweigelt sowie für die Cuvées Neuberg (Blaufränkisch und Zweigelt) und Bärnreiser (Zweigelt, Merlot und Cabernet Sauvignon).

Franz Josef **Gritsch (Mauritiushof)** – NÖ.
Weingut in Spitz a. d. Donau im Weinbaugebiet Wachau mit einer Rebfläche von zirka 6 ha. Bekannt für Weine aus den Sorten Grüner Veltliner, Riesling, Neuburger, Weißburgunder, Sauvignon Blanc und St. Laurent.

Alois und Ulrike **Gross** – Steiermark
Weingut in Ratsch a. d. Weinstraße im Weinbaugebiet Südsteiermark mit einer Rebfläche von zirka 20 ha. Bekannt für Weine aus den Sorten Gelber Muskateller, Sauvignon Blanc, Morillon, Weißburgunder und Gewürztraminer (auch eine Trockenbeerenauslese).

Gsellmann & Gsellmann – Burgenland
Weingut in Gols im Weinbaugebiet Neusiedler See mit einer Rebfläche von zirka 22 ha. Bekannt für Weine aus den Sorten Grau- und Weißburgunder sowie Beerenauslesen vom Weißburgunder und von der Scheurebe und eine Trockenbeerenauslese aus Chardonnay und Pinot Blanc.

H

Martin **Haider** – Burgenland
Weingut in Illmitz im Weinbaugebiet Neusiedler See mit einer Rebfläche von zirka 13 ha. Bekannt für Weine aus den Sorten Welschriesling, Chardonnay, Muskat Ottonel, Weißburgunder, Bouvier, Neuburger, Zweigelt, Blaufränkisch und Cabernet Sauvignon sowie für Beerenauslesen und Trockenbeerenauslesen.

Vinzenz **Haider (Rosenhof)** – Burgenland
Weingut in Illmitz im Weinbaugebiet Neusiedler See. Bekannt für Weine aus den Sorten Sauvignon Blanc und Zweigelt sowie für die Cuvées Sandriegel (Zweigelt und Cabernet Sauvignon) und Römerstein (Blaufränkisch und Zweigelt); erzeugt auch eine Trockenbeerenauslese und einen Eiswein.

Hermann **Hammer** – Burgenland
Weingut in Rust im Weinbaugebiet Neusiedler See-Hügelland mit einer Rebfläche von zirka

6 ha. Bekannt für Weine aus den Sorten Grüner Veltliner, Chardonnay, Welschriesling, Weißburgunder, Grauburgunder, Sauvignon Blanc, Gelber Muskateller und Blaufränkisch; hervorzuheben sind die Ausbruchweine und die Beerenauslesen.

Schlossweingut Graf **Hardegg** – NÖ.
Weingut in Seefeld-Kadolz im Weinbaugebiet Weinviertel. Bekannt für Weine aus den Sorten Riesling, Chardonnay, Weißburgunder), Pinot Noir und Merlot; erzeugt auch einen Eiswein.

Heinrich **Hartl** – NÖ.
Weingut in Oberwaltersdorf im Weinbaugebiet Thermenregion mit einer Rebfläche von zirka 12 ha. Bekannt für Weine aus den Sorten Chardonnay, Merlot, Zweigelt und Cabernet Sauvignon sowie für den Amicus Reserve (Cabernet Sauvignon, Merlot, Blaufränkisch und Zweigelt).

Toni **Hartl** – NÖ.
Weingut in Reisenberg im Weinbaugebiet Thermenregion mit einer Rebfläche von zirka 20 ha, wobei sich zwei Drittel der Fläche in Purbach (Neusiedler See) befinden. Bekannt für Weine aus den Sorten Blaufränkisch, Pinot Noir und Syrah sowie für die Cuvée Inkognito (Zweigelt, Cabernet Sauvignon, Merlot, Blaufränkisch und Pinot Noir); erzeugt auch einen Eiswein.

Haus Marienberg
Vgl. → Mad.

Gernot **Heinrich** – Burgenland
Weingut in Gols im Weinbaugebiet Neusiedler See mit einer Rebfläche von zirka 17 ha. Bekannt für Weine aus den Sorten Weißburgunder, Chardonnay, Zweigelt, Blauburgunder, Cabernet Sauvignon und St. Laurent sowie für die Cuvées Gabarinza (Blaufränkisch, Zweigelt, Syrah), Pannobile (Zweigelt, Blaufränkisch, Cabernet Sauvignon) und Salzberg (Merlot, Zweigelt und Blaufränkisch); erzeugt für das Restaurant Taubenkobel die Rotweincuvée fine collection taubenkobel.

Johann und Silvia **Heinrich** – Burgenland
Weingut in Deutschkreutz im Weinbaugebiet Mittelburgenland mit einer Rebfläche von zirka 25 ha. Bekannt für Weine aus den Sorten Welschriesling, Chardonnay, Blaufränkisch, Zweigelt, Pinot Noir, Merlot und Cabernet Sauvignon sowie für die Cuvées Terra O. (Blaufränkisch, Cabernet Sauvignon, St. Laurent und Pinot Noir) und Elegy (Cabernet Sauvignon und Merlot); erzeugt auch Eisweine.

Heuriger
Jungwein. Diese Bezeichnung gilt bis 31. Dezember des auf die Ernte folgenden Jahres.

Ludwig **Hiedler** – NÖ.
Weingut in Langenlois im Weinbaugebiet Kamptal mit einer Rebfläche von zirka 22 ha. Bekannt für Weine aus den Sorten

Chardonnay, Riesling, Grüner Veltliner, Weißburgunder und Zweigelt sowie für die Cuvées Liubisa (Pinot Noir, Sangiovese) und Tintored (Zweigelt, Blauer Portugieser und St. Laurent).

Leo **Hillinger** – Burgenland
Weingut in Jois im Weinbaugebiet Neusiedler See mit einer Rebfläche von zirka 25 ha (weitere 25 ha unter Vertrag). Bekannt für Weine aus den Sorten Welschriesling, Chardonnay, Sauvignon Blanc, St. Laurent und Merlot sowie für die Cuvées Hill 1 (Blaufränkisch, Zweigelt und Cabernet Sauvignon), Hill 2 (Chardonnay und Sauvignon Blanc) und Hill 3 (Trockenbeerenauslese).

Josef **Hirsch** – NÖ.
Weingut in Kammern im Weinbaugebiet Kamptal mit einer Rebfläche von zirka 20 ha. Bekannt für Weine aus den Sorten Chardonnay, Riesling und Grüner Veltliner.

Franz **Hirtzberger** – NÖ.
Weingut in Spitz a. d. Donau im Weinbaugebiet Wachau mit einer Rebfläche von zirka 16,5 ha. Bekannt für Weine aus den Sorten Grüner Veltliner, Riesling, Gelber Muskateller, Grauburgunder, Weißburgunder, Chardonnay, Müller-Thurgau sowie für die Cuvée Pluris (Grau- und Weißburgunder).

Hofkellerei Stiftung Fürst Liechtenstein – NÖ.
Weingut in Wilfersdorf im Weinbaugebiet Weinviertel mit einer Rebfläche von zirka 42 ha, die dem Fürstenhaus Liechtenstein gehört. In Liechtenstein befindet sich die Domaine Vaduz mit rund 4 ha. Bekannt für Weine aus den Sorten Grüner Veltliner, Rheinriesling, Zweigelt und Blauburgunder. Die unter dem Namen Clos Domaine verkauften Weine sind kräftige, sortenreine Spätlesequalitäten. Die Flaschen sind nummeriert, es erfolgt eine limitierte Ausgabe. Unter dem Namen Selektion Karlsberg werden die Topqualitäten abgefüllt; erzeugt auch einen Sekt.

Anton **Hundsdorfer** – Burgenland
Weingut in Neckenmarkt im Weinbaugebiet Mittelburgenland mit eine Rebfläche von zirka 12 ha. Bekannt für Weine aus den Sorten Pinot Noir, Blaufränkisch, Zweigelt, Cabernet Sauvignon und Merlot.

Franz J. **Hutter** – Steiermark
Weingut in Feldbach im Weinbaugebiet Südoststeiermark mit einer Rebfläche von zirka 3 ha. Bekannt für Weine aus den Sorten Sauvignon Blanc, Morillon, Weißburgunder, Welschriesling und Zweigelt; erzeugt auch Destillate.

I – J

Iby-Lehrner – Burgenland
Weingut in Horitschon im Weinbaugebiet Mittelburgenland. Bekannt für Weine aus den Sorten Pinot Blanc, Blaufränkisch, Cabernet Sauvignon und Zweigelt sowie für die Cuvée

Prélude (Blaufränkisch, Cabernet Sauvignon, Merlot).

Iby-Rotweingut (Anton Iby) – Burgenland
Weingut in Horitschon im Weinbaugebiet Mittelburgenland mit einer Rebfläche von zirka 23 ha. Bekannt für Weine aus den Sorten Blaufränkisch, Zweigelt, Merlot, Pinot Noir und Cabernet Sauvignon sowie für die Cuvées Canis (Pinot Noir, Cabernet Sauvignon, Blaufränkisch und Merlot) und Quintus Terra Confession (Blaufränkisch, Cabernet Sauvignon und Zweigelt).

Hans **Igler** – Burgenland
Weingut in Deutschkreutz im Weinbaugebiet Mittelburgenland mit einer Rebfläche von zirka 25 ha, im Besitz von Wolfgang und Waltraud Reisner-Igler. Bekannt für Weine aus den Sorten Chardonnay, Riesling, Weißburgunder, Blaufränkisch, Cabernet Sauvignon, Merlot und Pinot Noir sowie für die Cuvée Vulcano (Cabernet Sauvignon, Blaufränkisch und Zweigelt).

Jamek-Altmann – NÖ.
Weingut in Joching im Weinbaugebiet Wachau mit einer Rebfläche von zirka 25 ha. Bekannt für Weine aus den Sorten Riesling, Grüner Veltliner, Gelber Muskateller und Chardonnay; erzeugt auch Destillate.

Johanneshof
Vgl. → Reinisch.

Josefhof
Vgl. Josef → Piriwe.

Juris-Stiegelmar – Burgenland
Weingut in Gols im Weinbaugebiet Neusiedler See mit einer Rebfläche von zirka 18 ha. Bekannt für Weine aus den Sorten Chardonnay, Sauvignon Blanc, Welschriesling, Zweigelt, St. Laurent, Pinot Noir und Cabernet Sauvignon sowie für die Cuvée Ina' mera (Cabernet Sauvignon, Merlot und Blaufränkisch); erzeugt auch einen Sekt.

Jurtschitsch (Sonnhof) – NÖ.
Weingut in Langenlois im Weinbaugebiet Kamptal mit einer Rebfläche von zirka 60 ha. Bekannt für Weine aus den Sorten Grüner Veltliner, Riesling, Chardonnay, Weißburgunder, Sauvignon Blanc, Zweigelt und Cabernet Sauvignon sowie für die Cuvées Kreuzbichl (Zweigelt und Blaufränkisch) und Rotspon (Blauburgunder, Zweigelt und Merlot); erzeugt auch Auslesen und Trockenbeerenauslesen.

Gerhard **Just (Marienhof)** – Burgenland
Weingut in Rust im Weinbaugebiet Neusiedler See-Hügelland mit einer Rebfläche von zirka 5 ha. Bekannt für Weine aus den Sorten Weißburgunder, Bouvier, Welschriesling und Ruländer sowie für Auslesen, Beeren- und Trockenbeerenauslesen.

K

Kelleramt Benediktinerstift Göttweig
Vgl. Dr. → Unger.

Paul **Kerschbaum** – Burgenland
Weingut in Horitschon im Weinbaugebiet Mittelburgenland mit einer Rebfläche von zirka 23 ha. Bekannt für Weine aus den Sorten Weißburgunder, Blaufränkisch und Zweigelt sowie für die Cuvée Impresario (Blaufränkisch, Zweigelt und Cabernet Sauvignon).

Gerhard **Kirnbauer** – Burgenland
Weingut in Deutschkreutz im Weinbaugebiet Mittelburgenland. Bekannt für Weine aus den Sorten Welschriesling, Pinot Blanc, Chardonnay, Cabernet Sauvignon, Blaufränkisch und Zweigelt.

Walter und Irmgard **Kirnbauer** – Burgenland
Weingut in Deutschkreutz im Weinbaugebiet Mittelburgenland. Bekannt für Weine aus den Sorten Sauvignon Blanc, Welschriesling, Chardonnay und Blaufränkisch sowie für die Cuvées K + K (Blaufränkisch und Zweigelt), Das Phantom (Blaufränkisch, Cabernet Sauvignon, Merlot und Zweigelt) und Forever (Cabernet Sauvignon und Merlot); erzeugt auch Eisweine und einen Sekt.

Kloster am Spitz – Burgenland
Weingut in Purbach im Weinbaugebiet Neusiedler See-Hügelland mit einer Rebfläche von zirka 14 ha. Thomas Schwarz ist bekannt für Weine aus den Sorten Chardonnay, Sauvignon Blanc, Cabernet Sauvignon und Pinot Noir sowie für die Cuvées Nepomuk (Cabernet Sauvignon, Blaufränkisch, Zweigelt, Syrah) und Sonnberg (Blaufränkisch und Zweigelt); erzeugt auch Süßweine und Destillate.

Klosterneuburger Stiftsweingut – NÖ.
Weingut in Klosterneuburg im Weinbaugebiet Donauland mit einer Gesamtrebfläche von zirka 108 ha. Die Rebflächen verteilen sich auf Klosterneuburg (zirka 30 ha), Kahlenbergerdorf (Weinbauregion Wien, zirka 31 ha), Tattendorf (Weinbaugebiet Thermenregion, zirka 37 ha) und Gumpoldskirchen (Weinbaugebiet Thermenregion, zirka 5 ha). Bekannt für Weine aus den Sorten Rotgipfler, Zierfandler, Grüner Veltliner, Riesling, Chardonnay, Traminer, Weißburgunder, Neuburger, St. Laurent, Blauburgunder und Blaufränkisch sowie für die Cuvée Chorus (überwiegend aus Cabernet Sauvignon); erzeugt auch Schaumweine und Destillate.

Emmerich **Knoll** – NÖ.
Weingut in Unterloiben im Weinbaugebiet Wachau mit einer Rebfläche von zirka 13,5 ha. Bekannt für Weine aus den Sorten Grüner Veltliner (auch Auslesen und Beerenauslesen), Riesling und Chardonnay.

Kollwentz-Römerhof – Burgenland
Weingut in Großhöflein im Weinbaugebiet Neusiedler See-Hügelland mit einer Rebfläche von zirka 20 ha. Bekannt für Weine

aus den Sorten Chardonnay und Sauvignon Blanc sowie für die Cuvées Steinzeiler (Blaufränkisch, Cabernet Sauvignon und Zweigelt) und Eichkogel (Blaufränkisch und Zweigelt); erzeugt auch Beerenauslesen und Destillate.

Edith und Thomas **Kopfensteiner** – Burgenland
Weingut in Deutsch-Schützen im Weinbaugebiet Südburgenland mit einer Rebfläche von zirka 8 ha. Bekannt für Weine aus der Sorte Blaufränkisch und für die Cuvée Border (Blaufränkisch und Cabernet Sauvignon).

Alois **Kracher** – Burgenland
Weingut in Illmitz im Weinbaugebiet Neusiedler See mit einer Rebfläche von zirka 20 ha. Der **Weinlaubenhof** ist bekannt für Weine aus den Sorten Welschriesling, Bouvier, Traminer und Muskat Ottonel sowie für die hervorragenden Süßweine. Diese werden in zwei Stilistiken ausgebaut. Weine mit der Bezeichnung Zwischen den Seen sind niedrig im Alkoholgehalt (rund 10 Vol.-%) bei hoher Restsüße (250 Gramm und mehr) und werden im 300-Liter-Akazienfass ausgebaut. Die Frische und die Frucht stehen im Vordergrund. Weine der Linie Nouvelle Vague mit 13 Vol.-% und 50–70 Gramm Restzucker werden im Stil der französischen Sauternes ausgebaut. Sie lagern bis zu 24 Monate in Barriques. Bekannt sind auch die Cuvées Days of Wine and Roses (Chardonnay, Welschriesling) sowie → Vienna Wine Orchestra; erzeugt auch Destillate.

Kremsmünstererhof
Vgl. Richard und Hannes → Thiel.

Gustav **Krug** – NÖ.
Weingut in Gumpoldskirchen im Weinbaugebiet Thermenregion mit einer Rebfläche von zirka 14 ha. Bekannt für Weine aus den Sorten Rotgipfler, Chardonnay, Pinot Gris, Zweigelt und Cabernet Sauvignon sowie für die Cuvées Albatros (wird in Zusammenarbeit mit dem Negociant Heribert → Bayer hergestellt) und Die Versuchung (Zweigelt und Cabernet Sauvignon).

Reinhold und Erich **Krutzler** – Burgenland
Weingut in Deutsch-Schützen im Weinbaugebiet Südburgenland mit einer Rebfläche von zirka 10 ha. Bekannt für Weine aus der Sorte Blaufränkisch sowie für die Cuvées Perwolff (Cabernet Sauvignon und Blaufränkisch) und Alter Weingarten (Blaufränkisch und Zweigelt).

L

Lackner-Tinnacher – Steiermark
Weingut in Gamlitz im Weinbaugebiet Südsteiermark mit einer Rebfläche von zirka 16 ha. Bekannt für Weine aus den Sorten Welschriesling, Riesling, Muskateller, Morillon, Weißburgunder, Sauvignon Blanc, Traminer (auch Eisweine) und

Grauburgunder; erzeugt auch Destillate.

Karl **Lagler** – NÖ.
Weingut in Spitz a. d. Donau im Weinbaugebiet Wachau mit einer Rebfläche von zirka 12,5 ha. Bekannt für Weine aus den Sorten Grüner Veltliner (auch Eisweine), Sauvignon Blanc und Riesling.

Landesweingut Gumpoldskirchen – NÖ.
Weingut der Landwirtschaftlichen Fachschule in Gumpoldskirchen im Weinbaugebiet Thermenregion mit einer Rebfläche von zirka 7 ha. Bekannt für Weine aus den Sorten Zierfandler und Rotgipfler (beide auch in verschiedenen Süßweinqualitäten), Chardonnay, Neuburger, Pinot Blanc, Riesling, Sylvaner, Pinot Noir und Cabernet Sauvignon; erzeugt auch einen Weinbrand.

Ing. Stefan **Lang** – Burgenland
Rotweingut in Neckenmarkt im Weinbaugebiet Mittelburgenland mit einer Rebfläche von 16 ha. Bekannt für Weine aus den Sorten Blaufränkisch, Blauburgunder, St. Laurent und Zweigelt sowie für die Cuvée Excelsior (Blaufränkisch, Cabernet Sauvignon und Syrah).

Josef **Leberl** – Burgenland
Weingut in Großhöflein im Weinbaugebiet Neusiedler See-Hügelland mit einer Rebfläche von zirka 14 ha (und 7 ha unter Vertrag). Bekannt für Weine aus den Sorten Welschriesling, Sauvignon Blanc, Chardonnay, Blaufränkisch, Cabernet Sauvignon und Zweigelt sowie für die Cuvée Peccatum (Blaufränkisch, Cabernet Sauvignon und Zweigelt); erzeugt auch verschiedene Süßweine und einen Sekt.

Josef **Lentsch** – Burgenland
Weingut in Podersdorf im Weinbaugebiet Neusiedler See. Josef Lentsch ist bekannt durch sein **Gasthaus zur Dankbarkeit** sowie für Weine aus den Sorten Muskat Ottonel, Pinot Gris, Welschriesling und Pinot Noir; erzeugt auch eine Beerenauslese.

Lerchenfelderhof
Vgl. Franz → Schödinger.

Franz **Leth** – NÖ.
Weingut in Fels am Wagram im Weinbaugebiet Donauland mit einer Rebfläche von zirka 38 ha. Bekannt für Weine aus den Sorten Grüner Veltliner (auch Beerenauslesen), Roter Veltliner, Sauvignon Blanc, Riesling, Weißburgunder, Chardonnay, Gelber Muskateller, Traminer, Neuburger, Blauer Portugieser und St. Laurent; hervorzuheben sind der Zweigelt Gigama und die Cuvée Tregrande (Zweigelt, Cabernet Sauvignon und Pinot Noir).

Fred **Loimer** – NÖ.
Weingut in Langenlois im Weinbaugebiet Kamptal mit einer Rebfläche von zirka 28 ha. Bekannt für Weine aus den Sorten Grüner Veltliner, Riesling, Grauburgunder, Chardonnay (auch Trockenbeerenauslesen),

Zweigelt, Pinot Noir und Blauburgunder sowie für die Cuvée Fred Loimer (Chardonnay und Grauburgunder); erzeugt auch einen Sekt und Destillate.

Ludwigshof
Vgl. Ing. Wolfram → Zierer.

M

Mad (Haus Marienberg) – Burgenland
Weingut in Oggau im Weinbaugebiet Neusiedler See-Hügelland. Bekannt für Weine aus den Sorten Pinot Blanc, Chardonnay, Zweigelt, Blaufränkisch und St. Laurent sowie für die Cuvée Marienberg (Cabernet Sauvignon und Blaufränkisch); erzeugt auch Destillate.

Schloss **Maissau** – NÖ.
Weingut in Maissau im Weinbaugebiet Weinviertel. Der Winzer Johann → Topf und der Weinhändler Josef Schuster produzieren nach französischem Vorbild einen Grünen Veltliner.

Gerald **Malat** – NÖ.
Weingut in Furth bei Göttweig im Weinbaugebiet Kremstal mit einer Rebfläche von zirka 38 ha. Bekannt für Weine aus den Sorten Grüner Veltliner, Riesling, Pinot Blanc, Chardonnay, Pinot Gris, Sauvignon Blanc, Gelber Muskateller, Cabernet Sauvignon, Pinot Noir und St. Laurent; erzeugt verschiedene Süßweine sowie Sekte und Destillate.

Josef **Mantler (Mantlerhof)** – NÖ.
Weingut in Brunn im Felde im Weinbaugebiet Kremstal mit einer Rebfläche von zirka 14 ha. Bekannt für Weine aus den Sorten Roter Veltliner, Grüner Veltliner, Riesling und Chardonnay (auch Trockenbeerenauslesen).

Weingut **Marko (Lukas Markowitsch)** – NÖ.
Weingut in Göttlesbrunn im Weinbaugebiet Carnuntum. Bekannt für Weine aus den Sorten Grüner Veltliner, Chardonnay, Zweigelt und Blaufränkisch sowie für die Cuvées Rubin Carnuntum (Zweigelt und Merlot) und Lukas (Zweigelt und Merlot).

Gerhard und Christine **Markowitsch** – NÖ.
Weingut in Göttlesbrunn im Weinbaugebiet Carnuntum. Bekannt für Weine aus den Sorten Grüner Veltliner, Chardonnay und Pinot Noir sowie für die Cuvées Rosenberg (Zweigelt, Merlot und Cabernet Sauvignon) und Redmont (Zweigelt, Cabernet Sauvignon und Syrah).

Gabi **Mariel** – Burgenland
Weingut in Großhöflein im Weinbaugebiet Neusiedler See-Hügelland mit einer Rebfläche von zirka 5 ha; der Markenname ist Mariell (Doppel-L). Bekannt für Weine aus den Sorten Chardonnay, Welschriesling, Blaufränkisch, Blauburgunder und Zweigelt sowie für die Cuvée Wetzlasberg (Zweigelt, Blaufränkisch und Cabernet Sauvignon);

erzeugt auch verschiedene Süßweine und Destillate.

Konrad Mariel – Burgenland
Weingut in Wulkaprodersdorf im Weinbaugebiet Neusiedler See-Hügelland mit einer Rebfläche von zirka 9 ha. Bekannt für Weine aus den Sorten Welschriesling, Sauvignon Blanc, Chardonnay, Zweigelt und Blaufränkisch sowie für die Cuvée Condre (Cabernet Sauvignon und Merlot); erzeugt auch einen Strohwein.

Marienhof
Vgl. Gerhard → Just.

Anton Mayr
Vgl. → Vorspannhof.

Migsich
Vgl. → Pannonia Weingut.

Roland Minkowitsch – NÖ.
Weingut in Mannersdorf im Weinbaugebiet Weinviertel mit einer Rebfläche von zirka 7,5 ha. Bekannt für Weine aus den Sorten Riesling, Chardonnay, Gewürztraminer und Welschriesling; erzeugt auch Süßweine.

Hans Moser – Burgenland
Negociant (Weinhändler) und Winzer in Eisenstadt im Weinbaugebiet Neusiedler See-Hügelland. Bekannt für die Cuvées Scheibenberg (Chardonnay und Weißburgunder) sowie Cabernet-Merlot; erzeugt auch einen Welschriesling-Weißburgunder-Ausbruch.

Sepp Moser – NÖ.
Weingut in Rohrendorf bei Krems im Weinbaugebiet Kremstal. Bekannt für Weine aus den Sorten Sauvignon Blanc, Chardonnay, Grüner Veltliner und Riesling sowie für die Cuvée Cabernet & Cabernet.

Sepp Moser (Seewinkelhof) – Burgenland
Weingut in Apetlon im Weinbaugebiet Neusiedler See. Bekannt für den Zweigelt sowie für die Beerenauslese vom Weißburgunder.

Müller
Vgl. → Domäne Müller in Groß-St. Florian.

Walter und Elisabeth Müller – Steiermark
Weingut in Klöch im Weinbaugebiet Südoststeiermark mit einer Rebfläche von zirka 25 ha. Bekannt für Weine aus den Sorten Traminer, Gewürztraminer und Chardonnay.

Helma Müller-Grossmann – NÖ.
Weingut in Furth bei Göttweig im Weinbaugebiet Kremstal mit einer Rebfläche von zirka 9 ha. Bekannt für Weine aus den Sorten Grüner Veltliner, Rheinriesling, Weißburgunder und Chardonnay (auch Trockenbeerenauslesen); erzeugt auch Destillate.

N

DI Hans Nehrer – Burgenland
Weingut in Eisenstadt im Weinbaugebiet Neusiedler See-Hügelland mit einer Rebfläche von

20,5 ha. Bekannt für Weine aus den Sorten Chardonnay und Zweigelt sowie für die Cuvée Hummelbühel (Pinot Noir, Merlot und Zweigelt); erzeugt auch eine Trockenbeerenauslese von der Scheurebe.

Gerhard **Nekowitsch** – Burgenland
Weingut in Illmitz im Weinbaugebiet Neusiedler See mit einer Rebfläche von zirka 4,5 ha. Bekannt für die Süßweine: Eiswein vom Blaufränkischen, Schilfwein Tradition, Beerenauslese vom Welschriesling.

Ludwig **Neumayer** – NÖ.
Weingut in Inzersdorf a. d. Traisen im Weinbaugebiet Traisental. Bekannt für Weine aus den Sorten Grüner Veltliner, Riesling, Weißburgunder und Chardonnay sowie für die Cuvée vom Stein (Gemischter Satz: Rheinriesling und Gelber Muskateller); Weine mit der Zusatzbezeichnung **Ikon** sind die besten eines Jahrganges.

Albert und Anna **Neumeister** – Steiermark
Weingut in Straden im Weinbaugebiet Südoststeiermark mit einer Rebfläche von zirka 23 ha. Bekannt für Weine aus den Sorten Welschriesling, Gelber Muskateller, Weißburgunder, Morillon, Sauvignon Blanc, Grauburgunder, Roter Traminer und Zweigelt sowie für die Cuvée de Merin (Zweigelt, Blaufränkisch und Cabernet Sauvignon); erzeugt auch Süßweine, einen Trebernbrand und einen Sekt.

Martin **Nigl** – NÖ.
Weingut in Senftenberg im Weinbaugebiet Kremstal mit einer Rebfläche von zirka 25 ha. Bekannt für Riesling, Grünen Veltliner und Sauvignon Blanc; erzeugt auch eine Trockenbeerenauslese vom Welschriesling.

Nikolaihof – NÖ.
Weingut (wahrscheinlich das älteste in Österreich) in Mautern a. d. Donau im Weinbaugebiet Wachau mit einer Rebfläche von zirka 20 ha, im Besitz der Familie Saahs. Bekannt für Weine aus den Sorten Grüner Veltliner, Riesling und Chardonnay. Betreibt biologisch-dynamischen Weinbau (nach Rudolf Steiner): Rückkehr zur natürlichen Landwirtschaft ohne Einsatz von Chemie durch Einbeziehung von Mensch, Tier, Pflanze, Boden und Kosmos.

Ing. Hans und Anita **Nittnaus** – Burgenland
Weingut in Gols im Weinbaugebiet Neusiedler See mit einer Rebfläche von zirka 25 ha. Bekannt für Weine aus den Sorten Chardonnay, Sauvignon Blanc, Blaufränkisch und St. Laurent sowie für die Cuvées Pannobile weiß, Pannobile rot und Comondor (Cabernet Sauvignon, Blaufränkisch).

M. & H. **Nittnaus** – Burgenland
Weingut in Gols im Weinbaugebiet Neusiedler See mit einer Rebfläche von zirka 11 ha. Bekannt für Weine aus den Sorten Weißburgunder, Chardonnay, Zweigelt und Blaufränkisch; erzeugt auch Destillate.

O

Willi **Opitz** – Burgenland
Weingut in Illmitz im Weinbaugebiet Neusiedler See mit einer Rebfläche von zirka 9 ha. Bekannt für Weine aus den Sorten Zweigelt und St. Laurent sowie für die Cuvées Goldackerl (Welschriesling, Scheurebe) und Silver Lake Neufeldacker (Weißburgunder, Pinot Gris); hervorzuheben sind die Süßweine, sie tragen die Zusatzbezeichnung Opitz One; erzeugt auch Destillate.

Bernhard **Ott** – NÖ.
Weingut in Feuersbrunn im Weinbaugebiet Donauland mit einer Rebfläche von zirka 16 ha. Bekannt für Weine aus den Sorten Riesling, Grüner Veltliner und Sauvignon Blanc.

P

Josef **Palz** – Steiermark
Weingut in St. Anna am Aigen im Weinbaugebiet Südoststeiermark. Bekannt für Weine aus den Sorten Klevner und Morillon; erzeugt auch Destillate.

Pannonia Weingut (Migsich) – Burgenland
Weingut in Apetlon im Weinbaugebiet Neusiedler See mit einer Rebfläche von zirka 10 ha. Bekannt für Weine aus den Sorten Sämling 88 (auch Trockenbeerenauslesen), Bouvier, Neuburger und Zweigelt; erzeugt auch Destillate.

Pernikl AWP – NÖ.
Weingut in Nussdorf a. d. Traisen im Weinbaugebiet Traisental mit einer Rebfläche von zirka 3 ha. Bekannt für Weine aus den Sorten Grüner Veltliner, Weißburgunder und Chardonnay sowie für die Cuvée Feld-Satzen (Zweigelt und Blauer Burgunder); erzeugt auch Süßweine.

Roman und Adelheid **Pfaffl** – NÖ.
Weingut in Stetten im Weinbaugebiet Weinviertel mit einer Rebfläche von zirka 30 ha. Bekannt für Weine aus den Sorten Grüner Veltliner, Riesling, Chardonnay, Sauvignon Blanc, Weißburgunder, Welschriesling und Zweigelt; Pfaffl bewirtschaftet das Schlossweingut Bockfließ mit 11 ha (Grüner Veltliner, Pinot Blanc und St. Laurent); erzeugt auch einen Sekt und Destillate.

F. X. **Pichler** – NÖ.
Weingut in Oberloiben im Weinbaugebiet Wachau mit einer Rebfläche von zirka 13 ha. Bekannt für Weine aus den Sorten Grüner Veltliner, Riesling, Sauvignon Blanc und Gelber Muskateller sowie für den → Arachon.

Rudi **Pichler** – NÖ.
Weingut in Wösendorf im Weinbaugebiet Wachau mit einer Rebfläche von zirka 9 ha. Bekannt für Weine aus den Sorten Grüner Veltliner, Riesling, Weißburgunder und Chardonnay; erzeugt auch Destillate.

Josef **Piriwe (Josefhof)** – NÖ.
Ökologisches Weingut in Traiskirchen im Weinbaugebiet Thermenregion mit einer Rebfläche von zirka 9 ha. Bekannt für Weine aus den Sorten Grüner Veltliner, Welschriesling, Neuburger, Weißburgunder, Chardonnay, Rotgipfler, Zierfandler (auch Auslesen) und Zweigelt sowie für die Cuvée Jana (Zweigelt, Cabernet Sauvignon, St. Laurent und Blauer Burgunder); erzeugt auch Destillate.

Hans **Pitnauer** – NÖ.
Weingut in Göttlesbrunn im Weinbaugebiet Carnuntum mit einer Rebfläche von zirka 17 ha. Bekannt für Weine aus den Sorten Weißburgunder, Pinot Blanc, Gelber Muskateller und Zweigelt sowie für die Cuvée Franz Josef (Cabernet Sauvignon und Zweigelt); erzeugt auch Destillate.

G. & A. **Pittnauer** – Burgenland
Weingut in Gols im Weinbaugebiet Neusiedler See mit einer Rebfläche von zirka 7 ha. Bekannt für Weine aus den Sorten Sauvignon Blanc, Chardonnay, Neuburger und Blaufränkisch; erzeugt auch Destillate.

Gerhard **Pittnauer** – Burgenland
Weingut in Gols im Weinbaugebiet Neusiedler See mit einer Rebfläche von zirka 13 ha. Bekannt für die Traminer Auslese Aperitif, den Neuburger sowie die Cuvée Pittnauer (St. Laurent, Blaufränkisch und Zweigelt).

H. & E. **Pittnauer** – Burgenland
Weingut in Gols im Weinbaugebiet Neusiedler See mit einer Rebfläche von zirka 16 ha. Bekannt für Weine aus den Sorten Welschriesling, Chardonnay, Bouvier und Blauburgunder; erzeugt auch Süßweine, einen Sekt und Destillate.

R. & H. **Pittnauer** – Burgenland
Weingut in Gols im Weinbaugebiet Neusiedler See mit einer Rebfläche von zirka 8 ha. Bekannt für Weine aus den Sorten Chardonnay, Pinot Blanc, Welschriesling und Zweigelt; erzeugt auch Eisweine und einen Sekt.

Manfred **Platzer** – Steiermark
Weingut in Tieschen im Weinbaugebiet Südoststeiermark mit einer Rebfläche von zirka 22 ha. Bekannt für Weine aus den Sorten Welschriesling, Traminer, Pinot Gris, Chardonnay, St. Laurent und Zweigelt.

Ing. Christian **Pleil** – NÖ.
Weingut in Wolkersdorf im Weinbaugebiet Weinviertel mit einer Rebfläche von zirka 16 ha. Bekannt für Weine aus den Sorten Grüner Veltliner, Chardonnay, Riesling, Blaufränkisch und Zweigelt; erzeugt auch Süßweine, Sekte und Destillate.

Ploder-Rosenberg – Steiermark
Weingut in St. Peter am Ottersbach im Weinbaugebiet Südoststeiermark. Bekannt für Weine aus den Sorten Weiß- und Grauburgunder, Morillon,

Sauvignon Blanc, Chardonnay, Pinot Gris, Rivaner, Welschriesling und Zweigelt sowie für die Cuvée Linea Domio (Zweigelt, Blauburgunder und Blauer Wildbacher).

Josef & René **Pöckl** – Burgenland
Weingut in Mönchhof im Weinbaugebiet Neusiedler See mit einer Rebfläche von zirka 27 ha. Bekannt für Weine aus der Sorte Zweigelt sowie für die Cuvées Admiral (Zweigelt, Blaufränkisch und Cabernet Sauvignon), Rosso e Nero (St. Laurent, Blaufränkisch, Cabernet Sauvignon und Zweigelt), Mystique und Reve de Jeunesse (Syrah und Zweigelt; wird von René Pöckl hergestellt und trägt keinen Jahrgang, sondern eine fortlaufende Nummer); erzeugt auch Süßweine.

Erich und Walter **Polz** – Steiermark
Weingut in Spielfeld im Weinbaugebiet Südsteiermark mit einer Gesamtrebfläche (mit dem Weingut Dr. → Aubell) von zirka 45 ha. Im Besitz des Weingutes Eduard und Stefan → Tscheppe. Bekannt für Weine aus den Sorten Welschriesling, Weißburgunder, Morillon, Muskateller, Sauvignon Blanc und Chardonnay; in der Linie Steirische Klassik Gelber Muskateller, Sauvignon Blanc und Weißburgunder; erzeugt auch die Cuvée Urbani (Zweigelt, Cabernet Sauvignon und Blaufränkisch), Sekte und Destillate.

Prager-Bodenstein – NÖ.
Weingut in Weißenkirchen im Weinbaugebiet Wachau mit einer Rebfläche von zirka 14 ha. Bekannt für Weine aus den Sorten Riesling, Grüner Veltliner und Chardonnay; erzeugt auch Süßweine, einen Sekt und Destillate.

Engelbert und Silvia **Prieler** – Burgenland
Weingut in Schützen am Gebirge im Weinbaugebiet Neusiedler See-Hügelland mit einer Rebfläche von zirka 20 ha. Bekannt für Weine aus den Sorten Pinot Blanc, Welschriesling, Weißburgunder, Chardonnay, Blaufränkisch, Zweigelt und Cabernet Sauvignon sowie für die Cuvée Schützner Stein (Blaufränkisch, Cabernet Sauvignon und Zweigelt); erzeugt auch Destillate sowie für das Restaurant Taubenkobel den Blaufränkisch fine collection taubenkobel.

Franz **Proidl** – NÖ.
Weingut in Senftenberg im Weinbaugebiet Kremstal mit einer Rebfläche von zirka 15 ha. Bekannt für Weine aus den Sorten Riesling, Grüner Veltliner und Gelber Muskateller; erzeugt auch Süßweine, Sekte und Destillate.

R

Rebenhof
Vgl. Dr. → Aubell.

Reinisch (Johanneshof) – NÖ.
Weingut in Tattendorf im Weinbaugebiet Thermenregion mit

einer Rebfläche von zirka 30 ha. Bekannt für Weine aus den Sorten Chardonnay, St. Laurent, Pinot Noir, Cabernet Sauvignon und Merlot sowie für die Cuvées Dialog (Chardonnay, Weißburgunder und Sauvignon Blanc) und Alter Rebstock; erzeugt auch verschiedene Süßweine.

Otto und Theresia **Riegelnegg (Olwitschhof)** – Steiermark
Weingut in Gamlitz im Weinbaugebiet Südsteiermark mit einer Rebfläche von zirka 6 ha. Bekannt für Weine aus den Sorten Gelber Muskateller und Sauvignon Blanc sowie für eine Cuvée aus Morillon und Sauvignon Blanc; erzeugt auch Sekte und Destillate.

Römerhof
Vgl. → Kollwentz.

Rosenhof
Vgl. Vinzenz → Haider.

S

Erwin **Sabathi** – Steiermark
Weingut in Leutschach im Weinbaugebiet Südsteiermark mit einer Rebfläche von zirka 12 ha. Bekannt für Weine aus den Sorten Gelber Muskateller, Welschriesling, Morillon, Sauvignon Blanc, Weißburgunder, Grauburgunder, Sämling 88 und Zweigelt; erzeugt auch Destillate.

Salomon (Undhof) – NÖ.
Weingut in Krems-Stein im Weinbaugebiet Kremstal mit einer Rebfläche von zirka 20 ha. Bekannt für Weine aus den Sorten Riesling, Grüner Veltliner und Gelber Traminer; erzeugt auch Destillate.

Josef **Salomon** – NÖ.
Weingut in Falkenstein im Weinbaugebiet Weinviertel. Bekannt für Weine aus den Sorten Grüner Veltliner und Grüner Sylvaner.

Sattlerhof – Steiermark
Weingut in Gamlitz im Weinbaugebiet Südsteiermark mit einer Rebfläche von zirka 25 ha. Bekannt für Weine aus den Sorten Welschriesling, Sauvignon Blanc, Weißburgunder, Morillon, Grauburgunder und Blauburgunder sowie eine St. Laurent-Zweigelt Cuvée; erzeugt auch Trockenbeerenauslesen und einen Sekt.

Ing. Andreas **Schafler (Schaflerhof)** – NÖ.
Weingut in Traiskirchen im Weinbaugebiet Thermenregion mit einer Rebfläche von zirka 10 ha. Bekannt für Weine aus den Sorten Welschriesling, Zierfandler, Rotgipfler, Chardonnay, Pinot Blanc, Riesling, Gelber Muskateller, Neuburger, Cabernet Sauvignon, Zweigelt, Pinot Noir, St. Laurent, Blauer Portugieser sowie für die Cuvée Veronika (Pinot Noir und Zweigelt); erzeugt auch verschiedene Süßweine, einen Zierfandler-Sekt und einen Tresterbrand.

Peter **Schandl** – Burgenland
Weingut in Rust im Weinbaugebiet Neusiedler See-Hügelland.

Bekannt für Weine aus den Sorten Pinot Blanc, Welschriesling und Blaufränkisch sowie für eine Cabernet Cuvée und den Ruster Ausbruch Barrique (Weißburgunder, Sauvignon Blanc und Gelber Muskateller).

Gottfried **Schellmann** – NÖ.
Weingut in Gumpoldskirchen im Weinbaugebiet Thermenregion mit einer Rebfläche von zirka 6 ha. Bekannt für Weine aus den Sorten Traminer, Chardonnay und Zierfandler sowie für die Riedencuvée Spätrot-Rotgipfler; erzeugt auch eine Beerenauslese vom Rotgipfler und Zierfandler.

Johann **Schmelz** – NÖ.
Weingut in Joching im Weinbaugebiet Wachau mit einer Rebfläche von 9 ha. Bekannt für Weine aus den Sorten Grüner Veltliner, Riesling, Gelber Muskateller und Sauvignon Blanc.

Horst und Georg **Schmelzer** – Burgenland
Weingut in Gols im Weinbaugebiet Neusiedler See. Bekannt für Weine aus den Sorten Blaufränkisch und Zweigelt sowie für die Cuvée Barcaso (Zweigelt, Blaufränkisch und Cabernet Sauvignon); erzeugt auch einen Eiswein vom Welschriesling.

Schneckenkogler (Ing. Klaus Prünte) – Steiermark
Weingut in Spielfeld im Weinbaugebiet Südsteiermark mit einer Rebfläche von zirka 7 ha. Bekannt für Weine aus den Sorten Sauvignon Blanc, Morillon, Traminer und Weißburgunder.

Schneider
Vgl. → Cobaneshof.

Franz **Schödinger (Lerchenfelderhof)** – NÖ.
Weingut in Tattendorf im Weinbaugebiet Thermenregion mit einer Rebfläche von zirka 5 ha. Bekannt für Weine aus den Sorten Rheinriesling, Sauvignon Blanc, Pinot Noir, Zweigelt, Cabernet Sauvignon und St. Laurent.

M. & G. **Schönberger** – Burgenland
Weingut in Mörbisch im Weinbaugebiet Neusiedler See-Hügelland mit einer Rebfläche von zirka 18 ha. Bekannt für Weine aus den Sorten Welschriesling, Neuburger und Chardonnay sowie für die weiße Herbstcuvée (Neuburger, Chardonnay und Sauvignon Blanc) und die rote Herbstcuvée (Blaufränkisch und Zweigelt); erzeugt auch Ausbruchweine und Destillate.

Heidi **Schröck** – Burgenland
Weingut in Rust im Weinbaugebiet Neusiedler See-Hügelland. Bekannt für Weine aus den Sorten Chardonnay, Weißburgunder, Furmint und Zweigelt sowie für die Cuvées Vogelsang (Welschriesling, Weißburgunder, Muskateller und Sauvignon Blanc), Woodstock (Grauburgunder und Chardonnay), Junge Löwen (Blaufränkisch, Zweigelt und Cabernet Sauvignon) und Lionne (Zweigelt und Cabernet Sauvignon); erzeugt auch verschiedene Süßweine, einen Sekt und Destillate.

Rosi **Schuster** – Burgenland
Weingut in St. Margarethen im Weinbaugebiet Neusiedler See-Hügelland mit einer Rebfläche von zirka 9 ha. Bekannt für Weine aus den Sorten Sauvignon Blanc, Chardonnay, Welschriesling, Blaufränkisch und St. Laurent sowie für die Cuvées C.M.B. und Clausenberg (Cabernet Sauvignon und Blaufränkisch).

Rudolf **Schwarzböck** – NÖ.
Weingut in Hagenbrunn im Weinbaugebiet Weinviertel mit einer Rebfläche von 12,5 ha. Bekannt für Weine aus den Sorten Grüner Veltliner, Riesling, Chardonnay, Pinot Blanc und Zweigelt.

Martin **Schwertführer (47er)** – NÖ.
Weingut in Sooß im Weinbaugebiet Thermenregion mit einer Rebfläche von zirka 15 ha. Bekannt für Weine aus den Sorten Rotgipfler, Traminer, Neuburger, Weißburgunder, Chardonnay, Rheinriesling, Blauer Portugieser, Zweigelt, Blauburger und Merlot sowie für die Cuvée Gladiator (Zweigelt und Cabernet Sauvignon).

Seewinkelhof
Vgl. Sepp → Moser.

Friedrich **Seiler** – Burgenland
Weingut in Rust im Weinbaugebiet Neusiedler See-Hügelland mit einer Rebfläche von zirka 16,5 Hektar. Bekannt für Weine aus den Sorten Chardonnay, Gelber Muskateller, Furmint, Blaufränkisch und Zweigelt sowie für die Cuvée Sechterberg (Blaufränkisch und Cabernet Sauvignon); erzeugt auch verschiedene Ruster Ausbruchweine.

Silberberg (Steiermärkisches Landesweingut) – Steiermark
Weingut des Landes Steiermark in Leibnitz im Weinbaugebiet Südsteiermark mit einer Rebfläche von zirka 27 ha. Angeschlossen sind die Weingüter Remschnigg, Kitzeck und Schlossberg. In Silberberg befindet sich auch die steirische Weinbauschule.

Evelyn und Walter **Skoff** – Steiermark
Weingut in Gamlitz im Weinbaugebiet Südsteiermark mit einer Rebfläche von zirka 36 ha (und 20 ha unter Vertrag). Bekannt für Weine aus den Sorten Sauvignon Blanc, Welschriesling, Muskateller, Morillon und Zweigelt; erzeugt auch einen Sekt und Destillate.

Toni **Söllner** – NÖ.
Weingut in Gösing am Wagram im Weinbaugebiet Donauland mit einer Rebfläche von zirka 12 ha, im Besitz von Daniela Vigne und Toni Söllner. Bekannt für Weine aus den Sorten Grüner Veltliner, Roter Veltliner, Riesling und Zweigelt; erzeugt auch eine Beerenauslese.

Sonnhof
Vgl. Josef → Jurtschitsch.

Spaetrot – NÖ.
Weingut in Gumpoldskirchen im Weinbaugebiet Thermenregion

im Besitz von Johannes und Johanna Gebeshuber mit einer Rebfläche von zirka 15 ha. Bekannt für Weine aus den Sorten Rotgipfler und Zierfandler; erzeugt auch einen Pinot Gris Eiswein und eine Zierfandler Trockenbeerenauslese.

Johann **Stadlmann** – NÖ.
Weingut in Traiskirchen im Weinbaugebiet Thermenregion mit einer Rebfläche von zirka 12 ha. Bekannt für Weine aus den Sorten Rotgipfler, Riesling, Zierfandler, Weißburgunder, Chardonnay, Zweigelt und Cabernet Sauvignon sowie die Premiumcuvée Edition 307 (Zierfandler, Rotgipfler, Weißburgunder); erzeugt auch Zierfandler-Süßweine und Tresterbrände.

Staubiger
In Österreich gebräuchliche Bezeichnung für einen noch trüben Wein (unmittelbar nach der Gärung).

Karl **Steininger** – NÖ.
Weingut in Langenlois im Weinbaugebiet Kamptal mit einer Rebfläche von zirka 23 ha. Bekannt für Weine aus den Sorten Grüner Veltliner, Chardonnay, Sauvignon Blanc und Zweigelt sowie die Cuvée Lisa (Zweigelt und Blauburgunder); erzeugt auch verschiedene Süßweine und Sekte.

Stiegelmar
Vgl. → Juris-Stiegelmar.

Paul **Stierschneider (Urbanushof)** – NÖ.
Weingut in Oberloiben im Weinbaugebiet Wachau mit einer Rebfläche von zirka 5 ha. Bekannt für Weine aus den Sorten Riesling, Sauvignon Blanc, Gelber Muskateller und Cabernet Sauvignon; erzeugt auch Süßweine.

Stölzerhof
Vgl. Stefan → Tschida.

Franz **Strablegg-Leitner** – Steiermark
Weingut in Arnfels im Weinbaugebiet Südsteiermark. Bekannt für Weine aus den Sorten Sauvignon Blanc und Muskateller.

Sturm
In Österreich übliche Bezeichnung für einen Traubensüßmost, der sich bereits in Gärung befindet.

Illa **Szémes** – Burgenland
Weingut und Negociante (Weinhändlerin) in Pinkafeld im Weinbaugebiet Südburgenland. Bekannt für Weine aus der Sorte Blaufränkisch; erzeugt gemeinsam mit F. X. → Pichler und Manfred → Tement die bekannte Cuvée → Arachon; stellt auch ein Destillat her.

T

Franz **Taferner** – NÖ.
Weingut in Göttlesbrunn im Weinbaugebiet Carnuntum mit einer Rebfläche von zirka 13 ha. Bekannt für Weine aus den Sorten Gelber Muskateller, Chardonnay, Grüner Veltliner, Welschriesling, Riesling, Zweigelt, Cabernet Sauvignon und

Merlot; erzeugt auch einen Sekt und Destillate.

fine collection **taubenkobel**
Das burgenländische Restaurant Taubenkobel in Schützen am Gebirge lässt unter dem Namen „fine collection taubenkobel" von den bekannten Winzern → Prieler (Blaufränkisch), → Heinrich (Cuvée Rot), → Velich (Welschriesling) und Sommer (Grüner Veltliner) Weine keltern.

Monika und Helmut **Taubenschuß** – NÖ.
Weingut in Poysdorf im Weinbaugebiet Waldviertel mit einer Rebfläche von zirka 13 ha. Bekannt für Weine aus den Sorten Grüner Veltliner, Weißburgunder, Sylvaner, Welschriesling, Chardonnay, Riesling, Sauvignon Blanc und Zweigelt.

Manfred **Tement** – Steiermark
Weingut in Berghausen im Weinbaugebiet Südsteiermark mit einer Rebfläche von zirka 45 ha. Bekannt für Weine aus den Sorten Sauvignon Blanc, Weißburgunder, Gelber Muskateller, Welschriesling, Roter Traminer, Blauburgunder, Blaufränkisch und Zweigelt sowie für die Cuvée Temention (Sauvignon Blanc, Weißburgunder und Müller-Thurgau); erzeugt gemeinsam mit Illa → Szémes und F. X. → Pichler die bekannte Cuvée → Arachon sowie eine Reihe von Süßweinen und Destillate.

Terra Galos
Vgl. → Achs-Tremmel.

Josef **Tesch** – Burgenland
Weingut in Neckenmarkt im Weinbaugebiet Mittelburgenland mit einer Rebfläche von zirka 14 ha. Bekannt für Weine aus den Sorten Chardonnay, Zweigelt und Blaufränkisch sowie für die Cuvée Titan (Cabernet Sauvignon, Syrah, Blaufränkisch und Zweigelt).

Karl **Thaller** – Steiermark
Weingut in Großwilfersdorf im Weinbaugebiet Südoststeiermark mit einer Rebfläche von zirka 20 ha. Bekannt für Weine aus den Sorten Welschriesling, Muskateller, Chardonnay, Sauvignon Blanc, Pinot Blanc, Zweigelt, Cabernet Sauvignon, Blauer Burgunder und Shiraz sowie für die Cuvées Rosina (Weiß- und Grauburgunder, Chardonnay), Moarhof (Cabernet Sauvignon, Zweigelt, Blauer Wildbacher) und Rochus (Cabernet Sauvignon, Merlot, Zweigelt, Pinot Noir); erzeugt auch einen Sekt und einen Schilcher.

Richard und Hannes **Thiel (Kremsmünstererhof)** – NÖ.
Weingut in Gumpoldskirchen im Weinbaugebiet Thermenregion mit einer Rebfläche von zirka 12 ha. Bekannt für Weine aus den Sorten Riesling, Rotgipfler und Zierfandler sowie für die Cuvée Pinot-Chardonnay; erzeugt auch Süßweine, einen Sekt und Destillate.

Johann **Topf** – NÖ.
Weingut in Straß im Straßertal im Weinbaugebiet Kamptal mit einer Rebfläche von zirka 29 ha.

Bekannt für Weine aus den Sorten Chardonnay, Grüner Veltliner, Sauvignon Blanc, Riesling, Weißburgunder, Zweigelt, Pinot Noir sowie für den Grünen Veltliner Schloss → Maissau und die Cuvée Granat (Zweigelt, Pinot Noir und Cabernet Sauvignon); erzeugt auch Süßweine und Destillate.

Ernst **Triebaumer**
– Burgenland
Weingut in Rust im Weinbaugebiet Neusiedler See-Hügelland mit einer Rebfläche von zirka 20 ha. Bekannt für Weine aus den Sorten Chardonnay, Sauvignon Blanc, Weißburgunder, Welschriesling, Neuburger, Blaufränkisch und St. Laurent sowie für die Cuvée Cabernet Sauvignon-Merlot; erzeugt auch verschiedene Süßweine; alle Produkte tragen auf der Etikette die Initialen **ET**.

Günther **Triebaumer**
– Burgenland
Weingut in Rust im Weinbaugebiet Neusiedler See-Hügelland mit einer Rebfläche von zirka 10 ha. Bekannt für Weine aus den Sorten Chardonnay, Sauvignon Blanc, Nebbiolo und Shiraz sowie für die Cuvées Pandkräftn (Blaufränkisch und Nebbiolo) und Cabernet-Merlot Weite Welt; erzeugt auch Ausbruchweine und Destillate.

Eduard und Stefan **Tscheppe (Vino Tscheppe)** – Steiermark
Weingut in Leutschach im Weinbaugebiet Südsteiermark mit einer Rebfläche von zirka 30 ha, im Besitz von Erich und Walter → Polz. Bekannt für Weine aus den Sorten Gelber Muskateller, Morillon, Sauvignon Blanc, Grüner Sylvaner und Gewürztraminer; erzeugt auch einen Schilcher.

Erwin **Tschermonegg**
– Steiermark
Weingut in Glanz a. d. Weinstraße im Weinbaugebiet Südsteiermark mit einer Rebfläche von zirka 17 ha. Bekannt für Weine aus den Sorten Sauvignon Blanc, Weißburgunder, Gelber Muskateller, Morillon, Zweigelt und Cabernet Sauvignon sowie für die Cuvée Traminer Trio (Roter, Gelber und Gewürztraminer).

Johann **Tschida (Angerhof)**
– Burgenland
Weingut in Illmitz im Weinbaugebiet Neusiedler See mit einer Rebfläche von zirka 14 ha. Bekannt für Trockenbeerenauslesen von den Sorten Bouvier, Sämling 88, Weißburgunder und Chardonnay.

Stefan **Tschida (Stölzerhof)**
– Burgenland
Weingut in Illmitz im Weinbaugebiet Neusiedler See mit einer Rebfläche von zirka 12 ha. Bekannt für Weine aus den Sorten Traminer und Welschriesling sowie für die Cuvée et sic in Infinitum (Welschriesling, Rheinriesling, Chardonnay und Neuburger); erzeugt auch eine Reihe von Süßweinen.

U

Josef **Umathum** – Burgenland
Weingut in Frauenkirchen im Weinbaugebiet Neusiedler See mit einer Rebfläche von zirka 25 ha. Bekannt für Weine aus den Sorten Sauvignon Blanc, Chardonnay, Welschriesling, Pinot Gris, St. Laurent, Pinot Noir und Zweigelt sowie für die Cuvées Ried Hallebühl (Cabernet Sauvignon, Zweigelt und Blaufränkisch) und Haideboden (Zweigelt, Blaufränkisch, Cabernet Sauvignon und Merlot); die eigenständige Firma **Peck & Umathum-Zantho GmbH** vermarktet die beiden Rotweine Zantho Zweigelt und Cuvée Zantho Reserve (Zweigelt, St. Laurent, Pinot Noir und Blaufränkisch), deren Traubengut von Andauer Winzern stammt.

Undhof
Vgl. → Salomon.

Dr. **Unger** – NÖ.
Weingut in Furth bei Göttweig im Weinbaugebiet Kremstal mit einer Rebfläche von zirka 40 ha. Bekannt als Kelleramt Benediktinerstift Göttweig. Bekannt für Weine aus den Sorten Chardonnay, Riesling, Grüner Veltliner, Roter Veltliner, Blauer Portugieser und Cabernet Sauvignon; erzeugt auch einen Eiswein, Sekte und Destillate.

Gerald **Unger** – Burgenland
Weingut in Deutsch-Schützen im Weinbaugebiet Südburgenland mit einer Rebfläche von zirka 5 ha. Bekannt für Weine aus den Sorten Welschriesling und Blaufränkisch; erzeugt auch Destillate.

Urbanushof
Vgl. Paul → Stierschneider.

V

Roland und Heinz **Velich** – Burgenland
Weingut in Apetlon im Weinbaugebiet Neusiedler See mit einer Rebfläche von zirka 9 ha. Bekannt für Weine aus den Sorten Chardonnay und Welschriesling sowie für die Cuvée Vitezfeld (Neuburger und Chardonnay) und verschiedene Süßweine; erzeugt für das Restaurant Taubenkobel den Welschriesling fine collection taubenkobel.

Vienna Wine Orchestra
Im Jahre 1998 von Alois Kracher, Renato Zapeller und Karl Seiser gegründete Marke. Von dieser Rotweincuvée sollen nicht mehr als 2.800 Flaschen pro Jahr erzeugt werden. Die Weine tragen die Namen Trumpet, Guitar und Drums. Erzeugung und Vertrieb durch Alois → Kracher.

Vorspannhof (Anton Mayr) – NÖ.
Weingut in Droß im Weinbaugebiet Kremstal. Bekannt für Weine aus den Sorten Riesling und Grüner Veltliner.

W

Wachter & Wiesler (Arkadenhof) – Burgenland
Weingut in Deutsch-Schützen im Weinbaugebiet Südburgenland mit einer Rebfläche von zirka 9 ha. Bekannt für Weine aus der Sorte Blaufränkisch sowie für die Cuvée Julia (Blaufränkisch und Cabernet Sauvignon); erzeugt auch Destillate.

Wagentristl – Burgenland
Weingut in Großhöflein im Weinbaugebiet Neusiedler See-Hügelland. Bekannt für Weine aus den Sorten Welschriesling und Blaufränkisch.

Rudolf und Helmut **Weber** – Burgenland
Weingut in Lutzmannsburg im Weinbaugebiet Mittelburgenland mit einer Rebfläche von zirka 12 ha. Bekannt für Weine aus den Sorten Zweigelt, Blaufränkisch und Pinot Noir sowie für die Cuvée Villa Nomine Lusman (Cabernet Sauvignon, Blaufränkisch, Zweigelt und Merlot).

Weinlaubenhof
Vgl. Alois → Kracher.

Wellanschitz-Donatus – Burgenland
Weingut in Neckenmarkt im Weinbaugebiet Mittelburgenland. Mitglied der Vereinigung → Blaufränkischland Mittelburgenland. Bekannt für Weine aus den Sorten Blaufränkisch, Zweigelt, Blauer Burgunder, Cabernet Sauvignon und Syrah sowie für die Cuvée Fraternitas (Blaufränkisch und Cabernet Sauvignon).

Franz **Weninger** – Burgenland
Weingut in Horitschon im Weinbaugebiet Mittelburgenland mit einer Rebfläche von zirka 27 ha. Bekannt für Weine aus den Sorten Blaufränkisch und Merlot sowie für die Cuvée Veratina (Zweigelt, Blaufränkisch und Cabernet Sauvignon); erzeugt auch einen Sekt und Destillate.

Robert und Michael **Wenzel** – Burgenland
Weingut in Rust im Weinbaugebiet Neusiedler See-Hügelland mit einer Rebfläche von 11 ha. Bekannt für Weine aus den Sorten Gelber Muskateller, Sauvignon Blanc, Furmint, Pinot Gris, Chardonnay, Blaufränkisch und Pinot Noir; erzeugt auch verschiedene Ausbruchweine.

Juliana **Wieder** – Burgenland
Weingut in Neckenmarkt im Weinbaugebiet Mittelburgenland mit einer Rebfläche von zirka 20 ha. Bekannt für Weine aus den Sorten Welschriesling, Weißburgunder, Chardonnay und Blaufränkisch sowie für die Cuvée Morandus (Blaufränkisch, Cabernet Sauvignon, Zweigelt und Merlot).

Ing. Fritz **Wieninger** – Wien
Weingut in Stammersdorf im Weinbaugebiet Wien mit einer Rebfläche von zirka 25 ha. Bekannt für Weine aus den Sorten Grüner Veltliner, Chardonnay, Sauvignon Blanc, Riesling, Chardonnay und Welschriesling

sowie für die Cuvées Cabernet Sauvignon-Merlot und Wiener Trilogie (Zweigelt, Blauburgunder und Cabernet); erzeugt auch Destillate.

Hans **Wimmer-Czerny** – NÖ.
Weingut in Fels am Wagram im Weinbaugebiet Donauland mit einer Rebfläche von zirka 14 ha. Bekannt für Weine aus den Sorten Grüner Veltliner, Riesling, Weißburgunder und Sauvignon Blanc; erzeugt auch Süßweine und Destillate.

Winkler-Hermaden (Schloss Kapfenstein) – Steiermark
Weingut in Kapfenstein im Weinbaugebiet Südoststeiermark mit einer Rebfläche von zirka 26 ha. Bekannt für Weine aus den Sorten Welschriesling, Weißburgunder, Morillon, Traminer, Grauburgunder, Sauvignon Blanc, Cabernet Sauvignon, Pinot Noir, Blauburger und Zweigelt sowie für die Cuvée Caphenstein (Weißburgunder, Morillon, Grauburgunder und Sauvignon Blanc) und den Olivin (Zweigelt); erzeugt auch Trockenbeerenauslesen, einen Sekt und Destillate.

Gerhard **Wohlmuth** – Steiermark
Weingut in Kitzeck im Weinbaugebiet Südsteiermark. Die Weine tragen teilweise die Namen Summus und Elite (12,5–14 Vol.-%) sowie Classic (um 11 Vol.-%). Die Hauptrebsorten sind Pinot Blanc, Pinot Gris, Muskateller, Gewürztraminer, Sauvignon Blanc, Chardonnay, Welschriesling, Blaufränkisch und Zweigelt; erzeugt auch den Jerusalem Kosher Chardonnay, die Menora Kosher Cuvée (Cabernet Sauvignon, Merlot und Zweigelt), einen Eiswein vom Traminer, einen Sekt und Destillate.

Z

Harald **Zierer** – NÖ.
Weingut in Gumpoldskirchen im Weinbaugebiet Thermenregion mit einer Rebfläche von zirka 8,5 ha. Bekannt für Weine aus den Sorten Zierfandler, Rotgipfler, Riesling, Chardonnay und Weißburgunder; erzeugt auch Süßweine und Destillate.

Alfred **Ziniel** – Burgenland
Weingut in St. Andrä am Zicksee im Weinbaugebiet Neusiedler See mit einer Rebfläche von zirka 7 ha. Bekannt für Weine aus den Sorten Welschriesling, Traminer, Zweigelt und Blaufränkisch; erzeugt auch eine Trockenbeerenauslese vom Müller-Thurgau.

Werner **Zull** – NÖ.
Weingut in Schrattenthal im Weinbaugebiet Weinviertel mit einer Rebfläche von zirka 17 ha. Bekannt für Weine aus den Sorten Grüner Veltliner, Roter Veltliner und Rheinriesling sowie für die Cuvées Exclusiv (Zweigelt, Cabernet Sauvignon und Merlot) und Phillip (Blauburgunder, Zweigelt und Blauer Portugieser); erzeugt auch Destillate.

PARAGUAY

Kleine Rebflächen befinden sich auch in Paraguay. Die hier produzierte geringe Weinmenge hat nur lokale Bedeutung. Die Geschmacksnuancen und Stile der Weine finden am internationalen Markt keine Abnehmer.

PERU

Peru liegt im Norden Südamerikas am Fuße der Anden. Es gehört zu den ältesten südamerikanischen Weinländern, wahrscheinlich ist es überhaupt das erste Land auf diesem Kontinent, das Weinbau systematisch betrieb. Bereits 1566 wurden von Francesco de Carabantes in der Nähe der Stadt Ica die ersten Weinberge angelegt und die Gesamtrebfläche betrug in den Folgejahren bereits 40.000 Hektar. Ende des 19. Jahrhunderts richtete die Reblaus in Peru schweren Schaden an. Auch aufgrund politischer Unruhen kam der Weinbau bis 1960 nahezu zum Erliegen. Ab den 1970er Jahren begann man mit importierten Rebsorten einen Wiederaufbau. Heute werden in Peru auf einer Rebfläche von 11.000 Hektar etwa 127.000 Hektoliter Wein sowie Tafeltrauben und Weindestillate erzeugt.
Die Böden der Rebflächen sind zum Teil steinig und bestehen aus Sand, Lehm und Lösssand. Die heißen Sommer und die geringen Niederschläge erfordern eine künstliche Bewässerung mit dem reichlich vorhandenen Andenschmelzwasser. Durch die warmen Winter sind zwei Ernten im Jahr möglich.
Die Hauptrebsorten für die Rotweinerzeugung sind Malbec, Pinot Noir, Gamay, Grenache und Merlot. Für die Weißweinproduktion werden hauptsächlich Sauvignon Blanc, Chenin Blanc, Moscatel, Torontel, Riesling und Sémillon verwendet. Weiters sind für die Tafeltraubenproduktion die Rebsorten Italia Negra Corriente (Misson), Quebranta und Borgoña (Isabella) ausgepflanzt.
Die Rebflächen sind zwischen Pativilca, nördlich von Lima, und Moquegua und Tacana an der chilenischen Grenze anzutreffen. Die wichtigsten Weinbaugebiete liegen um die Städte Ica, Lima, Cuzco und Arequipa, wobei das Herz des peruanischen Weinbaus etwa 250 Kilometer südlich von Lima um die Stadt Ica liegt. Hier sind auch die größten Investitionen in Weinbau und Destillieranlagen getätigt worden. Neben trockenen Weiß-, Rot- und Schaumweinen findet man aufgespritete Weine, die an die Dessertweine Sherry, Portwein und Madeira erinnern. Ein Großteil der Weinproduktion wird zur Erzeugung des Branntweines Pisco verwendet. Das peruanische Nationalgetränk wird meist aus Moscatel-Weinen destilliert.
Der bekannteste Weinerzeuger ist Viña Tacama mit 180 Hektar Rebfläche. Weiters bekannt sind Bodega Monte Rosa, Bodega Ocucaje, Tabernero, Picasso M. & Hermanos-Bodega und Vista Allegre.

Bekannter Erzeuger

Viña Tacama	Weingut in Tacama mit 180 Hektar Rebfläche, im Alleinbesitz der Familie Olaechea. Die Weine von beachtlicher Qualität kommen aus den Weinbergen des Icatales. Sie liegen 50 Kilometer von der Küste entfernt auf einer Seehöhe von 400 Metern. Das bei weitem größte peruanische Weingut produziert sehr gute Weine aus den Sorten Chenin Blanc, Sauvignon Blanc, Cabernet Sauvignon und Merlot sowie Schaumweine nach der Champagnermethode. Aufgrund der Produktionserfolge konnten auch Exportmärkte in England und Frankreich erschlossen werden.

PORTUGAL

Quinta Seara d'Ordens in Régua

Statistische Daten

- Acht Regionen: Minho, Trás-os-Montes, Beiras, Estremadura, Ribatejano, Terras do Sado, Alentejano und Algarve sowie die Insel Madeira (vgl. versetzte Weine) und die Azoren.
- 24 D.-O.-C.-Gebiete (von Norden nach Süden): Vinho Verde, Douro und Porto (zwei D.-O.-C.-Gebiete, die immer zusammengefasst werden), Távora Varosa, Bairrada, Dão, Beira Interior, Óbidos, Alenquer, Arruda, Torres Vedras, Lourinhã, Bucelas, Carcavelos, Colares, Ribatejo, Setúbal, Palmela, Alentejo, Lagos, Portimão, Lagoa, Tavira, Madeira.
- Neun I.-P.-R.-Gebiete: Chaves, Valpaços, Planalto Mirandês, Lafões, Encostas de Aire und Alcobaça sowie Biscoitos, Graciosa und Pico (Azoren).

- Gesamtrebfläche rund 385.000 Hektar, 85 Prozent sind D.-O.-C.-Gebiete.
- Jährliche Gesamtproduktion rund 8 Mio. Hektoliter (inklusive Portwein).

- Rund 49 % Qualitätsweine. Der Anteil der Qualitätsweine an der Gesamtproduktion ist ständig steigend.
- 61 % Rotweine; 39 % Weißweine.
- Pro-Kopf-Verbrauch pro Jahr rund 60 Liter.
- Kleine Weinbaubetriebe; von den rund 180.000 Winzern erzeugen 97 % weniger als 250 Hektoliter im Jahr. Mehr als ein Drittel dieser Winzer gehört den 133 Winzergenossenschaften an.
- Rund 1,7 Mio. Hektoliter, vor allem Port- und Roséwein, werden exportiert.

Geschichte

Die Geschichte Portugals wurde vor und zu Beginn unserer Zeitrechnung von den Römern geprägt. Im 6. Jahrhundert waren es die Westgoten und ab dem 8. Jahrhundert die Araber. Die Einflüsse der Mauren, die erst Mitte des 13. Jahrhunderts endgültig aus dem Süden Portugals verdrängt wurden, sind heute noch hie und da anzutreffen, insbesondere in der Gestaltung alter Gebäude. Den Grundstein für die Seemacht Portugal legte Heinrich der Seefahrer zu Beginn des 15. Jahrhunderts mit der Besetzung Madeiras und der Azoren. Noch im selben Jahrhundert wurde mit der Umrundung des Kaps der Guten Hoffnung der Seeweg nach Indien entdeckt. Und im Jahr 1500 wurde Brasilien portugiesische Kolonie. Dieser kleine Streifzug durch die Geschichte lässt erahnen, welch starke Einflüsse wirksam geworden sind, die auch in der Kultur des Genießens ihren Niederschlag gefunden haben.
Portugal zählt zu den ältesten Weinbauländern Europas. Lange bevor die Römer im südwestlichen Teil ihres Imperiums die Provinz Lusitania gründeten, hatten die Phönizier aus Nordafrika und dem Vorderen Orient ihre Kenntnisse der Weinerzeugung nach Portugal gebracht und den Weinbau kultiviert. In alten Aufzeichnungen ist nachzulesen, dass bereits im 14. Jahrhundert Wein in größerem Umfang nach England exportiert wurde. Die Exportmengen stiegen dramatisch, als Ende des 17. Jahrhunderts der französische Minister Colbert die für den Export nach England bestimmten Bordeauxweine mit hohen Steuern belegte. Der Vertrag von Méthuen, das englisch-portugiesische Abkommen von 1703, fixierte die Handelsentwicklung mit besonders günstigen Zollsätzen. Zum Schutz vor möglichen betrügerischen Manipulationen bei der Weinherstellung wurde erstmals im Jahr 1756 eine Gebietsbegrenzung für bestimmte Weine festgelegt. Dieses vom Marquis de Pombal geschaffene Gesetz – zunächst für Portwein – regelte auch die Zulassung bestimmter Traubensorten, die Einführung von Qualitätsbegriffen und die genaue Beschreibung von Herstellungsverfahren. Damit wurde zum ersten Mal in der weltweiten Geschichte des Weinbaus ein besonders wichtiger Schritt in Richtung sortenspezifischer, hoch qualifizierter Weine gesetzt. Portugal kann daher mit Stolz darauf

verweisen, die ältesten gesetzlich abgegrenzten Weinbaugebiete der Welt zu haben. So wurde erst 25 Jahre später die „Appellation d'Origine Contrôlée“ in Frankreich realisiert.
Den Weinfreunden war Portugal lange Zeit nur durch den Portwein bekannt. In den vierziger Jahren des 20. Jahrhunderts begannen die Portugiesen mit der Erzeugung von Roséweinen, und zwar vor allem in der Umgebung von Vila Real im Dourogebiet. Die Marken „Mateus Rosé“ und „Lancers Rosé“ erreichten schnell internationale Bedeutung. Sie wurden zu den meistverkauften Roséweinen der Welt. Auch heute noch sind die Portweine und die Rosés die meistexportierten Weine Portugals. In den letzten Jahren machen jedoch immer mehr Rotweine, vor allem aus dem Douro, dem Alentejo, dem Dão-Gebiet und der Bairrada von sich reden. Bei den Weißweinen überzeugen die erfrischenden, leichten Vinhos Verdes.

Klima

Das Klima ist von Gebiet zu Gebiet sehr verschieden. Nicht nur der Atlantik beeinflusst das Klima sehr nachhaltig, sondern auch die beiden Flüsse Douro und Tejo, die von Spanien kommend das Land zum Atlantik hin durchqueren. Vor allem im Norden ist es ideal für den Rebbau. Reichlich Niederschlag und ein langer, schöner Sommer wirken sich besonders positiv aus.

Böden

Im nördlichen Teil des Landes bestehen die Böden meist aus Granit und Schiefer. Die Weinberge sind oft terrassenförmig angelegt. Hier sowie im mittleren Westen Portugals wachsen auch die meisten Weine. Ansonsten findet man Sand-, Kalk- und Lehmböden.
Aufgrund der zum großen Teil sehr kargen und steinigen Verwitterungsböden und der oftmals kleinen Anbauflächen sind die Erträge in Portugal häufig geringer als in anderen Weinbauländern. Im Gegensatz zu Frankreich, wo die Weingärten eher in flachen oder leicht hügeligen Anbaugebieten liegen, ist Portugal weitgehend gebirgig. Charakteristisch sind daher häufig relativ verstreut liegende und aufgesplitterte Weingärten.

Rebsorten

In Portugal wird mit mehr als 500 autochthonen Rebsorten eine unüberschaubar große Anzahl angebaut, die je nach Klimazone und Bodenbeschaffenheit besonders charakteristische Ergebnisse bringen.

Hauptrebsorten für Weißweine
Arinto (= Pederna), Malvasia Fina, Rabo de Ovelha, Roupeiro.

Hauptrebsorten für Rotweine
Aragonez (= Tinta Roriz), Bastardo, Moreto, Mourisco, Periquita, Ramisco, Tinta Pinheira, Tinto Cão, Trincadeira.

Gesetz

Wie im geschichtlichen Teil ausgeführt, war Portugal das erste Land, das Gebietsgrenzen für bestimmte Weine festlegte und Qualitätsanforderungen definierte. Heute noch gilt das Weingesetz in Portugal als besonders streng. Es regelt die genauen Grenzen der 24 ausgewiesenen Anbaugebiete (Stand 2001) mit kontrollierter Ursprungsbezeichnung (DOC) und der neun weiteren geografisch festgelegten Qualitätsweingebiete mit der Bezeichnung IPR.
Eine Besonderheit der portugiesischen Weinwirtschaft ist es, dass im Allgemeinen nicht der Erzeugungsbetrieb für den Ursprung des Weines bürgt, sondern die Weinhandelsfirmen, die manchmal auch zugunsten einer Markenbezeichnung auf die Angabe des Ursprungsgebietes verzichten. Bei diesen Produkten stehen sowohl die gleich bleibend hohe Qualität der Weine als auch die Marke im Vordergrund. Dagegen werden häufig die eher einfacheren Weine, zum Teil auch als offene Konsum- oder Schankweine, unter dem Namen des Anbaugebietes als Verschnitt oder reinsortig angeboten.

Die vier Qualitätskategorien sind:

Tafelweine
(Vinhos de Mesa)

Entspricht offiziell der einfachsten Kategorie der portugiesischen Weine. Aber auch überdurchschnittliche Qualitäten kommen manchmal als Tafelweine auf den Markt, und zwar dann, wenn die Rebsorten nicht den Vorgaben der Qualitätsweinerzeugung entsprechen bzw. es sich um traditionsreiche Gebietsverschnitte handelt. Rund 31 Prozent Tafelweine (Stand 2001) werden erzeugt. Die Produktionsrate ist ständig im Sinken begriffen.

Regionalweine
(Vinhos Regional)

Für ihre Herkunft gibt es abgegrenzte Landweingebiete mit strengen Statuten. Die Bezeichnung steht aber nicht nur für Landweine einfacherer Qualität, sondern wird auch für höherwertige Weine verwendet, deren Rebsortenzusammenstellung nicht den Vorschriften für Qualitätsweine entspricht. Rund 20 % Regionalweine (Stand 2001) werden erzeugt.

I.-P.-R.-Weine
(Indicação de Proveniência Regulamentada)

Im Jahr 1991 wurde diese zweite Stufe geografisch festgelegter Qualitätsweinbaugebiete eingeführt. Die derzeit bestehenden neun I.-P.-R.-Gebiete sind im Norden des Landes zu finden sowie in der Mitte Westportugals.
IPR entspricht der französischen Bezeichnung VDQS. Das Gesetz sieht vor, dass nach fünf Jahren kontinuierlicher Qualitätsentwicklung bzw. -einhaltung einem I.-P.-R.-Gebiet der D.-O.-C.-Status verliehen werden kann. Mit dem Übergang der bestehenden I.-P.-R.-Gebiete in D.-O.-C.-Gebiete ist somit innerhalb der nächsten Jahre zu rechnen.

D.-O.-C.-Weine
(Denominação de Origem Controlada)

DOC entspricht der französischen Klassifikation AOC (Appellation d'Origine Contrôlée) und steht für Weine mit kontrollierter Herkunftsbezeichnung.
Für alle D.-O.-C.- und I.-P.-R.-Gebiete bestehen strenge gesetzliche Vorschriften bezüglich der Maximalerträge pro Hektar, der zu verwendenden Traubensorten, der Mindestlagerzeit und der Mindesthöhe des Alkoholgehaltes beim fertigen Wein. Für alle Qualitätsweine ist auch die Mindest- oder Maximalmenge der zu verwendenden empfohlenen Traubensorten fixiert. Die genaue Überwachung und Durchführung von Kontrollen zur Einhaltung der Vorschriften durch die Junta Nacional do Vinho oder die regionalen Kontrollbehörden in größeren Anbaugebieten sichern die Qualität der portugiesischen Weine. Ein Flaschensiegel in Form einer Papierbanderole über dem Flaschenkork bzw. unter der Flaschenkapsel mit der Aufschrift „Garantia" oder „Selo de Garantia" mit der Kontrollnummer und dem Namen des Ursprungsgebietes zeigt auf, dass dieser Wein kontrolliert worden ist.

Etikettensprache

Adamado: lieblich (halbtrocken bis süß).
Adega: Weinkeller, Keller, Weingut.
Adega Cooperativa: Winzergenossenschaft.
Ânfora: Amphore zur offenen Vergärung, hauptsächlich bei Alentejo-Weinen.
Branco: weiß.
Carvalho: Eiche.
Casa: Haus (Weingut).
Casta: Rebsorte (casta recomendada = empfohlene Rebsorte, autorizada = autorisierte, seleccionada = ausgewählte, predominante = vorwiegende).
Caves: Kellereien.
Cepa (velha): Rebstock (alter).
Colheita (ano de colheita): Ernte oder Jahrgang.

Doce: süß.
Engarrafado (na Origem): Abfüllung (im Erzeugerbetrieb).
Escolha: Selektion, Auslese.
Estágio: Reifeperiode.
Garrafa: Flasche.
Garrafeira: Auslese (Spitzenjahrgang) eines Rotweines, der überdurchschnittliche organoleptische Eigenschaften aufweist und mindestens 30 Monate gelagert wurde, davon mindestens zwölf in der Flasche. Bei Weiß- und Roséweinen beträgt die Mindestlagerzeit zwölf Monate, davon mindestens sechs in der Flasche. In manchen Regionen müssen die Weine noch länger gelagert werden. Der Mindestalkoholgehalt ist mit 11,5 Vol.-% festgelegt. Die Verwendung des Begriffes Garrafeira bei Maduro-Weinen (siehe Stichwort Maduro) bedeutet so viel wie Reserva. Es handelt sich dabei um einen in Fass und Flasche länger als normal gereiften Wein, der als eine Spezialabfüllung in den Handel kommt. Häufig wird auch der jeweilige Spitzenwein eines Weinhändlers so bezeichnet. Ein Garrafeira-Wein ist immer auf dem Höhepunkt der Trinkreife und sollte keine weitere Flaschenreife mehr durchmachen.
Herdade: Wein- oder Landgut.
Leve: leichter, geringer Alkoholgehalt.
Maduro: gereift, gealtert. Eine Besonderheit in der portugiesischen Weinwirtschaft, die durch kein Gesetz begründet ist, findet man in der Tatsache, dass manchmal die Weine nicht nach Tafel- oder Qualitätsweinen, sondern mit der Verwendung der Begriffe „verde" bzw. „maduro" nach dem Alter klassifiziert werden. Maduro-Weine entwickeln ihren besonderen Charakter während ihrer Lagerung im Fass oder in der Flasche. Die meisten portugiesischen Weine sind „maduro", also gealterte Weine.
Meio Seco: halbtrocken.
Palácio: Palast, für Weingut gebräuchlich.
Propriedade (engarrafado): Besitz, Weingut (abgefüllt).
Quinta: Weingut, Erzeugerbetrieb.
Reserva: beste, ausgereifte Qualität. Ähnlich wie Garrafeira ist Reserva die Bezeichnung für überdurchschnittliche Weine. Die einzelnen Regionen legen die Vorschriften fest. Generell gilt, dass der Mindestalkoholgehalt ein halbes Volumprozent über dem der normalen Weine liegt.
Rosado: Roséwein.
Seco: trocken.
Solar: Herrensitz, Adelshof, Weingut.
Superior: Hinweis auf höhere Qualität.
Tinto: rot.
Velho: Wein mit überdurchschnittlicher Qualität ohne Jahrgang. **Vinho Branco Velho** (Weißwein) muss mindestens zwei Jahre, **Vinho Tinto Velho** (Rotwein) mindestens drei Jahre im Fass oder Tank reifen.

Verde: frisch, jung, nicht gealtert. Eine Besonderheit in der portugiesischen Weinwirtschaft, die durch kein Gesetz begründet ist, findet man in der Tatsache, dass manchmal die Weine nicht nach Tafel- oder Qualitätsweinen, sondern mit der Verwendung der Begriffe „verde" bzw. „maduro" nach dem Alter klassifiziert werden. Verde-Weine werden keinem Alterungsprozess unterzogen.
Vinha: Weinberg.
Vinho Generoso: Süßwein.
Vinho Licoroso: Likörwein.
VQPRD (Vinho de Qualidade Produzido em Região Determinada): geprüfter Wein aus einem D.-O.-C.- oder I.-P.-R.-Gebiet.

MINHO

Ramada – die traditionelle Anbauform

Der Minho, der im Norden die Staatsgrenze zu Spanien bildet, gab der gesamten Weinbauregion seinen Namen. Hier liegt das D.-O.-C.-Gebiet Vinho Verde.

Vinho Verde

Statistische Daten

- Gesamtrebfläche zirka 47.000 Hektar.
- Jährliche Gesamtproduktion rund 1,2 Mio. Hektoliter (Stand 2001).
- 50 % Weißwein, 50 % Rotwein; noch vor 20 Jahren dominierte der Rotwein mit etwa 90 %; im Export fast nur Weißweine.

Klima

Das Klima ist gemäßigt und relativ feucht. Besonders im Winter und im Frühling sind hohe Niederschläge zu verzeichnen.

Böden

Der Boden besteht zum größten Teil aus Granit und fällt terrassenförmig zum Atlantik hin ab. Gelegentlich sind auch Schieferböden anzutreffen.

Rebsorten

Die zur Erzeugung des Vinho Verde verwendeten Rebsorten sind je nach Gegend verschieden.

Hauptrebsorten für Weißweine
Alvarinho, Avesso, Azal Branco, Batoca, Loureiro, Pedernã (Arinto),Trajadura.

Hauptrebsorten für Rotweine
Azal Tinto, Borracal, Brancelho, Espadeiro, Padeiro de Basto, Pedral, Rabo de Ovelha Tinto, Vinhão.

Das D.-O.-C.-Gebiet Vinho Verde gilt als die wichtigste Produktionszone für weiße und rote Tafelweine. Es wurde in den Jahren 1908 und 1929 gesetzlich abgegrenzt und liegt in der dem Meer zugewandten Hälfte Nordportugals zwischen den Flüssen Minho im Norden und Douro im Süden. Vinho Verde ist zugleich auch die Gattungsbezeichnung für den hier erzeugten Wein, der im Ausland sehr bekannt ist. Er wird sowohl als Weißwein als auch als Rotwein hergestellt. Die Weine sind weder grün noch unreif, wie man aufgrund des Namens vermuten könnte, sondern frische, spritzige, säurebetonte Weine, die leicht moussieren.

Trotz des kühlen Klimas und der durch die traditionellen Anbauformen bedingten Schattenlage der Trauben werden die Beeren erst nach Erreichung der völligen Reife gelesen. Aber alle Vorbedingungen sowie ein relativ kurz gehaltener Gärungsprozess führen zu einem hohen Anteil an Apfelsäure in den Weinen. In einem Nachgärungsprozess wird die überschüssige Apfelsäure in Milchsäure umgewandelt. Gleichzeitig bildet sich Kohlendioxid. Es verleiht dem Vinho Verde seinen spritzigen und leicht perlenden Charakter.
Das gesamte D.-O.-C.-Gebiet wird in neun Subregionen (Lagen) unterteilt. Da die Weine aus diesen Regionen jedoch häufig miteinander verschnitten werden, um geschmacklich harmonische Produkte zu erzielen, sind diese Unterteilungen von untergeordneter Bedeutung. Lediglich die nördlichste Lage um die Stadt Monção bildet eine wichtige Ausnahme. Hier werden sortenreine weiße Vinhos Verdes Alvarinhos aus Alvarinhotrauben erzeugt. Der Alkoholgehalt dieser Weine beträgt meist 12 Vol.-%.
Aus der Sorte Alvarinho hergestellter Vinho Verde erzielt nicht nur die höchsten Verkaufspreise, sondern ist auch als Gattung einer der teuersten Weißweine Portugals. Alvarinho ist fein und nuancenreich im Duft mit einem zarten, an Aprikosen erinnernden Bukett. Er ist trocken und mild, aber auch etwas weniger spritzig und frisch als andere Vinhos Verdes.
Die übrigen weißen Vinhos Verdes sind von zitronengelber Farbe. Sie haben ein frisches, fruchtiges Aroma und sind leicht. Eine frische Säure mit Anklängen an Apfelaromen und Limettenduft ist spürbar. Da der „echte“ Vinho Verde ausgesprochen trocken und häufig sehr säurebetont schmeckt, wird er für den Export durch Hinzufügung von unvergorenem Mostkonzentrat leicht gesüßt. Der durch einen hohen Säuregehalt bewirkte herbe Geschmack des farbintensiven, dunkelroten Vinho Verde entspricht weniger den international üblichen Verbraucherwünschen. Er passt dagegen vorzüglich zu den eher öl- und fettreichen Speisen seiner Provinz. Der erfrischende und durstlöschende Charakter der Vinhos Verdes, die immer jung, frisch und vor allem kühl getrunken werden, wird durch einen stets niedrigen Alkoholgehalt von 8,5 bis 11,5 Vol.-% unterstützt. Eine längere Lagerung empfiehlt sich nicht.
Die strenge Qualitätskontrolle des Vinho Verde erfolgt durch die Comissão de Viticultura da Região dos Vinhos Verdes, die auch das Ursprungsgarantiesiegel verleiht.

Bekannte Erzeuger

Adega Cooperativa Braga, Adega Cooperativa Regional (Monção), Adega Cooperativa Ponte da Barca, Adega Cooperativa Ponte de Lima, Adega Cooperativa Viana do Castelo, Casa Agríc. Compostela, Vila Nova de Famalicão, „Dom Salvador“, Qta. da Torre-Paderne (Melgaço), Manuel António Ferreira (Melgaço), Palácio da Brejoeira, PROVAM (Monção), Qta. do Ameal (Ponte de Lima), Qta. da Aveleda (Penafiel), Qta. Covela (Baião), Qta. do Minho (Póvoa de Lanhoso), Qta. do Paço de Teixeiró (Baião), Qta. da Pena (Braga), Qta. de S. Cláudio (Esposende), Quintas de Melgaço (Barcelos), Soc. Agríc. Casa do Adro (Barcelos), Soc. Agríc. Casa de Cerdeiro (Guimarães), Soc. Agríc. da Casa Pinheiro (Monção).

TRÁS-OS-MONTES

Mesão Frio im Douro

Die Region Trás-os-Montes (wörtlich übersetzt „Jenseits der Berge") ist im Wesentlichen geprägt durch ihre Hochfläche mit steinigen Granit- und Schieferböden. Am bekanntesten sind die beiden immer gemeinsam genannten D.-O.-C.-Gebiete Douro und Porto. Die Hauptreben in den drei I.-P.-R.-Gebieten Chaves, Valpaços und Planalto Mirandês sind bodenständige Sorten (vgl. Douro und Porto). Neben guten Landweinen gedeihen hier einige der Spitzenweine Portugals. Die Regionalweine aus den drei I.-P.-R.-Gebieten können als zusätzlichen Hinweis ihrer Herkunft auch die Bezeichnung „Terras Durienses" tragen.

Douro und Porto

Statistische Daten

- Gesamtrebfläche zirka 32.000 Hektar, wobei das gesamte Dourogebiet rund 250.000 Hektar groß ist.
- Zirka 40 % der Traubenernte werden für die Portweinerzeugung verwendet. Aus den übrigen Erntemengen werden rote und weiße Tafelweine von guter bis hervorragender Qualität erzeugt. Die jährliche Gesamtproduktion übersteigt 500.000 Hektoliter.

Klima

Das Klima ist im Sommer heiß und trocken mit nur sehr seltenem Niederschlag. Es werden Temperaturen bis zu 55 °C erreicht. Im Winter ist es kalt mit zeitweise tiefen Frostwerten.

Böden

Die Böden bestehen fast ausschließlich aus dunklem Schiefer und Granit.

Rebsorten

Angebaut werden über 100 autochthone Rebsorten, je nach Beschaffenheit und Charakter der örtlichen Gegebenheiten. Die D.-O.-C.-Bestimmungen begrenzen die empfohlenen Rebsorten auf neun bei Rotweinen und sieben bei Weißweinen. Jeder Wein muss zu mindestens 60 Prozent aus diesen Trauben gewonnen werden.

Hauptrebsorten für Weißweine
Donzelinho, Esgana Cão, Folgasão, Gouveio (= Verdelho), Malvasia Fina, Rabigato, Viosinho.

Hauptrebsorten für Rotweine
Aragonez (= Tinta Roriz), Bastardo, Marufo (= Mourisco Tinto), Tinta Barroca, Tinta Francisca, Tinto Cão, Touriga Francesa, Touriga Nacional, Trincadeira Preta (Tinta Amarela).

Die D.-O.-C.-Gebiete Douro und Porto sind die ältesten gesetzlich geschützten Weinbaugebiete der Welt. Sie wurden bereits 1756 für den Anbau der Trauben zur Portweinherstellung registriert. In den Jahren 1907 und 1982 wurden die Grenzen geringfügig neu fixiert.

Schwerpunkt ist die Erzeugung des Portweins, der im Kapitel „Versetzte Weine“ näher beschrieben wird. Die qualitativ hochwertige Rotweinproduktion nimmt in den letzten Jahren immer mehr zu, sodass sich Douro zu einer Kultweinregion zu entwickeln scheint. Die Umgebung von Vila Real ist das portugiesische Roséweinzentrum. Die beiden Marken „Mateus Rosé“ und „Lancers Rosé“ werden weltweit exportiert. Beide Weine haben einen Alkoholgehalt von 11 Vol.-%. Mateus Rosé hat eine auffallend dunkle rosarote Farbe und ein stark an Erdbeeren erinnerndes Bukett. Lancers Rosé schmeckt frisch, fruchtig, leicht perlend und süßlich. Die Roséweine werden nach der üblichen Herstellungsmethode aus verschiedenen Rotweinen gewonnen. Die Mitverwendung von Weißweinen ist erlaubt. Die verwendeten Rotweine werden gleich nach der Kelterung von den farbstoffhaltigen Schalen getrennt und wie Weißweine vergoren. Der Gärungsprozess wird jedoch gestoppt, wenn ein Restzuckergehalt von etwa 18 Gramm pro Liter vorhanden ist. Hierdurch erhält der Rosé seine bestimmte Süße. Um einen gleich bleibenden Geschmack zu erreichen, wird der Wein verschnitten und unter leichter Kohlensäurezugabe abgefüllt. Dabei bleibt ein kleiner Teil der Kohlensäure im Wein erhalten.
Das D.-O.-C.-Gebiet umfasst die Täler des Douro und einiger seiner Nebenflüsse bis hin zur spanischen Grenze. Große zusammenhängende Anbauflächen sind so gut wie nicht anzutreffen. Vielmehr werden zahlreiche kleine Terrassen zum Weinanbau in dieser gebirgigen Landschaft genutzt. Es gibt etwa 85.000 Weingärten, die von rund 30.000 Weinbauern bewirtschaftet werden. Als die besten Lagen des Dourogebietes gelten Armamar, Favaios, Mesão Frio, Murcia und Vila Real. Die Rotweine des Douro sind reich an Farbe und Aroma. Im Geschmack sind sie zugleich vollmundig und samtig. Sie benötigen zum Ausbau dieser typischen Merkmale eine Reifezeit von einigen Jahren, sind dafür aber auch lange lagerfähig. Das Gesetz schreibt eine Mindestlagerzeit in Fässern von 18 Monaten vor. Der Alkoholgehalt der Weine liegt in der Regel bei 11–12 Vol. %. Die Weißweine sind von eher blassgelber Farbe. Sie haben ein blumiges, rieslingähnliches Bukett und einen frischen, fruchtigen Geschmack.

Bekannte Erzeuger

Adega Cooperativa Favaios (Alijó), Adega Cooperativa Lamego, Adega Cooperativa Meda, Adega Cooperativa Murça, Adega Cooperativa S. João da Pesqueira, Adega Cooperativa Sta. Marta de Penaguiao, Adega Cooperativa Vila Nova de Foz Côa, Caves Riba Tua e Pinhão (Alijó), Caves Vale do Rodo (Godim), „Dom Prior“, Fonseca Guimaraens (Vila Nova de Gaia), Domingos Alves de Sousa (Sta. Marta de Penaguião), „Duas Quintas“, Ramos-Pinto (Vila Nova de Gaia), „Evel“, Real Vinícola (Vila Nova de Gaia), Qta.

da Aveleda (Penafiel), Qta. do Castelinho, Qta. do Confradeiro (Sandeman, Vila Nova de Gaia), Qta. do Côtto (Mesão Frio), Qta. Folgorosa Velha (Armamar), Qta. da Pacheca (Lamego), Qta. do Portal (Sabrosa), Qta. da Pousa (Peso da Régua), Soc. Agríc. Qta. Seara d'Ordens (Régua), Soc. Agríc. da Romaneira (Cotas-Alto Douro), Soc. Qta. do Bucheiro (Sabrosa), Soc. Vinhos Borges, „Pérola" (Vila Nova de Gaia), Soc. Vinícola Qta. Sá de Baixo (Régua), Soc. Vinícola Terras de Valdigem (Régua), Sogrape, „Barca Velha" – Ferreira (Vila Nova de Gaia), „Vilar da Galeira", Barros & Almeida (Vila Nova de Gaia).

Chaves

Das I.-P.-R.-Gebiet Chaves umfasst rund 3.000 Hektar Rebfläche. Es liegt westlich vom Vinho-Verde-Gebiet. In Chaves überwiegen trockene, eher jung zu trinkende Rotweine. Sie müssen vor ihrer Abfüllung mindestens sechs Monate im Fass gelagert werden.

Valpaços

Das I.-P.-R.-Gebiet Valpaços umfasst rund 5.000 Hektar Rebfläche. Es liegt südöstlich von Chaves und bietet neben einigen kräftigen Weißweinen eine Vielzahl leichter, trockener Rotweine mit erstaunlich fruchtigen Aromen und Duftnoten. Die Mindestlagerzeit der Rotweine beträgt zwölf Monate. Die Weißweine müssen mindestens sechs Monate vor Abfüllung und Verkauf gelagert werden. Bekannt und geschätzt sind auch die leichten und frischen Roséweine aus dem nördlichen Teil des Gebietes, unweit von Bragança. Der Alkoholgehalt beträgt 10–11 Vol.-%. Darüber hinaus werden in Valpaços Weißweine gekeltert, die eine entfernte Verwandtschaft zum Vinho Verde erkennen lassen.

Planalto Mirandês

Das I.-P.-R.-Gebiet mit rund 5.500 Hektar Rebfläche befindet sich im äußersten Nordosten Portugals an der Grenze zu Spanien. Von hier kommen sowohl relativ alkoholarme, frische bis liebliche Weißweine als auch rassige, im Charakter gut balancierte, eher helle Rot- und Roséweine. Das vom Atlantik nicht mehr beeinflusste Klima sowie die Granit- und Schieferböden lassen auch tiefe, extraktreiche Rotweine entstehen, die sich für längere Lagerzeiten anbieten. Die Rot- und Roséweine müssen mindestens acht Monate im Fass gelagert werden, die Weißweine mindestens sechs Monate.

Bekannte Erzeuger

Adega Cooperativa Armamar, Adega Cooperativa Favaios, Adega Cooperativa Freixo de Numão, Adega Cooperativa Sabrosa, Casal de Valle Pradinhos (Macedo de Cavaleiros), Cooperativa Agríc. Távora, Ponte do Arquinho (Valpaços).

BEIRAS

Die große Weinbauregion vereint die D.-O.-C.-Gebiete Távora Varosa, Bairrada, Dão und Beira Interior sowie das I.-P.-R.-Gebiet Lafões.

Távora Varosa

In diesem kleinen D.-O.-C.-Gebiet im Norden der Weinbauregion Beiras sind die früheren I.-P.-R.-Gebiete Encostas da Nave (zirka 1.500 Hektar) und Varosa (zirka 1.900 Hektar) zusammengefasst. Das Gebiet ist durch ein kühles, strenges Klima ohne Einfluss des Atlantiks geprägt. Der Boden besteht hauptsächlich aus Granit und Schiefer. Produziert werden leichte, aromatische, hellrote Weine aus den roten Sorten Bastardo, Marufo (= Mourisco Tinto), Rufete, Touriga Francesa bzw. Nacional und Trincadeira Preta. Der Alkoholgehalt liegt bei 11–12 Vol.-%. Daneben gibt es frische und säurebetonte Weißweine aus den Rebsorten Arinto, Folgasão, Fonte Cal, Gouveio (= Verdelho) und Síria. Mit dem Ursprungshinweis Beiras werden Rosé-Qualitätsweine sowie gute Landweine angeboten. Weiß- und Rotweine aus dem Teilgebiet Varosa werden darüber hinaus für die Sektherstellung verwendet.

Bekannte Erzeuger

Adega Cooperativa Covilha, Qta. das Poldras (Covilhã), Adega Cooperativa Pinhel, Adega Cooperativa Figueira Castelo Rodrigo, Adega Cooperativa „Praça Velha“ (Fundão), Casa do Redondo (Trancoso), Caves da Murganheira (Tarouca), Qta. do Cardo (Figueira Castelo Rodrigo), Qta. da Portela, Albergue do Bonjardim (Serta), Soc. Agríc. da Beira, „Entre Serras“ (Tortosendo).

Bairrada

Statistische Daten

- Gesamtrebfläche zirka 15.000 Hektar.
- Jährliche Gesamtproduktion rund 400.000 Hektoliter.
- 80 % Rotweine.
- 20 % Weiß-, Rosé- und Schaumweine.

Klima

Das Klima ist gemäßigt, sowohl bezüglich der Temperaturen als auch bezüglich der Niederschläge.

Böden

Die Böden bestehen vorwiegend aus Tonerde, Kalk und Lehm. Einen Hinweis darauf findet man im Namen des Gebietes (barro = Ton). Diese Gegend ist auch für ihre künstlerisch hervorragenden Keramikprodukte bekannt, von denen besonders die Fliesen (Azulejos) seit Jahrhunderten als ein Markenzeichen Portugals gelten.

Rebsorten

Hauptrebsorten für Weißweine
Arinto, Bical, Cerceal, Fernão Pires (= Maria Gomes), Rabo de Ovelha.

Hauptrebsorten für Rotweine
Baga (etwa 90 Prozent der gesamten Rotweinfläche Bairradas ist mit Bagatrauben bestockt), Camarate, Moreto, Rufete (= Tinta Pinheira).

Das D.-O.-C.-Gebiet liegt südlich von Oporto zwischen dem Dão-Gebiet und dem Atlantischen Ozean. Vor allem das flache Hügelland wird intensiv für den Weinbau genutzt. Bairrada gilt in Portugal als eines der wichtigsten Zentren für die Erzeugung von Sekt. Bical, die hauptsächlich in Bairrada kultivierte Weißweintraube, dient vorwiegend der Erzeugung von Grundweinen zur Sektherstellung. Die aus dieser Traube hergestellten Weine sind durch ihren harmonischen Säure- und Extraktgehalt besonders kräftig und schmackhaft. Darüber hinaus ist die Region auf die Erzeugung von Rotweinen spezialisiert, wobei mehr als 70 Prozent der Rotweine aus einer einzigen Sorte, der Bagatraube (auch Poeirinha genannt), gewonnen werden. Alle übrigen Rotweine müssen mindestens 40 Prozent der Bagatraube enthalten. Kenner setzen Bairrada-Weine, die ausschließlich oder großteils aus Baga gewonnen worden sind, häufig auf eine Stufe mit den besten französischen Weinen. Sie sind an ihrem Höhepunkt besonders samtig und geschmeidig. Das Weingesetz schreibt für alle Bairrada-Rotweine eine Lagerung von mindestens 18 Monaten in Eichenholzfässern und weiteren sechs Monaten in der Flasche vor.
Anzumerken ist noch, dass sich die Kellertechnik in den letzten Jahren sehr verbessert hat. Während man früher Bairrada-Weine

häufig erst nach einer deutlich längeren Lagerungszeit an ihrem Höhepunkt antreffen konnte, findet man heute vollmundige und reife Weine, die schon kurz nach der gesetzlichen Mindestlagerzeit gut getrunken werden können. Die Angebotspalette Bairradas zeigt eine breite Skala verschiedener Typen und Sorten. Die Farbgebung reicht von Hellrot bis zum tiefdunklen Granatrot. Das Bukett ist stets aromatisch und angenehm, der Geschmack körperreich, kräftig und robust. Der Alkoholgehalt liegt bei etwa 11–12 Vol.-%. In Bairrada werden auch Roséweine erzeugt. Sie zeichnen sich durch das typisch fruchtige Aroma der Bagatrauben aus und zeigen sich beim Trinken als frisch und gut balanciert.

Bekannte Erzeuger

Adega Cooperativa Cantanhede, Adega Cooperativa Mealhada, Adega Cooperativa Mogofores (Anadia), Adega Cooperativa Vilarinho do Bairro (Anadia), Hotel Palace do Bussaco (Markenwein; Private Label), Vinhos Capela (Anadia), Casa do Canto (Anadia), Casa Agríc. de Saima (Anadia), Caves Aliança (Anadia), Caves Borlido (Anadia), Caves Império (Anadia), Caves Messias (Mealhada), Caves do Pontão (Anadia), Caves Primavera (Águeda), Caves São Domingos (Anadia), Caves Valdarcos (Anadia), Estação Vitivinícola da Bairrada (Anadia), Óis do Bairro (Anadia), João Garcia Pulido (Anadia), Qta. das Bágeiras (Anadia), Qta. do Carvalhinho (Mealhada), Qta. da Rigodeira (Anadia), Manuel A. Ribeiro de Almeida (Anadia), Secular Cave de Portugal (Anadia), Sidónio de Sousa (Dulcineia Santos Ferreira, Sangalhos), Soc. Agríc. Luís Pato (vielfach ausgezeichnet), Soc. Agríc. Qta. d'Aguieira (Aguieira), Soc. Agríc. Qta. de Baixo (Cantanhede), Soc. Dos Vinhos Irmãos Unidos (Anadia), António Maria Faria Tamengos (Anadia).

Dão

Statistische Daten

- Gesamtrebfläche rund 20.000 Hektar.
- Jährliche Gesamtproduktion rund 375.000 Hektoliter.
- 83 % Rotwein.
- 17 % Weißwein.

Klima

Im Sommer ist es sehr heiß, die Winter sind streng. Die Anfang Oktober einsetzende kühle Witterung bewirkt eine langsamere Gärung des Mostes, was unter anderem auch einen hohen Glyzeringehalt der Weine zur Folge hat.

Böden

Die Böden sind stark mit Granit durchsetzt.

Rebsorten

Hauptrebsorten für Weißweine
Barcelo, Borrado das Moscas (= Bical), Cerceal, Encruzado, Malvasia Fina (= Arinto do Dão), Rabo de Ovelha, Terrantez, Uva Cao, Verdelho.

Hauptrebsorten für Rotweine
Alfrocheiro Preto, Alvarelhão, Aragonez (= Tinta Roriz), Bastardo, Jaen, Rufete, Tinto Cão, Touriga Nacional, Trincadeira Preta. Roséweine werden hauptsächlich aus der Touriga Nacional gewonnen, vereinzelt auch aus den Trauben Alvarelhão, Tinta Amarela und Tinto Cão.

Dieses seit 1907 gesetzlich geschützte D.-O.-C.-Gebiet im Zentrum der Weinbauregion Beiras befindet sich um die Stadt Viseu. Die vielfach kleinen und verstreut liegenden, oft terrassenförmig angelegten Weingärten befinden sich in einer Höhe von 200 bis 600 Metern über dem Meeresspiegel inmitten von Pinienwäldern. Die Bäume bieten einen guten Schutz gegen die kalten Höhenwinde. Die in den letzten Jahren verbesserte Kellertechnik hat die roten und weißen Klassiker durch frische, geschmeidige und gehaltvolle Weißweine ergänzt. Es werden auch Roséweine und Sekt hergestellt. Die neuesten Entwicklungen sind eine Art Primeur und der Dão Novo (wenige Edelsorten, Lagerzeit über vier Jahre). Weiters sind die Kategorien Reserva (zwei Jahre Reife) und Garrafeira (drei Jahre Reife) um den Dão Nobre ergänzt worden. Nach wie vor überwiegen jedoch die Rotweine, fruchtige bis samtige Weine von rubinroter Farbe, deren Sortenbukett sich mit zunehmendem Alter entwickelt. Dabei verändert sich die Farbe in Richtung Kastanienbraun. Infolge des meist hohen Gerbstoffgehaltes benötigen Dão-Rotweine in der Regel eine längere Lagerzeit. Sie sind auch in der Flasche gut haltbar. Das Weingesetz schreibt eine Mindestlagerzeit von 18 Monaten im Fass vor. Ihr Alkoholgehalt erreicht 11–13 Vol.-%.
Die Dão-Weißweine haben eine strohgelbe Farbe sowie einen frischen und vollen Geschmack mit fruchtigen Duft- und Aromastoffen. Sie kommen mit 11–12 Vol.-% auf den Markt. Die Alterung kann im Fass oder in der Flasche erfolgen und beträgt entsprechend den gesetzlichen Vorschriften bis zu 18 Monate.

Bekannte Erzeuger

Adega Cooperativa Foral D. Henrique (Mangualde), Adega Cooperativa Vila Nova de Tázem (Gouveia), Álvaro Castro (Seia), Casa de Santar (Nelas), Caves S. João (Bairrada), Caves Velhas (Bucelas), Dão Sul, Soc. Vitivinícola (Carregal do Sal), Qta. da Alameda (Nelas), Qta. do Cerrado (Carregal do Sal), Qta. da Espinhosa (Vila Nova de Tázem), Qta. das Maias (Gouveia), Qta. dos Roques (Mangualde), Fátima Ribeiro (Viseu), João Sacadura Botte (Seia), Santos Lima (Gouveia), Soc. Agríc. Boas Quintas, „Fonte do Ouro" (Mortágua), Soc. Agríc. Qta. Sto. António (Mangualde), Soc. Agríc. Casal de Tonda (Tondela), Sogrape (Vila Nova de Gaia), UDACA (Viseu).

Beira Interior

Dieses neue D.-O.-C.-Gebiet liegt im Osten Beiras, nahe der spanischen Grenze. Es setzt sich aus den früheren I.-P.-R.-Gebieten Castelo Rodrigo und Pinhel (nordöstlich vom Dão-Gebiet) sowie Cova da Beira (südöstlich vom Dão-Gebiet) zusammen. Insgesamt umfasst es rund 16.000 Hektar. Die Böden sind geprägt von Schiefer und Granit, das Klima ist im Sommer heiß und im Winter kalt und frostanfällig.
Im nördlichen Teil werden hauptsächlich leichte bis aromatische, eher hellere Rotweine aus den Traubensorten Bastardo, Marufo (= Mourisco Tinto), Rufete, Touriga Francesa bzw. Nacional und Trincadeira Preta mit einem Alkoholgehalt von 11 bis 12 Vol.-% gekeltert. Die Traubensorten der frischen und eher säurebetonten Weißweine sind Arinto, Folgasão, Fonte Cal, Gouveio (= Verdelho) und Síria. Sie bilden häufig die Basis für die Sektherstellung im Lande.
In der Cova da Beira werden nahezu ausschließlich alkoholreichere Rotweine erzeugt, die für ihre granatrote Farbe und ihren weichen, ebenso körperreichen wie feinen Geschmack bekannt sind. Eine Ausnahme bilden die Weinberge um Covilhã. Von hier kommen eher leichte Rotweine mit niedrigerem Alkoholgehalt, die jung getrunken werden. Als Hauptsorten für diese Rotweine werden Jaen, Marufo, Periquita, Rufete und Tinta Amarela (= Trincadeira Preta) verwendet. Es gibt aber auch hier leichte, säurebetonte und fruchtige Weißweine. Sie werden hauptsächlich aus den Trauben Alicanta Branco (= Pérola), Malvasia Fina (= Arinto do Dão), Rabo de Ovelha und Tamarez (= Arinto Gordo) gekeltert.

Bekannte Erzeuger

Adega Cooperativa Covilha, Qta. das Poldras (Covilhã), Adega Cooperativa Pinhel, Adega Cooperativa Figueira Castelo Rodrigo, Adega Cooperativa „Praça Velha" (Fundão), Casa do Redondo (Trancoso), Caves da Murganheira (Tarouca), Convento de Santa

Maria de Aguiar (Figueira Castelo Rodrigo), Cooperativa Agríc. Beira Serra, „Sou do Alto“ (Trancoso), Cooperativa Agríc. do Távora, „Terras do Demo“ (Moimenta da Beira), Cooperativa Agríc. Vale do Varosa (Tarouca), Paláto Pinhel, Qta. do Cardo (Figueira Castelo Rodrigo), Qta. da Portela, Albergue do Bonjardim (Serta), Soc. Agríc. da Beira, „Entre Serras“ (Tortosendo).

Lafões

Die rund 1.000 Hektar Rebfläche des I.-P.-R.-Gebietes sind etwas vom Atlantik entfernt, von diesem aber noch klimatisch beeinflusst. Aus Lafões kommen leicht alkoholische, spritzige und fruchtige Weißweine, die den Vinhos Verdes aus dem nördlich angrenzenden Nachbargebiet ähnlich sind. Sie werden aus den Traubensorten Arinto, Cerceal, Dona Branca, Esgana Cão und Rabo de Ovelha gewonnen. Die Rotweine zeichnen sich durch eine hohe natürliche Säure aus, die ihnen eine relativ lange Lebensdauer gewährt. Diese Weine aus den Trauben Amaral, Jaen und Touriga müssen mindestens sechs Monate in Fässern gelagert werden. Sie brauchen in der Regel jedoch meist erheblich länger, bis sie den gewünschten Reifegrad erreicht haben.

Bekannte Erzeuger

Adega Cooperativa Covilha, Qta. das Poldras (Covilhã), Adega Cooperativa „Praça Velha“ (Fundão), Casa do Redondo (Trancoso), Caves da Murganheira (Tarouca), Cooperativa Agríc. Beira Serra, „Sou do Alto“ (Trancoso), Cooperativa Agríc. Vale do Varosa (Tarouca).

ESTREMADURA

Diese Weinbauregion bildet einen schmalen Streifen entlang des Atlantiks, beginnend um die Stadt Leiria im Norden, bis nach Lissabon und Arruda dos Vinhos im Süden. Alle Weingärten sind zur Atlantikküste hin ausgerichtet. Die Sommer sind angenehm kühl. Der Atlantik bringt aber nicht selten heftige Winde, vor denen die Weingärten zum Teil mit dichten Bambushainen geschützt werden müssen. Auf den Böden aus Lehm und Kalkstein sowie Quarz und Ton wachsen unterschiedliche Weiß- und Rotweine mit jeweils recht hohen Erträgen und guten Qualitäten.

In der Estremadura sind acht D.-O.-C.-Gebiete und zwei I.-P.-R.-Gebiete klassifiziert. Die D.-O.-C.-Gebiete sind Óbidos, Alenquer, Arruda, Torres Vedras, Lourinhã, Bucelas, Carcavelos und Colares. Encostas de Aire und Alcobaça heißen die beiden I.-P.-R.-Gebiete. Die Weine des nördlichen Teiles der Region dürfen die Bezeichnung Alta Estremadura tragen. Ein großer Teil der Weinproduktion der Estremadura wird in Lissabon konsumiert.

Alenquer

Óbidos

Das D.-O.-C.-Gebiet Óbidos umfasst 13.000 Hektar. Es liegt östlich von Lourinhã, nicht direkt am Atlantik, der aber trotzdem das gemäßigte Klima beeinflusst. Es überwiegt der Anbau weißer Traubensorten. Die wichtigsten sind Arinto, Bical, Cerceal Branco, Fernão Pires, Jampal, Tamarez und Vital. Die Weine zeichnen sich durch frische Frucht und an Zitronen erinnernde Duftnoten aus. Sie werden leicht und trocken ausgebaut. In der Farbe sind sie blass bis strohgelb. Für die Weißweine gibt es keine besonderen Lagervorschriften. Die traditionell genossenschaftlich geprägte Verarbeitung wird mehr und mehr durch eigenständige Aktivitäten einzelner Winzer ersetzt.
Die Rotweine aus Óbidos zeichnen sich ebenfalls durch ihre Leichtigkeit und Fruchtigkeit aus. Die zarten, geschmeidigen und eher hellen Weine werden hauptsächlich aus den schneller reifenden Traubensorten Bastardo, Camarate, Mortágua, Preto Martinho, Tinta Miúda und Trincadeira Preta gewonnen. Es ist eine Lagerzeit von mindestens acht Monaten vorgeschrieben. Die Weine sollen eher jung getrunken werden.

Bekannte Erzeuger

Agro Vitis „Fonte das Moças" (Dois Portos), Casa Agríc. Visconde de Merceana Qta. dos Plátanos (Olhalvo), Cooperativa Agríc. „Colegiada" (Ourém), Qta. das Cerejeiras, Qta. S. Francisco (Bombarral).

Alenquer

Südlich von Óbidos liegt das D.-O.-C.-Gebiet Alenquer mit einer Rebfläche von rund 12.500 Hektar. Es wird durch das westliche Nachbargebiet Torres Vedras vor zu starken Einflüssen des Atlantiks geschützt. Das Klima ist mild mit kühleren Sommer- und nicht zu kalten Wintertemperaturen. Die Weine von Alenquer sind denen von Óbidos vergleichbar, es überwiegen die Weißweine. Sie sind wie auch die Rotweine eher leicht, trocken, fruchtig und säurebetont. Sie sollen jung konsumiert werden. Für die Weißweine bestehen keine Lagervorschriften, die Rotweine müssen dagegen vor dem Verkauf mindestens acht Monate gelagert werden. Neben den autochthonen Traubensorten findet man immer mehr international bekannte Reben, nahezu die gleichen wie in Óbidos. Diese werden häufig von jungen, kreativen Winzern kultiviert. Von großer Bedeutung ist jedoch noch immer der genossenschaftliche Zusammenhalt im gesamten Weinbau dieser Gegend.

Bekannte Erzeuger

Adega Cooperativa „Grace“ (Torres Vedras), Adega Cooperativa São Mamede da Ventosa „Alta Mesa“ (Torres Vedras), Cooperativa Agríc. „Colegiada“ (Ourém), Qta. da Boavista, „Palha Canas“ (Alenquer), Soc. Agríc. Qta. Abrigada (Alenquer), Soc. Agríc. Porta da Luz Qta. de Pancas (Alenquer).

Arruda

Ebenfalls nicht direkt am Atlantik liegt das relativ kleine, aber ertragreiche D.-O.-C.-Gebiet Arruda mit rund 4.700 Hektar. Die leicht hügelige Landschaft, das Klima und die Böden – hauptsächlich aus Lehm und Kalkstein – sind ebenso vergleichbar mit den nördlichen Nachbarn Óbidos und Alenquer wie die Produktion von überwiegend Weißweinen. Die Weißweine sind grundsätzlich trocken ausgebaut. Sie haben einen vollen, aromatischen Geschmack mit zartem Bukett und angenehm fruchtigem Aroma und sind eher hell. Die Weißweine unterliegen keinen Lagervorschriften, die Rotweine müssen vor dem Verkauf mindestens 14 Monate gelagert werden. Die Rotweine sind in der Regel von dunklerer Farbe als in den nördlichen Nachbargebieten. Ihr Geschmack ist vollmundig, zart und geschmeidig. Die Traubensorten entsprechen großteils jenen von Óbidos.

Bekannte Erzeuger

Adega Cooperativa „Comenda de Sant'lago“ (Arruda dos Vinhos),

Qta. das Cerejeiras, Qta. S. Francisco (Bombarral), Soc. Agríc. Qta. do Carneiro (Lisboa).

Torres Vedras

Das D.-O.-C.-Gebiet liegt westlich von Alenquer und Arruda. Es umfasst rund 20.000 Hektar und ist direkt den Einflüssen des Atlantiks ausgesetzt. Im Sommer ist es eher kühl, im Winter mild. Das ganze Jahr ist geprägt von sehr viel Wind. Trotzdem sind die Weine vergleichbar denen der etwas weiter im Landesinneren liegenden Nachbargebiete. Die überwiegend weißen Trauben wachsen auf Böden aus Lehm, Quarz, Sand und Ton und bringen regelmäßig gute Erträge bei hoher Qualität. Auch in diesem Gebiet werden hauptsächlich die weißen Traubensorten Arinto, Bical, Cerceal Branco, Fernão Pires, Jampal, Tamarez und Vital angebaut. Die Weine sollen jung getrunken werden. Sie sind leicht, hell, frisch, fruchtig, zartaromatisch im Duft und trocken ausgebaut. Lagervorschriften bestehen nicht. Die Rotweine sind von heller Farbe und eher leicht, fruchtig sowie geschmeidig. Sie werden hauptsächlich aus den Traubensorten Bastardo, Camarate, Mortágua, Preto Martinho, Tinta Miúda und Trincadeira Preta gekeltert. Vor dem Verkauf müssen sie acht Monate gelagert werden.

Bekannte Erzeuger

Adega Cooperativa „Grace“ (Torres Vedras), Adega Cooperativa São Mamede da Ventosa „Alta Mesa“ (Torres Vedras), Cooperativa Agríc. „Colegiada“ (Ourém).

Lourinhã

Dieses nördlichste D.-O.-C.-Gebiet in der Weinbauregion Estremadura hat einen direkten Zugang zum Meer. Das Klima ist gemäßigt und vom Atlantik stark beeinflusst. Es gedeihen hier vornehmlich Weißweine, die aus den Traubensorten Alicante Branco, Alvarelhão, Boal Espinho, Malvasia Rei, Mariquinhas und Tália hergestellt werden. Die Weine sind von relativ großer Tiefe, gleichzeitig aber noch fruchtig und frisch. Sie eignen sich besonders gut zu Fischspeisen. Rotwein wird nur in geringen Mengen erzeugt.

Bekannte Erzeuger

Adega Cooperativa Lourinhã, Comissão Vitivinícola Regional (Lourinhã).

Bucelas

Das bereits 1911 gesetzlich abgegrenzte D.-O.-C.-Gebiet liegt 20 Kilometer nördlich von Lissabon im Tal des Flusses Trancão. Es ist mit nur 400 Hektar Rebfläche sehr klein. In Bucelas werden ausschließlich Weißweine produziert, die zu mindestens 65 Prozent aus Arintotrauben sein müssen. Daneben werden die Sorten Cercial sowie seltener Esgana Cão und Rabo de Ovelha angebaut. Die Böden sind lehmig und kalkhaltig, die klimatischen Bedingungen eher ungünstig. Sehr kalte Winter und in den Temperaturen stark schwankende Sommer lassen die Trauben normalerweise nur schlecht ausreifen, sodass ein relativ hoher Säureanteil zurückbleibt. Dieser wiederum verleiht den Weinen von Bucelas, die auch als portugiesische Rheinweine bezeichnet werden, ihren säurebetonten, spritzigen und in der Jugend trockenen Charakter. Der Alkoholgehalt liegt zwischen 11 und 11,5 Vol.-%. Die Weine werden häufig jung getrunken. Bei einer gewissen Fasslagerung bilden sie eine unverkennbare Sortencharakteristik mit mehr Körper und deutlich abgebauter, aber noch immer erkennbarer Säure. International bekannt wurden die Weine von Bucelas bereits zur Zeit der Napoleonischen Kriege.

Bekannte Erzeuger

Caves Velhas (Bucelas), Qta. do Avelar (Bucelas), Qta. da Murta (Bucelas), Soc. Agríc. de Bucelas, Casal das Covas (Bucelas).

Carcavelos

In diesem nur 20 Hektar umfassenden kleinsten D.-O.-C-Gebiet Portugals wird heute nur noch ein Süßwein produziert. Er kommt mit einem Alkoholgehalt von mindestens 17,5 Vol.-% und maximal 22 Vol.-% auf den Markt. Das Gebiet wird im Westen durch Lissabon und im Süden durch den Atlantik begrenzt. Der weiße Carcavelos enthält mindestens 75 Prozent weiße Trauben, vorwiegend aus den Sorten Arinto, Boal Ratinho und Galego Dourado. Der rote Carcavelos wird ebenfalls aus mindestens 75 Prozent roten Sorten, wie Periquita und Preto Martinho (= Negra Mole), erzeugt. Beide Produkte werden mindestens zwei Jahre im Fass und zusätzlich sechs Monate in der Flasche gealtert, bevor sie verkauft werden dürfen.

Colares

Dieses seit 1907 abgegrenzte D.-O.-C.-Gebiet ist nur 350 Hektar groß und liefert jährlich etwa 2.000 Hektoliter Wein. Es liegt westlich von Lissabon am Atlantik, und zwar unter den Bergen von Sintra. Das Klima ist gemäßigt und feucht. Die Sonneneinstrahlung kann jedoch intensiv sein. Die Rebstöcke werden fast ausschließlich auf Dünensandböden (chão de areia) mit tonhaltigen Schichten angebaut. Sie müssen sehr tief eingegraben werden. Aufgrund der sandigen Bodenbeschaffenheit blieben die Weinstöcke von der Reblausinvasion im letzten Drittel des 19. Jahrhunderts verschont. Auch heute noch werden die Reben als Direktträger angebaut, was den Weinen einen besonderen Charakter verleiht. Die Weinreben liegen am Boden und die Trauben werden mit Stangen und Stöcken hochgehalten, um ein Verbrennen durch die vom Sand zurückgestrahlte Hitze zu vermeiden. Gegen die starken Seewinde schützt man die Reben mit Wänden aus Bambusrohr, die längs und quer zur Meeresküste verlaufen.

Der rote Colares gilt als einer der besten portugiesischen Rotweine. Er wird nahezu ausschließlich aus der Ramiscotraube gewonnen, das Gesetz schreibt einen Mindestgehalt von 80 Prozent vor. Die sehr kleinen Beeren der Ramisco haben eine besonders dicke Schale. Der Wein erhält hiervon seine tiefrote, fast tintenschwarze Farbe und ist als Jungwein rau und herb. Aufgrund seines hohen Gerbstoffgehaltes entwickelt er sich erst nach einer längeren Lagerung zu einem weichen, samtigen Wein. Dabei verändert er sein Aussehen und nimmt eine bräunliche, an Zwiebelschalen erinnernde Farbe an. Die gesetzliche Mindestlagerzeit beträgt 18 Monate im Fass und sechs Monate in der Flasche. Rote Colares-Weine eignen sich besonders gut für eine lange Lagerung. Neben der Ramiscotraube werden in Colares vor allem die roten Sorten Molar, Parreira-Matias und Santarém angebaut.

Colares-Weißweine werden laut Gesetz zu mindestens 80 Prozent aus der Malvasia Fina hergestellt. Als weitere Traubensorten werden Arinto, Galego Dourado und Jampal angebaut. Die Weine haben meist eine strohgelbe Farbe und sind gekennzeichnet durch einen frischen, ausgeprägt fruchtigen Geschmack, der sich erst in der vorgeschriebenen Mindestlagerzeit von sechs Monaten im Fass und weiteren drei Monaten in der Flasche entwickelt. Weiß- wie Rotweine weisen einen eher niedrigen Alkoholgehalt von etwa 10,5 bis 11,5 Vol.-% auf. Sowohl die Colares-Rotweine als auch die Weißweine sind im Geschmack säurebetont. Die Weißweine können sehr alt werden, ohne an Frische und Geschmack zu verlieren.

Bekannte Erzeuger

Adega Regional de Colares, Alcântara Agrícola SA. (Loures), Qta. das Encostas (Parede).

Encostas de Aire

Das I.-P.-R.-Gebiet mit rund 10.000 Hektar liegt im Norden der Weinbauregion. Die hier erzeugten Weine dürfen die Bezeichnung Alta Estremadura tragen. Es ist ein hügeliges und abwechslungsreiches Weinbaugebiet um die Stadt Leiria, unweit der Atlantikküste. Für das vom Meer beeinflusste Klima sind angenehm kühle Sommer und häufige heftige Winde typisch. Dichte Bambushaine schützen die Weinstöcke vor diesen Winden. Auf den Böden aus Lehm und Kalkstein, Quarz und Ton gedeihen unterschiedliche Weiß- und Rot- bzw. Roséweine mit recht hohen Erträgen.
Die wichtigsten weißen Traubensorten sind Arinto, Bical, Cerceal Branco, Fernão Pires, Jampal, Tamarez und Vital. Die Farbe der Weißweine ist blass bis strohgelb. Sie sind trocken ausgebaut und haben einen vollen, aromatischen Geschmack mit zartem Bukett und angenehmem Aroma. Die Weißweine unterliegen keinen Lagervorschriften. Sie sollen eher jung getrunken werden. Die Hauptrebsorten für die Rotweinproduktion sind Baga, Periquita und Trincadeira, die kräftige und lagerfähige Weine bringen. Sie sind bukettreich und angenehm zu trinken. Vor der Abfüllung müssen die Rotweine mindestens 14 Monate in Fässern gelagert werden.

Bekannte Erzeuger

Agro Vitis „Fonte das Moças“ (Dois Portos), Casa Agríc. Visconde de Merceana Qta. dos Plátanos (Olhalvo), Cooperativa Agríc. „Colegiada“ (Ourém), Qta. das Cerejeiras, Qta. S. Francisco (Bombarral).

Alcobaça

Das I.-P.-R.-Gebiet mit rund 2.100 Hektar schließt sich südwestlich an Encostas de Aire an und reicht bis zum Atlantik. Die Weine sind mit denen des Nachbarn in Art und Qualität vergleichbar. Auch die Rebsorten sind nahezu die gleichen. Große Teile der Weinproduktion von Alcobaça werden wie die meisten Weine der Estremadura in Lissabon konsumiert.

Bekannte Erzeuger

Agro Vitis „Fonte das Moças“ (Dois Portos), Casa Agríc. Visconde de Merceana Qta. dos Plátanos (Olhalvo), Cooperativa Agríc. „Colegiada“ (Ourém), Qta. das Cerejeiras, Qta. S. Francisco (Bombarral).

RIBATEJANO

Die Weinbauregion zwischen den Regionen Estremadura und Alentejano entspricht dem D.-O.-C.-Gebiet Ribatejo. Sie liegt nordöstlich von Lissabon zu beiden Seiten des Flusses Tejo.

Sanguinhal

Ribatejo

Die Weingärten stellen eine große, kompakte Zone um die Stadt Santarém dar. Ribatejo wird häufig als das landwirtschaftliche Herzstück Portugals beschrieben. Produziert werden ansprechende Konsumweine, die auch unter der Bezeichnung der Subregionen vermarktet werden: Cartaxo (zirka 11.000 Hektar), Santarém (zirka 7.000 Hektar), Almeirim (zirka 15.800 Hektar), Coruche (zirka 3.500 Hektar), Tomar (zirka 2.500 Hektar) und Chamusca (zirka 2.200 Hektar). Die Herstellung von Weißweinen überwiegt, der Großteil geht in die Hauptstadt Lissabon. Die Böden bestehen vorwiegend aus Kalkstein und Sand, in Tomar hauptsächlich aus Lehm. Das Klima ist gemäßigt, die Niederschläge sind eher gering. Ein weit verzweigtes Bewässerungssystem wird vom Tejo gespeist.

Die meisten Weißweine, vornehmlich hergestellt aus den Traubensorten Fernão Pires und Tália sowie Arinto und Trincadeira das Pratas und schließlich Rabo de Ovelha und Vital, sind trocken, mild, fruchtig-erdig und aromatisch im Geschmack. Oft weisen sie ein feines Zitrusaroma auf. Sie sind je nach Bodenbeschaffenheit und Klima entweder von blasser bis strohgelber Farbe, werden jung getrunken und haben ein Bukett von betonter Fruchtigkeit. Oder sie sind von tiefgelber Farbgebung, körperreich, voll im Geschmack

und eignen sich für eine längere Lagerung. Der Alkoholgehalt der Weißweine ist durchschnittlich bis hoch. In Tomar wird zusätzlich die Malvasiatraube angebaut.
Bei den Rotweinen überwiegen die Traubensorten Periquita und Castelão Nacional (= Camarate), gefolgt von Trincadeira Preta, Preto Martinho, Baga und, eher selten, Tinta Mole. Die Rotweine haben viel Körper und ebenfalls einen durchschnittlichen bis hohen Alkoholgehalt. Sie sind zwar mengenmäßig nicht von großer Bedeutung, einige der besten Rotweine Portugals kommen aber aus diesem Gebiet. Die im Allgemeinen rubinroten Weine müssen mindestens zehn Monate im Fass gelagert werden. Ihr Bukett erinnert an schwarze Johannisbeeren. Der Geschmack ist in der Jugend rau und herb. Er wird jedoch nach entsprechender Lagerung weich und samtig. Die alkoholreicheren Rotweine lassen sich gut lagern. Sie werden dann häufig als Garrafeiras ausgewiesen.

Bekannte Erzeuger

Adega Cooperativa Alcanhões (Santarém), Adega Cooperativa Cartaxo, Adega Cooperativa „Planície“ (Almeirim), Agro Batoréus (Azambuja), Casa Agríc. Herd. de Luís Margaride Lda. „Dom Hermano“ (Almeirim), Casa Cadaval (Muge), Casal da Coelheira (Abrantes), Caves D. Teodósio (Rio Maior), Fiuza & Bright (Almeirim), Qta. da Alorna (Almeirim), Qta. do Caçoilo (Cartaxo), Qta. Casal das Freiras (Tomar), Qta. Grande (Coruche), Qta. da Lagoalva de Cima (Alpiarça), Qta. da Madre de Deus „Rabeca“ (Cartaxo), Qta. de Santo André (Coruche), Qta. de Vale de Fornos (Azambuja), „Serrad'Ayres“, Cockburn, Smithes & C. (Lisboa), Soc. Agríc. Carvalho e Silva „Segada“ (Cartaxo), Soc. Agríc. Casal do Conde (Cartaxo), Soc. Agríc. Moena „Conde de Monte Real“ (Salvaterra de Magos), Soc. Agric. Qta. da Amoreira (Cartaxo), Sophia B. Vasconcellos (Almeirim).

TERRAS DO SADO

Zu der am Atlantik liegenden Weinbauregion gehören die beiden D.-O.-C.-Gebiete Setúbal und Palmela.

Setúbal

Das etwa 100 Hektar große D.-O.-C.-Gebiet liegt südlich von Lissabon am gegenüberliegenden Ufer des Tejo auf der Halbinsel Arrábida. Die Böden sind vorwiegend kalkhaltig. Das Klima ist gemischt, einerseits subtropisch, andererseits aber auch mediterran, beeinflusst vom Atlantik. Das Gebiet ist für die Herstellung des weißen Dessertweines Moscatel de Setúbal (siehe Versetzte Weine) sowie des roten Moscatel Roxo zugelassen.

Bekannte Erzeuger

Emidio de Oliveira e Silva & Filhos (Lda.), Fancisco Rodrigues Antunes, J. Dias Rosa, J. P. Vinhos (SA.), José Maria da Fonseca (Sucrs.), José Viegas da Silva (Lda.), SIVIPA – Soc. Vinícola de Palmela (SA.), Sociedade Agrícola de Rio Frio, Tomé & Batista (Lda.), Venâncio da Costa Lima (Sucrs.), Xavier Santana (Sucrs.).

Palmela

Palmela

Palmela ist ein kleines D.-O.-C.-Gebiet, dessen Trauben auf den sandigen Böden der Weingärten um die gleichnamige Stadt wachsen. Aus den Sorten Periquita (= Castelão Francês) sowie Alfrocheiro Preto, Bastardo, Espadeiro und Monvedro werden körper- und tanninreiche rote Tafelweine erzeugt. Sie haben ein fruchtiges Aroma, sind extraktreich und vollmundig mit leichten Kräuternoten. Es gibt auch Roséweine. Der Alkoholgehalt der Rot- und Roséweine darf 12 Vol.-% nicht unterschreiten. Seit etwa 15 Jahren werden auch internationale Rebsorten wie Cabernet Sauvignon und Merlot angebaut. Die gesetzlich vorgeschriebene Lagerzeit für Palmela-Rotweine beträgt 18 Monate im Fass oder in der Flasche.

Unter den Weißweinen findet man immer mehr trocken oder halbtrocken ausgebaute, fruchtige Weine mit feinem Muskatbukett, die die Vielseitigkeit der Moscatel-de-Setúbal-Traube unterstreichen. Die weiteren Traubensorten sind Arinto, Fernão Pires, Rabo de Ovelha, Roupeiro und Tamarez. Sie geben den Weinen, die jung getrunken werden sollen, einen frischen, fruchtigen und aromatischen Geschmack. Lagerzeiten sind nicht vorgeschrieben.
Der größere Teil der Palmela-Weine wird in Lissabon konsumiert. Manchmal findet man auch auf den Etiketten die Herkunftsbezeichnung Arrábida. Sie weist auf die Halbinsel hin, von der die Palmela- und Setúbal-Weine stammen.

Bekannte Erzeuger

Ageda Cooperativa de Palmela, Adegas Camilo Alves (SA.), Alcântara Agrícola (SA.), Cooperativa Agrícola Santo Isidro de Pegões, José Maria da Fonseca (Azeitão), Portucel (SA.), António Rodrigues Lufinha (Santiago do Cacém), Sileno Intern. Qta. da Bassaqueira (Azeitão), Soc. Agríc. Pegos Claros (Pegões Velhos), Soc. Vinícola (Palmela), Venâncio Costa Lima (Palmela), J. P. Vinhos, Vila Nogueira (Azeitão).

ALENTEJANO

Die große Weinbauregion Alentejano im Südosten Portugals umfasst nahezu ein Drittel der Gesamtfläche des Landes. Sie sieht nicht überall wie eine typische Weinlandschaft aus, da die Weingärten sehr aufgesplittet sind. Vielmehr liegen die zum einzigen D.-O.-C.-Gebiet Alentejo gehörenden Weinberge um die Stadt Évora. Sie erstrecken sich von dort nach Norden und Süden in Richtung der spanischen Grenze.

Alentejo

Die Anbauzonen von Norden nach Süden heißen Portalegre (zirka 600 Hektar), Borba (zirka 2.400 Hektar), Redondo (zirka 1.500 Hektar), Évora (zirka 1.400 Hektar), Reguengos (zirka 3.500 Hektar), Granja-Amareleja (zirka 1.200 Hektar), Vidigueira (zirka 1.700 Hektar) und Moura (zirka 1.100 Hektar). Schon viele Jahre vor der offiziellen Zusammenfassung sind diese Gebiete, die sich durch große Dynamik und Kreativität ausgezeichnet haben, in einer Vielzahl von Aktivitäten gemeinsam aufgetreten. Eine freiwillige Selbstkontrolle wacht schon seit Jahren über die Qualitäten, vom Anbau der Rebstöcke und von der Pflege des Weingartens bis zur analytischen und organoleptischen Beurteilung der fertigen Weine. Sie vergibt das Alentejo-Herkunfts- und -Gütesiegel. Die Weine kommen auch

unter den Herkunftsbezeichnungen der genannten Untergebiete auf den Markt.
Das Klima ist durch kalte Winter und heiße, trockene Sommer geprägt. Kräftige Niederschläge konzentrieren sich auf die Winterzeit von November bis März. Die Rotweine stellen den größeren Teil der Produktion dar. Die bekanntesten Traubensorten sind Alfrocheiro, Aragonez (= Tinta Roriz bzw. Tempranillo), Moreto, Periquita und Trincadeira. Bei den weißen Sorten überwiegen Antão Vaz, Arinto, Bical, Fernão Pires, Rabo de Ovelha, Síria (= Roupeiro) und Tamarez. Im Unterschied zu den meisten anderen portugiesischen Anbaugebieten ist im Alentejo die Anzahl der zugelassenen Rebsorten begrenzt, allerdings nach Subregionen unterschiedlich.
Die meisten Weine sind Jahrgangscuvées, eher selten wird sortenrein ausgebaut. Die Rotweine sind kräftig und körperreich. Sie zeigen schon in ihrer Jugend eine ausgewogene, reife Frucht mit harmonischen Tanninen. Ihre Farbe ist rubinrot. Spitzenweine haben ein großes Potenzial, das sich nach längerer Reifezeit mit grandioser Finesse und Eleganz zeigt. Die Weißweine sind stroh- bis zitronengelb, in Bukett und Geschmack eher neutral und als einfache Weine einzustufen. Es gibt aber auch sehr gehaltreiche, fruchtige Weißweine, edel und von großer Finesse. Diese kommen aus den kleineren Quintas, die sich selbst besonders hohe Qualitätsansprüche stellen. Grundsätzlich sind die Weißweine jedoch eher unkompliziert, leicht, frisch und spritzig. Sie weisen eine milde Säure auf.
Etwa 80 Prozent aller Weine des Gebietes Alentejo kommen aus Genossenschaftskellereien. Die Kellertechnik und die Bearbeitung der Weingärten entsprechen nur teilweise den modernen Standards. Eine Erschwernis bietet die Hitze. Während der Erntezeit im August liegen die Temperaturen häufig über 45 Grad Celsius. Die Weingärten selbst werden bis zu 45 Jahre alt.

Bekannte Erzeuger

Adega da Cartuxa (Évora), Adega Cooperativa Borba, Adega Cooperativa Portalegre, Adega Cooperativa Redondo, Adega Cooperativa „Navegante“ (Vidigueira), Cooperativa Agríc. de Reguengos (Reguengos de Monseraz), Herdade do Esporão (Reguengos de Monsaraz-Finagra), Morgado da Canita (Casa Agríc. Santos Jorge, Moura), Pousio (CADE, Lisboa), Qta. do Monte da Terrugem (Caves Aliança, Beiras), Soc. Agríc. Qta. do Carmo (Estremoz), Tapada do Chaves (Portalegre), Terras do Cante (Cooperativa Agríc. Granja, Mourão).

ALGARVE

Entlang der Südwest- und Südküste der Weinbauregion Algarve liegen nebeneinander von Westen nach Osten die D.-O.-C.-Gebiete Lagos (zirka 500 Hektar), Portimão (zirka 300 Hektar), Lagoa (zirka

2.000 Hektar) und Tavira (zirka 1.500 Hektar). Die Südküste der Algarve ist durch den seit Jahrzehnten blühenden Tourismus bekannt. Während das Klima von Lagos durch den Westatlantik von kühleren Temperaturen und deutlich höherem Niederschlag geprägt ist, unterliegen die drei anderen Gebiete dem eher mediterranen Klima der Südküste mit heißen Sommern und wenig Niederschlag in der Zeit von März bis Oktober. Die Gebirgsausläufer schützen zusätzlich vor den Westwinden des Atlantiks.
Die Trauben reifen voll aus und ergeben Weine mit einem hohen Alkoholgehalt von 13 Vol.-% und darüber. Die Böden bestehen hauptsächlich aus Sand. Von der Gesamtproduktion entfallen nur etwa drei Prozent auf Weißweine, die jedoch durch einen fruchtig-delikaten Geschmack bei niedrigem Säuregehalt und strohgelber Farbe auffallen. Hauptsächlich werden die Rebsorten Boal Branco und Crato Branco (= Síria) angebaut. Aus Crato Branco wird auch ein trockener Aperitifwein mit 15 Vol.-% erzeugt.
Die Rotweine, hauptsächlich aus den Traubensorten Monvredo, Negra Mole und Periquita, sind samtig und fruchtig. Die in ihrer Jugend rubinrote Farbe nimmt mit dem Alter mehr und mehr Topastöne an. In geringer Menge werden auch Roséweine hergestellt. Alle Weine sollen relativ jung getrunken werden. Es gibt keine besonderen Lagervorschriften.
Bekannte Produzenten sind die Adega Cooperativa Lagoa und die Qta. da Várzea in Loulé.

AZOREN

Die Azoreninseln Terceira, Pico und Graciosa sind I.-P.-R.-Gebiete, wobei das Weinbaugebiet der Insel Terceira die Bezeichnung Biscoitos trägt. Die beiden anderen tragen die Bezeichnung der Insel. Das Klima ist durch hohe Niederschläge geprägt, die sich über das ganze Jahr gleichmäßig verteilen. Die Böden sind vulkanischen Ursprungs. Auf Pico werden jährlich rund 10.000 Hektoliter Weißwein aus den Traubensorten Arinto, Terrantês und Verdelho dos Açores gekeltert. Der frische, fruchtige und trockene Wein wird zu Likörwein (Vinho Licoroso) mit einem Alkoholgehalt von mindestens 16 Vol.-% verarbeitet. Gleiches geschieht mit derselben Traubenmischung in Biscoitos auf der Insel Terceira. Die Mengen sind jedoch deutlich geringer.
Auf Graciosa werden ebenfalls ausschließlich weiße Trauben angebaut. Die Gesamtproduktion beläuft sich auf rund 18.000 Hektoliter im Jahr. Die Sorte Terrantês sorgt für besonders leichte, trockene Weine mit betonter Fruchtigkeit in Bukett und Geschmack. Der Mindestalkoholgehalt der Weine beträgt 10,5 Vol.-%, im Durchschnitt liegt er zwischen 11 und 12 Vol.-%.
Ein bekannter Produzent ist die Cooperativa Vitivinícola da Ilha do Pico.

RUMÄNIEN

Statistische Daten

- Acht Weinbauregionen: Banat, Siebenbürgen, Moldau, Dobrudscha, Muntenien und Oltenien sowie die kleinen Regionen an der ungarischen Grenze, Crisana und Maramures.
- Gesamtrebfläche rund 243.000 Hektar.
- Jährliche Gesamtproduktion rund 5 Mio. Hektoliter.
- 76 % Weißweine.
- 24 % Rotweine.

Geschichte

Archäologische Funde und geschichtliche Dokumente weisen in Rumänien auf den Anfang des Weinanbaus vor mehr als 6.000 Jahren hin. Verschiedene Weine aus den Anbaugebieten des heutigen Rumänien galten schon im Altertum als wichtige Handelsware. Doch es dauerte viele Jahrhunderte, bis sich Rumänien in seiner heutigen Gebietszusammenstellung bildete. Siebenbürgen und das Banat gehörten lange Zeit zu Ungarn, die Dobrudscha zu Bulgarien. In den 1960er Jahren wurden viele Ackerflächen zu Weingärten gemacht und so war Rumänien der größte Weinerzeuger im ehemaligen Ostblock. Heute sind die Anbauflächen zwar reduziert und die Weinproduktion beginnt sich umzustellen, doch eines Tages wird Rumänien bestimmt große Mengen an Qualitätsweinen hervorbringen, alleine schon aufgrund der geografischen Lage, die sich auf demselben Breitengrad wie Frankreich befindet.

Klima

Das Klima ist mäßig kontinental. In einigen Gegenden herrscht typisches Steppenklima. Der Südwesten steht zeitweise unter Mittelmeereinfluss. Im Sommer schwankt die durchschnittliche Temperatur zwischen 22 und 24 °C, sie kann aber auch bis zu 39 °C steigen. Im Winter jedoch sinkt die Durchschnittstemperatur auf bis zu minus 3 °C.

Böden

Sie reichen von Kalkböden mit Kohlenstoff und Kalk, Steppen-, Lehm- und Sandböden bis zu Löss-, Lava- und Waldböden.

Hauptrebsorten

Neben den autochthonen Traubensorten, wie Grasa de Cotnari, Zghiara de Husi, Plavaie Cramposia de Dragasani, Galbena de Odobesti, Feteasca Alba (Weiße Mädchentraube), Feteasca Regala (Königliche Mädchentraube) und Feteasca Neagra (Schwarze Mädchentraube), Babească, Francusa und Tamîioasa Româneasca (Rumänische Weihrauchtraube) werden auch europäische Traubensorten angebaut. Es sind dies die weißen Sorten Pinot Gris, Welschriesling, Sauvignon Blanc, Chardonnay, Chasselas und Muskat-Ottonel sowie die roten Sorten Pinot Noir, Merlot und Cabernet Sauvignon.

BANAT

Das Banat gehörte mit Siebenbürgen bis 1918 zu Ungarn. Heute liegt es in Rumänien und umfasst den äußersten westlichen Teil des Landes mit der Donau als Grenzfluss. Die Rebpflanzungen sind nicht ausgedehnt, vielmehr gleichen sie eingestreuten Inseln. In Miniç/Minisch, im Umland von Arad, gedeihen auf Vulkangesteinsböden bei nahezu mediterranem Klima Rotweine wie Cadarca und Cabernet Sauvignon. Bei Teremia Mare/Marienfeld überwiegen Sandböden, auf denen Weißweintrauben, wie Steinschiller, Majarca, Grasa und Banater Riesling, wachsen. Auf den sanften, sonnigen Hügeln von Timisoara/Temeswar mit dem Hauptort Recas/Rekasch sind wiederum edle, extraktreiche, dunkle Rotweine zu Hause. Die verwendeten Sorten sind Cabernet Sauvignon, Cadarca und Lemberger. Es werden aber auch gehaltvolle Weißweine gekeltert. Die Weinberge rund um die Stadt Moldova Noua werden in einer Höhenlage von 200 bis 300 Meter vornehmlich mit den weißen Trauben Welschriesling, Furmint und Muskat-Ottonel bestellt sowie mit dem aus Frankreich importierten Pinot Noir. Die Nähe der Donau einerseits sowie die schützenden Berge im Norden garantieren ein besonders gemäßigtes Klima. Das Weingebiet Drobeta-Turnu Severin umfasst die Zentren Oravita/Orawitza, Golul Drancii und Vanju Mare. Auf den sanften Hängen der Donauterrassen gedeihen seit alters vollmundige, bukettreiche Rotweine ebenso wie hochwertige Weißweine.

Bekannte Erzeuger

Arvinex (Arad), Carl Reh Winery (Bukarest), Recatim Recas (Recas/Timis), SCPVV Minis (Minis/Arad), Vinalcool Timis (Timisoara/Timis), Vitivinicola Baratca (Paulis/Arad).

SIEBENBÜRGEN

Von Gebirgen umgeben liegt das Transsilvanische Hochland in der Mitte Rumäniens. Weinbau wird auf sehr unterschiedlichen Böden in klar abgegrenzten Gebieten betrieben. Das gemäßigte Klima begünstigt die Erzeugung extraktreicher Weine mit ausgeprägtem Bukett.

Tarnave

Im Weinbaugebiet Tarnave werden die Berghänge entlang der Kleinen und Großen Tarnava und deren Seitentäler im Umland der Städte Medias, Blaj (Blasendorf) und Tarnaveni für den Weinbau genutzt. Hanglagen mit einer Neigung von 15 bis 25 Grad in einer Höhe von bis zu 500 Metern erlauben die Herstellung besonderer Qualitätsweine, die trocken oder halbtrocken ausgebaut werden.

Alba Iulia/Karlsburg

Dieses Weinbaugebiet wird auch „Land der Weine" genannt. Aus dem 1. Jahrhundert v. Chr. existieren Katakomben, die damals schon zur Weinlagerung verwendet wurden. Sie gelten als die größten und bekanntesten Keller von Siebenbürgen. Die in Karlsburg erzeugten Weißweine zeichnen sich durch sortentypische feine bis leichte Duftnoten sowie durch einen angenehmen Geschmack aus.

Sebes/Mühlbach

Aus Mühlbach kommen ähnliche Weißweine wie aus Karlsburg. Am Fuße der Südkarpaten ist das Klima jedoch etwas rauer. Die Weine sind daher in ihrem Gesamtcharakter herber und trockener. Rund um die Stadt Sibiu (Hermannstadt) findet man die größten Weingärten.

Bekannte Erzeuger

Agrozooviticola Seuca (Mures), Dacia Apold (Apoldul de Sus/Sibiu), Perla Tarnavei Jidvei (Alba), SCPVV Blaj (Alba), V&B Harghita (Miercurea Ciuc/Harghita), Vinaria Sibiu (Sibiu).

MOLDAU

Obwohl erst 1407 urkundlich erwähnt, wird Weinbau in der Moldau ebenfalls schon seit vorchristlicher Zeit betrieben. Boden, Klima und die Hanglagen der Karpaten zur Moldau hin sowie die Hochebenen bieten hervorragende Bedingungen auf rund 30.000 Hektar.

Cotnari

An der nordöstlichen Grenze liegt Cotnari mit rund 940 Hektar. Es werden Weine von großer Vielfalt erzeugt. Die Steilhänge sind mit den berühmtesten Weingegenden der Welt vergleichbar. Besonders bekannt sind die Trockenbeerenauslesen von Cotnari, die aus den einheimischen Rebsorten Grasa de Cotnari, Feteasca Alba, Tamîioasa Romãneasca und Francusa hergestellt werden. Weine der Sorte Grasa de Cotnari sind hervorzuheben. Sie zeichnen sich durch eine goldgelbe Farbe aus, sind extraktreich und kräftig. Je älter sie sind, desto lieblicher, harmonischer und auch dickflüssiger werden sie. Besonders typisch ist der leicht bittere Nussschalengeschmack. Berühmt ist der Weinberg Iasi, der eng mit der Geschichte der Moldau verbunden ist. Er ist unter Weinkennern ebenso bekannt wie die alten Weinzentren Copou, Bucium, Sorogari, Tomesti und Uricani. Der in früheren Zeiten als „Perle de la Moldavie" bekannte Cotnari hat, im Gegensatz zum Tokajer, den Anschluss nach der kommunistischen Ära nicht geschafft.

Husi

Husi, in der Nähe der gleichnamigen Stadt, ist für seine würzigen, leichten und spritzigen Tafelweine bekannt. Bei den Weißweinen überwiegen Zghiara, Aligoté, Feteasca Regala und Welschriesling. Relativ neu ist die Sorte Graue Sarba von Babească. Von Bedeutung bei den roten Sorten sind der Schwarze Babească sowie Porto, Feteasca Neagra, Cabernet Sauvignon und Merlot. Ebenfalls relativ jung am Markt ist die Rotweinsorte Codana. Die Weine sind trocken, leicht und geschmackvoll und sollen als Jungweine konsumiert werden.

Odobesti

Das Weinbaugebiet von Odobesti ist eines der ältesten Rumäniens. Es reicht über Panciu bis Cotesti an der östlichen Außenseite des Karpatenbogens. Hanglagen in 200 bis 600 Meter Höhe wechseln mit Tälern, kalkreicher Mergel mit fruchtbarem Waldboden. Die bekannteste Weinsorte ist die Galbena de Odobesti. Aus ihr wird ein trockener, spritziger Tafelwein gekeltert, der wegen seiner Frische und vollkommenen Ausgewogenheit ebenso geschätzt wird wie die übrigen traditionellen weißen und roten Tafelweine. Die Sorte Chasselas aus den Bergen von Odobesti und Panciu ist besonders hervorzuheben. Ihre perlrunden Beeren mit bernsteingelber Farbe garantieren einen im Zucker- und Säuregehalt ausgeglichenen fruchtigen und erfrischenden Wein.

Bekannte Erzeuger

Agroindustriala Bucium (Iasi), Corola (Focsani/Vrancea), Cotnari (Iasi), Dionisos (Comuna Cotesti/Vrancea), Romvitis Odobesti (Odobesti), Rovinco Cotesti (Vrancea), Rovinsah (Merei/Buzau), SCPVV Iasi (Iasi), SCVV Odobesti (Odobesti/Vrancea), Vascovin Vaslui (Vaslui), Veritas Panciu (Vrancea), Vinalcool Neamt (Neamt), Vincon Vrancea (Focsani/Vrancea), Vinia Iasi (Iasi).

DOBRUDSCHA

Die Dobrudscha liegt im Südosten Rumäniens am Schwarzen Meer. Die Weinbauregion wird vom Donaudelta beeinflusst; sie gehört zu den ältesten des Landes. Heute werden hier auf 20.000 Hektar Reben angebaut.

Murfatlar

Im berühmten Weinbaugebiet Murfatlar mit rund 2.100 Hektar Rebfläche werden die Weine auf den sonnigen Hängen des Carasutales in einer Höhe von 50 bis 100 Meter angebaut. Die Nähe des Schwarzen Meeres erlaubt einen langen Herbst und garantiert die Vollreife der Trauben. Die Böden sind kalkhaltig. Bekannt sind sowohl süße als auch leicht und trocken ausgebaute Weine, hauptsächlich aus den weißen Sorten Pinot Gris, Weiße Mädchentraube und Welschriesling, aber auch Chardonnay und Muskat-Ottonel. Auch aus den roten Sorten Cabernet Sauvignon, Pinot Noir, Merlot und Burgund Mare werden Qualitäts- und Tafelweine gekeltert.

Sarica Niculitel

Das Weinbaugebiet liegt in der nördlichen Dobrudscha auf den verwitterten Hängen der herzynischen Macinuliu-Berge und ist dem Donaudelta vorgelagert. Von hier kommen hochwertige Weiß- und Rotweine. Der Weißwein aus Aligotétrauben gilt als der beste seiner Art im Land. Der Wein ist von hoher Qualität, trocken, stark und weist eine ausreichende Säure auf, die ihm eine längere Lebensdauer sichert. Sein Bukett ist ebenso ungewöhnlich wie angenehm, er passt gut zu Fischgerichten.

Babadag

Wie archäologische Funde beweisen, war auch in Babadag die Weinherstellung bereits im Altertum bekannt. Tief unter der griechischen Festung Histria aus dem 5. Jahrhundert v. Chr. wurden Amphoren mit Wein ausgegraben. Und in einem Grabmal in Jurilovca aus dem 4. Jahrhundert v. Chr. wurden 100 aufrecht stehende Amphoren für Wein entdeckt. Heute ist dieses Gebiet südlich des Donaudeltas hauptsächlich für Qualitätsrotweine und weiße Tafelweine bekannt.

Bekannte Erzeuger

Agrovin Ivesti (Galati), Fruvimed Medgidia (Constanta), SCPVV Murfatlar (Basarabi/Constanta), SCVV Bujoru (Galati), Vinalcool Braila (Braila), Vinificatie si Bauturi Tulcea (Tulcea), Vinvico SA Constanta (Constanta), Viticola Aegyssus (Tulcea), Viticola Sarica Niculitel (Niculitel/Tulcea).

MUNTENIEN

Muntenien, bekannt als die Große Walachei, umfasst das Weinbaugebiet **Dealu Mare.** Es liegt im südlichen Karpatenbogen mit vorwiegend nach Süden bzw. Südosten ausgerichteten Sonnenlagen. Die Ausdehnung erreicht in Ost-West-Richtung immerhin 70 Kilometer zwischen den Städten Buzau und Prahova. Die Höhenlagen betragen 130 bis 460 Meter, einige bis 600 Meter. Das Mikroklima mit warmen, trockenen und ziemlich langen Herbstzeiten begünstigt den Weinanbau ebenso wie die an Eisenoxiden reichen Böden. Der Anbau von Rotweinen aus den Sorten Schwarze Feteasca, Burgund Mare, Merlot, Pinot Noir und Cabernet Sauvignon überwiegt. Es werden aber auch hervorragende Weißweine aus den Traubensorten Feteasca Regala, Pinot Gris und Muskat-Ottonel hergestellt. Auf den sanften Weinhügeln des Weingebietes **Pietroasele,** in den südlichen Vorkarpaten, werden herausragende Weißweine aus den einheimischen Sorten Tamîioasa Româneasca und Grasa mit einem hohen Alkoholgehalt, reichhaltigem Bukett und bernsteingelber Farbe erzeugt. Das kleine Weinbaugebiet **Arges** mit den Weinzentren Valea Mare und Stefanesti ist bekannt für die leichten und trockenen bis halbtrockenen, aber auch würzigen und erfrischenden Weißweine.

Bekannte Erzeuger

Cramele Prahova (Ploiesti/Prahova), Danuvin St. Ursula Weinkellerei (Ploiesti/Prahova), Dyonysos Ceptura (Prahova), I.C.V.V. Valea Calugareasca (Prahova), Rovit (Valea Calugareasca/Prahova), SCPVV Pietroasa (Buzau), S.E.R.V.E. (Bukarest), Tohani (Gura Vadului/Prahova), Videlmar (Urlati/Prahova), Vinarte (Bukarest), Vinexport Trading Company (Bukarest), Vinterra International (Bukarest).

OLTENIEN

Auf den Hügeln zwischen den Südkarpaten und der Donautiefebene liegen die Weingärten der Oltenia, der Kleinen Walachei. Im Süden wurden in Dabuleni, Sadova und Bechet Flugsandflächen durch das Anpflanzen von Reben stabilisiert. Bewährt haben sich dabei die einheimischen Sorten Rosioara und Berbecel, die gut trinkbare Tafelweine liefern.

Dragasani

Der Weinanbau in diesem Gebiet lässt sich bis in die Zeit der Geto-Daken nachweisen, der Vorfahren des rumänischen Volkes, die vor ungefähr 3.000 Jahren im heutigen Rumänien lebten. Die Weiß- und Rotweine werden auf Terrassen angebaut. Sie sind aromastark und trotzdem leicht, trocken und von mittlerem Alkoholgehalt.

Segarcea

Das Weinbaugebiet liegt südlich von Dragasani und Samburesti, in unmittelbarer Nähe der Stadt Craiova. Es ist eine kleinere und flachere Zone, in der neben Tafeltrauben auch Reben für die Herstellung von Qualitätsrotweinen wachsen, hauptsächlich Cabernet Sauvignon.

Samburesti

Wie das Weinbaugebiet Dragasani liegt auch Samburesti an den zum Donautal abfallenden Südhängen. Die Rotweine sind kräftig im Duft, angenehm im Geschmack und tiefrot in der Farbe.

Dealurile Craiovei

Auch dieses Gebiet ist hauptsächlich für seine kräftigen Rotweine bekannt. Es liegt unweit der Gebiete Segarcea und Samburesti.

Bekannte Erzeuger

Agroindustriala Corcova (Mehedinti), Bachus Dolj (Craiova/Dolj), Hortimex (Drobeta Turnu), SCCPN Dabuleni (Dolj), SCPVV Dragasani (Dragasani), SCPVV Stefanesti Arges (Arges), Statiunea Didactica Craiova (Dolj), Vitipomicola Simburesti (Dobroteasa/Olt).

SCHWEIZ

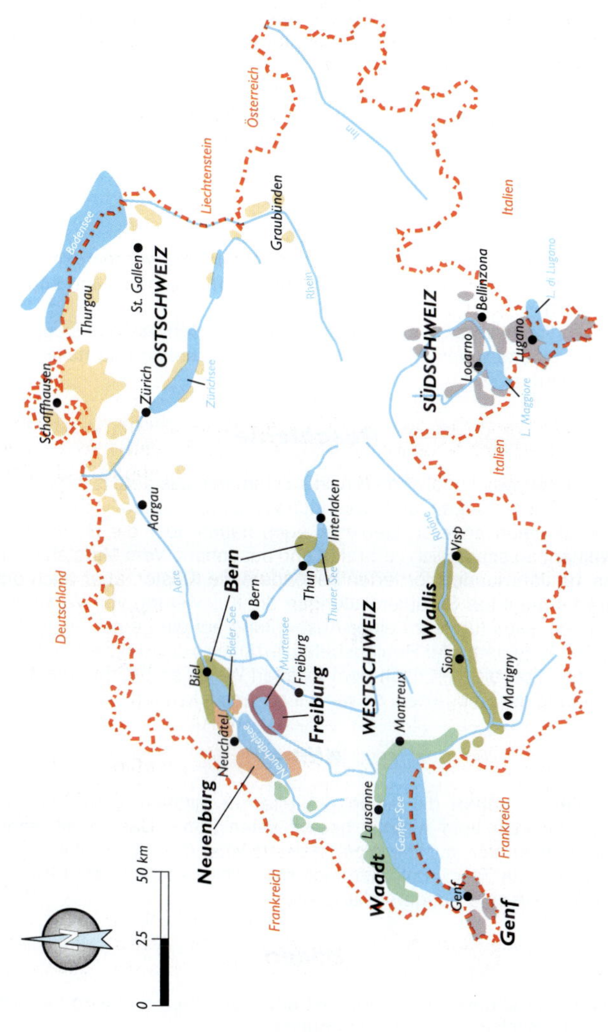
Österreich
Liechtenstein
Inn
Graubünden
Rhein
Bodensee
St. Gallen
OSTSCHWEIZ
Thurgau
Zürichsee
Zürich
Schaffhausen
Italien
Bellinzona
L. di Lugano
SÜDSCHWEIZ
Lugano
Locarno
L. Maggiore
Aargau
Interlaken
Rhône
Visp
Thuner See
Thun
Bern
Aare
Deutschland
Bieler See
Murtensee
WESTSCHWEIZ
Wallis
Biel
Freiburg
Sion
Martigny
Neuchâtel
Montreux
Neuchâtelsee
Neuenburg
Lausanne
Genfer See
Frankreich
Waadt
Genf
0
25
50 km
N

Statistische Daten

- Drei Weinbauregionen: Westschweiz mit 84 % der Gesamternte, Ostschweiz mit 10 % der Gesamternte und Südschweiz mit 6 % der Gesamternte.
- Gesamtrebfläche ca. 15.000 Hektar.
- Jährliche Gesamtproduktion rund 1,2 Mio. Hektoliter.
- Weinbau hauptsächlich auf einer Meereshöhe von 400 bis 600 Metern.
- 60 % Weißweine.
- 35 % Rotweine.
- 5 % Rosé- und Schaumweine.
- Weniger als ein Prozent der Gesamterzeugung werden exportiert (die Weine werden fast ausschließlich im eigenen Land konsumiert).
- Jährlicher Verbrauch etwa 300 Mio. Liter. Mehr als das Doppelte der eigenen Weinerzeugung wird aus Frankreich und Italien importiert.

Geschichte

Die ersten weinkundlichen Hinweise stammen aus dem Kanton Tessin südlich der Alpen, und zwar noch vor der römischen Kolonisation. Wie in vielen anderen Gebieten auch haben aber die Römer den Weinanbau schließlich verbreitet und ausgebaut. Vom Mittelalter bis ins 19. Jahrhundert förderten besonders die Klöster, aber auch die Städte mit ihren Stadtverwaltungen die Kultivierung von Weinbauflächen. Dies führte zu einer Ausbreitung auf die heute bekannten Weinbaugebiete. Der Reblausbefall dezimierte die Fläche wiederum enorm. Erst die Zeit nach dem Zweiten Weltkrieg brachte die Ausdehnung der Rebgärten, so wie wir sie heute kennen.

Klima

Klimatisch gehört die Alpennordseite zur mitteleuropäischen, im Wesentlichen vom Atlantik beeinflussten Zone. Das mediterrane Klima wirkt sich auf die Alpensüdseite aus. Das Wallis als abgeschlossenes Tal nimmt allerdings mit seinen kontinentalen Klimamerkmalen eine Sonderstellung ein.

Böden

Die Beschaffenheit der Böden ist unterschiedlich und wird bei den einzelnen Weinbauregionen behandelt.

Rebsorten

Hauptrebsorten für Weißweine
Chasselas (60 % der Gesamternte), RieslingxSylvaner, Pinot Gris, Ermitage, Muscat, Grüner Sylvaner, Amigne, Arvine, Humagne Blanche (Marsanne Blanche).

Hauptrebsorten für Rotweine
Pinot Noir, Gamay, Merlot.

Gesetz

Die Schweizer Weingesetzgebung baut weitgehend auf der Lebensmittelverordnung auf und ist weiters in kantonalen Gesetzen, Verordnungen und Beschlüssen geregelt. Generell gilt Qualitätssicherung durch Schutzbezeichnungen. So gibt es geschützte Markennamen und Spezialbezeichnungen aus bestimmten Kantonen und aus bestimmten Traubensorten, für die überdurchschnittliche Qualitätsanforderungen gelten. Alle Angaben, wie Herkunft, Ursprung, Rebsorte, Jahrgang, Alkoholgehalt und Erzeuger, müssen wahrheitsgetreu auf der Etikette sein und jede Täuschung ausschließen. Als weiter gehende Anstrengung zur Qualitätssicherung haben sich die vier Organisationen zur Förderung des Qualitätsgedankens zur VQH (Vinum Qualitatis Helveticum) zusammengeschlossen. Die Schutzbezeichnungen werden bei den einzelnen Weinbauregionen bzw. Weinbaukantonen behandelt.
Kaum mehr zu finden ist der Hybridenwein, für den eine eigene Kennzeichnung vorgeschrieben ist. Er wird aus Amerikanerreben gekeltert (daher auch die Bezeichnung Americano im Tessin) und weist einen deutlichen Fuchsgeschmack auf. **Sauser** ist die Bezeichnung für einen Sturm, also für einen im Gärstadium befindlichen Wein. Und schließlich ist **Süßdruck** ein Roséwein aus blauem oder rotem Traubengut, bei dem die Maische vor dem Ende der Gärung abgepresst (abgedrückt) wird. Sie ist noch etwas süß.

WESTSCHWEIZ

Romandie

Die Westschweiz ist die größte Weinbauregion der Schweiz. Die Rebflächen liegen im Rhônetal und am Genfer See. Die Erzeugung umfasst überwiegend Weißweine (90 % aus der Chasselasrebe), aber auch Rot- und Roséweine (Pinot Noir und Gamay) von guter Qualität. Der Clairet ist ein hell gekelteter Wein aus roten Trauben. Die Hauptanbaugebiete sind Wallis, Waadt, Genf, Neuenburg, Freiburg und Bern. Eine kleine Rebfläche befindet sich im Kanton Jura.

Wallis (Valais)

Sion im Wallis

Statistische Daten

- Drei Weinbaugebiete: Unterwallis (vom Genfer See bis zum Rhôneknie bei Martigny auf der linken Uferseite), Mittelwallis (von Martigny rhôneaufwärts bis zu den Schluchten der Raspille, hauptsächlich an den rechtsufrigen Hängen der Rhône) und Oberwallis (rhôneaufwärts bis Visp).
- Gesamtrebfläche rund 5.300 Hektar.
- Jährliche Gesamptproduktion rund 40–50 Mio. Liter.
- Rund 45 % Weißweine.
- Rund 55 % Rosé- und Rotweine.

Böden

Die eher dürftigen und kargen Böden sind meist ton- und kalkarm.

Klima

Das Klima ist gekennzeichnet durch hohe Sommertemperaturen, starke Sonneneinstrahlung und geringe Niederschläge. Fast kein Nebel und lange, milde Herbste begünstigen die Reifung der Trauben. Der ganze Rebberg oberhalb von Martigny ist mit Bewässerungsanlagen ausgestattet.

Rebsorten

Alte, im Wallis einheimische Sorten sind Amigne, Arvine und Humagne Rouge et Blanc. Sie werden mit den besonders selten gewordenen Reben Rèze (Prie) und Landrote als alte Gewächse bzw. französisch Vieux Plants bezeichnet.

Hauptrebsorten für Weißweine
Chasselas (Gutedel), Gros Rhin (Sylvaner), Chardonnay, Pinot Blanc.

Hauptrebsorten für Rotweine
Pinot Noir, Gamay.

Gesetz

1991 wurde zum Schutze der Qualität der Weine die kontrollierte Ursprungsbezeichnung AOC in Kraft gesetzt. Die AOC-Weine unterliegen einer besonders strengen Kontrolle, die neben dem Ursprung auch die Rebsorten, die Weinbereitung und die Weinlagerung erfasst. Der Höchstertrag ist mit 30 Hektoliter pro Hektar und der Alkoholgehalt mit mindestens 11,5 Vol.-% festgelegt. Vier Gemeindeweine kommen mit der Bezeichnung „Grands Crus“ auf den Markt: Salgesch, Vétroz, St-Léonard und Fully. Die Bezeichnung **Flétri** wird für eine Spätlese verwendet, also einen Wein, dessen Traubengut Edelfäule aufgewiesen hat. Die Weine zeichnen sich durch eine natürliche Restsüße aus. **Mi-Flétris** werden weniger spät geerntet und zeigen die Eigenschaften nicht so ausgeprägt.
Die Weinberge im Wallis sind auf Terrassen angelegt, die gelegentlich bis 800 Meter Seehöhe hinaufreichen. Berühmt sind die Weinberge von Visperterminen im Oberwallis, die sogar bis über 1.100 Meter hinaufsteigen und als die höchstgelegenen Europas gelten. Eher flach, im Gegensatz zum übrigen Wallis, ist das Unterwallis. Die Weinbaugemeinden hier sind Vouvry, Vionnaz, Monthey, St-Maurice, Evionnaz, Martigny und Val d'Entremont sowie Collenges und Dorénaz am rechten Ufer der Rhône. Das Mittelwallis an den Südhängen der Alpen umfasst über 4.000 Hektar. Hier liegen die bedeutenden Weinbauorte Fully, Saillon, Leytron, Chamoson, Conthey, Sion (Sitten) mit Mont d'Or (bekannte Lage und Musterweingut), Uvrier, St-Léonard, Mollignon und Sierre (Siders). In den niederschlagsarmen Zonen wird bewässert. Die als Bisse oder Suonen bezeichneten Bewässerungskanäle bringen das notwendige Wasser aus den Seitentälern der Rhône. Die 220 Bisses des Wallis haben insgesamt eine Länge von 1.800 Kilometern.

Bekannte Weine

Weißweine	*Weinbeschreibung*
Fendant AOC	Aus Chasselastrauben (nur im Wallis Fendant genannt) hergestellt. Fruchtig, leicht kohlensäurehältig, Feuersteingeschmack, diskretes Bukett. Jung zu trinken. 10–12 Vol.-%. Die besten Lagen liegen im Mittelwallis (Fully, Leytron, Vétroz, Conthey, Uvrier, St-Léonard, Sion).
Johannisberg AOC	Aus Gros-Rhin-Trauben (Sylvaner) hergestellt. Würzig, duftig, geschmeidig, gehaltvoll. Jung zu trinken. Die Spitzenlagen befinden sich im Mittelwallis (Leytron, Chamoson, Sion). Er zählt zu den großen Weinen der Schweiz. Johannisberg-Spätlesen besitzen einen tiefen Süßkomplex, ohne einer gewissen Strenge Abbruch zu tun.
Dôle Blanche	Weiß gekelteter Pinot Noir und Gamay, der den Anforderungen eines Dôle entsprechen muss. Dôle Blanche sollte jung getrunken werden; nur in geringen Mengen erzeugt.
L'Ermitage	Markiger, samtiger Wein aus der Marsannerebe. Nur in geringen Mengen erzeugt.
La Malvoisie	Vollmundiger, reicher Wein mit natürlicher Süße aus Pinot-Gris-Trauben, der drei bis vier Jahre reifen soll. Nur in geringen Mengen erzeugt.
L'Amigne und **La Petite Arvine**	Feine, kräftige Weine aus einheimischen Trauben.
Gletscherwein, Glacier, Vin du Glacier	In kleinen Mengen erzeugter Wein aus Rèze- oder Rèze- und Chasselastrauben, der in Lärchenfässern reift und einen leichten Harzgeschmack aufweist. Bei der jahrelangen Lagerung werden die Fässer durch Jahrgangsverschnitt immer spundvoll gehalten. Gletscherwein ist eine Spezialität der Dörfer des Val d'Annivers.

Roséweine	*Weinbeschreibung*
Œil de Perdrix	Aus Pinot-Noir-Trauben. Frisch, fruchtig, blumig. Œil de Perdrix ist eine geschützte Bezeichnung für Schweizer Roséweine, die ausschließlich aus Pinot-Noir-Trauben bereitet werden. Die kupfrig goldene bis lachsrosa Farbe erhält der Wein durch die kurze Gärung an der Maische. Der Wein besitzt eine wunderbare Finesse, ist kräftig, voll, rassig, hat ein harmonisches Bukett und einen frischen, geschmeidigen Geschmack; sollte jung getrunken werden.
Rosé du Valais	Aus Pinot-Noir- und/oder Gamaytrauben.

Rotweine	*Weinbeschreibung*
Dôle AOC	Aus Pinot-Noir-Trauben oder Pinot-Noir- und Gamaytrauben hergestellt. Dunkelrot, voll, körperreich, harmonisch, elegant. Gut lagerfähig. Im Mittel- und Oberwallis (Sion, Sierre, Salgesch) hergestellt. Weine, die den Anforderungen an den Dôle AOC nicht entsprechen, werden als **Goron** verkauft.
Pinot Noir AOC	Vorwiegend im Mittel- und Oberwallis hergestellt. Körperreich, kräftig, rassig, blumig. Salgesch im Oberwallis verwendet für Pinot-Noir-Weine teilweise die Bezeichnung „Grand Cru". Sie ist gebunden an Maximalerträge, einen Mindestzuckergehalt und an Produktionsbestimmungen (kein Barriqueausbau). Außerdem muss der Wein von einer offiziellen Degustationskommission mindestens 19 von 20 Punkten erreicht haben.
Gamay du Valais	Zart, fruchtig, vollmundig. Im ganzen Wallis hergestellt. Als Spezialität gibt es oft schon im Spätherbst den Gamay Nouveau, auch Beauvalais Nouveau genannt.
Humagne Rouge, Syrah	Selten gewordene Rotweinspezialitäten.
Landroter	Rouge du Pays, einheimische Sorte.

Bekannte Erzeuger

A. Orsat (Martigny), Les Fils Maye (Riddes), A. Biollaz (St-Pierre-de-Clages), Vins Bonvin, F. Varone, R. Gilliard, M. Gay, Cave Molignon und Domaine Mont d'Or (alle in Sion), Cave St-Pierre (in Chamoson), Caves Imesch und B. Rouvinez (in Sierre), Mathier (in Salgesch). Die Genossenschaftskellerei Provins Valais in Sion mit mehr als 5.000 Mitgliedern verwertet ein Drittel der Walliser Weinernte. Die Produkte sind Fendant, Johannisberg und die Spezialitäten Malvoisie, Ermitage, Amigne und Arvine sowie die Rotweine Dôle, Pinot Noir und Goron.

Waadt (Vaud)

Statistische Daten

- Sechs Weinbaugebiete: La Côte, Lavaux, Le Chablais, Côtes de l'Orbe, Bonvillars, Vully.
- Gesamtrebfläche rund 3.700 Hektar.

Klima

Klimatisch sind die am See gelegenen Gebiete begünstigt. Der See bewirkt einen Temperaturausgleich und eine größere Intensität der Sonneneinstrahlung.

Böden

Die Böden sind ausgenommen von Lavaux und Vully kalkhaltig.

Rebsorten

Hauptrebsorten für Weißweine
Hauptsächlich Chasselas, in kleinen Mengen Malvoisie, Pinot Blanc, RieslingxSylvaner, Muscat und Aligoté.

Hauptrebsorten für Rotweine
Pinot Noir, Gamay.

Gesetz

26 gesetzlich festgelegte Anbaugebiete im Kanton Waadt können ihre Weine mit der Ursprungsbezeichnung Appellation d'Origine (z. B. Aigle oder St-Saphorin) verkaufen. Die Bezeichnung Cru oder Grand Cru ist nur dann erlaubt, wenn der Wein ausschließlich aus dem bezeichneten Weingut stammt, z. B. Château Marsens.
Der Weinbau konzentriert sich im zweitgrößten Weinbaukanton auf das Nordufer des Genfer Sees von der Genfer Kantonsgrenze über Lausanne nach Montreux und reicht im Osten bis in das Rhônetal. Die Weinberge setzen sich im Norden des Kantons am Südwestufer des Neuenburger Sees und am Westufer des Murtensees fort.

La Côte

Das Gebiet mit seinen ausgezeichneten Dorins reicht von der Genfer Kantonsgrenze bis Lausanne. Es gliedert sich in La Petite Côte mit 20 Weinbaugemeinden, deren Weißweine unter dem Namen La Côte Choix verkauft werden. Das Zentrum ist Nyon. Bekannte Lagen der Petite Côte sind u. a. Clos du Bouchet, Clos du Muret und Clos des la Tourelle. La Bonne Côte vereint 20 Weinbaugemeinden, deren Weine mit dem Prädikat La Côte 1er Choix verkauft werden, z. B. Féchy, Mont-sur-Rolle, Coteau de Vincy, Vinzel und Luins. Bekannte Lagen sind hier Château de Vinzel, Château de Malessert und Château de la Batie. Und schließlich hat La Côte Morges 30 Weinbaugemeinden, deren Weißweine als La Côte Choix oder La Côte Dorin im Handel sind. Das Zentrum ist Morges. Bekannte Lagen sind u. a. Clos Rochette und Clos des Abbesses.

Lavaux

Es ist dies der Küstenstreifen am Nordufer des Genfer Sees zwischen Lausanne und Montreux mit 23 Weinbaugemeinden. Bekannte Orte mit eigenen Appellations sind Lutry (bekannte Lage: Clos des Brûlées), Villette, Epesses (bekannte Lagen: Calamin und Clos de la Rose), Dézaley (bekannte Lagen: Clos des Abbayes und Clos des Moines), Saint-Saphorin, Chardonne und Vevey-Montreux. Die Weine in absoluter Spitzenqualität sind trocken, fruchtig, vollmundig und nachhaltig.

Le Chablais

Das Gebiet östlich des Genfer Sees reicht von Villeneuve bis Bex am rechten Ufer der Rhône. Orte mit eigener Appellation sind Villeneuve (bekannte Lage: Clos de la Muraz), Yvorne (bekannte Lage: Château Maison Blanche), Aigle (bekannte Lage: Murailles), Ollon und Bex. In der Regel sind diese Weine leicht, spritzig, feurig und markant.

Côtes de l'Orbe und Bonvillars

Die Weine aus Côtes de l'Orbe (beiderseits des Flusses Orbe) und Bonvillars (am Südwestufer des Neuenburger Sees) werden unter der Bezeichnung **Waadtländer** oder **Dorin Vaudois** oder **Bonvillars** verkauft. Sie sind trocken, fruchtig, leicht und spritzig.

Vully

Zwischen dem Neuenburger See und dem Murtensee werden ebenfalls überwiegend Weißweine produziert. Sie haben nur lokale Bedeutung.

Bekannte Weine

Weißwein	*Weinbeschreibung*
Dorin	Schutzbezeichnung für Weine aus Chasselastrauben, die ausschließlich im Kanton Waadt hergestellt wurden. Die Bezeichnung **Terravin** wird für die besten Dorins verwendet, sofern sie von einer offziellen Degustationskommission 18 von 20 möglichen Punkten erreicht haben. Die Bezeichnung wird in der Regel zur Ursprungs- bzw. Herkunftsbezeichnung gesetzt. Die Weine werden unter dem Namen der Weinbaugemeinde oder der Lage verkauft.

Rotwein	*Weinbeschreibung*
Salvagnin	Sachbezeichnung für Rotweine aus dem Kanton Waadt, die aus den Traubensorten Pinot Noir, Gamay oder aus einer Mischung dieser Sorten hergestellt wurden. Das Mischungsverhältnis ist nicht vorgeschrieben. Bei einer Degustation müssen 17 von 20 möglichen Punkten erreicht werden. Die Schutzbezeichnung wird auf der Etikette mit der Ursprungs- oder Herkunftsbezeichnung angegeben.

Andere Rotweine haben ebenfalls einen guten Ruf, die aus den Sorten Pinot Noir oder Gamay hergestellt werden und die vorwiegend im Chablais (Yvorne, Aigle, Ollon), in der Lavaux (Dézaley, Saint-Saphorin, Epesses) und zu einem kleinen Teil in der La Côte (Féchy) sortenrein oder auch gemischt produziert werden.

Bekannte Erzeuger

Rolaz & Fils und Hammel (in Rolle), Cave A. Chevalley und Cave de Jolimont (in Mont sur Rolle), Societé Vinicole de Perroy, Domaine du Matheray (in Féchy), Association Viticole Aubonne und Uvavins-Vaud (in Morges-Tolochenaz), Ville de Lausanne und Caves Bujard (in Lutry), Les Frères Dubois, L. Bovard und H. Contesse (in Cully), J. & P. Testuz (in Treytorrens-Cully), Obrist (in Vevey), H. Badoux (in Aigle), P. & A. Indermühle (in Yvorne) und Association Viticole d'Yvorne.

Genf (Genève)

Statistische Daten

- Drei Gebiete: Le Mandement (mit den Gemeinden am Seeufer nördlich von Genf sowie rechts der Rhône), Arve et Rhône (südlich von Rhône und Arve), Arve et Lac (zwischen Genfer See und Arve).
- Gesamtrebfläche rund 1.500 Hektar.
- Jährliche Gesamtproduktion über 10 Mio. Liter.

Klima

Große Sonneneinstrahlung sowie geringe Niederschläge wirken sich positiv auf die Weinproduktion aus.

Böden

Die Böden sind großteils kalkhaltig.

Rebsorten

Hauptrebsorten für Weißweine
Chasselas (über 50 %), Aligoté, Chardonnay, RieslingxSylvaner.

Hauptrebsorten für Rosé- und Rotweine
Gamay, Pinot Noir.

Gesetz

Als Folge der Einführung der AOC und der damit verbundenen Qualitätsanforderungen (wie Maximalertrag, Mindestzuckergehalt, Verschnittverbot) sind die Genfer Weine von sehr guter Qualität. Bei der AOC werden heute so genannte Cru-Weine hergestellt, die unter dem Namen eines Châteaus oder einer Ortschaft verkauft werden, z. B. Côtes de Russin oder Coteau de Peissy.
Genf ist der drittgrößte Weinbaukanton und erstreckt sich hufeisenförmig beiderseits der Rhône um die Stadt Genf bis zum westlichen Ufer des Genfer Sees. Das Zentrum ist die Stadt Satigny im Teilgebiet Le Mandement. Sie ist die größte Rebbaugemeinde der Schweiz. Das Rebgelände im Kanton Genf ist meist flach. Der Großteil der Ernte wird durch die Vin Union Genève vermarktet.

Bekannte Weine

Weißwein	*Weinbeschreibung*
Perlan	Qualitätswein aus der Chasselastraube. Leicht, fruchtig, spritzig.

Roséwein	*Weinbeschreibung*
Œil de Perdrix	Vgl. Wallis.

Bekannte Erzeuger

J. Crousaz (in Peissy), A. Cornut (in Gy), Vin Union Genève (in Satigny).

Neuenburg (Neuchâtel)

Statistische Daten

- Gesamtrebfläche rund 600 Hektar.
- Jährliche Gesamtproduktion 4–5 Mio. Liter.

Klima

Das milde Klima begünstigt den Weinbau.

Böden

Die Böden sind vorwiegend kalkhaltig.

Rebsorten

Hauptrebsorten für Weißweine
Hauptsächlich Chasselas, weiters RieslingxSylvaner, Sylvaner, Pinot Blanc und Pinot Gris.

Hauptrebsorten für Rosé- und Rotweine
Pinot Noir.

Die Weinbauzone des Kantons Neuenburg erstreckt sich vom Waadtländer Südufer des Neuenburger Sees bei Vaumarcus bis Le Landeron am Bieler See. Das Gebiet umfasst die Gemeinden Le Landeron (am unteren Ende des Bieler Sees), Cressier, Saint-Blaise, Neuchâtel, Auvernier, Colombier, Boudry, Corteillod und Bevaix, deren Namen auch als Ursprungsbezeichnungen verwendet werden. Zugelassen werden aber auch Lagenbezeichnungen. Die Weißweine sind frisch, spritzig und haben einen überdurchschnittlich hohen Gehalt an natürlicher Kohlensäure. Infolge der frühen Flaschenabfüllung direkt von der Hefe (Sur-Lie-Abzug) bilden die Weine beim Einschenken ins Glas kurz einen Stern aus aufperlenden Kohlensäurebläschen. Sie werden daher **Sternliwein, Sternwein** oder **Sternewy** genannt. Der markengeschützte Roséwein Œil de Perdrix (siehe Wallis) wird in Neuenburg auch erzeugt. Die Rotweine werden aus Pinot-Noir-Trauben hergestellt. Sie sind fein, markant und durch die Kohlensäure auch gut haltbar.

Bekannte Erzeuger

Domaine Château de Vaumarcus, Caves du Château d'Auvernier.

Freiburg (Fribourg)

Das Rebland des Kantons Freiburg ist mit 100 Hektar Fläche sehr klein und liegt an den Hängen des Mont Vully (ein Teil gehört zum Waadtland). Die Orte am Murtensee sind Praz und Sugiez/Nant, die in der Lavaux sind Riex, Burignon und Faverges. Der Wein wird als Domaine les Faverges verkauft und ist ein Spitzenprodukt. Für die leichten und fruchtigen Weißweine wird überwiegend die Sorte Chasselas verarbeitet. Es gibt aber auch Spezialitäten, wie Pinot Gris, Gewürztraminer und Freisamer (auch Freiburger genannt). Die Rotweine werden aus Pinot-Noir-Trauben gekeltert.

Bern

Der Kanton Bern, der in die beiden Weinbaugebiete Bieler See und Thuner See unterteilt wird, umfasst eine Rebfläche von 250 Hektar. Am Bieler See wird für die Weißweine zum größten Teil die Sorte Chasselas verarbeitet. Der Rest ist RieslingxSylvaner und Freisamer. Neuenstadt, Schafis, Ligerz, Twann, Tüscherz, Alfermée und Vingelz sind bekannte Weinbauorte. Seit 1947 besteht der Beschluss, dass die Weine aus diesen Orten als **Schafiser, Twanner** und **Bielerseewein** in den Handel kommen. Die zusätzliche Verwendung von Ortsnamen ist möglich. Vom Typ her ähneln diese Weine den Neuenburger Weinen. Sie sind höchstens noch leichter und spritziger. Auf der Insel St. Peter im See wächst der so genannte **Inselwein.** Für den Rotwein wird die Traubensorte Pinot Noir verwendet. Der Thuner See mit seinen kleinen Lagen hat nur regionale Bedeutung. Die Anbauinseln Spiez und Oberhofen zählen wegen der verwendeten Rebsorten bereits zur Ostschweiz. Weißwein wird aus der Traubensorte RieslingxSylvaner und Rotwein aus der Sorte Blauburgunder gekeltert. Die Weine kommen unter den Namen der beiden Wein erzeugenden Gemeinden **Spiezer** und **Oberhofner** in den Handel.

OSTSCHWEIZ

Statistische Daten

- Sechs Gebiete: Zürich, Schaffhausen, Aargau, Graubünden, Thurgau, St. Gallen.
- Gesamtrebfläche rund 2.300 Hektar.
- Jährliche Gesamtproduktion 12–13 Mio. Liter.

Klima

Mitteleuropäisches Klima, das vom Einfluss des Atlantiks bestimmt wird. Der Föhn wirkt sich positiv aus.

Böden

Infolge des stark aufgesplitterten Rebareals sehr unterschiedlich.

Rebsorten

Hauptrebsorten für Weißweine
Hauptsächlich RieslingxSylvaner, vereinzelt Gutedel, Freisamer, Chardonnay, Pinot Gris, Gewürztraminer, Räuschling, Completer.

Hauptrebsorten für Rosé- und Rotweine
Hauptsächlich Blauburgunder (Klevner).

Hallau in Schaffhausen

Die Ostschweiz ist im Vergleich zur Westschweiz eine kleine Produktionszone. Sie umfasst die Rebflächen der Kantone der deutschsprachigen Landesteile mit Ausnahme der Rebberge des Bieler Sees. Diese gehören zur Westschweiz. In der Ostschweiz werden hautpsächlich Rotweine erzeugt. Es gibt aber auch fruchtige, frische und spritzige Weißweine sowie Spezialitäten, wie den aromatischen Completer und den herben, eleganten Räuschling. Beide schmecken jung getrunken am besten. Alle Rotweine der Ostschweiz, aber auch die süffigen Rosés und sogar ein „Fastweißer", der so genannte **Federweiße,** stammen aus der Burgundertraube. Diese Weine sind in der Regel leicht bis gehaltvoll, fruchtig und leicht spritzig.
Die Schutzbezeichnung **Winzer Wy** gilt für nicht verschnittene Qualitätsweine aller Rebsorten der Ostschweiz, die bei einer offiziellen Degustation 18 von 20 möglichen Punkten erreicht haben. Der Most muss bei Blauburgundertrauben mehr als 75° Oe, bei weißen Trauben mehr als 70° Oe haben.
Die Rebflächen der Ostschweiz werden von unzähligen Kleinbesitzern in vielen Städten und Gemeinden bewirtschaftet. Der Großteil der Ernte wird aber von lokalen Winzergenossenschaften, vom Verband Ostschweizerischer Landwirtschaftlicher Genossenschaften (VOLG Zürich und Winterthur) und von einigen großen privaten Kellereien und Weinhandelsfirmen verarbeitet und verkauft. Bekannt sind u. a. die Staatskellereien des Kantons Zürich und die Weinkellerei Rutishauser in Scherzingen.

Zürich

Ist der größte Weinbaukanton der Ostschweiz mit insgesamt 530 Hektar. Die Anbauflächen sind (von Norden nach Süden): Weinland mit den Gemeinden Andelfingen, Volken, Rheinau und Stammheim. Unterland mit Eglisau, Teufen, Bülach und Regensberg. Limmattal mit der Gemeinde Weiningen. Stadt Zürich mit Seegebiet mit den Orten Meilen, Stäfa, Männedorf und Wädenswil. Der gesamte Jahresweinertrag liegt bei 3 Mio. Litern, davon sind zwei Drittel Rotweine und der Rest Weißweine. Bekannt ist die Spezialität Züricher Räuschling.

Schaffhausen

Das Gebiet liegt im Norden der Schweiz um die gleichnamige Stadt. Es umfasst zirka 450 Hektar Rebfläche. Im Klettgau liegen die größte Weinbaugemeinde Hallau sowie Wilchingen und Trasadingen. Im Oberklettgau liegen Beringen, Löhningen und Sibingen. Schließlich noch Schaffhausen und Stein am Rhein. Der Jahresweinertrag beträgt etwa 3 Mio. Liter, davon sind 85 % Rotweine. Die Weine werden mit dem Namen der Wein erzeugenden Gemeinde, vielfach ergänzt durch den Namen einer besonderen Einzellage, in den Handel gebracht.

Aargau

Der Kanton Aargau hat zirka 310 Hektar Rebfläche. Die überwiegend kleinen Weinbaugemeinden liegen im Aare-, Limmat-, Frick- und Schenkenberger Tal. Der Jahresweinertrag liegt bei zirka 2 Mio. Liter, 60 % davon entfallen auf Rotwein, der Rest auf Weißwein. Bei den Aargauer Weinen ist es üblich, die Gemeinde als Ursprungsbezeichnung zu nennen, mitunter ergänzt durch einen Lagennamen. Die Weine haben nur regionale Bedeutung.

Graubünden

Der Kanton Graubünden hat zirka 370 Hektar Rebland, das im Rheintal flussabwärts der Stadt Chur liegt. In der Bündner Herrschaft mit den Dörfern Fläsch, Maienfeld, Jenins und Malans herrscht die Blauburgunderrebe vor. Sie wird zum **Herrschäftler Beerliwein** verarbeitet. Im Bündner Rheintal mit den Gemeinden Igis, Zizers, Trimmis und Masans (Ortsteil von Chur) werden Blauburgundertrauben gerne als Süßdruck oder **Churer Schillerwein** hergestellt. Das heißt, es werden nur blaue Trauben verwendet. Ein Verschnitt von Rot- und Weißwein darf nicht als Schiller oder Schillerwein bezeichnet werden.
Das Misoxtal wird weinbaukundlich zur Südschweiz gerechnet (siehe Tessin). Die Weine aus Graubünden gehören zu den besten der Ostschweiz. Dies liegt am günstigen Klima und am kalkigen Schieferboden. Der Jahresweinertrag liegt bei 1,5–2 Mio. Litern. Die

Hauptrebsorten sind Blauburgunder (96 %) und die in bescheidenem Umfang angebauten weißen Sorten RieslingxSylvaner, Gewürztraminer sowie die Rebspezialität Completer. Die Rotweine werden mit dem Namen der jeweiligen Gemeinde als Ursprungsbezeichnung in den Handel gebracht, z. B. **Malanser** und **Maienfelder.** Die Weißweine werden meist unter ihrer Rebsortenbezeichnung verkauft.

Thurgau

Der Kanton Thurgau hat eine Rebfläche von 190 Hektar. Die Weinbaugemeinden liegen am Untersee (vorwiegend Weißweine) und im Thurtal (vorwiegend Rotweine). Der Jahresweinertrag liegt bei 1–1,5 Mio. Litern, davon sind 70 % Rotweine und 30 % Weißweine. Die bevorzugten Rebsorten sind Blauburgunder und RieslingxSylvaner. In der Regel sind Thurgauer Weine leicht, fruchtig und duftig. In manchen Lagen sind die Rotweine kräftig und voll.

St. Gallen

Der Kanton St. Gallen hat eine Rebfläche von 190 Hektar. Die Weinbauorte befinden sich im Rheintal (Altstätten), im Oberland (Sargans), am Walensee (Quinten) und am Oberen Zürichsee (Rapperswil). Der Weinertrag liegt bei 1 Mio. Litern. Es werden hauptsächlich Rotweine aus Blauburgundertrauben (rund 94 %) erzeugt. Der Rest sind Weißweine aus den Sorten RieslingxSylvaner, Pinot Gris, Freisamer und Gewürztraminer. Die Weine sind kernig, süffig und feurig und mit jenen der Bündner Herrschaft (vgl. Graubünden) zu vergleichen.

SÜDSCHWEIZ

Cantina Sociale Mendrisio im Tessin

Statistische Daten

- Zwei Gebiete: Misox (Mesolcina; gehört geografisch zum Kanton Graubünden), Tessin (im italienischen Teil der Schweiz).
- Gesamtrebfläche rund 1.250 Hektar.
- Jährliche Gesamtproduktion rund 5 Mio. Liter.

Klima

Das Klima ist beständig. Intensive Regenfälle wechseln mit langen Wärmeperioden ab. Fröste sind selten.

Böden

Im nördlichen Teil der Südschweiz sind die Böden sauer und kalkarm, während sie im südlichen Teil kalkhaltig sind.

Rebsorten

Hauptrebsorten für Weißweine
Gutedel, Sémillon, Sauvignon Blanc, Chardonnay, Kerner, RieslingxSylvaner.

Hauptrebsorten für Rotweine
Hauptsächlich Merlot. Bondola, Cabernet Franc, Cabernet Sauvignon, Pinot Noir.

Im Tessin ist der Pergolaanbau stark verbreitet. Die 176 Weinbaugemeinden liefern einen Jahresweinertrag von 4 bis 5 Mio. Litern. Davon sind 98,5 % Rotweine und nur 1,5 % Weißweine. Die Rotweine sind rubinrot, kräftig, körperreich und angenehm harmonisch. Sie weisen eine gute Lagerfähigkeit auf. Der Chiaretto ist ein hell gekelteter Wein aus roten Trauben. Der Rosato (Roséwein) wird aus Merlottrauben hergestellt.
Die Weinbaugebiete im Kanton Tessin sind Sottocéneri (südlich des Monte Céneri) und Sopracéneri (nördlich des Monte Céneri). Zu Sottocéneri gehören Luganese mit den Orten Lugano und Breganzona sowie Mendrisiotto mit Mendrisio und Coldrerio.
Zu Sopracéneri gehören die Bezirke Locarno, Vallemaggia, Bellinzona, Riviera Blenio und Leventina. Etwas mehr als die Hälfte der Traubenproduktion wird vom Tessiner Weinhändlerverband, von der Genossenschaftskellerei in Mendrisio, übernommen. Der Rest wird von selbst kelternden Winzern, dem Kanton und einzelnen Ge-

meinden verwertet. Ein Teil der Weinberge ist in kleine, von Mauern umgebene Grundstücke aufgesplittert. Hier wird vor allem der **Nostrano** zum Eigenverbrauch gekeltert. Das ist keine Sortenbezeichnung, sondern ein Sammelbegriff für Weine, die aus europäischen Rebsorten gekeltert werden. Es sind dies u. a. die blauen Trauben Merlot, Bondola, Bonardo und Freisa sowie die weißen Trauben Chasselas, Sémillon und Sauvignon Blanc.
Das kleine Anbaugebiet Misox im Kanton Graubünden wird deshalb zur Südschweiz gezählt, da die gleichen Produktionsbedingungen wie im Tessin herrschen. Es wird ebenfalls vorwiegend Merlot angebaut, der in der Tessiner Genossenschaft Giubiasco verarbeitet wird. Bekannte Weinorte sind San Vittore, Roveredo und Grono.
Die Schutzbezeichnung **VITI** (Vini Ticinesi) ist eine Qualitätsmarke für Tessiner Rotweine aus der Traubensorte Merlot. Der Wein heißt **Merlot del Ticino.** Sie wird erteilt, wenn die Weine bei einer offiziellen Degustation mindestens 61 von 80 möglichen Punkten erreichen. 1997 wurde zum Schutz der Qualität der Tessiner Weine die kontrollierte Ursprungsbezeichnung DOC in Kraft gesetzt. Offene Weine tragen die Bezeichnung Ticino.

Bekannte Erzeuger

Cantina Sociale Mendrisio, Cantina Sociale Giubiasco und Angelo Delea (in Losone), Agriloro SA (in Arzo), Fratelli Corti (in Balerna), Istituto Agraro Cantonale Mezzana und Carlo Tamborini (in Lamone), Fratelli Valsangiacomo (in Chiasso), Daniel Huber (in Monteggio), Werner Stucky (in Rivera), Adriano Kaufmann und Christian Zündel (in Berida), Matasci Fratelli (in Tenero), Terreni alla Maggia (in Ascona), Zanini (in Ligornetto).

SLOWAKEI

Der Weinbau in der Slowakei geht nachweislich auf das 7. bis 6. Jahrhundert v. Chr. zurück, auch aus der römischen Zeit wurde einiges überliefert. In der kommunistischen Planwirtschaft wurde Quantität vor Qualität gestellt. Heute ist man bestrebt, europäische Standards einzuführen, obwohl die Weinbauflächen rückgängig sind (von 30.000 Hektar um 1990 sind heute knapp 10.000 Hektar übrig geblieben). Seit 1996 gibt es ein neues Weingesetz. Es klassifiziert die Weine in Tischweine, Qualitätsweine aus Edelrebsorten, Qualitätsmarkenweine, Qualitätsverschnittweine und Prädikatsweine. Die Vorgaben ähneln den Auflagen im deutschen und österreichischen Gesetz.
Die Ostslowakei ist die bedeutendste Weinbauzone sowie die 20 Prozent des in der Slowakei liegenden Tokajergebietes. Das Klima ist als europäisches Kontinentalklima zu beschreiben. Die Böden

weisen einen vulkanischen Untergrund mit Basalt, Sand, Sandgestein und Kies auf.
Die verwendeten Weißweinrebsorten sind vor allem Irsay Oliver, Léanyka, Hárslevelu, Furmint und Bouvier.
Zu den bekanntesten Weißweinerzeugern zählen Milan Paverka in Pezinok, Vinárstovo Vinanza in Vráble, Vino Nitra (auch Schaumwein), Vladimír Sodoma in Modra und Vladimír Mrva in Zelene.

Die Slowakei verweist stolz auf die erste Schaumweinerzeugung außerhalb Frankreichs, die nach der Flaschengärmethode erfolgte. Ein napoleonischer Soldat namens Jean Hubert soll im Jahre 1825 in Bratislava einen schäumenden Wein erzeugt haben. Heute bekannt ist v. a. die Marke Pálffy Brut.

SLOWENIEN

Medana in der Goriska Brda

Statistische Daten

- Drei Weinbauregionen: Podravje, Posavje, Primorska.
- Gesamtrebfläche rund 21.700 Hektar.
- Jährliche Gesamtproduktion rund 900.000 Hektoliter.
- 70 % Weißweine.
- Der Pro-Kopf-Verbrauch liegt bei 45 Litern pro Jahr.

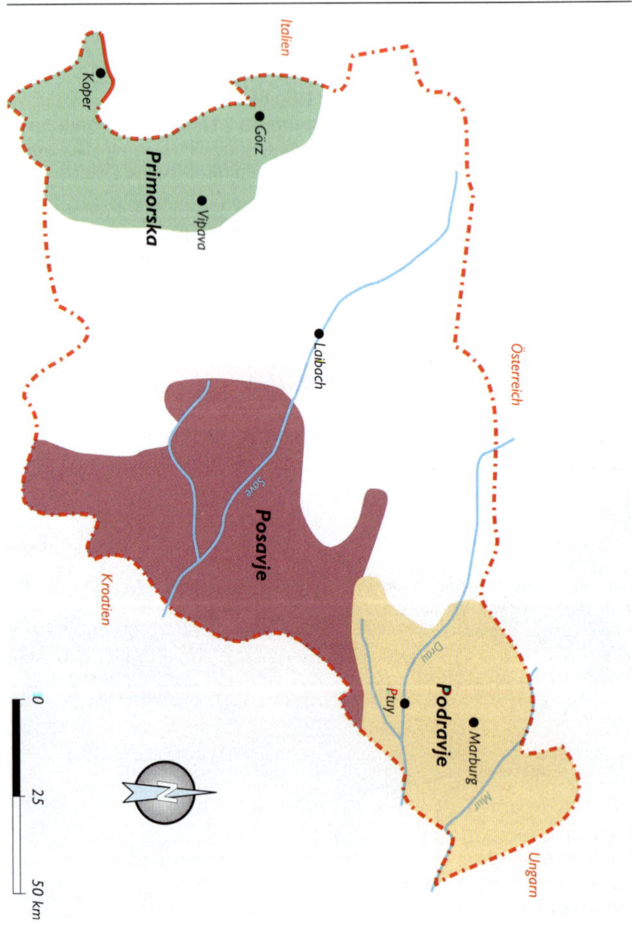

Geschichte

Sloweniens Weinbaugeschichte lässt sich bis ins Altertum zurückverfolgen. Ein Beweis für die große Weintradition des Landes ist der älteste Weinstock, der in Lent, einem Stadtviertel Marburgs, erhalten ist und um die 400 Jahre alt sein soll. Es handelt sich um die Rebsorte Zametovka (Blaue Köllner), die einst stark verbreitet war und heute noch ein Bestandteil des slowenischen Landweins Cviček ist.

Klima

Die Weinbaugebiete Sloweniens werden von drei Klimazonen beeinflusst, nämlich im Westen vom warmen und sonnigen adriatischen Klima, im Norden vom kalten und nassen alpinen und im Osten vom pannonischen Klima.

Böden

Die vorwiegend sandigen Böden sind abwechselnd mit Lehm, Kalkstein, Löss, Mergel und Humus vermischt.

Rebsorten

Hauptrebsorten für Weißweine
Nach der Häufigkeit ihres Anbaus: Laški Rizling (Welschriesling), Chardonnay, Sauvignon Blanc, Renski Rizling (Rheinriesling), Malvazija, Rebula, Beli Pinot (Weißer Burgunder), Traminec, Muskateller und Šipon (Furmint).

Hauptrebsorten für Rotweine
Nach der Häufigkeit ihres Anbaus: Žametna Črnina, Merlot, Modra Frankinja, Cabernet Sauvignon, Refoško, Modri Pinot und Modra Portugalka (Blauer Portugieser).

Gesetz

Das slowenische Gesetz unterscheidet vier Qualitätsstufen.

Tisch- oder Tafelwein	Namizno Vino
Landwein	Dezelno Vino
Qualitätswein mit geografischer Herkunft	Kakovostno Vino z geografskim Poreklom
Spitzenwein	Vrhunsko Vino
– Spätlese	Pozna Trgatev
– Auslese	Izbor
– Beerenauslese	Jagodni Izbor
– Trockenbeerenauslese	Suhi Jagodni Izbor
– Eiswein	Ledeno Vino

In der Regel werden die Weine nach der Rebsorte und dem Namen des Herkunftsgebietes oder ihrer Anbauzone benannt. So genannte Gattungsweine oder Weinvarietäten werden aus drei bis fünf Sorten eines bestimmten Anbaugebietes hergestellt. Sie werden nur nach ihrer Herkunft benannt, z. B. Ljutomerčan, Mariborčan oder Vipavec.

Der Gesetzgeber sieht genaue Vorschriften für die Kennzeichnung der Weine vor. Der in der Originalverpackung in den Verkehr gebrachte Wein muss auf der Etikette oder auf der Flasche eine Kennzeichnung in slowenischer Sprache aufweisen (z. B. in Form eines Aufklebers).

Der Namizno Vino, der Tisch- oder Tafelwein, enthält folgende Angaben auf den Flaschenetiketten:
- Art des Weines.
- Bezeichnung des Weines.
- Volumen.
- Alkoholgehalt in Vol.-%.
- Zuckergehalt, ausgedrückt durch „trocken", „halbtrocken", „halbsüß" oder „süß".
- Name und Sitz des Erzeugers bzw. Abfüllers.
- Abfülldatum.

Auf den Flaschenetiketten der höheren Qualitäten müssen darüber hinaus folgende Angaben verzeichnet sein:
- Kontrollierte Herkunft.
- Jahrgang.
- Seriennummer.
- Anzahl der abgefüllten Flaschen und Flaschennummer.
- Institut, das die Kontrolle durchgeführt hat.
- Bei Spitzenweinen mit Prädikat das Prädikat.

Die Rebsorte und das Abfülldatum können angegeben sein. Auf den Rückenetiketten ist häufig eine Beschreibung des Weines angeführt.

Der **Geschäftsgemeinschaft für Weinbau und Weinbereitung Sloweniens GmbH (PSVVS)** gehören Weinbauern, Weinhändler sowie Fach- und Bildungsinstitutionen an. Sie kontrollieren und garantieren die Herkunft und die Qualität slowenischer Weine. Die PSVVS ist Eigentümerin der Schutzmarke Slowenischer Wein.

PODRAVJE

Statistische Daten

- Sieben Anbauzonen: Maribor, Srednje Slovenske Gorice Ptuj, Radgona-Kapela, Lendava Goricko (früher Prekmurje), Haloze, Ljutomer-Ormož und Šmarje Virštajn.
- Gesamtrebfläche zirka 10.000 Hektar.
- Jährliche Gesamtproduktion rund 400.000 Hektoliter.

Klima

Das Klima ist subalpin im Westen bis kontinental im Osten.

Böden

Die Böden sind fruchtbar und bestehen hauptsächlich aus Mergel, vermischt mit Sand, Lehm, Löss, Ton und Kalk.

Rebsorten

Hauptrebsorten für Weißweine
Laški Rizling, Renski Rizling, Sauvignon Blanc, Beli Pinot, Rulandac, Chardonnay, Rumeni Muskat (Muskateller), Šipon, Muskat Ottonel, Traminec, Silvanac Zeleni. Ranina (Bouvier), Rivaner (Müller-Thurgau), Gutedel und Kerner sind in geringen Mengen vertreten.

Hauptrebsorten für Rotweine
Modra Frankinja, Žametna Črnina und Modri Burgundec.

Das Drava-Gebiet ist die wichtigste Anbauregion Sloweniens. Sie liegt im Nordosten des Landes zwischen Mur (Mura) und Drau (Drava) und erstreckt sich von der österreichischen Grenze bis zu den Haloze-Hügeln im Süden. Die Weingärten liegen sehr oft auf steilen Hängen. Es werden vorwiegend Weißweine erzeugt. Sie sind ausgewogen, reich an Extrakt und Bukett und weisen eine feine Säure auf. Laški Rizling und Šipon liefern in der Regel trockene und halbtrockene, Renski Rizling und Beli Burgundec halbsüße und Traminec eher süße Weine. Eine aromatische Rarität ist der gelbe Muskateller.

Bekannte Erzeuger

Kellerei Haloze	In Ptuj; erzeugt die Spitzenweine Halozan, Laški Rizling, Šipon, Beli Pinot und Sauvignon Blanc; die Kellerei produziert etwa 5 Mio. Liter.
Jeruzalem Ormož	Kellerei in Ormož mit einem Produktionsvolumen von zirka 5 Mio. Liter; stellt weiße Spitzenweine, u. a. Laški Rizling, Šipon und Beli Pinot, sowie Weine mit Prädikat, lagerfähige Weine und Schaumweine her.
Ljutomerčan	In Ljutomer; produziert etwa 5 Mio. Liter, vor allem Šipon, Laški Rizling, Chardonnay und Sauvignon Blanc. Bekannt sind die Spätlesen, Auslesen sowie ein Eiswein.

Curin Prapotnik	Privates Weingut in Kog, das überwiegend Spitzenweißweine und Prädikatsweine herstellt. Gesamtproduktion rund 70.000 Liter.
Vinag	Verein der Weinbauern der Ljutomer-Ormož-Weinberge in Marburg; erzeugt etwa 7 Mio. Liter. Bekannt sind v. a. Mariborčan, Laški Rizling, Beli Pinot, Renski Rizling, Kerner (auch als Prädikatsweine) und Schaumweine.
Zlati Grič	In Slovenske Konjice; produziert etwa 600.000 Liter Weißweine und den Modra Frankinja.
Universität Maribor	Die Fakultät für Landwirtschaft bringt den Meranovo (hervorragender Sauvignon Blanc) hervor; weiters eine Sauvignon-Spätlese, einen Renski Rizling und einen Chardonnay.
Landwirtschaftliche Mittelschule Marburg	Bringt die Weine Kalvaričan, Renski Rizling und Kalvarija auf den Markt.
Rakičan	In Murska Sobota; Landwirtschaftsgenossenschaft mit einer Produktionsmenge von etwa 80.000 Liter; erzeugt u. a. die Weine Laški Rizling, Chardonnay und Renski Rizling.
Radgonske Gorice	In Gornja Radgona; erzeugt etwa 2,5 Mio. Liter, und zwar Laški Rizling, Ranina, Traminec und Janževec (ein lokaler Verschnitt).
Kapela Vina	In Radenzi; bekannt für die Qualitäts- und Prädikatsweine Traminec, Sauvignon Blanc, Renski Rizling und Chardonnay; rund 1,3 Mio. Liter.
Joze Protner	Privates Weingut mit neuen Pflanzungen an Hanglagen um Marburg. Spezialitäten sind der Rheinriesling und die Cuvée Joannes aus Rheinriesling, Chardonnay und Muskateller.
Joze Kupljen	Familienweingut in der bekannten Lage Jeruzalem; erzeugt Spitzenweißweine und trockene, elegante Spätlesen.
Amon	Privatkellerei in Podčetrtek.
Imeno	Genossenschaftskellerei in Šmarje Pri Jelšah.

POSAVJE

Statistische Daten

- Drei Anbauzonen: Bizeljsko-Sremič, Dolenjska (Novo Mesto, Mokronog und Krsko) und Bela Krajina (Metlika und Crnomelj).
- Gesamtrebfläche rund 6.000 Hektar.
- Jährliche Gesamtproduktion rund 240.000 Hektoliter.

Klima

Kontinentales Klima ist vorherrschend.

Böden

Die Böden bestehen aus Tonschiefer und Sand.

Rebsorten

Hauptrebsorten für Weißweine
Laški Rizling, Renski Rizling, Beli Burgundec, Chardonnay, Sauvignon Blanc.

Hauptrebsorten für Rotweine
Žametna Črnina, Kraljevina, Modra Frankinja.

Das Save-Gebiet umfasst den Südosten Sloweniens. Es liegt zu beiden Seiten der Save und dehnt sich auf deren Nebenflüsse Sotla und Krka aus. Das Anbaugebiet ist ein sanftes Hügelland, auf dem hauptsächlich frische, betont fruchtige Weine mit niedrigem Alkoholgehalt und angenehmer Säure gedeihen. Die Rotweine sind durchwegs hell- bis rubinrot, leicht und harmonisch. Eine lokale Spezialität ist der **Cviček,** ein leichter Roséwein mit niedrigem Alkoholgehalt, viel Säure und geringem Extrakt. Er wird aus überwiegend roten und in geringerer Menge weißen Rebsorten hergestellt (z. B. der Dolenjsko Cviček).

Bekannte Erzeuger

Bauerngenossenschaft Krško	In Krško; bekannt für Laški Rizling, Chardonnay und Zeleni Silvanec sowie Modra Frankinja und Cviček.
Mercator KZ Metlika	In Metlika; erzeugt überwiegend Rotweine, wie die Cuvée Metlika Crnina und den Portugalka Mlado Vino, einen Nouveau aus Blauem Portugieser; darüber hinaus Laški Rizling und Chardonnay. Die Prädikatsweine werden unter dem Markennamen Kolednik vertrieben; Produktionsmenge der Kellerei: rund 3,8 Mio. Liter.
Vino Brežice	Die Kellerei produziert rund 7 Mio. Liter Weiß-, Rot-, Rosé- und Portweine (Porthos Tawny).
Istenic Janez & Mika	Erzeugt sortentypische Chardonnays, Sauvignon Blancs und Schaumweine.

PRIMORSKA

Dobrovo in der Goriska Brda

Statistische Daten

- Vier Anbauzonen: Goriska Brda (Görzer Berge), Vipava (Vipavatal), Kras (Karst) und Koper.
- Die Gesamtrebfläche beträgt rund 5.000 Hektar.
- Jährliche Gesamtproduktion rund 200.000 Hektoliter.

Klima

Der Einfluss des Mittelmeerklimas mit heißen Sommern und milden Wintern ist sehr ausgeprägt, Niederschläge im Herbst.

Böden

Die Böden sind sehr unterschiedlich. Die Hügel nördlich von Gorica bestehen meist aus Mergel und Lehm. Im Vipavatal ist Flyschboden vorherrschend und die Karstberge weisen kargen Kalkboden auf.

Rebsorten

Hauptrebsorten für Weißweine
Rebula, Tokaj, Malvazija, Beli Pinot, Chardonnay, Sauvignon Blanc sowie die beiden einheimischen Sorten Pinela und Zelen.

Hauptrebsorten für Rotweine
Refoško, Barbera, Cabernetsorten, Modri Pinot, Merlot.

Das Anbaugebiet umfasst die küstennahen Landstriche, die teils an der italienischen Grenze und teils direkt an der Adria liegen. Manche Gebiete bilden sozusagen eine Fortsetzung ihrer italienischen Nachbarn im Friaul, wie z. B. Brda vom Collio und Kras vom Carso. Die Weißweine sind meist hell- bis goldgelb, sehr aromatisch, angenehm trocken und mild. Bekannt sind vor allem der Rebula, der Vipavec, der Malvazija und der Tokaj. Letzterer ist ein trockener, aromatischer und voller Wein, der nichts mit dem ungarischen Tokajer zu tun hat. Besonders hervorzuheben sind auch die dunklen, vollmundigen und schweren Rotweine aus Merlot- und Refoskotrauben, die vor allem aus dem Koper-Gebiet stammen. Eine lokale Spezialität ist der purpurrote Kraški Teran vom Karst aus Refoškotrauben. Er ist trocken und würzig mit mäßigem Alkoholgehalt sowie einem hohen Gehalt an Milchsäure.

Bekannte Erzeuger

Goriska Brda	Landwirtschaftsgenossenschaft in Dobrovo, die rund 18 Mio. Liter Wein erzeugt; bekannt für Weine aus den Sorten Rebula, Merlot und Cabernet Sauvignon. Die Kellerei erzeugt auch trockene Schaumweine.
Vinakoper	In Koper; produziert 7 Mio. Liter, davon 70 % Rotweine (Refoško, Cabernet Sauvignon und Merlot), weiters die Weißweine Ruländer, Chardonnay und Malvazija sowie Schaumweine.
Vina Kras Sežana	Mit einer Menge von 4 Mio. Liter Wein produziert die Kellerei als Hauptsorte einen Kraški Teran.
Vipava	Der Ausstoß beträgt 8 Mio. Liter. Es werden sowohl sehr gute Rotweine (Merlot und Barbera) als auch besondere Weißweine (Rebula, Beli Pinot, Zelen und Pinela) erzeugt.
Ales Kristancic	Eines der führenden Weingüter Sloweniens; liegt an der Grenze zu Italien; Spezialitäten sind der blumige, frische Rebula, ein ausgereifter Chardonnay und ein kerniger Merlot.
Slovenijavino	In Laibach; ist ein Weinhändler und eine Kellerei, die mehrere angesehene Weinhersteller Sloweniens vertritt; hat ein gut organisiertes Verkaufsnetz in Slowenien und im Ausland.
Ivan Batic	Privates Weingut mit rund 11 Hektar Rebfläche, bekannt für die Weißweine aus den autochthonen Sorten Zelen und Pinela.

Weiters bekannt sind die Privatweingüter Valter Wlecnik und Stojan Ščurek.

WEINBAULÄNDER

SPANIEN

SPANIEN

Schloss Milmanda, im Besitz von Miguel Torres

Statistische Daten

- 17 Weinbauregionen: La Rioja, Navarra, Baskenland, Galicien, Kastilien-Leon, Aragonien, Katalonien, Asturien und Kantabrien (im Norden), Extremadura (im Westen), Kastilien-La Mancha und Madrid (im Zentrum des Landes), Andalusien, Murcia und Valencia (im Süden) sowie die Kanarischen Inseln und die Balearen.
- Gesamtrebfläche knapp 1,1 Mio. Hektar (wird nicht allein für den Tafelweinbau genützt, sondern in hohem Maße zur Erzeugung von Brennweinen für spanische Brandys). Spanien ist somit flächenmäßig der größte Weinproduzent der Welt.
- Jährliche Gesamtproduktion 30–35 Mio. Hektoliter. Dieser geringe Ertrag ist begründet durch sehr alte Rebstöcke, teilweise durch noch veraltete technische Ausstattung sowie durch die Dichte der Rebstöcke, die je nach Region zwischen 600 und 7.000 Rebstöcke pro Hektar umfasst (die allgemeine Pflanzungsdichte liegt zwischen 2.500 und 4.000 Rebstöcken).
- Ertrag durchschnittlich 23 hl/ha (ist sehr gering; zum Vergleich sind in Frankreich 60 hl/ha, in Deutschland 80–100 hl/ha üblich).
- Mehr als 200 Rebsorten sind katalogisiert, 146 davon sind offiziell anerkannt. Die 20 wichtigsten Rebsorten stehen auf ca. 80 % der Anbaufläche.
- Jährlich werden rund 7 Mio. Hektoliter Wein exportiert. Hauptabnehmer sind Deutschland, Großbritannien, Frankreich, die Schweiz und die USA.

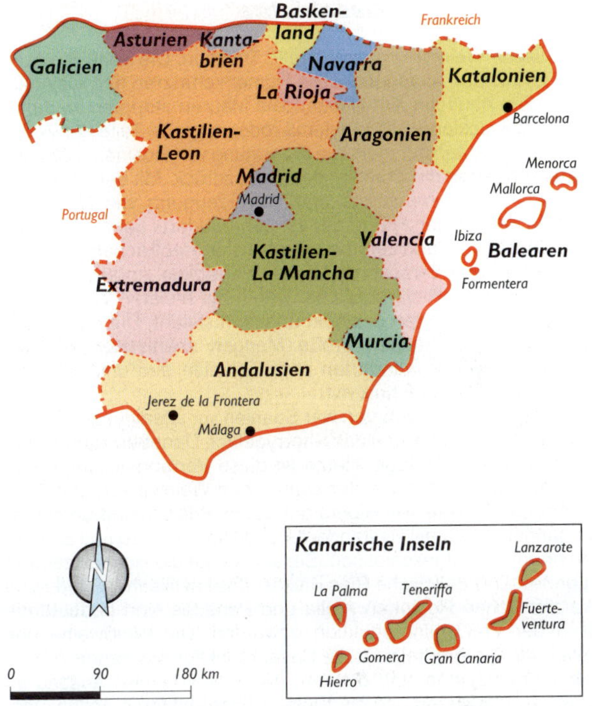

Klima

Spanien ist nach Österreich und der Schweiz das Land mit den meisten Gebirgszügen auf dem europäischen Kontinent. Ein Großteil der zentralen Landschaften erstreckt sich über die Hochebenen, die sich im Durchschnitt 600 Meter über dem Meeresspiegel befinden. Diese geografischen Gegebenheiten und der spärliche Bewuchs erklären die extremen Witterungsverhältnisse. Die Niederschläge betragen zwischen 300 mm/Jahr (z. B. in Jumilla) und 1.300 mm/Jahr (z. B. in Rias Baixas). Die Anzahl der jährlichen Sonnenstunden reicht von 1.800 in Galicien bis 3.000 in La Mancha. Im Süden sind die Winter mild und die Sommer heiß, im Landesinneren sind die Winter teilweise sehr streng und die Sommer besonders heiß. Der gebirgige Norden ist durch ein sehr feuchtes Atlantikklima gekennzeichnet.

Geschichte

Der spanische Weinbau hat eine uralte Tradition. Die erste Blütezeit wird mit 200 v. Chr. angegeben. Die Römer schätzten den Wein aus Baetica, dem heutigen Andalusien. Die Mauren stoppten im Jahre 711 diese Entwicklung. Die Moslems rodeten große Teile der Weinberge oder erlaubten nur mehr die Erzeugung von Rosinen. 700 Jahre später eroberten die Christen das Land zurück. Mit den Mönchen entstanden wieder Weinberge und die Erzeugung von Messwein begann. In der zweiten Hälfte der 19. Jahrhunderts fiel die Reblaus auch in Spanien ein und zerstörte die meisten Rebflächen, lediglich Rioja blieb vorerst verschont. Als der Schädling Anfang des 20. Jahrhunderts auch Rioja erreichte, waren die meisten Weingärten mit veredelten Rebsorten bestockt und so resistent. Die reblausgeplagten Franzosen kauften große Mengen spanischen Weines. Französische Winzer wanderten nach Spanien aus und brachten ihre ausgefeilte Kellertechnik mit.
Noch vor wenigen Jahrzehnten war Spanien vor allem für zwei Regionen berühmt, die Rioja und das Sherrygebiet. Daneben kannte man vielleicht auch den Malaga. Heute ist diese Vorrangstellung durch eine rasante Entwicklung in der spanischen Weinwirtschaft gebrochen. Andere Gebiete, wie Ribera del Duero, Priorato und Somontano, begannen die Qualitätsstandards zu diktieren. Torro und El Birzo haben ebenfalls aufgeschlossen. Sie sind heute die Rotweinzentren des Landes. Das galicische Rias Baixas, das kastilische Rueda und die katalonischen Regionen Alella und Penedès sind bedeutende Zentren der Weißweinproduktion geworden. Die Weißweine des Penedès werden großteils für die Cavaproduktion verwendet.
Die Weinproduzenten sind bemüht, den relativ langen Ausbau im Holzfass zu reduzieren und die Weine früher trinkfertig anzubieten. Ebenso wird bei vielen Weinen der Alkoholgehalt gesenkt.

Böden

Wein wird vorwiegend auf Kalk- und Lehmböden, auf Schwemmland, Sand sowie in geringem Maße auf Kreide und Schiefer angebaut.

Rebsorten

Auf zwei Dritteln der Rebfläche Spaniens werden weiße Traubensorten angebaut, dennoch haben die Rotweine den Ruf Spaniens als Weinland begründet. Die „Rosados“ (Roséweine) dürfen aus roten und weißen Trauben bzw. Weinen hergestellt werden.
Die Sorten des heutigen Spanien sind das Ergebnis eines langen Auslese- und Anpassungsprozesses an die besonderen Bedingungen des Landes. Beherrscht wird die riesige Anbaufläche vor allem

von einer Anbauform, der En-Vaso-(Busch-)Erziehung. Markant auffällig bei dieser Ziehart sind die großen Abstände zwischen den Stöcken. Die neuen Pflanzungen hingegen sind auf Drahtrahmen gezogen.
Bei den Hauptrebsorten sind vor allem die Grenache- und die Tempranillorebe hervorzuheben. Die Garnacha, so die spanische Bezeichnung, kommt hier in einer ganzen Reihe von Spielarten vor. Die Tempranillo gilt in Spanien als die Königin der roten Sorten. Typisch sind ihr duftiger, fruchtbetonter Charakter sowie ihr großes Reifepotenzial im Holzfassausbau. Die meisten spanischen Weine waren in der Vergangenheit immer ein Verschnitt von verschiedenen Rebsorten und/oder von Weinen aus verschiedenen Regionen. Heute werden die besten Weine aus der Viura-, Albariño-, der Verdejo-, der Garnacha- und der Tempranillorebe reinsortig erzeugt.

Hauptrebsorten für Weißweine
Airén (aus La Mancha, Valdepeñas, Vinos de Madrid und Valencia; in Spanien wie auch auf der ganzen Welt am häufigsten angebaute Rebe); Cayetana und Pardina aus Extremadura und Palomino aus Andalusien sind am weitesten verbreitet; Macabeo (= Viura), Moscatel, Godello (Galicien), Parellada, Xarel-lo; Chardonnay und Sauvignon Blanc sind häufig in Katalonien, Navarra und Rueda zu finden; viele der alten spanischen Sorten, wie die aromatische Albariño (Rias Baixas) und die geschmackskomplexe Verdejo (Rueda), haben in den letzten Jahren eine Renaissance erlebt.

Hauptrebsorten für Rotweine
Bobal, Cabernet Sauvignon, Cariñena (im Rioja Mazuelo), Graciano, Garnacha (meistgepflanzte Sorte Spaniens), Mencia, Merlot, Monastrell, Pinot Noir, Syrah, Tempranillo. Die Sorten Merlot und Cabernet Sauvignon sind vor allem in Nordspanien, in Ribera del Duero, Navarra und im Penedès weit verbreitet. Der Pinot Noir wird immer häufiger angebaut. Seit einiger Zeit ist auch die Syrahrebe, vor allem in den Gebieten Vinos de Madrid und Penedès, in Mode gekommen.

Gesetz

Das moderne spanische Weingesetz entstand um 1920 in Anlehnung an die französischen A.-O.-C.- sowie die italienischen D.-O.-C.-Bestimmungen. Die erste Region war La Rioja, die im Jahre 1926 abgegrenzt und klassifiziert wurde. Es folgten Jerez 1933, Málaga 1937 und Montilla-Moriles 1944. Im Jahre 2003 trat ein neues Weingesetz in Kraft, das folgendes Klassifizierungsschema vorsieht:

Tischweine (Vinos de Mesa – VdM)
Sie stellen die niedrigste Qualitätsstufe bei den spanischen Weinen dar. Gleichzeitig werden aber einige der besten Weine unter dieser

Bezeichnung abgefüllt, und zwar von Winzern, die außerhalb oder am Rande von D.-O.-Gebieten liegen. Sie können die Rebsortenzusammenstellung, die Vinifikationsmethoden sowie die Länge des Fass- und Flaschenausbaus selbst bestimmen. Bekannte Beispiele dafür sind die Bodegas Mauro und die Abadia Retuerta am Westrand von Ribera del Duero. Zwei Bezeichnungen sind möglich, und zwar **Vino de Mesa** (Gebiet und zugelassene Rebsorten sind angegeben) und **Vino de la Tierra** (muss Mindestalkoholgehalt aufweisen; wird einer Prüfung unterzogen; traditionelle Bezeichnung, z. B. Vino de la Tierra de Castilla – Landwein).

Qualitätsweine mit geografischer Ursprungsbezeichnung
(Vinos de Calidad Producidos en una Región Determinada)

Folgende Bezeichnungen sind möglich:

Vino de Calidad con Indicación Geografica/VICG
Eine bestimmte Region (engere geografische Herkunftsbezeichnung) ist angegeben, z. B. Vino de Calidad de … (Ortsname).

D.-O.-Weine (Denominación de Origen)
Qualitätsweine mit kontrollierter Ursprungsbezeichnung. Die Anbauzonen, die Rebsorten, die Ertragsgrenzen, die Alkoholgrade usw. werden durch regionale Kontrollbehörden (Consejo Regulador) festgelegt. Die Überwachung erfolgt durch unabhängige Einrichtungen. Es werden sensorische Prüfungen durchgeführt und erst die Consejos erlauben den Druck der Rückenetiketten für die genau bestimmte Menge an Wein. Die Qualitätsbezeichnung ist in Form eines Siegels oder Stempels auf die Etiketten gedruckt. Jede DO hat ihr eigenes Emblem, sie sind durch eine Ursprungsbezeichnung geschützt.
600.000 Hektar Rebfläche, also mehr als die Hälfte der Gesamtrebfläche Spaniens, sind derzeit integriert. Der Qualitätsstandard ist in den verschiedenen D.-O.-Bereichen recht unterschiedlich. Die umfangreichste Qualitätsweinproduktion findet man in den Regionen La Rioja, Jerez und Penedès. Alle Consejos sind seit 1972 in der INDO (Instituto Nacional de Denominaciónes de Origen) zusammengeschlossen. Einzige Ausnahme ist Katalonien, dessen Institut autonom ist.
Gab es um 1970 nur 26 Herkunftsbezeichnungen, so zählt man heute 64 D.-O.-Gebiete, und es werden ständig mehr. Eine Ausnahme bildet Cava, da diese Ursprungsbezeichnung nicht auf ein festes Gebiet begrenzt ist.

D.-O.-Ca.-Weine (Denominación de Origen Calificada)
Die „qualifizierte" Herkunftsbezeichnung beinhaltet die Spitzenweine laut spanischem Weingesetz. Im Jahre 1991 wurde La Rioja als erste Weinbauregion mit diesem Prädikat ausgezeichnet. Seit

2000 führt auch das Priorato diese Bezeichnung. Es wird nur an Gebiete mit besonders hohem Qualitätsniveau und langer Tradition vergeben. Die besonders strengen Bestimmungen verbieten u. a. den Fassweinverkauf an Händler oder gebietsfremde Abfüller. Sie sehen eine totale Überwachung der Ernte vor. Der Preis der Trauben muss um 200 Prozent über dem durchschnittlichen Traubenpreis im Land liegen. Die spanischen D.-O.-Ca.-Weine entsprechen etwa den italienischen D.-O.-C.-G.-Weinen.

Vinos de Pago

Sind Terroir- bzw. Lagenweine, also Weine, die in bestimmten Lagen, deren maximale Ausdehnung durch die zuständige Behörde reglementiert ist, produziert werden. Die Bezeichnung gilt nur für Weine, die seit mindestens fünf Jahren auf dem Markt sind. Die Bezeichnung **Vino de Pago Calificada** wird darüber hinaus für Terroirweine verwendet, die aus einer Lage (die im Besitz der Kellerei ist) stammt. Falls die gesamte Lage bereits im Bereich einer DOCa liegt, kann der Wein als Vino de Pago Calificada bezeichnet werden.

Die **spezielle Weinbezeichnung** wird durch die Ausbaudauer des Weines bestimmt.

Vino sin Crianza ist ein Wein, der nach der Gärung keinen besonderen Ausbau erfahren hat. Auch als **Joven** („junger Wein“, Vino del Año) bezeichnet. Meist wird er kaum gelagert und kommt sofort nach der Flaschenfüllung in den Handel. In der Rioja ist ein Vino sin Crianza durch die bloße Bezeichnung Rioja auf der Rückenetikette zu erkennen.

Vino de Crianza ist dagegen ein Wein, der einem Lagerungsprozess unterzogen wurde. Ein Crianza muss zwei Jahre Kellerreife erfahren haben. Bei Weiß- und Roséweinen gilt eine Mindestlagerzeit im Fass (Barriques aus Eichenholz mit max. 330 l) von einem halben Jahr. Bei Rotweinen ist ein Jahr Lagerzeit vorgeschrieben, davon sechs Monate im Holzfass. Einige Regionen, wie Rioja und Ribera del Duero, lagern ihre Weine mehr als sechs Monate in Holzfässern. Die Abfüllung und der Verkauf erfolgen im dritten Jahr nach der Ernte.

Die Bezeichnung **Reserva** tragen Weine, die ein Jahr im Tank, mindestens zwei Jahre im Holzfass (Barriques aus Eichenholz mit max. 330 l) und mindestens ein Jahr in der Flasche gereift haben. **Gran-Reserva-Weine** werden noch um ein Jahr länger im Holzfass (Barriques aus Eichenholz mit max. 330 l) gelagert. Sie werden nur in Spitzenjahren erzeugt. Die Herstellung von Gran-Reserva-Weinen ist jedoch insgesamt rückläufig. In der Rioja sind Reserva-Rotweine jene, die mindestens drei Jahre (davon ein Jahr in Barricas), bzw. Reserva-Weiß- und -Roséweine jene, die zwei Jahre (davon sechs Monate in Barricas) gelagert wurden. Generell müssen Rotweine bei

ihrer Lagerzeit mindestens ein Jahr, Weiß- und Roséweine mindestens ein halbes Jahr im Holzfass ausgebaut worden sein.
Gran-Reserva-Riojas sind mindestens zwei Jahre im Fass und drei Jahre in der Flasche gelegen (bei den roten Riojas) bzw. haben insgesamt vier Jahre gereift, davon mindestens ein halbes Jahr im Holzfass (bei weißen und Rosé-Riojas).

Etikettensprache

Afrutado: Junger Wein mit betonter Fruchtigkeit; speziell bereitet.
Añada: Jahr; auch Jahrgang.
Añejo: mind. 24 Monate in Eichenfässern (mit max. 600 Liter) oder in Flaschen gereift.
Blanco: weiß; Vino Blanco ist Weißwein.
Bodega: ein Betrieb, der Wein anbaut, erzeugt oder vertreibt; wörtliche Übersetzung Weinkeller.
Celler: in Katalonien Bezeichnung für Kellerei.
Clarete: leichter, heller Rotwein; diese Bezeichnung ist auf Etiketten seit dem EU-Beitritt nicht mehr zulässig. Ausnahme Rosados in Kastilien-Leon.
Cosecha: Ernte; ein **Cosechero** ist ein Winzer, der seine Weine selbst abfüllt.
Criado por ...: „ausgebaut und/oder verschnitten von ...“.
Crianza: Wein mit Ausbau im Eichenfass.
C. V. C.: Abkürzung für Conjunto de Varias Cosechas; Verschnitt verschiedener Weinjahrgänge.
Elaborado por ...: „ausgebaut und/oder verschnitten von ...“.
Embocado: halbsüß.
Embotellado por ...: „abgefüllt von ...“.
Espumoso: schäumend.
Fermentado en barrica: barriquevergoren.
Finca: (Land-)Gut oder Lage.
Generoso: aufgespriteter Aperitif oder Dessertwein.
Noble: mind. 18 Monate in Eichenfässern (mit max. 600 Liter) oder in Flaschen gereift.
Reserva Especial: entspricht einer Gran Reserva; keine offizielle Bezeichnung.
Señorio: Zusatzbezeichnung für spanische Weinabfüller. Das Recht auf diesen Titel muss erworben werden.
V. C. P. R. D. (Vino de Calidad producido en una Región determinada): seit dem Beitritt zur EU spanische Bezeichnung für Qualitätswein aus einem bestimmten Herkunftsgebiet.
Vendimia: Lese; Vendimia Tardia (Spätlese), Vendimia Seleccionada (Auslese).
Viejo: mind. 36 Monate Lagerung im oxidativen Ausbau.
Viña: Weinberg, oft auch Weingut.
Vino de Aguja: Perlwein.
Vino Primero: Jungwein; wie Beaujolais Nouveau.

LA RIOJA, NAVARRA, BASKENLAND

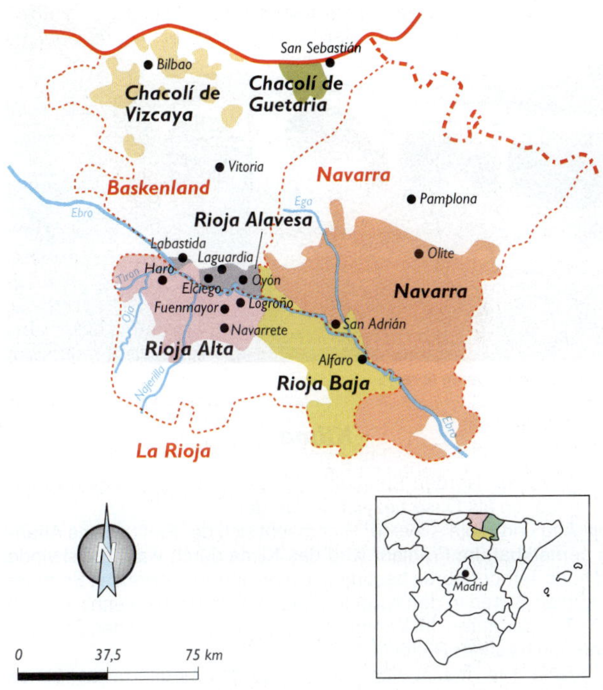

La Rioja

Statistische Daten

- D.-O.-Ca.-Gebiet La Rioja mit den Zonen → Rioja Alavesa, → Rioja Alta und → Rioja Baja.
- Gesamtrebfläche zirka 62.000 Hektar.
- Jährliche Gesamtproduktion rund 1,5 Mio. Hektoliter.
- Drei Viertel der Produktion Rotweine.
- Ein Viertel Rosé- und Weißweine.
- Zirka 160 Kellereien.

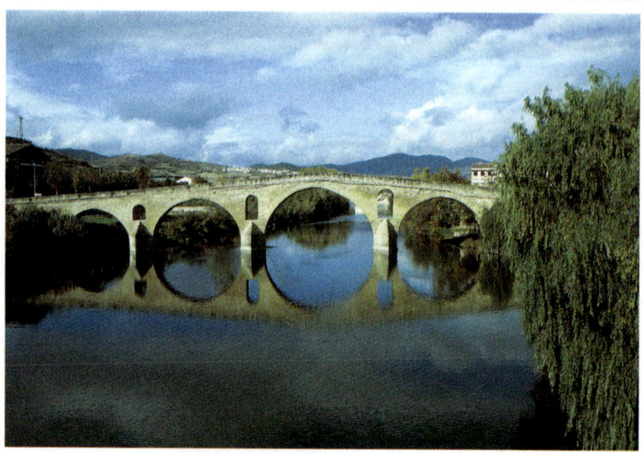

Am Jakobsweg, Puente la reina

Klima

Im eher kühlen Norden Spaniens gelegen, kann die Region klimatisch gesehen als Oase bezeichnet werden.
Rioja Alta und Rioja Alavesa: Hier macht sich der Einfluss des Atlantiks bemerkbar. Im Frühjahr wird das Klima durch warme Ostwinde und hohe Temperaturen bestimmt. Heiße und sonnenreiche Sommer mit kühlen Brisen in den Nächten folgen. Den Herbst kennzeichnen milde Temperaturen. Im Winter kommt es zu gelegentlichen Schneefällen und häufiger Reifbildung.
Rioja Baja: Hier macht sich der Einfluss des mediterranen Klimas bereits stark bemerkbar. Im Jahresdurchschnitt gesehen ist es hier heißer und trockener als in den anderen Regionen. Die winterlichen Temperaturen fallen nur selten unter den Nullpunkt.

Böden

Die Böden im Tal sind von dem fruchtbaren Flussschlamm überzogen. Die Schwemmlandböden befinden sich hauptsächlich in der Rioja Baja und in der Rioja Alta. Eingeschlossen sind teilweise lehm- und eisenhältige Böden. In den terrassenartig angelegten Böden der Rioja Alavesa herrschen lehm- und kalkhaltige Böden vor.
Es gibt gelegentlich Schäden durch Hagelschlag und durch den trockenheißen Wind, genannt Solano.

Rebsorten

Früher gab es in der Rioja eine ganze Reihe von Rebsorten, heute sind jedoch vom Consejo Regulador nur noch die sieben unten genannte Sorten zugelassen. Die Tempranillotraube wird am häufigsten angebaut, und zwar vorwiegend in der Rioja Alta und in der Rioja Alavesa. Die Garnacha-Tinta-Traube ist die Hauptsorte in der Rioja Baja. Sie reift früher und harmoniert perfekt mit der Tempranillo. Bei den Weißweinrebsorten überwiegt die Viuratraube.

Hauptrebsorten für Weißweine (alphabetisch)
Garnacha Blanca, Malvasia, Viura.

Hauptrebsorten für Rotweine (alphabetisch)
Cariñena (Mazuelo), Garnacha Tinta, Graciano, Tempranillo.

Durchquert man die Pyrenäen von Frankreich kommend in Richtung Süden, erreicht man bald das Tal des Ebro. Am Mittellauf, südlich von Pamplona, erstreckt sich auf zirka 120 km Länge und 40 km Breite die weltbekannte Region La Rioja. Sie verdankt ihren Namen dem Rio Oja, einem der sieben Nebenflüsse.
Der Aufstieg der Region begann schon Ende des 19. Jahrhunderts durch die Ansiedelung französischer Winzer, die infolge der heimischen Reblausplage ihre Existenz verloren hatten. Bereits 1926 wurde die Region klassifiziert. Sie war damit die erste D. O. in Spanien. 1991 wurde ihr wiederum als erster spanischer Region der Status einer Denominación di Origen Calificada (D. O. Ca.) zuerkannt.
Noch erklärt werden muss, dass Nachbargemeinden aus den angrenzenden Regionen schon vor der Klassifizierung einen Rioja-Wein erzeugt haben. So ist es auch gekommen, dass das ursprüngliche D.-O.-Gebiet Rioja bzw. seine Unterzonen in die Regionen Navarra und Baskenland hineinreichen. Und zwar liegt die Zone → Rioja Baja mit einem kleinen Teil in Navarra und die gesamte Zone → Rioja Alavesa im Baskenland.
Die besten Riojas kommen aus der Rioja-Alta-Zone. Sie zeichnen sich durch ihren harmonischen Geschmack, ihre Farbintensität und ihr hervorragendes Aroma aus. War es früher üblich, die roten wie die weißen Riojas lange Jahre in Eichenfässern ruhen zu lassen, wird heute ein Ausbau in Edelstahltanks mit genauer Temperaturkontrolle forciert und eine längere Lagerung in der Flasche angeschlossen. Kürzere Maischestandzeiten sind üblich geworden.
Für den Ausbau der Crianzas und Reservaweine sind Barriquefässer vorgeschrieben, wobei die Verwendung von neuem Holz deutlich dominiert.

Navarra

Die Region Navarra liegt zwischen dem Baskenland und Aragonien und erstreckt sich in Nordsüdrichtung von den Pyrenäen bis zum Ebrobecken. Das Kontinentalklima weist, bedingt durch die Einflüsse des Atlantiks und des Mittelmeeres, ausgeprägte Temperaturschwankungen auf. Die Böden sind braun und kalkhaltig.
Fast die ganze Rebfläche von Navarra umfassen zwei Herkunftsgebiete, nämlich die D. O. → Navarra im Norden und die D. O. Ca. → Rioja Baja im Süden. Navarra gilt als eine der dynamischsten und erfolgreichsten Weinbauregionen Spaniens. In der Stadt Olite befindet sich eines der bedeutendsten spanischen Forschungszentren auf dem Gebiet des Weinbaus und der Weinherstellung, das EVENA (Estación y Enologia de Navarra). Die D. O. Navarra steht nicht mehr im Schatten der angrenzenden Riojazone und bringt bei den Reservas (meist Cuvées mit Cabernet Sauvignon und Merlot) einige der besten Rotweine Spaniens hervor.

Baskenland
Pais Vasco

Statistische Daten

- Weinbaugebiete: drei D.-O.-Gebiete → Chacolí de Guetaria, → Chacolí de Vizcaya und Arabako Txakolina. Die Subzone → Rioja Alavesa gehört zur geschützten Herkunftsbezeichnung Rioja und umfasst den größten Teil der Rebflächen der Provinz Alava.
- Gesamtrebfläche rund 150 Hektar.

Klima

Gemäßigtes Klima mit kurzen Sommern und nicht sehr kalten Wintern.

Böden

Verbreitet Kalktonböden.

Rebsorten

Hauptrebsorte für Weißweine
Hondarribi Zuri.

Hauptrebsorten für Rotweine
Hondarribi Beltza, Tempranillo.

GALICIEN, KASTILIEN-LEON

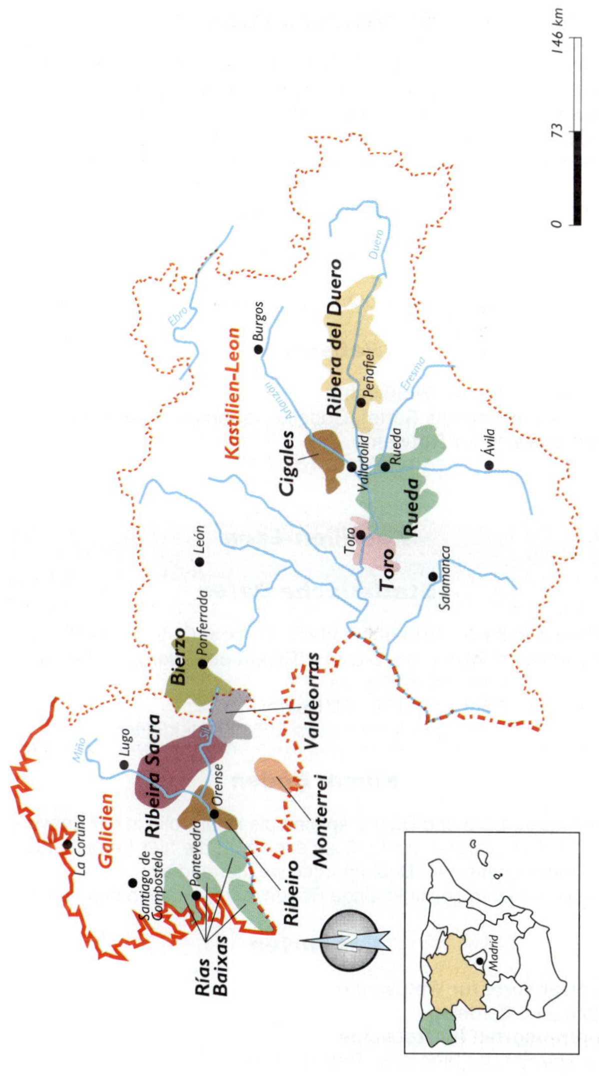

Galicien

Statistische Daten

- Weinbaugebiete: fünf D.-O.-Gebiete, und zwar → Monterrei, → Rías Baixas, → Ribeira Sacra, → Ribeiro und → Valdeorras.
- Gesamtrebfläche rund 29.000 Hektar.
- Jährliche Gesamtproduktion rund 1 Mio. Hektoliter.
- 75 % der Gesamtrebfläche sind mit weißen Trauben bestockt.

Klima, Böden

Mildes, ozeanisches Klima, das vom kontinentalen Einfluss geprägt und durch relativ hohe Luftfeuchtigkeit bestimmt wird.
Die Kieselböden sind mit feuchter, kalkhaltiger Braunerde bedeckt.

Rebsorten

Hauptrebsorten für Weißweine
Albariño (autochthone Sorte), Godello, Torrontes, Treixadura.
Hauptrebsorte für Rotweine
Mencia.

Kastilien-Leon

Statistische Daten

- Weinbaugebiete: 13 bedeutende D.-O.- bzw. C.-V.-Gebiete; größtes Ansehen haben die D.O.s → Ribera del Duero, → Rueda, → Toro, → Bierzo und → Cigales.
- Gesamtrebfläche rund 70.000 Hektar.
- Jährliche Gesamtproduktion etwa 600.000 Hektoliter.

Klima, Böden

Zwei Flüsse, Ebro und Duero, spielen die Hauptrolle in der Entwicklung der Rebkulturen. Ihr Einfluss schwächt die hier herrschenden extremen klimatischen Bedingungen weitgehend ab.
Lockere, oft steinige, kalkhaltige Böden, mit Sandstein durchsetzt.

Rebsorten

Hauptrebsorte für Weißweine
Vorwiegend Verdejo.
Hauptrebsorten für Rotweine
Vorwiegend Tinto Fino bzw. Tinto del Pais.

ARAGONIEN, KATALONIEN

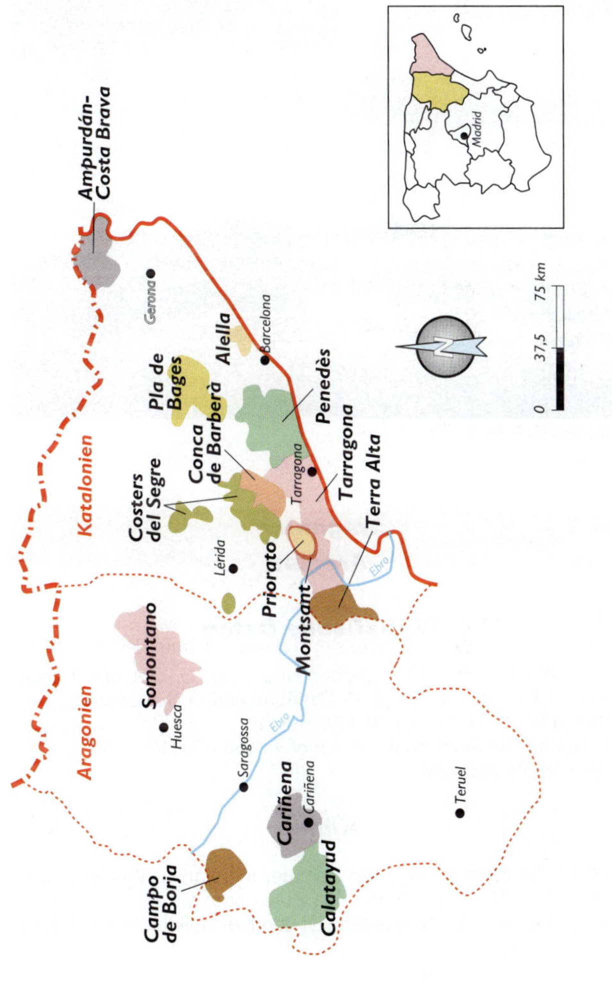
Ampurdán-
Costa Brava
Gerona
Alella
Barcelona
Pla de
Bages
Penedès
Conca
de Barberà
Costers
del Segre
Katalonien
Tarragona
Tarragona
Terra Alta
Lérida
Priorato
Montsant
Ebro
Somontano
Aragonien
Huesca
Saragossa
Ebro
Cariñena
Cariñena
Teruel
Campo
de Borja
Calatayud
Madrid
0
37,5
75 km

Gratallops im Priorato

Aragonien

Aragón

Statistische Daten

- Weinbaugebiete: Hervorzuheben sind die D.-O.-Gebiete → Calatayud, → Campo de Borja, → Cariñena und → Somontano.
- Gesamtrebfläche knapp 70.000 Hektar.
- Jährliche Gesamtproduktion nur etwa 450.000 Hektoliter.
- 10 % Qualitätsweine.

Klima

Relativ kalte Winter und heiße Sommer mit starken Winden; es ist sehr trocken. Nur in der Nähe des Ebro findet man eine etwas höhere Luftfeuchtigkeit. Somontano ist durch ein mildes, kontinentales Klima geprägt.

Böden

Braunes, kalkhaltiges Erdreich aus Sandstein.

Rebsorten

Hauptrebsorten für Weißweine (alphabetisch)
Garnacha Blanca, Macabeo, Moscatel, Parellada, Viura.

Hauptrebsorten für Rotweine (alphabetisch)
Cabernet Sauvignon, Garnacha Tinta, Mazuelo, Tempranillo.

Katalonien
Cataluña

Statistische Daten

- Elf geschützte Herkunftsbezeichnungen: → Alella, → Ampurdán-Costa Brava, → Cataluña, → Conca de Barberà, → Costers del Segre, → Montsant, → Penedès, → Pla de Bages, → Priorato, → Tarragona und → Terra Alta.
- Gesamtrebfläche zirka 90.000 Hektar.
- Jährliche Gesamtproduktion rund 3 Mio. Hektoliter.

Klima

Mildes, mediterranes Klima.

Böden

Tiefe Braunerdeböden wechseln mit Kalkstein und Lehmböden ab.

Rebsorten

Hauptrebsorten für Weißweine
Macabeo, Parellada und Xarel-lo (traditionelle Sorten für die Cavaerzeugung).

Hauptrebsorten für Rotweine
Cabernet Sauvignon, Merlot, Pinot Negro, Tempranillo.

Mit ihrer Hauptstadt Barcelona nimmt die Region den gesamten nordöstlichen Teil Spaniens bis zur französischen Grenze ein. Katalonien hat sich im Laufe der letzten Jahrzehnte einen Namen als

Versuchsregion für neue Techniken, Verfahren und französische Rebsorten gemacht. Am stärksten konzentriert sich der Weinbau auf die küstennahen Weinbaugebiete → Penedès und → Tarragona.
Aus den katalonischen Weinbaugebieten kommen überwiegend Weißweine, Cavas und Dessertweine. Vor allem die Rotweine der Regionen → Penedès und → Priorato haben den ausgezeichneten Ruf der nordspanischen Rotweine mitbegründet. Überdies werden einige der besten Brandysorten Spaniens aus Grundweinen dieser Region hergestellt.

KASTILIEN-LA MANCHA, MADRID

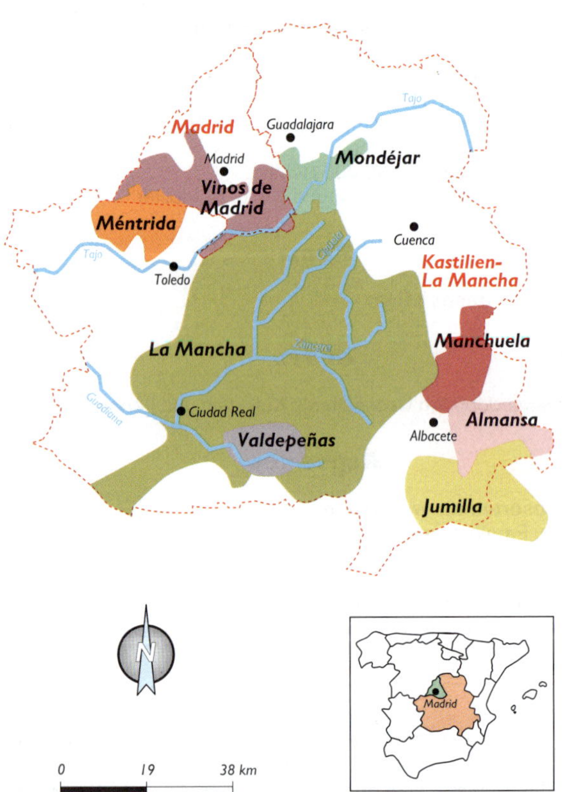

Kastilien-La Mancha
Castilla-La Mancha

Statistische Daten

- Weinbaugebiete: → Almansa, → Dominio de Valdepusa, → Finca Elez, → Jumilla (ein Teil davon gehört zur Region Murcia), → La Mancha, → Manchuela, → Méntrida (teilweise auch in der Region Madrid), → Mondéjar, → Valdepeñas, Ribera del Júcar.
- Größte Weinbauregion Spaniens mit rund 700.000 Hektar, das sind etwa 60 % der spanischen Gesamtrebfläche.
- Jährliche Gesamtproduktion rund 10 Mio. Hektoliter.
- 16–18 hl/ha; trotz der niedrigen Erträge bringt die Region etwa 35 % der spanischen Gesamtproduktion hervor.
- 90 % Weißweine; werden liter- oder fassweise in andere Gebiete verkauft (als Verschnittweine oder zur Destillation).

Klima

Kontinentales Klima mit strengen Wintern und trockenen Sommern.

Böden

Die großteils kalkhaltigen Böden sind mit Mergel, Sand und Braunerde bedeckt. Diese Bodenbeschaffenheit ist fast nur für Rebenpflanzungen geeignet.

Rebsorten

Hauptrebsorte für Weißweine
Airén.

Hauptrebsorten für Rotweine
Cencibel, Garnacha.

Die Region liegt im Zentrum des Landes. Die weiße Traditionssorte Airén bringt leichte und neutrale Weißweine hervor. Spezialitäten sind die Clarets, Verschnitte aus 90 % Airén und 10 % Rotwein, die farblich einem Roséwein ähneln. Traditionell werden allen Rotweinen von La Mancha und Valdepeñas mit Ausnahme der Spitzenweine große Mengen weißer Trauben beigemischt. Während aus der D. O. → La Mancha, mit knapp 187.000 Hektar das größte Qualitätsweinbaugebiet Spaniens, neben den Clarets noch hervorragende Weißweine kommen, hebt sich die D. O. → Valdepeñas durch ihre exzellenten Rotweine hervor. Große Teile der mit weißen Rebsorten bestockten Flächen werden durch die Rotweinsorte Cencibel ersetzt.

Madrid

Im D.-O.-Gebiet → Vinos de Madrid werden aus den roten Sorten Garnacha und Tinto Fino sowie den weißen Sorten Malvar, Airén und Albillo Weiß-, Rosé- und Rotweine erzeugt. Sie werden zumeist als Jovenos, als Jungweine, die nur geringfügig ausgebaut wurden, verkauft. Zur Region Madrid gehört auch das D.-O.-Gebiet → Méntrida, das zu einem Teil in der Region Kastilien-La Mancha liegt.

VALENCIA, MURCIA

Die Höhenlage in der D. O. Utiel-Requena ist für das unverwechselbare Aroma der Weine verantwortlich

Valencia

Durch den Rückgang des Verkaufes von offenen Weinen hat die Weinwirtschaft in dieser Region sehr starke Einbußen hinnehmen

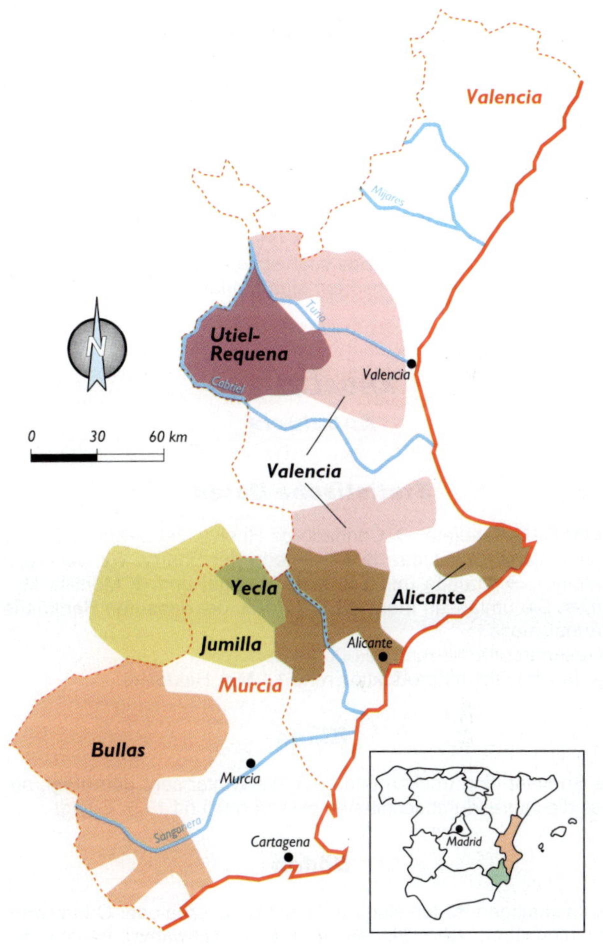

müssen. Doch auch hier hat ein Umdenken eingesetzt. Drei D.-O.-Gebiete wurden bereits klassifiziert, und zwar → Alicante (mit einem Teil in Murcia), → Utiel-Requena und → Valencia. Heiße Sommer und kalte Winter wechseln einander ab. Im Sommer herrschen große Temperaturunterschiede zwischen Tag und Nacht.

Murcia

Die allgemeine Aufbruchstimmung im spanischen Weinbau hat auch vor dieser Region nicht Halt gemacht. Obwohl die natürlichen Bedingungen für den Weinbau härter sind als in allen anderen Regionen, hat man sich entschlossen, umfangreiche Investitionen in moderne Technologien durchzuführen. Das mediterrane bis kontinentale Klima mit hoher Luftfeuchtigkeit beschert heiße Sommer und milde bzw. teilweise kältere Winter. Erwähnenswert sind die drei D.-O.-Gebiete → Bullas, → Jumilla (mit einem Teil in Kastilien-La Mancha) und → Yecla (einzige spanische D. O., die nur aus einem Ort besteht). Die Hauptrebsorten sind Monastrell, Tempranillo und die Garnachasorten.

ANDALUSIEN
Andalucia

Statistische Daten

- Vier D.-O.-Gebiete: → Condado de Huelva, Jerez-Xérès-Sherry y Manzanilla Sanlúcar de Barrameda (für Sherry; vgl. versetzte Weine), → Málaga (mit Sierra de Málaga) und → Montilla-Moriles. Sie umfassen mehr als die Hälfte der bebauten Rebfläche Andalusiens.
- Gesamtrebfläche rund 72.000 Hektar.
- Jährliche Gesamtproduktion rund 1,1 Mio. Hektoliter.

Klima

Die Sommer sind trocken und heiß, die Winter sehr gemäßigt, sodass die Jahresdurchschnittstemperatur bei rund 18,5 °C liegt.

Böden

Die kalkhaltigen Böden sind häufig mit Braunerde oder Quarzsandschichten überzogen. Sie wirken wie ein Schwamm, der die beträchtlichen Niederschläge im Winter speichert, bis sie die Reben im Sommer benötigen.

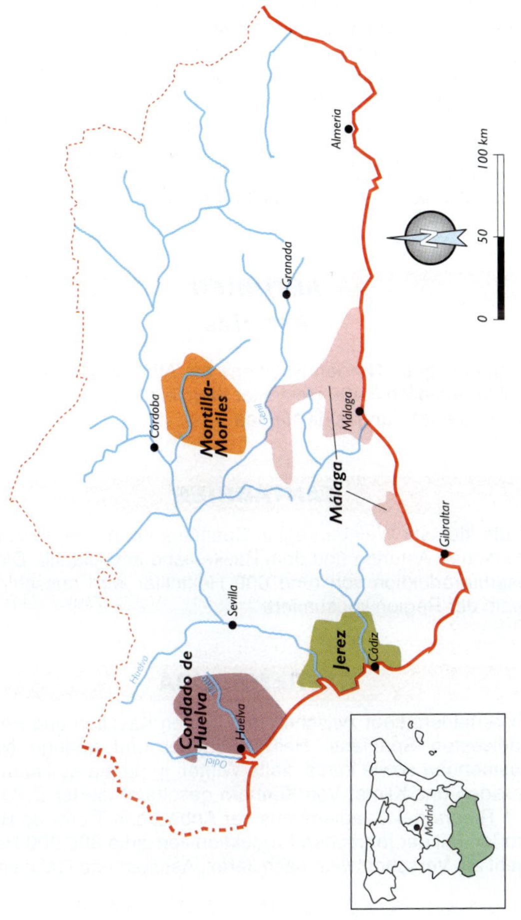
Condado de Huelva
Huelva
Sevilla
Jerez
Cádiz
Gibraltar
Málaga
Málaga
Montilla-Moriles
Córdoba
Granada
Almeria
Genil
Odiel
Madrid
0
50
100 km

Andalusien ist die südlichste Weinbauregion Spaniens. Besonders zu erwähnen ist, dass die meisten Weine hier aufgespritet sind. Seit einiger Zeit werden aber aus den Rebsorten Zalema, Pedro Ximénez und Palomino auch junge, fruchtige Weißweine erzeugt. Vgl. Sierra de Málaga (→ Málaga) und Joven Afrutado (aus → Montilla-Moriles). Neben den genannten D.-O.-Gebieten gibt es eine Reihe von C.-V.-Gebieten, nämlich Aljarafe, Bailén, Contraviesa-Alpujarra, Laujar, Lopera, Los Palacios, Torreperogil und Villaviciosa de Córdoba. Sie alle haben ausschließlich regionale Bedeutung.

ASTURIEN
Asturias

Die Region liegt im Norden Spaniens am Atlantik. Hier werden auf 135 Hektar lediglich 2.400 Hektoliter Wein erzeugt. Nennenswert ist das C.-V.-Gebiet Cangas de Narcea.

KANTABRIEN

Es ist die kleinste Weinbauregion Spaniens mit nur 46 Hektar. Sie liegt zwischen Asturien und dem Baskenland am Atlantik. Die Jahresgesamtproduktion von rund 600 Hektoliter wird ausschließlich innerhalb der Region konsumiert.

EXTREMADURA

Die Extremadura liegt zwischen den beiden Kastilien und Portugal im Südwesten Spaniens. Heiße Sommer und geringe Niederschlagsmengen sowie kurze, kalte Winter, in denen es kaum Frost gibt, prägen das Klima. Von Kennern geschätzt ist der D.-O.-Rotwein → Ribera del Guadiana aus der Anbauzone Tierra de Barros. Ein großer Teil der jährlichen Produktion von zirka 800.000 Hektolitern geht als Verschnittwein nach Jerez, Asturien und Galicien.

BALEAREN

Die Baleareninseln Mallorca, Menorca und Ibiza mit rund 700 Hektar nehmen zwar eine der letzten Stellen unter den spanischen Weinbauregionen ein, heben sich jedoch durch einige aufstrebende Winzer zunehmend von der Massenweinproduktion ab. Der durch den Tourismus bedingte höhere Bedarf auf den Inseln wird durch den Zukauf von Weinen vom spanischen Festland ausgeglichen.

Gegenwärtig gibt es auf den Balearen zwei Anbaugebiete mit einem ausgeprägten Eigencharakter. Die beiden D.-O.-Gebiete liegen auf Mallorca, das bekanntere ist → Binissalem. Das zweite, → Plá i Llevant de Mallorca (ehemals der Weinbaubezirk Felantix), ist für seine Landweine bekannt. Das mediterrane Seeklima mit hoher Luftfeuchtigkeit beschert warme Sommer und milde Winter und begünstigt so den Weinanbau. Insgesamt werden 80 % Rotwein sowie 20 % Weiß- und Roséwein erzeugt.

KANARISCHE INSELN

Bis 1992 war → Tacoronte-Acentejo das einzige D.-O.-Gebiet auf einer Insel. Mittlerweile gibt es eine Reihe weiterer D.-O.-Gebiete, und zwar → Abona, El Hierro, → Lanzarote, → La Palma, Valle de Güimar, Valle de la Orotova, Monte Lentiscal und Ycoden-Daute-Isora, die auf den Inseln verstreut sind. Die wichtigsten weißen Rebsorten sind Listán Blanco und Malvasia sowie die roten Sorten Listán Negro und Negramoll. Wie auch auf den Balearen übersteigt auf den Kanaren die Nachfrage nach Wein das Angebot erheblich.

Zum Schutz vor dem Wind wachsen auf Lanzarote die Reben in Gruben versenkt und mit Steinwällen umgeben

Spanische Weine von A bis Z

A

Abadia Retuerta
Bekannte, modernst eingerichtete Kellerei am Westrand von → Ribera del Duero. Erzeugt die Weine Abadia Retuerta Tinto und Abadia Retuerta Tinto La Negralada.

Abona – Kanarische Inseln
D.-O.-Gebiet im südlichen Teil Teneriffas mit einer Rebfläche von rund 2.000 ha. Die Hauptrebsorten sind Listán Blanco, Gual, Malvasia, Moscatel und Verdello sowie Listán Negro, Moscatel Negro und Negramoll.

Alella – Katalonien
D.-O.-Gebiet nördlich von Barcelona mit einer Rebfläche von rund 350 ha. Hauptrebsorten sind Xarel-lo und Garnacha Blanca sowie Tempranillo und Garnacha Tinta. Es werden rund 80 % Weißweine erzeugt, die leicht, fruchtig und trocken sind. Die Rotweine sind farbintensiv und harmonisch; 11,5–13,5 Vol.-%, Mindestlagerzeit zwei Jahre, davon mindestens ein Jahr im Eichenfass.
Bekannte Erzeuger sind u. a.: Alella Vinicola, Marqués de Alella, Parxet, Roura.

Alenza
Spitzenwein des Weingutes → Condado da Haza aus einer Auslese der besten Tinto-Fino-Trauben.

Alicante – Valencia und Murcia
D.-O.-Gebiet mit einer Gesamtrebfläche von rund 13.100 ha. In Alicante werden vor allem körperreiche, traditionell sehr dunkle, alkoholreiche Rotweine sowie aromaintensive, alkoholreiche Roséweine aus den Sorten Monastrell, Garnacha Tinta und Tempranillo sowie Weißweine aus Moscatel-, Macabeo- und Merseguerareben hergestellt. Der **Fondillón** ist ein likörartiger Monastrellwein mit mind. 16 Vol.-% und mind. 8 Jahren Reifezeit im Solera-System. Er ist einer der besten Rancio-Weine Spaniens.
Bekannte Erzeuger sind u. a.: Bodegas Alfonso, Bodegas Laderas, Bodegas Enrique Mendoza, Salvador Poveda.

Alión Tinto Reserva
Bekannter reinsortiger Tempranillo vom gleichnamigen Weingut aus → Ribera del Duero, im Besitz der Bodega → Vega Sicilia.

Almansa – Kastilien-La Mancha
D.-O.-Gebiet, das östlich von → La Mancha liegt und 7.000 Hektar umfasst. Es werden rund 75 % Rotweine erzeugt, wobei die dunkle Monastrell- und die Garnacha-Tintorera-Traube überwiegen. Die Weine sind dunkel, körperreich und säurearm. Der größte Teil der Produktion wird fassweise als Verschnittwein abgesetzt. Der bekannteste Wein des Gebietes

ist der **Castillo de Almansa,** der aus Tempranillo und Monastrell gekeltert wird. Die Reservaqualität reift 18 Monate in der Barrique und 18 Monate in der Flasche. Bekanntester Erzeuger ist die Bodega Piqueras.

Ampurdán-Costa Brava – Katalonien
D.-O.-Gebiet mit rund 3.000 ha Rebfläche. Die wichtigsten Rebsorten sind die roten Garnacha Tinta und Mazuelo und die weißen Macabeo und Xarel-lo. Es werden hauptsächlich fruchtige Roséweine erzeugt. Die Weißweine fließen in die Cava-Produktion. Es wird auch ein frischer junger **Vi Novell** nach Art des Beaujolais Nouveau hergestellt.

Anima Negra
Spitzenrotwein aus Mallorca ohne D.-O.-Prädikat von An Negra Viticultors; aus Callet (90 %), Fogoneu und Manto Negro hergestellt.

Ismael **Arroyo**
Spitzenwinzer in → Ribera del Duero mit der Marke Val Sotillo.

Aurus
Spitzenwein aus den Trauben Tempranillo (85 %) und Graciano (15 %) von der Finca Allende in der → Rioja Alta.

B

Barón de Chirel Tinto Reserva
Rioja-Reserva aus Tempranillo und Cabernet Sauvignon von Marqués de Riscal mit sehr guter Lagerfähigkeit (der Zusatz von Cabernet Sauvignon ist eine Besonderheit in der Rioja). Ist ein **Vino de alta Expresión:** konzentrierter, extraktreicher Wein; die Trauben stammen von sehr alten Reben, die in extremen Lagen wachsen, und sind handverlesen.

El **Bierzo** – Kastilien-Leon
D.-O.-Gebiet im Nordwesten der Region mit einer Rebfläche von rund 4.000 ha und gemäßigtem Klima. Der Weinbau konzentriert sich um die Städte Vilafranca und Ponferrada. Die vorherrschende Rebsorte (rund 65 %) ist die Mencia, sie bringt fruchtige, duftige, milde Rotweine mit einer guten Lagerfähigkeit hervor. Das D.-O.-Reglement verlangt, dass ein Rotwein aus Bierzo mind. 70 % Menciatrauben enthalten soll; es dürfen auch Tempranillo, Cabernet Sauvignon und Merlot verwendet werden.
Die weißen Rebsorten sind Doña Blanca, Godello, Malvasia und Palomino. Die Weine sind fruchtig und blumig.
Bekannte Erzeuger sind u. a.: Descendientes de José Palacios, Domino de Tares, Viñas del Bierzo, Pérez Caraméz, Bodegas y Viñedos Castro Ventosa, Bodegas Pittacum.

Binissalem – Balearen
D.-O.-Gebiet auf Mallorca. Die Anbaugebiete erstrecken sich über eine leicht hügelige Ebene nördlich der Stadt Palma. Die rote Hauptrebsorte ist die Man-

to Negro mit 93 % Anbaufläche. Die Weine sind körperreich, mit ausgeprägtem Bukett und hohem Alkoholgehalt. Weitere zugelassene rote Rebsorten sind Callet, Tempranillo und Monastrell, die weißen Sorten sind Moll und Prensal Blanco. Die Weiß- und Roséweine sind leicht und frisch.
Bekannte Erzeuger sind u. a.: José L. Ferrer, Jaume de Puntiro, Viña Veritas.

Blecua
Spitzenwein von Viñas del Vero aus → Somontano aus Cabernet Sauvignon, Merlot, Garnacha und Tempranillo.

Bullas – Murcia
D.-O.-Gebiet; bekannt für Weine aus der roten Monastrell- und der weißen Macabeotraube.

C

Calatayud – Aragonien
Junges D.-O.-Gebiet in der Provinz Saragossa. Bekannt für Roséweine, die aus Garnachatrauben hergestellt werden.

Campo de Borja – Aragonien
D.-O.-Gebiet im Westen der Weinbauregion mit überwiegend Rosé- und Rotweinen. Die Hauptsorte ist die Garnacha Tinta (75 %), weiters findet man die roten Sorten Tempranillo, Mazuelo und Cabernet Sauvignon sowie die weißen Sorten Macabeo und Moscatel.

Cariñena – Aragonien
Größtes und ältestes D.-O.-Gebiet im Süden der Weinbauregion mit einer Gesamtrebfläche von rund 20.000 Hektar. Es werden Weiß-, Rosé-, Rot- und Süßweine sowie Rancios erzeugt. Aufgrund des extrem trockenen Klimas können die Weine einen Alkoholgehalt von bis zu 18 Vol.-% erreichen. Rotweine werden aus den Sorten Garnacha Tinta und Tempranillo hergestellt, die häufig mit Cabernet Sauvignon und Mazuelo verschnitten werden. Die Weißweine sind trocken und werden vorwiegend aus Viuratrauben erzeugt. Garnacha Blanca und Parellada sind ebenfalls zugelassen.
Bekannte Erzeuger sind u. a.: Bodega Cooperativa San Valero, San José Cooperativa.

Cataluña – Katalonien
D.-O.-Gebiet mit einer Rebfläche von 8.900 ha, das die ganze Weinbauregion Katalonien mit allen anderen DOs umfasst. Es dürfen Trauben aus jeder bereits existierenden DO verwendet werden.

Celler de Capçanes
Bekannte Genossenschaftskellerei in → Tarragona.

Chacolí de Guetaria – Baskenland
Sehr kleines D.-O.-Gebiet (84 ha) entlang der baskischen Küste um die Stadt Guetaria. Es werden säurereiche, spritzige Weiß- und Rotweine aus den Sorten Ondarribi Zuri (weiß) und Ondarribi Beltza (rot) erzeugt; 9–11,5 Vol.-%. Er gilt als der bessere der beiden Chacolí-Weine.

Chacolí de Vizcaya – Baskenland
Sehr kleines D.-O.-Gebiet (60 ha) entlang der baskischen Küste in der Provinz Vizcaya. Es werden überwiegend säurereiche, spritzige Weiß- und Rotweine aus den Rebsorten Hondarribi Zuri (weiß) und Hondarribi Beltza (rot) erzeugt; 9–11,5 Vol.-%.

Julián **Chivite**
Bekannte Kellerei im südlichen Navarra, in Familienbesitz. Ihre Toplinie, Chivite Colección 125, gehört zu den Spitzenweinen Spaniens. Die zweite Linie heißt Gran Feudo.

Cigales – Kastilien-Leon
D.-O.-Gebiet nördlich der Stadt Valladolid; im Süden grenzt es an Rueda und Ribera del Duero. Es werden vorwiegend frische Roséweine (85 %) hergestellt. Auf der Rückenetikette tragen sie die Bezeichnung **Cigales Nuevo.** Sehr bekannt ist der **Torondos Rosé.** Die Rotweine, insbesondere die Reserva-Qualitäten, gewinnen immer mehr an Bedeutung. Sie werden aus Tinta-del-Pais- (Tempranillo) und Garnacha-Tinta-Trauben gekeltert.
Bekannte Erzeuger sind u. a.: Bodegas Frutos Villar, La Legua, Bodegas y Viñedos Pilcar, Valdelosfrailes.

Cims de Porrera Tinto Crianza
Spitzenwein aus Garnacha- und Cariñenatrauben von Vall-Llach & Mas Martinet Victicultors aus → Priorato.

Conca de Barberà – Katalonien
D.-O.-Gebiet westlich von Barcelona. Die Weißweine (rund 75 %) werden aus Macabeo- (Viura) und Parelladatrauben hergestellt. Sie sind fruchtig, frisch und können eine leichte Zitrusnote aufweisen; überwiegend zur Cava-Erzeugung verwendet. Zu den besten spanischen Weinen zählen der Torres Milmanda Chardonnay und der Gran Coronas Mas La Plana (Cabernet-Sauvignon-Auslese); vgl. → Torres. Die Roséweine dürfen nur aus blauen Trauben hergestellt werden.
Bekannte Erzeuger sind u. a.: Concavins, Torres.

Condado de Haza
Weingut von Alejandro Fernandez in Roa de Duero. Der Spitzenwein heißt → Alenza.

Condado de Huelva – Andalusien
D.-O.-Gebiet, das zwischen Gibraltar und der portugiesischen Grenze am Golf von Cádiz liegt. Hier werden ausschließlich Weißweine aus den Sorten Zalema (Hauptrebsorte), Palomino, Garrido Fino, Pedro Ximénez und Moscatel gekeltert: **Condado Viejo** (Generoso, im Sherry-Stil hergestellt, Alkoholgehalt 17–22 Vol.-%, trocken, aber auch leicht süß), **Condado Palo** (Generoso, unter einem Hefeflor gereift, Soleraverfahren, trocken, würzig, geringerer Alkoholgehalt).

Costers del Segre – Katalonien
Aufstrebendes D.-O.-Gebiet im

Westen der Region mit einer Rebfläche von rund 4.000 ha, wovon zirka zwei Drittel dem Cava-Produzenten Codorníu gehören. Es sind insgesamt zwölf Rebsorten zugelassen, und zwar die weißen Macabeo, Parellada, Xarel-lo, Chardonnay und Garnacha Blanca sowie die roten Ull de Llebre, Garnacha, Cabernet Sauvignon, Merlot, Monastrell, Trepat und Mazuelo. Bekannt sind die Cuvées aus Cabernet Sauvignon und Ull de Llebre. Die Topweine weisen ein gutes Alterungspotenzial auf.
Bekannte Erzeuger sind u. a.: Raimat, Castell del Remei, L'Olivera SC, Celler de Cantonella.

C. V. N. E.
Compañia Vinicola del Norte de España. Weinerzeuger in der Rioja-Alta-Zone, dessen Weine in Spanien als „CUNE“ bekannt sind.

D

Dehesa del Carrizal
Erzeuger von Weinen aus den Sorten Cabernet Sauvignon, Syrah und Chardonnay in Kastilien-La Mancha, jedoch ohne D.-O.-Status.

Dominio de Pingus Tinto
Aus 100 % Tinta del Pais hergestellter Rotwein von Peter Sisseck aus Ribera del Duero. Sehr gute Lagerfähigkeit.

Dominio de Valdepusa
Weingut bzw. Lage mit eigener D.-O.-Bezeichnung in Kastilien-La Mancha, im Besitz des Marques de Griñon; umfasst 42 ha im Gemeindegebiet von Malpica de Tajo in der Provinz Toledo. Die Rebsorten sind Syrah, Cabernet Sauvignon und Petit Verdot; als Vino de Pago klassifiziert.

Domus Tinto
Rotwein aus Somontano von Venta d'Aubert, der jedoch keinen D.-O.-Status hat. Der erste Jahrgang (1995) wurde vom Spitzenwinzer Alvaro Palacios vinifiziert.

Dorado
Ältere, leicht aufgespritete Version eines → Pálido.

E

Enate
Bekannter Markenwein der Bodega Viñedos y Crianzas del Alto Aragón aus Somontano.

Evo
Hervorragender Rotwein aus Cabernet Sauvignon, Tempranillo und Merlot der Bodega → Guelbenzu (Navarra).

F

Finca Elez
Weingut bzw. Lage mit eigener D.-O.-Bezeichnung in Kastilien-La Mancha, im Besitz von Manuel Manzaneque, mit einer Rebfläche von 33 ha in der Gemeinde El Bonillo in der Provinz Albacete. Die Weine werden aus Chardonnay, Cabernet

Sauvignon, Tempranillo, Merlot und Syrah hergestellt; als Vino de Pago klassifiziert.

G

Gaudium
Hervorragender Rioja-Reserva aus Garnacha, Tempranillo und Graciano von Marqués de Cáceres.

Gran Coronas Mas La Plana
Reinsortiger Cabernet Sauvignon aus der Lage Mas La Plana von Miguel → Torres. Einer der besten Weine Spaniens aus → Conca de Barberà.

Grans Muralles
Exzellenter Rotwein aus → Conca de Barberà, aus den Sorten Monastrell, Garnacha, Cariñena und Garró von Miguel → Torres.

Guelbenzu
Kleine Bodega in Navarra; bekannt für den Guelbenzu Tinto Evo (Cabernet Sauvignon, Tempranillo und Merlot) und den Guelbenzu Tinto Lautus (zusätzlich Garnachatrauben); seit 2001 aus der DO Navarra ausgetreten.

J

Jumilla – Kastilien-La Mancha und Murcia
D.-O.-Gebiet mit einer Rebfläche von rund 50.000 Hektar. Es werden Weiß-, Rosé- und Rotweine erzeugt. Die besten Rotweine werden aus Monastrelltrauben hergestellt und im kleinen Eichenholzfass ausgebaut. Sie sind dunkel und körperreich; bis 18 Vol.-%.
Bekannte Erzeuger sind u. a.: Agapito Rico, Bodegas Bleda, Casa de la Ermita, Bodegas Coop. San Isidro, Taja, Bodegas Olivares.

L

Lágrima
Seihmost; wörtlich: Träne. **Vino de Lágrima** ist ein Wein, der allein aus dem Vorlauf, ohne mechanische Pressung erzeugt wird; meist süß.

La Mancha
– Kastilien-La Mancha
D.-O.-Gebiet südlich von Madrid mit einer Gesamtrebfläche von rund 191.000 ha; es erstreckt sich über Teile der Provinzen Albacete, Ciudad, Real, Cuenca und Toledo. Hauptrebsorten sind Airén (90 %), Macabeo (Viura), Pardilla, Chardonnay und Sauvignon Blanc sowie Moscatel de Grano Menudo und Verdejo. Die Weißweine sind hellgelb und duftig, zeichnen sich aber durch wenig Frucht und eine geringe Säure aus. Die meisten Weine werden von Genossenschaftskellereien erzeugt, wobei ein Teil entweder als Verschnittwein oder zur Destillation herangezogen wird. Es gibt Bemühungen, die Weißweine im neuen Stil (frühere Lese und temperaturkontrollierte Gärung) auszubauen.
Die Rotweine werden überwiegend aus den Sorten Cencibel (Tempranillo), Garnacha und

Moravia sowie Cabernet Sauvignon, Merlot, Syrah und Petit Verdot. Der Anteil an hochwertigen Rotweinen ist im Steigen begriffen.
Bekannte Erzeuger sind u. a.: Bodegas Uribes Madero, Felix Solis, Marques de Griñon, Rodriguez y Berger, Vinicola de Castilla.

Lanzarote – Kanarische Inseln
D.-O.-Gebiet mit rund 2.200 Hektar Rebfläche, die die ganze Insel umfasst. Die Rebsorte Malvasia ist vorherrschend. Bekanntester Erzeuger ist El Grifo.

La Palma – Kanarische Inseln
D.-O.-Gebiet mit rund 1.000 Hektar Rebfläche, die sich auf die ganze Insel verteilt. Hauptrebsorten sind Gual, Malvasia und Verdello sowie Negramoll.

Lautus
Hervorragender Rotwein aus Cabernet Sauvignon, Tempranillo und Merlot sowie einem geringen Anteil Garnacha der Bodega → Guelbenzu.

Jean **León**
Einer der Pioniere des katalanischen Weinbaus, bekannt für Spitzenweine aus den Sorten Cabernet Sauvignon bzw. Chardonnay. Nach seinem Tod (1996) übernahm Miguel → Torres das Weingut.

L'Ermita
Einer der Spitzenweine Spaniens aus dem Priorato, der aus 80 % Garnacha Negra sowie aus Cabernet Sauvignon und Cariñena von Alvaro Palacios hergestellt wird; ausgezeichnete Lagerfähigkeit.

M

Málaga – Andalusien
D.-O.-Gebiet um die gleichnamige Stadt an der Costa del Sol mit einer Gesamtrebfläche von rund 980 Hektar. Von hier stammt der Dessertwein Málaga (siehe Versetzte Weine). Der Name **Sierra de Málaga** ist eine neue D.-O.-Bezeichnung für junge Weiß- und Rotweine mit einem Alkoholgehalt von weniger als 15 Vol.-%.

Manchuela – Kastilien-La Mancha
D-.O.-Gebiet, in dem leichte, trockene Weiß- und Rotweine (Bobal) erzeugt werden.

Marqués de Griñon
Erzeuger von Spitzenweinen, wie Dominio de Valdepusa Tinto Cabernet Sauvignon und Dominio de Valdepusa Tinto Syrah aus der Provinz Toledo in La Mancha; erzeugt auch Riojas sowie Weine aus Ribera del Duero.

Media Crianza
Inoffizielle Bezeichnung für Weine, die zwar in der Barrique und im Stahltank ausgebaut wurden, jedoch nicht über die Dauer der vorgeschriebenen Reifezeit.

Méntrida – Kastilien-La Mancha und Madrid
D.-O.-Gebiet mit einer Rebfläche von 14.000 Hektar. Es

werden ausschließlich Rosé- und Rotweine hergestellt; die wichtigste Traubensorte ist die Garnacha; oft sind es einfache Tisch- bzw. Verschnittweine. In letzter Zeit wurde jedoch in neue Anlagen und Technologien investiert, um die Herstellung von leichten, fruchtigen Rotweinen (max. 12 Vol.-%) und Rosados (max. 11,5 Vol.-%) zu gewährleisten.

Mondéjar – Kastilien-La Mancha
D.-O.-Gebiet südöstlich von Madrid mit einer Rebfläche von 750 Hektar. Die meisten Weine kommen jung in den Handel. Die Hauptrebsorten sind die weiße Malvar und die rote Cencibel (Tempranillo). Bekannt ist v. a. die Bodega Mariscal.

Monterrei – Galicien
D.-O.-Gebiet mit einer Gesamtrebfläche von rund 3.000 ha. Es sind nur drei Bodegas registriert. Hauptrebsorten sind die roten Mencia und Merenzao sowie die weißen Treixadura, Godello und Doña Blanca.

Montilla-Moriles – Andalusien
D.-O.-Gebiet um die Städte Montilla und Moriles. Hier werden im Soleraverfahren sherryartige Weine aus der Pedro-Ximénez-Rebe hergestellt. Der **Joven Afrutado** ist ein junger, fruchtiger, trockener Weißwein, der aus Pedro Ximénez und Baladi gekeltert wird.
Bekannte Erzeuger sind u. a.: Alvear, Compañia Vinicola del Sur, Gracia Hermanos.

Montsant – Katalonien
D.-O.-Gebiet, das aus der Abspaltung des ehemaligen Teilgebietes Falset von der DO Tarragona entstanden ist. Es umringt fast vollständig das Priorato. Einige Winzer aus beiden Gebieten erzeugen gemeinsam Weine, wie z. B. René Barbier und Christopher Cannan den Rotwein Laurona. Die zugelassenen Rebsorten sind Chardonnay, Garnacha, Macabeo, Moscatel, Pansal, Parellada und Trobat sowie Cabernet Sauvignon, Cariñena, Garnacha, Garnacha Peluda, Merlot, Monastrell, Picapoll Negre, Syrah und Ull de Llebre. Bekannte Erzeuger sind u. a.: Celler de Capçanes, J. Anguera Beyme, Bodega Europvin Falset.

N

Navarra – Navarra
D.-O.-Gebiet im Norden der gleichnamigen Region mit einer Gesamtrebfläche von rund 14.800 ha. Es ist in fünf Zonen unterteilt, nämlich Baja Montana, Valdizarbe, Tierra di Estella, Ribera Alta und Ribera Baja. Die weiße Hauptrebsorte ist die Viura, weiters Garnacha Blanca, Malvasia, Moscatel und Chardonnay. Bei atlantischem Klima wachsen hier einige der besten Chardonnays Spaniens, die südliche Reife mit nördlicher Frucht und Spritzigkeit vereinen. Eine Spezialität sind die feinen Süßweine, die aus der Moscatel-Grano-Menudo-Rebe hergestellt werden.

Für die Herstellung der Roséweine (hauptsächlich aus Garnacha Tinta) dürfen die Trauben nicht gepresst, sondern nur gequetscht werden. Weitere rote Rebsorten sind Tempranillo, Cabernet Sauvignon, Merlot, Graciano und Mazuelo. Die meisten Rotweine sind ein Verschnitt aus drei bis fünf Sorten.
Bekannte Erzeuger sind u. a.: Bodega de Sarria, Bodegas Castillo de Monjardin, Julián Chivite, Guelbenzu, Nekeas, Ochoa, Orvalaiz, Marco Real, Señorio de Otazu, Palacio de la Vega, Vicente Malumbres, Viñas Magaña, Palacio de Azcona.

P

Pagos Viejos

Ausgezeichneter Rioja Reserva aus alten Reben von den Bodegas Artadi.

Alvaro **Palacios**

Spitzenwinzer aus Gratallops im Priorato, bekannt für den → L'Ermita.

Penedès – Katalonien

D.-O.-Gebiet zwischen Barcelona und Tarragona mit einer Gesamtrebfläche von rund 26.500 ha. Es ist das größte und wichtigste Weinbaugebiet Kataloniens. Hier liegt auch das Zentrum der spanischen Cavaproduktion. Rund ein Fünftel der Rebfläche ist im Besitz der Cavaproduzenten. Man unterscheidet drei Höhenlagen, denn das Anbaugebiet reicht von der Küste bis zur Meseta, dem zentralen Hochplateau. Die tiefer gelegenen Rebflächen des **Baix Penedès** befinden sich an der Küste und reichen bis zu einer Höhe von ca. 200 Meter. Das sich anschließende Anbaugebiet **Medio Penedès** reicht von 200 bis ca. 400 m, von hier stammen 60 % der Gesamtproduktion, vor allem die weißen Sorten Xarel-lo und Parellada für Still- und Schaumweine. Der am höchsten gelegene Teil ist **Alt Penedès** (von 400 bis knapp 800 m) mit der Parellada als Hauptsorte. Es gibt zahlreiche Kleinlagen, deren Trauben zunehmend zu Lagenweinen vinifiziert werden.
Im Penedès wird zu 75 % Weißwein, zumeist für die Cavaproduktion, hergestellt. Zugelassene Trauben sind Macabeo, Xarel-lo, Parellada, Subirat Parent, Chardonnay, Chenin Blanc, Gewürztraminer, Rheinriesling und Moscato sowie die Rotweinsorten Ull de Llebre (Tempranillo), Garnacha Tinta, Monastrell, Cariñena, Cabernet Sauvignon und Samsó.
Bekannte Erzeuger sind u. a.: Albet i Noya (biologische Weine), Can Ráfols dels Caus, Ferret i Mateu, Hill, Juvé y Camps, Jean León, Masia Bach, Marqués de Monistrol, Miguel Torres, Masia Vallformosa.

Alejandro Fernández **Pesquera**

Eine der größten Persönlichkeiten des spanischen Weinbaus. Er gründete 1972 die Bodega Pesquera in Pesquera de Duero. Mit dem Wein „Janus 82" erregte er erstmals internationales Aufsehen. Die Spitzenweine heißen „Pesquera Janus Tinto Gran Reserva“, „Pesquera Janus Tinto Reserva“ und „Pesquera Tinto Gran Reserva“. Weiters werden der „Pesquera Tinto Crianza“ und der „Pesquera Tinto Reserva“ erzeugt. Alle Weine sind reinsortige Tempranillos. Er ist dunkel, enorm fruchtbetont, körperreich und hat ein zartes Vanillearoma.

Pla de Bages – Katalonien
D.-O.-Gebiet nordwestlich von Barcelona mit einer Rebfläche von 400 ha. Der Rebsortenspiegel ist ähnlich wie im Penedès. Als bester Erzeuger gilt S. A. T. No 4768 Masies d'Avinyo.

Plá i Llevant de Mallorca – Balearen
D.-O.-Gebiet auf Mallorca mit einer Rebfläche von 220 Hektar, angrenzend an → Binissalem. Sieben rote und fünf weiße Traubensorten stehen zur Verfügung. Reinsortig oder verschnitten ergeben sie kräftige Rotweine und frische, fruchtige Weißweine.
Bekannte Erzeuger sind u. a.: AN Negra Viticultors, Jaume Mesquida, Vins Toni Gelabert, Vins Miquel Gelabert, Miquel Oliver.

Priorato – Katalonien
D.-O.-Ca.-Gebiet mit rund 1.600 ha (katalanisch: Priorat). Weinbau wird hier in kleinen Parzellen oder auf Terrassen auf den vulkanischen Böden steiler Berghänge betrieben. Die Erträge sind äußerst gering, sie überschreiten selten 2.000 kg/ha. Die vulkanischen Böden sind das Besondere, sie bestimmen den Charakter der Weine. Die verwitterte Lava (Licorella) bringt im Zusammenwirken mit der Sonnenwärme einzigartige, körperreiche, alkoholstarke und tiefdunkle Rotweine hervor; Mindestalkoholgehalt 13,5 Vol.-%, er kann bis 19 Vol.-% reichen. Als Traubensorten sind für Rotweine Garnacha Tinta, Garnacha Peluda, Cariñena und für Weißweine Garnacha Blanca, Macabeo (Viura) und Pedro Ximénez zugelassen. Weiters findet man noch Cabernet Sauvignon, Merlot und Syrah. Der Rotweinanteil beträgt 95 %. Einige der besten Weine tragen die Bezeichnung Clos (für Weinberg, Lage), z. B. Clos de l'Obac, Clos Dofi, Clos Erasmus oder Clos Mogador.
Bekannte Erzeuger sind u. a.: Antoni Alcover, Cellers Capofons-Ossó, Clos dels Llops, Clos Mogador, Costers del Siurana, Mas d'en Gil, Mas Igneus, Mas Martinet Viticultors, Mas Martinet-Vall Llach, Cellers de Scala Dei, Alvaro Palacios, Rotllan Torra, Cellers Vall Llach, Viticultors del Priorat.

Puig & Roca
Kleines Weingut im Penedès, bekannt für den „Augustus Blanco Chardonnay Fermentado en Barricas“.

R

Raimat
Spitzenweingut in → Costers del Segre im Besitz des Cava-Herstellers Codorníu.

Rancio
Spanische Bezeichnung für einen alten, gelagerten Wein bzw. für einen oxidierten Wein, der bei einem schnellen Temperaturwechsel unter Einfluss von Luft in Holzfässern oder großen Korbflaschen seine Reifung erfahren hat.

Rías Baixas – Galicien
Aufstrebendes D.-O.-Gebiet mit einer Rebfläche von zirka 2.100 ha. Es wird in fünf Zonen unterteilt, nämlich Val do Sálnes, O Rosal, Condado de Tea, Soutomaior und Ribeira do Ulla. Seinen Ruf als exzellentes Weißweingebiet verdankt es den fruchtigen, aromatischen, körperreichen **Albariñoweinen** mit ausgeprägter Säure und besonderer Reintönigkeit, die zu 100 % aus Albariñotrauben erzeugt werden. Andere Weißweine müssen mind. 70 % Albariñotrauben enthalten und werden mit Loureira Blanca, Treixadura, Caiño Blanco und Torrontés verschnitten.
Bekannte Erzeuger sind u. a.: Adegas Galegas, Bodegas Beiramas, Granja Fillaboa, Bodegas Palacio de Fefiñanes, Lagar de Fornelos, Pazo de Señorans, Salnesur, Santiago Ruiz, Terras Gauda.

Ribeira Sacra – Galicien
D.-O.-Gebiet mit einer Rebfläche von zirka 1.200 ha, das seinen Namen der großen Anzahl an Kirchen und Klöstern verdankt. Hauptrebsorten sind Mencia, Brancellao und Merenzao sowie Godello und Albariño; bekannter Erzeuger ist Adegas Moure.

Ribeiro – Galicien
D.-O.-Gebiet um die Stadt Ribadavia mit einer Rebfläche von zirka 2.900 ha. Es werden Weiß-, Rot- und Schaumweine erzeugt; 15 Rebsorten sind zugelassen, wobei Caiño (rot) und Treixadura (weiß) überwiegen.
Bekannte Erzeuger sind u. a.: Bodega Cooperativa del Ribeiro, Bodegas Lapatena.

Ribera del Duero – Kastilien-Leon
D.-O.-Gebiet auf beiden Seiten des Duero über eine Länge von mehr als 110 Kilometer. Die Gesamtrebfläche beträgt rund 13.500 ha. Das Gebiet bringt neben Rioja und Katalonien die besten spanischen Rotweine hervor. Das Weingut → Vega Sicila hat Ribera del Duero berühmt gemacht. Heute existieren rund 160 Kellereien. Bekannte Großunternehmen wie Iverus (vormals Bodegas y Bebidas), Codorníu, Freixenet und Gonzales Byass haben hier investiert.
Es werden überwiegend Rot- und einige Roséweine erzeugt. Hauptrebsorte ist die Tinta del Pais (75 %). Sie ergibt sehr komplexe und gut lagerfähige Weine mit feiner Frucht und dunkler Farbe. Garnacha Tinta, Cabernet Sauvignon, Malbec und Merlot werden ebenfalls verwendet. Die Weißweine werden aus Albillotrauben gekeltert. Sie tragen jedoch keine Ursprungsbezeichnung.
Bekannte Erzeuger sind u. a.:

Aalto, Arzuaga Navarro, Alejandro Fernandez, Bodegas Ismael Arroyo, Bodegas Balbás, Felix Callejo, Dehesa de los Canónigos, Condado de Haza, Hacienda Monasterio, Pago de Carraovejas, Peñalba-López, Pérez Pascuas Hermanos, Bodegas Téofilo Reyes, Torremilanos, Valduero, Bodegas Vega Sicilia (Spitzenerzeuger).

Ribera del Guadiana – Extremadura
D.-O.-Gebiet entlang des Rio Guadiana mit einer Rebfläche von rund 12.700 ha. Es sind zehn rote und zwölf weiße Rebsorten zugelassen. Das Spektrum der hier erzeugten Weine ist sehr breit. Es reicht von feinen, leichten Weißweinen aus dem nordöstlichen Teilgebiet Cañamero bis hin zu fülligen, kräftigen Rotweinen aus dem Teilgebiet Tierra de Barros.

Rioja Alavesa – Baskenland
Kleinste Weinbauzone der D.-O.-Ca.-Region Rioja mit einer Rebfläche von ca. 13.000 ha. Sie umfasst den größten Teil der Rebflächen der Provinz Alava, die zur Weinbauregion Baskenland gehört. Die Rioja-Alavesa-Zone erstreckt sich auf dem Nordufer des Ebro von Haro bis östlich von Logroño. Zu den wichtigsten, insgesamt 18 Weinbaugemeinden gehören Labastida im Westen und Elciego, Laguardia und Oyón im Osten. Es werden hauptsächlich Rotweine aus Tempranillotrauben erzeugt. Im Allgemeinen sind die Rotweine kräftig, fruchtig und mild. Sie reifen schneller als die Weine der → Rioja Alta und sind nicht so lange haltbar wie diese.
Bekannte Erzeuger sind u. a.:
Bodegas Artadi – Cosecheros Alaveses (erzeugt u. a. den Pagos Viejos Tinto Reserva, den Viña El Pisón und den Artadi Tinto Reserva Especial Grandes Añadas),
Bodegas Campillo (erzeugt u. a. den Campillo Tinto Gran Reserva),
Bodegas Viñedos de Contino (erzeugt u. a. den Contino Reserva),
El Coto (erzeugt u. a. den Coto de Imaz),
Domecq,
Faustino (erzeugt u. a. den Faustino I Tinto Gran Reserva und den Faustino V Tinto Reserva),
Bodegas y Viñedos Marqués de Vargas (erzeugt u. a. den Marqués de Vargas Reserva),
Marqués de Riscal (erzeugt u. a. den → Barón de Chirel Tinto Reserva, den Marqués de Riscal Rosado und den Marqués de Riscal Tinto Reserva),
Bodegas Martinez Bujanda (erzeugt u. a. den Conde de Valdemar Vendimia Seleccionada Tinto Gran Reserva und den Conde de Valdemar Tinto Crianza),
Bodegas Palacio (erzeugt u. a. den El Portico Tinto Crianza, den Glorioso Tinto Reserva und den Palacio Tinto Reserva Especial),
Bodegas Primica (erzeugt u. a. den Viña Carravalseca und den Gran Diezmo Mazuelo Crianza),
Granja Nuestra Señora de Remelluri (erzeugt u. a. den

Remelluri Tinto Reserva),
Bodega Fernando Remirez de Ganuza (erzeugt u. a. den F. Remirez de Ganuza Tinto Reserva),
Torre de Oña (erzeugt u. a. den Barón de Oña Reserva),
Viña Villabuena (erzeugt u. a. den Viña Izadi und den Viña Izadi Expresión),
Viñedos del Contino (erzeugt u. a. den Contino Tinto Reserva und den Contino Tinto Reserva El Olivo) und
Bodegas Ysios.

Rioja Alta – La Rioja
Weinbauzone der D.-O.-Ca.-Region Rioja mit einer Rebfläche von ca. 27.000 ha. Sie erstreckt sich auf dem Südufer des Ebro von den Conchas de Haro bis etwas über Logroño hinaus nach Osten und ist sehr hügelig. Die Rioja Alta umfasst 77 Weinbaugemeinden, die bedeutendsten Zentren sind Haro im Westen, Cenicero und Fuenmayor in der Mitte sowie Logroño und Navarrete im Osten. Teilweise liegen die Weinberge bis auf einer Höhe von 700 Metern. Aus der Rioja-Alta-Zone kommen die besten Riojas. Sie zeichnen sich durch ihren harmonischen Geschmack, ihre Farbintensität und ihr hervorragendes Aroma aus. Charakteristisch ist der Ausbau in „Barricas“, der den Weinen ihre typische Vanillenote gibt; längste Lagerfähigkeit aller Rioja-Weine.
Ebenso wie in Rioja Alavesa ist in Rioja Alta die Tempranillotraube die Hauptsorte. Die Rotweine enthalten jedoch einen höheren Anteil an Mazuelo, Garnacha und Graciano. Die Weißweine werden vorwiegend aus Viura und Malvasia mit einem geringen Anteil an Garnacha Blanca erzeugt.
Bekannte Erzeuger sind u. a.:
Finca Allende (erzeugt u. a. den → Aurus),
Bodegas Berberana (erzeugt u. a. den Carta de Ora, den Berberana Reserva und den Berberana Gran Reserva),
Bilbainas (erzeugt u. a. den Viña Pomal),
Campo Viejo (erzeugt u. a. den Marqués Villamagna),
Compañia Vinicola del Norte de España (CVNE; erzeugt u. a. den Crianza Cune sowie die Reservas Imperial und Viña Real),
Lan (erzeugt u. a. den Viña Lanciano sowie den Artadi Viña El Pisón),
Lopez de Heredia (erzeugt u. a. den Viña Tondonia Blanco Gran Reserva und den Viña Tondonia Tinto Gran Reserva),
Marqués de Cáceres (erzeugt u. a. den → Gaudium Reserva),
Marqués de Griñón (erzeugt u. a. den Marqués de Griñón Colección Personal und den Marqués de Griñón Tempranillo; der Großproduzent Berberana füllt einige seiner Rioja-Weine unter dem Namen Marqués de Griñón ab),
Marqués de Murrieta (erzeugt u. a. den Castillo Ygay),
Montecillo (erzeugt u. a. den Viña Monty),
Muga (erzeugt u. a. den → Torre Muga Tinto Reserva und den Prado Enea Tinto Gran Reserva),
Paternina (erzeugt u. a. den Banda Azul Crianza),

Bodegas La Rioja Alta (erzeugt u. a. den Viña Ardanza Tinto Reserva, den Viña Alberdi, den Viña Arana und den La Rioja Alta Tinto Gran Reserva 890 und 904),
Bodegas Roda (erzeugt u. a. die Reserva-Weine Roda I und Roda II sowie den Cirison),
Bodegas Sierra Cantabria (erzeugt u. a. den Colección Privada und den Finca El Bosque) und
Finca Valpiedra (im Besitz von Martinez Bujanda; erzeugt u. a. den Finca Valpiedra Tinto Reserva).

Rioja Baja – La Rioja/Navarra
Weinbauzone der D.-O.-Ca.-Region Rioja mit einer Rebfläche von zirka 22.000 ha. Rund 12.000 ha liegen in der Region La Rioja, der Rest in der Region Navarra. Die Rioja Baja umfasst 35 Gemeinden, die Zentren sind San Adrián, Alfaro, Arnedo und Aldenueva del Ebro. Die Landschaft ist hier flacher als in den anderen beiden Rioja-Zonen und das Klima ist wärmer und trockener. Die Rioja-Baja-Weine sind nicht so elegant wie die Weine von → Rioja Alavesa und → Rioja Alta. Sie sind wuchtiger und alkoholstärker. Rioja-Baja-Weine werden gerne zum Verschneiden mit anderen Riojas verwendet. Die Garnachatraube ist die rote Hauptsorte.
Bekannte Erzeuger sind u. a.:
Barón de Ley (erzeugt u. a. den Finca del Monasterio sowie den Barón de Ley Reserva),
Bodegas Ondarre und
Palacios Remondo.

Rueda – Kastilien-Leon
D.-O.-Gebiet um die gleichnamige Stadt mit einer Rebfläche von rund 5.800 ha. Rueda ist seit dem 16. Jahrhundert für Weißweine berühmt. Hauptrebsorte ist die Verdejo, die teilweise in neuen Barriques ausgebaut wird. Weiters Viura, Sauvignon Blanc und Palomino. Letztere darf nicht mehr neu ausgepflanzt werden. Die Rueda-Weißweine müssen aus mind. 50 % Verdejotrauben gekeltert werden. Als **Rueda Superior** werden sie bezeichnet, wenn sie einen Anteil von mind. 85 % aufweisen und mind. sechs Monate gelagert wurden. Der **Rueda Sauvignon** wird zu 100 % aus Sauvignon-Blanc-Trauben hergestellt, bekannt ist der **Dona Beatriz** von der Bodega Cerrosol. Weiters werden Rot- und Roséweine aus den Sorten Tempranillo und Cabernet Sauvignon erzeugt.
Bekannte Erzeuger sind u. a.: Alvarez y Diez, Bodegas Antaño, Bodegas Aura, Bodegas Cerrosol, Marqués de Griñón, Jose Pariente, Vinos blancos de Castilla (Marqués de Riscal), Vinos Sanz.

S

Sierra de Málaga
Vgl. → Málaga.

Peter **Sisseck**
Dänischer Starwinzer in → Ribera del Duero. Er hat mit dem Rotwein → Dominio de Pingus Tinto einen Kultwein geschaf-

fen. Sein Zweitwein heißt „Flor de Pingus".

Somontano – Aragonien
Aufstrebendes D.-O.-Gebiet am Fuße der Pyrenäen mit einer Gesamtrebfläche von zirka 4.000 Hektar und einem ausgeglichenen Klima. Besondere Bedeutung kommen der Forschung und Entwicklung der Weinwirtschaft zu. In den achtziger Jahren erfolgte die schrittweise Neubestockung mit qualitativ hochwertigen spanischen und ausländischen Rebsorten. Die neuen Pflanzungen wurden dem Relief des Geländes nach neuesten weinbautechnischen Erkenntnissen angepasst, sodass die Weingärten heute zu den besten Anlagen Spaniens gehören. Über 50 % der Rebstöcke sind auf Drahtrahmen gezogen. 75 % der Erzeugung entfallen auf Rotweine. Sie werden aus den Sorten Tempranillo, Moristel, Parraleta, Cabernet Sauvignon, Merlot, Syrah und Pinot Negro hergestellt. Die bevorzugten Weißweinsorten sind Garnacha Blanca, Macabeo und Chardonnay.
Bekannte Erzeuger: Viñedos y Crianzas del Alto Aragón (Enate), Bodegas Lalanne, Bodegas Pirineos, Viñas del Vero.

T

Tacoronte-Acentejo – Kanarische Inseln
D.-O.-Gebiet auf Teneriffa mit einer Rebfläche von 1.100 Hektar. Hauptrebsorten sind Listán Negro und Negramoll sowie Listán Blanco, Gual, Malvasia und Marmajuelo.

Tarragona – Katalonien
D.-O.-Gebiet südlich von Barcelona mit einer Gesamtrebfläche von 23.700 ha, wovon zirka 11.000 ha für die Erzeugung von D.-O.-Weinen eingetragen sind. Das Zentrum ist die Anbauzone Tarragona Campo. Hier werden vorwiegend Weißweine aus den Sorten Macabeo, Xarel-lo, Parellada, aber auch Rosé- und Rotweine erzeugt. Viele Cava-Produzenten beziehen von hier ihre Grundweine.
Bekannte Erzeuger sind u. a.: Celler de Capçanes, de Muller, Pedro Rovira, Uniò Agraria Cooperativa.

Terra Alta – Katalonien
D.-O.-Gebiet im Süden der Region mit einer Gesamtrebfläche von 14.000 ha. Wie der Name Terra Alta besagt, liegt die Anbaufläche im Hochland, und zwar in der Provinz Tarragona. Angebaut werden hauptsächlich die Sorten Garnacha und Mazuela für Rotweine sowie Garnacha Blanca und Macabeo für Weißweine (75 % Anbaufläche). Chardonnay, Cabernet Sauvignon, Merlot und Syrah sind ebenfalls zugelassen, jedoch ist ihr Anteil mit 15 % beschränkt. Der Alkoholgehalt beträgt 12–16 Vol.-%. Dank früh durchgeführter Lese und temperaturkontrollierter Gärung entstehen frische Weißweine mit dezenter Frucht sowie runde, üppige Rotweine mit viel Struktur.
Bekannte Erzeuger sind u. a.: Bàrbara Forès, Gandese Co-

operativa, de Muller, Pedro Rovira.

Terreus Pago de Cueva Baja
Spitzenwein aus überwiegend Tempranillotrauben mit einem geringen Anteil an Garnacha von der Bodega Mauro. Wird außerhalb der DO Ribera del Duero erzeugt.

Toro – Kastilien-Leon
Aufstrebendes D.-O.-Gebiet im Westen der Region, benannt nach der gleichnamigen Stadt. Die Gesamtrebfläche beträgt ca. 5.300 ha, wovon zirka 2.500 ha für die Erzeugung von D.-O.-Weinen eingetragen sind. Es werden hier Weiß-, Rosé- und Rotweine erzeugt. Die rote Hauptrebsorte (rund 80 %) ist die Tinta de Toro; viele der Rebstöcke sind noch wurzelecht. Die Rotweine sind gehaltvoll, würzig, konzentriert und alkoholreich (bis 17 Vol.-%). Ihr Extrakt- und Tanningehalt ist extrem hoch. Alle Toro-Rotweine müssen zu 75 % aus dieser Rebsorte hergestellt werden. Als zweite Sorte wird die Garnacha Tinta angebaut. Sie wird meist für die Erzeugung von Jungweinen verwendet. Für die Herstellung von Weißwein dürfen die Sorten Malvasia und Verdejo angepflanzt werden.
Bekannte Erzeuger sind u. a.: Estancia Piedra, Bodegas Fariña, Bodegas Frutos Villar, Vega Sauco, Bodegas Javier Marcos, Bodegas Hermanos Lurton, Bodegas Maurodos, Telmo Rodriguez, Viña Bajoz, Numanthia-Termes, J. & F. Lurton.

Miguel **Torres**
Weltbekanntes Weingut in Vilafranca im → Penedès mit einer Rebfläche von 930 ha. Mit den Besitzungen der Familie in Chile (Curicó) und Kalifornien (Sonoma) werden insgesamt 1.600 Hektar bewirtschaftet. Torres ist einer der Vorreiter der Einführung der temperaturgesteuerten Gärung in Spanien.
Es werden jährlich rund 28 Mio. Flaschen Wein erzeugt, rund die Hälfte sind Rotweine. Darüber hinaus verlassen jährlich 4,5 Mio. Flaschen Weinbrand das Haus. Der Torres Milmanda Chardonnay ist einer der besten Weißweine Spaniens, der rund um das Schloss Milmanda wächst. Der Gran Coronas Mas La Plana, eine hervorragende Cabernet-Sauvignon-Auslese, stammt von der Einzellage Mas la Plana. Beide Weine werden in → Conca de Barberà hergestellt. Die Rotweincuvée Grans Muralles wird unter Mitverwendung der alten Rebsorten Garró und Samsó gekeltert. Der Mas Borrás ist ein sortenreiner Pinot Noir.

U

Utiel-Requena – Valencia
D.-O.-Gebiet im Westen der Region mit einer Rebfläche von rund 38.700 ha. Auf über 90 % der Fläche wird die rote Bobalrebe angebaut. Sie ergibt kräftige, frische Rosé- und Rotweine, die am besten jung getrunken werden. Die aus Garnacha und Cencibel (Tempranillo) hergestellten Weine sind

den Bobalweinen qualitativ überlegen. Die Roséweine sind fruchtig, leicht (12 Vol.-%) und verfügen über eine angenehme Säure. Obwohl der Verschnitt von Weinen eine lange Tradition aufweist, geht man dazu über, rebsortenrein auszubauen. Es sind dies Rosados, ausschließlich aus Bobaltrauben, und in kleinen Mengen Rotweine aus Tempranillotrauben mit Bobalanteil. Die Weißweine werden aus den Sorten Merseguera, Macabeo, Planta Nova und Chardonnay hergestellt.
Bekannter Erzeuger ist Cooperativa Agricola de Utiel.

Valbuena
Aus Tempranillo, Merlot und einem geringen Anteil an Cabernet Sauvignon erzeugter Wein von → Vega Sicilia; mit fünf Jahren im Verkauf, Höhepunkt mit zehn Jahren.

Valdeorras – Galicien
D.-O.-Gebiet in der Provinz Orense im Osten mit einer Rebfläche von 1.300 ha. Die Weißweine werden aus den Sorten Godello, Palomino und Doña Blanca erzeugt. Sie sind aromatisch, mit einem gut ausgewogenen Säuregehalt und vollem Bukett. Sie zählen zu den besten spanischen Weißweinen. Der Spitzenwein heißt **Guitán Godello.** Die Rotweine machen rund 75 % der Produktion aus. Sie werden überwiegend aus Garnacha-Tintorera- und Menciatrauben hergestellt, wobei der Anteil der Mencia im Steigen begriffen ist. Die Weine sind leicht, duftig und haben eine kirschrote Farbe.
Bekannte Erzeuger sind u. a.: Godeval, Barco de Valdeorras, Bodegas La Tapada, La Rua.

Valdepeñas
– Kastilien-La Mancha
Wörtliche Übersetzung: Tal der Steine; D.-O.-Gebiet mit einer Rebfläche von rund 29.100 ha. Es ist eine Enklave im südlichen Teil von La Mancha. Offiziell sind fünf Rebsorten zugelassen, die weißen Airén und Macabeo, mit über 60 % Anbaufläche, und die roten Cencibel (Tempranillo) mit zirka 27 % sowie Garnacha und Cabernet Sauvignon. Der am häufigsten erzeugte Weinstil ist der Clarete, ein blasser Rotwein, mit mind. 25 % Cencibel sowie weißen Trauben. Die Weißweine sind frisch, fruchtig und werden jung getrunken. Die besten Rotweine werden nur aus roten Trauben erzeugt. Die fassgereiften Reservas und Gran Reservas gelten seit einigen Jahren als preiswerte Alternative zu den Rioja-Weinen.
Bekannte Erzeuger sind u. a.: Bodegas Aruspide, Bodegas Fernando Castro Parilla, Bodegas Espinosa, Bodegas Navarro Lopez, Juan Ramirez, Bodegas Real, Felix Solis.

Valencia – Valencia
D.-O.-Gebiet westlich der gleichnamigen Stadt mit einer Rebfläche von ca. 20.000 ha. Valencia wird in drei Zonen eingeteilt. In **Alto Turia** werden blasse, leichte, fruchtige Weiß-

weine aus Mersegueratrauben erzeugt. **Clariano** verstärkt die Herstellung von trockenen, fruchtigen Weißweinen und farbintensiven, alkoholreichen Rotweinen aus den Rebsorten Monastrell und Garnacha. In **Valentino** werden trockene, halbtrockene und süße Weißweine hergestellt. Die Erzeugung von Mistelas, Generosos und Rancios hat eine lange Tradition. Der **Moscatel de Valencia** ist ein Mistela, der aus Moscateltraubensaft und Weingeist hergestellt wird. Er zeichnet sich durch eine üppige, traubige Süße aus.
Bekannte Erzeuger sind u. a.: Egli, Bodegas Schenk, Vinival.

Vega Sicilia – Kastilien-Leon
Die Geschichte dieser berühmten spanischen Bodega in → Ribera del Duero geht auf das Jahr 1864 zurück. Die Hauptrebsorte der drei erzeugten Weine ist mit 80 % die Tinto Fino. Neben den französischen Rebsorten Cabernet Sauvignon, Merlot und Malbec enthalten die Weine **Valbuena 5* Año Tinto Reserva, Vega Sicila Unico Tinto Gran Reserva** und **Vega Sicila Unico Tinto Reserva Especial** noch weniger als 1 % der weißen Albillotraube. Die letzteren beiden Weine gehören zu jenen, die weltweit den längsten Reifeverlauf im Fass (mind. sieben Jahre, oft wesentlich länger) aufweisen. Weitere drei Jahre reifen sie in der Flasche. Körperreich, komplexes Bukett (Cassis, Pflaumen, Tabak, Gewürze, Kaffee), enorm langer Abgang, Mindestalkoholgehalt 13,5 Vol.-% (bis zu 16 Vol.-%). Die Weine von Vega Sicilia zählen zu den besten, aber auch teuersten Weinen Spaniens. Der Valbuena hat eine kürzere Reifezeit, ist dadurch früher trinkreif und auch leichter zugänglich.

Vinos de Madrid – Madrid
D.-O.-Gebiet südlich von Madrid. Drei Zonen: San Martin de Valdeiglesias (im Westen), Navalcanero (im Südwesten) und Araganda (im Osten). Die roten Hauptrebsorten sind Garnacha und Tinto Fino. Die weißen Sorten sind Malvar (sie wird nur in der Region um Madrid angebaut), Airén und Albillo. In allen drei Subzonen werden Weiß-, Rosé- und Rotweine erzeugt. Sie werden zumeist als „Jovenos" verkauft.

Y

Yecla – Murcia
D.-O.-Gebiet westlich von Alicante mit einer Gesamtrebfläche von rund 11.500 ha, wovon ca. 4.500 ha für die Erzeugung von D.-O.-Weinen eingetragen sind. Es werden hauptsächlich alkoholreiche Rotweine aus Monastrelltrauben (80 %) und Garnachatrauben erzeugt. Die weißen Sorten sind Merseguera und Verdil. Mittlerweile gibt es auch hier den Trend zu leichteren Weinen mit nur 12 bis 13 Vol.-%. Ein Großteil der Produktion wird offen verkauft.
Bekannte Weinerzeuger sind u. a.: Bodegas Castaño, Cooperativa La Purisima.

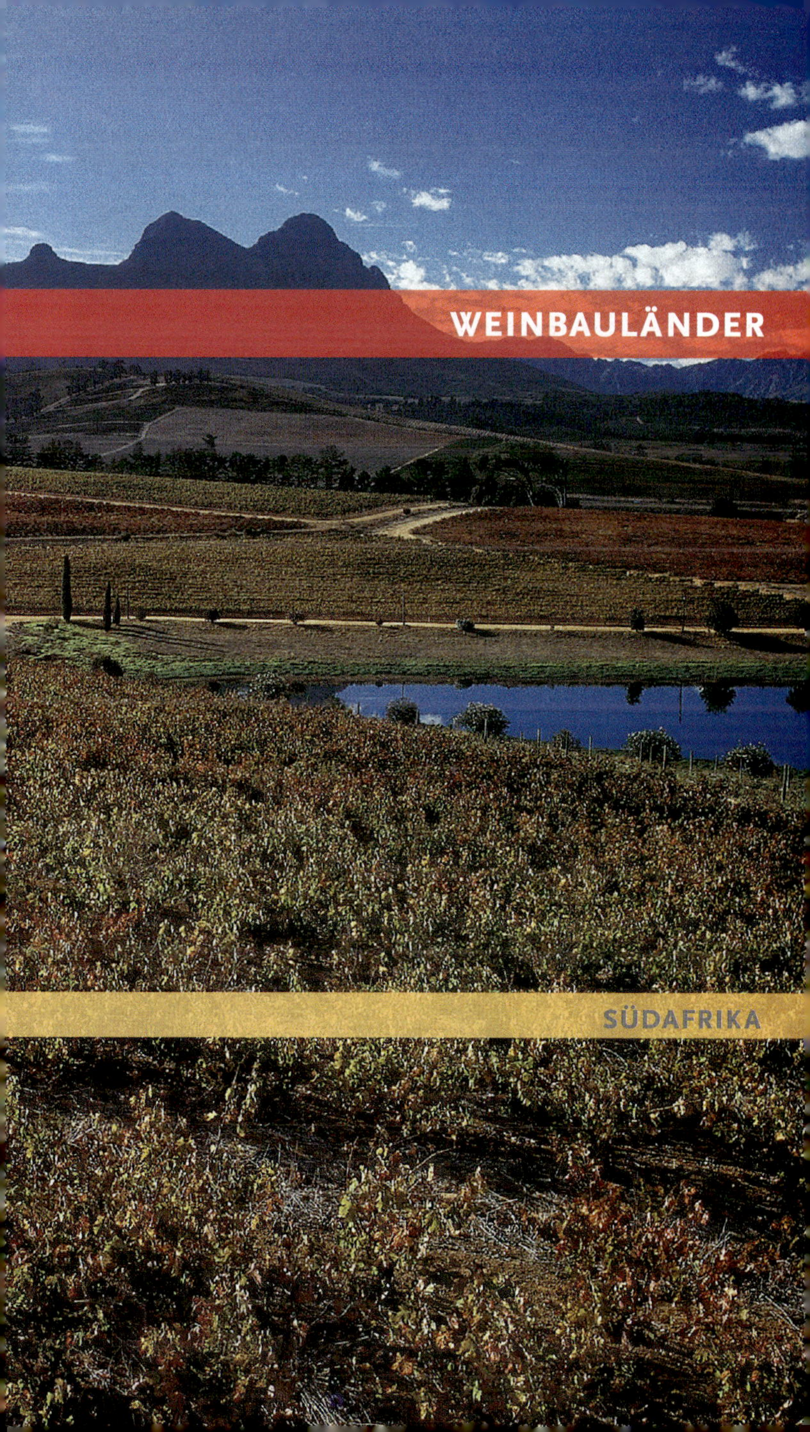
WEINBAULÄNDER
SÜDAFRIKA

SÜDAFRIKA

Weingut Nederburg in Paarl

Statistische Daten

- Fünf Regionen: Coastal Region, Breede River Valley, Klein Karoo, Olifants River, Overberg; sie umfassen 14 Districts mit den Wards, 79 Estates (Weingüter), 145 private Kellereien, 70 Genossenschaften und vier Großkellereien.
- Gesamtrebfläche rund 100.000 Hektar.
- Jährliche Gesamtproduktion zirka 10 Mio. Hektoliter.
- 64 % Weißwein, 36 % Rotwein.
- Der Pro-Kopf-Verbrauch liegt bei 9 Litern pro Jahr.
- 30–40 % der Trauben werden als Tafeltrauben verkauft oder fließen der Traubensaft- und Alkoholindustrie zu.
- Der Weinbau beträgt etwa 30 % des landwirtschaftlichen Einkommens.

Böden

Die Böden bestehen größtenteils aus Kalk, Schiefer und Sand.

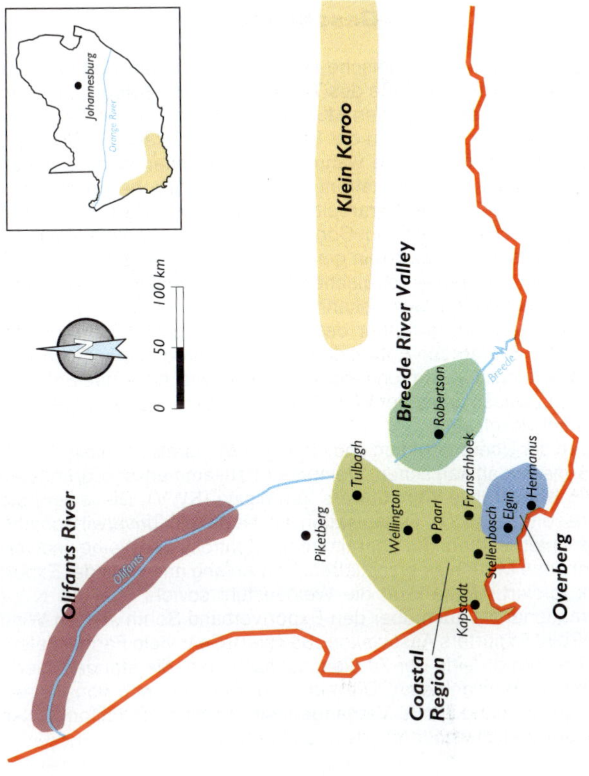

Klima

In der Kapregion herrscht mediterranes Klima mit langen, trockenen Sommern und ausgedehnten Winterregen. Am Kap der Guten Hoffnung treffen der Atlantische und der Indische Ozean zusammen. Die erfrischenden Meeresbrisen mildern die hohen Temperaturen des Sommers. Gelegentlich bläst sogar ein böiger, kalter Wind, den die Einheimischen Cape Doctor nennen. Er beschädigt zwar die Reben, andererseits verhindert er aber die Ausbreitung von Rebkrankheiten. Im Landesinneren muss künstlich bewässert werden.

Geschichte

1655 pflanzte der holländische Gouverneur Jan van Riebeeck die ersten Rebstöcke am Fuße des Tafelberges in der Kapprovinz. Vermutlich waren es die Sorten Muscat de Frontignan und Palomino. Sein Nachfolger Simon van der Stel legte den bekannten Weinberg Constantia an. Er war ein wahrer Weinbaupionier, denn er erließ bereits damals die ersten strengen Verordnungen bezüglich Traubenernte und sauberer Verarbeitung. Er selbst wurde zum Paradewinzer auf seinem Gut Groot Constantia. Von hier stammte auch der südafrikanische Dessertwein gleichen Namens, der bereits zur Zeit Napoleons auf dem europäischen Markt eine wichtige Rolle spielte. Die Hugenotten, aus bekannten Weinbaugebieten Frankreichs eingewandert, sowie später deutsche Weinbauern lieferten einen wichtigen Beitrag zur Entwicklung der Weinproduktion. Doch erst zu Beginn des 20. Jahrhunderts setzte eine entscheidende Entwicklung ein, sodass heute der Weinbau und die Erzeugung modern und hoch entwickelt sind.
Wegen der Überproduktion und niedriger Weinpreise schlossen sich 1918 die südafrikanischen Weinbauern zusammen und gründeten die → Kooperative Wijnbouwers Vereniging (KWV). Diese zentrale genossenschaftliche Organisation ist heute ein privatwirtschaftliches Unternehmen. Sie übernimmt die Kontrolle der Weine und versucht neue Märkte zu erschließen. Von Anfang an wurde der Export stark forciert. Heute läuft die Weinausfuhr sowohl über die KWV International als auch über den Exportverband South African Wine and Spirit Exporters Association (Sawsea). Sehr viele Farmer liefern die Trauben an eine der 70 Genossenschaften, die standardisierte Weinqualitäten anbieten. Die besten Weine kommen von kleinen Weingütern ohne große Vergangenheit, die sich an kalifornischen oder europäischen Standards orientieren.

Rebsorten

Hauptrebsorten für Weißweine
Nach der Häufigkeit des Anbaus: Chenin Blanc, Colombard, Sultana, Hanepoot (Muscat d'Alexandrie), Chardonnay, Sauvignon Blanc und Riesling. Die Sorten Sauvignon Blanc und Chardonnay werden vermehrt angebaut. Chenin Blanc, Riesling, Sultana, Colombard und Hanepoot gehen immer stärker zurück.

Hauptrebsorten für Rotweine
Nach der Häufigkeit des Anbaus: Cabernet Sauvignon, Cinsaut, Pinotage, Merlot und Shiraz.

Gesetz

Das südafrikanische Weingesetz regelt vor allem die Etikettensprache. Im Jahre 1973 wurden die ersten kontrollierten Ursprungsbezeichnungen (Wine of Origin), basierend auf Bestimmungen der EU, gesetzlich anerkannt. Kontrollorgan und zuständig für Klassifizierungen und Prüfungen ist das staatliche „Wine and Spirit Board" mit Sitz in Stellenbosch.
Grundsätzlich sind **Non Certified Wines** Tafelweine, die in verschiedenen Flaschen oder in Tetrapaks in den Handel kommen. **Certified Wines** sind Qualitätsweine, die die Vorschriften bezüglich Ursprung, Sorte und Jahrgang erfüllen, erst dann dürfen sie das Qualitätssiegel tragen.
Qualitätsweine tragen eine einfache, schwarzweiß gehaltene Schleife, auf der eine Kontrollnummer eingedruckt ist, die vom Wine and Spirit Board nach der Prüfung der Weine vergeben wird.
Der Geschmack wird durch folgende Angaben ausgedrückt:
- Extra Dry: weniger als 2,5 Gramm Restzucker je Liter.
- Dry: bis 4 Gramm Restzucker je Liter.
- Off Dry/Semi Dry: 4 bis 12 Gramm Restzucker je Liter.
- Semi Sweet: 4 bis 30 Gramm Restzucker je Liter.

Bei mehr als 9 Gramm Restzucker muss die Säure mindestens 7 Gramm pro Liter betragen.

Qualitätsstufen
Late Harvest (Spätlese): 20 bis 30 Gramm Restzucker je Liter.
Special Late Harvest (Auslese): weniger als 50 Gramm Restzucker je Liter.
Natural Sweet (natürlich süß): mehr als 30 Gramm Restzucker je Liter.
Straw Wine: mehr als 30 Gramm Restzucker je Liter.
Noble Late Harvest (Beerenauslese): mehr als 50 Gramm Restzucker je Liter.

Es sind dies ungespritete (unfortified) Dessertweine. Die aufgespriteten (fortified) Weine kommen als Muscat White und Muscat Red, Muscat Hanepoot, White Muscadel und Red Muscadel sowie Cape Port White, Cape Port Red und Cape Sherry in den Handel. Sie werden für den Export in EU-Länder als „Südafrika Liqueur" oder einfach als aufgespritete Weine (in der Landessprache) bezeichnet.
Die kleinste Produktionseinheit ist das **Estate** oder mehrere Estates mit einem gemeinsamen Verarbeitungskeller. Mehrere Estates bilden einen **Ward.** Darüber steht der **District,** der sich aus einem oder mehreren Wards zusammensetzt. Die **Region** ist die größte Einheit. Sie wird aus mehreren Districts, Teilen von Districts oder auch aus Wards gebildet.

COASTAL REGION

Weingut Delheim, Simonsberg

Im Umkreis von Kapstadt gelegene Region, die vorwiegend für Qualitätsweine bekannt ist. Zur Region gehören die Districts Stellenbosch, Paarl, Cape Point, Tygerberg, Boberg sowie Swartland und Tulbagh.

Die Bodenstruktur wechselt von Sandstein- zu Schwemmsand- und Granitböden. Das Klima ist von dem starken atlantischen Einfluss geprägt. Durch die vorwiegend im Winter fallenden reichlichen Niederschläge kommt man meist ohne künstliche Bewässerung aus. Positiv wirken sich in den heißen Sommermonaten die kühlenden Seewinde aus.

Die weißen Hauptrebsorten sind Chenin Blanc, Sauvignon Blanc, Chardonnay und Riesling. Für die Rotweinproduktion werden vorwiegend die Sorten Cinsaut, Cabernet Sauvignon, Shiraz und Pinotage angepflanzt.

Stellenbosch

Stellenbosch ist einer der wichtigsten Weinbau-Districts östlich von Kapstadt mit einer Rebfläche von 18.000 Hektar. Zum District gehört auch der Ward Simonsberg-Stellenbosch auf der Stellenbosch zugekehrten Seite der Gebirgskette. Im Mittelpunkt des Weinbaugebietes liegt die Universitätsstadt Stellenbosch. Sie beherbergt die Kontrollbehörde Wine and Spirits Board und das wichtigste Forschungsinstitut des Landes, das Oenological and Viticultural Research Institute, mit einem staatlichen Versuchsweingut.

Das Gebiet ist im Osten und Nordosten stark gebirgig und wird nach Westen hin flacher. Die Böden sind sehr unterschiedlich. An den Berghängen im Osten findet man vorwiegend Granitböden, auf denen hervorragende Rotweine gedeihen. Die Weingärten im Westen stehen auf Sandböden, die ideale Bedingungen für die Weißweine bieten. Entlang des Eerste River sind Alluvialböden (Schwemmlandböden) vorherrschend. Das Klima ist gemäßigt.
Die wichtigsten Weißweinreben sind Chenin Blanc, Chardonnay und Clairette Blanche. Bei den roten Sorten findet man vorwiegend Cinsaut, Cabernet Sauvignon, Shiraz und Pinotage. Die Weißweine sind großteils leicht, trocken und herrlich fruchtig. Die Spätlesen aus Chenin Blanc sind bekannte Spezialitäten. Die Rotweine sind meist kräftig und voll. In Stellenbosch werden auch sehr gute Sparkling Wines erzeugt.

Bekannte Erzeuger

Name des Weingutes	*Ort*
→ Alto Estate	Helderberg
→ Avontuur Estate	Helderberg
→ Bergkelder	Papegaaiberg
→ Blaauwklippen	Blaauwklippen Valley
→ Clos Malverne Estate	Devon Valley
→ Cordoba	Helderberg
→ Delaire Winery	Helshoogte
→ Delheim Wines	Simonsberg
→ Gilbey's Distillers & Vintners	Stellenbosch
→ Glen Carlou Vineyards	Simonsberg
→ Hartenberg Estate	Bottelary
→ Jordan Vineyards	Stellenboschkloof
→ Kaapzicht Estate	Kuils River
→ Kanonkop Estate	Simonsberg
→ Lanzerac	Jonkershoek Valley
→ L'Avenir Estate	Elsenburg
→ Longridge Winery	Helderberg
→ Meerlust Estate	Helderberg
→ Morgenhof Estate	Simonsberg

→ Mulderbosch Vineyards	Eisenburg
→ Neethlingshof Estate	Stellenboschkloof
→ Neil Ellis Wines	Jonkershoek Valley
→ Rustenberg Wines	Simonsberg
→ Saxenburg	Kuils River
→ Simonsig Estate	Eisenburg
→ Stellenbosch Farmer's Winery	Stellenboschkloof
→ Stellenzicht Vineyards	Helderberg
→ Thelema Mountain Vineyards	Helshoogte
→ Vergelegen	Helderberg

Paarl

Das Weinbaugebiet liegt etwa 50 Kilometer nordöstlich von Kapstadt und umfasst eine Rebfläche von rund 20.000 Hektar. Zu Paarl gehören die Wards Franschhoek und Wellington. Die Stadt Paarl liegt in der Mitte des Anbaugebietes am Fuße des gleichnamigen Berges und erstreckt sich an den Ufern des Berg River. Das Gebiet ist im Süden und Osten durch Berge geschützt, im Westen zum Atlantik hin offen. In Paarl herrscht mediterranes Klima mit trockenen, heißen Sommern und milden, feuchten Wintern. Die Böden bestehen aus Granit und Sand. Aus Cinsaut-, Cabernet-Sauvignon- und Pinotage-Reben werden weiche und fruchtige Rotweine gekeltert. Die am besten gedeihenden Weißweinreben sind Chenin Blanc, Riesling, Clairette Blanche, Palomino und Sémillon. Sie liefern hervorragende, fruchtige Weißweine. Rosés und Sparkling Wines werden ebenfalls erzeugt.

Bekannte Erzeuger

Name des Weingutes	***Ort/District***
→ Agusta Wines	Franschhoek
→ Backsberg Estate	Paarl
→ Boschendal Wines	Franschhoek
→ Cape Chamonix Wine Farm	Franschhoek
→ Cathedral Cellar	Paarl
→ Fairview	Paarl

→ Franschhoek Vineyards	Franschhoek
→ Glen Carlou Vineyards	Paarl
→ KWV International	Paarl
→ Laborie Estate	Paarl
→ La Motte Estate	Franschhoek
→ Landskroon Estate	Paarl
→ Mont du Toit	Wellington
→ Nederburg Wines	Paarl
→ Plaisir De Merle	Paarl
→ R & de R Fredericksburg	Paarl
→ Simonsvlei International	Paarl
→ Villiera Estate	Koelenhof

Cape Point

Kleiner Weinbau-District mit dem Ward Constantia, der sich in unmittelbarer Nähe von Kapstadt befindet. Er liegt zwischen dem Atlantischen Ozean im Westen und der False Bay im Osten. Die Reben stehen auf rotem Granitboden. Das Klima ist etwas kühler und feuchter als in der übrigen Coastal Region. Von den weißen Sorten werden Chardonnay und Rhine Riesling und von den roten Cabernet Sauvignon und Pinotage bevorzugt angebaut.

Bekannte Erzeuger

Name des Weingutes	*Ort*
→ Buitenverwachting	Cape Valley
→ Groot Constantia Estate	Cape Valley
→ Klein Constantia Estate	Cape Valley

Tygerberg

Kleiner District mit dem Ward Durbanville, der sich nördlich von Kapstadt an der Table Bay befindet. Der Boden besteht aus rotem Granit und Sand. Es herrscht mediterranes Klima. Die Weingüter Altydgedacht, Bloemendal, Diemersdal, Durbanville Hills und Meerendal haben sich auf Rotweine, vorwiegend aus den Sorten Pinotage, Shiraz und Cabernet Sauvignon, spezialisiert.

Boberg

Der District umfasst die Einzugsgebiete des Berg River und des Klein Berg River. Hinsichtlich der Dessertweinerzeugung werden zu Boberg auch die Districts Paarl und Tulbagh gezählt.

Swartland und Tulbagh

Der District Swartland erstreckt sich nördlich von Durbanville und Paarl sowie westlich und östlich des Berg River bis hin zum Atlantik. Es herrschen Schieferböden vor, im südlichen Teil Granit- und Sandböden. Der Einfluss des atlantischen Klimas ist hier recht stark. Tagsüber kommt es zu einer kräftigen Erwärmung, in der Nacht sinken die Temperaturen stark ab. Es werden die weißen Sorten Sémillon, Palomino und Pedro sowie die roten Sorten Cabernet Sauvignon, Pinotage, Cinsaut, Shiraz und Tinta Barocca angebaut.

Bekannte Erzeuger

Name des Weingutes	*Ort/District*
→ Allesverloren Estate	Riebeek West/Swartland
→ Darling Cellars	Groenekloof/Swartland
→ Spice Route Wine Company	Malmesbury/Swartland

Der District Tulbagh, etwa 50 Kilometer nördlich von Paarl, umfasst eine Rebfläche von 14.000 Hektar. Er ist von Bergen eingeschlossen. Die Böden bestehen aus Sand und Schiefer. Da der Wein sowohl im Tal als auch an den Berghängen wächst, sind unterschiedliche klimatische Bedingungen anzutreffen. Aufgrund der geringen Niederschläge wird zum Teil künstlich bewässert. Neben Stellenbosch und Paarl gehört Tulbagh zu den besten Weißweingebieten Südafrikas. Die Weingüter erzeugen Weine von konstanter Qualität, von denen die Rieslinge hervorstechen. Es werden aber auch die Rebsorten Clairette Blanche, Chenin Blanc, Palomino, Muscat d'Alexandrie und Sémillon angebaut.
Die Weinbaugemeinde Wolseley gehört zur Region Breede River Valley.

Bekannte Erzeuger: Montpellier (Wolseley/Breede River Valley), Romansrivier (Wolseley/Breede River Valley), Theuniskraal (Tulbagh), The Drostdy Co-operative Wine Cellar (Tulbagh), → Twee Jonge Gezellen Estate (Tulbagh).
Der Weinbau-District **Piketberg** grenzt an Swartland und Tulbagh und wird stets Swartland zugeordnet. Die trockenen Weißweine sowie die Dessert- und Brennweine werden von der Porterville Cooperative erzeugt.

BREEDE RIVER VALLEY

Die Weinbauregion mit etwa 30.000 Hektar Rebfläche ist zwischen hohen Bergen eingebettet und erstreckt sich im Tal des Breede River von Worcester bis Robertson. Bedingt durch das heiße Klima, müssen die Weingärten bewässert werden. Die Region umfasst die Districts Worcester, Robertson und Swellendam mit insgesamt 16 Wards sowie die Weinbaugemeinde Wolseley. In den letzten Jahren werden vermehrt nicht mehr nur die etablierten Weißweine, sondern auch Rotweine aus der Sorte Shiraz hergestellt. Sie zählen zu den besten Weinen vom Kap.

Bekannte Erzeuger

Name des Weingutes	Ort/District
→ Ashton Co-operative	Ashton/Robertson
→ Bergsig Estate	Worcester
→ Bon Courage Estate	Robertson
→ De Wet Co-op Winery	Worcester
→ De Wetshof Estate	Robertson
→ Du Toitskloof Winery	Worcester
→ Graham Beck Wines	Robertson
→ Nuy Wine Cellar	Worcester
→ Robertson Winery	Robertson

Weitere nennenswerte Betriebe: Rietvallei (Robertson), Springfield (Robertson).

KLEIN KAROO

Die Weinbauregion Little Karoo ist eine lang gestreckte, schmale Zone jenseits der Drakensteinkette mit dem District Calitzdorp und den beiden Wards Montagu und Tradouw. Geringe Niederschläge machen eine künstliche Bewässerung nötig. Die Rebsorten Palomino, Muscat d'Alexandrie, Chenin Blanc, Muscadel und Cinsaut gedeihen hier gut. Es werden überwiegend Brennweine und Dessertweine aus Muskatellertrauben hergestellt. Bekannt sind die Weingüter der Familien Nel Boplaas und Die Krans mit ihren besonderen Ports sowie die Genossenschaftskellerei Calitzdorp Winery.

OLIFANTS RIVER

Die Weinbauregion liegt nördlich des Districts Piketberg. Sie dehnt sich von Citrusdal nördlich bis Lutzville aus. Es ist ein weites Land entlang des gleichnamigen Flusses, das zwischen hohen, zerklüfteten Bergen liegt. Die Böden sind sehr fruchtbar und das heiße Klima wird durch die kühlenden Meeresbrisen gemildert. Neben dem Wein werden Zitrusfrüchte und Kernobst angebaut. In Vredendal ist die größte Genossenschaft Südafrikas beheimatet, die auch zu den größten Exporteuren des Landes gehört. Sie vereint 160 Farmen mit 3.300 Hektar Rebfläche. In den letzten Jahren werden so genannte Boutique-Weine (Rebsortenweine kleinerer Weinfarmen), sehr gute Weißwein- und Rotweincuvées sowie ausgezeichnete Dessertweine erzeugt.
Im Landesinneren, weiter im Norden, liegt das Anbaugebiet **Orange River,** auch **Benede Oranje** genannt. Es ist zwar ein festgelegtes Anbaugebiet, gehört jedoch zu keiner übergeordneten Weinbauregion. Der Alluvialboden (Schwemmlandboden) ist fruchtbar, die Weingärten werden künstlich bewässert. Fast alle Weingüter liefern die Trauben bei großen Genossenschaften, wie Oranjerivier Wynkelders und Douglas Winery, zur Weiterverarbeitung ab. Die wichtigsten Rebsorten sind Sultana, Muscat d'Alexandrie, Colombard und Chenin Blanc. Die Trauben werden großteils zu Rosinen und Brennwein verarbeitet.

OVERBERG

Diese junge Weinbauregion liegt östlich von Stellenbosch. Zu Overberg gehören Elgin, Walker Bay und Hermanus. Wegen der unterschiedlichen Böden gibt es kein einheitliches Weinprofil. Einerseits werden im kühlen Klima frische Chardonnays und Sauvignons Blancs gekeltert, andererseits wachsen auf steinigen Lehmböden feine Pinots Noirs und auf Sandsteinböden stets fruchtige Pinotageweine. Einige Weingüter liefern ihre vorwiegend weißen Trauben nach Stellenbosch und Paarl.

Bekannte Erzeuger

Name des Weingutes	*Ort/District*
→ Hamilton Russell Vineyards	Walker Bay
→ Newton Johnson Wines	Walker Bay

Weitere nennenswerte Betriebe: Bouchard Finlayson (Walker Bay), Paul Cluver Estate (Elgin), Wildekrans Estate (Elgin).

Südafrikanische Weine von A bis Z

Das nachfolgende Kapitel enthält eine begrenzte Auswahl an südafrikanischen Weingütern. Es werden jene knapp 70 Betriebe näher beschrieben, die Weine mit einer gewissen internationalen Bekanntheit vermarkten.

A

Agusta Wines – Coastal Region
Weingut in Franschhoek im District Paarl mit einer Rebfläche von 40 ha im Besitz von Count Riccardo Agusta. Die Marken sind Count Agusta (Chardonnay, Sauvignon Blanc und Sémillon), Angels' Tears (Hanepoot, Chenin Blanc); Agusta, Count Agusta und Haute Provence Range (alle Chardonnay).

Allesverloren Estate – Coastal Region
Weingut in Riebeek West im District Swartland mit einer Rebfläche von 160 ha.
Rotweine: Shiraz, Cabernet Sauvignon, Tinta Barocca.
Erzeugt auch einen Dessertwein im Portweinstil.

Alto Estate – Coastal Region
Weingut in Helderberg im District Stellenbosch mit einer Rebläche von 100 ha.
Rotweine: Cabernet Sauvignon, Alto Range (Cabernet Sauvignon, Shiraz und Merlot).
Erzeugt auch einen Dessertwein im Portweinstil.

Ashton Co-operative – Breede River Valley
Vereinigung von 94 Weinbaubetrieben mit einer Gesamtrebfläche von 1.200 ha in Ashton im District Robertson. Überwiegend werden Weißweine, Portweine und Brandys erzeugt.

Avontuur Estate – Coastal Region
Weingut in Helderberg im District Stellenbosch mit einer Rebfläche von 50 ha.
Weißweine: Chardonnay, Above Royalty (Noble Late Harvest Riesling).
Erzeugt auch einen Sparkling Wine.

B

Backsberg Estate – Coastal Region
Weingut im District Paarl mit einer Rebfläche von 160 ha.
Weißweine: Chardonnay, Sauvignon Blanc, John Martin Sauvignon Blanc (im Eichenfass gereift).
Rotweine: Cabernet Sauvignon, Merlot, Pinotage, Shiraz, Klein Babylonstoren (Cabernet Sauvignon, Merlot, Cabernet Franc).

Bergkelder – Coastal Region
Großes Weinbauunternehmen in Papegaaiberg im District Stellenbosch im Besitz der Distillers Corporation. Neben → KWV International und der → Stellenbosch Farmer's Winery gehört Bergkelder zu den größten

Weinunternehmen Südafrikas. Viele Weingüter, u. a. → Alto Estate, → De Wetshof Estate und → Meerlust Estate, nutzen die Dienste von Bergkelder. Die Winzer erzeugen zwar den Wein selbst, überlassen aber die Fass- oder Flaschenlagerung sowie den Verkauf teilweise oder ganz Bergkelder. Eigene Marken sind u. a. Fleur du Cap Rouge (Rotwein aus Cabernet Sauvignon, Merlot und Shiraz) sowie Fleur du Cap Blanc (Weißwein aus Chardonnay und Sauvignon Blanc). Bergkelder hat auch Erfolg mit seinen Schaumweinen nach der klassischen Methode.

Bergsig Estate

– Breede River Valley

Familienweingut im District Worcester mit einer Rebfläche von 230 ha. Bergsig Estate besteht aus mehreren Gütern, die seit Generationen im Besitz der Familie Lategan sind. Die Qualitätssteigerung ihrer Weine seit den 90er Jahren ist bemerkenswert.

Blaauwklippen

– Coastal Region

Weingut im Blaauwklippen Valley im District Stellenbosch mit einer Rebfläche von rund 100 ha. Spezialitäten sind der milde, süffige Weißwein Chardonnay-Sémillon und die Rotweine Pinotage, Bordeaux Blend und Zinfandel. Blaauwklippen ist der größte Erzeugerbetrieb für Zinfandel in Südafrika.

Bon Courage Estate

– Breede River Valley

Weingut im District Robertson mit einer Rebfläche von 150 ha im Besitz der Familie Bruwer.
Weißwein: Gewürztraminer Special Late Harvest.
Rotweine: Shiraz, Cabernet Sauvignon, verschiedene Cuvées.

Boschendal Wines

– Coastal Region

Spitzenweingut in Franschhoek im District Paarl mit einer Rebläche von rund 350 ha.
Rotweine: Cabernet Sauvignon, Merlot, Shiraz, Pinot Noir, verschiedene Cuvées (Grand Vin, Lanoy, Le Bouquet).
Weißweine: Chardonnay, Sauvignon Blanc, Jean Le Long Sauvignon Blanc, Riesling, Grand Vin Blanc (Sauvignon Blanc, Chardonnay, Riesling).

Buitenverwachting

– Coastal Region

Sehr bekanntes Weingut im Cape Valley im District Cape Point mit einer Rebfläche von rund 100 ha.
Weißweine: Chardonnay, Rhine Riesling, Sauvignon Blanc.
Rotweine: Cabernet Sauvignon, Merlot, Cabernet Franc, Christine (Cabernet Sauvignon, Cabernet Franc und Merlot).

C

Cape Chamonix Wine Farm

– Coastal Region

Weingut in Franschhoek im District Paarl mit einer Rebfläche von 40 ha.
Bekannt für Weine aus den Sorten Chenin Blanc, Chardonnay, Cabernet Sauvignon, Pinot Noir.

Cathedral Cellar
– Coastal Region
Weingut in Paarl; gehört zur → KWV International.
Rotweine: Cabernet Sauvignon, Merlot, Pinotage, Shiraz.

Clos Malverne Estate
– Coastal Region
Weingut im Devon Valley im District Stellenbosch, das sich auf Rotweincuvées aus Cabernet Sauvignon, Merlot und Shiraz spezialisiert hat.

Cordoba – Coastal Region
Weingut in Helderberg im District Stellenbosch mit einer Rebfläche von 31 ha.
Rotweine: Crescendo (Cabernet Sauvignon, Cabernet Franc und Merlot), Shiraz.

D

Darling Cellars
– Coastal Region
Weinkellerei in Groenekloof im District Swartland mit 22 Besitzern und einer Gesamtrebfläche von 1.500 ha. Die überwiegend erzeugten Rotweine werden unter den Marken Onyx, Groenekloof, DC und Flamingo Bay verkauft.

Delaire Winery
– Coastal Region
Weingut in Helshoogte im District Stellenbosch im Besitz von Agrifarm International. Bekannt für Sauvignon Blancs, gute Chardonnays und Merlots.

Delheim Wines
– Coastal Region
Weingut in Simonsberg im District Stellenbosch mit einer Rebfläche von 150 ha, an den Hängen des Simonsberges gelegen. Bekannt für Weine aus den Sorten Chenin Blanc, Colombard, Sauvignon Blanc, Gewürztraminer, Pinotage, Shiraz, Cabernet Sauvignon.

De Wet Co-op Winery
– Breede River Valley
Genossenschaft im District Worcester mit 60 Mitgliedern und einer Gesamtrebfläche von 900 ha. Es werden Weiß-, Rot- und Süßweine erzeugt.

De Wetshof Estate
– Breede River Valley
Weingut im District Robertson mit einer Rebfläche von 150 ha. Das Weingut ist bekannt für den Late-Harvest-Wein Edeloe, für den Chardonnay, den Sauvignon Blanc und den Rhine Riesling. Die Weine werden vom großen Weinunternehmen → Bergkelder vermarktet.

Du Toitskloof Winery
– Breede River Valley
Kellerei im District Worcester mit 17 Mitgliedern. Es werden die Spezialitäten Red Muscadel und Hanepoot Jerepigo erzeugt.

E

Estate Wines
Bezeichnung für Weine, die in einem registrierten Weingut mit abgegrenztem Bereich her-

gestellt werden. In Südafrika gibt es zurzeit 79 registrierte Weingüter, deren Ausstattung und Erzeugungsverfahren kontrolliert werden.

F

Fairview – Coastal Region
Familienweingut im District Paarl mit einer Rebfläche von 320 ha im Besitz von Charles Back.
Weißweine: Chardonnay, Pinot Gris, Sémillon, Viognier.
Rotweine: Merlot, Shiraz, Cabernet Sauvignon, Pinotage.

Franschhoek Vineyards
– Coastal Region
Weinbaubetrieb von 95 Besitzern in Franschhoek im District Paarl mit einer Rebfläche von rund 500 ha.

G

Gilbey's Distillers & Vintners
Einer der größten Weingroßhändler Südafrikas und unabhängiger Spirituosenproduzent mit Sitz in Stellenbosch. Die Firma wurde 1950 gegründet und besitzt einige Brennereien, Kellereien und ein Weingut. Gilbey's vertreibt eine Reihe von Weinen verschiedenster Privatweingüter des Landes.

Glen Carlou Vineyards
– Coastal Region
Weingut in Simonsberg in den Districts Paarl und Stellenbosch mit einer Rebfläche von 65 ha.
Weißwein: Chardonnay Reserve.
Rosé- und Rotweine: Grand Classique (Claret), Pinot Noir. Erzeugt auch einen Dessertwein im Portweinstil mit dem Namen Cape Vintage.

Graham Beck Wines
– Breede River Valley
Weingut im District Robertson mit einer Rebfläche von 185 ha im Besitz von Graham Beck. Bekannt für die ausgezeichneten Schaumweine, insbesondere für die Blancs de Blancs aus Chardonnaytrauben nach der klassischen Methode und für die Standardcuvée Chardonnay-Pinot Noir. In der zweiten Kellerei in Franschhoek mit etwa 150 ha Rebfläche werden vor allem Rotweine aus den Sorten Cabernet Sauvignon, Pinotage und Shiraz produziert.

Groot Constantia Estate
– Coastal Region
Berühmtes Weingut im Cape Valley im District Cape Point im Ward Constantia, gegründet von Gouverneur Simon van der Stel. Seit 1993 wird der 100 Hektar große Besitz als staatlicher Trust mit privaten Investoren geführt. Es ist Südafrikas Versuchsweingut.
Weißweine: Sauvignon Blanc, Chardonnay, Riesling.
Rotweine: Cabernet Sauvignon, Shiraz, Pinotage.

H

Hamilton Russell Vineyards
– Overberg
Weingut in Walker Bay mit einer Rebfläche von 51 ha im Besitz von Anthony Hamilton Russell.

Weißweine: Chardonnay, Ashbourne Chardonnay (in geringen Mengen).
Rotweine: Pinot Noir, Ashbourne Pinot Noir (in geringen Mengen).

Hartenberg Estate

– Coastal Region

Weingut in Bottelary im District Stellenbosch mit einer Rebfläche von 105 ha.
Rotweine: Cabernet Sauvignon, Merlot, Shiraz, verschiedene Cuvées.

J

Jordan Vineyards

– Coastal Region

Junges, aufstrebendes Weingut in Stellenboschkloof im District Stellenbosch mit einer Rebfläche von 146 ha im Besitz von Ted & Gary Jordan.
Weißweine: Sauvignon Blanc, Chardonnay.
Rotweine: Cabernet Sauvignon, Cobblers Hill Merlot, Cuvée Chameleon (Cabernet Sauvignon, Merlot und Cabernet Franc).

Kaapzicht Estate

– Coastal Region

Weingut in Kuils River im District Stellenbosch mit einer Rebfläche von 136 ha. Die hervorragenden Rotweine wurden mehrmals ausgezeichnet.
Rotweine: Pinotage, Shiraz, Merlot.

Kanonkop Estate

– Coastal Region

Hervorragendes Rotweingut in Simonsberg im District Stellenbosch mit einer Rebfläche von 100 ha.
Rotweine: Pinotage, Cabernet Sauvignon, verschiedene Cuvées, meist aus Cabernet Sauvignon, Merlot und Shiraz.

Klein Constantia Estate

– Coastal Region

Weingut im Cape Valley im District Cape Point im Ward Constantia, das bereits im 18. und 19. Jahrhundert berühmt war. Heute ist nur mehr ein Teil des Anwesens als Weingut erhalten, es umfasst 73 Hektar Rebfläche.
Weißweine: Sauvignon Blanc, Chardonnay, Rhine Riesling.
Rotwein: Cabernet Sauvignon.
Es wird auch ein Schaumwein erzeugt.

KWV International

– Coastal Region

Die **Kooperative Wijnbouwers Vereniging** (KWV) wurde ursprünglich als nationale Winzergenossenschaft im Jahre 1918 gegründet, um die Überproduktion von Wein, die Preise und den Weinexport in den Griff zu bekommen. Seit 1996 ist die KWV ein privatwirtschaftliches Unternehmen, das mit einer Gruppe von etwa 5.700 Kellereien und Weingütern im District Paarl zusammenarbeitet, z. B. mit → Cathedral Cellar und → Laborie Estate. Mit der Holding South African Wine and Spirit Exporters bestreitet sie 70 Prozent des südafrikanischen Weinexportes in 40 Länder der Welt. Die Firma ist auch für die Entwicklung der Weinindustrie zuständig. Die Weißweine

werden aus gekauften Trauben erzeugt. Die Rotweine stammen aus verschiedenen Gütern, lagern und reifen aber bei der KWV. Zum Unternehmen gehört auch die größte Destillerie des Landes, nämlich Brandy Cellar in Worcester.
Weißweine: Steen (Chenin Blanc), Chardonnay.
Rotweine: Cabernet Sauvignon, Shiraz, Pinotage, Roodeberg (Cuvée).
Es werden auch Dessertweine im Portweinstil erzeugt.

L

Laborie Estate
– Coastal Region
Weingut im District Paarl, gehört zum Weinunternehmen → KWV International. Cabernet Sauvignon und Pineau de Laborie (ein roter Pinotage, mit Eau-de-Vie-de-Vin auf 17 Vol.-% gespritet) sind die Spezialitäten des Weingutes.

La Motte Estate
– Coastal Region
Weingut in Franschhoek im District Paarl mit einer Rebfläche von 104 ha im Besitz von Hanneli Koegelenberg.
Weißweine: Sauvignon Blanc, Chardonnay.
Rotweine: Cabernet Sauvignon, Shiraz, verschiedene Cuvées.

Landskroon Estate
– Coastal Region
Weingut im District Paarl mit einer Rebfläche von 275 ha im Besitz von Paul & Hugo de Villiers. Es werden rund 80 % Rotweine, und zwar aus den Sorten Cabernet Sauvignon, Merlot und Shiraz, hergestellt.

Lanzerac – Coastal Region
Altes Weingut im Jonkershoek Valley im District Stellenbosch im Besitz von Christo Wiese. Die Weine werden großteils von der → Stellenbosch Farmer's Winery produziert und vermarktet.
Weißweine: Chardonnay, Sauvignon Blanc.
Rotweine: Pinotage, Cabernet Sauvignon, Merlot.

L'Avenir Estate
– Coastal Region
Weingut in Elsenburg im District Stellenbosch mit einer Rebfläche von 53 ha im Besitz von Marc Wiehe. Die bemerkenswerten Weine wurden mehrmals ausgezeichnet.
Weißweine: Chardonnay, Chenin Blanc.
Rotweine: Cabernet Sauvignon, Pinotage.

Longridge Winery
– Coastal Region
Kellerei in Helderberg im District Stellenbosch, die mit **Savanha** und **Spier** zu einer Genossenschaft zusammengeschlossen ist. Die Kellereien bieten die Prestige-Serie Longridge und die preisgünstigere Serie Bay View an. Savanha erzeugt die Marke Savanha und die Spier Cellars stellen die Private Collection her. In wenigen Jahren hat die Gruppe mit Hilfe internationaler Kellermeister neue Kapweinstandards und Trends gesetzt.

M

Meerlust Estate

– Coastal Region

Renommiertes Weingut in Helderberg im District Stellenbosch mit einer Rebfläche von 300 ha, das besonders durch die hervorragenden Rotweine bekannt ist. → Bergkelder lagert und vermarktet die Weine von Meerlust.

Weißwein: Chardonnay.

Rotweine: Rubicon, Merlot, Pinot Noir.

Mont du Toit – Coastal Region

Weingut in Wellington im District Paarl mit einer Rebfläche von 25 ha. Bekannt sind vor allem die Rotweincuvées Mont du Toit und Le Sommet aus Cabernet Sauvignon, Merlot und Shiraz.

Morgenhof Estate

– Coastal Region

Weingut in Simonsberg im District Stellenbosch mit einer Rebfläche von 59 ha im Besitz von Anne Cointreau-Huchon, Alain Huchon und dem Kellermeister Rianie Strydom, die nach französischem Muster ausschließlich auf Qualität setzen.

Weißweine: Chardonnay, Chenin Blanc.

Rotweine: Merlot, Cabernet Sauvignon, Pinotage, Cuvée Première Sélection (Cabernet Sauvignon, Merlot und Cabernet Franc).

Mouton Excelsior Wines

Weinhaus mit Sitz in Kapstadt im Besitz der Familie Mouton. Das Angebot reicht von Spitzenweinen der Serie Mouton Excelsior aus Traubengut aus verschiedenen Regionen des Landes bis zur preisgünstigeren Serie Cape Mouton. Ein Großteil der Produktion wird exportiert.

Mulderbosch Vineyards

– Coastal Region

Kleine Weinfarm in Eisenburg im District Stellenbosch, die sich besonders durch ihren hervorragenden Sauvignon Blanc sowie durch den Chardonnay einen Namen gemacht hat.

N

Nederburg Wines

– Coastal Region

Bekanntes Weingut in Paarl, das 1792 gegründet wurde und nach seinem Gründer benannt ist. Johann Graue, der tonangebende Kellermeister Südafrikas in seiner Zeit, baute Nederburg zu einem der besten Weingüter aus. Von 1956 bis 1989 wirkte der deutsche Kellermeister Günter Brözel. Er arbeitete im Sinne Graues weiter und konnte nicht nur das hohe Niveau aufrechterhalten, sondern erzielte für seine Weine viele internationale Auszeichnungen. Seit 1975 werden in Nederburg jährlich Auktionen abgehalten, auf denen die seltensten und erlesensten Kapweine vor internationalem Publikum versteigert werden. Heute ist Nederburg im Besitz der → Stellenbosch Farmer's Winery. Es werden Trauben zugekauft.

Weißweine: Paarl Riesling, Blanc Fumé, Steen (Chenin

Blanc), Gewürztraminer, Cabernet Sauvignon Blanc de Noir.
Rotweine: Baronne, Cuvée Edelrood (Cabernet Sauvignon, Shiraz und Tinta Barocca), Cabernet Sauvignon, Pinotage.
Roséweine: Rosé Sec, Rosé.
Es werden auch Schaumweine (Première Cuvée Brut und Kap-Sekt) erzeugt.

Neethlingshof Estate

– Coastal Region

Traditionelles Spitzenweingut in Stellenboschkloof im District Stellenbosch mit einer Rebfläche von 165 ha, das nach der Übernahme durch H. J. Schreiber im Jahre 1985 zu einem Mustergut ausgebaut wurde. Einen wesentlichen Anteil daran hatte der Kellermeister Günter Brözel (ab 1989). Zu Neethlingshof Estate gehören die Weingüter → Stellenzicht, Hillandale, Simonsberg und Bergendal.
Weißweine: Sauvignon Blanc, Chardonnay, Gewürztraminer, Riesling, Lord Neethling Blanc (Prestigecuvée).
Rotweine: Cabernet Sauvignon, Pinotage, Lord Neethling Rouge (Prestigecuvée).

Neil Ellis Wines

– Coastal Region

Junges Weingut im Jonkershoek Valley im District Stellenbosch mit einer Rebfläche von 104 ha.
Weißweine: Chardonnay, Sauvignon Blanc.
Rotweine: Cabernet Sauvignon, Merlot, Pinotage.
Die Firma bietet auch die Weine von Elgin, Groenekloof und Inglewood an.

Newton Johnson Wines

– Overberg

Familienweingut in Walker Bay mit einer Rebfläche von rund 40 ha. Das Angebot umfasst die Serien Newton-Johnson, Cape Bay und Sandown Bay in den weißen Sorten Chardonnay und Sauvignon Blanc sowie in den roten Sorten Cabernet Sauvignon und Pinotage. Die Weine zeichnen sich durch ihre besondere Frische und Fruchtigkeit aus.

Nuy Wine Cellar

– Breede River Valley

Weinbaugenossenschaft mit über 21 Mitgliedern im District Worcester mit einer Gesamtrebfläche von rund 500 Hektar, die sich durch ihren verstärkten Muscadel und ihre Weißweinverschnitte einen guten Ruf erworben hat.

P

Plaisir De Merle

– Coastal Region

Altes Weingut im District Paarl mit einer Rebfläche von 400 Hektar, das im Besitz der → Stellenbosch Farmer's Winery ist.

R

R & de R Fredericksburg

– Coastal Region

Weingut am Fuße des Simonsberg-Gebirges im District Paarl, etwa 50 Kilometer östlich von Kapstadt. Im Jahre 1997 haben Anton Rupert und Baron Edmond de Rothschild mit diesem Weingut eine Partnerschaft ins Leben gerufen, die eine Verbindung von Alter und Neuer Welt darstellt. Nun führen ihre Söhne Antonij Rupert und Benjamin de Rothschild das Gut. Die Weine Baron Edmond (Rotweincuvée aus Merlot und Cabernet Sauvignon) und Baroness Nadine (Chardonnay) sind Glanzlichter Südafrikas.

Robertson Winery
– Breede River Valley
Die Genossenschaft im District Robertson ist eine der ältesten Weinfirmen in der Region. Heute umfasst sie rund 42 Mitglieder, die eine breite Produktpalette von Weiß- und Rotweinen anbieten.

Rustenberg Wines
– Coastal Region
Altes Weingut in Simonsberg im District Stellenbosch, früher Schoongezicht genannt, mit einer Rebfläche von 100 Hektar im Besitz von Simon Barlow.
Bekannt für Weine aus den Sorten Sauvignon Blanc, Chardonnay, Pinot Noir, Cabernet Sauvignon, Merlot.

S

Saxenburg – Coastal Region
Weingut in Kuils River im District Stellenbosch mit einer Rebfläche von 70 ha, das seit den 1990er-Jahren sehr erfolgreich ist.
Bekannt für Weine aus den Sorten Sauvignon Blanc, Chardonnay, Shiraz, Cabernet Sauvignon, Merlot, Pinotage.

SFW
Vgl. → Stellenbosch Farmer's Winery.

Simonsig Estate
– Coastal Region
Musterweingut in Eisenburg im District Stellenbosch mit einer Rebfläche von 270 ha. Simonsig Estate verarbeitet eine besonders breite Palette von Rebsorten und das Gut war der erste Schaumweinerzeuger Südafrikas, der nach der klassischen Methode produzierte.
Weißweine: Chardonnay, Riesling, Chenin Blanc.
Rotweine: Pinot Noir, Pinotage, Cabernet Sauvignon, Cuvée Frans Malan Reserve (Pinotage und Cabernet Sauvignon).

Simonsvlei International
– Coastal Region
Weinbaugenossenschaft im District Paarl mit 73 Mitgliedern und einer Gesamtrebfläche von 1.400 ha. Unter den Labels Simonsvlei, Hercules Paragon und Mount Marble werden Weiß- und Rotweine angeboten.

Spice Route Wine Company
– Coastal Region
Weinkellerei in Malmesbury im District Swartland im Besitz von Charles Back. Die Spitzenweine sind Merlot, Pinotage und Syrah.

Stellenbosch Farmer's Winery (SFW) – Coastal Region
Bedeutende Weingroßhandelsfirma in Stellenboschkloof im District Stellenbosch. 1924 begann William Winshaw im Weingut Oude Libertas mit der Weinerzeugung. 1935 wandelte er den privaten Betrieb in die Stellenbosch Farmer's Winery um mit dem Ziel, guten Wein

zu erschwinglichen Preisen anzubieten. Es wurden spezielle Weinsorten in verschiedenen Preislagen geschaffen. Das Sortiment umfasst heute eine Auswahl der Zonnebloem-Weine bzw. Oude-Libertas-Weine (Cabernet Sauvignon, Merlot und Shiraz sowie Sauvignon Blanc und Chardonnay) sowie die weniger teuren Linien Zonheimer und Kellerprinz. Die Firma unterhält Versuchsfarmen und schuf in mehreren Städten Informationszentren zur Beratung der Produzenten und Konsumenten. Die Fusionierung mit Genossenschaftskellereien anderer Regionen sowie mit der Holding South African Distilleries & Wines unterstreicht ihren erfolgreichen Weg in die Zukunft. Die Stellenbosch Farmer's Winery ist Besitzer einiger bekannter südafrikanischer Weingüter, u. a. → Nederburg und → Plaisir De Merle, die jedoch selbstständig arbeiten.

Stellenzicht Vineyards – Coastal Region
Weingut in Helderberg im District Stellenbosch mit einer Rebfläche von 170 ha im gleichen Besitz wie das → Neethlingshof Estate.
Weißweine: Chardonnay, Sémillon, Sauvignon Blanc.
Rotweine: Shiraz, Cabernet Sauvignon, Merlot, Pinotage, Bordeaux Blend Stellenzicht.

T

Thelema Mountain Vineyards – Coastal Region
Renommiertes Weingut in Helshoogte im District Stellenbosch mit einer Rebfläche von rund 50 ha. Die Weine wurden international ausgezeichnet.
Bekannt für Weine aus den Sorten Chardonnay, Sauvignon Blanc, Cabernet Sauvignon, Merlot, Pinotage.

Twee Jonge Gezellen Estate – Coastal Region
Weingut im District Tulbagh mit einer Rebfläche von rund 270 ha im Besitz der Familie Krone. Das Weingut hat sich besonders auf exzellente Weißweine und neuerdings  auf Schaumweine nach der klassischen Methode spezialisiert. Die Familie Krone hat sehr viel zur Entwicklung der Kapweine beigetragen.

V

Vergelegen – Coastal Region
Weingut in Helderberg im District Stellenbosch mit einer Rebfläche von rund 100 ha.
Weißweine: Chardonnay, Sauvignon Blanc.
Rotweine: Merlot, Cabernet Sauvignon, Cuvées aus Cabernet Sauvignon, Merlot und Shiraz.

Villiera Estate – Coastal Region
Altes Weingut mit aufstrebender Tendenz in Koelenhof im District Paarl, an der Grenze zu Stellenbosch, im Besitz der Familie Grier; Rebfläche rund 300 Hektar. Villiera Estate ist durch die Weiß- und Rotweincuvées Cru Monro, Operette, Sonnet und Garonne sowie durch die Sparkling Wines bekannt.

SÜDKOREA

Schon während der Jahre 935–1392 hat die Koguryo-Dynastie in Sükorea Weinbau betrieben. Mit Unterstützung japanischer Unternehmen wurde um 1920 eine 150 Hektar große Rebfläche in Pohang angelegt. 1973 wurde die Weinindustrie durch die Gründung mehrerer Unternehmen, wie Oriental Brewery und Hai Tai, intensiviert. Die Rebflächen betragen nun rund 21.000 Hektar und liegen in den Bergen um Seoul. Etwa 100.000 Hektoliter Wein einfacherer Qualität werden jährlich meist aus amerikanischen und französischen Hybriden bzw. Rebsorten erzeugt. Es sind dies zu 80 Prozent die Campbell's Early sowie die Sorten Delaware und Seyve-Villard.

SYRIEN

Der historische Ursprung des Weinbaus ist in Syrien bereits in der Antike zu finden. Die Hauptstadt Damaskus hatte den Ruf eines Weinbauzentrums und wird sogar in der Bibel als solches erwähnt. Die Weinwirtschaft ist heute in den Händen einer kleinen Christenminderheit, die Weine aus dem vom Islam geprägten Land sind kaum bekannt. Die Rebfläche Syriens beträgt etwa 70.000 Hektar. Es wurden in den 1970er Jahren durchschnittlich 63.000 Hektoliter, in den 1980er Jahren nur noch rund 8.000 Hektoliter Wein gekeltert. Diese Reduktion ergab sich seit dem Aufstieg des Islam, da ein Großteil der Rebflächen nur mehr der Tafeltrauben-, Rosinen- sowie Traubensafterzeugung dient. Die zur Weinerzeugung verwendeten Rebsorten sind meist französischen Ursprungs. Die Rebpflanzungen befinden sich im Latakia-Distrikt, in den Hügelzügen von Damaskus, Aleppo und Hems. Es werden alkoholleichte Weißweine, Rotweine und eine kleine Menge Arrak erzeugt.

TAIWAN

Die Rebfläche Taiwans beträgt etwa 5.000 Hektar. Der größte Traubenweinproduzent ist die Firma Taiwan Tabacco & Wine Monopoly Bureau. Neben dem Wein werden in Taiwan auch verschiedene Traubendestillate sowie ein Reiswein hergestellt.

TSCHECHIEN

Wie die Slowakei ist Tschechien ein klassisches Bierland, obwohl Weinbau schon vor der Römerzeit betrieben wurde, was Funde von Weinbaugeräten aus dem zweiten und dritten Jahrhundert vor unserer Zeitrechnung bestätigen. Während der Jahre des Kommunismus, beginnend 1918 bis zur Zerschlagung des Eisernen Vorhangs,

war Wein nur ein agrarisches Produkt ohne Qualitätsansprüche. Es wurde lediglich auf Quantität gesetzt. So ist es verständlich, dass Tschechien (auch heute noch) einen ungeheuren Aufholbedarf bei der Modernisierung der Weinherstellungsverfahren und Rebpflanzungen aufweist. Tschechische Weinprodukte, vorwiegend Weiß- und Schaumweine, sind europaweit kaum im Handel zu finden. Seit 1995 gibt es ein Weingesetz, das dem deutschen angepasst ist. Die verstaatlichten Weinbaubetriebe dürfen nunmehr privatisiert werden. Abzuwarten sind die Offensiven im Weinbau, die beim Beitritt Tschechiens zur EU gesetzt werden.
Die Weinbaugebiete sind in Südmähren und in Böhmen. Über die Gesamtrebfläche und die Produktion gibt es keine verbindlichen Angaben, geschätzt werden knapp 11.000 Hektar. Bei den Hauptrebsorten genannt werden die weißen Sorten Riesling, Welschriesling (Laski Rizlink oder Olaszrizlink), Grau- und Weißburgunder, Gewürztraminer, Grüner Veltliner, Sauvignon Blanc, Müller-Thurgau (Rivaner), Muskat-Ottonel, Neuburger und Sylvaner, neuerdings auch Chardonnay. Heimische Weißweinsorten sind die Kreuzungen Morava-Muskat (Prachttraube x Muskat-Ottonel), Aurelius (Riesling x Neuburger) und Palava (Gewürztraminer x Müller-Thurgau).
Die roten Hauptrebsorten sind Blauer Portugieser (Modry Portugal), Blaufränkischer (Frankovka) und St. Laurent (Svatovavrinecké) sowie Blauburgunder, der die besten klimatischen Bedingungen vorfindet. Neuerdings wird auch Cabernet Sauvignon angepflanzt.

Zu den bekanntesten Erzeugern zählen Milos Michlovsky, Znovin Znojmo, Mikros-Vin, Familie Lobkowicz mit den Weingütern Melnik und Roudnice, Olin Drépal, Frano Mádl und Radek Boloun.

Der größte Schaumweinhersteller ist Bohemia im böhmischen Stary Plzenec, der heute Teil des deutschen Unternehmens Henkell & Söhnlein ist.

TUNESIEN

Als ehemalige französische Kolonie (kolonialisiert im Jahre 1881) hat das nordafrikanische Tunesien eine alte Weinbautradition. 1956 in die Selbstständigkeit entlassen, veränderte sich die Weinindustrie, die bis dahin nicht besonders fortschrittlich war. Die Weinbaugebiete, deren Rebflächen westlich und östlich der Hauptstadt liegen, wurden in vier Appellationen gegliedert, und zwar in Grombalia, Kélibia Cap, Bizerte-Mateur-Tébouba und Thihar. Alle Gebiete haben sich auf Muskatweine spezialisiert, die sicher die besten Weine des Landes sind. Die Reben wachsen auf leichten Sandböden. Es ist sehr heiß, doch die milden Frühlinge sichern eine gute Weinernte. Die Rebfläche ist in den letzten Jahren enorm zurückgegangen und liegt zurzeit bei zirka 9.000 Hektar. Es werden rund 412.000 Hektoliter Wein produziert.

Das Weingesetz von 1957 sieht ein vierstufiges Klassifizierungssystem vor. Es teilt die Weine in:

- Vins de Consommation Courante
- Vins Supérieurs
- Vins de Qualité Supérieur
- Appellation d'Origine Controlée

Die staatliche Institution Office de Vin kontrolliert seit 1970 die gesamte Weinproduktion.
In Tunesien werden hauptsächlich Rot- und Roséweine, in geringeren Mengen Weißweine erzeugt. Der Muscat gilt als der beste Weißwein des Landes. Er hat eine eigene Appellation und wird süß oder trocken ausgebaut. Darüber hinaus ist der Sémillon Blanc vertreten. Die Rot- und Roséweine werden aus Cabernet-, Pinot-Noir- sowie Gamay-Trauben erzeugt. Die frischen Roséweine erfreuen sich zunehmender Beliebtheit.
Die besten Weine sind u. a.: Muscat de Kélibia vom Cap Bon im Nordosten, Gris de Tunisie, der berühmteste Roséwein Rosé Sidi Rais, der Magon aus Tébourba (Rotwein), der Château Mornag (Rot- und Roséwein aus den Mornagbergen), Château Thibar des staatlichen Office des Terres Domaniales und der Standardwein Cateaux de Carthage.
Es gibt 13 staatliche Genossenschaften und zehn private Kellereien. Der größte Erzeuger ist die Union des Coopératives Viticoles de Tunisie.

TÜRKEI

Statistische Daten

- Sechs Weinbauregionen: Trakya ve Marmara Böglesi (Thrakien und das Marmaragebiet; erzeugt zwei Fünftel aller türkischen Weine), Ege Böglesi (Westküste am Ägäischen Meer), Ak-Deniz ve Güney Anadolu Böglesi (südwestliche Mittelmeerküste mit Südostanatolien), Kara-Deniz Böglesi (Schwarzmeerküste), Orta Anadolu Böglesi (Zentralanatolien mit Ankara), Dogu Anadolu Böglesi (Ostanatolien).
- Gesamtrebfläche rund 900.000 Hektar.
- Jährliche Gesamtproduktion rund 450.000 Hektoliter.
- Als Traubenproduzent weltweit an fünfter Stelle; nur etwa vier Prozent der geernteten Trauben werden zu Wein verarbeitet.
- Der Pro-Kopf-Verbrauch ist mit nur 0,75 Liter pro Jahr aufgrund der überwiegend moslemischen Bevölkerung sehr gering.

Weingut Doluca, Müreffe

Klima

Das Land hat vier verschiedene Klimazonen, die sich deutlich voneinander unterscheiden. Im Westen, im europäischen Teil der Türkei, herrscht ein Mischklima aus dem gemäßigten kontinentalen Klima und dem Mittelmeerklima. Die Schwarzmeerküste weist ein gemäßigtes kontinentales Klima mit den größten Niederschlagsmengen des Landes auf. An der Südküste und im Südosten des Landes ist ein ausgeprägtes heißes Mittelmeerklima mit sehr heißen langen Sommern und kurzen milden Wintern zu verzeichnen. In Ost- und Nordostanatolien sind schließlich extrem heiße und niederschlagsarme Sommer und kurze, aber sehr kalte Winter vorherrschend.

Böden

Die fruchtbarsten Böden für den türkischen Weinbau befinden sich im europäischen Teil des Landes und im Marmaragebiet. Ansonsten sind sehr unterschiedliche geologische Bedingungen anzutreffen, die von Sandsteinböden bis Ackerböden reichen.

Rebsorten

Fest steht, dass der Wein im Nahen Osten geboren wurde, sei es nun in der Türkei oder in Armenien. Die alten anatolischen Rebsorten legen jedenfalls Zeugnis ab über eine sehr alte Weintradition. Noch heute werden die alten heimischen Rebsorten, wie Emir, Hosbag, Hasan-Dede, Misket, Papazkarasi, Sultan, Öküz Gözü, Yapincak und Kalecik, angebaut.

Hauptrebsorten für Weißweine
Chardonnay, Riesling, Sémillon, Sylvaner.

Hauptrebsorten für Rotweine
Carignan, Cabernet Sauvignon, Cinsault, Gamay, Pinot Noir.

Die Türkei mit ihrem kleinen europäischen und ihrem großen asiatischen Teil gehört mit Sicherheit zu jenen Ländern, in denen in vorchristlicher Zeit Wein getrunken wurde. Als Heimat der Weinrebe gilt der Landstrich von Damaskus bis zur Schwarzmeerküste. Nachweislich wurden Weinbau und Weinbereitung bereits von den Hethitern beherrscht, die dieses Gebiet 4000 v. Chr. besiedelten. Nach einer wechselvollen Geschichte ließ Kemal Atatürk im Jahre 1925 weitläufige Rebanlagen pflanzen. Atatürk war es auch, der die ersten Weinkellereien des Landes gründete. Insgesamt ist der Weinbau jedoch durch das Fehlen eines einheimischen Marktes aufgrund des moslemischen Staates begrenzt. Es ist jedoch anzunehmen, dass sich die Türkei in Zukunft den EU-Standards und den internationalen Trends anpassen wird.
Es werden Weiß-, Rosé- und Rotweine in Tafelweinqualität sowie Schaumweine erzeugt. Das Staatsmonopol **Tekel** unterhält eine Reihe von Weingütern und ist für die gemeinschaftliche Weinerzeugung und den Export zuständig. Dieser erfolgt größtenteils nach Deutschland sowie in andere europäische Länder mit einem großen Anteil an türkischer Bevölkerung.

Bekannte Weine

Bekannte Weißweine sind:
Barbados, Doluca, Chankaya, Narbag, Hosbag, Tekirdag, Trakya.

Bekannte Roséweine sind:
Buzbag, Doluca, Doruk, Kavaklidere, Kulüp.

Bekannte Rotweine sind:
Buzbag, Doluca, Doruk, Kalbag, Kavaklidere, Kulüp, Yakut Damlasi.

Der bekannteste Süßwein heißt Sevilen.

UNGARN

Chateau St. Gaál, Szekszárd

Statistische Daten

- In den vier Landesteilen Nordtransdanubien, Nordungarn, Alföld und Südtransdanubien liegen 22 festgelegte Regionen: Ászár-Neszmély, Badacsony, Balatonboglár, Balaton-Felvidék, Balatonfüred-Csopak, Balaton-Melléke, Bükkalja, Csongrád, Eger, Etyek-Buda, Hajós-Baja, Kunság, Mátraalja, Mecsekalja, Mór, Pannonhalma-Sokoróalja, Somló, Sopron, Szekszárd, Tokaj-Hegyalja, Tolna, Villány-Siklós.
- Gesamtrebfläche rund 110.000 Hektar.
- Jährliche Gesamtproduktion 3–4 Mio. Hektoliter.
- 70 % Weißweine.

Geschichte

Ungarns Weinbaugeschichte lässt sich bis zur Römerzeit zurückverfolgen. Die Legionäre brachten die Weinreben ins Land. Im Mittelalter übernahmen die Mönche und die deutschen Siedler ihre Rolle, sie verbreiteten die Weinreben entlang der Donau in den Osten und Süden Europas.
Seither gibt es in Ungarn – unterbrochen nur durch die osmanische Besetzung – in vielen Gegenden eine starke Weintradition.
Bereits im 17. Jahrhundert wurden ungarische Weine, vor allem der Tokajer, exportiert. Er erlangte während der österreichisch-ungarischen Monarchie internationalen Ruhm. Nach dem 2. Weltkrieg wurden die privaten Weingüter durch Genossenschaften und landwirtschaftliche Kollektive abgelöst, was dem Weinbau nicht sehr zu-

träglich war. Jedoch seit dem Ende der kommunistischen Herrschaft haben der Weinbau und die Weinproduktion einen großen Wandel erfahren. Viele Weingüter und Kellereien wurden wieder privatisiert, die ehemaligen Besitzer erhielten ihr Land zurück. Internationales Kapital floss ins Land.

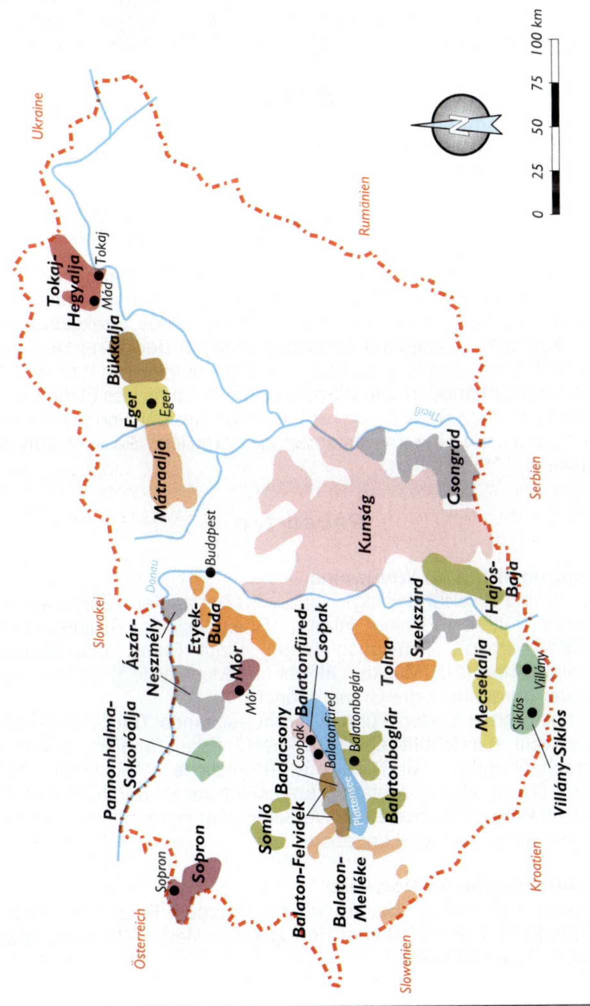

Die alten Rebbestände wurden systematisch gerodet und durch internationale Sorten ersetzt. Obwohl eine Reihe alter Sorten bereits verschwunden ist, haben doch charaktervolle einheimische Traubensorten das Auf und Ab überstanden und werden vereinzelt angebaut. Insgesamt liegt heute der Produktionsschwerpunkt nicht mehr auf Quantität, sondern auf Qualität. Seit 1990 nimmt die Privatisierung der Weingüter weiter zu, was durch die EU stark unterstützt wird. Die Bestimmungen werden an die EU-Normen angepasst.

Klima

Das Klima ist ausgeprägt kontinental mit heißen Sommern und kalten Wintern.

Böden

Ein großer Teil der Rebflächen befindet sich im Flachland auf Sandböden. Die Bodenverhältnisse der Hanglagen sind sehr verschiedenartig. In vielen Gegenden, z. B. in Villány-Siklós, Szekszárd und Mór, kommen vorwiegend Lössböden vor. In der Tokaj-Hegyalja gibt es Trachyt- und Rhyolithböden. In Eger dominieren Kalk-Sandstein- und Lehmböden. Die Weinberge am Nordufer des Plattensees weisen sandigen Basaltboden auf. In einer Hinsicht sind jedoch alle Weinbaugebiete Ungarns einander sehr ähnlich: Sie sind arm an Humus und Nährstoffen.

Rebsorten

Hauptrebsorten für Weißweine
Olaszrizling (Welschriesling), Cirfandli (Zierfandler), Zöld Veltelini (Grüner Veltliner), Rajnai Rizling (Rheinriesling), Rizlingszilváni (Müller-Thurgau), Sauvignon Blanc, Pinot Blanc, Chardonnay, Tramini, Muskotály (Muskat Ottonel und Muskateller), Szürkebarát (Grauer Burgunder oder Grauer Mönch).
Die heimischen Sorten Furmint (vorherrschende Traube in Tokaj), Hárslevelü (Lindenblättriger), Kéknyelü (Blaustängler), Leányka (Mädchentraube), Királyleányka (Königliche Mädchentraube), Ezerjó (Tausendgut), Juhfark (Lämmerschwanz), Budai Zöld (Grüner Budaer) und Mézesféher (Weißer Honig) werden in den letzten Jahren wieder vermehrt angebaut.

Hauptrebsorten für Rotweine
Kadarka, Kékfrankos (Blaufränkisch), Zweigelt, Pinot Noir (Nagyburgundi), Kékoportó (Blauer Portugieser), Merlot, Cabernet Sauvignon, Cabernet Franc.

Gesetz

Das ungarische Weingesetz aus dem Jahre 1994 wurde mehrmals abgeändert und ergänzt. Es enthält neben den allgemeinen Bestimmungen die seit 1997 und 2003 gültigen und abgegrenzten 22 Regionen. Die vorläufige Gliederung der Weine umfasst folgende Qualitätsstufen:

Asztali Bor
Tisch- bzw. Tafelwein einfacher Art. Er wird in Literflaschen verkauft.

Tajbor
Landwein.

Minöségi Bor
Qualitätswein mit einem Mindestalkoholgehalt von 10 Vol.-%. Er wird in 0,75-Liter-Flaschen verkauft und muss die typischen Merkmale seiner Herkunft, seiner Rebsorte und seines Jahrgangs aufweisen. Der maximale Hektarertrag ist mit zwölf Tonnen festgelegt.

Künlönleges Minöségi Bor
Der Wein von besonderer Qualität entspricht ungefähr einem Prädikatswein. Auch er wird in 0,75-Liter-Flaschen verkauft und muss typisch für die Region, die Rebsorte und den Jahrgang sein. Der maximale Hektarertrag ist mit zehn Tonnen festgelegt. Der Wein wird mit einem staatlichen Qualitätssiegel versehen.

Muzeális Bor
Der so genannte Museumswein ist ein besonders hochklassiger Wein, der mindestens fünf Jahre ausgebaut wird.

Etikettensprache
Die Weinnamen setzen sich großteils aus dem Ortsnamen und der Traubensortenbezeichnung zusammen. Dabei wird an den Ortsnamen ein „i" angehängt, also ist ein Kékfrankos aus Sopron ein Soproni Kékfrankos. Bei Tokaji Szamorodni, Tokaji Aszú sowie Tokaji Eszencia werden keine Rebsorten, sondern die Technologie angegeben.
Ár: Preis.
Bor: Wein.
Édes: Süß.
Évjárat: Jahrgang.
Fehér Bor: Weißwein.
Félédes: Halbsüß.
Félszáraz: Halbtrocken.
Gyöngyözö Bor: Perlwein.
Habzó: Schäumend.
Kék: Blau.

Késöi Szüretelés: Spätlese.
Palackozó: Abfüller.
Pezsgö (Bor): Sekt.
Pince: Keller; **Pincészet:** Kellerei.
Sárga: Gelb.
Száraz: Trocken.
Szemelt: Auslese.
Szölöskert: Weingarten, Weinberg.
Szövetkezet: Genossenschaft.
Termelö: Produzent.
Vörös Bor: Rotwein.

NORDTRANSDANUBIEN

Die wichtigsten Weinbauregionen Ungarns liegen in Nordtransdanubien, das ist das große Gebiet nördlich des Balaton (Plattensees) bis zur Donau und im Westen bis zur Staatsgrenze zu Österreich. Sowohl die Böden als auch das Mikroklima der elf abgegrenzten Regionen sind je nach Lage recht unterschiedlich. Die ersten sechs Regionen werden offiziell als Balatonregionen bezeichnet.

Badacsony

Eine der bekanntesten Regionen Ungarns mit 2.000 Hektar Rebfläche liegt auf Vulkanhügeln am Nordufer des Plattensees. Der sandige Basaltboden, die viele Sonne und das durch die große Wasserfläche des Balaton beeinflusste Mikroklima schaffen ideale Bedingungen für den Weinbau.
Badacsony ist vorwiegend ein Weißweingebiet. Die wichtigsten Sorten sind Olaszrizling sowie Szürkebarát (Ruländer), Muskotály, Tramini, Rizlingszilváni und die örtlichen Spezialitäten Kéknyelü (Blaustängler) und Budai Zöld. Seit 2003 sind in dieser Region Rotweinsorten erlaubt. In der Regel sind die Weine körperreich, besitzen viel Extrakt und eine kräftige Säure.
Der Kéknyelü zeichnet sich durch seinen zarten und würzigen Duft sowie durch seine Eleganz aus. In guten Jahren werden Weine besonderer Leseart erzeugt. Bekannt sind u. a. die Dörfer Szigliget, Badacsonytomaj, Badacsonyábrahámhegy, Kövágóörs, Nemesgulács und Tapolca.

Bekannte Erzeuger

Badacsony Borászati Szövetkezet	In Nemesgulács, mit den Weinen Badacsonyi Olaszrizling und Badacsonyi Rajnai Rizling.

Biovitis Pince	In Tapolca, mit Weinen aus den Sorten (Gelber) Muscotály und Olaszrizling.
Borbély Családi Pincészet	In Tapolca, mit Weinen aus den Sorten Ottonel Muskotály, Olaszrizling und Rajnai Rizling.
Villa Juris	In Badacsonylábdihegy; Weingut des burgenländischen Winzers Georg Stiegelmar; bekannt für Olaszrizling.
Domäne Edegger	In Badacsony.
Elsö Magyar Borház KFT SZT Orbán Pincészet	In Badacsonytomaj; das größte Familienweingut, im Besitz von Huba Szeremley, der nicht nur in Badacsony, sondern im ungarischen Weinbau überhaupt eine wichtige Rolle spielt. Feine Szemelt Rizlings, Rajnai Rizlings, Kéknyelüs, Szürkebaráts und der Badacsonyi Zeusz sind Spitzenweine, die schon eine Reihe von internationalen Auszeichnungen erhalten haben.

Elsö Magyar Borház, Badacsonytomaj

Balatonfüred-Csopak

Diese Region mit etwa 2.800 Hektar liegt am Nordwestufer des Plattensees zwischen Zánka und Balatonalmádi. Weitere Weinorte sind Balatonakali, Szentantalfa, Balatonfüred, Csopak, Alsóörs, Lovas,

Felsóörs und Balatonszölös. Seit 1997 gehören auch Mencshely und Tihany zu dieser Region. Die eher flachen Lagen haben rote Schiefer-Sandstein-Verwitterungsböden und ein sehr günstiges Mikroklima. Die Weine aus Balatonfüred sind kräftiger, körperreicher und mit höherem Extrakt als jene aus Csopak. Bekannt ist der feingliedrige, lebhafte Olaszrizling aus den Rieden von Csopak-Berekhát.

Bekannte Erzeuger

Jásdi Pince	In Csopak, mit den Weinen Csopaki Chardonnay und Tihanyi Merlot.
Figula Pincészet	In Balatonfüred, bekannt für Olaszrizling, Chardonnay und Cuvées.
Fodorvin Családi Pincészet	Familienweingut in Aszófö.
Vinárius KFT	In Alsóörs, bekannt für Szürkebarát und Tramini.
Koczor Kálmán	In Balatonfüred.
Mészáros József Pincéje	Familienweingut in Balatonfüred.

Balaton-Felvidék

Der Name des Weinbaugebietes wurde 1999 von Balaton-Melléke in Balaton-Felvidék umbenannt. Der Name Balaton-Melléke steht nunmehr dem früheren Weinbaugebiet Zala zu. Die Berge des Plattensee-Hügellands erstrecken sich vom Plattensee nach Norden bis zum Plateau von Veszprém. Die etwa 2.000 Hektar liegen außerhalb der sonst geschlossenen Weinbaufläche des Plattensees. Die Reben stehen auf Südhängen mit vulkanischem Boden, der klimatische Einfluss des Plattensees kommt ihnen nicht mehr sehr zugute. Hauptsächlich werden säurereiche, kräftige und würzige Weine für den heimischen Markt produziert. Die Region umschließt die Zonen im Kálibecken mit Köveskál sowie Balatonederics-Lesence und Cserszegi auf den südlichen und westlichen Hängen des Keszthelyi-Gebirges.

Bekannte Erzeuger

Kál-Vin Pincészet KFT	Familienweingut von György Varga in Révfülöp.
Hét Kál-Vidéki Scheller Szölöbirtok	In Monostorapáti-Szentbékkálla; bekannt sind der markante Áldozói Zöld Veltelini und der Táltoshegyi Nemesrizling, einer der besten Welschrieslinge des Landes.

Lesence RT Pincészete	In Lesencetomaj; junges, mit modernster Technologie ausgestattetes großes Weingut.
Ódon Pince	In Köveskál, bekannt für Chardonnays im Barriqueausbau.
Szakálvin KFT	Familienweingut in Kövágóörs.

Somló

Somló ist die kleinste Region mit etwa 500 Hektar Rebfläche und befindet sich an den Hängen des Somlóer Basaltberges, nordwestlich vom Balaton. Seit 2003 gehört Somló zu den sechs Balatonregionen, obwohl sie nicht am Balaton liegt. Der basalthaltige Lössboden ist reich an Kalzium und Spurenelementen. Der Weinbau wird durch die extremen Steillagen – vielfach sind Terrassen angelegt – und die damit verbundene Sonneneinstrahlung begünstigt. Diese Gegebenheiten und der oxidative Ausbau sind für den typischen Charakter der Somlóer Weine verantwortlich.
Somló ist ein Weißweingebiet. Neben Olaszrizling, Furmint und Hárslevelü (Lindenblättriger) wird auch die regionale Spezialität Juhfark (Lämmerschwanz) angebaut. Somlóer Weine sind hoch im Alkohol und im Extrakt und weisen eine kräftige Säure auf. Sie brauchen eine längere Reifezeit, um ihre Charakteristik zur Geltung zu bringen. Der größte und modernste Weinbaubetrieb ist Tornai Pincészet in Somlójenö. Weiters bekannt sind Fehérvári Károly, Fekete Béla, Györgykovács Kispincészet, Fazekas Borpince Somlóvin und Csordás-Fodor Borház, alle in Somlóvásárhely, sowie Inhauser István Indovin KFT in Somlószölös.

Balaton-Melléke

Die ursprünglich als Zala benannte Weinbauregion wurde 1999 in Balaton-Melléke umbenannt. Die Rebgärten befinden sich in den Zalaer Hügeln und an den Hängen des Keszthelyer Gebirges. In der Region gibt es die drei Anbauzonen Csáford, Szentgyörgyvár und Mura-Vidék. Bekannt sind vor allem die Erzeuger Dr. Bussay László in Muraszemenye mit einem hervorragenden Pinot Gris, Németh Borház in Keszthely-Kertváros und Veres János in Csáfordhegy.

Balatonboglár

Die Weinbauregion dehnt sich am südlichen Ufer des Plattensees von Zamárdi bis Balatonboglár aus, nach Süden hin bis zur Linie Andocs–Tab. Sie umfasst etwa 3.000 Hektar. Durch die ausgezeichnete geografische Lage und das submediterrane Klima ist diese Gegend für den Weinbau besonders gut geeignet. Obwohl die Region recht ausgedehnt ist, sind die geologischen Verhältnisse weitgehend einheitlich. Allerdings sind die Weinberge südlich des Plattensees nicht so steil wie jene auf der Nordseite. Die Böden bestehen aus Lehm mit Braunerde und sandigem Löss. Die Weinbauzentren sind Balatonboglár, Balatonlelle und Szölösgyörök. In dieser Region dominieren die Weißweine Olaszrizling, Ottonel Muskotály, Szürkebarát, seltener sind Chardonnay, Sauvignon Blanc und Királyleányka anzutreffen. Die Rotweine Merlot, Cabernet Sauvignon und Kékfrankos (Blaufränkisch) sind eher selten, manche Winzer erzeugen Roséweine. Ein Trend von milden, säurearmen zu frischen, fruchtigen und leichten Weinen ist auch in dieser Region deutlich zu erkennen.

Bekannte Erzeuger

Bujdosó Szölöbirtok És Pincészet	In Balatonlelle.
Balatonboglári Borgazdasági RT	In Balatonboglár; die Großwinzerei im Besitz der Henkell & Söhnlein Hungária Rt. verfügt über etwa 340 Hektar eigene Rebflächen und lässt darüber hinaus von Vertragspartnern etwa 1.200 Hektar bebauen. Auf ihren Anbauflächen sind hauptsächlich Chardonnay, Királyleányka, Zöld Veltelini, Irsai Olivér, Sauvignon Blanc, Merlot, Kékfrankos und Cabernet Sauvignon.
Konyári János	In Balatonboglár, mit den Barriqueweinen Chardonnay, Kékfrankos und Cabernet Sauvignon.
Légli Ottó Szölögazdaság És Bortermelö KFT	In Balatonboglár, mit Sauvignon Blanc, Királyleányka und Rajnai Rizling.
Opperheim Családi Pincészet	In Kötcse.
St. Donatus Pincészet KFT	In Balatonlelle.
Öregbaglas RT	In Kéthely; bereits 1773 durch Graf Hunyadi gegründet; seit 1993 wird das traditionsreiche Weingut unter schweizerischer Führung modernisiert; erzeugt werden weiße und rote Spitzenprodukte.

Sopron (Ödenburg)

Die Region erstreckt sich mit 1.800 Hektar Rebfläche an den Ausläufern der Alpen bis zur österreichischen Grenze. Geografisch ist sie die Fortsetzung der Weinbaugebiete des Burgenlands und umfasst die Stadt Sopron mit den umliegenden Orten. Aus Sopron kommen vor allem Rotweine aus den Sorten Kékfrankos, Cabernet Sauvignon, Zweigelt, Merlot und Pinot Noir. Sie sind aufgrund des kühlen Klimas und der kalkhaltigen Böden in der Regel eher säurebetont, fruchtig und ausgewogen. Bekannt ist der tiefrote Soproni Kékfrankos. Aus Tramini, Sauvignon Blanc, Veltelini und Leányka werden duftige, aromatische und feurige Weißweine erzeugt. Bekannte Erzeuger sind die Familienkellereien Gangl, Iváncsics-Roll, Luka Pincészet, Taschner Vin und Franz Weninger sowie die Betriebe Lövér Pince, Vincellér Ház und Vinex KFT.

Pannonhalma-Sokoróalja

Die kleine Region mit rund 1.000 Hektar Rebfläche liegt im Nordosten Ungarns an der österreichischen Grenze. Die Sorten Olaszrizling, Rajnai Rizling und Chardonnay werden im Inland vermarktet. Produzenten sind u. a. Horváth Miklós in Pannonhalma und Pannonhalma MG Szövetkezet.

Ászár-Neszmély

Die Region ist ein südlich der Donau gelegenes Hügelland von etwa 2.000 Hektar Rebfläche mit den wichtigsten Orten Ászár, Császár, Neszmély und Tata. Die lehmigen Böden weisen eine dicke Lössschichte und Braunerde auf. Im Vergleich zum ungarischen Durchschnitt ist es hier etwas kühler mit geringerer Sonneneinstrahlung und durchschnittlichem Niederschlag. Die meist schlanken und aromatischen Weine werden vorwiegend aus Olaszrizling, Rizlingszilváni und Leányka erzeugt. Bekannte Erzeuger sind u. a. die Hilltop Neszmély RT und das Familienunternehmen Szöllösi Pincészet in Neszmély.

Mór

Die 1.200 Hektar kleine Weinbauregion liegt zwischen den nördlichen Ausläufern des Bakony- und des Vértesgebirges. Zentrum ist die Stadt Mór. Die bekannteste Sorte dieser Region ist Ezerjó (Tausendgut), die trockene, herzhafte, aromatische Weißweine mit fruchtiger Säure liefert. Produzenten sind u. a. die Familienkellerei Bozóky, die Kellerei der Lincz-Familie und die Interconsult AG. Alle Betriebe befinden sich in Mór.

Etyek-Buda

Seit 1991 abgegrenzte Weinbauregion mit etwa 1.600 Hektar. Sie befindet sich westlich von Budapest und reicht bis zu den Velencebergen östlich vom Balaton. Der Hauptort ist Etyek. Dazu gehören noch die Weinbaurieden der südlich gelegenen Orte bis Pákozd. 1997 schloss man die Wein produzierenden Siedlungen um Buda an. Die kalkhaltigen und fast überall mit Löss bedeckten Böden eignen sich besonders für den Anbau von Chardonnay und Olaszrizling. Die Trauben werden für die Herstellung von Sektgrundweinen verwendet. Die Winzer bevorzugen den Ausbau trockener Weine. Bekannte Erzeuger sind u. a. Etyeki Kúria Borgazdaság, Gombai Nagy Tibor und Keller Hernyák László, alle in Etyek, sowie Hungarovin RT in Budapest und Nyakas Pince in Tök.

NORDUNGARN

Der Landesteil Nordungarn, nordöstlich von Budapest, ist durch das Mátra- und das Bükkgebirge gegen den Norden gut geschützt und weist ein günstiges, sonnenreiches Klima auf. Der Boden der großteils steilen Lagen dieser Gegend ist teils vulkanischer, teils sedimentärer Herkunft und mit Mergel, Löss und Kies bedeckt. Nordungarn gliedert sich in vier abgegrenzte Bergregionen.

Mátraalja

Die etwa 7.000 Hektar große Rebfläche liegt auf vulkanischen und gut geschützten Hängen der südlichen Ausläufer des Mátragebirges. Die besten Weingärten findet man in den Gemeinden Gyöngyös, Abasár, Domoszló, Gyöngyöstarján, Gyöngyöspata und Nagyréde. Die Gesteinsvielfalt und die günstigen Klimaverhältnisse garantieren gute Weinqualitäten. Die Weine sind frisch und bukettreich mit einer guten Säure und in manchen Jahrgängen mit einem kräftigen Körper. Von Mátraalja stammt der beste Muskateller (Muskotály) Ungarns. Weiters sind u. a. Chardonnay, Hárslevelü, Olaszrizling und Sauvignon Blanc vertreten. Die einst verbreitete Rotweinproduktion ist heute kommerziell nicht mehr von Bedeutung.

Bekannte Erzeuger

Danubiana Borkereskedö És Termelö BT.	Großes Weingut in Bonyhád; in deutschem Besitz.
Németh Borház und **Szöke Mátyás**	Beide Weingüter befinden sich in Gyöngyöstarján.

Szölöskert Szövetkezet	In Nagyréde mit besonders interessanten Chardonnays.
Kellerei Sándor Kiss und Sohn	In Pálosvörösmart.
Abaszölö	In Abasár.

Eger (Erlau)

Die Rebflächen liegen überwiegend nördlich der Stadt Eger im Dreieck von Noszvaj, Felsötárkány und Eger. Kalkstein, Mergel, Sandstein, im Süden das verschiedenartige Lavagestein und im Westen Kies- und Lehmböden bilden die Grundlage für die besten und kräftigsten Weine der Region. Hier sind sowohl der Weiß- als auch der Rotweinanbau von Bedeutung. Das Weingesetz von 1997 teilt die Region in die zwei Teile Eger und Debrö. Die wichtigsten Weinzentren neben Eger sind Noszvaj, Ostoros, Egerszalók, Aldebrö, Feldebrö sowie Verpelét. Die charakteristischen weißen Sorten sind Olaszrizling, Leányka, Királyleányka (Königliche Mädchentraube), Chardonnay und Hárslevelü. Von den roten Sorten sind Kékfrankos, Cabernet und Merlot die wichtigsten. Berühmt ist der Debröi Hárslevelü (Lindenblättriger aus Debrö). Der bekannteste Wein ist der **Egri Bikavér (Erlauer Stierblut),** der aus Kadarka-, Kékfrankos-, Médoc-Noir- und Cabernet-Franc-Reben erzeugt wird. Er darf nur trocken ausgebaut in den Handel kommen.

Bekannte Erzeuger

Balla Pincészet	Aufstrebendes Weingut in Eger.
G.I.A. Pincészet, Gál Tibor	Tibor Gál war Chefönologe des Weingutes Ornellaia in Bolgheri/Toskana. Seit 1994 leitet er sein eigenes Weingut in Eger und überzeugt mit einem feinen trockenen Chardonnay, einem konzentrierten Cabernet Sauvignon und einem sehr ansprechenden Egri Bikavér. Interessiert wartet man auf die Weine seiner Neupflanzungen mit Syrah und Pinot Noir.
Egervin RT	Großes Weingut in Eger, das einen beachtlichen Teil der Weintrauben der Anbaugebiete Eger und Bükkalja verarbeitet.
FVM Szölészeti És Borászati Kutató Intézet	Weingut in Eger; die Weine werden unter dem Namen Agriavin vertrieben.

Weitere nennenswerte Betriebe sind Gál Lajos Pincészete, Gróf Széchenyi Casino Pincészet, Gundel Pincészet, Tóth Ferenc, Tóth István und Vincze Béla Boraszát, alle in Eger; Ker-Coop Borászati KFT in Verpelét, das Familienunternehmen Thummerer Vilmos Szölö És Borgazdasága in Noszvaj; Ostoros-Novaj Bor RT und das italienische Familienunternehmen Rai-Vini Pincészet, beide in Ostoros; Vitavin KFT in Felsötarkány.

Bükkalja

Die kleine Weinbauregion östlich von Eger mit etwa 2.700 Hektar liegt am Fuße des Bükkgebirges. Die Tuffsteinböden und das günstige Mikroklima ermöglichen die Produktion von guten, süffigen Weißweinen aus Olaszrizling und Leányka. Der Großteil des Traubenmaterials wird in den großen Weingütern in Eger verarbeitet.

Tokaj-Hegyalja

In der Tokaj-Hegyalja gibt es die so genannten gewöhnlichen Qualitätsweine, wie Tokaji Furmint, Hárslevelü und Muskotályos sowie die klassischen Tokajer, das sind der trockene und süße Szamorodni sowie der Aszú (siehe Versetzte Weine). Die vierte Region Nordungarns hat zwar einen ähnlichen geologischen Aufbau und ein ähnliches Klima wie die Region Mátraalja, die Weine sind jedoch aufgrund der unterschiedlichen Vinifikationsmethoden ganz verschieden. Die Tokaj-Hegyalja liegt im nordöstlichsten Teil des Landes auf den Ausläufern einer vulkanischen Hügelkette etwa im Dreieck Tokaj, Sátoraljaújhely und Abaújszántó.

Der Name stammt von dem Städtchen Tokaj und der Bezeichnung Hegyalja, was so viel wie am Abhang des Berges gelegen heißt. Der Boden besteht hauptsächlich aus Trachyt und Rhyolith, einem Verwitterungsgestein vulkanischen Ursprungs. Am Tokajer Berg und westlich davon findet man auch Sand- und Lössböden. Das Klima ist günstig für den Weinbau: Die Hügel schirmen das Gebiet gegen Norden ab, aus der Ebene im Süden kommen die Sommerwinde und vom Fluss die Feuchtigkeit. Die warmen und trockenen Herbsttage wirken sich besonders günstig auf die Reifung der Trauben und die Entwicklung des Edelschimmels auf den Beeren aus. Auf einer Rebfläche von etwa 5.500 Hektar werden jährlich rund 200.000 Hektoliter Wein erzeugt. Bekannte Weinbauorte sind Tokaj, Tarcal, Mád, Tállya, Abaújszántó, Tolcsva, Sárospatak und Sátoraljaújhely.

Die Tokaj-Hegyalja ist ein ausgesprochenes Weißweingebiet. Die Hauptsorten sind Furmint (etwa 70 %) und Hárslevelü (Lindenblättriger) sowie in geringer Menge Sárgamuskotály. Der Tokaji Furmint, der Tokaji Hárslevelü und der Tokaji Muskotályos sind markante, duftige und aromatische Weine, die reduktiv im Stahltank vinifiziert

werden. Der trockene und der süße Szamorodni (szamorodne heißt ursprünglich gewachsen) ist ein goldgelber bis braunroter Tokajer von ansprechendem Duft und Aroma.
Alle Produzenten der Tokaj-Hegyalja erzeugen die ganze Palette der Tokajerweine.

Bekannte Erzeuger

Árvay És Társa Pincészet	In Tokaj; rund 65 Hektar.
Hétszölö RT	In Tokaj; 55 Hektar großes Weingut, ehemals im Besitz des Fürsten Rákoczi mit einem besonders traditionellen Keller. Heute gehört der Betrieb einer französischen Versicherungsgesellschaft.
Dobogó Pincészet	Weingut in Tokaj, im Besitz der Familien Gelsey und Zwack (Hersteller des bekannten Bitterlikörs Unicum).
Tokaj Disznókö Szölöbirtok	Weingut in Mezözombor; Paradebetrieb in der Tokaj-Hegyalja, der vom französischen Axa-Konzern erworben und modernisiert wurde.
Imperial Tokaji Borászat	Aufstrebendes Weingut in Tokaj.
Királyudvar	Weingut in Tarcal, im Besitz von István Szepsy und Anthony E. Hwang. Mehr als 100 Hektar mit Furmint und Hárslevelü bestockt.
Gróf Degenfeld Szölöbirtok És Pincészet	Modernes Weingut in Tarcal.
Szepsy István Borászata	Familienweingut in Mád, auf Aszú-Weine spezialisiert.
Monyók Pincészet	Weingut in Mád, traditionelle Familienkellerei; großer Vorrat alter Jahrgänge.
Royal Tokaji Borászati KFT	Das englisch-dänisch-ungarische Gemeinschaftsunternehmen mit Sitz in Mád ist spezialisiert auf Aszú-Weine, die großteils exportiert werden.
Tokaj-Oremus Pincészet	Das größte und modernste Weingut der Tokaj-Hegyalja mit Sitz in Tolcsva ist seit 1993 im Miteigentum des Spaniers Vega Sicilia.

Weitere nennenswerte Betriebe sind in Sátoraljaújhely: Bodnár Pincészet Borház, Demeter Zoltán Pincéje und Tokaj Kereskedöház; in Sárospatak: Evinor Pincészet sowie Megyer RT und Pajzos RT (beide mit französischer Beteiligung) sowie Szabó Dániel Pincészete; in Szegi: Dusóczky Tamás Pincészete und Royal Palatin Wine Company; in Bodrogkeresztúr: Bene KFT und Dereszla KFT; in Abaújszántó: Pendits Pincészet (ehemals Márta Wille Baumkaufs Kellerei; in Mád: Bodvin KFT, Lang-Lauder Kellerei, Úri Borok Pincészete und Gundel Pincészet; in Tállya: László Pincészet; in Tolcsva: Babits Pincészet.

ALFÖLD

Die **Ungarische Tiefebene** (Alföld Puszta) ist die größte Produktionszone Ungarns. Sie liegt südlich von Budapest und östlich der Donau und reicht bis zur serbischen Grenze. Alföld ist einerseits der ungarische Name für Tiefebene und andererseits die Bezeichnung für das zusammenhängende Weinbaugebiet zwischen Donau und Theiß mit drei abgegrenzten Regionen. Es ist eine weite, steppenartige Ebene, die aus feinkörnigem Sand und teilweise aus Lössböden besteht. Es herrscht ein ausgeprägtes Kontinentalklima, ein Klima der Extreme. Im Sommer ist es sehr heiß und im Winter übermäßig kalt. Die Erzeugung umfasst überwiegend Weißweine und leichte Rotweine, die im Süden der Tiefebene eine gute Qualität erreichen. Auch die in Ungarn populären Sandweine werden hier erzeugt, die – von einigen Spitzenprodukten abgesehen – von mittlerer Qualität sind.

Kunság

Sie ist die weitaus größte Region mit etwa 30.000 Hektar. Laut Weingesetz von 1997 gliedert sich die Region in sieben Weinbauzonen mit insgesamt 95 Weinbausiedlungen. Die wichtigen Weinbauorte sind u. a. (von Norden nach Süden): Jászberény, Monor, Kecskemét, Helvécia, Izsák, Kiskunfélegyháza, Soltvadkert, Kecel, Kiskunmajsa und Kiskunhalas. Produziert werden vor allem Weißweine (Still- und Schaumweine) für den Inlandsmarkt. Der Export ist in Entwicklung. Die verwendeten Rebsorten sind vorwiegend Olaszrizling, Ezerjó, Kövidinka und Veltelini für Weißweine sowie Kadarka, Kékoportó, Kékfrankos und die Cabernets für Rotweine.
Bekannte Erzeuger sind u. a.: Helvécia RT in Helvécia (sehr großes Weingut im Besitz von Huba Szeremley); Gilián Borászat und Benyeda Borászat in Kecel; Schiszler Péter Pince und Alexander Pince in Soltvadkert sowie die Großkellereien Kecskemétvin und Hungarovin.

Csongrád

Die Region liegt im Süden der Tiefebene, hauptsächlich am rechten Ufer der Theiß. Die sauren Sandböden sind teilweise mit kalkigem Sand und Löss überdeckt. Die überwiegend flache Landschaft ist ziemlich niederschlagsarm. Die Weinproduktion konzentriert sich von Csongrád, Kistelek, Mórahalom bis Szeged. Es werden vorwiegend Weine für den Inlandsmarkt in Tafelweinqualität hergestellt. Die Rebfläche beträgt etwa 5.700 Hektar. Bekannte Erzeuger sind u. a. Somodi Borgazdasági KFT in Ásotthalom und Csongrádbor KFT in Csongrád.

Hajós-Baja

Obwohl diese Region mit etwa 4.000 Hektar Rebfläche ebenfalls in der Ungarischen Tiefebene liegt, weicht sie doch von den beiden vorgenannten Regionen deutlich ab. Die Böden bestehen aus Lehm und Löss. Hájos-Baja ist die wärmste Gegend Ungarns mit den meisten Sonnenstunden. Es werden überwiegend Tafelweine produziert, obwohl auch hier ein Trend zu Qualitätsweinen zu erkennen ist. In den letzten Jahren haben sich einige Kellereien in den Orten Hajós, Vaskút und Baja durch ihre guten Rotweine einen Namen gemacht. Etwa die Hälfte der Produktion wird exportiert. Die weißen Hauptrebsorten sind Olaszrizling, Ezerjó, Cirfandli, Veltelini, Kövidinka, Hárslevelü, Rizlingszilvani und Leányka. Von den roten Sorten sind Kadarka, Kékfrankos sowie die internationalen Sorten Cabernet, Merlot und Pinot Noir vorhanden. Aufgrund der Bodenverhältnisse sind die eher einfachen Weine mild und säurearm mit hohem Alkoholgehalt. Auch die Produktion von Grundweinen für die Schaumweinherstellung und zur Erzeugung von Wermut und Weinbrand spielt eine Rolle. Bekannte Produzenten sind u. a. das Familienweingut Sümegi Borászat-Keller KFT und die Koch-Vin KFT in Baja sowie die Brilliant Holding in Nemesnádudvar, ein 1989 gegründeter ungarisch-englischer Weinbaubetrieb.

SÜDTRANSDANUBIEN

Südtransdanubien ist in vier Regionen unterteilt. Es umfasst das Gebiet südlich des Plattensees, reicht im Osten bis zur Donau und im Süden bis zur serbischen Grenze. Die Sand- und Lössböden sowie das sonnenreiche Klima mit mediterranem Charakter begünstigen den Weinbau.

Tolna

Seit dem Weingesetz von 1997 ist Tolna eine eigene Weinbauregion. Sie liegt mit einigen Dörfern um Völgység nördlich von Szekszárd. Etwa 100 Hektar Fläche, mehrheitlich mit Olaszrizling und Rizlingszilvani bepflanzt, werden vom italienischen Weinbauunternehmer Antinori bewirtschaftet. Der Charakter und die Reinheit der Weine sind auf hohem Niveau, die Weißweinproduktion überwiegt. Ein weiterer Produzent ist Danubiana Borkereskedö És Termelö BT in Bonyhád.

Szekszárd

Die Region ist eine der ältesten und renommiertesten Weinbaugegenden Ungarns mit dem Szekszárder Bergland und dem weiter westlich gelegenen Hügelland. Bekannte Orte sind Szekszárd und Bátaapati. Hier wachsen auf sandigen Lössböden bei kontinentalem Klima hervorragende körperreiche Rotweine aus Cabernet Sauvignon, Cabernet Franc, Merlot und Kékfrankos. Vereinzelt werden auch Zweigelt und Kékoportó angebaut. Neben diesen feurigen, dunklen Weinen werden seit einigen Jahren auch frische Roséweine erzeugt. Obwohl die Sorte Kadarka nur mehr selten vinifiziert wird, muss man diese elegante Rebsorte, die Szekszárd berühmt gemacht hat, erwähnen. Sie ist nämlich eine der Sorten des Szekszárder Stierbluts. Das ungarische Weingesetz gestattet es neben Eger nur Szekszárd, den Namen Bikavér (Stierblut) zu verwenden. Die Weißweinproduktion ist untergeordnet. Die wichtigste Sorte ist Olaszrizling, neuerdings werden auch Tramini und Chardonnay gepflanzt.

Bekannte Erzeuger

Agricordial KFT	Im Aufbau befindliches Weingut in Alsónyék.
Aliscavin Borászati RT	Modernst ausgestattetes Weingut in Szekszárd mit rund 30 Hektar.
Aranyfürt	Winzergenossenschaft in Szekszárd mit 90 Hektar.
Dúzsi Tamás	Junger Winzer, der seit Jahren mit Spitzenweinen aufhorchen lässt, z. B. mit einer Cuvée aus Merlot und Blaufränkisch sowie mit einem Cabernet Franc Barrique.
Heimann És Fiai Pince	Modern ausgestattetes Weingut in Szekszárd mit rund 20 Hektar Rebfläche. Der beste Wein heißt Cervus.

Vida Péter	Familienweingut in Szekszárd mit hervorragenden Rotweinen aus den Sorten Kadarka, Merlot, Cabernet Sauvignon und Cabernet Franc.

Weitere nennenswerte Betriebe sind Ferenc Vilmos Pincéje, Vesztergombi Pincészet, Takler Pince, Mészáros Pál Pincészete, Probus Borászati KFT, Szekszárdi MGRT Liszt Pincészet und Interconsult RT, alle in Szekszárd, sowie Mauthner Pince in Bátaszék.

Mecsekalja

Die Region an den südlichen Hängen des Mecsekgebirges umfasst etwa 1.300 Hektar Rebfläche. Weinbauzonen sind Pécs, Szigetvár und die südlich gelegene Baranyaer Gebirgslandschaft. Es dominieren rote Sandsteinböden, die mit Lehm und Löss bedeckt sind. Das Klima ist ähnlich wie in Villány, dem heißen, sonnigen Sommer folgt ein milder, meist frostarmer Winter. Die Gegend wird durch das Mecsekgebirge vor kalten Nord- und Nordwestwinden gut geschützt. Hier entstehen vor allem halbtrockene, alkoholreiche Weißweine mit milder Säure. Die wichtigsten Rebsorten sind Cirfandli (als Spezialität) sowie Olaszrizling, Chardonnay, Pinot Gris und Furmint. Rote Sorten sind selten.
Bekannte Erzeuger sind u. a.: Eberhardt György-Movin KFT und Dreyer Domaine Viticole in Mohács; Nádasdi Borház in Mecseknádasd; Somogyi Pincészet, Interconsult RT und Pannonia in Pécs, alle mit ausgezeichneten Weinen.

Villány-Siklós

Die Region erstreckt sich an den südlichen und östlichen Hängen des Villányer Gebirgszuges und umfasst etwa 2.000 Hektar. Die sonnenreichen Hügel mit submediterranem Klima und die Löss- und Tonböden bieten optimale Bedingungen für den Weinbau. Neben Villány und Siklós sind die Weinbauorte Kövesd und Nagyharsány zu nennen. Die Weinbauregion liefert die besten Rotweine Ungarns, und zwar aus den Sorten Cabernet Sauvignon, Cabernet Franc, Merlot, Kékfrankos, Kékoportó, Zweigelt, Pinot Noir und Kadarka, Letzterer ist allerdings in den Qualitätsweinen immer weniger zu finden. Die angebauten weißen Sorten sind traditionellerweise Olaszrizling, Tramini, Hárslevelü und in den letzten Jahren auch Chardonnay. Rotweinsorten werden in erster Linie um Villány und Weißweinreben überwiegend um Siklós angebaut.
Insgesamt haben die Rotweine dieser Region ein intensives Bukett, sind meist schwer im Alkohol, mit einem kräftigen Körper und festen

Tanninen. Die kräftigen Weine reifen mehrere Jahre in Holzfässern. Die Weißweine sind in der Regel feurig und körperreich.
Mit wenigen Ausnahmen bieten alle Produzenten der Villány-Siklós-Region die gesamte Palette an Rot- und Weißweinen an. Einige Spezialitäten zeichnen sich durch ihre auch international anerkannte ausgezeichnete Qualität aus.

Bekannte Erzeuger

Bock Pince Panzió	Familienweingut in Villány mit besonders gelungenen Cuvées aus Cabernet Sauvignon und Cabernet Franc sowie hervorragenden Merlots und Pinot Noirs.
Gere Attila	Sehr bekannter ungarischer Winzer, der in Villány in Kooperation mit dem burgenländischen Winzer **Franz Weninger** einen großen Barriquekeller aufgebaut hat. Die angebauten Sorten sind Blaufränkisch, Cabernet Sauvignon, Cabernet Franc und Merlot. Hervorzuheben sind vor allem die Cuvées, die zu den besten Weinen Ungarns zählen.
Gere Tamás Pincéje	Weingut in Villány mit besonders tanninhaltigen Weinen, die mehrere Jahre Reifung brauchen.
Malatinszky Kúria Szölöbirtok	Junges Weingut in Villány mit bemerkenswerten Cabernet Sauvignons und einem hervorragenden Chardonnay aus Siklós.
Polgár Pincészet	Der Betrieb in Villány ist eines der ältesten Weingüter in privatem Besitz; große Sortenvielfalt.

Attila Gere und Franz Weninger

URUGUAY

Uruguay ist der viertgrößte Weinerzeuger Südamerikas mit einer Rebfläche von 11.000 Hektar und einer durchschnittlichen Jahresproduktion von 900.000 Hektoliter. Große Flächen sind zusätzlich für die Tafeltraubenproduktion bepflanzt. Mit den ersten Rebpflanzungen wurde Ende des 19. Jahrhunderts von Einwanderern in der Nähe der Hauptstadt Montevideo begonnen. Heute werden Weiß-, Rosé-, Rot- und Schaumweine nicht nur für den heimischen Markt erzeugt. Der steigende Export der letzten Jahre (rund 35.000 Hektoliter Qualitätswein) geht nach Nordamerika, Asien und Europa.

Uruguay liegt wie die Weinbauregionen Argentiniens, Chiles, Südafrikas und Australiens zwischen dem 30. und 35. südlichen Breitengrad. Das mediterrane Klima mit Durchschnittstemperaturen von 18 °C und Niederschlägen bis zu 1.000 Millimeter pro Jahr ist für den Anbau qualitativ hochwertiger Rebsorten überaus gut geeignet.

Die weißen Hauptrebsorten sind Sémillon, Pinot Blanc, Sauvignon Blanc, Ugni Blanc, Chenin Blanc, Moscatel, Chardonnay, Riesling und Gewürztraminer. Bei den Rotweinsorten ist vor allem die Tannatrebe (in Uruguay Harriague) zu nennen, die von Pascual Harriague aus Frankreich im Jahre 1870 eingeführt wurde. Uruguay ist der wichtigste Tannatweinproduzent der Welt. Die Rebe wird hier auf mehreren Tausend Hektar angepflanzt. Junge Tannatweine sind sehr dunkel und tanninreich und werden viele Monate im Fassausbau gemildert. Eine große Auszeichnung bekam der Mendanus Oak Barrel Tannat von den Bodegas Juanicõ Canalones, er errang 1997 in Paris die Goldmedaille.

Weitere rote Rebsorten sind Vidella (Folle Noire, wurde von Francisco Vidella etwa zum selben Zeitpunkt wie die Tannatrebe ausgepflanzt), Cabernet Franc, Cabernet Sauvignon, Merlot, Barbera, Syrah, Nebbiolo und Hybridreben, wie z. B. die Isabella, die hier Frutilla heißt.

In den letzten Jahrzehnten wurden die neuen Rebflächen vorwiegend mit europäischen Rebsorten bepflanzt, die traditionelle Drahtrahmenziehung dominiert. In etwa 15 Prozent der Weingärten wird das Lyra-System verwendet, das in den 1980er Jahren vom Weinbauspezialisten Alain Carbonneau aus Bordeaux eingeführt wurde. Durch den Einsatz moderner Technologien ist die Erzeugung von Qualitätssortenweinen im Steigen begriffen. Ein Großteil der erzeugten Weine sind jedoch noch immer Konsumweine (Verschnittweine) für den Binnenmarkt, die auch in Tetrapaks abgefüllt werden. 1988 gründete man das Instituto Nacional de Vitivinicultura (INAVI) als nationales Institut zur Förderung der Weinqualität in Uruguay. Die gesamte Weinproduktion untersteht der Kontrolle der INAVI. Es wurde ein Ursprungssystem eingeführt, das der spanischen Denominación de Origen ähnlich ist. Seit dem Jahre 1999 existiert auch die Asociación de Bodegas Exportadoras de Vinos Finos de

Uruquay (Vereinigung der Weinexporteure von Uruguay), die das Ziel hat, internationale Märkte zu erschließen.
Uruguay ist in fünf Weinbauzonen von Süd nach Nord eingeteilt, wobei sich 90 Prozent der Rebfläche in der südlichen Zone befinden und fünf Prozent in der südwestlichen Zone. Die restlichen fünf Prozent sind auf die übrigen drei Zonen im Zentrum und im Norden aufgeteilt.

ZONA SUR

Die Weinbaugebiete San José und Canelones in der Region um Montevideo zählen zu den wichtigsten des Landes. Sie befinden sich im Umkreis von etwa 50 Kilometer um die Hauptstadt Montevideo. Die Zona Sur ist die älteste Weinbauregion und weist das höchste Qualitätspotenzial auf. Die Jahresdurchschnittstemperatur beträgt 16,6 °C. Die Weingärten sind auf leicht abfallenden Terrassen mit zum Teil kalk- und lehmhaltigen Böden ausgepflanzt.

ZONA SUR-OESTE

Die beiden erschlossenen Weinbaugebiete Colonia und Carmelo liegen am Zusammenfluss des Uruguays und des Paranás. Die Flüsse haben großen Einfluss auf das Klima in diesem Gebiet. Die Böden sind einerseits leicht und tiefgründig, in tieferen Flusslagen kieselsteinig. Es können gute Ernteerträge erzielt werden. Die alkoholreichen, schnell reifenden Weine sind von sehr guter Qualität.

ZONA CENTRAL

Die Rebflächen um Carpintería und El Carmen sind klimatisch besonders begünstigt. Eine hohe Jahresdurchschnittstemperatur von 20 °C sowie sandige Böden geben den Weinen eine besondere Charakteristik.

ZONA NOR-OESTE

Das Weinbaugebiet von Cerro Chapeu in der Provinz Rivera befindet sich in der Nähe des 31. südlichen Breitengrades, genau wie die Anbaugebiete Mendoza, Santiago oder jene Südafrikas. Die von der Zusammensetzung tiefgründigen, gut durchlässigen Böden und auch das Klima mit hohen Tages- und tiefen Nachttemperaturen bilden die Stärke dieser Region.

ZONA NORTE (BELLA UNIÕN)

Das Gebiet ist aufgrund der gleichen ökologischen Voraussetzungen wie die bekanntesten südamerikanischen Weinbaugebiete in

Argentinien und Chile priviligiert. Die Reben gedeihen auf Basaltböden mit Kies- und Schottereinschlüssen, die leicht zu bearbeiten sind. Die Weine sind mild und harmonisch.

Bekannte Erzeuger

Bodega Pisano	Das kleine, bekannte Familienweingut mit rund 30 Hektar wurde 1924 gegründet. Es liegt 25 Kilometer nördlich von Montevideo. Die Rotweine werden aus den Sorten Tannat, Cabernet Sauvignon und Merlot erzeugt. Chardonnay, Sauvignon Blanc und Gewürztraminer sind die verwendeten Weißweinreben.
Bodegas Los Cerros de San Juan	Bereits gegen Ende des 18. Jahrhunderts siedelten sich Mönche des Jesuitenordens in San Juan an und begannen das Land für Acker- und Weinbau zu kultivieren. Im Jahre 1854 wurde das Weingut Los Cerros de San Juan (die Hügeln von San Juan) gegründet. Es liegt zwischen den Flüssen San Juan und Rio de la Plata. Neben den klassischen Rebsorten, wie Cabernet Sauvignon und Sauvignon Blanc, wird auf den Kieselböden ebenfalls Tannat angebaut. Los Cerros de San Juan zählt zu den wichtigsten Weingütern Uruguays. Das Weingut exportiert auch nach Europa und ist beispielgebend für das Winzerschaffen im Land.
Castel Pujol de Juan Carrau S.A.	Das hervorragende Weingut Cerro Chapeau liegt im Norden an der Grenze zu Brasilien. Die Spitzenprodukte sind Tannat Casa Luntro, Amat und Gran Tradicion 1752.

Weitere nennenswerte Betriebe: Bodega Ariano Hermanos S. A., Bodega Bruzzone & Sciutto, Bodega Del Uruquay, Bodega H. Stagnari (auch Casa H. Stagnari), Bodega Juan Toscanini e. Hijos, Bodega Leonardo Falcone, Bodega Moizo Hermanos, Bodega Pizzino, Bodega Santa Rosa, Bodegas Bella Uniõn S. A. (Viñedos y Bodegas Bella Uniõn; auch Calvinor), Bodegas Castillo Viejo S. A., Bodegas Dante Irurtia, Corporación Vitivinícola Plaza Vidiella, Viñedos de los Vientos, Viñedos y Bodegas Establecimiento Juanicõ, Viñedos y Bodegas Faraut Hermanos S. A., Viñedos y Bodegas Traversa Hermanos, Vinos de la Cruz.

WEINBAULÄNDER
USA

USA

Das berühmte Weingut Opus One im Napa Valley

Statistische Daten

- Weinbauregionen: Kalifornien; Pacific Northwest; Long Island Sound bis Baltimore; New Mexico, Arizona und Western Colorado; Missouri und Arkansas; The Midwest; Ohio, Western Pennsylvania, Finger Lakes und Niagara Peninsula; Mid Atlantic Region; Texas.
- Gesamtrebfläche rund 1,068.990 Acre (rund 432.600 Hektar), davon weniger als ein Drittel für Qualitätsweine.
- Jährliche Gesamtproduktion von Qualitätsweinen über 200 Mio. Cases (Kisten).
- Gesamtverbrauch rund 550 Mio. Gallonen (rund 2 Mrd. Liter).
- Weinexportsteigerung jährlich über 20 %.

Klima

Da der Weinbau in den USA zwischen dem 35. und dem 48. Breitengrad betrieben wird, finden sich hier Klimazonen von extrem kalt über gemäßigt bis heiß und subtropisch. Siehe einzelne Regionen.

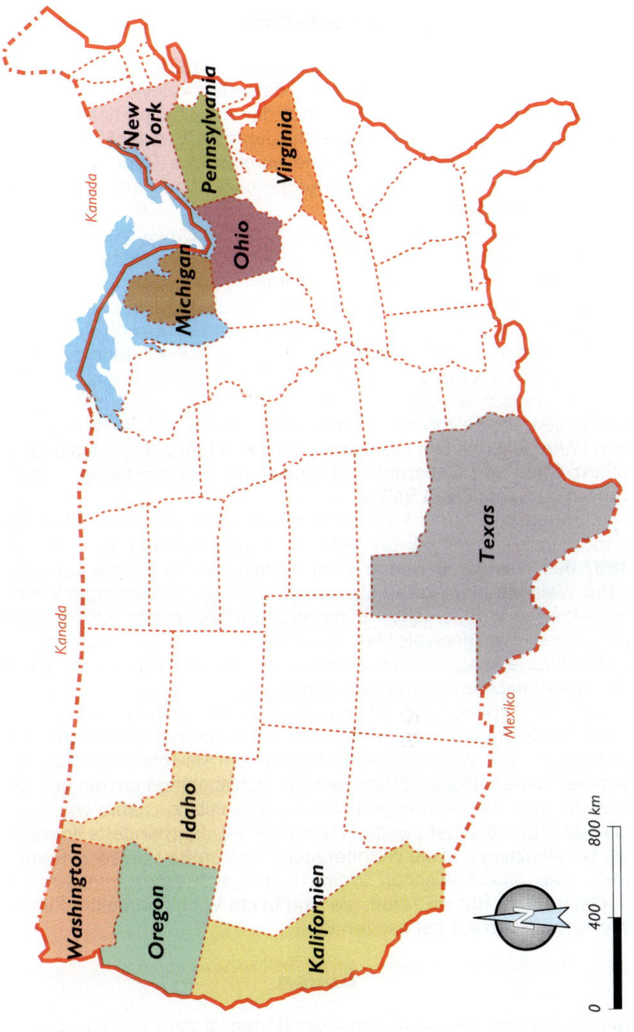
Washington
Oregon
Idaho
Kalifornien
Texas
Michigan
Ohio
Pennsylvania
New York
Virginia
Kanada
Kanada
Mexiko
0
400
800 km

Geschichte

Bereits um die Mitte des 16. Jahrhunderts wurden im Osten der Vereinigten Staaten einheimische Rebsorten kultiviert. Durch die Siedler kamen europäische Reben in das Auswandererland Kalifornien. Spanische Missionare haben im Jahre 1779 in der Mission San Juan Capistrano nachweislich eine europäische Rebe eingeführt. Sie wird heute noch als Mission grape bezeichnet und in geringen Mengen angebaut.
Daneben gab es immer wieder Weine, die als Cuvées erzeugt wurden. Ursprünglich nur im Süden, wanderten die Missionen im Laufe der Jahre bis in die Region von Sonoma.
Französische Siedler, allen voran Jean Louis Vignes, pflanzten ab dem Jahre 1830 eine weitere europäische Sorte, nämlich die Cabernet Sauvignon, in großer Menge an. Bereits 1838 entstand der erste Weingarten im Napa Valley, George Yount pflanzte ihn aus.
Der Goldrausch brachte um 1848 tausende Menschen nach Nordkalifornien. Vielen von ihnen waren der Weinbau und die Herstellung von Wein bekannt. Der Franzose Charles Le Franc begann mit Auspflanzungen von Cabernet Sauvignon und anderen europäischen Sorten im Santa Clara Valley.
Der ungarische Fürst Agostin Harazsthy kam im Jahre 1857 als Importeur europäischer Edelrebsorten nach Sonoma. Er gründete 1857 das Weingut → Buena Vista. Harazsthy und andere europäische Weinexperten waren überzeugt, dass die kalifornische Weinindustrie nie europäischen Standard erreichen würde, solange die „Missionsweine" noch als Maß aller Dinge galten. Sie fanden Anhänger und es etablierten sich in allen Regionen die heute bekannten Weingüter nach europäischem Vorbild.
Die ersten Exporte gingen ab dem Jahrgang 1856 nach Deutschland, Großbritannien, Russland und sogar bis nach China. Bevor sich jedoch eine Weinproduktion in größerem Stile etablieren konnte, gab es mehrere Rückschläge, wie die Reblausplage um die Wende vom 19. zum 20. Jahrhundert sowie die Prohibitionsjahre von 1919 bis 1933. Erst seit der zweiten Hälfte des 20. Jahrhunderts florieren die Bepflanzung und die Weinbereitung, das große Vorbild ist Frankreich. Die amerikanischen Weine haben sich einen international hochkarätigen Ruf erkämpft, sie sind heute Vorbildcharakter für die Weinproduktion auf der ganzen Welt.

Böden

Die geologische Beschaffenheit der Böden ist sehr unterschiedlich und wird bei den einzelnen Weinbauregionen beschrieben.

Rebsorten

In den USA werden über 300 verschiedene Rebsorten angepflanzt, es gibt keine Qualitätssortenbeschränkung. Tatsächlich werden rund 75 Sorten für die Erzeugung von Qualitätsweinen verwendet.

Hauptrebsorten für Weißweine
Einheimische Sorten, Hybriden und Kreuzungen: Aurora, Cayuga White (Geneva White), Chelois (Seibel), Delaware, Edelweiss, Emerald Riesling, Flora, GR 7, Gray Riesling, La Crosse, Melody (Seyval blanc x Geneva), Niagara, Seyval Blanc, Siegfriedrebe, Traminette, Verdelet.
Vitis Vinifera und europäische Sorten: Chardonnay, Folle Blanche, Fumé Blanc, Gewürztraminer, Gray Riesling, Johannisberg Riesling, Muscat, Pinot Blanc, Sauvignon Blanc, Scheurebe, Sémillon Blanc, Seyval Blanc, Vidal Blanc.

Hauptrebsorten für Rotweine
Einheimische Sorten, Hybriden und Kreuzungen: Alicante Bouchet, Baco Noir, Castel, Cap Grape, Chancellor, Charbono, Chelois, Cynthiana, De Chaunac, Foch, Gamay Beaujolais, Grenache, Island Belle, Landot Noir, Lenoir (Black Spanish), Münch (Neosho x Herbemont), Norton, Petite Sirah, Pinot St. Georges, Pollux, Ravat, Rosette, Steuben, St. Croix, Zinfandel.
Vitis Vinifera und europäische Sorten: Barbera, Cabernet Sauvignon, Cabernet Franc, Carignan, Concord (für koschere Weine), Gamay, Malbec, Merlot, Pinot Noir, Syrah.

Gesetz

Im Jahre 1978 wurde nach französischem Vorbild eine modifizierte „Appellation Contrôlée" geschaffen. Das Land wurde in **American Viticultural Areas (AVAs)** eingeteilt. Derzeit gibt es rund 130 AVAs. Die größte ist das Ohio River Valley mit rund 10.000 km². In Kalifornien liegen mehr als 80 AVAs, die meisten davon an der North Coast. Die Weinbaubetriebe entscheiden selbst, abhängig von Klima, Bodenart, historischen oder politischen Gegebenheiten, über Gebietsmarkierungen oder Gebietsgrenzen. Der Name der AVA darf nur angegeben werden, wenn mindestens 85 Prozent des Weines aus Trauben dieser Region hergestellt wurden.

Varietal Wines
(Weine aus bestimmten Rebsorten)

Mindestens 75 Prozent aus der angegebenen Sorte:

- bei Angabe des Ursprungsgebietes (z. B. Kalifornien) müssen 100 Prozent der Trauben von dort kommen,
- bei Angabe des Countys (z. B. Napa Valley) muss der Anteil mindestens 75 Prozent betragen,

- bei Angabe einer AVA muss der Anteil mindestens 85 Prozent betragen,
- bei Angabe einer Lagenbezeichnung muss der Anteil mindestens 95 Prozent betragen,
- bei Jahrgangsangabe müssen mindestens 95 Prozent aus diesem Jahr stammen.

Semi Generic und Generic Wines
(Typenweine)

Es sind meist „jug wines“, die in Karaffen oder 1,5-Liter-Flaschen auf den Markt kommen. Sie tragen Fantasienamen, wie Burgundy, Rhine oder Chablis. Die Produktion ist kaum geregelt.

Etikettensprache

Balance: beschreibt die Harmonie von Alkohol, Fruchtigkeit, Restsüße, Säure und Tannin im Wein.
Blush Wine: Roséwein.
Bottled by: Laut amerikanischem Recht muss die Weinfirma, nicht unbedingt das erzeugende Weingut, angegeben werden; „grown, produced and bottled by“ besagt, dass der Wein garantiert aus dem Weingut stammt; noch enger ist „estate bottled by“, das besagt, dass der Wein aus eigenen Weingärten stammt.
Crackling: Jungweine, die noch CO_2 aufweisen.
Crisp: säurebetonter Wein; gute Balance zwischen Säure und Frische.
Dry: trocken; Wein mit geringer oder keiner Restsüße, er ist voll ausgegoren.
Fortified: mit Alkohol versetzter Wein, z. B. Sherry.
Full bodied: körper- und alkoholreich.
Hybrid: Hybride (Ergebnis einer Kreuzung).
Kosher Wines: Unter der Aufsicht eines Rabbiners hergestellte Weine, Still- und Schaumweine aus der Concordrebe.
Late Harvest Wine: Wein besonderer Leseart; individual berry late harvest (Trockenbeerenauslese), individual bunch selected late harvest (Beerenauslese), selected late harvest (Spätlese).
Legs: Schlieren auf der Innenseite des Glases (vgl. Weinverkostung – „Kirchenfenster“).
Meritage: Verschnitt, Cuvée, gilt für Weiß- und Rotweine, wie marrying; das Verschneiden bei Spirituosen heißt blending.
Rhone: Bezeichnung für Rebsorten, die für das französische Rhônetal typisch sind, wie z. B. Grenache, Syrah. Als Rhône Varietals bzw. Blends werden Weine bezeichnet, die aus diesen Rebsorten hergestellt werden.
Vineyard: Lage, aber auch Weinerzeuger.
Vintage: Jahrgang.
Vintner: Weinerzeuger.
Winery: Weinhandel, Abfüller.

KALIFORNIEN

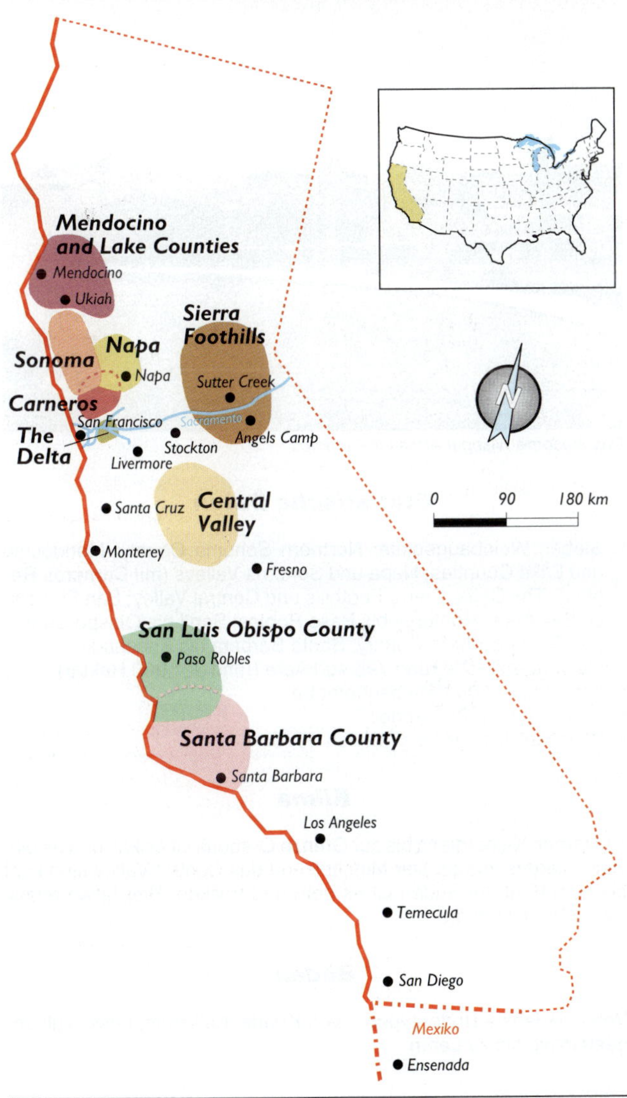

Das moderne Weingut Artesa in Carneros

Statistische Daten

- Sieben Weinbaugebiete: Northern Sonoma County, Mendocino und Lake Counties; Napa und Sonoma Valleys (mit Carneros Region); The Delta, Sierra Foothills und Central Valley; San Francisco Bay Area; Monterey bis Paso Robles; San Luis Obispo County und Santa Barbara County; Santa Barbara bis Ensenada.
- Gesamtrebfläche rund 795.400 Acre (rund 321.900 Hektar).
- Knapp über 500 Weinbaubetriebe.
- Export in über 80 Länder.
- Weinexportsteigerung jährlich 20 %.

Klima

Im Norden Kaliforniens bis zur Grenze Oregons ist es kalt und es gibt viele Niederschläge. Der Mittelteil und das Central Valley sind kühl bis gemäßigt, im Süden ist es heiß und trocken. Hier fallen relativ wenig Niederschläge.

Böden

Verschiedenste Bodentypen – von Kreide, Kalkstein, Löss, Vulkangestein bis hin zu Lehm.

Rebsorten

Hauptrebsorten für Weißweine
Vorwiegend Chardonnay, French Colombard und Chenin Blanc. Weiters Sauvignon Blanc, Riesling, Gewürztraminer, Sémillon, Viognier und Pinot Blanc.

Hauptrebsorten für Rotweine
Vorwiegend Zinfandel, Cabernet Sauvignon und Merlot. Weiters Grenache, Pinot Noir, Barbera, Syrah und Petit Verdot.

Die Zahl der Weinbaubetriebe ändert sich ständig und ist stark rückläufig. Die Bezeichnung „California" meint keine AVA, sondern jeder Wein, der aus kalifornischen Trauben erzeugt wird, kann sie tragen.

Bekannte Erzeuger und Händler

Name des Weinguts	*AVA (oder Gebiet)*
→ Acacia Winery	Carneros
→ Adelaida Cellars	Paso Robles
→ Alexander Valley Vineyards	Alexander Valley
→ Altamura Vineyards & Winery	Napa Valley
S. → Anderson Vineyard	Napa Valley/Stags Leap District
→ Anderson's Conn Valley	Napa Valley
→ Araujo Estate Wines	Napa Valley/Calistoga
→ Arrowood Vineyards & Winery	Sonoma Valley
→ Artesa	Carneros
→ Atlas Peak Vineyards	Napa Valley/Atlas Peak
→ Au Bon Climat	Santa Barbara County
→ Bancroft Vineyards	Napa Valley/Howell Mountain
→ Beaulieu Vineyards	Napa Valley/Rutherford
→ Benzinger Family Winery	Sonoma Mountain
→ Beringer Vineyards	Napa Valley
→ Bonny Doon Vineyards	Santa Cruz Mountains
→ Bryant Family Vineyard	Napa Valley

→ Buena Vista Winery	Carneros
→ Burgess Cellars	Napa Valley
Davis → Bynum Winery	Russian River Valley
→ Byron Vineyards & Winery	Santa Maria Valley
→ Cakebread Cellars	Napa Valley/Rutherford
→ Camelot	Santa Barbara County
→ Carmenet Winery	Sonoma Valley
→ Carneros Creek Winery	Carneros
→ Caymus Vineyards	Napa Valley/Rutherford
→ Chalk Hill Winery	Chalk Hill
→ Chalone Vineyard	Chalone
→ Château de Baun	Sonoma County
→ Château Montelena Winery	Napa Valley/Calistoga
→ Château Potelle	Napa Valley/Mount Veeder
→ Château St. Jean	Sonoma Valley
→ Château Souverain	Alexander Valley
→ Cline Cellars	Carneros
→ Clos du Bois Winery	Alexander Valley
→ Clos Du Val Wine Co.	Napa Valley/Stags Leap District
→ Clos Pegase	Napa Valley/Calistoga
→ Colgin	Napa Valley/St. Helena
Robert → Craig	Napa Valley
→ Cuvaison	Napa Valley/Calistoga
→ Dalla Valle Vineyards	Napa Valley/Oakville
→ Dehlinger Winery	Russian River Valley
→ De Loach Vineyards	Russian River Valley
→ Diamond Creek Vineyards	Napa Valley/Diamond Mountain
→ Dominus Estate	Napa Valley/Yountville
→ Dry Creek Vineyard	Dry Creek Valley
→ Duckhorn Vineyards	Napa Valley/St. Helena
→ Dunn Vineyards	Napa Valley/Howell Mountain

→ Edmunds St. John	Alameda County
→ Edna Valley Vineyard	Edna Valley
→ El Molino Winery	Napa Valley/St. Helena
→ Etude Wines	Napa Valley
→ Far Niente Winery	Napa Valley/Oakville
Gary → Farrell Wines	Russian River Valley
→ Ferrari-Carano Winery	Dry Creek Valley
→ Fetzer Vineyards	Mendocino County
→ Flora Springs Wine Co.	Napa Valley/St. Helena
→ Forman Vineyard	Napa Valley/St. Helena
→ Foxen Vineyard	Santa Maria Valley
→ Franciscan Oakville Estate	Napa Valley/Oakville
→ Frog's Leap	Napa Valley/Rutherford
→ Gallo und Gallo of Sonoma	Central Valley und Dry Creek Valley
→ Geyser Peak Winery	Alexander Valley
→ Grace Family Vineyards	Napa Valley/St. Helena
→ Greenwood Ridge Vineyards	Mendocino Ridge
→ Grgich Hills Cellar	Napa Valley/Rutherford
→ Groth Vineyards & Winery	Napa Valley/Oakville
→ Guenoc Winery	Guenoc Valley
→ Harlan Estate	Napa Valley/Oakville
→ Heitz Wine Cellars	Napa Valley
The → Hess Collection Winery	Napa Valley/Mount Veeder
→ Hitching Post	Santa Maria und Santa Ynez Valley
→ Howell Mountain Vineyards	Napa Valley/Howell Mountain
→ Iron Horse Vineyards	Green Valley Sonoma County
→ Jordan Vineyard & Winery	Alexander Valley
La → Jota Vineyard Co.	Napa Valley/Howell Mountain
→ Justin Vineyards & Winery	Paso Robles
→ Kendall-Jackson Winery	Sonoma und Monterey County
→ Kenwood Vineyards	Sonoma Valley

→ Kistler Vineyards	Russian River Valley, Sonoma Valley und Sonoma Mountain
→ Kongsgaard Wines	Napa Valley
Charles → Krug Winery	Napa Valley/St. Helena
→ Kunde Estate Winery	Sonoma Valley
→ Lakewood	Lake County
→ Landmark Vineyards	Sonoma Valley
→ Lewis Cellars	Napa Valley/Oakville
→ Lokoya	Napa Valley/Oakville
→ Long Vineyards	Napa Valley
→ Marcassin	Russian River Valley
→ Markham Vineyards	Napa Valley/St. Helena
→ Martinelli Vineyard	Russian River Valley
Louis M. → Martini Winery	Napa Valley/St. Helena
→ Matanzas Creek	Sonoma Valley
→ Mayacamas Vineyards	Napa Valley/Mount Veeder
→ Mer Soleil	Santa Lucia Highlands
→ Merryvale Vineyards	Napa Valley
Peter → Michael Winery	Sonoma County
Robert → Mondavi Winery	Napa Valley/Oakville/Stags Leap District und Carneros
→ Monticello Cellars	Napa Valley
→ Mount Eden Vineyards	Santa Cruz Mountains
→ Mount Veeder Winery	Napa Valley/Mount Veeder
→ Murphy-Goode Estate Winery	Alexander Valley
→ Murrieta's Well	Livermore Valley
→ Napa Ridge	Alexander Valley
→ Newton Vineyard	Napa Valley
→ Niebaum-Coppola Estate Winery	Napa Valley/Rutherford
→ Norman Vineyards	Paso Robles
→ Oakville Ranch Vineyards	Napa Valley/Oakville

→ Opus One	Napa Valley/Oakville
→ Pahlmeyer	Napa Valley/Atlas Peak
→ Patz & Hall Wine Co.	Napa Valley
Robert → Pecota Winery	Napa Valley/Calistoga
Joseph → Phelps Vineyards	Napa Valley/St. Helena
→ Pine Ridge Winery	Napa Valley/Stags Leap District/ Oakville/Rutherford, Carneros und Oak Knoll (Oregon)
→ Pride Mountain Vineyards	Napa Valley/Spring Mountain District
A. → Rafanelli Winery	Dry Creek Valley
→ Ramey Wine Cellars	Napa Valley
→ Ridge Vineyards	Santa Cruz Mountains
J. → Rochioli Vineyards	Russian River Valley
→ St. Clement Vineyards	Napa Valley/St. Helena
→ St. Francis Winery	Sonoma Valley
→ Saintsbury	Carneros
→ Sanford Winery	Santa Barbara County
→ Schramsberg Vineyards	Napa Valley
→ Screaming Eagle	Napa Valley/Oakville
→ Sequoia Grove Vineyards	Napa Valley/Rutherford
→ Shafer Vineyards	Napa Valley/Stags Leap District, Carneros und Oak Knoll (Oregon)
→ Signorello Vineyards	Napa Valley
→ Silver Oak Cellars	Napa Valley und Alexander Valley
→ Silverado Vineyards	Napa Valley/Stags Leap District
→ Simi Winery	Alexander und Russian River Valley
→ Stag's Leap Wine Cellars	Napa Valley/Stags Leap District
→ Stag's Leap Winery	Napa Valley/Stags Leap District
→ Steele Wines	Lake County
→ Stonestreet	Alexander Valley
→ Stony Hill Vineyard	Napa Valley/St. Helena
Von → Strasser	Napa Valley/Diamond Mountain

→ Talley Vineyards	Arroyo Grande Valley
Philip → Togni Vineyard	Napa Valley/Spring Mountain
→ Truchard Vineyard	Carneros
→ Turley Wine Cellars	Napa Valley/St. Helena
→ Williams Selyem Winery	Russian River Valley
→ Zaca Mesa Winery	Santa Ynez Valley
→ ZD Wines	Napa Valley/Rutherford

Northern Sonoma County, Mendocino und Lake Counties

Das nördlichste Weinbaugebiet Kaliforniens, auch **North Coast** genannt, beginnt im Norden bei der Stadt Mendocino und grenzt im Süden an das Sonoma Valley und im Südosten an das Napa Valley. Die wichtigsten Städte neben Mendocino sind Navarro und Ukiah.

Wichtige AVAs:
- Anderson Valley: im Mendocino County; 1.400 Acre (rund 567 ha).
- Potter Valley: im Mendocino County; 1.000 Acre (rund 405 ha).
- Chalk Hill: im östlichsten Teil des Russian River Valley; 1.000 Acre (rund 405 ha).
- Knights Valley: im Sonoma County; 1.500 Acre (rund 607 ha).
- Sonoma Mountain: 633 Acre (rund 256 ha).
- Alexander Valley: 11.000 Acre (rund 4.451 ha).
- Dry Creek Valley: 5.500 Acre (rund 2.226 ha).
- Russian River Valley: 8.500 Acre (rund 3.440 ha).
- Green Valley Sonoma County: 1.000 Acre (rund 405 ha).
- Sonoma Coast: 11.400 Acre (rund 4.613 ha).
- Redwood Valley: im Mendocino County; 2.500 Acre (rund 1.011 ha).
- Clear Lake: im Lake County; 3.200 Acre (rund 1.295 ha).
- Guenoc Valley: im Lake County, AVA eines einzigen Weingutes; 400 Acre (rund 162 ha).
- McDowell Valley: im Mendocino County, AVA eines einzigen Weingutes; 700 Acre (rund 283 ha).
- Mendocino Ridge: zum Großteil im Mendocino County; 75 Acre (rund 30 ha).
- Northern Sonoma: AVA auf Antrag von → Gallo; umfasst Teile von Dry Creek Valley, Alexander Valley, Russian River Valley und Knights Valley.
- Weitere AVAs: Benmore Valley, Cole Ranch

Napa und Sonoma Valleys (mit Carneros Region)

Das **Napa Valley** ist Amerikas bekanntestes Anbaugebiet. Hier befinden sich die renommiertesten Weinbaubetriebe der Vereinigten Staaten, wie z. B. → Beaulieu, → Beringer, → Clos du Val, → Mondavi und → Shafer. Das Napa Valley beginnt bei Calistoga und reicht im Süden bis zur → Carneros Creek Winery. Die Stadt Napa gab dem Gebiet seinen Namen.

Statistische Daten

- Gesamtrebfläche rund 33.000 Acre (rund 13.354 Hektar).
- Jährliche Gesamtproduktion rund 45.000 Cases.
- 189 Betriebe gehören der Dachorganisation Napa Valley Vintners Association (NVVA) an.

Klima

Während des Tages ist es sonnig und warm. Am Abend kühlt es merklich ab. Typisch für dieses Gebiet ist der anhaltende Nebel im Sommer. Er füllt die Täler oft aus und ist für die Abkühlung verantwortlich.

Böden

An Böden findet man vorwiegend altes Verwitterungsgestein und Vulkangestein.

Rebsorten

Hauptrebsorten für Weißweine
Chardonnay, Sauvignon Blanc, Sémillon Blanc und Pinot Blanc (gereiht nach Anbauhäufigkeit).

Hauptrebsorten für Rotweine
Cabernet Sauvignon (mehr als 50 %), Gamay, Merlot, Petite Sirah, Pinot Noir, Sangiovese, Zinfandel.

Wichtige AVAs:

- Napa Valley: das bei weitem bekannteste Weinbaugebiet Kaliforniens; in den 1980er-Jahren wurde begonnen, das Valley in kleinere Appellationen zu unterteilen. Bebaute Rebfläche rund 36.100 Acre (rund 14.609 ha); eine große Anzahl von Rebsorten gedeiht gut im Napa Valley, als „König der Rotweine“ des Napa Valley gilt jedoch der Cabernet.

- Stags Leap District: Sub-AVA von Napa Valley; 1.300 Acre (rund 526 ha).
- Calistoga: noch keine eigene AVA; in Calistoga sind jedoch sehr bekannte Erzeuger, wie z. B. → Araujo Estate, → Clos Pegase und → Cuvaison.
- Oakville: Sub-AVA von Napa Valley; 5.000 Acre (rund 2.023 ha).
- St. Helena: einer der Hauptorte im Napa Valley; Sub-AVA von Napa Valley.
- Rutherford: Sub-AVA von Napa Valley; 5.000 Acre (rund 2.023 ha).
- Mount Veeder: Sub-AVA von Napa Valley; 1.000 Acre (rund 405 ha), liegt in den Mayacamas Hills; einer der bekanntesten Erzeuger ist The → Hess Collection.
- Pope Valley: Teil der AVA Napa Valley; wird vermutlich in absehbarer Zeit eine eigene AVA erhalten.
- Howell Mountain: Sub-AVA von Napa Valley; 200 Acre (rund 81 ha); einer der bekanntesten Erzeuger ist → Beringer.
- Spring Mountain District: Sub-AVA von Napa Valley, das bis auf rund 750 m in die Hügel westlich von St. Helena hinaufreicht; einer der bekanntesten Erzeuger ist → Pride Mountain Vineyards.
- Yountville: relativ neue AVA im Napa Valley; 2.200 Acre (rund 890 ha); einer der bekanntesten Erzeuger ist → Dominus Estate.
- Diamond Mountain: relativ neue AVA im Napa Valley.
- Chiles Valley: relativ neue AVA innerhalb der Napa Valley AVA; 1.000 Acre (rund 405 ha).
- Atlas Peak: Sub-AVA von Napa Valley; rund 900 Acre (rund 364 ha).

Das **Sonoma Valley,** in dem es relativ kühl sein kann, verläuft parallel zum Napa Valley vom Spring Mountain bis zur San Pablo Bay; es ist die älteste Weinbaugegend des Sonoma County. Das Sonoma Valley hat eine eigene AVA.

Die **Region Carneros** umfasst die Weinbaugebiete Napa Valley, Sonoma Valley, Alexander Valley, Russian River Valley und Dry Creek Valley sowie die Weinbaugebiete der Städte Napa, Santa Rosa und Sonoma. Besonders bekannt sind die Domaine Carneros und die → Carneros Creek Winery. Die AVA Carneros umfasst 6.200 Acre (rund 2.509 ha).

The Delta, Sierra Foothills und Central Valley

Diese Weinbaugebiete sind auch als **Central Coast Region** bekannt. The Delta bezeichnet die Wasserwege des Sacramentos in den Ebenen Richtung Sierra Nevada. Sierra Foothills beginnt östlich von Stockton. Weitere wichtige Städte sind Auburn, Sutter Creek und Angels Camp. Amador County, eine Region in Sierra Foothills, ist zwar keine AVA; sie ist aber vor allem für den Zinfandel bekannt. Zum Central Valley gehört das San Joaquin Valley. Der nördliche Teil liegt um die Stadt Fresno, der südliche Teil nördlich der Stadt Bakersfield.

Wichtige AVAs:
- Fiddletown: 310 Acre (rund 125 ha).
- California Shenandoah Valley: Da es sowohl in Kalifornien als auch in Virginia ein Shenandoah Valley gibt, wird die AVA als California Shenandoah Valley bezeichnet; 1.200 Acre (rund 486 ha).
- Sierra Foothills: eine übergreifende AVA, die die Counties Amador, Calaveras, El Dorado, Mariposa, Nevada, Placer, Tuolomne und Yuba umfasst.
- El Dorado: 1.000 Acre (rund 405 ha).
- Clarksburg: AVA eines einzigen Weingutes; 8.000 Acre (rund 3.237 ha).
- Dunnigan Hills: im Sacramento Valley; 1.500 Acre (rund 607 ha); bekanntestes Weingut ist R. H. Phillips.
- Lodi: Aus den meisten hier geernteten Trauben werden Tafelweine erzeugt, die als Californian vermarktet werden.
- North Yuba: AVA der Renaissance Winery; 365 Acre (rund 148 ha).

San Francisco Bay Area

Die Anbauzone erstreckt sich um die Großstadt San Francisco.

Wichtige AVAs:
- Livermore Valley: 3.000 Acre (rund 1.214 ha).
- San Francisco Bay: Sub-AVA von Central Coast; 5.800 Acre (rund 2.347 ha).
- Santa Cruz Mountains: 700 Acre (rund 283 ha).

Monterey bis Paso Robles

Küstenabschnitt von Monterey bis Paso Robles.

Wichtige AVAs:
- Arroyo Seco: im Monterey County; 8.400 Acre (rund 3.400 ha).
- Carmel Valley: 150 Acre (rund 61 ha).
- Santa Lucia Highlands: 2.000 Acre (rund 809 ha).
- San Lucas: selten verwendete AVA, da die meisten Weine die AVA California verwenden; 13.900 Acre (rund 5.625 ha).
- Paso Robles: Rotweingebiet mit 6.300 Acre (rund 2.560 ha).
- Chalone: AVA von → Chalone Vineyard; 300 Acre (rund 121 ha).
- York Mountain: 30 Acre (rund 12 ha).
- Mount Harlan: 74 Acre (rund 30 ha).
- San Benito County: 1.800 Acre (rund 728 ha).

San Luis Obispo County und Santa Barbara County

Wichtige AVAs:
- Arroyo Grande: im südlichen Teil des San Luis Obispo County; 420 Acre (rund 170 ha).
- Edna Valley: 1.700 Acre (rund 688 ha).
- Santa Maria Valley: 13.000 Acre (rund 5.260 ha).
- Santa Ynez Valley: schmales Tal im Santa Barbara County; 3.000 Acre (rund 1.214 ha).

Santa Barbara bis Ensenada

Die auch als **Southern California** (bzw. Temecula) bezeichnete Anbauzone reicht bis zum Cucamonga Valley, das sich schon in Mexiko befindet. Dazwischen liegen die Großstädte Los Angeles und San Diego.

Wichtige AVAs:
- Temecula: 2.800 Acre (rund 1.133 ha).
- Malibu-Newton Canyon: 21 Acre Rebfläche (rund 9 ha) im Los Angeles County.

PACIFIC NORTHWEST

Diese Weinbauregion umschließt die Bundesstaaten Oregon, Washington und Idaho.

Rex Hill Vineyards im Willamette Valley in Oregon

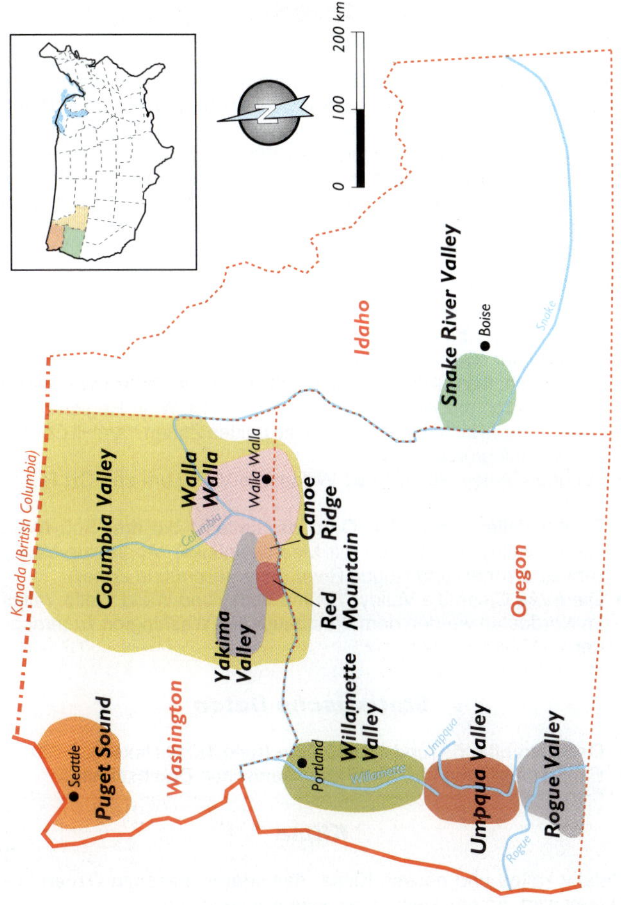

Kanada (British Columbia)
Puget Sound
Seattle
Washington
Columbia Valley
Columbia
Walla Walla
Walla Walla
Yakima Valley
Canoe Ridge
Red Mountain
Willamette Valley
Portland
Willamette
Umpqua Valley
Umpqua
Rogue Valley
Rogue
Oregon
Idaho
Snake River Valley
Boise
Snake
N
0
100
200 km

Oregon

In Oregon sind es die drei Flusstäler Rogue, Umpqua und Willamette sowie das Yamhill Valley, die schwerpunktmäßig für den Weinbau zu nennen sind. Das Gebiet ist rund 100 Kilometer vom Pazifik entfernt. Das Willamette Valley reicht hinüber zur Region Washington. Im Willamette Valley haben sich rund 120 Weinbaubetriebe angesiedelt, der größte ist das Weingut → Willamette Valley Vineyards. Es werden Weiß- und Rotweine sowie vereinzelt Süß- und Dessertweine erzeugt. Am bekanntesten sind die reinsortigen Pinot Noirs und die Rotweincuvées, deren Hauptanteil Pinot Noir ist.

AVAs in Oregon:

- Willamette Valley: größte AVA; zieht sich über rund 160 Kilometer von Eugene über Salem bis zum Columbia River bei Portland; im Sommer warm und trocken mit kühlen Nächten, im Frühjahr regnerisch. Das Gebiet wird in die South und die North Willamette Wine Region eingeteilt. Die North Willamette Wine Region bildet das Zentrum, in ihr befinden sich die beiden Zonen Yamhill County und Washington County.
- Umpqua Valley: südlich des Willamette Valley um den Ort Roseburg.
- Rogue Valley: im Süden Oregons; umfasst die drei Sub-AVAs Illinois Valley (im Westen mit Meereseinfluss), Applegate Valley (etwas wärmer) und Rogue River (sehr geschützte Zone).
- Die AVAs Columbia Valley, Yakima Valley und Walla Walla Valley im Nordosten werden dem Weinbaugebiet Washington zugerechnet.

Statistische Daten

- Gesamtrebfläche rund 10.500 Acre (rund 4.249 Hektar).
- Exportsteigerung über dem amerikanischen Durchschnitt.

Klima

Relativ kaltes und nasses Klima, das vom Pazifischen Ozean bestimmt wird. Es gibt kleine mikroklimatische Inseln.

Böden

Hauptsächlich vulkanische Böden.

Rebsorten

Hauptrebsorten für Weißweine
Chardonnay, Pinot Blanc, Pinot Gris, Sémillon. Vereinzelt Riesling, Gewürztraminer und Sauvignon Blanc.

Hauptrebsorten für Rotweine
Pinot Noir (rund 50 %), Cabernet Sauvignon, Merlot, Syrah und Petite Syrah.

Bekannte Erzeuger

Name des Weinguts	*AVA*
→ Adelsheim Vineyard	Willamette Valley/Yamhill County
→ Amity Vineyards	Willamette Valley/Yamhill County
→ Archery Summit Winery	Willamette Valley/Yamhill County
→ Beaux Frères	Willamette Valley/Yamhill County
→ Domaine Drouhin Oregon	Willamette Valley/Yamhill County
→ Domaine Serene	Willamette Valley
→ Elk Cove Vineyards	Willamette Valley
→ Erath Vineyards	Willamette Valley/Yamhill County
→ Giradet	Umpqua Valley
→ King Estate	Willamette Valley
→ Medici	Willamette Valley
→ Montinori	Willamette Valley
→ Oak Knoll	Willamette Valley
→ Ponzi Vineyards	Willamette Valley/Washington County
→ Rex Hill Vineyards	Willamette Valley/Yamhill County
→ St. Innocent Winery	Willamette Valley/Yamhill County
→ Sokol Blosser Winery	Willamette Valley/Yamhill County
→ Torii Mor Vineyard	Willamette Valley/Yamhill County
→ Willa Kenzie	Willamette Valley

Weitere nennenswerte Betriebe: Saxon Brown (Willamette Valley), Willamette Valley Vineyards (Willamette Valley).

Washington

Die Weinbauregion Washington im Bundesstaat Washington, D. C., grenzt an British Columbia (Kanada). Der Weinbau wird in vielen Betrieben zusammen mit dem Ackerbau betrieben. Moderner Weinbau europäischen Stils begann erst Ende 1960. Professoren der Washingtoner Universität (Seattle) experimentierten mit europäischen Reben. Daraus entwickelte sich die → Columbia Winery.

AVAs in Washington:
- Columbia Valley: größte AVA; reicht im Süden nach Oregon.
- Yakima Valley: liegt innerhalb des Columia Valleys; Yakima ist die Bezeichnung für die heute in einem Reservat lebende Urbevölkerung; Weinbau um den gleichnamigen Ort.
- Walla Walla Valley: ebenfalls innerhalb des Columbia Valleys.
- Red Mountain: kleines Gebiet innerhalb der AVA Yakima Valley.
- Canoe Ridge: sehr kleines Gebiet in der AVA Walla Walla Valley.
- Puget Sound: um die regenreiche Stadt Seattle.

Statistische Daten

- Gesamtrebfläche rund 15.800 Acre (rund 6.390 Hektar).
- Jährlich enorm steigende Exportrate.

Klima

Es gibt zwei unterschiedliche Klimazonen, im Westen ist es sehr regnerisch und feucht, im Osten trocken und kalt.

Rebsorten

Hauptrebsorten für Weißweine
Chardonnay, Sauvignon Blanc, Sémillon Blanc sowie einheimische Direktträger und Hybriden.

Hauptrebsorten für Rotweine
Cabernet Sauvignon, Merlot, Pinot Noir.

Bekannte Erzeuger

Name des Weinguts	*AVA*
→ Apex	Columbia Valley und Willamette Valley
→ Barnard Griffin	Columbia Valley

→ Canoe Ridge Estate Vineyards	Columbia Valley
→ Château Ste. Michelle	Columbia Valley
→ Columbia Crest Winery	Columbia Valley
→ Columbia Winery	Yakima Valley
The → Hogue Cellars	Yakima Valley
→ Kestrel	Columbia Valley
→ L'Ecole No. 41 Winery	Walla Walla Valley
→ Leonetti Cellar	Walla Walla Valley
De → Lille Cellars	Columbia Valley
→ Matthews	Yakima Valley
→ Seven Hills	Columbia Valley und Walla Walla Valley
→ Tefft	Coumbia Valley und Yakima Valley
→ Woodward Canyon Winery	Walla Walla Valley
→ Yakima River	Yakima Valley

Idaho

Die Weinbauregion Idaho im gleichnamigen Bundesstaat – zwischen Washington und Oregon auf der einen Seite und den Rocky Mountains in Montana auf der anderen Seite – hat in den letzten Jahren enorme Anstrengungen unternommen, um Weine nach europäischem Vorbild zu produzieren. Der Weinbau konzentriert sich im Südwesten des Staates um die Hauptstadt Boise und das Snake River Valley. Die Gesamtrebfläche beträgt rund 680 Acre (rund 275 Hektar), davon sind 560 Acre (rund 227 Hektar) für den Anbau von Keltertrauben genützt. Idaho verzeichnet kalte Winter, die jedoch gemäßigter sind als in Washington und in Oregon. Die Sommer sind heiß. Die am meisten gepflanzten Sorten sind die weißen Reben Riesling und Chardonnay. Bei den Neupflanzungen konzentriert man sich eher auf Rotweinreben.

Bekannte Erzeuger

Camas Winery, Carmela Vineyards, Indian Creek, Koenig Vineyards & Distillery, Pend d'Oreille, St. Chapelle Winery, Sawtooth Winery, Stephanie Martin, South Hill Hegs Winery.

LONG ISLAND SOUND BIS BALTIMORE

Diese Weinbauregion umschließt die Bundesstaaten New York (mit Long Island und Hudson River Valley), New Jersey, Connecticut, Rhode Island, Massachusetts, Pennsylvania (siehe Western Pennsylvania), Delaware und Maryland.

Das Weingut Wölffer Estate auf Long Island

New York

Long Island ist etwa eine Autostunde von der Stadt New York entfernt. Es ist ein lang gestrecktes Weinbaugebiet mit durchlässigen Böden und gemäßigtem Klima. Obwohl die Bedingungen für den Weinbau hier hervorragend sind, gibt es nur wenige Winzer. Die Hauptrebsorte ist Chardonnay. Im Tal des Hudson River werden vorwiegend Tafeltrauben angebaut. Das Anbaugebiet Finger Lakes liegt nördlich der Stadt New York (siehe Seite 952). Insgesamt beträgt die Rebfläche rund 31.400 Acre (rund 12.707 Hektar).

AVAs in New York: Cayuga Lake, Lake Erie, North Fork of Long Island, Hudson River Region, The Hamptons/Long Island, Long Island.

Bekannte Erzeuger

Name des Weinguts	*AVA*
→ Bedell	North Fork of Long Island
→ Duck Walk	North Fork of Long Island

→ Lenz	North Fork of Long Island
→ Macari	North Fork of Long Island
→ Osprey's Dominion	North Fork of Long Island
→ Pindar	North Fork of Long Island
→ Wölffer Estate	The Hamptons/Long Island

New Jersey

New Jersey verfügt über eine Rebfläche von rund 450 Acre (rund 182 ha) und 17 kleine Weinbaubetriebe. Die AVAs Central Delaware Valley (von hier stammt die Delawarerebe) und Warren Hills befinden sich in diesem Gebiet.

Connecticut

Hier befinden sich zirka zehn Weinbaubetriebe und zwei AVAs (Western Connecticut Highlands und Southeastern New England).

Maryland

Hier befinden sich zirka zehn Weinbaubetriebe (u. a. Boordy und Elk Run). Drei AVAs wurden bestimmt, und zwar Catoctin, Linganore und Cumberland Valley.

NEW MEXICO, ARIZONA UND WESTERN COLORADO

In dieser Region sind die Bundesstaaten New Mexico, Arizona und Colorado zusammengefasst.

New Mexico

Es ist das älteste Anbaugebiet der USA. Drei AVAs wurden klassifiziert, und zwar Middle Rio Grande Valley, Mesilla Valley und Mimbres Valley. Die Gesamtrebfläche beträgt rund 3.000 Acre (rund 1.214 Hektar).

Im Norden ist es kalt und rau, im Süden wärmer, wo vorwiegend Chardonnay, Cabernet Sauvignon und Cabernet Franc angepflanzt werden.

Die bekanntesten Weinhersteller in New Mexico sind Anasazi Fields, Il Santa, Ponderosa und Saint Clair.

Arizona

Zwei AVAs wurden klassifiziert, und zwar Sonoita und Sulphur Springs. Der bekannteste Weinbaubetrieb ist Callahan Vineyards in Sonoita. Die Gesamtrebfläche Arizonas beträgt rund 4.500 Acre (rund 1.821 Hektar), wovon 500 Acre (rund 202 Hektar) für Tafeltrauben genützt werden. Die jährliche Gesamtproduktion liegt bei rund 35.000 Cases.

Colorado

Hier liegen die höchstgelegenen Weinbaufluren der Welt. Die zwei AVAs in Colorado heißen Grand Valley und West Elks. Die Gesamtrebfläche liegt bei rund 400 Acre (rund 162 Hektar).
Die Hauptrebsorten für Weißweine sind Chardonnay und Riesling. Für die Rotweine werden Cabernet Franc, Cabernet Sauvignon, Merlot und Pinot Noir angebaut. Die bekanntesten Weinhersteller in Colorado sind Canyon Wind, Carlson, Plum Creek und Trail Ridge.

MISSOURI UND ARKANSAS

In dieser Region sind die Bundesstaaten Missouri und Arkansas zusammengefasst.

Missouri

Die Gesamtrebfläche beträgt rund 860 Acre (rund 348 Hektar). 25 Weinbaubetriebe sind registriert. Die meistgepflanzte Rebsorte ist die Melody. Die bekanntesten Weinhersteller sind Hermann Hof, → Mount Pleasant und Stone Hill.

In Missouri sind vier AVAs klassifiziert: Augusta, Ozark Mountain (umfasst auch Gebiete in Arkansas), Ozark Highlands, Hermann.

Arkansas

Arkansas verfügt über drei AVAs, und zwar Altus, Arkansas Mountain und Ozark Mountain. Die Gesamtrebfläche beträgt rund 2.000 Acre (rund 809 Hektar). Als bekannteste Betriebe sind The Post Family und Wiederkehr zu nennen. Die Hauptrebsorten sind Cynthia und Muscadine.

THE MIDWEST

Zu dieser großen Region gehören die Bundesstaaten Illinois, Indiana und Michigan.

Illinois, Indiana

Illinois verfügt über 175 Acre (rund 71 Hektar). In 14 Weinbaubetrieben werden Weine aus heimischen und französischen Hybriden hergestellt.
Die Hauptrebsorten Indianas sind die weiße Seyval Blanc und die rote Chambourcin. Sie werden auf einer Rebfläche von rund 250 Acre (rund 101 Hektar) in 19 Weinbaubetrieben kultiviert. Als einzige AVA ist Ohio River Valley klassifiziert (umfasst auch Gebiete in Kentucky, Ohio und West Virgina).

Michigan

Michigan ist der Staat an der Ostküste des Michigan-Sees und der Grenze zu Kanada. Vier AVAs sind klassifiziert: Lake Michigan Shore, Leelanau Peninsula, Old Mission Peninsula, Fennville.

Die Gesamtrebfläche beträgt rund 12.000 Acre (rund 4.856 Hektar). Bei den Rebsorten sind vor allem Concord und Niagara (über 90 %) zu nennen. Neupflanzungen von Cabernet Franc und Merlot befinden sich an den Ufern des Michigan-Sees.

Bekannte Weinerzeuger sind Château Grand Traverse (Old Mission Peninsula), St. Julian (Lake Michigan Shore)

OHIO, WESTERN PENNSYLVANIA, FINGER LAKES UND NIAGARA PENINSULA

Zu dieser Region gehören die Bundesstaaten Ohio und Pennsylvania mit dem Gebiet Lake Erie sowie das Weinbaugebiet Finger Lakes im Staate New York.

Ohio

Sowohl in Ohio als auch in Pennsylvania befindet sich der **Lake Erie.** Hier werden auf Kies- und Lehmböden aus heimischen Hybriden Weine erzeugt, die nur lokale Bedeutung haben. Zurzeit bemüht man sich jedoch sehr um Neupflanzungen von europäischen Sorten. Die Gesamtrebfläche beträgt rund 1.550 Acre (rund 627 Hektar).

Ohio verfügt über sechs AVAs: Ohio River Valley, Lake Erie, Isle St. George, Kanawha River Valley, Loramie Creek, Grand River Valley.

Bekannte Erzeuger sind u. a.: Chalet Debonné (Lake Erie), Henke (Ohio River Valley), Valley Vineyards (Ohio River Valley).

Western Pennsylvania

Ebenfalls am Lake Erie (siehe oben) sind 29 Weinbaubetriebe registriert, am bekanntesten ist → Chaddsford. Die Gesamtrebfläche beträgt rund 11.000 Acre (rund 4.451 Hektar).

Finger Lakes

Das Weinbaugebiet beginnt nördlich der Stadt New York, und zwar bei den Seen Cayuga, Kenka und Seneca. Die Gesamtrebfläche beträgt rund 10.000 Acre (rund 4.047 Hektar). Die Hauptrebsorten sind noch immer die seit Jahrhunderten verwendeten Hybriden Seyval Blanc und Vidal sowie Baco Noir und Marechal Foch. Neu ausgepflanzt werden die roten Reben Cabernet Franc, Cabernet Sauvignon, Merlot und Pinot Noir. Mit der Rieslingrebe wird schon länger experimentiert.

Bekannte Erzeuger: → Château Frank (Finger Lakes), → Château Lafayette Reneau (Finger Lakes), → Fox Run Vineyards (Finger Lakes).

Weitere nennenswerte Betriebe:
Casa Larga, Heron Hill (Finger Lakes), Lamoreaux Landing Wine Cellars, Standing Stone (Finger Lakes), H. J. Wiemer Vineyards.

MID ATLANTIC REGION

Zu dieser Region gehören die Bundesstaaten Virginia, West Virginia, Washington, D. C., North Carolina, South Carolina, Tennessee und Georgia.

West Virginia

Eine Gesamtrebfläche von rund 1.440 Acre (rund 583 Hektar) teilen sich elf Weinbaubetriebe. Zu nennen sind u. a. Barboursville Vineyards, Horton Vineyards, → Ingleside, → Linden, → Oasis, Rockbridge und White Hall Vineyards.

Als AVAs sind klassifiziert:
Shenandoah Valley, Kanawha River Valley, Ohio River Valley.

North Carolina, Tennessee, Georgia

Die Gesamtrebfläche in North Carolina beträgt rund 520 Acre (rund 210 Hektar). Tennessee umfasst rund 400 Acre (rund 162 Hektar). Als einzige AVA ist Mississippi Delta klassifiziert. Eine Gesamtrebfläche von rund 1.200 Acre (rund 486 Hektar) teilen sich in Georgia zehn Weinbaubetriebe.

TEXAS

Im Bundesstaat Texas begann man um 1975 mit dem modernen Weinbau. Heute wird für Texas eine Gesamtrebfläche von rund 3.200 Acre (rund 1.295 Hektar) genannt.

Als AVAs sind klassifiziert: Texas Davis Mountains, Texas High Plains, Texas Hill Country, Escondido Valley, Mesilla Valley, Fredericksburg in the Texas Hill Country, Bell Mountain.

Die bodenständige Rebsorte ist die Mustangrebe. Heute werden vorwiegend Cabernet Sauvignon und Merlot ausgepflanzt.
Die bekanntesten Weinhersteller in Texas sind Bell Mountain, Blue Mountain, Cap Rock, Fall Creek, Fredricksburg, Messina Hof und Sainte Geneviève.

Weitere Bundesstaaten mit Weinbau sind:
Alabama: sechs Weinbaubetriebe.
Florida: rund 820 Acre (rund 332 Hektar) Gesamtrebfläche.
Iowa: elf Weinbaubetriebe, rund 150 Acre (rund 61 Hektar).
Mississippi: rund 900 Acre (rund 364 Hektar) Gesamtrebfläche.

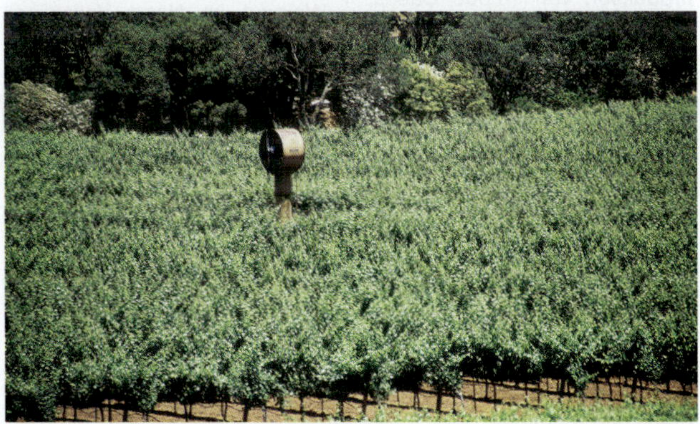

Rebkultur mit Belüfter gegen die Trockenheit

Amerikanische Weine von A bis Z

Das nachfolgende Kapitel hat seinen Schwerpunkt beim kalifornischen Wein, der in den letzten Jahren laufend Exportsteigerungen erfährt. Wir haben über 100 ausgewählte Weingüter beschrieben. Die anderen Regionen befinden sich in einem sehr starken Aufschwung und so haben wir das Kapitel um Weingüter aus Oregon, Washington, Idaho und New York ergänzt. Die weiteren Regionen, wie z. B. Michigan und Ohio, werden kurz erläutert. Den Angaben liegen die amerikanischen Einheiten zugrunde:

2,471 Acre = 1 Hektar; acre ist die Bezeichnung für „Morgen“.
Case = Kiste mit 12 ganzen oder 24 halben Flaschen.

A

Acacia Winery – Kalifornien
Weingut in Carneros mit einer Rebfläche von 91 Acre (rund 37 ha) und einer Gesamtproduktion von 60.000 Cases. Bekannt für Weine aus den Sorten Chardonnay und Pinot Noir.

Adelaida Cellars – Kalifornien
Weingut im San Luis Obispo County mit einer Rebfläche von 75 Acre (rund 31 ha) in der AVA Paso Robles und einer Gesamtproduktion von 10.000 Cases. Bekannt für Weine aus den Sorten Chardonnay und Cabernet Sauvignon.

Adelsheim Vineyard – Oregon
Bekanntes Weingut im Willamette Valley/Yamhill County mit einer Rebfläche von 86 Acre (rund 35 ha) und einer Gesamtproduktion von rund 15.000 Cases. Der Gründer des Weingutes, David Adelsheim, zählt zu den Pionieren der Weinindustrie Oregons. Bekannt für Weine aus den Sorten Pinot Gris, Pinot Blanc und Pinot Noir.

Alexander Valley Vineyards – Kalifornien
Weingut im Sonoma County, AVA Alexander Valley, mit einer Rebfläche von 115 Acre (rund 47 ha) und einer Gesamtproduktion von rund 51.000 Cases. Die Weine aus den Sorten Chardonnay, Chenin Blanc, Cabernet Sauvignon, Cabernet Franc und Merlot werden unter dem Namen **Wetzel Family Estate** vermarktet.

Altamura Vineyards & Winery – Kalifornien
Weingut im Napa Valley mit einer Rebfläche von 59 Acre (rund 24 ha) und einer Gesamtproduktion von 3.500 Cases. Bekannt für Cabernet Sauvignon und Sangiovese.

Amity Vineyards – Oregon
Weingut im Willamette Valley/Yamhill County mit einer Rebfläche von 12 Acre (knapp 5 ha) und einer Gesamtproduktion von 13.000 Kisten. Der Gründer des Weingutes, Myron Redford, gehört zu Oregons Pionieren im Weinbau. Amity ist spezialisiert auf die Sorte Pinot Noir.

S. **Anderson Vineyard** – Kalifornien
Weingut im Napa Valley/Stags Leap District mit einer Rebfläche von 100 Acre (rund 41 ha) und einer Gesamtproduktion von 14.000 Cases. Bekannt für Weine aus den Sorten Chardonnay und Cabernet Sauvignon.

Anderson's Conn Valley – Kalifornien
Weingut im Conn Valley mit einer Rebfläche von 28 Acre (rund 11 ha) in der AVA Napa Valley und einer Gesamtproduktion von 7.000 Cases. Bekannt für Cabernet Sauvignon.

Apex – Washington
Weingut im Columbia und Willamette Valley. Bekannt für Weine aus den Sorten Chardonnay, Gewürztraminer, Cabernet Sauvignon, Merlot und Pinot Noir.

Araujo Estate Wines – Kalifornien
Spitzenweingut im Napa Valley/Calistoga mit einer Rebfläche von 41 Acre (rund 17 ha) und einer Gesamtproduktion von 4.000 Cases. Ein Großteil der Rebfläche ist mit Cabernet Sauvignon bepflanzt.

Archery Summit Winery – Oregon
Weingut im Willamette Valley/Yamhill County, das besonders für seine Pinot Noirs bekannt ist. Seit 1995 ist Gary Andrus Besitzer von Archery Summit, dem auch das bekannte kalifornische Weingut → Pine Ridge Winery gehört. Rebfläche rund 100 Acre (rund 40 ha); Gesamtproduktion 7.000 Kisten.

Arrowood Vineyards & Winery – Kalifornien
Weingut im Sonoma Valley mit einer Rebfläche von 20 Acre (rund 8 ha) und einer Gesamtproduktion von 27.000 Cases, das für seine ausgezeichneten Cabernet Sauvignons und Chardonnays bekannt ist.

Artesa – Kalifornien
Sehr junges, modernst ausgestattetes Weingut in Carneros mit einer Rebfläche von 173 Acre (rund 70 ha), im Besitz des spanischen Codorníukonzerns (Schaumweinerzeuger); architektonisch sehenswert. Hauptweinsorten sind Chardonnay und Pinot Noir, darüber hinaus Cabernet Sauvignon und Merlot.

Atlas Peak Vineyards – Kalifornien
Weingut im Napa Valley/Atlas Peak mit einer Rebfläche von 475 Acre (rund 192 ha) und einer Gesamtproduktion von 30.000 Cases. Besitzer sind Allied Domecq (weltweit zweitgrößtes Getränkeunternehmen) und Piero Antinori (vgl. Italien). Bekannt für Weine aus den Sorten Chardonnay, Sangiovese, Cabernet Sauvignon und Merlot. Die Spezialität des Hauses ist der Consenso Atlas Peak (Cabernet Sauvignon und Sangiovese).

Au Bon Climat – Kalifornien
Weingut im Santa Barbara County. Spitzenweinerzeuger,

der jedoch keine eigenen Rebflächen besitzt. Gesamtproduktion 16.000 Cases. Bekannt für Weine aus den Sorten Chardonnay und Pinot Blanc sowie Pinot Noir.

B

Bancroft Vineyards – Kalifornien
Weingut im Napa Valley/Howell Mountain mit einer Rebfläche von 90 Acre (rund 37 ha) und einer Gesamtproduktion von 1.500 Cases. Bekannt für Weine aus den Sorten Chardonnay, Cabernet Sauvignon, Merlot und Cabernet Franc.

Barnard Griffin – Washington
Weingut im Columbia Valley mit einer Gesamtproduktion von 25.000 Kisten. Bekannt ist das Gut für seine Chardonnays, Fumé Blancs und Merlots.

Beaulieu Vineyards – Kalifornien
Weingut im Napa Valley/Rutherford mit einer Rebfläche von 1.029 Acre (rund 416 ha) und einer Gesamtproduktion von über 750.000 Cases. Bekannt für Weine aus den Sorten Chardonnay und Sauvignon Blanc sowie Cabernet Sauvignon, Pinot Noir und Merlot.

Beaux Frères – Oregon
Weingut im Willamette Valley/Yamhill County mit einer Rebfläche von 24 Acre (rund 10 ha) und einer Gesamtproduktion von rund 2.400 Cases. Spezialisiert auf die Sorte Pinot Noir. Der bekannte Weinkritiker Robert M. Parker ist Mitbesitzer des Weingutes.

Bedell – New York
Weingut in Long Island/North Fork, bekannt für Weine aus den Sorten Chardonnay, Cabernet Sauvignon und Merlot sowie für den Dessertwein Eis None Vintage.

Benzinger Family Winery – Kalifornien
Weingut mit einer Rebfläche von 65 Acre (rund 26 ha) in der AVA Sonoma Mountain und einer Gesamtproduktion von 180.000 Cases. Bekannt für Weine aus den Sorten Chardonnay, Sauvignon Blanc und Pinot Blanc sowie Cabernet Sauvignon, Merlot, Petit Verdot, Malbec und Zinfandel. Bis 1985 Erzeuger von Massenprodukten (über 3 Mio. Cases). Dieser Teil des Unternehmens wurde an den Heublein-Konzern verkauft.

Beringer Vineyards – Kalifornien
Renommiertes Weingut im Napa Valley mit einer Rebfläche von 2.808 Acre (rund 1.136 ha) in den Gebieten Napa Valley, Knights Valley und Lake County. Gesamtproduktion: 450.000 Cases. Bekannt für Weine aus den Sorten Chardonnay, Sauvignon Blanc, Fumé Blanc und Chenin Blanc sowie Cabernet Sauvignon, Gamay, Merlot, Viognier und Zinfandel sowie für den Dessertwein Nightingale.

Bonny Doon Vineyard – Kalifornien
Größtes und bekanntestes Weingut in der AVA Santa Cruz Mountains mit einer Rebfläche von 72 Acre (rund 30 ha) in Monterey und Santa Cruz und einer Gesamtproduktion von 60.000 Cases. Die Zweitmarke ist Ca' del Solo. Bekannt für Weine aus den Sorten Chardonnay, Chenin Blanc, White Riesling und Pinot Gris sowie für einen Schaumwein.

Bryant Family Vineyard – Kalifornien
Weingut im Napa Valley mit einer Rebfläche von 10 Acre (rund 4 ha) und einer Gesamtproduktion von 1.800 Cases, das durch seinen ausgezeichneten Cabernet Sauvignon bekannt ist.

Buena Vista Winery – Kalifornien
Weingut in Carneros mit einer Rebfläche von 895 Acre (rund 362 ha) und einer Gesamtproduktion von 200.000 Cases. Gegründet 1857 vom ungarischen Fürsten Agoston Haraszthy, der als Importeur europäischer Edelrebsorten nach Sonoma gekommen war. Heute ist das Weingut im Besitz von Racke International. Bekannt für Weine aus den Sorten Chardonnay, Sauvignon Blanc und Gewürztraminer sowie Cabernet Sauvignon und Merlot.

Burgess Cellars – Kalifornien
Weingut im Napa Valley mit einer Rebfläche von 110 Acre (rund 45 ha) und einer Gesamtproduktion von 30.000 Cases. Bekannt für Weine aus den Sorten Chardonnay und Cabernet Sauvignon.

Davis **Bynum Winery** – Kalifornien
Weingut im Sonoma County, AVA Russian River Valley, mit einer Rebfläche von 25 Acre (rund 10 ha) und einer Gesamtproduktion von 15.000 Cases. Davis Bynum begann 1965 als Quereinsteiger, indem er Petite-Syrah-Trauben von Robert Mondavi kaufte und einen Wein nach seinen Vorstellungen produzierte. Heute gilt vor allem sein Pinot Noir als Paradewein.

Byron Vineyards & Winery – Kalifornien
Weingut im Santa Barbara County, AVA Santa Maria Valley, mit einer Rebfläche von 582 Acre (rund 236 ha) und einer Gesamtproduktion von 55.000 Cases. Mehr als die Hälfte entfällt auf die Sorte Chardonnay.

C

Cakebread Cellars – Kalifornien
Weingut im Napa Valley/Rutherford mit einer Rebfläche von 77 Acre (rund 31 ha) und einer Gesamtproduktion von 75.000 Cases. Bekannt für Weine aus den Sorten Chardonnay und Sauvignon Blanc sowie Cabernet Sauvignon und Zinfandel.

Camelot – Kalifornien
Weingut im Santa Barbara

County mit einer Rebfläche von 490 Acre (rund 198 ha). Seit 1993 im Besitz von → Kendall-Jackson. Bekannt für Weine aus den Sorten Chardonnay sowie Merlot, Cabernet Sauvignon und Pinot Noir.

Canoe Ridge Estate Vineyards – Washington
Hervorragendes Weingut im Columbia Valley mit eine Rebfläche von 123 Acre (rund 50 ha) und einer Gesamtproduktion von 27.000 Kisten. Gehört zu einem Unternehmen mit → Château Ste. Michelle und Columbia Crest Winery. Canoe Ridge ist bekannt für Weine aus den Sorten Chardonnay und Merlot.

Carmenet Winery – Kalifornien
Weingut im Sonoma Valley mit einer Rebfläche von 97 Acre (rund 39 ha) und einer Gesamtproduktion von 50.000 Cases. Bekannt für Weine aus den Sorten Chardonnay und Cabernet Sauvignon.

Carneros Creek Winery – Kalifornien
Weingut in Carneros mit einer Rebfläche von 175 Acre (rund 71 ha) und einer Gesamtproduktion von 38.000 Cases. Bekannt für Weine aus den Sorten Chardonnay sowie Grenache und Pinot Noir.

Caymus Vineyards – Kalifornien
Weingut im Napa Valley/ Rutherford mit einer Rebfläche von 73 Acre (rund 30 ha) und einer Gesamtproduktion von 70.000 Cases. Bekannt für seine hervorragenden Cabernet Sauvignons.

Chalk Hill Winery – Kalifornien
Weingut im Sonoma Valley, AVA Chalk Hill, mit einer Rebfläche von 286 Acre (rund 116 ha) und einer Gesamtproduktion von 75.000 Cases. Bekannt für Weine aus den Sorten Chardonnay, Sauvignon Blanc, Sémillon und Cabernet Sauvignon.

Chalone Vineyard – Kalifornien
Weingut im Monterey County, AVA Chalone, mit einer Rebfläche von 195 Acre (rund 79 ha) und einer Gesamtproduktion von 50.000 Cases. Bekannt für Weine aus den Sorten Chardonnay sowie Pinot Noir. Die Zweitweine werden mit dem Namen **Gavilan Vineyards** auf den Markt gebracht.

Château de Baun – Kalifornien
Weingut im Sonoma County mit einer Rebfläche von 102 Acre (rund 41 ha) und einer Gesamtproduktion von 26.000 Cases. Bekannt für Weine aus den Sorten Chardonnay bzw. Pinot Noir sowie für einen Dessert- und einen Schaumwein.

Château Frank – Finger Lakes
Weingut, das vor allem für den Rotwein Blanc de Noir und seine Schaumweine bekannt ist.

Château Lafayette Reneau – Finger Lakes
Weingut, das vor allem Weine aus den Sorten Gray Riesling, Johannisberg Riesling, Char-

donnay und Pinot Blanc sowie Cabernet Sauvignon und Pinot Noir herstellt.

Château Montelena Winery – Kalifornien
Spitzenweingut im Napa Valley/Calistoga mit einer Rebfläche von 125 Acre (rund 51 ha) und einer Gesamtproduktion von 40.000 Cases. Bekannt für Weine aus den Sorten Johannisberg Riesling und Chardonnay sowie Cabernet Sauvignon.

Château Potelle – Kalifornien
Spitzenweingut im Napa Valley/Mount Veeder mit einer Rebfläche von 83 Acre (rund 34 ha), davon 43 Acre (rund 17 ha) in der AVA Mount Veeder. Gesamtproduktion: 22.000 Cases. Bekannt für Weine aus den Sorten Chardonnay und Sauvignon sowie Zinfandel und Cabernet Sauvignon.

Château St. Jean – Kalifornien
Spitzenweingut im Sonoma Valley; Rebfläche: 117 Acre (rund 47 ha), Gesamtproduktion: 235.000 Cases. Bekannt vor allem für seine Weißweine aus den Sorten Chardonnay, Fumé Blanc und Gewürztraminer.

Château Ste. Michelle – Washington
Bekanntes Weingut im Columbia Valley mit einer Rebfläche von 1.260 Acre (rund 510 ha) und einer Gesamtproduktion von 650.000 Kisten. Zum Unternehmen gehören die → Columbia Crest Winery und die → Canoe Ridge Estate Vineyards. Château Ste. Michelle gilt als einer der Pioniere im Weinbau Washingtons. Es werden vor allem Weißweine aus den Sorten Chardonnay und Sémillon hergestellt.

Château Souverain – Kalifornien
Bekanntes Weingut im Sonoma County, AVA Alexander Valley, mit einer Rebfläche von 300 Acre (rund 121 ha) und einer Gesamtproduktion von 139.000 Cases. Bekannt für Weine aus den Sorten Chardonnay und Sauvignon Blanc sowie Pinot Noir, Cabernet Sauvignon und Zinfandel.

Cline Cellars – Kalifornien
Sehr gutes Weingut in Carneros, bekannt für seine Rotweine aus Merlot und Mourvedre. Rebfläche: 761 Acre (rund 308 ha), Gesamtproduktion: 90.000 Cases.

Clos du Bois Winery – Kalifornien
Eines der größten Weingüter im Sonoma County/Alexander Valley mit einer Rebfläche von 650 Acre (rund 263 ha) und einer Gesamtproduktion von 890.000 Cases. Im Besitz von Allied Domecq (weltweit zweitgrößtes Getränkeunternehmen). Bekannt für Weine aus den Sorten Chardonnay, Gewürztraminer und Sauvignon Blanc sowie Cabernet Sauvignon, Zinfandel, Pinot Noir, Malbec und Merlot.

Clos Du Val Wine Co. – Kalifornien
Spitzenweingut im Napa Valley/Stags Leap District, gegründet

1972, mit einer Rebfläche von 252 Acre (rund 102 ha) und einer Gesamtproduktion von 80.000 Cases. Bekannt für Weine aus den Sorten Chardonnay sowie Sangiovese, Zinfandel, Pinot Noir und Cabernet Sauvignon.

Clos Pegase – Kalifornien
Weingut im Napa Valley/Calistoga mit weiteren Besitzungen in Carneros; Gesamtrebfläche 278 Acre (rund 113 ha). Gegründet von dem Kunstsammler Jan I. Shrem und seiner japanischen Frau Mitsuko. Das Unternehmen umfasst drei Standorte. Mittelpunkt ist das einem Tempel nachempfundene Gebäude außerhalb von Calistoga mit einer Sammlung von modernen Kunstschätzen. An den Ausläufern des Mount St. Helena befindet sich das kleine Weingut Palisades Vineyard. In Carneros liegt das größte der drei Güter, nämlich Mitsuko Estate Vineyard. Clos Pegase ist besonders bekannt für Cabernet Sauvignons und Chardonnays.

Colgin – Kalifornien
Weingut im Napa Valley/St. Helena mit einer Rebfläche von 2,5 Acre (rund 1 ha) und einer Gesamtproduktion von 400 Cases, das durch seinen hervorragenden Cabernet Sauvignon bekannt ist.

Columbia Crest Winery – Washington
Größtes Weingut im Columbia Valley mit einer Rebfläche von 2.965 Acre (rund 1.200 ha) und einer Gesamtproduktion von 750.000 Kisten; gleicher Besitzer wie → Château Ste. Michelle und → Canoe Ridge Estate Vineyards. Columbia Crest ist vor allem bekannt für Weine aus den Sorten Chardonnay, Cabernet Sauvignon und Merlot.

Columbia Winery – Washington
Bekanntes Weingut und Weinhandelshaus im Yakima Valley mit einer Gesamtproduktion von rund 125.000 Kisten. Die wichtigsten Weinsorten sind Cabernet Sauvignon, Merlot und Chardonnay.

Robert **Craig** – Kalifornien
Weingut im Napa Valley mit einer Rebfläche von 7 Acre (rund 3 ha) und einer Gesamtproduktion von 6.000 Cases, das durch seine ausgezeichneten Cabernet Sauvignons bekannt ist.

Cuvaison – Kalifornien
Spitzenweingut im Napa Valley/Calistoga mit einer Rebfläche von 274 Acre (rund 111 ha) und einer Gesamtproduktion von 65.000 Cases. Bekannt für Weine aus den Sorten Chardonnay sowie Pinot Noir und Merlot.

D

Dalla Valle Vineyards – Kalifornien
Kleines Spitzenweingut im Napa Valley/Oakville mit einer Rebfläche von 25 Acre (rund 10 ha) und einer Gesamtproduktion von 3.500 Cases. Besonders bekannt für Cabernet Sauvignon.

Dehlinger Winery – Kalifornien
Weingut im Sonoma County, AVA Russian River Valley, mit einer Rebfläche von 45 Acre (rund 18 ha) und einer Gesamtproduktion von 9.000 Cases, das durch seine ausgezeichneten Pinot Noirs und seinen Syrah bekannt ist.

De Loach Vineyards – Kalifornien
Eines der renommiertesten Weingüter im Sonoma County, AVA Russian River Valley, mit einer Rebfläche von 674 Acre (rund 273 ha) und einer Gesamtproduktion von über 145.000 Cases. Der ehemalige Feuerwehrmann Cecile de Loach begann 1975 und spezialisierte sich auf einen Zinfandel aus alten Rebstöcken. Weitere Sorten sind Chardonnay, Fumé Blanc, Gewürztraminer und Sauvignon Blanc sowie Merlot und Pinot Noir.

Diamond Creek Vineyards – Kalifornien
Eines der renommiertesten Weingüter im Napa Valley/ Diamond Mountain mit einer Rebfläche von 22 Acre (rund 9 ha) und einer Gesamtproduktion von 3.500 Cases. Bekannt für Weine aus der Sorte Cabernet Sauvignon.

Domaine Drouhin Oregon – Oregon
Weingut im Willamette Valley/ Yamhill County mit einer Rebfläche von 74 Acre (rund 30 ha) und einer Gesamtproduktion von rund 10.000 Kisten. Die Tochter von Robert Drouhin, dem bekannten Weinhändler aus dem Burgund, produziert hervorragende Pinot Noirs.

Domaine Serene – Oregon
Weingut im Willamette Valley, bekannt für Chardonnay und Pinot Noir.

Dominus Estate – Kalifornien
Spitzenweingut im Napa Valley/ Yountville mit einer Rebfläche von 122 Acre (rund 49 ha) und einer Gesamtproduktion von 15.000 Cases, besonders bekannt für die Cabernet Sauvignons.

Dry Creek Vineyard – Kalifornien
Spitzenweingut im Sonoma County, AVA Dry Creek Valley, mit einer Rebfläche von 138 Acre (rund 56 ha) und einer Gesamtproduktion von 120.000 Cases. Bekannt für Weine aus den Sorten Chardonnay, Chenin Blanc und Fumé Blanc sowie Cabernet Sauvignon, Merlot und Zinfandel.

Duckhorn Vineyards – Kalifornien
Spitzenweingut im Napa Valley/ St. Helena mit einer Rebfläche von 229 Acre (rund 93 ha) und einer Gesamtproduktion von 50.000 Cases. Bekannt für Weine aus den Sorten Sauvignon Blanc, Cabernet Sauvignon und Merlot.

Duck Walk – New York
Weingut in Long Island/North Fork, das einen Merlot erzeugt.

Dunn Vineyards – Kalifornien
Weingut im Napa Valley/Howell Mountain, besonders bekannt für die hervorragenden Cabernet Sauvignons. Rebfläche: 14 Acre (rund 7 ha); Gesamtproduktion: 5.000 Cases.

E

Edmunds St. John – Kalifornien
Spitzenweingut im Alameda County mit einer Rebfläche von 5 Acre (rund 2 ha) und einer Gesamtproduktion von 4.000 Cases. Bekannt für Weine aus den Sorten Syrah und Zinfandel.

Edna Valley Vineyard – Kalifornien
Renommiertes Weingut im San Luis Obispo County, AVA Edna Valley, mit einer Rebfläche von 560 Acre (rund 227 ha) und einer Gesamtproduktion von 120.000 Cases. Bekannt für Weine aus den Sorten Chardonnay und Pinot Noir.

Elk Cove Vineyards – Oregon
Weingut im Willamette Valley mit einer Rebfläche von 45 Acre (rund 18 ha), das Rieslinge und Pinot Noirs erzeugt.

El Molino Winery – Kalifornien
Spitzenweingut im Napa Valley/St. Helena mit einer Rebfläche von 58 Acre (rund 23 ha) in Rutherford und einer Gesamtproduktion von 2.000 Cases. Bekannt für Weine aus den Sorten Chardonnay, Pinot Noir und Cabernet Sauvignon.

Erath Vineyards – Oregon
Weingut im Willamette Valley/Yamhill County mit einer Rebfläche von 100 Acre (rund 36 ha) und einer Gesamtproduktion von 38.000 Cases. Erath produziert rund 70 Prozent Pinot Noir.

Etude Wines – Kalifornien
Weinkellerei im Napa Valley ohne eigene Rebfläche mit einer Gesamtproduktion von 8.000 Cases, bekannt durch ihren hervorragenden Cabernet Sauvignon.

F

Far Niente Winery – Kalifornien
Spitzenweingut im Napa Valley/Oakville mit einer Rebfläche von 183 Acre (rund 74 ha) und einer Gesamtproduktion von 36.000 Cases. Eines der ältesten Weingüter im Napa Valley, gegründet 1885. Seit 1979 im Besitz von Gil Nickel, der sehr erfolgreich vor allem die Weine Chardonnay und Cabernet Sauvignon vermarktet.

Gary **Farrell Wines** – Kalifornien
Renommiertes Weingut im Sonoma County, AVA Russian River Valley. Bekannt für Weine aus den Sorten Chardonnay und Sauvignon Blanc sowie Pinot Noir und Merlot.

Ferrari-Carano Winery – Kalifornien
Spitzenweingut im Sonoma County, AVA Dry Creek Valley,

mit einer Rebfläche von 650 Acre (rund 263 ha) und einer Gesamtproduktion von 150.000 Cases. Bekannt für Weine aus den Sorten Sauvignon Blanc, Chardonnay und Fumé Blanc sowie Pinot Noir, Sangiovese und Zinfandel.

Fetzer Vineyards – Kalifornien
Einer der größten Weinproduzenten in den USA mit Sitz in Hopland im Mendocino County mit einer hauseigenen Küferei. Gegründet 1968 von Barney Fetzer, heute im Besitz eines Getränkekonzerns. Trotz der Größe des Unternehmens (über 148 ha, Gesamtproduktion: 2,5 Mio. Cases) wird das Weingut nach den Grundsätzen des ökologischen Anbaus bewirtschaftet. Das Sortiment wird in vier Qualitätsstufen gegliedert, und zwar in Premium Varietals, Dual Varietals, Private Collection und Barrel Select. Hauptsorten sind Chardonnay, Sauvignon Blanc und Viognier sowie Merlot, Cabernet Sauvignon, Pinot Noir, Zinfandel und Shiraz.

Flora Springs Wine Co. – Kalifornien
Renommiertes Weingut im Napa Valley/St. Helena mit einer Rebfläche von 476 Acre (rund 193 ha) und einer Gesamtproduktion von 40.000 Cases. Bekannt für Weine aus den Sorten Chardonnay und Sauvignon Blanc sowie Sangiovese und Cabernet Sauvignon.

Forman Vineyard – Kalifornien
Renommiertes Weingut im Napa Valley/St. Helena mit einer Rebfläche von 87 Acre (rund 35 ha) und einer Gesamtproduktion von 4.000 Cases. Bekannt für Weine aus den Sorten Chardonnay sowie Cabernet Sauvignon, Pinot Noir, Cabernet Franc und Merlot.

Foxen Vineyard – Kalifornien
Bekanntes Weingut im Santa Barbara County, AVA Santa Maria Valley, mit einer Rebfläche von 10 Acre (rund 4 ha) und einer Gesamtproduktion von 12.000 Cases. Bekannt für Weine aus den Sorten Chardonnay und Chenin Blanc sowie Pinot Noir und Merlot.

Fox Run Vineyards – Finger Lakes
Weingut mit einer Rebfläche von 50 Acre (rund 20 ha) und einer Gesamtproduktion von 14.000 Cases. Gegründet von Scott Osborne im Jahre 1990. Bekannt für einen außergewöhnlich trockenen Riesling und einen Blanc de Blanc (Schaumwein).

Franciscan Oakville Estate – Kalifornien
Renommiertes Weingut im Napa Valley/Oakville mit einer Rebfläche von 216 Acre (rund 87 ha) und einer Gesamtproduktion von 65.000 Cases. Bekannt für Weine aus den Sorten Chardonnay, Sauvignon Blanc und Johannisberg Riesling sowie Merlot, Cabernet Franc und Zinfandel.

Frog's Leap – Kalifornien
Spitzenweingut im Napa Valley/Rutherford mit einer Rebfläche

von 135 Acre (rund 55 ha) und einer Gesamtproduktion von 47.000 Cases. Bekannt für Weine aus den Sorten Chardonnay und Sauvignon Blanc sowie Cabernet Sauvignon, Merlot und Zinfandel.

G

Gallo – Kalifornien
Weltweit einer der größten Weinerzeuger (im Central Valley), gegründet 1933 von der Familie Gallo. Rebfläche: 9.000 Acre (rund 3.642 ha) sowie 3.005 Acre (rund 1.216 ha) des 1977 im Sonoma County, AVA Dry Creek Valley, gegründeten Weingutes **Gallo of Sonoma.** Gesamtproduktion: über 3 Mio. Cases, wobei 2 Mio. Tisch- und Tafelweine sind. Die Qualitätsweine von Gallo of Sonoma tragen die Bezeichnung Premium Line of Sonoma. Hauptsorten sind Chardonnay bzw. Cabernet Sauvignon, Merlot und Zinfandel.

Geyser Peak Winery – Kalifornien
Renommierter Betrieb im Sonoma County, AVA Alexander Valley, mit einer Rebfläche von 122 Acre (rund 49 ha) im Sonoma, im Lake und im Mendocino County und einer Gesamtproduktion von 500.000 Cases. Bekannt für Weine aus den Sorten Chardonnay, Sauvignon Blanc, Gewürztraminer und Riesling sowie Cabernet Sauvignon, Merlot, Sangiovese, Gamay, Petite Verdot und Syrah.

Giradet – Oregon
Weingut im Umpqua Valley, bekannt für Chardonnays.

Grace Family Vineyards – Kalifornien
Spitzenweingut im Napa Valley/St. Helena mit einer Rebfläche von 2 Acre (rund 0,8 ha) für Cabernet Sauvignon, von dem 200 Cases produziert werden.

Greenwood Ridge Vineyards – Kalifornien
Aufstrebendes Weingut im Mendocino County, AVA Mendocino Ridge, mit einer Rebfläche von 16 Acre (rund 6,5 ha) und einer Gesamtproduktion von 7.000 Cases. Bekannt für Weine aus den Sorten Chardonnay, Sauvignon Blanc und White Riesling sowie Cabernet Sauvignon, Merlot, Pinot Noir und Zinfandel.

Grgich Hills Cellar – Kalifornien
Spitzenweingut im Napa Valley/Rutherford, gegründet 1977 vom Kroaten Miljenko Grgich und seinem Partner Austin Hills. Rebfläche: 171 Acre (rund 69 ha). Gesamtproduktion: 75.000 Cases. Der hervorragende Ruf des Weingutes gründet sich vor allem auf die lange lagerfähigen Chardonnays. Weiters werden die Sorten Fumé Blanc, Johannisberg Riesling, Cabernet Sauvignon und Zinfandel verarbeitet.

Groth Vineyards & Winery – Kalifornien
Spitzenweingut im Napa Valley/Oakville mit einer Rebfläche

von 140 Acre (rund 57 ha) und einer Gesamtproduktion von 50.000 Cases. Bekannt für Weine aus den Sorte Chardonnay und Sauvignon Blanc sowie Cabernet Sauvignon und Merlot.

Guenoc Winery – Kalifornien
Weingut im Guenoc Valley mit einer Rebfläche von 388 Acre (rund 157 ha) und einer Gesamtproduktion von 145.000 Cases, das besonders durch seinen ausgezeichneten Chardonnay bekannt ist.

H

Harlan Estate – Kalifornien
Kleines Spitzenweingut im Napa Valley/Oakville mit einer Rebfläche von 32 Acre (rund 13 ha) und einer Gesamtproduktion von 1.500 Cases, und zwar ausschließlich Cabernet Sauvignon.

Heitz Wine Cellars – Kalifornien
Spitzenweingut im Napa Valley mit einer Rebfläche von 350 Acre (rund 142 ha) in Rutherford, im Pope Valley und im Napa Valley. Gesamtproduktion: 38.000 Cases. Bekannt für Weine aus den Sorten Chardonnay und Cabernet Sauvignon.

The **Hess Collection Winery** – Kalifornien
Spitzenweingut im Napa Valley/Mount Veeder mit einer Rebfläche von 725 Acre (rund 293 ha) und einer Gesamtproduktion von 125.000 Cases. Bekannt für Weine aus den Sorten Chardonnay, Cabernet Sauvignon und Pinot Noir.

Hitching Post – Kalifornien
Renommierter Weinerzeuger im Santa Barbara County, der keine eigenen Weingärten besitzt. Gesamtproduktion: 2.600 Cases. Bekannt für Pinot Noir.

The **Hogue Cellars** – Washington
Weingut im Yakima Valley mit einer Rebfläche von 346 Acre (rund 140 ha) und einer Gesamtproduktion von 330.000 Kisten. Es werden vorwiegend Weine aus den Sorten Chardonnay, Sémillon Blanc (sogar ein Verschnitt aus beiden), Riesling, Gewürztraminer, Fumé Blanc und Sauvignon Blanc sowie Cabernet Sauvignon und Merlot hergestellt.

Howell Mountain Vineyards – Kalifornien
Kleines, renommiertes Weingut im Napa Valley/Howell Mountain, gegründet 1988 von J. B. Sears und M. Beatty, spezialisiert auf die Sorte Zinfandel. Rebfläche: 80 Acre (rund 32 ha). Gesamtproduktion: 2.300 Cases.

I

Ingleside – Virginia
Hervorragendes Weingut in West Virginia, bekannt für Rotweine, vor allem aus den Sorten Cabernet Sauvignon, Merlot und Cabernet Franc.

Iron Horse Vineyards – Kalifornien
Renommiertes Weingut in der AVA Green Valley Sonoma County mit einer Rebfläche von 242 Acre (rund 98 ha) und einer Gesamtproduktion von 40.000 Cases. Bekannt für Weine aus den Sorten Chardonnay und Fumé Blanc sowie Cabernet Sauvignon und Pinot Noir. Erzeugt auch Schaumweine.

J

Jordan Vineyard & Winery – Kalifornien
Bekanntes Weingut im Sonoma County, AVA Alexander Valley, mit einer Rebfläche von 391 Acre (rund 158 ha) und einer Gesamtproduktion von 90.000 Cases. Bekannt für Weine aus den Sorten Chardonnay und Cabernet Sauvignon. Erzeugt auch einen Schaumwein.

La **Jota Vineyard Co.** – Kalifornien
Hervorragendes Rotweingut im Napa Valley/Howell Mountain mit einer Rebfläche von 28 Acre (rund 11 ha) und einer Gesamtproduktion von 4.000 Cases. Bekannt für Weine aus den Sorten Cabernet Sauvignon, Cabernet Franc, Zinfandel, Viognier und Petite Sirah.

Justin Vineyards & Winery – Kalifornien
Aufstrebendes Weingut im San Luis Obispo County, AVA Paso Robles, mit einer Rebfläche von 75 Acre (rund 30 ha) und einer Gesamtproduktion von 25.000 Cases; zählt zu den besten der Region. Bekannt für Weine aus den Sorten Chardonnay, Cabernet Sauvignon und Cabernet Franc.

Kendall-Jackson Winery – Kalifornien
Großwinzer und Händler im Sonoma County (Santa Rosa) und im Monterey Countey mit einer Rebfläche von 6.672 Acre (rund 2.700 ha) und einer Gesamtproduktion von 4 Mio. Cases. Bekannt für Weine aus den Sorten Sauvignon Blanc, Chardonnay, Gewürztraminer und Johannisberg Riesling sowie Cabernet Sauvignon, Merlot, Pinot Noir, Syrah und Zinfandel.

Kenwood Vineyards – Kalifornien
Renommiertes Weingut im Sonoma Valley mit einer Rebfläche von 263 Acre (rund 106 ha) und einer Gesamtproduktion von 319.000 Cases. Bekannt für Weine aus den Sorten Sauvignon Blanc und Cabernet Sauvignon.

Kestrel – Washington
Spitzenweingut im Columbia Valley, erzeugt Weine aus den Sorten Chardonnay, Cabernet Sauvignon und Merlot.

King Estate Winery – Oregon
Weingut im Willamette Valley, gegründet 1992, mit einer Rebfläche von 785 Acre (rund 318 ha) und einer Gesamtproduktion von 400.000 Cases;

das größte Weingut in Oregon; bekannt für Pinot Noir.

Kistler Vineyards – Kalifornien
Spitzenweingut im Sonoma County mit einer Rebfläche von 120 Acre (rund 49 ha) im Russian River Valley, im Sonoma Valley sowie am Sonoma Mountain. Gesamtproduktion: 23.000 Cases. Bekannt für Weine aus den Sorten Chardonnay und Pinot Noir.

Kongsgaard Wines – Kalifornien
Weingut im Napa Valley mit einer Rebfläche von 7 Acre (rund 3 ha) und einer Gesamtproduktion von 1.200 Cases, das durch seinen ausgezeichneten Chardonnay bekannt ist.

Charles **Krug Winery** – Kalifornien
Weingut im Napa Valley/St. Helena, seit 1966 im Besitz von Peter Mondavi (Robert → Mondavi), mit einer Rebfläche von 470 Acre (rund 190 ha) und einer Gesamtproduktion von 985.000 Cases; experimentiert mit Cuvées nach Bordelaiser Art. Hauptsorten sind Chardonnay, Cabernet Sauvignon, Pinot Noir, Merlot und Zinfandel.

Kunde Estate Winery – Kalifornien
Weingut im Sonoma Valley mit einer Rebfläche von 750 Acre (rund 303 ha) und einer Gesamtproduktion von 100.000 Cases. Bekannt für Weine aus den Sorten Chardonnay sowie Syrah, Zinfandel und Cabernet Sauvignon.

L

Lakewood – Kalifornien
Weißweingut im Lake County mit einer Rebfläche von 70 Acre (rund 28 ha) und einer Gesamtproduktion von 5.000 Cases, hauptsächlich Sauvignon Blanc, Sauvignon und Sémillon.

Landmark Vineyards – Kalifornien
Weißweingut im Sonoma Valley mit einer Rebfläche von 15 Acre (rund 6 ha) und einer Gesamtproduktion von 20.000 Cases, hauptsächlich Chardonnay.

L'Ecole No. 41 Winery – Washington
Spitzenweingut im Walla Walla Valley mit einer Rebfläche von 123 Acre (rund 50 ha) und einer Gesamtproduktion von rund 12.000 Cases; besonders bekannt für seine Rotweine, wobei die Sorte Merlot dominiert.

Lenz – New York
Weingut auf Long Island/North Fork, bekannt für Weine aus den Sorten Chardonnay, Gewürztraminer, Cabernet Sauvignon, Merlot und Pinot Noir.

Leonetti Cellar – Washington
Spitzenweingut im Walla Walla Valley mit einer Rebfläche von 24 Acre (rund 10 ha) und einer Gesamtproduktion von 4.600 Kisten, besonders bekannt für seine Merlots und Cabernets.

Lewis Cellars – Kalifornien
Weingut im Napa Valley/

Oakville mit einer Gesamtproduktion von 5.000 Cases. Bekannt für Weine aus den Sorten Cabernet Sauvignon und Merlot sowie Chardonnay.

De **Lille Cellars** – Washington
Weingut im Columbia Valley, bekannt für Weißwein.

Linden – Virginia
Hervorragendes Weingut in West Virginia mit Weinen aus den Sorten Riesling und Vidal Blanc sowie Cabernet Sauvignon.

Lokoya – Kalifornien
Weingut im Napa Valley/ Oakville mit einer Rebfläche von 137 Acre (rund 55 ha) und einer Gesamtproduktion von 2.200 Cases, das durch seinen ausgezeichneten Cabernet Sauvignon bekannt ist.

Long Vineyards – Kalifornien
Weingut im Napa Valley mit einer Rebfläche von 17 Acre (rund 7 ha) und einer Gesamtproduktion von 5.000 Cases, das durch seinen hervorragenden Chardonnay bekannt ist.

M

Macari – New York
Weingut auf Long Island/North Fork, bekannt für Weine aus den Sorten Chardonnay, Sauvignon Blanc und Merlot.

Marcassin – Kalifornien
Spitzenweingut für Chardonnays im Sonoma County, AVA Russian River Valley, mit einer Rebfläche von 9 Acre (rund 4 ha) und einer Gesamtproduktion von 2.000 Cases.

Markham Vineyards – Kalifornien
Weingut im Napa Valley/St. Helena mit einer Rebfläche von 225 Acre (rund 91 ha) und einer Gesamtproduktion von 300.000 Cases. Bekannt für Weine aus den Sorten Sauvignon Blanc und Chardonnay sowie Cabernet Sauvignon und Merlot.

Martinelli Vineyard – Kalifornien
Weingut im Sonoma County, AVA Russian River Valley, mit einer Rebfläche von 206 Acre (rund 83 ha) und einer Gesamtproduktion von 6.000 Cases. Bekannt für Weine aus den Sorten Chardonnay und Zinfandel.

Louis M. **Martini Winery** – Kalifornien
Renommiertes Weingut im Napa Valley/St. Helena, gegründet 1922. Seit 1948 erfolgreich mit den Sorten Pinot Noir und Chardonnay. Gesamtrebfläche 711 Acre (rund 288 ha) im Sonoma Valley (Monte Rosso), im Russian River Valley (Los Vinedos del Rio), im Napa Valley und im Lake County. Gesamtproduktion: 170.000 Cases.

Matanzas Creek – Kalifornien
Spitzenweingut im Sonoma Valley mit einer Rebfläche von 69 Acre (rund 28 ha) und einer Gesamtproduktion von 40.000 Cases. Bekannt für Weine aus den Sorten Sauvignon Blanc und Chardonnay sowie Merlot.

Matthews – Washington
Rotweingut im Yakima Valley, bekannt für den Cabernet Sauvignon und eine Cuvée aus Cabernet Sauvignon, Cabernet Franc und Merlot.

Mayacamas Vineyards – Kalifornien
Spitzenweingut im Napa Valley/ Mount Veeder mit einer Rebfläche von 52 Acre (rund 21 ha) und einer Gesamtproduktion von 5.000 Cases. Bekannt für Weine aus den Sorten Chardonnay und Sauvignon Blanc sowie Cabernet Sauvignon und Pinot Noir.

Medici – Oregon
Weingut im Willamette Valley, bekannt für einen Riesling Late Harvest.

Mer Soleil – Kalifornien
Weingut im Monterey County, AVA Santa Lucia Highlands, mit einer Rebfläche von 390 Acre (rund 158 ha) und einer Gesamtproduktion von 9.000 Cases, das durch seinen hervorragenden Chardonnay bekannt ist.

Merryvale Vineyards – Kalifornien
Weingut im Napa Valley mit einer Rebfläche von 25 Acre (rund 10 ha) und einer Gesamtproduktion von 40.000 Cases, das vor allem durch seinen ausgezeichneten Chardonnay bekannt ist.

Peter **Michael Winery** – Kalifornien
Spitzenweingut im Sonoma County mit einer Rebfläche (etwa zur Hälfte im Knights Valley) von 137 Acre (rund 55 ha) und einer Gesamtproduktion von 15.000 Cases. Bekannt für Weine aus den Sorten Chardonnay und Cabernet Sauvignon.

Robert **Mondavi Winery** – Kalifornien
Weltbekanntes Weingut im Napa Valley, gegründet 1966, mit einer Rebfläche von 747 Acre (rund 302 ha) in Oakville, im Stags Leap District und in Carneros. Gesamtproduktion: 400.000 Cases. Robert Mondavi gilt als Pionier im kalifornischen Weinbau, war er doch der Erste, der Qualitätsweine mit natürlichem Säureabbau und temperaturkontrollierter Gärung herstellte. Die Zweitmarke des Hauses heißt „La Famiglia di Robert Mondavi“. Zum Familienunternehmen gehören auch die → Krug Winery und das Weingut → Opus One mit der weltweit bekannten Cabernet-Cuvée sowie Besitzungen in Chile und Italien.
Die Weine werden unter den Namen Robert Mondavi und La Famiglia di Robert Mondavi vermarktet. Hauptsorten sind Chardonnay, Fumé Blanc, Johannisberg Riesling, Sauvignon Blanc, Sémillon, Malvasia und Tokai Friulani sowie Cabernet Sauvignon, Merlot, Pinot Noir, Zinfandel, Cabernet Franc, Barbera und Sangiovese.

Monticello Cellars – Kalifornien
Renommiertes Weingut im Napa Valley mit einer Rebflä-

che von 99 Acre (rund 40 ha) und einer Gesamtproduktion von 20.000 Cases. Bekannt für Weine aus den Sorten Chardonnay, Cabernet Sauvignon, Pinot Noir und Merlot.

Montinori – Oregon
Renommiertes Weingut im Willamette Valley mit einer Rebfläche von 300 Acre (rund 121 ha) und einer Gesamtproduktion von 60.000 Cases. Die Spezialität sind Late Harvest Rieslinge.

Mount Eden Vineyards – Kalifornien
Spitzenweingut in der AVA Santa Cruz Mountains mit einer Rebfläche von 47 Acre (rund 19 ha) und einer Gesamtproduktion von 15.000 Cases. Bekannt für Weine aus den Sorten Chardonnay, Cabernet Sauvignon und Pinot Noir.

Mount Pleasant – Missouri
Das Weingut ist bekannt für Weine aus den Sorten Chardonnay, Cabernet Sauvignon, Merlot und Pinot Noir.

Mount Veeder Winery – Kalifornien
Kleines, renommiertes Weingut im Napa Valley/Mount Veeder; gegründet 1972; Rebfläche 31 Acre (rund 13 ha); Gesamtproduktion 10.000 Cases. Bekannt für Weine aus den Sorten Chardonnay und Cabernet Sauvignon.

Murphy-Goode Estate Winery – Kalifornien
Weingut im Sonoma County, AVA Alexander Valley, mit einer Rebfläche von 350 Acre (rund 142 ha) und einer Gesamtproduktion von 90.000 Cases. Bekannt für Weine aus den Sorten Pinot Blanc, Fumé Blanc, Sauvignon Blanc und Chardonnay sowie Merlot und Cabernet Sauvignon.

Murrieta's Well – Kalifornien
Weinerzeuger im Alameda County, AVA Livermore Valley, bekannt für gute Rot- und Weißweincuvées; Rebfläche 90 Acre (rund 36 ha); Gesamtproduktion 7.000 Cases.

N

Napa Ridge – Kalifornien
Eine der erfolgreichsten Weinfirmen Kaliforniens mit Sitz im Sonoma County, AVA Alexander Valley, im Besitz der Weingüter → Beringer, → Château Souverain und Meridian. Bekannt für Weine aus den Sorten Chardonnay und Sauvignon Blanc sowie Cabernet Sauvignon, Pinot Noir, Merlot und Zinfandel.

Newton Vineyard – Kalifornien
Weingut im Napa Valley mit einer Rebfläche von 194 Acre (rund 79 ha) und einer Gesamtproduktion von 28.000 Cases. Bekannt für Weine aus den Sorten Chardonnay, Cabernet Sauvignon und Merlot.

Niebaum-Coppola Estate Winery – Kalifornien
Weingut im Napa Valley/Rutherford, gegründet 1975 unter dem Namen Inglenook

Estate. Seit 1995 im Besitz des Regisseurs Francis Ford Coppola. Rebfläche 190 Acre (rund 77 ha); Gesamtproduktion 110.000 Cases. Bekannt für ausgezeichnete Rotweine, vor allem für die bordeauxähnliche Rotweincuvée Rubicon.

Norman Vineyards – Kalifornien
Weingut in Paso Robles, bekannt für seine gebietstypischen Rotweine aus den Sorten Cabernet Sauvignon und Zinfandel. Rebfläche 37 Acre (rund 15 ha); Gesamtproduktion 2.500 Cases.

O

Oasis – Virginia
Weingut in West Virginia, bekannt für Weine aus den Sorten Gewürztraminer, Chardonnay, Riesling, Cabernet Sauvignon, Cabernet Franc und Merlot sowie für seine Schaumweine.

Oak Knoll – Oregon
Bekannter Weinbaubetrieb im Willamette Valley mit einer Gesamtproduktion von 25–30.000 Cases. Hauptsorten sind Chardonnay und Pinot Gris sowie Pinot Noir.

Oakville Ranch Vineyards – Kalifornien
Weingut im Napa Valley/Oakville mit einer Rebfläche von 67 Acre (rund 27 ha) und einer Gesamtproduktion von 4.500 Cases. Bekannt für Weine aus den Sorten Chardonnay und Cabernet Sauvignon.

Opus One – Kalifornien
Weltbekanntes Weingut im Napa Valley/Oakville, im Jahre 1979 gegründet von der Familie → Mondavi sowie von Baron Philippe de Rothschild. Rebfläche: 104 Acre (rund 42 ha). Gesamtproduktion: 30.000 Cases. Der Opus One ist eine Cuvée aus rund 90 % Cabernet Sauvignon, rund 7 % Cabernet Franc sowie Merlot, Malbec und Petit Verdot; erstmals 1979 abgefüllt. Die Weine lagern durchschnittlich 16 Monate in französischen Eichenfässern und anschließend 18 Monate in der Flasche. Der Opus One weist eine überdurchschnittlich lange Lagerzeit auf.

Osprey's Dominion – New York
Weingut auf Long Island/North Fork, bekannt für Weine aus den Sorten Chardonnay, Johannisberg Riesling, Cabernet Sauvignon und Merlot.

P

Pahlmeyer – Kalifornien
Weingut im Napa Valley/Atlas Peak mit einer Rebfläche von 50 Acre (rund 20 ha) und einer Gesamtproduktion von 4.500 Cases. Bekannt für Weine aus den Sorten Chardonnay und Merlot.

Patz & Hall Wine Co. – Kalifornien
Bekannter Weinerzeuger im Napa Valley. Gesamtproduktion: 6.000 Cases; bekannt für Chardonnays.

Robert **Pecota Winery**
– Kalifornien
Renommiertes Weingut im Napa Valley/Calistoga mit einer Rebfläche von 38 Acre (rund 15 ha) und einer Gesamtproduktion von 16.000 Cases. Bekannt für Weine aus den Sorten Sauvignon Blanc, Cabernet Sauvignon und Merlot.

Joseph **Phelps Vineyards**
– Kalifornien
Spitzenweingut im Napa Valley/St. Helena mit einer Rebfläche von 351 Acre (rund 142 ha) und einer Gesamtproduktion von 90.000 Cases; gegründet 1973. Joseph Phelps stellte die erste Rotweincuvée Kaliforniens her, und zwar Insignia, die auch heute noch zu den besten Rotweinen zählt. Die Marke Vin du Mistral (Syrah), nach dem Vorbild bekannter Rhônecuvées, ist sehr erfolgreich. Die Weine aus den Sorten Viognier und Cabernet Sauvignon sowie der weiße Dessertwein sind ebenfalls hervorzuheben.

Pindar – New York
Hervorragendes Weingut auf Long Island/North Fork, bekannt für Weine aus den Sorten Chardonnay, Cabernet Sauvignon, Gamay und Merlot sowie für Eisweine.

Pine Ridge Winery
– Kalifornien
Spitzenweingut im Napa Valley mit einer Rebfläche von 310 Acre (rund 125 ha) im Stags Leap District, in Oakville, in Rutherford, in Carneros und in Oak Knoll (Oregon). Gesamtproduktion: 850.000 Cases. Dem Winzer Gary Andrus gehört das Weingut → Archery Summit Estate in Oregon. Bekannt für Weine aus den Sorten Chardonnay und Chenin Blanc sowie Cabernet Sauvignon und Merlot.

Ponzi Vineyards – Oregon
Weingut im Willamette Valley/Washington County mit einer Rebfläche von 131 Acre (rund 53 ha) und einer Gesamtproduktion von 10.000 Kisten. Dick Ponzi, der Gründer des Gutes, ist einer der Pioniere des Weinbaus in Oregon. Ponzi Vineyards ist bekannt für Pinot Noir, Pinot Gris, Chardonnay und den seltenen Arneis. Eine Rarität ist der Rieslingeiswein.

Pride Mountain Vineyards
– Kalifornien
Weingut im Napa Valley/Spring Mountain District mit einer Rebfläche von 65 Acre (rund 26 ha) und einer Gesamtproduktion von 15.000 Cases. Bekannt ist es vor allem durch seinen hervorragenden Cabernet Sauvignon.

R

A. **Rafanelli Winery**
– Kalifornien
Kleines, renommiertes Rotweingut im Sonoma County, AVA Dry Creek Valley, mit einer Rebfläche von 65 Acre (rund 26 ha) und einer Gesamtproduktion von 10.000 Cases. Cabernet Sauvignon und Zinfandel sind die Hauptsorten.

Ramey Wine Cellars – Kalifornien
Bekannter Weinerzeuger im Napa Valley mit einer Gesamtproduktion von 2.500 Cases.

Rex Hill Vineyards – Oregon
Weingut im Willamette Valley/ Yamhill County mit einer Rebfläche von 220 Acre (rund 89 ha) und einer Gesamtproduktion von 32.000 Cases. Bekannt für Pinot Noirs, Pinot Gris und Chardonnay.

Ridge Vineyards – Kalifornien
Spitzenweingut in der AVA Santa Cruz Mountains mit einer Rebfläche von 327 Acre (rund 132 ha) und einer Gesamtproduktion von 65.000 Cases. Bekannt für Weine aus den Sorten Chardonnay, Cabernet Sauvignon, Merlot und Zinfandel.

J. **Rochioli Vineyards** – Kalifornien
Renommiertes Weingut im Sonoma County, AVA Russian River Valley, mit einer Rebfläche von 118 Acre (rund 48 ha) und einer Gesamtproduktion von 10.000 Cases. Bekannt für Chardonnay und Sauvignon Blanc sowie Cabernet Sauvignon, Zinfandel und Pinot Noir.

S

St. Clement Vineyards – Kalifornien
Spitzenweingut im Napa Valley/ St. Helena mit einer Rebfläche von 22 Acre (rund 9 ha), davon 15 Acre (rund 6 ha) nur Chardonnay in Carneros. Gesamtproduktion: 20.000 Cases. Weitere Sorten sind Sauvignon Blanc, Cabernet Sauvignon, Cabernet Franc und Merlot.

St. Francis Winery – Kalifornien
Weingut im Sonoma Valley mit einer Rebfläche von 447 Acre (rund 181 ha) und einer Gesamtproduktion von 200.000 Cases, das durch seine ausgezeichneten Cabernet Sauvignons, Merlots und Zinfandels bekannt ist.

St. Innocent Winery – Oregon
Weingut im Willamette Valley/ Yamhill County mit einer Gesamtproduktion von rund 6.000 Cases. Bekannt für die Pinot Noirs sowie Weine aus den Sorten Pinot Gris und Chardonnay.

Saintsbury – Kalifornien
Weingut in Carneros mit einer Rebfläche von 53 Acre (rund 21 ha) und einer Gesamtproduktion von 48.000 Cases, das besonders durch seinen hervorragenden Chardonnay und den Pinot Noir bekannt ist.

Sanford Winery – Kalifornien
Weingut im Santa Barbara County mit einer Rebfläche von 6 Acre (rund 2 ha) und einer Produktion von 44.000 Cases. Bekannt für Chardonnay und Pinot Noir.

Schramsberg Vineyards – Kalifornien
Weingut im Napa Valley mit einer Rebfläche von 50 Acre (rund 20 ha) und einer Gesamtproduktion von 40.000 Cases. Es werden

ausschließlich Sparkling Wines erzeugt.

Screaming Eagle – Kalifornien
Weingut im Napa Valley/ Oakville mit einer Rebfläche von 59 Acre (rund 24 ha) und einer Gesamtproduktion von 5.000 Cases, bekannt für Cabernet Sauvignon.

Sequoia Grove Vineyards – Kalifornien
Weingut im Napa Valley/ Rutherford mit einer Rebfläche von 17 Acre (rund 7 ha) und einer Gesamtproduktion von 25.000 Cases. Bekannt für Chardonnay und Cabernet Sauvignon.

Seven Hills – Washington
Spitzenbetrieb für Rotweine im Columbia und Walla Walla Valley mit den Sorten Cabernet Sauvignon und Merlot.

Shafer Vineyards – Kalifornien
Spitzenweingut im Napa Valley mit einer Rebfläche von 146 Acre (rund 59 ha) im Stags Leap District, in Carneros und in Oak Knoll (Oregon). Gesamtproduktion: 30.000 Cases. Bekannt für Chardonnay, Cabernet Sauvignon, Sangiovese und Merlot.

Signorello Vineyards – Kalifornien
Weingut im Napa Valley mit einer Rebfläche von 42 Acre (rund 17 ha) und einer Gesamtproduktion von 8.000 Cases, das vor allem durch seinen hervorragenden Cabernet Sauvignon bekannt ist.

Silver Oak Cellars – Kalifornien
Spitzenweingut für Cabernet Sauvignon mit einer Rebfläche von 215 Acre (rund 87 ha) im Alexander und im Napa Valley; Gesamtproduktion 50.000 Cases.

Silverado Vineyards – Kalifornien
Spitzenweingut im Napa Valley/ Stags Leap District mit einer Rebfläche von 345 Acre (rund 140 ha) und einer Gesamtproduktion von 85.000 Cases. Bekannt für Chardonnay und Sauvignon Blanc sowie Cabernet Sauvignon, Merlot und Sangiovese.

Simi Winery – Kalifornien
Renommiertes Weingut im Sonoma County mit einer Rebfläche von 227 Acre (rund 92 ha) im Alexander und im Russian River Valley. Gesamtproduktion: 175.000 Cases. Bekannt für Chardonnay, Sauvignon Blanc und Cabernet Sauvignon.

Sokol Blosser Winery – Oregon
Weingut im Willamette Valley/ Yamhill County mit einer Rebfläche von 74 Acre (rund 30 ha) und einer Gesamtproduktion von 30.000 Kisten. Das Weingut ist bekannt für die Pinot Noirs und Chardonnays.

Stag's Leap Wine Cellars – Kalifornien
Spitzenweingut im Napa Valley/ Stags Leap District mit einer Rebfläche von 170 Acre (rund 69 ha) und einer Gesamtpro-

duktion von 150.000 Cases. Bekannt für Chardonnay, Sauvignon Blanc und White Riesling sowie Cabernet Sauvignon.

Stags' Leap Winery – Kalifornien
Renommiertes Weingut im Napa Valley/Stags Leap District mit einer Rebfläche von 90 Acre (rund 36 ha) und einer Gesamtproduktion von 60.000 Cases. Bekannt für Chardonnay, Cabernet Sauvignon und Petite Sirah.

Steele Wines – Kalifornien
Weingut im Lake County mit einer Rebfläche von 65 Acre (rund 26 ha) und einer Gesamtproduktion von 32.000 Cases, das vor allem durch seine hervorragenden Chardonnays bekannt ist.

Stonestreet – Kalifornien
Spitzenweingut im Sonoma County, AVA Alexander Valley, mit einer Rebfläche von 1.225 Acre (rund 496 ha); Gesamtproduktion 62.000 Cases. Bekannt für Chardonnay, Gewürztraminer, Cabernet Sauvignon, Merlot und Pinot Noir.

Stony Hill Vineyard – Kalifornien
Weißweingut im Napa Valley/St. Helena mit einer Rebfläche von 38 Acre und einer Gesamtproduktion von 5.000 Cases. Hauptsorten sind Chardonnay, Gewürztraminer und Johannisberg Riesling.

Von **Strasser** – Kalifornien
Renommiertes Weingut im Napa Valley/Diamond Mountain mit einer Rebfläche von 15 Acre (rund 6 ha) und einer Gesamtproduktion von 10.000 Cases. Bekannt für Chardonnay und Cabernet Sauvignon.

T

Talley Vineyards – Kalifornien
Weingut im San Luis Obispo County, AVA Arroyo Grande Valley, mit einer Rebfläche von 106 Acre (rund 43 ha) und einer Gesamtproduktion von 12.000 Cases, das durch seine hervorragenden Chardonnays und Pinot Noirs bekannt ist.

Tefft – Washington
Spitzenweingut für Rotweine (Cabernet Sauvignon und Merlot) im Columbia Valley und Yakima Valley.

Philip **Togni Vineyard** – Kalifornien
Kleines Spitzenweingut im Napa Valley/Spring Mountain District mit einer Rebfläche von 10 Acre (rund 4 ha) und einer Gesamtproduktion von 1.200 Cases. Bekannt für Sauvignon Blanc und Cabernet Sauvignon.

Torii Mor Vineyard – Oregon
Weingut im Willamette Valley/Yamhill County mit einer Rebfläche von 32 Acre (rund 13 ha), vor allem bekannt für den Pinot Noir.

Truchard Vineyard – Kalifornien
Weingut in Carneros mit einer Rebfläche von 170 Acre (rund 69 ha) und einer Gesamtpro-

duktion von 10.000 Cases, das vor allem durch seinen hervorragenden Chardonnay bekannt ist.

Turley Wine Cellars – Kalifornien
Weingut im Napa Valley/St. Helena mit einer Rebfläche von rund 16 Acre (rund 6 ha) und einer Gesamtproduktion von 5.000 Cases, das durch seine hervorragenden Petite Sirahs und Zinfandels bekannt ist.

W

Willa Kenzie – Oregon
Weingut im Willamette Valley, bekannt für einen hervorragenden Pinot Gris.

Williams Selyem Winery – Kalifornien
Weinkellerei im Sonoma County, AVA Russian River Valley, mit einer Gesamtproduktion von 7.000 Cases. Bekannt für Weine aus den Sorten Chardonnay, Pinot Noir und Zinfandel.

Wölffer Estate – New York
Weingut auf Long Island, AVA The Hamptons, bekannt für Chardonnay und Merlot.

Woodward Canyon Winery – Washington
Spitzenweingut im Walla Walla Valley mit einer Rebfläche von 22 Acre (rund 9 ha) und einer Gesamtproduktion von rund 11.000 Kisten. Das Weingut ist bekannt für seine Chardonnays sowie für den Cabernet Sauvignon und Merlot.

Yakima River – Washington
Spitzenweingut für Rotweine im Yakima Valley, besonders aus den Sorten Lemberger, Cabernet Sauvignon und Merlot.

Z

Zaca Mesa Winery – Kalifornien
Weingut im Santa Barbara County, AVA Santa Ynez Valley, mit einer Rebfläche von 268 Acre (rund 108 ha) und einer Gesamtproduktion von 45.000 Cases. Bekannt für Chardonnay, Pinot Noir und Syrah.

ZD Wines – Kalifornien
Weingut und Handelshaus im Napa Valley/Rutherford mit einer Rebfläche von 36 Acre (rund 15 ha) und einer Gesamtproduktion von 27.500 Cases. Bekannt für Chardonnay, Cabernet Sauvignon und Pinot Noir.

VENEZUELA

In Venezuela wird seit der Ankunft europäischer Einwanderer Ende des 19. Jahrhunderts Weinbau betrieben. Die ersten Rebstöcke wurden aber vermutlich schon im 16. Jahrhundert von spanischen Jesuitenmönchen in der Nähe von Cumana an der karibischen Küste gepflanzt. Das tropische Klima mit einer Durchschnittstemperatur von 27 °C erlaubt zwei Ernten pro Jahr. Eine Vegetationsruhe bleibt daher den Reben versagt. Das für den Weinbau geeignetste Gebiet ist Mérida in Langunillas in zirka 1.100 Meter Seehöhe. Rebflächen befinden sich auch in Barquistimeto im Norden des Landes. Es werden vorwiegend Tafeltrauben angebaut. Bodegas Pomar C. A. ist der bekannteste Produzent. Es ist ein modern ausgestatteter Betrieb, der mit seinen Weinen aus den Sorten Sauvignon Blanc, Sémillon, Syrah, Tempranillo und Cabernet Sauvignon bereits teilweise internationale Erfolge erreicht hat. Die Weine tragen die Markennamen Viña Altagracia und Pomar Reserva.

ZYPERN

Seit über 3.500 Jahren gibt es nachweislich Weinbau auf der Insel. Mit der Übernahme durch die Griechen um 300 v. Chr. wurden rege Weinexporte nach Byzanz, Frankreich und Venedig eine wichtige Einnahmequelle. 1571 kamen die Osmanen, die wenig bis nichts für die Weinerzeugung taten. Im Jahre 1878 übernahmen die Briten die Insel und der Weinbau und die Weinproduktion begannen sich wieder zu erholen, ohne jedoch besondere Qualitäten zu keltern.

Zypern wurde von der europäischen Reblausplage verschont. Durch die strikte Quarantäne kamen nur sehr zögernd internationale Rebsorten ins Land. Auch heute noch sind die alten Rebsorten Mavro, Xynisteri, Malvarina und Palomino vorherrschend. Für importierte Weine werden nach wie vor hohe Importsteuern eingehoben. Der Weinbau der Jetztzeit beschränkt sich auf die Erzeugung von einfachsten Weinen, die für die Weiterverarbeitung bestimmt sind. Die Weinerzeugung Zyperns ist im Vergleich zu anderen europäischen Ländern mit den Standards vor 1970 zu vergleichen. Zuletzt wurden jedoch Versuche gestartet, einige französische Edelrebsorten, wie die Grenache und die Carignan, zu pflanzen und zu keltern. Die beste und wichtigste Weinbauregion heißt Pitsilia, wobei an der Südseite des Troodosgebirges sehr gute Weinanbaubedingungen herrschen. Ein eigenwilliger Wein ist der Dessertwein **Commandaria** aus rosinenartig eingeschrumpften roten und weißen Trauben. In der Küstenstadt Limassol gibt es die vier großen Genossenschaften KEO, ETKO, SADAP und LOEL. Sie sind seit den Zeiten der Massenproduktion für die Erzeugung und den Vertrieb der zypriotischen Weine zuständig. In den letzten Jahren entstehen zunehmend kleinere Weinbaubetriebe in der Nähe der Produktionszonen.

Champagner – Vin Mousseux/Crémant – Schaumwein – Sekt/Qualitätsschaumwein – Schaumwein aus erster Gärung – Spumante – Frizzante – Cava – Sparkling Wine – Perlwein – Schaumweinähnliche Getränke (Obstschaumwein/Obstperlwein)

SCHÄUMENDE WEINE

SCHÄUMENDE WEINE

Schäumende Weine sind alle kohlensäurehaltigen Weiß-, Rosé- und Rotweine. Hinzu kommen die schaumweinähnlichen Getränke (Obstschaumweine und Obstperlweine). Die Kohlensäure entsteht meist durch die zweite Gärung eines Weines. Sie kann auch durch die erste Gärung entstehen oder zugesetzt werden. Der Mindestdruck im geschlossenen Behältnis, gemessen bei 20 °C, liegt in der Regel bei 3 Bar.

CHAMPAGNER

Champagner (franz. Champagne) wurde bis zum 20. Jahrhundert als Gattungsname für Schaumwein und Sekt beliebiger Herkunft verwendet. Am 17. 12. 1908 wurde der Begriff in Frankreich auf ein begrenztes geografisches Gebiet, die Champagne, festgelegt. Er darf seit 1919 (Versailler Vertrag) in Deutschland nicht mehr als Bezeichnung für andere Schaumweine und Sekte verwendet werden. Obwohl in der Europäischen Union Champagne als Name eines bestimmten Anbaugebietes und als Ursprungsbezeichnung für Qualitätsschaumwein b. A. geschützt ist, findet man diesen Begriff in außereuropäischen Ländern noch immer als Gattungsbezeichnung für Schaumweine. Im Kampf gegen den Missbrauch und die Banalisierung der Bezeichnung Champagne werden weltweit zwischen 250 und 400 Prozesse geführt, meist mit Erfolg. In den USA gibt es eine ganze Reihe von Schaumweinen mit der Bezeichnung Champagne.

Verzenay in den Reimser Bergen

Champagner ist grundsätzlich ein schäumender Weißwein, obwohl er vorwiegend aus blauen Trauben gewonnen wird. Die verwendeten Sorten sind die roten Pinot Noir und Pinot Meunier sowie die weiße Chardonnay. Die Pinot-Noir-Trauben verleihen dem Wein Körper und Lebensdauer, sie sind ergiebig und kräftig. Die Pinot-Meunier-Trauben lassen den Wein schnell reifen und geben ihm jugendliche Frische und Fruchtigkeit. Diese Trauben werden rasch gekeltert, damit sie einen weißen Wein ergeben. Die Chardonnaytrauben verleihen dem Wein Anmut, Feinheit und Eleganz.

Eine Ausnahme bildet der Blanc de Blancs. Er wird ausschließlich aus weißen Chardonnaytrauben hergestellt. Weiters gibt es einen Rosé-Champagner.Ein Champagner wird zweimal vergoren und, im Gegensatz zu anderen großen Weinen, in der Regel durch Verschneiden verschiedener Gewächse (horizontaler Verschnitt) und Jahrgänge (vertikaler Verschnitt) hergestellt. Eine Ausnahme stellt der Jahrgangschampagner (Millésimé) dar. Ein Champagner wird stets auf dem Höhepunkt seiner Reife in den Verkehr gebracht und kann durch zusätzliche Lagerung nicht verbessert werden.

Der Champagner muss bestimmte Vorschriften erfüllen, die im französischen Gesetz festgelegt sind:

- Er darf ausschließlich aus drei Rebsorten erzeugt werden, nämlich aus Pinot Noir, Pinot Meunier und Chardonnay.
- Das Anbaugebiet, in dem er erzeugt wird, die Champagne, ist gesetzlich begrenzt.
- Die Reben werden nach dem Prinzip Qualität vor Quantität rigoros geschnitten, um mit weniger Traubenmaterial eine bessere Qualität zu erzielen. Dabei sind nur die vier Schnittmethoden Chablis, Cordon de Royat, Guyot und Vallée de la Marne erlaubt.
- Die Traubenmenge pro Hektar, die zur Herstellung von Champagner verwendet werden darf, wird jedes Jahr gesetzlich festgelegt.
- Beim Keltern ist ein Höchstertrag von 105 Liter Most bzw. 100 Liter Wein aus 160 Kilogramm Trauben gesetzlich erlaubt.
- Der Champagner-Gesamtverband CIVC (Comité Interprofessionnel du Vin de Champagne, der Dachverband der Champagnerwinzer und Champagnerhäuser) legt jedes Jahr einen Mindestalkoholgehalt des Mostes fest. Der Most, der dieses Minimum nicht erreicht, verliert das Recht auf die Bezeichnung Champagner.
- Die Weine werden in bestimmten Räumen hergestellt und dürfen auch nur in bestimmten Räumen gelagert werden. Es ist verboten, Vin Mousseux in der Champagne herzustellen.
- Champagner sowie der Stillwein Côteaux Champenois darf nur in Flaschen, also nicht in Fässern oder Tanks, die Champagne verlassen. Somit ist die Verarbeitung von Champagner-Grundweinen außerhalb der Champagne unmöglich.
- Nur die natürliche Flaschengärung nach der Méthode Champenoise ist erlaubt.

- Die Flaschen müssen mindestens 15 Monate (bzw. mindestens drei Jahre beim Jahrgangschampagner) in Kellern lagern. Danach werden die Flaschen gerüttelt und der im Flaschenhals gesammelte Satz (Hefe) wird durch Degorgieren entfernt.

Die Champagne

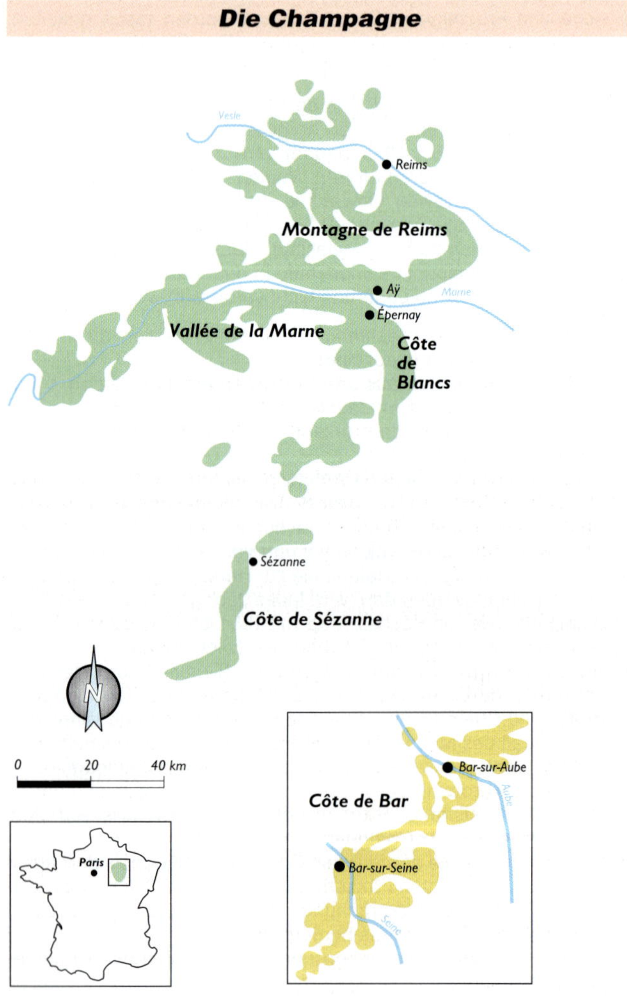

Die französische Weinbauregion liegt etwa auf halbem Weg zwischen Lothringen und Paris, um den großen Bogen der Marne. Sie ist somit rund 145 Kilometer in nordöstlicher Richtung von der französischen Hauptstadt entfernt. Der Boden besteht aus Belemnitkreide, den Sedimenten eines Binnenmeeres aus dem Tertiär. Auf diesem Kreidegrund lagert eine zirka 30 Zentimeter dicke, lockere fruchtbare Humus- und Lehmschicht. Die Wurzeln der Reben durchdringen diese Humusschicht und tauchen noch tief in den kreidigen Untergrund ein. Die Kreide hält die Feuchtigkeit, verhütet aber stehende Nässe, speichert die Wärme des Tages und gibt sie nachts langsam ab. Zur Bodenbeschaffenheit kommt noch das für den Anbau der Champagnertrauben besonders zuträgliche Klima. Der Weinstock ist einer Jahresdurchschnittstemperatur von knapp über 10 °C ausgesetzt. Die Fröste im Frühjahr und während der Blüte sind jedoch gefährlich. Doch gerade diese Grenzbedingungen sind es, die dem Wein durch die lange Vegetationszeit die besondere Rasse, Feinheit und Eleganz geben, mit einem idealen Gleichgewicht von Zucker und Säure.
Die Rebfläche der Champagne wurde im Jahre 1908 auf ein bestimmtes Gebiet festgelegt und ist durch ein Gesetz aus dem Jahre 1927 auf maximal 34.000 Hektar begrenzt, wovon zurzeit zirka 33.000 Hektar bebaut werden. Der Ertrag liegt derzeit bei etwa 250 bis 300 Millionen 0,75-Liter-Flaschen im Jahr. Die Champagne ist die kleinste Weinbauregion Frankreichs und umfasst nur zwei Prozent der Weinbaufläche des Landes. Diese als Zone délimitée bezeichnete Region wird in fünf Gebiete gegliedert, die sich durch ihre Lagen und Größen deutlich voneinander unterscheiden. Die Zone délimitée umfasst zirka 300 Dörfer mit rund 17.000 Weinbaubetrieben und etwa 130 Erzeugerfirmen.

Die berühmten Kreidefelsen der Champagne

- **Montagne de Reims – Reimser Berge:** Die Weinberge befinden sich an den Kreidehängen zwischen dem Plateau und den Tälern der Ardre und der Vesle im regionalen Naturschutzgebiet. Es ist der kühlste Teil der Champagne, in dem sogar einige Weinberge nach Norden ausgerichtet sind. Montagneweine werden hauptsächlich aus blauen Trauben gekeltert. Sie sind wichtig für das Bukett, den Alkoholgehalt und den Charakter des Champagners. Die besten Lagen (Grands Crus) sind Ambonnay, Beaumont-sur-Vesle, Bouzy, Louvois, Mailly, Sillery, Puisieulx und Verzenay.
- **Vallée de la Marne – Marnetal mit Épernay:** Das Marnetal hat vor allem Süd- und Südostlagen an beiden Seiten des Flusses von Aÿ bis in die Aisne, über Château-Thierry hinaus. Der Boden hier enthält weniger Kreide und mehr Lehm. Aus den blauen Trauben werden volle, runde und reife Weine erzeugt. Die besten Lagen befinden sich in den Gemeinden Aÿ-Champagne und Mareuil-sur-Aÿ.
- **Côte de Blancs – Weißer Hang:** In den Ostlagen, die von Norden nach Süden Épernay mit den Hängen von Sézannais verbinden, werden auf Kreideböden hauptsächlich Chardonnayreben gepflanzt, die in dem relativ warmen Klima bestens gedeihen. Sie verleihen der Cuvée ihre Frische und Finesse. Das Gebiet ist etwa 20 Kilometer lang. Die besten Lagen sind Oiry, Avize, Cramant, Le Mesnil-sur-Oger und Oger.
- **Côte de Bar:** Das Anbaugebiet mit **Bar-sur-Seine** und **Bar-sur-Aube** liegt etwa 100 Kilometer südöstlich vom Zentrum der Champagne. Es ist ein Randgebiet mit sanft abfallenden Hängen zwischen Seine und Aube. Von hier kommen im Vergleich zu den anderen Gebieten rustikale Weine, hauptsächlich Pinot Noirs, die der Cuvée Körper und Kraft verleihen.
- **Côte de Sézanne:** Dieses relativ neue Champagnergebiet – die Weinberge wurden erst in den 1960er Jahren angelegt – liegt ebenfalls im Süden. Es erstreckt sich entlang der RD 51 von Allemant in süd-südwestlicher Richtung über Sézanne, Saudoy, Barbonne-Fayel bis Bethon und Villenauxe-la-Grande. Es werden hauptsächlich Chardonnayreben angebaut. Die Weine sind reichhaltig und intensiv in Aroma und Geschmack.

Erzeugung

Um 1544 wird der → **Blanquette de Limoux** als erster schäumender Wein erwähnt. Er gilt als Vorläufer des Champagners, obwohl es sich dabei um ein Zufallsprodukt gehandelt haben dürfte. Die Winzer sahen es als naturgegebenes Ärgernis, dass der jung abgefüllte Wein nach einigen Wochen in den Flaschen nachgärte, was durch die noch vorhandenen Hefen und den Restzucker hervorgerufen wurde. Der dabei entstehende Druck ließ die meisten Flaschen zerplatzen. Dom Pierre Pérignon (1639–1715), Mönch und

Kellermeister der Benediktinerabtei von Hautvillers bei Épernay, galt lange Zeit als Erfinder des Champagners. Auch er kann nur zufällig moussierenden Wein erzeugt haben, denn den speziellen Champagnerkorken mit dem Drahtbügel als Voraussetzung für das Verbleiben der Kohlensäure in der Flasche kannte er wahrscheinlich noch nicht. Sein moussierender Wein entstand dadurch, dass er unfertigen Wein in Flaschen füllte, dieser fertig gärte und so leicht perlte. Sicher ist jedoch, dass Dom Pérignon das Prinzip der Cuvée erfand, also die Überlegenheit eines Verschnittes (von Weinen verschiedener Herkunft und Jahre) gegenüber der Verwendung einzelner Rebsorten.
Ab 1730 füllte man bewusst unfertige Weine in Flaschen, um schäumende Weine zu erzeugen. Diese Méthode rurale ergab zu dieser Zeit sehr viel Flaschenbruch und verteuerte das Produkt erheblich. Man war noch nicht in der Lage, den durch Gärung in der Flasche entstehenden Druck vorher zu berechnen. Aus dieser Zeit datieren die ersten Gründungen noch heute bestehender Champagnerkellereien, wie → Ruinart (1729) und → Moët & Chandon (1743). Nach 1800 erfand man das Rütteln und Enthefen. In diese Zeit fällt auch die eigentliche Erfindung der Champagnererzeugung, den Wein ein zweites Mal vergären zu lassen. Aber erst die Bestimmung des Zuckergehaltes durch den Apotheker François im Jahre 1836 und die Entwicklung spezieller Reinzuchthefen um 1895 ermöglichten eine genau kontrollierte zweite Gärung in der Flasche. So entstand aus fertigem Wein mit Zusatz von Zucker und Reinzuchthefe Champagner im heutigen Sinn. Wann schließlich der Champagnerkorken erfunden wurde, weiß man nicht. Gesichert erscheint nur, dass er in der zweiten Hälfte des 17. Jahrhunderts von Spanien in die Champagne kam.
Durch den Friedensvertrag von Versailles, Verordnungen der Europäischen Union und zahlreiche bilaterale Verträge ist die Bezeichnung Champagne in den meisten Ländern der Welt den Produkten aus der Champagne vorbehalten. Das Verfahren zur Herstellung von Champagner bezeichnet man seither als **Méthode Champenoise (traditionelle Flaschengärung).**

Weinlese

Die Weinlese beginnt in der Regel Ende September, etwa 100 Tage nach der Blüte. Die Trauben werden mit großer Sorgfalt von Hand gelesen, wobei die grünen und beschädigten Beeren entfernt werden. Ausschließlich gesunde Trauben werden weiterverarbeitet. Jedes Jahr wird der Höchstertrag pro Hektar gesetzlich festgelegt. Man ermittelt ihn durch eingehende Prüfung der Ernteaussichten und wiederholte Probeuntersuchungen. Er beträgt in der Regel 8.000 Kilogramm pro Hektar, kann aber auch höher liegen. Der Dachverband der Champagnerwinzer und -häuser (→ CIVC) legt einen bestimmten Traubenpreis fest. Es gibt 321 Lagen in der Champagne, die besten 17 davon tragen die Bezeichnung **Grand Cru.** Diese erhalten den vollen Traubenpreis, also 100 Prozent der festgelegten Höhe. Es sind die Lagen der Gemeinden Beaumont-sur-Vesle, Mailly, Sillery, Puisieulx, Verzenay, Ambonnay, Aÿ-Champagne, Bouzy, Louvois und Tours-sur-Marne (nur für die blauen Trauben), Avize, Cramant, Le Mesnil-sur-Oger, Oger, Oiry, Verzy und Chouilly (nur für die Chardonnaytrauben). Die so genannten **Premiers Crus** (44 Dörfer) erzielen 90 bis 99 Prozent des Preises, die übrigen, als **Deuxièmes Crus** eingestuften, Dörfer 80 bis 89 Prozent.

Kelterung

Flache, großflächige Presse

Unverzüglich nach der Ernte werden die Trauben in flache Plastikkörbe gelegt, die so genannten Mannequins, um vorsichtig transportiert werden zu können. Anschließend kommen die Trauben in flache, großflächige Spezialpressen. Das Pressen muss nicht nur sacht, sondern auch schnell gehen, denn der Farbstoff aus den Schalen der blauen Trauben darf nicht in den Most gelangen. In jede Presse kommen 4.000 Kilogramm Trauben, von denen nur 2.550 Liter Most ausgepresst werden dürfen. Der dann weiter ausgepresste Most darf nicht für die Champagnerherstellung verwendet werden. Er wird vergoren und kommt in die Destillation. Die erste Pressung ergibt 2.050 Liter Most und wird Cuvée genannt. Die Bezeichnung hat mit der Zusammenstellung der Grundweine, vgl. → Cuvée (1), nichts zu tun. Die weiteren 500 Liter Most erhalten die Qualitätseinstufung „taille“. Der vor der ersten Pressung durch den Eigendruck des Füllgutes ablaufende Most wird **Tête de Cuvée** genannt. Aus ihm werden Champagner der höchsten Qualität erzeugt, die sich durch ein besonders ausgewogenes Verhältnis von Zucker, Säure und Extraktgehalt auszeichnen.

Erste Gärung

Der frisch gekelterte Most kommt sofort in die Champagnerkellerei zur ersten Gärung. Dazu wird der Most in Holzfässern, meist jedoch in Stahltanks gelagert. Nach drei Wochen etwa ist ein junger, stiller Wein entstanden. Im ersten Abstich wird er von der Hefe getrennt und im Laufe des Winters noch mehrmals umgefüllt und gefiltert. Danach hat sich der neue Wein geklärt und seine spezifischen Eigenschaften können bestimmt und beurteilt werden.

Cuvéebereitung

Im Frühjahr beginnt das Ritual der Zusammenstellung der Cuvée. Sie wird aus bis zu 50 verschiedenen Weinen unterschiedlicher Lagen und Gebiete der Champagne bzw. mehrerer Jahrgänge (Reservewein) verschnitten. Das Ziel dieser Vermählung (Assemblage) ist es, in jedem Jahr einen perfekt ausgeglichenen Champagner zu erhalten und vor allem dem individuellen Charakter der Kellerei treu zu bleiben. Es verlangt Talent, Wissen, Erfahrung und vor allem „Zungenspitzengefühl", um durch Verkosten und Verschneiden die Qualität des Champagners schon vor seinem Alterungsprozess mit Gewissheit vorausbestimmen zu können. Traditionsgemäß besteht der Champagner aus Weinen von blauen und weißen Trauben und aus verschiedenen Jahren. Ausnahmen bilden der Blanc de Blancs, der Blanc de Noirs und der Jahrgangschampagner.

Zweite Gärung

Der festgelegten Cuvée wird schließlich eine kleine Menge **Fülldosage** (Liqueur de Tirage) beigefügt. Sie besteht aus Reinzuchthefe und in altem Wein aufgelöstem Rohrzucker, um die zweite Gärung in Gang zu setzen. Auch die Verwendung von Traubenmost, konzentriertem bzw. teilweise vergorenem Traubenmost und Saccharose ist erlaubt. Dann wird gerührt, um eine einwandfreie Homogenität zu erzielen. Der Zusatz der Fülldosage darf den Gesamtalkoholgehalt der Cuvée um höchstens 1,5 Vol.-% erhöhen. Anschließend wird das Produkt abgefüllt und die Flaschen werden mit Korken und Drahtkörbchen, **Füllkorken** genannt, oder mit Kronenkorken verschlossen. Die Gärstoffe aus der Hefe wirken auf den Zucker ein, er verwandelt sich in Alkohol und Kohlensäure. Der Druck im Inneren der Flasche steigt bis auf fünf oder sechs Atmosphären (Bar).

Nach drei bis vier Monaten ist die zweite Gärung abgeschlossen. Durch das langsame Gären unter hohem Druck und die nachfolgende lange Lagerung in Kellern bei 10–11 °C sowie durch die gleichmäßige Luftfeuchtigkeit verbindet sich die Kohlensäure mit dem Wein besonders gut. Das ergibt später den unvergleichlich feinen Schaum und das lang anhaltende Perlen, zwei wichtige Qualitätsmerkmale des Champagners.

Die Flaschen müssen mindestens 15 Monate, bei Jahrgangschampagner mindestens drei Jahre gelagert werden. Champagner, dem

bei der zweiten Gärung weniger Zucker und Hefe zugegeben wurden, nannte man früher **Crémant.**
Durch die zweite Gärung hat sich in der Flasche ein Satz aus Gärungsrückständen gebildet, die sich durch das nachfolgende Rütteln der Flaschen im Flaschenhals sammeln.

Rütteln

Automatisches Rütteln in Gitterboxpaletten

Am Ende der Reifezeit werden die Flaschen für einige Wochen auf schräge **Rüttelpulte** aus Holz (Pupitre) aufgesteckt. Dabei ist der Hals der Flaschen leicht nach unten geneigt. Jeden Tag wird jede Flasche durch den Rüttler **(Remueur)** leicht gedreht und ein klein wenig steiler gestellt **(Remuage).** Ein guter Rüttler kann bis zu 40.000 Flaschen am Tag bewegen. In den größeren Kellereien erfolgt heute das Rütteln vollautomatisch. Dabei werden zirka 400 Flaschen, die mit dem Flaschenhals nach unten in Gitterboxpaletten gelagert sind, en bloc gerüttelt. Dabei wird die gesamte Gyropalette in Drehung und Neigung von einem Elektromotor gesteuert. Bei beiden Methoden gleitet durch die leichten Drehbewegungen bei gleichzeitiger Aufrichtung der Flasche auf den Kopf der Satz langsam von der Innenwand in den Flaschenhals. Wenn das Rütteln abgeschlossen ist, stehen die Flaschen auf dem Kopf (sur pointe). Dieser aufwändige Prozess ist nötig, um das Absetzen der Gärungsrückstände, der so genannten Maske, in der Schulter der Flasche zu vermeiden. Zum Degorgieren werden die blank gerüttelten Flaschen abgesteckt, d. h., mit dem Flaschenhals nach unten in ein spezielles Gestell gegeben.

Degorgieren

Gefrorener Satz

Die hinter dem Korken abgesetzten Trubstoffe werden nun durch das Degorgieren (Abschlämmen, Abspritzen) entfernt. Dieser Prozess wird auch **Enthefen** genannt. Dabei wird der Flaschenhals mit dem Hefedepot in eine Gefrierlösung von minus 16 bis minus 20 °C getaucht. Der Satz gefriert zu einem Eisklötzchen. Die Flasche wird geöffnet und der Druck jagt den gefrorenen Satz heraus. Dieses so genannte kalte Degorgieren wird als **Walfardverfahren** bezeichnet, benannt nach dem Erfinder Armand Walfard. Das Degorgieren kann auch ohne Vereisung, also warm, durchgeführt werden. Das Degorgieren erfolgt heute weitgehend maschinell.

Dosage/Dosierung

Der beim Degorgieren entstandene geringe Weinverlust wird durch die Versanddosage (liqueur d'expédition) wieder aufgefüllt. Sie besteht aus Weinen der verwendeten Cuvée, in der Rohrzucker aufgelöst wurde. Mischungsverhältnis und Zugabemenge der Dosage richten sich nach der Geschmacksrichtung, die der Champagner bekommen soll (vgl. Tabelle). Die Geschmacksrichtung Ultra Brut hat gar keinen Zuckerzusatz. Gleichzeitig wird der beim Degorgieren entstandene geringe Weinverlust ausgeglichen. Man spricht auch von Abstimmung. Es ist erlaubt, der Dosage Weindestillat zuzufügen, was aber selten geschieht. Der Zusatz von Versanddosage darf den Gesamtalkoholgehalt des Produktes höchstens um ein halbes Volumenprozent erhöhen.

Bei der Beigabe der Dosage ist darauf zu achten, dass unter dem Verschluss ein freier Raum von etwa 15 ccm verbleibt. Diese so genannte Luftkammer ist notwendig, damit sich die Kohlensäure bei Erwärmung ausdehnen kann, ohne die Flasche zu sprengen.

Zuckergehalt in Gramm pro Liter	Österreich, Deutschland	Frankreich, Italien	England
0 bis 3 g Restzucker	Naturherb	Brut Nature, Brutz Zéro, Brut Sauvage	
0 bis 6 g Restzucker	Extra herb	Exra Brut, Extra Bruto	Extra Brut

bis 15 g Restzucker	Herb	Brut/Bruto	Brut
12 bis 20 g Restzucker	Extra trocken	Extra Dry, Extra Secco	Extra Dry
17 bis 35 g Restzucker	Trocken	Sec/Secco/ Asciutto	Dry
33 bis 50 g Restzucker	Halbtrocken	Demi-Sec, Semi Sec, Abboccato	Medium Dry
über 50 g Restzucker	Mild	Doux/Dolce/ Dulce	Sweet

Verkorkung
Die Flaschen werden mit einem Naturkorken verschlossen und mit einem Drahtkörbchen (Agraffe) gesichert. Der Durchmesser des Korkens ist doppelt so dick wie der Flaschenhals. Auf dem Teil des Korkens, der in der Flasche steckt, muss die Bezeichnung Champagne und gegebenenfalls der Jahrgang stehen. Man nennt dies Korkbrand.

Lagerung
Schließlich wird der Champagner noch einmal geschüttelt und kurz gelagert, bis er die Flaschenreife erreicht hat.

Adjustierung/Etikettierung
Vor der Auslieferung wird die Flasche mit einer Etikette, einer Halsschleife und einer Kapsel versehen.

Arten

Neben dem herkömmlichen Champagner aus den Trauben der Rebsorten Pinot Noir, Pinot Meunier und Chardonnay unterscheidet man noch den **Blanc de Blancs** und den **Blanc de Noirs.** Beim Blanc de Blancs besteht die Cuvée nur aus Weinen der weißen Chardonnaytraube. Er ist ein Champagner mit viel Finesse und zeichnet sich durch große Feinheit aus. Der Blanc de Noirs wird nur aus Weinen der blauen Pinot-Noir- und Pinot-Meunier-Traube hergestellt. In Duft und Geschmack ist er kräftiger und robuster, aber auch körperreicher als der Blanc de Blancs. Der je nach Dosage erzielte Süßegrad wird grundsätzlich auf der Etikette genannt.
Nach dem verwendeten Herstellungsverfahren gibt es darüber hinaus die Sorten Rosé-Champagner, Jahrgangschampagner (Millésimé, Vintage) und Luxus-Cuvée, auch Prestige-Cuvée genannt.

Flaschengrößen für Champagner und Sekt
Da es oft mehrere Bezeichnungen für ein und dieselbe Flaschengröße gibt, soll die nachfolgende Tabelle eine Übersicht über die von den Herstellern verwendeten Angaben geben.
Die allgemein gebräuchlichen Größen reichen von der Viertelfla-

sche bis zur Vierfachflasche mit einem Füllvolumen von drei Litern. Diese Größen sind normalerweise im Handel erhältlich. Erheblich seltener sind die Sechsfach- bis Zwanzigfachflaschen mit Inhalten von viereinhalb bis 15 Litern. Sie werden in der Regel von den Champagner- bzw. Sekthäusern nur für besondere Anlässe bzw. besondere Kunden in sehr geringen Mengen hergestellt.
In der Normalflasche, der Magnum und der Doppelmagnum (Jeroboam) sind die Qualität und Haltbarkeit der schäumenden Weine am besten.

Inhalt in Litern	**Bezeichnung**	**Deutsche Bezeichnung**
0,2	Baby-Split	Baby, Zwerg, Pikkolo, Knirps
0,375	Split, Demi	Halbe Flasche
0,75	Bottle	Ganze Flasche
1,5	Magnum	Doppelte Flasche
3	Jeroboam	Vierfache Flasche
4,5	Rehoboam	Sechsfache Flasche
6	Methusalem	Achtfache Flasche
9	Salmanazar	Zwölffache Flasche
12	Balthazar	Sechzehnfache Flasche
15	Nebukadnezar	Zwanzigfache Flasche

Etikettensprache

Folgende Bezeichnungen müssen auf der Etikette enthalten sein:

- Bezeichnung Champagne in gut leserlicher Schrift.
- Markenname bzw. Name des Champagnerhauses.
- Kontrollnummer, die vom CIVC erteilt wird. Sie beginnt stets mit zwei Abkürzungsbuchstaben, die über die Art des Herstellers informieren:

  NM: Négociant Manipulant. Es handelt sich um eine natürliche oder juristische Person, die Trauben, Most oder Grundweine kauft und die weitere Verarbeitung in ihrem Betrieb vornimmt. Dies trifft auf nahezu alle bekannten Markenhersteller zu.

  RM: Récoltant Manipulant. Es ist ein Winzer, der Champagner im eigenen Betrieb ausschließlich aus eigenen Weinen herstellt.

  RC: Récoltant Coopérateur. Der Winzer erhält von seiner Genossenschaft neben verkaufsfertigen und auch nicht verkaufsfertige Champagnerweine, die er dann selbst vermarktet.

  CM: Coopérative Manipulation. Sie stellt Champagnerweine aus den Trauben ihrer Genossenschaftsmitglieder her. Es ergibt sich ein gewisser Produktionsnachteil, da in Jahren schlechter Ernte kein Wein zugekauft werden darf.

  SR: Société Récoltants. Sie stellt Weine her, die aus der Ernte einer Winzergesellschaft stammen, deren Mitglieder miteinander verwandt sind.

ND: Négociant Distributeur. Er kauft fertig in Flaschen abgefüllte Weine, die er etikettiert und vermarktet.
MA: Marque d'Acheteur. Dabei handelt es sich um eine Marke, die nicht dem Hersteller gehört, sondern z. B. einer Handelsgesellschaft.

- Alkoholgehalt.
- Inhalt der Flasche in Milliliter.
- Name des Herstellers, Name der Gemeinde, in der die Herstellung erfolgte, und das Wort France.
- Geschmacksrichtung.

Weitere Angaben vervollständigen die Information über den Champagner. So können noch folgende Bezeichnungen angeführt werden:

- Grand Cru/Premier Cru.
- Blanc de Blancs/Blanc de Noirs.
- Rosé.
- Millésimé oder Vintage mit Angabe des Jahres (Jahrgangschampagner).

Richtige Behandlung des Champagners

Der Champagner soll bei etwa 10 bis maximal 15 °C ruhig, im Dunkeln, vor Zugluft geschützt und liegend gelagert werden. So hält sich der Champagner mehrere Jahre, er entwickelt sich jedoch nicht mehr weiter. Er soll liegend gelagert werden, damit der Korken nicht austrocknet und der Champagner sein Perlen nicht verliert.
Die beste **Trink- bzw. Serviertemperatur** liegt bei 6 bis 9 °C.
Die idealen **Gläser** zum Servieren von Champagner sind Tulpen. Hier kann sich das Bukett optimal sammeln. Darüber hinaus eignen sich auch Kelche und Flöten. Ungeeignet sind Schalen. In ihnen verfliegt das Bukett. Außerdem geht die Kohlensäure (das Mousseux) zu schnell verloren.
Die Gläser sollen stets nur mit klarem Wasser gespült werden. Auf keinen Fall dürfen gekühlte oder geeiste Gläser verwendet werden, da man sonst den Geschmack des Schaumweines abtötet. Grundsätzlich verboten sein sollte die Verwendung eines Quirls zum raschen Entfernen der Kohlensäure. Diese ist ein wesentlicher Qualitätsbestandteil eines guten Champagners bzw. Sektes. Durch das Herausrühren der Kohlensäure wird innerhalb weniger Sekunden das gewünschte Ergebnis von jahrelanger Arbeit zunichte gemacht.

Besondere Champagnerjahrgänge

Nur in wenigen Jahren wird ein Jahrgangschampagner in den Handel gebracht. Ein Großteil der guten Jahrgänge wird zur Verbesserung der Cuvées verbraucht.
Besondere Jahrgänge waren 1928, 1929, 1934, 1945, 1947, 1949, 1952, 1953, 1955, 1959, 1961, 1962, 1964, 1966, 1967, 1969, 1973, 1975, 1976, 1979, 1983, 1985, 1990, 1991, 1995, 1996.

Bekannte Champagnerfirmen bzw. Marken

30 Prozent aller Verkäufe und mehr als die Hälfte des Exports werden von den zehn größten Marken repräsentiert. Zu den größten gehören → Laurent-Perrier, → LVMH (Louis Vuitton-Moët-Hennessy), → Marne et Champagne und → Vranken.

Champagnerfirma	***Ort***
Henri → Abelé	Reims
→ Ayala & Montebello	Aÿ
→ Billecart-Salmon	Mareuil-sur-Aÿ
Boizel	Épernay
→ Bollinger	Aÿ
→ Canard-Duchêne	Rilly-la-Montagne
De → Castellane	Épernay
Charles de → Cazanove	Épernay
→ Charbaut	Épernay
→ Delbeck	Reims
→ Deutz	Aÿ
→ Drappier	Urville
→ Duval-Leroy	Vertus
Fleury	Courteron
→ Gosset	Aÿ
Charles → Heidsieck	Reims
→ Heidsieck & Co. Monopole	Épernay
→ Henriot	Reims
→ Jacquesson	Dizy
→ Krug	Reims
→ Lanson	Reims
→ Laurent-Perrier	Tours-sur-Marne
→ Marne et Champagne	Épernay
→ Mercier	Épernay
→ Moët & Chandon	Épernay
G. H. → Mumm & Cie.	Reims
Bruno → Paillard	Reims
Joseph → Perrier	Châlons-sur-Marne
→ Perrier-Jouët	Épernay

→ Piper-Heidsieck	Reims
→ Pol Roger	Épernay
→ Pommery	Reims
Ch. & A. → Prieur	Vertus
Louis → Roederer	Reims
→ Ruinart	Reims
→ Salon	Le Mesnil-sur-Oger
→ Taittinger	Reims
→ Veuve Clicquot Ponsardin	Reims
→ Vranken	Épernay

Es ist üblich geworden, dass immer mehr Kleinwinzer ihre Produkte unter eigenen Marken selbst verkaufen. Derzeit vermarkten etwa 5.000 Winzer als Spezialisten und Individualisten eigenen Champagner, rund 3.000 allerdings in Zusammenarbeit mit einer der 140 Genossenschaften (Kooperativen). Bekannte Genossenschaften bzw. Genossenschaftsmarken sind: Beaumont des Crayères, Blin, Le Brun de Neuville, Veuve Devaux, Nicolas Feuillatte, Palmer, De Saint Gall, Jacquart, Mailly Champagne.

VIN MOUSSEUX/CRÉMANT

Unter der Bezeichnung Vin Mousseux werden alle Schaumweine zusammengefasst, die aus Frankreich stammen, aber außerhalb der Champagne erzeugt wurden. Die meisten werden, wie der Champagner, durch Flaschengärung hergestellt. Nach den zur Herstellung verwendeten Grundweinen unterscheidet man die Varianten Weiß, Rosé und Rot. Die Produktbezeichnung Crémant für Qualitätsschaumweine b. A. ist bestimmten Gebieten in Frankreich und Luxemburg vorbehalten. Er muss stets den Namen des Anbaugebietes zugeordnet bekommen. Darüber hinaus gelten besondere Herstellungsvorschriften. So dürfen aus 150 Kilogramm Lesegut maximal 100 Liter Most gekeltert werden. Das fertige Produkt darf nur einen Höchstgehalt an Schwefeldioxid von 150 mg/l aufweisen und einen Zuckergehalt von unter 50 g/l haben. Crémants bzw. Vins Mousseux mit Herkunftsbezeichnung (Appellation d'Origine Contrôlée) gibt es in Frankreich in den Weinbauregionen Elsass (Crémant d'Alsace), Burgund (Bourgogne), Jura **(Arbois,** → Côtes du Jura, L'Etoile, Crémant du Jura), Savoyen **(Seyssel,** Vin de Savoie), Rhônetal (→ Clairette de Die, Crémant de Die, Saint-Péray), Südwesten **(Gaillac),** Bordeaux (Bordeaux), Loiretal (Anjou, Crémant de Loire, Montlouis, Saumur, Touraine, Vouvray) und Languedoc (→ Blanquette de Limoux, Crémant de Limoux).

SCHAUMWEIN

Er wird aus Wein und Traubenmost hergestellt. Die zur Erzeugung von Schaumweinen bestimmte Cuvée muss einen Gesamtalkoholgehalt von mindestens 8,5 Vol.-% haben. Eine Süßung ist nicht erlaubt, wohl aber die Anreicherung mit Alkohol am Herstellungsort der Schaumweine, sofern die besonderen Witterungsbedingungen eines Jahres dies erforderlich machen. Auch die Säuerung oder eine Entsäuerung der Cuvée ist erlaubt. Die zweite Gärung zur Entwicklung der Kohlensäure wird durch die Zugabe einer Fülldosage in Gang gesetzt. Sie gilt weder als Anreicherung noch als Süßung. Sie besteht aus Traubenmost, teilweise vergorenem Traubenmost, Traubenmostkonzentrat, rektifiziertem Traubenmostkonzentrat oder Saccharose und Wein. Diese Zugabe darf den Gesamtalkoholgehalt der Cuvée um höchstens 1,5 Vol.-% erhöhen. Das Kohlendioxid der Schaumweine darf nur aus der alkoholischen Gärung der Cuvée stammen. Die Vergärung erfolgt ausschließlich in Flaschen oder Tanks. Den Schaumweinen kann zur Erzielung eines bestimmten Geschmacks vor der endgültigen Fertigstellung eine Versanddosage zugesetzt werden. Ihr Zusatz darf den vorhandenen Alkoholgehalt des Schaumweines um höchstens 0,5 Vol.-% erhöhen. Der fertige Schaumwein muss einen Mindestalkoholgehalt von 9,5 Vol.-% aufweisen. Der maximale Gehalt an Schwefeldioxid darf 235 mg/l nicht überschreiten.

SCHAUMWEIN MIT ZUGESETZTER KOHLENSÄURE

Die eher selten anzutreffenden Schaumweine mit zugesetzter Kohlensäure sind keiner zweiten Gärung unterzogen worden. Das Kohlendioxid wird vielmehr im so genannten **Imprägnierverfahren** zugesetzt. So erhält er sein Mousseux. Dann wird die Dosage beigegeben und das Produkt unter Gegendruck abgefüllt. Die Bezeichnung Schaumwein mit zugesetzter Kohlensäure ist auf der Etikette anzugeben. Da die Kohlensäure nicht natürlich entstanden ist, hat sie keine feste Bindung mit dem Wein. Der Inhalt schäumt zwar beim Öffnen der Flasche, das für Schaumweine charakteristische, lang anhaltende Perlen ist aber weniger ausgeprägt. Diese Herstellungsmethode findet man hauptsächlich bei den Obst- und Fruchtschaumweinen. Entsprechend der EU-Weinmarktordnung handelt es sich bei einem Schaumwein mit zugesetzter Kohlensäure um ein Erzeugnis, das

- aus Tafelwein hergestellt wird,
- beim Öffnen des Behältnisses durch Entweichen von Kohlendioxid gekennzeichnet ist, das ganz oder teilweise zugesetzt wurde,
- in geschlossenen Behältnissen bei 20 °C einen auf gelöstes Kohlendioxid zurückzuführenden Überdruck von mindestens 3 Bar aufweist.

SEKT/QUALITÄTSSCHAUMWEIN UND QUALITÄTSSCHAUMWEIN B. A.

Alter Keller

Um die Entstehung des Wortes Sekt ranken sich mehrere Geschichten. Seinen Ursprung hat es wahrscheinlich in der Bezeichnung Vino Seco. 1532 wurde erstmals das englische Wort „sack" genannt. Die Engländer bezeichneten damit allerdings einen herben, trockenen spanischen Wein. Um 1640 wurde dieses Wort als „seck" nach Deutschland gebracht und erhielt später ein „t". Im Jahre 1825 nahm es (zuerst in Berlin) die Bedeutung von Schaumwein an. Bereits im Jahr 1826 gründete der in Frankreich ausgebildete Georg Christian Kessler die erste deutsche Sektkellerei.
Die zur Herstellung von Qualitätsschaumweinen bestimmten Cuvées weisen einen Mindestalkoholgehalt von 9 Vol.-% (in einigen Weinbauzonen von 9,5 Vol.-%) auf. Bei einer Cuvée aus einer einzigen Rebsorte beträgt der Mindestalkoholgehalt 8,5 Vol.-%. Der fertige Qualitätsschaumwein muss dann mind. 10 Vol.-% aufweisen. Der Zusatz von Kohlensäure ist nicht erlaubt. Verwendet werden ausschließlich Qualitätsweinrebsorten. Der Begriff **Winzersekt** (in Österreich **Hauersekt**) darf nur verwendet werden, wenn die Trauben aus demselben Weinbaubetrieb stammen, in dem sie auch zu Wein und anschließend zu Sekt verarbeitet worden sind. Dies gilt auch für Erzeugergemeinschaften. Das fertige Produkt muss von dem Hersteller vermarktet werden und auf der Etikette Angaben über den Weinbaubetrieb, die Rebsorte und den Jahrgang enthalten.
Qualitätsschaumweine b. A. werden aus den Trauben eines bestimmten Anbaugebietes gewonnen. Geografische Bezeichnungen

dürfen nur dann gebraucht werden, wenn 100 Prozent der verwendeten Weine aus dem Raum stammen, auf den die geografische Bezeichnung hinweist. Ausgenommen sind die in der Fülldosage oder in der Versanddosage enthaltenen Erzeugnisse. Wird eine kleine geografische Einheit angegeben (Lage, Gemeinde, Bereich etc.), müssen mindestens 85 Prozent der Trauben aus dieser Einheit stammen sowie 100 Prozent aus dem bestimmten Anbaugebiet. Es handelt sich dann um einen **Lagensekt.** Die Etikette und der Korken weisen auf das bestimmte Anbaugebiet hin, in dem die zur Herstellung verwendeten Trauben (100 Prozent) geerntet worden sind.

Die Angabe einer bestimmten Rebsorte (z. B. Riesling) ist nur zulässig, wenn mindestens 85 Prozent der verwendeten Trauben zu dieser Rebsorte gehören und die Rebsorte auch den Charakter des Sektes bestimmt. Die Farbe des Sektes ergibt sich aus den verwendeten Weinen.

Bei Qualitätsschaumwein ist die Angabe des Jahrgangs erlaubt, wenn das Erzeugnis zu mindestens 85 Prozent aus Trauben gewonnen wurde, die in dem betreffenden Jahr geerntet worden sind. Zusätzliche Begriffe zur Herausstellung einer gehobenen Qualität, z. B. „Premium", „Reserve", sind als Ergänzung erlaubt. Gleiches gilt für die Bezeichnung eines Mitgliedstaats, z. B. **Österreichischer Sekt, Deutscher Sekt.**

Der Hinweis auf Flaschengärung sowie die Verwendung der Angaben „Flaschengärung nach dem traditionellen Verfahren", „traditionelles Verfahren" oder ähnlich, darf nur erfolgen, wenn der Qualitätsschaumwein durch die zweite alkoholische Gärung in der Flasche gewonnen worden ist. Jede Bezugnahme auf die Champagne, z. B. durch den **Hinweis** auf das **Méthode Champenoise** genannte Herstellungsverfahren, ist seit dem 1. 9. 1994 für Nichtchampagner **nicht mehr zulässig.**

Erzeugung

Die Erzeugung von Sekt/Qualitätsschaumwein darf nur in Flaschen oder in Tanks erfolgen. Neben der bereits erwähnten Flaschengärung sind folgende Herstellungsmethoden in Verwendung:

Der Begriff **Transvasierverfahren (Teil-Flaschengärung),** auch Transvasion oder Abziehen genannt, leitet sich von den Wörtern „vase" (Gefäß) bzw. „transversare" (umfüllen) ab. Bei diesem Verfahren werden zunächst mehrere geeignete Grundweine zu einer Cuvée verschnitten. Danach wird, wie bei der Flaschengärung, die Fülldosage zugefügt, das Ganze gut vermischt und die Cuvée in Flaschen gefüllt. Wenn die zweite Gärung beendet ist, frühestens nach zwei Monaten, wird der Inhalt der Flaschen unter Gegendruck

in einen großen Behälter umgefüllt, wo der weitere Reifungsprozess erfolgt. Am Ende der Lagerzeit, die mit insgesamt neun Monaten vorgeschrieben ist, davon mindestens zwei Monate in der Flasche, werden nach dem Zusatz der Versanddosage unmittelbar vor der Füllung die Trubstoffe abgefiltert (Gegendruckfiltration) und der Sekt bzw. Qualitätsschaumwein wird abgefüllt.
Im Gegensatz zur Flaschengärung werden sowohl beim Transvasierverfahren als auch bei der nachfolgend genannten Großraumgärung die Trubstoffe durch Filtrationsenthefung und nicht durch Degorgieren entfernt.

Das noch schnellere und kostengünstigere Verfahren zur Herstellung von Sekt bzw. Schaumwein ist die **Großraumgärung (Tankgärverfahren oder Méthode Charmat).** In großen druckfesten Stahlbehältern (Drucktanks bis zu 200.000 Liter Fassungsvermögen) wird der Cuvée die Fülldosage beigemischt, die die zweite Gärung in Gang setzt. Diese ist, je nach Temperatur, in drei bis vier Wochen beendet. Der Rohsekt bzw. Rohschaumwein bleibt auf der Hefe, da diese im Laufe der Lagerzeit noch wertvolle Geschmacksstoffe an den Schaumwein abgibt. Einer der Vorteile des Großraumverfahrens liegt darin, dass die Hefe während dieser Lagerzeit durch Rührwerke beliebig oft und intensiv mit dem Rohsekt in Verbindung gebracht werden kann. In diesem Fall schreibt das Gesetz vor, dass die Dauer der Gärung und Nichttrennung der Cuvée vom Trub mindestens 30 Tage betragen muss. Ohne Rührvorrichtung dauert die Mindestlagerzeit vor der Trennung vom Trub mindestens 90 Tage. Die Herstellungsdauer bei Tankgärung beträgt vom Beginn der Gärung bis zur Abfüllung mindestens sechs Monate.
Nach der Reifelagerung wird die Versanddosage beigefügt und anschließend der Sekt bzw. Schaumwein langsam auf minus 4 °C bis minus 5 °C abgekühlt. Nur in diesem Kältezustand kann er von möglichem Weinstein und von den Heferückständen befreit werden, ohne dass ein Verlust von Kohlensäure verursacht wird. Zum Schluss wird er unter Gegendruck in Flaschen abgefüllt. Dabei darf der Druck des Kohlendioxids im Sekt bzw. Schaumwein nicht erhöht werden.
Schaumweine und Qualitätsschaumweine dürfen nur in Glasflaschen abgefüllt in den Verkehr gebracht werden, verschlossen mit

einem pilzförmigen Stopfen aus Kork oder einem anderen für den Kontakt mit Lebensmitteln zugelassenen Stoff.

Richtige Behandlung von Sekt bzw. Schaumwein

Sekt mit einem Verschluss aus Naturkorken soll, wie auch der Champagner, bei etwa 10 °C bis maximal 15 °C ruhig, im Dunkeln, vor Zugluft geschützt und liegend gelagert werden. So hält er sich etwa fünf Jahre, entwickelt sich aber auch nicht mehr weiter. Sektflaschen, die mit Kunststoffstopfen (-pfropfen) verschlossen sind, können auch stehend aufbewahrt werden, jedoch nicht länger als etwa zwei Jahre. Viertelflaschen haben großteils einen Schraubverschluss oder Kronenkorken.
Die beste **Trink- bzw. Serviertemperatur** ist für weißen Sekt 5 bis 8 °C, für roten Sekt 7 bis 10 °C.

Bekannte Sekterzeuger in Österreich

Firma	*Marken*
Ferschli	MM
Henkell-Söhnlein	Henkell Trocken, Kardinal, Fürst Metternich, Söhnlein-Brillant, Kupferberg
Inführ	Eigenmarken
Kattus	Hochriegel
Kleinoscheg	Herzogmantel, Admiral Rot, Schilchersekt
Klenkhart	Ritter, Schloss Raggendorf
Schlumberger	Goldeck, Sparkling, Mounier
Stift Klosterneuburg	Klostersekt

Bekannte Sekterzeuger in Deutschland

Firma	*Marken*
Henkell-Söhnlein	Carstens SC, Deinhard, Henkell Trocken, Fürst Metternich, Rüttgers Club, Söhnlein, Kupferberg
Peter Herres	Faber
Rotkäppchen-Mumm	Rotkäppchen, MM, Mumm, Geldermann

Weitere Marken: Hoehl, Kessler, M. Chandon.

AROMATISCHER QUALITÄTSSCHAUMWEIN UND AROMATISCHER QUALITÄTSSCHAUMWEIN B. A.

Aromatischer Qualitätsschaumwein darf nur aus einer Cuvée mit einem Mindestalkoholgehalt von 6 Vol.-% gewonnen werden (bei einem Gesamtalkoholgehalt von mindestens 10 Vol.-%), die sich ausschließlich aus dem Traubenmost der nachfolgend aufgezählten Rebsorten zusammensetzt: Aleatico N, Assyrtiko, Bourboulenc, Branchetto N, Clairette, Colombard, Freisa N, Gamay, Gewürztraminer, Girò N, Glykerythra, Huxelrebe, Macabeu, alle Malvasia-Sorten, Mauzac Blanc und Rosé, Monica N, Moschofilero, Rivaner (Müller-Thurgau), alle Muskat-Sorten, Parellada, Perle, Picpoul, Poulsard, Prosecco, Roditis und Scheurebe.
Ein aromatischer Qualitätsschaumwein kann aus der Zusammensetzung von Proseccotrauben aus den Weinbauregionen Südtirol, Trentino, Venetien und Friaul-Julisch Venetien erstellt werden. Der **Prosecco** ist grundsätzlich nach der Traube benannt, wobei zwischen den beiden Produktgattungen Schaumwein/Sekt und Perlwein zu unterscheiden ist. Als Schaumwein trägt er die Bezeichnung Vino Spumante, hat einen Alkoholgehalt von etwa 11–12 Vol.-% und einen Kohlensäuredruck von über 3 Bar bei 20 °C. Als Perlwein wird er mit der Bezeichnung Vino Frizzante in den Verkehr gebracht, hat einen Alkoholgehalt von etwa 10,5 Vol.-% und einen Druck von mindestens 1 Bar und höchstens 2,5 Bar. Prosecco-Spumante spielt in Österreich keine Rolle. Die angebotenen Prosecco-Produkte sind zumeist Perlweine.
Das Zusetzen einer Versanddosage ist verboten. Die Herstellungsdauer ist mit mindestens (nur) einem Monat deutlich geringer festgelegt als bei Qualitätsschaumwein.

SCHAUMWEIN AUS ERSTER GÄRUNG

Der auch als **Naturschaumwein** bezeichnete schäumende Wein entsteht durch Vergärung des Mostes in druckfest verschlossenen Behältern. Bei diesem Herstellungsverfahren, das angeblich seit 1730 angewendet wird und somit das älteste ist, entsteht der Schaumwein ohne Zuckerzusatz und durch eine einzige Gärung. Dieses Verfahren wird manchmal in Frankreich angewendet und als **Méthode rurale** bezeichnet. Vor allem verbreitet ist es aber in Italien, wo es als **Asti-Methode** bekannt ist. So wurde der italienische Schaumwein Asti Spumante ein Synonym für Schaumwein mit nur einer Gärung. Ein weiterer Vertreter dieser Gruppe ist der trockene Spumante Secco.

Asti

Der Name kommt von der Stadt Asti (Monferrato Astigiano) in der italienischen Weinbauregion Piemont. Asti ist laut EU-Verordnung

als Name eines bestimmten Anbaugebietes geschützt und gilt als Verkehrsbezeichnung für Qualitätsschaumwein b. A. (ebenso wie Champagne für Frankreich und Cava für Spanien). Laut D.-O.-C.-Bestimmungen dürfen zu seiner Erzeugung nur Muskatellertrauben (Moscato Bianco) aus dem Hügelland von Asti und Langhe verwendet werden. Das ganze Gebiet erstreckt sich über 50 Orte in den D.-O.-C.-Provinzen Asti, Cuneo und Alessandria. Der Boden in diesen Gebieten ist hauptsächlich kalk- und tonhaltig. Die Muskatellertrauben werden vollreif gelesen. Wie in der Champagne verkaufen die Kleinwinzer ihre Ernte an die großen Kellereien. Der Maximalertrag pro Hektar ist mit 110 Hektolitern festgelegt. Der Asti Spumante ist einmalig in seiner Art. Sein Schaum ist weiß, die Perlung fein und lang anhaltend, der Geschmack lebendig und aromatisch. Die Mindestsüße beträgt 75 Gramm pro Liter.
Der Asti unterscheidet sich von anderen Schaumweinen also dadurch, dass der Kohlensäuredruck und die Restsüße vom Most, also von der ersten Gärung, herrühren, wobei zur Gärung nur Reinzuchthefe und kein Zucker zugegeben werden darf. In ungünstigen Jahren ist jedoch ein Zuckerersatz in festgelegten Grenzen gestattet. Die Gärung geht in großen Druckbehältern bei relativ niedrigen Temperaturen langsam vor sich und wird durch Kälte oder Filtration gestoppt, wenn ein Alkoholgehalt von 7 bis 9,5 Vol.-% erreicht ist. Durch die Vergärung in Drucktanks (manchmal auch in Flaschen) kann die im Wein gelöste Kohlensäure nicht entweichen. Ein Teil des Zuckers bleibt unvergoren. Daher hat dieser Schaumwein einen etwas süßlichen, mostigen Geschmack und eine kräftigere Färbung. Nach dem Herausfiltern der Hefe wird der Asti Spumante abgefüllt. Das Fertigprodukt kann einen Alkoholgehalt von bis zu 12 Vol.-% erreichen.
Die Wermutfirmen Martini & Rossi, Cinzano und Gancia stellen alle einen Asti Spumante her, der in jedem Fall ein D.-O.-C.-Erzeugnis ist.
Neben dem Asti Spumante gibt es noch eine weitere Spezialität mit nur einer Gärung, den **Moscato d'Asti.** Er ist laut Gesetz ein zart perlender Stillwein. Moscato d'Asti wird aus dem gleichen Most hergestellt wie Asti Spumante. Er ist in der Farbe etwas heller, vergärt bis zu einem Alkoholgehalt von 4,5 bis 6,5 Vol.-% und hat einen Alkoholgehalt im Fertigprodukt von 11 Vol.-%. Moscato d'Asti muss ebenfalls eine Mindestsüße von 75 Gramm pro Liter haben und darf nur innerhalb der bestimmten drei D.-O.-C.-Provinzen Asti, Cuneo und Alessandria hergestellt werden.

SPUMANTE

Spumante heißen alle Schaumweine aus Italien, die nicht in einer der drei D.-O.-C.-Provinzen Cuneo, Asti und Alessandria erzeugt wurden. Diese Produkte entwickeln ihr Kohlendioxid durch eine zweite Gärung. Als Herstellungsmethode findet sowohl die Flaschen- als auch die Tankgärung Anwendung. Alle Spumante (einschließlich Asti) mit einer Herkunftsbezeichnung sind nach EU-Recht Qualitätsschaumweine bestimmter Anbaugebiete. Das ideale Glas zum Servieren von Spumante ist die Spumanteschale, in der er sein Bukett optimal entfalten kann. Die ideale Serviertemperatur beträgt 7–9 °C.

Piemont

Brachetto Spumante	Aus 356 Gemeinden im Piemont, aus mind. 85 % Brachettotrauben; nur eine Gärung, bis 11 Vol.-%.
Freisa d'Asti und Freisa di Chieri	Mind. 11 Vol.-%.

Weitere Spumante aus Cortesetrauben (mind. 85 %), Chardonnaytrauben (mind. 85 %), Erbalucetrauben aus Caluso, Cortesetrauben aus Colli Tortonesi und Alto Monferrato und Arneistrauben aus Langhe sowie ein Spumante aus Alba (Nebbiolo).

Lombardei

Oltrepò Pavese	Alle in diesem Anbaugebiet produzierten Spumante müssen mind. 18 Monate lagern, davon mind. 12 Monate auf der Weinhefe; bei Jahrgangsprodukten mind. 24 Monate bzw. 18 Monate auf der Hefe. Sorten u. a.: Malvasia, Riesling Italico, Cortese, Pinot Grigio, Chardonnay, Sauvignon Blanc, Pinot Nero.
Franciacorta	Die Weingüter dieses klar abgegrenzten D.-O.-C.-G.-Gebietes westlich von Brescia haben sich 1996 zum so genannten Franciacorta-Kodex zusammengeschlossen und produzieren nach strengsten Regeln aus den Sorten Chardonnay, Pinot Bianco und Pinot Nero Spumante in Flaschengärung. Er ist weiß bzw. rosé, enthält mind. 15 % Pinot Nero. Mindestlagerzeit in der Flasche 25 Monate, davon mind. 18 Monate auf der Hefe; bei Jahrgangsprodukten Mindestlagerzeit 37 Monate, davon 30 Monate auf der Hefe.

Südtirol und **Trentino**

Südtiroler Sekt	Reinsortig, mit einem Mindestanteil von 95 % oder als Cuvée, aus Weißburgunder, Ruländer, Chardonnay und Blauburgunder.
Trentino	Reinsortige Sekte.

Venetien

Prosecco di Conegliano Valdobbiadene	11 Vol.-%, für den Superiore di Cartizze 11,5 Vol.-%. Es ist jedoch von der EU erlaubt, diesen Prosecco und den **Prosecco Montello e Colli Asolani** mit weniger als 9,5 Vol.-% zu verkaufen.
Moscato Colli Euganei	Mind. 95 % Moscato; 10,5 Vol.-%, von dem aber lediglich 5,5 Vol.-% durch die Gärung entwickelt worden sind.

Weitere Spumante aus den Anbaugebieten Bardolino, Custoza, Valpolicella (Valpantena), Soave, Lessini Durello, Colli Euganei, Bagnoli, Garda Orientale (Verona), Gambellara, Colli Berici und Montello e Colli Asolani.

Friaul-Julisch Venetien
Aus den Anbaugebieten Latisana, Aquileia, Grave und Annia.

Toskana
Aus den Anbaugebieten Val di Chiana und Pitigliano sowie von der Insel Elba.

Emilien
Aus den Anbaugebieten Colli Piacentini, Colli di Parma, Scandiano und Colli Bolognesi.

Romagna
Eine Besonderheit stellt der süße Spumante aus der Rebsorte Albana dar. Die Trauben müssen einen natürlichen Mindestalkoholgehalt von 13 Vol.-% garantieren und nach einer leichten Trocknung insgesamt 16 Vol.-% bei einem Zuckergehalt von 60 g/l aufweisen. Das fertige Produkt hat 15 Vol.-%.

Marken

Vernaccia di Serrapetrona	Roter Spumante mit D.-O.-C.-G.-Prädikat. Die Trauben vergären zu 60 %, während 40 % natürlich getrocknet werden, bis der Most einen Gesamtalkoholgehalt von mindestens 17 Vol.-% erreicht hat. Die Moste aus frischen und getrockneten Trauben werden dann in zweiter Gärung zu einem Schaumwein mit mind. 11,5 % Vol.-% verarbeitet.

Weitere Spumante aus den Anbaugebieten Castelli di Jesi und Matelica.

Latium
Aus den Anbaugebieten Montefiascone, Colli Albani, Marino, Velletri, Frascati, Vignanello, Olevano Romano und Piglio.

Kampanien
Aus den Anbaugebieten Aversa, Guardia Sanframondi, Taburno, Solopaca, Campi Flegrei, Tufo, Vesuvio und Castel San Lorenzo.

Apulien
Aus den Weinbaugebieten Salice Salentino, Lizzano, San Severo, Locorotondo, Martina und Gravina.

Sizilien
Aus dem Anbaugebiet Noto sowie von der Insel Pantellaria.

Sardinien
Auf der gesamten Insel werden Spumante erzeugt.

FRIZZANTE

Frizzante ist die italienische Bezeichnung für Perlwein. Sie ist nicht als Herkunftsbezeichnung geschützt und wird daher manchmal durch die Kennzeichnung anderer Produkte verwässert (z. B. für weinhaltigen Cocktail). Der Begriff Frizzante wird auch in anderen Ländern als Perlweinbezeichnung genutzt, die größte Bedeutung haben jedoch die Produkte aus Italien. Sie stammen aus fast allen Weinbauregionen des Landes. Alle Frizzante mit einer Herkunftsbezeichnung sind nach EU-Recht **Qualitätsperlweine bestimmter Anbaugebiete.**

Frizzante in Österreich
Im österreichischen Frizzantemarkt führt mit Abstand die Marke Kattus Frizzante. Daneben gibt es noch Kattus Frizzy. Insgesamt ist der Markt für Frizzante plus Prosecco-Frizzante mengenmäßig im Jahr 2003 etwa gleich groß gewesen wie der für Schaumweine mit seit Jahren zunehmender Tendenz. Diese Steigerung wird sich voraussichtlich in Zukunft fortsetzen. Neben den genannten ist u. a. noch auf folgende Marken hinzuweisen: Lambrusco Frizzante, Prosecco blu, Schilcher Frizzante (Firma Bauer), Marca Trevigiana (Firma GHG) und Prosecco Yello d'Italia (Henkell). Es gibt eine Vielzahl weiterer Marken, so auch Eigen- bzw. Exklusivmarken der großen Einzelhandelsfirmen, auf die nahezu die Hälfte des Gesamtmarktes entfällt.

CAVA

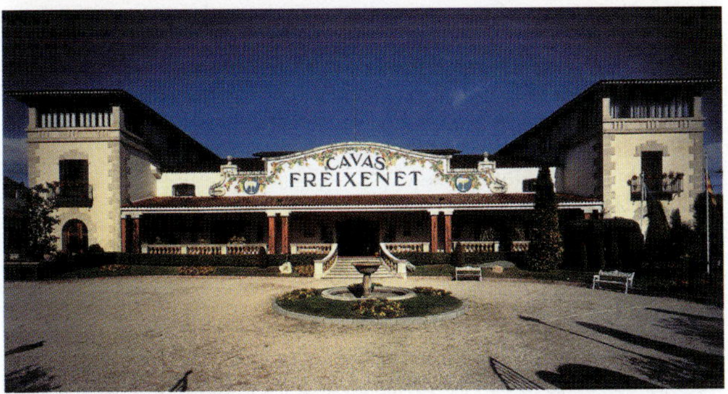

Cavaerzeuger Freixenet

Cava ist der Name für den spanischen Qualitätsschaumwein aus der Denominación Cava, der in Flaschengärung erzeugt wird. Seit 1970 ist Cava (katalanisch für Keller) die amtliche Bezeichnung für spanischen Schaumwein, hergestellt nach der traditionellen Methode. Etwa 95 Prozent der Cavas kommen aus dem Penedès im Nordosten Spaniens, es gibt aber noch sieben weitere Gebiete, in denen ebenfalls Cava produziert wird. Aus diesem Grund konnte mit dem EU-Beitritt Spaniens keine D.-O.-Bezeichnung verliehen werden. Vielmehr wurde eine Sonderdenominación geschaffen, die so genannte Denominación Cava. Damit ist dieser Begriff laut EU-Verordnung ähnlich geschützt wie Champagne und Asti.
Zur Herstellung von Cava werden hauptsächlich die drei traditionellen Rebsorten des Penedès verwendet, und zwar:

- Macabeo, Rebe für weißen Rioja.
- Xarel-lo, typisch für niedrigere Lagen.
- Parellada, spät reifend; in Höhenlagen über 300 Meter.

Der Grundwein muss einen Alkoholgehalt zwischen 9,5 und 11,5 Vol.-% aufweisen. Der Alkoholgehalt des fertigen Cava erreicht zwischen 10,8 und 12,8 Vol.-%.
Anzumerken ist noch, dass der Begriff Cava aus traditionellen Gründen in Griechenland (auch in der Landessprache) für nicht schäumende Tafelweine verwendet werden darf, und zwar als Angabe über die Reifung dieser Weine.

Bekannte Erzeuger

Freixenet, Codorníu, Agustí Torelló, Alsina & Sardá, Viña Torreblanca, Raventós i Blanc, Juvé y Camps, Vallformosa.

SPARKLING WINE

In den Vereinigten Staaten werden, wie in anderen englischsprachigen Ländern, Schaumweine als Sparkling Wines bezeichnet, die die zweite Gärung in geschlossenen Behältern durchmachen. Der Süßegrad unterscheidet sich jedoch von europäischen Schaumweinen. Es gibt folgende Einteilung:

- Natural oder Natur: ohne Dosage.
- Brut: bis 1,5 % Restzucker.
- Extra Dry: bis 3 % Restzucker.
- Sec: bis 4,5 % Restzucker.
- Demi Sec: bis 6 % Restzucker.
- Doux: bis 10 % Restzucker.

Zum Unterschied von Europa findet man in den USA für Sparkling Wines gelegentlich noch immer die Bezeichnung Champagne. Die Verwendung des Begriffes Champagne weist auf eine Flaschengärung hin, weiters die Begriffe **„naturally fermented in this bottle“, „fermented in the bottle“** oder **„classic method“.**

Bezeichnungen wie **„champagne style“, „champagne type“** oder **„champagne bulk process“** weisen darauf hin, dass die zweite Gärung in größeren Behältern als mit einer Gallone Inhalt stattgefunden hat.

Einen Hinweis auf das Transvasierverfahren gibt die manchmal verwendete Bezeichnung **„transfer process“.** Auf die Großraumgärung wird mit den Begriffen **„bulk process“** oder **„charmat process“** verwiesen.

Weiße Sparkling Wines werden vor allem aus den Sorten French Colombard, Folle Blanche, Chenin Blanc, Pinot Blanc und Chardonnay hergestellt. Roséfarbene und rote Schaumweine stammen aus den Sorten Zinfandel, Gamay, Ruby Cabernet und Grignolino.

Die kalifornischen Blanc de Blancs werden aus verschiedenen weißen Rebsorten und nicht, wie in Frankreich üblich, ausschließlich aus Chardonnaytrauben erzeugt. Wird ein Jahrgang angegeben, müssen 95 Prozent der verwendeten Weine aus diesem Jahrgang sein.

Bekannte Sektfirmen in Kalifornien

Almadén Vineyards, Santa Clara (classic method), Beaulieu Winery, Rutherford (classic method), Hanns Kornell, St. Helena (classic method), Cresta Blanca Winery, Ukiah (bulk process), Franzia Brothers Winery, Ripon (bulk process), Gallo Vineyards, Modesto (bulk process).

WEITERE SCHAUMWEINE

Portugal
Die Bezeichnung Espumante auf einer Flaschenetikette bedeutet schäumend. Die besten Produkte tragen die Bezeichnung V.E.Q.P.R.D. (Vinhos Espumantes de Qualidade Produzidos em Regioes Determinadas). Das heißt Qualitätssekt, hergestellt in einer bestimmten Region. Die am meisten verbreiteten Geschmacksrichtungen sind Bruto (sehr trocken; Zuckergehalt unter 15 g/l) und Seco (trocken; Zuckergehalt zwischen 17 und 35 g/l).

Rumänien
In Rumänien hat die Sektherstellung, insbesondere in Transsilvanien (Siebenbürgen), Tradition. In der Stadt Medias/Mediasch, befindet sich in den alten Kellereien eine Abteilung zur Herstellung von Schaumwein, der in Flaschengärung erzeugt wird. Zum Einsatz kommt eine Cuvée aus den Traubensorten Iordana, Königliche Mädchentraube und Welschriesling.

Ungarn
Auch in Ungarn werden Schaumweine in verschiedenen Qualitäten erzeugt. Folgende Marken sind bekannt: Der große, in Tankgärung hergestellte ungarische Klassiker **Hungária Extra Dry** (blaue Etikette). Der ebenfalls in Tankgärung erzeugte **Balatonboglári Chardonnay** ist bekannt für sein starkes Mousseux und seinen erfrischend-fruchtigen Geschmack. Ein fruchtig-frisches Obstbukett zeichnet auch den **Balatonboglári Száraz (Sec)** aus. Angenehm süß ist dagegen der **Claudius Caesar.** In Flaschengärung bzw. dem Transvasierverfahren wird der **Hungária Grand Cuvée** erzeugt. Der ebenfalls in Flaschengärung erzeugte **Château Vincent Sekt** zeichnet sich durch einen lebhaften Charakter und ein feines Säurespiel aus. Aus besonders reifen Grundweinen wird nach der klassischen Methode der **François President** hergestellt.

Australien
In Australien wird die Flaschengärmethode durch den Hinweis „bottle-fermented" oder „fermented in the bottle" auf der Etikette bestätigt. Der bekannteste Schaumwein ist der aus der Shirazrebe. Er kommt mit 13 Vol.-% auf den Markt.

Ukraine
Die Schaumweinherstellung hat eine lange Tradition. Bereits 1799 wurden auf dem Anwesen des Akademiemitgliedes Pallas (Sudak) die ersten Flaschen Wein mit prickelnden Eigenschaften hergestellt. Man nannte diesen Wein Sudazkoje Schampanskoje. Die erste industrielle Herstellung von Krim-„Champagner" erfolgte von den Privatunternehmen Largeaux im Jahre 1812 und Kritscha im Jahre

1835. Der heute bekannte und stark exportorientierte **Krimsekt** wird in zwei Betrieben hergestellt. Er wird in Flaschengärung gewonnen und drei Jahre gelagert. In Westeuropa sind die Sorten Krimoskoje Rot, Weiß Brut und Weiß Halbtrocken im Handel.

Russland

In Russland werden in zwölf Betrieben jährlich etwa 120 Millionen Flaschen Schaumwein produziert, davon etwa drei Millionen in Flaschengärung. Einer der wichtigsten Erzeuger ist die offene AG Moskauer Sektkombinat, gegründet 1980.

Südafrika

Aus Südafrika stammende Schaumweine sind verkehrsfähig, wenn der betreffende Schaumwein aus Grunderzeugnissen gewonnen ist, die gemäß den südafrikanischen Bestimmungen durch die Angabe von „Cultivar Wine“, „Wine of Origin“, „Vintage Wine“ oder „Superior Wine“ bezeichnet werden dürfen. Man findet auch die Verwendung der Beschreibungen Sparkling Wine oder manchmal Sekt.

Bekannte Sektfirmen in Südafrika: Boschendal Estate, Paarl (Classic Method), Nederburg Wines, Paarl (Classic Method und Bulk Process), Simonsig Estate, Kaapse Vonkel (Bulk Process).

PERLWEIN

Perlwein ist ein Erzeugnis, das in der Kohlensäuremenge und meist auch im Alkoholgehalt erkennbar leichter ist als Schaumwein. In der Regel werden Konsumweine in einer den Verbrauchergeschmack ansprechenden Weise verarbeitet. Laut EU-Verordnung kann ein Erzeugnis als Perlwein deklariert werden, das

- aus Tafelwein, aus Qualitätswein b. A. oder aus zur Gewinnung von Tafelwein oder von Qualitätswein b. A. geeigneten Erzeugnissen hergestellt wird, sofern diese Weine einen Gesamtalkoholgehalt von mindestens 9 Vol.-% aufweisen,
- einen vorhandenen Alkoholgehalt von mindestens 7 Vol.-% hat,
- in geschlossenen Behältnissen bei 20 °C einen Überdruck von mindestens 1 Bar und höchstens 2,5 Bar aufweist, der ausschließlich auf das durch Vergärung entstandene gelöste Kohlendioxid zurückzuführen ist,
- in Behältnissen mit einem Inhalt von höchstens 60 Litern abgefüllt ist.

Die Herstellung des Perlweins, also die Entwicklung der Kohlensäure, erfolgt grundsätzlich durch Vergärung in Drucktanks. Dabei kann es sich um eine erste oder zweite Vergärung handeln. Der Zusatz von Zucker, wie bei Schaumwein üblich (Tiragelikör), ist nicht erlaubt. Die Geschmacksangaben (Trocken, Halbtrocken, Mild) sind

den für Schaumwein vorgeschriebenen angeglichen. Die Zugabe einer Versanddosage ist üblich.
Der Perlwein unterliegt nicht der Schaumweinsteuer und ist daher günstig im Einkauf. Daher ist das Interesse der Verbraucher an diesen schäumenden Weinen relativ stark.

Frizzante ist die italienische Bezeichnung für Perlwein. Sie ist nicht als Herkunftsbezeichnung geschützt und wird daher auch in anderen Ländern als Perlweinbezeichnung genutzt. Die französische Bezeichnung für Perlwein ist **Pétillant.**

PERLWEIN MIT ZUGESETZTER KOHLENSÄURE

Er entspricht dem Perlwein. Allerdings darf zur Erzielung des gewünschten Überdrucks gelöstes Kohlendioxid ganz oder teilweise zugesetzt werden.
Er wird nach dem Imprägnierverfahren hergestellt. Dabei wird dem Grundwein von einfacher Qualität in stark gekühltem Zustand Kohlensäure zugeführt. Unter Gegendruck wird das fertige Produkt in Flaschen abgefüllt. Es zeichnet sich durch eine gewisse Süße aus, die vorhanden sein muss, um die Schärfe, die durch die zugesetzte Kohlensäure entsteht, auszugleichen.
Perlwein und Perlwein mit zugesetzter Kohlensäure dürfen nicht wie Schaumwein ausgestattet und auch nicht in Schaumweinflaschen in den Verkehr gebracht werden.

SCHAUMWEINÄHNLICHE GETRÄNKE OBSTSCHAUMWEIN/OBSTPERLWEIN

Schaumweine aus Früchten, Beeren oder einem anderen landwirtschaftlichen Ausgangserzeugnis werden nach EU-Verordnung als schaumweinähnliche Getränke zusammengefasst. Ihre Verkehrsbezeichnung lautet „Schaumwein“ in Verbindung mit der Nennung der verwendeten Fruchtart (Apfelschaumwein, Johannisbeerschaumwein, Obstschaumwein, Fruchtschaumwein, Beerenschaumwein o. Ä.). Die Nennung einer einzelnen Frucht setzt voraus, dass das schaumweinähnliche Getränk ausschließlich aus dieser Frucht hergestellt wurde. Das Ausgangsprodukt ist immer ein weinähnliches Getränk. Die Verwendung der Bezeichnung Sekt ist als irreführend verboten.

Schaumweinähnliche Getränke können Kohlensäure durch eine erste oder zweite alkoholische Gärung entwickeln. Der Zusatz von Kohlensäure ist ebenfalls zulässig. In der Regel wird fremde Kohlensäure zugesetzt (Imprägnierverfahren). Wird Fruchtwein, dem Sorbinsäure zugesetzt ist, zu Obstschaumwein weiterverarbeitet, ist das Zusetzen von Sorbinsäure durch die Angabe „mit Konservierungsstoff“ kenntlich zu machen. Das Zusetzen von Schwefeldioxid ist erlaubt (Höchstmenge 200 mg/l). Die Nennung erfolgt entweder im Zutatenverzeichnis oder durch die Angabe „geschwefelt“. Das Zutatenverzeichnis ist bei allen Produkten erforderlich, wenn ein Alkoholgehalt von 1,2 Vol.-% überschritten wird. Zugesetzte Kohlensäure kann ebenfalls angeführt werden. Bei einem Alkoholgehalt von bis zu 10 Vol.-% ist außerdem ein Mindesthaltbarkeitsdatum anzugeben.

Schaumweinähnliche Getränke mit einem niedrigeren Kohlensäuredruck als 3 Bar sind als Fruchtperlwein verkehrsfähig. Sie können auch „perlender Fruchtwein/Obstwein“ oder „spritziger Obstwein/Fruchtwein“ genannt werden.

In Österreich unterliegen **Obstperlwein** und **Obstschaumwein** den Bestimmungen des Weingesetzes. Sie gelten danach als sonstige Obstweine, die die für Obstwein beschriebenen Eigenschaften aufweisen müssen.

Obstschaumwein darf nicht als Sekt bezeichnet werden. Er hat einen Alkoholgehalt von mindestens 9,5 Vol.-% aufzuweisen. Das Kohlendioxid ist entweder durch die erste alkoholische Gärung aus Fruchtsaft oder eine zweite alkoholische Gärung aus Obstwein gewonnen. Der Druck muss in geschlossenen Behältnissen mindestens 3 Bar bei 20 °C betragen. Obstschaumwein kann auch als Fruchtschaumwein sowie als Beeren- bzw. Steinobstschaumwein in den Verkehr gebracht werden. Auch die Nennung der zur Erzeugung verwendeten Obstarten in Verbindung mit dem Wort Schaumwein ist erlaubt. Es sind hauptsächlich Apfel-, Birnen-, Erdbeer-, Heidelbeer-, Marillen-, Pfirsich-, Ribisel- und Weichselschaumweine auf dem Markt.

Obstperlwein hat einen Kohlensäureüberdruck von mindestens 1 Bar und höchstens 2,5 Bar bei 20 °C sowie einen Alkoholgehalt von mindestens 5 Vol.-%.

Schäumende Weine von A bis Z

A

Henri **Abelé** – Frankreich
Eines der ältesten Champagnerhäuser in Reims, gegründet 1757. Heute im Besitz der spanischen Freixenet-Gruppe.

Abstimmung
Bezeichnung für das Beifügen der Versanddosage zur Erzielung der gewünschten Geschmacksrichtung. Gleichzeitig wird der beim Degorgieren entstandene geringe Weinverlust ausgeglichen.

Agraffe
Drahtklammer, Drahtkorb bzw. Verschlusskappe aus Metallstreifen, die den Korken bei Schaumweinflaschen festhält. Das aufgelegte Metallplättchen verhindert das Einschnüren oder Durchscheuern des Korkens durch den Draht. Es wird normalerweise werblich gestaltet und wiederholt den Namen der Kellerei bzw. der Marke.

Alkoholfreier Sekt
Bezeichnung für Produkte mit der Verkehrsbezeichnung „Schäumendes Getränk aus alkoholfreiem Wein" bzw. „Schäumendes Getränk aus alkoholreduziertem Wein". Die Kohlensäure kann durch Vergärung entstehen oder durch Zusatz erfolgen. Ein schäumendes Getränk aus alkoholfreiem Wein muss weniger als 0,5 Vol.-% enthalten. Bei einem schäumenden Getränk aus alkoholreduziertem Wein muss der Alkoholgehalt zwischen 0,5 Vol.-% und 4 Vol.-% liegen.

Aphrometer
Sektdruckmesser zur Feststellung des Innendrucks bzw. des Kohlendioxidgehaltes in Schaumwein- bzw. Champagnerflaschen.

Assemblage
Französische Bezeichnung für die Zusammenstellung der Grundweine zur Erzielung einer homogenen → Cuvée (1).

Ayala & Montebello – Frankreich
Champagnererzeuger mit Sitz in Aÿ; 1860 gegründet. Die leichten, frischen und gefälligen Qualitäten zeichnen sich durch ein gutes Preis-Leistungs-Verhältnis aus.

B

Billecart-Salmon – Frankreich
Champagnererzeuger mit Sitz in Mareuil-sur-Aÿ; gegründet 1818. Das Haus ist für hervorragende Champagner-Qualitäten bekannt und befindet sich in Familienbesitz.

Blanquette de Limoux – Frankreich
In Flaschengärung aus den Rebsorten Mausac und Clairette Blanche hergestellter Vin Mousseux aus dem A.-O.-C.-Gebiet um die Stadt Limoux in der

Weinbauregion Languedoc mit 25 Gemeinden. Der Crémant trägt den Namen Crémant de Limoux. Blanquette de Limoux wurde bereits 1544 urkundlich erwähnt. Er gilt als Vorläufer des Champagners.

Bollinger – Frankreich
Champagnererzeugerfirma mit Sitz in Aÿ; gegründet 1829, gehört der Familie Bizot. Neben vielen hervorragenden Produkten ist vor allem der Blanc de Noirs mit dem Namen **Vieilles Vignes Françaises** bekannt. Die Rebstöcke der verwendeten Pinot Noirs werden nicht veredelt. Aus diesem Grund liefern sie nur geringe Erträge und die Trauben reifen früher.

C

Canard-Duchêne – Frankreich
Champagnererzeugerfirma mit Sitz in Rilly-la-Montagne, im Besitz der Gruppe Thienot. Die betont fruchtigen Champagner sind eine besonders in Frankreich bekannte Marke.

Carbonated Wine
Englische Bezeichnung für Schaumwein oder Perlwein mit zugesetzter Kohlensäure.

De **Castellane** – Frankreich
Champagnererzeugerfirma mit Sitz in Épernay, gehört zur Gruppe → Laurent-Perrier. Die etwas unterbewertete Marke ist in Frankreich besonders für Chardonnay-Champagner bekannt.

Charles de **Cazanove** – Frankreich
Champagnererzeugerfirma mit Sitz in Épernay; gegründet 1811. Die leicht biskuitartigen Produkte sind in Frankreich sehr bekannt.

Charbaut – Frankreich
Champagnerhaus in Épernay, gegründet 1948 in Mareuil-sur-Aÿ. Gehört zum Konzern → Vranken.

Eugene **Charmat**
Französischer Önologe, der 1910 die Großraumgärung (Charmat-Methode) entwickelte.

CIVC
Vgl. → Comité Interprofessionnel du Vin de Champagne.

Clairette de Die – Frankreich
Vin Mousseux aus dem gleichnamigen A.-O.-C.-Gebiet in der Weinbauregion Rhônetal mit 25 Gemeinden um den Ort Die (Departement Drôme). Der aromatische weiße Schaumwein wird aus Clairette-Blanche- und Muscat-de-Frontignan-Reben hergestellt.

Cold Duck
Eher süßer, tiefrosafarbener Schaumwein aus den USA, generell hergestellt im Bulk Process aus einem Verschnitt von weißem Sparkling Wine und Sparkling Burgundy.

Comité Interprofessionnel du Vin de Champagne (CIVC)
Der **Champagner-Gesamtverband** ist eine halbamtliche Ins-

titution mit Sitz in Épernay. Er wurde lt. Gesetz vom 12. April 1941 gegründet und wird von einem Regierungskommissar geleitet, der von den Vorsitzenden des Syndicat Général des Vignerons (Generalsyndikat der Winzer) und der Union des Syndicats du Commerce (Syndikat des Handels) unterstützt wird. Der Verband achtet im Namen der Öffentlichkeit, der Winzer und des Großhandels streng auf die Befolgung der Vorschriften und Maßnahmen zur Sicherung der Qualität von Champagner.

Côteaux Champenois
Sammelbezeichnung für weiße oder rote Stillweine aus der Champagne. Alte Bezeichnung: **Vin Nature de la Champagne.**

Côtes du Jura – Frankreich
Vin Mousseux aus dem gleichnamigen A.-O.-C.-Gebiet in der Weinbauregion Jura. Es gibt ihn in den Varianten Weiß, Rosé und Rot. Umgangssprachlich wird er auch **Vin Fou** genannt. Der Crémant aus Côtes du Jura trägt den Namen **Crémant de Jura.**

Crémant
1. Frühere Bezeichnung für einen leicht schäumenden Champagner, dem zur zweiten Gärung weniger Zucker und Reinzuchthefe zugegeben wurde. Crémant aus der Champagne entwickelte weniger Schaum und ließ die Eigenart der Grundweine besonders ausgeprägt zur Geltung kommen. Die Bezeichnung wurde häufig zusammen mit einer Ortsbezeichnung gebraucht, z. B. Crémant de Cramant.
2. Bezeichnung für A.-O.-C.-Schaumweine, die außerhalb der Champagne in den französischen Weinbauregionen Elsass, Burgund, Jura, Savoyen, Rhônetal, Südwesten, Bordeaux oder im Loiretal in Flaschengärung erzeugt werden (z. B. Crémant d'Alsace, Crémant de Bourgogne).

Cuve close
Mit dieser Kurzform von „Produit en cuve close“ werden in Frankreich Schaumweine bezeichnet, die in Großraumgärung hergestellt worden sind.

Cuvée
1. Bezeichnung für die Zusammenstellung von Weinen verschiedener Herkunft und Jahrgänge, um eine gleichmäßig hohe Qualität und einen immer wieder typischen Geschmack zu erzielen. Man spricht auch von Verschnitt. Die Cuvée ist das Ausgangsprodukt für die zweite Gärung bei Champagner, Schaumwein (Sekt) und Perlwein. Beim Champagner dürfen nur Weine aus der Champagne miteinander verschnitten werden. Bei der Schaumweinherstellung dürfen inländische und ausländische Weine verwendet werden.
2. Bezeichnung für die ersten 2.050 Liter der insgesamt maximal erlaubten 2.550 Liter Most, die bei der Champagnerherstellung aus den

erlaubten 4.000 Kilogramm Trauben verwendet werden dürfen. Die weiteren 500 Liter Most erhalten die Qualitätseinstufung „taille".

Cuvée Spéciale
Bezeichnung für einen Champagner der absoluten Spitzenklasse, der aus einer besonderen → Cuvée (1) komponiert wurde. Produkte dieser Klasse werden auch **Cuvée de Prestige** genannt.

D

Delbeck – Frankreich
Champagnererzeugerfirma mit Sitz in Reims; gegründet 1799 und somit eines der ältesten Champagnerhäuser. Delbeck befindet sich im Besitz der → Vranken-Gruppe.

Deutz – Frankreich
Diese 1838 in Aÿ gegründete Champagnererzeugerfirma wurde 1993 von Louis → Roederer übernommen. Das Haus ist bekannt für besonders fruchtige und elegante Produkte.

Diabetiker-Schaumwein
Schaumwein und Schaumwein mit zugesetzter Kohlensäure darf mit der Angabe „Für Diabetiker geeignet – nur nach Befragen des Arztes" gekennzeichnet werden, wenn er in einem Liter Fertigprodukt
- höchstens 4 Gramm Glukose,
- höchstens 20 Gramm Gesamtzucker, als Invertzucker berechnet,
- höchstens 150 Milligramm gesamte schweflige Säure enthält und
- höchstens 12 Vol.-% Alkohol aufweist.

Diätschaumwein
Wird umgangssprachlich für → Diabetiker-Schaumwein verwendet. Ist keine offizielle Bezeichnung.

Drappier – Frankreich
Bemerkenswertes Champagnerhaus in Urville (in Familienbesitz), das eine hervorragende Palette von Qualitäten des Anbaugebietes Côte de Bar anbietet. Den sehr fruchtigen Champagnern wird wenig Schwefel zugesetzt, wodurch sie sehr rasch ihre typische biskuitartige Note aufweisen.

Duval-Leroy – Frankreich
Großes Champagnerhaus in Vertus in der Côte de Blancs. Die Produkte werden sowohl unter eigenem Namen als auch unter diversen Markennamen verkauft.

E

Épernay
Weinbauort und Sitz bedeutender Champagnerhäuser. Épernay ist das Zentrum des Gebietes Vallée de la Marne. Unter der Stadt befinden sich zirka 100 Kilometer Tunnelgänge und Kellergewölbe mit den Fass- und Flaschenlagern diverser Firmen.

F

Filterenthefung
Sie wird auch **Filtrationsenthefung** genannt und bezeichnet die Entfernung der Hefereste nach der Vergärung im Transvasierverfahren und bei der Großraumgärung. Dabei wird der Schaumwein nach der zweiten Gärung und anschließenden Reifung unter Gegendruck filtriert. In Frankreich wird dieses Verfahren als deutsche Methode bezeichnet.

Flaschengärung
Bezeichnung für die Durchführung der zweiten Gärung in der Flasche. Bis etwa 1890 war dies das einzige Verfahren der Schaumweinherstellung. In der Champagne heißt dieses Verfahren **Méthode Champenoise,** die Bezeichnung ist geschützt. In anderen Ländern spricht man von der **klassischen bzw. traditionellen Methode.**

G

Gazéifié
Französische Bezeichnung für die künstliche Anreicherung mit Kohlensäure.

Gosset – Frankreich
Das Familienunternehmen in Aÿ wurde 1584 gegründet und ist damit das älteste Champagnerhaus, obwohl → Ruinart als ältester kommerzieller Champagnerabfüller gilt. Gosset ist bekannt für seine besonders reifen Qualitäten.

Goût
Französische Bezeichnung für Geschmack. Bei Champagner wird damit, wenn auch sehr selten, der Süßegrad ausgedrückt.

- **Goût américain:** lieblicher und süßer Champagner.
- **Goût français:** sehr süßer Champagner.
- **Goût anglais:** sehr trockener Champagner.

H

Hausmarke
Bezeichnung für eine Sonderabfüllung einer Sekt- oder Champagnerfirma für Hotels, Clubs oder Handelsbetriebe. Besonders Hotels führen gerne Hausmarken. Der Hersteller oder Verkäufer des Schaumweines muss aus Gründen des Verbraucherschutzes jederzeit feststellbar sein.

Hautvillers – Frankreich
Bekannter Champagnerort im Vallée de la Marne, nahe Épernay, in dessen Benediktinerabtei Dom Pérignon gewirkt hat. Der Mönch galt lange Zeit als Erfinder des Champagners.

Hefelagerung
Bezeichnung für die Zeit vom Beginn der zweiten Gärung bis zur Enthefung des Schaumweines. Je nach Art der Vergärung und der Qualität des Schaumweines sind bestimmte Lagerzeiten gesetzlich vorgeschrieben. Hierdurch werden die Wirkstoffe der Hefe voll für die Geschmacksentwicklung des Schaumweines genutzt.

Charles **Heidsieck** – Frankreich
Champagnererzeugerfirma in Reims, deren Markenname erstmals 1851 erwähnt wurde. Heidsieck ist ebenso wie das Champagnerhaus → Piper-Heidsieck im Besitz des Konzerns Rémy-Cointreau. Die Champagner sind bekannt für ihren reichhaltigen Geschmack.

Heidsieck & Co. Monopole – Frankreich
Champagnererzeugerfirma mit Sitz in Épernay, im Besitz des → Vranken-Konzerns. Heidsieck & Co. Monopole ist für seine kräftigen und fruchtigen Champagner bekannt.

Henriot – Frankreich
Champagnererzeugerfirma mit Sitz in Reims; gegründet 1808. Es wird eine große Palette sehr köstlicher und eleganter Champagner angeboten.

Jacquesson – Frankreich
Kleines, traditionsreiches Haus mit Sitz in Dizy, das für Champagner-Spezial-Cuvées bekannt ist.

Jahrgangschampagner
Bezeichnung für Champagner, dessen → Cuvée (1) nur aus Weinen eines besonders guten Jahrgangs besteht. Die Jahreszahl steht auf der Etikette und dem Korken. Jahrgangschampagner gibt es in allen Sorten. Französische Bezeichnung: **Millésimé,** englische Bezeichnung: **Vintage.**

Jahrgangssekt
Schaumwein (Sekt), dessen → Cuvée (1) zu mindestens 85 Prozent aus Weinen des genannten Jahres besteht. Das Österreichische Weingesetz schreibt vor, dass bei Verwendung einer Jahrgangsbezeichnung 100 Prozent der Weine aus diesem Jahr stammen müssen. Der Jahrgang wird auf der Etikette genannt.

Krug – Frankreich
Champagnererzeugerfirma in Reims; gegründet 1843. Krug ist eines der bedeutendsten Häuser in der Champagne und ist bekannt für seine großen, reichhaltigen und oftmals sehr lang gelagerten Prestige-Cuvées, die ausschließlich aus der ersten Pressung gewonnen werden. Krug ist heute im Besitz von → LVMH.

L

Lanson – Frankreich
Champagnererzeugerfirma mit Sitz in Reims, ist Teil des Konzerns → Marne et Champagne. Lanson zählt zu den bekanntesten Champagnern der Welt, besonders beeindruckend sind die Jahrgangschampagner.

Laurent-Perrier – Frankreich
Champagnererzeugerfirma mit Sitz in Tours-sur-Marne.

Laurent-Perrier ist eines der größten Unternehmen in der Champagne und umfasst weiters die Champagnerhäuser De → Castellane, Delamotte und → Salon. Produziert werden besonders elegante, ebenso feine wie ausgewogene Champagner.

LVMH – Frankreich
Konglomerat großer Firmen aus den Bereichen Mode und Genussmittel, die Abkürzung LVMH steht für **Louis Vuitton-Moët-Hennessy.** LVMH ist eines der größten Unternehmen in der Champagne, zu dem u. a. die Champagnerfirmen → Canard-Duchêne, → Henriot, → Krug, → Mercier, → Moët & Chandon, → Ruinart und → Veuve Clicquot Ponsardin gehören.

M

Marne et Champagne – Frankreich
Einer der größten Champagnerhersteller mit Sitz in Épernay. Diesem Haus gehören rund 300 Marken an, wie z. B. Besserat de Bellefon, Eugène Clicquot, Gauthier, Gieslier, → Lanson und Alfred Rothschild et Cie. Ein Großteil der Herstellung erfolgt für Hausmarken.

Mareuil-sur-Aÿ – Frankreich
Die Lage im Weinbaugebiet Vallée de la Marne gehört zu den berühmtesten der Champagne.

Mercier – Frankreich
Champagnererzeugerfirma in Épernay; gegründet 1858. Mercier ist Teil des Konzerns → LVMH; hauptsächlich in Frankreich verkauft.

Mi-Sec
In der Schweiz gebräuchliche Bezeichnung für einen halbtrockenen Schaumwein.

Moët & Chandon – Frankreich
Champagnererzeugerfirma in Épernay; gegründet 1743, heute beim Konzern → LVMH. Moët & Chandon ist die meistverkaufte Champagnermarke der Welt. Besonders bekannt ist der **Dom Pérignon.**

Mousseux
Fachausdruck für das Perlen von Champagner bzw. Schaumwein und Sekt.

Moussierpunkt
Bezeichnung für die eingeschliffene Raustelle am inneren Boden von Schaumweingläsern, um das Perlen gleichmäßig zu gestalten.

G. H. **Mumm & Cie** – Frankreich
Champagnererzeugerfirma mit Sitz in Reims; gegründet 1827 von den beiden Deutschen Peter Arnold de Mumm und Frederick Giesler. Besonders bekannt und weltweit vertrieben wird die Marke **Cordon Rouge.**

P

Bruno **Paillard** – Frankreich
Champagnererzeugerfirma mit Sitz in Reims; gegründet 1981.

Paillard hat sich durch seine besonders qualitätsbewusste Champagnerfertigung einen Namen gemacht. Seine Champagner zeichnen sich durch eine köstlich-reiche Frucht aus.

Pas dosé
Französische Bezeichnung für schäumende Weine, die ohne Dosage hergestellt werden und deren Zuckergehalt unter drei Gramm pro Liter liegt.

Patent-Sektflaschenverschluss
Zum Verschließen geöffneter Champagner- oder Schaumweinflaschen, damit die Kohlensäure während der Aufbewahrungszeit im Kühlschrank nicht entweicht. Die Aufbewahrungszeit sollte kurz sein.

Perlant
In Frankreich gebräuchliche Bezeichnung für kohlensäurehältige Weine.

Joseph **Perrier** – Frankreich
Champagnererzeugerfirma mit Sitz in Châlons-sur-Marne; gegründet 1825.

Perrier-Jouët – Frankreich
Champagnererzeugerfirma mit Sitz in Épernay; gegründet 1811. Die Champagner zeichnen sich durch Eleganz, Finesse und Konsistenz aus.

Pikkolo
Bezeichnung für eine Schaumweinflasche mit 0,2 Liter Inhalt; auch **Piccolo.** Dieser Begriff ist von der Firma Henkell in Wiesbaden und von den Kessler-Kellereien in Esslingen markenrechtlich geschützt.

Piper-Heidsieck – Frankreich
Champagnererzeugerfirma mit Sitz in Reims, gehört zum Konzern Rémy-Cointreau. Die Champagner sind leicht, fruchtig und schlank. Die Prestige-Cuvée ist großartig und elegant.

Pol Roger – Frankreich
Traditionelles Champagnerhaus mit Sitz in Épernay; gegründet 1849. Das Unternehmen ist noch heute in Familienbesitz. Die Champagner sind von beständig hoher Qualität, Eleganz und Finesse.

Pommery – Frankreich
Champagnererzeugerfirma mit Sitz in Reims, gehört zum Konzern → Vranken. Die Champagner werden in viele Länder der Welt exportiert.

Ch. & A. **Prieur** – Frankreich
Champagnererzeugerfirma mit Sitz in Vertus; gegründet 1825. Besonders bekannt ist die Marke Napoléon, dessen Namen sich Prieur bereits 1900 rechtlich schützen ließ.

Produit en cuve close
Französische Bezeichnung für Schaumweine, die in Großraumgärung hergestellt worden sind; Kurzform: Cuve close.

Q

Quirl
Auch Schaumweinquirl, Sektquirl oder Swizzle-Stick ge-

nannt. Grundsätzlich ein „Mordinstrument“ für jeden guten Champagner oder Schaumwein. Mit diesem Stab aus Holz, Metall oder Elfenbein, der am Ende eine sternförmige Halbkugel aufweist, wird durch Quirlen (Drehen) vor dem Trinken die Kohlensäure entfernt, deren Aufbau größte Mühen und Kosten verursacht hat und die zum besonderen Genuss dieser Weingattung beiträgt.

R

Récemment dégorgé
Französische Bezeichnung für „vor kurzem degorgiert“.

Reims – Frankreich
Führender Weinbauort in der Champagne im Weinbaugebiet Montagne de Reims. Reims ist neben Épernay der Mittelpunkt der Champagnerherstellung und des Handels. Viele Häuser haben ihren Sitz in einer dieser beiden Städte. Unter Reims befinden sich viele Kilometer Keller, in denen Champagner bis zu seiner endgültigen Reife gelagert wird.

Louis **Roederer** – Frankreich
Champagnererzeugerfirma mit Sitz in Reims, deren Anfänge bis zum Jahr 1760 zurückreichen. Roederer ist noch heute in Familienbesitz. Das Unternehmen, dem auch das Champagnerhaus → Deutz angehört, erzeugt einige der allerbesten Champagner, zu den berühmtesten zählt die Prestige-Cuvée **Cristal.**

Rosé-Champagner
Hellroter Champagner aus einer Cuvée von Pinot Noir und Chardonnay oder nur aus dem Most der roten Pinot-Noir-Trauben, der nach dem Pressen kurze Zeit auf den Schalen stehen bleibt, um die gewünschte Farbe zu erzielen.

Rosésekt
Wird in der Regel durch eine zweite Gärung von Roséweinen gewonnen. Diese wiederum werden aus Rotweintrauben hergestellt, deren Saft nach der Pressung zur Erzielung der gewünschten Farbgebung kurze Zeit auf den Schalen belassen wurde. Über die Geschmacksrichtung entscheidet die spätere Zugabe der Versanddosage.

Roter Sekt
Wird aus roten Grundweinen in zweiter Gärung hergestellt. Er kommt in der Regel Halbtrocken bzw. Mild (mit einem höheren Zuckergehalt) in der Verkauf.

Ruinart – Frankreich
Champagnererzeugerfirma mit Sitz in Reims; gegründet 1729 und somit das älteste Haus in der Champagne. Ruinart gehört heute zum Konzern → LVMH. Die Champagner sind elegant und blumig, besonders bekannt ist der **Dom Ruinart.**

S

Salon – Frankreich
Champagnererzeugerfirma mit Sitz in Le Mesnil-sur-Oger, die zu → Laurent-Perrier gehört.

Salon ist besonders für ausgezeichnete Jahrgangschampagner bekannt, die, wie die anderen Salon-Produkte, zu 100 Prozent aus Chardonnaytrauben hergestellt werden.

Schaumweinkorken

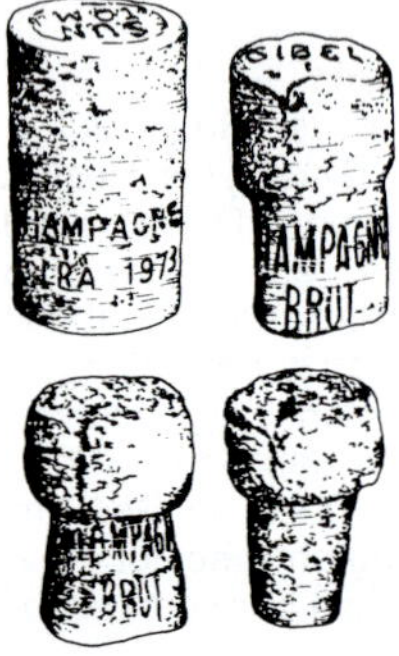

Natur-Schaumweinkorken sind vor dem Gebrauch 55 Millimeter lang und haben einen Durchmesser von 32,5 Millimeter. Sie werden beim Verkorken auf die Hälfte ihres Durchmessers zusammengepresst. Die Hälfte der Länge wird in den Flaschenhals getrieben, die andere Hälfte schirmt als breiter Korkhelm den Flaschenhals ab. Die Form, die der Korken nach dem Öffnen annimmt, gibt eine gute Auskunft darüber, wie lange er in der Flasche war. Geht der Korken mit dem Fuß in die Breite, war er erst wenige Monate (oder auch nur Wochen) in der Flasche. Nach einer mehrjährigen Lagerzeit bleibt der untere Teil des Korkens nach dem Öffnen der Flasche unverändert. Bei einfacheren Schaum- und Perlweinen haben sich Kunststoffstopfen aus Polyäthylen bewährt.

Schilchersekt – Österreich

Als Grundwein dient ausschließlich der aus der Blauen-Wildbacher-Traube gewonnene steirische Schilcher.

Syndicat Général des Vignerons de la Champagne Délimitée

Verband einer großen Anzahl von Winzern aus der Champagne. Sie verfügen über rund vier Fünftel der Gesamtanbaufläche. Die restliche Fläche teilen sich die großen Champagnerhäuser, die einen Teil der verarbeiteten Trauben von diesen Winzern und von den Winzergenossenschaften kaufen.

T

Taille

Bezeichnung der zweiten Pressung von 500 Liter Most für die Herstellung von Champagner. Vgl. → Cuvée (2).

Taittinger – Frankreich

Champagnererzeugerfirma mit Sitz in Reims; gegründet 1743. Seine finessereichen und eleganten Champagner sind in vielen Ländern der Welt zu finden. Besonders bekannt ist die Marke **Comtes de Champagne.**

Transvasion

Bezeichnung für das Umfüllen unter Gegendruck zur Verhinderung von Verlusten bei der durch die zweite Gärung entstandenen Kohlensäure (vgl. Transvasierverfahren). Diese Methode wird u. a. auch bei der Umfüllung in Kleinflaschen angewendet. **Transvasionsenthefung** ist die Bezeichnung für die Filterenthefung beim Transvasierverfahren.

U

Umschlagen

Fachausdruck beim Flaschengärverfahren für

1. das Bewegen der Schaumweinflaschen zur Aktivierung der Hefe nach der zweiten Gärung,
2. das Schütteln bzw. Umdrehen der gelagerten Rohsektflaschen, um ein festes Ansetzen der Hefe an der Flascheninnenwand zu vermeiden,
3. das Umdrehen der Sektflaschen nach der Dosage, um diese gleichmäßig zu verteilen,
4. die fehlerhafte Entwicklung eines Schaumweins, z. B. durch Trübung.

V

Vallée de la Marne

Marnetal in der Champagne. Eine von vier gesetzlich erlaubten Rebschnittmethoden (neben Chablis, Cordon de Royat und Guyot).

Versekten

Bezeichnung für die Umwandlung stillen Weines in schäumenden Wein, unabhängig von der Versektungsmethode.

Verschnitt

Zur Herstellung einer → Cuvée (1) werden Weine miteinander verschnitten, um die möglichst gleiche Qualität und den Geschmack eines Markenproduktes über einen langen Zeitraum gewährleisten zu können. Mit der Bezeichnung **horizontaler Verschnitt** wird das Mischen von Weinen verschiedener Lagen gekennzeichnet. Ein **vertikaler Verschnitt** ist das Mischen von Weinen aus verschiedenen Jahrgängen (z. B. mit Reserveweinen aus vorangegangenen Jahren).

Veuve Clicquot Ponsardin – Frankreich

Champagnererzeugerfirma mit Sitz in Reims; gegründet 1772. Veuve Clicquot gehört heute zum Konzern → LVMH. Die Champagner zählen zu den besten Qualitäten. Das Flaggschiff ist die Marke **La Grande Dame,** in Erinnerung an die Witwe Nicole Barbe Clicquot, geborene Ponsardin, die zwischen 1805 und 1866 das Unternehmen sehr erfolgreich leitete.

Vranken – Frankreich

Champagnerhaus in Épernay, gegründet 1976 von dem Belgier Paul-François Vranken; bekannt für leichte und elegante Produkte. Zu Vranken gehören die Champagnerhäuser Barancourt, Demoiselle, Charles Lafitte, → Charbaut, → Delbeck, → Pommery sowie → Heidsieck & Co. Monopole.

Madeira – Málaga – Marsala – Mavrodaphne – Montilla-Moriles – Moscatel de Setúbal – Pico – Pineau des Charentes – Portwein – Samos – Sherry – Tokajer – Vins Doux Naturels – Wermut

VERSETZTE WEINE

VERSETZTE WEINE

Versetzte Weine sind Weine, deren Beschaffenheit neben der durch die Weintraube gegebenen Eigenart noch durch zwei Komponenten charakterisiert ist. Einerseits ist das die besondere Behandlungsweise (Haltbarmachung) und andererseits sind das die Zusätze, z. B. Kohlensäure, Alkohol und/oder Most. Ein zusammenfassender Begriff, wie die von uns verwendete Bezeichnung „versetzte Weine" für die Herstellung und Vermarktung von **Dessert-, Süd-, Süß- oder Likörweinen,** wird in der Gesetzgebung der Europäischen Union nicht verwendet. Im Englischen werden diese Weine häufig unter der Bezeichnung „fortified wines" zusammengefasst.
In den EU-Verordnungen wird grundsätzlich unterschieden zwischen aromatisierten weinhaltigen Getränken und Cocktails einschließlich Glühwein sowie innerhalb der Spezialweine nach Likörweinen bzw. Qualitätslikörweinen bestimmter Anbaugebiete.

Aromatisierte weinhaltige Getränke und aromatisierte weinhaltige Cocktails

Diesen Produkten kommt in der gemeinschaftlichen Landwirtschaft der Europäischen Union eine große Bedeutung zu. Aufgrund ihrer Qualität haben einzelne Marken aus dieser Produktgruppe weltweit hohes Ansehen erlangt. Die Verordnungen sollen daher in erster Linie dazu dienen, das Qualitätsniveau dieser Getränke zu schützen und zugleich die überlieferten Herstellungsverfahren zu definieren.

Aromatisierter Wein besteht als Fertigprodukt zu mindestens 75 Prozent aus dem Wein, der zur Herstellung dieses Produktes eingesetzt worden ist. Zur Erzielung der endgültigen Geschmacksgebung des fertigen Produktes sowie zur Erhöhung des Alkoholgehaltes dürfen maximal bis zu 25 Prozent an weiteren Stoffen zugesetzt werden. Hierbei handelt es sich in der Regel um unvergorenen, teilweise oder ganz vergorenen Traubenmost, Alkohol, natürliche (bzw. in einigen Fällen und unter bestimmten Voraussetzungen auch naturidente) Aromastoffe und/oder Aromaextrakte, Würzkräuter und/oder Gewürze, Zucker und gegebenenfalls Zuckercouleur zur Erzielung einer einheitlichen Farbe. Der Alkoholgehalt liegt zwischen mindestens 14,5 und maximal 22 Vol.-%. Die Bezeichnung aromatisierter Wein kann durch die Bezeichnung Wein-Aperitif ersetzt werden. Weitere Bezeichnungsmöglichkeiten, die anstelle von „aromatisierter Wein" verwendet werden können, sind vielfältig und werden nachfolgend beschrieben.

Wermut oder **Wermutwein** wird unter Verwendung von Wermutkraut und sonstigen pflanzlichen Würzstoffen oder von Auszügen aus diesen hergestellt. Zur Süßung von Wermut dürfen nur karamellisierter Zucker, Saccharose, Traubenmost, rektifiziertes Traubenmostkonzentrat und konzentrierter Traubenmost verwendet werden.

Anstelle von Wermut ist die international übliche Bezeichnung Vermouth zulässig.

Bitterer, aromatisierter Wein kann auch als Bitter Vino bezeichnet werden, wenn für die Aromatisierung im Wesentlichen natürliches Enzianaroma verwendet wird. Als Americano wird er dann angeboten, wenn die Aromatisierung von aus Beifuß und Enzian gewonnenen natürlichen Aromastoffen herrührt. Manchmal wird auch auf den hauptsächlich verwendeten bitteren Aromastoff direkt hingewiesen, z. B. bei Weinen mit Chinarinde (Quinquinas).

Aromatisierter Wein mit Ei enthält neben Aromatisierungen einen Zusatz von Rein-Eigelb von mindestens 10 Gramm pro Liter Fertigerzeugnis.

Bei einem **aromatisierten weinhaltigen Getränk** handelt es sich um ein Getränk, das durch Zusatz von Würz- und Aromastoffen aus Wein hergestellt wird, jedoch nicht durch Zugabe von zusätzlichem Alkohol verstärkt oder konserviert werden darf. Der Anteil des verwendeten Weines darf im Endprodukt 50 Prozent nicht unterschreiten.

Folgende Bezeichnungen sind möglich:

- **Sangria:** Dieses weinhaltige Getränk erhält seinen besonderen Charakter durch den Zusatz von natürlichen Zitrusfruchtextrakten oder -essenzen, mit dem oder ohne den Saft der Früchte. Es kann gesüßt und mit Gewürzen und Kohlensäure sowie mit festen Bestandteilen des Fruchtfleischs oder der Schale von Zitrusfrüchten versetzt werden. Der Alkoholgehalt des fertigen Produktes muss unter 12 Vol.-% liegen. Beim Sangria gelten die Länder Spanien und Portugal als Herkunftsländer.
- **Clarea** ist ein Getränk aus Weißwein, das unter den gleichen Bedingungen wie Sangria erzeugt worden ist.
- **Zurra** stellt innerhalb der aromatisierten weinhaltigen Getränke insofern eine Ausnahme dar, als es sich hierbei um Sangria bzw. Clarea handelt, dem zur Erzielung einer bestimmten Geschmacksrichtung Brandy/Weinbrand oder Branntwein zugesetzt wurde. Der Alkoholgehalt muss mindestens 9 Vol.-% und weniger als 14 Vol.-% betragen.
- **Bitter Soda** stellt ebenfalls eine Ausnahme dar. Es wird aus Bitter Vino hergestellt, dessen Anteil im Fertigerzeugnis mindestens 50 Prozent betragen muss, dem Kohlensäure oder kohlensäurehaltiges Wasser und gegebenenfalls die gleichen Farbstoffe wie dem Bitter Vino zugesetzt wurden. Der Alkoholgehalt muss mindestens 8 Vol.-% und weniger als 10,5 Vol.-% betragen.
- **Kalte Ente** wird aus Wein, Perlwein, Schaumwein unter Zusatz von natürlicher Zitrone hergestellt. Der Anteil an Schaumwein muss im Fertigerzeugnis mindestens 25 Prozent betragen.

- **Glühwein** wird aus Rotwein oder Weißwein und Zucker gewonnen unter Zugabe von Zimt und Gewürznelken.
- **Maiwein** stellt ein durch die Beigabe von Waldmeister oder dessen Extrakten aromatisiertes weinhaltiges Getränk dar.
- **Maitrank** wird ebenfalls durch Beigabe von Waldmeister oder dessen Extrakten hergestellt, jedoch unter Zusatz von Orangen und/oder anderen Früchten, deren Saft, Konzentraten oder Extrakten. Das Ausgangsprodukt ist stets trockener Weißwein, der mit bis zu 5 Prozent Zucker gesüßt werden darf.

Aromatisierter weinhaltiger Cocktail wird aus Wein und/oder Traubenmost unter Zuhilfenahme von natürlichen und/oder naturidenten Aromen bzw. Aromaextrakten, Würzkräutern, Gewürzen oder anderen Aromastoffen aus Nahrungsmitteln gewonnen. Die Cocktails dürfen gewürzt und gefärbt werden und müssen einen Alkoholgehalt von weniger als 7 Vol.-% aufweisen. Alkohol darf nicht zugesetzt werden. Der Anteil des Weins und/oder des Traubenmostes muss im Fertigerzeugnis mindestens 50 Prozent betragen.

Likörweine und Qualitätslikörweine bestimmter Anbaugebiete

Likörweine werden aus in Gärung befindlichem Traubenmost oder Wein oder einer Mischung von beiden sowie aus Traubenmost, konzentriertem Traubenmost oder der Mischung von Most und Wein für bestimmte Qualitätslikörweine b. A. hergestellt. Außerdem können sowohl neutraler Alkohol aus der Destillation von Weinbauerzeugnissen, einschließlich getrockneter Weintrauben, mit mindestens 96 Vol.-% als auch Destillat aus Wein oder getrockneten Weintrauben, dessen Alkoholgehalt mindestens 52 Vol.-% und höchstens 86 Vol.-% beträgt, zugesetzt werden.

Der bei Qualitätslikörwein eines bestimmten Anbaugebietes verwendete Alkohol aus Wein oder getrockneten Weintrauben muss einen Alkoholanteil von mindestens 95 Vol.-% und höchstens 96 Vol.-% aufweisen. Außerdem dürfen Branntwein oder Tresterbrand mit einem Mindest- bzw. Höchstalkoholanteil von 52 Vol.-% bzw. 86 Vol.-% ebenso eingesetzt werden wie ein Brand aus getrockneten Weintrauben, dessen Alkoholgehalt mindestens 52 Vol.-% und weniger als 94,5 Vol.-% beträgt. Auch teilweise vergorener Traubenmost aus eingetrockneten Weintrauben bzw. konzentrierter Traubenmost dürfen zugegeben werden.

Folgende Rebsorten sind für die Herstellung von Qualitätslikörweinen b. A. der Mitgliedstaaten der Europäischen Union in Verordnungen verzeichnet: Albarola, Aleatico, Assirtiko, Bosco, Cannonau, Corinto Nero, Garnacha, Grenache, Girò, Liatiko, Maccabeo, Malvoisie, Mavrodaphne, Monastrell, Monica, Muskat, Nasco, Pedro Ximénez, Primitivo, Tintorera, Vermentino, Zibibbo.

Nachfolgend sind international eingeführte Qualitätslikörweine bestimmter Anbaugebiete ausgewählt und die Gebiete sowie die Produkte näher beschrieben:

BISCOITOS

Heinrich der Seefahrer entdeckte Terceira als dritte Azoreninsel nach Graciosa und Pico. Auch sie ist vulkanischen Ursprungs. Die Weißweintrauben Arinto, Terrantês da Terceira und Verdelho dos Açores werden ausschließlich in Biscoitos angebaut, das dem V.-Q.-P.-R.-D.-Endprodukt (siehe Portugal) auch seinen Namen gibt. Die Reben werden durch relativ eng gesetzte Mauern aus Lavasteinen vor den Winden geschützt und so die Weingärten in kleine Parzellen aufgeteilt. Das Pressen erfolgt auch heute noch durch Zerstampfen mit den Füßen. Bei der anschließenden Gärung in Fässern aus amerikanischer Eiche kann der Wein bis zu 14 Vol.-% Alkohol erreichen. In der ersten Oktoberhälfte erfolgt die Klärung und Umfüllung in die Lagerfässer bei gleichzeitiger Zugabe von Weindestillat. Die anschließende Lagerung von mindestens drei Jahren wird ebenfalls in Fässern aus amerikanischer Eiche durchgeführt. Das fertige Produkt hat einen Alkoholgehalt von mindestens 16 Vol.-%, manchmal auch mehr. Der Geschmack ist vielfältig, trocken und erinnert an verschiedene Gewürze.

CARCAVELOS

Dieses kleinste aller kontrollierten D.-O.-C.-Anbaugebiete Portugals liegt westlich von Lissabon im Norden der Tejomündung, unmittelbar neben dem sich immer weiter ausdehnenden vornehmen Badeort Estoril. Obwohl das Gebiet bereits 1908 abgegrenzt wurde, kann man heute kaum mehr von einem Anbaugebiet sprechen, da nur noch ein einziger Weingarten existiert, und zwar **Quinta do Barão.** Dort werden pro Jahr etwa 270 Hektoliter Dessert- bzw. Aperitifwein von sehr guter Qualität unter Anwendung alter, traditioneller Kellereimethoden hergestellt. Der Wein wird in der Gärung durch Zugabe von Weindestillat bei einem Gehalt von maximal 15 Gramm Restzucker gestoppt. Das Ergebnis ist ein schwerer, bernstein- oder topasfarbener bzw. tiefroter Süßwein, der erst nach mehrjähriger Lagerung mit einem Alkoholgehalt von etwa 18–20 Vol.-% in den Verkauf kommt. Sein Geschmack ist delikat süß und samtig. Mit fortschreitender Alterung nimmt seine Qualität zu.

CONDADO DE HUELVA

In diesem andalusischen D.-O.-Anbaugebiet werden Dessertweine (Vinos Generosos) hergestellt, deren Produktionsverfahren dem von Sherry weitgehend entsprechen. Das Klima ist warm und feucht, beeinflusst vom Atlantik. Die Weine aus Palomino- und Moscateltrauben werden in Soleras (vgl. Sherry) gealtert. Sie sind süß, von goldgelber Farbe und haben einen Alkoholgehalt von 14 bis 22 Vol.-%. Die Herkunftsbezeichnungen lauten **Condado Pálido** (würzig, trocken, geringer Alkoholgehalt) und **Condado Viejo** (trocken bis leicht süß; im Stile eines Sherrys).

GARNATXA

Unter dieser Bezeichnung werden → Rancio-Dessertweine im nördlichen D.-O.-Gebiet von Katalonien in der spanischen Provinz Girona in den Verkehr gebracht. Sie werden aus der roten Traubensorte Garnacha im traditionellen Verfahren der → Vin-de-Paille-Methode hergestellt. Seine Süße erhält der fertige Wein durch die Zugabe von Traubenmost.

KATALONIEN

Die spanische Weinbauregion und autonome Provinz Katalonien ist vor allem auch für den → Rancio bekannt. Dieser in ganz Spanien hergestellte versetzte und oxidierte Weiß- oder Rotwein hat in diesem Gebiet eine besondere Bedeutung erlangt. Er wird sowohl von kleinen Winzern als auch von großen Kellereien hergestellt. Entsprechend vielfältig ist die Angebotspalette. Rancios werden entweder in Eichenfässern oder in unverschlossenen Glasballons ausgebaut. Häufig werden sie im Freien gelagert und so zur stärkeren Oxidation den Witterungseinflüssen ausgesetzt. In den großen Kellereien gibt es Methoden zur Reifung, die dem Soleraverfahren (vgl. Sherry) entsprechen. Grundsätzlich werden die zur Reifung bestimmten Weine mit Weinbrand auf einen Alkoholgehalt von etwa 18 bis 19 Vol.-% verstärkt. Nach einer mehrjährigen Lagerzeit wird der Rancio je nach Typ mit → Mistella oder → Arrope verschnitten, um den gewünschten Süßigkeitsgrad zu erhalten.
Die katalonischen Vinos Generosos sind als Aperitif- oder Dessertwein in ganz Spanien beliebt. Es handelt sich dabei um mit Branntwein verstärkte Rot- oder Weißweine. Vinos Generosos sind in der Regel deutlich preiswerter als vergleichbare Produkte aus Jerez, Montilla-Moriles oder Huelva. Die bekannteste Sorte ist der süße Tarragona Clásico. Er hat einen Restzuckergehalt von 35 bis 40 Gramm pro Liter bei einem Alkoholgehalt von bis zu 18 Vol.-%.

LACRIMA (LACRYMA) CHRISTI DEL VESUVIO

Schon in der Antike bereiteten die Etrusker und die Römer legendäre Süßweine zu. Diese Tradition hat sich bis heute erhalten und der Dessertwein Lacrima Christi wird in verschiedenen italienischen Anbaugebieten erzeugt. Vor allem der Vulkanascheboden des

Vesuvs bildet seit Jahrhunderten eine bedeutende Basis für diese Weine. Der Lacrima Christi del Vesuvio im gleichnamigen D.-O.-C.-Anbaugebiet in Kampanien wird als Liquoroso aus verschiedenen weißen Trauben gewonnen. Der Alkoholgehalt von 12 Vol.-% wird ausschließlich durch Gärung entwickelt.

MADEIRA

Henriques & Henriques in Cámara de Lôbos

Der Madeira ist ein durch Zusatz von Alkohol und Most versetzter Wein. Die gleichnamige Insel im Atlantik ist die Hauptinsel des portugiesischen Archipels, etwa 600 Kilometer vor der Westküste von Marokko. Madeira ist eine autonome Provinz Portugals, die Hauptstadt heißt Funchal. Die Insel entstand durch vulkanische Tätigkeit, sie ist 57 Kilometer breit und 23 Kilometer lang. Die Landschaft steigt vom Meer kontinuierlich bis zu den zentralen Bergrücken an, die über 1.800 Meter erreichen.

Statistische Daten

- Gesamtrebfläche Madeiras rund 2.200 Hektar.
- Jährliche Gesamtproduktion rund 110.000 Hektoliter, davon rund 40.000 Hektoliter versetzter Wein.

Geschichte

Bereits 1344 durch Robert Machin entdeckt, geriet Madeira zunächst in Vergessenheit. Die Insel wurde 1419 durch Joao Goncalves Zarco wieder entdeckt und 1425 kolonialisiert. Durch unkontrollierte Rodung brannte die Insel ab 1430 sieben Jahre lang, wobei der größte Teil des Waldes vernichtet wurde. Der Aschegehalt des Bodens wird für den einzigartigen Charakter der heute erzeugten Weine verantwortlich gemacht. Weinexport (nach Amerika) lässt sich bereits 1658 nachweisen und im Jahre 1680 waren bereits 30 Weinexporteure registriert. Ein erster Beleg für die Versetzung von Madeiraweinen mit Destillationsalkohol existiert aus dem Jahr 1704. Heizbare Lagerbehälter (Estufagem) werden 1772 erstmals erwähnt. Ende des 19. Jahrhunderts tritt auch in Madeira die Reblaus auf. Erst mit der Gründung des Weininstituts (Instituto do Vinho da Madeira) im Jahr 1979 wurde endgültig festgelegt, dass Madeirawein nicht aus Hybridreben hergestellt werden darf.

Klima

Die Insel Madeira ist gekennzeichnet durch ein sehr mildes Klima. Die Durchschnittstemperatur liegt bei 19 bis 21 Grad Celsius. Die Wärme kann im Sommer jedoch auch 27 Grad (bei Schirokko bis zu 40 Grad) erreichen. Die tiefsten Temperaturen im Winter liegen bei etwa 16 Grad Celsius. Die durchschnittlichen Niederschläge betragen 750 Millimeter; sie fallen vor allem von Oktober bis April. Die Wälder in den Bergen erhalten das ganze Jahr Feuchtigkeit von einer fast ständig vorhandenen Wolkendecke.

Böden

Die Böden sind durchwegs vulkanischen Ursprungs mit rotem und gelbem Tuffstein, manchmal vermischt mit kleinen, runden Basaltsteinen und braunem Ackerboden.

Rebsorten

Die Weinstöcke werden auf eindrucksvollen Weinbergterrassen kultiviert, die aufgrund ihrer extremen Lage weitgehend händisch bearbeitet werden müssen. Sie wachsen häufig in Form von niedrigen, ein bis zwei Meter hohen Pergolas. Darunter gibt es meist Gemüseanbau. Die besten Lagen findet man auf der Südseite der Insel um die Orte Campanário, Ponta do Pargo, Câmara de Lobos und Estreito. Ein Bewässern der Weingärten ist obligatorisch. Die Lesezeiten werden vom Instituto do Vinho da Madeira festgelegt, das auch die Auspflanzprogramme überwacht. Die Namen, die der Madeira trägt, entsprechen meist den verwendeten Rebsorten, und zwar Malvasia (Malvasia Cândida, auch bekannt als Malmsey), Bual (bzw. manchmal Boal), Verdelho Branco und Sercial. Neben diesen weißen Rebsorten werden manchmal auch die weiße Sorte Terrantez sowie die Rotweinreben Bastardo, Malvasia Roxo, Negra Mole, Tinta da Madeira und Verdelho Tinto verarbeitet. Neben dem Dessertwein werden Madeira-Tafelweine und in zunehmendem Maße auch V.-Q.-P.-R.-D.-Qualitätsweine (Madeirense) hergestellt. Die dafür verwendeten Rebsorten sind Verdelho, Touriga Nacional, Touriga Francesa und Tinta Barroca sowie die deutsche Traube Arnsburger (weiß) und die Sorten Cabernet Sauvignon und Merlot.

Erzeugung

Der Dessertwein Madeira darf nur aus bestimmten Weinen der Insel gewonnen werden. Er gilt als einer der langlebigsten, aber auch der großen, vergessenen Weine der Welt. Die Erzeugung erfolgt hauptsächlich nach dem Soleraverfahren (ähnlich wie beim Sherry). Ganz selten findet sich ein Vintage-Madeira (Jahrgangs-Madeira). Das für die lange Haltbarkeit des Weines verantwortliche Herstellungsverfahren, nach den heizbaren Lagerbehältern Estufagem genannt, geht zurück auf eine Entdeckung in der Mitte des 18. Jahrhunderts. Bis dahin wurde Madeirawein als normaler Stillwein exportiert. Dann entdeckte man, dass ein Zusetzen von Branntwein die Haltbarkeit des Madeiras erhöht. Der Branntwein wurde großteils aus den Beerenüberschüssen destilliert. Bei diversen Fahrten in den Orient stellte man weiters fest, dass der Wein, der nicht verkauft werden konnte und wieder zurückgebracht wurde, durch das tropische Klima auf der Reise sanft alterte und sich enorm verbesserte. Man begann, den Wein durch Erwärmung zu behandeln, und heute ist die ursprünglich natürliche Erwärmung in den Lagerhallen in Funchal mit den dortigen heizbaren Behältern, den so genannten Estufas (Öfen), zur Vollendung der Weine perfektioniert worden. Dieses Erhitzen führt zu dem madeiratypischen, etwas rauchig anmutenden Geschmack. Die Traubenernte beginnt etwa Mitte August und dauert bis Ende Oktober. Die Trauben werden ausschließlich von Hand gelesen, gerebelt und nach einzelnen Rebsorten separat gepresst. Die temperaturgesteuerte Gärung erfolgt in großen Edelstahltanks. Nach vollendeter Gärung wird der Jungwein (Canteiro) unter Einsatz von einer der zwei unterschiedlichen Erwärmungsmethoden seiner ganz speziellen Behandlung unterzogen. Dieser Vorgang findet ausschließlich in Funchal statt.

Für die Erzeugung der billigeren Madeiraweine wird der Jungwein in großen Bottichen mit Heizschlangen aus rostfreiem Stahl mindestens drei Monate lang auf bis zu 50 °C erhitzt. Eine maximale

Erwärmungsdauer ist nicht vorgeschrieben. Der Wein wird während dieses Prozesses durch Propeller oder durch Pressluft ständig in Bewegung gehalten. Nach Abschluss dieser Behandlung wird zur Steigerung des Süßegehaltes eingedickter Süßmost beigegeben und anschließend der gewünschte Alkoholgehalt durch Zugabe von Weindestillat eingestellt. Madeiraweine haben einen Alkoholgehalt von 17 bis 22 Vol.-%. Man unterscheidet zwischen trockenen, halbtrockenen, halbsüßen und süßen Sorten.
Bei den besseren und teureren Weinen wird ein vorsichtigerer Erwärmungsvorgang angewandt. Dabei werden die Weine ebenfalls in heizbare Lagerbehälter gegeben, die außerdem in erwärmten Räumen stehen. Über einen Zeitraum von etwa sechs Monaten und länger werden die Weine langsam erhitzt, eine Zeit lang auf etwa 40 °C gehalten und dann langsam wieder auf Normaltemperatur gesenkt. Auch bei den Spitzenerzeugnissen wird unterschieden, ob der Wein trocken und halbtrocken oder halbsüß und süß ausgebaut werden soll. Für trockene und halbtrockene Madeiraweine wird der junge Wein voll durchgegoren. Weindestillat wird diesen Weinen erst nach der Erhitzung zugegeben. Für süße und halbsüße Sorten wird die Gärung durch Zugabe von Weinbrand unterbrochen, ähnlich der Herstellung von Portwein. Erst dann folgt der Erhitzungsvorgang. Die Süßung ergibt sich so durch die Erhaltung des Restzuckers. Auf die spätere Beigabe von Süßmost kann daher in der Regel verzichtet werden. Nach diesem Erzeugungsvorgang dauert die Lagerung des Weines mindestens bis zu seinem fünften Lebensjahr, bis er in den Verkauf kommt. Die Spitzenerzeugnisse reifen deutlich länger. Sie brauchen zumindest einen 10-jährigen Alterungsprozess, um ihren unnachahmlichen, leicht rauchigen und leicht säurebetonten Geschmack zu entwickeln. Madeira wird in Aroma und Geschmack umso konzentrierter, je älter er wird. Die Madeiras werden über den Hafen der Stadt Funchal exportiert, wo sich die Lagerhallen der Madeirafirmen befinden.

Gesetz

Die verschiedenen Madeiraweine werden reinsortig (das heißt bis zu mindestens 85 %) aus den Trauben gewonnen, die normalerweise auch auf den Etiketten genannt werden. Entsprechend ihrem Süßegrad sind dies in aufsteigender Reihenfolge:
Sercial: trockenster Madeira (Restzucker zirka 8–25 g/l). Er wird aus einer der Rieslingrebe verwandten Traubensorte gekeltert und eignet sich hervorragend als Aperitif. Der Sercial ist hell in der Farbe, hat ein leicht nussartiges Bukett und eine ausgeprägte Säure. Als junger Wein ist er eher herb im Geschmack. Mit zunehmendem Alter wird er weicher und milder, das Nussaroma tritt stärker in den Vordergrund. Manche Erzeuger verschneiden ihn mit Weinen der Tintatraube, um seine trockene Herbheit zu mildern.

Verdelho: trockener bis mitteltrockener, goldgelber Madeira mit mittlerem Extraktgehalt, elegantem, an Honig erinnerndem Geschmack und einem zartbitteren Abgang (Restzucker zirka 25–40 g/l). Bei dieser Sorte ist die charakteristische Rauchigkeit der Madeiras am stärksten ausgeprägt. Er wird sowohl als Aperitif als auch als Digestif geschätzt. Im Alter wird seine Farbe satt und dunkel.
Bual (Boal): nicht so süß wie der Malvasia und auch etwas leichter im Körper (Restzucker 40–60 g/l). Bual ist aber wuchtiger als die Sorten Verdelho und Sercial. Er hat einen ausgeprägten Duft mit einem auffallend samtigen Aroma sowie einen fruchtigen, harmonisch-eleganten Geschmack und ist von mittlerer bis tiefgoldener Farbe. Bual-Madeira zeichnet sich durch eine lange Lagerfähigkeit aus. Er wird oft als der vollkommenste Wein der Insel bezeichnet.
Malvasia (Malmsey): süßeste und dunkelste aller Sorten; besticht durch ein sehr duftiges Bukett (Restzucker 60–120 g/l). Die Trauben werden erst sehr spät geerntet, meist sind sie schon zu Rosinen eingeschrumpft. Mit zunehmendem Alter nimmt der Malvasia das Gepräge eines feinen Likörs an, gleichzeitig wird er etwas trockener. Er wird großteils als Digestif getrunken und ist für eine lange Lagerung gut geeignet.
Tinta (Tent): Er wird aus roten Tinta-Negra-Mole-Trauben gekeltert. Der Wein ist von tiefroter Farbe, die mit dem Alter zunehmend lohfarben wird. Das Bukett ist duftig, der Geschmack anfangs adstringierend, später weich und samtig. Tinta-Madeira wird gerne zum Verschneiden mit anderen Sorten verwendet.
Neben der Einteilung der Madeiras nach Rebsorten gibt es eine zweite Klassifizierung, und zwar nach dem Alter. Für diese Verschnittweine werden drei Klassen unterschieden, die jeweils auf der Etikette angegeben werden:

- **Reserve:** 3. Klasse; mindestens fünf Jahre alt.
- **Special Reserve:** 2. Klasse; mindestens zehn Jahre alt.
- **Extra Reserve:** 1. Klasse; mindestens 15 Jahre alt.

Vintage-Madeira

Jahrgangs-Madeira wird aus den Trauben einer bestimmten Rebsorte erzeugt, er darf nur aus einem Originalfass nach Beendigung der Reifung abgefüllt werden. Vintage-Madeira kann während seiner Alterung jedoch durchaus mit einem jüngeren Jahrgangswein aufgefrischt worden sein. In diesem Fall gibt die Jahrgangsangabe Auskunft über das Jahr der erfolgten Fassfüllung. Madeiras werden erst nach mindestens 20-jähriger Fass- und anschließender zweijähriger Flaschenlagerung zum Jahrgangs-Madeira erklärt. Sie sind nur selten zu finden.

Solera-Madeira

Dieser Madeira lagert zunächst 18 Monate im Fass und wird dann nach dem spanischen Solerasystem (wie beim Sherry) weiterbehan-

delt. Dabei werden Weine der gleichen Rebsorte verschnitten. Aus den Fässern mit dem reifsten Wein wird stets nur ein bestimmter Teil zur Abfüllung entnommen und mit dem nächstjüngeren Wein wieder ergänzt. Ein auf der Etikette eines Soleraweines angegebenes Jahr gibt keine Auskunft über das Alter des Weines. Es sagt lediglich, wann die erste Fassfüllung dieser Solera erfolgte. Solera-Madeira muss mindestens fünf Jahre alt sein, maximal aber zehn Jahre.
Für den optimalen Genuss eines Madeiras ist es wichtig zu wissen, dass süße Madeiras ungekühlt, trockene Sorten leicht gekühlt serviert werden sollten. Alte Vintage- und Solera-Madeiras sind teuer und kostbar. Sie müssen unbedingt vor dem Genuss dekantiert werden. Da die sehr alten Weine während der Lagerung ein Sekundärbukett (Flaschengeruch) entwickeln, muss ihnen vor dem Verzehr die Gelegenheit gegeben werden, genügend lange zu atmen. Die Flaschen sollten daher schon viele Stunden vor dem Servieren geöffnet werden. Angebrochene Flaschen können noch monatelang gelagert werden. Es empfiehlt sich jedoch, zur Erhaltung des Aromas einen angebrochenen Madeira in kleine Flaschen umzufüllen und ihn kühl aufzubewahren.
Das der autonomen Regionalregierung der Insel unterstellte Instituto do Vinho da Madeira kontrolliert vor dem Verkauf bei jedem Wein Ursprung und Qualität. Es erteilt das Siegel (Selo de Garantia) sowie für den Export ein entsprechendes Zertifikat. Zusätzlich wacht über die Qualität und Einhaltung aller Vorschriften noch die „Junta Nacional do Vinho“, ein Kontrollgremium, das sich auf dem portugiesischen Festland befindet.

Bekannte Erzeuger

Firma	*Ort*
→ Barbeito	Funchal
Blandy Brothers	Funchal
H. M. → Borges	Funchal
→ Henriques & Henriques	Cámara de Lôbos
Vinhos Justino Henriques, Filhos	Caniço-Santa Cruz
→ Madeira Wine Company (→ Cossart Gordon, Leacock, → Lomelino, → Rutherford & Miles, → Shortridge Lawton)	Funchal
→ Pereira d'Oliveira Vinhos	Funchal

MÁLAGA

Die Trauben werden auf Strohmatten in der Sonne getrocknet

Der Málaga ist ein durch Zusatz von Alkohol, Wein, Most und Mostkonzentraten versetzter Wein. Das gleichnamige spanische D.-O.-Produktionsgebiet wird in vier Zonen eingeteilt. Aus ihnen kommen die für die Erzeugung verwendeten Traubensorten Pedro Ximénez und Moscatel. Im Nordgebiet, um die Stadt Mollina, wird hauptsächlich die Traubensorte Pedro Ximénez angebaut. Aus dem Bezirk Axarquia, einem schmalen Küstenstreifen östlich von Málaga, kommen vor allem Moscateltrauben. Ebenso aus dem westlichen Küstenbezirk um die Stadt Manilva. Im Bergbezirk, in der Nähe von Cuebas de San Marcos, wird hauptsächlich die Traubensorte Pedro Ximénez gepflanzt.
Neben dem versetzten Wein werden unter der neu geschaffenen D.-O.-Bezeichnung Sierra de Málaga junge Weiß- und Rotweine mit einem Alkoholgehalt von weniger als 15 Vol.-% auf den Markt gebracht.

Statistische Daten

- Gesamtrebfläche rund 1.000 Hektar.
- Jährliche Gesamtproduktion rund 20.000 Hektoliter.

Geschichte

Der Málaga zählt zu den legendären spanischen Dessertweinen, die besonders in der Zeit der englischen Königin Victoria als Damenwein ihren Nachfragehöhepunkt hatten. Heute noch gilt er als ausgezeichneter Wein, wenn auch seine Bekanntheit und Beliebtheit nicht mehr so groß ist.

Klima

Das Klima ist im Norden und in den Bergen kontinental mit besonders heißen Sommern und Frost im Winter sowie mit Trockenperioden in den Monaten Mai bis Oktober. Die Niederschläge fallen meist in den Monaten November und Dezember. Die Weinlese erfolgt in den Monaten September und Oktober. An der Küste herrscht gemäßigtes, mediterranes Klima. Die durchschnittliche Jahrestemperatur beträgt 18,5 Grad Celsius. Die Niederschlagsmenge erreicht 400–500 Millimeter im Jahr bei einer direkten Sonneneinstrahlung von rund 3.000 Stunden im Jahr.

Böden

Die Böden unterscheiden sich sehr in den einzelnen Produktionszonen. Im Norden, auf einer Hochebene in der Gegend von Antequera, sind die Böden tief und lehmig. La Axarquia, östlich der Stadt Málaga, ist von verwitterten, schottrigen Schieferböden geprägt. In der hügeligen Landschaft nördlich von Málaga, in unmittelbarer Nähe des Mittelmeers, gedeihen auf Albarizaböden (Kreideböden) hauptsächlich Moscateltrauben. Die steilen Hanglagen im Osten weisen wiederum Schieferböden auf.

Rebsorten

Der Málaga mit seinem charakteristischen bittersüßen Geschmack wird aus vollreifen Trauben der Sorten Pedro Ximénez und Moscatel gewonnen. In geringem Umfang wird die weiße Rométraube angebaut.

Erzeugung

Die Trauben werden nach der Ernte auf Strohmatten aufgelegt und in der Sonne getrocknet. Nach dem Pressen, das außer bei der Sorte Lágrima mechanisch erfolgt, wird der Most mit Mostkonzentrat (→ Arrope) und einer karamellisierten Zuckerlösung vermischt. Anschließend wird er mittels Zugabe von Weinbrand im Alkoholgehalt verstärkt. Die guten Sorten werden nach dem Solerasystem (vgl. Sherry) veredelt, d. h., ältere Weine werden mit jüngeren vermischt. Unabhängig von dem jeweiligen Erntegebiet wird der Traubenmost zur weiteren Behandlung und zum Ausbau in die Stadt Málaga, die Hauptstadt der Costa del Sol, gebracht.

Gesetz

Das D.-O.-Qualitätsweinbaugebiet Málaga ist seit 1937 abgegrenzt und klassifiziert. Es werden folgende Málagatypen unterschieden:
Blanco Dulce: ist sehr süß und heller in der Farbe (meist golden) als der Dulce Color.
Blanco Seco: ist eher selten zu finden; hat eine blassgelbe bis bernsteinartige Farbe. Er ist trocken und geschmacklich geprägt durch einen Nuss- und Eichenholzton. Der Alkoholgehalt von Blanco Dulce und Blanco Seco schwankt zwischen 13,5 und 22 Vol.-%. Als **Malaga Dry** hat er einen Alkoholgehalt von 20 Vol.-%.
Dulce Color: ist eine der am häufigsten anzutreffenden Málagasorte. Er ist stark geprägt durch die Verwendung von eingedicktem Traubensirup (Mostkonzentrat). Der Geschmack ist daher sehr süß. Die Farbe erinnert an besonders dunklen Bernstein. Der Alkoholgehalt liegt zwischen 14 und 22 Vol.-%.
Lágrima: ist der feinste und teuerste Málaga. Ähnlich wie bei der Erzeugung der ungarischen Tokajeressenz (Tokaji esszencia) werden die Trauben nicht mechanisch gepresst, vielmehr wird nur der Saft verwendet, der durch den Druck des eigenen Traubengewichtes bei Auflage der Trauben auf die Keltertische abfließt. Lágrima ist süß, aromatisch und körperreich. Die Farbe reicht von Gold bis Braun. Der Alkoholgehalt liegt zwischen 14 und 22 Vol.-%. Noch süßer ist der Lacrima Christi. Sein Alkoholgehalt liegt mit 15–18 Vol.-% dafür etwas niedriger.
Moscatel: wird ausschließlich aus Moscatel-(Muskateller-)Trauben hergestellt, die ihm das fruchtige, sortentypische Aroma verleihen. Er ist süß, von dunkler Bernsteinfarbe und weist zwischen 15 und 20 Vol.-% Alkohol auf.
Pedro Ximénez: wird zu 100 Prozent aus der namengebenden Traube gekeltert. Er ist zu charakterisieren als bittersüßer, delikater Málaga mit dunkelbrauner Farbe, die einen rötlichen Schimmer hat. Der Alkoholgehalt liegt zwischen 16 und 20 Vol.-%.
Pajarete (Palaretz): ist ein dunkler, bernsteinfarbener, halbsüßer (semi-dulce) Málagatyp mit einem Alkoholgehalt von 15 bis 20 Vol.-%.
Tintilo: ist eine sehr süße rote Málagasorte mit einem Alkoholgehalt von 15 bis 16 Vol.-%.

Bekannte Erzeuger

Firma	*Ort*
Antigua Casa de Guardia	Málaga
Hijos de Antonio → Barcelo	Málaga
→ Larios SA	Málaga
→ López Hermanos SA	Málaga
Tierras de Mollina	Málaga

MARSALA

Der Marsala ist ein durch Zusatz von Alkohol, Wein, Most und Mostkonzentraten versetzter Wein. Seine gesetzlich vorgeschriebenen Erzeugungsgebiete sind die sizilianischen D.-O.-C.-Provinzen Trapani (mit der Hafenstadt Marsala), Palermo und Agrigento.

Geschichte

Der Engländer John Woodhouse aus Liverpool exportierte im Jahre 1773 erstmals den Dessertwein Marsala von Trapani aus nach England und gilt als dessen Erfinder. Marsala wurde damals als preiswerter Ersatz für Sherry und Portwein gesehen.

Klima

Das warme mediterrane Klima ist zeitweise feucht, mit wenig ausgeprägten Temperaturschwankungen. Zeitweise bewirken aber auch starke Westwinde ein Austrocknen der Böden, das durch die hohen Temperaturen im Sommer und die heißen afrikanischen Schirokkos noch verstärkt wird.

Böden

In der ganzen Provinz Trapani befinden sich Ton- und Kalkböden mit guter Wasserdurchlässigkeit, die teilweise recht tiefgründig sind.

Rebsorten

Aus den weißen Sorten Cataratto, Grillo und Inzolia (bis 15 Prozent Anteil) wird ein trockener Verschnittmost hergestellt.

Erzeugung

Der Most aus den oben genannten Sorten wird, außer beim Marsala Vergine, mit Ausbruchwein (rosinenartig geschrumpfte Beeren werden in Marsala-Grundmost ausgelaugt) und/oder eingekochtem Traubenmostkonzentrat (mosto cotto) versetzt und anschließend mit Destillat aus den Weinen der Gegend im Alkohol verstärkt. Der Wein wird mindestens vier Monate in Holzfässern gelagert. Bessere Sorten reifen bis zu fünf Jahre, seltene Spezialitäten auch weit darüber. Marsala ist dunkelrot bis braun und je nach Erzeugung trocken bis süß.

Gesetz

Im Jahre 1984 wurden neue D.-O.-C.-Bestimmungen für Marsala geschaffen, die u. a. die Zusätze und Herstellungsmethoden regeln. Es werden vier Grundtypen von Marsala unterschieden.

Marsala Fine: ist die Grundversion, von einfacher Qualität und zugleich der im Handel gängigste Marsala. Je nach Herstellung wird er trocken bis süß ausgebaut mit einem Säuregehalt von 4 bis 9 Promille. Der Mindestalkoholgehalt liegt bei 17 Vol.-%. Seine Reifezeit im Fass beträgt mindestens vier Monate. Er hat einen leicht bitteren Geschmack und darf nicht vor dem 1. Mai nach der Weinlese in den Verkehr gebracht werden. **Lacrima Christi** ist ein Marsala Fine. Er ist süß und hat 16 Vol.-% Alkohol.

Marsala Superiore: ist der bekannteste Marsala. Er ist medium-dry bis sweet und entspricht im Alkohol- und Säuregehalt dem Marsala Fine. Die obligatorische Reifezeit im Fass beträgt zwei Jahre, mit der Zusatzbezeichnung Riserva vier Jahre. Marsala Superiore kommt auch mit folgenden Bezeichnungen auf den Markt: Superior Old Marsala (S.O.M.), Garibaldi Dolce (G.D.), Italia Particolare (I.P.) und London Particular (L.P.). Marsala Superiore hat mindestens 18 Vol.-% Alkohol.

Marsala Vergine: ist der hochwertigste und beste Marsala. Er ist trocken, etwas sherryartig und wird ohne Mostkonzentrat oder sonstige Zusätze, jedoch unter Hinzufügung von Weindestillat nach der Solerامethode (vgl. Sherry) hergestellt. Sein Mindestalkoholgehalt beträgt 18 Vol.-%. Marsala Vergine kommt nicht vor Ablauf einer fünfjährigen Reifezeit auf den Markt. Mit den Prädikaten Riserva oder Stravecchio beträgt die Mindestlagerzeit zehn Jahre.

Marsala Speciale: So werden jene Marsalaweine genannt, die aromatisiert wurden. Sie müssen mindestens 18 Vol.-% Alkohol aufweisen und dürfen nicht vor dem auf die Weinlese folgenden 1. Juli auf den Markt gebracht werden. Wie beim Marsala Fine ist auch beim Speciale eine Mindestlagerzeit von vier Monaten im Fass vorgeschrieben. Die bekanntesten Sorten sind Marsala all'uovo (mit

Eigelb), Marsala chinato (mit Chinarindenextrakt), Marsala alla mandorla (mit Mandeln), Marsala alla fragola (mit Erdbeeren), Marsala alla banana (mit Bananen), Marsala alla arancio (mit Orangen) und Marsala alla caffè (mit Kaffeegeschmack).

Bekannte Erzeuger

Firma	*Ort*
De → Bartolì	Marsala
Florio	Marsala
Carlo Pellegrino	Marsala
Rallo Alvis SPA	Marsala

MAVRODAPHNE

Mavrodaphne ist ein durch Zusatz von Alkohol und Most versetzter Wein. Er ist delikat süß, zartbitter und weist eine kontrollierte Ursprungsbezeichnung (O.-P.-E.-Wein) auf. Er wird aus roten Mavrodaphnetrauben gekeltert und ist einer der besten Likörweine Griechenlands. Das Hauptanbaugebiet der Rebsorte liegt in der Nähe von Patras. Rund 125 Hektar sind dort mit der Mavrodaphne bepflanzt. Davon leitet sich die häufig verwendete Bezeichnung **Mavrodaphne Patras** ab. Der Hektarertrag ist mit maximal 75 Hektolitern festgelegt. Das Mostgewicht des Grundweines zur Herstellung des Dessertweines liegt bei zirka 19 °KMW. Der süßliche, intensiv rote Wein wird mit Weingeist versetzt, um die Gärung zu stoppen. Der Alkoholgehalt des Fertigproduktes liegt bei 15 Vol.-%. Der Wein zeigt erst nach etwa vier Jahren seine typischen Qualitätsmerkmale. Er ist sehr lange lagerfähig. Der **Mavrodaphne Kephalonia** kommt von den griechischen Inseln Kephalonia und Ithaka. Er entspricht in Charakter und Herstellungsweise dem Mavrodaphne Patras.

MONTILLA-MORILES

Die D.-O.-Herkunftsbezeichnung bezieht sich auf die gesamte Hügellandschaft im Süden der spanischen Provinz Córdoba, nordöstlich von Jerez. Die Montillas sind zwar teilweise den Sherrys ähnlich, möchten sich aber eigentlich abgrenzen. Viel Werbung und intensive Informationskampagnen der beiden großen Erzeugerfirmen → Alvear und → Pérez Barquero tragen dazu bei.

Tongefäße zur Gärung

Statistische Daten

- Gesamtrebfläche rund 10.000 Hektar.
- Jährliche Gesamtproduktion rund 700.000 Hektoliter.

Klima

Montilla-Moriles gilt als eines der sonnenheißesten Weinbaugebiete Spaniens mit Temperaturen zwischen 40 und 45 °C im Sommer. Die Niederschläge liegen bei 650 Millimeter jährlich und fallen primär in den Monaten November bis April. Die durchschnittliche Sonneneinstrahlung liegt bei 2.800 bis 3.000 Stunden im Jahr.

Böden

Zwei Bodentypen sind vorherrschend, und zwar Albero und Arenas. Albero ist ein weißlich-kreidiger Boden mit hohem Kalkgehalt, der sehr gut Wasser speichert und die Rebstöcke in den langen, trockenen Sommern mit entsprechender Feuchtigkeit versorgt. Arenas sind primär sandige Böden mit steinigem Lehm und einem normalen Anteil an Kalk.

Rebsorten

Pedro Ximénez ist die Hauptsorte; auf sie entfallen über 95 Prozent der gesamten Rebfläche. Die natürlichen Bedingungen, der Boden, die Hitze und die Trockenheit sind hervorragend geeignet für diese Rebsorte. Sie bringt Trauben mit einem sehr hohen Zuckergehalt hervor. Die Ernteerträge sind jedoch eher gering. Der Most lässt sich bis zu einem Alkoholgehalt von 14 bis 16 Vol.-% vergären. Weitere weiße Traubensorten sind Moscatel, Airén und Baladí. Die Weinlese beginnt in der Regel in der ersten oder zweiten Septemberwoche und dauert meist einen Monat.

Erzeugung

Der Most wird nach der Traubenernte in großen, tönernen, birnenförmigen Gefäßen vollständig durchgegoren. Nach Abschluss der Gärung erfolgt eine Prüfung, bei der die weitere Behandlung entschieden wird. Die als **Joven Afrutado** bezeichneten jungen, frischen, leichten Weißweine haben einen Alkoholgehalt von 10 bis 12 Vol.-% und werden meist mit der Bezeichnung der Herkunftstraube Pedro Ximénez auf den Markt gebracht.

Die anderen Weine werden einer malolaktischen Säureumwandlung unterzogen und dann gelagert, bis die Florentwicklung einsetzt. Sie erreichen aus ihrem natürlichen Zuckergehalt eine Alkoholstärke von 15 bis 15,5 Vol.-%. Sie müssen nicht aufgespritet werden, sind aber oft in einer Solera (vgl. Sherry) ausgebaut.

In den meisten Fällen werden die Weine jedoch wie in Jerez behandelt, d. h. mit Destillat versetzt. Auch hier entsteht nach der ersten Gärung ein Flor. Der weitere Ausbau erfolgt nach dem Soleraverfahren. Die so ausgebauten versetzten Weine sind den Sherrys im Charakter ähnlich. Verschiedene Sorten sind im Handel:

Fino: Der Fino aus Pedro-Ximénez-Trauben ist von hellgelber Farbe, trocken bis leicht bitter und gleichzeitig weich im Geschmack mit leichten Mandeltönen. Sein Alkoholgehalt liegt zwischen 14 und 17,5 Vol.-%.

Amontillado: Der länger gelagerte Fino wird zum Amontillado. Auch er ist trocken und hat ein intensives, haselnussartiges, finessereiches Aroma. Seine Farbgebung reicht von Altgold bis Bernstein. Der Alkoholgehalt liegt bei 16–22 Vol.-%.

Palo Cortado: Er ist mit seinem nussartigen Aroma dem Amontillado und in Geschmack und Farbe dem Oloroso ähnlich. Palo Cortado kommt mit 16–18 Vol.-% auf den Markt.

Oloroso: Der Oloroso-Montilla entspricht in seinem Charakter weitgehend dem Oloroso-Sherry. Er hat meist einen Alkoholgehalt von 16 bis 18 Vol.-%, manchmal auch von 20 Vol.-%. Er ist im Allgemeinen leicht süß, vereinzelt trocken. Dabei ist er stets vollmundig, samtig und aromatisch. Kenner schätzen ihn als Aperitif und Digestif gleichermaßen.

Raya: Er ist dem Oloroso ähnlich, jedoch geringer in Ausdruck und Qualität.

Pedro Ximénez: Er entspricht in etwa dem Cream-Sherry und wird aus Pedro-Ximénez-Trauben hergestellt. Er ist dunkel, rubinfarben und mit einem Alkoholgehalt von mindestens 13 Vol.-%, normalerweise jedoch deutlich darüber. Der Zuckergehalt liegt über 272 Gramm pro Liter.

Bekannte Erzeuger

Firma	*Ort*
→ Alvear SA	Montilla
Bodegas Espejo	Montilla
Navisa Industrial Vinicola Espana	Montilla
→ Pérez Barquero SA	Montilla

MOSCATEL DE SETÚBAL

Das kleine portugiesische Weinbaugebiet mit Ursprungsbezeichnung liegt mit seinen niedrigen Hügelzügen im südlichen Teil der Halbinsel Arrábida, also südöstlich von Lissabon. Die Gattungsbezeichnung Moscatel de Setúbal gilt für einen der besten und feinsten Muskat-Dessertweine der Welt.

Statistische Daten

- Gesamtrebfläche rund 100 Hektar.
- Jährliche Gesamtproduktion rund 2.300 Hektoliter.

Klima

Das Klima ist subtropisch bis maritim, zwar vom Atlantik beeinflusst, aber warm mit geringen Temperaturschwankungen. Die Niederschläge erreichen etwa 500 Millimeter im Jahr.

Böden

Die wichtigsten Bodenformen sind sandige Lehm- und Kalkböden. Nur diese werden zum Anbau genutzt, nicht jedoch die in diesem Gebiet häufig anzutreffenden reinen Sandböden.

Rebsorten

Die wichtigste Rebsorte für die weiße Version ist Moscatel de Setúbal (Muscat Alexandria). Es können auch die weißen Traubensorten

Tamarez, Malvasia und Arinto mitverwendet werden. Die wichtigste rote Traubensorte ist Moscatel Roxo. Bei dieser Version werden die Traubensorten Arinto und Fernão Pires mitverarbeitet.

Erzeugung

Ähnlich wie bei der Portweinbereitung wird die erste stürmische Gärung durch Zugabe von Destillat gestoppt. Danach wird der Most in Großtanks mit einem Fassungsvermögen von etwa 12.000 Liter gefüllt und die intensiv aromatischen Schalen von Muskatbeeren werden hinzugefügt. Im Frühjahr wird der Wein von der Maische getrennt und ein Jahr in den großen Behältnissen belassen. Danach wird er gefiltert und in 600-Liter-Fässern mindestens zwei Jahre gealtert, vielfach jedoch vier oder fünf Jahre. Häufig kommt Moscatel de Setúbal sogar nach deutlich längerer Lagerung von sechs Jahren und mehr in den Verkauf. Er zeichnet sich auch dann noch durch ein frisches Bukett mit starkem Traubenaroma aus. Manche Produkte werden erst im Alter von 25 Jahren abgefüllt. Nach dieser langen Lagerzeit ist der Wein von dunkler Farbe, hat einen pikanten Duft nach reifen Trauben und einen reichen, süßen, honigähnlichen und an Rosinen erinnernden Geschmack. Die Abfüllung der Weine erfolgt grundsätzlich unmittelbar vor dem Verkauf. Der Alkoholgehalt von Moscatel de Setúbal ist in der Regel etwas niedriger als der von Portwein und liegt zwischen 16,5 und 22 Vol.-%. Der Geschmack ist trotz seiner Süße sehr delikat und fruchtig.
Aus der Rebsorte Moscatel Roxo wird eine sehr limitierte Menge von rotem Moscatel de Setúbal hergestellt. Er ist etwas trockener, nicht so vielfältig im Charakter und benötigt zur Reifung eine lange Lagerzeit.

Bekannte Erzeuger

Firma	***Ort***
José Maria da → Fonseca	Vila Nogueira de Azeitão
Quinta de Santo Amaro	Azeitão

PICO

Die in der ersten Hälfte des 15. Jahrhunderts entdeckte Azoreninsel vulkanischen Ursprungs mit einer Länge von 42 Kilometern und einer (größten) Breite von 15 Kilometern wird von einem alles überragenden Berg mit einer Höhe von 2.351 Metern beherrscht. Hauptsächlich an der Westküste der Insel sowie in zwei kleinen Weingärten im Nordosten (Prainha) und Osten (Piedade) werden weiße Trauben der Sorten Arinto, Terrantês und Verdelho dos Açores angebaut.

Die Weine aus dieser zu einem I.-P.-R.-Gebiet zusammengefassten Zone werden ausschließlich zur Gewinnung des Likörweines Pico eingesetzt. Ein Teil der Ernte wird zur Insel Graciosa geliefert und dort bei der Herstellung der Graciosa-Trinkweine mitverarbeitet.
Die Reben wachsen auf flachen Böden in unmittelbarer Nähe der Küste bis hinauf zu 100 Meter Seehöhe. Die Reben werden gegen den Wind durch Bruchsteinmauern geschützt, die die Weingärten mit einem rechtwinkligen Muster durchsetzen. Nach der Ernte wird der Most in 750-Liter-Fässern vergoren. Bei Erreichen der gewünschten Restsüße wird die Gärung durch Zugabe von Weindestillat bis zu einem Alkoholgehalt von 16,5 Vol.-% gestoppt. Der Gesetzgeber schreibt eine anschließende Mindestlagerzeit von drei Jahren in Holzfässern vor. Erst dann kommt der V.-Q.-P.-R.-D.-Wein zur Abfüllung und in den Verkauf. Das fertige Produkt hat einen Mindestalkoholgehalt von 16 Vol.-%. Sein Geschmack ist gut strukturiert und komplex mit leichten Kräuternoten.

PINEAU DES CHARENTES

Dieser A.-O.-C.-Dessertwein kann in der gesamten für die Cognac-Gewinnung festgelegten „Région délimitée" hergestellt werden. Sie heißt Charente, der Likörwein trägt die Appellation Pineau des Charentes Contrôlée. Zur Erzeugung wird der frisch gepresste rote oder weiße Traubensaft (aus Pineau Noir oder Pineau Blanc), der einen Mindestgehalt an natürlichem Zucker von 170 g/l haben muss, unmittelbar nach der Ernte durch die Zugabe von Cognac an der Gärung gehindert. Manchmal werden auch alte, bereits lange gelagerte Destillate verwendet. Je nach Marke erfolgt vor der Abfüllung und dem Verkauf eine kürzere oder längere Lagerzeit. Der saubere, harmonische, fruchtig-süße Geschmack kommt als Aperitif ebenso zur Geltung wie als Begleiter zu diversen Vor- und Nachspeisen. Pineau des Charentes hat normalerweise einen Alkoholgehalt von 17 Vol.-%, manchmal auch bis zu 22 Vol.-%.

PORTWEIN

Portwein ist ein durch Zusatz von Alkohol und Most versetzter Wein. Vinho do Porto, die portugiesische Bezeichnung für Portwein, ist eine geschützte Herkunftsbezeichnung für Wein aus Porto (Oporto). Der aus den Weinen des Ursprungsgebietes Douro hergestellte Portwein wird hauptsächlich von dieser Stadt aus in die ganze Welt exportiert.

Statistische Daten

- Gesamtrebfläche rund 40.500 Hektar.
- Jährliche Gesamtproduktion rund 730.000 Hektoliter.

Die Bodega Quinta do Noval

Geschichte

Die Geschichte des Portweins beginnt 1680, als zur Zeit Oliver Cromwells zum ersten Mal englische Weinkaufleute dem portugiesischen Rotwein aus dem Dourogebiet zur besseren Haltbarkeit während des Transportes nach England bis zu 20 Prozent Branntwein beimischten. Und bis in die heutige Zeit dominieren die Engländer – neben den Holländern – das Portweingeschäft. Das ist unschwer an den englischen und holländischen Namen der meisten Portweinfirmen abzulesen. Das älteste heute noch bestehende Portweinhaus ist Warre. Es wurde im Jahre 1670 gegründet und gehört zur → Symington-Gruppe. Acht Jahre später begann → Croft, kurz darauf → Taylor. Eine große Anzahl weiterer Gründungen folgte im 18. Jahrhundert.

Klima

Wie das Sherrygebiet ist auch das Anbaugebiet für Portwein durch besondere klimatische Bedingungen zu charakterisieren. Die Winter sind im Osten des Dourotales sehr kalt, im Westen feucht. Die Sommer sind generell niederschlagsfrei und sehr heiß mit Temperaturen von über 40 Grad Celsius. Die hohen Gebirgszüge schützen es vor den atlantischen Winden.

Böden

Die Schieferböden wirken in den kühleren Nächten als Wärmekissen und geben den Trauben zusätzliche Reifestunden. Die Weinberge auf diesen steilen Talhängen sind terrassenförmig angeordnet und folgen dem natürlichen Kurvenverlauf der Landschaft.

Rebsorten

Über 100 autochthone Rebsorten gibt es im Dourogebiet. Knapp die Hälfte sind für die Portweinerzeugung zugelassen. Die roten Hauptrebsorten sind Touriga Nacional, Bastardo, Mourisco, Tinta Amarela, Tinta Barroca, Tinta Francisca, Tinta Roriz und Tinto Cão. Für die Herstellung der White Ports werden hauptsächlich die Sorten Donzelinho, Esgana Cão, Folgasão, Gouveio (Verdelho), Malvasia Fina, Rabigato und Viosinho verwendet.
Die Weinlese dauert von Anfang September bis Ende Oktober. Aufgrund der oft kleinen Anbauflächen und der steilen Hangneigungen bis zu 60 Grad sind auch heute noch viele Tätigkeiten im Weinberg und die Lese von Hand erforderlich.

Gesetz

Bereits im Jahre 1756 wurde das Portweingebiet abgegrenzt. Es ist somit das älteste gesetzlich definierte Weinbaugebiet der Welt und trägt den Namen Douro. Marquis de Pombal schuf in dieser Zeit die Grundgesetze für die Qualitätskontrolle bei Portwein. Und die Portugiesen können mit Stolz behaupten, damit lange vor Frankreich, das allgemein als das bedeutendste Weinland der Welt gilt, eine Appellation d'Origine Contrôlée für ihre Weine eingeführt zu haben. In den Jahren 1907 und 1982 wurden die Grenzen des D.-O.-C.-Anbaugebietes geringfügig korrigiert und neu festgelegt. Portwein darf nur aus dem oberen Dourotal (Alto Douro) stammen. Es erstreckt sich etwa 100 Kilometer östlich von Porto bis zur spanischen Grenze. Das Zentrum dieser Region liegt um die Stadt Peso da Régua. Hier mündet das Flüsschen Corgo in den Douro und teilt die Region in die Gebiete Cima-(Ober-)Corgo und Baixo-(Unter-)Corgo. Aus Cima-Corgo kommen die besten Erzeugnisse, vor allem der überwiegende Anteil der hervorragenden Vintage Ports.
In Peso da Régua befindet sich auch der Sitz der Casa do Douro. Dieser Organisation gehören rund 30.000 Winzer an. Sie ist verantwortlich für die Klassifizierung der Weinberge und teilt diese in sechs Kategorien, von A bis F. Die höchsten Klassen, nämlich A und B, erzielen die höchsten Preise und sind auch berechtigt, den größten Anteil des Traubengutes zur Portweinerzeugung zu verwenden. Denn jährlich darf nur etwa ein Drittel der Traubenernte des

Anbaugebietes zu Portwein verarbeitet werden. Schließlich hängt die Qualität des späteren Portweins weitgehend von der Güte der verwendeten Trauben ab. Der Rest der Produktion wird zu Tischwein verarbeitet bzw. zu Weinbrand destilliert. Ein Teil des Weinbrandes wird für die Portweinherstellung eingesetzt. Der Großteil des verwendeten Branntweines kommt jedoch aus dem Süden Portugals.
Das portugiesische Weingesetz gehört zu den strengsten der Welt. Es regelt den Anbau, die Herstellung, die Lagerung und den Export. Erst nach vielen Qualitäts- und Mengenprüfungen bekommt eine Flasche Portwein vom Instituto do Vinho do Porto (Portweininstitut), das in Porto seinen Sitz hat, ein Staatssiegel. Es ist in Form einer Banderole mit fortlaufender Nummer über dem Korken angebracht. Die Flaschenfüllung in Portugal ist obligatorisch.

Erzeugung

Die Trauben werden sofort nach der Ernte in die großen Maisch- und Pressmaschinen geschüttet, die sie entstielen, maischen und pressen. Früher wurde das Traubengut in großen Steinbottichen mit den Füßen gestampft. Heute wird diese Methode des natürlichen Maischens kaum mehr angewendet, obwohl sie eine höhere Farbauslaugung der Beeren bewirkt, was wiederum ein farbintensiveres Endprodukt zur Folge hat. Von den Pressmaschinen wird die Maische in Zementbehälter bzw. Stahltanks gepumpt, in denen sie kühl gehalten wird, um eine vorzeitige Gärung zu verhindern. Nach zirka zwei Tagen, wenn der Behälter voll ist, wird er verschlossen.
Nach kurzer Zeit entwickelt sich in den Behältern genügend Wärme, die die Gärung auslöst. Wenn der Zucker zur Hälfte vergoren ist – der Wein hat dann einen Alkoholgehalt von etwa 8 Vol.-% –, wird ihm Weindestillat bzw. Branntwein aus Wein mit 77 Vol.-% zugefügt. Das Verhältnis der Beimengung ist stets 100 Liter Destillat zu 450 Liter Most. Damit wird die Gärung gestoppt. Das entstandene Zwischenprodukt erreicht einen Alkoholgehalt von 19 bis 22 Vol.-% und ruht zwei Monate lang bis zum ersten Umfüllen. Dabei wird der Bodensatz entfernt und der Alkoholgehalt, falls nötig, korrigiert.
In früheren Jahren musste der gesamte für den Handel vorgesehene Portwein in den Kellereien von Vila Nova de Gaia gealtert und in Flaschen gefüllt werden. Der Ort liegt gegenüber von Porto, am anderen Ufer des Douro, und gehört, obwohl 100 Kilometer vom Ursprungsgebiet der Weine entfernt, mit zum D.-O.-C.-Gebiet. Die Gesetzgebung vom 26. Juni 1986 hat festgelegt, dass nicht nur der Anbau, sondern auch der Ausbau und das Abfüllen der Portweine im eigentlichen Produktionsgebiet am Douro stattfinden kann. Einige Winzer, die ursprünglich ihre Weinproduktion an verschiedene Handelshäuser verkauften, vermarkten heute ihre Weine selbst und werten so den Begriff „ausgebaut und abgefüllt beim Erzeuger“ wieder auf.

Da die Wein-Branntwein-Mischung nur langsam einen harmonischen Geschmack entwickelt, ist eine längere **Lagerung** bzw. Ruhezeit notwendig. Sie erfolgt in Holzfässern, die in großen, halbdunklen, meist überirdischen Lagerräumen liegen. Das im Vergleich zum Douro kühlere und feuchtere Klima des Ortes Vila Nova de Gaia verursacht eine sehr positive Entwicklung der Weine. Der Ausbau im heißeren Dourotal wird daher langfristig zu anderen Qualitäten führen. Auch der Verschnitt verschiedener Grundweine zum endgültigen Produkt erfolgt in den Kellereien selbst. Das Instituto do Vinho do Porto überwacht streng die ordnungsgemäße Durchführung aller einzelnen Herstellungsschritte vom Anbau und von der Herkunft der geernteten Trauben bis zur Abfüllung und zum Export.
Die Lagerung kann je nach Sorte zwei bis 50 Jahre dauern. Die meisten Portweine altern ausschließlich im Fass, nur einige in der Flasche. In Ausnahmefällen wird Portwein kurz im Fass und anschließend in der Flasche gelagert. Mit seltenen Ausnahmen ist er immer ein Verschnitt aus verschiedenen Traubensorten und von verschiedenen Weinbergen verschiedener Jahrgänge. Vintage Ports und Colheitas werden auf unterschiedliche Weise aus Weinen eines Jahrganges hergestellt. Die im Jahr 1986 neu geschaffene Gesetzgebung lässt mehr Weine dieser beiden Sorten erwarten.
Aufgrund der vielen Verschnittmöglichkeiten kann ein einmal erzielter gewünschter Geschmack relativ konstant gehalten werden. Portweine können alt oder jung, rot oder weiß, sehr süß, süß, halbsüß, halbtrocken oder auch trocken bzw. extra trocken sein. Traditionsgemäß sind die roten Portweine, die den weitaus größten Teil ausmachen, meistens süß, die weißen dagegen eher trocken. Während die roten Portweine durch längere Fasslagerung immer heller werden, verändert sich die Farbe der weißen mit zunehmender Lagerzeit von hell bis dunkel.

Portweinarten

White Port (weißer Portwein)

Er wird ausschließlich aus weißen Trauben gewonnen. Der Most wird zunächst trocken durchgegoren und erst dann mit Weindestillat verstärkt. Nach zwei bis drei Jahren Fasslagerung, meist in besonders großen Fässern, wird er abgefüllt. Es gibt trockene und sehr selten süß ausgebaute Sorten. White Ports, die mengenmäßig eine untergeordnete Rolle spielen, werden gekühlt als Aperitif getrunken. Eine Variante des weißen Portweines ist der so genannte „Leve Seco“. Er ist sehr trocken und hat einen Alkoholgehalt von 16,5 Vol.-%.
Bei den **roten Portweinen** werden folgende unterschiedliche Qualitäten angeboten:

Ruby

Er ist der jüngste fassgereifte Portwein. Beim Ruby handelt es sich um eine Cuvée, die im Durchschnitt mindestens drei Jahre alt ist.

Er ist hell- bis tiefrot in der Farbe, die an Rubine erinnert. Der Wein schmeckt ausgeglichen und körperreich. Er hat aufgrund der relativ kurzen Lagerzeit einen typisch frischen, fruchtigen Geschmack. Ruby altert oft in besonders großen Fässern, die durch den verminderten Kontakt mit Holz und Sauerstoff eine geringere Oxidation erlauben.

Vintage Character

Er ist dem Ruby sehr ähnlich, man kann ihn auch als Premium Ruby bezeichnen. Der Vintage Character ist ein Verschnitt hochwertiger Rubys mehrerer Jahrgänge, der nach etwa drei- bis vierjähriger Lagerung abgefüllt wird. Er sollte noch weitere acht bis zehn Jahre in der Flasche bis zu seinem Höhepunkt reifen. Häufig kommt er leider unmittelbar nach der Abfüllung in den Verkauf. Vintage Character zeichnet sich im Geschmack durch eine komplexe Struktur mit kräftigem Körper aus. Neben der Frucht hat er einen ausgeprägten, anregenden Tannincharakter. Mit zunehmendem Alter wird er runder, komplexer und vielschichtiger.

Tawny

Tawnys sind die gängigsten Portweinqualitäten. Die Cuvées mit ausgeprägt oxidativem Charakter reifen in Fässern mit einem Fassungsvermögen von 500 bis 600 Liter. Während der Lagerzeit von durchschnittlich etwa fünf Jahren, manchmal auch deutlich länger, wandelt sich die ursprünglich tiefrote Farbe zu eher rotbraunen Tönen mit einem Stich ins Gelbliche, sie wird also deutlich heller. Tawny heißt im Englischen fahlrot.

Duft und Geschmack sind von Marke zu Marke verschieden. Die Qualitäten schwanken von sehr gut bis mäßig. Billige Tawnys sind oft Verschnitte von rotem und weißem Portwein. Ausgereifte Tawnys zeichnen sich durch eine feine Struktur, eine leichte bis volle Süße und ein intensives, reifes Weinaroma aus. Sie sind halbtrocken oder süß.

Besonders gute Qualitäten kommen oftmals als **Tawnys mit Altersangabe** auf den Markt. Manchmal tragen sie auch die Bezeichnung **Fine Tawny.** Auch diese Tawnys sind Mischungen verschiedener Jahrgänge und Weine, die in Eichenfässern bis zu ihrem Höhepunkt gereift wurden. Das Durchschnittsalter und der jeweils typische Charakter bestimmen die Altersangabe auf der Etikette: 10 Jahre, 20 Jahre, 30 Jahre oder mehr als 40 Jahre. Das Abfülljahr ist ebenfalls auf der Etikette oder auf der Rückenetikette zu finden. Die typischen Kennzeichen eines Tawnys mit Altersangabe sind seine Dichte in Duft und Geschmack, seine vielfältigen Aromen, seine Kraft und Reife, gekoppelt mit erstaunlicher Frische und Eleganz. Die Farbe der Tawnys wird mit zunehmendem Alter immer heller, die Süße geht zurück.

Colheita

Von Tawny- bzw. Fine-Tawny-Qualität ist auch der Colheita, bei dem es sich um einen Verschnitt lang gelagerter Weine eines Jahrgangs handelt. Manchmal wird auch der Begriff Reserva verwendet. Colheitas altern im Fass und dürfen frühestens nach sieben Jahren auf Flaschen gezogen werden. Auf der Etikette sind sowohl das Erntejahr als auch das Abfülljahr verzeichnet. Der Geschmack dieser Weine ist weich, rund, mild, vollmundig und äußerst komplex.

Vintage Port

Ist die Ernte eines Jahrgangs von außergewöhnlicher Qualität und wird dies vom Portweininstitut nach entsprechender Anmeldung bestätigt, dann wird dieser Wein unverschnitten im Fass gelagert. Nach zweijähriger Fasslagerung – im Zustand des Rubys – entscheidet der Kellermeister, ob sich dieser Jahrgang für einen Vintage eignet. Das Portweininstitut muss erneut zustimmen. Danach wird der Port innerhalb einer kurzen Frist in Flaschen abgefüllt. Es beginnt die eigentliche Reifezeit. Vintage Port braucht viele Jahre, in der Regel mindestens zwölf Jahre, häufig aber noch viel mehr, bis er den Höhepunkt seiner langsamen Reife erreicht hat. Dann erst zeigt er sein bemerkenswert vollmundiges, kraftvolles und finessereiches Geschmacksbild. Die Reifung erfolgt unter Luftabschluss. Vintage Ports müssen auf der Hauptetikette den Erntejahrgang sowie das Jahr der Abfüllung und die Bezeichnung Vintage tragen. Zu den Vintages gehören auch die so genannten **Single Quinta Vintages,** die nur aus den Trauben eines Weingutes stammen, dessen Namen sie tragen. Sie werden im Weingut im Dourogebiet ausgebaut.
Vintages können auch schon nach dem Abfüllen in den Verkauf kommen. Sie bieten dann den Genuss eines guten Rubys. Neben ihrer intensiven roten Farbe weisen sie fruchtige und blumige Aromen auf. Der Geschmack wird, neben dem intensiven Aroma, jedoch manchmal durch die adstringierende Gerbsäure mitbestimmt. Ihrer natürlichen Bestimmung entsprechend, sollte man daher diesen Weinen eine möglichst viele Jahre dauernde Flaschenreifung gönnen, damit sie ihre großen Eigenschaften entwickeln können. Die besten Jahrgänge bei Vintage Ports sind 1945, 1955, 1960, 1963, 1966, 1970, 1977, 1980, 1983, 1985, 1994, 1995, 1996, 1997, 2000.
Manchmal findet man noch die Bezeichnungen **Crusted Port** oder **Crusting Port.** Sie sind nicht anerkannt und werden seit 1984 nicht mehr verwendet. Mit diesen Bezeichnungen wurde auf das eine Kruste bildende Depot hingewiesen, das sich bei Vintage Ports während der langen Flaschenlagerung bildet.
Die in der Flasche gereiften Portweintypen haben mengenmäßig eine eher geringere Bedeutung. Als wichtigster Vertreter ist der Vintage Port zu nennen.

Late Bottled Vintage (LBV)
Er wird ebenfalls aus einem guten Jahrgang hergestellt. Im Gegensatz zum Vintage hat dieser Wein bereits eine Lagerzeit von vier bis sechs Jahren im Holzfass erlebt, bevor er vom Kellermeister als besonders geeignet für eine anschließende Flaschenreifung erkannt worden ist. LBV-Port hat ebenfalls eine intensive dunkelrote Farbe. Im Vergleich zum Vintage Port ist der Geschmack leichter und gerbstoffreicher, versehen mit einer oxidativen Komponente. Er entwickelt während der Flaschenreifung keinen oder nur einen geringen Bodensatz. Auf der Hauptetikette müssen der Jahrgang, das Abfüllungsjahr sowie die Bezeichnung Late Bottled Vintage bzw. LBV genannt werden. Man ist seit einigen Jahren dazu übergegangen, diese Weine ebenfalls bereits kurz nach ihrer Abfüllung zu verkaufen. Die erforderliche Reifezeit zum Ausbau der möglichen Finessen wird somit dem Käufer übertragen. Sehr häufig dürften diese Weine dadurch aber bereits zum Konsum gelangen, bevor sie ihren eigentlichen Höhepunkt in Duft und Geschmack erreicht haben.
Eine weitere Ausnahme bildet der **Port Wine with the Date of Harvest** (Portwein mit Erntedatum). Hierbei handelt es sich um einen vom Portweininstitut anerkannten Jahrgangsport, der im Unterschied zum Vintage erst nach dem siebten Jahr Fasslagerung in Flaschen gefüllt worden ist. Auf der Etikette müssen das Erntejahr und das Abfülldatum stehen.
Alle Klassifizierungen müssen beim Portweininstitut beantragt und von diesem nach einer eingehenden Prüfung bestätigt werden. Exakte Vorschriften bestehen hinsichtlich der typischen Merkmale des Portweins, nicht jedoch bezüglich vorgeschriebener Lagerzeiten. Das Instituto do Vinho do Porto teilt auch die einzelnen Geschmacksrichtungen der Portweine entsprechend ihrem jeweiligen Zuckergehalt in sechs Klassen ein. Die Maßeinheit sind Baumégrade (Bé). Sie messen das spezifische Gewicht von Flüssigkeiten bei 20 °C und teilen die Ports ein in:

- Very Sweet (lágrima): sehr süß.
- Rich oder Sweet (doce): süß.
- Medium Sweet (meio doce): halbsüß.
- Medium Dry (meio seco): halbtrocken.
- Dry (seco): trocken.
- Extra Dry (extra seco): sehr trocken.

Das Gesetz sieht für alle Portweine einen Alkoholgehalt zwischen 19 und 22 Vol.-% vor. Die ideale Serviertemperatur liegt zwischen 15 und 17 °C, mit Ausnahme des trockenen White Ports, der eine Trinktemperatur von 10 bis 11 °C aufweisen sollte. Grundsätzlich kann man sagen, je älter der Portwein ist, desto höher sollte die Serviertemperatur sein. Bei älteren Ports, die ein Depot haben, empfiehlt sich das Dekantieren. Es sollte jedoch bei Vintages möglichst unterlassen werden, da dieser flaschengereifte Port auf Sauerstoff negativ reagiert. Eine einmal geöffnete Flasche Vintage muss möglichst rasch konsumiert werden, da sich die Vielfalt seiner Nuancierungen innerhalb relativ kurzer Zeit verflüchtigt. Ein Vintage lässt sich geöffnet somit auch nicht aufbewahren. Im Fass gereifte Ports und Colheitas können im Anbruch ohne Qualitätsverlust längere Zeit aufbewahrt werden. Es empfiehlt sich jedoch die Umfüllung in kleinere Flaschen sowie eine kühle Aufbewahrung.

Bekannte Erzeuger

Firma	*Ort*
→ Barros Almeida	Vila Nova de Gaia
J. W. → Burmester	Porto
A. A. → Cálem	Vila Nova de Gaia
→ Cockburn	Vila Nova de Gaia
→ Croft	Vila Nova de Gaia
→ Delaforce	Vila Nova de Gaia
→ Ferreira	Vila Nova de Gaia
→ Forrester	Vila Nova de Gaia
→ Messias	Vila Nova de Gaia
→ Niepoort	Porto
→ Osborne	Vila Nova de Gaia
Manoel D. → Poças Júnior	Vila Nova de Gaia
→ Quinta do Noval	Vila Nova de Gaia
Adriano → Ramos-Pínto	Vila Nova de Gaia
→ Royal Oporto Wine Company	Vila Nova de Gaia
→ Sandeman	Vila Nova de Gaia
→ Symington-Gruppe	Vila Nova de Gaia
→ Taylor, Fladgate & Yeatman	Vila Nova de Gaia

PROSEK

Die Halbinsel Istrien gilt als das älteste Weinbaugebiet Kroatiens. Von dort sowie aus Dalmatien, dem kroatischen Küstenland, kommen qualitativ sehr gute Rotweine. Sie bilden die Basis für den Prosek, einen sehr süßen, meist sirupartigen Dessertwein mit einem Alkoholgehalt von 15 bis 16 Vol.-%. Prosek wird auch aus Weißwein oder aus einer Mischung aus Rot- und Weißwein gewonnen. Der bekannteste Prosek trägt den Beinamen Dioklecijan nach dem römischen Kaiser Diokletian.

REFOSCO

Refosco (oder Refosko) ist ein durch Zusatz von Alkohol und Zucker versetzter roter Dessertwein. Er wird im äußersten Nordosten Italiens, im Friaul und in Julisch Venetien, aus den gleichnamigen Trauben erzeugt. Als Stillwein zeichnet er sich durch ein an Himbeeren und Brombeeren erinnerndes intensives Bukett aus, das auch dem Dessertwein seinen Charakter verleiht. Das fertige Produkt hat einen Alkoholgehalt von rund 12 Vol.-%. Refosco wird auch in Slowenien erzeugt, vor allem auf der Halbinsel Istrien.

RUEDA

Im spanischen D.-O.-Gebiet Rueda werden sherryartige Aperitif- und Dessertweine nach der Soleramethode (vgl. Sherry) hergestellt, hauptsächlich unter Verwendung von Verdejo-Bianco- und Palomino-Fino-Viura-Trauben. Vor der Lagerung wird dem jungen, bis zu mindestens 10,5 Vol.-% durchgegorenen Wein Destillationsalkohol zugesetzt. Die fertigen Produkte weisen einen Alkoholgehalt von mindestens 14 Vol.-% auf und haben ein volles, fruchtiges Bukett. Die trockeneren Versionen heißen **Rueda Pálido** oder **Rueda Fino.** Sie sind mindestens vier Jahre ausgebaut, die letzten drei Jahre in Eichenfässern mit einem Fassungsvermögen von maximal 1.000 Liter. Im Gegensatz zu den Weinen aus Jerez oder Montilla handelt es sich bei den Rueda Pálidos um Jahrgangsweine. Die süßeren, meist im Oloroso-Stil bereiteten Weine werden als **Rueda Dorado** angeboten. Zu ihrer Herstellung müssen mindestens 40 % Verdejo-Weine verwendet werden. Bevor der Rueda Dorado trinkfertig ist, muss auch er mindestens vier Jahre reifen. Die letzten zwei Jahre entwickelt er sich in Eichenfässern mit einem maximalen Fassungsvermögen von 1.000 Litern.

SAMOS

Der aus der weißen Moscato Aspro (Muskatellerrebe) hergestellte goldgelbe Samos ist ein durch Zusatz von Alkohol und Most versetzter, voller und süßer Dessertwein der gleichnamigen griechischen Insel. Die Bezeichnung ist geschützt, d. h., er darf nur aus dem zirka 1.700 Hektar großen kontrollierten Anbaugebiet auf der Insel Samos kommen. Es werden zwei Sorten unterschieden. Der einfache Samos ist ein süßer Likörwein. Vor seiner Abfüllung wird dem durchgegorenen Wein frischer Most aus der Moscato-Aspro-Rebe beigefügt und der Alkoholgehalt durch Zugabe von Destillat auf 15 Vol.-%

angehoben. Von größerer Bedeutung ist der **Samos Nectar.** Er ist eine Art Strohwein, der aus in der Sonne angetrockneten, überreifen und aussortierten Trauben zubereitet wird. Hierdurch wird ein Restzuckergehalt von durchschnittlich 130 Gramm pro Liter erzielt. Dem noch nicht voll vergorenen Most wird Weindestillat zugesetzt und so die Gärung gestoppt. Nach seinem fünfjährigen Reifungsprozess in Eichenholzfässern besitzt er einen Alkoholgehalt von zirka 14 Vol.-%. Vor der Abfüllung wird der endgültige Alkoholgehalt von 15 Vol.-% durch eine weitere Zugabe von Destillat aus Muskatwein der Region eingestellt.

SHERRY

Jerez bzw. Xérès

Im Jerez-Gebiet

Sherry ist ein durch Zusatz von Alkohol und Most versetzter Wein. Er stammt aus dem andalusischen D.-O.-Gebiet Jerez-Xérès-Sherry y Manzanilla Sanlúcar de Barrameda. Dieses liegt in der Provinz Cádiz in Südwestspanien und bildet ein Dreieck zwischen den Flüssen Guadalquivir, Guadalete und dem Atlantischen Ozean. Die Gesamtrebfläche beträgt rund 38.000 Hektar, wobei rund 11.000 Hektar für die Erzeugung von D.-O.-Weinen zur Herstellung von Sherry amtlich eingetragen sind.

Geschichte

Es wird angenommen, dass in Jerez schon seit über 3.000 Jahren Weinbau betrieben wird. Griechen und Phönizier waren vermutlich

die Ersten, die die Weinrebe in dieses Gebiet brachten. Die Griechen nannten die Stadt Jerez Xera. Nach der Kolonialisierung durch die Römer (133 v. Chr.) erhielt sie den Namen Ceret. Die Römer blieben bis 409 n. Chr., danach kamen die Goten. Als die Mauren im Jahr 711 aus Nordafrika kommend einfielen, nannten sie die Stadt Seris. Die Mauren wurden 1264 endgültig vertrieben.
Die Engländer bezeichneten den Wein aus diesem Gebiet zur Zeit Shakespeares Sheris Sack, woraus sich der Name Sherry entwickelte. Zu dieser Zeit hieß die Stadt Xérès und später Jerez. Der Wein aus dieser Stadt wurde schon im Mittelalter weit über Spaniens Grenzen hinaus berühmt. Die großen Seefahrer, unter ihnen selbst Kolumbus, nahmen ihn auf ihre Entdeckungsreisen mit. So kann man mit Gewissheit sagen, dass Sherry der erste Wein war, der nach Amerika kam. Seinen großen Siegeszug um die Welt trat der Sherry vor rund 400 Jahren unter englischer Flagge an: Britische Seefahrer brachten die erste Schiffsladung des „goldenen Weines“ von Cádiz nach Plymouth. Der Erfolg des Sherrys hat ohne Zweifel seinen Grund in den weltweiten Aktivitäten des englischen Volkes im Rahmen des Commonwealth.

Klima

Die drei wichtigsten Städte des Gebietes, in denen nach dem Gesetz die Sherryherstellung erlaubt ist, sind Jerez de la Frontera, Puerto de Santa Maria und Sanlúcar de Barrameda. Die Gegend ist fast baumlos und durch ihre rollenden Hügel geprägt. Das Klima schwankt wenig. Im Durchschnitt stehen 71 Regentage 294 Sonnentagen gegenüber. Die meisten Niederschläge von durchschnittlich 630 Millimeter fallen von Oktober bis Dezember, der Rest zwischen Februar und Mai. Der Januar ist meist trocken und kalt. Die Temperaturen schwanken zwischen 0 und 40 °C, die Durchschnittstemperatur während der Vegetationsperiode liegt bei 22 °C. Die Einflüsse des kontinentalen und des atlantischen Klimas gleichen sich weitgehend aus und begünstigen durch den hohen Gehalt an Luftfeuchtigkeit die Entstehung der Florhefe-Entwicklung, die für den Charakter bestimmter Sherrytypen wichtig ist.

Böden

Die Böden im Jerez-Gebiet werden vor allem nach ihrem Kreideanteil klassifiziert. Man unterscheidet drei Bodenarten:
Albarizas: Sie haben einen Kreideanteil von über 60 Prozent, manchmal bis zu 80 Prozent. Die Albarizas haben eine hervorragende Wasserspeicherkapazität. Die Oberfläche trocknet bei Sonnenbestrahlung zu einer intensiven, weißen Farbfläche aus. Die Hitze wird reflektiert, der Regen gut gespeichert und die Feuchtigkeit

erhalten. Die mit Sand und Lehm durchmischten Kreideböden weisen, ähnlich einem Schwamm, wasserhaltende Eigenschaften auf, die die Reben auch während der oftmals langen Sommertrockenheit mit genügend Feuchtigkeit versorgen. Auf Albarizaböden gedeihen Weine von bester, subtiler Qualität mit relativ hohem Alkoholgehalt und balancierter Säure. Neben der natürlichen Bodenbeschaffenheit ist aber auch die gründliche Bearbeitung von großer Bedeutung. So muss z. B. das harte Erdreich bis zu einer Tiefe von einem Meter umgepflügt werden, um eine ausreichende Belüftung zu sichern.
Barros: Diese Böden haben einen Kreideanteil von bis zu 10 Prozent. Sie bestehen hauptsächlich aus eisenhaltigem Lehm und werden auch Nigras genannt. Die Bearbeitung und Pflege ist aufwändiger als bei den Albarizas. Auf ihnen gedeihen schwerere, eckigere Weine, allerdings mit Erträgen, die um etwa 20 Prozent höher liegen als die Erträge der Albarizaböden.
Arenas: Diese sandigen Böden haben ebenfalls einen Kreideanteil von etwa 10 Prozent. Die Erträge sind denen der Barrosböden ähnlich. Arenas eignen sich besonders für den Anbau der Moscatelreben. Die Weine sind von eher wuchtigem Charakter.

Rebsorten

Über 95 % der Albarizaböden sind mit der weißen Palominorebe (Listan) bebaut. Sie wird für die Finos nahezu ausschließlich verwendet und bildet generell die Basis für alle trockenen Sherrys. Die Pedro-Ximénez-(PX-)Rebe wird in den unteren Hanglagen auf Barros bzw. Arenas angepflanzt. Die Moscatelrebe (gelber Muskateller), die hauptsächlich für Cream-Sherrys Verwendung findet, wächst auf Barro- und Arenaböden. Die Mantúo-, Albilla- und Cañocazoreben sind von nur geringer Bedeutung. Seit der Reblauskatastrophe Ende des 19. Jahrhunderts werden alle Rebsorten auf amerikanischen Unterlagsreben kultiviert. Die Rebstöcke werden niedrig gehalten, um eine bessere Wasserspeicherung des Bodens zu erreichen.

Gesetz

Das Jerez-Gebiet ist seit 1933 offiziell abgegrenzt und klassifiziert. Weiters wird die Menge fixiert, die eine Kellerei von ihren Beständen pro Jahr entnehmen kann, um so die Qualität des Sherrys sicherzustellen. Heute sind rund 20.000 Hektar im Jerez-Gebiet für die Erzeugung von D.-O.-Weinen zur Herstellung von Sherry amtlich eingetragen.

Etikettensprache

Folgende Bezeichnungen werden von den einzelnen Sherryhäusern für die von ihnen hergestellten Geschmacksrichtungen gewählt:

Muy Seco	Extra Dry, Very Dry	Sehr trocken
Seco	Dry	Trocken
Medio Seco	Medium Dry	Halbtrocken
Medio Dulce	Medium	Zwischenstufe zwischen Halbtrocken und Halbsüß
Medio Dulce	Medium Sweet	Halbsüß
Dulce	Sweet	Süß
Muy Dulce	Very Sweet	Sehr süß
	Rich	Voll
	Mellow-rare	Weich, Selten
	Rare-mellow	Selten, Weich

Für die Beschreibung der Farbe sind folgende Bezeichnungen üblich:
Pálido: bleich, blass, hell.
Oro claro: klargolden.
Oro pálido: blassgolden.
Oro pajizo: leicht golden bis strohfarben.
Carta oro/dorado: golden.
Ámbar: bernsteinfarben.
Oro oscuro: goldbraun.
Nagro cereza: kirschrot.
Caoba: mahagonifarben.
Oscuro: braun, dunkel.

Erzeugung

Die Weinlese beginnt offiziell am 8. September mit einem großen Volksfest und der Segnung der ersten Trauben der neuen Ernte. Die Trauben werden von Hand geerntet und in Gefäßen gesammelt, von denen jedes ziemlich genau 22 Kilogramm fasst. Diese werden übereinander gestapelt und unverzüglich in die Kelterhäuser gebracht. Die Pressung erfolgt sofort. Ein kleiner Teil der Ernte wird auf Grasmatten, Esparto-Matten, ausgebreitet, auf denen die aussortierten Trauben einige Stunden in der Sonne nachreifen. Manchmal werden sie auch mit Kalk oder Gips bestaubt, wodurch der Säuregrad herabgesetzt und so die Reinheit des Produktes verbessert wird. Die süßen Pedro-Ximénez-Trauben bleiben bis zu zwölf Tage in der Sonne liegen. Sie werden nachts mit Segeltuchbahnen vor dem Tau geschützt.
Das Pressen erfolgt hydraulisch. Dabei werden die Kerne und Stiele nicht zerdrückt, um zu verhindern, dass Gerbstoffe in den Most kommen. Bereits bei der Pressung wird der frische Most nach Herkunft, Art und Qualität klassifiziert und dann in die Gärhäuser geliefert, die so genannten Bodegas de Fermentación. In früherer Zeit wurden die Trauben in großen hölzernen Trögen mit den Füßen zerstampft.

Die Männer trugen spezielle, absatzlose Stiefel mit breitköpfigen Nägeln. Dies wird einmal jährlich bei der großen Weinfiesta am 8. September in Jerez demonstriert.
Die erste stürmische Gärung des frisch gepressten Traubensaftes setzt sofort ein. Sie dauert wenige Tage bis zu einer Woche. Dabei wird nahezu der gesamte Frucht- und Traubenzucker in Kohlendioxid und Alkohol umgewandelt.
Die so entstandenen Jungweine werden klassifiziert und je nach geschmacklicher Eignung und je nach Alkoholgehalt mit reinem Weinalkohol versetzt. Der natürliche, während der Gärung erzeugte Alkoholgehalt, der normalerweise um 11 bis 12 Vol.-% liegt, wird bei den Topqualitäten auf etwa 14,5 bis 15,5 Vol.-% erhöht. Diesen Vorgang nennt man „encabeçado". Danach werden die Jungweine in Fässer aus amerikanischer Eiche gefüllt, deren Fassungsvermögen von 500 bis 600 Liter nur zu etwa zwei Dritteln genutzt wird. Hier beginnt die zweite, langsame Gärung und Reifung. Maßgebend für die Entwicklung des Sherrys, seine jeweilige Eigenart und sein Bukett sind bestimmte Mikroorganismen und Hefen, die sich im Laufe der Lagerung im Fass auf der Oberfläche des Jungweins bilden. Aufgrund des verbliebenen Luftpolsters von einem Drittel des Fasses entsteht eine Haut aus einer besonderen Hefeart, die nur im Sherrygebiet zu Hause ist, der so genannte Flor. Er schützt den Wein vor jeder Berührung mit Luft und verhindert auch die Einwirkung unerwünschter Essigbakterien.
Die Finos sind mit einem bis zu einem Zentimeter dicken Flor bedeckt, bei den Olorosos ist die Florschicht deutlich dünner. Bei etwa 10 Prozent der Weine einer Ernte, die in ihrer Qualität niedriger eingestuft werden, wird dem Jungwein Alkohol bis zu einem Gehalt von etwa 16,5 bis 17 Vol.-% zugesetzt. Bei diesen Weinen entwickelt sich kein Flor, da er sich nur bei einem Alkoholgehalt von bis zu 16 Vol.-% bilden kann. Zweimal im Jahr, zu Beginn des Frühlings und zur Weinlese, zersetzt sich der Flor und sinkt zu Boden. Dabei werden in einem komplexen biologischen Prozess seine Bestandteile teilweise vom Wein aufgenommen, was den charakteristischen Geschmack des Finos beeinflusst. Gleichzeitig bildet sich eine neue weißgelbliche Florschicht auf der Oberfläche des Weines. Der Flor vergeht sofort, wenn er mit Sonnenlicht in Berührung kommt. Beim Oloroso (dem „Wohlriechenden") ist der Einfluss von Sauerstoff gewünscht. Häufig wird dem Jungwein neben dem Alkohol – bis zu 21 Vol.-% – auch Traubenmost beigefügt. Manchmal erfolgt die Lagerung der Sherryfässer im Freien, um die Oxidation durch Einwirkung von Sonnenwärme und nächtlicher Kälte zusätzlich zu unterstützen.

Klassifizierung

Die traditionellen Reifemethoden mit der hohen Kunst des Weinverschnitts und der dadurch raffiniert genutzten Oxidation des Weines reichen bis ins Mittelalter zurück. Sie wurden bis zur höchsten Voll-

endung entwickelt und bestimmen wesentlich den Charakter der Endprodukte. Das hat nichts zu tun mit dem von anderen Getränken bekannten Blenden (Verschneiden). Hier wird nichts zusammengegossen und verdünnt, gekräftigt oder gefärbt. Vielmehr wird die natürliche Entwicklung gelenkt, die Reifung gefördert und die Qualität zur äußersten Entfaltung gebracht.
Insbesondere beim Fino ergeben sich während der ersten Ausbaumonate vielschichtige Geschmacksnuancen. Daher erfolgt nach etwa sechs Monaten eine neuerliche, präzisere Klassifizierung. Hierbei kann vom Kellermeister entschieden werden, bestimmte Finos einer neuen Kategorie zuzuführen, und zwar dem Amontillado. Dabei wird der zunächst durch den Flor geschützte Fino mit Weinalkohol aufgestärkt, um das Wachstum des Flors zu stoppen. Ab diesem Zeitpunkt unterliegt er dann dem Oxidationseinfluss, vergleichbar dem Oloroso, was ihn zu einem individuellen, vollkommen eigenständigen Sherry werden lässt. Der gesamte Reife- und Klassifizierungsprozess dauert bei allen Sherrys ein bis zwei Jahre.

Solerareifung

Wenn der endgültige Sherrytyp feststeht, beginnt der besondere Prozess des Verschneidens der verschiedenen Weine im so genannten Soleraverfahren. Eine Solera besteht aus mehreren Fassreihen, meist drei oder vier, manchmal fünf und bei Manzanilla sogar bis zu vierzehn Reihen, die dann jedoch nicht mehr übereinander gestapelt sind. Die Soleras sind symmetrisch in langen Reihen aufgebaut, und zwar in kühlen, gut durchlüfteten großen Hallen, den **Bodegas.** Diese „über der Erde liegenden Weinkeller" werden häufig als Weinkathedralen beschrieben. Jede der Fassreihen enthält zwar den gleichen Weintyp, jedoch in einem unterschiedlichen Stadium der Entwicklung. Der Sherry, der in Flaschen abgefüllt werden soll, wird immer aus den Fässern der untersten Reihe entnommen, und zwar jedes Mal nicht mehr als etwa 20 Prozent bis maximal ein Drittel des Fassinhaltes. Der nach der Entnahme fehlende Inhalt der Fässer der untersten Reihe wird mit Wein aus der darüber liegenden Fassreihe aufgefüllt, die den zweitältesten Wein beinhaltet. Diese Fässer werden dann mit dem drittältesten Wein aus der dritten Fassreihe aufgefüllt und so weiter. Der in das Soleraverfahren aufgenommene etwa ein bis zwei Jahre vorbereitete und klassifizierte junge Sherry wird immer nur den Fässern der obersten Reihe zugegossen. Diese oberste Reihe nennt man auch Criadera.
Das Solerasystem garantiert nach jahrelanger Lagerung und Reifung einen in Farbe, Aroma, Geschmack und Finesse weitgehend einheitlichen und jeweils keller- und markentypischen Sherry. Ein bestimmter Jahrgang spielt somit überhaupt keine Rolle, wohl aber die Dauer der Reifung. Wenn auf der Etikette eines Fino-Sherrys ein Jahrgang vermerkt ist, zeigt dieser lediglich an, in welchem Jahr die Solera erstmals eingerichtet wurde. In der Regel wird eine

Jahrgangsbezeichnung mit dem Hinweis Solera oder Criadera versehen.
Vor der Abfüllung des fertigen Sherrys wird er auf seinen Alkoholgehalt geprüft. Ist dieser niedrig, wird der Sherry mit Weinbrand der Gegend auf den gewünschten und für die jeweilige Sorte typischen Alkoholgrad eingestellt:

- Fino-Qualitäten: 15,5 bis 17 Vol.-%
- Amontillados: etwa 18 Vol.-%
- Olorosos: bis zu 22 Vol.-%
- Manzanillas: 15,5 bis 16 Vol.-%
- Cream-Sherrys: 18 bis 20 Vol.-%

Zusätzliche Reifemethoden

Neben dem Soleraverfahren gibt es auch noch das **Añadasystem,** das jedoch sehr selten angewendet wird. Dabei werden die Weine eines einzigen Jahrgangs, die nicht dem Soleraverfahren unterzogen wurden, nach Abschluss der Reifung in Fässern miteinander vermischt und mit einer Jahrgangsbezeichnung versehen. Die besten dieser Weine erreichen ihren höchsten Reifegrad nach etwa 30 Jahren. Ganz selten findet man auch **Single Cask Sherry,** dessen Reifung bis zur Abfüllung in einem einzigen Fass erfolgt. Er kommt in der Regel nach einer kürzeren Lagerzeit auf den Markt.

Reifeprüfung durch den Venenciador. In hohem Bogen gießt der Venenciador den Sherry in die Copitas (Sherrygläser). Durch den langen Strahl tritt der Wein in intensiven Kontakt mit Sauerstoff und entfaltet so sein volles Aroma.

Sherryarten

Sherry ist nicht gleich Sherry. Vielmehr lassen sich die drei Grundtypen Fino, Amontillado und Oloroso unterscheiden. Daneben gibt es eine Reihe weiterer Arten.

Fino

Fino ist der klassische Sherry. Er ist von blasser, zarter und strohgelber Farbe, im Geschmack trocken, leicht säuerlich, mit feinen Mandeltönen. Sein Duft ist geprägt von einem frischen Aroma und delikaten Nuancen. Der Fino gilt im Allgemeinen als der feinste und ist in der Regel auch der teuerste Sherry. Man genießt ihn hauptsächlich als Aperitif oder zu Fisch und Meeresfrüchten. Ausgebaut wird er in Jerez oder an der Küste in Puerto de Santa Maria. Er wird gekühlt mit etwa 10–12 °C serviert. Bei der endgültigen Qualitätseinstufung der Finos durch den Kellermeister verwendet dieser so genannte Palmas zur internen Klassifizierung. Abhängig von der Feinheit werden die Sherrys eingestuft in:

- Palma: Eine Palme als Zeichen des Kellermeisters am Fass bedeutet höchste Qualität; die Weine sind für die Verarbeitung zum Fino geeignet.
- Dos Palmas: zwei Palmen.
- Tres Palmas: Drei Palmen werden für Billigsherry im Verschnitt verwendet.

Sherrys, die der Kellermeister mit vier Palmen klassifiziert, werden zur Weinbranderzeugung verwendet.
Als **Entre Fino** werden Sherrys bezeichnet, die ohne Zusatz von Destillaten einen natürlichen Alkoholgehalt von 14,5 bis 15,5 Vol.-% aufweisen. Sie haben jedoch nicht die charakteristischen Merkmale eines Finos.

Manzanilla

Eine besondere Art des Finos ist der Manzanilla. Diese leichteste, alkoholärmste Sherrysorte kommt ausschließlich aus der Küstenstadt Sanlúcar de Barrameda. Seinen einzigartigen Charakter verdankt der Manzanilla dem Einfluss der mikroklimatischen Bedingungen während seines Alterungsprozesses. Man sagt, dass die Meeresbrise ihm den besonderen Salzhauch im Geschmack verleiht. Er ist blassblank in der Farbe, frisch, aromatisch, manchmal zartbitter und sehr trocken im Geschmack. Er sollte, wie der Fino, mit einer Serviertemperatur von 10 bis 12 °C gereicht werden.
Manzanilla Pasada ist ein älterer Manzanilla, der infolge seiner längeren Lagerung nicht mehr die ursprüngliche Frische aufweist. Der Manzanilla Pasada kommt mit einem höheren Alkoholgehalt von bis zu 20 Vol.-% auf den Markt.

Amontillado

Ein Amontillado entwickelt sich normalerweise aus einem Fino, wenn dieser mit zunehmendem Alter die Florschicht verliert, oxidiert und damit dunkler und aromatischer wird. Diese Entwicklung wird durch die Entscheidung des Kellermeisters ermöglicht. Ein Amontillado ist amber-(bernstein-)farben und hat einen aromatischen, körperreichen Geschmack. Der Duft erinnert deutlich an Walnuss- und Eichenholztöne. Angeboten wird er sowohl trocken als auch halbtrocken (Medium Dry, Medium). Er sollte mit 12–13 °C serviert werden.

Palo Cortado

Mit Palo Cortado wird eine Sherrysorte bezeichnet, die eine Zwischenstufe zwischen Fino und Oloroso darstellt. Sie hat jedoch kaum Marktbedeutung. Ihr Aroma entspricht dem Amontillado, ihr trockener Geschmack ist jedoch voller und tiefer und ähnelt mehr dem Oloroso. Auch Farbe und Alkoholgehalt entsprechen dem Oloroso-Typ. Ähnlich der Klassifizierung der Finos durch Palmas werden auch die Palo Cortados in drei Untergruppen eingestuft, und zwar mit den so genannten Cortados, die wiederum den Rayas bei der Oloroso-Gruppe (siehe dort) entsprechen. Abhängig von der Wuchtigkeit des Körpers verzeichnet der Kellermeister ein Cortado, Dos Cortados oder Tres Cortados (das sind die körperreichsten) am Fass.

Oloroso

Der Oloroso ist trocken oder auch halbtrocken bis halbsüß, körperreich, wuchtig und würzig. Oloroso ist immer der am stärksten oxidierte Sherry. Er hat ein volles, intensives Aroma, das an Hasel- und Walnüsse sowie Rosinen erinnert. Das Farbspektrum reicht von dunklem Rotgold (carta oro) über Bernstein (ámbar) bis hin zu Brauntönen, die sich bei längerer Fasslagerung ergeben. Oloroso ist sowohl als Aperitif als auch als Digestif beliebt. Er sollte stets leicht gekühlt (mit zirka 15 °C) serviert werden.
Ein **Raya** ist ein Oloroso-Typ von geringerer Qualität. Er ist wuchtiger und körperreicher als ein Oloroso und hat nicht dessen delikates und klares Aroma. Die Farbe erinnert an Bernstein, der Alkoholgehalt liegt bei mindestens 18 Vol.-%. Innerhalb einer Bodega werden die Rayas in drei Untergruppen eingeteilt, und zwar in Raya, Dos Rayas und Tres Rayas (sie sind am wuchtigsten). Rayas sind als Typus nicht im Handel und werden für Verschnitte verwendet. Ebenfalls intern wird als Raya-Oloroso jene Qualität bezeichnet, die im Aroma zwar etwas feiner ist als ein Raya, ohne jedoch an die Finesse des Olorosos heranzureichen. Farbe und Alkoholgehalt entsprechen den Rayas.

Cream

Cream-Sherry ist die milde und liebliche Variante des Olorosos. Er wird immer als ein Verschnitt aus einem Oloroso mit einem Süßwein hergestellt, der entweder aus der Pedro-Ximénez-Traube oder (seltener) aus der Moscateltraube gekeltert wurde. Cream-Sherry präsentiert sich als weicher, samtiger Wein, anhaltend süß im Abgang und von dunkler Farbe (oro oscuro). Er wird bei Zimmertemperatur zum Dessert gereicht oder man genießt ihn als Digestif nach einer guten Mahlzeit. Kenner lieben ihn auch am Nachmittag zum Kaffee. Eine früher häufiger verwendete Bezeichnung für Cream-Sherry ist **Milk-Sherry.**

Eine Besonderheit ist der **Brown** (auch **Old Brown Sherry** oder **East India Sherry** bzw. **Oscuro** in der Fachsprache). Er ist sehr dunkel und süß, wird aber kaum angeboten. Eine Neuentwicklung des Cream ist der **Pale Cream.** Hierbei handelt es sich um einen auf der Basis von Finos aufgebauten, süßen (Cream-)Sherry von heller Farbgebung (pale) und leichterem Charakter.

Sherry genießt man aus einem kleinen, tulpenförmigen Glas, das sich nach oben wie eine Knospe verjüngt. Das Glas wird immer nur zu einem Drittel gefüllt, damit sich der Duft voll entfalten kann. Eine angebrochene Flasche Fino oder Amontillado sollte innerhalb weniger Tage getrunken oder der Rest in eine kleine, gut verschließbare Flasche umgefüllt werden. Die Einwirkung von Sauerstoff schädigt die feinen Duft- und Geschmacksnuancen.
Oloroso und Cream-Sherry halten sich auch nach der Öffnung der Flasche noch lange Zeit. Die Aufbewahrung im Kühlschrank wird jedoch empfohlen. Durch Temperaturschwankungen (Eiweißtrübung) und durch längere Lagerung (Farbpartikel) können sich in den Flaschen bei allen Sherrytypen Ablagerungen, so genannte Depots, bilden. Bei einer Kältetrübung genügt es meist, die Flasche aufrecht eine Stunde bei Zimmertemperatur stehen zu lassen. Die Trübung löst sich auf. Bei sonstigen Depots empfiehlt sich das Dekantieren. Ganz allgemein muss gesagt werden, dass die Trübung nicht die Qualität bzw. den Geschmack des Produktes beeinflusst.

Weitere Sherryarten
Vino de Sacristia (Sakristeiwein): Spanische Bezeichnung für Sherrys, die über einen langen Zeitraum (meist über 20 und mehr Jahre) in Fässern in abgeschlossenen Lagern reifen. Häufig handelt es sich um Weine, die zwei weitere Sherrykategorien umfassen. Sie werden mit den Kürzeln **V. O. S. (Vinum Optimum Signatum)** und **V. O. R. S. (Vinum Optimum Rare Signatum)** bezeichnet. Seit dem 25. Juli 2000 ist es gesetzlich erlaubt, Sherry der Qualitäten Amontillado, Oloroso, Palo Cortado und Pedro Ximénez mit einer Altersbezeichnung zu versehen, wenn diese Weine durchschnittlich mehr als 20 bzw. 30 Jahre vor ihrer Abfüllung gealtert worden sind. Die offizielle Bezeichnung lautet auch hier V. O. S. für 20-jährige und V. O. R. S. für 30-jährige Weine. Es ist anzunehmen, dass diese Bezeichnungen auch als Very Old Sherry bzw. Very Old Rare Sherry im Sprachgebrauch Verbreitung finden werden. Als Zusatzbezeichnung für V. O. S. können die Beschreibungen 20 Jahre alt bzw. 20 Jahre in Holzfässern gealtert o. Ä. verwendet werden. Gleiches gilt für die V.-O.-R.-S.-Weine, die häufig erheblich länger gelagert werden als die dabei zu nennenden 30 Jahre. Hier ist eine Parallele zu der Kennzeichnung alter Tawny-Portweine geschaffen worden.

Bekannte Erzeuger

Firma	*Ort*
Antonio → Barbadillo	Sanlúcar de Barrameda
→ Bobadilla	Jerez
→ Bodegas Internacionales	Jerez
Luis → Caballero	Puerto de Santa María
→ Croft	Jerez
→ Diez-Merito	Jerez
Pedro → Domecq	Jerez
→ Garvey	Jerez
Miguel M. → Gomez	Puerto de Santa María
→ Gonzalez Byass	Jerez
John → Harvey	Jerez und Puerto de Santa María
Vinicola Hidalgo	Sanlúcar de Barrameda
Emilio → Lustau	Jerez
→ Osborne	Puerto de Santa María
Pedro Romero	Sanlúcar de Barrameda
Marqués del → Real Tesoro	Jerez
→ Sandeman	London und Jerez
José de → Soto	Jerez
Fernando A. de → Terry	Puerto de Santa María
→ Valdespino	Jerez
→ Williams & Humbert	Jerez

Andere Dessertweine aus Jerez
Neben den Sherrys gibt es noch zwei weitere süße Dessertweine aus dem D.-O.-Gebiet Jerez. Sie werden nach der verwendeten Traube Moscatel oder Pedro Ximénez (PX) benannt. **Moscatel** ist je nach Alter mahagonibraun oder goldfarben mit einem bemerkenswerten Duft. Der Geschmack ist sortentypisch. **Pedro Ximénez** hat eine mahagonibraune Farbe und einen Duft, der an Rosinen erinnert. Aufgrund der geringen zur Verfügung stehenden Mengen haben beide Dessertweine nur wenig Marktbedeutung.

TARRAGONA

Der „Portwein des kleinen Mannes“ aus dem gleichnamigen D.-O.-Gebiet im nordspanischen Katalonien wird durch Zugabe von Destillationsalkohol in der Gärung gestoppt. Tarragona wird aus roten Rebsorten gekeltert. Der Tarragona Clásico ist ein Likörwein mit einem Mindestalkoholgehalt von 13,5 Vol.-% und einem Mindestausbau von zwölf Jahren im großen Holzfass. Der Tarragona Rancio muss einen Mindestalkoholgehalt von 14 Vol.-% aufweisen und mindestens vier Jahre in Holz und Glas (Korbflaschen) gereift sein. Die Bedeutung des Tarragona-Dessertweines ist in den letzten Jahren zugunsten der Herstellung leichter Rot-, Weiß- und Roséweine zurückgegangen.

TOKAJER

Tokajerproduzent Disznókő

Tokajer ist ein durch Zusatz von Rosinen (Trockenbeeren) und Most erzeugter Wein. Der Name Tokajer stammt von dem ungarischen Städtchen Tokaj in der Weinbauregion Tokaj-Hegyalja, die im Nordosten Ungarns auf den sonnenreichen Süd- und Osthängen einer vulkanischen Bergkette auf einer Höhe von 150 bis 300 Metern über dem Meeresspiegel liegt. Die Gesamtrebfläche beträgt rund 5.200 Hektar. Es werden jährlich rund 40.000 Tonnen Trauben geerntet.

Geschichte

Schon bei den russischen Zaren war der Tokajer überaus beliebt. Dem französischen König Ludwig XIV. wird der Ausspruch zugeschrieben: „Der Tokajer ist der König der Weine und der Wein der Könige." Bereits zu Beginn des 18. Jahrhunderts wurde eine Klassifizierung der Lagen vorgenommen, die jedoch verloren ging, als die Kommunisten den Weinbau kollektiv organisierten. Der Umschwung ab 1990 brachte eine Reihe von Veränderungen. Neue Investoren kamen ins Land und engagierte Winzerpersönlichkeiten, wie István Szepsy, bemühen sich um authentische Produkte. Zeugen der jahrtausendealten Weinkultur sind auch die in die Weinberge gehauenen Kellerlabyrinthe. In ihnen herrschen spezielle, konstant bleibende klimatische Verhältnisse, die den für die Tokajerkeller so typischen Kellerschimmel hervorrufen. Dieser Kellerschimmel bedeckt die Felswände der Weinkeller und trägt wesentlich dazu bei, dass im Verlauf des Ausbaus der Tokajer optimal heranreift. Versuche, den Kellerschimmel zu verpflanzen, haben selbst innerhalb Ungarns zu keinem Ergebnis geführt.

Klima

Im Osten, Westen und Norden wird die Tokaj-Hegyalja durch die Karpaten vor kalten Winden geschützt, nach Süden ist sie offen. Sonnige Sommer und ein südliches Herbstklima mit hoher Luftfeuchtigkeit sind wichtige Faktoren für die Qualität der Tokajerweine.

Böden

An den steilen Hängen des Anbaugebietes besteht der eher dünne Boden hauptsächlich aus andesithaltigem Lehm, vermischt mit Bruchgestein vulkanischen Ursprungs, mit einem hohen Gehalt an Spurenelementen. Am Fuße der vulkanischen Berglandschaft sammelten sich in kleinen Becken Kaolinit-, Bentonit- und Kiesablagerungen. Hier gedeihen die Tokajerweine besonders gut.

Rebsorten

Tokajer darf nur aus den weißen Rebsorten Furmint (rund 65 %), Hárslevelü (rund 30 %; Lindenblättriger) und Sárgamuskotály (rund 5 %; Gelber Muskateller) gewonnen werden. Diese Sorten neigen besonders zur Bildung von Edelfäule.

Gesetz

Tokajerweine genießen durch das ungarische Weingesetz einen besonderen Schutz. So ist es zum Beispiel nicht erlaubt, Trauben, Most und Wein anderer Weinbaugebiete auf die Weingüter des Tokajer-Gebietes zu bringen. Echter Tokajer darf also nur aus dem geografisch genau abgegrenzten Gebiet stammen, das im Dreieck der Orte Tokaj, Sátoraljaújhely und Abaújszántó liegt und insgesamt 28 Gemeinden umfasst. Der Wein darf nur aus den oben genannten weißen Rebsorten gewonnen werden. Aus den vom Schimmelpilz Botrytis cinerea befallenen, rosinenartig geschrumpften Beeren wird ein sehr süßer Most mit äußerst hohem Extraktgehalt gekeltert. Nach dem Gesetz ist ein so gewonnener Wein kein versetzter Wein. Da er aber von den Verbrauchern so erlebt wird, haben wir ihn in dieses Kapitel aufgenommen.

Erzeugung

Erst bei der Traubenlese wird entschieden, ob Tokaji Aszú, Tokajer Trockenbeerenauslese bzw. Tokaji Szamorodni oder aber reinsortiger Furmint oder Hárslevelü auf traditionelle Art hergestellt wird (vgl. Tokajerarten). Neben der Zusammensetzung der Traubensorten ist es vor allem die Herstellungs- und Behandlungsmethode, die den Tokajer auszeichnet. Es beginnt mit einer späten Weinlese Ende Oktober oder Anfang November und setzt sich fort mit der speziellen Behandlung und Lagerung der Weine. Dabei wird ein so genannter oxidativer Wein erzeugt, der seine speziellen Farb- und Geschmacksqualitäten auch durch ein längeres Stehenlassen auf der Maische und durch die lange Reifung in kleineren Fässern erhält.

Tokajerarten

Tokaji Eszencia
Die Tokajeressenz wird aus ausgelesenen, überreifen und edelfaulen Trauben gewonnen, deren Saft beim Aufbringen auf die Keltertische durch den Eigendruck frei abläuft. Eine Tokajeressenz wird nur in besonderen Ausnahmejahren produziert. Sie hat einen extrem hohen Zuckergehalt von mindestens 250 Gramm pro Liter und das Aussehen eines dickflüssigen Sirups. Sie vergärt nur sehr langsam und bleibt bis zu acht Jahre im Fass. Die Fässer lagern in engen, pechschwarzen, aus der Lava herausgeschlagenen Tunnels, deren Wände mit dem typischen Kellerschimmel bedeckt sind. Die Tokajeressenz ist sehr süß, äußerst lange haltbar und weist einen Alkoholgehalt von nur 6 bis 10 Vol.-% auf. Sie wird großteils zur Verfeinerung des Tokaij Aszú verwendet. Wenn sie doch im Handel angeboten wird, was selten der Fall ist, dann in speziellen viereckigen 0,5-Liter-Flaschen.

Tokaji Aszú
Die Tokajer-Trockenbeerenauslese ist dem österreichischen Ausbruchwein vergleichbar. Es werden die bei der Gewinnung der Tokajeressenz zurückbleibenden, vorsortierten, rosinenartig eingetrockneten, edelfaulen Beeren (mit einem Zuckergehalt bis zu 60 %) weiterverarbeitet. In kleinen Butten mit einem Inhalt von rund 20 Kilogramm wird eine Maische bereitet. Diese wird dem Stillwein Tokaji Szamorodni beigegeben und die Maische 12 bis 36 Stunden ausgelaugt. Anschließend wird abgepresst. Der Wein beginnt zu gären. Je nachdem, wie viele Butten (Puttonyos) einem Tokajerfass (Göncer-Fass) mit 136 Litern beigegeben werden, unterscheidet man dreibuttige bis sechsbuttige Aszú-Weine. Der Restzuckergehalt liegt beim dreibuttigen Aszú bei 60 bis 80 g/l, beim vierbuttigen Aszú bei 90 g/l, beim fünfbuttigen Aszú bei 120 g/l und beim selten erzeugten sechsbuttigen Aszú bei 150 g/l. Die Tokaji-Aszú-Weine weisen einen Gesamtalkoholgehalt von etwa 15,5 Vol.-% auf. Sie brauchen mindestens vier Jahre zur Reifung. Als Faustregel gilt, dass die auf der Etikette genannte Buttenanzahl ungefähr der Dauer der Reifezeit in Jahren entspricht. Die Lagerung kann jedoch auch deutlich länger dauern. Tokaji Aszú wird nur in langhalsige, weiße Halbliter-Tokajerflaschen abgefüllt. Er ist sehr lange haltbar.

Tokaji Aszú Eszencia
Die Tokajer-Trockenbeerenauslese-Essenz ist ein Aszú-Wein, der nur in Ausnahmejahren hergestellt wird und dessen hervorragende Qualität nicht mehr durch eine Angabe der Buttenanzahl ausgedrückt wird. Sein Zuckergehalt ist höher als der von sechsbuttigem Aszú. Der jahrelang dauernde Gärprozess wird mittels Spezialhefen in Gang gehalten. Die Mindestreifezeit im Eichenfass dauert zehn Jahre. Seine Haltbarkeit wird mit vielen Jahrzehnten angegeben.

Tokaji Szamorodni
Er wird aus dem Most von Weintrauben gewonnen, deren überreife oder edelfaule Beeren nicht separat behandelt wurden. Es wird aber auch keine Tokajeressenz zugefügt. Edelfaule und frische Trauben werden gemeinsam gepresst. Der Wein hat einen Gesamtalkoholgehalt von mehr als 13 Vol.-% und wird in zwei Typen angeboten. Der **Száraz Szamorodni** ist trocken und hat einen edlen Sherryton. **Édes Szamorodni** ist süß und schmeckt ähnlich einer Auslese. Er hat mindestens 10 Gramm Restzucker und 25 Gramm zuckerfreien Extrakt pro Liter. Beide Sorten sind goldgelb in der Farbe und geprägt von feiner Säure und einem typisch oxidativen Charakter.

Tokaji Furmint
Er ist ein grüngelber, hocharomatischer, sortenreiner Tokajerwein aus Furminttrauben mit einem Alkoholgehalt von 12 bis 13,5 Vol.-%.

Tokaji Hárslevelü
Er ist ein hocharomatischer, sortenreiner Tokajerwein aus Hárslevelütrauben (Lindenblättriger) mit einem Alkoholgehalt von mindestens 11 Vol.-%. Er wird in normale 0,7-Liter-Flaschen abgefüllt.

Bekannte Erzeuger: János Árvay (Rátka), Tokajbor Bene GmbH (Bodrogkeresztúr), Bodrog-Várhegy GmbH (Bodrogkeresztúr), Gróf Degenfeld (Tarcal), Zoltán Demeter (Tokaj), Disznókö (Tokaj), Tamás Dusóczky (Szegi), Evinor (Sárospatak), Hétszölö AG (Tokaj), Márta Wille-Baumkauff GmbH (Abaújszántó), Megyer AG (Sárospatak), Pajzos AG (Sárospatak), Royal Tokaji Wine Company (Mád), István Szepsy (Mád), Tokaj Oremus GmbH (Tolcsva), Tokaj AG (Sátoraljaújhely).

VINS DOUX NATURELS (VDN)

In Frankreich werden verschiedene versetzte Weine erzeugt. Die wichtigsten sind die Vins Doux Naturels der Rhône und Südfrankreichs. Alle haben A.-C.-Status und werden nach der Portweinmethode hergestellt. Die Appellation **Baumes de Venise** Controllé befindet sich in der Côtes-du-Rhône. Hier werden weiße Vins Doux Naturels aus der Traubensorte Muscat Blanc à Petits Grains produziert. Die Vergärung erfolgt langsam und wird durch Zugabe von Destillationsalkohol gestoppt. Die fertigen Produkte haben einen Alkoholgehalt von 15 bis 16 Vol.-% und einen Restzucker von etwa 125 g/l. Der Wein ist nach sechs Monaten ausgereift. Er sollte jung getrunken werden. Auf der Basis von Grenachetrauben werden weiße Vins Doux Naturels auch in **Rasteau** im südlichen Rhônetal hergestellt.
Vins Doux Naturels sind ebenfalls eine Spezialität im Midi. Die bekanntesten sind der rote → **Banyuls** sowie die Muscats von **Frontignan, Lunel** und **Mireval** (Languedoc) sowie **Maury** und **Rivesaltes** (Roussillon). Von besonderer Qualität ist der aus Languedoc stammende **Muscat de Saint Jean de Minervois,** der auf größerer Höhe bei kühlerem Klima aus der Rebsorte Muscat Blanc à Petits Grains gewonnen wird.

WERMUT

Wermut ist ein durch Zusatz von Alkohol, Zucker und Kräuterauszügen versetzter Wein. Weltweit führender Erzeuger ist die Firma → Martini & Rossi.

Geschichte

Der Ursprung liegt in Turin. Zwei Italiener, der Erfinder d'Alessio und der Händler Carpano, verkauften erstmals 1786 ein solches Getränk. Turin ist nach wie vor das Wermutzentrum, hier befindet sich auch der Hauptsitz von Martini & Rossi. Die Firma Carpano erzeugt eine der bekanntesten Wermutmarken, den Punt e Mes. Neben dem Haupterzeugerland Italien werden auch in Frankreich Wermuts erzeugt. Als Erfinder des französischen, meist trockenen Wermuts gilt Noilly Prat. Die Schreibweise „Vermouth“ wird hauptsächlich für italienische und französische Erzeugnisse verwendet.

Gesetz

Die gesetzlichen Bestimmungen der einzelnen Länder beinhalten bestimmte Mindest- und Höchstwerte der Bestandteile von Wermut. Über viele Jahrzehnte war es üblich, den aus dem Wermutkraut gewonnenen Geruchs- und Geschmacksstoff Thujon zuzusetzen. Da aber eine zu hohe Dosierung Schäden bei den Konsumenten verursachte, wurde die Verwendung von Thujon in Frankreich und anderen europäischen Ländern untersagt. In anderen Ländern, wie z. B. in Österreich, wurde lediglich die Dosierungshöhe fixiert. So ist im Österreichischen Lebensmittelgesetzbuch geregelt, dass Thujon in einer Konzentration von 5 mg/kg in alkoholischen Getränken mit einem Alkoholgehalt von bis zu 25 Vol.-% enthalten sein darf, 10 mg/kg in alkoholischen Getränken mit einem Alkoholgehalt von mehr als 25 Vol.-% und 35 mg/kg in Bitter-Spirituosen. Eine Regelung auf EU-Ebene existiert bisher noch nicht. Sie ist aber in Zukunft zu erwarten. Da jedoch in jedem EU-Land jedes Produkt als verkehrsfähig gilt, das in einem der Mitgliedsländer verkehrsfähig ist, wird die Regelung aufgebrochen. Damit ist das Verbot der Thujon-Mitverwendung bei der Erzeugung von Wermut auch in Frankreich seit 1978 hinfällig.

Erzeugung

Wermut wird aus Grundwein unter Zusatz von Mistella, Kräuterextrakten und Zucker hergestellt. Jeder Produzent besitzt meist sehr alte Rezepte seiner Kräuterbeigaben. Es handelt sich dabei stets um streng gehütete Firmengeheimnisse. Vorwiegend werden Wacholder, Ysop, Chinarinde, Orangen- und Zitronenschalen, Anis und Sternanis, Majoran, Thymian, Muskatnuss, Zimt, Koriander, Nelken, Melisse, Kamille und Salbei beigegeben.

Im Grundwein werden eventuelle Trubstoffe mit Gelatine gebunden und herausgefiltert. Dann folgt eine Erhitzung auf 70 °C, um die Mikroorganismen abzutöten. Anschließend wird das Rohprodukt einige Tage auf Minusgrade abgekühlt, um den Weinstein und andere unerwünschte Stoffe auszusondern.

Bei der Kräutermischung, die durch Alkoholauszug gewonnen wird, überwiegt das Wermutkraut, das dem Getränk seinen typischen leicht bitteren Geschmack verleiht. Die monatelange Lagerung in Fässern oder Zisternen gibt dem Wermut seine letzte Reife.

Wermutarten

Abhängig von Geschmack und Farbe gibt es eine Reihe von Sorten.

Secco bzw. Extra Dry
Hellgelb, sehr trocken, leicht bitter. Er darf nicht mehr als vier Gramm Zucker pro Liter enthalten; mind. 18 Vol.-%.

Bianco
Dunkelgelb, leicht bitter, süß. Er enthält rund 14 Prozent Zucker; 16–17 Vol.-%.

Rosé
Halbsüß, roséfarben, leicht bitter; 16–17 Vol.-%.

Rosso
Rot bzw. rotbraun, enthält rund 14 Prozent Zucker, leicht bitter und süß; 16–17 Vol.-%.

Amaro
Bei einem Amaro überwiegt der Geschmack nach Chinarinde. Er ist der bitterste Wermuttyp. Seine Farbe ist Rotbraun.

Absinth ist ein Wermut oder eine Spirituose, die den Geruchs- und Geschmacksstoff Thujon enthält. Er ist jedoch im Vergleich zu früher in deutlich geringerer Menge vorhanden. Die Wiederentdeckung ist wohl dem Reiz des Verbotenen zuzuschreiben. Das Fehlen eines klar definierten Erlasses über die Herstellungsvorschriften von Absinth und die Verwendung dieser Produktbezeichnung einerseits und der zu einer gewissen Mode gewordene Konsum von Absinth andererseits führen zu der Situation, dass auch alkoholische Getränke mit dem Gattungshinweis Absinth auf dem Markt zu finden sind, die weder Wermut noch Thujon enthalten. Die Produkte werden meist mit sehr hoher Alkoholkonzentration angeboten.

Bekannte Erzeuger

Firma	*Ort*
→ Carpano	Turin
→ Cinzano	Turin
→ Gancia	Turin
→ Martini & Rossi	Pessione bei Turin
→ Noilly Prat	Marseille

Versetzte Weine von A bis Z

Das nachfolgende Kapitel enthält eine große Auswahl an Begriffen zum Thema versetzte Weine aus Trauben, deren Produkte sowie Aperitifgetränke auf Weinbasis bzw. weinähnliche Getränke, wie z. B. Reiswein oder Honigwein.

A

Agrest – Schweiz
Bezeichnung für einen Traubenmost, der aus unreifen Weintrauben hergestellt wird; auch **Verjus** genannt.

Ahornwein
Engl.: Maple Wine. Weinähnliches Getränk, das aus dem Saft des Zuckerahornbaumes gewonnen wird und in Kanada weit verbreitet ist.

Ala – Italien
Dessertwein aus Sizilien, der aus geschrumpften Trauben der Nero-d'-Avola-, Perricone- und Frappatoreben hergestellt wird; 19 Vol.-%.

Aleatico di Gradoli – Italien
Portweinähnlicher, roter Likörwein aus dem gleichnamigen D.-O.-C.-Gebiet in der Region Latium; aus Aleaticotrauben hergestellt; 12–17,5 Vol.-%; sehr selten erzeugt.

Aleatico di Puglia/Aleatico Dolce – Italien
Süßweine aus den Traubensorten Aleatico, Negro Amaro, Primitivo und Malvasia Nera aus der Weinbauregion Apulien; 15–18,5 Vol.-%.

Alghero – Italien
Süßer Dessertwein aus miteinander verschnittenen Rotweinen Sardiniens; 13,6 Vol.-%.

Almacenista – Spanien
Sammelbezeichnung für seltene Sherrys, die ausschließlich aus dem eigenen Reifekeller eines Winzers stammen und stets den Namen des Winzers auf der Etikette tragen. Normalerweise verkaufen die Winzer ihre Weine an die großen Bodegas.

Alvear SA – Spanien
Traditionsreiches Weingut in Montilla, gegründet 1729, aus dem ausgezeichnete Dessertweine mit der D.-O.-Herkunftsbezeichnung Montilla-Moriles stammen.

Americano
Bitterer, aromatisierter Wein, dessen Geschmack von aus Beifuß und Enzian gewonnenen natürlichen Aromastoffen herrührt.

Americano Gancia – Italien
Aperitifgetränk der Firma Gancia in Turin; 16 Vol.-%; wird auch in Lizenz in anderen Ländern hergestellt.

Amer Picon – Frankreich
Bitteraperitifgetränk auf Weinbasis; mit Weindestillat, Chinarinde, Orangenschalen und Kräutern hergestellt; 32

Vol.-%; wird auch als „Aperitif à l'orange" bezeichnet.

Amor – Ungarn
Wermut; Dry und Bianco (16,6 Vol.-%) sowie Rosso (16 Vol.-%).

Amor Bitter – Ungarn
Aperitifgetränk; 22 Vol.-%.

Angelica – USA
In Kalifornien gebräuchliche Bezeichnung für einen süßen Dessertwein nach Art eines Cream-Sherrys.

Anghelu Ruju – Italien
Dessertwein aus Sizilien, der aus rosinenartig geschrumpften Cannonautrauben hergestellt wird; 18 Vol.-%.

Arrope – Spanien
Bezeichnung für eingedickten Most (Traubensaftkonzentrat), der u. a. für die Sherry- und Málagaerzeugung verwendet wird.

Artos – Italien
Marke eines Aperitifgetränks auf Weinbasis mit Auszügen aus Artischocken; Erzeuger: Martini & Rossi, Pessione bei Turin.

Artyno – Schweiz
Aperitifgetränk auf Artischockenbasis.

Arzneiwein
Versetzter Wein, der meist aus Rotweinen unter Anreicherung von Mineral- und Arzneistoffen hergestellt wird; unterliegt der Arzneimittelverordnung und ist apothekenpflichtig. Andere Bezeichnung: **medizinischer Wein.**

Asali – Afrika
Dem Met ähnliches Nationalgetränk Schwarzafrikas; niedriger Alkoholgehalt.

B

Bananenwein – Polynesien
Weinähnliches Getränk; durch Vergärung von Bananenbrei gewonnen; 14–17 Vol.-%.

Banyuls – Frankreich
Roter Dessertwein (Vin Doux Naturel, Vin Muté) aus der Weinbauregion Roussillon an der Grenze zu Spanien, der aus mind. 75 Prozent Grenachetrauben gewonnen und im Stil eines → Rancio hergestellt wird. Er durchläuft eine längere Reifezeit, wobei die Eichenfässer im Freien gelagert werden.

Antonio **Barbadillo** – Spanien
Größter und bedeutendster Sherryhersteller (vor allem von Manzanilla) im Zentrum von Sanlúcar de Barrameda. Das Haus wurde 1821 gegründet und befindet sich noch immer in Familienbesitz. Die international bekannte Firma → Williams & Humbert gehört zum Unternehmen. Ein Joint Venture besteht mit John → Harvey.

Barbeito – Portugal
Jüngste Madeirafirma (erst 1964 gegründet) in Funchal, bekannt für ihre weichen und besonders leichten Madeiras.

Hijos de Antonio **Barcelo** – Spanien
Große Erzeugerfirma in Málaga, gegründet 1876. Seit der Gründung in Familienbesitz.

Barolo Chinato – Italien
Mit Chinin und Chinarinde versetzter Barolo.

Barros Almeida – Portugal
Die 1913 gegründete Portwein-Firma gehört heute zu den größten Häusern. Unter ihrem Dach befinden sich u. a. die Marken **Barros, Feist, Feuerheerd, Hutcheson, Kopke, Pintos dos Santos** und **Vieira de Sousa.**

De **Bartolì** – Italien
Bekannter Hersteller von Marsala und Pantelleria-Weinen in Marsala. Das älteste Produkt, der Marsala Superiore, wird 30 Jahre gelagert.

Bermet – Wojwodina
Dessertwein aus Fruška Gora, der aus Rotweinen der Sorten Gamay, Frankovka, Burgundac Crni, Zucker, Gewürzen und Branntwein hergestellt wird; 16–18 Vol.-%.

Bitterwein
Aromatisierter Wein, ähnlich dem Kräuterwein.

Blackberry and Soltana Wine – Großbritannien
Weinähnliches Getränk aus Brombeeren, Sultaninen, Weinhefe und Zuckersirup.

Bobadilla – Spanien
Sherryhersteller in Jerez. Diese Bodega ist besonders für ihren Brandy Bobadilla 103 bekannt.

Bodegas Internacionales – Spanien
Eine der neuesten, besonders modernen und sehr großen Bodegas am Ortsrand von Jerez. Die bekanntesten Marken sind die Finos **Duke of Wellington** und **Pemartin** sowie der **Bertola Cream** und der **Varela.**

H. M. Borges – Portugal
Familienunternehmen in Funchal, das vor allem durch seine trockenen, säurereichen, fünf Jahre alten Madeiras bekannt ist.

Bota – Spanien
Bezeichnung für ein Weinfass mit 500 Liter Inhalt, das für die Sherryerzeugung verwendet wird.

Brachetto – Italien
Süßer Dessertwein aus mindestens 85 % Brachettotrauben aus der Weinbauregion Piemont; der Wein wird bis mindestens 6 Vol.-% vergoren, anschließend wird Alkohol zugesetzt; 11 Vol.-%.

J. W. **Burmester** – Portugal
Traditionsreiches, kleines, aber bekanntes Portweinhaus in Familienbesitz. Gegründet wurde es im 18. Jahrhundert von einer über England zugewanderten deutschstämmigen Familie.

Byrrh – Frankreich
Aperitifgetränk auf Weinbasis mit Auszügen der Chinarinde; 22 Vol.-%.

C

Luis **Caballero** – Spanien
Sherryhersteller in Puerto de Santa María. Zu Caballero gehört auch die Firma Emilio → **Lustau,** die als Marke international sehr bekannt ist.

A. A. **Cálem** – Portugal
Einer der größten Portweinhersteller in Familienbesitz. Die Marke Cálem ist nicht nur international bekannt, sondern auch der meistverkaufte Portwein in Portugal.

Caluso – Italien
Süßer Dessertwein, der aus der Hauptrebsorte des nördlichen Piemont, der Erbalucetraube, hergestellt wird; die Trauben werden vor dem Pressen halbgetrocknet. Der auch als Erbaluce di Caluso bekannte Süßwein weist eine samtige Struktur auf; das Aroma erinnert an gebrannte Haselnüsse und Honig. Mindestens 13,5 Vol.-%; Caluso Passito kann durch Zugabe von Destillationsalkohol verstärkt werden; 17 Vol.-%.

Cannonau di Sardegna – Italien
Roter Dessertwein aus Sardinien; aus mindestens 90 % Cannonautrauben hergestellt; 19 Vol.-%.

Carpano – Italien
Wermutmarke und Erzeugerfirma mit Sitz in Turin; vgl. → Punt e Mes.

Carthagène – Frankreich
Ist ein → Vin Muté, ähnlich dem Pineau des Charentes (siehe Seite 1045).

Cassis – Frankreich
Mit Johannisbeeren aromatisierter Wein aus der Provence; auch als **Cerasella** bzw. **Cerasette** bekannt.

Casta Diva Cosecha Miel – Spanien
Süßer Vino Generoso aus dem D.-O.-Gebiet Alicante.
Chinawein
Arzneiwein mit Chininzusatz.

Cinzano – Italien
Wermutmarke und Erzeugerfirma mit Sitz in Turin, die 1757 von den Brüdern Carlo Stefano und Giovanni Giacomo Cinzano gegründet wurde. Die Firma ist heute im Besitz von Campari.

Cockburn – Portugal
Die Marke Cockburn ist international für besonders interessante Portweine bekannt; in England ist sie Marktführer. Die Firma gehört heute zu dem internationalen Getränkekonzern Diageo.

Colli Orientali del Friuli Picolit – Italien
Dessertwein aus dem gleichnamigen D.-O.-C.-Gebiet in der Weinbauregion Friaul-Julisch Venetien. Hergestellt aus Picolittrauben; strohfarben bis dunkel, halbsüß bis süß; Mindestalkoholgehalt 15 Vol.-%, Mindestsäure 5 Promille. Nach mindestens zweijähriger Lagerung als Riserva bezeichnet.

Copita – Spanien
Klassisches Sherryglas in Tulpenform auf langem Stiel.

Cossart Gordon – Portugal
Die 1745 gegründete Madeirafirma in Funchal gehört zu den ältesten Häusern der Insel. Cossart Gordon ist eine gut eingeführte Marke, die Firma gehört heute zur → Madeira Wine Company in Funchal.

Croft – Spanien und Portugal
Eines der modernsten und gleichzeitig ältesten Sherryhäuser in Jerez; es wurde bereits 1678 gegründet. Die Marke ist international bekannt. Auch die Portweinfirma wurde 1678 gegründet und gehört damit zu den ältesten Erzeugern in Portugal. Croft produziert die gesamte Portweinpalette. Der **Quinta da Roeda** vom eigenen Weingut bei Pinhão gehört zu den besten Vintages weltweit. Croft ist heute im Besitz des internationalen Getränkekonzerns Diageo.

D

Dated Port – Portugal
Bezeichnung für Tawnys, die eine der vier erlaubten Altersangaben auf der Etikette verzeichnet haben: 10, 20, 30 oder mehr als 40 Jahre alt.

Date of Harvest – Portugal
Das Jahr der Ernte wird nur bei den Portweinarten LBV, Colheita und Garrafeira auf den Etiketten angegeben.

Delaforce – Portugal
Portweinfirma in Vila Nova de Gaia, gegründet 1868. Bekannt sind die Marken **Ruby Paramount** und der alte Tawny **His Eminence's Choice.** Die Vintage-Ports kommen von der **Quinta da Corte.** Delaforce gehört heute zu dem internationalen Getränkekonzern Diageo.

Dersertna Maraština – Kroatien
Dessertwein aus Dalmatien, aus Maraštinatrauben hergestellt; 15–17 Vol.-%.

Diablerets – Schweiz
Aperitifgetränk auf Rotweinbasis; ähnlich dem → Dubonnet.

Diez-Merito – Spanien
Sherryhersteller in Jerez. Die bekanntesten Marken sind **Don Zoilo** für hervorragende Sherryqualitäten sowie der Brandy Gran Duque de Alba.

Dionysos – Ungarn
Wermutmarke auf Weißweinbasis; trocken; 16,5 Vol.-%.

Pedro **Domecq** – Spanien
Eine der bekanntesten Sherryfirmen mit Sitz in Jerez, gegründet 1730. Die führenden Marken sind der Fino Sherry **La Ina** und die Brandys Fundador und Carlos I.

Dubonnet – Frankreich
Aperitifgetränk auf Weinbasis in zwei Farb- bzw. Geschmacksrichtungen: rot und süß sowie weiß und halbsüß. Spezieller Geschmack durch eine besondere Gewürzmischung; 16 Vol.-%.

E

Envelhecido – Portugal
Bezeichnung für gereiften Wein. Mit dem Zusatz „em casco“ (im Fass) bei Portweinen gebräuchlich.

Erbaluce di Caluso – Italien
Vgl. → Caluso.

F

Ferreira – Portugal
Die Tradition der heute zur Sogrape-Gruppe (bekannt durch die Roséweinmarke Mateus Rosé) gehörenden Firma reicht bis ins 19. Jahrhundert. Ferreira steht für gute Qualitäten nahezu aller Portweinarten. Zu Ferreira gehören auch die Firmen Hunt Constantino Vinhos und Hunt Roope & Cia. mit den Portweinmarken Constantino und Hunt Roope.

Floc de Gascogne – Frankreich
Ist ein → Vin Muté, ähnlich dem Pineau des Charentes (siehe Seite 1045).

José Maria da **Fonseca** – Portugal
Bekannter Erzeuger von Moscatel de Setúbal in Vila Nogueira de Azeitão. International bekannt durch die Rosé- und Schaumweinmarke Lancers. Das Unternehmen gehört heute zum internationalen Getränkekonzern Diageo.

Forrester – Portugal
Die zu → Martini & Rossi gehörende Portweinfirma in Vila Nova de Gaia verkauft ihre Produkte unter den Markennamen Forrester und **Offley** sowie **Quinta da Boa Vista** (für Vintages und LBVs). Es gibt auch den Einzel-Quinta-Vintage **Quinta do Cachucha** sowie den Ruby **Duke of Oporto.**

Fortified Wines
Englische Bezeichnung für Weine, die durch Zusatz von Destillationsalkohol verstärkt worden sind.

G

Gancia – Italien
Wermutmarke und Erzeugerfirma in Turin. Hersteller des gleichnamigen → Americanos.

Garrafeira – Portugal
Bezeichnung für einen im Fass gereiften Jahrgangsportwein, ähnlich einem Colheita. Ein Garrafeira wird im Gegensatz zu diesem längere Zeit vor der Vermarktung aus dem Fass genommen und reift bis zur Abfüllung in Glasbehältnissen weiter. Bei normalem, nicht versetztem Wein steht Garrafeira für beste ausgereifte Qualität.

Garvey – Spanien
Sherryhersteller mit Sitz in Jerez, gegründet 1780. Die bekannteste Marke ist der Fino **San Patricio.**

Genje-Sake – Japan
Weinähnliches Getränk auf Reisbasis; 17,5 Vol.-%.

Girò di Cagliari – Italien
Roter Dessertwein aus Sardinien; aus mindestens 95 % Giròtrauben hergestellt; 14,5–18,5 Vol.-%. Trägt die Zusatzbezeichnung Riserva nach zweijähriger oder längerer Lagerung, davon ein Jahr im Holzfass.

Miguel M. **Gomez** – Spanien
Sherryhersteller in Puerto de Santa María, gegründet 1816 in Cádiz. Besonders bekannt sind der **Amontillado 1855** sowie der trockene Oloroso **Alameda.**

Gonzalez Byass – Spanien
Weltweit bekannter Sherryhersteller mit Sitz in Jerez. Die berühmtesten Marken sind der Fino **Tio Pepe** sowie der Amontillado **La Concha.** Besonders feine Sherrys sind auch der Amontillado **del Duque,** der trockene Oloroso **Apostoles** und der süße Oloroso **Matusalem.**

Greco di Bianco – Italien
Dessertwein aus Kalabrien, aus mindestens 95 % Greco-Bianco-Trauben hergestellt; mindestens 17 Vol.-%; vgl. Italien.

H

John Harvey – Spanien
Weltweit größter Sherryhersteller mit Sitz in Jerez und Puerto de Santa María, zu dem heute u. a. die Firmen **Mackenzie, Palomino y Vergara, Fernando A. de Terry** und **Marqués de Misa** gehören. Mit → Barbadillo in Sanlúcar de Barrameda besteht ein Joint Venture. Die bekanntesten Marken des Konzerns sind der Bestseller **Harveys Bristol Cream** sowie **Fino 1796.**

Helvécia – Ungarn
Wermutmarke.

Hemus – Bulgarien
Weißer Dessertwein aus Wein mit Zusatz von Most, Mostkonzentrat und Alkohol.

Henriques & Henriques – Portugal
Madeiraerzeuger mit Sitz in Cámara de Lôbos, gegründet 1850. Henriques ist neben der → Madeira Wine Company die zweitgrößte Madeirafirma der Insel. Es werden die Produkte **Belem** und **Casa dos Vinhos de Madeira** sowie die Fremdmarke **Harveys of Bristol** erzeugt.

Hippokras
Bezeichnung für einen mit Honig und verschiedenen Gewürzmischungen versetzten Wein.

Honigwein
Andere Bezeichnung für → Met.

I

Inocente – Spanien
Bekannte Lage bei Jerez de la Frontera, die als einzige auf den Sherryetiketten angegeben wird.

K

Kondurangowein
Arzneiwein aus Sherrygrundwein und Kondurangin, der Rinde des südamerikanischen Kletterstrauches Kondurango.

Koshu Plum Wine – Japan
Süßer Pflaumenwein mit leichtem Bittermandelgeschmack; 14 Vol.-%.

Kräuterwein
Sammelbezeichnung für aromatisierte Weine, die mit Kräutern und Kräuterauszügen (mit Ausnahme des Wermutkrautes) hergestellt werden. Auch **Bitterweine** zählen zu dieser Gruppe. Sie werden mit besonders bitteren Würzstoffen versetzt.

L

Lagmi – Afrika/Ozeanien
Weinähnliches Getränk mit Zusatz von Palmensaft; andere Schreibweise **Lacmi.**

Larios SA – Spanien
Große Gin-Erzeugerfirma, die in einer eigenen Bodega auch einen Málaga produziert.

Lemon Wine – Großbritannien
Weinähnliches Getränk aus Weinbrand, Zitronat, Zimt, Wasser und Honig.

Lillet – Frankreich
Aperitifgetränk auf Weißweinbasis mit Armagnac und Auszügen von Chinarinde; goldgelb; 25 Vol.-%.

Liquoreux
Französische Bezeichnung für edelsüße, dunkelgelbe, likörartige, natürliche Süßweine.

Liquoroso
Italienische Bezeichnung für aufgespritete Dessertweine; bei süßen Weinen likörartig, bei trockenen Weinen eher sherryartig.

Lomelino – Portugal
Madeiraerzeuger in Funchal, der heute zur → Madeira Wine Company gehört. Die Marke Lomelino ist vor allem für den fünf Jahre alten Reserve und den zehn Jahre alten Imperial Reserve bekannt.

López Hermanos SA – Spanien
Sehr bekannte Málaga-Erzeugerfirma in Málaga, gegründet 1885. Es wird die gesamte Málagapalette hergestellt.

Emilio **Lustau** – Spanien
Innovativer, weltweit agierender Sherrryhersteller und -händler mit Sitz in Jerez. Die Firma gehört zum Sherryhaus Luis → Caballero.

Lychee Wine – China
Likörähnliches Getränk aus Litschis.

M

Mackenzie – Spanien
Sherryhersteller, der zum Konzern John → Harvey gehört.

Macvin – Frankreich
Ein süßer Dessertwein aus der Weinbauregion Jura, ähnlich dem Pineau des Charentes (siehe Seite 1045). Roter oder weißer Traubensaft wird unmittelbar nach dem Pressen im Verhältnis 2 zu 1 mit Marc (Tresterbrand) versetzt, manchmal werden Gewürze zugefügt; 17–20 Vol.-%.

Madeira Wine Company – Portugal
Zusammenschluss von mehreren Madeirahäusern mit Sitz in Funchal. Die Firma vertreibt rund 100 Marken und ist der größte Madeiraerzeuger der Insel. Zur Madeira Wine Company gehören u. a. → Cossart Gordon, Leacock, → Lomelino, → Rutherford & Miles und → Shortridge Lawton.

Malvasia delle Lipari – Italien
Sizilianischer Dessertwein aus mindestens 95 % Malvasia-di-Lipari-Trauben; 11,5 Vol.-% (Dolce) bzw. 20 Vol.-% (Liquoroso).

Malvasia di Bosa/Malvasia di Cagliari – Italien
Sardinische Dessertweine aus jeweils mindestens 95 % Malvasia-di-Sardegna-Trauben; 14–17,5 Vol.-%.

Malvasia di Castelnuovo Don Bosco – Italien
Dessertwein aus dem Piemont, aus mindestens 85 % Malvasia-di-Schierano-Trauben hergestellt. Er wird bis zu 10,5 Vol.-% vergoren. Das fertige Produkt hat 16–17 Vol.-%.

Marqués de Misa – Spanien
Sherryhersteller, der zum Konzern John → Harvey gehört.

Martini & Rossi – Italien
Weltweit bekannte Wermut-Erzeugerfirma mit Sitz in Pessione bei Turin, die 1840 als Martini & Sola gegründet wurde. Der Martini wird in der ganzen Welt hergestellt und vertrieben. Neben dem Wermut werden eine Reihe anderer Produkte, vor allem Spumantes, erzeugt.

Maury – Frankreich
Roter Dessertwein (→ Vin Muté) aus der Weinbauregion Languedoc-Roussillon, der aus Grenachetrauben gewonnen wird; braucht bis zur Reife eine längere Lagerzeit.

Mead
Andere Bezeichnung für → Met.

Messias – Portugal
Portweinerzeuger in Vila Nova de Gaia. Die 1926 gegründete Firma ist nach wie vor in Familienbesitz, die Marke ist in Portugal sehr beliebt.

Met
Weinähnliches Getränk, aus Honig vergoren, manchmal mit Gewürzen versetzt. Bei zirka 12 Vol.-% wird die Gärung durch Zugabe von Weindestillat gestoppt. Zur Farbgebung kann gebrannter Honig zugesetzt werden. Met ist besonders in Deutschland, in Österreich und in Skandinavien bekannt.
Andere Bezeichnungen: Honigwein, Mead.

Mistella
Durch Zusetzen von Weindestillat an der Gärung gehemmter Traubenmost, dessen Alkoholgehalt mindestens 13 Vol.-% beträgt und der nicht mehr als 260 Gramm Zucker pro Liter enthält. Mistella ist meist zur Weiterverarbeitung vorgesehen, in Spanien wird Mistella (Mistela) vor allem zur Herstellung verschiedener sherryähnlicher Olorosotypen verwendet, aber auch in alle Welt exportiert.

Monica di Cagliari – Italien
Roter Dessertwein aus Sardinien, aus mindestens 95 % Monicatrauben hergestellt; vgl. Italien.

Monica di Sardegna – Italien
Roter Dessertwein aus Sardinien, aus mindestens 95 % Monicatrauben hergestellt; 17,5 Vol.-%.

Moscato
Italienische Bezeichnung für Weine, die aus Moscato-Bianco-Trauben hergestellt werden. Die Muskatellertraube wird vielfach zur Erzeugung süßer oder halbsüßer Dessertweine verwendet. In Italien tragen diese Weine die Bezeichnung Vino Liquoroso bzw. Moscato Liquoroso. Bekannt sind:
- **Moscato Giallo** (goldfarben, süß) und **Moscato Rosa** (hellrubinfarben, süß) aus Südtirol.
- **Moscato d'Asti** (11 Vol.-%) und andere Moscatoweine (10–15,5 Vol.-%) aus dem Piemont.
- **Valcelepio** aus der Lombardei; es werden lediglich 2 Vol.-% Destillationsalkohol zugesetzt.
- **Oltrepò Pavese Moscato** aus der Lombardei; vollmundig, süß, honigfarben.
- **Moscato Colli Euganei** aus Venetien mit 10,5 Vol.-% aus mindestens 95 % Moscato-Bianco-Trauben.
- **Moscato San Lorenco** mit 13,5 Vol.-% aus mindestens 85 % Moscato-Bianco-Trauben; südlich von Salerno erzeugt.
- **Moscato di Trani** aus Apulien mit 14,5 Vol.-%; der Liquoroso hat 18 Vol.-%.
- **Moscato di Cagliari** aus Sardinien; tiefgolden; er hat 14,5–18,5 Vol.-% und trägt nach mindestens einjähriger Lagerung die Bezeichnung Riserva.
- **Moscato di Sorso** aus Sardinien.
- **Moscato di Noto** (11,5–22 Vol.-%) und **Moscato di Siracusa** (16,5 Vol.-%) aus Sizilien sowie **Moscato di Pantelleria** (12,5–23,9 Vol.-%) von der zu Sizilien gehörenden winzigen Vulkaninsel Pantelleria.

Muscat de ...
Französische Muskatellerweine (Vins Doux Naturels, siehe Seite 1070).

Muskotályos – Ungarn
Tokaj Aszú aus der Sárga-Muskotály-Rebe; 13,5–14,5 Vol.-%.

N

Napoléon Petit Caporal – Frankreich
Trockener Wermut aus Beziérs in der Weinbauregion Languedoc-Roussillon.

Nasco di Cagliari – Italien
Roter Dessertwein aus Sardinien, aus mindestens 95 % Nascotrauben hergestellt; vgl. Italien.

Negrino – Italien
Dessertwein aus der Weinbauregion Apulien, der aus überreifen, halbgetrockneten Malvasia-Nera- und Negro-Amaro-Trauben hergestellt wird; mindestens 10-jährige Fasslagerung; 16 Vol.-%.

Niepoort – Portugal
Portweinfirma in Porto, gegründet 1842. Niepoort ist besonders für Colheitas, alte Tawnys und fruchtige Vintages bekannt. Die Firma ist in Familienbesitz und wird zurzeit von Dirk van der Niepoort geführt.

Noilly Prat – Frankreich
Wermutmarke und Erzeugerfirma mit Sitz in Marseille, gegründet 1813. Noilly Prat gilt als Erfinder des französischen Wermuts, der meist trocken ist. Die Produkte werden zwei Jahre in Eichenholzfässern unter freiem Himmel gelagert.

Nostrano
In Italien und in der Schweiz gebräuchliche Bezeichnung für → Mistella.

Noval
Vgl. → Quinta do Noval.

Novidade – Portugal
Bezeichnung für einen Jahrgangsport (Vintage) im Jahr der Deklarierung.

O

Offley – Portugal
Vgl. → Forrester.

Osborne – Spanien und Portugal
Eines der bekanntesten und größten Sherryhäuser mit Sitz im Zentrum von Puerto de Santa María. Osborne ist ebenso traditionsverbunden wie experimentierfreudig. Das Unternehmen befindet sich seit 1872 im Besitz der Familie. Osborne-Sherrys sind weich, elegant und leicht. Besonders bekannt sind der **Fino Quinta,** der trockene Amontillado **Coquinero,** der trockene Oloroso **Bailen** sowie der leicht süße, vollmundige Oloroso **10 RF** (Reserva Familiale).
Seit 1967 produziert Osborne auch Portweine, die unter dem Firmennamen weltweit vertrieben werden. Ursprünglich wurden die Weine bei → Quinta do Noval produziert. Heute verfügt Osborne über eine eigene Produktionsstätte in Vila Nova de Gaia.

P

Palomino y Vergara – Spanien
Sherryhersteller, der zum Konzern John → Harvey gehört.

Passito – Italien
Mit Destillationsalkohol versetzter Dessertwein aus verschiedenen italienischen Anbaugebieten und aus verschiedenen Rebsorten:
- **Ansonica Passito** von der Insel Elba; 18 Vol.-%.
- **Alba di Romagna** aus der Romagna; 15,5 Vol.-%.
- **Verdicchio dei Castelli di Jesi** aus Marken; 15 Vol.-%.
- **Campi Flegrei** (Dolce und Secco) aus Kampanien; 17 Vol.-%.
- **Refrontolo Passito** aus Venetien; 15 Vol.-%.
- **Piedirosso** oder **Pér'e Palummo** von der Insel Ischia;14,5 Vol.-%.
- **Passito di Pantelleria** von der sizilianischen Vulkaninsel Pantelleria; 12,5–23,9 Vol.-%.
- **Carignano del Sulcis** (16 Vol.-%) und **Sardegna Semidano** (15 Vol.-%) aus Sardinien.
- **Caluso Passito** (17,5 Vol.-%) aus dem Piemont (vgl. → Caluso).

Pereira d'Oliveira Vinhos – Portugal
Kleine Madeira-Erzeugerfirma mit Sitz in Funchal, gegründet 1820. Das Unternehmen ist noch heute in Familienbesitz und ist bekannt für leichte, trockene und frische Madeiras.

Pérez Barquero SA – Spanien
Traditionsreiches Weingut in Montilla, gegründet 1905, aus dem ausgezeichnete Dessertweine mit der D.-O.-Herkunftsbezeichnung Montilla-Moriles stammen.

Picolit – Italien
Dessertwein aus der Weinbauregion Friaul-Julisch Venetien (vgl. Italien).

Plum Port – Großbritannien
Mit Pflaumen versetzter Portwein.

Manoel D. **Poças Júnior** – Portugal
Das mittelgroße Portweinhaus in Vila Nova de Gaia wurde 1918 gegründet und ist noch in Familienbesitz. Es werden meist preiswerte Tawnys und Rubys sowie gute Vintages und alte Tawnys erzeugt.

Poios – Portugal
Bezeichnung für die Weinterrassen in Madeira.

Pommeau de ... – Frankreich
Pommeau de Bretagne, Pommeau de Normandie und Pommeau du Maine sind in Frankreich geschützte Herkunftsbezeichnungen für Mischungen aus frischem Apfelmost (Apfelsaft) mit Apfelwein-Destillat (bzw. Calvados); süß; zirka 20 Vol.-%; in den EU-Verordnungen rechtlich geregelt als „Gemischte Spirituose“.

Primitivo di Manduria – Italien
Roter Dessertwein aus der Weinbauregion Apulien, der aus Primitivotrauben hergestellt wird; vgl. Italien.

Punt e Mes – Italien
Wermutmarke der Firma Carpano in Turin, die im Jahre 1786 gegründet wurde. Antonio Benedetto Carpano gilt

als Erfinder des italienischen Wermuts.

Q

Quinquinas
Bezeichnung für versetzte Weine, Aperitifgetränke bzw. Dessertweine, denen Alkohol, Traubensaft, Chinarinde und/oder Aromate zugesetzt wurden. Die Beigabe der Chinarinde, die dieser Produktgruppe den Namen verleiht, ist allen gemeinsam.

Quinta – Portugal
1. Bezeichnung für ein Weingut.
2. Portwein, dessen Trauben ausschließlich aus einem Weingut stammen.

Quinta do Noval – Portugal
Bekannter, kleinerer Portweinhersteller mit Sitz in Vila Nova de Gaia mit einer interessanten Produktpalette von guter Qualität. Bekannt sind insbesondere die Vintages und LBVs. Die Firma ist im Besitz der Versicherungsgruppe AXA.

R

Rabarbaro – Italien
Digestifgetränk auf Rotweinbasis mit Rhabarber und Kräuterauszügen; im Geschmack ähnlich einem Magenbitter; dunkelbraun.

Rainwater – Portugal
Madeirasorte mit halbsüßem bis trockenem Geschmack und heller Farbe; wird nahezu ausschließlich in die USA exportiert.

Ramandolo – Italien
Süßer Dessertwein aus der Region Friaul-Julisch Venetien; 14 Vol.-%; vgl. Italien.

Adriano **Ramos-Pínto** – Portugal
Der Portweinhersteller in Vila Nova de Gaia gehört zum Champagnerhaus Roederer und besitzt fünf Quintas. Er ist besonders für seine Tawnys bekannt, die auch als Einzel-Quinta-Ports herausgebracht werden, sowie für seine eleganten Vintages.

Rancio – Spanien
Bezeichnung für alte Weine und lang gelagerte Dessertweine. Zur Förderung eines oxidativen Charakters in Duft und Geschmack erfolgt die Lagerung häufig in Fässern unter freiem Himmel.

Ratafia – Frankreich
Ist ein → Vin Muté, ähnlich dem Pineau des Charentes (siehe Seite 1045).

Marqués del **Real Tesoro** – Spanien
Stammhaus der Gruppe José Estévez in Jerez. Gut eingeführte Marken sind der Amontillado **Del Principe,** der Oloroso **Almirante** und der **Royal Cream.** International bekannt ist der Fino **Tio Mateo.**

Recioto
In verschiedenen italienischen

Gebieten aus teilgetrockneten Trauben hergestellter roter und weißer Dessertwein; vgl. Italien.

Reiswein – China
Zählt nach dem Gesetz zu den Spirituosen. Der Reiswein wurde in China erfunden und gelangte danach nach Japan, wo er → Sake heißt. Der gelbe Reiswein hat unter den vergorenen Weinen die längste Tradition und wird bevorzugt aus klebrigem Reis, Hirse sowie Mais erzeugt. Aus dem Osten Chinas, aus Shaoxing, kommt besonders klebriger Reis. Nu-Er-Hong („Mädchen rot") ist die bekannteste chinesische Reisweinmarke. In Ostchina ist es Tradition, dass man bei der Geburt eines Mädchens Reiswein in die Erde eingräbt. Bei der Hochzeit wird der durch die lange Lagerung rot gefärbte Wein ausgegraben und getrunken.

Rektifikation
Von Rektifizieren spricht man, wenn eine Flüssigkeit durch Destillation (Erhitzung) konzentriert wird.

Rettenbacher Met – Österreich
Honigweinmarke; Geschmacksrichtungen herb, halbsüß und süß (= Ambrosius); ca. 13 Vol.-%.

Riccadonna – Italien
Wermutmarke und Erzeugerfirma in Turin.

Rivesaltes – Frankreich
Roter Dessertwein (→ Vin Muté) aus der Weinbauregion Roussillon, der hauptsächlich aus Grenache-Noir-Trauben hergestellt wird.

Rosinenwein
Aus in Wasser eingeweichten und gemaischten Rosinen unter Zusatz von Zucker und Destillationsalkohol hergestellt.

Rosso Antico – Italien
Aperitifgetränk, das aus diversen Weinen und 30 verschiedenen Kräutern hergestellt wird; 17 Vol.-%.

Royal Oporto Wine Company – Portugal
Der mit Abstand größte Portweinhersteller ist aus dem Kontrollorgan hervorgegangen, das 1756 von der Regierung für den gesamten Portweinhandel geschaffen worden war. Mit der Abschaffung des Monopols im Jahre 1858 wurde die Firma privatisiert. Die Weine von Royal Oporto werden sowohl unter der eigenen Marke angeboten als auch unter verschiedenen Handelsmarken verkauft.

Rutherford & Miles – Portugal
Madeira-Erzeugerfirma, gegründet 1814, die heute zur → Madeira Wine Company gehört. Die Marke Rutherford & Miles steht für reichhaltige, vollmundige Malmseys und Buals.

S

Sack – Spanien
Alte, vermutlich im 15. Jahrhundert entstandene Bezeich-

nung für Sherrywein bzw. für Weißwein.

St. Raphaël – Frankreich
Aperitifgetränk aus Weiß-, Rot- und Süßweinen, versetzt mit Chinarinde und Würzkräutern; Lagerung mindestens zwei Jahre, davon ein Jahr in Eichenholzfässern; 17 Vol.-%; Sorten Rouge und Blanc.

Sake
In Japan, China und Tibet übliche Bezeichnung für einen „Wein", der durch doppelte Fermentation aus Reis gewonnen wird. Sake wird warm oder heiß aus kleinen Porzellanschalen zu den Mahlzeiten getrunken. Andere Bezeichnung: gelber Wein.

Salvador – Ungarn
Dessertweinmarke aus Balatonboglár.

Sandeman
– Spanien und Portugal
International bekannte Firma und Marke für Sherry und Portwein, gegründet 1790 in London. Sandeman besitzt Niederlassungen in Jerez und in Vila Nova de Gaia. Berühmt ist das Markenzeichen, die schwarze Silhouette des Don mit Sombrero und Copita, das aus den 1920er Jahren stammt. Die bekanntesten Sherrymarken sind **Don Fino, Royal Ambrosante** und **Imperial Corregidor.** Bei den Portweinen sind vor allem der zehn Jahre alte **Royal** und der Ruby **Founder's Reserve** bekannt.

San Martino della Battiglia
– Italien
Vino Liquoroso aus mindestens 80 % Tocai-Friulano-Trauben; hergestellt im gleichnamigen D.-O.-C.-Gebiet in der Lombardei; 16 Vol.-%.

Sardegna Rosso – Italien
Roter Dessertwein aus Sardinien mit Orangenblütenbukett; 18 Vol.-%.

Sciacchetrà – Italien
Reichhaltiger, süßer, bernsteinfarbiger Dessertwein aus dem ligurischen D.-O.-C.-Gebiet Cinque terre; vgl. Italien/Cinque terre.

Sellone – Italien
Weißer Dessertwein aus der Weinbauregion Umbrien, der aus Grechetto- und Trebbianotrauben hergestellt wird; trocken; 18 Vol.-%.

Sfurzat – Italien
Roter Dessertwein aus der Lombardei, der aus Nebbiolotrauben hergestellt wird; vgl. Italien.

Shortridge Lawton – Portugal
Madeira-Erzeuger in Funchal, dessen Gründung auf das Jahr 1757 zurückgeht und der heute der → Madeira Wine Company angehört. Die Madeiras sind adstringierend, mit kräftigem Fruchtaroma.

Sifone – Italien
Bezeichnung für → Mistella.

José de **Soto** – Spanien
Die Ende des 18. Jahrhunderts

gegründete Bodega in Jerez ist auch heute noch in Familienbesitz. Außer den Sherrys, die unter der Marke Soto verkauft werden, ist der Punsch Ponche Soto bekannt.

Sottovoce – Italien und Schweiz
Aperitifgetränk auf Weinbasis mit Anisgeschmack.

Southside – Portugal
Verschnitt aus verschiedenen Madeiraweinen; wird in die USA exportiert.

Stone's Original Green Ginger Wine – Großbritannien
Aus gemahlenem grünem Ingwer und Wein; reift in Eichenholzfässern; 13 Vol.-%.

Stravecchio – Italien
Zusatzbezeichnung für alte, gut ausgebaute und vollmundige Weine, besonders bei Marsala (10-jährige Lagerung) und Lacrima Christi.

Superior Old Vintage
Englische Bezeichnung für Dessertweine eines besonders alten Jahrgangs; nur bei Exportprodukten nach Großbritannien.

Symington-Gruppe – Portugal
Vor mehr als 100 Jahren arbeitete ein Mitglied der Familie Symington im Portweinhaus Graham. Bereits 1892 wurde die Familie Partner von **Warre,** dem ältesten britischen Portweinproduzenten, gegründet 1670. Im Jahr 1912 wurde das Familienunternehmen **Dow** erworben. 1970 übernahm man das 1822 gegründete Portweinhaus **Graham.** Die vielfältige und hochwertige Produktpalette wird mit den bekannten und eingeführten Marken und Firmennamen ebenso verkauft wie mit dem eigenen Namen. Spezialitäten werden unter den Namen der im Besitz befindlichen Quintas angeboten, z. B. **Quinta do Bomfim, Quinta de Malvedos** und **Quinta do Vesuvio.**

T

Takara – Japan
Weinähnliches Getränk auf Pflaumenbasis; 12 Vol.-%.

Tarragona – Spanien
Spanische Bezeichnung für → Mistella. Auch der Name eines D.-O.-Gebietes.

Taylor, Fladgate & Yeatman – Portugal
Portwein-Erzeugerfirma mit Sitz in Vila Nova de Gaia, die als Taylor im Jahre 1692 gegründet wurde. Den heutigen Firmennamen erhielt sie erst im 19. Jahrhundert. Taylor war der Erste, der eine Quinta im oberen Dourotal kaufte, und zwar bereits 1893. Die Marke Taylor ist für Kenner der Inbegriff von außergewöhnlichen Vintage-Ports. Bei den LBV-Ports ist das Unternehmen Marktführer auf dem englischen Markt. Die Angebotspalette umfasst darüber hinaus Rubys und Vintage Characters sowie Tawnys von einfacher Qualität bis zu 20 Jahre alten Produkten.

Fernando A. de Terry – Spanien
Sherryhersteller, der zum Konzern John → Harvey gehört.

V

Valdespino – Spanien
Wahrscheinlich die älteste Sherry-Erzeugerfirma, die Familie wurde bereits 1264 in der Region Jerez ansässig. Heute bewahrt Don Miguel Valdespino als Geschäftsführer die lange Sherrytradition; die Firma gehört heute zur Gruppe José Estévez. Neben der Nutzung moderner Anlagen werden überlieferte Herstellungsmethoden kultiviert. Bekannt sind der finessenreiche Fino **Inocente,** der nussige, trockene Amontillado **Tio Diego** und der süße Oloroso **El Candado.**

Valeé – Frankreich
Aperitifgetränk auf Süßweinbasis; 16 Vol.-%.

Vecchio Samperi – Italien
Dessertwein aus Sizilien, ähnlich dem Marsala; wird aus Grillotrauben hergestellt.

Veludo – Portugal
Veludo heißt Samt und ist in Portugal die Bezeichnung für einen besonders samtig schmeckenden Rotwein, Portwein oder Madeira; manchmal auch **Aveludado** bezeichnet.

Venencia – Spanien
Biegsame, lange Rute mit daran befestigter Metall-Copita; wird vom Kellermeister zur regelmäßigen Prüfung des Reifegrades während der Soleralagerung (vgl. Sherry) verwendet.

Vin Cotto – Italien
1. Dessertwein aus der Weinbauregion Abruzzen; 18–20 Vol.-%.
2. Gekochtes Traubenmostkonzentrat für die Marsala-Erzeugung.

Vin-de-Paille-Methode
In der spanischen Provinz Girona Bezeichnung für das traditionelle Verfahren der Trocknung von Garnachatrauben auf Strohmatten, bevor sie gepresst werden.

Vin Muté – Frankreich
Bezeichnung für süße Dessertweine, bei denen durch Zugabe von Alkohol die Gärung unterbrochen wird.

Vin(o) Santo – Italien
Dessert- und Aperitifwein, vgl. Italien.

W

Williams & Humbert – Spanien
Das Traditionshaus im Zentrum von Jerez, das früher sogar an der Londoner Börse notierte, gehört heute nach wechselvoller Geschichte zu → Barbadillo. International bekannt ist die Spitzenmarke **Dry Sack.**

REBSORTENREGISTER

A

B

C

G

L

M

Q

R

S

T

U

V

W

X, Y

Z

REGISTER

A

B

C

D

E

F

G

H

I

J

N

O

P

Q

R

S

T

U

V

W

X

Z

BILDVERZEICHNIS

Das Urheberrecht (©) liegt bei folgenden Personen, Firmen bzw. Organisationen:

Argentinien
Bodegas Lopez, Maipú

Australien
Australian Wine Bureau, AWEC Adelaide

Bulgarien
Weingut Damianitza, Melnik

Chile
Weingut Torres, Valle de Curicó; Weingut Casa Silva, Valle del Rapel

Deutschland
Mosel-Saar-Ruwer Wein e. V., Trier (Doppelseite: Erdener Treppchen, Ansgar Schmitz); Schubert'sche Gutsverwaltung, Mertesdorf; Weingut Hehle, Mayschoß; Mittelrhein Wein e. V.; Gutsverwaltung Niederhausen-Schlossböckelheim; Klara Prämassing, Winningen; Pfalzwein e. V.; Weingut Georg Breuer, Rüdesheim; Weingut Freiherr Heyl zu Herrnsheim, Nierstein; Hessische Bergstraße Wein e. V.; Württemberg Wein e. V.

Frankreich
CIVB, Bordeaux; Burdin S. A.; BIVB, Beaune; CICRVR, Avignon; CIVTL, Tours; CIVA, Colmar (Foto: Zvardon); CIVCP, Les Arcs sur Argens; CIVR Maury (Foto: M. Gauthier-Fleuri); Château Buzet, Buzet-sur-Baïse; SOPEXA, Düsseldorf

Griechenland
Weingut Mercouri, Korakohori

Israel
Golan Hights Winery

Italien
Weingut Grattamacco, Castagneto Carducci; Hans Stickler, Baden; Weingut Col d'Orcia, Montalcino; Weingut St. Michael, Eppan; Nosio, Mezzocorona; Consorzio Franciacorta; Weingut Donnafugata, Marsala; Weingut Illuminati, Controguerra; Weingut Rivera, Andria

Kroatien
Franz Summer, Wien

Mexiko
Casa Madero, Parras Valley

Neuseeland
Villa Maria, Auckland

Österreich
Dinstlgut Loiben, Unterloiben; Weingut Karl Alphart, Traiskirchen; Weingut Taferner, Göttlesbrunn; Weingut Martin Nigl, Senftenberg; Weingut Willi Bründlmayer, Langenlois; Weingut Ludwig Neumayer, Herzogenburg; Verband Blaufränkischland Mittelburgenland; Weingut Sattlerhof, Gamlitz; Domäne Müller, Groß St. Florian; Österreichische Weinmarketingservice Ges. m. b. H., Wien

Portugal
Icep Portugal Wien und Berlin, Wolfgang Dähnhard, Armin Faber

Schweiz
Provins Valais, Sion; Cantina Sociale Mendrisio, Tessin

Slowenien
Franz Summer, Wien

Spanien
Weingut Alvarez y Diez, Rueda; Weingut Miguel Torres, Vilafranca; Consejo Regulador de la D. O. Ca. Rioja, Logroño; Weingut Clos de l'Obac, Priorato; Wolfgang Kraml, Linz

Südafrika
Weingut Nederburg, Paarl; Weingut Delheim, Simonsberg

Türkei
Weingut Doluca; Müreffe

Ungarn
Chateau St. Gaál, Szekszárd; Weingut Elsö Magyar Borrház, Badacsonytomaj; Weingut Franz Weninger, Horitschon

USA
Daniela Lenger, Wien; Chateau Ste. Michelle, Columbia Valley/Washington; Weingut Opus One, Oakville; Rex Hill Vineyards, Newberg/Willamette Valley; Weingut Wölffer Estate, Long Island

Schäumende Weine
stockfood, Wien; John Hodder, CIVC/Epernay; Fulvio Roiter, CIVC/Epernay; Cava Freixenet, Sant Sadurní d'Anoia

Versetzte Weine
ICEX, Wein aus Spanien, Düsseldorf; Henriques & Henriques, Cámara de Lôbos; Bodega Alvear, Montilla-Cordoba; Quinta do Noval, Vila Nova de Gaia; Weingut Disznókö, Tokaj

Weitere Fotos
stockfood, Wien (Doppelseiten); Daniela Lenger, Wien (alte Weinpresse bei Mondavi/Kalifornien); CIVB, Bordeaux; Fa. Salize, Krems; Weinbauschule Krems, Herr Ing. Bauer; Winzer Krems; Weingut Nikolaihof, Mautern; Weingut Reinisch, Tattendorf

LITERATURVERZEICHNIS

Ainsworth, Jim: Rotwein von A bis Z; Hallwag, Bern und Stuttgart 1999

Anderson, Burton: Italiens Weine 2004/05; Hallwag, München 2004

Anderson, Burton: Die 100 besten italienischen Rotweine; Heyne, München 2000

Anderson, Burton: Die 100 besten italienischen Weißweine; Heyne, München 2001

ANIVIT des Vins de Tables et des Vins de Pays; Paris 1999

Brinke, Margit: Weine aus Kalifornien, Oregon und Washington; Müller Rüschlikon, Cham/Zug 1999

Brustbauer-Mraz: Das Österreichische Weingesetz 1+2, 4. Auflage; Juridica Verlag, Wien 2002

Casse, Bruce: The Oxford Companion to the Wines of North America; Oxford University Press Inc.

Cernilli, Daniele: Weinlandschaft Italien; Hallwag, Bern 2000

Club G, S.A.: Spain, A Matter of Taste; Graficas Marte, Madrid 1997

Die Weine des Schwarzen Hahns; Consorzio del Marchio Storico – Chianti Classico, 2001

Dippel, Horst: Das Weinlexikon; Fischer, Frankfurt am Main, 4. Auflage 2000

Duijker, Hubrecht: The Wines of Chile; Uitgeverij Het Spectrum B. V., Utrecht 1999

Editorial Paladar: Weine aus Spanien; Raro Producciones, Madrid 2002

Eichelmann: Deutschlands Weine 2002; Hallwag, München 2001

Faith, Nicholas: Burgund und seine Weine; Hallwag, München 2003

Falstaff Weinguide Österreich 2004/2005; Falstaff-Verlags-GesmbH, Klosterneuburg 2004

Flücher, Nikolaus: Schweizer Weine; Ex Libris, Zürich 1990

Gambero Rosso, Vini d'Italia 2004; Hallwag, München 2004

Gansler, Jürgen: Toskana; Woschek Verlag, Mainz

Hachette – Weinführer Frankreich 2003; Hallwag, München 2003

Halliday, James: Wine Atlas of Australia & New Zealand; Harper Collins, Sydney 1998

Hughes, Dave: South African Wine Buyer's Guide; Struik (Pty) Ltd., Cape Town 1987/88

IBD/GTZ: Rumänien, Wein- und Tourismusregionen; Auro Quatro, Bukarest 2000

Johnson, Hugh: Der Weinatlas – fünfte Ausgabe; Hallwag, München 2002

Kilchmann, Martin: Weine des Piemont; Müller Rüschlikon, Cham/ Zug 1993

Koch: Weinrecht E + T, 4. Auflage; Deutscher Fachverlag, Frankfurt/ Main 2002

Larousse: Wein-Enzyklopädie, die Weinregionen der Welt; Christian-Verlag, München 1995

Laube, James: Wine Spectator's California Wine; Wine Spectator Press, New York 1999

Laverick, Charles: Buying Guide to the Wines of North America; Testing Institute and Sterling Publishing Co., New York 1999

Mathäß, Jürgen: Weine aus Chile; Qué Más, Amsterdam und Köln 1997

Nationale Önographie; Italienischer Sommelierverband AIS, Mailand 1996

Peñín, José: Der Große Peñín, Die besten Weine Spaniens 2004; Pi & Erre Comunicación Integral, S. A., Madrid 2004

Platter, John: South African Wines; Injectrade 25 Ltd. Cape Town 2000

Priewe, Jens: Die Weine von Südtirol; Heyne, München 1999

Radford, John: Weinlandschaft Spanien; Hallwag, Bern und Stuttgart 1999

Read, Jan: Spaniens Weine 2003/04; Hallwag, München 2003

Robinson, Jancis: Das Oxford Weinlexikon; Hallwag, München 2003

Roháły's Weinführer Ungarn; Akó Kiadó, Budapest 2002

Schwarzwälder, David: Die Weine Spaniens; Heyne, München 1998

Steurer, Rudolf: Steurers Weinhandbuch; Überreuter-Verlag, Wien 2003

Supp, Eckhard: Das ABC der Weine Italiens; Eno-Verlag, Offenbach (Main) 2000

Voss, Roger: Frankreichs Regionalweine; Hallwag, Bern 1996

DIE AUTOREN

Simon Siegel
sammelte Praxis in England, Frankreich, Spanien, Italien und der Schweiz. Seit den 50er Jahren Lehrer an der Hotelfachschule Bad Gleichenberg, später Direktor an den Landesberufsschulen Bad Gleichenberg und Aigen im Ennstal. Langjähriger Autor zahlreicher gastronomischer Schul- und Fachbücher. Viele Auszeichnungen für Verdienste um die Ausbildung in der Gastronomie.

Linde Siegel,
Ausbildung in der Hotelfachschule Bad Gleichenberg. Praxis in Österreich und der Schweiz. Anschließend Hausdame an der Hotelfachschule, später Lehrerin der Landesberufsschule Bad Gleichenberg. Lehrbeauftragte an der Berufspädagogischen Akademie Graz, Autorin zahlreicher gastronomischer Lehr- und Fachbücher.

Heinz Lenger,
tätig in zahlreichen renommierten Hotels in Österreich, der Schweiz, England, Schottland, Wales, den USA, Kanada und vielen Ländern des Orients sowie auf diversen Kreuzfahrtschiffen. Ab 1969 Lehrer an der Berufschule für das Gastgewerbe Wien. Seit 1980 Fachbuchautor. Konsulententätigkeit im In- und Ausland.

René Lenger,
Ausbildung zum Hotel- und Gastgewerbeassistenten, Koch und Kellner in Österreich und den USA, Praxis in Österreich, den USA, Abu Dhabi und auf Kreuzfahrtschiffen. Derzeit in New York.

Hans Stickler,
Absolvent der Fremdenverkehrsschule St. Pölten, erwarb Praxis in Österreich, der Schweiz, auf Jersey, in den USA und auf der MS Vistafjord. Ab 1983 Lehrer in den Salzburger Tourismusschulen Bischofshofen und Kleßheim und in der Bundeslehranstalt für Tourismusberufe Semmering. Seit 1995 Fachvorstand an der Höheren Lehranstalt für wirtschaftliche Berufe in Baden. Schulungstätigkeiten im In- und Ausland, Autor für Lehr- und Fachbücher

Wilhelm Gutmayer,
Absolvent der Gastgewerbefachschule Wien, sammelte berufliche Praxis in der Schweiz, in Frankreich, England und Österreich. Seit 1983 Lehrer an der Höheren Lehranstalt für Tourismus in Krems und seit 1987 am ITM (Internationales Institut für Tourismus und Management), seit 1994 Lektor an der Fachhochschule für Tourismus und Freizeitwirtschaft in Krems. Autor verschiedener Lehr- und Fachbücher.

Gerhard F. Mohr,
Betriebswirt und promovierter Humanist, seit 1964 in der Getränkebranche tätig (Eckes, Pfizer Corp./USA, Asbach-Austria Ges.m.b.H., Seyringer Schlossbrände Ges.m.b.H. in Seyring, Asbach & Co. in Rüdesheim am Rhein); seit 1991 selbstständiger Unternehmensberater, Mitglied vieler Fachorganisationen. 1990 wurde ihm der Berufstitel Professor durch den österreichischen Bundespräsidenten verliehen.